本书第一版荣获
中国石油和化学工业联合会科技进步奖

压力管道设计及工程实例

（第三版）

宋岢岢　主编

YALI GUANDAO SHEJI
JI GONGCHENG SHILI

化学工业出版社

·北京·

内 容 简 介

本书根据作者多年来的压力管道设计切身工作经验和体会，结合国内外大、中型工程典型压力管道设计实例和现代化工程新技术，由浅入深详细介绍了压力管道设计方法，特别分析比较了国内外新版标准规范，突出介绍了现代计算机技术在压力管道工程设计中的应用及技巧，并结合工程实例对压力管道设计进行了系统的讲解。

本书内容包括：压力管道基础知识、计算机辅助压力管道设计软件、材料基础知识、压力管道器材及其选择、装置设备布置、管道布置、压力管道的隔热和防腐蚀、长输管道和公用管道设计、应力分析和管道支吊架、压力管道设计计算机制图与建模、压力管道施工与检验、专业与项目管理。

本书与《工业管道配管设计与工程应用》、《管道应力分析与工程应用》、《管道器材选用与工程应用》可配套使用。本书内容实用，资料新颖，可作为压力管道设计人员日常工作手册及压力管道设计审批人员培训教程，也可作为设计单位和高等院校相关专业人员的参考资料。

图书在版编目（CIP）数据

压力管道设计及工程实例/宋岢岢主编. —3 版. —北京：化学工业出版社，2022.2
ISBN 978-7-122-40134-2

Ⅰ.①压… Ⅱ.①宋… Ⅲ.①压力管道-管线设计
Ⅳ.①U173

中国版本图书馆 CIP 数据核字（2021）第 209909 号

责任编辑：李军亮　周国庆　徐卿华　　　　装帧设计：史利平
责任校对：边　涛

出版发行：化学工业出版社（北京市东城区青年湖南街 13 号　邮政编码 100011）
印　　装：河北鑫兆源印刷有限公司
787mm×1092mm　1/16　印张 50¾　字数 1280 千字　2022 年 7 月北京第 3 版第 1 次印刷

购书咨询：010-64518888　　　　　　　　售后服务：010-64518899
网　　址：http://www.cip.com.cn
凡购买本书，如有缺损质量问题，本社销售中心负责调换。

定　　价：198.00 元

压力管道设计参考书是设计人员不可缺少的工具书。一本特别实用的、系统的压力管道设计参考书，对提高设计水平、加快设计速度、改进设计质量具有十分重要的作用。既有系统的压力管道理论知识介绍，又有典型的工程应用实例，同时能够紧密结合现代化工程技术在压力管道设计中应用的参考图书少之又少。有很多压力管道设计人员苦于找不到合适的参考书，没有办法系统地了解最新的压力管道设计知识；或者只能在抽象的设计规范理论中，在工程项目实践中慢慢地摸索着了解、学习。

随着科学技术的飞速发展，压力管道设计技术也在不断提高和创新，压力管道设计的国内外各种标准规范在不断地更新、补充和完善，压力管道设计对多个学科的综合性要求越来越强，很多压力管道设计参考书已经不能反映当前的实际和设计水平，难以满足压力管道设计人员的使用要求。

在实际工程设计过程中，对国外标准误用的现象时有发生。早在 1978 年美国 B31 委员会改组为 AMSE 压力管道规范 B31 委员会，对于 ASME B31.3 自 1980 年后各版标准分别以 ANSI/ASME B31.3、ASME/ANSI B31.3 和 ASME B31.3 代号出版，1996 年开始正式更名为 ASME B31.3《工艺管道》，一直沿用到目前最新版的 ASME B31.3。本书结合工程设计的实际应用，讲述了一系列压力管道设计常用的国内外标准规范。笔者曾在国外大型工程公司工作过一段时间，对国际通用的国外压力管道设计规范进行了系统的总结和分析。

我国压力管道设计技术已经有了长足的发展，压力管道工程设计已开始采用模块化、大数据、云计算、多维协同、三维影息等设计手段。但是，在压力管道设计技术的某些方面仍然有较大的成长空间，例如：压力管道设计工作效率不高、重复性工作烦琐、人工时消耗偏多等问题。很多已经拥有了丰富的压力管道设计经验的人员，因计算机新技术的运用较少，所以工作效率不高，在工程项目中的专业技术领导力、执行力下降。笔者将根据工程设计切身体会，特别讲述一些压力管道设计的计算机技术。

有些压力管道设计经验丰富的技术人员，在统计管道的材料时，仍在使用 Excel 的"自动筛选""高级筛选"功能，更有甚者还在用数"正"字的办法分类统计材料。而用现代化的计算机技术，经过一系列准备工作之后，一点鼠标，就可以把用原始的办法几个月才能完成的工作，瞬间保质、保量地完成。21 世纪的今天，只有不断地创新压力管道设计技术的规范、理论、工作方法，才能使压力管道设计的质量和效率保持更加高昂的战斗力和更强竞争力。本书将在某些章节穿插讲述一些国内外大型工程公司用于提高压力管道设计工作效率的技巧、方法。

三维工厂管道（配管）协同设计在 20 世纪 70 年代开始工程应用。在计算机、互联网等技术高速发展的今天，已经开始进行四维或多维协同设计应用。但是，有些设计单位仍未实现三维协同设计。当然，并非所有的压力管道设计都需要用多维协同设计，可以根据工程规模、管道特点、工作效率等因素进行选择。我国三维及多维计算机辅助工厂设计工程应用起步较晚，将会有更大的进步空间。

压力管道设计技术与知识不断快速发展，需要设计人员始终保持谦虚谨慎的心态，坐得下来、沉得下心，不断学习，不断实践与总结，多阅读学习参考书、论文和标准规范，不断提高管道设计质量和工作效率。一些设计人员在做配管设计时，仅是对设备、管道等设施的摆放布置设计，只要不碰撞、便于支撑、符合防火防爆规范、较为美观，就万事大吉；校审人员列出的问题仅仅是碰撞、间距等表面问题，而涉及工艺配管、管道柔性、材料等重要问题却视而不见，更别提利用技术经济原理进行设计优化。这些不达标的设计成品造成工程成本的浪费，工程质量存在安全隐患。好的压力管道设计成品，就像音乐家用情谱写的一首美妙的歌曲一样沁人心脾，就像厨师精心烹饪的一顿可口的佳肴一样唇齿留香。

压力管道设计是一门综合性的技术，既要求从事这项设计的工程技术人员具有工艺、设备、生产操作、检修和施工等方面的知识，也要求具有材料、力学、机械、设备、结构、仪表、电气等多学科知识，并能够运用好计算机和外语两个最重要的工具，根据拟设计装置工艺、设备、土建、仪表、电气等各专业的设计要求，结合装置建设地地理、地质、水文、气候和气象条件，同时遵循相关法规和规定，用管道及其组件将装置中各设备安全、经济、合理地连接，因此，它是一种系统的、集体的、创造性的智力劳动。

石油化工工程建设项目具有一定的周期性，有些年份炼油装置建设工程较多，有些年份煤制油煤化工装置建设工程较多，有些年份化工装置建设工程较多。在市场经济主导的大环境下，设计单位能中标的装置类型也在变化，这就需要压力管道设计人员能熟练设计炼油、化工、煤制油等各种装置。实践证明，无论是化工、炼油，还是制药装置的压力管道设计，仅是工艺专业设计内容不同，对于压力管道专业设计人员，设计原理和内容是相同的，压力管道设计人员掌握了管廊、塔、容器、反应器、换热设备、加热炉、泵、压缩机、罐等设备、设施及其有关管道的配管设计原理和设计做法，就可以较好地完成这些不同类型装置的设备、设施的压力管道设计。本书将重点以这些设备、设施及其有关管道为主线，对压力管道的配管设计进行详细介绍。

笔者作为压力管道专业负责人参与了几十项国内外大、中型工程的配管设计，主持编写了压缩机、加热炉等多个标准手册。作为压力管道设计、校核、审核、审定人员，常年工作在生产一线，本书融入了笔者在众多国内外大、中型工程中各种装置压力管道设计的实践经验和工作体会总结，书内对各种炼油、化工等装置的管廊、塔、容器、反应器、换热设备、加热炉、泵、压缩机、罐等设备、设施总结并给出了各种典型配管设计实例，在系统地阐述基本理论的同时，结合了许多国内外工程压力管道设计的精华，同时也浓缩列举了一些压力管道设计关键注意点、易犯错误的地方。本书突出介绍了现代计算机技术在压力管道工程设计中的应用及提高工作效率的一些技巧，并结合工程实例对压力管道设计进行了系统的讲解。

同时，笔者结合在国内外众多大、中型工程压力管道设计实践中的经验教训，对国内外各种标准规范进行了特别讲解，分析比较了国内外新版的标准规范。对于压力管道设计常用的标准、规范上已经说明得很清楚的内容，本书只列出了需要参考的标准规范名称，具体内容书中没有赘述；对于容易疑惑的地方，书中多角度地分析、比较，并引用工程实例给予说明。另外，对于标准规范不一致的情况，书中也进行了比较和分析。

本书是笔者多年来日积月累的配管设计实践经验总结，可作为压力管道设计人员日常工作手册和压力管道设计审批人员培训教材，也可作为工程建设项目管理人员和高等院校相关专业师生的参考资料。

感谢中国寰球工程有限公司教授级高级工程师代永清对本书的建议和帮助，感谢施文焕、汪平、金祺等一直关心和支持本书编写的专家和领导。参加本书撰写与校审等工作的还有嵇霞、尚庆雨、路清泉、郝文利、赵银虎、张建秋、商庆军、赵强、卢明亮、宫贵萍等。

由于笔者水平有限，不妥之处在所难免，敬请广大读者提出宝贵意见。

宋岜岜

CONTENTS

目录

第二章　计算机辅助压力管道设计软件 ·· 34

第三章　材料基础知识 ·· 48

第四章　压力管道器材及其选择 ···································· 81

第五章　装置设备布置 ⋯⋯⋯⋯⋯⋯⋯⋯⋯⋯⋯⋯⋯⋯⋯⋯⋯⋯⋯⋯⋯ 218

第六章　管道布置 ……………………………………………………… 368

第七章　压力管道的隔热和防腐蚀

第八章　长输管道和公用管道设计 …………………………………………… 583

第九章　应力分析和管道支吊架

第十一章　压力管道施工与检验 719

第十二章　专业与项目管理 ………………………………………………………………… 738

附录 …………………………………………………………………………………………… 747

参考文献 ……………………………………………………………………………………… 781

第一章 绪　论

第一节　压力管道的概念及特点

一、压力管道的概念

（1）管道　管道（Piping）由管道组成件、管道支承件、隔热层和防腐层等组成，用于输送、分配、混合、分离、排放、计量、控制或截止流体流动。

（2）管道组成件　管道组成件是用于连接或装配管道的元件，包括管子（Pipe）、管件、法兰、垫片、螺栓、阀门以及管道特殊件等设施。

（3）管道支承件　管道支承件（Pipe-supporting Elements）是管道安装件和附着件的总称。

安装件（Fixtures）是将负荷从管子或管道附着件上传递到支承结构或设备上的元件，包括吊杆、弹簧支吊架、斜拉杆、平衡锤、松紧螺栓、支撑杆、链条、导轨、锚固件、鞍座、垫板、滚柱、托座和滑动支架等。

附着件（Structural Attachment）是用焊接、螺栓连接或夹紧等方法附装在管子上的零件，包括管吊、吊（支）耳、圆环、夹子、吊夹、紧固夹板和裙式管座等。

（4）压力管道　压力管道（Pressure Piping）是生产、生活中广泛使用的可能引起燃爆或中毒等危险性较大的特种设备。

各国压力管道定义各不相同。在我国，压力管道不是简单意义上的承受压力的管道，而是《特种设备目录》限定范围的管道。

压力管道，是指利用一定的压力，用于输送气体或者液体的管状设备，其范围规定为最高工作压力大于或者等于 0.1MPa（表压），介质为：

① 气体、液化气体、蒸汽；

② 或者可燃、易爆、有毒、有腐蚀性的液体，或者最高工作温度高于或者等于标准沸点的液体，且公称直径大于或者等于 50mm 的管道。

公称直径小于 150mm，且其最高工作压力小于 1.6MPa（表压）的输送无毒、不可燃、无腐蚀性气体的管道和设备本体所属管道除外，上述气体不包括液化气体、蒸汽和氧气。其中，石油天然气管道的安全监督管理还应按照《安全生产法》《石油天然气管道保护法》等法律法规实施。

在国外需执行所在国家的压力管道定义和分类方法。

1

二、压力管道的特点

《中华人民共和国特种设备安全法》和《特种设备安全监察条例》规定压力管道、锅炉、压力容器（含气瓶）、电梯、起重机械、客运索道、大型游乐设施、场（厂）内专用机动车辆共八类，均是涉及生命安全、危险性较大的特种设备。压力管道的特点包括以下几点。

① 压力管道是一个系统，相互关联相互影响，牵一发动全身。压力管道设计除了要考虑流体温度、毒性、爆炸性、腐蚀性、凝固性、液击，管道系统的柔性、振动、支撑等因素外，还需考虑管道系统有关的设备、设施的布置及设计。

② 压力管道长径比很大，极易失稳，受力情况比压力容器更复杂。压力管道内流体流动状态复杂，缓冲余地小，工作条件变化频率比压力容器高（如高温、高压、低温、低压、位移变形、风、雪、地震等都可能影响压力管道受力情况）。

③ 管道组成件和管道支承件的种类繁多，各种材料各有特点和具体技术要求，材料选用复杂。

④ 管道上的可能泄漏点多于压力容器，仅一个阀门通常就有五处。

⑤ 压力管道种类多，数量大，设计、制造、安装、检验、应用管理环节多，与压力容器大不相同。

三、压力管道概念区分的误区及工程实例

随着我国压力管道安全监察体系越来越完善，设计、制造、安装、监察单位的管理和技术水平的不断提高，国家通过修改压力管道定义范围，减少了一部分监管内容，以降低国家经济运行的成本。笔者遇到有的管道设计人员因区分不清楚压力管道概念而造成设计错误。例如，某地下给排水管道平面布置施工图本来未包含压力管道，不用盖压力管道章，设计人员不需要压力管道资质，但是，设计变更后图内新增了一根含油污水的压力管道，由于专业负责人不清楚压力管道概念，安排的设计、校核、审核人员没有压力管道资质，管道平面布置施工图未盖设计单位压力管道章，属于不合格的设计。

① 氧气管道，设计压力 0.3MPa（表压），DN50。是压力管道，因为这根管线虽然小于 DN150，且氧气不属于可燃气体，但属于特殊要求的压力管道。

② 硫酸溶液管道，设计压力 0.5MPa（表压），DN100。是压力管道，因为硫酸属于腐蚀性液体。

③ 循环水管道，设计压力 1.5MPa（表压），DN1500。不是压力管道，因为循环水不属于可燃、易爆、有毒、有腐蚀性、最高工作温度高于或者等于标准沸点的液体。

④ 热水管道，如设计温度在 100℃以下，无论压力多高、口径多大，均不是压力管道。

⑤ 含盐污水管道。笔者在审定某 12in（1in＝25.4mm）含盐污水管道时，发现这根管道根本不算压力管道，被误归类到了压力管道。虽然工艺专业说管道流体为含盐，是有腐蚀性的液体，但是，根据 TSG D0001《压力管道安全技术监察规程——工业管道》的要求"压力管道中的腐蚀性液体系指：与皮肤接触，在 4h 内出现可见坏死现象，或 55℃时，对 20 钢的腐蚀率大于 6.25mm/年的流体"，这根含盐污水管道内的流体腐蚀性不高，不符合腐蚀性液体的规范要求，这根管道不属于压力管道。

⑥ 氮气管道。笔者发现有的设计单位在划分压力管道时，把氮气当作有毒介质，这是错误的。按照规范要求，氮气属于无毒、不可燃、无腐蚀气体。

我国常见压力管道类别见表 1-1。

表 1-1　常见压力管道类别

管　道	类　别
工业装置内、装置外工艺、公用工程(含蒸汽)管道	GC1、GC2
工业装置内、装置外各种高压水管道(工作温度低于100℃)	非压力管道
工业园区内公用管道(民用、办公楼、食堂等)	GB1、GB2
工业园区内公用管道(工艺装置用)	GC1、GC2
码头到储罐区	GC1、GC2
汽车加油加气站内加气管道	GC1、GC2
厂际管道(油气管道)	GA1、GA2，或 GC1、GC2
厂际管道(其他流体管道)	GC1、GC2
火力发电厂汽水管道(装置内)	GCD
火力发电厂汽水管道(装置外,民用、办公楼、食堂等)	GB2
火力发电厂汽水管道(装置外,其他工艺装置用)	GC1、GC2
火力发电厂油气管道、煤粉管道(工作压力≥0.1MPa)	GC1、GC2
锅炉连接管道	GB2、GC1、GC2、GCD
油气田各种压力注水管道	非压力管道
油田集输管道	非压力管道
油田油气站场内管道	GC1、GC2
天然气、原油、成品油长距离输送管道	GA1、GA2
天然气输气站内油、气管道	GA1、GA2，或 GC1、GC2
天然气输气站内其他流体管道	GC1、GC2
输气管道末站到门站、工厂区管道	GA1、GA2
压缩天然气充气站内管道	GC1、GC2
石油化工厂内厂前区职工食堂燃气管道(工作压力≥0.1MPa)	GB1
城镇燃气管道(工作压力<0.1MPa)	非压力管道
城镇蒸汽热力管道	GB2
城镇热水供热管道(工作温度≥100℃)	GB2
城镇热水供热管道(工作温度<100℃)	非压力管道

注：如果把到石油化工厂内厂前区职工食堂的 GB1 燃气压力管道当作 GC 工业管道设计，可能会产生潜在的不安全。

四、压力管道设计质量和效率的内在因素

设计工作质量和效率受多种因素影响，包括人（压力管道设计人内在因素、团队的自身因素等），机（设计用的计算机硬件、软件等），料（设计输入输出条件等），法（设计方法等），环（设计单位激励和管理制度、项目激励和管理制度、项目进度等）内容。在实际工程设计过程中，制图、设计、校核、审核、审定等压力管道设计人员应各司其职，分工明确，避免职责混乱。一些内在因素也影响着设计质量和效率。

（1）思考　用心思考配管设计方案，优化总结，就像使用多种方法解数学题一样，举一反三地思考。只有通过思考，才能将学习到的压力管道设计知识转变为自己的技能，只有反复地思考和纠错，才能不断地提高压力管道设计工作质量和效率。

（2）学习　压力管道设计涉及的专业知识比较繁杂，并在不断地发展更新。需要日常不断地积累和学习总结。

① 在工程项目实践中学习。能参与或被分派到多种不同装置中，直接实践压力管道设计，将是一个很好的锻炼和实践学习机会。无论是炼油还是化工装置的压力管道设计，实质上是对管廊、塔、泵、压缩机、炉子、平台等设备、设施的布置和管道设计，在学习中应以这些设施的布置和压力管道设计为主线。自学能力非常重要，即使没有机会在不同装置中实践，也可以通过临摹设计（试设计）或间接经验学习等方式掌握这些装置的压力管道设计。

② 在书和标准规范中学习。压力管道设计知识不可能事事都通过实践获得，大部分知

识只能通过间接经验，从参考书、标准规范中获得，一本好的参考书往往起到事半功倍的作用。

（3）创新　近年压力管道设计技术的创新发展越来越迅速，国内外的标准规范更新越来越频繁，压力管道设计规范和理念不断创新。对于减少压力管道设计重复性劳动、提高设计质量、提高工作效率、保证本质安全，起到了很大的促进作用。

（4）实干　做好工程项目压力管道设计，需要在工程项目实践中多实干，踏实、勤奋、敬业，真正担当起压力管道设计、校核、审核、审定的职责。

（5）其他内在因素

① 合作。压力管道设计是一个集体创作的过程，一方面要做好内部的配合，另一方面要与工艺、结构、仪表电气、施工、业主等其他专业人员合作好，还要发挥团结精神处理好日常工作中的各种矛盾。

② 坚持。随着当今社会科技技术的迅猛发展，特别是新工艺、新计算机技术、新材料、新理念等促使压力管道设计技术的发展日新月异，压力管道设计人员必须坚持经常学习新的技术，才能不断提高压力管道设计质量和工作效率。

③ 心态。在生活中努力做到乐观豁达、包容共情。在工作中能够潜心学习，不断积累知识。

第二节　压力管道设计的特点及工程实例

一、压力管道设计的特点

（1）压力管道设计属于多学科综合性专业　压力管道设计是既要求从事这项设计的工程技术人员具有工艺、设备、生产操作、安全生产、检修和施工等方面的知识，也要求其具有材料、力学、机械、设备、结构、仪表、电气、技术经济等多学科知识，还要求其能够运用好计算机和外语两个最重要的工具，根据拟设计装置工艺、设备、土建、仪表、电气等各专业的设计要求，结合装置建设地地理、地质、水文、气候和气象条件，并遵循相关法规和规定，用管道及其组件将装置中各设备安全、经济、合理地连接成为一个系统的、集体的、创造性的智力劳动。

（2）压力管道设计具有严格的法规性　压力管道设计必须遵循相关标准、规范和成功的工程惯例进行。无论是选择管道材料、进行装置设备布置、压力管道布置，还是管道支吊架设计、应力分析，均要遵循相关的标准、规范。压力管道设计依据的国内外标准规范种类繁多，近年新编和升版的压力管道设计有关标准规范呈直线上升状态快速增长，规定的内容或者相同，或者有的有差异和矛盾，需要压力管道设计人员一一分辨并遵循。例如，压力管道设备布置设计用到的防火规范除了 GB 50016、GB 50160、GB 50183 等以外，新增或新版的 GB 50565、GB 50229、GB 50414、GB 51283、JTS 158、NB/T 10045 等防火规范，根据不同类型的工程项目，也可能需要用到，除了上述防火规范，压力管道设备布置设计还可能会用到 GB 50058、SH/T 3011、SH/T 3054、GB 50542、GB 50351、GB 50489、GB 50187、GB/T 51359 等规范。再加上压力管道布置、管道材料、应力分析等设计涉及的国内外标准规范就更多了。

（3）压力管道设计是详细设计的主导专业　压力管道设计是详细设计的主导专业，起着承上启下的作用，随着其他专业设计工作的深入而不断地进行修改和补充，由浅入深、由定性到定量逐步分阶段进行，贯穿了工程设计的全过程。它的工作不但关系到自身的设计安全、质量、进度和费用，而且会对其他相关专业乃至整个装置的设计产生重要的影响。

（4）压力管道设计具有高度的依附性 压力管道设计必须满足工艺、设备、土建、仪表、电气等相关专业的设计要求与拟设计装置当地条件要求以及用户的要求。

（5）压力管道设计图纸复用率低 由于当地条件或用户要求的差异等，即使采用了同工艺、同产品和同规模，压力管道设计却不能照搬，需要重新按照标准规范及其他的规定进行装置设备布置、管道布置、管道支吊架设计、三维模型设计、平面图纸设计等工作。

（6）压力管道设计工作量大且繁杂 很多大、中型项目的压力管道专业设计需要几十人，甚至几百人的共同努力、互相配合才能完成。不同的设计人员之间在设计过程中，相互联系又相互影响。

由图 1-1 和图 1-2 可以看出，在同一石油化工项目中，压力管道专业实际工作日占总工程总工作日的百分比常常是最多的。

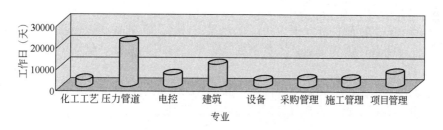

■ 图 1-1　某工程各专业的人工时比较

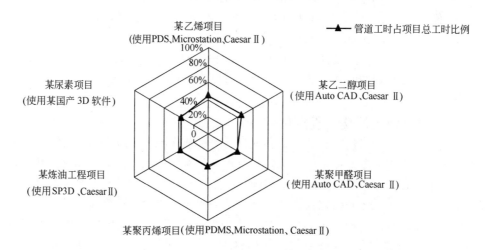

■ 图 1-2　压力管道设计人工时占项目总工时的比例（详细设计阶段）

压力管道设计是一个反复修改、不断完善的过程。例如，某工程压力管道专业使用PDS计算机软件，布置设计了四万多根管线。工程设计从开始到结束，压力管道专业共接收到 11 个版次的 PID 条件，每一个版次都有大批量的修改。有时，即使工艺流程图修改很小一部分，也会造成压力管道专业的设计工作大量返工，甚至前功尽弃，必须重新进行设计。项目在工作高峰时，有 130 多位压力管道设计人员同时工作。

某炼化一体化工程，作为工程设计核心主项内容的"总体外管廊"，在详细设计时，有30多位压力管道设计人员同时工作。

（7）施工现场服务的时间长　压力管道设计的成果，必须经过现场的实际检验，工艺装置安全、顺利地正常运行了，才算基本上完成了压力管道设计。

施工现场正式安装建设时，可能由于业主变更、专业条件改变或设计的原因，引起施工现场设计变更。此时，则需要根据施工现场的实际情况，进行变更设计。

（8）现代的压力管道设计技术对计算机依赖性强　随着计算机技术的迅猛发展，压力管道设计已经大量采用计算机辅助设计和工程计算。计算机已经成为压力管道设计的必要的工具和基本手段，没有现代化的计算机技术作支持，就没有现代化的压力管道设计技术，很多工程项目就不能按时、保质、保量地完成，甚至无法开展。

压力管道专业负责人掌握了一定的压力管道设计计算机技术，才能正确地领导和安排工作；才能够知道在每个设计阶段采用什么样的设计软件最能节省工时、最能提高工作效率；才能在压力管道设计的实践过程中，提出和实施切实可行的优化压力管道设计过程的创新创效成果。

国内外的一些工程软件开发商，不断地开发或升级出新的有利于提高压力管道设计效率和质量的软件，需要压力管道设计人员不断地了解、学习和掌握，以逐渐地从繁杂的设计过程中解脱出来。

压力管道设计人员能够熟练掌握一些常用的压力管道设计计算机软件，并能在此基础上获得一些运用技巧，在压力管道设计时，会达到事半功倍的效果。

二、　PDF 文件转换为 CAD 可编辑版工程实例

有人收到一个由 AutoCAD 转换成的扩展名为 *.pdf 的文件，项目必须使用 *.pdf 中的图纸内容，而 AutoCAD 电子版原图已经找不到，如果重新绘制，一周都难以完成。事实上，已经有专门的小程序软件可以把 *.pdf 文件内的图形直接转换成 AutoCAD 电子图，这样，可能只需要很短的时间，甚至几分钟就可以完成任务。

三、配管材料快捷汇总工程实例

某项目进行管道材料初步统计，有五张 0 号配管图纸（压力管道布置图），一位压力管道设计经验很丰富的专业负责人，带领几位从大学刚毕业的年轻人，用分类数"正"字的方法一个一个地数，在纸上密密麻麻地写满了"正"字，然后用计算器分类加和。每天都在加班，工作了两个月，才勉强完成。其实，在不采用压力管道设计专用软件的情况下，可以使用计算机常用软件，例如采用 Office Excel 的"透视表"功能就可以实现管道材料的快速汇总，Access 也有这种交叉汇总功能。使用这种计算机处理方法在一周内就可以完成使用原始方法两个月才能完成的工作。

四、配管图纸快捷修改工程实例

某压力管道设计人员使用 AutoCAD 花费了几个月，设计好了管道布置平面图。突然，设计条件变了，整个工厂的设计图纸需要以某轴线镜像一下，才能符合实际工程需要。使用 AutoCAD 的"Mirror"命令，镜像后，图形符合了实际需要，可是文字方向反了，如果一个一个地改动，工作量很大。事实上，只要使用 AutoCAD 的"Mirrtext"参数命令，问题

就会立刻迎刃而解。

五、国内外压力管道设计人员资质要求工程实例

管道是一个系统，管道的设计不仅包括管道系统本身的设计，还包括连接的设备、建筑、结构、仪电、道路等设备设施的布置设计。ASME B31 要求压力管道设计人员至少完成 4 年的全日制学位学习，并有 15 年以上有关压力管道设计经验，并有管道荷载、柔性等设计计算经验。

国外的一些设计单位，为了提高设计质量，对压力管道设计工程师的资质、经验、学历、论文等也提出了较严格的要求，有的比 ASME B31 最低要求更加严格。我国最新颁布的 TSG 07《特种设备生产和充装单位许可规则》对压力管道工程师也提出了新的资质最低要求。一名管道设计人员，研究生毕业从事压力管道设计工作，正常一般在工作第 17 年以后，方可获得审定资格。为了保证设计质量和本质安全，一些设计单位颁布的企业标准常比国家最低标准要求更加严格一些。我国 TSG 07 规定压力管道专业负责人需为高级职称，国外有的压力管道规范的规定也非常严格。

第三节　压力管道设计的基本要求及工程实例

一、压力管道设计的基本要求

（1）安全性　压力管道的安全性表现在以下几方面。

① 操作运行风险小，安全系数大，不至于因失效而产生重大事故。

② 运转平稳，没有或者少有跑、冒、滴、漏现象，不至于造成装置短生产周期的停车或频繁停车。

③ 设计时，对可能发生的安全问题做出正确评价，在压力管道布置和装置设备布置时给予充分的考虑，降低事故发生的概率。

安全问题涉及人的生命，是最重要的因素，压力管道设计要把安全问题放在设计的首要位置。设计部门的设计装备、设计环境、设计管理水平、设计质量控制水平、设计手段及其设计人员的责任心、技术水平、设计经验等无不对压力管道的安全性产生影响。一个良好的设计单位，应在上述各个方面做得都比较好。

影响压力管道安全性的因素是多环节、多方位的，每个环节出现问题都将危及其安全性。因此，保证压力管道的安全性要全方位进行。

（2）满足有关专业设计条件　压力管道设计需与工艺、设备、仪表、电气、建筑、结构、安全、阴极保护等专业的设计条件相协调，设计条件的关系见本章第七节详述。

（3）经济性　这是指压力管道的一次投资费用和操作维护费用的综合指数低。一般情况下，如果一次投资费用较高，其可靠性好，操作维护费用低；相反亦然。借助计算机分析可以取最优化的组合。

在设计中，要力争做到管系中各元件具有相同的强度和寿命。

减少装置的占地面积也是降低基建投资的一个有效手段，而减少占地面积又往往与操作、维护、消防以及其他技术需求一定的空间相矛盾。良好的设计应是两者的优化组合。

（4）标准化、系列化设计　进行标准化、系列化设计将有效地减少设计、生产、安装投入的人力和物力，同时给维护、检修、更换带来方便。设计、制造、安装和生产上越来越多

地采用和等效采用国外的一些先进的标准规范。

（5）美观性 进入石油化工生产装置，给人最直观的感觉就是压力管道的布置和设备平面布置，层次分明、美观的压力管道布置是反映设计水准高低的一个很重要的指标。

二、设备布置和管道试镜选型错误引起的事故工程实例

某聚乙烯装置爆炸事故造成 8 人死亡，1 人重伤，18 人轻伤，整个事故调查前后历经半年的时间，事故善后工作一直持续到 2006 年。

由于聚乙烯系统运行不正常，造成压力升高，致使劣质玻璃视镜破裂，导致大量的乙烯气体瞬间喷出，溢出的乙烯又被引风机吸入沸腾床干燥器内，与聚乙烯粉末、热空气形成的爆炸混合物达到爆炸极限，被聚乙烯粉末沸腾过程中产生的静电火花引爆，发生了爆炸。这起事故发生的直接原因是：管道设计人员对管道特殊件——视镜的选型错误；沸腾床引风机入口错误地布置在聚合釜上方，导致视镜或阀门泄漏时，溢出的乙烯被吸入沸腾床干燥器；厂房错误地设计为封闭式的；采购环节存在疏漏。

三、管道断面破裂事故工程实例

横贯加拿大和美国的管道已发生多起严重的断面破裂事故，这些事故已经危及管道的安全问题。仅在加拿大阿尔伯达省发生的管道破裂事故每年就超过 750 起，给人类和环境都造成了潜在的危害。这些管道破裂事故发生的原因主要归于三种：内腐蚀、外腐蚀和第三方破坏。在这些管道破裂事故中，上游管道约占 2/3，而且都发生在阿尔伯达省内；而半数以上又归因于内腐蚀。

四、不清楚工艺原理引起的管道器材选用事故工程实例

某工程管道器材设计人员因不了解工艺原理，仅仅通过管道设计温度、压力、流体介质特性参数，选用了碳钢材质管道等级，实际运行时，装置内因某种原因释放的物料温度在 -40℃ 以下，在高荷载作用下，管道疲劳造成管子裂纹泄漏。如果管道器材设计人员了解清楚工艺原理再进行器材选用，就应该知道只有选用低温钢才能保证管子运行的本质安全。

五、热拱现象引起的配管错误工程实例

在刚开始运行的某工厂，笔者发现某 40″ 高压蒸汽管道错误设计选用了不锈钢管道材料，造成高压蒸汽管道在运行时每几十米起一个上拱形翘空。厂内维护人员和原设计人以为支吊架设计错误，把原管托修改成了倒钩形想限制上拱，但最后把结构横梁顶弯了也没有限制住高压管道的热拱。

其实这种现象管道应力分析无问题，原自然补偿弯布置和支吊架设计没有问题，修改成倒钩形支架无法解决根本问题。笔者分析这个高压蒸汽管道热拱应力问题主要由以下原因引起：①管道材料错误设计选用了不锈钢；②操作人员开工时送的蒸汽温度偏低，这根高压蒸汽管道配套的疏水阀不合格，造成高压蒸汽管道内产生的冷凝水排出不畅通，造成 40″ 管子的底部比顶部低 100℃，这也是造成这根高压蒸汽管道拱起的原因。

一般情况下管道内介质通过管道截面时是均温的，但是有时管道横截面上温度的分布是不均匀的。水平管道的上表面温度高于下表面的温度，管道同一个段上下部的热膨胀是不同的，就产生了热拱（Thermal Blowing）现象。热拱使管道产生相当大的弯曲位移，可能导致管道支架失效、材料疲劳破坏、管道阀门法兰泄漏、结构框架超载等情况。

管道布置设计热拱问题可参考《管道应力分析与工程应用》一书。

六、大高差管道液击与重力流问题的工程实例

长距离油品输送管道、炼油化工厂或电厂等长距离输送液态流体管道可能会遇到大高差管道的设计。笔者发现有些管道设计人员未考虑大高差管道的设计问题。

大高差管道易造成的问题有：

① 管道内介质动压过大；

② 管道内液柱拉断；

③ 管道可能会在通过高点后形成不满流。不满流分为三段：上段为气化段，介质从正压区进入负压区，液体中气核失去稳定性，发生气蚀；中段为加速段，管段上方形成空气和液体蒸汽的空穴，使流体脱离管道边界，形成类似明渠流的流动，在重力作用下流速越来越快，液高越来越小，阻力能耗越来越大，最后达到某一最大流速产生液击，给管道和下游管道或设备造成破坏。管道停运时造成管道最低点静压过大，影响管道的安全。

在设计大高差管道时，设计人员往往会考虑到液击的影响，但经常会忽略由于重力引起的重力流问题，错误地认为管道中不存在不满流，都是满管流。因此很多相关设计的管道在实际运行时，大高差管道的下降管中不是噪声很大就是振动厉害。

管道布置设计液击与重力流问题详见《管道应力分析与工程应用》一书。

七、无补偿器无伸缩缝高速列车铁轨技术在压力管道配管设计中的工程实例

火车，是大家非常熟悉的一种重要的交通和运输工具，而乘坐火车时"哐当哐当哐当……"的声音，也是很多人难以忘却的经历和回忆。不过，坐在今天的火车上，车轮与铁轨间有节奏的"哐当"声响却很难再听得到，坐在高速运行的火车上，刚装好的开水都不会因为颠簸而溢出，也不用担心因为站不稳在车厢里摇摇晃晃。

那么，为什么要使用这种无缝轨道呢？难道真的只是为了消除火车的"哐当"声吗？车轮会对钢轨产生冲击，列车运行速度过高的时候，会有脱轨的危险。当火车的速度超过140km/h之后，就必须要使用无缝线路。

在钢轨衔接的地方总会留有专为钢轨受热膨胀伸长而设的缝隙。如果没有这个缝隙的话，钢轨受热伸长就会相互挤压、扭曲、上拱，使整条铁路变形。如果说现在的铁轨没有缝隙，那么问题来了：铁轨的热胀冷缩问题怎么解决呢？

这种无补偿器、无伸缩缝高速列车铁轨技术在全球铁路行业已普及，在压力管道设计中也可以应用。笔者考察了国外某设计单位的管道设计，有些管道可以不加补偿器敷设，在节省管线长度、增加管线工艺性能、节省投资上具有较好的效益。

八、不清楚管道柔性引起的配管错误工程实例

不清楚管道柔性引起的配管错误工程实例举例见图1-3，详见配管设计参考书《管道应

力分析与工程应用》。

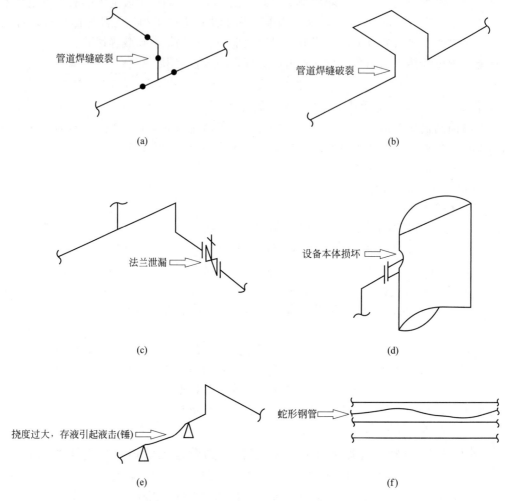

■ 图 1-3   不清楚管道柔性引起的配管错误工程实例

九、压力管道模块化设计及工程实例

用积木搭建一栋自己设计的房子，是不少人童年美好的回忆。石油化工装置也能像搭积木一样建造起来。随着计算机设计技术、施工机械化程度提高，现代化大型吊装运输能力不断增强，模块化设计、制造正在取代传统设计与传统现场施工。

模块化技术起源于 19 世纪 70 年代，随着近些年数字化、智能化设计手段的提高，模块化设计又被注入了新的因素。装置模块化设计是通过集成设计，将石油化工装置按区域划分成若干可在制造厂或项目建设场地内进行建造的模块，现场完成组装和连接，以最大限度地减少项目现场施工量的设计过程。

笔者参与负责设计的某国外工程采用模块化设计与施工，建设工期减少了 50%，恶劣环境施工现场人员减少 70%。压力管道专业主导的模块化设计，在设计时将整套装置分为了若干个模块，在异地独立的生产车间内，所有的设备、管道、仪表、电线等都在钢结构的框架内进行预组装，完成后被运往施工现场，与公用设施对接并进行拼装。

1. 模块化设计建造的优势

模块化设计建造具有诸多优势，包括工期短、施工现场人员少、施工效率与质量可控性更好、施工安全性更高等。

（1）工期短　传统建设工程需要先完成建筑工地土建，再进行上方工厂管道建设。而模块化设计建造，由于工厂在异地车间预制，土建和管道建设可以同时进行，因此能够节省工期。

（2）施工效率高　这种异地车间预制在厂房内进行，不受天气、环境等外界因素的影响，因此工人的工作效率显著提升，工程质量也更高。传统的装置建造在雷雨天就得暂停焊接工作，而厂房内则完全没有这些因素的干扰，温度、湿度得到控制，还大大提高了焊接的质量。

（3）安全性高　预制模式还免去了不少安全和污染隐患，提高了施工安全性。传统建设工程需配置固定脚手架，施工人员爬上爬下有不少潜在风险。而车间内预制建造，减少了固定脚手架。预制车间内还能进行管道自动焊接，没有烟雾、减少噪声。

2. 模块化设计的特点

尽管模块化设计建造好处较多，但想要建成一座模块化工厂着实不易。需要考虑设计及模块化施工的限制很多，例如，石油化工装置一些大型设备无法分割成能运输的模块，一些高温高压剧毒流体管道的模块化设计也有较大的问题，特别是预制模块"最后两公里的陆路运输条件"影响较大。

首先进行道路勘察，包括运输时将经过的轮船、码头、陆路等情况，在掌握模块制造、运输、拼装过程中的各项外界因素后，再着手设计。

模块化设计中既要考虑装置本身，也要考虑模块的分割问题。例如，有的装置大型设备不能拆分，每个模块设计都需符合运输条件，模块间的连接也要尽量减少。模块在吊装、运输中的变形会对拼装造成困难。需要全方位计算模块的受力条件，找到精确的重心，从而结构专业可以精准设计钢结构和模块的连接。

① 装置应具备成熟的工艺，在工艺流程中将每个工艺单元划分成若干具有完整工艺过程功能的区块。机泵、换热器等设备应尽量选择体积小的设备。如果设备尺寸较大无法满足模块布置要求，则需进行设备拆分划块。

② 将设备、管道、电气、仪表、平台和梯子等尽可能集中布置在模块内。减少模块或模块组之间的接口。

③ 设计时需满足标准规范对安全、操作、维护和检修等空间的要求。管道设计还需考虑运输、吊装过程中临时加固措施。泵、换热器等设备和管道阀组等安装在钢结构底板上。

④ 每个模块的尺寸需严格控制在最大尺寸和最大重量范围内。将超大设备整体或局部单独视作一个模块设计。例如，可将加热炉整个炉体分为对流室、辐射室、余热回收和烟囱等几个模块，有些平台设计为可拆卸式平台，以满足运输的要求。

⑤ 模块化设计制图，可采用三维或二维软件设计。设计文件以模块为基本单位完成，文件编号细分到每个模块。

⑥ 模块内部的钢结构以焊接为主，模块之间的钢结构连接尽量采用螺栓等形式连接，模块中的辅助支承构件、设备管道的临辅助运输时支件可采用螺栓连接，以便于组装就位后拆除。

⑦ 模块之间管道连接处可采用法兰或焊接连接，对于高温、高压、有毒和可燃介质管道宜采用焊接连接。模块在制造厂内完成模块内部管道、结构涂装，完成设备和管道的无损

检验、吹扫试压、绝热涂漆、仪表及平台安装。模块建造完成后需对相邻的模块在制造厂内进行预拼装，确保在项目现场模块的精准对接。

⑧ 模块之间的仪表、电气等电缆需在项目现场完成。

3. 模块化建造的过程及问题

预制完成后，数日的海路、陆路运输及运输起吊期是对模块结构的一次严峻检验。避免吊装时模块变形。所有的模块运到现场后，完成整套装置的拼装，所有螺栓进行连接。

相对于传统装置的建设模式，模块化设计周期和模块运输时间有所延长，相应增加制造模块的运输防护、装卸、钢结构、防变形辅助支承构件、大型吊装等费用，从而导致设计、施工费用的增加。因此，装置是否采用模块化设计还需充分考虑项目工程的综合造价和总体进度。

在一些建设地人工成本更高、气候环境恶劣的地区，压力管道模块化设计建造具有优势。对于一些工艺流程标准化程度较高的石油化工装置，模块化设计成为一种理想的建造方案。

十、设计文件 DN 错误写成英寸单位工程实例

笔者见到有的设计单位图纸文件上出现 $DN \leqslant 1\frac{1}{2}''$ 的管道，显得不伦不类，没有真正理解压力管道公称直径英制与公制的关系与含义。因为按照国内和国外规范要求 DN 后面只能跟 mm 单位的数值，上面的式子应写为：$DN \leqslant 40mm$。如果要写成英寸，可用 NPS，上面的式子应写为：$NPS \leqslant 1\frac{1}{2}''$。

但是，对于国内 GB 类管道的聚乙烯（PE）管道，用 d_n 表示管材的公称外径，例如 $d_n 200$，表示公称外径为 200mm 的聚乙烯（PE）管道。

De、DN、d、ϕ 等与管径有关的含义与比较见《工业管道配管设计与工程应用》一书的详细讲述。

十一、罐区内不设计高管廊的原因及工程实例

常压罐区、压力（球）罐区内的管廊通常为 1～2 层的矮管廊（地墩），不设计成高管廊，主要依据防火规范对消防的要求。如果设计成 3～4 层或更高的高管廊，就与防火消防规范冲突了，一旦有事故发生，这种不好的设计可能会造成罐区的安全和消防事故。一些设计质量较好的工程，罐区内仅为 1 层矮管廊（地墩）。需要有经验的压力管道设计人员在总图规划阶段提出合理占地，避免后期因管墩上管子放不下，而不得不错误地设计成高管廊。

十二、防火堤设计成 3.2m 高的原因及工程实例

石化常压罐组防火堤高度一般不应超过 2.2m，这是为了方便消防人员手持移动式水枪对油罐进行灭火作业。但是，如果按照 2.2m 计算，大型油罐罐组防火堤的有效容量很难达到一个最大罐的罐容。现在消防队扑救油罐火灾，主要是依靠消防车辆进行作业，防火堤可以适当增高，以使大型油罐罐组防火堤的有效容量达到一个最大罐的罐容，因此，根据石油库防火规范，罐组防火堤高出消防道路的高度按照不应超过 3.2m 设计，也是合理的。围堰和防火堤设计的详细讲述见本书第五章。

第四节 压力管道的分级（类）

一、《特种设备生产单位许可目录》的管道分级（类）

压力管道划分为三大类：长输管道、公用管道、工业管道。

长输（油气）管道，是指产地、储存库、使用单位之间的用于输送商品介质的管道。包括输油管道和输气管道。

公用管道，是指城市或乡镇范围内的用于公用事业或民用的燃气管道和热力管道。

工业管道，是指企业、事业单位所属的用于输送工艺介质的工艺管道、公用工程管道及其他辅助管道。包括工艺管道、动力管道和制冷管道。

其中，动力管道，是指火力发电厂用于输送蒸汽、汽水两相介质的管道。

在我国压力管道定义及监察管理范围规定见表 1-2。

表 1-2 我国的压力管道监察管理范围

许可级别		许可范围	备注
长输管道（包括输油管道和输气管道）	GA1	1. 设计压力大于或者等于 4.0MPa（表压，下同）的长输输气管道 2. 设计压力大于或者等于 6.3MPa 的长输输油管道	GA1 级覆盖 GA2 级
	GA2	GA1 级以外的长输管道	—
公用管道	GB1	燃气管道	—
	GB2	热力管道	—
工业管道（包括工艺管道、制冷管道、动力管道）	GC1	1. 输送《危险化学品目录》中规定的毒性程度为急性毒性类别 1 介质、急性毒性类别 2 气体介质和工作温度高于其标准沸点的急性毒性类别 2 液体介质的工艺管道； 2. 输送 GB 50160《石油化工企业设计防火标准》、GB 50016《建筑设计防火规范》中规定的火灾危险性为甲、乙类可燃气体或者甲类可燃液体（包括液化烃），并且设计压力大于或者等于 4.0MPa 的工艺管道； 3. 输送流体介质，并且设计压力大于或者等于 10.0MPa，或者设计压力大于或者等于 4.0MPa 且设计温度高于或者等于 400℃ 的工艺管道	GC1 级、GCD 级覆盖 GC2 级
	GC2	1. GC1 级以外的工艺管道 2. 制冷管道	—
	GCD	动力管道	—

二、美国国家压力管道标准的管道分级（类）

美国管道规范属 ASME B31。ASME B31 包括以下七部单独出版的压力管道美国国家标准。

① ASME B31.1《动力管道（Power Piping）》。

② ASME B31.3《工艺管道（Process Piping）》。

③ ASME B31.4《液态烃和其他液体管道输送系统（Pipeline Transportation Systems for Liquid Hydrocarbons and Other Liquids）》。

④ ASME B31.5《制冷管道（Refrigeration Piping）》。

⑤ ASME B31.8《输气和配气管道系统（Gas Transportation and Distribution Piping Systems）》。

⑥ ASME B31.9《建筑管道（Building Services Piping）》。

⑦ ASME B31.11《浆液管道输送系统（Slurry Transportation Piping Systems）》。

每部标准均包括设计、材料、管道组件限制、制作、装配、安装、检查、检验和试验等内容，是一部完整的综合性标准。其中 ASME B31.3《工艺管道》内容涉及化工和石油化工等行业的管道，原标准名为《化工厂和炼油厂管道》。该标准最初由美国标准协会（ASA）组织编制，美国机械工程师学会（ASME）主专业委员会成员来自约 40 个不同的工程学会、行业、政府管理局和各商业团体。首版标准于 1935 年问世，即《美国试行标准——压力管道规范》。1942 年正式以标准号 ASA B31.1 出版。1955 年决定单独出版不同行业的压力管道规范，以适应不同行业的要求，这导致了上述 B31.4、B31.5 和 B31.8 等标准的出版和ASA B31.3—1959《炼油厂管道》的出版。

由于 1967~1969 年美国标准协会（ASA）先改名为美利坚合众国标准学会（USAS），后又改名为美国国家标准学会（ANSI），故 1973 年标准代号改为 ANSI B31.3。1976 年因并入了化工厂管道内容而更名为《化工厂和炼油厂管道》。1978 年美国国家标准 B31 委员会改组为 ASME 压力管道规范 B31 委员会，自 1980 年后各版标准分别以 ANSI/ASME B31.3，ASME/ANSI B31.3 和 ASME B31.3 代号出版，1996 年版更名为 ASME B31.3《工艺管道》，一直沿用到现在的最新版 ASME B31.3，其发展概况见表 1-3。

表 1-3　ASME B31.3 的发展概况

标准代号及名称	说　　明
American Tentative Standard Code for Pressure Piping	美国试行标准　压力管道规范
ASA B31.1 American Standard Code for Pressure Piping	新编制冷管道部分
ASA B31.1a—1994	增补
ASA B31.1a—1947	增补
ASA B31.1—1951	全面修订:新材料、新标准、澄清规范要求
ASA B31.1a—1953	增补
ASA B31.1—1955	修订版
ASA B31.3—1959 Petroleum Refinery Piping	1955 年决定编制出版各行业的单独规范,该规范取代了 B31.1—1955 中第三部分
ASA B31.3—1962	修订版
ASA B31.3—1966	修订版
	美国标准协会(ASA)更名为美利坚合众国标准学会(United States of American Standard Institute)
	更名为美国国家标准学会(ANSI)
ANSI B31.3—1973	
ANSI B31.3a—1973	增补
ANSI B31.3b—1974	增补
ANSI B31.3c,d—1975	增补
ANSI B31.3—1976 Chemical Plant and Petroleum Refinery Piping	将原计划的《化工厂管道》ANSI B31.6 并入 B31.3 更名为《化工厂和炼油厂管道》
	5 次增补
ANSI/ASME B31.3—1980	1978 年美国国家标准 B31 委员会改组为 ASME 压力管道规范 B31 委员会,更改标准号,非金属内容单独成章
ANSI/ASME B31.3—1984	将低温管道并入 B31.3,包括 3 次增补

续表

标准代号及名称	说　明
ASME/ANSI B31.3—1987	包括3次增补,改编附录A的表,改编第Ⅴ和第Ⅵ章,增加第Ⅸ章(高压管道),包括3次增补,增加附录Ⅹ《金属波纹膨胀节》和附录Z《技术询问的准备》
ASME B31.3—1990	
ASME B31.3a—1990	
ASME B31.3b—1991	
ASME B31.3—1993	
ASME B31.3a—1993	
ASME B31.3b—1994	
ASME B31.3—1996 Process Piping	更名,首次应用SI单位

ASME B31 委员会是常设机构,为及时反映材料、建造和工业实践中的新发展,每3～5年发布新版标准;各修订版之间,基本上每年发表增补,以反映标准的最新修订动态,增补中的内容在发布6个月后生效。

美国国家标准 ASME 压力管道规范 ASME B31.3,根据输送流体性质和泄漏时造成的后果,将管道输送的流体分为 D 类、M 类、高压和常规四类流体工况 (Fluid Service)。

① D 类流体工况 (Category D Fluid Service):不易燃、无毒、并且在规定操作条件下对人类肌体无害;设计表压不大于 1035kPa (150psi 或 1.05MPa);设计温度在 －29 (－20)～186℃(366℉) 之间。

② M 类流体工况 (Category M Fluid Service):有剧毒,在输送工程中如有较少量泄漏到环境中,被人吸入或与人体接触时能造成严重的和难以治疗的伤害,即使迅速采取措施也无法挽救。

③ 高压流体工况 (High Pressure Fluid Service):业主规定按 ASME 标准的高压管道进行设计和建造的工况。

④ 常规流体工况 (Normal Fluid Service):即不受 D 类、M 类或高压流体工况管辖的管道。

流体类别的确定可以参考 ASME B31.3 附录 M (Appendix M Guide To Classifying Fluid Services) 的程序图。

流体类别确定后即可按照 ASME B31.3 有关章节的具体要求对输送流体的管道进行设计、加工和检验。

三、 GB 50316、GB 50235、SH/T 3059、SH/T 3501、GB 50517 的管道分级（类）

《工业金属管道设计规范》(GB 50316),根据输送的流体性质和泄漏时造成的后果将管道分为 A1、A2、B、C、D 五类流体管道,新版的 GB 50316 将按照新的分类方法划分。

《工业金属管道工程施工规范》 (GB 50235),按国家有关规定划分为 GC1、GC2 和 GC3。除压力管道以外的其他管道,按 C 类流体管道和 D 类流体管道分类。新版的 GB 50235 将取消 GC3。

《石油化工管道设计器材选用规范》(SH/T 3059)与《石油化工金属管道工程施工质量验收规范》 (GB 50517)将管道分为:SHA1、SHA2、SHA3、SHA4、SHB1、SHB2、SHB3、SHB4、SHC1、SHC2、SHC3、SHC4。《石油化工有毒、可燃介质钢制管道工程施工及验收规范》（SH/T 3501）包括：SHA1、SHA2、SHA3、SHA4、SHB1、SHB2、SHB3、SHB4。新版的石油化工管道分级（类）的流体毒性将依据《危险化学品目录》中规定的毒性。

四、长输管道、公用管道、工业管道、动力管道设计分界及工程实例

长输管道、公用管道、工业管道（含动力管道）标准规范均有适用范围要求，对管道设计的规范要求差别较大，不能混用，应首先区分清楚标准规范的适用范围界线。例如，对于输油输气管道，在长输管道标准规范内要求埋地敷设，但是在工业管道规范中要求应架空或沿地敷设。对于大型炼化一体化工程，常会遇到长输管道、公用管道、工业管道及动力管道，设计分界见 GB/T 34275《压力管道规范　长输管道》、GB/T 38942《压力管道规范　公用管道》、GB/T 20801《压力管道规范　工业管道》的规范上的示意图。

五、厂际管道的区分及压力管道分类

在工程设计中，常遇到厂际管道（Pipeline between the Plants or District）的设计，不同的国内外规范，设计要求可能不同。

在 GB 50160《石油化工企业设计防火规范》中，厂际管道指敷设在石油化工企业、油库、油气码头等不同围墙界区之间且通过公共区域、长度小于等于 30km 的输油输气管道。

在 GB/T 51359《石油化工厂际管道工程技术标准》规范中，厂际管道指石油化工及煤化工企业、石油库、石油化工码头等相互间的输送可燃气体、液化烃和可燃液体管道（石油化工园区除外）。其特征是敷设在石油化工及煤化工企业、石油库、石油化工码头等围墙或用地边界线之间且通过公共区域，长度小于或等于 30km。

厂际管道的特点是企业围墙或用地边界线之间、通过公共区域，长度≤30km。厂际管道长度限定在 30km，考虑了与长距离输油管道的两切断阀间距相协调。一般情况下，长距离输送油气管道长度在 50km 以上，有中间泵站或加压站等特征，而厂际管道通常是多条管道并列敷设，无中间泵站或加压站，这一长度也基本涵盖了目前石油化工企业不同围墙或用地边界之间的油气管道长度。厂际管道不属于地区输油（输气）管道，也不包括石油化工园区内公用的输送可燃气体、液化烃和可燃液体的管道。一般定义厂际管道为 GC 类。

六、 GB 类公用管道和 GC 类工业管道的区分

公用管道：是指城市或乡镇范围内的用于公用事业或民用的燃气管道和热力管道。

工业管道：是指企业、事业单位所属的用于输送工艺介质的工艺管道、公用工程管道及其他辅助管道。如果是用于公用事业或者民用则属于公用管道，否则属于工业管道。公用事业是指具有各企业、事业单位和居民共享的基本特征的，服务于城市生产、流通和居民生活的各项事业的总称。通称城市基础设施或市政服务事业，民用更好理解，住宅或商业。当然，工厂内的宿舍、食堂并非公用事业或民用。

对于城镇燃气厂站内的压力管道，一般按 GC 类压力管道执行。

七、 GC 类管道和 GCD 类管道的区分

动力管道 GCD 是指火力发电厂用于输送蒸汽、汽水两相介质的管道。与 GC 类工业管

道区分一般是以界区线或者围墙物理区分，这也是不少工厂，同一根管道，布置、壁厚、材质和应力分析及支架设计迥然不同的原因，因为依据的标准规范不同。

GCD类动力管道并入GC类工业管道的设计是以后的发展趋势。

第五节 压力管道设计的任务

国内外工程设计单位的压力管道设计通常包括以下内容。

一、装置设备管道布置

管道布置（配管设计）应包括装置设备布置设计和管道布置设计两部分。

装置设备布置设计是指通过计算机三维模型、电子CAD图或者图纸将一个生产装置所用的机械、设备、建筑物、构筑物等按一定的规则进行定位的设计过程。它涉及工艺流程要求，生产操作和检修要求，与四邻关系的要求，所在地形、地貌和面积大小的要求，自然环境和生活环境的要求等。装置设备布置设计的好坏直接影响到装置的操作、检修、安全、美观和经济性；它对管道设计也起到一个宏观控制作用。

管道布置设计是通过计算机三维模型、电子CAD图或者图纸来表示出管道位置、走向、支承等，并能满足工艺流程的要求，满足管道强度、刚度的要求，满足操作、维护、消防的要求等，最后给出管道及其元件的用量。

管道布置设计首先要了解设计条件和用户要求，然后确定设计应用标准规范，并由管道材料专业确定管道等级，最后进行管道走向、支承、操作平台等方面的综合规划和布置，并将有关的、必要的管道由管道机械专业进行应力分析。

（1）设计条件 设计的条件应包括装置建设的环境条件（如温度、湿度、风力、风向、雨雪、地震、地质、周边环境等）、工艺条件（如水、电、汽、风等公用工程条件及装置规模、介质性质、介质温度、介质压力、开停工时间、操作工况等）、建设周期（如设计计划表、采购计划表、施工计划表和开工时间等）等。用户有时也常提出一些要求，如操作要求、安全消防要求、环保要求、器材标准要求、设计文件编制内容要求等。设计条件和用户要求都是设计的基础条件。合理的设计在于把这些条件中提出的要求赋以运用，既要十分重视这些要求，又要对某些要求进行适当的平衡，最终做到在技术、经济、安全等方面均为最佳。

（2）管道走向 管道的走向设计就是确定管道以怎样的一个空间、路径和形状把相关的设备连起来。良好的管道走向应规则整齐，建设费用最低，运行起来安全可靠。具体设计过程中应考虑下面一些原则：管道的走向应满足工艺要求，距离最短，不妨碍操作和检查，不妨碍设备的检修，能够排凝排气，支架容易设置，热胀补偿容易进行等；多根管道在一起时应排列整齐，交错层次分明，并尽可能共用支承；并排的法兰和阀门应相互错开以便于操作，并减少间距以节省占用空间；操作点应集中设置；多路管道的布置应对称布置，不能使各路介质相互干扰或发生偏流等。

（3）管道定位 管道的定位就是在管道走向确定的情况下详细计算并确定管道的定位尺寸。在确定管道的定位尺寸时应充分考虑隔热及防腐等施工的影响，热胀位移的影响，法兰及阀门操作检修的影响，仪表元件对管道结构尺寸的要求，管道及其元件的安装空间要求，支承生根位置的要求等。

（4）阀门定位 阀门的定位首先应满足工艺的要求，其次尚应满足操作、维护的要求，同时还应考虑防冻、防凝要求，大阀门的支承要求，管道振动、热胀等对阀门强度可靠性的影响等。

（5）操作平台设置　操作平台的设置除满足管道的操作要求之外，尚应考虑设备上仪表、人孔、手孔、视镜等方面的操作维护要求，同时还应考虑设备部件、管道元件的检修要求，巡回检查要求，爬梯或梯子的安全设置要求，消防要求，照明要求等。操作平台一般由相应的设备、加热炉、土建等专业设计，配管专业应向这些专业提供所需要的平台资料。操作平台的委托资料应包括平台的大小、平台荷载、梯子形式等内容。

（6）放空排净设计　放空排净的设计要满足管道开、停工以及管道液压试验时的高点排气、低点排净的要求。管道在高点存气时会造成管道的气阻、相连泵的抽空或汽蚀及停工时因燃气的积存而产生火灾危险等，而管道在低点存液时会造成介质的凝冻或停工时因燃油的积存而产生火灾危险等。因此，对于管道的高点和低点应设置相应的排气或排净设施。在进行管道的高点排气或低点排净设计时，尚应考虑对环境污染的问题。

（7）隔热设计　管道隔热的目的是减少管道在运行中的热量或冷量损失，以节约能源；避免、限制或延迟管道内介质的凝固、冻结，以维持正常生产；减少生产过程中介质的"温升"或"温降"，以提高相应设备的生产能力；防止管道表面的结露；降低和维持工作环境温度，改善劳动条件，防止因热表面导致的火灾和防止操作人员烫伤。管道的隔热设计就是通过选取适当的隔热材料和隔热厚度以满足上述的要求。

（8）防腐设计　防腐的设计是通过选取适当的防腐涂料和防腐结构，以达到管道及其元件免遭环境腐蚀的目的。在选择防腐涂料时，应考虑它与被涂物的使用条件相适应，与被涂物表面的材质相适应。防腐涂料的底漆与面漆应正确配套，并且要求所选涂料应经济合理，并具备施工条件。

（9）支吊架设计　支吊架的设计应满足管道强度和刚度的需要，同时尚应能有效地降低管道对机械设备产生较大的附加荷载，防止管道的振动等。管道支吊架的设计包括支吊架形式的选用、支吊架材料的选用、支吊架强度的计算、生根点的荷载委托等方面的内容。

（10）仪表元件定位　仪表元件的定位应满足仪表元件的操作、观察、维护等方面的要求，同时尚要考虑仪表元件对管道结构尺寸的要求（如孔板前、后的直管段要求）、仪表附属元件对操作空间的要求（如浮球液位计对空间的要求、仪表箱开启对空间的要求等）等。

（11）取样设计　取样的设计应满足操作方便的要求，同时尚应考虑取样时的危险性、取样介质的新鲜性、对环境的污染以及防冻防凝的要求等。不同的介质，其取样位置、接头方式和取样设施有所不同。

（12）伴热设计　伴热包括电伴热、蒸汽伴热、热水伴热和热油伴热，后三者需要管道设计人员设计伴热站位置，确定伴热管的始、末端，画出伴热图，统计伴热材料。

（13）计算机四维、三维模型、两维电子图纸的设计　以前，由于计算机水平落后，压力管道设计人员只能徒手在图纸上一笔一画地绘制，把装置设备布置设计和管道布置设计的内容表述出来。现在，更多的是使用效率高的计算机专用软件辅助设计。

使用四维、三维、二维多专业协同压力管道设计，在设计过程中，还需要进行碰撞检查、轴测图的自动抽取、平面图的切取、平面图的标注等工作内容。

（14）图例标识及图幅安排　图例的标识及图幅的安排应符合绘图规范的要求，并便于识别。图面应清晰整洁，线条分明，表达完整，与相关设计文件的连接表达清楚等。

（15）设计接口　在管道设计的各阶段，应陆续向相关专业提交有关的设计条件。这些资料大致包括设备管口方位、建构筑物的形式及结构尺寸、设备附加管道重量情况（有时是与有关专业一道向土建专业提供设备基础荷重资料）、管架上的管子重量及可预见的管子推力、平台梯子资料、建构筑物开孔埋件资料、照明资料、给排水接点资料、排污点资料、仪表元件位置资料、工程实物量（给技术经济专业或费用控制专业）等。

（16）设计文件的编制　在完成管道的详细设计之后，应编制相应的文件资料，使它与管道设计图纸一起组成一个完整的管道设计文件。这些文件资料应包括资料图纸目录、管道设计说明书、管道表、管道等级表、管段材料表、管道材料表、管道设备规格表、管道设备规格书、管道支吊架汇总表、非标管道设备图、非标支吊架图等。

资料图纸目录分区域目录和装置目录两种。如果该装置不分区，可只编装置目录。资料图纸目录应包括该装置中管道设计专业编制的所有图纸、文件资料和复用设计文件资料的目录，并按照文字资料、图纸、复用文件的先后顺序编排。

管道设计说明书应包括管道的设计原则、设计思路、执行规范、典型配管研究、典型的管道柔性设计数据、与仪表专业的分工、识图方法（图例）、施工要求、采购要求、其他要说明的问题等。

管道等级表是针对一系列介质条件而编制的管道器材应用明细表。它包括等级号、设计条件（设计压力、设计温度和介质）、管道公称压力等级、管道壁厚等级、管道元件材料、管道元件形式、管道元件应用规范和材料规范等内容。一般情况下，管道等级表是由管道材料工程师完成的。

管道材料表和管道设备规格表是管段材料表的分类汇总（有的工程公司把这两个表合在一起称为管道材料汇总表），是采购和备料的重要设计文件。前者主要包括了管子、弯头、三通、大小头、管帽、加强管嘴、加强管接头、异径短节、螺纹短节、管箍、仪表管嘴、漏斗、快速接头、法兰、垫片、螺栓、螺母、限流孔板、盲板、法兰盖等管道器材元件的分类汇总。后者则主要包括了阀门、过滤器、疏水器、视镜、弹簧支吊架等管道器材元件的分类汇总。完整的描述应包括管道元件名称、结构形式、规格、数量、压力等级（或壁厚等级）、连接方式、材料、材料规范、应用标准及其他需要说明的属性等内容。另外，作为装置的管道材料表和管道设备规格表还应计入施工损耗附加量。

管道设备规格书是一个采购用的设计文件，当管道设备规格表不能完全表达管道设备的属性时，应编制该文件。管道设备规格书除给出上述管道设备规格表所包含的内容外，还应给出设计条件、详细结构描述、分解零部件材料等特殊要求。有时，管道设备规格书并不纳入出版的设计文件中，而是作为订货技术文件编入采购时的订货技术附件中。

管道支吊架汇总表是将装置中采用的支吊架进行分类汇总的一个设计文件，它为支吊架的采购和工厂预制提供了方便。

非标管道设备图和非标支吊架图是针对标准之外的管道设备和支吊架而绘制的制造详图。这一类图纸不宜太多，换句话说，应鼓励选用标准的管道设备和支吊架，这样做有利于降低工程投资，加快设计、制造、施工等各阶段的进度。

管道布置是一个繁杂而细致的设计过程，它占据了压力管道设计过程中的大部分工作量。配管工程师在进行管道布置时，除了应具备管道布置的必备知识，还要具备管道材料设计和管道机械设计的一定知识，才能真正地做好装置设备布置设计和管道布置设计。

二、管道材料

（1）管道材料设计的内容

① 管道材料选用及等级规定。

② 隔热工程规定。

③ 防腐与涂漆工程规定。

④ 管道材料工程规定。

⑤ 设备隔热材料一览表。

⑥ 管道隔热材料一览表。

⑦ 设备涂漆材料一览表。

⑧ 管道涂漆材料一览表。

⑨ 综合材料汇总表。

⑩ 非标管件图。

⑪ 管道材料请购文件。

管道材料设计影响到压力管道的可靠性和经济性。管道的材料设计涉及管道器材标准体系的选用、材质选用、压力等级的确定、管道及其元件形式的选用等。

（2）压力管道材料的汇总　如果使用四维、三维、二维多专业协同压力管道辅助设计软件，则需要完成计算机软件管道材料数据库的建立。建立的依据就是"管道材料等级表"在装置设备布置设计和管道布置设计完成时，使用软件的自动汇总材料功能，可以快速整理好材料的各种报表。

三、管道应力

管道应力设计的核心是管道的机械强度和刚度问题，它包括管道及其元件的强度、刚度是否满足要求，管道对相连机械设备的附加荷载是否满足要求等。通过对管系应力、管道机械振动等内容的力学分析，适当改变管道的走向和管道的支撑条件，以达到满足管道机械强度和刚度要求的目的。管道机械设计进行的好坏，影响到管系的安全可靠性。

根据作用荷载的特性以及研究方法的不同，可将管系的力学分析分为两大类，即静应力分析和动应力分析。静应力分析的对象是指外力与应力不随时间而变化的工况。动应力分析的对象是指包括管道的机械振动、管道的疲劳等外力与应力随时间而变化的工况。管道的支吊架设计一般是随着管道布置由配管工程师完成的，它与管道的机械强度息息相关。当管道的力学分析不能满足要求时，往往要通过调整支吊架的数量、位置和方式等使其满足要求，因此管道的支吊架设计在此也列入管道应力研究的范畴。

Caesar Ⅱ、Bentley AutoPipe、PipeNet 等压力管道应力分析计算机软件的应用，大大方便了压力管道应力分析工作。

现代的应力分析计算机软件的输入功能使管道应力分析工程师更容易操作，软件的输入格式大大减少了建模时间。管道应力分析工程师可以只查看所关心的问题，模型一旦建成，自动错误检查将检查管道应力分析工程师的输入，从管系的透视图和可能的错误警告中确保建立的模型是正确的。错误检查完成后，管道应力分析工程师只要告诉应力分析计算机软件，程序将自动进行静态和动态分析。

第六节　压力管道设计阶段的划分

一、设计阶段的一般划分

一般情况下，压力管道设计可分为总体设计、基础设计和详细设计三个阶段。

总体设计（General Design）阶段：为了控制大型建设项目的工程设计规模、设计标准、总布置，对总工艺流程、总平面布置、总定员、总进度和总投资的控制目标的设计。

基础设计（Basic Design）阶段：在工艺包基础上进行的工程前期设计。

详细设计（Detail Design）阶段：为施工而进行的设计，国内常称为施工图设计。

在国内，还有初步设计阶段，是在工艺包基础上，为报政府部门或上级单位批准的工程前期设计。初步设计的设计内容深度，需要按照相关行业的专门规定，初步设计只是一个总体的规划，主要目的是报政府部门或上级单位审批。对于国外工程项目的设计阶段一般划分为基础设计阶段、详细设计阶段，有的工程项目还有 Feed（前端工程设计）阶段。对工程项目设计阶段的详细介绍，可参见《工业管道配管设计与工程应用》一书的第一章。

二、各设计阶段的内容和深度

在实际工程项目中，压力管道各设计阶段的内容和深度，应参考本行业的具体规定，或者根据项目合同商定的具体内容而定。

各行业在基础设计和详细设计两个阶段对设计深度均有不同的具体规定。

化工行业有《化工工艺设计施工图内容和深度统一规定》（HG/T 20519）。石化行业压力管道设计阶段的内容和深度规定包括：《石油化工装置基础工程设计内容规定》和《石油化工装置详细工程设计内容规定》。

对于初步设计，中国石油天然气集团公司有《化工项目初步设计内容规定》，化工行业标准有《化工工厂初步设计文件内容深度规定》（HG/T 20688），不同的规定，初步设计内容深度的规定也不同。对于总体设计，中国石油化工总公司有《石油化工大型建设项目总体设计内容规定》。

三、设计深度错误的工程实例

某工程公司的一位压力管道专业的负责人，在参与和业主的合同谈判时，由于对设计阶段的概念和规定不是很了解，误认为初步设计就是基础设计。并且，设计文件大部分为英文，这位压力管道专业的负责人是学俄文的，对英语不太了解。

当业主提出压力管道的设计工作应该在某某时间内按照石化（SH）标准的基础设计内容和设计深度完成，而这位专业负责人误认为石化（SH）标准和化工（HG）标准的初步设计的设计内容和深度应该是大体一样的，按照化工（HG）标准，感觉时间很宽松，考虑后，就欣然和甲方（业主）签订了工程设计进度合同。

后来经过别人提醒才发现，化工（HG）标准初步设计内容和设计深度与石化（SH）标准基础设计内容和设计深度有很大的区别，石化行业的《石油化工装置基础工程设计内容规定》的设计深度和内容比化工行业的多出很多。衡量自身的设计进度，在甲方（业主）规定的有限时间内根本完不成。这件事给公司造成了不好的影响。所以，在工程设计时，必须区分清楚不同设计阶段的要求内容和设计深度。

四、 国内外工程基础设计、详细设计、FEED 设计、报价设计、可研设计、总体设计等阶段一般工作内容

1. 基础设计阶段

（1）工程项目前期的基本研究

① 了解合同或分包合同内容以及建厂条件。

② 有关法规、标准的确认。

③ 项目介绍、项目进度、工作范围、人工时的初估。

④ 检查项目建议书的人工时、材料费。

⑤ 检查分包合同的有关内容。

⑥ 配管材料采购方案的确认（外购/内购）。

（2）工程规定的编制　根据项目的实际情况，编制本工程需要的工程规定如下。

① 装置布置工程规定。

② 管道设计工程规定。

③ 管道材料选用及等级规定工程规定。

④ 蒸汽和热水伴热工程规定。

⑤ 管支架设计工程规定。

⑥ 管道材料标记工程规定。

⑦ 隔热设计工程规定。

⑧ 涂漆工程规定。

⑨ 管道焊接和施工工程规定。

（3）流程图条件研究

① 设备分项。从流程图上归纳以下各种设备的台数和供货范围：炉子、公用工程设备、塔/罐、加热器/换热器、泵（离心/往复）、压缩机（离心/往复）、传动种类（电机/透平）、制造厂供货范围情况研究。

② 管道。从流程图上逐根了解以下内容：流向/管号/尺寸/物流等级；特殊点；阀门种类；有无伴热/夹套；工艺图上备注要求；阀门相对位置/对称管线要求；仪表直管段要求；放空排净要求；冲洗要求；保温（冷）要求；是否上管廊。

③ 仪表。主要了解：

测量点、控制点位置、安全阀要求。

④ 公用工程流程图：

主要管线、特殊件和尺寸。

⑤ 保温和涂漆条件。

a. 从工艺流程图和管线表了解保温和涂漆的基本要求，确定保温材料。

b. 了解客户对保温、涂漆材料的要求。

（4）管道走向研究（Routing Study）

① 平面研究。

a. 布置上的安全、操作合理、经济、整体性的考虑。

b. 方案的比较和选择（含安装方案）。

② 主要管网结构的规划。

③ 主管廊走向研究（粗估主管廊宽度和走廊的设置）。

④ 地下管道走向研究。

⑤ 电气电缆走向研究。

⑥ 仪表电缆走向研究。

⑦ 厂房规划（如压缩厂房）。

a. 位置。

b. 长、宽、高。

⑧ 重要管线的配置（管道走向图）。

⑨ 设备布置图。

⑩ 第一次管道材料统计。

⑪ 关键设备的管口方位基本安装高度。

⑫ 关键管线的应力分析。

⑬ 设计说明（用于国内初步设计）。

（5）设备布置图的深化

① 基础设计审核会纪要。

② 工艺流程图（PID 图）。

③ 设备工程图或塔、容器草图。

④ 转动设备资料。

（6）初版分区图完成和制图比例的决定

① 总平面布置图比例 1∶1000、1∶500 或 1∶200，或者其他适当的规定比例。

② 总平面布置分区图和设备布置分区图比例同上。

③ 设备布置图比例 1∶200 或 1∶100，或者其他适当的规定比例。

④ 配管图比例 1∶30 或 1∶50，或者其他适当的规定比例。

（7）设备相连管线的布置研究

① 了解与主要设备相连管线的口径。

② 塔、转动设备的管线走向的研究。

③ 维修的考虑。

④ 对客户要求的考虑。

（8）主管廊走向研究

① 管子布置。

② 管廊高度、宽度、跨距。

③ 管廊荷载。

（9）电气防爆等级的确认　防爆或非防爆区域的确认，根据电气危险区划分图。

（10）界区接点的研究

① 与用户接点的确定以及接点固定架的位置。

② 标高、位置连接形式的确认。

（11）主要钢结构的研究及尺寸荷载数据的确定

（12）仪表、电缆槽走向研究

① 自控阀门开关设置的安装和操作要求。

② 流量计类型及直管段要求。

③ 仪表专业和管道专业范围分界。

④ 仪表、电缆走向的确定。

⑤ 仪表、电缆槽高、宽的确定（仪表给条件）。

⑥ 与仪表的条件往返。

⑦ 电气、电缆走向的确定。

⑧ 电气、电缆槽高、宽的确定（电气给条件）。

⑨ 与电气的条件往返。

（13）公用工程管线研究

① 蒸汽和凝液管线的分布和抽头。

② 水系统管线的分布和抽头。

③ 工厂空气管线的分布和抽头。

④ 仪表空气管线的分布和抽头。

⑤ 氮气管线的分布和抽头。

（14）消防系统

① 消防水管线走向研究。

② 泡沫消防管线走向研究。

③ 喷淋水管线走向研究。

（15）地下管道研究

① 标高、配管走向的确定。

② 尺寸的确认。

③ 工厂的污水、雨水排水处理。

（16）部分长周期订货设备管口方位图条件（完成后提给设备专业）

（17）部分平台、梯子条件

（18）应力分析

（19）管道材料询价文件的编制

（20）第二次管道材料统计

2. 详细设计阶段

（1）PID 的核对

① 紧急状态时的考虑。

② 开车、停车的考虑。

③ 其他操作的考虑。

④ 放空、排净的考虑。

⑤ 试压、吹扫和清洗的考虑。

（2）设备管口方位条件的完成

① 塔、罐、槽的管口方位（完成后以条件图方式提给设备专业或设计成品图提给制造厂）。

② 热交换器的管口方位（如果需要则以条件图方式提给设备专业或设计成品图提给制造厂）。

③ 泵、压缩机等转动设备（如果需要以设计文件提给制造厂）。

（3）设备平台、爬梯条件的完成

① 塔、罐、槽。

② 热交换器。

③ 转动设备。

（4）管架预焊件条件的完成

① 塔、罐、槽。

② 热交换器。

（5）次要结构条件的完成

① 阀门操作平台（若支承在设备上完成后交设备专业）。

② 踏步（完成后交结构专业或承包者）。

③ 过桥（完成后交结构专业或承包者）。

（6）主管廊的平台、梯子条件的完成（完成后交结构专业）

① 位置。

② 尺寸（大小、标高）。

（7）设备布置图的完成

① 设备布置总图的完成（完成后提交给总图、工艺、电气、安全、仪表等专业）。

② 详细设备布置图（含必要的立面、剖面）的完成（完成后提给各相关专业）。

③ 终版分区索引图的完成（提交给土建、工艺、仪表等专业）。

（8）应力分析

① 泵口受力、力矩的检查。

② 压缩机管口受力、力矩的检查。

③ 设备管口受力、力矩的检查。

④ 振动管线的处理。

⑤ 配管应力的校核。

⑥ 特殊架的设置。

（9）安全阀的反力计算

① 计算结果表。

② 支架及管道补强。

（10）主要管架的决定

① 固定点。

② 限位架。

③ 弹簧架。

④ 导向架。

（11）对配管图进行可操作性检查

① 检查阀门可操作位置。

② 放空、排液的检查。

③ 操作者巡回检查区域、逃生通道、事故安全区域。

④ 两相流、重力流要求。

⑤ 设备抽芯操作空间。

（12）与制造厂的有关接点

① 管口方位、标高及连接形式。

② 材料供货范围的确认。

（13）土建预埋件条件

① 预埋位置指示。

② 预埋标高指示。

③ 预埋件大小形状。

④ 荷载。

（14）主要基础条件

① 位置和标记。

② 荷载条件（重量、充水重）。

③ 基础形状、大小。

（15）软管站设置地点研究

① 软管站靠柱、靠边按平面 15m 半径范围定位。

② 工艺区各楼层都要考虑软管站的设置。

③ 软管站设置内容按工艺要求。

（16）界区接点条件的完成

① 管架的标记。

② 流体压力与温度、标高、位置。

（17）制造厂文件评阅、核对配管图中相应尺寸

① 非定型设备。

② 转动设备。

③ 在线仪表。

④ 特殊管件。

（18）管道平面布置图（含详图）

① 用于材料统计。

a. 含所有管线和所有附件。

b. 接点关系（与制造厂）。

c. 所有尺寸。

② 用于施工。

a. 管架标注。

b. 加备注和标记说明。

③ 地下管网布置图。

a. 平面布置。

b. 空视图。

（19）伴热、取样、疏水、排液图

① 蒸汽（或热水）伴热。

a. 伴热站布置图。

b. 伴热站及伴管详图。

c. 伴热表（如果有）。

② 取样图。

a. 详图。

b. 检查操作。

③ 蒸汽疏水系统。

a. 详图。

b. 检查。

④ 排液系统（泵、液面计等）。

a. 详图。

b. 检查。

（20）特殊管件

① 计算和图纸的完成。

② 特殊管件。

a. 三通、异径管、法兰。

b. 喷射器、混合器。

③ 分支补强详图。

④ 链轮、齿轮操作阀门表。

⑤ 阀门伸长杆表。

⑥ 软管接头（含软管堵头）。

⑦ "8" 字盲板图表。

⑧ 洗眼器图表。

⑨ T形粗滤器、Y形粗滤器图表。

⑩ 漏斗图表。

⑪ 减温、减压器表。

⑫ 仪表用集合管。

⑬ 分离排放罐。

（21）轴测图

① 所有管线和管件。

② 切割点、现场焊点。

③ 接点。

④ 材料表。

⑤ 管架的标注。

（22）管架

① 配管中管架的标注（如果需要可标在轴测图上）。

② 标准架管架图表的完成。

③ 特殊架详图的完成。

④ 弹簧架表的完成。

⑤ 弹簧架详图的完成。

（23）说明的编制

① 配管设计说明。

② 管架设计说明。

③ 材料设计说明（含保温涂漆）。

④ 施工说明。

⑤ 图纸目录。

（24）三维模型设计　使用三维模型设计的工程项目应进行 30%、60% 和 90% 设计阶段模型检查（小型工程项目通常只进行 50% 和 90% 阶段模型检查，有的大型工程项目除了 30%、60%、90% 设计阶段 3D 模型检查，还有 10% 设计阶段 3D 模型检查。），各设计阶段的具体设计深度可以遵循工程公司惯例要求或者按照合同商定的要求。某国外工程公司 30%、60%、90% 设计阶段检查时，当地规范要求，设计阶段检查包括了各专业所有的图纸文件或阶段性文件。而有的国家一些设计单位常常仅指三维模型的检查。

3. FEED 设计阶段

国内外工程 FEED 设计阶段内容一般可参照基础设计要求或合同要求。某装置 FEED 设计时，合同要求的设计深度比基础设计深度约多 15% 左右。

4. 报价设计阶段

报价设计内容需根据合同要求。首先分清楚是设计报价、总承包报价还是其他工程报价。有的报价需管道完成设备布置图、管道材料统计、基础设计和详细设计等阶段的人工时统计等工作。

有的报价文件已经有很详细的 FEED 设计文件，已包含了装置基础设计阶段的所有压力管道设计文件，报价时仅需核对管道材料数量等文件并提交详细设计阶段人工时估算。笔者发现有的管道设计人员未仔细阅读 FEED 设计文件，又找了大量的人力重新统计了一版管道材料等设计文件，浪费了人工时。

5. 可研设计阶段

可研设计阶段压力管道专业一般仅参与工厂总布置图（Plot Plan Drawing）的规划、有关文字说明，有的需根据工程经验和设计条件提交管道概算内容。如果有的设计单位设置了总图专业，则压力管道专业可能不需要参与可研设计阶段。

如果是改造工程或其他必要工程，需要压力管道专业参与的，则需要根据工程需要参与有关工作。

6. 总体设计阶段

国内多个设计单位参加的新建大型石油化工建设项目的总体设计，总体设计文件应根据批复的可行性研究报告进行编制。

总体设计是大型建设项目根据批复的可行性研究报告，为了控制石油化工大型建设项目的工程设计规模，确定工程设计标准，设计原则和技术条件，优化工厂总平面布置，优化公用工程的设计方案，实现对建设项目总工艺流程、总平面布置、总定员、总进度和总投资的控制目标的设计。石化行业有《石油化工大型建设项目总体设计内容规定》。总体设计单位负责编制全厂的配管设计工程规定。

各设计阶段的详细划分要求及内容可参照《工业管道配管设计与工程应用》一书。

第七节　压力管道专业与其他专业的条件关系

笔者调研了国内外一些设计单位，各单位专业分工各不相同，例如，有的石化、火力发电厂等设计单位工艺和管道专业为一个专业；有的设计单位装置、道路等布置设计是由管道专业负责完成的，有的设计单位设置了总图专业，道路、沟等布置设计由总图专业完成；有的长输管道设计单位还有阴极保护等专业。

一、与工艺系统专业的接口条件

与工艺系统专业的接口条件见表 1-4。

表 1-4　与工艺系统专业的接口条件

条件种类		条件内容
接收条件	1	管道及仪表流程图(PID 图)
	2	管道数据表
	3	建议的设备布置图
	4	设备数据表(简图)、定型设备和机泵外形尺寸
	5	成套设备布置简图及数据表
	6	特殊件(图)表
	7	安全设施如消防设施、公用工程站及洗眼淋浴站的布置简图
	8	装置的界区条件
	9	安全阀数据表及排放条件
	10	装置区的防火及防腐蚀要求
提出条件	1	管道材料选用及等级规定;隔热、防腐材料设计规定
	2	分阶段提供设备布置图和管道布置图;地下管道走向和布置图
	3	根据工艺专业提出的管道数据条件表完成管道等级索引,提交工艺系统
	4	在最终配管设计完成前,提出对 PID 图的修改意见,如伴热条件、配管所要求的放空、排液,支管、异径管相对位置的修改等(必要时需工艺系统专业认可)

二、与自控专业的接口条件

与自控专业的接口条件见表 1-5。

表 1-5　与自控专业的接口条件

条件种类		条件内容
接收条件	1	电缆槽架布置条件
	2	仪表控制盘(柜)的轮廓尺寸、布置位置
	3	蒸汽、热水仪表伴热要求、所需仪表伴热站的数量要求
提出条件	1	设备布置图
	2	地上、地下管道布置图,对管廊的管道布置图中一般也应标出电缆槽架的位置

三、与电气专业的接口条件

与电气专业的接口条件见表 1-6。

表 1-6　与电气专业的接口条件

条件种类		条件内容
接收条件	1	危险区划分图
	2	电缆槽架布置条件
	3	配电盘(柜)的轮廓尺寸、布置位置
	4	静电接地干线布置图及管道与电气专业静电接地分工范围
提出条件	1	设备布置图
	2	管道布置图或模型
	3	提供用于电伴热及阴极保护的有关条件
	4	管道用静电接地条件
	5	局部照明条件

四、与设备专业的接口条件

与设备专业的接口条件见表 1-7。

表 1-7　与设备专业的接口条件

条件种类		条件内容
接收条件	1	非标设备工程图、装配图
	2	定型设备、转动设备等装配图及条件表
	3	设备制造厂的资料及样本
	4	固体输送用的溜槽、下料管等详图;制造厂反馈的气体输送管线的布置及结构详图;工艺通风管道详图等
提出条件	1	设备布置图
	2	设备上管架预焊件或生根条件
	3	卧式设备支座固定侧及滑动侧条件
	4	设备管口方位图;设备接管及管口受力条件(如果需要)
	5	超出设备专业提供的设备管口允许受力条件的荷载情况
	6	设备上的平台、梯子条件;设备支座条件图
	7	提出在管廊上建议的粉体输送管道走向布置图

五、与建筑、结构专业的接口条件

与建筑、结构专业的接口条件见表 1-8。

表 1-8　与建筑、结构专业的接口条件

条件种类		条件内容
接收条件	1	建筑图(建筑专业)
	2	结构图(结构专业)
提出条件	1	根据工艺和相关专业的建议设备布置图及建筑条件,与有关专业商定、确认和修订建、构筑物尺寸、层高、柱间距、轨顶标高、门窗位置等条件
	2	向建筑、结构、专业提供设备布置图
	3	向结构专业提供建、构筑物及管廊上的荷载条件;管道荷载条件;楼面和平台上的开孔条件;地面、楼面和结构梁、柱上的预埋件条件;设备基础和管架基础定位尺寸、固定架位置和支座底板面标高(POS)条件、室外地沟条件
	4	向建筑专业提供建筑物墙面上的开孔条件;预埋件条件;室内地沟条件

六、与工程经济专业的接口条件

与工程经济专业的接口条件见表 1-9。

表 1-9　与工程经济专业的接口条件

条件种类		条件内容
提出条件	1	管道材料表

七、与采购专业的接口条件

与采购专业的接口条件见表 1-10。

表 1-10　与采购专业的接口条件

条件种类		条件内容
接收条件	1	合格厂商一览表
	2	制造厂对管道询价文件(MR 文件)的反馈意见
	3	制造厂的产品资料及样本
提出条件	1	管道材料的询价文件(MR 文件)、技术要求和管道综合材料表
	2	提供建议的厂商名录

八、与施工管理专业的接口条件

与施工管理专业的接口条件见表 1-11。

表 1-11 与施工管理专业的接口条件

条件种类		条 件 内 容
接收条件	1	施工用管线表
提出条件	1	设计变更通知单及有关解决施工问题的意见

第八节 压力管道设计文件

一、工业管道设计文件及签署

压力管道专业设计文件及签署要求见国家和行业标准规定，各设计单位可能不同。根据规范要求，文件目录和管道布置图需要盖设计单位压力管道印章。工业管道设计文件及签署一般要求见表 1-12。笔者考察了国外一些设计单位的压力管道设计文件及签署要求，为了保证设计质量，对压力管道设计文件的深度及多级签署要求均非常严格，例如，有的国外设计单位要求三维模型抽出的重要管线轴测图至少 4 级校审签署。

表 1-12 工业管道设计文件及签署一般要求

		文件名称	设计/制图	校核	审核	审定
基础设计	1	文件目录	△	△	—	—
	2	装置管道设计说明	△	△	△	—
	3	装置设备和管道设计规定	△	△	△	△
	4	装置分区图	△	△	—	—
	5	管廊设备布置图	△	△	△	△[①]
	6	管道布置图	△	△	△	△[①]
	7	管道材料等级规定	△	△	△	△
	8	管道应力设计规定	△	△	△	△
	9	设备及管道隔热设计规定	△	△	△	—
	10	设备及管道涂漆设计规定	△	△	△	—
	11	主要管道应力分析计算书	△	△	△	△[①]
	12	管道综合材料表	△	△	△	—
	13	界区管道接点图	△	△	—	—
	14	阀门规格书	△	△	△	—
详细设计	1	文件目录	△	△	—	—
	2	管道设计说明	△	△	△	—
	3	装置设备和管道设计规定	△	△	△	△[①]
	4	管道材料等级规定	△	△	△	△[①]
	5	管道应力设计规定	△	△	△	△[①]
	6	设备管道隔热设计规定	∨	∨	∨	—
	7	设备管道涂漆涂色防腐设计规定	∨	∨	∨	∨[①]
	8	管道伴热夹套设计规定	∨	∨	∨	∨[①]
	9	装置分区图	∨	∨	—	—
	10	管廊设备布置图	△	△	△	△[①]
	11	管道布置图	△	△	△	△[①]
	12	轴测图(单线图、单管图)	△	△	△	△[①②]
	13	设备管口方位图	△	△	△	—

		文件名称	设计/制图	校核	审核	审定
	14	装置界区管道接点图	△	△	—	—
	15	伴热系统图	△	△	—	△③
	16	管道伴热连接表	△	△	—	—
	17	管道应力分析计算书	△	△	△	△①
详	18	管道数据表 规格书	△	△	△	△①③
细	19	特殊管件强度计算书	△	△	△	△①
设	20	特殊管件制作图	△	△	△	—
计	21	管道附件规格书	△	△	△	—
	22	阀门规格书	△	△	△	—
	23	安全阀、疏水阀等规格书	△	△	△	△①③
	24	管道支吊架图	△	△	△	—
	25	弹簧支吊架、拉杆、膨胀节等规格书	△	△	△	—
	26	管道综合材料表	△	△	△	—
	27	其他				

① GC1 管道需要审定签署。

② 对于三维模型抽出的轴测图，一般需要三级签署，对于 GC1 管道需四级签署。对于采用先设计管道平面布置图，后用轴测图软件根据管道平面布置图设计的轴测图，仅需设计与校核 2 级签署。

③ 有的设计单位，此项工作由工艺专业完成。

注：按照新版 TSG 07 的规定：GCD 设计单位审定人员不少于 2 人，因此 GCD 管道主要设计文件需要几级签字，应以新版规范为准。

二、长输管道设计文件及签署

长输管道设计文件及签署见表 1-13。

表 1-13 长输管道设计文件及签署

序号	文件名称	序号	文件名称
1	文件目录	6	线路纵断面图
2	说明书	7	公路穿越、铁路穿越、水域大中型穿(跨)越平面带状图
3	设备表	8	公路穿越、铁路穿越、水域大中型穿(跨)越纵断面图
4	材料表	9	站场、阀室设备及管道布置图
5	线路平面带状图	10	站场、阀室单管图

注：GA1 级管道主要设计文件（设备布置图、管道布置图、应力计算书等）需要 4 级签署，GA2 级管道主要设计文件需要 3 级签署。但是，按照新版 TSG 07 的规定：GA 设计单位审定人员不少于 2 人，因此 GA 管道主要设计文件需要几级签字，应以新版规范为准。

三、公用管道设计文件及签署

公用管道设计文件及签署见表 1-14、表 1-15。

表 1-14 GB1 管道设计文件及签署

序号	文件名称	序号	文件名称
1	文件目录	6	线路纵断面图
2	说明书	7	公路穿越、铁路穿越、水域穿(跨)越平面图
3	设备表	8	公路穿越、铁路穿越、水域穿(跨)越纵断面图
4	材料表	9	站场设备及管道布置图
5	线路平面图	10	区域(小区)调压计量安装图

注：按照原 TSG R1001 规定 GB1、GB2 级管道主要设计文件需要 3 级签署，但是按照新版 TSG 07 的规定：GB1 设计单位审定人员不少于 2 人，因此 GB1 管道主要设计文件签署级别，应以新版规范为准。

表 1-15　GB2 管道设计文件及签署

序号	文件名称	序号	文件名称
1	文件目录	5	管道走向图
2	说明书	6	管道安装图
3	设备表	7	站场设备及管道布置图
4	材料表		

注：按照原 TSG R1001 规定 GB1、GB2 级管道主要设计文件需要 3 级签署，但是按照新版 TSG 07 的规定：GB1 设计单位审定人员不少于 2 人，因此 GB1 管道主要设计文件签署级别，应以新版规范为准。

第一章 计算机辅助压力管道设计软件

第一节 计算机辅助压力管道设计软件的类别

国内外常用的压力管道设计软件有很多种，在这里仅介绍以下几种。

压力管道设计、制图软件：AutoCAD、Microstation、PDS（包含 SmartPlant Review，PDS 的渲染软件）、PDMS、AutoPlant、SmartPlant 3D、Plant 4D、eZOrtho、eZWalker、CADWorx、E3D、SolidPlant 3D、Navisworks、OpenPlant、EasyPlant3D、PDMAX 等。

压力管道应力分析软件：Caesar Ⅱ、AutoPipe、PipeNet 等。

第二节 压力管道设计软件 AutoCAD

一、AutoCAD 简介

AutoCAD 是 Autodesk 公司开发的专门用于计算机绘图设计工作的软件包，是当今各种设计领域广泛使用的绘图工具。

AutoCAD 可以绘制任意二维和三维图形，并且同传统的手工绘图相比，用 AutoCAD 绘图速度更快、精度更高，而且便于个性化，它已经在压力管道设计中得到了广泛应用。

AutoCAD 具有良好的用户界面，通过交互菜单或命令行方式便可以进行各种操作。它的多文档设计环境，让非计算机专业人员也能很快地学会使用。

二、压力管道设计常用的 AutoCAD 操作

AutoCAD 的功能有很多，压力管道设计常用到的仅是其中的一小部分，如绘图工具、标注工具、对象捕捉工具、图层管理、块的操作、在等轴测面中绘制管道轴测图、输出、打印与发布图形等。

具体操作步骤，可以参考 AutoCAD 命令行内的提示，也可以参考 AutoCAD 自带的帮助文件，互联网上也有很多相关的参考资料。

掌握 AutoCAD 的一系列操作技巧，可以很好地提高工作效率。下面仅以 AutoCAD 为例，列举三个压力管道设计时可以提高工作效率的小技巧，以起抛砖引玉的作用。其他压力管道设计软件，也有很多类似的应用技巧，可以在不断地学习、实践、总结和研究中掌握。

工程实例一　快捷裁剪技巧

如图 2-1 所示，要对图中边框（可以是圆）外的直线进行裁剪，普通办法就是选择裁剪

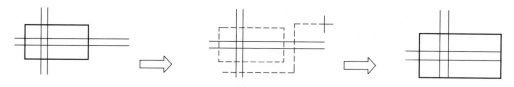

■ 图 2-1　裁剪技巧

边界后再选择要裁剪的线段，实际上 AutoCAD 还有较为简捷的办法，其做法如下。

① 按常规执行裁剪命令，选择裁剪边界，回车确认。

② 在提示选择要裁剪的线段元素时输入"f"（即 fence），回车确认。

③ 在提示"First Fence Point"下绘制与要裁剪线段相交的连续橡皮筋直线，回车确认即可。

工程实例二　使用 AutoCAD 的快速选择功能

① 某工程管道专业 AutoCAD 图内，需要修改梯子和平台的线条颜色，如图 2-2 所示。

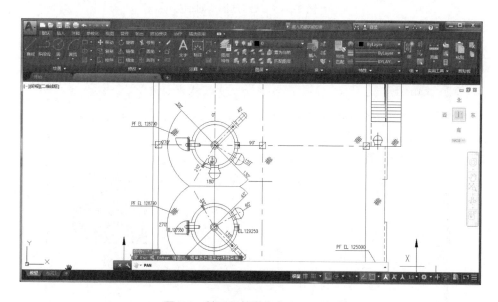

■ 图 2-2　某工程管道专业 AutoCAD 图

② 可以在命令行输入"qselect"或者打开"工具"菜单，单击"快速选择"，出现如图 2-3 所示对话框，可以根据提示快速成批选择 AutoCAD 图内目标对象，统一成批修改，比单个选择修改快捷一些。

工程实例三　AutoCAD 批处理打印图纸

① 在需要打印的 AutoCAD 图纸内找一张"1090-15-60-330-0500-001.dwg"，打开后进行打印设置，再对页面设置命名为"1090 项目图纸打印一"，见图 2-4 所示。

② 选择 AutoCAD 界面左上角小按钮，见图 2-5 所示，或者在命令行输入"publish"，会显示图 2-6。

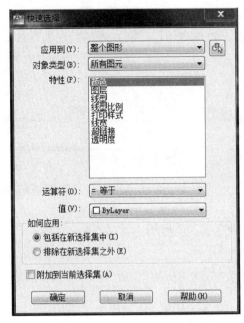

■ 图 2-3 "快速选择"对话框

■ 图 2-4 页面设置并命名

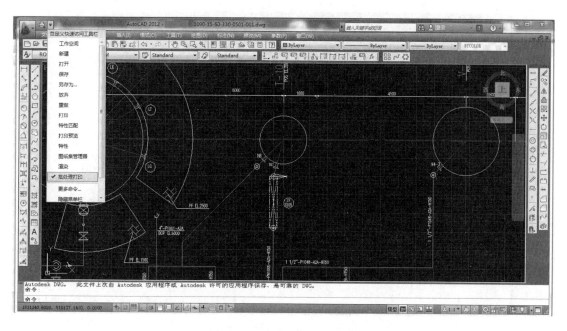

■ 图 2-5　AutoCAD 2012 的"批处理打印"按钮位置

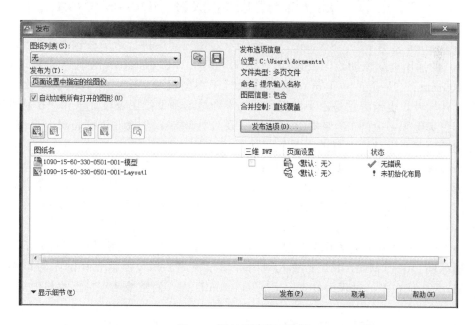

■ 图 2-6　批处理打印对话框

③ 添加需要批处理打印的所有图纸文件，在"页面设置"列，统一输入并选择"1090-15-60-330-0500-001.dwg"的页面设置"1090 项目图纸打印一"，如图 2-7 所示，即可批处理打印。

■ 图 2-7 批处理打印页面设置

第三节 压力管道设计软件 Microstation

Microstation 为 Bentley System 公司所研发，是一套可执行于多种软硬体平台（Multi-Platform）的通用电脑辅助绘图及设计（CAD）软件。Microstation 的前身名为 IGDS（Interactive Graphics Design System），是一套执行于小型机（Micro Vax-2）的专业电脑辅助绘图及设计软件，也因为它是由小型机移植的专业电脑辅助绘图及设计软件，在软件功能与结构上不仅远优于一般的 PC 级电脑辅助绘图及设计软件，在软件效率表现上更有一般 PC 级电脑辅助绘图及设计软件所远不能及之处。

Microstation 在国际上具有很高的知名度，作为一个 CAD 软件，它具有 CAD 所需要的一切功能，被广泛地应用于工厂设计、建筑设计、土木工程、交通运输、地理信息，甚至一些政府部门也将其作为重要的辅助设计工具。Microstation 运行版本有 Microstation 5.0、Microstation 95、Microstation SE、Microstation J、Microstation V8 等。

Microstation 因其强大的作图功能、良好的开放性、高性能价格比，在欧美市场获得人们的普遍认同。由于 Microstation 进入中国市场较晚等原因，所以它在国内的影响力没有 AutoCAD 大，但在推广过程中发现，Microstation 已为人们慢慢认识、喜爱和接受。

第四节 压力管道设计软件 PDS

PDS（Plant Design System）是 Intergraph 公司开发的三维工厂设计系统软件，基于 Microstation 操作平台，使用 Orale、SQL Server 等通用的商业数据库存储数据的大型工厂设计软件。PDS 主要由下面几个模块组成。

① Schematic Environment——用于高阶段设计绘制 PID 图和仪表数据管理。

② Equipment Modeling——用于三维设备模型设计，主要创建设备外形和管口信息。

③ Frameworks Environment——用于三维结构框架设计。

④ Piping Designer——用于三维配管设计。

⑤ Electric Raceway Environment——用于三维电缆托盘的设计。

⑥ Piping Design Data Manager——主要用于三维设计数据检查及二维与三维间的数据校验。

⑦ Pipe Stress Analysis——管道应力分析接口。

⑧ Piping Model Builder——设计者可按照一定语法规则编写文本文件，PDS 能将其自动转换成三维实体模型。

⑨ Pipe Support Designer——用于管道支吊架设计。

⑩ Interference Manager——用于三维工厂碰撞检查。

⑪ Isometric Drawing Manager——用于提取单管轴测图。

⑫ Drawing Manager——用于生成平、剖面配置图。

⑬ Design Review Integrator——智能工厂浏览器（SmartPlant Review）接口。

⑭ Report Manager——用于提取各种材料报告。

⑮ Project Administrator——项目控制和管理。

⑯ Reference Data Manager——参考数据库管理。

⑰ PE-HVAC——用于三维暖通管道设计。

PDS 不仅有多专业设计模块、强大的数据库支持能力，还有应力计算、结构分析等许多第三方软件的接口，而且具有模型的漫游和渲染功能（由专用软件 Smart Plant Review 完成），可以发现模型错误和设计中的错、漏、碰、缺等问题，能保证设计质量。三维模型设计在计算机上可动态直观地展示出工厂或单元装置建成后的实际情景，有利于业主决策和进行施工控制及生产维护。目前国外大型工程公司已广泛采用此软件。

在三维工厂模型建好后，可以进行模型的碰撞检查、抽取材料报告、设备布置图及管道平面、立面、剖面和轴侧图等工作。

第五节　压力管道设计软件 PDMS

PDMS（Plant Design Management System）是由 AVEVA 公司开发的三维工厂设计系统，于 1976 年正式发行。它有独立的数据库结构，不依赖第三方数据库，所有设计信息被保存在该数据库中。Autodesk Navisworks 是 PDMS 常用的 3D 模型漫游和渲染软件。

PDMS 的主要优点体现在以下几方面。

① 三维实体建模。

② 专业多用户的工厂设计系统。

③ 一个设计模型（数据库）可以输出多种设计图纸、报告。

④ 等级驱动。

⑤ 交互设计过程中，实时三维碰撞检查。

⑥ 平面图自动生成并标注，当模型修改后，标注自动更新。

⑦ 功能强大的可编程宏语言 PML。

PDMS 主要模块（Module）有如下几个。

① Design——三维模型设计

a. Equipment——设备建模。

b. Pipework——管道建模。

c. Structure——结构建模。

d. Cable Trays——电缆桥架建模。

e. HVAC——暖通建模。

f. Hanger & Support——支吊架建模。

② Draft——平、立面图生成模块。

③ Administration——项目用户管理及数据库管理模块。

④ Isodraft——轴测图生成模块。

⑤ Paragon——构造元件库。

第六节　压力管道设计软件 AutoPlant

AutoPlant 是以 AutoCAD 作为平台的三维工厂设计软件，由 Rebis 公司开发完成，它对工厂设计的全过程提供了较为有力的支持。Bentley 公司收购了 Rebis 公司，AutoPlant 成为 Bentley 公司的产品。

AutoPlant 系统采用的项目数据库为 ODBC 驱动，对于中、小型项目，可选择成本低廉的 MS Access 和 MSDE 作为工程数据库引擎，而对于大型项目，则可选择 MS SQL Server 或 Oracle，以使系统广泛适用不同规模的工程项目。系统包括下列模块。

Piping——三维管道设计，为本系统的核心模块，提供三维管道建模和详细设计。

Equipment——三维设备建模，提供参数化的设备建模和管口布置。

Structural——三维钢结构设计，提供三维钢结构建模和汇料出图。

Isogen——全自动轴测图生成，从三维管道模型中全自动抽取轴测图。

Isometrics——智能化轴测图设计，可以作为独立软件绘制轴测图、生成材料报表，也可从三维模型中抽取带属性的轴测图。

此外，通过与其他系统的集成，可以扩展系统的功能。例如，利用"全自动管道标注系统"来全自动生成带标注的管道平、立面图，利用"实时漫游与模拟系统"来进行工厂模型的设计检视（包括碰撞检查），利用"工艺流程与仪表设计系统"来绘制 P&ID 和录入工艺资料（如管线号、设备和阀门位号），利用"施工进度模拟系统"进行工厂建造施工的模拟等。

第七节　压力管道设计软件 SmartPlant 3D

SmartPlant 3D 是 Intergraph 公司推出的面向数据、规则驱动的软件，主要是为了简化工程设计过程，同时更加有效地使用并重复使用现有数据。SmartPlant 3D 主要提供两方面的功能：首先，它是一个完整的工厂设计软件系统；其次，它可以在整个工厂的生命周期中，对工厂进行维护。

SmartPlant 3D 是 Intergraph 公司为了突破 Microstation 的瓶颈而开发的，在未来发展上，PDS Project 的数据在向 SmartPlant 3D 移植。

目前，SmartPlant 3D 的优势主要体现在以下几方面。

① 简单易用。SmartPlant 3D 的 Microsoft Windows 风格的界面使用户很容易上手，从

而减少学习周期。SmartPlant 3D 大幅度减少了完成任务所需的击键次数及按动鼠标的次数，从而加快了设计过程。它特有的 SmartStep "向导" 可以帮助你很容易地完成每一个设计任务。如果一个设计者知道如何配管，那么他就知道如何布置管道。

② 适用于任何规模的项目。

③ 变更管理工具贯穿整个设计过程。

④ 自动图纸生成能力。SmartPlant 3D 可以自动生成管道的轴测图、安装图及相关报告的工厂设计系统。

⑤ 碰撞检查。发现问题的时间越早，解决问题所花的代价就越小。使用 SmartPlant 3D 可以早期发现问题，碰撞也可以被及时发现并解决，这保证了设计的高精确度并且省时。

⑥ 设计规则提高设计质量并保证数据的一致性。SmartPlant 3D 通过在设计过程中强制应用设计规则来提高设计精度和质量。设计规则由系统负责管理及跟踪，以保证在模型修改的过程中能保持最初的设计意图。这样用户的主要注意力将集中在如何完成设计任务，而不是如何操作系统以完成所需完成的设计任务。SmartPlant 3D 可以减少设计错误和设计修改及重复工作。

⑦ SmartPlant 3D 自动地跟踪图纸的状态，当模型被修改后，图纸的状态将被设为过时，系统将通知设计者重新生成图纸，这也可以节省时间从而缩短设计周期。

⑧ 全球性的、并行的工程设计能力增强了项目的执行能力。

传统的全球范围内的项目执行、管理、组织、后勤计划及日常花费庞大。SmartPlant 3D 本身包含支持全球性工程设计过程的功能，从而解决了这些问题。

SmartPlant 3D 用户可以很容易地在全球多个办公室同时进行设计。它允许多个专业在同一个关系数据库上同时进行工作，这时所有对模型所进行的修改在所有用户之间实时共享。SmartPlant 3D 允许多个设计者同时在一个管道区域内工作，共同对同一个结构建模，或指定一个设计者来布置管线走向，而其他设计者在其上添加仪表及放空放净装置等。

数据库可以在世界上任何的办公室之间复制从而将数据自动传到远方的办公室。其他办公室可以自动得到最新的设计数据。

⑨ 扩展工厂设计系统（PDS）的功能。

SmartPlant 3D 通过扩充和完善工厂设计系统（PDS）的功能来使用现有数据。Smart-Plant 3D 的自动图纸生成模块可以用来为 PDS 模型，或同时包含 PDS 及 SmartPlant 3D 数据的模型生成图纸。这对于现有的 PDS 用户来说是一个立竿见影的投资回报。同时可以使你按照自己的速度全面移向 SmartPlant 3D。

通过将 PDS 模型参考到 SmartPlant 3D 环境中，SmartPlant 3D 可以立即被用来进行工厂翻修项目。SmartPlant 3D 可将 PDS 规范及相关的管件信息等专有数据移植到新系统中，Intergraph 还可以帮助有需要的用户将完整的 PDS 项目移植到新的系统中。

第八节　压力管道设计软件 eZOrtho

eZOrtho 是达美盛公司开发完成的全自动三维切图标注设计软件。它可以将三维模型设计内容自动地切图并标注，支持的国内外三维工厂设计软件包括：SmartPlant 3D、PDS、PDMS、Plant3D、CADWorx 等。

eZOrtho 出图原理为：将设计内容输出到 AutoCAD 平台，在 AutoCAD 上进行平面出图和标注编辑。与传统的切图系统比较，eZOrtho 出图、标注效率更高，标出的图面信息更加全面，同时减少了大量的人力重复操作。

eZOrtho 软件系统具有以下特点。

① 通用平台、通用文件格式：软件基于 AutoCAD 平台开发和运行，操作简单快捷，不占用三维软件授权点数；生成的平剖面图为通用 DWG 文件格式，方便后期调整。

② 全自动生成二维平面图：直接读取三维模型的图形和数据属性，保证数据和图形的一致性，全自动生成带有尺寸标注和工程属性标注的二维平面。还可以根据用户的需要生成设备表、管口表、管线表、阀门表、支吊架表等列表。

③ 出图权限、项目管理：通过管理员进行统一设定，整个项目保持相同的出图格式，规定每个出图人员的格式修改权限。这种方式确保一个企业的所有项目使用相同的种子文件、标注样式以及逻辑符号等，保证不同设计平台的输出图纸图面表达完全一致。

④ 多专业出图：支持工艺、设备、管道、结构等多专业出图。

⑤ 手动标注：作为自动标注的补充功能，软件提供了强大的手动标注工具，大大减少了人工修改难度。

eZOrtho 软件系统自动切图，自动、手动标注功能，在核电、化工、石油、电力、轻工等行业应用广泛。

第九节　压力管道应力分析软件 AutoPipe

Bentley AutoPipe 是一套管线应力计算、法兰分析、管支架设计以及设备管嘴分析的软件，在我国已有多家用户应用十多年。Bentley AutoPipe 内建多国法规标准，并依据法规来计算出管线应力值（Codes Stress）、管线变形量（Deflections）以及各节点所承受的力和力矩（Force & Moment）。Bentley AutoPipe 支持在静态（Static）及动态（Dynamic）状态下的荷载分析。

Bentley AutoPipe 提供全图形的 GUI 接口，让使用者可以轻易建立出分析模型，使用者也可以选择用窗体或批集（Batch）方式建立模型及分析。此外，Bentley AutoPipe 也可以接受由 AutoPlant、Plantspace 及 PDS 系统所建立的 3D CAD 模型，以缩短建立模型的时间；而且分析模型经由 Bentley AutoPipe 修改后可以返回 AutoPlant 以便更新细部设计模型。

Bentley AutoPipe 也支持各种进阶的分析，其中包括波浪荷载（Wave Loading）、非线性地下管分析（Nonlinear Underground Pipeline Analysis）、流体瞬间力（如 Water Hammer）以及风力及地震力的分析。

Bentley AutoPipe 提供多种分析输出格式，除了详细的计算报表外，也可以从图形接口中以颜色来表现应力分布、变形量以及用颜色来表示是否符合法规允许应力值。

利用 Bentley AutoPipe 可以快速地了解管线的应力状况及结果，提供报告并作为后续设计的依据。管线应力分析适合各种电厂、化工厂、电子厂、焚化炉工程等，特别是高温高压管线与设备管嘴有热位移、地震考量、基础有巨大下陷量或是一些特殊配件设计；如弹簧支承（Spring Hanger）、避震器（Snubber or Shock）、伸缩接头（Expansion Joint）等或是设备管嘴允许负荷的检查，这些都适合运用计算机程序来分析，以得到分析的数值与结果作为后续设计的依据与参考。

第十节　压力管道应力分析软件 Caesar Ⅱ

CaesarⅡ是由 COADE 公司研发的压力管道应力分析专业软件。它既可以进行静态分析，也可以进行动态分析。CaesarⅡ向用户提供完备的国际上通用的管道设计规范，软件使用方便快捷。

① 输入和建模：交互式数据输入、图形输出，使用户可直观查看模型（单线、线框、实体图）的 3D 计算结果图形分析功能；丰富的约束类型，对边界条件提供最广泛的支承类型选择；多任务批处理，自动的埋地管建模等功能。

② 静态分析：一次应力和二次应力，弹簧设计，埋地管设计，膨胀节选用等。

③ 动态分析：模态分析，时程效应，基震频率，安全阀泄放等。

④ 输出输入：图形及 Word 格式报告，直接生成与工厂设计软件的接口，如 Intergraph PDS、AutoPlant、CADworx/PIPE 双向无缝接口。

CaesarⅡ凭借其强大的分析功能、友好的界面、丰富的数据库等优异的性能而深受国内外管道应力分析工程师的青睐，在中石化、化工、电力、油田等行业拥有众多的用户。对于 CaesarⅡ的工程应用，在本书第九章有更具体的介绍。

第十一节　管道应力分析软件 PipeNet

Sunrise System Limited 自 1985 年创立以来，一直致力于管网内流体计算与分析软件的研究和开发。其系列产品 PipeNet 广泛服务于石油、天然气、造船、化工以及电力工业等领域。

该软件包括标准分析模块、消防分析模块和瞬间分析模块三个部分。

① 标准分析模块用于静态管网压力降计算、管径选择、泵选型、流量计算等。

② 消防分析模块用于消防介质的管网压降计算和分析。

③ 瞬间分析模块的主要功能是进行阀门关断和泵失效时的汽锤和水锤分析。该模块可以计算压力骤增和流量变化，软件可以自动计算管道弯头之间的动态不平衡力和模拟控制系统的操作运行。该模块被广泛应用于电力机组汽锤分析和石化、化工储运管道系统的水锤分析等方面。

第十二节　压力管道设计软件 eZWalker

eZWalker 是达美盛公司开发的三维工厂设计模型软件。在压力管道辅助设计时，eZWalker 比 PDS、SP3D 自带的 Review 软件、Navisworks 等软件更加便捷。eZWalker 可以解析工厂、建筑及机械等设计行业通用三维设计软件格式，见表 2-1 所示。

eZWalker 软件系统具有以下特点。

1. 模型结构和属性的还原

通过 eZWalker 解析后的 3D 模型文件保留了原始三维模型的目录结构和属性信息，并支持自定义扩展属性信息，为后期模型和数据利用提供信息基础，见图 2-8。

表 2-1　eZWalker 可以解析的三维软件格式

三维模型软件	文件格式	三维模型软件	文件格式
ACIS	*.sat	IGES	*.igs，*.iges
AutoCAD	*.dwg	MicroStation	*.dgn，*.dri，*.prp
Autodesk RealDXF	*.dxf	VUE	*.vue
Autodesk DWF	*.dwf，*.dwfx	Intergraph Smart 3D	调用数据库
Autodesk Plant 3D	*.dwg	Intergraph CADWorx	*.dwg
Autodesk Inventor	*.ipt，*.iam	Revit	插件形式
Autodesk Navisworks	插件形式	Pro/E，Creo	*.prt，*.asm
AVEVA PDMS	*.rvm	Rhino	*.3dm
Bentley AutoPLANT	*.dwg	SolidWorks	*.sldprt，*.sldasm
CATIA V4V5V6	*.CATProduct，*.CATPart，*.cgr，*.3dxml	STEP	*.step，*.stp
IFC	*.ifc	UG NX	*.prt

■ 图 2-8　模型结构与属性

2. 模型漫游操作

模型漫游浏览过程中，能够对模型进行透明、隐藏、变色、剖切、测量等操作，可以采用自由和第一视角浏览等模式，见图 2-9。

3. 模型校审

对模型审阅过程中，发现的问题可以用云线等工具进行圈阅批注并生成校审记录。校审信息可以按照用户定制的模板导出到 Excel 文件中进行查看。eZWalker 支持多人异地协同，通过 VR 进入 3D 模型角色进行校审，进一步提升校审的工作效率，见图 2-10。

4. 精确测量

支持捕捉模型特征点，进行精确尺寸测量，动态提示点坐标和三个轴方向的距离。eZWalker 支持高度测量、净距测量、角度测量以及面积测量等测量方式。

5. 碰撞检查

支持模型碰撞检查，用于管线综合、进行专业间的交叉碰撞检查，快速定位碰撞位置，优化设计，减少现场施工问题。

■ 图 2-9　模型变色、剖分及显隐

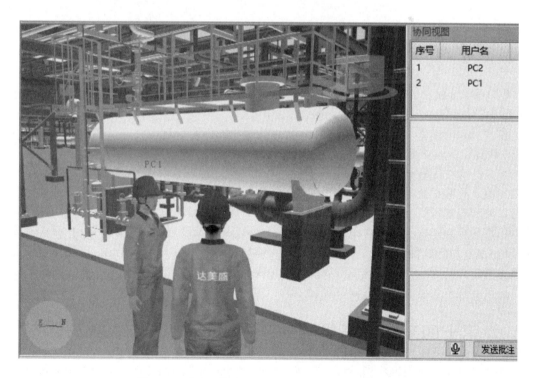

■ 图 2-10　多人异地 VR 进入 3D 模型内部角色协同校审

6. 人因工程

eZWalker 内置符合国际标准的人因工程检视模块（HFE），通过模拟实际操作，找出优化点，指导设备设施、工作方式和工作环境的设计和改造，见图 2-11。

■ 图 2-11　人因工程

第十三节　压力管道设计软件 CADWorx

CADWorx 是 Intergraph 公司研发的基于 AutoCAD 平台的完全兼容 AutoCAD 命令的 3D 工厂设计软件。

作为 Intergraph CADWorx and Analysis Solution（简称 ICAS）系统中的一员，CAD-Worx 具有完备的规范元件库和管道等级文件：软件内置有 150♯、300♯、600♯、900♯、1500♯、2500♯ 等各种磅级管件的详细规范，同时软件内置有国内的 JB、HG、SY、GB 等系列规范，这些规范可以复制和修改以适应不同工作的需要。用户可以方便快捷地定义自己的元件库和管道等级文件。灵活方便的 3D 建模功能使设计人员可以方便地建立结构模型、建立用户的管架和框架，也可以建立各种设备和容器以及暖通风（HVAC）。CADWorx 摆脱其他 CAD 配管软件的约束。3D 模型建立可以通过搭积木方式建立，也可以使用自动选择管道布置工具，画一条简单的二维或三维多义线，然后用内设的自动布管功能增加管子或弯头，可以在任意角度、任一方向布置管道。

第十四节　计算机辅助压力管道设计软件的选用

随着计算机及互联网等新一代信息技术在工程建设行业中的应用，物理工厂与数字空间仿真 3D 模型的融合，为工程建设行业智能化发展提供了新的可行方向。智能 P&ID 设计、智能设备和管道建模设计、智能建构筑物建模设计、智能仪电建模设计、三维逆向建模设计、四维协同工厂设计等技术快速发展，推动了压力管道设计技术快速发展。

国内外计算机辅助压力管道设计软件较多，各有特点。AVEVA 公司的 PDMS（Plant Design Management System，工厂设计管理软件系统）、Intergraph 公司的 SmartPlant 3D、PDS（Plant Design System，工厂设计系统）、CADWorx，达美盛公司开发的 eZOrtho、eZWalker 等工厂设计软件，广泛应用于国内外多个行业领域大型设计单位。工厂压力管道的设计软件向智能化、数字化、工厂全寿命周期信息化等方向发展，工程设计单位对计算机辅助压力管道设计软件的选用，将更大程度上基于功能、规模、经济性等多方面综合考虑，才能达到更好的应用效能。

第三章 材料基础知识

第一节　压力管道常用材料分类

压力管道常用的材料种类繁多，总的可以分为金属材料（Metallic Material）、非金属材料（Non-metallic Material）、高分子材料（Polymer Material）和复合材料（Composite Material）四大类（表3-1）。

表3-1　工程材料的一般分类

金属材料	黑色金属	铁、碳素钢、合金钢
	有色金属	铝、铅、铜、镁和镍等及其合金
非金属材料	耐火材料	耐火砌体材料、耐火水泥及耐火混凝土
	耐火隔热材料	玻璃纤维（又称矿渣棉）、石棉及其制品
	耐蚀（酸）非金属材料	石墨、耐酸水泥、天然耐酸石材和玻璃等
	陶瓷材料	电气绝缘陶瓷、化工陶瓷、结构陶瓷和耐酸陶瓷等
高分子材料	橡胶	天然橡胶、丁苯橡胶、氯丁橡胶、硅橡胶等
	塑料	聚四氟乙烯、聚氯乙烯、聚乙烯、ABS、聚丙烯等
	合成纤维	聚砜和聚乙烯等聚酯纤维、含氯纤维和聚酰胺纤维等
复合材料	无机-有机材料	玻璃纤维增强塑料、聚合物混凝土、沥青混凝土、钢筋混凝土、钢丝网水泥、塑铝复合管、铝箔面油毡、水泥石棉制品和不锈钢包覆钢板等
	非金属-金属材料	
	其他复合材料	

第二节　金　属　材　料

一、黑色金属

生铁（Pig Iron）和钢（Steel）统称黑色金属（Ferrous Metal），铁是它的主要成分，还含有一定量的碳及其他微量元素。含碳量小于 2.11% （质量）的合金称为钢，含碳量大于或等于 2.11% （质量）的合金称为生铁。

1. 铁（Iron）

生铁可分为炼钢用生铁（又称白口铁）和铸造用生铁两大类。

铸造用生铁简称铸铁，按照石墨的形状特征，铸铁可分为以下几大类：灰口铸铁（Grey Cast Iron），代号为 HT；球墨铸铁（Nodular Cast Iron），代号为 QT；耐蚀铸铁（Anticorrosion Iron）；其他铸铁，如耐热铸铁（Heat Resistant Iron）和可锻铸铁（Malleable Iron），可锻铸铁代号为 KT，又称玛钢。

铸铁压力管及管件在美国和其他国家已不大规模生产，但是可能在某些国家大量生产。球墨铸铁压力管已代替了铸铁压力管。有关的标准规范包括：ASME B16.3、ASME B16.4、ASME B16.12、ASME B16.42、ASTM A74、ASTM A126、AWWA C110、AWWA C111、AWWA C150、AWWA C153 等。

2. 钢（Steel）

钢实质是一种合金，主要成分是铁和少量碳，还含有硅、锰、磷、硫、铬、镍、钼、钨和钒等微量元素。钢的分类如图 3-1 所示。常见钢的简介见表 3-2。

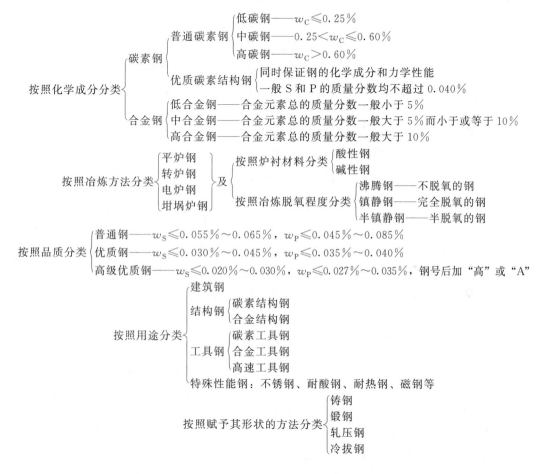

■ 图 3-1　钢的分类

合金钢（Alloy Steel）介绍如下。

（1）不锈钢（Stainless Steel）　不锈钢含有大量的合金元素，故其耐热、耐蚀等性能大大优于碳素钢和低合金钢，但随之而来的是其价格也远远高于碳素钢和低合金钢。按不锈钢使用状态的金相组织，可分为奥氏体型、奥氏体-铁素体型、铁素体型、马氏体型和沉淀硬化型不锈钢五类。

① 奥氏体型不锈钢（Austenitic Stainless Steel）。

奥氏体型不锈钢具有良好的综合力学性能，也具有良好的可焊性，故工程上应用很广泛，但其价格较高，约是碳钢材料的 10 倍，是普通合金钢的近 4 倍，故不是必须使用时就不要轻易选用。

不锈钢（包括奥氏体型、奥氏体-铁素体型、铁素体型、马氏体型和沉淀硬化型）的表示方法按 GB 221 标准规定如下：除含碳量的表示方法不同外，其他均与低合金钢相同。此时的含碳量以一位数字来表示，该数字为平均含碳量的千分之几。当平均含碳量小于千分之一时，用"0"表示；当平均含碳量小于 0.03% 时，用"00"表示。

表 3-2　常见钢的简介

钢的种类	表　示　方　法	工　程　应　用
碳素钢 （Carbon Steel）	碳素钢的钢号表示方法是：Q215Cb 其中： Q—屈服点； 215—材料的屈服强度值（MPa），分别为 195、215、235、255、275 五个等级； C—质量等级号，分别用 A、B、C、D 字母表示，A 级不做冲击试验，B 级做常温 V 形缺口冲击试验；C、D 两级常用在重要场合下； b—冶炼时的脱氧方法，分别为 F、z、b 三个字母，F 为沸腾钢（Open Steel），z 为镇静钢（Killed Steel），可省略不注，b 为半镇静钢（Semi-killed Steel）	常用的普通碳素结构钢牌号为 Q235A（F、b）、Q235B（F、b）、Q235C、Q235D 四种，这些牌号的质量要求是顺次提高的。材料标准为 GB 700
优质碳素钢 （High-quality Carbon Steel）	优质碳素钢的钢号前面数字表示钢中平均含碳量的万分之几，如 20 钢表示钢中平均含碳量为万分之 20。钢中渗有合金元素时，在钢号后面加上其元素符号，如 Q345（16Mn）、Q390（15MnTi）。特殊用途的优质碳素钢，在钢号后面注有汉语拼音字母，如 20g（20 锅炉钢）	优质碳素钢的表示方法和代号按 GB/T 221 标准规定。GB/T 699 标准给出了优质碳素钢的化学成分和力学性能要求。该标准共列出了 08F、10F、15F、08、10、15、20、25、⋯、70Mn 共 31 种材料牌号，而压力管道中常用的牌号为 08、10、20 三种。08 和 10 钢因含碳量低、硬度低、塑性好，常用于金属垫片。20 钢则常用于管子和管件 GB/T 8163、GB/T 9948、GB/T 6479、GB/T 3087、GB/T 5310 等标准给出了优质碳素钢钢管的材料制造要求，它们都是压力管道常用的钢管标准 GB/T 710、GB/T 711、GB/T 713、GB/T 5681、GB/T 6654 等标准给出了优质碳素钢钢板的材料制造要求，它们都是压力管道常用的钢板标准。选用时，应根据其应用范围确定 GB/T 12225、GB/T 12228 等标准给出了优质碳素钢的铸件材料制造要求
工具钢 （Tool Steel）	碳素工具钢的常用钢号为 T7～T13，T 表示碳素工具钢，后面的数字表示平均含碳量的千分之几	T7、T8 常用于制造风镐、冲压模具冲头，T10、T11 用于制造铰刀等
合金钢 （Alloy Steel）	（见下面关于合金钢的介绍）	合金钢种类颇多，用途较广，在管道工程中，以不锈钢和低合金钢、调质钢、耐热钢和低温钢应用较多

GB/T 1220 标准共给出了 28 种奥氏体不锈钢的材料牌号，而常用的材料牌号有 0Cr18Ni9（304）（06Cr19Ni10）、00Cr19Ni10（304L）（022Cr19Ni10）、0Cr17Ni12Mo2（316）（06Cr17Ni12Mo2）、00Cr17Ni14Mo2（316L）（022Cr17Ni12Mo2）等。

② 奥氏体-铁素体型不锈钢。

它与奥氏体型不锈钢一样，具有良好的综合力学性能，也具有良好的可焊性，故常代替奥氏体型不锈钢用于容易发生晶间腐蚀的工作环境。但该种材料制造工艺复杂，成本较高，价格约是奥氏体型不锈钢的 3～4 倍，故这种材料在工程上应用的并不普遍。

GB/T 1220 标准给出了 1Cr18Ni11Si4AlTi（14Cr18Ni11Si4AlTi）、00Cr18Ni5Mo3Si2（022Cr19Ni5Mo3Si2N）、022Cr22Ni5Mo3N 等共 6 种奥氏体-铁素体型不锈钢的材料牌号。

③ 铁素体型不锈钢（Ferrite Stainless Steel）。

其防腐性能不如奥氏体型不锈钢，焊接性能也比较差，还容易出现475℃回火脆性和σ相析出引起的脆性，因此，这种不锈钢在压力管道中应用得不多，而在压力容器中常用作复合材料的复层。

GB/T 1220 标准共给出了 7 种铁素体型不锈钢的材料牌号，而常用的材料牌号有 00Cr12（022Cr12）和 0Cr13Al（06Cr13Al）。

④ 马氏体型不锈钢（Martensitic Stainless Steel）。

其具有较高的硬度和耐磨性，耐蚀性较弱，常用于医疗中的手术刀，而压力管道中则常用作碳素钢和铬钼钢阀门的阀杆和阀芯。

GB/T 1220 标准共给出了 19 种马氏体型不锈钢的材料牌号，而常用的材料牌号有 1Cr13（12Cr13）、2Cr13（20Cr13）、3Cr13（30Cr13）等。

⑤ 沉淀硬化型不锈钢。

沉淀硬化型不锈钢是指可以进行沉淀硬化处理的奥氏体或马氏体型不锈钢。这种不锈钢有很高的强度和硬度，其耐蚀性则接近于奥氏体型不锈钢，在压力管道中它常用作螺栓和螺母材料。

GB/T 1220 标准给出了 05Cr15Ni5Cu4Nb、0Cr17Ni4Cu4Nb（05Cr17Ni4Cu4Nb）、0Cr17Ni7Al（07Cr17Ni7Al）、0Cr15Ni7Mo2Al（07Cr15Ni7Mo2Al）共 4 种沉淀硬化型不锈钢的材料牌号。

（2）低合金钢（Low Alloy Steel） 工程上常用的低合金钢有碳锰系、碳锰钒系、铬钼系和铬钼钒系等系列。

① GB/T 1591 标准给出了碳锰系和碳锰钒系低合金钢的化学成分和力学性能要求。当用于常温及以上温度时，可用 SHA、SHB 或 SHC 级；当用于 -20～-40℃时，可用 SHD 或 SHE 级。

② GB/T 3077（《合金结构钢》）标准给出了铬钼系和铬钼钒系低合金钢的化学成分和机械性能要求。该标准共列出了 77 种材料牌号，其表示方法按 GB/T 221（《钢铁产品牌号表示方法》）标准。常用的铬钼系和铬钼钒系低合金钢材料牌号有 12CrMo、15CrMo、12Cr1MoV 等，它们常用作抗氢腐蚀、抗高温硫或硫化氢腐蚀和耐热（次高温）等材料。例如，12CrMo 和 15CrMo 常用于 550℃ 以下的高温工况，或用于 320℃ 以下的临氢工况；12Cr1MoV 常用于 575℃ 以下的高温高压蒸汽介质。

（3）调质合金钢（Quenching and Tempering Steel） 其含碳量较高，故强度高，可焊性差，常用于螺栓、螺母材料。

GB/T 3077 标准给出了调质合金钢的化学成分和机械性能要求。常用材料牌号有 40Cr、45Cr、30CrMo、30CrMoA、35CrMo、35CrMoA、25Cr2MoVA 等。

（4）耐热钢（High Resisting Steel） GB1221 标准共给出了 40 种耐热钢的材料牌号。大多数不锈钢都可用作耐热钢。工程上常用耐热钢材料牌号如下。

① 奥氏体型：0Cr18Ni9（304）（06Cr19Ni10）、0Cr17Ni12Mo2（316）（06Cr17Ni12Mo2）等。

② 铁素体型：00Cr12（022Cr12）、0Cr13Al（06Cr13Al）等。

③ 马氏体型：1Cr5Mo（12Cr5Mo）、1Cr13（12Cr13）、2Cr13（20Cr13）、等。

④ 沉淀硬化型：0Cr17Ni4Cu4Nb（05Cr17Ni4Cu4Nb）、0Cr17Ni7Al（07Cr17Ni7Al）等。

（5）低温钢（Cryogenic Service Steel） 我国的低温钢有 16Mn、09Mn2V、06AlCu、06MnNb 等，或者用奥氏体不锈钢，但前者一般适应的低温温度不宜太低，而奥氏体不锈

钢又比较贵，故这里介绍 ASTM 中常用的低温钢，即镍（Ni）钢。常用镍钢的化学成分和
力学性能见表 3-3。

表 3-3　常用镍钢的化学成分和力学性能

| 牌号 | 化学成分/% | | | | 强度及塑性 | | V 形缺口冲击韧性 | | | 适用温度/℃ |
	C	Mn	Si	Ni	σ_s/MPa	σ_b/MPa	δ/%	$T_{试}$/℃	α_k/J·cm^{-2}	
2.5Ni	≤0.17	≤0.70	0.15～0.30	2.1～2.5	260	≥500	23	−50	20	−50
3.5Ni	≤0.17	≤0.70	0.15～0.30	3.25～3.75	260	≥500	23	−101	20	−101
5Ni	≤0.13	0.30～0.60	0.20～0.35	4.75～5.25	460	≥670	20	−170	34	−170
9Ni	≤0.13	≤0.90	0.15～0.30	8.5～9.5	530	≥700	20	−196	34	−196

二、有色金属

管道工程中常用的有色金属（Non-ferrous Metal）有铜、铝、铅和锌等。

1. 铜（Copper）

铜又分纯铜（俗称紫铜）、黄铜和青铜等。有关铜管的标准规范包括 ASTM B42、
ASTM B43、ASTM B315、ASTM B466、ASTM B467，有关铜管件的标准规范有 ASME
B16.24、ASME B16.22、ASME B16.15、ASME B16.18 等。

（1）纯铜（Copper）　纯铜呈紫红色，有良好的导电性、导热性和耐大气腐蚀性，熔点
为 1083℃。在管道工程中常用纯铜制成钢管和法兰垫片。因纯铜硬度较低，退火后变得更
柔软，故常用来制作高压管道中的法兰垫片。纯铜管的低温性能比钢材好，故纯铜管常用于
空分设备管道、冷冻管道和仪表管道。纯铜的高温性能差，在 120℃ 以下，允许抗拉强度为
29.43MPa。温度若再升高，其机械强度则急剧下降，当温度上升至 250℃ 时，其允许抗拉
强度只相当于常温时的 2/3，已不宜在压力下使用。

常用的纯铜牌号为 T2、T3、T4，杂质含量 T2 最少，T4 最多。

（2）黄铜（Brass）　黄铜是铜和锌的合金，其机械强度高，有较好的耐腐蚀性和浇铸
性，可用来制作管子、管件和阀门等。化工上常用的有 H80、H68、H62（"H" 是黄铜代
号，后边的数字表示合金中铜的平均含量）。H80 比 H68 塑性好。进行强度计算时，在
120℃ 以下，黄铜允许抗拉强度为 29.43MPa。随着温度升高，其强度则急剧下降，当温度
未超过 225℃ 时，黄铜阀件可用在压力不超过 1.6MPa 的管道中。

（3）青铜（Bronze）　青铜是铜和锡的合金，又称锡青铜。由于锡的价格较高，故制造
青铜也常用其他元素代替，因而又有无锡青铜，如铝青铜、铅青铜、硅青铜等。青铜通常由
浇铸而成，其强度、硬度及耐腐蚀性都比黄铜好。青铜常用于制造蜗轮、齿轮、轮，以及管
道工程中的阀件和管件等。

2. 铝（Aluminum）

铝的熔点为 527℃，它具有良好的导热性和导电性，强度和硬度较低，可塑性好。铝容
易氧化，在空气中，铝的表面能形成一层极薄的氧化铝保护膜，防止继续氧化。铝合金薄板
常作为压力管道绝热工程的管子、塔、罐、换热器、阀门、法兰以及其他平壁设备保护层
材料。

纯铝的强度和硬度虽然很低，但若加入其他元素可以提高。铝合金分为铸造铝合金和可压
迫变形的铝合金两大类。管道工程中，常用 L2 和 L3 牌号的铝管输送硝酸和醋酸等，但是铝不
能抵抗碱性腐蚀。当温度高于 150℃ 时，铝管不宜用于压力管道。铝和铝合金管的标准规范有
ASTM B241、ASTM B26、ASTM B108、ASTM B209、ASTM B210、ASTM B211、ASTM

B221、ASTM B234、ASTM B247 以及 ASME B31.3 的"附录 L——铝合金管法兰"。

3. 铅（Lead）

铅是一种暗灰色的金属，熔点为 327℃，它有很好的耐腐蚀性能，常用来制作硫酸设备和管道衬里。铅质软，可塑性好，管道工程中常用铅管。在安装铸铁管承插口时，常用铅作为接口填塞材料，以牌号为 Pb-6 的铅较适宜。硬铅是铅和锑的合金，它的抗腐蚀性略低于纯铅，但机械强度较高，常用于制造耐酸设备。铅蒸气有毒，故熔化铅时，要防止烫伤和铅中毒。在化工行业中，铅主要用在处理硫酸的设备上。Pb-4 用于设备内衬，Pb-6 用于管道接头，硬铅可制造硫酸工业用的泵、阀门、管道等。

4. 锌（Zinc）

锌呈浅灰色，熔点为 419℃，它有较好的耐腐蚀性和力学性能。有些钢管和管件为增强耐腐蚀性能，常在表面镀一层锌，如室内给水工程中常用的镀锌管。

三、型钢

压力管道工程中用得较多的金属材料，除钢管外，就是各种型钢、钢板和钢筋等。例如，在压力管道管架设计时，就会用到型钢（Steel Section）。

1. 圆钢（Round Steel）

圆钢用于制作管道的吊杆、吊环和拉杆等。它通常以其直径表示规格，如直径 12mm 的圆钢表示方法是圆钢 d12。直径较大的圆钢常用于加工毛坯。

2. 扁钢（Flat Steel）

扁钢用于制作吊环、卡环、活动支架等。规格以扁钢宽度乘以厚度来表示，如 50mm 宽、4mm 厚的扁钢写为 50×4。

3. 角钢（Angle Steel）

角钢分为等边角钢与不等边角钢，用以制作管道支架。等边角钢的规格以角钢的外边宽乘以厚度表示，如边宽 45mm、厚 3mm 的角钢写为∟45×3。不等边角钢的规格以角钢的一外边宽乘以另一外边宽再乘以厚度表示，如一边宽 75mm、另一边宽为 50mm、厚为 7mm 的角钢写为∟75×50×7。

4. 槽钢（Channel Steel）**和工字钢**（I-section Steel）

槽钢和工字钢一般用于制作较大管道的支架或设备支架等。其规格分别以槽钢或工字钢的高度表示，如 16 号槽钢，其高度为 160mm。

5. 钢板（Steel Plate）

管道工程中常用厚钢板制作设备、容器和法兰等，用薄钢板制作通风管道和保温外壳等。

热轧厚钢板常用 Q235、20、35、45、Q345（16Mn）、20g 等钢种轧制，厚度有 4.5mm、6mm、8mm、10mm、12mm、14mm、16mm、18mm、20～50mm 等多种，可根据需要选用，宽度 0.6～3m，长度 5～12m。

薄钢板常用 Q215、Q235、08、10、20、45、Q345（16Mn）等钢种轧制，厚度分为 0.35mm、0.5mm、1mm、1.5mm、2mm、3mm、4mm 七种，宽度 500～1250mm，长度从 1000mm 至 4000mm。在薄钢板中有时还要给较薄的几种镀上锌，称为镀锌钢板或镀锌铁皮。其规格按厚度有 0.35mm、0.5mm、0.75mm 三种，按宽度乘以长度有 400mm×800mm、750mm×1500mm、800mm×1200mm、900mm×1800mm、1000mm×1200mm 等数十种。薄钢板在管道工程中主要用于制作通风管道和保温外壳。

第三节　金属材料的性能

一、金属材料的力学性能

金属的力学性能是指金属在外力作用下表现出来的特性，主要有下列几项指标。

① 强度极限（Ultimate Strength）σ_b：在拉伸应力-应变曲线上的最大应力点，单位为 MPa。

② 屈服极限（Yield Limit）σ_s：材料的拉伸应力超过弹性范围，开始发生塑性变形时的应力。有些材料的拉伸应力-应变曲线并不出现明显的屈服平台，即不能明确地确定其屈服点。对于此种情况，工程上规定取试样产生 0.2％残余变形的应力值作为条件屈服极限，用 $\sigma_{0.2}$ 表示，单位为 MPa。

③ 持久极限（Endurance Limit）σ_D^t：在给定温度下，使试样经过一定时间发生蠕变断裂时的平均应力。在工程上通常采用试样在设计温度下 10^5 h 断裂时的应力平均值表示，单位为 MPa。

④ 蠕变极限（Creep Limit）σ_n^t：在给定温度下和规定的持续时间内，使试样产生一定蠕变量的应力值。工程上通常采用钢材在设计温度下，经 10^5 h、蠕变率为 1％时的应力值表示，单位为 MPa。

⑤ 伸长率（Percentage Elongation）δ：表明试样在拉伸试验中发生破坏时，产生了百分之几的塑性伸长量。它是衡量钢材塑性的一个指标。试样的原始长度，一般选择为试样直径的 5 倍或 10 倍，因此，试样有 δ_5 和 δ_{10}，以％计。

⑥ 断面收缩率（Reduction of Area）ψ：表明试样在拉伸试验发生破坏时，缩颈处所产生的塑性变形率。它是衡量材料塑性的另一个指标，以％计。

⑦ 冲击值（Impact Value）A_k：是衡量钢材韧性、确定钢材是否产生脆性破坏的一个指标，单位为 J。

⑧ 硬度（Hardness）：反映材料对局部塑性变形的抗力及材料的耐磨性。硬度有三种表示方法，即布氏硬度（Brinell Hardness）HB、洛氏硬度（Rockwell Hardness）HR 和维氏硬度（Vickers Diamond Hardness）HV，其测定方法和适用范围各异。根据经验，钢材的硬度与其抗拉强度有如下近似关系：轧制、正火的低碳钢 $\sigma_b = 0.36HB$；轧制、正火的中碳钢或低合金钢 $\sigma_b = 0.35HB$；硬度为 250～400HB，经热处理的合金钢 $\sigma_b = 0.33HB$。

由于测定方便，对焊接接头也常用测定热影响区硬度的方法来确定其淬硬程度。

二、钢材的热处理

钢材的热处理一般有淬火、回火和退火三种。钢材的热处理方式影响着金属材料的性能。

1. 淬火（Quenching）

淬火是将钢加热到 800～900℃，保持一定的时间后，在水中或油中迅速冷却，可以提高钢的硬度和耐磨性，但增加了钢的脆性。

冷却的速度对淬火效果起决定作用。冷却越快，钢的硬度与耐磨性越高，但脆性也越大。钢的淬火性能随其含碳量的增多而提高，含碳量在 0.2％以下的钢，几乎不能淬火硬化。

当管道与法兰焊接时，焊缝附近受热，相当于淬火，可能引起硬化。但含碳量小于

0.2%的低碳钢不会淬火硬化，这就是低碳钢具有良好的焊接性的原因之一。

2. 回火（Tempering）

淬火后的钢性质硬脆，而且还会产生内应力。为减少这种硬脆性和消除内应力，常常将淬火后的钢加热到550℃以下，经过保温后冷却，就可以提高钢材的韧性和塑性，达到使用的要求。

3. 退火（Annealing）

为降低钢的硬度和提高塑性，便于加工，或者为消除冷却与焊接时产生的硬脆性与内应力，可将钢材加热到800～900℃，经过保温后缓慢冷却，可达到使用的要求。例如，白口铁在900～1100℃退火，可降低硬脆性，得到可锻性。

三、常见元素对金属材料性能的影响

1. 碳（C）

① 含碳量的增加，使得碳素钢的强度和硬度增加，而塑性、韧性和焊接性能下降。

② 一般情况下，当含碳量大于0.25%时，碳钢的可焊性开始变差，故压力管道中一般采用含碳量小于0.25%的碳钢。含碳量的增加，其球化和石墨化的倾向增加。

③ 作为高温下耐热用的高合金钢，含碳量应大于或等于0.04%，但此时奥氏体不锈钢的抗晶间腐蚀性能下降。

2. 硅（Si）

① 硅固溶于铁素体和奥氏体中可起到提高它们的硬度和强度的作用。

② 含硅量若超过3%时，将显著地降低钢的塑性、韧性、延展性和可焊性，并易导致冷脆，中、高碳钢回火时易产生石墨化。

③ 各种奥氏体不锈钢中加入约2%的硅，可以增强它们的高温不起皮性。在铬、铬铝、铬镍、铬钨等钢中加入硅，都将提高它们的高温抗氧化性能。但含硅量太高时，材料的表面脱碳倾向增加。

④ 低含硅量对钢的耐腐蚀性能影响不大，只有当含硅量达到一定值时，它对钢的耐腐蚀性能才有显著的增强作用。含硅量为15%～20%的硅铸铁是很好的耐酸材料，对不同温度和浓度的硫酸、硝酸都很稳定，但在盐酸和王水的作用下稳定性很小，在氢氟酸中则不稳定。高硅铸铁之所以耐腐蚀，是由于当开始腐蚀时，在其表面形成致密的SiO_2薄层，阻碍了酸的进一步向内侵蚀。

3. 硫（S）、氧（O）在碳素钢中的作用

硫和氧作为杂质元素常以非金属化合物（如FeS、FeO）形式存在于碳素钢中，形成非金属夹杂，从而导致材料性能的劣化，尤其是硫的存在常引起材料的热脆[1]。硫和磷常是钢中要控制的元素，并以其含量的多少来评定碳素钢的优劣。

4. 磷（P）、砷（As）、锑（Sb）在碳素钢中的作用

① 磷、砷和锑作为杂质元素，它们对提高碳素钢的抗拉强度有一定的作用，但同时又都增加钢的脆性，尤其低温脆性[2]。磷和砷又都是造成碳素钢严重偏析的有害元素。磷对钢的焊接性不利，它能增加焊裂的敏感性。

---

[1]　由于FeS可与铁形成共晶，并沿晶界分布。Fe-FeS共晶物的熔点为985℃，当在1000～1200℃温度下，对材料进行压力加工时，由于它已经熔化而导致晶粒开裂，使材料呈现脆性。这种现象常称为热脆。

[2]　由于磷以固溶形式存在于铁素体中，影响铁素体的晶格变形，使碳素钢在常温下呈现脆性。这种现象常称为冷脆。

② 由于低合金钢熔点较高，磷、砷、锑等杂质元素容易在高温下迁移聚集，从而导致低合金钢的高温回火脆性❶。一般情况下，低合金钢均采用较高级的冶炼方法（如电炉冶炼），故其硫、磷等杂质元素含量较低。

5. 钨（W）在碳素钢中的作用

① 钢中含钨量高时有二次硬化作用，有红硬性，以及增加耐磨性。钨对钢的淬透性、回火稳定性、力学性能的影响均与钼相似，但以质量计，其作用效果不如钼显著。钨提高钢在高温下的蠕变抗力与热强性，当与钼复合使用时，效果更佳。

② 钨能提高钢的抗氢作用的稳定性。钨通常加入低碳和中碳的高级优质合金结构钢中，钨能阻止热处理时晶粒的长大和粗化，降低其回火脆化倾向，并显著提高钢的强度和韧性。

6. 锰（Mn）在低合金钢中的作用

① 锰与铁形成固溶体，可提高钢中铁素体和奥氏体的硬度和强度。在碳锰钢中常利用锰来提高钢的强度，但它使材料的延展性有所降低，而且增加了应力腐蚀开裂的敏感性。在一般碳锰钢和低合金钢中，其含量应在 $1\%\sim2\%$。

② 锰是良好的脱氧剂和脱硫剂。锰与硫形成 MnS，可防止因硫而导致的热脆现象，从而改善钢的热加工性能。因此，在工业用钢中一般都含有一定数量的锰。

③ 锰在钢中由于能降低临界转变温度，故碳锰钢的低温冲击韧性比碳素钢好。

④ 锰能强烈增加碳锰钢的淬透性。含锰量较高时，有使钢晶粒粗化并增加钢的回火脆性的不利倾向。

⑤ 锰对钢的焊接性有不利的影响。为改善钢的焊接性，应在许可的范围内，适当降低钢的含碳量。焊接时也需采用优质低氢焊条和相应的焊接工艺。

7. 铬（Cr）在低合金钢中的作用

① 随含铬量的增加，使铬钼钢和铬钼钒钢有良好的抗高温氧化性和耐氧化介质腐蚀作用，并增加钢的热强性。但含铬量太高时或者处理不当，易发生 σ 相和 475℃ 回火脆化。

② 铬增加钢的淬透性并有二次硬化作用。

③ 铬是显著提高钢的脆性转变温度的元素，随着含铬量的增加，钢的脆性转变温度也逐步提高，冲击值随含铬量增加而下降。

④ 在含钼的锅炉钢中，加入少量的铬，能防止钢在长期使用过程中的石墨化。

⑤ 在单一的铬钢中，材料的焊接性能随含铬量的增加而恶化。

8. 铝（Al）在低合金钢中的作用

① 铝与氮及氧的亲和力很强，因此它也作为炼钢时的脱氧定氮剂，并起到细化晶粒、阻抑碳钢的时效、提高钢在低温下韧性的作用。

② 铝作为合金元素加入钢中时能提高钢的抗氧化性，改善钢的电磁性能，提高渗氮钢的耐磨性和疲劳强度等。因此，铝在不起皮钢、电热合金、磁钢和渗氮钢中，得到了广泛的应用。

③ 铝在铁素体及珠光体钢中，当其含量较高时，材料的高温强度和韧性较低。

④ 当含铝量达到一定量时，可使钢产生钝化现象，使钢在氧化性酸中具有耐蚀性，但使钢的焊接性变坏。

---

❶ 合金钢在进行高温回火热处理或长期在高温下工作时，其中的杂质元素磷、砷、锑等容易在高温下迁移聚集。由于这些元素的熔点一般比合金元素低，它将"割裂"材料基体而导致合金钢在高温下呈现脆性。因为合金钢的这种脆性发生在红热的温度下，故常称为红脆。

⑤ 铝还能提高钢对硫化氢的耐蚀作用。含铝量在 4% 左右的钢，在温度不超过 600℃ 时有较好的抗硫化氢腐蚀作用。

⑥ 在钢铁材料表面镀铝和渗铝，可以提高其抗氧化性和在工业和海洋性气氛中的耐蚀性。

⑦ 含铝的钢渗氮后，在钢的表面形成一层牢固的薄而硬的弥散分布的氮化铝层，从而提高其硬度和疲劳强度，并改善其耐磨性。

⑧ 铝是高锰低温钢的主要合金元素。一定量的铝，有提高铁锰奥氏体的稳定度、抑制 β-Mn 相变的作用，从而使铝在低温钢中得到了应用。

9. 钼（Mo）在低合金钢中的作用

① 钼属于强碳化物形成元素，当其含量较低时，与铁及碳形成复杂的渗碳体；当其含量较高时，则形成特殊碳化物。在较高回火温度下，由于钼的弥散分布，可使材料出现二次硬化。

② 钼对铁素体有固溶强化作用，同时也提高碳化物的稳定性，因此对钢的强度产生有利作用。钼是提高钢热强性最有效的合金元素。钼同样也能提高马氏体钢和奥氏体钢的热强性。

③ 钼在钢中，由于形成特殊碳化物，可以改善在高温高压下抗氢侵蚀的作用。

④ 钼常与其他元素如锰、铬等配合使用，可显著提高钢的淬透性；含钼量约 0.5% 时，能抑制或降低其他合金元素导致的回火脆性。

⑤ 钼在不锈耐热钢中，也能使钢表面钝化，但作用不如铬显著。钼与铬相反，它既能在还原性酸（HCl、H_2SO_4、H_2SO_3）中又能在强氧化性盐溶液（特别是含有氯离子时）中使钢材表面钝化。因此，钼可以普遍提高钢的耐蚀性能。

⑥ 钼加入奥氏体耐酸钢中，能显著地提高材料对醋酸、环烷酸的耐蚀性。在含有氯化物的溶液中，常会引起奥氏体耐酸钢的点腐蚀和晶间腐蚀。材料中加入钼后，这种倾向在很大程度上会被减缓或抑制。

10. 镍（Ni）在高合金钢中的作用

① 镍是扩大 γ 相区，形成无限固溶体的元素，它是奥氏体不锈钢中的主加元素。

② 镍能细化铁素体晶粒，改善钢的低温性能。含镍量超过一定值的碳钢，其低温脆化转变温度显著降低，而低温冲击韧性显著提高，因此镍钢常用于低温材料。一般情况下，含镍量达到 3.5% 的镍钢可以在 -100℃ 低温下使用，含镍量达到 9% 的镍钢可在 -196℃ 超低温下使用。

③ 含镍的低合金钢还有较高的抗腐蚀疲劳的性能。镍钢不宜在含硫或一氧化碳的气氛中加热，因为镍易与硫化合，在晶界上形成低熔点的 NiS 网状组织而产生热脆。在高温时镍将与一氧化碳化合形成 $Ni(CO)_4$ 气体而由合金中逸出，从而在材料中留下孔洞。

④ 在不锈耐热钢中，镍与铬、钼等元素适当配合使材料在常温下为奥氏体组织，即得到奥氏体不锈钢或耐热钢。然而，目前镍在全世界范围内都是一种比较稀缺的元素，故作为一种合金元素，应该只有在用其他元素不能获得所需的性能时，才考虑使用它。

⑤ 由于镍可降低临界转变温度和降低钢中各元素的扩散速度，因而它可以提高钢的淬透性。

⑥ 镍不增加钢对蠕变的抗力，因此一般不作为热强钢中的强化元素。在奥氏体热强钢中，镍的作用只是使钢奥氏体化，钢的强度必须靠其他元素如钼、钨、钒、钛、铝来提高。

⑦ 镍是有一定耐腐蚀能力的元素，对酸、碱、盐以及大气均具有一定的耐腐蚀能力。

11. 钛（Ti)在高合金钢中的作用

① 钛是最强的碳化物形成元素，与氮、氧的亲和力也极强，是良好的脱气剂和固定氮、碳的有效元素，正因为这样，含钛的高合金钢不宜用于铸件。

② 在奥氏体不锈钢中，由于钛能固定碳，有防止和减轻材料晶间腐蚀和应力腐蚀的作用。如果奥氏体不锈钢中的钛、碳含量之比超过 4.5 时，由于此时材料中的氧、氮和碳可以全部被固定住，故使得材料对晶间腐蚀、应力腐蚀和碱脆有很好的抗力。

③ 当钛以碳化钛微粒存在时，由于它能细化钢的晶粒并成为奥氏体分解时的有效晶核，可使钢的淬透性降低，但也使材料的高温固溶强化效果降低。

④ 钛能提高耐热钢的抗氧化性和热强性。

⑤ 钛作为强碳化物形成元素，可以提高钢在高温、高压、氢气中的稳定性。当钢中的含钛量达到含碳量的 4 倍时，可使钢在高压下对氢的稳定性几乎高达 600℃以上。

第四节　金属材料的腐蚀

金属腐蚀的危害性是十分普遍的，而且也是十分严重的。腐蚀会造成重大的直接或间接损失，会造成灾难性重大事故，而且危及人身安全。因腐蚀而造成的生产设备和管道的跑、冒、滴、漏，会影响生产装置的生产周期和设备寿命，增加生产成本，同时还会因有毒物质的泄漏而污染环境，危及人类健康。

一、根据腐蚀发生的机理分类

根据腐蚀发生的机理，可将其分为化学腐蚀、电化学腐蚀和物理腐蚀三大类。

1. 化学腐蚀（Chemical Corrosion）

化学腐蚀是指金属表面与非电解质直接发生纯化学作用而引起的破坏。金属在高温气体中的硫腐蚀、金属的高温氧化均属于化学腐蚀。

2. 电化学腐蚀（Electrochemical Corrosion）

电化学腐蚀是指金属表面与离子导电的介质发生电化学反应而引起的破坏。电化学腐蚀是最普遍、最常见的腐蚀，如金属在大气、海水、土壤和各种电解质溶液中的腐蚀都属此类。

3. 物理腐蚀（Physical Corrosion）

物理腐蚀是指金属由于单纯的物理溶解而引起的破坏。其特点是：当低熔点的金属溶入金属材料中时，会对金属材料产生"割裂"作用。由于低熔点的金属强度一般较低，在受力状态下它将优先断裂，从而成为金属材料的裂纹源。应该说，这种腐蚀在工程中并不多见。

二、根据腐蚀形态分类

按腐蚀形态分类，可分为全面腐蚀、局部腐蚀和应力腐蚀三大类。

1. 全面腐蚀（General Corrosion）

全面腐蚀也称均匀腐蚀，是在管道较大面积上产生的程度基本相同的腐蚀。均匀腐蚀是危险性最小的一种腐蚀。

① 工程中往往是给出足够的腐蚀余量就能保证材料的机械强度和使用寿命。

② 均匀腐蚀常用单位时间内腐蚀介质对金属材料的腐蚀深度或金属构件的壁厚减

薄量（称为腐蚀速率）来评定。SH3059 标准中规定：腐蚀速率不超过 0.05mm/a 的材料为充分耐腐蚀材料；腐蚀速率为 0.05～0.1mm/a 的材料为耐腐蚀材料；腐蚀速率为 0.1～0.5mm/a 的材料为尚耐腐蚀材料；腐蚀速率超过 0.5mm/a 的材料为不耐腐蚀材料。

2. 局部腐蚀（Local Corrosion）

局部腐蚀又称非均匀腐蚀，其危害性远比均匀腐蚀大，因为均匀腐蚀容易被发觉，容易设防，而局部腐蚀则难以预测和预防，往往在没有先兆的情况下，使金属构件突然发生破坏，从而造成重大火灾或人身伤亡事故。局部腐蚀很普遍，据统计，均匀腐蚀占整个腐蚀中的 17.8%，而局部腐蚀则占 80% 左右。

（1）点蚀（Pitting）

① 集中在全局表面个别小点上的深度较大的腐蚀称为点蚀，也称孔蚀。蚀孔直径等于或小于深度。蚀孔形态如图 3-2 所示。

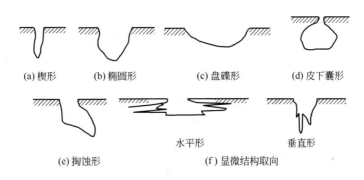

(a) 楔形　　　(b) 椭圆形　　　(c) 盘碟形　　　(d) 皮下囊形

水平形　　　　　垂直形

(e) 掏蚀形　　　　　(f) 显微结构取向

■ 图 3-2　点蚀孔的各种剖面形状（选自 ASTM 标准）

② 点蚀是管道最具有破坏性的隐藏的腐蚀形态之一。奥氏体不锈钢管道在输送含氯离子或溴离子的介质时最容易产生点蚀。不锈钢管道外壁如果常被海水或天然水润湿，也会产生点蚀，这是因为海水或天然水中含有一定的氯离子。

③ 不锈钢的点蚀过程可分为蚀孔的形成和蚀孔的发展两个阶段。

钝化膜的不完整部位（露头位错、表面缺陷等）作为点蚀源，在某一段时间内呈活性状态，电位变负，与其邻近表面之间形成微电池，并且具有大阴极小阳极面积比，使点蚀源部位金属迅速溶解，蚀孔开始形成。

已形成的蚀孔随着腐蚀的继续进行。小孔内积累了过量的正电荷，引起外部 Cl^- 的迁入以保持电中性，继之孔内氯化物浓度增高。由于氯化物水解使孔内溶液酸

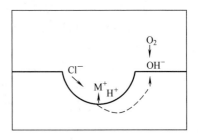

■ 图 3-3　点蚀孔生长机理

化，又进一步加速孔内阳极的溶解。这种自催化作用的结果，使蚀孔不断地向深处发展，如图 3-3 所示。

④ 溶液滞留容易产生点蚀；增加流速会降低点蚀倾向，敏化处理及冷加工会增加不锈钢点蚀的倾向；固溶处理能提高不锈钢耐点蚀的能力。钛的耐点蚀能力高于奥氏体不锈钢。

⑤ 碳钢管道也发生点蚀，通常是在蒸汽系统（特别是低压蒸汽）和热水系统，遭

受溶解氧的腐蚀，温度在 $80\sim250℃$ 间最为严重。虽然蒸汽系统是除氧的，但由于操作控制不严格，很难保证溶解氧量不超标，因此溶解氧造成碳钢管道产生点蚀的情况经常会发生。

（2）缝隙腐蚀（Crevice Corrosion） 当管道输送的物料为电解质溶液时，在管道内表面的缝隙处，如法兰垫片处、单面焊未焊透处等，均会产生缝隙腐蚀。一些钝性金属如不锈钢、铝、钛等，容易产生缝隙腐蚀。

缝隙腐蚀的机理，一般认为是浓差腐蚀电池的原理，即由于缝隙内和周围溶液之间氧浓度或金属离子浓度存在差异造成的。缝隙腐蚀在许多介质中发生，但以含氯化物的溶液中最严重，其机理不仅是氧浓差电池的作用，还有像点蚀那样的自催化作用，如图3-4 所示。

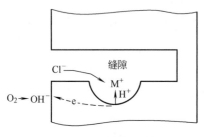

■ 图 3-4　缝隙腐蚀的机理

（3）焊接接头的腐蚀　通常发生于不锈钢管道，有三种腐蚀形式。

① 焊肉被腐蚀成海绵状，这是奥氏体不锈钢发生的 δ 铁素体选择性腐蚀。

为改善焊接性能，奥氏体不锈钢通常要求焊缝含有 $3\%\sim10\%$ 的铁素体组织，但在某些强腐蚀性介质中则会发生 δ 铁素体选择性腐蚀，即腐蚀只发生在 δ 铁素体相（或进一步分解为 σ 相），结果呈海绵状。

② 热影响区腐蚀。造成这种腐蚀的原因，是焊接过程中这里的温度正好处在敏化区，有充分的时间析出碳化物，从而产生了晶间腐蚀。

晶间腐蚀是腐蚀局限在晶界和晶界附近而晶粒本身腐蚀比较小的一种腐蚀形态，其结果将造成晶粒脱落或使材料机械强度降低。

晶间腐蚀的机理是"贫铬理论"。不锈钢因含铬而有很高的耐蚀性，其含铬量必须要超过 12%，否则其耐蚀性能和普通碳钢差不多。不锈钢在敏化温度范围内（$450\sim850℃$），奥氏体中过饱和固溶的碳将和铬化合成 $Cr_{23}C_6$，沿晶界沉淀析出。由于奥氏体中铬的扩散速度比碳慢，这样，生成 $Cr_{23}C_6$ 所需的铅必然从晶界附近获取，从而造成晶界附近区域贫铬。如果含铬量降到 12%（钝化所需极限含铬量）以下，则贫铬区处于活化状态，作为阳极，它和晶粒之间构成腐蚀原电池，贫铬区阳极面积小，晶粒阴极面积大，从而造成晶界附近贫铬区的严重腐蚀。

③ 熔合线处的刀口腐蚀，一般发生在用 Nb 及 Ti 稳定的不锈钢（347 及 321）。刀口腐蚀大多发生在氧化性介质中。刀口腐蚀示意如图3-5 所示。

（4）磨损腐蚀　也称冲刷腐蚀。当腐蚀性流体在弯头、三通等拐弯部位突然改变方向，它对金属及金属表面的钝化膜或腐蚀产物层产生机械冲刷破坏作用，同时又对不断露出的金属新鲜表面发生激烈的电化学腐蚀，从而造成比其他部位更为严重的腐蚀损伤。这种损伤是金属以其离子或腐蚀产物从金属表面脱离，而不是像纯粹的机械磨损那样以固体金属粉末脱落。

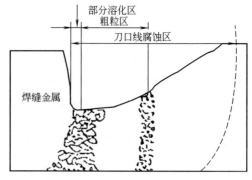

■ 图 3-5　刀口腐蚀

如果流体中夹有气泡或固体悬浮物时，则最易发生磨损腐蚀。不锈钢的钝化膜耐磨损腐蚀性能较差，钛则较好。蒸汽系统、H_2S-H_2O 系统对碳钢管道弯头、三通的磨损腐蚀均较严重。

（5）冷凝液腐蚀　对于含水蒸气的热腐蚀性气体管道，在保温层中止处或破损处的内壁，由于局部温度降至露点以下，将发生冷凝现象，从而造成冷凝液腐蚀，即露点腐蚀。

（6）涂层破损处的局部大气锈蚀　对于化工厂的碳钢管线，这种腐蚀有时会很严重，因为化工厂区的大气中常常含有酸性气体，比自然大气的腐蚀性强得多。

3. 应力腐蚀（Stress Corrosion）

金属材料在拉应力和特定腐蚀介质的共同作用下发生的断裂破坏，称为应力腐蚀破裂。发生应力腐蚀破裂的时间有长有短，有经过几天就开裂的，也有经过数年才开裂的，这说明应力腐蚀破裂通常有一个或长或短的孕育期。

应力腐蚀裂纹呈枯树枝状，大体上沿着垂直于拉应力的方向发展。裂纹的微观形态有穿晶型、晶间型（沿晶型）和两者兼有的混合型。

应力的来源，对于管道来说，焊接、冷加工及安装时残余应力是主要的。

并不是任何的金属与介质的共同作用都引起应力腐蚀破裂。其中金属材料只有在某些特定的腐蚀环境中，才发生应力腐蚀破裂。表 3-4 列出了容易引起应力腐蚀开裂的管道金属材料和腐蚀环境的组合。

表 3-4　易产生应力腐蚀开裂的金属材料和腐蚀环境组合（选自 SH/T 3059 附录 E）

材　料	环　境	材　料	环　境
碳钢及低合金钢	苛性碱溶液 氨溶液 硝酸盐水溶液 含 HCN 水溶液 湿的 CO-CO_2 空气 硝酸盐和重碳酸盐溶液 含 H_2S 水溶液 海水 海洋大气和工业大气 CH_3COOH 水溶液 $CaCl_2$、$FeCl_3$ 水溶液 $(NH_4)_2CO_3$ H_2SO_4-HNO_3 混合酸水溶液	奥氏体不锈钢	高温碱液如 NaOH、$Ca(OH)_2$、LiOH 氯化物水溶液 海水、海洋大气 连多硫酸 高温高压含氧高纯水 浓缩锅炉水 水蒸气（260℃） 260℃硫酸 湿润空气（湿度 90%） $NaCl$＋H_2O_2 水溶液 热 $NaCl$＋H_2O_2 水溶液 热 NaCl 湿的 $MgCl_2$ 绝缘物 H_2S 水溶液
钛及钛合金	红烟硝酸 N_2O_4（含 O_2、不含 NO 24～74℃） 湿的 Cl_2（288℃、346℃、427℃） HCl（10%，35℃） 硫酸（7%～60%） 甲醇、甲醇蒸气 海水 四氯化碳 氟利昂	铜合金	氨蒸气及氨水溶液 三氯化铁 水，水蒸气 汞 硝酸银
		铝合金	NaCl 水溶液 海水 $CaCl_2$＋NH_4Cl 水溶液 汞

（1）碱脆　金属在碱液中的应力腐蚀破裂称碱脆。碳钢、低合金钢、不锈钢等多种金属材料皆可发生碱脆。碳钢（含低合金钢）发生碱脆的趋势如图3-6所示。

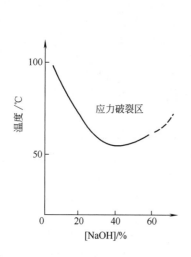

■ 图 3-6　碳钢在碱液中的
应力腐蚀破裂区

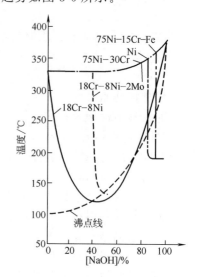

■ 图 3-7　产生应力腐蚀破裂
的烧碱浓度与温度关系
注：曲线上部为危险区

由图3-6可知，氢氧化钠浓度在5％以上的全部浓度范围内碳钢几乎都可能产生碱脆，碱脆的最低温度为50℃，所需碱液的浓度为40％～50％，以沸点附近的高温区最易发生。裂纹呈晶间型。奥氏体不锈钢发生碱脆的趋势如图3-7所示。氢氧化钠浓度在0.1％以上的浓度时18-8型奥氏体不锈钢即可发生碱脆。以氢氧化钠浓度40％最危险，这时发生碱脆的温度为115℃左右。超低碳不锈钢的碱脆裂纹为穿晶型，含碳量高时，碱脆裂纹则为晶间型或混合型。当奥氏体不锈钢中加入2％钼时，则可使其碱脆界限缩小，并向碱的高浓度区域移动。镍和镍基合金具有较高的耐应力腐蚀的性能，它的碱脆范围变得狭窄，而且位于高温浓碱区。

（2）不锈钢的氯离子应力腐蚀破裂　氯离子不但能引起不锈钢孔蚀，更能引起不锈钢的应力腐蚀破裂。

发生应力腐蚀破裂的临界氯离子浓度随温度的上升而减小，高温下，氯离子浓度只要达到10^{-6}，即能引起破裂。发生氯离子应力腐蚀破裂的临界温度为70℃。具有氯离子浓缩的条件（反复蒸干、润湿）是最易发生破裂的。工业中发生不锈钢氯离子应力腐蚀破裂的情况相当普遍。

不锈钢氯离子应力腐蚀破裂不仅仅发生在管道的内壁，发生在管道外壁的事例也屡见不鲜，如图3-8所示。

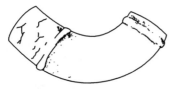

(a)管道的破裂部位(渗透探伤)

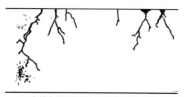

(b)直管部位端面(上部为管外侧)×10

■ 图 3-8　不锈钢管道应力腐蚀破裂

作为管外侧的腐蚀因素，被认为是保温材料的问题，对保温材料进行分析的结果，被检验出含有约 0.5% 的氯离子。这个数值可认为是保温材料中含有的杂质，或由于保温层破损、浸入的雨水中带入并经过浓缩的结果。

(3) 不锈钢连多硫酸应力腐蚀破裂　以加氢脱硫装置最为典型，不锈钢连多硫酸（$H_2S_xO_6$，$x=3\sim5$）的应力腐蚀破裂颇为引人关注。

管道在正常运行时，受硫化氢腐蚀，生成的硫化铁，在停车检修时，与空气中的氧及水反应生成了 $H_2S_xO_6$。在 Cr-Ni 奥氏体不锈钢管道的残余应力较大的部位（焊缝热影响区、弯管部位等）产生应力腐蚀裂纹。

(4) 硫化物腐蚀破裂

① 金属在同时含有硫化氢及水的介质中发生的应力腐蚀破裂即为硫化物腐蚀破裂，简称硫裂。在天然气、石油采集，加工炼制，石油化学及化肥等工业部门常常发生管道、阀门硫裂事故。发生硫裂所需的时间短则几天，长则几个月到几年不等，但是未见超过十年发生硫裂的事例。

② 硫裂的裂纹较粗，分支较少，多为穿晶型，也有晶间型或混合型。发生硫裂所需的硫化氢浓度很低，只要略超过 10^{-6}，甚至在小于 10^{-6} 的浓度下也会发生。

碳钢和低合金钢在 20~40℃ 温度范围内对硫裂的敏感性最大，奥氏体不锈钢的硫裂大多发生在高温环境中。随着温度升高，奥氏体不锈钢的硫裂敏感性增加。在含硫化氢及水的介质中，如果同时含醋酸，或者二氧化碳和氯化钠，或磷化氢，或砷、硒、锑、碲的化合物或氯离子，则对钢的硫裂起促进作用。对于奥氏体不锈钢的硫裂，氯离子和氧起促进作用，304L 和 316L 不锈钢对硫裂的敏感性有如下的关系：$H_2S+H_2O < H_2S+H_2O+Cl^- < H_2S+H_2O+Cl^-+O_2$（硫裂的敏感性由弱到强）。

对于碳钢和低合金钢来说，淬火＋回火的金相组织抗硫裂最好，未回火马氏体组织最差。钢抗硫裂性能依淬火＋回火组织→正火＋回火组织→正火组织→未回火马氏体组织的顺序递降。

钢的强度越高，越易发生硫裂。钢的硬度越高，越易发生硫裂。在发生硫裂的事故中，焊缝特别是熔合线是最易发生破裂的部位，这是因为这里的硬度最高。NACE 对碳钢焊缝的硬度进行了严格的规定：≤200HB。这是因为焊缝硬度的分布比母材复杂，所以对焊缝硬度的规定比母材严格。焊缝部位常发生破裂，一方面是由于焊接残余应力的作用，另一方面是焊缝金属、熔合线及热影响区出现淬硬组织的结果。为防止硫裂，焊后进行有效的热处理十分必要。

(5) 氢损伤　氢渗透进入金属内部而造成金属性能劣化称为氢损伤，也称氢破坏。氢损伤可分为四种不同类型：氢鼓泡、氢脆、脱碳和氢腐蚀。

① 氢鼓泡及氢诱发阶梯裂纹。主要发生在含湿硫化氢的介质中。

硫化氢在水中离解：

$$H_2S \longrightarrow H^+ + HS^-$$
$$\longrightarrow H^+ + S^{2-}$$

钢在硫化氢水溶液中发生电化学腐蚀：

阳极反应　　　　　　　　$Fe \longrightarrow Fe^{2+} + 2e$

二次反应过程　　　　　$Fe^{2+} + S^{2-} \longrightarrow FeS$

阴极反应　　　　　$2H^+ + 2e \longrightarrow 2H_{吸附} \rightarrow H_2 \uparrow$
$$\longrightarrow 2H_{吸收}$$

由上述过程可以看出，钢在这种环境中，不仅会由于阳极反应而发生一般腐蚀，而且由于 S^{2-} 在金属表面的吸附对氢原子复合氢分子有阻碍作用，从而促进氢原子向金属内渗透。当氢原子向钢中渗透扩散时，遇到了裂缝、分层、空隙、夹渣等缺陷，就聚集起来结合成氢分子造成体积膨胀，在钢材内部产生极大压力（可达数百兆帕）。如果这些缺陷在钢材表面附近，则形成鼓泡，如图 3-9 所示。如果这些缺陷在钢的内部深处，则形成诱发裂纹。它是沿轧制方向上产生的相互平行的裂纹，被短的横向裂纹连接起来形成"阶梯"。氢诱发阶梯裂纹轻者使钢材脆化，重者会使有效壁厚减小到管道过载、泄漏甚至断裂。

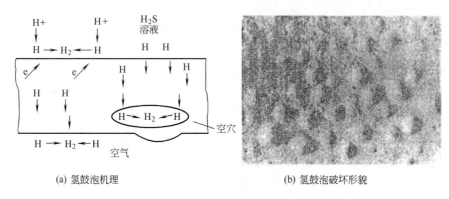

(a) 氢鼓泡机理　　　　　　　　　　　　(b) 氢鼓泡破坏形貌

■ 图 3-9　氢鼓泡

氢鼓泡需要一个硫化氢临界浓度值。有资料介绍，硫化氢分压在 138Pa 时将产生氢鼓泡。如果在含湿硫化氢介质中同时存在磷化氢、砷、碲的化合物及 CN^- 时，则有利于氢向钢中渗透，它们都是渗氢加速剂。

氢鼓泡及氢诱发阶梯裂纹一般发生在钢板卷制的管道上。

② 氢脆。无论以什么方式进入钢内的氢，都将引起钢材脆化，即伸长率、断面收缩率显著下降，高强度钢尤其严重。若将钢材中的氢释放出来（如加热进行消氢处理），则钢的力学性能仍可恢复。氢脆是可逆的。

H_2S-H_2O 介质常温腐蚀碳钢管道能渗氢，在高温高压临氢环境下也能渗氢；在不加缓蚀剂或缓蚀剂不当的酸洗过程能渗氢，在雨天焊接或在阴极保护过度时也会渗氢。

③ 脱碳。在工业制氢装置中，高温氢气管道易产生碳损伤。钢中的渗碳体在高温下与氢气作用生成甲烷：

$$Fe_3C + 2H_2 \longrightarrow 3Fe + CH_4 \uparrow$$

反应结果导致表面层的渗碳体减少，而碳便从邻近的尚未反应的金属层逐渐扩散到此反应区，于是有一定厚度的金属层因缺碳而变为铁素体。脱碳的结果造成钢的表面强度和疲劳极限的降低。

④ 氢腐蚀。钢受到高温高压氢作用后，其力学性能劣化，强度、韧性明显降低，并且是不可逆的，这种现象称为氢腐蚀。

氢腐蚀的历程可用图 3-10 来解释。

$$Fe_3C + 4H \Longrightarrow 3Fe + CH_4$$
$$C(\alpha\text{-Fe 中}) + 4H(\alpha\text{-Fe 中}) \longrightarrow CH_4$$

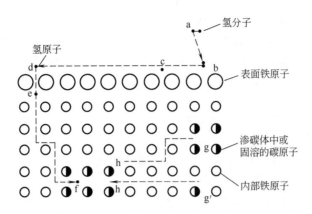

■ 图 3-10　氢腐蚀的历程

氢腐蚀的过程大致可分为三个阶段：孕育期，钢的性能没有变化；性能迅速变化阶段，迅速脱碳，裂纹快速扩展；最后阶段，固溶体中碳已耗尽。

氢腐蚀的孕育期是重要的，它往往决定了钢的使用寿命。

某氢压力下产生氢腐蚀有一起始温度，它是衡量钢材抗氢性能的指标。低于这个温度氢腐蚀反应速度极慢，以致孕育期超过正常使用寿命。碳钢的这一温度大约在 220℃左右。

氢分压也有一个起始点（碳钢大约在 1.4MPa 左右），即无论温度多高，低于此分压，只发生表面脱碳而不发生严重的氢腐蚀。

各种抗氢钢发生腐蚀的温度和压力组合条件，就是著名的 Nelson 曲线（在很多管道器材选用标准规范内均有此曲线图，如 SH/T 3059《石油化工管道设计器材选用规范》）。

冷加工变形，提高了碳、氢的扩散能力，对腐蚀起加速作用。

某氮肥厂，氨合成塔出口至废热锅炉的高压管道，工作温度 320℃左右，工作压力 33MPa，工作介质为 H_2、N_2、NH_3 混合气，应按 Nelson 曲线选用抗氢钢。其中有一异径短管，由于错用了普通碳钢，使用不久便因氢腐蚀而破裂，造成恶性事故，损失非常惨重。

第五节　常用金属材料的基本限制条件

工程上的实际应用环境条件是十分复杂的，不同的介质、介质温度、介质压力等操作条件的组合，构成了无数个选材条件。工程上，压力管道选材除了要确定材料牌号外，还要确定材料标准，因为不同的材料标准，对材料质量的要求是不一样的。ASME、GB 50316、SH/T 3059、HG/T 20646 等标准均提到了常用金属材料的基本限制条件。

一、一般限制条件

材料选用时，首先应遵循下列一些原则。

1. 满足操作条件的要求

① 根据操作条件判断该管道是不是压力管道，属于哪一类压力管道。

不同类别的压力管道因其重要性不同，发生事故带来的危害程度不同，对材料的要求也不同。一般情况下，高类别的压力管道（如一类压力管道）从材料的冶炼工艺到最终产品的检查试验都比低类别的压力管道要求高。

② 应考虑操作条件对材料的选择要求。

不同的材料对同一腐蚀介质的耐腐蚀性能是不相同的。在腐蚀环境中，选用材料应避免灾难性的腐蚀形式（如应力腐蚀开裂）出现，而对均匀腐蚀，一般至少应限定在"耐腐蚀"级，即最高腐蚀速率不超过 0.5mm/a。

③ 介质温度也是选用材料的一个重要参数。

因为温度的变化会引起材料的一系列性能变化，如低温下材料的脆性，高温下材料的石墨化、蠕变等问题。很多腐蚀形态都与介质温度有密切的关系，甚至是腐蚀发生的基本条件。因此压力管道的选材应满足温度的限制条件。

2. 满足材料加工工艺和工业化生产的要求

① 理想的材料应该是容易获得的，即它应具有良好的加工工艺性、焊接性能等。

例如，对于一些腐蚀环境，选用碳钢和不锈钢复合制成的压力管道及其元件来代替纯不锈钢材料无疑是经济适用的，但由于许多制造厂的复合工艺不过关，使用中屡次出现问题，从而给复合材料的应用带来了限制，尤其是碳钢与0Cr13的复合板材因现场焊接质量不容易保证，以致工程上不敢使用或者说不敢大量使用它。

② 工程上的材料应用是系列化、标准化的。

实际工程中不像在实验室中，可以做到少量、理想化的材料应用。将材料标准化、系列化便于大规模生产，减少材料品种，从而可以节约设计、制造、安装、使用等各环节的投入，同时也将大大降低生产成本。

所以工程上应首先选用标准材料，对于必须选用的新材料，应有完整的技术评定文件，并经过省级及以上管理部门组织技术鉴定，合格后才能使用。

对于进口的材料，应提出详细的规格、性能、材料牌号、材料标准、应用标准等技术要求，并按国内的有关技术要求对其进行复验，合格后才能使用。

3. 符合既适用又经济的要求

这是一个很原则的问题，实际操作起来是很复杂的。它要求材料工程师必须运用工程学、材料学、腐蚀学等方面的知识综合判断。这样的问题有时是可以定量计算的，有时则是不可以定量计算的。一般情况下，应从以下几个方面来考虑。

① 腐蚀方面。

例如，对于某一个腐蚀环境，若选用高级的、价格高的材料时遭受的腐蚀可能是危险性较大的局部腐蚀，而选用低级的、价格低的材料时遭受的腐蚀可能是具有较大腐蚀速率的均匀腐蚀。进行综合的技术经济评定后，此时就应考虑选用低级材料并辅以其他防腐措施。总之这一类型的材料选用应进行经济核算。

② 材料标准及制造方面。

压力管道的类别与材料标准和制造要求并没有一个完全一一对应的关系，这就要求材料工程师应用有关知识来综合考虑。

许多材料标准和制造标准中，都有许多需要用户确认的选择项。当用户没有指定时，制造商将按自己的习惯去做。例如，钢管的供货长度、供货状态等都属于这类项目。

有些项目则是附加检验项目，这些检验项目不是必需的，只有用户要求时制造商才做。用户可以根据使用条件不同，追加若干检验项目以便更好地控制材料的内在质量。但提出了这些特殊要求就意味着产品价格的上升，有些检验项目如射线探伤的费用是很高的。如何追加这些附加检验项目，应结合使用条件和产品的价格综合考虑。

③ 新材料、新工艺应用方面。

采用新材料，支持新材料、新工艺的开发和应用，可以有效地降低建设投资，又能满足生产工艺对材料的要求。

例如，用渗铝碳钢代替不锈钢用于抗硫和有机酸的腐蚀；用碳钢与不锈钢的复合材料代替纯不锈钢材料；用焊接质量有保证的有缝钢管代替无缝钢管等。

二、常用材料的应用限制

1. 铸铁

常用的铸铁有可锻铸铁和球墨铸铁两种。

限制条件如下。

① 使用在介质温度为−29～343℃的受压或非受压管道。

② 不得用于输送介质温度高于150℃或表压大于2.5MPa的可燃流体管道。

③ 不得用于输送任何温度压力条件的有毒介质。

④ 不得用于输送温度和压力循环变化或管道有振动的条件下。

实际上，可锻铸铁经常被用于不受压的阀门手轮和地下管道；球墨铸铁经常被用于工业用管道中的阀门阀体。

2. 普通碳素钢

限制条件如下。

（1）沸腾钢

① 应限用在设计压力不大于0.6MPa，设计温度为0～250℃的条件下。

② 不得用于易燃或有毒流体的管道。

③ 不得用于石油液化气介质和有应力腐蚀的环境中。

（2）镇静钢

① 限用在设计温度为0～400℃范围内。

② 当用于有应力腐蚀开裂敏感的环境时，本体硬度及焊缝硬度应不大于200HB，并对本体和焊缝进行100%无损探伤。

（3）用于压力管道的沸腾钢和镇静钢

① 含碳量不得大于0.24%。

② GB/T 700标准给出了四种常用的普通碳素结构钢牌号，即Q235A（F、b），Q235B（F、b）、Q235C、Q235D。其适用范围如下。

Q235-A·F钢板：设计压力 $p \leq 0.6MPa$；使用温度为0～250℃；钢板厚度≤12mm；不得用于易燃，毒性程度为中度、高度或极度危害介质的管道。

Q235-A钢板：设计压力 $p \leq 1.0MPa$；使用温度为0～350℃；钢板厚度≤16mm；不得用于液化石油气、毒性程度为高度或极度危害介质的管道。

Q235-B钢板：设计压力 $p \leq 1.6MPa$；使用温度为0～350℃；钢板厚度≤20mm；不得用于高度和极度危害介质的管道。

Q235-C钢板：设计压力 $p \leq 2.5MPa$；使用温度为0～400℃；钢板厚度≤40mm。

3. 优质碳素钢

优质碳素钢是压力管道中应用最广的碳钢，对应的材料标准有：GB/T 699、GB/T 8163、GB/T 3087、GB/T 5310、GB/T 9948、GB/T 6479等。这些标准根据不同的使用工况而提出了不同的质量要求。它们共性的使用限制条件如下。

① 输送碱性或苛性碱介质时应考虑有发生碱脆的可能,锰钢(如 16Mn)不得用于该环境。

② 在有应力腐蚀开裂倾向的环境中工作时,应进行焊后应力消除热处理,热处理后的焊缝硬度不得大于 200HB。焊缝应进行 100% 无损探伤。锰钢(如 16Mn)不宜用于有应力腐蚀开裂倾向的环境中。

③ 在均匀腐蚀介质环境下工作时,应根据腐蚀速率、使用寿命等进行经济核算,如果核算结果证明选用碳素钢是合适的,应给出足够的腐蚀余量,并采取相应的其他防腐蚀措施。

④ 碳素钢、碳锰钢和锰钒钢在 425℃ 及以上温度下长期工作时,其碳化物有转化为石墨的可能性,因此限制其最高工作温度不得超过 425℃(锅炉规范则规定该温度为 450℃)。

⑤ 临氢操作时,应考虑发生氢损伤的可能性。

⑥ 含碳量大于 0.24% 的碳钢不宜用于焊连接的管子及其元件。

⑦ 用于 −20℃ 及以下温度时,应进行低温冲击韧性试验。

⑧ 用于高压临氢、交变荷载情况下的碳素钢材料宜是经过炉外精炼的材料。

4. 铬钼合金钢

常用的铬钼合金钢材料标准有 GB/T 9948、GB/T 5310、GB/T 6479、GB/T 3077、GB/T 1221 等,其使用限制条件如下。

① 碳钼钢(C-0.5Mo)在 468℃ 温度下长期工作时,其碳化物有转化为石墨的倾向,因此限制其最高长期工作温度不超过 468℃。

② 在均匀腐蚀环境下工作时,应根据腐蚀速率、使用寿命等进行经济核算,同时给出足够的腐蚀余量。

③ 临氢操作时,应考虑发生氢损伤的可能性。

④ 在高温 $H_2 + H_2S$ 介质环境下工作时,应根据 Nelson 曲线和 Couper 曲线确定其使用条件。

⑤ 应避免在有应力腐蚀开裂的环境中使用。

⑥ 在 400~550℃ 温度区间内长期工作时,应考虑防止回火脆性问题。

⑦ 铬钼合金钢一般应是电炉冶炼或经过炉外精炼的材料。

5. 不锈耐热钢

压力管道中常用的不锈耐热钢材料标准主要有 GB/T 14976、GB/T 4237、GB/T 4238、GB/T 1220、GB/T 1221 等。其共性的使用限制条件如下。

① 含铬 12% 以上的铁素体和马氏体不锈钢在 400~550℃ 温度区间内长期工作时,应考虑防止 475℃ 回火脆性破坏,这个脆性表现为室温下材料的脆化。因此,在应用上述不锈钢时,应将其弯曲应力、振动和冲击荷载降到敏感荷载以下,或者不在 400℃ 以上温度使用。

② 奥氏体不锈钢在加热冷却的过程中,经过 540~900℃ 温度区间时,应考虑防止产生晶间腐蚀倾向。当有还原性较强的腐蚀介质存在时,应选用稳定型(含稳定化元素 Ti 和 Nb)或超低碳型(含碳量小于 0.03%)奥氏体不锈钢。

③ 不锈钢在接触湿的氯化物时,有应力腐蚀开裂和点蚀的可能,应避免接触湿的氯化物,或者控制物料和环境中的氯离子浓度不超过 25×10^{-6}。

④ 奥氏体不锈钢使用温度超过 525℃ 时,其含碳量应大于 0.04%,否则钢的强度会显

著下降。

三、常用金属材料的使用温度

常用金属材料的使用温度见表3-5。

表 3-5　常用金属材料的使用温度

材　　料	材料牌号	使用温度/℃
碳素结构钢	Q235A・F	0～200
	Q235A	−10～350
	Q235B	
	Q235C	−10～400
优质碳素结构钢	10	−29～425
	20	−20～425
	20G	−20～450
	Q245R	−20～450
低合金钢	Q345R	−40～450
	16MnD	−40～350
	09MnD	−50～350
	09Mn2VD	−50～100
	09MnNiD	−70～350
	12CrMo	−20～525
	15CrMo	−20～550
	12Cr1MoVG	−20～575
	12Cr2Mo	−20～575
高合金钢	12Cr5Mo(1Cr5Mo)	−20～600
	06Cr13(0Cr13)	−20～400
	06Cr19Ni10(0Cr18Ni9)	−196～700
	06Cr18Ni11Ti(0Cr18Ni10Ti)	−196～700
	06Cr17Ni12Mo2(0Cr17Ni12Mo2)	−196～700
	0Cr18Ni12Mo2Ti	−196～500
	06Cr19Ni13Mo3(0Cr19Ni13Mo3)	−196～700
	022Cr19Ni10(00Cr19Ni10)	−196～425
	022Cr17Ni12Mo2(00Cr17Ni14Mo2)	−196～450
	022Cr19Ni13Mo3(00Cr19Ni13Mo3)	−196～450

注：括弧内材料为旧牌号。

四、TSG D0001《压力管道安全技术监察规程——工业管道》对管道元件的使用限制

① 用于管道组成件的碳素结构钢的焊接厚度应当符合以下要求：

a. 沸腾钢、半镇静钢，厚度不得大于 12mm；

b. A 级镇静钢，厚度不得大于 16mm；

c. B 级镇静钢，厚度不得大于 20mm。

② 碳素结构钢（系指 GB/T 700 A、B、C 级钢）管道组成件（受压元件）的使用除符合第①款外，还应当符合以下规定：

a. 碳素结构钢不得用于 GC1 级管道；

b. 沸腾钢和半镇静钢不得用于有毒、可燃介质管道，设计压力小于或者等于 1.6MPa，使用温度低于或者等于 200℃，并且不低于 0℃；

c. Q215A、Q235A 等 A 级镇静钢不得用于有毒、可燃介质管道，设计压力小于或者等于 1.6MPa，使用温度低于或者等于 350℃，最低使用温度按照《压力管道规范 工业管道 第 1 部分：总则》GB/T 20801.1 的规定；

d. Q215B、Q235B 等 B 级镇静钢不得用于极度、高度危害有毒介质管道，设计压力小于或者等于 3.0MPa，使用温度低于或者等于 350℃，最低使用温度按照 GB/T 20801.1 的规定。

③ 碳钢、奥氏体不锈钢钢管以及由其制造的对接焊管件的使用限制应当符合表 3-6 规定。

④ 碳钢、碳锰钢、低温用镍钢不宜长期在 425℃ 以上使用。

铬钼合金钢在 400～550℃ 区间长期使用时，应当根据使用经验和具体情况提出适当的回火脆性防护措施。

⑤ 奥氏体不锈钢使用温度高于 540℃（铸件高于 425℃）时，应当控制材料含碳量不低于 0.04%，并且在固熔状态下使用。

表 3-6 钢管及其对接焊管件的使用限制

钢管标准	材料	钢管和管件制造工艺	不允许使用范围
GB/T 3091	碳素结构钢①	(1)电阻焊焊管② (2)电熔焊焊管及对接焊管件	(1)按照(三)管道元件的使用第(1)、(2)条规定 (2)剧烈循环工况 (3)电阻焊焊管的使用压力大于 1.6MPa
GB/T 9711	碳钢	电阻焊焊管②	(1)GC1 级管道 (2)设计压力大于 4.0MPa (3)剧烈循环工况
GB/T 8163 GB/T 3087 GB/T 9711	碳钢	无缝管及对接焊管件	GC1 级管道③
GB/T 9711	碳钢	电熔焊焊管及对接焊管件	
GB/T 12771 HG/T 20537.3	奥氏体不锈钢	电熔焊焊管(不添加填充金属或者焊缝不做射线检测)及对接焊管件	(1) GC1 级管道 (2)剧烈循环工况
HG/T 20537.4		电熔焊焊管(添加填充金属,但是焊缝不做射线检测)及对接焊管件、焊缝不做射线检测	

① 包括碳素结构钢钢板制造的对接焊管件。

② 不得采用电阻焊焊管制造对接焊管件。

③ 逐根进行超声检测，并且不低于《无缝钢管超声波探伤检验方法》GB/T 5777 L2.5 级要求者，允许用设计压力不大于 4.0MPa 的 GC1 (1) 规定的管道。

注：表中钢管标准名称如下：

GB/T 3091《低压流体输送用焊接钢管》；

GB/T 9711《石油天然气工业 管线输送系统用钢管》；

GB/T 8163《输送流体用无缝钢管》；

GB/T 3087《低中压锅炉用无缝钢管》；

GB/T 12771《流体输送用不锈钢焊接钢管》；

HG/T 20537.3《化工装置用奥氏体不锈钢焊接钢管技术要求》；

HG/T 20537.4《化工装置用奥氏体不锈钢大口径焊接钢管技术要求》。

奥氏体不锈钢在 540～ 900℃ 区间长期使用时，应当采取适当防护措施防止材料脆化。

奥氏体不锈钢在以下条件下，还应当考虑发生晶间腐蚀的可能性：

a. 低碳（含碳量≤0.08%）非稳定化不锈钢，在热加工或者焊接后使用；

b. 超低碳（含碳量≤0.03%）不锈钢，在高于 425℃长期使用。

⑥ 为防止硫、铅及其化合物在高温下侵蚀镍基合金导致晶界脆化，镍及镍基合金在含硫环境气氛下的使用温度上限应当符合表 3-7 的规定。

⑦ 铸铁、灰铸铁和可锻铸铁管道组成件的使用应符合《压力管道安全技术监察规程——工业管道》TSG D0001 第二十四条和第二十五条的有关要求。

⑧ 金属材料及其焊接接头的冲击韧性应当符合 GB/T 20801.2 第 8 条的有关要求。

⑨ 管道用密封件的选用应当考虑设计压力、设计温度以及介质、使用寿命等的要求，并且符合有关安全技术规范及其相应的密封材料标准的规定。

⑩ 管道支承件的使用应当符合有关安全技术规范及其相应标准的规定。

表 3-7　镍及镍基合金的使用温度上限　　　　　　　　　　　　　　℃

材料	不含硫环境			蒸汽	含硫环境	
	氧化	H₂ 还原	CO 还原		氧化	还原
镍（N4、N6）	1040	1260	1260	425	315	260
镍-铜（NCu30）	540	1100	815	370	315	260
镍-铬-铁（NS312）	1100	1150	1150	815	815	540
镍-铁-铬（NS111、NS112）	1100	1260	1150	980	815	540

五、国外某管道材料选用工程实例

① 管道和管道组成件应根据环境、流体等设计条件，选择表 3-6 中同等或更好的材料〔注：有的工程公司基本材料（管道材料）的选用，是由工艺系统专业负责〕。

② 考虑焊后热处理的情况。

③ 考虑防止硫应力腐蚀（Sulfide Stress Cracking，SSC），可根据 NACE MR0175/ISO 15156。

④ 考虑防止氢腐蚀（Hydrogen Induced Cracking，HIC）。

⑤ 管子、管件、法兰等材料的选择需遵循本项目的管道材料等级统一规定。

⑥ 最高和最低流速（Maximum and Minimum Velocities）因素。

专有的管道系统不需要考虑最高流速限制，例如，计量橇（Metering Skid，如图 3-11）、减压泻放橇等。管道需要流量平衡分支部分需要考虑最高流速限制，例如消防水喷雾洒水系统等。

■ 图 3-11　计量橇

当管线内流速超出表 3-8 限制，碳钢管道内的最大和最小的流体速度应满足以下要求。

表 3-8　某炼油和石化工程管道系统材料选用

环　　境	质量浓度/%	设计温度/℃	流速/(m/s)	基本材料	备　注
盐酸（Hydrochloric Acid）	1～37	0～49	0～2.4	PVC	无铁离子或其他氧化剂
	1～37	0～82	0～1.5	哈氏合金（Hastelloy Alloy）B2	—
氢氟酸（Hydrofluoric Acid）	1～70	0～50	0～2	蒙乃尔合金（Monel）400	—
	71～100	0～40	0～1	碳钢（Carbon Steel）	可能需要焊后热处理（Post-Weld Heat Treatment）
硝酸（Nitric Acid）	1～70	0～80	0～4	304L S/S	—
	71～95	0～50	0～4	304L S/S	—
磷酸（Phosphoric Acid）	1～85	0～49	0～2.4	PVC	—
	1～85	0～70	0～4	316L S/S	—
硫酸（Sulfuric Acid）	0～103	0～50	0～4	Alloy 20（Alloy 20 美标牌号 UNS N08020，一种镍铬铁合金。板材标准 ASTM B463，管材标准 ASTM B729，棒材标准 ASTM B473，锻件标准 ASTM B564）	—
	101～102	0～50	0～1	碳钢（Carbon Steel）	碳素钢和 316L 的管线不得用清水冲洗
	90～103	0～50	0～1	316L S/S	
	0～100	0～250	0～5	高硅铸铁（High Silicon Iron）	—
	0～60	0～65	0～2.4	CPVC	—
	0～100	0～200	0～2.4	氟聚合物内衬钢（Fluoropolymer-Lined Steel）	例如，对于碳钢管线下硫酸注入点
氨基磺酸（Sulfamic Acid）	0～20	0～93	Para. 5	Alloy 20	用镍合金 625（Nickel Alloy 625）填充焊丝焊接
	0～100	0～200	0～2.4	氟化物衬里钢（Fluoropolymer-Lined Steel）	
二异丙醇胺（Amino-Diisopropanol, AD-IP,分子式 $C_6H_{15}NO_2$,用作天然气和石油炼制气中二氧化碳和硫化氢酸性气体的吸收剂）	10～30	0～150	0～0.9	碳钢	—
工厂空气	N/A	0～400	N/A	碳钢	—
仪表空气	—	0～400	N/A	镀锌钢（Galvanized Steel）	—
无水氨（Ammonia Anhydrous）	100	0～50	—	碳钢	—
干二氧化碳（Dry Carbon Dioxide）	100	0～400	—	碳钢	—
湿二氧化碳（Wet Carbon Dioxide）	100	0～93	—	304L S/S	—
干氯（Dry Chlorine）	100	0～70	—	碳钢	—
湿氯（Wet Chlorine）	＜100	0～70	—	哈氏合金（Hastelloy）C-276	＞2000ppm 水

续表

环　境	质量浓度/%	设计温度/℃	流速/(m/s)	基本材料	备　注
氯水（Chlorine Water）	1～10	1～49	0～2.4	PVC（Polyvinyl Chloride，聚氯乙烯）	—
	1～10	1～71	0～2.4	CPVC（Vinyl Chloride，氯化聚氯乙烯）	—
原油或成品油（Crude Oil or Products）	—	—	—		参见碳氢化合物（Hydrocarbons）的选材
富二甘醇胺［Rich DGA（Diglycolamine）］	—	0～138	0～1.5	碳钢	—
贫二甘醇胺（Lean DGA）	—	0～138	0～3.05	碳钢	—
富二甘醇胺	—	139～190	0～1.5	碳钢	—
贫二甘醇胺	—	139～190	0～3.05	碳钢	—
富/贫二甘醇胺	—	0～190	0～4	304L S/S	—
富/贫二甘醇胺	—	0～190	0～4	316L S/S	—
氟利昂（Freons）	100	0～70	0～3	碳钢	—
液压油（Hydraulic Oil）	100	—	0～4	304 或者 304L S/S 316L S/S	—
酸或甜碳氢化合物	100	0～280	—	碳钢	—
	100	280～340	—	1¼Cr½ Mo 5Cr½Mo	选材基于 McConomy 曲线（关于硫致腐蚀的预测曲线有两种，一种是没有氢气环境下的 McConomy Curves，第二种就是 H_2＋H_2S 环境下的腐蚀预测曲线是 Couper-Gorman curves）
	100	—	—	316L S/S	
挥发油（原油架空线）碳氢化合物	100	130	22.8max	碳钢	—
	100	130	45.7 max	合金 C-276 镀层碳钢	—
加氢的碳氢化合物气体（Hydrocarbon Gas Plus Hydrogen）	—	—	—	根据 Nelson 曲线	
氢气（Hydrogen）	100	—	—	根据 Nelson 曲线	
干硫化氢（Dry Hydrogen Sulfide）	100	0～260	—	钢	
湿硫化氢（Wet Hydrogen Sulfide）	100	0～260	—	碳钢 316L S/S	对高流速或者高抗腐蚀使用 316L
次氯酸盐（钠或钙）［Hypochlorite（Sodium or Calcium）］	5	0～49	0～2.4	CPVC	—
	5	0～49	0～5	RTRP（FRP）	—
	5	0～49	0～4	合金 C-276	—
LPG，NGL	100	＞0	0～4	碳钢	—
润滑油（Lube Oil）和密封油（Seal Oil）	100	—	0～6	304/304L	—
	100	—	0～6	316/316L	—
氢氧化钠 Sodium Hydroxide（烧碱，Caustic Soda）	7	0～75	0～1.5	碳钢	
	7	76～100	0～1.5	碳钢	
	20	0～50	0～1.5	碳钢	
	50	15～49	0～1.5	碳钢	
	50	50～80	0～1.5	碳钢	
	50	50～150	0～4	Alloy 600	
	50	50～150	0～4	Monel 400	

续表

环　境	质量浓度/%	设计温度/℃	流速/(m/s)	基本材料	备　注
蒸汽(Steam)	100	100~400	—	碳钢	—
	100	400~480	—	1¼Cr½Mo 合金钢	—
	100	480~560	—	2¼Cr1Mo 合金钢	—
蒸汽冷凝水(Steam Condensate)	—	—	0~2.25	碳钢	—
	—	—	0~4	304L S/S	二氧化碳污染(CO₂ Contaminated)
熔融硫(Molten Sulfur)	100	MP(熔点，Melting Point)~150	0~2.25	碳钢	保持干燥,水分会引起腐蚀
	100	MP~295	0~4	316L S/S	—
锅炉给水(Boiler Feed Water)	—	1~200	0~2.25	碳钢	—
冷却水	—	1~99	0~2.25	碳钢	对钢的腐蚀抑制
	—	1~99	0~2.25	镀锌钢	
冷冻水(Chilled Water)	—	1~49	0~2.4	PVC	—
	—	>0	0~2.25	镀锌钢	
脱盐或蒸馏水(Demineralized or Distilled Water)	—	1~49	0~2.4	PVC	—
	—	1~71	0~2.4	CPVC	—
	—	1~200	0~4	304 S/S	—
饮用水[Drinking (Sweet)Water]	—	0~120	0~3	水泥衬里钢	RTRP 是基于环氧树脂(Epoxy Resin),温度可超过 70℃,上限可达 80℃
	—	1~49	0~2.3	PVC	
	—	50~70	0~2.3	CPVC	
	—	1~80	0~5	RTRP(不掺粒料的玻璃纤维管,Reinforced Thermosetting Resin Pipe)或 FRP(纤维增强塑料,也写作 GRP,是一种复合材料,包含基体和增强体两部分)	
	—	1~99	0~2.4	铜	
消防(海)水[Fire Control (Sea) Water]	—	环境温度	0~3	水泥或 FBE 衬里钢	—
	—	环境温度	0~5	RTRP (FRP/GRP)	—
	—	环境温度	Table 2	90-10 Cu-Ni	Alloy C70600
	—	环境温度	0~10	254 SMO S/S	用镍(Inconel) 625 填充焊丝
消防(公用)水[Fire Control (Utility) Water]	—	环境温度	0~3	钢、水泥或者 FBE 衬里管	—
	—	环境温度	0~5	RTRP (FRP/GRP)	—
	—	环境温度	0~1.2	铜	—
	—	环境温度	—	90-10 Cu-Ni	C70600 合金
	—	环境温度	0~2.25	钢	仅用于报警系统,流体不流动
	—	环境温度	0~2.25	镀锌钢	Ambient
	—	环境温度	0~10	254 SMO S/S	用镍(Inconel) 625 填充焊丝
公用工程生水(Raw Water)	—	1~49	0~2.4	PVC	—
	—	50~70	0~2.4	CPVC	—
	—	1~70	0~5	RTRP (FRP/GRP)	—
	—	0~120	0~3	水泥内衬钢	—
	—	1~99	0~1.2	铜(Copper)	—

环　境	质量浓度/%	设计温度/℃	流速/(m/s)	基本材料	备　注
	—	0~120	0~3	水泥内衬钢	—
	—	0~50	0~5	RTRP（FRP/GRP）	—
	—	0~50	—	90-10 Cu-Ni	C70600 合金
海盐水（Sea/Saline Water）	—	0~50	0~10	254 SMO S/S（超级奥氏体不锈钢，具有极高的耐点腐蚀和耐缝隙腐蚀性能。这种牌号的不锈钢是为用于诸如海水等，含有卤化物的环境中而研制和开发的。各国标准：UNS S31254、DIN/EN 1.4547、ASTM A240、ASME SA-240）	某些情况下可以和哈氏合金以及钛相媲美。是一种高性价比不锈钢，在国内外化工、脱硫环保等领域广泛使用。应用领域包括以下几项：①海洋：海水淡化，海水养殖，海水热交换等。②环保领域：火力发电的烟气脱硫装置，废水处理等。③能源领域：原子能发电，煤炭的综合利用，海潮发电等。④石油化工领域：炼油，化学化工设备等。⑤食品领域：制盐，酱油酿造等。⑥高浓度氯离子环境：造纸工业，各种漂白装置
	—	0~50	0~3.6	钢	氯化，脱气，抑制对钢的腐蚀
	—	0~50	0~6	钢内涂"酚醛树脂"或"熔结环氧内涂层"	沙子能引起腐蚀
海水注入	—	0~50	0~6	钢内涂"酚醛树脂"或"熔结环氧内涂层"	—
含水层，淡化海水，海水	—	0~120	0~3	水泥内衬（Cement-lined）钢	—
	—	0~80	0~6	钢内涂"改性聚氨酯"或"熔结环氧内涂层"	沙子能引起腐蚀
	—	1~80	0~10	254 SMO S/S	

1. 单相气体管线

在工厂管线中，除了泄放和火炬流体，管线内气体最大流速应限制在 18.3m/s，否则工厂噪声可能是个大问题。对于管道布置相对简单且配件和阀门非常少，经专门部门审批后超高流速可以接受。

对于长输管道，当噪声不是一个问题时，最大气体速度仅考虑流量、压降和其他因素的经济平衡。

气体管线流速应不小于 4.6m/s，以减少在管道底部的积水。最低速度限制不适用于脱硫干气（Dry Sweet Gas）控制和监测露点限制。

2. 液体管线

单相液体管线内流速超出表 3-6 限制时，流速应限制在 4.6m/s。当较高的流动速度用在某特殊情况或间歇使用时，需经专门部门审批。流速不得小于 1m/s，以减少在管道的底部沉积固体和积累水。

3. 气/液两相管线

除了泄放用，气/液两相流体管线的流速不应超过流体腐蚀速度（Fluid Erosional Velocity），可以参照 API RP14E 的（Design and Installation of Offshore Production Platform Piping Systems，近海生产平台管道系统的设计和安装）第 2.5.a 部分所示的公式确定最高防流体腐蚀流速。

气/液两相流体管线最低速度应为 3.05m/s，以减少设备和管道底部积累水或固体颗粒。

4. 蒸汽管线

保温蒸汽管线流速范围如下。饱和蒸汽（Saturated Steam），30～40m/s。过热蒸汽（Superheated Steam），40～60m/s。排气蒸汽，最大速度是60m/s。

5. 90-10 铜镍（Cu-Ni）管线

根据不同的尺寸允许最大流速如表3-9所示。

表3-9　90-10 Cu-Ni 管道系统的最大流体速度

管道公称尺寸（Nominal Pipe Size）/in	流速（Velocity）/(m/s)	管道公称尺寸（Nominal Pipe Size）/in	流速（Velocity）/(m/s)
1	1.4	3	2.8
2	2.2	≥4	3.4

六、低温管道材料设计的限制及工程实例

低温管道材料的选用需综合考虑工艺参数、配管等设计要求。某工程根据工艺参数不用按低温管道，但是根据工艺配管系统综合考虑，在事故状态时，可能会有低温物料，选用低温管道材料比较本质安全。低温管道材料的选用一般有以下限制条件。

① 低温管道用钢应采用镇静钢。

② 管道设计温度低于或等于－20℃，而高于标准（国内标准 GB/T 20801、GB 50316、SH/T 3059 等，国外标准 ASME 等）中使用温度下限的碳素钢、低温碳钢、低合金钢、中合金钢和铁素体高合金钢，母材及其焊缝金属和热影响区应进行低温冲击试验。

③ 铬镍奥氏体不锈钢母材在设计温度高于或等于－196℃，且满足下列各项要求时，可免做低温冲击试验：a. 材料含碳量小于或等于 0.10%；b. 材料应为固熔热处理状态。

④ 铬镍奥氏体不锈钢焊缝金属及热影响区在满足下列各项要求时，可免做低温冲击试验：

a. 含碳量不超过 0.10% 的奥氏体不锈钢母材，不加填充金属焊接，设计温度不应小于－101℃；

b. 焊缝金属含碳量不超过 0.10%，焊接使用的填充金属符合相应标准，设计温度不应低于－101℃；或焊缝金属含碳量超过 0.10%，焊接使用的填充金属符合相应标准，设计温度不应小于－48℃。

⑤ 对于低温管道涂漆、隔热材料选用见本书后面章节详述。对于低温管道配管支吊架设计详细要求参见《管道应力分析与工程应用》一书。

七、低温冲击试验和低温低应力工况的管道设计及工程实例

GB 50316、GB/T 20801、ASME B31.3 等规范均规定了管道材料需做低温冲击试验的范围。

对于碳素钢、低合金钢、中合金钢及高合金铁素体钢，钢材的使用温度下限均高于－20℃。当设计温度低于或等于－20℃时，应按低温压力容器和管道的设计规定进行夏比（V 形缺口）低温冲击试验。

国内常用冲击试验有关规范：GB/T 229《金属材料 夏比摆锤冲击试验方法》、GB/T 2650《焊接接头冲击试验方法》等。见表3-10 某管材低温冲击试验举例，某管道专业负责人把一些管材做了低温冲击试验，试验结果也不符合规范要求，其实这些管材不用做低温冲

击试验。

表 3-10　某管材低温冲击试验结果

检测项目	检测方法	技术要求	检测结果	结论
冲击吸收能量（10mm×10mm×55mm，−29℃，KV2)(焊缝)/J	GB/T 2650	平均值≥18,单个值≥14	9/6/7	不符合
冲击吸收能量（10mm×10mm×55mm，−29℃，KV2)(母材)/J	GB/T 2650	平均值≥18,单个值≥14	41/19/20	符合

低温低应力工况是指受压元件的设计温度虽然低于−20℃，但其薄膜应力小于或等于钢材常温标准屈服强度的 1/6，且不大于 50MPa 的工况。

当受压元件在低温低应力工况下工作，若其设计温度加 50℃后，仍然高于−20℃时，则该受压元件不必遵守低温压力管道的设计规定。

当碳钢（包括碳锰钢）符合低温低应力或低温降应力工况时，可免于冲击试验的包括以下情况。

① 符合低温降应力工况的碳钢（包括碳锰钢）免于冲击试验的材料最低使用温度降低量为 11℃，且最低使用温度应不低于−30℃，但应符合下列规定：

a. 管道应经不低于 1.5 倍设计压力的水压试验；

b. 除公称壁厚小于等于 13mm 外，管道系统应对外加载荷（如维修载荷、冲击载荷、热冲击载荷等）进行安全防护；

c. 低温降应力工况适用于 GC2 级管道以及环境气温等于低于−20℃但不低于−30℃地区的 GC3 级管道，且适用的碳钢材料中不包括碳素结构钢和螺栓材料，管道系统中不允许存在铁素体与奥氏体的异种金属焊接接头。

② 符合低温低应力工况的 GC2 级管道，最低使用温度应不低于−104℃，且适用的碳钢材料中不包括碳素结构钢和螺栓材料，管道系统中不允许存在铁素体与奥氏体的异种金属焊接接头。

八、高温管道材料设计的限制及工程实例

① 所有材料长期在蠕变温度以上使用时，应注意蠕变可能带来的一些不利影响，这样的影响包括管道组成件的过度变形、管道节点的过大位移甚至材料的变性问题；应注意可能发生的应力松弛带来的一些不利影响，这样的影响对那些对少量的位移比较敏感的，管道组成件（如螺栓）是不可忽视的。

② 所有材料在高温下并在特定的腐蚀介质中使用时，会发生特殊的化学作用，这样的作用往往会使材料的最高使用温度受到限制。

③ 对于通过热处理提高其性能的材料，如果材料长期在高于回火的温度下使用，会导致材料的强度降低，故当可预见到出现这种情况时，应限制材料的最高使用温度，或按较小的许用应力进行设计。

a. 当碳钢、纯镍钢、碳锰钢、锰钒钢和碳硅钢在 425℃以上长时间停留时，其碳化物有转化为石墨的可能性，故当预期的工况条件属于这种情况下时，宜避开使用这些材料。

b. 当碳钼钢、锰钼钒钢和铬钒钢在 468℃以上长时间停留时，其碳化物有转化为石墨的可能性，故当预期的工况条件属于这种情况下时，应考虑避开使用这些材料。

c. 铬钼合金钢及铬钼钒合金钢长期在 400～550℃的温度区间使用时，可能会产生回火脆性问题。工程中如果不能避开这种使用情况，应提出适当的防护（防止）措施。

d. 铁素体不锈钢在高于 370℃ 的温度下使用以后，会在室温下出现脆性，工程中应避免出现这种情况。

e. 含铬 12％ 以上的铁素体和马氏体不锈钢长期在 400～550℃ 温度区间使用时，可能会产生 475℃ 脆性问题，工程中应避免出现这种情况。

f. 钛及钛合金在 316℃ 以上温度下使用时，有品质降低的可能，工程中应尽可能避免在这样的温度下使用钛及钛合金。

g. 奥氏体不锈钢在 540～900℃ 长期使用时，可能会产生 σ 相脆性问题，使用过程中应控制奥氏体钢中的铁素体含量及过度冷变形。

一般奥氏体不锈钢在经过 427～871℃ 的温度区间进行升温或降温时，会产生晶间腐蚀的敏感性，此时应避免材料在能引起晶间腐蚀的介质环境中使用，或采用稳定化或超低碳不锈钢。

奥氏体不锈钢与一些低熔点的金属，如铝、锑、铋、镉、镓、铅、锰、锑、锌及其化合物在高温（高于这些低熔点金属的熔点）下接触，会产生晶间破坏的敏感性，工程中应避免出现这些情况。

对于奥氏体不锈钢材料，当使用温度大于 540℃ 时，应考虑使用高碳（含碳量大于 0.04％）不锈钢。

h. 对于碳钢-奥氏体不锈钢复合材料，当使用温度大于 400℃ 时，应考虑因较大的热膨胀差而引起的不利情况，工程中宜避开这些情况的出现。

④ 对于高温管道涂漆、隔热材料的选用见本书后面章节介绍。对于高温管道配管管道支吊架设计详细要求，可参考《管道应力分析与工程应用》一书。

⑤ 某高温蒸汽管道设计温度 550℃，小口径管子可选用 A335-P22，大口径管子可选用 A335-P91，对应小口径管件可选用 A234-WP22，对应大口径管件可选用 A335-WP91，阀门阀芯材料可选用 A182-F22 或 217-C12A，垫片材料可选用 5Cr-0.5Mo。

九、碳钢和不锈钢管材焊接设计及工程实例

国外某压力管道设计人员在设计蒸汽全夹套管道时，内管选用的是不锈钢，外套管也是不锈钢，但伴热供站管道是碳钢，发施工图到施工现场后，发现漏设计伴热管与外夹套管连接过渡法兰了。如果不锈钢和碳钢管道直接普通焊接，会发生渗碳现象，加速不锈钢的晶间腐蚀。由于夹套管总长度短，再采购的工期不允许，笔者发现施工现场有其他位置也有类似异种钢焊接正在执行，建议压力管道设计人员发设计说明，将外套管与伴热供站管道连接位置采用异种钢焊接工艺，避免普通焊接引起加速腐蚀现象发生。

为什么不允许碳钢焊接在不锈钢管上？其实，没有说不可以，只是异种钢焊接要求非常严格，一般情况压力管道设施尽量少用。如果实在需要异种钢焊接，则需要进行详细的分析，并且选择匹配的焊材，不然达不到力学性能要求及耐腐蚀性。具体能不能焊，要综合考虑母材的铬当量、镍当量及焊丝的成分，根据舍夫勒相图来分析，在舍夫勒相图上焊缝成分能落在双相区域是最好的，落在马氏体区域则不行。

另外，压力管道设计时，需要在不锈钢压力容器上焊接碳钢支吊架，一般可以在不锈钢压力容器与碳钢支架之间采用不锈钢材质过渡，例如，在压力容器壁上焊接同材质的垫板（预焊板）过渡，延长腐蚀周期。一般压力容器在预制厂制造前，提出这个配管设计条件，如压力容器运输到施工现场才弥补预焊板条件可能就晚了。

十、管道焊后热处理设计的对比及工程实例

①《工业金属管道设计规范》GB 50316 对焊后热处理的规定：a. 碳钢管道壁厚大于或等于 19mm 时应进行焊后热处理；b. 管道焊后需热处理的管道厚度：管道焊后需要热处理的厚度及要求除按 GB 50316 的规定外，还应符合《现场设备、工业管道焊接工程施工规范》GB 50235、《工业金属管道工程施工质量验收规范》GB 50184 的规定；c. 当材料含碳量高于时任何壁厚均宜进行焊后热处理；d. 当管子或管件采用焊接连接时，推荐的预热和热处理要求所采用的厚度，应是连接接头处的较厚的壁厚，但需注意规范规定的除外情况。

②《天然气净化处理厂设计规范》SY/T 0011 的 6.3.10 条规定：在酸性环境中使用的碳钢管道及设备应进行焊后热处理。

③《石油天然气建设工程施工质量验收规范 天然气净化处理厂工程》SY 4209 中说明含量大于 5% 的焊缝热处理后要进行硬度检查。未明确<5%的情况，未明确热处理工艺要求。

④《现场设备、工业管道焊接工程施工规范》GB 50236 中仅对壁厚大于 30mm 的有温度要求，而薄壁管未有要求及做法。

⑤ SH/T 3059 规定以下情况需要焊后热处理。

a. 在湿 H_2S 应力腐蚀环境中，压力管道需经焊后热处理，热处理后焊缝（含热影响区）的硬度不大于 200HB。

b. 在液氨应力腐蚀环境中，使用低碳钢和低合金高强度钢（包括焊接接头）。对于 Q235-A、Q235-B、Q235-C、20、16Mn 钢，焊后应进行消除应力热处理。对于 15MnV、18MnMoNb 低合金高强度钢，焊后必须进行消除应力热处理。

十一、管道设备设计寿命与实际使用年限的确定及工程实例

对于设备应依据规范等规定的预期使用年限确定设计寿命，设备总装配图上注明设计使用年限（疲劳容器标明循环次数）。除工程另有规定外，各设备、管道设计使用年限，一般要求如下。

① 重要的反应器（包括不可拆卸的内件和催化剂支撑梁）：30 年。

② 一般反应器及可拆卸内件：20 年。

③ 对于连续运转的离心机，其连续运转周期一般应大于 8000h，离心机的设计寿命一般至少应为 10 年。

④ 塔器、容器：20 年。

⑤ 球形储罐：20 年。

⑥ 对于要求每年一次大检修的工厂，泵的连续运转周期一般不应小于 8000h，为适应 3 年一次大检修的要求，API 610 标准规定石油、石油化工和天然气工业用泵的连续运转周期至少为 3 年，泵的设计寿命一般至少为 10 年。API 610 标准规定石油、石油化工和天然气工业用离心泵的设计寿命至少为 20 年。

⑦ ASME、TSG、SH/T 3059《石油化工管道设计器材选用规范》等规范内规定，管道设计寿命一般为 15 年。

⑧ 根据 GB 50494《城镇燃气技术规范》，燃气管道的设计使用年限不应小于 30 年（钢质管道在腐蚀控制良好的条件下，寿命可超过 30 年，聚乙烯管道使用寿命一般可达 40～50 年）。暗埋的用户燃气管道的设计寿命不应小于 50 年（同建筑设计寿命）。

设计寿命是指设备、管道等预期达到的使用寿命。设计寿命不一定等于实际使用寿命，它仅仅是设计者根据预期的使用条件而给出的估计，其作用是提醒使用者，当超过设备、管

道的设计寿命时应采取必要的措施，例如，经常测量厚度和缩短检验周期等。一般是设计者根据规范给定设计寿命，腐蚀裕量＝年腐蚀速率×设计年限。

一般石油化工管道设计标准上推荐不超过 15 年设计年限，实际上管道的使用年限是可以根据使用过程评定的。如果过程良好，则可以一直使用下去，如果使用过程不好，质检部门评定不合格，可能连 10 年也用不了。因此设计寿命不等于实际使用年限。很多压力管道设计人员混淆了这个概念，不是设计年限写得越长越好，也并不是设计年限写短了，超过之后就报废了。

有设计人员提出过这样的问题：如果考虑管道壁厚腐蚀裕量的时候应按照"腐蚀率乘以设计寿命"，管道设计寿命与设备设计寿命不同怎么处理？石油化工装置管道设计寿命如果按照 15 年设计，到设计寿命后，管道都需要更换吗？如何设计估算改造工程中管道的剩余寿命？石油、化工、电力等行业阀门的设计寿命有何不同？管道的设计寿命可参考《工业管道配管设计与工程应用》和《管道器材选用与工程应用》的详细讲述。

第四章 压力管道器材及其选择

第一节 压力等级

一、公称压力（Nominal Pressure）*PN*

管道组成件的公称压力是指与其机械强度有关的设计给定压力，它一般表示管道组成件在规定温度下的最大许用压力。目前，国内外管道组成件的公称压力已经标准化，各国管道元件公称压力虽然不同，但基本上可分为两个系列，即美洲系列和欧洲系列。

二、以 ASME B16.5 为代表的美洲系列

美国 ASME B16.5《管法兰和法兰管件》是一套在世界上通用的、系统性较强、内容涉及垫片、螺栓及管子的完整的管法兰标准（表 4-1）。其公称直径为 NPS 1/2～24，其适用的钢管外径尺寸应符合 ASME B36.10M。该标准从 1927 年经美国标准协会（ASA）批准为美国试行标准 B16e 以来，已经先后进行了十多次修订。1981 年增加了公制尺寸，称为 ANSI B16.5，但在 1988 年版中取消了公制尺寸，称为 ASME/ANSI B16.5，1996 年开始称为 ASME B16.5，一直沿用到现在的最新版本。

表 4-1　ASME B16.5 的发展历程

时间	标准代号和名称	说　明
1920		ASA 组织了 B16 专业委员会
1927	American Tentative Standard B16e	美国试行标准
1932	ASA B16e—1932	
1939	ASA B16e—1939	包括 WN 和 RJ 法兰,首次包括了合金钢法兰和管件的压力-温度额定参数
1943	American War Standard B16e5—1943	修订压力-温度额定参数
1949	ASA B16e6—1949	
1953	ASA B16.5—1953	改号,增加了确定额定参数的附录,扩展了焊端制备,采用全新的编辑
1957	ASA B16.5—1957	确定了螺栓长度计算方法,增加了几种新材料,明确了确定额定参数时所用的温度
1961	ASA B16.5—1961	
1968	ASA B16.5—1968	
1973	ANSI B16.5—1973	修订了确定额定参数方法,确定了 150 等级法兰的额定基准,增加了大量新材料,修订了螺栓长度等

时间	标准代号和名称	说　明
1977	ANSI B16.5—1977	全面修订额定参数
1981	ANSI B16.5—1981	增加镍和镍合金材料,增加公制尺寸表
1988	ASME/ANSI B16.5—1988	1982年美国国家标准B16委员会改组为ASME委员会,按ANSI认可的程序工作。扩展了镍合金的额定参数,取消了公制尺寸表
1996	ASME B16.5—1996	

ASME B16.5 公称压力分级（英制）：150、300、400、600、900、1500、2500（psi❶）。同一公称压力管道元件在不同温度下的最大许用压力值可由相关标准的压力-温度参数表查出。

这种压力等级系列在美国、日本等国家得到广泛应用。

三、以 DIN 2401 为代表的欧洲系列

德国标准 DIN 2401《压力和温度说明、概念、公称压力等级》规定的公称压力等级如下（bar❷）：1、1.6、(2)❸、2.5、(3.2)、4、(5)、6、(8)、10、(12.5)、16、(20)、25、(32)、40、(50)、63❹、(80)、100、(125)、160、(200)、250、(315)、400、(500)、630、(700)、(800)、1000、(1250)、1600、(2000)、2500、4000、6300。

在 DIN 2401 压力等级系列标准中，规定公称压力为 200℃时的最大许用工作压力。

此压力等级系列标准在苏联及东欧影响较大，我国 JB、HG 法兰标准的公称压力等级也与此压力等级标准相同。

四、ISO 公称压力等级标准

上述美洲系列和欧洲系列两个压力等级标准在世界不同区域均有很大的影响，目前还无法统一成一个标准。国际化标准组织考虑到此现状，制定了相应的标准，此标准实际上是一个折中的标准。它将上述两个标准的主要压力等级分别列在两个系列中。

国际标准化组织的法兰标准（ISO 7005-1）同时包括了"美洲系列"和"欧洲系列"两个系列，以期与这两个标准体系都能配伍，它代表了当前世界法兰标准的应用趋势（表 4-2）。

表 4-2　ISO 7005-1 法兰压力等级系列

系列 1	系列 2	系列 1	系列 2
PN10	PN2.5	PN110	
PN16	PN6	PN150	
PN20	PN25	PN260	
PN50	PN40	PN420	

注：系列1为基本等级，系列2的应用应加上限制，并应尽可能取消，PN40限制使用。

---

❶ psi是英制压强单位，全称为 pound square inch，表示每平方英寸承受的重量。有时也写为"LB"，读作"磅"。例如，150LB，读作"150磅"。有时也写为"Class"，见下文。1psi＝6894.76Pa。2500LB，读作"2500磅"，可以书写为"2500♯"。

❷ 1bar＝10^5Pa。

❸ 应优先选用不带括弧的压力等级。

❹ 以前也用过64这个数值，63与64可以互换。

上述两个系列中的 $PN2.5$、$PN6$、$PN10$、$PN16$、$PN25$、$PN40$ 共六个等级属"欧洲系列"。而 $PN20$（相当于 Class150）、$PN50$（相当于 Class300）、$PN110$（相当于 Class600）、$PN150$、$PN260$（相当于 Class1500）、$PN420$（相当于 Class 2500）共六个等级属于"美洲系列"，两者在结构尺寸和密封面尺寸上是不能互换的。

五、日本的压力等级标准

日本的 JIS B2201 标准自成体系，既不属于"美式"，也不属于"欧式"。该标准包括的公称压力等级共八个，对应的温度-压力等级见表 4-3。

表 4-3 JIS 法兰标准在 120℃ 时的温度-压力等级近似值

公称压力	2K	5K	10K	16K	20K	30K	40K	63K
120℃时许用压力值/MPa	0.3	0.7	1.4	2.2	2.8	5.0	6.8	10.5

JIS 应用标准体系与 ASME 和 DIN 等都不能配套使用。为了弥补这个缺陷，日本石油学会编制了一套 JPI 标准，它基本上等效采用了 ASME/API 应用标准体系，故它能与 ASME 互换。

六、英国、法国的压力等级标准

英国采用的压力等级标准为两类，相应的法兰标准也分为两类：其一是以 BS 1560 为代表的法兰标准，它基本上等同采用了 ASME 标准，其结构形式和密封面形式同 ASME B16.5；其二是以 BS 4504 为代表的法兰标准，它基本上等同采用了 DIN 标准，其结构形式和密封面形式同 DIN 2500。

相应的管子尺寸标准有两类：其一是以 BS 1600 为代表的管子、管件标准，它基本上等同采用了 ASME 标准，其直径范围和壁厚分级同 ASME B36.10/B36.19；其二是以 BS 3600 为代表的管子、管件标准，它基本上等同采用了 ISO 标准，其直径范围和壁厚分级同 ISO 4200。

法国和英国采用的压力等级标准类似。

七、我国的各种压力等级标准

目前，国内的压力管道及其元件的应用标准很多，又均不完整。常用的标准就有国家标准（GB）、机械行业标准（JB）、石化行业标准（SH）和化工行业标准（HG）等。这些标准各有各自的温度-压力表、密封面尺寸和接管尺寸，相互之间互换性差，有些甚至不能配套使用。

1. GB/T 1048《管道元件 PN（公称压力）的定义和选用》

我国的管道元件压力标准是在考虑我国工业发展的历史状况和当前国际标准的发展趋势的前提下编制而成的。对 PN（公称压力）的定义按 ISO/CD 7268 和 BS EN 1333《管道元件 PN 的定义和选用》进行了修改。

PN：与管道系统元件的力学性能和尺寸特性相关、用于参考的字母和数字组合的标识。它由字母 PN 和后面无量纲的数字组成。

说明如下。

① 字母 PN 后跟的数字不代表测量值，不应用于计算目的，除非在有关标准中另有

规定。

② 除与相关的管道元件标准有关联外，术语 PN 不具有意义。

③ 管道元件允许压力取决于元件的 PN 数值、材料和设计以及允许工作温度等，允许压力在相应标准的压力-温度等级表中给出。

④ 具有同样 PN 和 DN 数值的所有管道元件同与其相配的法兰应具有相同的配合尺寸。

国内标准 GB/T 1048《管道元件公称压力》规定的公称压力系列见表 4-4。

表 4-4　公称压力数值

PN 系列	Class 系列	PN 系列	Class 系列
PN 2.5	Class 25①	PN 250	Class 900
PN 6	Class 75	PN 320	Class 1500
PN 10	Class 125②	PN 400	Class 2000④
PN 16	Class 150	—	Class 2500
PN 25	Class 250②	—	Class 3000⑤
PN 40	Class 300	—	Class 4500⑥
PN 63	(Class 400)	—	Class 6000⑤
PN 100	Class 600	—	Class 9000⑦
PN 160	Class 800③		

① 适用于灰铸铁法兰和法兰管件。

② 适用于铸铁法兰、法兰管件和螺纹管件。

③ 适用于承插焊和螺纹连接的阀门。

④ 适用于锻钢制的螺纹管件。

⑤ 适用于锻钢制的承插焊和螺纹管件。

⑥ 适用于对焊连接的阀门。

⑦ 适用于锻钢制的承插焊管件。

注：带括号的公称压力数值不推荐使用。

2. 石化行业的压力等级标准

石化行业应用标准体系的法兰标准（SH/T 3406）等效采用了 ASME B16.5 和 API605 标准，属于"美式法兰"。SH/T 3406 在结构尺寸和密封面形式上与 ASME B16.5 和 API605 有着很好的互换性，因此它能与 ASME、API、MSS 等标准的管道元件配套使用。但因为 SH/T 3406 采用了我国材料标准而不是美国材料标准（ASTM），故两者的温度-压力表有少许偏差，在考虑两者互换时，应注意并核对它们的温度-压力对应允许值。

SH/T 3406 标准的公称压力等级共包括：PN1.0、PN2.0（Class 150）、PN5.0（Class 300）、PN6.8（Class 400）、PN10.0（Class 600），PN15.0（Class 900）、PN25.0（Class 1500）、PN42.0（Class 2500）八个等级。

3. 化工行业的压力等级标准

化工行业应用标准体系的管法兰标准参照了 ISO 7005-1 标准的编写模式，即同时包含了"欧式法兰"和"美式法兰"两个体系。

其欧式法兰标准 HG/T 20592～HG/T 20605 的公称压力等级共包括 PN0.25、PN0.6、PN1.0、PN1.6、PN2.5、PN4.0、PN6.3、PN10.0、PN16.0、PN25.0 十个压力等级，公称直径范围为 DN10～2000，法兰形式有板式平焊、带颈平焊、带颈对焊、整体式、承插焊、螺纹、对焊环松套、平焊环松套、法兰盖、衬里法兰十种，密封面形式有突面、凹凸面、榫槽面、环连接面、全平面五种。它可以与我国的 JB 阀门配套使用。

其美式法兰标准 HG/T 20615～HG/T 20626 基本上等效采用了 ASME 标准。其中，对于 $DN \leqslant 600\text{mm}$ 的法兰等效采用了 ASME B16.5 标准，而对 $DN \geqslant 650\text{mm}$ 的法兰则等效采用了 API605 标准。法兰的公称压力等级共包括 $PN2.0$、$PN5.0$、$PN11.0$、$PN15.0$、$PN26.0$ 和 $PN42.0$ 六个压力等级，公称直径范围为 $DN15～1500$ 法兰形式有带颈平焊、带颈对焊、整体法兰、承插焊、螺纹、松套几种，密封面形式有突面、凹凸面、榫槽面、环连接面、全平面几种。

化工行业压力管道应用标准体系也是一个相对比较完整的标准体系，而且经历了若干年的生产实践检验，具有成熟的使用经验。其使用面比较广，它既可以与国外的 ASME、DIN、ISO 等标准配合使用，又可以与国内的 GB、SH、JB 等标准配合使用。

4. 机械行业的压力等级标准

机械行业应用标准体系（JB）中的法兰标准 JB/T 74～JB/T 90 属于欧洲标准体系，其公称压力等级共包括 $PN0.25$、$PN0.6$、$PN1.0$、$PN1.6$、$PN2.5$、$PN4.0$、$PN6.3$、$PN10.0$、$PN16.0$、$PN20.0$ 十个压力等级。

5. 中国的压力等级标准

中国应用标准体系的法兰标准 GB/T 9112～GB/T 9123 等效采用了 ISO 7005-1 标准，因此它同时包括了"欧式法兰"和"美式法兰"两个体系。公称压力有两个系列：其一是以 $PN0.25$、$PN0.6$、$PN1.0$、$PN1.6$、$PN2.5$、$PN4.0$ 六个等级组成的 I 系列，属于"欧式法兰"；其二是以 $PN2.0$、$PN5.0$、$PN10.0$、$PN15.0$、$PN25.0$、$PN42.0$ 六个等级组成的 II 系列，属于"美式法兰"。

公称压力标记示例：

八、影响公称压力等级确定的因素

1. 采用的标准体系

相同的设计条件，而选用不同的应用标准，其公称压力等级是不同的。因此，在确定管道公称压力等级之前，应首先确定其应用标准体系。

有时在同一装置甚至同一管道中，可能会同时采用两种或多种应用标准体系的标准。当同一管道中采用了两种或多种公称压力相同但应用标准不同的管道元件时，应注意它们的温度-压力值的差别，并应根据设计条件逐个核对其温度-压力值，并使各标准的温度-压力值均能得到满足。工程实践中，发现这类问题时常出现在 SH 法兰与 API 阀门、GB 法兰与 JB 法兰的配套使用中。

2. 压力管道材料

压力管道材料的选用是由设计温度、设计压力和操作介质确定的。但管道中各元件的材料标准往往是不同的，一般情况下，管子用管材，法兰用锻材，而阀门多用铸材。无论采用什么材料标准，它们都应该是同等级的材料，即具有对操作条件的同等适应性和等强度。

很多标准中如 ASME B16.5、ASME B16.34 都给出了管材、锻材、板材、棒材、铸材的配伍表，但 SH 3406 和 GB 法兰没有相应的配伍表，因此使用时应注意法兰和阀门的材质配伍以及它们的温度-压力值的一致性。同时要注意，在一些标准中，如 ASME B16.34 标准，都给出了一些材料的应用限制，设计选用时应注意这些限制。

3. 操作介质

对于输送易造成严重危害或易于产生重大事故的介质的管道，在考虑其公称压力等级时，不应仅仅按温度-压力表来确定，应适当提高其公称压力等级，即提高其安全可靠系数。GB 50316《工业金属管道设计规范》对不同操作介质的管道公称压力也进行了一些规定。

对于有毒、可燃介质管道的法兰连接最低公称压力，SH/T 3059 标准规定：SHA 级管道的公称压力，不宜低于 5.0MPa；SHB、SHC 级管道的公称压力，不宜低于 2.0MPa。当采用 JB 标准体系时，对输送剧毒介质的管道，公称压力应不低于 4.0MPa；对输送氢气、氨气、液态烃等介质的管道，公称压力应不低于 2.5MPa；

对输送一般可燃介质的管道，当采用 SH 标准体系时，其公称压力等级最低应不低于 2.0MPa，当采用 JB 标准体系时，应不低于 1.6MPa。

4. 介质温度及管系附加力

很多法兰标准的温度-压力表的对应值是指法兰不受冲击荷载的对应值。管道给予法兰的弯曲荷载主要是由管系的热胀冷缩引起的。一般情况下，对于 $PN2.0$ 等级的法兰，当其工作温度大于 200℃时，或 $PN5.0$ 及以上等级的法兰在工作温度大于 400℃时，均应考虑或核算管系对法兰产生的附加荷载的影响，或者提高管系的公称压力等级。

第二节　管　径　系　列

一、公称直径（Nominal Diameter）*DN*

公称直径表示管子、管件等管道器材元件的名义上的直径，同一公称直径的管子采用不同的标准体系，外径则可能有差异。对于同一标准、公称压力和公称直径相同的管子和法兰是相同的连接尺寸。公称直径的单位，美国采用英寸，中国采用毫米，日本则并列两种单位。

公称直径标记示例：

二、GB/T 1047《管道元件 *DN*（公称尺寸）的定义和选用》管径系列

GB/T 1047—2005《管道元件 *DN*（公称尺寸）的定义和选用》*DN*：用于管道系统元件的字母和数字组合的尺寸标识。它由字母 *DN* 和后面无量纲的整数数字组成。这个数字与端部连接件的孔径或外径（用 mm 表示）等特征尺寸直接相关。

说明如下。

① 除在相关标准中另有规定，字母 *DN* 后面的数字不代表测量值，也不能用于计算目的。

② 采用 *DN* 标识系统的那些标准，应给出 *DN* 与管道元件的尺寸关系，如 *DN*/OD 或 *DN*/ID。

GB/T 1047《管道元件 DN（公称尺寸）的定义和选用》DN 系列优先选用的 DN 数值如下：DN6、DN8、DN10、DN15、DN20、DN25、DN32、DN40、DN50、DN65、DN80、DN100、DN125、DN150、DN200、DN250、DN300、DN350、DN400、DN450、DN500、DN600、DN700、DN800、DN900、DN1000、DN1100、DN1200、DN1400、DN1500、DN1600、DN1800、DN2000、DN2200、DN2400、DN2600、DN2800、DN3000、DN3200、DN3400、DN3600、DN3800、DN4000。

三、SH/T 3059《石油化工管道设计器材选用规范》管径系列

SH/T 3059《石油化工管道设计器材选用规范》管子公称直径 DN 系列，应按以下系列优先选用：15、20、25、40、50、80、100、150、200、250、300、350、400、450、500、600、700、800、900、1000（mm）。公称直径大于 1000mm 时，宜按 200mm 递增。

第三节 标准体系之间的配伍

压力管道应用标准体系是比较多的，而且各标准体系之间有些是不能配套使用的，工程中经常遇到在一个装置上同时采用两套或多套应用标准体系的情况，或者是由于某套标准体系的应用标准不完善，需要其他体系的标准进行支持。材料工程师除了了解有关的标准体系之外，还应知道各体系之间的标准配合问题。

压力管道设计的第一步就是选择应用标准体系，并作为装置的设计统一规定，通过项目经理分发至各相关专业，以避免各相关专业因采用不能互换的其他应用标准体系而导致错误。

世界各国应用的标准体系虽多，但大体上可以分为两大类。

一、大外径管子和小外径管子标准体系

就管子系列标准而言，一类是以表 4-5 为对应外径尺寸的"大外径"系列；另一类则是以表 4-6 为对应外径尺寸的"小外径"系列。

表 4-5 "大外径"系列

$DN15$—$\phi22mm$	$DN20$—$\phi27mm$	$DN25$—$\phi34mm$	$DN32$—$\phi42mm$	$DN40$—$\phi48mm$
$DN50$—$\phi60mm$	$DN65$—$\phi76(73)mm$	$DN80$—$\phi89mm$	$DN100$—$\phi114mm$	$DN125$—$\phi140mm$
$DN150$—$\phi168mm$	$DN200$—$\phi219mm$	$DN250$—$\phi273mm$	$DN300$—$\phi324mm$	$DN350$—$\phi356mm$
$DN400$—$\phi406mm$	$DN450$—$\phi457mm$	$DN500$—$\phi508mm$	$DN600$—$\phi610mm$	

表 4-6 "小外径"系列

$DN15$—$\phi18mm$	$DN20$—$\phi25mm$	$DN25$—$\phi32mm$	$DN32$—$\phi38mm$	$DN40$—$\phi45mm$
$DN50$—$\phi57mm$	$DN65$—$\phi73mm$	$DN80$—$\phi89mm$	$DN100$—$\phi108mm$	$DN125$—$\phi133mm$
$DN150$—$\phi159mm$	$DN200$—$\phi219mm$	$DN250$—$\phi273mm$	$DN300$—$\phi325mm$	$DN350$—$\phi377mm$
$DN400$—$\phi426mm$	$DN450$—$\phi480mm$	$DN500$—$\phi530mm$	$DN600$—$\phi630mm$	

表 4-5 和表 4-6 中在英制单位转化为公制单位时约去了小数点。"大外径"与"小外径"仅是一种习惯称呼。

二、欧式法兰和美式法兰标准体系

就法兰系列标准而言：一类是以 200℃ 作为计算基准温度，而压力等级按 $PN0.1$、$PN0.25$、$PN0.6$、$PN1.0$、$PN1.6$、$PN2.5$、$PN4.0$、$PN6.3$、$PN10.0$、$PN16.0$、$PN25.0$、$PN40.0$ 等分级的"欧式法兰"[1]。另一类则是以大约 430℃（对 Class 150 级则是 300℃）作为计算基准温度，而压力等级按 $PN2.0$（Class 150）、$PN5.0$（Class 300）、$PN6.8$（Class 400）、$PN10.0$（Class 600）、$PN15.0$（Class 900）、$PN25.0$（Class 1500）、$PN42.0$（Class 2500）分级的"美式法兰"[2]。

无论是管子还是法兰，上述的两个系列或两个体系是不能相互混用的。

常用压力管道应用标准体系配伍见表 4-7。

表 4-7　常用压力管道应用标准体系配伍

项目	"大外径"系列			"小外径"系列	
	SH 标准体系	GB 标准体系	ASME 标准体系	JB 标准体系	HG 标准体系
一般管道	SH/T 3405	GB/T 17395	ASME B36.10		HG/T 20553
长输管道	GB/T 9711.1	GB/T 9711.1	API 5L		
管件	SH/T 3408 SH/T 3409 SH/T 3410 GB/T 14626	GB 12459 GB/T 13401 GB/T 14383 GB/T 14626	ASME B16.9 ASME B16.11 ASME B16.28	GB/T 12459 GB/T 13401 GB/T 14383	HG/T 21634 HG/T 21635 HG/T 21631
法兰	SH/T 3406	GB/T 9112～ GB/T 9131	ASME B16.5	JB/T 74～ JB/T 86	HG/T 20592～ HG/T 20605
垫片	SH/T 3401～ SH/T 3403 SH/T 3407	GB/T 4622.1 GB/T 4622.2	ASME B16.20 ASME B16.21	JB/T 87～ JB/T 90	HG/T 20606～ HG/T 20612
紧固件	SH/T 3404	GB/T 5780～ GB/T 5782 GB/T 41 GB/T 6170	ASME B18.2.1 ASME B18.2.2	GB/T 5780～ GB/T 5782 GB/T 41 GB/T 6170	HG/T 20613 HG/T 20614
阀门	API 600 API 602 API 603 API 608 API 609 API 594	GB/T 12232～ GB/T 12247	API 600 API 602 API 603 API 608 API 609 API 594	JB 系列	JB 系列

上述各标准体系间的标准配合时应注意下面一些问题。

① GB 法兰与 SH 法兰，两者引用的材料标准不尽相同。

② SH 标准体系中引用 API 阀门时，应注意两者的温度-压力值的差别。尤其是碳素钢和铬钼钢材料，由于两者应用的材料的可比性较差，往往会出现这种情况：对同一个公称压力等级，SH 法兰却比同一温度下 API 阀门的许用压力值低很多，此时就应适当提高法兰材料的强度等级，否则会造成阀门能力的浪费。

③ GB 和 SH 标准体系中，管子尺寸系列有少量的差异，应用时应加以注意。

---

[1] 因为这一系列标准为德国 DIN 标准，并为苏联等欧洲国家所使用，故通常称为欧式法兰。

[2] 因为这一系列标准为美国 ASME 标准，并为世界各国石油工业广泛采用，故通常称为美式法兰。

三、压力管道器材选用常用各国标准规范

关于压力管道器材选用的标准规范有很多种，中国有 GB、SH、HG、SY、DL 等标准规范，美国有 ASME、ASTM、API、MSS 等标准规范，德国有 DIN 标准，法国有 FN 标准，日本有 JIS 标准，俄罗斯有 GOST 标准，英国有 BS 标准，国际标准是由国际标准化组织（International Organization for Standardization，ISO）制订的标准。国际标准化组织是一个由国家标准化机构组成的世界范围的联合会，现有 140 个成员国。根据该组织章程，每一个国家只能有一个最有代表性的标准化团体作为其成员，原国家质量技术监督局以 CSBTS 名义参加 ISO 活动。

1. 美国石油学会

美国石油学会（American Petroleum Institute，API）建于 1919 年，是美国第一家国家级的商业协会。API 的一项重要任务，就是负责石油和天然气工业用设备的标准化工作，以确保该工业界所用设备的安全、可靠和互换性。一般情况下，API 标准每 5 年至少进行一次复审、修改、重新确认或撤销。有时复审周期可延长一次，但延长不超过两年。所以，除已授权再版延期，API 标准自出版之日起，5 年后不再有效。标准共分三大类：①石油设备设计及制造规范；②石油设备使用及维护推荐做法；③钻井及采油作业推荐做法。

2. 美国机械工程师协会

美国机械工程师协会（American Society of Mechanical Engineers，ASME）成立于 1880 年，在世界各地建有分部，是一个有很大权威和影响的国际性学术组织。ASME 主要从事发展机械工程及其有关领域的科学技术，鼓励基础研究，促进学术交流，发展与其他工程学、协会的合作，开展标准化活动，制定机械规范和标准。它拥有 125 000 个成员，管理着全世界最大的技术出版署，主持每年 30 个技术会议，200 个专业发展课程，并制订了许多工业和制造标准。自成立以来，ASME 领导了机械标准的发展，从最初的螺纹标准开始到现在已发展了超过 600 多个标准。1911 年成立了锅炉机械指令委员会，在 1914 年到 1915 年颁布了机械指令，以后该指令又与各个州及加拿大的法律相结合。ASME 已成为主要在技术、教育及调查领域内世界性的工程学机构。此外，ASME 还是 ANSI 五个发起单位之一。ANSI 的机械类标准，主要由它协助提出，并代表美国家标准委员会技术顾问小组，参加 ISO 的活动。

3. 美国材料与试验协会

ASTM（American Society for Testing Materials）前身是国际材料试验协会（International Association for Testing Materials，IATM）。19 世纪 80 年代，主要是研究解决钢铁和其他材料的试验方法问题。同时，国际材料试验协会还鼓励各国组织分会。随后，在 1898 年 6 月 16 日，有 70 名 IATM 会员聚集在美国费城，开会成立国际材料试验协会美国分会。1902 年在国际材料试验协会分会第 5 届年会上，宣告美国分会正式独立，取名为美国材料试验学会。随着其业务范围的不断扩大和发展，学会的工作中心不仅仅是研究和制定材料规范和试验方法标准，还包括各种材料、产品、系统、服务项目的特点和性能标准，以及试验方法、程序等标准。1961 年该组织又将其名称改为沿用至今的美国材料与试验协会（American Society for Testing and Materials，ASTM）。

ASTM 标准的表示形式：ASTM 标准用标准代号＋字母分类代码＋标准序号＋制订年份＋标准英文名称来表示。

① 标准序号后如带字母 M 则为公制单位标准，不带字母 M 的为英制单位标准。

② 制订年代后面如有括号，则括号内的年代表示标准重新审定的年代。

③ 制订年代后面如有 a，b，c，…，则表示标准修订版次。

④ 制订年代后面如有£1，£2，£3，…，则表示标准仅进行编辑性修改而无实质内容修改的次数。

⑤ 字母分类代码的含义：A——黑色金属；B——有色金属；C——水泥，陶瓷，混凝土与砖石材料；D——其他各种材料（石油产品，燃料，低强塑料等）；E——杂类（金属化学分析，耐火试验，无损试验，统计方法等）；F——特殊用途材料（电子材料，防震材料，医用外科用材料等）的腐蚀、变质与降级。

例如 ASTM A53、ASTM A105、ASTM B61、ASTM F437 等。

4. 美国阀门及配件工业制造商标准化协会

美国阀门及配件工业制造商标准化协会（Manufacturers Standardization Society of the Valve and Fitting Industry，MSS）成立于 1924 年，其前身为管配件及阀门制造商标准化委员会（Committee of Manufacturers on Standardization of Pipe Fittings and Valves，CM-SPFV），系由美国阀门制造商协会（Valve Manufacturers Association，VMA）、美国管接头制造商协会（Pipe Fittings Manufacturers Association，PFMA）和美国商业协会（Trade Association，TA）共同成立。标准制订的项目有阀门、管接头、法兰、螺纹、术语、符号、材料、铸铁与可锻铁管接头、连接器、蝶形阀、水工、焊接器材、管道吊架、阀门传动装置，以及质量标准等。在 11 个美国全国附属标准委员会中，均有该协会的代表。与美国机械工程师协会（ASME）和美国机械承包商协会（MCAA），联合主持制订美国国家标准（ANSI）法兰盘及其配件的标准。此外，与美国焊接协会（AWS）、美国锅炉与压力容器检验师委员会（NBBPVI）、美国防火协会（NFPA）、美国石油学会（API）和美国给水工程协会（AWWA）等均有协作关系。从 1924 年起制订标准。标准编号：标准代号 MSS＋SP（Standard Practices）＋序号＋制订年份。MSS 还通过其网站介绍了 ASTM、NFPA、ASM、ASME、AASHTO、SAE 等标准信息，包括内容介绍、适用范围、价格等信息。

① MSS SP-44 Steel Pipe Line Flanges 钢制管道法兰

② MSS SP-83 Steel Pipe Unions，Socket-Welding and Threaded 承插焊和螺纹连接的碳钢管接头

5. 美国防腐蚀工程师学会

美国防腐蚀工程师学会（National Association of Corrosion Engineers/International Standardization Organization，NACE）成立于 1943 年，当时的创始人是管道行业的防腐工程师。现在，MACE 是世界上最大的传播腐蚀知识的组织，其职责是提高公众对腐蚀控制和预防技术的认识，NACE 现有 300 个技术协调委员会，主要工作包括调查，研究和介绍腐蚀技术的发展动态，设置共同的行业标准，为美国，加拿大和其他许多国家的会员和非会员提供各种各样的培训项目等。NACE 实施会员制，会员可以享受一些培训课程和出版物的费用折扣。NACE 每年召开一次年会，是世界上专业人员了解新产品，获得技术信息，与腐蚀专家建立联系的平台，NACE 标准覆盖了腐蚀防控的各个领域，包括方法、设计和材料选择等研究热点。NACE 标准是技术委员会为腐蚀预防和控制领域设定的非强制性指南。NACE 为地下管线提供腐蚀判定，并为相关产品提供材料认证。NACE 还为技术人员提供专业资格认证，如涂料专业服务工程师的认证。NACE 会务组每年都会在中国北京、上海开设培训班，前来参见培训的人员，完成学业要求并考试合格后讲获得 NACE 国际颁发的

涂装检查员资格证书，分为 NACE CIP-1/2/3 三个等级。

NACE MR0175/ISO 15156 Petroleum and Natural Gas Industries-Materials for Use in H_2S-Containing Environments in Oil and Gas Production 石油和天然气工业，油、气生产中含硫化氢（H_2S）环境下使用的材料。

第四节　压力管道设计条件和设计基准

压力管道的设计条件和压力管道设计基准在 GB/T 20801《压力管道规范工业管道》GB 50316《工业金属管道设计规范》和 SH 3059《石油化工管道设计器材选用通则》等标准规范上均有规定。标准规范对此的规定基本上是一致的。在实际工程设计过程中，确定压力管道设计条件和设计基准可以直接参考标准规范，此处不再重复标准规范的内容。

1. 压力管道设计条件

压力管道操作条件复杂，在正常情况下，管道除了要在一定的温度、压力下工作外，还要受风荷载、地震荷载等一些环境因素以及其他一些附加因素的影响。因此，在设计时要全面考虑管道的荷载条件，正确确定管道设计参数。

压力管道设计条件包括：设计压力、设计温度、环境影响、动力影响、重力荷载影响、热膨胀和冷收缩的影响、支架及管端位移的影响、材料韧性降低的影响等。

2. 压力管道设计基准

压力管道设计基准包括：管道组成件的压力-温度参数、许用应力、设计寿命及最低设计压力等级等。

第五节　管　　子

一、管子的分类

1. 按用途分类（表 4-8）

表 4-8　按用途分类

输送用及传热用	流体输送用，长输管道用，石油裂化用，化肥用，锅炉用，换热器用等
结构用	普通结构用，高强结构用，机械结构用等
特殊用	钻井用，高压气体容器用等

2. 按材质分类（表 4-9）

二、钢管

我国压力管道设计常用钢管见表 4-10。

三、钢管的尺寸系列

我国目前还没有压力管道设计用钢管尺寸系列（公称直径、外径、壁厚）的国家标准，只有钢管的生产标准尺寸系列（只有外径、壁厚两个系列），而现行压力管道设计用钢管的行业标准除了公称直径外，外径系列、壁厚系列不完全相同。

表4-9　按材质分类

大分类	中分类	小分类	管子名称举例
金属管	铁管	铸铁管	承压铸铁管(砂型离心铸铁管,连续铸铁管)
	钢管	碳素钢管	Q235焊接钢管,10钢、20钢无缝钢管,优质碳素钢无缝钢管
		低合金钢管	16Mn无缝钢管,低温钢无缝钢管
		合金钢管	奥氏体不锈钢管,耐热钢无缝钢管
	有色金属管	铜及铜合金管	拉制及挤制黄铜管,紫铜管,铜基合金管(蒙乃尔等),耐蚀耐热镍基合金(Hastelloy)
		铅管	铅管,铅锑合金管
		铝管	冷拉铝及铝合金管,热挤压铝及铝合金圆管
		钛管	钛管及钛合金管(Ti-2Al-1.5Mn,Ti-6Al-6V-2Sn-0.5Cu-0.5Fe)
非金属管	—	橡胶管	输气胶管,输水、吸水胶管,输油、吸油胶管,蒸汽胶管
		塑料管	酚醛塑料管,耐酸酚醛塑料管,硬聚氯乙烯管,高、低密度聚乙烯管,聚丙烯管,聚四氟乙烯管,ABS管,PVC/FRP复合管,高压聚乙烯管
		石棉水泥管	—
		石墨管	不透性石墨管
		玻璃陶瓷管	化工陶瓷管(耐酸陶瓷管、耐酸耐温陶瓷管、工业陶瓷管)
		玻璃钢管	聚酯玻璃钢管,环氧玻璃钢管,酚醛玻璃钢管,呋喃玻璃钢管
	衬里管	—	橡胶衬里管,钢塑复合管,涂塑钢管

表4-10　我国压力管道设计常用钢管

标准号	标准名称	尺寸系列/mm	材料	制造方法
GB/T 3087	低中压锅炉用无缝钢管	$D_0=10\sim426$ $t=1.5\sim26$	10、20	热轧、冷拔
GB/T 3091	低压流体输送用焊接钢管	$DN6\sim200$ $t=2.0\sim4.0$ 外径大于219.1mm的钢管按公称外径和公称壁厚交货,其公称外径和公称壁厚应符合GB/T 21835的规定	Q195 Q215A、B Q235A、B Q295A、B｝GB/T 700 Q345A、B　GB/T 1591	埋弧焊或电阻焊
GB/T 5310	高压锅炉用无缝钢管	$D_0=22\sim530$ $t=2\sim70$	20G、12CrMoG、15CrMoG 12Cr1MoNg、1Cr18Ni9、 1Cr19Ni11Nb 等24种	热轧、冷拔
GB/T 6479	化肥设备用高压无缝钢管	$D_0=14\sim273$ $t=2\sim70$	10、20g 12CrMo、15CrMo、12Cr5Mo 等12种材料	热轧、冷拔
GB/T 8163	流体输送用无缝钢管	$D_0=6\sim630$ $t=0.25\sim75$	10、20、Q295、Q345、Q390、Q420、Q460	热轧、冷拔
GB/T 9948	石油裂化用无缝钢管	$D_0=10\sim273$ $t=1\sim20$	10、20、12CrMo、15CrMo 等13种材料	热轧、冷拔
GB/T 9711	石油天然气工业管线输送系统用钢管	$D_0=3\sim2032$ $t=1.7\sim31.8$	L210、L245、L290、L320 等	自动电弧焊或电阻焊等
GB/T 12771	流体输送用不锈钢焊接钢管	$D_0=6\sim560$ $t=0.3\sim14$	1Cr18Ni9(12Cr18Ni9)、 0Cr19Ni9(06Cr19Ni10)、 00Cr19Ni10(022Cr19Ni10) 等14种材料	自动电弧焊或电阻焊等

标 准 号	标准名称	尺寸系列/mm	材 料	制造方法
GB/T 13296	锅炉、热交换器用不锈钢无缝钢管	$D_0=8\sim114$ $t=1.2\sim1.3$	12Cr18Ni9、06Cr19Ni10 等 29 种不锈钢	热轧、冷拔
GB/T 14976	流体输送用不锈钢无缝钢管	$D_0=6\sim426$ $t=0.5\sim15$	12Cr18Ni9、06Cr19Ni10 等 29 种不锈钢	热轧、冷拔
SH/T 3405	石油化工钢管尺寸系列	1. 碳素钢、合金钢无缝钢管及焊接钢管 $DN=6\sim4000$ $t=1.24\sim59.54$ 2. 不锈钢无缝钢管及焊接钢管 $DN=6\sim750$ $t=1.24\sim12.70$	10、20、20G、Q295 等 21 种无缝钢管材料 Q235B、L245 等 26 种焊接钢管材料	—

1. 钢管的公称直径（DN）系列

公称直径是用以表示管道系统中除用外径表示的组成件以外的所有组成件通用的一个尺寸数字。在一般情况下，是一个完整的数字，与组成件的真实尺寸接近，但不相等。国际上通常把钢管的公称尺寸称为公称直径，而不称为公称通径，主要是因为对于直径大于或等于350mm（14in）的管子的公称直径是指其外径而不是其内径。对于螺纹连接的管子及管件，因其内径往往与公称直径接近，也可称为公称通径。

2. 钢管的外径系列

根据钢管生产工艺的特点，钢管产品是按外径和壁厚系列组织的。目前世界各国的钢管尺寸系列尚不统一，各国都有各自的钢管尺寸系列标准。

（1）国外钢管的外径系列 在国际上比较广泛应用的钢管标准有美国的 ASME B36.1、德国的 DIN 2448、英国的 BS 3600 和国际标准化组织的 ISO 4200 等标准。在日本虽然有 JIS 标准，但是为了进入国际市场，也按上述的美国、英国、德国的标准生产钢管。常用的管子尺寸 ASME 标准有 ASME B36.10《焊接和无缝可锻钢管》和 ASME B36.19《不锈钢管》。

（2）钢管外径采用的单位 在世界各国的钢管外径尺寸系列中，中国、日本、德国和国际标准化组织等用 mm 表示外径尺寸，美国则有公制和英制两种表示方法，分别用 mm 和 in 表示外径尺寸。例如，按 JIS 标准 1in 的钢管外径为 34mm，而美国 1in 的钢管外径为 33.4mm（或 1.31in）。

（3）不同系列钢管外径的一致性 国外钢管外径尺寸虽不完全相同，但当外径小于 14in 时，除少数几个外径差别较大外其余公称直径钢管的外径尺寸差别很小，不影响互换性。从 14in 开始，钢管外径等于公称直径。例如 14in 钢管其外径为 $355.6(14\times25.4)$mm。

目前在我国现行标准中，对于同一公称直径的钢管外径尺寸还不统一。中国石化总公司标准 SH/T 3405《石油化工钢管尺寸系列》规定的钢管外径系列（DN300 的外径除外）与 ISO 4200 标准基本一致（SH/T 3405 的外径为整数，ISO 4200 的外径带小数；DN300 的外径 SH/T 3405 为 325mm，ISO 4200 为 323.9mm）。当 DN≤1100mm 时，它能与 ASME B36.1/36.9 标准配套使用。

国际标准化组织（ISO）统一制定了世界通用的钢管标准外径。其中 ISO 65 及 ISO 559 分别是以英国的 BS 1387、BS 534 为基础制定的。ISO 3183 长输管线，参考了世界上普遍采用的美国 API5L 标准的外径。DIN 4200 经过 ISO 成员国投票通过被采用到 ISO 标准中作为 ISO 4200 的基础。

ISO 配管用钢管标准尺寸的规格概要见表 4-11。

表 4-11 ISO 配管用钢管标准尺寸的规格概要

标　　准	标 准 名 称	外径范围/mm	尺寸数量/个	备　　注
ISO 65	钢管螺纹	重的、普通的公称直径 6~150 轻Ⅰ、轻Ⅱ的 6~150	14 12	外径由最大至最小的范围确定,壁厚有重的、普通的、轻Ⅰ、轻Ⅱ四种
ISO 4200	焊接和无缝平端钢管,管的尺寸和单位长度重量的一览表	外径 10.2~2220	68	外径分为三个系列,系列Ⅰ为配管用
ISO 559	清水和污水用管	公称直径 40~2220 外径 48~2220	26	外径 26 种
ISO 3183	石油和天然气工业用管道用钢管,交货技术条件	外径 60.3~1420	33	以 API 5L 标准为基础

3. 钢管的壁厚

钢管的壁厚计算方法,在 ASME B31.3、GB 50316、SH/T 3509 等标准规范中均有详细的介绍。钢管壁厚的表示方法在不同的标准中各不相同,但主要有三种。

(1)以管子表号表示公称壁厚　此种表示方法以 ASME B36.10《焊接和无缝钢管》为代表并为其他许多标准所采用,常以"Sch"标示。管子表号是管子设计压力与设计温度下材料许用应力的比值乘以 1000,并经圆整后的数值。

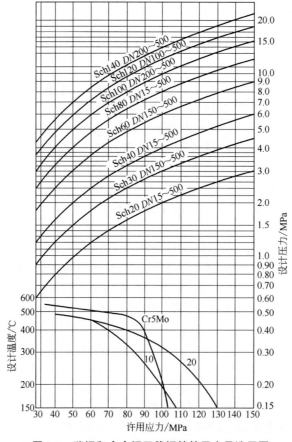

■ 图 4-1 碳钢和合金钢无缝钢管管子表号选用图

$$\text{Sch} = \frac{p}{[\sigma]^t} \times 1000$$

ASME B36.10 和 JIS 标准中管子表号有：Sch10、Sch20、Sch30、Sch40、Sch60、Sch80、Sch100、Sch120、Sch140、Sch160。

ASME B36.19 中不锈钢管管子表号有：Sch5s、Sch10s、Sch40s、Sch80s。

中国石化集团公司标准 SH/T 3405 中，无缝钢管采用了 Sch20、Sch30、Sch40、Sch60、Sch80、Sch100、Sch120、Sch140、Sch160 九个表号，不锈钢管采用了 Sch5s、Sch10s、Sch20s、Sch40s、Sch80s 五个表号。

无缝钢管和焊接钢管的管子表号可分别查图 4-1 和图 4-2 确定。

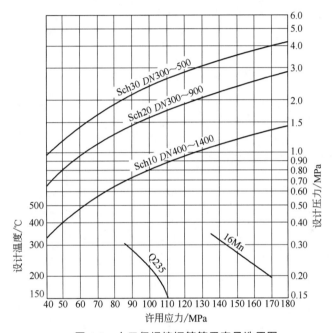

■ 图 4-2　大口径焊接钢管管子表号选用图

（2）以管子重量表示公称壁厚

美国 MSS 和 ASME 也规定了以管子重量表示壁厚的方法，并将管子壁厚分为三种：标准重量管，以 STD 表示；加厚管，以 XS 表示；特厚管，以 XXS 表示。

对于 $DN \leqslant 250$mm 的管子，Sch40 相当于 STD；$DN < 200$mm 的管子，Sch80 相当于 XS。

（3）以钢管壁厚值表示公称壁厚　中国、ISO 和日本部分钢管标准采用了壁厚值表示钢管公称壁厚。

4. 常用公称直径及相应管子标准及其外径尺寸（表 4-12）

表 4-12　压力管道设计常用的公称直径及相应管子标准及其外径尺寸　　　　　　　　mm

公称直径	ISO 4200 系列1	ASME B36.10	BS 3600	DIN 2448 /DIN 2458	JIS	GB/T 17395 系列1	SH/T 3405	HG/T 20553 Ⅰa系列	HG/T 20553 Ⅰb系列	HG/T 20553 Ⅱ系列	JB法兰接管
6	10.2	10.3	10.2	10.2	10.5	10	10.3	10.2	10		
8	13.5	13.7	13.5	13.5	13.8	13.5	13.7	13.5	14		
10	17.2	17.1	17.2	17.2	17.3	17	17.1	17.2	17	14	14
15	21.3	21.3	21.3	21.3	21.7	21	21.3	21.3	22	18	18
20	26.9	26.7	26.9	26.9	27.2	27	26.7	26.9	27	25	25
25	33.7	33.4	33.7	33.7	34.0	34	33.4	33.7	34	32	32

续表

公称直径	ISO 4200 系列1	ASME B36.10	BS 3600	DIN 2448/DIN 2458	JIS	GB/T 17395 系列1	SH/T 3405	HG/T 20553			JB法兰接管
								I_a系列	I_b系列	II系列	
(32)	42.4	42.2	42.4	42.4	42.7	42	42.2	42.4	42	38	38
40	48.2	48.3	48.3	48.3	48.6	48	48.3	48.3	48	45	45
50	60.3	60.3	60.3	60.3	60.5	60	60.3	60.3	60	57	57
(65)	76.1	73.0	76.1	76.1	76.3	76	73.0	76.1	76	76	73
80	88.9	88.9	88.9	88.9	89.1	89	88.9	88.9	89	89	89
(90)			101.6	101.6	101.6		101.6				
100	114.3	114.3	114.3	114.3	114.3	114	114.3	114.3	114	108	108
(125)	139.7	141.3	139.7	139.7	139.8	140	141.3	139.7	140	133	133
150	168.2	168.3	163.3	168.3	165.2	168	168.3	168.3	168	159	159
(175)			193.7	193.7	190.7						194
200	219.1	219.1	219.1	219.1	216.3	219	219.1	219.1	219	219	219
(225)					241.8						
250	273.0	273.0	273.0	273.0	267.4	273	273.1	270.0		273	273
300	323.9	323.8	323.9	323.9	318.5	325	323.9	323.9		325	325
350	355.6	355.6	355.6	355.6	355.6	356	355.6	355.6		377	377
400	406.4	406.4	406.4	406.4	406.4	406	406.4	406.4		426	426
(450)	457	457.2	457	457.2	457.2	457	457	457.0		480	480
500	508	508.0	508	508	508.0	508	508	508.0		530	530
(550)		559.0	559	558.8	558.8	559	559				
600	610	610.0	610	609.6	609.6	610	610	610		630	630
(650)		660.0	660	660.4	660.4		660				
700	711	711.0	711	711.2	711.2		711	711		720	720
(750)		762.0	762	762	762.0		762	762			
800	813	813.0	813	812.3	812.8		813	813		820	820
(850)		864.0	864	863.6	863.6		864	864			
900	914	914.0	914	914.4	914.4		914	914		920	920
(950)		965.0					965	965			
1000	1016	1016.0	1016	1016	1016.0		1016	1016		1020	1020
(1050)		1067.0					1067	1067			
(1100)		1118.0			1117.8		1118	1118			
(1150)		1168.0					1168	1168			
1200	1220	1219.0	1220		1219.2		1220	1219		1220	1220
(1250)							1270	1270			
1300		1321.0			1320.8		1321	1321			
(1350)					1371.6			1372			
1400	1420	1422.0	1420				1422	1422		1420	1420
(1450)								1473			
(1500)		1524.0			1524.0		1524	1524			
1600	1620	1626.0	1620		1625.6		1626			1620	1620
(1700)		1727.0					1727				
1800	1820	1829.0	1820		1828.8		1829			1820	
(1900)		1930.0					1930				
2000	2020	2032.0	2020		2032.0		2032			2020	
2200	2220						2235				

四、金属直管壁厚的确定方法

1. 内压直管的壁厚确定方法

对于内压直管，根据 SH/T 3059《石油化工管道设计器材选用规范》（根据执行项目的实际情况，也可按 GB 50316、GB/T 20801 等标准来计算）确定其壁厚。管道壁厚国内外规范的比较与分析详见《管道器材选用与工程应用》。

① 当 $S_0 < D_0/6$ 时，直管的计算壁厚为：

$$S_0 = \frac{PD_0}{2[\sigma]^t \phi W + 2PY}$$

直管的选用壁厚为：

$$S = S_0 + C$$

式中　S_0——直管的计算壁厚，mm；

　　　P——设计压力，MPa；

　　　W——焊缝接头强度降低系数；

　　　D_0——直管外径，mm；

　　$[\sigma]^t$——设计温度下直管材料的许用应力，MPa；

　　　ϕ——焊缝质量系数（对无缝钢管，$\phi=1$，对于焊接管子种类选择壁厚计算，其焊缝质量系数 ϕ 见表 4-13）；

　　　S——包括附加裕量在内的直管壁厚，mm；

　　　C——直管壁厚的附加裕量，mm；

　　　Y——温度修正系数，按表 4-14 选取。

表 4-13　焊接管焊缝质量系数 ϕ

焊接	方法及检验要求	单面对接焊	双面对接焊
电熔焊	100%无损检测	0.90	1.00
	局部无损检测	0.80	0.85
	不作无损检测	0.60	0.70
电阻焊		0.65（不作无损检测）　0.85（100%涡流探伤）	
加热炉焊		0.60	
螺旋缝自动焊		0.80～0.85（无损检测）	

注：无损检测指采用射线或超声波检测。

表 4-14　温度修正系数

材　　料	温　　度/℃					
	≤482	510	538	566	593	≥621
铁素体钢	0.4	0.5	0.7	0.7	0.7	0.7
奥氏体钢	0.4	0.4	0.4	0.4	0.5	0.7

② $S_0 \geq D_0/6$ 或 $P/[\sigma]^t > 0.385$ 时，直管壁厚应根据断裂理论、疲劳、热应力及材料特性等因素综合考虑确定。

2. 外压金属直管的壁厚确定方法

对于外压直管的壁厚，SH/T 3059 与 GB 50316 均规定根据 GB 150 的方法确定。

五、钢管的选择

在我国的钢管制造标准中，有结构用钢管和流体输送用钢管之分。

结构用钢管：主要用于一般金属结构如桥、梁、钢构架等，它只要求保证强度与刚度，而对钢管的严密性不作要求。

流体输送用钢管：主要用于带有压力的流体输送，它除了要保证有符合相应要求的强度与刚度外，还要求保证严密性，即在出厂前要求逐根进行水压试验。对压力管道来说，它输送的介质常常是易燃、易爆、有毒、有温度、有压力的介质，故应选用流体输送用钢管。

在实际的工程设计、采购和施工中，经常发现有用结构用钢管代替流体输送用钢管的现象，这是绝对不可以的。

1. 焊接钢管（Welded Steel Pipe）

常用的焊接钢管标准有：GB/T 3091《低压流体输送用焊接钢管》；GB/T 9711《石油天然气工业管线输送系统用钢管》；SY/T 5038《普通流体输送管道用直缝高频焊钢管》；SY/T 5037《普通流体输送管道用埋弧焊钢管》；GB/T 12771《流体输送用不锈钢焊接钢管》；HG 50237.1～4《奥氏体不锈钢焊接钢管》。

目前，常用的焊接钢管根据其生产时采用的焊接工艺不同可以分为：连续炉焊（锻焊）钢管、电阻焊钢管和电弧焊钢管三种。

（1）连续炉焊（锻焊）钢管（Forge Welded Steel Pipe）连续炉焊（锻焊）钢管是在加热炉内对钢带进行加热，然后对已成型的边缘采用机械加压方法使其焊接在一起而形成的具有一条直缝的钢管。

特点：生产效率高，生产成本低；但焊缝质量差，综合力学性能差。

用途：适于设计温度为0～100℃、设计压力不超过0.6MPa的水和压缩空气系统。

标准：GB/T 3091《低压流体输送用焊接钢管》。

（2）电阻焊钢管（Electric-resistance Welded Steel Pipe）电阻焊钢管是通过电阻焊或电感应焊焊接方法生产的，带有一条直焊缝的钢管。

特点：生产效率高，自动化程度高，焊后的变形和残余应力较小。设备投资高，对焊接接头的质量要求也比较高。由于接头处难免有杂质存在，所以接头塑性和冲击韧性较低。

标准：SY/T 5038《普通流体输送用螺旋缝高频焊钢管》。

用途：适用于设计温度≤200℃的水、煤气、空气、采暖蒸汽等。

标准：GB/T 9711《石油天然气工业管线输送系统用钢管》。

用途：石油天然气工业中可燃流体和非可燃流体（中、低压）。

（3）电弧焊钢管（Electric-arc-welded Steel Pipe）电弧焊钢管是通过电弧焊焊接方法生产的钢管。

特点：接头达到完全的冶金结合，接头的力学性能能够完全达到或达到母材的机械性能。在经过适当的热处理和无损检查之后，电弧焊直缝钢管的使用条件可达到无缝钢管的使用条件而取代之。

标准：SY/T 5037《普通流体输送管道用埋弧焊钢管》。

用途：适用于设计温度≤200℃的水、煤气、空气、采暖蒸汽等。

标准：GB/T 12771《流体输送用不锈钢焊接钢管》、HG 50237.1～4《奥氏体不锈钢焊接钢管》。

用途：设计压力小于5.0MPa，焊缝系数小于1.0时，不宜用于极度或高度危害介质。

2. 无缝钢管

无缝钢管（Stainless Steel Pipe）是采用穿孔热轧等热加工方法制造的不带焊缝的钢管。必要时，热加工后的管子还可以进一步冷加工至所要求的形状、尺寸和性能。目前，无缝钢管（DN15～600）是石油化工生产装置中应用最多的管子。

（1）碳素钢无缝钢管

标准：GB/T 8163《输送流体用无缝钢管》；GB/T 9711《石油天然气工业管线输送系统用钢管》；GB/T 6479《高压化肥设备用无缝钢管》；GB/T 9948《石油裂化用无缝钢管》；GB/T 3087《低中压锅炉用无缝钢管》；GB/T 5310《高压锅炉用无缝钢管》。

GB/T 8163 适用范围：设计温度小于 350℃、压力低于 10MPa 的油品、油气和公用介质。

GB/T 6479 适用范围：设计温度−40～400℃（标准内涉及的各个牌号材料设计温度范围各不相同）、设计压力 10.0～32.0MPa 的油品、油气。

GB/T 9948 适用范围：不宜采用 GB/T 8163 钢管的场合。

GB/T 3087 适用范围：低中压锅炉的过热蒸汽、沸水等。

GB/T 5310 适用范围：高压锅炉的过热蒸汽介质。

① 检验。

一般流体输送用钢管必须进行化学成分分析、拉力试验、压扁试验和水压试验。

GB/T 5310、GB/T 6479、GB/T 9948 三种标准的钢管，除了流体输送用钢管必须进行的试验外，还要求进行扩口试验和冲击试验。这三种标准的钢管的制造检验要求是比较严格的。GB/T 6479 标准还对材料的低温冲击韧性作出了特殊要求。

GB/T 3087 标准的钢管，除了流体输送用钢管的一般试验要求外，还要求进行冷弯试验。GB/T 8163 标准的钢管，除了流体输送用钢管的一般试验要求外，据协议要求进行扩口试验和冷弯试验。这两种标准的管子的制造要求不如前三种标准的严格。

② 制造。

GB/T 8163 和 GB/T 3087 标准的钢管多采用平炉或转炉冶炼，其杂质成分和内部缺陷相对较多。

GB/T 9948 多采用电炉冶炼，大多加入了炉外精炼工艺，成分和内部缺陷相对较少。

GB/T 6479 和 GB/T 5310 标准本身规定了炉外精炼的要求，其杂质成分和内部缺陷最少，材料质量最高。

上述几个钢管标准的制造质量等级从低到高的顺序：GB/T 8163＜GB/T 3087＜GB/T 9948＜GB/T 5310＜GB/T 6479。

③ 选用。

一般情况下，GB/T 8163 标准的钢管适用于设计温度低于 350℃、压力小于 10.0MPa 的油品、油气和公用介质条件。

对于油品、油气介质，当其设计温度超过 350℃或压力大于 10.0MPa 时，宜选用 GB/T 9948 或 GB/T 6479 标准的钢管。

对于临氢操作的管道，或者在有应力腐蚀倾向环境中工作的管道，也宜使用 GB/T 9948 或 GB/T 6479 标准。

凡是低温下（低于−20℃）使用的碳素钢钢管应采用 GB/T 6479 标准，只有它规定了对材料低温冲击韧性的要求。

GB/T 3087 和 GB/T 5310 标准是专门为锅炉用钢管而设置的标准。《锅炉安全监察规程》强调指出，凡与锅炉相连的管子都属监察范围，其材料与标准的应用都应符合《锅炉安全监察规程》的规定，故锅炉、电站、供暖以及石化生产装置中用到的公用蒸汽管道（由系统供给）等均应采用 GB/T 3087 或 GB/T 5310 标准。

值得注意的是，质量好的钢管，钢管的价格也比较高，如 GB/T 9948 比 GB/T 8163 材料的价格高近 1/5，因此，在选用钢管材料标准时，应依据使用条件综合考虑，既要可靠又要经济。

（2）铬钼钢和铬钼钒钢无缝钢管　常用的铬钼钢和铬钼钒钢无缝钢管标准有：GB/T 9948《石油裂化用无缝钢管》；GB/T 6479《高压化肥设备用无缝钢管》；GB/T 5310《高压锅炉用无缝钢管》。

（3）不锈钢无缝钢管　常用的不锈钢无缝钢管标准有 GB/T 14976、GB/T 13296、GB/T 9948、GB/T 6479、GB/T 5310 共 5 个标准。其中，后三个标准中列出的不锈钢材料牌号是不常用的材料牌号。因此，当工程上选用不锈钢无缝钢管标准时，基本上都选用 GB/T 14976 和 GB/T 13296 标准。

GB/T 14976《流体输送用不锈钢无缝钢管》适用于一般流体的输送。

GB/T 13296《锅炉、热交换器用不锈钢无缝钢管》常用的材料牌号中超低碳不锈钢（00Cr17Ni14Mo2、00Cr19Ni10）具有优良的抗腐蚀性能，在一定条件下，可代替稳定型不锈钢（0018Ni10Ti、0Cr18Ni11Nb）用于抗介质的腐蚀；超低碳不锈钢高温力学性能较低，一般仅用于温度低于 525℃ 的条件下；稳定型奥氏体不锈钢既具有较好的抗腐蚀性能，又有较高的高温力学性能，但 0Cr18Ni10Ti 中的 Ti 在焊接过程中易被氧化而失掉，从而降低了其抗腐蚀性能，其价格较高，这类材料一般用在较重要的场合。0Cr18Ni9、0Cr17Ni12Mo2 具有一般的抗腐蚀性能，价格便宜，因此被广泛应用。

六、国内外常用钢管标准对照表

国内外常用钢管标准对照表见表 4-15。

表 4-15　国内外常用钢管标准对照表

GB 钢管标准	GB 钢号	ASTM 钢管	ASTM 钢材	BS 钢管	DIN 钢管	JIS 钢管	钢 种	
		A53-TypeF	A235-A	1387	1615-st33	SGP	低碳素钢	碳素钢
GB/T 8163 GB/T 9948	10	A53-A	A105	3601-360	1629-st37	STPG 370	低碳素钢	
GB/T 8163 GB/T 9948	20	A53-B	A105	3601-410	1629-st48.4	STPG 410	中碳素钢	
GB/T 5130	20G	A106B	—	—	17155-st45.8Ⅲ	STS 410	中碳素钢(Si 镇静钢)	
GB/T 6479	16Mn	—	—	—	17175-17Mn4	STS480		
GB/T 6479	10	A105-A	A105	3602-360	17175-s135.8	STPT 370	低碳素钢(Si 镇静钢)	
GB/T 8163 GB/T 9948	20	A106-B	A105	3602-410	17175-st45.8	STPT 410	中碳素钢(Si 镇静钢)	
		A106-C	—	3602-460	—	STPT 480	中碳素钢(Si 镇静钢)	
GB/T 9948 GB/T 6479 GB/T 5310	12CrMo	A335-P2	A182-F2	—	17175-15Mo3	STPA 20	1/2Mo 钢	合金钢
	15CrMo	A335-P12	A182-F12	3604-620-440	17175-13CrMo44	STPA 22	1Cr-1/2Mo 钢	
		A335-P11	A182-F11	3604-621		STPA 23	1¼Cr-1/2Mo 钢	
GB/T 6479 GB/T 5310	12Cr2Mo	A335-P22	A182-F22	3604-622	17175-10CrMo910	STPA 24	2½Cr-1Mo 钢	
	1Cr5Mo	A335-P5	A182-5	3604-625	—	STPA 25	5Cr-1/2Mo 钢	
		A335-P9	A182-9	—		STPA 26	9Cr-1Mo 钢	
GB/T 150 GB/T 8163 附录 A, GB/T 6479	09MnD, 16Mn	A333-Gr1	A350-LF2	3603-410LT50	17173-TISt35N,35 V	STPL 380	Al 镇静钢	低温用钢
		A333-Cr3	A350-LF3	3603-503LT100	—	STPL 450	3½Ni 钢	
		A333-8	A522	3603-503LT196	—	STPL690	9Ni 钢	

GB		ASTM		BS	DIN	JIS	钢 种	
钢管标准	钢号	钢管	钢材	钢管	钢管	钢管		
GB/T 14976	0Cr18Ni9	A312-TP304	A182-F304	3605-304S18、S25	17458-X5CrNi1810	SUS304TP	18-8 钢	不锈钢
		A312-TP304H	A182-F304H	3605-304S59	—	SUS304HTP	高温用 18-8 钢	
GB/T 14976	00Cr19Ni10	A312-TP304L	A182-F304L	3605-304S14、S22	17458-X2CrNi1911	SUS304LTP	低碳素 18-8 钢	
		A312-TP309	—			SUS309STP	22-12 钢	
		A312-TP310	A182-F310			SUS310STP	25-20 钢	
GB 13296 GB/T 14976	0Cr18Ni10Ti	A312-TP347	A182-F347	3605-347S18、S17	17458 X6CrNiTi1810 X6CrNiNb1810	SUS347TP	18-8-(Nb+Ta)钢	
GB/T 14976	0Cr17Ni12Mo2 00Cr17Ni14Mo2	A312-TP316	A182-F316	3605-316S18、S26	17458 X5CrNiMo17122 X2CrNiMo17132	SUS316TP	18-8-Mo 钢	
		A312-TP316H	A182-F316H	3605-316S59	—	SUS316HTP	高温用 18-8-Mo 钢	
GB/T 14976	0Cr17Ni12Mo2 00Cr17Ni14Mo2	A321-TP376L	A182-F316L	3605-316S14、S22	—	SUS316LTP	低碳素 18-8-Mo 钢	
GB 13296 GB/T 14976	0Cr18Ni10Ti	A312-TP321	A182-F321	3605-321S18、S22	17458	SUS321TP	18-8-Ti 钢	
		A312-TP321H	A182-F321H	3605-321S59		SUS321HTP	高温用 18-8-Ti 钢	
	0Cr18Ni11Nb	A312-TP347H	A182-F347H	3605-347S59	—	S347HTP	高温用 18-8-(Nb+Ta)钢	
		A268-TP329	—	—	—	SUS329JITP	25-5-Mo 钢	
GB/T 14976	0Cr19Ni13Mo3 00Cr19Ni13Mo3	A312 TP317 A312 TP317L			17458 X5CrNiMo17133 X2CrNiMo18143	SUS317TP SUS317LTP		

由于 GB/T 20878—2007《不锈钢和耐热钢 牌号及化学成分》修改了不锈钢和耐热钢的牌号，有一些国内标准规范更新了，有的仍在沿用以前的牌号，因此本书列出了不锈钢新旧牌号与其他种类牌号的对比，见表 4-16。

国内新牌号与旧牌号标识上基本没有太大变动，主要的化学元素标识都没有变动，只有碳含量标识和个别钢种里面化学元素发生变动。

1. 碳（C）含量标识

① 旧牌号：Cr 之前的数字表示碳的千分之几的含量。如 201（1Cr17Mn6Ni5N）：碳含量为千分之一（0.1%）；2Cr13（420）、7Cr17（440A），分别表示碳含量千分之二（0.2%）和千分之七（0.7%）；如果碳含量≤0.08%，则为低碳，标识为"0"，如（304）0Cr18Ni9；碳含量≤0.03%，则为超低碳，标识为"00"，如 00Cr17Ni14Mo2（316L）。

② 新牌号：Cr 之前的数字表示碳（C）的万分之几的含量。如 201 牌号为12Cr17Mn6Ni5N，表示碳含量万分之十二（0.12%）；304 牌号为06Cr19Ni10，表示碳含量

表 4-16 不锈钢新旧牌号与其他类种牌号的对比

序号	中国 GB 旧牌号	中国 GB 新牌号 07.10	日本 JIS	美国 ASTM	美国 UNS	韩国 KS	欧盟 BSEN	印度 IS	澳大利亚 AS	中国台湾 CNS	德国 DIN 钢号
奥氏体不锈钢											
1	1Cr17Mn6Ni5N	12Cr17Mn6Ni5N	SUS201	201	S20100	STS201	1.4372	10Cr17Mn6Ni4N20	201-2	201	X12CrMnNiN17-7-5
2	1Cr18Mn8Ni5N	12Cr18Mn9Ni5N	SUS202	202	S20200	STS202	1.4373		202	202	X12CrMnNiN18-9-5
3	1Cr17Ni7	12Cr17Ni7	SUS301	301	S30100	STS301	1.4319	10Cr17Ni7	301	301	X5CrNi17-7
4	0Cr18Ni9	06Cr19Ni10	SUS304	304	S30400	STS304	1.4301	07Cr18Ni9	304	304	X5CrNi18-10
5	00Cr19Ni10	022Cr19Ni10	SUS304L	304L	S30403	STS304L	1.4306	02Cr18Ni11	304L	304L	X2CrNi19-11
6	0Cr19Ni9N	06Cr19Ni10N	SUS304N1	304N	S30451	STS304N1	1.4315		304N1	304N1	X5CrNiN19-9
7	0Cr19Ni10NbN	06Cr19Ni9NbN	SUS304N2	XM21	S30452	STS304N2			304N2	304N2	
8	00Cr18Ni10N	022Cr19Ni10N	SUS304LN	304LN	S30453	STS304LN			304LN	304LN	X2CrNiN18-10
9	1Cr18Ni12	10Cr18Ni12	SUS305	305	S30500	STS305	1.4303		305	305	X4CrNi18-12
10	0Cr23Ni13	06Cr23Ni13	SUS309S	309S	S30908	STS309S	1.4833		309S	309S	X12CrNi23-13
11	0Cr25Ni20	06Cr25Ni20	SUS310S	310S	S31008	STS310S	1.4845		310S	310S	X8CrNi25-21
12	0Cr17Ni12Mo2	06Cr17Ni12Mo2	SUS316	316	S31600	STS316	1.4401	04Cr17Ni12Mo2	316	316	X5CrNiMo17-12-2
13	0Cr18Ni12Mo3Ti	06Cr17Ni12Mo2Ti	SUS316Ti	316Ti	S31635		1.4571	04Cr17Ni12MoTi20	316Ti	316Ti	X6CrNiMoTi17-12-2
14	00Cr17Ni14Mo2	022Cr17Ni12Mo2	SUS316L	316L	S31603	STS316L	1.4404	02Cr17Ni12Mo2	316L	316L	X2CrNiMo17-12-2
15	0Cr17Ni12Mo2N	06Cr17Ni12Mo2N	SUS316N	316N	S31651	STS316N			316N	316N	
16	00Cr17Ni13Mo2N	022Cr17Ni13Mo2N	SUS316LN	316LN	S31653	STS316LN	1.4429		316LN	316LN	X2CrNiMoN17-13-3
17	0Cr18Ni12Mo2Cu2	06Cr18Ni12Mo2Cu2	SUS316J1			STS316J1			316J1	316J1	
18	00Cr18Ni14Mo2Cu2	022Cr18Ni14Mo2Cu2	SUS316J1L			STS316J1				316J1L	
19	0Cr19Ni13Mo3	06Cr19Ni13Mo3	SUS317	317	S31700				317	317	

续表

序号	中国 GB 旧牌号	中国 GB 新牌号 07.10	日本 JIS —	美国 ASTM	美国 UNS	韩国 KS	欧盟 BSEN	印度 IS	澳大利亚 AS	中国台湾 CNS	德国 DIN 钢号
奥氏体不锈钢											
20	00Cr19Ni13Mo3	022Cr19Ni13Mo3	SUS317L	317L	S31703	STS317L	1.4438		317L	317L	X2CrNiMo18-15-4
21	0Cr18Ni10Ti	06Cr18Ni11Ti	SUS321	321	S32100	STS321	1.4541	04Cr18Ni10Ti20	321	321	X6CrNiTi18-10
22	0Cr18Ni11Nb	06Cr18Ni11Nb	SUS347	347	S34700	STS347	1.455	04Cr18Ni10Nb40	347	347	X6CrNiNb18-10
奥氏体-铁素体型不锈钢（双相不锈钢）											
23	0Cr26Ni5Mo2		SUS329J1	329	S32900	STS329J1	1.4477		329J1	329J1	X2CrNiMoN29-7-2
24	00Cr18Ni5Mo3Si2	022Cr19Ni5Mo3Si2N	SUS329J3L		S31803	STS329J3L	1.4462		329J3L	329J3L	X2CrNiMoN22-5-3
铁素体型不锈钢											
25	0Cr13Al	06Cr13Al	SUS405	405	S40500	STS405	1.4002	04Cr13	405	405	X6CrAl13
26		022Cr11Ti	SUH409	409	S40900	STS409	1.4512		409L	409L	X2CrTi12
27	00Cr12	022Cr12	SUS410L			STS410L			410L	410L	
28	1Cr17	10Cr17	SUS430	430	S43000	STS430	1.4016	05Cr17	430	430	X6Cr17
29	1Cr17Mo	10Cr17Mo	SUS434	434	S43400	STS434	1.4113		434	434	X6CrMo17-1
30		022Cr18NbTi			S43940		1.4509		439	439	X2CrTiNb18
31	00Cr18Mo2	019Cr19Mo2NbTi	SUS444	444	S44400	STS444	1.4521		444	444	X2CrMoTi18-2
马氏体型不锈钢											
32	1Cr12	12Cr12	SUS403	403	S40300	STS403			403	403	
33	1Cr13	12Cr13	SUS410	410	S41000	STS410	1.4006	12Cr13	410	410	X12Cr13
34	2Cr13	20Cr13	SUS420J1	420	S42000	STS420J1	1.4021	20Cr13	420	420J1	X20Cr13
35	3Cr13	30Cr13	SUS420J2			STS420J2	1.4028	30Cr13	420J2	420J2	X30Cr13
36	7Cr17	68Cr17	SUS440A	440A	S44002	STS440A			440A	440A	

为万分之六（0.06%）；316L 牌号为 022Cr17Ni12Mo2，表示碳含量为万分之二点二（0.022%）。其他标识基本不变。

新牌号中碳含量较以前更加明确，对产品生产技术也有了更高的要求。

2. 个别材质原料含量发生调整

原料含量发生变动的部分钢种比较：

304 中 Cr 和 Ni 的含量分别上涨了 1 个点；316L 中 Ni 的含量上涨 2 个点；444 中 Cr 含量上涨了 1 个点，并加入了 Nb、Ti 微量元素；321 中 Ni 含量减少了 1 个点；304N1 中 Ni 含量减少了 1 个点。各钢种之间做了不同程度的调整，镍奥氏体中调整幅度比例比较大。

七、管道材料代用设计事故工程实例

某施工现场，由于项目比较着急，某压力管道专业设计代表直接将壁厚较大的管道替代了正常设计较薄的管道。导致这根高温大口径管道连接的设备管口荷载超标损坏。

一般情况下，管道材料厚代薄是基本原则，但是，对于高温大口径管道、与敏感设备（压缩机、泵、加热炉）相连管道等需谨慎核算后，再确定是否可以代材。由于管道壁厚增加，会导致管道水平热应力增加，可能导致敏感设备管口荷载超标。由于厚壁管道自重大，刚度大，还可能造成管架及生根的土建荷载超标，管系柔性下降，不利于长期稳定安全运行。

某湿 H_2S 应力腐蚀环境介质管道，可采用低碳钢＋抗氢处理（如 20♯钢）方式。管材质降低硫、磷杂质的含量，减少氢离子聚集空间，进而减轻应力腐蚀的发生，另外就是对焊缝进行消应力热处理，降低拉应力，进而降低应力腐蚀。但是，如果用 16Mn 代用，会加大应力腐蚀。因为 20♯钢的屈服强度比 16Mn 的屈服强度和抗拉强度低。钢材强度的升高，更容易导致加工过程中较大残余应力的产生。SH/T 3059《石油化工管道设计器材选用规范》规定，湿 H_2S 应力腐蚀条件下，钢材屈服强度应不大于 355MPa，抗拉强度不大于 630MPa。因此，用高强度钢材代替低强度钢材也不见得一定合适。

八、严寒环境管道设计工程实例

某工程建设在严寒地区，如常温流体工艺流体、氮气、工厂空气等所有管道必须选用低温钢吗？其实严寒地区管道可以不选用低温钢，应主要基于低温低应力工况的设计原则。

GB/T 20801《压力管道规范 工业管道》将同时满足下列三个条件的工况定义为低温低应力工况：①低温下的最大工作压力不大于常温下最大允许工作压力的 30%；②管道由压力、重量及位移产生的轴向（拉）应力总和不大于 10%材料标准规定最小抗拉强度值；③仅限于 GC2 级管道，且最低设计温度不低于 -101℃。

低温低应力工况下管道或其管道元件的设计温度虽然低于或等于规范规定的材料低温界限，但其总体应力小于或等于规定的低应力水平，此时管道不会发生脆性断裂。复杂管道布置应经过详细应力分析以保证管道轴向应力小于 10%材料最小抗拉强度。低温低应力工况是 GC2 管道免除冲击试验的条件之一，最大应力满足规范要求的低应力水平，不适用于 GC1 级和剧烈循环工况。

实际上，基于低温低应力工况的原则，正常投运时管道温度很难达到环境低温。在工厂停运时，管道温度可能达到环境低温，但是管道内压往往已经泄去，管道综合应力难以接近抗拉强度。

低温低应力工况的比较分析与详述见《工业管道配管设计与工程应用》、《管道器材选用与工程应用》。

九、常用钢管使用温度限制和许用应力

常用钢管使用温度限制和许用应力见表 4-17。

表4-17 常用钢管使用温度限制和许用应力

钢号	标准号	使用状态	厚度/mm	σ_b/MPa	σ_s/MPa	≤20	100	150	200	250	300	350	400	425	450	475	500	525	550	575	600	使用温度下限/℃	备注
碳素钢钢管（焊接管）																							
Q235-A } Q235-B	GB/T 14980 } GB/T 13793		≤12	375	235	113	113	113	105	94	86	77	—	—	—	—	—	—	—	—	—	0	①
20	GB/T 13793		≤12.7	390	(235)	130	130	125	116	104	95	86	—	—	—	—	—	—	—	—	—	−20	⑤①
碳素钢钢管（无缝管）																							
10	GB/T 9948	热轧、正火	≤16	330	205	110	110	106	101	92	83	77	71	69	61	—	—	—	—	—	—	−29 正火状态	③
10	GB/T 6479 } GB/T 8163	热轧、正火	≤15	335	205	112	112	108	101	92	83	77	71	69	61	—	—	—	—	—	—		
			16~40	335	195	112	110	104	98	89	79	74	68	66	61	—	—	—	—	—	—		
10	GB/T 3087	热轧、正火	≤26	333	196	111	110	104	98	89	79	74	68	66	61	—	—	—	—	—	—		
20	GB/T 8163	热轧、正火	≤15	390	245	130	130	130	123	110	101	92	86	83	61	—	—	—	—	—	—		
			16~40	390	235	130	130	125	116	104	95	86	79	78	61	—	—	—	—	—	—		
20	GB/T 3087	热轧、正火	≤15	392	245	131	131	130	123	110	101	92	86	83	61	—	—	—	—	—	—	−20	③ ⑤
			16~26	392	226	131	130	124	113	101	93	84	77	75	61	—	—	—	—	—	—		
20	GB/T 9948	热轧、正火	≤16	410	245	137	137	132	123	110	101	92	86	83	61	—	—	—	—	—	—		
20G	GB/T 6479 } GB/T 5310	正火	≤16	410	245	137	137	132	123	110	101	92	86	83	61	—	—	—	—	—	—		
			17~40	410	235	132	132	126	116	104	95	86	79	78	61	—	—	—	—	—	—		
低合金钢钢管（无缝管）																							
16Mn	GB/T 6479	正火	≤15	490	320	163	163	163	159	147	135	126	119	93	66	43	—	—	—	—	—	−40	⑤
			16~40	490	310	163	163	163	153	141	129	119	116	93	66	43	—	—	—	—	—		
15MnV	GB/T 6479	正火	≤16	510	350	170	170	170	166	153	141	129	—	—	—	—	—	—	—	—	—	−20	⑤
			17~40	510	340	170	170	170	159	147	135	126	—	—	—	—	—	—	—	—	—		
09MnD	—	正火	≤16	400	240	133	133	128	119	106	97	88	—	—	—	—	—	—	—	—	—	−50	④
12CrMoG	GB/T 6479 } GB/T 5310	正火加回火	≤16	410	205	128	113	108	101	95	89	83	77	75	74	72	71	50	—	—	—	−20	⑤
			17~40	410	195	122	110	104	98	92	86	79	74	72	71	69	68	50	—	—	—		

续表

低合金钢管（无缝管）

钢号	标准号	使用状态	厚度/mm	σb/MPa	σs/MPa	≤20	100	150	200	250	300	350	400	425	450	475	500	525	550	575	600	使用温度下限/℃	备注
						在下列温度（℃）下的许用应力/MPa																	
12CrMo	GB/T 9948	正火加回火	≤16	410	205	128	113	108	101	95	89	83	77	75	74	72	71	50	—	—	—		
15CrMo	GB/T 9948	正火加回火	≤16	440	235	147	132	123	116	110	101	95	89	87	86	84	83	58	37	—	—		
15CrMo／15CrMoG	GB/T 6479／GB/T 5310	正火加回火	≤16	440	235	147	132	123	116	110	101	95	89	87	86	84	83	58	37	—	—		
			17～40	440	225	141	126	116	110	104	95	89	86	84	83	81	79	58	37	—	—		
12Cr1MoVG	GB/T 5310	正火加回火	≤16	470	255	147	144	135	126	119	110	104	98	96	95	92	89	82	57	35	—		
12Cr2Mo／12Cr2MoG	GB/T 6479／GB/T 5310	正火加回火	≤16	450	280	150	150	150	147	144	141	138	134	131	128	119	89	61	46	37	18	−20	⑤
			17～40	450	270	150	150	147	141	138	134	131	128	126	123	119	89	61	46	37	18		
1Cr5Mo	GB/T 6479／GB/T 9948	退火	≤16	390	195	122	110	104	101	98	95	92	89	87	86	83	62	46	35	26	18		
	GB/T 6479		17～40	390	185	116	104	98	95	92	89	86	83	81	79	78	62	46	35	26	18		
10MoWVNb	GB/T 6479	正火加回火	≤16	470	295	157	157	157	156	153	147	141	135	130	126	121	97	—	—	—	—		
			17～40	470	285	157	157	156	150	147	141	135	129	121	119	111	97	—	—	—	—		

高合金钢管

钢号	标准号	使用状态	厚度/mm	≤20	100	150	200	250	300	350	400	425	450	475	500	525	550	575	600	625	650	675	700	使用温度下限/℃	备注
				在下列温度（℃）下的许用应力/MPa																					
0Cr13	GB/T 14976	退火	≤18	137	126	123	120	119	117	112	109	105	100	89	72	53	38	26	16	—	—	—	—	−20	⑤
0Cr19Ni9	GB/T 12771	固溶	≤14	137	137	137	130	122	114	111	107	105	103	101	100	98	91	79	64	52	42	32	27	−196	②①
0Cr18Ni9	GB/T 14976	固溶	≤18	137	114	103	96	90	85	82	79	78	76	75	74	73	71	67	62	52	42	32	27		
0Cr18Ni11Ti	GB/T 12771	固溶或稳定化	≤14	137	137	137	130	122	114	111	108	106	105	104	103	101	83	58	44	33	25	18	13		②①
0Cr18Ni10Ti	GB/T 14976	固溶或稳定化	≤18	137	114	103	96	90	85	82	80	79	78	77	76	75	74	58	44	33	25	18	13		

续表

钢号	标准号	使用状态	厚度/mm	≤20	100	150	200	250	300	350	400	425	450	475	500	525	550	575	600	625	650	675	700	使用温度下限/℃	备注
				在下列温度（℃）下的许用应力/MPa																					
高合金钢管																									
0Cr17Ni12Mo2	GB/T 12771	固溶	≤14	137	137	137	134	125	118	113	111	110	109	108	107	106	105	96	81	65	50	38	30	−196	②①
	GB/T 14976	固溶	≤18	137	117	107	99	93	87	84	82	81	81	80	79	78	78	76	73	65	50	38	30	−196	
0Cr18Ni12Mo2Ti	GB/T 14976	固溶	≤18	137	137	137	134	125	118	113	111	110	109	108	107	—	—	—	—	—	—	—	—	−196	②
				137	117	107	99	93	87	84	82	81	81	80	79	—	—	—	—	—	—	—	—	−196	
0Cr19Ni13Mo3	GB/T 14976	固溶	≤18	137	137	137	134	125	118	113	111	110	109	108	107	106	105	96	81	65	50	38	30	−196	②
				137	117	107	99	93	87	84	82	81	81	80	79	78	78	76	73	65	50	38	30	−196	
00Cr19Ni11	GB/T 12771	固溶	≤14	118	118	118	110	103	98	94	91	89	—	—	—	—	—	—	—	—	—	—	—	−196	②①
00Cr19Ni10	GB/T 14976	固溶	≤18	118	97	87	81	76	73	69	67	66	—	—	—	—	—	—	—	—	—	—	—	−196	
00Cr17Ni14Mo2	GB/T 12771	固溶	≤14	118	118	118	108	100	95	90	86	85	84	—	—	—	—	—	—	—	—	—	—	−196	②①
	GB/T 14976	固溶	≤18	118	97	87	80	74	70	67	64	63	62	—	—	—	—	—	—	—	—	—	—	−196	
00Cr19Ni13Mo3	GB/T 14976	固溶	≤18	118	118	118	118	118	118	113	111	110	109	—	—	—	—	—	—	—	—	—	—	−196	②
				118	117	107	99	93	87	84	82	81	81	—	—	—	—	—	—	—	—	—	—	−196	

① GB/T 12771、GB/T 13793、GB/T 14980 焊接钢管的许用应力，未计入焊接接头系数。

② 该行许用应力，仅适用于允许产生微量永久变形的元件。

③ 使用温度上限不宜超过粗线的界限。粗线以上的数值仅用于特殊条件或短期使用。

④ 钢管的技术要求应符合 GB/T 150《压力容器》附录 A 的规定。

⑤ 使用温度下限为−20℃的材料，直在大于−20℃的条件下使用，不需进行低温韧性试验。按照 GB/T 20878—2007《不锈钢和耐热钢 牌号和化学成分》，高合金钢管的钢号有了新牌号。例如：

注：中间温度的许用应力，可按本表的数值用内插法求得。

0Cr18Ni9 新牌号为 06Cr19Ni10，00Cr19Ni10 新牌号为 022Cr19Ni10，0Cr17Ni12Mo2 新牌号为 06Cr17Ni12Mo2。

十、非金属管

1. 工程塑料管道

工程塑料管道具有比金属轻、有一定机械强度、优良的耐腐蚀性能和加工性能（可机械加工、热成型和焊接）等特性。

（1）PVC（聚氯乙烯） PVC具有良好的耐腐蚀性能、加工性能、力学性能。在石油化工方面，PVC管主要用于输送某些腐蚀性流体，不宜于输送可燃、剧毒和含有固体颗粒的流体。

PVC有较好的耐溶剂性和化学稳定性，耐石油、汽油、丙烷、丁烷等烷烃类的腐蚀和溶解，对一般无机酸、有机酸、碱类和醇类均耐蚀。但氯代烷烃、酮类、醚类、芳烃类等溶剂，对它有很大的溶胀性，强氧化剂可和它起作用。

PVC管材规格已经标准化：$\phi 8 \sim 200\text{mm}$，另又增加 $\phi 250\text{mm}$、$\phi 300\text{mm}$、$\phi 350\text{mm}$、$\phi 400\text{mm}$。有带承插口三通及90°肘形弯头；带螺纹的三通及90°弯头；平口90°弯头；平口异径三通；带凸缘、带螺纹接管及接管螺母；隔膜阀 $DN65$、$DN80$；45°角形截止阀 $DN25$、$DN30$、$DN40$、$DN50$。

根据使用情况，PVC管可分为 0.5MPa、0.6MPa、1.0MPa 和 1.6MPa 四个压力等级；PVC管适用的温度范围为$-15\sim60$℃，低于下限温度使用易开裂，高于上限温度使用会软化。

PVC管一般分为轻型管和重型管两种。硬聚氯乙烯管可用于真空度小于 740mmHg❶ 的管道。常温下，硬聚氯乙烯管的使用压力如下：轻型管，≤0.6MPa；重型管，≤1.0MPa。

采用承插粘接连接方式的挤压成型的硬聚氯乙烯管的使用压力较高。硬聚氯乙烯的热变形温度为73.8℃，它的线胀系数比较大，约为钢的7倍，而弹性模量较小。硬聚氯乙烯管的聚氯乙烯单体含量及稳定剂中的铅、镉等有害物质超过标准时对环境和人身健康有害。

（2）PP（聚丙烯） PP比水轻，熔化温度为（165±5）℃，推荐使用温度小于120℃。低温性能比PVC还差。线胀系数常温下比PVC大一倍。热收缩率比PVC小。导热性很差（添加石墨可改善导热性）。短时抗拉强度为$30\sim38\text{MPa}$，随温度升高而下降。弹性模量不到PVC的一半。抗冲击强度不高。伸长率20℃下为12%。长期抗拉强度较低，其蠕变现象比PVC更严重，其蠕变极限为16MPa。

PP管具有优良的耐化学药品性。对于有机酸、碱或盐类溶液（氧化性除外）几乎温度高到100℃而无破坏。例如，在100℃以下的浓磷酸、40%硫酸、浓盐酸及盐类溶液中均可使用。对于发烟硫酸、浓硝酸和氯磺酸等强氧化性酸，即使在室温下也不能使用。对于含有活性氯的次氯酸盐、过氧化氢以及铬酸等氧化性介质，也只能用于低浓度和低温度的情况。对于羧酸（浓醋酸与丙酸除外）有较好的耐蚀性。酚醛、酮类等介质对其无溶胀作用。烷烃特别是卤代烃则能引起溶胀。温度在80℃以上时，芳香烃对其有溶解作用。在100℃以下时，乙醇、乙二醇、丙三醇都可使用。

PP有很好的加工性能，它可以机加工、热成型、焊接和消除应力退火处理。PP管一般比PE管更坚硬，有更好的抗高温性能，常被优先选用，如用于地上管道和热流体输送。PP比ABS或PVC可提供更好的溶剂阻力，因此排水管主要用PP。PP管的主要标准有ASTM D3311、CSA B181.3、CSA B137.11（CSA为加拿大标准协会）。

（3）UPVC（硬聚氯乙烯） UPVC是一种以聚氯乙烯为主体的特级增强聚氯乙烯。目前，UPVC塑料制管、管件和塑料制阀门已广泛使用（表4-18）。

（4）ABS（丙烯腈-丁二烯-苯乙烯三元共聚物） ABS塑料在国内防腐领域内开始得到应用（表

---

❶ 1mmHg=133.322Pa。

4-19）。ABS 管标准有 ASTM D3311、ASTM D2680、CAS B181.5、ASTM D1527、ASTM 2282。

（5）PE（聚乙烯）　聚乙烯管由高、低压聚乙烯粒状料挤压成型。它具有良好的耐腐蚀、耐溶剂性能，介电性好、吸水性小、无毒、质轻，可供输送腐蚀性液体用，也可用于埋地输送燃气。

承受压力：低压聚乙烯（HDPE）重型管不超过 1MPa，轻型管不超过 0.5MPa；高压聚乙烯（LDPE）重型管不超过 0.6MPa，轻型管不超过 0.3MPa。使用温度：−20～60℃。

表 4-18　UPVC 塑料管、管件和阀门应用情况

介质名称	浓度/%	温度/℃	压力/MPa	产品名称	管子规格/mm
盐酸	浓	45～50	≤0.6		
硝酸	45	30	0.5	隔膜阀	100
硫酸	50	35～40	≤0.6	球阀	80
铬酸	30	30	≤0.6	管子	65
磷酸	45	35～40	0.8	各类管件：	50
草酸	10～20	40	0.9	90°弯头、45°弯头、	40
高氯酸	10	30～35	0.8	管接头、三通、	32
氢氧化钠	浓	50	1.0	四通、活接头、	25
氢氧化钾	浓	45	1.0	大小头、	20
铬酸钾	40	50	1.0	管托等	15
氨水		55	0.8		
氯化铵	40	50	0.9		
显相洗相液		40～50	1.0		

表 4-19　ABS 塑料管、管件和阀门的应用情况

介质名称	浓度/%	温度/℃	压力/MPa	产品名称	管子规格/mm
盐酸	20	35～40	0.3		150　100　80　65　50 40　32　25　20　15
硝酸	5	20	0.3		100　80　65　50 40　32　25　20　15
硫酸	20	25～30	≤0.4		100　80　65　50 40　32　25　20　15
铬酸	＜10	25	≤0.3		80　65　50　40 32　25　20　15
次氯酸钠	30	常温	0.3		100　80　65　50　40 32　25　20　15
氢氧化钠	36	45～50	0.6	隔膜阀 球阀 管子 管件： 90°弯头、 45°弯头、 管接头、三通、 四通、活接头 法兰、大小头、 管托	150　100　80　65 50　40　32　25　20　15
氢氧化钙	30	＜50	≤0.6		150　100　80　65 50　40　32　25　20　15
氢氧化钾	30	55～60	≤0.6		150　100　80　65 50　40　32　25　20　15
碳酸氢钠	40	45～55	≤0.6		150　100　80　65 50　40　32　25　20　15
氯化钠	＞50	40～50	≤0.6		150　100　80　65 50　40　32　25　20　15
氯化铵	40	40～45	≤0.6		150　100　80　65 50　40　32　25　20　15
氯酸钾	30	65～75	≤0.6		150　100　80　65 50　40　32　25　20　15
超纯水		常温	≤0.6		200　150　100　80　65 50　40　32　25　20　15
饮用水		常温	≤0.9		150　100　80　65　50 40　32　25　20　15
海水		常温	≤0.9		150　100　80　65　50 40　32　25　20　15

2. 不透性石墨

不透性石墨（Impermeable Graphite）有浸渍石墨、压制石墨和浇注石墨三大类，都是用人造石墨和合成树脂等制成的导热耐蚀材料。不透性石墨膨胀系数小，热导率高，机械强度不高，冲击韧性很低，其突出的特点是对许多腐蚀介质具有优良的耐蚀性。

酚醛树脂浸渍石墨管可用于 180℃ 以下的盐酸、硫酸、磷酸、醋酸、氯代醇、芳香族烃、脂肪族烃等介质，但不耐强氧化剂和碱。改性酚醛树脂浸渍的石墨管道既耐酸又耐碱。呋喃树脂浸渍的石墨管道耐酸、碱、盐和有机溶剂。

压制的石墨塑料管耐所有浓度的盐酸和 70% 以下的硫酸，特别适合于制造需要耐温降的而且又耐蚀的输送管道，但需要铠装，以免撞碎或压碎。浇注石墨的化学稳定性与浸渍类石墨相似。

用浸渍石墨管或挤压成型的石墨塑料管制作输送管道，输送腐蚀性流体，在合成氯化氢、盐酸生产和有机氯化物等的生产中均已得到广泛的应用并取得良好的效果。它是一种脆性材料，抗冲击强度比较低，在安装使用时要防止冲击和振动。输送较高压力的介质时可用套管铠装的形式并用胶合剂将它镶在钢管中。输送较高温度的介质或气温变化比较大时，管线会伸长或收缩，故在安装时要增设膨胀节。

石墨管线可用法兰连接、螺纹连接、对接（外缠树脂浸渍过的玻璃布加强）或用短的套管胶接的方法进行连接，要放置在支架上，防止变形或受外力作用而断裂，最好全部用玻璃布增强，浸渍玻璃布用的浸渍剂，推荐采用环氧树脂。

标准的石墨管尺寸［外径（mm）×内径（mm）×长度（mm）］如下：29×19×（2000～4000），32×22×（2000～4000），38×25×（2000～4000），51×38×（2000～4000）、68×51×（2000～4000），86×64×（2000～4000），102×76×（2000～4000），133×102×（2000～4000），159×127×（2000～4000），190×152×（2000～4000），254×203×（2000～4000），330×254×（2000～4000），共 12 种。

用浸渍石墨制造的管件有 90°弯头、45°弯头、三通、四通、管接头、螺纹管接头、管凸缘、管帽（盖）、装配塞、塞子。

浇注类不透性石墨产品有管子、弯头、三通等。内径为 25mm 的管子，其爆破强度为 2.5MPa，三通爆破强度为 2.0MPa，弯头的渗透压力为 1.2～1.5MPa。

3. 玻璃管

玻璃管道具有化学稳定性高、透明、光滑、耐磨、价廉等许多金属材料不能比拟的特点。它除了氢氟酸、氟硅酸、热磷酸及强碱外，能耐任何化学介质的腐蚀，因此常用于极苛刻的腐蚀环境。主要有硼硅玻璃、无硼低碱玻璃、耐高温的硼-硅酸盐玻璃及石英玻璃。玻璃管的标准有 ASTM C5.9、ASTM C600、ASTM C601、ASTM C1053 等。

4. 陶瓷管

化工陶瓷管道具有良好的耐腐蚀性能，足够的不透性、耐热性和一定的机械强度，因此在工业生产特别是化工生产中的应用日益增多。化工陶瓷管可分为耐酸管、耐温管和瓷管三种。除氢氟酸、氟硅酸和强碱外，它能耐大多数化工介质的腐蚀。陶瓷管道一般用于不承压的场合，推荐使用温度：耐酸管不大于 90℃，耐温管不大于 150℃，瓷管不大于 120℃。陶瓷管的标准有 ASTM C301、ASTM C425、ASTM C700、ASTM C1091、ASTM C12、ASTM C896、ASTM C828 等。

5. 玻璃钢管

玻璃钢（Glass Fibre Reinforced Plastic）又称为玻璃纤维增强塑料，是以玻璃纤维及其制品（玻璃布、玻璃带、玻璃毡）为增强材料，以合成树脂为黏结剂，经过一定的成型工艺制作而成。它集中了玻璃纤维和合成树脂的优点，具有质轻、高强、耐温、耐腐蚀、电绝缘、隔热等优异性能，在工业应用上日趋广泛。

玻璃钢管（FRP 管）一般分为以下四种。

（1）FRP-W 型　采用双酚 A 型不饱和聚酯树脂为基材，内衬表面毡，以中碱玻璃纤维织物为骨料。FRP-W 型管专用于输送海水、淡水、污水和循环冷却水。

（2）FRP-R 型　以不饱和聚酯为基材，以中碱玻璃纤维织物为骨料。专用于通风管道。

（3）FRP-F 型　一般以环氧树脂为基材，内衬有机表面毡形成富树脂的抗渗层，以中碱玻璃纤维织物为骨料。用于输送石油化工生产中腐蚀性的介质。

（4）FRP-H 型　采用 F 型改性环氧树脂，优质玻璃纤维表面毡，内衬中碱玻璃纤维织物为骨料，管外涂防老化层。专用于输送温度不高于 120℃ 严重腐蚀介质的管道。

玻璃钢管的标准有 ASME B31.1、ASME B31.3、BS 7159、ASTM D6041、ISO TR 10465-1、ASTM F412、ISO 8572、ASME B31.9 等。

6. 自应力钢筋混凝土压力管

自应力钢筋混凝土压力管（RCCP 管）有平口式管和承插式管两种，已成功地用于输送水、煤气和热电厂粉煤灰等。它与铸铁管相比有下列优点：刚性好，据介绍，这种管道在地下可使用 80 年以上；不导电，能避免杂散电流对管线的腐蚀；热导率低，外界温度变化对管内影响小；长期输水内表面不长锈瘤，通水能力不变；有裂缝闭合和愈合能力，若出现宽度小于 0.25mm 裂纹，在自压应力作用下能闭合，通常仍可作压力为 0.6MPa 以内的输水管使用；铺设简便；接头密封性好，使用可靠；价格便宜。缺点是：自重大；性脆、易断；当输送含有面体颗粒的介质时，耐磨性不及铸铁管。RCCP 管的参考标准有 AWWA C302、AWWA C303 等。

十一、衬里管

衬里管的目的是防腐、电绝缘、减少流体阻力、增加耐磨性能、防止金属离子的混入和污染。

衬里是指根据使用介质和工况的不同，在光管里面或外面粘敷不同的材料和涂塑。衬里管的制作多采用粘敷、喷涂、镶嵌、真空注塑的方法，还有一种是通过冷拔形成外管为钢管内管为塑料管的钢塑复合管的方法。

1. 钢衬橡胶管道

橡胶是一种良好的耐酸又耐碱的非金属防腐蚀材料，特别对氢氟酸有很好的耐蚀性。

橡胶分天然橡胶和合成橡胶两大类。用于化工防腐蚀衬里，以天然橡胶为多，经过硫化处理而成，具有一定的耐热性能、机械强度和耐蚀性能。它可分为软橡胶、半硬橡胶和硬橡胶三种（表 4-20）。

表 4-20　橡胶衬里管基体金属材料与内衬橡胶

衬里管	基体金属材料	内 衬 橡 胶	
橡胶衬里管	碳素钢管	天然橡胶	软橡胶(硫含量 2%～4%)
			半硬橡胶(硫含量 12%～20%)
			硬橡胶(硫含量 20%～30%)
		合成橡胶	氯丁橡胶
			丁基橡胶
			氟橡胶
			腈橡胶
			苯乙烯橡胶

橡胶衬里层的选择原则，主要应考虑腐蚀介质的特性、操作条件及具体施工的可能性。

① 介质腐蚀性强，但温度变化不大，无机械振动的管道、管件，宜用 1～2 层硬橡胶，

总厚度约为 3～6mm。

② 对于腐蚀性气体，为了避免气体的扩散渗透作用，用 2 层硬橡胶衬里为宜。

③ 凡介质含有固体悬浮物，需考虑耐磨性时，可采用厚 2mm 硬橡胶制作底层，再衬贴所需厚度软橡胶制作面层。

④ 管道、设备外表面可能经受撞击时，可采用软橡胶制作底层，半硬橡胶制作面层。

⑤ 在真空条件下，一般不采用软橡胶制作底层。

⑥ 在有剧烈振动的场合，不能使用橡胶衬里。

⑦ 在同一管件、设备上，不能同时用硫化条件不同的两种硬橡胶或软橡胶进行橡胶衬里。

(1) 使用温度　硬橡胶衬里长期使用温度为 0～65℃，短时间加热允许提高至 80℃；半硬橡胶、软橡胶及硬橡胶复合衬里的使用温度为 −25～75℃，软橡胶衬里短时间加热允许提高至 100℃。

根据目前资源，天然橡胶、顺丁橡胶、丁基橡胶等制作软橡胶衬里，使用温度约为 −60～+65℃；丁腈橡胶、丁苯橡胶、乙丙橡胶等也可在 −30～+50℃ 的情况下制作衬里使用。

橡胶的使用寿命与使用温度有关，温度过高，会加速橡胶的老化，破坏橡胶与金属间的结合力，导致脱落；温度过低，橡胶会失去弹性（橡胶的线胀系数比金属大 3 倍）。由于两种基材收缩不一，导致应力集中而拉裂橡胶层。由于软橡胶的弹性比硬橡胶好，故它的耐寒性也较好。

(2) 使用压力　一般用于压力低于 0.6MPa、真空度不大于 80kPa 的场合。橡胶衬里的管件有弯头、三通、四通等。衬胶管子与管件均应用焊接法兰连接。

2. 钢衬玻璃管道

钢衬玻璃管道是钢管、管件与玻璃的复合体，是将熔融的玻璃以吹制法衬在经过焙烧预热的碳钢管或管件内壁，使玻璃牢固地黏附在管子、管件的内壁上，并处于一定的压缩状态。除吹制法外，还有膨胀法及喷涂法。

吹制衬玻璃管道使用温度为 0～150℃，使用压力小于或等于 0.6MPa，冷冲击 $\Delta T = 80℃$，热冲击 $\Delta T = 120℃$，使用介质与玻璃管道相同。

应用实例有稀硫酸（100℃）管线，EDTA 输送管线，苯烃液化介质（HCl，105℃），橡胶胶浆输送管线（易堵）等。

3. 搪玻璃管道

搪玻璃是由非金属无机物质以搪烧的方法施涂在金属底材上面形成的一种玻璃状瓷层（通常称其为瓷釉层）与金属紧密结合的复合材料。

搪玻璃管道标准为 HG/T 2130—91。搪玻璃管道瓷釉厚度一般为 0.8～1.5mm，它能耐大多数无机酸、有机酸、有机溶剂等介质的腐蚀，特别是对常温盐酸、硝酸、王水等介质，具有优良的耐蚀性，也因其表现光滑而用于要求不挂料的化工生产中。耐磨性和电绝缘性也很好。

搪玻璃管道的使用温度一般在 −30～250℃，受压管道一般在 0～180℃，冷冲击应小于110℃，热冲击应小于 120℃。使用压力不大于 0.3MPa。

4. 塑料衬里管道

钢管内衬聚乙烯或聚丙烯的产品，国内已有生产和应用，但最有实用意义的还是钢管内衬氟塑料。氟塑料是各种含氟塑料的总称，应用较多的品种有聚四氟乙烯（PTFE 或 F4）、可熔性聚四氟乙烯（PFA）、聚全氟乙丙烯（FEP 或 F46）、聚三氟氯乙烯（PCTFE 或 F3）等。氟塑料具有高度的化学稳定性和耐高低温性能。F4 衬里管道已在各种工业部门得到成功的应用，经常接触到的介质有盐酸、硫酸、硝酸、王水、氢氟酸、多种有机酸、强氧化剂和多种有机溶剂。已使用过的最高温度为 220℃，最高工作压力 0.8MPa。塑料衬里管道的工业标准有 ASTM F423、ASTM

F491、ASTM F492、ASTM F546、ASTM F599、ASTM F781、ASTM F1545。

5. 硬质聚氨酯泡沫塑料包覆管道

硬质聚氨酯泡沫塑料具有密度小、强度高、绝热、吸水率低、耐蚀、自熄等特点，作为石油化工输油输热水管道的外包覆材料（既绝热又防腐），已得到广泛应用。

硬质聚氨酯泡沫塑料是以多元羧基化合物和异氰酸为主要原料，在催化剂、发泡剂的作用下，经加工聚合发泡而成。硬质聚氨酯泡沫塑料包覆管及夹克管已成功地用于输油管、热力管数百公里。

6. 防腐带材

用于管道外壁防腐，抗冲击，抗剥离，无污染，操作安全，施工简便，可手工作业，也可机械施工。主要品种有聚乙烯胶带、聚酯矿脂带、玻璃纤维改性石油沥青卷材。

十二、常用地下管道材料简介

常用地下管道材料见表 4-21。

表 4-21　常用地下管道材料

管道类别	介质	管材	口径范围	特点
重力流管道	雨水、污染雨水、生活污水、生产污水、	混凝土管、钢筋混凝土管	$DN150\sim3000$	价格低廉，耗钢材少。采用预制管时，施工时间短。但不适用有含酸碱的污水
		排水铸铁管（灰口铸铁）	$DN50\sim1000$	管材质量不稳定，易爆管，一般不使用
		高密度聚乙烯双壁波纹管	$DN200\sim1200$	耐腐蚀性，柔性好；管材使用寿命长，易施工，接口牢固，口径大则成本比较高。$DN800$ 以上口径环刚度只能达到 S1 级（$\geqslant4kN/m^2$），故最好用在 $DN600$ 以下较好
		高密度聚乙烯缠绕增强管	$DN300\sim3000$	耐腐蚀性，柔性好；管材使用寿命长，易施工，接口牢固，最大环刚度可达到 $\geqslant16kN/m^2$，管道埋深可达 10m 以上。由于需要使用 100% 的原料，成本较高
		硬聚氯乙烯管（UPVC）	$DN20\sim400$	耐化学品性好，柔性较好；可用于酸碱环境，不产生二次污染
		碳钢管	最大可生产到 $DN4000$	对于排水，在超过 2m 的情况下使用
压力流管道	循环冷却水、新鲜水、生产用水、生活用水、消防水	碳钢管	最大可生产到 $DN4000$	被广泛使用，特别是在东北严寒地区；但有时会产生二次污染
		玻璃钢	最大管径可达到 $DN4000$	耐蚀性好，口径范围也广，环刚度高，价格较高，接口易撕裂
		镀锌钢管	一般在 $DN200$ 以下	特殊要求下使用
		聚丙烯（PP）	最高可以应用到 $DN300$	内壁光滑，粗糙系数小，耐蚀性好，不产生给水二次污染，严密性强，最大特点耐热性优良，可输送热水
		氯乙烯管（CPVC）	最高可以生产到 $DN400$	内壁光滑，粗糙系数小，耐蚀性好，不产生给水二次污染，严密性强，可输送热水，价格昂贵
		钢塑复合管	最高可以生产到 $DN500$	耐蚀性好，最高可以耐压 2.0MPa
		HDPE 管	最高可以生产到 $DN250$	内壁光滑，粗糙系数小，耐蚀性好，不产生给水二次污染，严密性强
		PE 管	最高可以生产到 $DN1000$	内壁光滑，粗糙系数小耐蚀性好，不产生给水二次污染，严密性强
		球墨铸铁管	$DN40\sim2600$	具有较好的韧性，耐腐蚀，抗氧化，耐高压。广泛用于输水，输气及其他液体输送

在 GB 50974《消防给水及消火栓系统技术规范》埋地管道，当系统工作压力不大于 1.20MPa 时，宜采用球墨铸铁管或钢丝网骨架塑料复合管给水管道；当系统工作压力大于 1.20MPa 小于 1.60MPa 时，宜采用钢丝网骨架塑料复合管、加厚钢管和无缝钢管；当系统工作压力大于 1.60MPa 时，宜采用无缝钢管。钢管连接宜采用沟槽连接件（卡箍）和法兰，当采用沟槽连接件连接时，公称直径小于等于 $DN250$ 的沟槽式管接头系统工作压力不应大于 2.50MPa，公称直径大于等于 $DN300$ 的沟槽式管接头系统工作压力不应大于 1.60MPa。

这些材料选用的设计要求，也影响装置、罐区的布置。

十三、中国石化标准碳素钢、低合金钢、合金钢、奥氏体不锈钢无缝钢管尺寸及特性数据表

中国石化标准碳素钢、低合金钢、合金钢、奥氏体不锈钢无缝钢管尺寸及特性数据见表 4-22。

表 4-22　中国石化标准碳素钢、低合金钢、合金钢、奥氏体不锈钢无缝钢管尺寸及特性数据表

| 公称直径 | | 外径 D_o /mm | 管子表号 | 厚度 /mm | 内径 D_i /mm | 惯性矩 I /cm^4 | 断面系数 W/cm^3 | 理论质量 W_p/(kg/m) | 容积 /(m^3/m) |
mm	in								
15	1/2	22	Sch5s	1.6	18.8	0.5	0.5	0.78	0.0003
			Sch10s	2.0	18.0	0.6	0.6	1.04	0.0003
			Sch20						
			Sch20s	2.5	17.0	0.7	0.7	1.16	0.0002
			Sch30						
			Sch40	3.0	16.0	0.826	0.75	1.33	0.0002
			Sch40s	3.0	16.0	0.826	0.75	1.35	0.0002
			Sch60						
			Sch80	4.0	14.0	0.96	0.87	1.68	0.00015
			Sch80s	4.0	14.0	0.96	0.87	1.70	0.00015
			Sch120						
			Sch140						
			Sch160	5.0	12.0	1.0	1.0		0.0001
20	3/4	27	Sch5s	1.6	23.8	1.0	0.8	1.02	0.0004
			Sch10s	2.0	23.0	1.2	0.9	1.37	0.0004
			Sch20						
			Sch20s	2.5	22.0	1.5	1.1	1.53	0.0004
			Sch30						
			Sch40	3.0	21.0	1.7	1.2	1.78	0.0003
			Sch40s	3.0	21.0	1.7	1.2	1.80	0.0003
			Sch60						
			Sch80	4.0	19.0	2.0	1.2	2.27	0.0003
			Sch80s	4.0	19.0	2.0	1.2	2.30	0.0003
			Sch120						
			Sch140						
			Sch160	5.0	16.0	2.3	1.7	2.92	0.0002
25	1	34	Sch5s	1.6	30.8	2.1	1.3	1.30	0.0007
			Sch10s	2.8	28.4	3.4	2.0	2.19	0.0006
			Sch20						
			Sch20s	3.0	28.0	3.5	2.1	2.33	0.0006
			Sch30						
			Sch40	3.5	27.0	3.9	2.3	2.60	0.0006
			Sch40s	3.5	27.0	3.9	2.3	2.63	0.0006
			Sch60						
			Sch80	4.5	25.0	4.6	2.7	3.27	0.0005
			Sch80s	4.5	25.0	4.6	2.7	3.32	0.0005
			Sch120						
			Sch140						
			Sch160	6.5	21.0	5.6	3.3	4.41	0.0003

续表

公称直径		外径 D_o	管子表号	厚度	内径 D_i	惯性矩 I	断面系数	理论质量	容积
mm	in	/mm		/mm	/mm	/cm⁴	W/cm^3	$W_p/(kg/m)$	$/(m^3/m)$
(32)	1¼	42	Sch5s	1.6	38.8	4.1	2.0	1.62	0.0012
			Sch10s	2.8	36.4	6.7	3.2	2.75	0.0010
			Sch20						
			Sch20s	3.0	36.0	7.0	3.3	2.93	0.0010
			Sch30						
			Sch40	3.5	35.0	7.9	3.8	3.72	0.0010
			Sch40s	3.5	35.0	7.9	3.8	3.73	0.0010
			Sch60						
			Sch80	5.0	32.0	10.1	4.8	4.56	0.0008
			Sch80s	5.0	32.0	10.1	4.8	4.63	0.0008
			Sch120						
			Sch140						
			Sch160	6.5	29.0	11.8	5.6	5.69	0.0007
40	1½	48	Sch5s	1.6	44.8	6.3	2.6	1.86	0.0016
			Sch10s	2.8	42.4	10.2	4.2	3.17	0.0014
			Sch20						
			Sch20s	3.0	42.0	10.8	4.5	3.38	0.0014
			Sch30						
			Sch40	4.0	40.0	13.5	5.6	3.84	0.0013
			Sch40s	4.0	40.0	13.5	5.6	3.90	0.0013
			Sch60						
			Sch80	5.0	38.0	15.8	6.6	5.30	0.0012
			Sch80s	5.0	38.0	15.8	6.6	5.38	
			Sch120						
			Sch140						
			Sch160	7.0	34.0	19.5	8.1	7.08	0.0009
50	2	60	Sch5s	1.6	56.8	12.5	4.2	2.90	0.0025
			Sch10s	2.8	54.4	20.6	6.9	4.01	0.0023
			Sch20	3.5	53.0	24.9	8.3	4.88	0.0022
			Sch20s	3.5	53.0	24.9	8.3	4.95	0.0022
			Sch30						
			Sch40	4.0	52.0	27.7	9.2	5.52	0.0021
			Sch40s	4.0	52.0	27.7	9.2	5.61	0.0021
			Sch60	5.0	50.0	32.9	11.0	6.78	0.0020
			Sch80	5.5	49.0	35.3	11.8	7.39	0.0019
			Sch80s	5.5	49.0	35.3	11.8	7.50	0.0019
			Sch120	7.0	46.0	41.6	13.9	9.15	0.0017
			Sch140						
			Sch160	8.5	43.0	46.8	15.6	10.79	0.0015

公称直径		外径 D_o	管子表号	厚度	内径 D_i	惯性矩 I	断面系数	理论质量	容积
mm	in	/mm		/mm	/mm	/cm⁴	W/cm³	W_p/(kg/m)	/(m³/m)
(65)	2½	76	Sch5s	2.0	72.0	31.8	8.4	3.70	0.0041
			Sch10s	3.0	70.0	45.9	12.1	5.48	0.0038
			Sch20	4.5	67.0	64.8	17.1	7.97	0.0035
			Sch20s	3.5	69.0	52.5	13.8	6.35	0.0037
			Sch30						
			Sch40	5.0	66.0	70.6	18.6	8.75	0.0034
			Sch40s	5.0	66.0	70.6	18.6	8.89	0.0034
			Sch60	6.0	64.0	81.4	21.4	10.36	0.0032
			Sch80	7.0	62.0	91.2	24.0	11.36	0.0030
			Sch80s	7.0	62.0	91.2	24.0	12.09	0.0030
			Sch120	8.0	60.0	100.1	26.3	13.42	0.0028
			Sch140						
			Sch160	9.5	57.0	111.9	29.4	15.58	0.0026
80	3	89	Sch5s	2.0	85.0	51.7	11.6	4.36	0.0057
			Sch10s	3.0	83.0	75.0	16.9	6.46	0.0054
			Sch20	4.5	80.0	106.9	24.0	9.38	0.0050
			Sch20s	4.0	81.0	96.6	21.7	8.51	0.0052
			Sch30						
			Sch40	5.5	78.0	126.2	28.4	11.33	0.0048
			Sch40s	5.5	78.0	126.2	28.4	11.50	0.0048
			Sch60	6.5	76.0	144.1	32.4	13.22	0.0045
			Sch80	7.5	74.0	160.7	36.1	15.07	0.0043
			Sch80s	7.5	74.0	160.7	36.1	15.30	0.0043
			Sch120	9.0	71.0	183.2	41.2	17.76	0.0040
			Sch140						
			Sch160	11.0	67.0	209.0	47.0	21.26	0.0035
100	4	114	Sch5s	2.0	110.0	110.3	19.4	5.61	0.0095
			Sch10s	3.0	108.0	161.2	28.3	8.33	0.0092
			Sch20	5.0	104.0	254.7	44.7	13.44	0.0085
			Sch20s	4.0	106.0	209.2	36.7	11.01	0.0088
			Sch30						
			Sch40	6.0	102.0	297.6	52.2	15.98	0.0082
			Sch40s	6.0	102.0	297.6	52.2	16.22	0.0082
			Sch60	7.0	100.0	338.0	59.3	18.47	0.0079
			Sch80	8.5	97.0	394.3	69.2	22.11	0.0074
			Sch80s	8.5	97.0	394.3	69.2	22.45	0.0074
			Sch120	11.0	92.0	477.2	83.7	27.94	0.0066
			Sch140						
			Sch160	14.0	86.0	560.3	98.3	34.52	0.0058

续表

| 公称直径 | | 外径 D_o | 管子表号 | 厚度 | 内径 D_i | 惯性矩 I | 断面系数 | 理论质量 | 容积 |
mm	in	/mm		/mm	/mm	/cm⁴	W/cm^3	$W_p/(kg/m)$	/(m³/m)
(125)	5	140	Sch5s	2.8	134.4	283.6	40.5	9.62	0.0142
			Sch10s	3.5	133.0	349.2	49.88	10.49	0.0139
			Sch20	5.0	130.0	483.5	69.1	16.65	0.0133
			Sch20s	5.0	130.0	483.5	69.1	16.90	0.0133
			Sch30						
			Sch40	6.5	127.0	608.5	86.9	21.40	0.0127
			Sch40s	6.5	127.0	608.5	86.9	21.72	0.0127
			Sch60	8.0	124.0	724.8	103.5	26.4	0.0121
			Sch80	9.5	121.0	833.1	119.0	30.57	0.0115
			Sch80s	9.5	121.0	833.1	119.0	31.03	
			Sch120	13.0	114.0	1056.1	150.9	40.71	0.0102
			Sch140						
			Sch160	16.0	108.0	1217.3	173.9	48.93	0.0092
150	6	168	Sch5s	2.8	162.4	495.0	58.93	11.58	0.0207
			Sch10s	3.5	161.0	611.01	72.74	14.41	0.0204
			Sch20	5.5	157.0	927.4	110.4	20.04	0.0193
			Sch20s	5.0	158.0	850.7	101.3	20.40	0.0196
			Sch30	6.5	155.0	1075.0	128.0	25.89	0.0189
			Sch40	7.0	154.0	1148.8	136.8	27.79	0.0186
			Sch40s	7.0	154.0	1148.8	136.8	28.21	0.0186
			Sch60	9.5	149.0	1490.0	177.5	37.13	0.0177
			Sch80	11.0	146.0	1679.0	199.9	42.59	0.0167
			Sch80s	11.0	146.0	1679.0	199.9	43.23	0.0167
			Sch120	14.0	140.0	2023.5	240.9	53.17	0.0154
			Sch140						
			Sch160	18.0	132.0	2418.8	287.9	66.58	0.0137
200	8	219	Sch5s	2.8	213.4	1109.4	101.3	15.15	0.0357
			Sch10s	4.0	211.0	1560.9	142.5	18.88	0.0349
			Sch20	6.5	206.0	2450.4	223.8	34.04	0.0333
			Sch20s	6.5	206.0	2450.4	223.8	34.57	0.0333
			Sch30	7.0	205.0	2620.7	239.3	36.60	0.0330
			Sch40	8.0	203.0	2953.9	269.8	41.63	0.0323
			Sch40s	8.0	203.0	2953.9	269.8	42.25	0.0323
			Sch60	10.0	199.0	3591.5	328.0	51.54	0.0311
			Sch80	13.0	193.0	4478.3	409.0	66.04	0.0292
			Sch80s	13.0	193.0	4478.3	409.0	67.03	0.0292
			Sch100	15.0	189.0	5025.3	458.9	75.46	0.0280
			Sch120	18.0	183.0	5783.2	528.1	89.22	0.0263
			Sch140	20.0	179.0	6248.8	570.7	98.15	0.0252
			Sch160	24.0	171.0	7090.6	647.5	115.41	0.0230

公称直径		外径 D_o	管子表号	厚度	内径 D_i	惯性矩 I	断面系数	理论质量	容积
mm	in	/mm		/mm	/mm	/cm⁴	W/cm³	W_p/(kg/m)	/(m³/m)
250	10	273	Sch5s	3.5	266.0	2686.0	196.8	23.61	0.0555
			Sch10s	4.0	265.0	3056.7	223.9	26.93	0.0551
			Sch20	6.5	260.0	4831.7	354.0	42.71	0.0531
			Sch20s	6.5	260.0	4831.7	354.0	43.36	0.0531
			Sch30	8.0	257.0	5848.7	428.5	52.28	0.0518
			Sch40	9.5	254.0	6830.8	500.4	61.73	0.0506
			Sch40s	9.5	254.0	6830.8	500.4	62.66	0.0506
			Sch60	13.0	247.0	8990.6	658.7	83.35	0.0479
			Sch80	15.0	243.0	10145.1	743.2	95.43	0.0464
			Sch80s	15.0	243.0	10145.1	743.2	96.87	0.0464
			Sch100	18.0	237.0	11773.1	862.5	113.19	0.0441
			Sch120	22.0	229.0	13759.6	1008.0	136.17	0.0412
			Sch140	25.0	223.0	15119.1	1107.6	152.89	0.0390
			Sch160	28.0	217.0	16373.1	1199.5	169.17	0.0370
300	12	325	Sch5s	4.0	317.0	5193.8	319.6	32.04	0.0789
			Sch10s	4.5	316.0	5816.0	357.9	35.99	0.0784
			Sch20	6.5	312.0	8235.9	506.8	50.89	0.0764
			Sch20s	6.5	312.0	8235.9	506.8	51.66	0.0764
			Sch30	8.5	308.0	10585.1	651.4	66.13	0.0754
			Sch40	10.0	305.0	12280.3	755.7	77.43	0.0730
			Sch40s	9.5	306.0	11705.8	720.4	74.78	0.0735
			Sch60	14.0	297.0	16562.6	1019.2	107.02	0.0692
			Sch80	17.0	291.0	19555.2	1203.4	129.96	0.0665
			Sch80s	17.0	291.0	19555.2	1203.4	130.63	0.0665
			Sch100	22.0	281.0	24147.6	1486.0	163.84	0.0620
			Sch120	25.0	275.0	26677.6	1641.7	184.33	0.0594
			Sch140	28.0	269.0	29047.6	1787.5	204.38	0.0568
			Sch160	34.0	257.0	33333.9	2051.3	243.15	0.0518
350	14	356	Sch5s	4.0	348.0	6839.6	384.3	35.24	0.0951
			Sch10s	5.0	346.0	8477.5	476.3	43.93	0.0940
			Sch20	8.0	340.0	13247.0	744.2	68.65	0.0905
			Sch20s						
			Sch30	9.5	337.0	15536.7	872.6	81.17	0.0892
			Sch40	11.0	334.0	17756.3	997.5	93.58	0.0876
			Sch40s						
			Sch60	15.0	326.0	23402.1	1314.7	126.14	0.0835
			Sch80	19.0	318.0	28647.2	1609.4	157.90	0.0794
			Sch100	24.0	308.0	34669.7	1947.7	196.49	0.0745
			Sch120	28.0	300.0	39083.5	2195.7	226.48	0.0707
			Sch140	32.0	292.0	43158.0	2424.6	255.67	0.0670
			Sch160	36.0	284.0	46911.1	2635.5	284.08	0.0634

公称直径		外径 D_o	管子表号	厚度	内径 D_i	惯性矩 I	断面系数	理论质量	容积
mm	in	/mm		/mm	/mm	/cm⁴	W/cm³	W_p/(kg/m)	/(m³/m)
400	16	406	Sch5s	4.5	397.0	11418.5	562.5	45.22	0.1237
			Sch10s	5.0	396.0	12640.8	622.7	50.18	0.1231
			Sch20	8.0	390.0	19814.2	976.1	78.52	0.1195
			Sch20s						
			Sch30	9.5	387.0	23268.2	1146.2	92.89	0.1176
			Sch40	13.0	380.0	31021.0	1528.1	125.99	0.1134
			Sch40s						
			Sch60	17.0	372.0	39372.0	1939.5	163.08	0.1087
			Sch80	22.0	362.0	49079.5	2417.7	208.33	0.1029
			Sch100	26.0	354.0	56287.7	2772.8	243.64	0.0984
			Sch120	32.0	342.0	66220.7	3262.1	295.13	0.0919
			Sch140	36.0	334.0	72287.1	3560.9	328.47	0.0876
			Sch160	40.0	326.0	77932.9	3839.1	361.02	0.0835
450	18	457	Sch5s						
			Sch10s						
			Sch20	8.0	441.0	28446.4	1244.9	88.58	0.1528
			Sch20s						
			Sch30	11.0	435.0	38346.2	1678.2	120.98	0.1486
			Sch40	14.0	429.0	47844.7	2093.9	152.94	0.1446
			Sch40s						
			Sch60	19.0	419.0	62813.5	2749.0	205.22	0.1379
			Sch80	24.0	409.0	76748.2	3358.8	256.27	0.1314
			Sch100	30.0	397.0	92173.1	4033.8	315.89	0.1238
			Sch120	35.0	387.0	104002.4	4551.5	364.33	0.1176
			Sch140	40.0	377.0	114949.4	5030.6	411.33	0.1116
			Sch160	45.0	367.0	125059.1	5473.1	457.20	0.1058
500	20	508	Sch5s						
			Sch10s						
			Sch20	9.5	489.0	48520.4	1910.3	116.78	0.1870
			Sch20s						
			Sch30	13.0	482.0	61961.1	2439.4	158.69	0.1825
			Sch40	15.0	478.0	70647.2	2781.4	182.36	0.1795
			Sch40s						
			Sch60	20.0	468.0	91265.0	3593.1	240.68	0.1719
			Sch80	26.0	456.0	114695.9	4515.6	307.76	0.1633
			Sch100	32.0	444.0	136141.4	5359.9	375.62	0.1548
			Sch120	38.0	432.0	155943.7	6139.5	440.43	0.1466
			Sch140	45.0	418.0	177051.5	6970.5	513.79	0.1372
			Sch160	50.0	408.0	190885.4	7515.2	564.71	0.1307

续表

公称直径		外径 D_o	管子表号	厚度	内径 D_i	惯性矩 I	断面系数	理论质量	容积
mm	in	/mm		/mm	/mm	/cm⁴	W/cm^3	$W_p/(kg/m)$	/(m³/m)
			Sch20	9.5	540	61933.8	2215.9	128.73	0.2290
			Sch30	13	533	83164.7	2975.5	175.04	0.2231
			Sch40	17	525	106425.4	3807.7	227.22	0.2165
			Sch60	22	515	134043.4	4795.8	291.33	0.2083
550	22	559	Sch80	28	503	165127.3	5908.0	366.64	0.1987
			Sch100	35	489	198685.7	7108.6	452.26	0.1878
			Sch120	42	475	229482.3	8210.5	535.47	0.1772
			Sch140	48	463	253799.4	9080.5	604.86	0.1684
			Sch160	54	451	276297.5	9885.4	672.48	0.1598
			Sch20	9.5	591	80824.5	2650.0	140.68	0.2473
			Sch30	14	582	116487.1	3819.3	205.76	0.2660
			Sch40	18	574	146828.5	4814.1	262.78	0.2588
			Sch60	25	560	196957.0	6457.6	360.65	0.2463
600	24	610	Sch80	32	546	243463.6	7982.4	456.11	0.2341
			Sch100	38	534	280579.3	9199.3	536.01	0.2240
			Sch120	45	520	320830.5	10519.0	626.98	0.2124
			Sch140	52	506	357958.5	11736.3	715.53	0.2011
			Sch160	60	490	396779.1	13009.2	813.78	0.1886

十四、中国石化标准焊接钢管尺寸及特性数据表

中国石化标准焊接钢管尺寸及特性数据见表 4-23。

表 4-23 中国石化标准焊接钢管尺寸及特性数据表

公称直径		外径 D_o	厚度	内径 D_i	惯性矩 I	断面系数	理论质量 $W_p/(kg/m)$		容积
mm	in	/mm	/mm	/mm	/cm⁴	W/cm^3	碳钢、合金钢	不锈钢	/(m³/m)
			4	160.0	692.1	82.4	16.18	16.42	0.0201
			5	158.0	849.6	101.2	20.10	20.40	0.0196
			6	156.0	1001.3	119.2	23.97	24.33	0.0191
150	6	168	7	154.0	1147.3	136.6	27.79	28.03	0.0186
			8	152.0	1287.7	153.3	31.56	32.04	0.0182
			9	150.0	1422.7	169.4	35.29	35.82	0.0177
			10	148.0	1552.4	184.8	38.96	39.55	0.0172
			4	211.0	1558.9	142.4	21.21	21.53	0.0350
			5	209.0	1921.9	175.5	26.39	26.78	0.0343
			6	207	2280.8	208.2	31.52	31.99	0.0337
200	8	219.0	7	205	2624.4	239.6	36.60	37.14	0.0330
			8	203	2958.1	270.0	41.63	42.25	0.0324
			9	201	3282.1	299.6	46.61	47.31	0.0317
			10	199	3596.6	328.3	51.54	52.31	0.0311
			4	268.0	1939.8	142.1	26.53	26.93	0.0564
			5	263.0	3774.1	276.5	33.04	33.54	0.0543
			6	261.0	4484.8	328.6	39.51	40.10	0.0535
			7	259.0	5174.7	379.1	45.92	46.61	0.0527
			8	257.0	5848.7	428.5	52.28	53.06	0.0518
250	10	273.0	9	255.0	6507.3	476.7	59.10	59.47	0.0510
			10	253.0	7150.5	523.8	64.86	65.83	0.0502
			11	251.0	7778.6	569.9	71.07	72.14	0.0495
			12	249.0	8391.9	614.8	77.24	78.39	0.0487
			13	247.0	8990.6	658.7	83.35		0.0479

续表

| 公称直径 | | 外径 D_o | 厚度 | 内径 D_i | 惯性矩 I | 断面系数 | 理论质量 W_p/(kg/m) | | 容积 |
mm	in	/mm	/mm	/mm	/cm⁴	W/cm³	碳钢、合金钢	不锈钢	/(m³/m)
300	12	325.0	5	315.0	6424.1	395.3	39.33	39.92	0.0779
			6	313.0	7637.7	470.0	47.05	47.76	0.0770
			7	311.0	8828.3	543.3	54.72	55.54	0.0760
			8	309.0	9996.1	615.1	62.34	63.28	0.0750
			9	307.0	11141.5	685.6	69.91	70.96	0.0740
			10	305.0	12264.7	754.8	77.43	78.59	0.0731
			11	303.0	13366.0	822.5	84.90	86.18	0.0721
			12	301.0	14445.7	889.0	92.33	93.71	0.0712
			13	299.0	15504.1	954.1	99.70		0.0702
			14	297.0	16541.5	1017.9	107.02		0.0693
350	14	356.0	6	344.0	10087.2	566.7	51.79	52.56	0.0929
			7	342.0	11669.0	655.6	60.24	61.15	0.0919
			8	340.0	13223.4	742.9	68.65	69.68	0.0908
			9	338.0	14750.6	828.7	77.01	78.18	0.0897
			10	336.0	16250.9	913.0	85.32	86.60	0.0887
			11	334.0	17724.6	995.8	93.58	94.99	0.0876
			12	332.0	19172.2	1077.1	101.80	103.32	0.0866
			13	330.0	20593.7	1157.0	109.96		0.0855
			14	328.0	21989.7	1235.8	118.07		0.0845
			15	326.0	23360.4	1312.4	126.14		0.0835
400	16	406.0	6	394.0	15056.2	741.7	59.18	60.07	0.1219
			7	392.0	17435.6	858.9	68.88	69.91	0.1207
			8	390.0	19778.8	973.5	78.52	79.70	0.1195
			9	388.0	22086.3	1088.0	88.11	89.43	0.1182
			10	386.0	24358.4	1199.9	97.65	99.12	0.1170
			11	384.0	26595.4	1310.1	107.15	108.75	0.1158
			12	382.0	28797.8	1418.6	116.59	118.75	0.1146
			13	380.0	30965.8	1525.4	125.99		0.1134
			14	378.0	33099.8	1630.5	135.33		0.1122
			15	376.0	35200.3	1734.0	144.63		0.1110
450	18	457.0	6	445.0	21607.1	945.6	66.73	67.73	0.1554
			7	443.0	25042.7	1096.0	77.68	78.84	0.1541
			8	441.0	28431.9	1244.3	88.58	89.91	0.1527
			9	439.0	31775.4	1390.6	99.43	100.92	0.1513
			10	437.0	35073.5	1534.9	110.23	111.88	0.1499
			11	435.0	38326.7	1677.3	120.98	122.80	0.1485
			12	433.0	41535.2	1817.7	131.68	133.66	0.1472
			13	431.0	44699.6	1956.2	142.34		0.1458
			14	429.0	47759.4	2090.1	152.94		0.1446
			15	427.0	50832.8	2224.6	163.50		0.1432
			16	425.0	53863.3	2357.3	174.00		0.1419

公称直径		外径 D_o	厚度	内径 D_i	惯性矩 I	断面系数	理论质量 W_p/(kg/m)		容积
mm	in	/mm	/mm	/mm	/cm⁴	W/cm³	碳钢、合金钢	不锈钢	/(m³/m)
500	20	508.0	6	496.0	29796.4	1173.1	74.28	74.94	0.1931
			7	494.0	34557.0	1360.5	86.48	87.78	0.1916
			8	492.0	39260.0	1545.7	98.64	100.12	0.1900
			9	490.0	43906.1	1728.6	110.75	112.41	0.1885
			10	488.0	48495.6	1909.3	122.81	124.65	0.1869
			11	486.0	53029.1	2087.8	134.82	136.84	0.1854
			12	484.0	57506.9	2264.1	146.78	148.98	0.1839
			13	482.0	61929.6	2438.2	158.69		0.1824
			14	480.0	66213.1	2606.8	170.55		0.1810
			15	478.0	70521.2	2776.4	182.36		0.1795
			16	476.0	74775.7	2943.9	194.12		0.1780
(550)	22	559.0	6	547.0	39830.6	1425.1	81.82	83.05	0.2349
			7	545.0	46219.4	1653.6	95.29	96.72	0.2332
			8	543.0	52538.3	1879.7	108.70	110.33	0.2315
			9	541.0	58787.7	2103.3	122.07	123.90	0.2298
			10	539.0	64968.2	2324.4	135.38	137.41	0.2281
			11	537.0	71080.2	2543.1	148.65	150.88	0.2264
			12	535.0	77124.4	2759.4	161.87	164.30	0.2247
			13	533.0	83101.1	2973.2	175.04		0.2230
			14	531.0	88897.6	3180.6	188.16		0.2215
			15	529.0	94733.6	3389.4	201.22		0.2198
			16	527.0	100503.8	3595.8	214.25		0.2181
600	24	610.0	6	598.0	51897.3	1701.6	89.37	90.71	0.2807
			7	596.0	60248.8	1975.4	104.09	105.65	0.2788
			8	594.0	68516.6	2246.4	118.76	120.54	0.2770
			9	592.0	76701.4	2514.8	133.39	135.39	0.2751
			10	590.0	84803.6	2780.4	147.96	150.18	0.2733
			11	588.0	92823.8	3043.4	162.48	164.92	0.2714
			12	586.0	100762.6	3303.7	176.96	179.61	0.2696
			13	584.0	108620.6	3561.3	191.39		0.2677
			14	582.0	116249.9	3811.5	205.76		0.2660
			15	580.0	123937.9	4063.5	220.09		0.2642
			16	578.0	131546.8	4313.0	234.37		0.2626
(650)	26	660.0	6	648.0	65881.1	1996.4	96.77	98.22	0.3296
			7	646.0	76511.6	2318.5	112.72	114.41	0.3276
			8	644.0	87043.8	2637.7	128.63	130.56	0.3256
			9	642.0	97478.4	2953.9	144.48	146.65	0.3235
			10	640.0	107815.9	3267.1	160.29	162.69	0.3215
			11	638.0	118056.9	3577.5	176.05	178.69	0.3195
			12	636.0	128202.0	3884.9	191.76	194.63	0.3175
			13	634.0	138252.0	4189.5	207.42		0.3155
			14	632.0	148018.4	4485.4	223.03		0.3137
			15	630.0	157867.0	4783.9	238.59		0.3117
			16	628.0	167622.2	5079.5	254.10		0.3098

续表

公称直径		外径 D_o	厚度	内径 D_i	惯性矩 I	断面系数	理论质量 W_p /(kg/m)		容积
mm	in	/mm	/mm	/mm	/cm⁴	W /cm³	碳钢、合金钢	不锈钢	/(m³/m)
700	28	711.0	6	699.0	82525.8	2321.4	104.31	105.87	0.3836
			7	697.0	95873.4	2696.9	121.52	123.35	0.3814
			8	695.0	109106.8	3069.1	138.69	140.77	0.3792
			9	693.0	122226.3	3438.2	155.80	158.14	0.3770
			10	691.0	135232.7	3804.0	172.87	175.46	0.3748
			11	689.0	148126.8	4166.7	189.88	192.73	0.3727
			12	687.0	160909.0	4526.3	206.85	209.95	0.3705
			13	685.0	173580.1	4882.7	223.76		0.3683
			14	683.0	185104.7	5214.2	240.63		0.3653
			15	681.0	197484.9	5563.0	257.45		0.3632
			16	679.0	209756.4	5908.6	274.22		0.3610
(750)	30	762.0	7	748.0	118254.0	3103.8	130.33	132.28	0.4392
			8	746.0	134614.8	3533.2	148.75	150.98	0.4369
			9	744.0	150844.4	3959.2	167.12	169.63	0.4345
			10	742.0	166943.8	4381.7	185.44	188.22	0.4322
			11	740.0	182913.3	4800.9	203.72	206.77	0.4299
			12	738.0	198754.1	5216.6	221.94	225.27	0.4275
			13	736.0	214466.5	5629.0	240.11		0.4252
			14	734.0	230051.3	6038.1	258.24		0.4229
			16	730.0	260508.7	6837.5	294.34		0.4185
800	32	813.0	7	799.0	143871.8	3539.3	139.13	141.22	0.5011
			8	797.0	163817.5	4029.9	158.81	161.19	0.4986
			9	795.0	183613.6	4516.9	178.44	181.12	0.4961
			10	793.0	203260.8	5000.3	198.02	200.99	0.4936
			11	791.0	222760.0	5480.0	217.55	220.81	0.4912
			12	789.0	242111.8	5956.0	237.03	240.59	0.4887
			13	787.0	261317.0	6428.5	256.46		0.4862
			14	785.0	280376.4	6897.3	275.85		0.4837
			16	781.0	317655.2	7814.4	314.46		0.4791
900	36	914.0	8	898.0	233532.9	5110.1	178.74	181.42	0.6330
			9	896.0	261860.9	5730.0	200.86	203.87	0.6302
			10	894.0	289999.8	6345.7	222.93	226.27	0.6274
			11	892.0	317950.9	6957.3	244.95	248.62	0.6246
			12	890.0	345714.2	7564.9	266.92	270.92	0.6218
			13	888.0	373291.1	8168.3	288.84		0.6190
			14	886.0	400682.4	8767.7	310.72		0.6162
			15	884.0	427888.6	9363.0	332.54		0.6134
			16	882.0	454911.1	9954.3	354.31		0.6107
1000	40	1016.0	8	1000.0	321616.7	6331.0	198.86	201.84	0.7850
			9	998.0	360749.3	7101.4	223.49	226.99	0.7819
			10	996.0	399647.1	7867.1	248.08	251.80	0.7787
			11	994.0	438311.1	8628.2	272.62	276.71	0.7756
			12	992.0	476742.7	9384.7	297.10	301.56	0.7725
			13	990.0	514942.5	10136.7	321.54		0.7694
			14	988.0	552911.4	10884.1	356.93		0.7663
			15	986.0	590650.8	11627.0	370.27		0.7632
			16	984.0	628160.8	12365.4	394.56		0.7601

续表

公称直径		外径 D_o	厚度	内径 D_i	惯性矩 I	断面系数	理论质量 W_p/(kg/m)		容积
mm	in	/mm	/mm	/mm	/cm⁴	W/cm³	碳钢、合金钢	不锈钢	/(m³/m)
1200	48	1220.0	10	1200.0	695385.9	11399.8	298.39		1.1304
			11	1198.0	763040.3	12508.9	327.95		1.1266
			12	1196.0	830357.1	13612.4	357.47		1.1229
			13	1194.0	897337.0	14710.4	386.94		1.1191
			14	1192.0	963980.4	15803.0	416.36		1.1154
			15	1190.0	1030290.0	16890.0	445.73		1.1116
			16	1188.0	1096266.0	17971.6	475.05		1.1079
			18	1184.0	1225658.2	20092.8	533.54		1.1010
1400	56	1420.0	10	1400.0	1100319.0	15497.5	347.71		1.5386
			11	1398.0	1207791.0	17011.1	382.21		1.5342
			12	1396.0	1314802.2	18518.3	416.66		1.5298
			13	1394.0	1421354.0	20019.1	451.06		1.5254
			14	1392.0	1527449.0	21513.4	485.41		1.5211
			15	1390.0	1633088.0	23001.2	519.71		1.5167
			16	1388.0	1738270.0	24482.7	553.96		1.5123
			18	1384.0	1944796.6	27391.5	622.32		1.5036
1600	64	1620.0	10	1600.0	1638077.0	20223.2	397.03		2.0096
			11	1598.0	1798544.0	22204.2	436.46		2.0046
			12	1596.0	1958409.0	24177.9	475.84		1.9996
			13	1594.0	2117675.0	26144.1	515.17		1.9946
			14	1592.0	2276341.0	28103.0	554.46		1.9896
			15	1590.0	2434414.0	30054.5	593.96		1.9846
			16	1588.0	2591887.0	31998.6	632.87		1.9796
			18	1584.0	2901355.4	35819.2	711.10		1.9696
1800	72	1820.0	10	1800.0	2327494.0	25576.9	446.35		2.5434
			11	1798.0	2556021.0	28088.1	490.71		2.5378
			12	1796.0	2783787.0	30591.1	535.02		2.5321
			13	1794.0	3010786.0	33085.6	579.29		2.5265
			14	1792.0	3237034.0	35571.8	623.50		2.5208
			15	1790.0	3462526.0	38049.7	667.67		2.5152
			16	1788.0	3687257.0	40519.3	711.79		2.5096
			18	1784.0	4129203.5	45375.9	799.87		2.4984
2000	80	2020.0	10	2000.0	3187415.0	31558.6	495.67		3.1400
			11	1998.0	3500946.0	34662.8	544.96		3.1337
			12	1996.0	3813535.0	37757.8	594.21		3.1275
			13	1994.0	4125184.0	40843.4	643.40		3.1212
			14	1992.0	4435901.0	43919.8	962.55		3.1149
			15	1990.0	4745681.0	46986.9	741.65		3.1087
			16	1988.0	5054526.0	50044.8	790.70		3.1024
			18	1984.0	5662209.2	56061.5	888.65		3.1000

十五、碳素钢、低合金钢、合金钢、奥氏体不锈钢无缝钢管尺寸及特性数据表

碳素钢、低合金钢、合金钢、奥氏体不锈钢无缝钢管尺寸及特性数据见表4-24。

表 4-24　碳素钢、低合金钢、合金钢、奥氏体不锈钢无缝钢管尺寸及特性数据表

公称直径 mm	公称直径 in	外径 D_o /mm	管子表号	厚度 /mm	内径 D_i /mm	惯性矩 I /cm⁴	断面系数 W /cm³	理论质量 W_p /(kg/m)	容积 /(m³/m)
15	1/2	21.3	Sch5s	1.6	18.1	0.5	0.5	0.777	0.0003
			Sch10	1.6	18.1	0.5	0.5	0.777	0.0003
			Sch10s	2.0	17.3	0.6	0.5	0.951	0.0002
			Sch20	2.0	17.3	0.6	0.5	0.951	0.0002
			Sch20s	2.6	16.1	0.7	0.6	1.198	0.0002
			Sch30						
			Sch40	2.9	15.5	0.7	0.7	1.315	0.0002
			Sch60						
			Sch80	3.6	14.1	0.8	0.8	1.571	0.0002
			Sch100						
			Sch120						
			Sch140						
			Sch160	4.5	12.3	0.9	0.8	1.863	0.0001
20	3/4	26.9	Sch5s	1.6	23.7	1.0	0.8	0.998	0.0004
			Sch10	1.8	23.3	1.1	0.8	1.114	0.0004
			Sch10s	2.0	22.9	1.2	0.9	1.228	0.0004
			Sch20	2.3	22.3	1.4	1.0	1.395	0.0004
			Sch20s	2.6	21.7	1.5	1.1	1.557	0.0004
			Sch30						
			Sch40	2.9	21.1	1.6	1.2	1.716	0.0003
			Sch60						
			Sch80	4.0	18.9	1.9	1.4	2.258	0.0003
			Sch100						
			Sch120						
			Sch140						
			Sch160	5.6	15.7	2.3	1.7	2.940	0.0002
25	1	33.7	Sch5s	1.6	30.5	2.1	1.2	1.266	0.0007
			Sch10	2.0	29.7	2.5	1.5	1.563	0.0007
			Sch10s	2.9	27.9	3.4	2.0	2.202	0.0006
			Sch20	2.6	28.5	3.1	1.8	1.993	0.0006
			Sch20s	3.2	27.3	3.6	2.1	2.406	0.0006
			Sch30						
			Sch40	3.2	27.3	3.6	2.1	2.406	0.0006
			Sch60						
			Sch80	4.5	24.7	4.5	2.7	3.239	0.0005
			Sch100						
			Sch120						
			Sch140						
			Sch160	6.3	21.1	5.4	3.2	4.255	0.0003

公称直径		外径 D_o	管子表号	厚度	内径 D_i	惯性矩 I	断面系数	理论质量	容积
mm	in	/mm		/mm	/mm	/cm⁴	W/cm³	W_p/(kg/m)	/(m³/m)
(32)	1¼	42.4	Sch5s	1.6	39.2	4.3	2.0	1.609	0.0012
			Sch10	2.6	37.2	6.5	3.0	2.551	0.0011
			Sch10s	2.9	36.6	7.1	3.3	2.824	0.0011
			Sch20	2.9	36.6	7.1	3.3	2.824	0.0011
			Sch20s	3.2	36.0	7.6	3.6	3.092	0.0010
			Sch30						
			Sch40	3.6	35.2	8.3	3.9	3.443	0.0010
			Sch60						
			Sch80	5.0	32.4	10.5	4.9	4.609	0.0008
			Sch100						
			Sch120						
			Sch140						
			Sch160	6.3	29.8	12.0	5.7	5.606	0.0007
40	1½	48.3	Sch5s	1.6	45.1	6.4	2.7	1.842	0.0016
			Sch10	2.6	43.1	9.8	4.0	2.929	0.0015
			Sch10s	2.9	42.5	10.7	4.4	3.245	0.0014
			Sch20	2.9	42.5	10.7	4.4	3.245	0.0014
			Sch20s	3.2	41.9	11.6	4.8	3.557	0.0014
			Sch30						
			Sch40	3.6	41.1	12.7	5.3	3.967	0.0013
			Sch60						
			Sch80	5.0	38.3	16.1	6.7	5.337	0.0012
			Sch100						
			Sch120						
			Sch140						
			Sch160	7.1	34.1	20.1	8.3	7.210	0.0009
50	2	60.3	Sch5s	1.6	57.1	12.7	4.2	2.315	0.0026
			Sch10	2.9	54.5	21.6	7.2	4.103	0.0023
			Sch10s	2.9	54.5	21.6	7.2	4.103	0.0023
			Sch20	3.2	53.9	23.5	7.8	4.504	0.0023
			Sch20s	3.6	53.1	25.9	8.6	5.031	0.0022
			Sch30						
			Sch40	4.0	52.3	28.2	9.3	5.551	0.0021
			Sch60						
			Sch80	5.6	49.1	36.4	12.1	7.550	0.0019
			Sch100						
			Sch120						
			Sch140						
			Sch160	8.8	42.7	48.6	16.1	11.171	0.0014

续表

公称直径		外径 D_o	管子表号	厚度	内径 D_i	惯性矩 I	断面系数	理论质量	容积
mm	in	/mm		/mm	/mm	/cm⁴	W/cm³	W_p/(kg/m)	/(m³/m)
(65)	2½	76.1	Sch5s	2.0	72.1	32.0	8.4	3.653	0.0041
			Sch10	4.0	68.1	59.0	15.5	7.109	0.0036
			Sch10s	3.2	69.7	48.8	12.8	5.750	0.0038
			Sch20	4.5	67.1	65.1	17.1	7.942	0.0035
			Sch20s	3.6	68.9	54.0	14.2	6.433	0.0037
			Sch30						
			Sch40	5.0	66.1	70.9	18.6	8.763	0.0034
			Sch60						
			Sch80	7.1	61.9	92.5	24.3	12.076	0.0030
			Sch100						
			Sch120						
			Sch140						
			Sch160	10.0	56.1	116.0	30.5	16.293	0.0025
80	3	88.9	Sch5s	2.0	84.9	51.5	11.6	4.284	0.0057
			Sch10	4.0	80.9	96.3	21.7	8.371	0.0051
			Sch10s	3.2	82.5	79.2	17.8	6.760	0.0053
			Sch20	4.5	79.9	106.5	24.0	9.362	0.0050
			Sch20s	4.0	80.9	96.3	21.7	8.371	0.0051
			Sch30						
			Sch40	5.6	77.7	127.6	28.7	11.498	0.0047
			Sch60						
			Sch80	8.0	72.9	167.9	37.8	15.953	0.0042
			Sch100						
			Sch120						
			Sch140						
			Sch160	11.0	66.9	208.2	46.8	21.122	0.0035
100	4	114.3	Sch5s	2.0	110.3	111.2	19.5	5.536	0.0096
			Sch10	4.5	105.3	234.2	41.0	12.179	0.0087
			Sch10s	3.2	107.9	172.4	30.2	8.763	0.0091
			Sch20	5.0	104.3	256.8	44.9	13.471	0.0085
			Sch20s	4.0	106.3	211.0	36.9	10.875	0.0089
			Sch30						
			Sch40	6.3	101.7	312.6	54.7	16.771	0.0081
			Sch60						
			Sch80	8.8	96.7	408.4	71.5	22.884	0.0073
			Sch100						
			Sch120	11.0	92.3	481.3	84.2	28.009	0.0067
			Sch140						
			Sch160	14.2	85.9	570.3	99.8	35.037	0.0058

公称直径		外径 D_o	管子表号	厚度	内径 D_i	惯性矩 I	断面系数	理论质量	容积
mm	in	/mm		/mm	/mm	/cm⁴	W/cm³	W_p/(kg/m)	/(m³/m)
(125)	5	139.7	Sch5s	2.9	133.9	291.5	41.7	9.779	0.0141
			Sch10	4.5	130.7	437.0	62.6	14.996	0.0134
			Sch10s	3.6	132.5	356.5	51.0	12.077	0.0138
			Sch20	5.0	129.7	480.3	68.8	16.601	0.0132
			Sch20s	5.0	129.7	480.3	68.8	16.601	0.0132
			Sch30	5.6	128.5	531.0	76.0	18.510	0.0130
			Sch40	6.3	127.1	588.3	84.2	20.716	0.0127
			Sch60	8.0	123.7	719.9	103.1	25.970	0.0120
			Sch80	10.0	119.7	861.5	123.3	31.970	0.0112
			Sch100						
			Sch120	12.5	114.7	1019.5	146.0	39.192	0.0103
			Sch140						
			Sch160	16	107.7	1208.6	173.0	48.785	0.0091
150	6	168.3	Sch5s	2.9	162.5	515.2	61.2	11.823	0.0207
			Sch10	5.0	158.3	855.4	101.7	20.126	0.0197
			Sch10s	3.6	161.1	631.6	75.1	14.615	0.0204
			Sch20	5.6	157.1	947.8	112.6	22.458	0.0194
			Sch20s	5.0	158.3	855.4	101.7	20.126	0.0197
			Sch30	6.3	155.7	1052.9	125.1	25.157	0.0190
			Sch40	7.1	154.1	1169.6	139.0	28.211	0.0186
			Sch60	8.0	152.3	1296.6	154.1	31.610	0.0182
			Sch80	11.0	146.3	1688.6	200.7	42.650	0.0168
			Sch100						
			Sch120	14.2	139.9	2056.9	244.4	53.937	0.0154
			Sch140						
			Sch160	17.5	133.3	2387.2	283.7	65.049	0.0139
200	8	219.1	Sch5s	2.9	213.3	1150.5	105.0	15.454	0.0357
			Sch10	5.9	207.3	2245.9	205.0	31.006	0.0337
			Sch10s	4.0	211.1	1563.0	142.7	21.208	0.0350
			Sch20	6.3	206.5	2384.9	217.7	33.045	0.0335
			Sch20s	6.3	206.5	2384.9	217.7	33.045	0.0335
			Sch30	7.1	204.9	2658.2	242.6	37.102	0.0330
			Sch40	8.0	203.1	2958.1	270.0	41.627	0.0324
			Sch60	10.0	199.1	3596.6	328.3	51.541	0.0311
			Sch80	12.5	194.1	4342.4	396.4	63.656	0.0296
			Sch100	16.0	187.1	5293.9	483.2	80.099	0.0275
			Sch120	17.5	184.1	5670.3	517.6	86.962	0.0266
			Sch140	20.0	179.1	6258.1	571.3	98.152	0.0252
			Sch160	22.2	174.7	6736.2	614.9	107.745	0.0240

续表

公称直径		外径 D_o	管子表号	厚度	内径 D_i	惯性矩 I	断面系数	理论质量	容积
mm	in	/mm		/mm	/mm	/cm⁴	W/cm^3	$W_p/(kg/m)$	$/(m^3/m)$
250	10	273.0	Sch5s	3.6	265.8	2763.2	202.4	23.906	0.0555
			Sch10	5.9	261.2	4414.9	323.4	38.844	0.0536
			Sch10s	4.0	265.0	3056.7	223.9	26.522	0.0551
			Sch20	6.3	260.4	4693.4	343.8	41.416	0.0532
			Sch20s	6.3	26.0	4693.4	343.8	41.416	0.0532
			Sch30	8.0	257.0	5848.7	428.5	52.256	0.0518
			Sch40	8.8	255.4	6376.8	467.2	57.308	0.0512
			Sch60	12.5	248.0	8693.0	636.9	80.263	0.0483
			Sch80	16.0	241.0	10701.4	784.0	101.357	0.0456
			Sch100	17.5	238.0	11510.2	843.2	110.212	0.0445
			Sch120	22.2	228.6	13853.7	1014.9	137.240	0.0410
			Sch140	25.0	223.0	15119.1	1107.6	152.824	0.0390
			Sch160	28.0	217.0	16373.1	1199.5	169.092	0.0370
300	12	323.9	Sch5s	4.0	315.9	5140.6	317.4	31.541	0.0783
			Sch10	5.9	312.1	7449.4	460.0	46.247	0.0765
			Sch10s	4.5	314.9	5756.3	355.4	35.428	0.0778
			Sch20	6.3	311.3	7924.9	489.3	49.320	0.0761
			Sch20s	6.3	311.3	7924.9	489.3	49.320	0.0761
			Sch30	8.8	306.3	10814.5	667.8	68.349	0.0736
			Sch40	10.0	303.9	12152.2	750.4	77.373	0.0725
			Sch60	14.2	295.5	16590.7	1024.4	108.400	0.0685
			Sch80	17.5	288.9	19822.5	1224.0	132.168	0.0655
			Sch100	22.2	279.5	24058.2	1485.5	165.093	0.0613
			Sch120	25.0	273.9	26386.7	1629.3	184.190	0.0589
			Sch140	28.0	267.9	28727.9	1773.9	204.222	0.0563
			Sch160	32.0	259.9	31614.0	1952.1	230.241	0.0530
350	14	355.6	Sch5s	4.0	347.6	6825.0	383.9	34.666	0.0948
			Sch10	6.3	343.0	10541.9	592.9	54.242	0.0924
			Sch10s	5.0	345.6	8459.3	475.8	43.210	0.0938
			Sch20	8.0	339.6	13194.7	742.1	68.544	0.0905
			Sch20s						
			Sch30	10.0	335.6	16215.3	912.0	85.187	0.0884
			Sch40	11.0	333.6	17685.6	994.7	93.435	0.0874
			Sch60	16.0	323.6	24650.5	1386.4	133.933	0.0822
			Sch80	20.0	315.6	29776.6	1674.7	165.444	0.0782
			Sch100	25.0	305.6	35658.6	2005.5	203.724	0.0733
			Sch120	28.0	299.6	38921.6	2189.1	226.100	0.0705
			Sch140	32.0	291.6	42977.5	2417.2	255.245	0.0667
			Sch160	36.0	283.6	46713.1	2627.3	283.602	0.0631

公称直径		外径 D_o	管子表号	厚度	内径 D_i	惯性矩 I	断面系数 W/cm^3	理论质量 $W_p/(kg/m)$	容积 $/(m^3/m)$
mm	in	/mm		/mm	/mm	/cm⁴			
400	16	406.4	Sch5s	4.0	398.4	10230.9	503.5	39.675	0.1246
			Sch10	6.3	393.8	15841.4	779.6	62.131	0.1217
			Sch10s	5.0	396.4	12694.3	624.7	49.471	0.1233
			Sch20	8.0	390.4	19863.8	977.5	78.561	0.1196
			Sch20s						
			Sch30	10.0	386.4	24463.4	1203.9	97.709	0.1172
			Sch40	12.5	381.4	30015.4	1477.1	121.366	0.1142
			Sch60	17.5	371.4	30482.8	1992.3	167.755	0.1083
			Sch80	22.2	362.0	49580.6	2440.0	210.237	0.1029
			Sch100	28.0	350.4	59871.8	2946.4	261.161	0.0964
			Sch120	30.0	346.4	63191.7	3109.8	278.337	0.0942
			Sch140	36.0	334.4	72483.4	3567.1	328.680	0.0878
			Sch160	40.0	326.4	78146.8	3845.8	361.256	0.0836
450	18	457.0	Sch5s	4.0	449.0	14595.8	638.8	44.664	0.1583
			Sch10	6.3	444.4	22642.7	990.9	69.989	0.1550
			Sch10s	5.0	447.0	18125.0	793.2	55.707	0.1569
			Sch20	8.0	441.0	28431.9	1244.3	82.539	0.1527
			Sch20s						
			Sch30	11.0	435.0	38326.7	1677.3	120.928	0.1485
			Sch40	14.2	428.6	48439.2	2119.9	154.987	0.1442
			Sch60	20.0	417.0	65648.2	2873.0	215.432	0.1365
			Sch80	25.0	407.0	79374.8	3473.7	266.209	0.1300
			Sch100	30.0	397.0	92126.2	4031.8	315.754	0.1237
			Sch120	36.0	385.0	106206.8	4648.0	373.580	0.1164
			Sch140	40.0	377.0	114890.9	5028.0	411.145	0.1116
			Sch160	45.0	367.0	124995.4	5470.3	456.992	0.1057
500	20	508.0	Sch5s	5.0	498.0	24977.9	983.4	61.992	0.1947
			Sch10	6.3	495.4	31230.7	1229.6	77.908	0.1927
			Sch10s	5.6	496.8	27876.0	1097.5	69.349	0.1937
			Sch20	10.0	488.0	48495.6	1909.3	122.752	0.1869
			Sch20s						
			Sch30	12.5	483.0	59725.1	2351.4	152.670	0.1821
			Sch40	16.0	476.0	74871.1	2947.7	194.037	0.1779
			Sch60	20.0	468.0	91381.4	3597.7	240.574	0.1719
			Sch80	28.0	452.0	121954.2	4801.3	331.283	0.1604
			Sch100	32.0	444.0	136072.0	5357.2	375.454	0.1548
			Sch120	40.0	428.0	162105.7	6382.1	461.429	0.1438
			Sch140	45.0	418.0	176961.4	6967.0	513.562	0.1372
			Sch160	50.0	408.0	190788.2	7511.3	564.462	0.1307

第六节 管　　件

管件（Pipe Fitting）在管系中起着改变走向、改变标高或改变直径、封闭管端以及由主管上引出支管的作用。在石油化工装置中管道品种多，管系复杂、形状各异、简繁不等，所用的管件品种、材质、数量也就很多，选用时需要考虑的因素也很复杂。

非金属管件和衬里管件的标准化程度不如钢制管件高，使用时要注意各制造厂在制造工艺、规格尺寸、各种性能等方面的差异。本节主要介绍钢制管件，需要选用非金属管件和衬里管件时可从有关的标准规范中查找。

一、管件的用途及种类

管件的用途见表 4-25。

表 4-25　管件的用途

用　　途	管　件　名　称
直管与直管连接	活接头、管箍
改变走向	弯头、弯管
分支	三通、四通、承插焊管接头、螺纹管接头、加强管接头、管箍、管嘴
改变管径	异径管（大小头）、异径短节、异径管箍、内外丝
封闭管端	管帽、丝堵
其他	螺纹短节、翻边管接头等

根据管件端部连接形式可将管件分为对焊连接管件（简称对焊管件）、承插焊连接管件（简称承插焊管件）、螺纹连接管件（简称螺纹管件）、法兰连接管件以及其他管件。

压力管道设计中，常用对焊管件、支管台、承插焊及螺纹连接管件的形式。法兰管件多用于特殊场合，使用范围及数量相对比较少。需要时可根据《钢制法兰管件》（GB/T 17185）的规定选用。

1. 对焊管件（Butt Welded Fitting）

对焊管件通常用于 $DN \geqslant 50$ mm 的管道，广泛应用于易燃、可燃介质，以及高的温度-压力参数的其他介质管道。对焊管件比其他连接形式的管件连接可靠、施工方便、价格便宜、没有泄漏点。

管件的壁厚等级用管子表号表示，常用的管子表号为 Sch40、Sch80，选用对焊管件时，管件应与其连接的管子的管子表号相同，即管件与管子等强度（而不是等壁厚），只是管件端部的壁厚与管子的壁厚相同。我国钢制对焊管件的国家标准（GB 12459）、中国石油化工总公司标准（SH 3408）基本与 ASME B16.9、ASME B16.28、JIS、JPI-7S、JPI-7S-1 相同。

常用的对焊管件包括弯头、三通、异径管（大小头）和管帽，前三项大多采用无缝钢管或焊接钢管通过推制、拉拔、挤压而成，管帽多采用钢板冲压而成。

它们通过公称壁厚等级（管子表号或壁厚值）来实现与管子等强度，至于其局部应力集中的补强，是制造厂应解决的问题。制造厂应对对焊管件的强度进行设计，并通过验证试验法进行验证。

（1）弯头（Elbow） 长半径弯头（Long Radius Elbow）（$R=1.5DN$），一般情况下，应优先采用；短半径弯头（Short Radius Elbow）（$R=1.0DN$），多用于尺寸受限制的场合，其最高工作压力不宜超过同规格长半径弯头的 0.8。

弯管（Bend）（$R=nDN$）用于缓和介质在拐弯处的冲刷和动能，可用到 R 分别等于 $3DN$、$6DN$、$10DN$、$20DN$。

根据制造方法不同又分为推制弯头、挤压弯头和焊制斜接弯头。推制弯头和挤压弯头常用于介质条件比较苛刻的中、小尺寸管道上，焊制斜接弯头常用于介质条件比较缓和的大尺寸管道上，同时要求其弯曲半径不宜小于其公称直径的 1.5 倍。当斜接弯头的斜接角度大于 45°时，不宜用于剧毒、可燃介质管道上，或承受机械振动、压力脉动及由于温度变化产生交变荷载的管道上。

对焊弯头的几种形式如图 4-3 所示。

(a) 碳素钢弯头　　(b) 碳素钢弯头　　(c) 碳素钢弯头　　(d) 不锈钢弯头
90°(长半径)　　　90°(短半径)　　　45°(短半径)

■ 图 4-3　对焊弯头

（2）三通（Tee） 等径三通（Straight Tee）、异径三通（Reducing Tee）、y 形三通。y 形三通常常代替一般三通，用于输送有固体颗粒或冲刷腐蚀较严重的管道上。

三通的几种形式如图 4-4 所示。

(a) 碳素钢三通（等径）　　(b) 碳素钢三通（异径）　　(c) 不锈钢三通

■ 图 4-4　三通

（3）异径管（大小头）（Reducer） 通常有同心异径管（Concentric Reducer）、偏心异径管（Eccentric Reducer）。

异径管的几种形式如图 4-5 所示。

（4）管帽（封头）（Cap） 有平盖封头、标准椭圆封头。

平盖封头制造较容易，价格也较低，但其承压能力不如标准椭圆封头，故它常用于 $DN \leqslant 100mm$、介质压力低于 1.0MPa 的条件下。标准椭圆封头为一带折边的椭圆封头，椭圆的内径长短轴之比为 2：1，它是应用最广的封头。

(a) 碳素钢异径管(偏心)　　(b) 碳素钢异径管(同心)　　　　(c) 不锈钢异径管

■ 图 4-5　异径管（大小头）

在很多情况下，如管廊上的管子端部，不用管帽而用法兰代替，以便于管子的吹扫和清洗。

对于 $DN\leqslant40$mm 的管子及其元件，因为其壁厚一般较薄，采用对焊连接时错口影响较大，容易烧穿，焊接质量不易保证，故此时一般不采用对焊连接。但下列几种情况例外。

① 对于 $DN\leqslant40$mm、壁厚大于或等于 Sch160 的管道及其元件，其壁厚已比较厚，采用对焊连接时，前面所述的问题已不存在，故也常用对焊连接。

② 有缝隙腐蚀介质（如氢氟酸介质）存在的情况下，即使 $DN\leqslant40$mm、壁厚小于 Sch160，也采用对焊连接，以避免缝隙腐蚀的发生，此时在焊接施工时常采用小焊丝直径、小焊接电流的氩弧焊，而不用一般的电弧焊。

③ 对润滑油管道，当采用承插焊连接时，其接头缝隙处易积存杂质而对机械设备产生不利影响，此时也应采用对焊连接。

2. 承插焊管件（Socket Welding Fitting，SW）

通常情况下，承插焊管件用于 $DN\leqslant40$mm、管壁较薄的管子和管件之间的连接。包括弯头、三通、支管台、管帽、管接头、异径短节、活接头、丝堵、仪表管嘴、软管站快速接头、水喷头等。

在我国，主要的承插焊管件标准有国家标准《锻钢制承插焊管件》（GB/T 14383）、中国石油化工总公司标准《锻钢制承插焊管件》（SH 3410）、化工行业标准《锻钢承插焊管件》（HG/T 21634）。承插焊管件通常采用模压锻造后再机械加工成型工艺制造。

一般异径短节、螺纹短节等为插口管件；弯头、三通、管帽、支管台、活接头、管接头等为承口管件。承插焊是插口与承口之间的连接，因此，在应用中应考虑这些管件之间的搭配组合以及所需的结构空间。

承插焊管件如图 4-6 所示。

3. 螺纹管件（Threaded Fitting，SCR'D）

① 常用材料有锻钢、铸钢、铸铁、可锻铸铁，石油化工装置的工艺管道大多选用锻钢制锥管螺纹管件。常用锻钢制螺纹管件的标准有 HG/T 21632、GB/T 14626。

② 螺纹连接也多用于 $DN\leqslant40$mm 的管子及其元件之间的连接。常用于不宜焊接或需要可拆卸的场合。螺纹连接件有阳螺纹（Male Screw）和阴螺纹（Female Screw）之分。常用的管件中，螺纹短节为阳螺纹，而弯头、三通、管帽、活接头等多为阴螺纹，使用时应注意它们之间的搭配和组合。

螺纹连接与焊接相比，其接头强度低，密封性能差，因此其使用时，常受下列条件的限制。

a. 螺纹连接的管件应采用锥管螺纹。

b. 螺纹连接不推荐用在大于 200℃ 及低于 -45℃ 的温度下。

c. 螺纹连接不得用在剧毒介质管道上。

d. 按国标 GB 50316，螺纹连接不得用于有缝隙腐蚀的流体工况中，不应使用于有振动的管道。

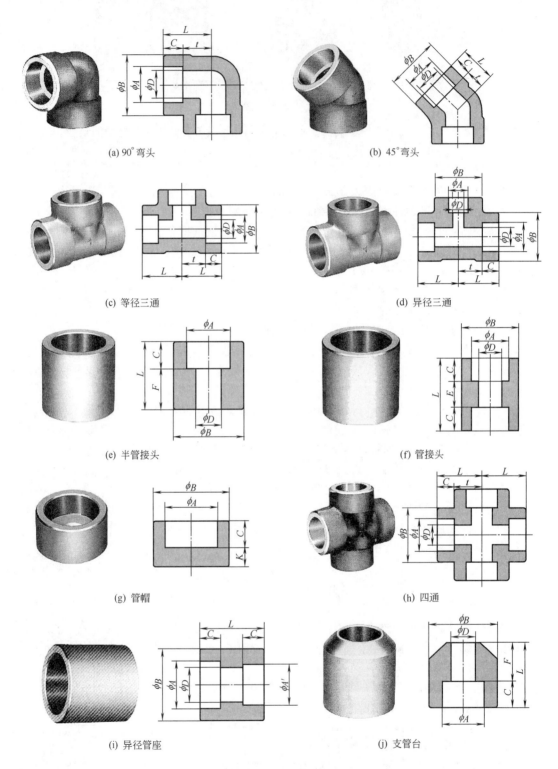

(a) 90°弯头

(b) 45°弯头

(c) 等径三通

(d) 异径三通

(e) 半管接头

(f) 管接头

(g) 管帽

(h) 四通

(i) 异径管座

(j) 支管台

■ 图4-6　承插焊管件

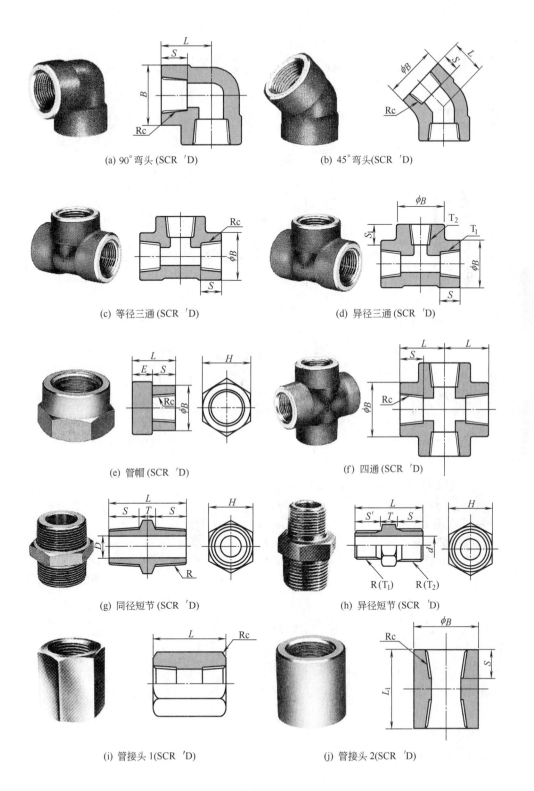

(a) 90°弯头 (SCR′D)　　　　　　(b) 45°弯头 (SCR′D)

(c) 等径三通 (SCR′D)　　　　　　(d) 异径三通 (SCR′D)

(e) 管帽 (SCR′D)　　　　　　(f) 四通 (SCR′D)

(g) 同径短节 (SCR′D)　　　　　　(h) 异径短节 (SCR′D)

(i) 管接头 1(SCR′D)　　　　　　(j) 管接头 2(SCR′D)

■ 图 4-7

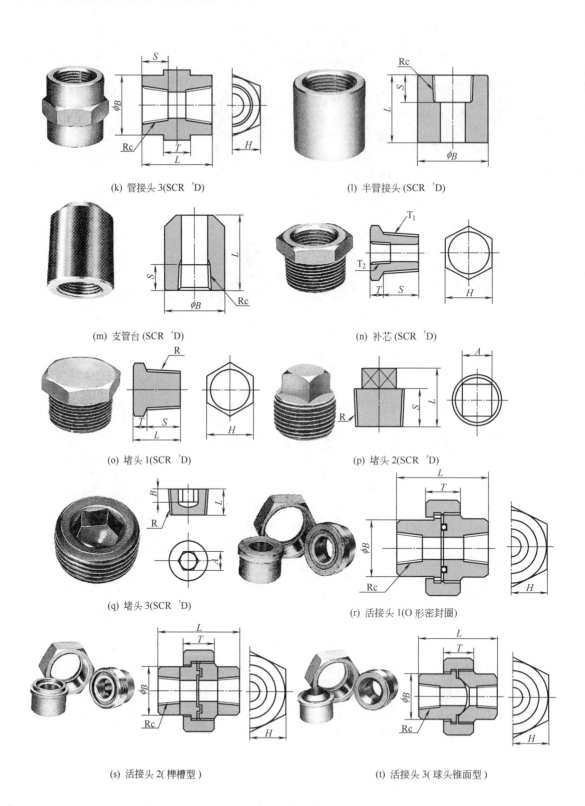

(k) 管接头 3(SCR ′D)　　　　　　(l) 半管接头 (SCR ′D)

(m) 支管台 (SCR ′D)　　　　　　(n) 补芯 (SCR ′D)

(o) 堵头 1(SCR ′D)　　　　　　(p) 堵头 2(SCR ′D)

(q) 堵头 3(SCR ′D)　　　　　　(r) 活接头 1(O 形密封圈)

(s) 活接头 2(榫槽型)　　　　　　(t) 活接头 3(球头锥面型)

■ 图 4-7　螺纹管件

e. 用于可燃气体管道上时，宜采用密封焊进行密封。

③ 常用的锥管螺纹可分为：55°锥管螺纹（多用于欧洲）；60°锥管螺纹（多用于美国）。

a. ISO 7/1 为 55°锥管螺纹。日本标准同时包含 55°锥管螺纹和 60°锥管螺纹两种。

b. GB 7306 为 55°锥管螺纹，等同采用 ISO 7/1。

螺纹锥度为 1：16；牙型角为 55°；尺寸范围为 1/16～6in；螺纹标志代号有 R（圆锥外螺纹）、Rc（圆锥内螺纹）。

c. GB 12716 为 60°锥管螺纹，等同采用 ASME B1.20.1。

螺纹锥度为 1：16；牙型角为 60°；尺寸范围为 1/16～12in；标识 NPT。

两种圆锥管螺纹不能互换。

螺纹管件如图 4-7 所示。

4. 法兰连接管件

法兰连接管件多用于特殊配管场合，实际用量相对比较少。

5. 其他常用管件

其他常用的管件还有加强管接头，例如螺纹加强管接头（Threadolet）、承插焊加强管接头（Sockolet）、对焊加强管接头（Weldolet）、插入加强管接头（Insert Weldolet）、斜接加强管接头（Latrolet）、弯头加强管接头（Elbolet）以及一种英文为 Sweepolet 的镶入式加强管接头（这些"加强管接头"也被称为螺纹支管台、承插支管台、焊接支管台、插入焊接支管台、斜接支管台、弯头支管台、镶入式支管台）。这些加强管接头可直接焊在主管上，与三通一样从主管上引出支管，不需另外补强，适用于高、中压管道。国内有化工行业标准《锻钢承插焊、螺纹和对焊管台》（HG/T 21634）。

图 4-8 所示的插入加强管接头、斜接加强管接头、弯头加强管接头以及 Sweepolet 加强管接头与主管连接的焊缝可进行无损探伤检查，焊接可靠，克服了"马鞍焊"的角焊缝质量不宜保证、检查困难的缺点，适用于火灾危险分类为甲、乙类介质和剧毒介质的管道，是理想的管接头。目前，国内还没有制造厂生产这几种接头。图 4-9 所示是承插焊与螺纹连接的变径管接头，用于 $DN50$ 以下管道及其管配件的连接。

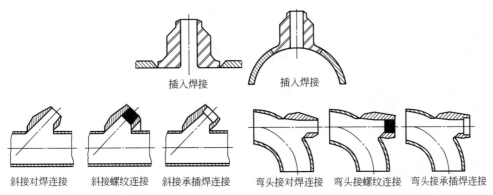

■ **图 4-8 加强管接头**（支管台）

二、管件选择的原则

① 管件的选择是指根据管道级（类）别、设计条件（如设计温度、设计压力）、介质特性、材料加工工艺性能、焊接性能、经济性以及用途来合理确定管件的温度-压力等级、管件的连接形式。

② 管件的选择应符合相应的标准规范，如《石油化工管道设计器材选用规范》（SH/T 3059）、《工业金属管道设计规范》（GB 50316）等。

③ 管件的连接形式多种多样，相应的结构也有所不同，常用的有对焊连接、螺纹连接、承插焊连接和法兰连接四种连接形式。

按照国际通用作法，$DN50$ 及以上的管道多采用对焊连接管件，$DN40$ 及以下多采用煨弯、承插焊或锥管螺纹连接管件。选用对焊连接管件时，应根据等强度的原则使管件的管子表号与所连接的管子的管子表号一致。

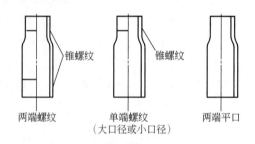

■ 图 4-9 承插焊与螺纹连接管件

三、支管连接件的选择

① 由于各国管件标准化程度不同，分支管连接方式及管件的选择也不尽相同。一般情况下，支管连接多采用成型支管连接件、焊接的引出口连接件以及支管直接焊接在主管上等连接形式。

② 支管连接件的选择主要依据管道等级中已经确定的法兰压力等级或公称压力来选用支管连接件。

一般情况下，当法兰的公称压力不大于 $PN2.5$（Class 150）时，支管直接焊接在主管上；当公称压力不小于 $PN4.0$（Class 300）时，则根据主管、支管公称直径的不同按对焊三通、焊接支管台、承插焊或螺纹连接三通、承插焊或螺纹支管台的顺序选用。

③ 支管连接件的管子表号。

值得注意的是在确定支管连接件的管子表号时，应根据管子与管件等强度的原则以及管件与管子连接方式而定。例如，当管子与管件采用对焊连接时，管子与管件的管子表号应一致；而当管子与管件采用承插焊或螺纹连接时，标准的承插焊和螺纹管件的管子表号只有 Sch80、Sch160、XXS 三挡，最低的管子表号就是 Sch80，也就是说只要当承插焊或螺纹管件所连接的管子表号不大于 Sch80 时，承插焊或螺纹管件的管子表号就选 Sch80，而当所连接的管子表号大于 Sch80 时，承插焊或螺纹管件的管子表号就选 Sch160 或 XXS。

另外，当对焊三通主管、支管所连接的管子的管子表号不同时，应注意三通主管、支管端部的管子表号应分别与其所连接的管子的管子表号相同，这样就非常方便管道施工，管件不必现场再打坡口。

四、焊接支管的补强

值得注意的是选用支管直接焊接在主管上这一种连接形式，要核算管子是否需要补强。支管补强的方法在 ASME B31.3、SH/T 3059《石油化工管道设计器材选用规范》、GB 50316《工业金属管道设计规范》、GB/T 20801《压力管道规范工业管道》等标准规范中均有详细的介绍。

五、分支管和主管的连接形式表

分支管和主管的连接形式见表 4-26。

表 4-26　分支管和主管的连接形式

公称直径		主管公称直径 DN/mm															
		600	500	450	400	350	300	250	200	150	100	80	50	40	25	20	15
支管公称直径 DN/mm	15	B	B	B	B	B	B	B	B	B	B	B	B	B	T	T	T
	20	B	B	B	B	B	B	B	B	B	B	B	B	T	T	T	
	25	B	B	B	B	B	B	B	B	B	B	B	T、B	T	T		
	40	B	B	B	B	B	B	B	B	B	B	T、B	T、B	T			
	50	B	B	B	B	B	B	B	B	M	M	M	M				
	80	B	B	B	B	B	B	B	M	M	M	M					
	100	B	B	B	B	B	B	B	M	M	M						
	150	N	N	N	N	M	M	M	M	M							
	200	N	N	M	M	M	M	M	M								
	250	N	N	M	M	M	M	M									
	300	N	M	M	M	M	M										
	350	N	M	M	M	M											
	400	M	M	M	M												
	450	M	M	M													
	500	M	M														
	600	M															

注：T 表示承插焊或螺纹三通；M 表示对焊三通；B 表示半管接头、支管台接头；N 表示焊接支管（低压时用）。

① 一般情况下，设计压力大于或等于 2.0MPa、设计温度超过 250℃ 以及支管公称直径之比大于 0.8，或承受机械振动、压力脉动和温度急剧变化的管道分支，应采用三通、45°斜三通和四通连接。

② 公称直径小于或等于 40mm 的管道，应采用承插焊（或螺纹）锻制三通。

③ 公称直径大于或等于 50mm 的管道，应采用对焊三通。

六、异径管的选择

① 相对于支管连接件而言，异径管的选择就没有那么复杂了。同样根据等强度的原则，异径管应采用与所连接的管子相同的管子表号。

② 是选择同心异径管还是选择偏心异径管，应根据工艺流程图要求或者配管布置的要求而定。例如，管廊上水平放置的异径管通常为底平的偏心异径管，泵的入口管道通常选择偏心异径管。是顶平还是底平需要依具体情况而定。

③ 通常，对于 $DN \geqslant 50mm$ 的管道上的异径管，多采用对焊异径管，而对于 $DN \leqslant 40mm$ 的管道，则采用承插焊异径管箍，但对于镀锌管道上的异径管则要采用螺纹连接形式。

七、常用管件系列

国内各种管件标准，对焊无缝和钢板制对焊管件均等效采用 ASME B16.9 和 ASME B16.28。锻钢制承插焊和螺纹管件均等效采用 ASME B16.11。但各标准同类管件的结构尺寸不尽相同。

常用的仪表管嘴有管嘴、直式温度计管嘴、直式双金属温度计管嘴、斜式温度计管嘴、斜式双金属温度计管嘴，可按 SYJT3000 选用。

管件的公称直径、外径和壁厚系列与对应的管子的尺寸系列是一致的。

（1）外径系列　国家管件标准 GB/T 12459、GB/T 13401 和 GB/T 14383 外径分为 A、B 两个系列：A 系列与 ASME B36.10《焊接和无缝钢管》的管子外径系列是一致的，即与 ASME B16.9 和 ASME B16.28 是一致的；B 系列是沿用过去我国炼油等行业使用的系列，B 系列中 $DN \leqslant 150mm$（除 $DN80$ 外）的外径系列就是常说的"小外径"系列。

（2）壁厚系列　国家标准 GB/T 12459、GB/T 14383 和 GB/T 14626 的壁厚以管子表号表示，其中 GB/T 12459 有十二个系列，GB/T 14383 只有 Sch80 和 Sch160 两个系列，GB/T 14626 有 Sch80、Sch160 和 XXS 三个系列；GB/T 13401 的壁厚分别按重量和管子表号两种方法表示，有 LG、STD、XS 和 Sch5s、Sch10s、Sch20s、Sch40、Sch80 八个系列。

八、管件选择常用标准规范

① GB/T 12459《钢制对焊管件类型与参数》。

② GB/T 13401《钢制对焊管件技术规范》。

③ GB/T 14383《锻制承插焊和螺纹管件》：$DN = 15 \sim 80mm$，A、B 系列。

④ GB/T 14626《锻钢制螺纹管件》：$DN = 8 \sim 100mm$。

⑤ GB/T 17185《钢制法兰管件》：$DN = 25 \sim 600mm$，适用于公称压力为 Class 150 和 Class 300 的钢制法兰管件。

⑥ SH/T 3408《石油化工钢制对焊管件》：$DN = 15 \sim 3400mm$。

⑦ SH/T 3409《钢板制对焊管件》：$DN = 200 \sim 2000mm$。

⑧ SH/T 3410《石油化工锻钢制承插焊和螺纹管件》：$DN = 10 \sim 100mm$。

⑨ HG/T 21634《锻钢承插焊管件》：$1/2'' \sim 1\frac{1}{2}''$❶，3000 及 6000Class。

⑩ HG/T 21635《碳钢、低合金钢无缝对焊管件》：$DN = 50 \sim 600mm$，PN 分别为 $25kgf/cm^2$❷、$40kgf/cm^2$、$64kgf/cm^2$、$100kgf/cm^2$。

⑪ HG/T 21631《钢制有缝对焊管件》：$DN = 300 \sim 1000mm$。

⑫ SY/T 0510《钢制对焊管件》：$DN = 15 \sim 1500mm$。

⑬ SY/T 5257《油气输送用感应加热弯管》。

⑭ ISO 3419《非合金钢和合金钢对焊管件》。

⑮ ISO 5251《不锈钢对焊管件》。

⑯ ASME B16.9《工厂制造锻钢对焊管件》。

⑰ ASME B16.11《承插焊和螺纹锻钢管件》。

⑱ ASME B16.28《锻钢对焊小半径弯头和回弯头》。

⑲ MSS SP-43《锻制不锈钢对焊管件》。

⑳ MSS SP-75《锻钢对焊管件》。

㉑ MSS SP-79《承插焊异径插入件》。

㉒ MSS SP-83《承插焊和螺纹活接头》。

㉓ MSS SP-95《缩径管和圆堵头》。

㉔ MSS SP-97《承插焊、螺纹和对焊端的整体加强式管座》。

㉕ JIS B2311《通用钢制对焊管件》。

---

❶　$1'' = 1in = 25.4mm$。

❷　$1kgf/cm^2 = 98.0665kPa$。

㉖ JIS B2312《钢制对焊管件》。

㉗ JIS B2313《钢板制对焊管件》。

㉘ JIS B2316《钢制承插焊管件》。

㉙ DIN 2605《钢制对焊管件　弯头和弯管》。

㉚ DIN 2615《钢制对焊管件　三通》。

㉛ DIN 2616《钢制对焊管件　异径管》。

㉜ DIN 2617《钢制对焊管件　管帽》。

第七节　法　　兰

一、法兰的种类

法兰是法兰盘的简称，这个名字是 Flange 的音译，又叫法兰凸缘盘或突缘。

1. 结构形式

按法兰与管子的连接方式分为以下五种基本类型，如图 4-10 所示：螺纹法兰［Threaded Flange（Th）］、平焊法兰［Slip-on Welding Flange（SO）］、对焊法兰［Welding Neck Flange（WN）］、承插焊法兰［Socket Welding Flange（SW）］、松套法兰［Lap Joint Flange（LF）］。

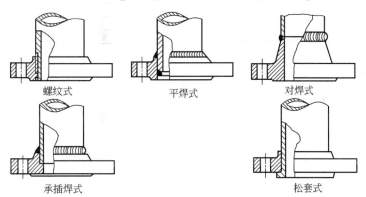

螺纹式　　平焊式　　对焊式

承插焊式　　松套式

■ 图 4-10　法兰与管子的连接方式

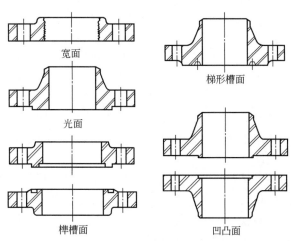

宽面　　梯形槽面

光面

榫槽面　　凹凸面

■ 图 4-11　法兰密封面形式

141

2. 密封面形式

法兰密封面有宽面、光面、凹凸面、榫槽面和梯形槽面等几种，如图 4-11 所示。

3. 法兰代号

不同的标准其法兰的密封面及形式的名称、代号略有区别（表 4-27、表 4-28）。

表 4-27　法兰密封面名称及代号对照

密封面名称	中石化总公司(SH)	中国化工行业(HG)	中国机械部(JB/T)	中国国标(GB)	美国 ASME
宽面	全平面(FF)	全平面(FF)	—	平面(FF)	全平面(FF)
光面	凸台面(RF)	突面(RF)	凸面	凸面(RF)	凸面(RF)
凹凸面	凹凸面(MF)	凹凸面(MFM)	凹凸面	凹凸面(MF)	凹凸面(L,M,F)(S,M,F)
榫槽面	榫槽面(TG)	榫槽面(TG)	榫槽面	榫槽面(TG)	榫槽面(L,T,G)(S,T,G)
梯形槽面	环槽面(RJ)	环连接面(RJ)	环连接面	环连接面(RJ)	环连接面(RJ)

表 4-28　结构形式代号对照

序号	中石化总公司(SH)	中国化工行业(HG)	中国机械部(JB/T)	中国国标(GB)
1	对焊(WN)	对焊(WN)	对焊(—)	对焊(—)
2	承插焊(SW)	承插焊(SW)		承插焊(—)
3	平焊(SO)	平焊(SO)	平焊(—)	平焊(—)
4	螺纹(PT)	螺纹(Th)		螺纹(—)
5	松套(LJ)	松套(PJ/LF)	松套(—)	松套(—)
6	法兰盖(—)	法兰盖(BL)	法兰盖(—)	法兰盖(—)
7		整体法兰(IF)	整体法兰(—)	整体法兰(—)

二、法兰结构形式的选用

1. 螺纹法兰 [Threaded Flange（Th）]

（1）螺纹法兰的特点　螺纹法兰是管子与法兰之间用螺纹连接，在法兰内孔加工螺纹，将带螺纹的管子旋合进去，不必焊接。因而具有方便安装、方便检修的特点。

（2）螺纹法兰的种类　螺纹法兰有两种。一种螺纹法兰公称压力较低，一般用在镀锌钢管等不宜焊接的场合，温度反复波动或高于 260℃ 和低于 -45℃ 的管道也不宜使用。另一种用于高压工况，利用带外螺纹，并加工成一定形状密封面的两个管端配透镜垫加以密封。这种法兰以往多用于合成氨生产。此外，在任何可能发生缝隙腐蚀、严重侵蚀或有循环荷载的管道上，应避免使用螺纹法兰。

2. 平焊法兰 [Slip-on Welding Flange（SO）]

平焊法兰是将管子插入法兰内孔中进行正面和背面焊接，具有容易对中，价格便宜等特点。多用于介质条件比较缓和的情况下，如低压非净化压缩空气、低压循环水。

平焊法兰有板式平焊法兰与带颈平焊法兰两种。

板式平焊法兰刚性较差，焊接时易引起法兰面变形，甚至在螺栓力作用下法兰也会变形，引起密封面转角而导致泄漏，因而一般用于压力、温度较低，相对不太重要的管道上，石化工业中一般规定只宜用于 $PN \leqslant 1.0\text{MPa}$ 的水、低压蒸汽和空气管道上。

带颈平焊法兰的短颈使法兰刚度和其承载能力大有提高。法兰本身的制造工艺比对焊法兰要简单，与管子连接的焊接与板式平焊法兰一样为角焊缝结构，施工比较简单。带颈平焊法兰的公称压力等级由低到高，范围较广，完全适用于过去国内习惯使用板式平焊法兰的场合，但在有频繁的大幅度温度循环的管道上不应使用。

3. 对焊法兰 [Welding Neck Flange（WN）]

这种法兰是将法兰焊颈端与管子焊接端加工成一定形式的焊接坡口后直接焊接，施工比较方便。由于法兰与管子焊接处有一段圆滑过渡的高颈，法兰颈部厚度逐渐过渡到管壁厚度，降低了结构的不连续性，法兰强度高，承载条件好，适用于压力、温度波动幅度大或高温、高压和低温管道。

4. 承插焊法兰［Socket Welding Flange（SW）］

与带颈平焊法兰相似，只是将管子插入法兰的承插孔中进行焊接，一般只在法兰背面有一条焊缝。常用于 $PN \leqslant 10.0MPa$，$DN \leqslant 40mm$ 的管道中。美国法兰标准 ASME B16.5 不推荐承插焊法兰用于具有热循环或较大温度梯度条件下的高温（$\geqslant 260℃$）或低温（$\leqslant -45℃$）的管道上。在可能产生缝隙腐蚀或严重侵蚀的管道上也不应使用这种法兰。

5. 松套法兰［Lap Joint Flange（LF）］

这种法兰常用于介质温度和压力都不高而介质腐蚀性较强的情况。松套法兰一般与翻边短节（Stub End）组合使用，即将法兰圈松套在翻边短节外，管子与翻边短节对焊连接，法兰密封面（凹凸面、榫槽面除外）加工在翻边短节上。

此外，还有平焊环和对焊环板式松套法兰。由于法兰本身不与介质相接触，只要求翻边短节或焊环与管材一致，法兰本体的材质完全可与管材不同，因而尤其适用于腐蚀性介质管道上，可以节省不锈钢、有色金属等贵重耐腐蚀材料。

6. 整体法兰［Integral Flange（IF）］

常常是将法兰与设备、管子、管件、阀门等做成一体，这种形式在设备和阀门上常用。

7. 法兰盖［Blind Flange（BL）］

法兰盖又称盲法兰，设备、机泵上不需接出管道的管嘴，一般用法兰盖封死，而在管道上主要用于管道端部作封头用。为了与法兰匹配，基本上有一种法兰就有相应的法兰盖。

8. 大小法兰（Reducing Flange）

大小法兰也称异径法兰，除接管口径外，法兰的尺寸为两口径中较大口径的标准平焊法兰尺寸，只是接管口径，比该法兰的正常口径要小，这种法兰一般不推荐使用，只有当设备、机泵管嘴口径大于所要连接的管子，且安装尺寸又不允许装大小头或装几个大小头显得很不合理时才选用大小法兰。目前大小法兰仅限于 $PN \leqslant 2.5MPa$ 且只有原石油部有此标准。

三、法兰密封面形式的选用

1. 全平面密封面［Flat Face；Full Face（FF）］

这种密封面常与平焊形式配合以适用于操作条件比较缓和的工况下（ASME B16.5 仅 $PN2.0$ 的法兰有这种密封面）；常用于铸铁设备和阀门的配对法兰。我国石化工业管道很少用这种密封面的法兰。

2. 凸台面密封面［Raised Face（RF）］

这种密封面是应用最广的一种形式，尤其国外不少公司所有公称压力等级的法兰几乎都用凸台面密封面，它常与对焊和承插焊形式配合使用。在"美式法兰"中，常用在 $PN2.0$、$PN5.0$ 和部分 $PN10.0$ 压力等级中；在"欧式法兰"中则常用在 $PN1.6$、$PN2.5$ 压力等级。这种法兰的法兰面上有凸出的密封面，凸台高度国内机标法兰与 DN 有关，$DN15 \sim 32$ 为 2mm，$DN40 \sim 250$ 为 3mm，$DN300 \sim 500$ 为 4mm，大于或等于 $DN600$ 为 5mm，与公称压力无关。美国法兰则与公称压力有关，$PN \leqslant 300psi$（$1psi = 6894.76Pa$）的凸面高度一律为 1.6mm，$PN \geqslant 400psi$ 则为 6.4mm，与公称直径无关。

3. 凹凸面密封面［Male-female Face（MF）］

这种密封面常与对焊和承插形式配合使用，由两个不同的密封面—凹一凸组成。这种密封面减少了垫片被吹出的可能性，但不能保护垫片不挤入管中，它不便于垫片的更换。在

"美式法兰"中不常采用,在"欧式法兰"中常用在 $PN4.0$ 的法兰上,$PN6.4$、$PN10.0$ 的法兰也有用这种密封面的。

4. 榫槽面密封面 [Tongue-groove Face（TG）]

这种密封面使用情况同凹凸面法兰。

5. 环槽面密封面 [Ring Joint Face（RJ）]

这种密封面常与对焊形式配合(不与承插焊配合)使用,主要用在高温、高压或两者均较高的工况。在"美式法兰"中,常用在 $PN10.0$ (部分)、$PN15.0$、$PN25.0$、$PN42.0$ 压力等级中。在"欧式法兰"中常用于 $PN10.0$、$PN16.0$、$PN25.0$、$PN32.0$、$PN42.0$。

四、法兰系列

目前国际上管法兰主要有两个体系。

一是以德国 DIN(包括苏联)为代表的法兰体系,公称压力为 0.1、0.25、0.6、1.0、1.6、2.5、4.0、6.3、10.0、16.0、25.0、32.0、40.0(MPa),公称直径范围 6～4000mm,法兰类型有板式平焊、带颈对焊、螺纹、翻边松套、平焊环松套、对焊环松套、法兰盖等,密封面有全平面、突面、凹凸面、榫槽面、环连接面、透镜面等。

另一体系是以美国 ASME B16.5 为代表的法兰体系,其公称压力为 150、300、400、600、900、1500、2500(psi),公称直径范围 15～600mm,法兰类型有带颈平焊、承插焊、螺纹、松套、带颈对焊和法兰盖,密封面有全平面、突面、大小凹凸面、大小榫槽面和环连接面。

我国目前使用的法兰标准较多,但归纳起来也是分别靠国际上的两个体系。以往使用较多的机械部标准(JB)法兰靠德国标准;中国石化法兰标准(SH)靠美国 ASME B16.5;国标法兰(GB)根据公称压力分别靠两个体系;中国化工行业法兰标准(HG)很清楚地分为欧洲与美洲系列,分别靠德国与美国的法兰标准,而且在欧洲系列中有两种接管外径尺寸,能适应不同外径系列的管道,因而适用性大大提高。

表示管法兰特征的应是法兰类型、公称压力、密封面形式、公称直径和材质。所有法兰标准均有各自的范围,因此必须查找有关法兰标准核实后方能正确选用所需要的法兰。

五、钢制管法兰形式参数

1. 欧洲体系（表 4-29～表 4-31）

表 4-29　钢制管法兰形式参数（欧洲体系）（HG/T 20592）

法兰类型	密封面型式	公称压力 PN/MPa(bar)								
		2.5	6	10	16	25	40	63	100	160
板式平焊法兰(PL)	突面(RF)	DN10～2000	DN10～600					—		
	全平面(FF)	DN10～2000	DN10～600				—			
带颈平焊法兰(SO)	突面(RF)	—	DN10～300	DN10～600				—		
	凹面(FM)凸面(M)	—		DN10～600				—		
	榫面(T)槽面(G)	—		DN10～600				—		
	全平面(FF)	—	DN10～300	DN10～600						

续表

法兰类型	密封面型式	公称压力 PN/MPa(bar)								
		2.5	6	10	16	25	40	63	100	160
带颈对焊法兰(WN)	突面(RF)	—	—	DN10~2000	DN10~2000	DN10~600	DN10~600	DN10~400	DN10~350	DN10~300
	凹面(FM)凸面(M)	—	—	DN10~600	DN10~600	DN10~600	DN10~600	DN10~400	DN10~350	DN10~300
	榫面(T)槽面(G)	—	—	DN10~600	DN10~600	DN10~600	DN10~600	DN10~400	DN10~350	DN10~300
	全平面(FF)	—	—	DN10~2000	DN10~2000	DN10~2000	DN10~2000	—	—	—
	环连接面(RJ)	—	—	—	—	—	—	DN15~400	DN15~400	DN15~300
整体法兰(IF)	突面(RF)	—	DN10~2000	DN10~2000	DN10~2000	DN10~1200	DN10~600	DN10~400	DN10~400	DN10~300
	凹面(FM)凸面(M)	—	DN10~600	DN10~600	DN10~600	DN10~600	DN10~600	DN10~400	DN10~400	DN10~300
	榫面(T)槽面(G)	—	DN10~600	DN10~600	DN10~600	DN10~600	DN10~600	DN10~400	DN10~400	DN10~300
	全平面(FF)	—	DN10~2000	DN10~2000	DN10~2000	—	—	—	—	—
	环连接面(RJ)	—	—	—	—	—	—	DN15~400	DN15~400	DN15~300
承插焊法兰(SW)	突面(RF)	—	—	DN10~50	DN10~50	DN10~50	DN10~50	DN10~50	DN10~50	—
	凹面(FM)凸面(M)	—	—	DN10~50	DN10~50	DN10~50	DN10~50	DN10~50	DN10~50	—
	榫面(T)槽面(G)	—	—	DN10~50	DN10~50	DN10~50	DN10~50	DN10~50	DN10~50	—
螺纹法兰(Th)	突面(RF)	—	DN10~150	DN10~150	DN10~150	DN10~150	—	—	—	—
	全平面(FF)	—	DN10~150	DN10~150	DN10~150	DN10~150	—	—	—	—
对焊环松套法兰(PJ/SE)	突面(RF)	—	DN10~600	DN10~600	DN10~600	DN10~600	—	—	—	—
平焊环松套法兰(PJ/RJ)	突面(RF)	—	DN10~600	DN10~600	DN10~600	—	—	—	—	—
	凹面(FM)凸面(M)	—	DN10~600	DN10~600	DN10~600	—	—	—	—	—
	榫面(T)槽面(G)	—	—	DN10~600	DN10~600	—	—	—	—	—
法兰盖(BL)	突面(RF)	DN10~2000	DN10~2000	DN10~2000	DN10~1200	DN10~1200	DN10~600	DN10~400	DN10~400	DN10~300
	凹面(FM)凸面(M)	—	—	—	DN10~600	DN10~600	DN10~600	DN10~400	DN10~400	DN10~300
	榫面(T)槽面(G)	—	—	—	DN10~600	DN10~600	DN10~600	DN10~400	DN10~400	DN10~300
	全平面(FF)	DN10~2000	DN10~2000	DN10~2000	DN10~1200	DN10~1200	—	—	—	—
	环连接面(RJ)	—	—	—	—	—	—	DN15~400	DN15~400	DN15~300
衬里法兰盖[BL(S)]	突面(RF)	—	—	DN40~600	DN40~600	DN40~600	—	—	—	—
	凸面(M)	—	—	—	DN40~600	DN40~600	DN40~600	—	—	—
	槽面(T)	—	—	—	DN40~600	DN40~600	DN40~600	—	—	—

表 4-30 公称直径和钢管外径   mm

DN	钢管外径 A	钢管外径 B	DN	钢管外径 A	钢管外径 B	DN	钢管外径 A	钢管外径 B
10	17.2	14	125	139.7	133	700	711	720
15	21.3	18	150	168.3	159	800	813	820
20	26.9	25	200	219.1	219	900	914	920
25	33.7	32	250	273	273	1000	1016	1020
32	42.4	38	300	323.9	325	1200	1219	1220
40	48.3	45	350	355.6	377	1400	1422	1420
50	60.3	57	400	406.4	426	1600	1626	1620
65	76.1	76	450	457	480	1800	1829	1820
80	88.9	89	500	508	530	2000	2032	2020
100	114.3	108	600	610	630			

表 4-31 钢制管法兰参数（欧洲体系）（HG/T 20592）

类别号	类别	钢板 材料牌号	钢板 标准编号	锻件 材料牌号	锻件 标准编号	铸件 材料牌号	铸件 标准编号
1C1	碳素钢	—	—	A105 16Mn 16MnD	GB/T 12228 JB 4726 JB 4727	WCB	GB/T 12229
1C2	碳素钢	Q345R	GB 713	—	—	WCC LC3、LCC	GB/T 12229 JB/T 7248
1C3	碳素钢	16MnDR	GB 3531	08Ni3D 25	JB 4727 GB/T 12228	LCB	JB/T 7248
JC4	碳素钢	Q235A,Q235B 20 Q245R 09MnNiDR	GB/T 3274 (GB/T 700) GB/T 711 GB 713 GB 3531	20 09MnNiD	JB 4726 JB 4727	WCA	GB/T 12229
1C9	铬钼钢 (1～1.25Cr～0.5Mo)	14Cr1MoR 15CrMoR	GB 713 GB 713	14Cr1Mo 15CrMo	JB 4726 JB 4726	WC6	JB/T 5263
1C10	铬钼钢 (2.25Cr～1Mo)	12Cr2Mo1R	GB 713	12Cr2Mo1	JB 4726	WC9	JB/T 5263
1C13	铬钼钢 (5Cr～0.5Mo)	—	—	1Cr5Mo	JB 4726	ZG16Cr5MoG	GB/T 16253
1C14	铬钼铬钢 (9Cr-1Mo-V)	—	—	—	—	C12A	JB/T 5263
2C1	304	0Cr18Ni9	GB/T 4237	0Cr18Ni9	JB 4728	CF3 CF8	GB/T 12230 GB/T 12230
2C2	316	0Cr17Ni12Mo2	GB/T 4237	0Cr17Ni12Mo2	JB 4728	CF3M CF8M	GB/T 12230 GB/T 12230
2C3	304L 316L	00Cr19Ni10 00Cr17Ni14Mo2	GB/T 4237 GB/T 4237	00Cr19Ni10 00Cr17Ni14Mo2	JB 4728 JB 4728	— —	— —
2C4	321	0Cr18Ni10Ti	GB/T 4237	0Cr18Ni10Ti	JB 4728	—	—
2C5	347	0Cr18Ni11Nb	GB/T 4237	—	—	—	—
12E0	CF8C	—	—	—	—	CF8C	GB/T 12230

注：1. 管法兰材料一般应采用锻件或铸件，不推荐用钢板制造。钢板仅可用于法兰盖、衬里法兰盖、板式平焊法兰、对焊环松套法兰、平焊环松套法兰。

2. 表列铸件仅适用于整体法兰。

3. 管法兰用对焊环可采用锻件或钢管制造（包括焊接）。

2. 美洲体系（表 4-32～表 4-36）

表 4-32　钢制管法兰形式参数（美洲体系）（HG/T 20615）

法兰类型	密封面型式	150(20)	300(50)	600(110)	900(150)	1500(260)	2500(420)
带颈平焊法兰(SO)	突面(RF)	DN15~600				DN15~65	—
	凹面(FM)		DN15~600			DN15~65	
	凸面(M)		DN15~600			DN15~65	
	榫面(T)	—	DN15~600			DN15~65	
	槽面(G)	—	DN15~600			DN15~65	
	全平面(FF)	DN15~600	—				
带颈对焊法兰(WN) 长高颈法兰(LWN)	突面(RF)	DN15~600					DN15~300
	凹面(FM)		DN15~600				DN15~300
	凸面(M)		DN15~600				DN15~300
	榫面(T)		DN15~600				DN15~300
	槽面(G)		DN15~600				DN15~300
	全平面(FF)	DN15~600	—				
	环连接面(RJ)	DN25~300	DN15~600				DN15~300
整体法兰(IF)	突面(RF)	DN15~600					DN15~300
	凹面(FM)	—	DN15~600				DN15~300
	凸面(M)	—	DN15~600				DN15~300
	榫面(T)	—	DN15~600				DN15~300
	槽面(G)	—	DN15~600				DN15~300
	全平面(FF)	DN15~600	—				
	环连接面(RJ)	DN25~600	DN15~600				DN15~300
承插焊法兰(SW)	突面(RF)	DN15~80			DN15~65		—
	凹面(FM)	—	DN15~80		DN15~65		
	凸面(M)	—	DN15~80		DN15~65		
	榫面(T)	—	DN15~80		DN15~65		
	槽面(G)	—	DN15~80		DN15~65		
	环连接面(RJ)	DN25~80	DN15~80		DN15~65		
螺纹法兰(Th)	突面(RF)	DN15~150		—			
	全平面(FF)	DN15~150	—				
对焊环松套法兰(LF/SE)	突面(RF)	DN15~600			—		
法兰盖(BL)	突面(RF)	DN15~600					DN15~300
	凹面(FM)	—	DN15~600				DN15~300
	凸面(M)	—	DN15~600				DN15~300
	榫面(T)	—	DN15~600				DN15~300
	槽面(G)	—	DN15~600				DN15~300
	全平面(FF)	DN15~600	—				
	环连接面(RJ)	DN25~600	DN15~600				DN15~300

表 4-33　大直径钢制管法兰形式参数（美洲体系）（HG/T 20623—2009）

密封面型式	系列	150(20)	300(50)	600(110)	900(150)
突面(RF)	A 系列	DN650~1500			DN650~1000
	B 系列	DN650~1500		DN650~900	
环连接面(RJ)	A 系列	—	DN650~900		

表 4-34　钢制管法兰公称通径和钢管外径（美洲体系）（HG/T 20615）　　　　mm

公称尺寸	DN	15	20	25	32	40	50	65	80	100
	NPS	½	¾	1	1¼	1½	2	2½	3	4
钢管外径		21.3	26.9	33.7	42.4	48.3	60.3	76.1	88.9	114.3
公称尺寸	DN	125	150	200	250	300	350	400	450	500	600
	NPS	5	6	8	10	12	14	16	18	20	24
钢管外径		139.7	168.3	219.1	273.0	323.9	355.6	406.4	457	508	610

表 4-35　大直径钢制管法兰公称通径和钢管外径（美洲体系）（HG/T 20623）　　　　mm

公称尺寸	DN	650	700	750	800	850	900	950	1000
	NPS	26	28	30	32	34	36	38	40
钢管外径		660	711	762	813	864	914	965	1016
公称尺寸	DN	1050	1100	1150	1200	1250	1300	1350	1400	1450	1500
	NPS	42	44	46	48	50	52	54	56	58	60
钢管外径		1067	1118	1168	1219	1270	1321	1372	1422	1473	1524

表 4-36　钢制管法兰用材料（美洲体系）（HG/T 20615）

类别号	类别	钢板		锻件		铸件	
		材料牌号	标准编号	材料牌号	标准牌号	材料牌号	标准牌号
1.0	碳素钢	Q235A、Q235B 20 Q245R	GB/T 3274 (GB/T 700) GB/T 711 GB 713	20	JB 4726	WCA	GB/T 12229
1.1	碳素钢			A105 16Mn 16MnD	GB/T 12228 JB 4726 JB 4727	WCB	GB/T 12229
1.2	碳素钢	Q345R	GB 713	—	—	WCC LC3、LCC	GB 12229 JB/T 7248
1.3	碳素钢	16MnDR	GB 3531	08Ni3D25	JB 4727 GB/T 12228	LCB	JB/T 7248
1.4	碳素钢	09MnNiDR	GB 3531	09MnNiD	JB 4727		
1.9	铬钼钢(1.25Cr-0.5Mo)	14Cr1MoR	GB 713	14Cr1Mo	JB 4726	WC6	JB/T 5263
1.10	铬钼钢(2.25Cr-1Mo)	12Cr2Mo1R	GB 713	12Cr2Mo1	JB 4726	WC9	JB/T 5263
1.13	铬钼钢(5Cr-0.5Mo)	—	—	1Cr5Mo	JB 4726	ZG16Cr5MoG	GB/T 16253
1.15	铬钼钒钢(9Cr-1Mo-V)	—	—	—	—	C12A	JB/T 5263
1.17	铬钼钢(1Cr-0.5Mo)	15CrMoR	GB 713	15CrMo	JB 4726		
2.1	304	0Cr18Ni9	GB/T 4237	0Cr18Ni9	JB 4728	CF3 CF8	GB/T 12230 GB/T 12230
2.2	316	0Cr17Ni12Mo2	GB/T 4237	0Cr17Ni12Mo2	JB 4728	CF3M CF8M	GB/T 12230 GB/T 12230
2.3	304L 316L	00Cr19Ni10 00Cr17Ni14Mo2	GB/T 4237	00Cr19Ni10 00Cr17Ni14Mo2	JB 4728	—	—

类别号	类　　别	钢　　板		锻　　件		铸　　件	
		材料牌号	标准编号	材料牌号	标准牌号	材料牌号	标准牌号
2.4	321	0Cr18Ni10Ti	GB/T 4237	0Cr18Ni10Ti	NB/T 47010	—	—
2.5	347	0Cr18Ni11Nb	GB/T 4237	—	—	—	—
2.11	CF8C	—	—	—	—	CF8C	GB/T 12230

注：1. 管法兰材料一般应采用锻件或铸件，带颈法兰不得用钢板制造。钢板仅可用于法兰盖。

2. 表列铸件仅适用于整体法兰。

3. 管法兰用对焊环可采用锻件或钢管制造（包括焊接）。

大直径钢制管法兰（美洲体系）（HG/T 20623）的管法兰材料选用按下列要求：

大口径钢制管法兰用材料按 HG/T 20615 表 4.0.1 的规定，其化学成分、力学性能以及其他技术要求应符合表 4-35 中所列有关标准的规定。

管法兰用锻件（包括锻轧件）的级别及其技术要求应符合下列规定。

a. 符合下列条件之一者，应按Ⅲ级或Ⅲ级以上锻件的要求：

ⅰ. 公称压力大于或等于 Class600 者；

ⅱ. 公称压力大于或等于 Class300 的铬钼钢锻件；

ⅲ. 公称压力大于或等于 Class300 且工作温度小于或等于 -20℃的铁素体钢锻件。

b. 除上述规定以外，公称压力小于或等于 Class300 的锻件应符合Ⅱ级或Ⅱ级以上锻件的要求。

除法兰盖以外，法兰应采用锻件（或锻轧工艺）或铸（钢）件制作，且不得拼焊。法兰盖可采用钢板制作。

六、可配合使用的管法兰标准

管法兰与管子标准系列，见表 4-37；欧洲体系管法兰见表 4-38；美洲体系管法兰见表 4-39 和表 4-40。

表 4-37　国内常用管法兰标准

配管	欧洲体系（PN 系列）	美洲体系（Class 系列）
英制管	GB/T 9112～9124 HG/T 20592	GB/T 9112～9124 HG/T 20615 SH/T 3406
公制管	HG/T 20592 JB/T 74～86	—

表 4-38　可配合使用的欧洲体系管法兰

标　准　编　号	标准名称	压力等级 PN/bar
EN 1092-1	钢制法兰	2.5,6,10,16,25,40,63,100,160
JB/T 74～90	管路法兰	2.5,6,10,16,25,40,63,100
HG/T 20592	钢制管法兰	2.5,6,10,16,25,40,63,100,160
GB/T 9112～9124	钢制管法兰	2.5,6,10,16,25,40,63,100,160

注：JB/T 74～90 管路法兰中，管法兰 PN2.5-DN500、PN6-DN500 和 PN10-DN80 与 HG/T 20592—2009 不能配合使用。

表 4-39 配合使用的美洲体系管法兰（≤DN600）

标 准 编 号	标 准 名 称	压 力 等 级
ASME B16.5	管法兰和法兰管件	Class150，Class300，Class600，Class900，Class1500，Class2500
EN 1759-1	钢制法兰及法兰管件	Class150，Class300，Class600，Class900，Class1500，Class2500
JPI 7S-15	钢制法兰及法兰管件	Class150，Class300，Class600，Class900，Class1500，Class2500
GB/T 9112～9124	钢制管法兰	$PN20，PN50，PN110，PN150，PN260，PN420$
SH/T 3406	石油化工钢制管法兰	$PN20，PN50，PN100，PN150，PN250，PN420$

表 4-40 可配合使用的美洲体系管法兰（＞DN600）

标准编号	标准名称	压力等级	备 注
ASME B16.47	大直径钢制法兰	Class150，Class300，Class600，Class900	A 系列 B 系列
JPI 7S-43	大直径钢制法兰	Class 150，Class300，Class600，Class900	A 系列 B 系列
SH/T 3406	石油化工钢制管法兰	$PN 20，PN 50$	B 系列

七、常用法兰标准规范

① GB/T 9112～9124《钢制管法兰》

② GB/T 13402《大直径碳钢管法兰》

③ HG/T 20592～20635《钢制管法兰、垫片、紧固件》

注：HG/T 20592 为钢制管法兰标准 PN 系列（欧洲体系）

HG/T 20606～20607、HG/T 20609～20612 为钢制管法兰用垫片标准 PN 系列（欧洲体系）

HG/T 20613 为钢制管法兰用紧固件 PN 系列（欧洲体系）

HG/T 20614 为钢制管法兰、垫片、紧固件选配规定 PN 系列（欧洲体系）。

HG/T 20615 为钢制管法兰标准 Class 系列（美洲体系）

HG/T 20623 为大直径钢制管法兰标准 Class 系列（美洲体系）

HG/T 20627～20628、HG/T 20630～20633 为钢制管法兰用垫片标准 Class 系列（美洲体系）

HG/T 20634 为钢制管法兰用紧固件 Class 系列（美洲体系）

HG/T 20635 为钢制管法兰、垫片、紧固件选配规定 Class 系列（美洲体系）

④ SH/T 3406《石油化工钢制管法兰》。

⑤ ASME B16.5《管法兰和法兰配件》。

⑥ ASME B16.47《大直径钢管法兰》。

⑦ MSS SP-44《钢制管法兰》。

⑧ JIS B2220《钢制焊接式管法兰》。

⑨ JIS B2238《钢制管法兰通则》。

⑩ BS 1560《管、阀门和配件用圆法兰》。

⑪ DIN 2527，2573，2576，2627～2638，2673，2552，2653，2655，2656，2641，2642，2565～2569 德标法兰系列。

第八节　螺栓、螺母

一、螺栓

根据结构形式的不同，螺栓可分为六角头螺栓（又称单头螺栓）和螺柱（又称双头螺栓）两类，而双头螺栓又分为通丝和非通丝两种，如图 4-12 所示。

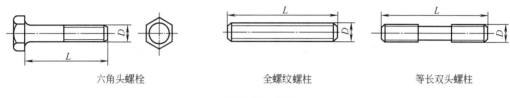

六角头螺栓　　　　　　　全螺纹螺柱　　　　　　　等长双头螺柱

■ 图 4-12　螺栓

1. 六角头螺栓（Hexagonal Head Bolt）

常与平焊法兰和非金属垫片配合，用于操作较缓和的工况下。常配 $H = 0.8D$ 螺母。六角头螺栓常用材料是 BL3 或者是 Q235B。石化工业中一般用在压力、温度较低的冷却水、空气等公用工程管道上。

2. 螺柱（Stud Bolt）

常与对焊法兰配合，使用在操作条件比较苛刻的工况下。

螺柱本身又分全螺纹螺柱（通丝型）和等长双头螺柱（非通丝型），其中，因为通丝型双头螺栓上没有截面形状的变化，故其承载能力强，而非通丝型双头螺栓则相对承载能力较弱。螺柱适用于所有公称压力等级的管法兰，以往规定 $PN \leqslant 2.5\mathrm{MPa}$ 的法兰可配六角头螺栓，也可配螺柱，而 $PN \geqslant 4.0\mathrm{MPa}$ 的法兰只配螺柱。

《石油化工管道设计器材选用通则》（SH 3059）规定除 $PN < 5.0\mathrm{MPa}$，采用软质垫片的法兰连接可选用六角头螺栓外，其他法兰连接均应选用全螺纹螺柱。ASME B16.5 也有类似规定，公称压力 $\geqslant 400\mathrm{psi}$ 法兰连接均采用螺柱。

此外，由于同样直径螺栓的保证荷载与最小拉力荷载，细牙螺纹均比粗牙螺纹要大，中石化总公司标准规定大于或等于 M36 一律用螺距为 3mm 的细牙螺纹。化工行业标准规定螺纹直径 M10～M27 时，采用粗牙螺纹；M30～M45 时，采用细牙螺纹。《工业金属管道设计规范》（GB 50316）规定法兰连接用紧固件螺纹的螺距不宜大于 3mm，直径 M30 以上的紧固件可采用细牙螺纹。

二、螺母

关于螺母（图 4-13），由于已被证明增加螺母高度尺寸是解决 $H = 0.8D$ 螺母脱扣问题的最可行方法，为简化品种，现在石油化工管法兰已大多采用 $H = D$ 的六角形螺母。

三、螺栓与螺母材料的选择

螺柱、螺栓和螺母的公差等级均分 A、B、C 三级。C 级过去称粗制，A、B 级过去有的分别称精制、半精制，也有的统称为精制。石油化工管法兰紧固件标准规定一律符合 B 级产品要求。化工行业规定压力不大于 0.6MPa 时可采用 C 级

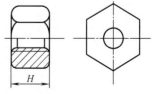

■ 图 4-13　六角螺母

产品。

选择法兰连接用紧固件材料时，应同时考虑管道操作压力、操作温度、介质种类和垫片类型等因素。

螺母材料常根据与其配合的螺栓材料确定，这些组合在一般的标准中都有规定。一般情况下，螺母材料应稍低于螺栓材料，并保证螺母硬度比螺栓硬度低30HB左右。

垫片类型和操作压力、操作温度一样，都直接对紧固件材料强度提出了要求。例如，采用缠绕式垫片密封的低压剧毒介质管道的法兰连接，尽管管道的操作压力和温度都不高，但因为使缠绕式垫片形成初始密封时所需要的比压力较大，从而要求紧固件的承受荷载也大，因此，在这种情况下就要求紧固件采用高强度合金钢材料。

合金钢螺柱均应采用高级优质钢，即材料牌号后均应加字母A，如35CrMoA、25CrMoVA。

管法兰大量采用专用级紧固件，这种用材料牌号表示的螺栓、螺母的力学性能依照《压力容器》（GB 150）的规定。石油化工管法兰常用紧固件材料和力学性能，可以参考SH标准中的相应表格。

四、常用螺栓许用应力和使用温度

常用螺栓许用应力和使用温度见表4-41。

表4-41 常用螺栓许用应力和使用温度

钢号	钢材标准号	钢材使用状态	螺栓规格/mm	σb/MPa	σs/MPa	≤20	100	150	200	250	300	350	400	425	450	475	500	525	550	575	600	使用温度下限/℃	备注
碳素钢螺栓																							
Q235-A	GB/T 700	热轧	≤M20	375	235	87	78	74	69	62	56	—	—	—	—	—	—	—	—	—	—	0	
35	GB/T 699	正火	≤M22	530	315	117	105	98	91	82	74	69	—	—	—	—	—	—	—	—	—	−20	②
			M24~M27	510	295	118	106	100	92	84	76	70	—	—	—	—	—	—	—	—	—		
低合金钢螺栓																							
40MnB	GB/T 3077	调质	≤M22	805	685	196	176	171	165	162	154	143	126	—	—	—	—	—	—	—	—	−20	②
			M24~M36	765	635	212	189	183	180	176	167	154	137	—	—	—	—	—	—	—	—		
40MnVB	GB/T 3077	调质	≤M22	835	735	210	190	185	179	176	168	157	140	—	—	—	—	—	—	—	—	−20	②
			M24~M36	805	685	228	206	199	196	193	183	170	154	—	—	—	—	—	—	—	—		
40Cr	GB/T 3077	调质	≤M22	805	685	196	176	171	165	162	157	148	134	—	—	—	—	—	—	—	—	−100	
			M24~M36	765	635	212	189	183	180	176	170	160	147	—	—	—	—	—	—	—	—		
30CrMoA	GB/T 3077	调质	≤M22	700	550	157	141	137	134	131	129	124	116	111	107	103	79	—	—	—	—	−100	
			M24~M48	660	500	167	150	145	142	140	137	132	123	118	113	108	79	—	—	—	—		
			M52~M56	660	500	185	167	161	157	156	152	146	137	131	126	111	79	—	—	—	—		
35CrMoA	GB/T 3077	调质	≤M22	835	735	210	190	185	179	176	174	165	154	147	140	111	79	—	—	—	—	−100	
			M24~M48	805	685	228	206	199	196	193	189	180	170	162	150	111	79	—	—	—	—		
			M52~M80	805	685	254	229	221	218	214	210	200	189	180	150	111	79	—	—	—	—		
			M85~M105	735	590	219	196	189	185	181	178	171	160	153	145	111	79	—	—	—	—		
35CrMoVA	GB/T 3077	调质	M52~M105	835	735	272	247	240	232	229	225	218	207	201	—								
			M110~M140	785	665	246	221	214	210	207	203	196	189	183									
25Cr2MoVA	GB/T 3077	调质	≤M22	835	735	210	190	185	179	176	174	168	160	156	151	141	131	72	39			−20	②
			M24~M48	835	735	245	222	216	209	206	203	196	186	181	176	168	131	72	39				
			M52~M105	805	685	254	229	221	218	214	210	203	196	191	185	176	131	72	39				
			M110~M140	735	590	219	196	189	185	181	178	174	167	164	160	153	131	72	39				
40CrNiMoA	GB/T 3077	调质	M50~M140	930	825	306	291	281	274	267	257	244	—	—	—	—	—	—	—	—	—	−50	①

续表

钢　号	钢材标准号	钢材使用状态	螺栓规格/mm	常温强度指标		在下列温度(℃)下的许用应力/MPa																使用温度下限/℃	备注
				σ_b/MPa	σ_s/MPa	≤20	100	150	200	250	300	350	400	425	450	475	500	525	550	575	600		
1Cr5Mo	GB/T 1221	调质	≤M22	590	390	111	101	97	94	92	91	90	87	84	81	77	62	46	35	26	18	−20	②
			M24~M48	590	390	130	118	113	109	108	106	105	101	98	95	83	62	46	35	26	18		

高合金钢螺栓

钢　号	钢材标准号	钢材使用状态	螺栓规格/mm	σ_b/MPa	σ_s/MPa	≤20	100	150	200	250	300	350	400	425	450	475	500	525	550	575	600	使用温度下限/℃	备注
2Cr13 (20Cr13)	GB/T 1220	调质	≤M22	126	117	111	106	103	100	97	91	—	—	—	—	—	—	—	—	—	—	−20	②
			M24~M27	147	137	130	123	120	117	113	107	—	—	—	—	—	—	—	—	—	—		
0Cr18Ni9 (06Cr19Ni10)	GB/T 1220	固溶	≤M22	129	107	97	90	84	79	77	74	71	69	68	66	63	58	52	42	32	27		
			M24~M48	137	114	103	96	90	85	82	79	76	74	73	71	67	62	52	42	32	27		
0Cr17Ni12Mo2 (06Cr17Ni12Mo2)	GB/T 1220	固溶	≤M22	129	109	101	93	87	82	79	77	76	75	74	73	71	68	65	50	38	30	−196	
			M24~M48	137	117	107	99	93	87	84	82	81	79	78	76	73	65	50	38	30			
0Cr18Ni10Ti (06Cr18Ni11Ti)	GB/T 1220	固溶	≤M22	129	107	97	90	84	79	77	75	73	71	70	69	58	44	33	25	18	13		
			M24~M48	137	114	103	96	90	85	82	80	78	76	75	74	58	44	33	25	18	13		

① M80 及以下使用温度下限为−70℃。

② 使用温度下限为−20℃的材料，宜在高于−20℃的条件下使用，不需进行低温韧性试验。

注：中间温度的许用应力，可按本表的数值用内插法求得。

五、某螺栓螺母 ASTM 材料的选用工程实例

某螺栓螺母 ASTM 材料的选用见表 4-42。

表 4-42　某螺栓螺母 ASTM 材料的选用

流体介质	温度范围/℃		ASTM 材料种类	
	Min	Max	螺栓	螺母
工艺和普通流体	−40	+450	A193 Grade B7	A194 Grade 2H
低温流体	−73	+450	A320 Grade L7M	A194 Grade 7M
	−101	+343	A320 Grade L7	A194 Grade 4or7
高温流体	+450	+645	ASTM A193 Grade B16	A194 Grade 4
湿酸流体	−48	+450	A193 Grade B7M	A194 Grade 2HM
	−73	+450	A320 Grade L7M	A194 Grade 7M

　　某蒸汽管道 DN100，设计温度 410℃，设计压力 2.5MPa，螺栓/螺母材料选用 A193-B16/A194-4，制造 FULL THRD（全螺纹）/HEAVY NUT（厚螺母），采用 ASME B18.2.1/B18.2.2 标准。

第九节　垫　　片

　　垫片〔Gasket（GSKT）〕是借助于螺栓的预紧载荷通过法兰进行压紧，使其发生弹塑性变形，填充法兰密封面与垫片间的微观几何间隙，增加介质的流动阻力，从而达到阻止或减少介质泄漏的目的。垫片性能的好坏以及选用的合适与否对密封副的密封效果影响很大。

一、垫片的种类及适用范围

　　常用的垫片可以分为三大类，即非金属垫片、半金属垫片和金属垫片。

1. 非金属垫片（Non-metallic Gasket）

（1）石棉橡胶垫片（Elastomer with Asbestos Fabric Insertion Gasket）

① 特点。通过向石棉中加入不同的添加剂压制而成。在美国，很多标准中都将石棉制品列为致癌物质而禁用，但在世界范围内，石棉仍以其弹性好、强度高、耐油性好、耐高温、易获得等优点而得到广泛应用。

② 适用范围：$T \leqslant 260℃$，$PN \leqslant 2.0MPa$（SH 3401）；$T \leqslant 400℃$，$PN \leqslant 4.0MPa$（GB/T 539）；用于水、空气、氮气、酸、碱、油品等介质工况下。

（2）聚四氟乙烯（PTFE）包覆垫片（PTFE Impregnated Asbestos Gasket）

适用范围：$T = -180 \sim 200℃$，$PN \leqslant 4.0MPa$；常用于低温或者要求干净的场合。

2. 半金属垫片（Semimetallic Gasket）

半金属垫片有缠绕式垫片（Spiral Wound Gasket）、金属包覆垫片（Metallic Jacket Gasket）和柔性石墨垫片（Flexible Graphite Gasket）三大类。

（1）缠绕式垫片

① 特点。缠绕式垫片是半金属垫片中最理想、也是应用最普遍的垫片。其压缩回弹性好、强度高，有利于适应压力和温度的变化，能在高温、低温、冲击、振动及交变荷载下保持良好的密封性能。

② 材料。缠绕钢带：20、1Cr13、0Cr19Ni9、0Cr18Ni10Ti、0Cr17Ni12Mo2 等材料。

非金属缠绕带：特制石棉、柔性石墨带和聚四氟乙烯带。

③ 适用范围（表 4-43、表 4-44）。

表 4-43　缠绕式垫片的形式及代号

形式	适用密封面形式	垫片形式代号			
		SH 3407	HG 20610	JB/T 90	GB 4622.1
基本型	榫槽面	A	A	A	A
带内环	凹凸面	C	B	B	C
带外环	凸台面	B	C	C	B
内外环	凸台面（$PN \geqslant 5.0MPa$、$T \geqslant 350℃$）	D	D	D	D

表 4-44　常用缠绕式垫片的使用条件

垫片材料	法兰公称压力/MPa	温度范围/℃
奥氏体不锈钢/特制石棉	$\leqslant 25.0$	$-50 \sim 500$
奥氏体不锈钢/柔性石墨	$\leqslant 25.0$	$-196 \sim 600$
奥氏体不锈钢/聚四氟乙烯	$\leqslant 10.0$	$-196 \sim 200$

（2）铁包式垫片　密封性能不如缠绕式垫片，故压力管道中用得不多，它常用于换热器封头等大直径的法兰连接密封。

（3）柔性石墨复合垫片　由冲齿或冲孔金属芯板与膨胀石墨粒子复合而成。适用于突面、凹凸面和榫槽面法兰。

3. 金属垫片（Metallic Gasket）

金属垫片常用在高压力等级法兰上，以承受较高的密封比压。常用的金属垫片有平垫（Flat Gasket）、八角形垫（Octagonal Ring Gasket）和椭圆形垫（Oval Ring Gasket）三种。

金属平垫片：常与凸台面、凹凸面、榫槽面法兰一起使用。

八角形金属垫片和椭圆形金属垫片：常与环槽面法兰一起使用。与椭圆形金属垫片相比，八角形金属垫片容易加工，故其应用较多。

一般情况下，金属垫片的材料应配合法兰材料选用，且要求垫片硬度比法兰密封面硬度低（不少于 30HB）。常用的金属垫片材料及其硬度和最高使用温度见表 4-45。

表 4-45　常用金属垫片材料的硬度和最高使用温度

材料名称		最高硬度		材料标准	最高使用温度/℃
		布氏/HB	洛氏/HRC		
ASTM材料	软铁	90	52	软铁	530
	5Cr-0.5Mo	130	74	ASTM A182 F5a AISI 502	700
	13Cr	170	84	ASTM A182 F6 AISI 410	−196～700
	18Cr-8Ni	160	84	ASTM A182 F304 AISI 304	−196～750
	18Cr-8Ni 超低碳	150	81	AISI 304L	−196～800
	18Cr-12Ni-Mo	160	84	ASTM A182 F316 AISI 316	−196～800
	18Cr-12Ni-Mo 超低碳	150	81	AISI 316L	−196～800
GB材料	软铁	90			450
	08、10	120		GB/T 699	450
	0Cr13	140		NB/T 47010	540
	0Cr18Ni9	160		NB/T 47010	−196～700
	00Cr19Ni10、00Cr17Ni14Mo2	150		NB/T 47010	−196～450
	铜				−70～316
	铝				−70～428

二、垫片性能参数 γ 和 m

为形成初始密封条件而必须施加在垫片单位面积上的最小压紧力称为预紧密封比压 γ。在操作条件下，发生临界泄漏时，单位密封面上所具有的密封压紧力称为工作密封比压，工作密封比压 σ_E 与介质操作压力 p 的比值称为垫片系数 m，即 $m=\sigma_E/p$。

γ 和 m 是反映垫片性能的两个重要参数，其数值与垫片的种类和材质有关，γ 和 m 值大表明垫片达到密封时需要更大的螺栓荷载。垫片泄漏率是垫片密封性能的主要指标，各种垫片的泄漏率均按《管法兰用垫片密封性能试验方法》（GB/T 12385）测定。此方法同时可测定垫片的 γ、m 值。

非金属和半金属垫片的应力松弛率按《管法兰垫片应力松弛试验方法》（GB/T 12621）测得。这两类垫片的压缩率和回弹率按《管法兰垫片压缩率及回弹率试验方法》（GB/T 12622）测定。此外，国标还规定了缠绕垫的试验方法，见 GB/T 14180。常用垫片的比压 γ 和垫片系数 m 见表 4-46。

表 4-46　常用垫片的比压 γ 和垫片系数 m

垫片材料		垫片系数 m	比压 γ/MPa
橡胶垫片	肖氏硬度小于 75	0.5	0
	肖氏硬度大于或等于 75	1.0	1.4
石棉橡胶垫片	厚度 3mm	2.0	11
	厚度 1.5mm	2.75	25.5
	厚度 0.75mm	3.5	44.8
石棉缠绕垫片	金属带为碳钢	2.5	69
	金属带为不锈钢或蒙乃尔合金	3.0	69

垫 片 材 料		垫片系数 m	比压 γ/MPa
石棉金属包垫片	金属包为软铝	3.25	38
	金属包为软铜或黄铜	3.5	44.8
	金属包为铁或软钢	3.75	52.4
	金属包为蒙乃尔合金	3.5	55.2
	金属包为 4%～6%铬钢	3.75	62.1
	金属包为不锈钢	3.75	62.1
齿形金属垫片	软铝	3.25	38
	软铜或黄铜	3.5	44.8
	铁或软钢	3.75	52.4
	蒙乃尔合金或 4%～6%铬钢	3.75	62.1
	不锈钢	4.25	69.6
金属平垫片	软铝	4.0	60.7
	软铜或黄铜	4.75	89.6
	铁或软钢	5.5	124.1
	蒙乃尔合金或 4%～6%铬钢	6.0	150.3
	不锈钢	6.5	179.3
金属环垫片	铁或软钢	5.5	124.1
	蒙乃尔合金或 4%～6%铬钢	6.0	150.3
	不锈钢	6.5	179.3

三、垫片选用的原则

选用垫片时，必须综合考虑法兰密封面形式、工作介质、操作条件和垫片本身性能等诸多因素，一般应遵循以下原则。

（1）垫片的形式　必须与法兰密封面形式相匹配。

对于不同的法兰密封面形式，与之相对应的垫片形式也是不一样的，例如突面法兰（RF）对应的缠绕垫片形式就是带内外环形缠绕垫片，公称压力≥15.0MPa 的突面法兰——带内外环缠绕垫片。榫槽面（TG）法兰对应的缠绕垫片形式就是基本型缠绕垫片。凹凸面（MFM）法兰对应的缠绕垫片形式就是只带内环的缠绕垫片。见图 4-14。

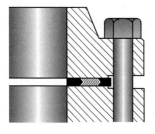 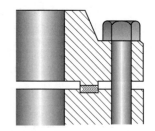

(a) 突面法兰(RF)——带内外环形缠绕垫片　(b) 榫槽面(TG)法兰——基本型缠绕垫片　(c) 凹凸面(MFM)法兰——带内环的缠绕垫片

■ 图 4-14　缠绕式垫片的选用

（2）垫片的材质　根据被密封介质、工作温度和工作压力确定垫片的材质。垫片与介质相接触，直接受到工作介质、温度和压力的影响，因而必须用能满足以下要求的材料制作。

① 具有良好的弹性和复原性，较少应力松弛现象。

② 有适当的柔软性，能与密封面很好吻合，有较大的抗裂强度，压缩变形适当。

③ 有良好的物理性能，不因低温硬化脆变，不因高温软化塑流，也不会因与介质接触而产生膨胀和收缩。

④ 材料本身能耐工作介质的腐蚀，不污染工作介质和不腐蚀法兰密封面。

⑤ 有良好的加工性，制作容易且成本低廉，易于在市场上购买。

（3）垫片的类型　通常高温、高压工况多采用金属垫片；常压、低压、中温工况多采用非金属垫片；介于两者之间用半金属垫片。

（4）垫片的厚度　当密封面加工良好，压力不太高时，宜选用薄垫片。在压力较高时，对应于螺栓的伸长，薄垫片的回弹太小，不能达到必要的复原量而易产生泄漏，因而压力较高时，应选较厚的垫片。

（5）垫片的宽度　太窄不能起密封作用，太宽必须相应地增大预紧力。预紧力不够会影响密封效果，且太宽必将增加生产成本。

（6）材料品种的归并　在满足使用要求的前提下，应尽量归并材料品种，切忌不必要的多样化。事实上各种垫片已有各自的系列尺寸和材质，只需根据工作介质和操作条件正确选用与法兰密封面相匹配的垫片。

四、法兰、垫片、紧固件选配表

《钢制管法兰、垫片、紧固件选配规定（欧洲体系）》HG/T 20614 给出了法兰、垫片、紧固件选配表（欧洲管法兰体系）；《钢制管法兰、垫片、紧固件选配规定（美洲体系）》HG/T 20635 给出了法兰、垫片、紧固件选配表（美洲管法兰体系）。这些选配表把可以选配的垫片形式、使用压力、密封面形式、密封面表面粗糙度、法兰形式、垫片最高使用温度、紧固件形式、紧固件性能等级或材料牌号均列了出来。

五、苯管道垫片选用及工程实例

某苯管道 $DN200$，设计温度 120℃，设计压力 1.3MPa。可选用缠绕垫 304S. S/GRAP.（石墨），IR（内环）-304S. S，OR（外环）-C. S，压力等级可选用 Class 300，RF（突面），垫片厚度 4.5mm，标准规范采用 ASME B16.20。

某球罐下部管口法兰由于垫片选型错误，造成球罐内苯泄漏，引起伤亡事故。

第十节　盲板、8字盲板、插板、垫环、限流孔板和混合孔板

一、盲板、8字盲板、插板及垫环选用及工程实例

盲板（Blind）、8字盲板（Spectacle Blind；Figure 8 Blind）、插板（Paddle Blank）以及垫环（Paddle Spacer），制造方法一般分三种：锻打、铸锻、中板割制。其中锻打产品价格最高，中板次之，铸锻最低。而质量是锻打和中板的好，铸锻的要稍差些。盲板或"8"字盲板与阀门相比，其关断作用更可靠而且更经济。

盲板、"8"字盲板、插板以及垫环都应有两个和匹配法兰同样的密封面。常用的密封面包含平面、凹凸面、榫槽面和环连面。

盲板（见图 4-15）用于起隔离、切断作用的，和封头、管帽所起的作用是一样的。

由于其密封性能好，对于需要完全隔离的系统，一般都作为可靠的隔离手段。盲板就是一个带柄的实心的圆，用于通常状况下处于隔离状态的系统。盲板的有关标准，可参见 HG/T 20592～20635《钢制管法兰、垫片、紧固件》和 ASME B16.5《管法兰和法兰管件》。

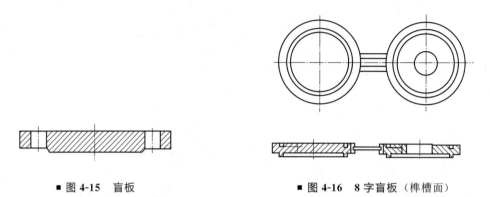

■ 图 4-15　盲板　　　　　　　　　　■ 图 4-16　8 字盲板（榫槽面）

8 字盲板（见图 4-16），形状像"8"字，一端是盲板，另一端是节流环（垫环），但直径与管道的管径相同，并不起节流作用。8 字盲板，使用方便，需要隔离时，使用盲板端，需要正常操作时，使用节流环（垫环）端，同时也可用于填补管路上盲板的安装间隙。另一个特点就是标识明显，易于辨认安装状态。主要用于小于等于 $DN600$ 的管道系统。插板（见图 4-17）和垫环（见图 4-18）互为盲通，和 8 字盲板的作用类似，主要用于大于 $DN600$ 的管道系统。8 字盲板、插板和垫环的有关标准，可参见 HG/T 21547《管道用钢制插板、垫环、8 字盲板》、ASME B16.48 Steel Line Blanks（8 字盲板、插板、垫环）、API 590 Steel Line Blanks（8 字盲板、插板、垫环）。

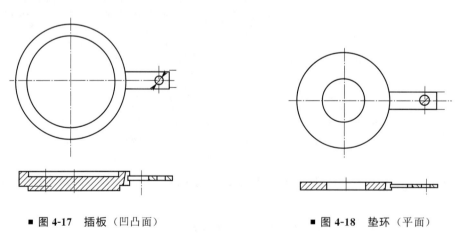

■ 图 4-17　插板（凹凸面）　　　　　　■ 图 4-18　垫环（平面）

有配管设计人常咨询笔者 8 字盲板与插板垫环的口径分界问题。不同的设计单位分界口径和压力等级可能不相同，8 字盲板和插板垫环在本质上没有什么区别，区别就是当管径比较大、压力等级高的情况下，8 字盲板的体积及重量比较大，不方便拆卸，因此这时候通常使用插板垫环来代替。例如对于 Class 150 的管道，$DN300$ 以下常用 8 字盲板，$DN350$ 以上常用插板垫环。具体见《工业管道配管设计与工程应用》、《管道器材选用与工程应用》的详细讲述。

某 $DN600$ 插板垫环：材料选用 A516-70，厚度和等级选用 Class150。端部选用 RF（突面），标准选用 ASME B16.48。

二、限流孔板

限流孔板（Restriction Orifice）是在板面上开一个小锥孔（该小锥孔的尺寸由工艺专业提出），如图 4-19 所示。它也应有两个和匹配法兰同样的密封面。限流孔板可以作为流量测量元件用来测量流量，也可以作为节流元件用来限定流量和降低压力。

当孔板前后存在一定压差，流体流经孔板，对于一定的孔径，流经孔板的流量随着压差增大而增大。但当压差超过某一数值（称为临界压差）时，流体通过孔板缩孔处的流速达到音速，这时，无论压差如何增加，流经孔板的流量将维持在一定数值而不再增加。限流孔板就是根据这一原理来限定流体的流量和降低压力的。限流孔板按孔板上开孔数量分为单孔板和多孔板；按孔板数量可分为单级和多级。

限流孔板主要使用在下列场合。

① 工艺物料需要降压的场合。

② 在管道中阀门上、下游需要有较大压降时，为减少流体对阀门的冲蚀，当经孔板节流不会产生气相时，可在阀门上游串联孔板。

③ 流体需要小流量且连续流通的地方，如泵的冲洗管道、热备用泵的旁路管道（低流量保护管道）、分析取样管等场所。

■ 图 4-19　限流孔板

④ 需要降压以减少噪声或磨损的地方，如放空系统。

限流孔板有关的标准有：HG/T 20570.15、ISO 5167 和 GB/T 2624。

三、混合孔板

混合孔板（Mixing Orifice）是在板面上开设一个或若干个小孔，以便于两种介质在经过混合孔板时能充分混合而达到工艺操作的目的。它也应有两个和匹配法兰同样的密封面。

第十一节　阀门及其他管道设备

阀门是压力管道系统的重要组成部件，其主要功能是接通和截断介质；防止介质倒流；调节介质压力、流量；分离、混合或分配介质；防止介质压力超过规定数值，以保证管道或设备安全运行等。选用阀门主要从装置的操作和经济两方面考虑。

一、阀门的分类

1. 按动力分

（1）自动阀门　依靠介质自身的力量进行动作的阀门，如止回阀、减压阀、疏水阀、安全阀等。

（2）驱动阀门　依靠人力、电力、液力、气力等外力进行操纵的阀门，如截止阀、节流阀、闸阀、蝶阀、球阀、旋塞阀等。

2. 按结构特征根据关闭件相对于阀座移动的方向分

（1）截门形　关闭件沿着阀座中心移动（图 4-20）。

（2）闸门形　关闭件垂直阀座中心移动（图 4-21）。

（3）旋塞（和球）形　关闭件是柱塞（或球），围绕本身的中心线旋转（图 4-22）。

（4）旋启形　关闭件围绕阀座外的轴旋转（图 4-23）。

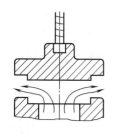 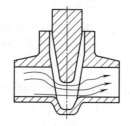 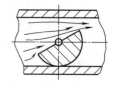

■ 图 4-20　截门形结构　　　　　■ 图 4-21　闸门形结构　　　　　■ 图 4-22　旋塞形结构

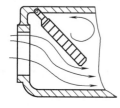 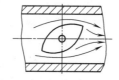 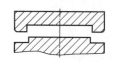

■ 图 4-23　旋启形结构　　　　　■ 图 4-24　蝶形结构　　　　　　■ 图 4-25　滑阀形

（5）蝶形　关闭件的圆盘，围绕阀座内的轴旋转（图 4-24）。

（6）滑阀形　关闭件在垂直于通道的方向滑动（图 4-25）。

3. 根据阀门的不同用途分

（1）开断用　用来接通或切断管道介质，如截止阀、闸阀、球阀、蝶阀等。

（2）止回用　用来防止介质倒流，如止回阀。

（3）调节用　用来调节介质的压力和流量，如调节阀、减压阀。

（4）分配用　用来改变介质流向、分配介质，如三通旋塞、分配阀、滑阀等。

（5）安全阀　在介质压力超过规定值时，用来排放多余的介质，保证管道系统及设备安全，如安全阀、事故阀。

（6）其他特殊用途　如疏水阀、放空阀、排污阀等。

4. 根据不同的驱动方式分

（1）手动　借助手轮、手柄、杠杆或链轮等，有人力驱动，传动较大力矩时，装有蜗轮、齿轮等减速装置。

（2）电动　借助电机或其他电气装置来驱动。

（3）液动　借助水、油来驱动。

（4）气动　借助压缩空气来驱动。

5. 根据阀门的公称压力分

（1）真空阀　绝对压力小于 0.1MPa 即 760mmHg 的阀门，通常用 mmHg 或 mmH_2O 表示压力。

（2）低压阀　公称压力 $PN \leqslant 1.6MPa$ 的阀门（包括 $PN \leqslant 1.6MPa$ 的钢阀）。

（3）中压阀　公称压力 $PN = 2.5 \sim 6.4MPa$ 的阀门。

（4）高压阀　公称压力 $PN = 10.0 \sim 80.0MPa$ 的阀门。

（5）超高压阀　公称压力 $PN \geqslant 100.0$MPa 的阀门。

6. 根据阀门工作时的介质温度分

（1）普通阀门　适用于介质温度 $-40 \sim 425$℃ 的阀门。

（2）高温阀门　适用于介质温度 $425 \sim 600$℃ 的阀门。

（3）耐热阀门　适用于介质温度 600℃ 以上的阀门。

（4）低温阀门　适用于介质温度 $-40 \sim -150$℃ 的阀门。

（5）超低温阀门　适用于介质温度 -150℃ 以下的阀门。

7. 根据阀门的公称通径分

（1）小口径阀门　公称通径 $DN < 40$mm 的阀门。

（2）中口径阀门　公称通径 $DN = 50 \sim 300$mm 的阀门。

（3）大口径阀门　公称通径 $DN = 350 \sim 1200$mm 的阀门。

（4）特大口径阀门　公称通径 $DN \geqslant 1400$mm 的阀门。

8. 根据阀门与管道连接方式分

（1）法兰连接阀门　阀体带有法兰，与管道采用法兰连接的阀门。

（2）螺纹连接阀门　阀体带有内螺纹或外螺纹，与管道采用螺纹连接的阀门。

（3）焊接连接阀门　阀体带有焊口，与管道采用焊接连接的阀门。

（4）夹箍连接阀门　阀体上带有夹口，与管道采用夹箍连接的阀门。

（5）卡套连接阀门　采用卡套与管道连接的阀门。

二、阀门的型号

JB/T 308《阀门型号编制方法》。这个标准适用于工业管道的闸阀、截止阀、节流阀、球阀、蝶阀、隔膜阀、旋塞阀、止回阀、安全阀、减压阀、疏水阀，包括了各种基本的类型。

特别需要注意的是，由于阀门形式、用途的增加，此编号系统已不完全适应其发展要求，故许多阀门厂已不再使用此编号系统，而通过采购的阀门规格书的要求进行选用。国外厂家阀门产品代码和中国的不同，但是，阀门的型号编码道理是类似的。本书只介绍我国的阀门型号编码方法。国内外大中型工程阀门编号及选用的设计详见《管道器材选用与工程应用》。

阀门的型号由七个单元组成，用来表明阀门类别、驱动种类、连接和结构形式、密封面或衬里材料、公称压力及阀体材料。

按照《阀门型号编制方法》规定，阀门型号分七个单元：

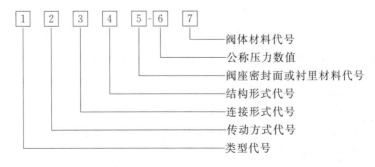

在五、六单元之间，用一横杠连接。

1. 类型代号

第一单元是类型代号，用字母表示（表 4-47）。

表 4-47 类型代号

阀 门 类 型	代 号	阀 门 类 型	代 号
安全阀	A	球阀	Q
蝶阀	D	疏水阀	S
隔膜阀	G	柱塞阀	U
止回阀和底阀	H	旋塞阀	X
截止阀	J	减压阀	Y
节流阀	L	闸阀	Z
排污阀	P		

注：对于低于 −40℃ 的低温阀、带加热夹套的保温阀、带波纹管（代替填料函）的阀门及抗硫的阀门，在类型代号前，分别加上汉语拼音字母"D""B""W"和"K"。

2. 传动方式代号

第二单元是传动方式代号，用阿拉伯数字表示（表 4-48）。

表 4-48 传动方式代号

传 动 方 式	代 号	传 动 方 式	代 号
电磁阀	0	锥齿轮	5
电磁-液动	1	气动	6
电-液动	2	液动	7
蜗轮	3	气-液动	8
正齿轮	4	电动	9

注：1. 对于手轮、手柄或扳手传动的阀门以及所有安全阀、减压阀、疏水阀，此代号省略。

2. 某些气动或液动阀门，分常开式和常闭式两种，常开式用 6K、7K 表示，常闭式用 6B、7B 表示；气动又带手动的阀门，用 6S 表示；防爆电动，用 9B 表示。

3. 代号 2 及代号 8 用于阀门启闭需由两种动力源同时对阀门进行动作的执行机构。

3. 连接形式代号

第三单元是阀门的连接形式代号，用阿拉伯数字表示（表 4-49）。

表 4-49 连接形式代号

连 接 形 式	代 号	连 接 形 式	代 号
内螺纹	1	焊接	6
外螺纹	2	对夹	7
两不同连接	3	卡箍	8
法兰	4	卡套	9

4. 结构形式代号

第四单元是结构形式代号，用阿拉伯数字表示（表 4-50～表 4-60）。

5. 阀座密封面或衬里材料代号

第五单元是阀座密封面或衬里材料代号，用字母表示（表 4-61）。

表 4-50 闸阀结构形式代号

闸阀结构形式					代 号
		弹性闸板			0
明杆	楔式	刚性		单闸板	1
				双闸板	2
	平行式			单闸板	3
				双闸板	4
暗杆	楔式			单闸板	5
				双闸板	6
	平行式			单闸板	7
				双闸板	8

表 4-51 截止阀、柱塞阀和节流阀结构形式代号

截止阀、柱塞阀和节流阀结构形式		代 号
直通式		1
Z 形直通式		2
三通式		3
角式		4
直流式（Y 形）		5
平衡	直通式	6
	角式	7
针形截止阀		8

表 4-52 球阀结构形式代号

球阀结构形式			代 号
浮动	直通式		1
	Y 形	三通式	2
	L 形		4
	T 形		5
固定	直通式		7
	四通		6
	T 形	三通	8
	L 形		9
	半球直通		0

表 4-53 蝶阀结构形式代号

蝶阀结构形式		代 号	蝶阀结构形式		代 号
密封型	中线式	1	非密封型	中线式	6
	单偏心	2		单偏心	7
	双偏心	3		双偏心	8
	连杆偏心（变偏心）	4		连杆偏心（变偏心）	9

表 4-54 隔膜阀结构形式代号

隔膜阀结构形式	代 号	隔膜阀结构形式	代 号
屋脊式	1	闸板式	7
截止式	3	角式 Y 形	8
直流板式	5	角式 T 形	9
直通式	6		

表 4-55　旋塞阀结构形式代号

旋塞阀结构形式		代　号
填料密封	L 形	2
	直通式	3
	T 形三通式	4
	四通式	5
油封密封	L 形	6
	直通式	7
	T 形三通式	8
静配	直通式	9
	T 形三通式	0

表 4-56　止回阀和底阀结构形式代号

止回阀和底阀结构形式		代　号
升降	直通式	1
	立式	2
	角式	3
旋启	单瓣式	4
	多瓣式	5
	双瓣式	6
回转蝶式止回阀		7
截止止回阀		8

表 4-57　安全阀结构形式代号

安全阀结构形式				代　号
弹簧	封闭	带散热片	全启式	0
		微启式		1
		全启式		2
		带扳手	全启式	4
			双弹簧微启式	3
			微启式	7
	不封闭		全启式	8
		带控制机构	全启式	6
脉冲式				9
杠杆式				6

　　注：杠杆式安全阀，在类型代号前加 G 字（汉语拼音字母），数字代号，新标准未作规定。旧标准以 1 代表单杆微启式，2 代表单杆全启式，3 代表双杆微启式，4 代表双杆全启式，6 代表脉冲式。

表 4-58　减压阀结构形式代号

减压阀结构形式	代　号	减压阀结构形式	代　号
直接作用波纹管式	1	先导波纹管式	4
直接作用薄膜式	2	先导薄膜式	5
先导活塞式	3		

表 4-59　疏水阀结构形式代号

疏水阀结构形式	代　号	疏水阀结构形式	代　号
浮球式	1	蒸汽压力式	6
孔板式	2	双金属片式或弹性式	7
浮桶式	3	脉动式	8
液体或固体膨胀式	4	热动力式	9
钟形浮子式	5		

表 4-60　排污阀结构形式代号

排污阀结构形式		代　　号
液面连接	截止型直通式	1
	截止型角式	2
液底间断	截止型直流式	5
	截止型直通式	6
	截止型角式	7
	浮动闸板型直通式	8

表 4-61　阀座密封面或衬里材料代号

阀座密封面或衬里材料	代　　号	阀座密封面或衬里材料	代　　号
锡基轴承合金(巴氏合金)	B	尼龙塑料	N
搪瓷	C	渗硼钢	P
渗氮钢	D	衬铅	Q
18-8 系不锈钢	E	Mo2Ti 系不锈钢	R
氟塑料	F	塑料	S
玻璃	G	铜合金	T
Cr13 系不锈钢	H	橡胶	X
衬胶	J	硬质合金	Y
蒙乃尔合金	M		

注：1. 当密封面是在阀体上直接加工出来时，则用 W 表示。

2. 当密封副的密封面材料不同时，以硬度低的材料代号表示。

6. 公称压力数值

横杠之后，是表示公称压力数值的第六单元。公称压力是指阀门名义上能够承受的压力。实际上它的承压能力总要大些，而使用时为安全起见，控制在公称压力之内。

公称压力代号用阿拉伯数字表示，其数值是以 MPa 为单位的公称压力值的 10 倍。

7. 阀体材料代号

第七单元为阀体材料代号，用字母表示（表 4-62）。

表 4-62　阀体材料代号

阀体材料	代　　号	阀体材料	代　　号
钛及钛合金	A	球墨铸铁	Q
碳钢	C	Cr18Ni12Mo2Ti 钢	R
Cr13 系不锈钢	H	塑料	S
Cr5Mo 钢	I	铜及铜合金	T
可锻铸铁	K	12Cr1MoV 钢	V
铝合金	L	灰铸铁	Z
1Cr18Ni9Ti 钢	P		

8. 阀门命名实例

① 电动机传动、法兰连接、明杆楔式双闸板、阀座密封面材料由阀体直接加工、公称压力为 0.2MPa、阀体材料为灰铸铁的闸阀：Z942W-2 电动楔式双闸板闸阀。

② 如果阀门的铭牌上标示为 D741X-1，则表示液动、法兰连接、垂直板式、阀瓣密封面材料为橡胶、公称压力 0.1MPa、阀体材料为灰铸铁的碟阀。

③ Q21F-30P 表示手动、外螺纹连接、浮动直通式、阀座密封面为氟塑料、公称压力为 3.0MPa、阀体材料为 1Cr18Ni9Ti 钢的球阀。

④ 电动机传动、焊接、直通式、阀座密封面材料为堆焊硬质合金、公称压力为 10MPa、

阀体材料为 12Cr1MoV 钢的截止阀，应表示为 J961Y-100V。

显然，现在的《阀门型号编制方法》还是不够完备的，它未能包括新发展的结构形式和新材料，因此编制方法必将不断补充和改进。新的方法产生时，阀门的结构和材料又有了新的发展，它们之间的差距将永远存在。对于上述方法未能包括的阀门，可以参照这种方法，自行编制型号。

三、阀门的标识

为了从阀门的外观看出它的结构、材质和基本特性，要求在阀体上铸造、打印或装上铭牌，表明阀门型号、公称直径、介质流向及厂名，并在阀体、手轮及法兰外缘上按规定刷不同颜色的漆。按照 JB/T 106《阀门的标志和涂漆》规定，表示阀体材料的油漆应刷在阀体不加工外表面上，其颜色与阀体材料的关系见表 4-63。

表 4-63　漆颜色与阀体材料的关系

阀 体 材 料	涂 漆 颜 色	阀 体 材 料	涂 漆 颜 色
灰铸铁、可锻铸铁、球墨铸铁	黑色	铬-钼合金钢	中蓝色
碳素钢	灰色	LCB、LCC 系列等低温钢	银灰色

注：1. 阀门内外表面可使用满足的喷塑工艺代替。

2. 铁制阀门内表面，应涂满足使用温度范围、无毒、无污染的防锈漆。钢制阀门内表面不涂漆。

耐酸钢或不锈钢阀体，也可以不涂漆。有色金属阀体，不必涂漆。

表示密封面材料的油漆，刷在手轮、手柄或自动阀件的盖上，其颜色与密封面材料的关系见表 4-64。

表 4-64　刷漆颜色与密封面材料的关系

密 封 面 材 料	刷 漆 颜 色	密 封 面 材 料	刷 漆 颜 色
青铜或黄铜	红色	硬质合金	灰色周边带红色条
巴氏合金	黄色	塑料	灰色周边带蓝色条
铝	铝白色	皮革或橡胶	棕色
耐酸钢或不锈钢	浅蓝色	硬橡胶	绿色
渗氮钢	浅紫色	直接在阀体上制作密封面	同阀体颜色

带有衬里的阀门，应在连接法兰的外圆表面上刷以补充的识别油漆，颜色见表 4-65。

表 4-65　刷漆颜色与衬里材料的关系

衬 里 材 料	刷 漆 颜 色	衬 里 材 料	刷 漆 颜 色
搪瓷	红色	铝锑合金	黄色
橡胶及硬橡胶	绿色	铝	铝白色
塑料	蓝色		

四、阀门的基本参数

1. 公称直径

公称直径是指阀门与管道连接处通道的名义内径，用 DN 表示。它表示阀门规格的大小。

2. 公称压力

公称压力是指与阀门的机械强度有关的设计给定压力，用 PN 表示。公称压力系列参见 GB/T 1048《管道元件 PN（公称压力）的定义和选用》。

在我国，涉及公称压力时，为了明确起见，通常给出计量单位，以 MPa 表示。对用于电站的阀门，当介质最高温度超过 530℃时，则一般标注工作压力，如"$P_{54}17.0MPa$"，表示阀门在 540℃下的最大允许工作压力为 17.0MPa。在英国、美国，尽管目前在有关标准中已列入了公称压力的概念，但仍采用磅级（Class）。由于公称压力和磅级的温度基准不同，因此两者没有严格的对应关系。两者参考的对应关系见表 4-66。

表 4-66　磅级与公称压力参考对应关系

磅级 Class	150	300	400	600	800	900	1500	2500
公称压力 PN/MPa	2.0	5.0	6.8	10.0	14.0	15.0	25.0	42.0

日本的 K 级制，其温度基准与英国、美国的磅级相同，但计量单位采用米制，K 级与磅级之间的关系见表 4-67。

表 4-67　K 级与磅级对照

K 级	10	20	40	63	100
磅级 Class	150	300	600	900	1500

3. 适用介质

按照阀门材料和结构形式的要求，阀门能适用的介质如下。

① 气体介质，如空气、蒸汽、氨、石油气和煤气等。

② 液体介质，如油品、水、液氨等。

③ 含固体介质。

④ 腐蚀性介质和剧毒介质。

4. 试验压力

① 强度试验压力：按规定的试验介质，对阀门受压零件材料进行强度试验时规定的压力。

② 密封试验压力：按规定的试验介质，对阀门进行密封试验时规定的压力。

五、阀门的质量要求

1. 内漏问题

是否有内漏或内漏的大小是衡量一个阀门质量的主要技术指标。对于压力管道来说，处理的介质大都是可燃、易燃、易爆、有毒的介质，阀门关闭时，希望通过阀板的泄漏（内漏）越少越好，甚至有些介质的泄漏要求为零。常用的评判阀门内漏的标准有 API 598、ASME B16.10 和 JB/T 9092。

2. 外漏问题

外漏是指通过阀杆填料和阀盖垫片处的介质外泄漏。它同样是衡量阀门好坏的一个重要指标。对有些介质，外漏的要求甚至比内漏要求更严格，因为它直接泄入大气，会直接引起事故，造成人身伤害。对于这种情况，有时不得不采用波纹管密封阀或隔膜阀来保证阀门的外漏为零。限制外漏的标准目前大多数采用美国环保局的限定，即不超过 $500×10^{-6}$。

3. 材料质量

材料质量是衡量阀门强度可靠性和使用寿命的一个重要指标。众所周知，大多数 $DN \geq$ 50mm 的阀门都是铸造阀体，如果质量不好，会直接影响到阀门的可靠性和使用寿命。ASTM 和我国的材料标准通常情况下的要求都是比较低的，为了保证在苛刻情况下材料能较好地满足操作条件的要求，这些标准中都设置许多选择性附加检验项目，设计人员如何根据使用条件来选择这些附加项目是一个技术性很强的问题，如果要求不当，会无意义地增加基建投资。

4. 阀门出厂前试验要求

① 阀门出厂前要根据 JB/T 9092—1999《阀门的检验与试验》进行壳体压力试验和密封试验。密封试验分上密封、低压密封和高压密封试验。

② 根据阀门类别不同选择密封试验。闸阀和截止阀要进行上密封和低压密封试验。

③ 壳体压力试验，一般采用温度不超过 52℃ 的水或黏度不大于水的非腐蚀性流体，以 38℃ 时 1.5 倍的公称压力进行。

④ 低压密封试验，一般采用空气或惰性气体，以 0.5~0.7MPa 压力进行。

⑤ SH 3064《石油化工钢制通用阀门选用、检验及验收》对不同等级的压力管道提出了相应的检验要求，比 JB/T 9092 要求更严格。

六、阀门规格书的内容

通用阀门规格书应包括下列内容。

① 采用的标准代号。

② 阀门的名称、公称压力、公称直径。

③ 阀体材料、阀体对外连接方式。

④ 阀座密封面材料。

⑤ 阀杆与阀盖结构、阀杆等内件材料，填料种类。

⑥ 阀体中法兰垫片种类、紧固件结构及材料。

⑦ 设计者提出的阀门代号或标签号。

⑧ 其他特殊要求。

国内现行的阀门型号表示方法，对阀杆及内件材料、填料种类、法兰垫片种类、法兰紧固件材料种类等均无规定，不能全面说明阀门的属性。

七、闸阀

闸阀（Gate Valve）也称闸板阀、闸门阀，是广泛使用的一种阀门。它的闭合原理是，闸板密封面与闸座密封面高度光洁、平整与一致，互相贴合，可阻止介质流过，并依靠顶楔、弹簧或闸板的楔形来增强密封效果。

1. 闸阀的分类（图 4-26）

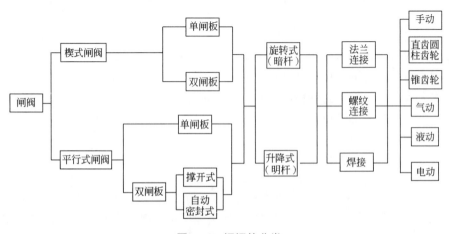

■ 图 4-26　闸阀的分类

（1）按闸杆上螺纹位置分

① 明杆式（图 4-27）。阀杆螺纹露在上部，与之配合的阀杆螺母装在手轮中心，旋转手轮就是旋转螺母，从而使阀杆升降。

这种阀门，启闭程度可以从螺纹中看出，便于操作；对于阀杆螺纹的润滑和检查很方便；特别是螺纹与介质不接触，可避免腐蚀性介质的腐蚀，所以石油化工管道中采用较多。但其螺纹外露，容易粘上空气中的尘埃，加速磨损，故应尽量安装于室内。

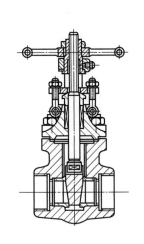
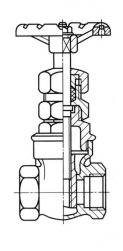
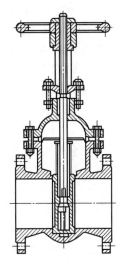

■ 图 4-27　明杆式闸阀　　　　■ 图 4-28　暗杆式闸阀　　　　■ 图 4-29　平行式闸阀

② 暗杆式（图 4-28）。阀杆螺纹在下部，与闸板中心螺母配合，升降闸板依靠旋转阀杆来实现，而阀杆本身看不出移动。

这种阀门的唯一优点是，开启时阀杆不升高，适合于安装在操作位置受到限制的地方。它的缺点很明显，启闭程度难以掌握，阀杆螺纹与介质接触，容易腐蚀损坏。

（2）按闸板构造分

① 平行式（图 4-29）。密封面与垂直中心线平行，一般制成双闸板。撑开两个闸板，使其与阀座密封面可靠密合，一般是用顶楔来实现的，除上顶式之外，还有下顶式，有的阀门也用弹簧。

② 楔式。密封面与垂直中心线成一角度，即两个密封面成楔形。楔形倾角的大小，要视介质的温度，一般来说，温度越高，倾角越大，以防温度变化时卡住。楔形闸阀有双闸板和单闸板（图 4-27、图 4-28）两种。

单闸楔式阀门中，有一种弹性闸阀，它能依靠闸阀的弹性变形来弥补制造中密封面的微量误差。闸阀可以做得很大，如 2m 口径，但大口径闸阀，往往需要外力来开动，如电动闸阀。

纵观各种闸阀可以发现，在楔式闸阀中，双闸板式比较容易制作，对温度的敏感性不突出，所以在蒸汽和水中常用。平行式双闸板也有类似优点，制造修理更简便，对温度的适应性稍差。各种双闸板，都不适于腐蚀性介质和黏性介质，所以在石油、化工管道中经常使用楔式单闸板阀门。楔式单闸板阀门，结构简单，使用牢靠，但修理比较困难，主要是密封面的加工研磨，很不容易达到要求。

2. 闸阀的共同特点及选用

① 闸阀的共同缺点是：高度大；启闭时间长；在启闭过程中，密封面容易被冲蚀；修理

比截止阀困难；不适用于含悬浮物和析出结晶的介质；也难以用非金属耐腐蚀材料来制造。

② 阀体与阀盖多采用法兰连接。阀体截面的形状主要取决于公称压力，如低压阀门的阀体多为扁平状，以缩小其结构长度；高、中压阀门阀体多为椭圆形或圆形，以提高其承压能力，减小壁厚。阀体形状还与阀体材料及制造工艺有关。

③ 闸阀在管道中主要起切断作用。关闭件（闸板）沿闸座中心线的垂直方向移动。闸阀与截止阀相比，流阻小、启闭力小，密封可靠，是最常用的一种阀门。

④ 当部分开启时，介质会在闸板背面产生涡流，易引起闸板的冲蚀和振动，阀座的密封面也易损坏，故一般不作为节流用。

⑤ 与球阀和蝶阀相比，闸阀开启时间较长，结构尺寸较大，不宜用于直径较大的情况。

⑥ 可双向流动。

3. 闸阀的主要标准

在 API 和 ASME B16.34 中，前者专用于石油化工装置，后者则使用面较广。

闸阀的主要标准如下。

① GB/T 12232《通用阀门 法兰连接铁制闸阀》

② GB/T 12234《通用阀门 法兰和对焊连接钢制闸阀》

③ GB/T 8464《水暖用内螺纹连接阀门》

④ GB/T 8465.1《内螺纹连接闸阀、截止阀、球阀、止回阀 基本尺寸 铁制闸阀》

⑤ JB/T 53162《闸阀产品质量分等》

⑥ JB/T 5298《管线用钢制平板闸阀》

⑦ JB/Z 243《闸阀 静压寿命试验规程》

⑧ JB/TQ 648《铁制对夹式平板闸阀》

⑨ JB/T 53200《对夹式刀形闸阀 产品质量分等》

⑩ JB/T 53242《管线用钢制平板闸阀 产品质量分等》

八、截止阀

截止阀（Globe Valve）也称截门、球心阀、停止阀、切断阀，是使用最为广泛的一种阀门。它的闭合原理是，依靠阀杆压力，使阀瓣密封面与阀座密封面紧密贴合，阻止介质流通。

1. 截止阀的分类（图 4-30）

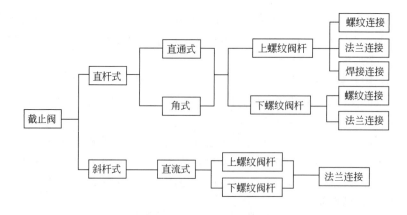

■ 图 4-30　截止阀的分类

截止阀可按通道方向分三类。

① 直通式（图 4-31）：进、出口通道成一直线，但经过阀座时要拐 90°。

② 直角式（图 4-32）：进、出口通道成一直角。

③ 直流式（图 4-33）：进、出口通道成一直线，与阀座中心线相交。这种截止阀阀杆是倾斜的。

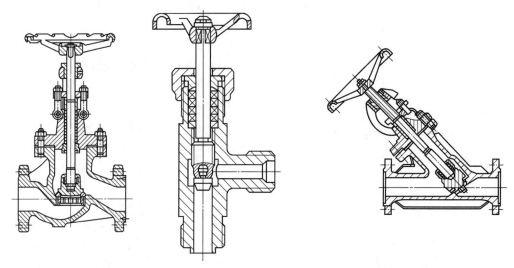

■ 图 4-31 直通式截止阀　　■ 图 4-32 直角式截止阀　　　■ 图 4-33 直流式截止阀

直通式截止阀安装于直线管道，由于操作方便，用得最多。但它的流体阻力大，对于阻力损失要求严格的管道，使用直流式为好。但直流式阀杆倾斜，开启高度大，操作不便。直角式截止阀安装于垂直相交的管道，常用于高压。

2. 截止阀的特点及选用

① 截止阀的动作特性是关闭件（阀瓣）沿阀座中心线移动。它的作用主要是切断，也可粗略调节流量，但不能作为节流阀使用。

② 开闭过程中，密封面间摩擦力小，比较耐用；开启高度不大；制造容易，维修方便；不仅适用于中、低压，而且适用于高压、超高压。

③ 截止阀只允许介质单向流动，安装时有方向性。

④ 截止阀结构长度大于闸阀，同时流体阻力较大，长期运行时，其密封可靠性不强。

⑤ 与闸阀相比截止阀具有一定的调节作用，故常用于调节阀组的旁路。

⑥ 截止阀在关闭时需要克服介质的阻力，因此其最大直径仅用到 $DN200$。

⑦ 对要求有一定调节作用的开关场合（如调节阀旁路、软管站等）和输送液化石油气、液态烃介质的场合，宜选用截止阀代替闸阀。

3. 截止阀的主要标准

① GB/T 12233《通用阀门 铁制截止阀与升降式止回阀》

② GB/T 12235《截止阀与止回阀》

③ JB/T 53174《截止阀 产品质量分等》

④ JB/T 53165《高压平衡截止阀 产品质量分等》

⑤ GB/T 587《船用法兰青铜截止阀》

⑥ GB/T 590《船用法兰铸铁截止阀》

⑦ GB 8464—1998《水暖用内螺纹连接阀门》

⑧ GB 8465.2—87《内螺纹连接闸阀、截止阀、球阀、止回阀 基本尺寸 铁制截止阀》

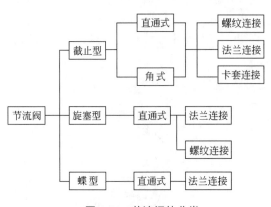

■ 图 4-34　节流阀的分类

九、节流阀

节流阀（Throttle Valve）也称针形阀，外形与截止阀并无区别，但阀瓣形状不同，用途也不同。它以改变通道面积的形式来调节流量和压力，有直角式和直通式两种，都是手动的。

1. 节流阀的分类（图 4-34）

最常见的节流阀阀瓣为圆锥形的，如图 4-35 所示。用这种阀瓣制成的节流阀也是最常见的节流阀（图 4-36）。

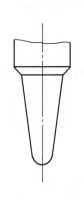

■ 图 4-35　圆锥形阀瓣

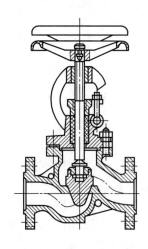

■ 图 4-36　节流阀

2. 节流阀的特点及选用

① 通常用于压力降较大的场合。

② 但它的密封性能不好，作为截止阀是不合适的。同样，截止阀虽能短时间粗略调节流量，但作为节流阀也不合适，当形成狭缝时，高速流体会使密封面冲蚀磨损，失去效用。

③ 节流阀特别适用于节流，用于改变通道截面积，调节流量或压力。

十、止回阀

止回阀（Check Valve）又称单向阀，它只允许介质向一个方向流动，当介质顺流时阀瓣会自动开启，当介质反向流动时能自动关闭。安装时，应注意介质的流动方向应与止回阀上的箭头方向一致。

1. 止回阀的分类（图 4-37、图 4-38）

① 升降式止回阀（Lift Check Valve）：是靠介质压力将阀门打开，当介质逆向流动时，

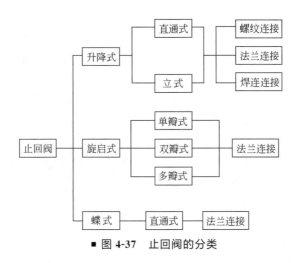

■ 图 4-37　止回阀的分类

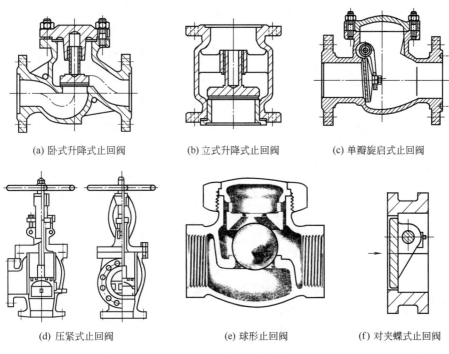

(a) 卧式升降式止回阀　　(b) 立式升降式止回阀　　(c) 单瓣旋启式止回阀

(d) 压紧式止回阀　　　(e) 球形止回阀　　　(f) 对夹蝶式止回阀

■ 图 4-38　止回阀的种类

靠自重关闭（有时是借助于弹簧关闭），因此升降式止回阀只能安装在水平管道上，受安装要求的限制，常用于小直径场合（$DN \leqslant 40mm$）。

② 旋启式止回阀（Swing Check Valve，Flap Check Valve）：是靠介质压力将阀门打开，靠介质压力和重力将阀门关闭，因此它即可以用在水平管道上，又可用在垂直管道上（此时介质必须是自下而上），常用于 $DN \geqslant 50mm$ 的场合。

③ 对夹式止回阀（Wafer Type Check Valve）：结构尺寸小，制造成本低，常用来代替升降式和旋启式止回阀。

④ 梭式止回阀（Shuttle Check Valve）：解决 $DN40$ 的升降式止回阀不能用在竖管上的问题。

⑤ 底阀（Foot Valve）：是在泵的吸入管的吸入口处使用的阀门。为防止水中混有异物被吸入泵内，设有过滤网。使用底阀的目的是：开泵前灌注水使泵与入口管充满水；停泵后保持入口管及泵体充满水，以备再次启动，否则泵就无法启动。底阀如图 4-39 所示。

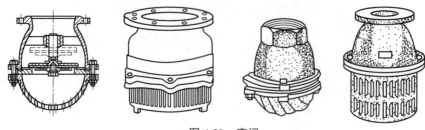

■ 图 4-39　底阀

2. 止回阀的特点及选用

① 对于要求能自动防止介质倒流的场合应选用止回阀。

② $DN \leqslant 40$mm 时宜用升降式止回阀（仅允许安装在水平管道上）。

③ $DN = 50 \sim 400$mm 时，宜采用旋启式止回阀（不允许装在介质由上到下的垂直管道上）。

④ $DN \geqslant 450$mm 时，宜选用缓冲型（Tilting-Disc）止回阀。

⑤ $DN = 100 \sim 400$mm，也可以采用对夹式止回阀，其安装位置不受限制。

3. 止回阀的主要标准

① GB/T 12233《通用阀门　铁制截止阀与升降式止回阀》

② GB/T 12235《截止阀与止回阀》

③ GB/T 12236《通用阀门　钢制旋启式止回阀》

④ GB/T 13932《通用阀门　铁制旋启式止回阀》

⑤ GB/T 8464《水暖用内螺纹连接阀门》

⑥ GB/T 8465.4《内螺纹连接闸阀、截止阀、球阀、止回阀　基本尺寸　铁制止回阀》

⑦ JB/T 53036《止回阀　产品质量分等》

十一、蝶阀

蝶阀（Butterfly Valve）也称蝴蝶阀，顾名思义，它的关键性部件好似蝴蝶逆风，自由回旋。它的阀瓣是圆盘，围绕阀座内的一个轴旋转。旋角的大小，便是阀门的开闭度。

1. 蝶阀的分类（图 4-40、图 4-41）

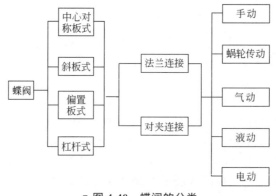

■ 图 4-40　蝶阀的分类

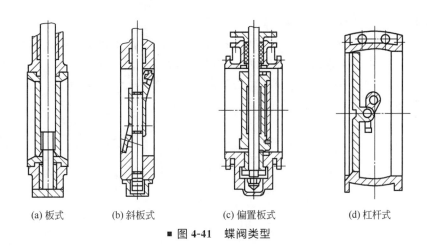

(a) 板式　　　(b) 斜板式　　　(c) 偏置板式　　　(d) 杠杆式

■ 图 4-41　蝶阀类型

蝶阀的外形与内部结构如图 4-42 所示。

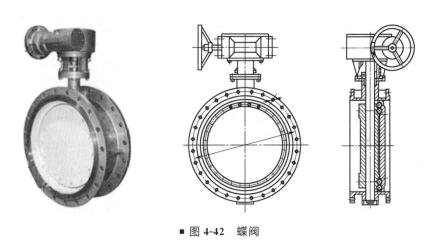

■ 图 4-42　蝶阀

2. 蝶阀的特点及选用

① 这种阀门具有轻巧的特点，比其他阀门要节省许多材料，且结构简单、开闭迅速（只需旋转 90°）。

② 切断和节流都能用。

③ 流体阻力小；操作省力。

④ 在工业生产中，蝶阀日益得到广泛的使用。但它用料单薄，经不起高压、高温，通常只用于风路、水路和某些气路。

⑤ 蝶阀可以制成很大口径。大口径蝶阀，往往用蜗轮-蜗杆或电力、液压来传动。

⑥ 密封性能不如闸阀可靠，在某些条件下可以代替闸阀。能够使用蝶阀的地方，最好不要使用闸阀，因为蝶阀比闸阀要经济，而且调节流量的性能也要好。对于设计压力较低、管道直径较大，要求快速启闭的场合一般选用蝶阀。

3. 蝶阀的主要标准

① GB/T 12238《法兰和对夹连接弹性密封蝶阀》

② JB/T 53171《蝶阀　产品质量分等》

③ JB/T 8863《蝶阀　静压寿命试验规程》

十二、球阀

球阀（Ball Valve）的动作原理与旋塞阀一样，都是靠旋转阀芯来使阀门打开或关闭。球阀的阀芯是一个带孔的球，当该孔的中心轴线与阀门进出口的中心轴线重合时，阀门打开；当旋转该球 90°，使该孔的中心轴线与阀门进出口的中心轴线垂直时，阀门关闭。

1. 球阀的分类（图 4-43）

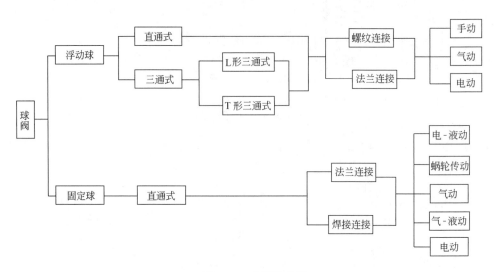

■ 图 4-43　球阀的分类

球阀可分为两大类：浮动球阀和固定球阀。

（1）浮动球阀（图 4-44）　球体有一定浮动量，在介质压力下，可向出口端位移，并压紧密封圈。这种球阀结构简单，密封性好。但由于球体浮动，将介质压力全部传递给密封圈，使密封圈负担很重；考虑到密封圈承载能力的限制，又考虑到大型球阀如采用这种结构形式，势必操作费力，所以只用于中、低压小口径阀门。

（2）固定球阀（图 4-45）　球体是固定的，不能移动。通常上、下支承处装有滚动轴承或滑动轴承，开闭较轻便。这种结构适合于制作高压大口径阀门。

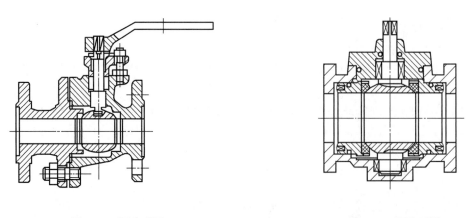

■ 图 4-44　浮动球阀　　　　　　　■ 图 4-45　固定球阀

阀座密封圈常用聚四氟乙烯制成，因为其摩擦因数小，耐腐蚀性能优异，耐温范围宽

（−180～＋200℃）。也可用聚三氟氯乙烯，它比前者耐腐蚀性能稍差，但机械强度高。橡胶密封性能很好，但耐压、耐温性能较差，只用于温度不高的低压管道。大型球阀，可以制成机械传动，还可以由电力、液力、气力来操作。球阀与旋塞阀一样，可以制成直角、三通、四通等形式。

2. 球阀的特点及选用

① 球阀的最大特点是在众多的阀门类型中其流体阻力最小，流动特性最好。

② 对于要求快速启闭的场合一般选用球阀。

③ 与蝶阀相比，其重量较大，结构尺寸也比较大，故不宜用于直径太大的管道。

④ 球阀与旋塞阀相比，开关轻便，相对体积小，所以可以制成很大口径的阀门。

⑤ 球阀密封可靠，结构简单，维修方便，密封面与球面常处于闭合状态，不易被介质冲蚀。

⑥ 与蝶阀一样，长期影响它不能在石化生产装置上应用的问题是热胀或磨损后会造成密封不严。软密封球阀虽有较好的密封性能，但当它用于易燃、易爆介质管道上时，尚需进行火灾安全试验和防静电试验。因此，石化生产装置上球阀应用不多。近年来，许多球阀生产厂开发出了一些新型结构的球阀，如轨道球阀、偏心球阀等，一些球阀将阀座设置成金属弹性阀座，使其在热胀和磨损的情况下仍有良好的密封。因此，这些球阀已在石化生产装置上开始应用。

⑦ 直通球阀用于截断介质，三通球阀可改变介质流动方向或进行分配。球阀启闭迅速，便于实现事故紧急切断。由于节流可能造成密封件或球体的损坏，一般不用球阀节流。全通道球阀不适于调节流量。

3. 球阀主要标准

① GB/T 12237《石油、石化及相关工业用的钢制球阀》

② GB/T 15185《铁制和铜制球阀》

③ GB/T 8464《内螺纹连接闸阀、截止阀、球阀、止回阀 通用技术条件》

④ GB/T 8465.3《内螺纹连接闸阀、截止阀、球阀、止回阀 基本尺寸 铁制球阀》

⑤ JB/T 53167《球阀 产品质量分等》

⑥ JB/Z 246《球阀 静压寿命试验规程》

十三、旋塞阀

旋塞阀（Plug Valve）是一种结构比较简单的阀门，其启闭件制成柱塞状，通过旋转90°使阀塞的接口与阀体接口相合或分开。旋塞阀主要由阀体、塞子、填料压盖组成（图4-46）。

1. 旋塞阀的分类（图4-47）

填料式旋塞阀用于表面张力和黏性较高的液体时，密封效果较好。

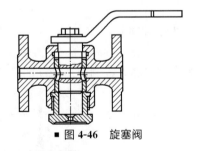

■ 图4-46　旋塞阀

润滑式旋塞阀的特点是密封性能可靠、启闭省力。适用于压力较高的介质，但使用温度受润滑脂限制，由于润滑脂污染输送介质，不得用于高纯物质的管道。

2. 旋塞阀的结构特点及选用

① 旋塞阀流体直流通过，阻力降小、启闭方便、迅速。

② 旋塞阀在管道中主要用于切断、分配和改变介质流动方向。它易于适应多通道结构，以至一个阀可以获得两个、三个、甚至四个不同的流道，这样可以简化管道系统的设计，减

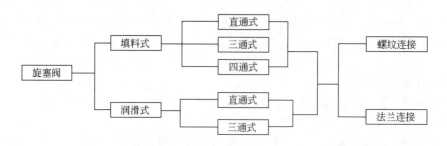

■ 图 4-47　旋塞阀的分类

少阀门用量以及设备中需要的一些连接配件。

③ 旋塞阀是历史上最早被人们采用的阀件。由于结构简单，开闭迅速（塞子旋转 1/4 圈就能完成开闭动作），操作方便，流体阻力小，至今仍被广泛使用。目前主要用于低压、小口径和介质温度不高的情况下。

④ 根据旋塞阀的结构特点和设计上所能达到的功能，可以按下列原则选用。

a. 用于分配介质和改变介质流动方向，其工作温度不高于 $300℃$，公称压力 $PN \leqslant 1.6MPa$、公称通径不大于 $300mm$，建议选用多通路旋塞阀。

b. 牛奶、果汁、啤酒等食品企业及制药厂等的设备和管道上，建议选用奥氏体不锈钢制的紧定式圆锥形旋塞阀。

c. 油田开采、天然气田开采、管道输送的支管、精炼和清洁设备中，公称压力级不大于 Class300、公称通径不大于 $300mm$，建议选用油封式圆锥形旋塞阀。

d. 油田开采、天然气开采、管道输送的支管、精炼和清洁设备中，公称压力级不大于 Class2500、公称通径不大于 $900mm$、工作温度不高于 $340℃$，建议选用油封式圆锥形旋塞阀。

e. 在大型化学工业中，含有腐蚀性介质的管道和设备中，要求开启或关闭速度较快的场合，对于以硝酸为基的介质可选用聚四氟乙烯套筒密封圆锥形旋塞阀；对于以醋酸为基的介质，可选用 Cr18Ni12Mo2Ti 不锈钢镶聚四氟乙烯套筒密封圆锥形旋塞阀。

f. 在煤气、天然气、暖通系统的管道中和设备上，公称通径不大于 $200mm$，宜选用填料式圆锥形旋塞阀。

十四、隔膜阀

隔膜阀（Diaphragm Valve）的结构形式，与一般阀门很不相同，它是依靠柔软的橡胶膜或塑料膜来控制流体运动的。其工作原理如图 4-48 所示。

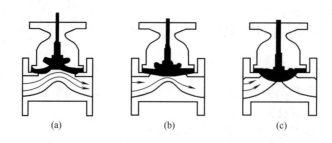

| (a) | (b) | (c) |

■ 图 4-48　隔膜阀工作原理

1. 隔膜阀的分类

隔膜阀按结构形式可分为以下几类。

（1）屋脊式 也称突缘式，是最基本的一类。其结构如图 4-49 所示。从图中可以看出，阀体是衬里的。隔膜阀阀体衬里，就是为了发挥它的耐腐蚀特性。这类结构，除直通式之外，还可制成直角式，如图 4-50 所示。

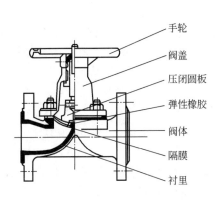

■ 图 4-49 屋脊式隔膜阀

手轮
阀盖
压闭圆板
弹性橡胶
阀体
隔膜
衬里

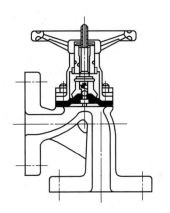

■ 图 4-50 直角式隔膜阀

（2）截止式 其结构形状与截止阀相似，如图 4-51 所示。这种形式的阀门，流体阻力比屋脊式大，但密封面积大，密封性能好，可用于真空度高的管道。

（3）闸板式 其结构形式与闸阀相似，如图 4-52 所示。闸板式隔膜阀流体阻力最小，适合于输送黏性物料。

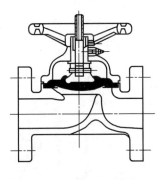

■ 图 4-51 截止式隔膜阀

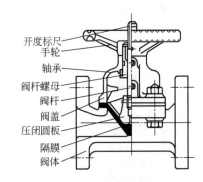

开度标尺
手轮
轴承
阀杆螺母
阀杆
阀盖
压闭圆板
隔膜
阀体

■ 图 4-52 闸板式隔膜阀

隔膜材料常用天然橡胶、氯丁橡胶、丁腈橡胶、异丁橡胶、氟化橡胶和聚全氟乙丙烯塑料（F46）等。

隔膜阀的缺点是耐压不高，一般在 $6kgf/cm^2$（0.6MPa）之内；耐温性能也受隔膜的限制，一般只能耐 60～80℃，最高（氟化橡胶）也不超过 180℃。

2. 隔膜阀的特点及选用

① 流体阻力小。

② 能用于含硬质悬浮物的介质；由于介质只与阀体和隔膜接触，所以无需填料函，不存在填料函泄漏问题，对阀杆部分无腐蚀的可能。

③ 适用于有腐蚀性、黏性、浆液介质。

179

④ 不能用于介质压力较高的场合。

⑤ 隔膜材质的推荐使用范围见表 4-68。

表 4-68　隔膜材质的推荐使用范围

隔膜材质(代号)	使用温度	适 用 介 质
丁基胶(B 级)	-40~100℃	良好的耐酸与耐碱性(85%硫酸、盐酸、氢氟酸、磷酸、苛性碱和多种酯类等)
天然胶(Q 级)	-50~100℃	用于净化水、无机盐、稀释无机酸等
聚全氟乙丙烯(FEP 或 F46)	≤150℃	多种浓度的硫酸、氢氟酸、王水、高温浓硝酸、各类有机酸及强碱、强氧化剂、浓酸与稀酸交替、酸与碱交替和各种有机溶剂等强腐蚀性介质
可溶性聚四氟乙烯(PFA)	≤180℃	

十五、安全阀

安全阀（Safety Valve）是一种自动阀门，它不借助任何外力而是利用介质本身的能力来排出一额定数量的介质，以防止系统内压力超过预定的安全值。当压力恢复正常后，阀门再行关闭并阻止介质外流。

安全阀也称安全门或保险阀，是一种自动机构，它在介质压力超过工作压力时自动开启，而在压力回降到工作压力或略低于工作压力时又自动关闭。

安全阀大量使用于锅炉、压缩机、压力容器和管道中。

1. 安全阀的分类

安全阀按阀瓣开启高度与阀座口径之比分两种：比数为 1/20~1/10 的称微启式，比数为 1/4~1/3 的称全启式。又根据阀体的构造分两种：一种称封闭式安全阀，它的排泄介质全部通过排泄管引到一定地方放掉；另一种称不封闭式安全阀，排泄介质出密封口后立即散失于空间。

安全阀可以分为三个基本类型（如果把很久以前就不用的弹簧平衡式包括进去，就是四类）。三类分别是弹簧式（图 4-53 和图 4-54）、脉冲式（图 4-55）和杠杆式（图 4-56）。

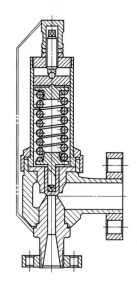

■ 图 4-53　弹簧式安全阀

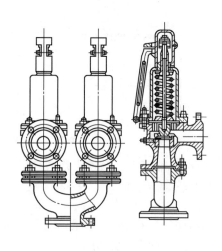

■ 图 4-54　带扳手的双弹簧微启式安全阀

（1）弹簧式安全阀　尽管人们熟悉杠杆式，并加以提倡，有的还优先选用它们，但弹簧式仍然是最通用的一种。图 4-53 是弹簧式安全阀的一种。它的作用原理是，弹簧力与介质作用于阀瓣的正常压力相平衡，使密封面密合；当介质压力过高时，弹簧受到压缩，使阀瓣离开阀座，介质从中泄出；当压力回降到正常值时，弹簧力又将阀瓣推向阀座，密封面重新密合。

在一些重要部位往往使用带扳手的双弹簧微启式安全阀。这种结构如图 4-54 所示。

（2）脉冲式安全阀　即一个大的安全阀（主阀）和一个小的安全阀（辅阀）配合动作，通过辅阀的脉冲作用带动主阀启闭。大的安全阀比较迟钝，小的安全阀则比较灵敏。将通向主阀的介质与辅阀相连通，压力过高时，辅阀开启，介质从旁路进入主阀下面的一个活塞，推动活塞将主阀打开。压力回降时，辅阀关闭，主阀活塞下的介质压力降低，主阀瓣也跟着下降密合（图 4-55）。这种安全阀结构复杂，只有在口径很大的情况下才采用。

（3）杠杆式（重锤式）安全阀　这是一种古老的阀门。它依靠杠杆和重锤来平衡阀瓣的压力。通过重锤在杠杆上的移动，调整压力的大小。它与弹簧式安全阀比较，显得笨重而迟钝。好处是因为没有弹簧，不怕介质的热影响，所以至今还在某些锅炉上使用。其结构如图 4-56 所示。

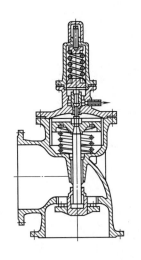

■ 图 4-55　脉冲式安全阀

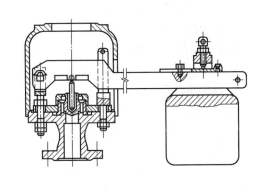

■ 图 4-56　杠杆式安全阀

2. 安全阀的主要标准
① GB/T 12241《安全阀一般要求》
② GB/T 12242《压力释放装置性能试验规范》
③ GB/T 12243《弹簧直接载荷式安全阀》
④ ZBJ98013《电站安全阀技术条件》
⑤ JB/T 53170《弹簧直接载荷式安全阀 产品质量分等》

十六、爆破片

爆破片（Rupture Disk）在设备或管道压力突然升高尚未引起爆炸前，由于爆破片两侧压力差达到预定温度下的预定值时，即先行破裂，排出设备或管道内的高压介质。因此爆破片是防止设备或管道破裂的一种安全泄放装置。

1. 爆破片的特点

① 爆破片与安全阀比较，具有结构简单、灵敏、可靠、经济、适用性强等优越性。

② 密封性能好，在设备正常工作压力下能保持严密不漏。

③ 泄压反应迅速，爆破片的动作一般在 2~10ms 内完成，而安全阀则因为机械滞后作用，全部动作时间要高 1~2 个数量级。

④ 对黏稠性或粉末状污物不敏感。即使气体中含有一定量的污物也不致影响它的正常动作，不像安全阀那样，容易黏结或堵塞。

⑤ 爆破元件（膜片）动作后不能复位，不但设备内介质全部流失，设备也必须中止运行。

⑥ 动作压力不太稳定，爆破片的爆破压力允许偏差一般都比安全阀的稳定压力允许偏差大一些。

⑦ 爆破片的使用寿命较短，常因疲劳而早期失效。

2. 爆破片的适用场所

① 化学反应将使压力急剧升高的设备。

② 超高压容器优先使用。

③ 昂贵或剧毒介质的设备。

④ 介质对安全阀有较强的腐蚀性。

⑤ 介质中含有较多的黏稠性或粉末状、浆状物料的设备。

⑥ 由于爆破片为一次性使用的安全设施，动作后（爆破后）该设备必须停止运行，因此一般广泛应用于间断生产过程。

⑦ 爆破片不宜用于液化气体储罐，也不宜用于经常超压的场所。

3. 有关爆破片的标准

HG/T 20570.3《工艺系统工程设计技术规定——爆破片的设置和选用》。

十七、减压阀

减压阀（Reducing Valve，Reduction Valve，Relief Valve）的作用是依靠敏感元件，如膜片、弹簧等来改变阀瓣的位置，将介质压力降低，达到减压的目的。

减压阀与节流阀不同，虽然它们都利用节流效应降压，但是节流阀的出口压力是随进口压力和流量的变化而变化的。但减压阀却能进行自动调节，使阀后压力保持稳定。

1. 减压阀的分类

（1）**按作用方式分类**　直接作用式和先导式两种。

（2）**按结构形式分类**　薄膜式减压阀；弹簧薄膜式减压阀；活塞式减压阀；波纹管式减压阀；杠杆式减压阀。

2. 减压阀的选用

选用减压阀时除考虑其公称直径、公称压力和工作温度外，还应考虑减压阀的出口压力范围。同时要考虑所选用的减压阀静态特性偏差和不灵敏性偏差。如要求灵敏度较高时可选用弹簧薄膜式减压阀；如介质温度较高时，则应选用活塞式减压阀。

十八、蒸汽疏水阀

蒸汽疏水阀（Steam Trap）（简称疏水阀）的作用是自动排除加热设备或蒸汽管道中的

蒸汽凝结水及空气等不凝气体，且不漏出蒸汽。由于疏水阀具有阻汽排气的作用，可使蒸汽加热设备均匀给热，充分利用蒸汽潜热防止蒸汽管道中发生水锤。

1. 蒸汽疏水阀的分类（表 4-69）

表 4-69　蒸汽疏水阀的分类

基 础 分 类	动 作 原 理	中 分 类	小 分 类
机械型	蒸汽和凝结水的密度差	浮球式	杠杆浮球式 自由浮球式 自由浮球先导活塞式
		开口向上浮子式	浮桶式 差压式双阀瓣浮桶式
		开口向下浮子式	倒吊桶式（钟形浮子式） 差压式双阀瓣吊桶式
热静力型	蒸汽和凝结水的温度差	蒸汽压力式	波纹管式
		双金属片式	圆板双金属式
热动力型	蒸汽和凝结水的热力学特性	圆盘式	大气冷却圆盘式 空气保温圆盘式 蒸汽加热凝结水冷却圆盘式
		孔板式	脉冲式

自由浮球式蒸汽疏水阀外形如图 4-57（a）所示，杠杆浮球式蒸汽疏水阀外形如图 4-57（b）所示。

(a) 自由浮球式蒸汽疏水阀　　　　　　(b) 杠杆浮球式蒸汽疏水阀

■ 图 4-57　疏水阀外形

2. 各种疏水阀的主要特征（表 4-70）

3. 疏水阀的选用方法

在某一压差下排除同量的凝结水，可采用不同形式的疏水阀。各种疏水阀都具有一定的技术性能和最适宜的工作范围。要根据使用条件进行选择，不能单纯地从最大排水量的观点去选用，更不应只根据凝结水管径的大小去选用疏水阀。

一般在选用时，首先要根据使用条件、安装位置参照各种疏水阀的技术性能选用最为适宜的疏水阀形式，再根据疏水阀前、后的工作压差和凝结水量，从制造厂样本中选定疏水阀的规格、数量。

① 在凝结水负荷变动到低于额定最大排水量的15％时不应选用孔板式疏水阀，因为在低负荷下将引起部分新鲜蒸汽的泄漏损失。

表 4-70　各种疏水阀的主要特征

形　式		优　点	缺　点
机械型	浮桶式	动作准确、排放量大、抗水击能力强	排除空气能力差、体积大、有冻结的可能
	倒吊桶式	排除空气能力强、没有空气气阻、排量大、抗水击能力强	有冻结的可能
	杠杆浮球式	排放量大、排除空气性能良好、能连续（按比例动作）排除凝结水	体积大、抗水击能力差、排除凝结水时有蒸汽卷入
	自由浮球式	排量大、排除空气性能好、能连续（按比例动作）排除凝结水、体积小、结构简单、浮球和阀座易互换	抗水击能力比较差、排除凝结水时有蒸汽卷入
热静力型	波纹管式	排量大、排除空气性能良好、不泄漏蒸汽、不会冻结、可控制凝结水温度、体积小	反应迟钝，不能适应负荷的突变及蒸汽压力的变化、不能用于过热蒸汽、抗水击能力差、只适用于低压场合
	圆板双金属式	排量大、排除空气性能良好、不会冻结、动作噪声小、无阀瓣堵塞事故、抗水击能力强、可利用凝结水的显热	很难适应负荷的急剧变化、在使用中双金属的特性有变化
热动力型	脉冲式	体积小、重量轻、排除空气性能良好、不易冻结、可用于过热蒸汽	不适用于大排量、泄漏蒸汽、易于故障、背压允许度低（背压限制在 30%）
	圆盘式	结构简单、体积小、重量轻、不易冻结、维修简单、可用于过热蒸汽、抗水击能力强	动作噪声大、背压允许度低（背压限制在 50%）、不能在低压（0.03MPa 以下）使用、蒸汽有泄漏、不适用于大排量

② 在凝结水一经形成后必须立即排除的情况下，不宜选用孔板式疏水阀，不能选用热静力型的波纹管式疏水阀，因两者均要求一定的过冷度（约 1.7～5.6℃）。

③ 由于孔板式疏水阀和热静力型疏水阀不能将凝结水立即排除，所以不可用于蒸汽透平、蒸汽泵或带分水器的蒸汽主管，即使透平外壳的疏水，也不可选用。上述情况均选用浮球式疏水阀，必要时也可选用热动力型疏水阀。

④ 热动力型疏水阀有接近连续排水的性能，其应用范围较大，一般都可选用。但最高允许背压不得超过入口压力的 50%，最低工作压力不得低于 0.05MPa。要求安静的地方应选用浮球式疏水阀。

⑤ 间歇操作的室内蒸汽加热设备或管道，可选用倒吊桶式疏水阀，因其排气性能好。

⑥ 室外安装的疏水阀不宜用机械型疏水阀，必要时应有防冻措施（如停工放空、保温等）。

⑦ 疏水阀安装的位置虽各不相同，但根据凝结水流向及疏水阀的方向大致分为三种情况，如图 4-58 所示：图（a）所示可选用任何形式的疏水阀；图（b）所示不可选用浮桶式，可选用双金属式疏水阀；图（c）所示凝结水的形成与疏水阀位置的标高基本一致，可选用浮桶式、热动力型或双金属式疏水阀。

⑧ 疏水阀的进、出口压差大，动作频繁，易于损坏，对于产生凝结水量大的加热设备，可用液面控制阀代替疏水阀，一般可以得到良好的使用效果。

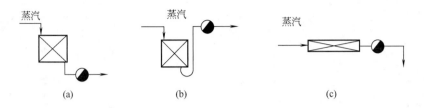

■ 图 4-58　疏水阀安装位置示意

十九、阀门类型的选择

阀门类型的选择一般应根据介质的性质、操作条件及其对阀门的要求等因素确定。

① 切断。几乎所有的阀门都具有切断功能，单纯用于切断而不需调节流量则可选用闸阀、球阀等，要求迅速切断时，则以旋塞、球阀、蝶阀等较为适宜。截止阀则既可调节流量又可切断。蝶阀也可用于大流量的调节。

② 改变流向。选用两通或三通球阀或旋塞，可以迅速改变物料流向，且由于一个阀门起到两个以上直通阀门的作用，可简化操作，使切换准确无误，并能减少所占空间。

③ 调控。截止阀、柱塞阀可满足一般的流量调节，针形阀可用于微量的细调；在较大流量范围进行稳定（压力、流量）的调节，则以节流阀为宜。

④ 止回。需防止物料倒流时可选用止回阀。

⑤ 不同生产过程可以选择有附加功能的阀门，如有带夹套、带排净口和带旁路的阀门，有用于防止固体微粒沉降的带吹气口阀门等。

表 4-71 与表 4-72 所列可作为阀门类型选择的参考。各种阀门的使用范围、材质及结构尺寸等见有关制造厂的产品说明书及样本。

表 4-71　阀门类型选择（一）

阀门类型		流束调节形式			介　质				
类别	型号	截断	节流	换向分流	无颗粒	带悬浮颗粒		黏滞性	清洁
						带磨蚀性	无磨蚀性		
闭合式	截止阀 　直通式 　角式 　柱塞式	可用 可用 可用	可用 可用 可用		可用 可用 可用	可用			
滑动式	闸阀 　楔式刚性单闸板 　楔式弹性单闸板 　楔式双闸板 　平行式双闸板	可用 可用 可用 可用			可用 可用 可用 可用	适当可用	可用 适当可用		
旋转式	旋塞阀 　非润滑式（直通） 　（三通，四通） 　润滑式（直通） 　（三通，四通） 　球阀 　蝶阀	可用 可用 可用 可用 可用 可用	适当可用 适当可用 可用	 可用 可用 可用	可用 可用 可用 可用 可用 可用	可用 可用 可用 可用 可用 可用	 可用 可用 可用 可用	 可用 可用	可用 可用
挠曲式	隔膜阀 　堰式 　直通式	可用 可用	可用 适当可用		可用 可用	可用 可用	 可用		可用 可用

表 4-72　阀门类型选择（二）

使用条件	阀门基本形式					
	闸阀	截止阀	止回阀	球阀	旋塞阀	蝶阀
温度、压力						
常温-高压	⊕	⊕	⊕	⊕	◆	◆
常温-低压	○	○	○	○	○	○
高温-高压	○	⊕	⊕	▲	◆	◆
高温-低压	○	○	○	▲	▲	▲
中温-中压	○	○	○	⊕	⊕	⊕
低温	○	⊕	⊕	◆	◆	◆
公称直径/mm						
＞1000	▲	◆	▲	◆	▲	○
＞500	○	◆	▲	◆	▲	○
300～500	○	◆	⊕	▲	◆	○
＜300	○	○	○	⊕	⊕	⊕
＜50	⊕	○	⊕	○	○	◆

注：○表示适用，⊕表示可用，▲表示适当可用，◆表示不适用。

二十、常用阀门的适用范围

常用阀门的适用范围见表 4-73。

表 4-73　常用阀门的适用范围

序号	阀门类型	阀体材质	适用温度/℃	适用介质	公称压力范围 PN/MPa	公称直径范围 DN/mm	备注
一	闸阀	碳钢	≤425	水、蒸汽、油品	1.6、2.5	15～1000	
		铬镍钛钢	≤200	硝酸类	4.0	15～600	
		铬镍钼钛钢	≤200	醋酸类	6.4	15～500	
		铬钼钢	≤550	油品、蒸汽	10.0	15～400	
					16.0	15～300	
		铬镍钛钢	≤50	水、蒸汽、油品	1.6、2.5、4.0	50～300	
		铬镍钛钢	≤650	烟气、空气	1.6、2.5、4.0	50～300	
		不锈钢及耐磨衬里	650～730	催化裂化催化剂、高温烟气、蒸汽	1.6、2.5、4.0、	80～600	
二	截止阀	碳钢	≤425	水、蒸汽、油品	1.6、2.5、4.0	15～300	即为氨阀类
		碳钢	≤425	水、蒸汽、油品	6.4～16.0	15～200	
		碳钢	−40～130	氨、液氨	2.5	15～200	
		铬镍钛钢	≤200	硝酸类	1.6、2.5、4.0、6.4	15～200	
		铬镍钛钢	≤100	硝酸类	10.0	15～200	
		铬镍钼钛钢	≤200	醋酸类	1.6、2.5、4.0、6.4	15～200	
		铬镍钼钛钢	≤100	醋酸类	10.0	15～200	
		铬钼钢	≤550	油品、蒸汽	1.6～2.5	15～300	
		铬钼钢	≤550	油品、蒸汽	4.0～16.0	15～200	
三	止回阀	碳钢	≤425	水、蒸汽、油品	1.6	50～600	
		碳钢	≤425	水、蒸汽、油品	2.5、4.0	15～600	
		碳钢	≤425	水、蒸汽、油品	6.4	15～500	
		碳钢	≤425	水、蒸汽、油品	10.0	15～400	
		碳钢	≤425	水、蒸汽、油品	16.0	15～300	
		铬镍钛钢	≤200	硝酸类	1.6、2.5、4.0、6.4	15～200	
		铬镍钼钛钢	≤200	醋酸类	1.6、2.5、4.0、6.4	15～200	

序号	阀门类型	阀体材质	适用温度/℃	适用介质	公称压力范围 PN/MPa	公称直径范围 DN/mm	备注
三	止回阀	铬钼钢	≤550	油品、蒸汽	1.6、2.5、4.0	50~600	
		铬钼钢	≤550	油品、蒸汽	6.4~16.0	50~300	
四	球阀						
1	软密封球阀	碳钢	≤150	水、蒸汽、油品	1.6、2.5、4.0	15~200	密封材质为聚四氟乙烯
		碳钢	≤180	水、蒸汽、油品	1.6、2.5、4.0	15~200	密封材质为增强聚四氟乙烯
		碳钢	≤250	水、蒸汽、油品	1.6、2.5、4.0	15~200	密封材质为对位聚苯
		铬镍钼钛钢	≤180	硝酸类	1.6、2.5、4.0	15~200	密封材质为增强聚四氟乙烯
		铬镍钛钢	≤180	硝酸类	6.4	15~150	
		铬镍钼钛钢	≤180	醋酸类	1.6、2.5、4.0	15~200	密封材质为增强聚四氟乙烯
		铬镍钼钛钢	≤180	醋酸类	6.4	15~150	
2	硬密封球阀	碳钢	≤425	水、蒸汽、油品	1.6、2.5、4.0	150~200	
		碳钢	≤425	水、蒸汽、油品	6.4	15~150	
		优质碳钢	≤425	水、蒸汽、油品	10.0	50~300	
		铬镍钼钛钢	≤200	硝酸类	1.6、2.5、4.0	15~200	
		铬镍钛钢	≤200	硝酸类	6.4	15~150	
		铬镍钼钛钢	≤200	醋酸类	1.6、2.5、4.0	15~200	
		铬镍钼钛钢	≤200	醋酸类	6.4	15~150	
五	蝶阀						
1	软密封蝶阀	碳钢	≤150	水、蒸汽、油品、煤气	1.0、1.6、2.5	50~150	手动操作
		碳钢	≤150	水、蒸汽、油品、煤气	1.6、2.5	50~1200	蜗轮手动及电动
		铬镍钛钢	≤200	硝酸等腐性介质	1.6、2.5	80~1000	
		铬镍钼钛钢	≤200	醋酸等腐性介质	1.6、2.5	80~1000	
2	金属密封蝶阀	碳钢	≤425	水、蒸汽、油品	1.6、2.5	50~700	蜗轮手动
		铬镍钛钢	≤540	蒸汽、油品、空气等	1.6、2.5	300~1200	

二十一、阀门主要零件材料

在石油化工企业引进装置中，阀门主要采用美国 ASME、API 和日本 JIS 等标准进行设计和制造。阀门材料主要是指阀体、阀盖、启闭件的材料。根据零件的结构尺寸、形状决定采用锻造或铸造工艺。

石油化工企业使用的通用阀门选用材料应执行行业标准 SH/T 3064《石油化工钢制通用阀门选用、检验及验收》标准。该标准的材料部分是参考机械行业标准 JB/T 5300 结合石油化工企业特点编制的。SH/T 3064 给出了下列情况的阀门的主要零件（包括阀体、阀盖、启闭件、支架、阀杆、阀杆螺母、阀座、启闭件的密封面、螺栓、螺母、垫片、填料、手轮）的材料名称、牌号、标准。

① 用于输送介质温度为 -20~425℃ 碳素钢制阀门的主要零件材料。

② 用于输送介质温度小于或等于 540℃的合金钢制阀门的主要零件材料；用于输送介质温度小于或等于 550℃的合金钢制阀门的主要零件材料。

SH/T 3064 标准规定合金钢两个级别的阀门主要零件材料。540℃的合金钢制阀门的主要零件材料主要用于动力系统的高压蒸汽；550℃的合金钢制阀门的主要零件材料主要用于炼油厂的催化裂化装置。

③ 用于输送介质温度小于或等于 200℃的不锈钢制阀门主要零件材料。

④ 阀座、启闭件密封面材料，阀门的密封性能是考核阀门的主要指标，密封面的选材是否合理，直接影响阀门的使用寿命。

二十二、驱动方式的选用

一般情况下，阀门均采用手动操作，但在较高压力和较大直径下，采用手动操作因扭矩过大而比较费力，此时应采用齿轮传动或电动、气动操作。电动操作是在阀门上安装一个电机，操作人员通过操作电源开关就可实现阀门的启闭。同样，气动操作则是在阀门上安装一个气动马达，操作人员通过操作气源开关来实现阀门的启闭。电动和气动操作阀门因为增加了驱动装置，价格将上升 3～5 倍，因此它常用在远距离控制或者要求实现快开快关的情况，很少用它来代替人力开启阀门而节省人力。

电动和气动操作阀门的设计条件，通常由工艺和仪表电气专业提供。

二十三、设计文件中应给出的阀门描述

对于 API 阀门，它不像我国的 JB 阀门那样有统一的代号，故工程公司或设计院应给出自己的代号，并对所需要的阀门进行详细的描述。一般情况下，常通过阀门规格书给出对阀门的详细要求。通用的阀门规格书至少应包括下列内容。

① 阀门的名称、公称压力、公称直径及数量。

② 采用的阀门代号和应用标准。

③ 阀门的结构形式、阀杆支撑形式、阀盖结构形式及阀体的对外连接方式。

④ 介质条件（包括介质名称、介质压力、介质温度等）。

⑤ 阀体材料、阀座及阀板密封面材料、阀杆等内件材料、填料等。

⑥ 阀盖垫片及紧固件材料。

⑦ 驱动方式及动力参数（如果有）。

⑧ 其他特殊要求。

二十四、低温阀门的设计及工程实例

① 低温阀门主要指用于介质温度 −29～−196℃的阀门，常用到低温球阀、低温闸阀、低温截止阀等。输送介质为易燃、易爆、渗透性强的介质，如乙烯、液氧、液氢、液化天然气、液化石油产品等物料。介质在升温时要气化，气化时体积可膨胀数百倍。

② 低温条件下，材料的抗拉强度和硬度提高，塑性和韧性降低，呈现低温脆性。材质不合格，会造成壳体及密封面的外漏或内漏；零部件的综合力学性能、强度和刚度满足不了使用要求甚至断裂，导致介质泄漏引起爆炸。低温材料部件在精加工之前必须进行深冷处理，以减小低温阀门在低温工况下的收缩变形。

③ 材料的选用。

a. 阀体、阀盖、阀座、启闭件。温度高于－100℃选用铁素体不锈钢，温度低于－100℃选用奥氏体不锈钢。

b. 紧固件。温度高于－100℃时，螺栓采用 Ni、Cr-Mo 等合金钢，经热处理，以防止螺纹咬伤；温度低于－100℃时，螺栓材料用奥氏体不锈钢，螺母材料采用 Mo 钢或 Ni 钢。

c. 垫片。使用温度高于－196℃，低温最高使用压力为 5MPa 时，采用不锈钢带石棉缠绕式垫片、不锈钢带聚四氟乙烯缠绕式垫片或不锈钢带膨胀石墨缠绕式垫片。

d. 阀杆。奥氏体不锈耐酸钢制造，经热处理，以提高抗拉强度，镀硬铬（镀层厚度 0.04～0.06mm），或进行渗氮处理，以提高表面硬度。介质温度的降低容易在填料函处产生泄漏和结冰，阀门阀盖长颈结构，填料避开低温区，提高填料的使用性能和使用寿命，见图 4-59。

设计成加长阀盖的原因如下。ⅰ. 长颈阀盖具有保护填料函的功能，因为填料函的密封性是低温阀的关键之一。ⅱ. 长颈结构便于缠绕保冷材料，防止冷能损失，利于装配，特别是小口径的截止阀等低温阀。ⅲ. 长颈结构便于阀门主件通过阀盖拆开进行快速更换。例如，

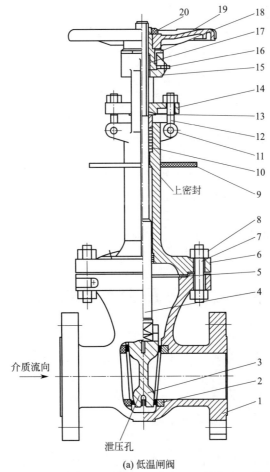

(a) 低温闸阀

1—阀体；2—阀座；3—闸板；4—阀杆；5—垫片；6—阀盖；7—螺柱；8—螺母；
9—滴水隔离盘；10—填料；11—销子；12—活节螺栓；13—填料压套；14—填料压板；
15—支架；16—油杯；17—阀杆螺母；18—压盖；19—手轮；20—圆螺母

■图 4-59

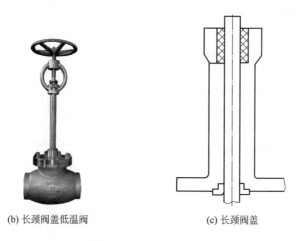

(b) 长颈阀盖低温阀　　　　　　　　(c) 长颈阀盖

■图 4-59　低温闸阀、低温阀及长颈阀盖的设计

配管时长颈阀盖可以穿过"冷箱"壁伸出，更换阀门主件时，只需通过阀盖进行拆换，而不需拆卸阀体。阀体与管道焊接成一体，尽可能地减少冷箱的渗漏，保证阀门的密封性。ⅳ.如果不设计成加长阀盖，手动操作的部位温度很低，有一定的人员伤害危险性，如果使用电动或气动执行器操作阀门，也会使执行器在低温度环境中失效或者降低其寿命。

e. 阀体泄压孔。当阀芯关闭后，残留在阀体中腔的低温介质从周围环境中大量吸收热量，迅速汽化，在阀体内产生很高的压强异常升压可能将闸板紧紧地压在阀座上，导致闸板卡死，使阀门不能正常工作，也可能冲坏填料和法兰垫片，甚至引起阀体爆炸。阀门中腔的泄压：采用泄压孔防止异常升压，泄压孔开设位置视阀门结构而定，见图 4-59（a）。

④ 低温阀门的描述及标准。国内低温阀门标准有 GB/T 24925《低温阀门技术条件》。例如某 $DN300$ 低温闸阀选用描述如下：阀体材料选用 A351-CF8，TRIM（内件）10-316。压力等级选用 Class 150。端部用 RF（突面）法兰式的。制作类型 BB（螺栓连接型阀帽），OS&Y（外螺纹阀杆及阀轭）EX（加长阀杆）/FWDG（弹性闸板），Gear（齿轮）－196℃ RELIEF HOLE（泄压孔），阀门标准采用 API 600。

第十二节　压力管道特殊件

一、波纹管膨胀节

波纹管膨胀节常用于大直径高温管道上，用来吸收管道热胀而产生的长度伸长。在石化生产装置中，有一些高温大直径管道很难用自然补偿方法来吸收其热胀位移，或者用自然补偿法不经济，或者即使能够吸收其热胀位移，但管系反力已超出相连设备的允许值，在这些情况下就应考虑用膨胀节。常用的膨胀节基本上可以分为两大类，即非约束型和约束型。

非约束型金属波纹管膨胀节的特点是管道的内压推力（俗称盲板力）由固定点或限位点承受，因此它不适宜用在与敏感机械设备相连的管道上。非约束型波纹管膨胀节主要用于吸收轴向位移和少量的角向位移。常用的非约束型波纹管膨胀节一般为自由型波纹管膨胀节。

约束型波纹管膨胀节的特点是管道的内压推力没有作用于固定点或限位点处，而是由约束波纹膨胀节用的金属部件（拉杆）承受。它主要用于吸收角向位移和拉杆范围内的轴向位移。常用的约束型波纹管膨胀节有单式铰链型、单式万向铰链型、复式拉杆型、复式铰链型、复式万向铰链型、弯管压力平衡型、直管压力平衡型等。

在本书的第九章介绍了带约束的金属波纹管膨胀节的形式。

二、过滤器

过滤器（图 4-60）是用于滤去管道中的固体颗粒，以达到保护机械设备或其他管道设备目的的管道设备。过滤器的种类很多，一般情况下有临时性过滤器和永久性过滤器之分，从形状上分有 Y 形、三通直流、三通侧流、加长等形式。

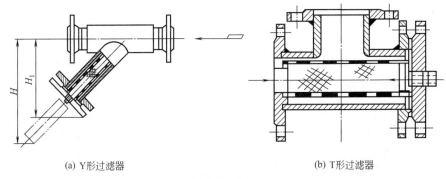

(a) Y形过滤器   (b) T形过滤器

■ 图 4-60 过滤器

一般情况下，当管道 $DN \leqslant 80\text{mm}$ 时，应选用 Y 形过滤器。当 $DN \geqslant 100\text{mm}$ 时，应根据管道布置情况选用直流式或侧流式三通过滤器。当需要较大的过滤面积时，可选用加长三通过滤器或篮式过滤器。常用的过滤器过滤等级为 30 目，当与之相连的机械对过滤器的滤网有更高的要求时，应根据要求选择相应的滤网目数。

三、阻火器

阻火器常用在低压可燃气体管道上，而管道的末端为明火端或者有可能产生明火的设施。当管道中的介质压力降低时，可能会因介质的倒流而将明火引向介质源头而引起着火或爆炸。在这些管道的靠终端处，安装一台阻火器能防止或阻止火焰随介质的倒流而窜入介质的源头管道或设备。由于阻火器是一个安全保护元件，因此阻火器生产厂必须通过消防部门的认证。

图 4-61 所示的管道阻火器专用于加热炉的燃料气管道上。当喷嘴回火时，阻火器内金属网由于器壁效应转化为热能使火焰熄灭，防止因回火而引起燃料气管道内爆炸的危险。

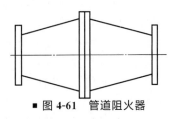

■ 图 4-61 管道阻火器

四、消声器

消声器（图 4-62）通常用于介质放空管的终端，以消除可能因高压高速介质的放空而产生的噪声。通常包括蒸汽排气消声器、气体排空消声器、油浴式消声过滤器、电机消声器等。

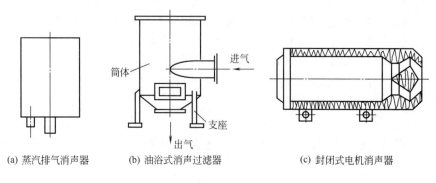

(a) 蒸汽排气消声器　　　(b) 油浴式消声过滤器　　　(c) 封闭式电机消声器

■ 图 4-62　消声器

五、视镜

视镜（图 4-63）通常用于冷却水管道和润滑油管道等，通过其透明的视窗可以观察到管道内循环冷却水或润滑油是否在流动。

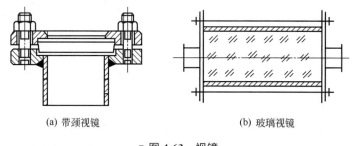

(a) 带颈视镜　　　　　　　　　　(b) 玻璃视镜

■ 图 4-63　视镜

第十三节　压力管道等级及工程应用

一、管道等级

管道等级（Piping Class）是在工程设计的基础设计阶段进行编制，随着详细设计开展深入，将不断地完善。正确选用不仅使工程选材合理、保证装置正常安全运行，而且能加快安装速度，节约投资。

它的编制基础是根据项目开工报告、公用工程专业管道物料特性表、工艺流程图工艺管线表等条件，首先将流体按易燃易爆、腐蚀性、特殊性（如热处理要求、脱脂要求等）分类，然后根据用户或外商及专利商的合同确定材料的标准。按输送介质的温度、压力等分成不同类别的等级并考虑仪表、设备专业所选用的标准及配合条件，明确每一等级所用的管子、管件、阀门、紧固件、垫片等规格范围、特性、材料及标准，对本工程应尽量做到统一规格标准。

压力管道等级表是管道设计、管道材料汇总、采购和工程施工安装、生产维修的重要依据。管道等级应将每个等级中所使用的全部管道组成件的材料、标准、尺寸范围、压力等级、型号及温度与压力的使用关系进行规定。管道等级所规定的内容是工程项目中有关专业遵循的准则。

二、压力管道等级编制原则

① 选用管子和管道组成件必须是符合国家现行标准、国际现行标准或企业标准。

② 管道等级代号的编制一般根据材料类别、顺序号和压力等级来确定。

③ 选用的管道组成件等，在同一等级中必须相互匹配，其材料必须满足工艺流体操作条件。

④ 选用的管子和组成件应经济、实用。当选用较昂贵材料时，应进行材料的经济比较。

⑤ 管道等级应包括用户名称、设计项目、设计阶段、工程号等。

⑥ 管道等级所列内容一般不包括由工艺系统专业所提的安全阀、电动阀、减压阀、疏水器（伴热管用除外）、防爆膜、阻火器、过滤器、消声器等特殊管件。

⑦ 管道等级中应注明该等级号的使用范围（温度、压力、流体）。

⑧ 管道等级表一般包括如下具体内容。

a. 表头，其内容包括流体介质、腐蚀余量、温度-压力、焊后热处理等。

b. 管子和管件的材料详细描述（包括公称直径、材料、制造、端部、壁厚、标准号等）。

c. 法兰、垫片及紧固件的材料详细描述（包括公称直径、材料、等级、类型、密封面、标准号等）。

d. 阀门的材料详细描述（包括公称直径、阀体/阀芯材料、等级、端部、类型、阀号、标准号等）。

e. 管道特殊件的材料详细描述。

f. 管子壁厚表（可以几个等级共用）。

g. 支管连接表（可以几个等级共用）。

三、管道等级代号

管道等级代号（Piping Class Code Number）没有统一的规定，不同的行业、国家或公司，代号的组成和包含的内容也不尽相同，有的工程项目用七单元组成，有的工程项目用八单元组成，有的工程项目只用三单元组成，不管怎样，管道等级代号，三单元形式是最基本的，一般需要包含材料类别、顺序号和压力等级等信息。

例如，2006 年某石化乙烯改扩建工程的管道等级代号为八单元组成，如下所示为等级代号。

等级：03CS1S01

03 表示 ASME Class300。

CS 表示碳钢。

1 表示腐蚀裕量 1.5mm。

S 表示小口径承插焊连接，大口径法兰或对焊。

01 表示序列号。

下面仅以三单元的管道等级号为例说明管道等级代号的组成。

1. 管道等级代号的组成

2. 各单元内容

第一单元由一位大写的英文字母表示管道公称压力（MPa）等级（表 4-74）。

表 4-74　管道公称压力等级代号

第一单元	法兰公称压力			
	HG,GB(MPa)	ASME,JPI,BS(Class)	JIS(kgf/cm²)	其他(kgf/cm²)
A		150/125		
B		300/250		
C		400		
D		600		
E		900		
F		1500		
G		2500		
H		4200		
J	0.25			
K	0.6			
L	1.0			
M	1.6			
N	2.5			
P	4.0			
Q	6.3			

第二单元由阿拉伯数字表示顺序号（1～9）。顺序号用于表示一、三单元相同时，不同的材质和管道连接形式等。

第三单元由一位大写的英文字母表示管道材料类别（表 4-75）。

表 4-75　管道材料类别代号

第三单元	钢管材质	材质标号		
		GB标准及代号	ASTM	JIS
S	碳钢	Q235-A	A120,A134	SGP,STPY41
T	碳钢	10、20	A106Gr. A,A106Gr. B	STS38,STS42
U	碳钢	20	API5L. Gr. B	STPG42
B	1/2Mo	16Mo	A335Gr. P1	STPA12
C	1Cr-0. 5Mo	15CrMo	A335Gr. P12	STPA22
D	1Cr-0. 5Mo	12CrMoV	A335Gr. P11	STPA23
G	5Cr-0. 5Mo	Cr5Mo	A335Gr. P5	STPA25
H	9Cr-1Mo		A335Gr. P9	STPA26
K	18Cr-8Ni	0Cr18Ni9	A312Gr. TP304	SUS304TP

第三单元	钢管材质	材质标号		
		GB标准及代号	ASTM	JIS
J	18Cr-8Ni	00Cr19Ni10	A312Gr. TP304L	SUS304LTP
L	18Cr-12Ni-Mo	0Cr18Ni12Mo2Ti 0Cr18Ni12Mo3Ti	A312Gr. TP316 A312Gr. TP317	SUS316TP SUS317TP
P	低温钢	09Mn2V	A333Gr. 7 or Gr9	
Q	镇静钢	16Mn	A333Gr. 1or Gr6	STPL39
X	镀锌	Q235-A、Q235-B	A53 Gr. B(Galv)	STPG42

3. 管道等级索引

管道等级索引是管道材料专业编制的主要文件之一，一般应有管道等级代码、物料代号、介质种类、设计温度、压力范围、管子材料及尺寸范围，供工艺系统、管道、仪表、采购等专业使用，是工艺系统专业在基础设计阶段设计的主要依据文件。

管道等级索引表的基本内容和格式见表4-76。管道材料等级表见表4-77。

表 4-76　某液化气分离项目管道等级索引（例表）

等级号	介质名称及代号	最大口径	设计温度/℃	设计压力（表压）/MPa	法兰等级	材质	腐蚀裕度/mm
M1A	冷却水　CWR 　　　　CWS	DN500	60	0.5	PN1.6　RF	ST. 20	1.5
	消防水　FW	DN400	60	1.6			
	丙烯;LPG　VF	DN400	60	0.2			
	工厂空气　PA	DN50	60	0.7			
	氮气　　　N	DN50	60	0.7			
M2A	消防水　FW	DN400	60	1.6	PN1.6　RF	ST. 20(GALV)	0.0
	仪表空气　IA	DN50	60	0.7			
	新鲜水(中水)RW	DN80	60	0.6			
N1A	低压蒸汽　LS	DN300	200	1.1	PN2.5　RF	ST. 20	1.5
	低压凝液　LC		200	0.5			
N2A	LPG　LP	DN200	60	1.3	PN2.5　RF	ST. 20	1.5
	排放液　LD	DN50	100	2.0			
	脱盐水　DW	DN40	60	2.2			
P1A	丙烯　P;PR	DN150	60	2.6	PN4.0　RF	ST. 20	1.5
	LPG;C3　P	DN800	60	2.42			
	排放液　LD	DN50	60	3.41			
Q1A	LPG　LP;P	DN400	120	3.41	PN6.3　RF	ST. 20	1.5
	C2+C3　P	DN100	60	3.74			
	排放液　LD	DN50	110	3.41			

表 4-77 某液化气分离项目管道材料等级（例表）

等级号：M1A

流体介质	冷却水 CWS/CWR；新鲜水 RW；VF；氮气 N；工厂空气 PA；消防水 FW					分支表	T-1
腐蚀裕量	1.5mm	温度-压力额定值	温度	≤20℃	100℃		
焊后热处理	不要		压力	1.6MPa	1.6MPa		

名称 ITEM	公称直径 NOM. SIZE	材料 MATERIAL	制造 PRODUCT	端部 END	壁厚 WALL THICK	标准号 REF. TO	备注 NOTE
管子 PIPE	15~40	20	SMLS	PE	见附表(1)[1]	GB/T 8163，HG/T 20553(Ⅰa)	
	50~350	20	SMLS	BE	见附表(1)[1]	GB/T 8163，HG/T 20553(Ⅰa)	
	400~500	20	ERW	BF	见附表(1)[1]	GB/T 13793，HG/T 20553(Ⅰa)	
弯头,异径管,三通,管帽 ELBOW,REDUCER,TEE,CAP	15~40	20	FORGE	SW	Sch80	GB/T 14383(A)	
	50~350	20	SMLS		见附表(2)[1]	GB 12459(A)	
	400~500	20	WELD		见附表(2)[1]	GB/T 13401(A)	
螺纹管帽 CAP	15~40	20	FORGE	NPT	Sch160	GB/T 14626	
丝堵 PLUG	15~40	20	FORGE	NPT		GB/T 14626	
管接头 COUPLING	15~40	20	FORGE	SW	Sch80	GB/T 14383(A)	
半管接头 HAALF COUPLING	15~40	20	FORGE	SW	Sch80	GB/T 14383(A)	

名称 ITEM	公称直径 NOM. SIZE	材料 MATERIAL		等级 CLASS	类型-密封面 TYPE-FACE	厚度	标准号 REE. TO	备注 NOTE
法兰 FLANGE	15~40	20		PN1.6	SW-RF		HG/T 20597(A)	
	50~500	20		PN1.6	SO-RF		HG/T 20594(A)	
	50~500	20		PN1.6	WN-RF		HG/T 20595(A)	
法兰盖 BLIND FLANGE	15~500	20		PN1.6	BLD-RF		HG/T 20601	
垫片 GASKET	15~300	石棉橡胶垫 XB350		PN1.6	RF	1.5mm	HG/T 20606	
	350~500	石棉橡胶垫 XB350		PN1.6	RF	3.0mm	HG/T 20606	
	15~500	金属缠绕垫 石墨/304(内、外环)		PN1.6	RF D2222	4.5mm	HG/T 20610	
螺栓/螺母 BOLT/NUT	15~500	8.8/8		PN1.6	双头螺柱/六角螺母		HG/T 20613	
	15~500	35CrMoA(调质)/30CrMo(调质)		PN1.6	双头螺柱/六角螺母		HG/T 20613	
"8"字盲板 SPECTACLE	15~500	20		PN1.6	RF		HG/T 21547	

名称 ITEM	公称直径 NOM. SIZE	阀体/阀芯 BODY/TRIM	等级 CLASS	端部 END	类型 TYPE	阀号 VALVE NO.	标准号 REF. TO	备注 NOTE
闸阀 GATE VALVE	15~40	C.S/S.S	PN2.5	SW	BB,OS&Y	Z61H-25		
	50~500	C.S/S.S	PN1.6	FLG-RF	BB,OS&Y	Z41H-16C		
截止阀 GLOBE VALVE	15~40	C.S/S.S	PN2.5	SW	BB,OS&Y	J61H-25		
	50~150	C.S/S.S	PN1.6	FLG-RF	BB,OS&Y	J41H-16C		
止回阀 CHECK VALVE	15~40	C.S/S.S	PN2.5	SW	BC,LIFT	H41H-25		
	80~300	C.S/S.S	PN1.6	FLG-RF	BC,SWING	H44H-16C		
蝶阀 BUTTERFLY VALVE	40~300	C.S.S+NR	PN1.6	WAFER		D71X-16C		
	350~500	C.S.S+NR	PN1.6	WAFER		D371X-16C		
Y形过滤器 Y TYPE STRAINER	100~200	C.S/S.S	PN1.6	FLG-RF		MFR-STD		

[1] 本例表未列出 M1A 等级壁厚的附表（1）和附表（2）。

四、管道等级表中的管道壁厚表

管道壁厚表（表 4-78）是指导工艺系统、配管及管架等专业工程设计的重要文件之一。管道壁厚表是根据管道壁厚计算，按管道的标准厚度进行调整后的用于工程使用的壁厚表。

表 4-78　管道壁厚表（例表）　　　　　　　　　　mm

公称直径	管子外径	管道等级的壁厚		
（NPS）	（mm）	M1A	M1K	M3A
15	21.3	3.0	2.0	4.0
20	26.9	3.0	2.0	4.0
25	33.7	3.0	3.0	4.5
32	42.4	3.0	3.0	4.5
40	48.3	3.5	3.0	5.0
50	57	3.5	3.0	5.0
65	76	4.0	3.0	5.5
80	89	4.0	3.0	5.5
100	108	4.5	3.0	6.0
125	133	4.5	3.5	6.0
150	159	5.0	3.5	7.0
200	219	5.0	3.5	
250	273	6.0	4.0	
300	325	6.5	4.5	
350	377	7.0	5.0	
400	426	7.0	5.0	
450	480	8.0	5.0	
500	530	8.0	5.0	
600	630	9.0		

注：1. M2A 等级管子壁厚与 M1A 的相同。

2. M2K 等级管子壁厚与 M1K 的相同。

编制原则如下。

① 管道壁厚表一般应包括管道等级、公称直径、外径和壁厚。

② 管道壁厚一般以 mm 计，保留一位小数，或采用管表号表示。

③ 根据装置的性质和用户要求决定管子选用的尺寸系列。

编制要求如下。

① 管道壁厚表一般应将不同类别的材料，按等级分项编制（如碳钢类、不锈钢类、合金钢类）。

② 当有不同外径管道时，其壁厚表应分开编制。

五、管道等级表中的管道分支表

分支表是对各管道等级的支管连接形式作出具体的规定。

编制原则如下。

① 支管连接表应按各管道等级的要求分别编制，支管连接形式相同的管道等级也可合并编制。

② 支管连接应在保证管道安全运行、经济合理的前提下选择根部元件连接形式。

编制一般要求如下。

① 1⅛in 以下三通一般采用锥管螺纹或承插三通，除有缝隙腐蚀介质外，2in 以上采用对焊连接三通。

② 管道分支表依据开孔补强计算表，确定其焊接支管是否需要补强。

③ 2in 及 2in 以上主管、2in 以下的支管应优先选用半管接头或支管台。

④ 设计压力大于 6.3MPa 的管道主支管为异径时，不宜采用现场制造的焊接支管，宜采用三通，或在主管上开孔并焊接支管台，当支管为等径时宜采用三通。

⑤ 支管连接表的具体格式见表 4-79 及表 4-80。

表 4-79　　分支表　TABLE NO. T-101　　（例表）　　　　　本表用于等级 M2K

主管直径 / 支管直径	15	20	25	32	40	50	65	80	100	125	150	200	250	300	350	400	450	500	600
15	S																		
20	S	S																	
25	S	S	S																
32	S	S	S	S															
40	S	S	S	S	S														
50	H	H	H	H	H	B													
65	H	H	H	H	H	P	B												
80	H	H	H	H	H	P	P	B											
100	H	H	H	H	H	P	P	P	B										
125	H	H	H	H	H	P	P	P	P	B									
150	H	H	H	H	H	P	P	P	P	P	B								
200	H	H	H	H	H	P	P	P	P	P	P	B							
250	H	H	H	H	H	P	P	P	P	P	P	P	B						
300	H	H	H	H	H	R	R	R	R	R	R	R	R	B					
350	H	H	H	H	H	R	R	R	R	R	R	R	R	R	B				
400	H	H	H	H	H	R	R	R	R	R	R	R	R	R	R	B			
450	H	H	H	H	H	R	R	R	R	R	R	R	R	R	R	R	B		
500	H	H	H	H	H	R	R	R	R	R	R	R	R	R	R	R	R	B	
600	H	H	H	H	H	R	R	R	R	R	R	R	R	R	R	R	R	R	B

支　管　直　径

S：承插焊三通　　　　　　　　　P：焊接支管　　　　　　　　　B：对焊三通

R：焊接支管（带补强板）　　　　H：承插焊半管接头

表 4-80　管道变径选用表（例表）

本表用于等级 M2K

主管直径 \ 支管直径	15	20	25	40	50	65	80	100	150	200	250	300	350	400	450	500
15	S															
20	S															
25	S	S														
40		S	S													
50			R	R												
65				R	R											
80				R	R	R										
100					R	R	R									
150						R	R									
200							R	R								
250							R	R	R							
300								R	R	R						
350								R	R	R	R					
400									R	R	R	R				
450									R	R	R	R	R			
500										R	R	R	R	R		

S：承插焊异径管　　　　　R：对焊异径管

第十四节　压力管道材料的设计文件及设计条件

一、管道材料各设计阶段的主要设计文件

1. 基础设计阶段主要设计文件

① 初步的管道材料工程规定。

② 初步的管道等级索引表。

③ 初步的管道材料等级。

④ 初步的管道壁厚表。

⑤ 初步的管道隔热工程规定。

⑥ 初步的管道防腐与涂漆工程规定。

⑦ 初步的材料汇总表。

⑧ 对需要国外订货或订货周期较长的材料，进行数量估计，并提出请购单。

⑨ 提出用于工程采购工程概算的材料汇总表以及初步请购文件。

2. 详细工程设计阶段主要设计文件

① 管道材料工程规定。

② 管道隔热工程规定。

③ 管道防腐与涂漆工程规定。

④ 管道等级索引表。

⑤ 管道材料等级。

⑥ 管道壁厚表。

⑦ 管道分支表。

⑧ 管道与仪表材料分界规定。

⑨ 隔热材料一览表。

⑩ 涂漆材料一览表。

⑪ 综合材料汇总表、分区材料表。

⑫ 隔热结构图。

⑬ 非标管件图。

⑭ 阀门数据表。

⑮ 特殊件数据表（图）。

⑯ 管道材料控制专业请购文件。

⑰ 管道材料汇总表编制说明。

工程实例　压力管道询价书的设计

压力管道材料询价书应列出所需管道材料的规格、标准、数量、技术要求、标记、热处理、备品备件、检验、试验、运输等要求。详细讲述见《管道材料选用与工程应用》一书。压力管道材料询价书常包括：①碳钢无缝钢管询价书；②碳钢焊接钢管询价书；③合金钢无缝钢管询价书；④锻制管件询价书；⑤碳钢无缝对焊管件询价书；⑥碳钢焊制对焊管件询价书；⑦弹簧支吊架询价书；⑧碳钢无缝钢管询价书；⑨碳钢焊接钢管询价书；⑩低温碳钢无缝钢管询价书；⑪合金钢无缝钢管询价书；⑫低温碳钢无缝对焊管件询价书；⑬碳钢法兰询价书；⑭低温碳钢法兰询价书；⑮不锈钢法兰询价书；⑯垫片询价书；⑰螺栓螺母询价书；⑱锻制阀门-闸阀、截止阀、止回阀询价书；⑲铸制阀门-闸阀、截止阀、止回阀询价书；⑳双板止回阀询价书；㉑球阀询价书；㉒软密封蝶阀询价书；㉓硬密封蝶阀询价书；㉔过滤器询价书；㉕快装接头及橡胶软管询价书；㉖减压阀询价书；㉗室外消防栓（箱）、消防炮询价书；㉘灭火器及消防用快装接头询价书等。

二、管道材料的设计条件接口工程实例

工程实例　某工程项目压力管道材料设计的条件接口

1. 提出条件（表 4-81）

表 4-81　提出条件

序号	条件名称	接受专业	阶　段	备注
1	管道材料工程规定 管道材料绝热工程规定 管道涂漆工程规定	工艺 管道布置	基础、详细 基础、详细 基础、详细	
2	管道等级索引表	工艺 管道布置	基础、详细 基础、详细 基础、详细	
3	管道材料选用及等级规定	工艺 管道布置	基础、详细 基础、详细 基础、详细	

续表

序号	条件名称	接受专业	阶　段	备注
4	管道壁厚表	管道布置、管道机械	基础、详细	
5	管道初版材料表	造价、采购	基础	
6	阀门、管件数据表	管道布置	详细	
7	支管表	管道布置	详细	
8	特殊管件请购单	采购	详细	
9	管道综合材料汇总表	采购、归档	详细	
10	设备、管道绝热材料一览表	采购、归档	详细	
11	设备、管道涂漆材料一览表	采购、归档	详细	
12	管道材料请购文件	采购	基础、详细	
13	非标管件制造图	采购、归档	详细	

2. 接收条件（表4-82）

表4-82　接收条件

序号	提出条件(或专业内部交接)	条件名称	阶段	备注
1	设计经理	开工报告及附件	基础、详细	
		工程设计基础数据	基础	
2	工艺系统	工艺流程图 PFD	基础	
		管道特性表	基础、详细	
		工艺说明	基础、详细	
		工艺设备表	基础、详细	
		管道、保温、保冷、防冻等数据表	基础、详细	
		PID 图附命名表	详细	
		特殊管件数据表	详细	
		疏水器数据表、限流孔板数据表	详细	
		过滤器数据表	详细	
		阀门类型及尺寸范围	基础、详细	
3	管道布置	管道初版材料估算表	基础	
		特殊附件及其安装材料汇总表(图)	详细	
		垫圈或垫片材料汇总表	详细	
		螺栓及螺母汇总表	详细	
		法兰汇总表	详细	
		管件汇总表	详细	
		阀门汇总表	详细	
		管子材料汇总表	详细	
		特殊管件数据表	详细	
		管道设计规定(伴管加热)	详细	
		高压管道、阀门、管件数量表	详细	
		非标管件数据表(图)	详细	
		高压管空视图制造版	详细	
		设备、管道绝热一览表	详细	
		设备、管道涂漆一览表	详细	
4	管道机械	膨胀节规格数量表	详细	
5	采购部门	提供有关样本、制造厂图纸	基础、详细	
6	设备专业	提供有关设备安装图	基础、详细	
7	供货厂商	特殊管件图纸、厂商供货管道元件图纸	详细	
8	计划部门	工程计划进度表	基础、详细	

201

第十五节　压力管道材料的设计附加裕量

一、管道材料设计附加裕量的必要性

合理的订货数量，既能满足工程建设的需要，又不会因有大量剩余而造成管道材料的积压浪费，也不会因订货数量不足而影响工程建设进度。因此，必须确定一个合理的管道材料设计附加裕量。

需要明确指出的是，有的工程项目由采购专业增加管道材料附加裕量，有的工程项目由管道设计专业增加管道材料附加裕量，工程项目必须事先分清职责，防止设计和采购均层层加码，造成大量库存积压，引起很大的浪费。

二、确定设计附加量应考虑的因素

① 安装时的正常损耗。
② 设计用量的统计误差。
③ 运输和现场保管过程中的差错。

三、确定管道材料设计附加裕量的原则

① 对于尺寸小、数量大的管道材料，应考虑较多的裕量。
② 对于在运输、保管和施工过程中易损坏的材料，应考虑较多的裕量。
③ 对于一些贵重材料、大尺寸配件等，应少一些裕量或不考虑裕量。
④ 余量系数一般应将不锈钢、合金钢、碳钢等材质分别列出。
⑤ 应对管子、阀门、法兰、管件（对焊、承插焊和螺纹管件）、紧固件、垫片分别列出其余量系数。

四、管道材料的设计附加裕量工程实例

工程实例　某工程项目的管道材料的设计附加裕量

1. 管子的附加裕量（表 4-83）

表 4-83　管子的附加裕量

管子材质	管　径					
	$DN{\leqslant}40$mm		$DN50{\sim}150$mm		$DN{\geqslant}200$mm	
	裕量/%	最低量/m	裕量/%	最低量/m	裕量/%	最低量/m
碳钢	5	1	4	1	3	1
不锈钢	3	0.5	2	0.5	1	0.5
低合金钢	4	1	2	0.5	1	0.5

项目采用了 PDS 自动汇总管道材料，管子的实际附加裕量按照表 4-83 中的数字增加一倍左右（如采用 PDMS、Smart Plant 3D 或 AutoPlant 等软件自动汇总管道材料，也可这样处理）。

2. 弯头、管帽、法兰、三通、异径管等附加裕量（表 4-84）

表 4-84 弯头、管帽、法兰、三通、异径管等附加裕量

管件材质	管　径					
	$DN \leqslant 40mm$		$DN50 \sim 150mm$		$DN \geqslant 200mm$	
	裕量/%	最低量/个	裕量/%	最低量/个	裕量/%	最低量/个
碳钢	5	＜20 且≥10 加 1 个	5	＜20 且≥10 加 1 个	3	＜30 且≥15 加 1 个
不锈钢	3	＜30 且≥10 加 1 个	3	＜30 且≥15 加 1 个	2	＜50 且≥20 加 1 个
低合金钢	4	＜25 且≥10 加 1 个	3	＜25 且≥10 加 1 个	2	＜50 且≥20 加 1 个

注：对于大口径管件，可根据项目实际情况，不附加裕量。

3. 阀门的附加裕量（表 4-85）

表 4-85 阀门的附加裕量

阀门材质	公　称　直　径					
	$DN \leqslant 40mm$		$DN50 \sim 150mm$		$DN \geqslant 200mm$	
	裕量/%	最低量/个	裕量/%	最低量/个	裕量/%	最低量/个
碳钢	10	＜10 且≥5 加 1 个	5	＜20 且≥10 加 1 个	2	＜50 且≥20 加 1 个
铸铁	10	＜10 且≥5 加 1 个	5	＜20 且≥10 加 1 个	2	＜50 且≥20 加 1 个
合金钢 不锈钢	5	＜25 且≥10 加 1 个	2	＜50 且≥20 加 1 个	2	＜50 且≥20 加 1 个

注：对于大口径阀门，可根据项目实际情况，不附加裕量。

4. 垫片、螺栓、螺母的附加裕量（表 4-86）

表 4-86 垫片、螺栓、螺母的附加裕量

垫片材质	规　格					
	$DN \leqslant 40mm$		$DN50 \sim 150mm$		$DN \geqslant 200mm$	
	裕量/%	最低量/个	裕量/%	最低量/个	裕量/%	最低量/个
非金属垫片	20	＜5 且≥2 加 1 个	15	＜6 且≥3 加 1 个	10	＜10 且≥5 加 1 个
半金属垫片	10	＜10 且≥5 加 1 个	10	＜10 且≥5 加 1 个	5	＜20 且≥10 加 1 个
金属垫片	5	＜20 且≥10 加 1 个	5	＜20 且≥10 加 1 个	3	＜30 且≥15 加 1 个

螺栓、螺母 材质	规　格					
	≤M12		≥M12 至≤M22		≥M27	
	裕量/%	最低量/付	裕量/%	最低量/付	裕量/%	最低量/付
碳钢和合金钢	10	＜10 且≥5 加 1 付	10	＜10 且≥5 加 1 付	5	＜20 且≥10 加 1 付
合金钢和不锈钢	5	＜20 且≥10 加 1 付	5	＜20 且≥10 加 1 付	3	＜30 且≥15 加 1 付

注：对于大口径管道的垫片、螺栓。螺母，可根据项目实际情况，不附加裕量。

5. 隔热材料的附加裕量（表 4-87）

表 4-87　隔热材料的附加裕量

名　　　称	裕量/%	最低量/m³（或 m²）	名称	裕量/%	最低量/m³（或 m²）
硬质和半硬质隔热材料制品	15	0.5m³	镀锌铁皮、薄钢板、铝或铝合金板	15	1m²
软质隔热材料制品	10	0.5m³	勾缝用胶泥	15	0.5m³
			玻璃布	25	1m²
泡沫塑料制品	10	0.5m³	防潮层材料	15	0.5m³

6. 支吊架材料的附加裕量（表 4-88）

表 4-88　支吊架材料的附加裕量

名　　　称	材料			
	碳钢		合金钢和不锈钢	
	裕量/%	最低量/m 或 m² 或件	裕量/%	最低量/m 或 m² 或件
型材	10	<10 且≥5 加 0.5m	5	<20 且≥10 加 0.5m
板材	5	<20 且≥10 加 0.5m²	5	<30 且≥15 加 1m²
标准件	10	<10 且≥5 加 1 件	5	<20 且≥10 加 1 件

第十六节　压力管道材料设计的计算机应用

一、材料设计过程的计算机应用

有的工程公司把实际做过的工程项目的管道材料等级收集、归纳起来，用计算机编制了材料选用等级库，只要输入或者选择管道材料选用的工况等条件，就会自动列出一系列可以采用的材料和相应的描述，以及其他必要的有用信息。在压力管道材料的选择上，会方便很多。

使用 PDS、PDMS 或 AutoPlant 等三维模型软件进行压力管道设计时，需要管道材料工程师使用软件的材料等级库建立模块程序，完成项目的三维模型数据库加载工作。使用这些软件的自动生成材料报表模块，可以快速得到各种压力管道材料统计报表。

二、管道材料统计中 Excel 的使用

Excel 中的很多功能对压力管道材料设计工作效率的提高具有很大的作用。例如，求和、拖拽拷贝、排序、分列、筛选、函数、公式计算等常用的功能。下面仅介绍 Excel "数据透视表" 功能在管道材料统计 ［Piping Material Take-off（MTO）］ 时的应用。

大、中型项目的材料统计可以凭借 PDS、PDMS 或 AutoPlant 等压力管道设计软件建立压力管道三维模型，然后，自动、快速生成各种压力管道材料数据报告。小型项目的管线只有很少的管线，如只有 200 多根管线，如果使用 PDS、PDMS 或 AutoPlant 等软件，则需要做很多的前期准备工作，如大型软件的材料等级数据库的搭建，建立三维管道模型等工作。一些小型项目，可以使用 Office 中 Excel 的 "数据透视表" 功能，快速汇总管道材料，制作管道综合材料表。

① 根据管道布置图，使用元件代码（为了方便，使用英文字母代表各种管材，如管子

可用P代表；90°弯头可用E代表；法兰可用F代表；垫片可用G代表；螺栓可用B代表；闸阀可用VA代表；截止阀可用VB代表等）记录下相应的等级、尺寸、数量（相同的管材数量不用相加，最后计算机统一分门别类汇总），得出下面的表格（图4-64）：“项目短代码工作文件”（是由管道设计人员依据管道布置图数出来的）。

区号	管线号	等级	元件代码	规格	数量	备注（螺栓加长量）
1	PL120245	A1A	P	1/2	1.50	
		A1B	F	2	6	
		A1A	E	3	8	
		A1A	E	3	8	
		A1B	F	2	6	
		A1B	G	2	12	
		A1B	B	2	12	
		A1A	HA	1/2	3	
		A1B	VA	2	1	
		A1B	VB	2	1	
		A1B	VC	2	1	
	PL130030	A1A	P	1.1/2	2.00	
		A1A	P	1	10.8	
		A1C	T	6X6	5	
		A1C	T	10X10	5	
		A1C	T	6X3	5	
		A1B	F	2	6	
		A1B	F	2	6	
	PL130031	A1A	P	4	11	
		A1A	P	3/4	10.8	
		A1B	P	1	30.7	
		A1B	P	2	30.7	

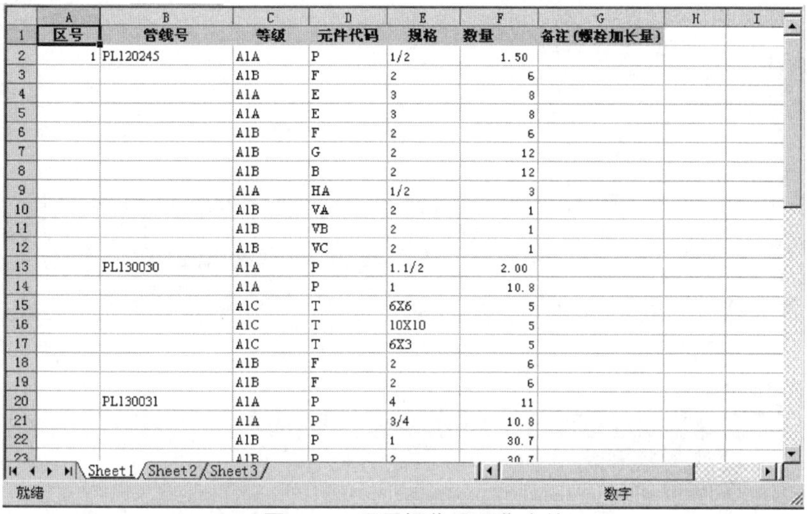

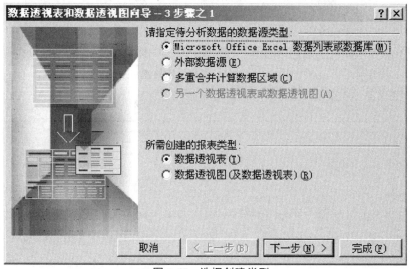

■ 图 4-64　项目短代码工作文件

② 在Excel菜单中选择“数据”→“数据透视表”（图4-65）。

■ 图 4-65　选择创建类型

点击“下一步”（图4-66）。

点击“下一步”（图4-67）。

点击“完成”（图4-68）。

③ 根据管道综合材料表汇总的要求，用鼠标依次将“元件代码、等级、规格”拖入“将行字段拖至此处”，每拖一个字段，双击字段，会弹出图4-69所示的对话框。

点中“求和”，点“确定”。

④ 把“数量”拖至“请将数据项拖至此处”。

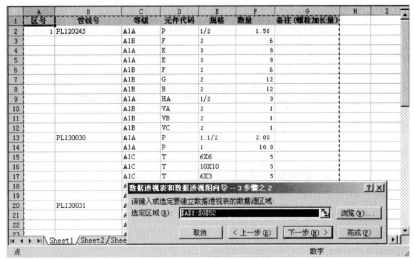

■ 图 4-66 选择数据区域

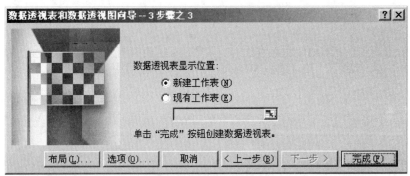

■ 图 4-67 选择显示位置

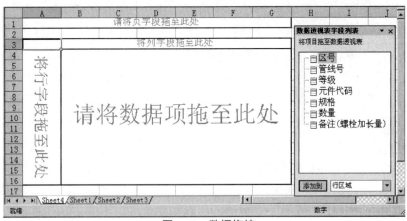

■ 图 4-68 数据拖拽

把写着"求和""汇总"的没有用处的汇总项，点鼠标右键设置为隐藏。

⑤ 把表格全选中，拷贝到新的表格中，使用 Excel "编辑"→"选择性粘贴"，把写着"（空白）"的项，用"替换"功能，替换为空格，就得出了管道材料数量汇总表（图 4-70）。

⑥ 把短代码转化为代表的管道材料的相应名称；根据等级、尺寸在管道等级表（图 4-71）中的相应描述，拷贝到综合材料表中，就完成了管道综合材料表的制作。

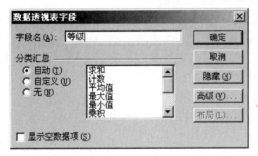

■ 图 4-69　字段属性选择

	A	B	C	D	E
1	元件代码	等级	规格	汇总	
2	B	A1B	2	12	
3	E	A1A	3	28	
4	F	A1B	2	48	
5	G	A1B	2	12	
6	HA	A1A	1	3	
7			1/2	6	
8			3/4	3	
9		A1C	1/2	9	
10			3/4	3	
11	P	A1A	1	10.8	
12			4	11	
13			1.1/2	2	
14			1/2	1.5	
15			3/4	10.8	
16		A1B	1	30.7	
17			2	30.7	
18			3	30.7	

Sheet5 / Sheet4 / Sheet1 / Shee'

就绪　　　　　数字

■ 图 4-70　自动生成管道材料分类汇总数据表

	A	B	C	D
1	等级	元件代码	规格	元件描述
2	A1A	P	1/2	管子 PIPE 20 SMLS PE SCH80 ASME B36.10M/GB/T8163
3	A1A	P	3/4	管子 PIPE 20 SMLS PE SCH80 ASME B36.10M/GB/T8163
4	A1A	P	1	管子 PIPE 20 SMLS PE SCH80 ASME B36.10M/GB/T8163
5	A1A	P	1.1/2	管子 PIPE 20 SMLS PE SCH80 ASME B36.10M/GB/T8163
6	A1A	P	2	管子 PIPE 20 SMLS BE SCH40 ASME B36.10M/GB/T8163
7	A1A	P	3	管子 PIPE 20 SMLS BE SCH40 ASME B36.10M/GB/T8163
8	A1A	P	4	管子 PIPE 20 SMLS BE SCH40 ASME B36.10M/GB/T8163
9	A1A	P	6	管子 PIPE 20 SMLS BE SCH40 ASME B36.10M/GB/T8163
10	A1A	P	8	管子 PIPE 20 SMLS BE SCH20 ASME B36.10M/GB/T8163
11	A1A	P	12	管子 PIPE 20 SMLS BE SCH20 ASME B36.10M/GB/T8163
12	A1A	P	12	管子 PIPE 20 SMLS BE SCH20 ASME B36.10M/GB/T8163
13	A1A	P	14	管子 PIPE 20 SMLS BE SCH10 ASME B36.10M/GB/T8163
14	A1A	E	3/4	90 弯头 ELBOW 20 FORGE SW CL.3000 ASME B16.11
15	A1A	E	1	90 弯头 ELBOW 20 FORGE SW CL.3000 ASME B16.11
16	A1A	E	1.1/2	90 弯头 ELBOW 20 FORGE SW CL.3000 ASME B16.11
17	A1A	E	2	90 弯头 ELBOW 20 SMLS BW SCH40 ASME B16.9
18	A1A	E	3	90 弯头 ELBOW 20 SMLS BW SCH40 ASME B16.9　(3)
19	A1A	E	4	90 弯头 ELBOW 20 SMLS BW SCH40 ASME B16.9
20	A1A	E	6	90 弯头 ELBOW 20 SMLS BW SCH40 ASME B16.9
21	A1A	E	8	90 弯头 ELBOW 20 SMLS BW SCH20 ASME B16.9　(3)
22	A1A	E	12	90 弯头 ELBOW 20 SMLS BW SCH20 ASME B16.9　(3)

Sheet1 / Sheet2 / Sheet3 /

就绪　　　　　数字

■ 图 4-71　材料库表

三、用计算机编程自动获取材料汇总报告

对于上面提出的小型工程项目，可以使用 VB 语言编程，实现在短代码工作文件上，自动添加管道材料描述和汇总管道材料。

从管道平面布置图得到"项目短代码工作文件"（简称"表一"，图 4-64），利用项目的"管道材料等级表"得出的"材料库表"（简称"表二"，图 4-71）、"螺栓表"（简称"表三"，图 4-72），通过编制程序，实现管道描述的快速、自动加载，最终实现标准格式、带有材料描述的"管段表"（简称"表四"，图 4-73）（每根管线的材料汇总表，与每根管线的徒手绘制详图配合，组成轴测图）和"管道材料汇总表"（简称"表五"，图 4-74）（分区或者整个项目的管道材料汇总表）。

	A	B	C	D	E
1	等级	规格	螺栓数量	螺栓直径	螺栓长度
2	600RF	15	4	M14	85
3	150LF	15	4	M14	70
4	300LJ	15	4	M14	80
5	1500RJ	15	4	M20	115
6	150LJ	15	4	M14	60
7	300RF	15	4	M14	70
8	150RF	15	4	M14	60
9	1500RF	15	4	M20	115
10	300RF	20	4	M16	80
11	150LF	20	4	M14	75
12	1500RF	20	4	M20	120
13	1500RJ	20	4	M20	120
14	300LJ	20	4	M16	90
15	150RF	20	4	M14	70
16	600RF	20	4	M16	90
17	150LJ	20	4	M14	70
18	1500RJ	25	4	M24	135

Sheet1 / Sheet2 / Sheet3

就绪　　　　　　　　　　　　　　　　数字

■ 图 4-72　螺栓表

	A	B	C	D	E	F
1						
2				**管 段 表**		
3		工　程：	III项目		REV.:	01
4		工程代号：	6076		DATE:	2007年X月X日
5		装　置：	01		DWG No.:	XXX-XXX-XXX
6		管线号：	PL120245			
7	等级	元件代码	规格	元件描述	数量	备注
8	A1A	P	1/2	管子 PIPE 20 SMLS PE SCH80 ASME B36.10M/GB/T8163	1.5	
9	A1A	P	1.1/2	管子 PIPE 20 SMLS PE SCH80 ASME B36.10M/GB/T8163	2	
10	A1B	P	1	管子 PIPE Q235B (GALV) ERW TE (1) GB/T3091	30.7	
11	A1B	P	2	管子 PIPE Q235B (GALV) ERW TE (1) GB/T3091	30.7	
12	A1B	P	3	管子 PIPE Q235B (GALV) ERW TE (1) GB/T3091	30.7	
13	A1B	P	4	管子 PIPE Q235B (GALV) ERW TE (1) GB/T3091	10.8	
14	A1B	P	5	管子 PIPE Q235B (GALV) ERW TE (1) GB/T3091	10.8	
15	A1B	P	6	管子 PIPE Q235B (GALV) ERW TE (1) GB/T3091	10.8	
16	A1B	F	2	法兰 FLANGE 20 (GALV) 150LB SCRD-RF HG/T20620	24	
17	A1C	P	10	管子 PIPE 0Cr18Ni9 EFW BE SCH10S ASME B36.19M/GB8163	233.6	
18	A1C	T	6X3	三通 TEE 0Cr18Ni9 SMLS BW SCH10S ASME B16.9　(3)	10	
19	A1C	T	6X6	三通 TEE 0Cr18Ni9 SMLS BW SCH10S ASME B16.9　(3)	5	

■ 图 4-73　管段表

使用 VB 语言，可以实现利用表二和表三，续表一自动生成表四和表五的目标文件。各表之间的关系和原理如下所述。

（1）分类汇总　表四是把表一中管线号一样的汇总到一页，汇总时，按照元件代码、等级、口径制约因素进行分类汇总。

（2）自动加描述　只要代码元件、等级、规格一致，程序就会把表二中的描述自动拷贝到表四中元件描述的相应位置上。

（3）自动计算螺栓数量（图 4-75～图 4-78）　表四为目标文件。

	A	B	C	D	E	F
2				**管道材料汇总表**		
3		工　程:	XXX项目		REV.:	01
4		工程代号:	6076		DATE:	2007年X月X日
5		装　置:	01装置		DWG No.:	XXX-XXX-XXX
6						
7	等级	元件代码	规格	元件描述	数量	备注
8	A1A	P	1	管子 PIPE 20 SMLS PE SCH80 ASME B36.10M/GB/T8163	10.8	
9	A1A	P	1/2	管子 PIPE 20 SMLS PE SCH80 ASME B36.10M/GB/T8163	1.5	
10	A1A	P	3/4	管子 PIPE 20 SMLS PE SCH80 ASME B36.10M/GB/T8163	10.8	
11	A1A	P	1.1/2	管子 PIPE 20 SMLS PE SCH80 ASME B36.10M/GB/T8163	2	
12	A1A	P	4	管子 PIPE 20 SMLS BE SCH40 ASME B36.10M/GB/T8163	11	
13	A1B	P	1	管子 PIPE Q235B(GALV) ERW TE (1) GB/T3091	30.7	
14	A1B	P	2	管子 PIPE Q235B(GALV) ERW TE (1) GB/T3091	30.7	
15	A1B	P	3	管子 PIPE Q235B(GALV) ERW TE (1) GB/T3091	30.7	
16	A1B	P	4	管子 PIPE Q235B(GALV) ERW TE (1) GB/T3091	10.8	
17	A1B	P	5	管子 PIPE Q235B(GALV) ERW TE (1) GB/T3091	10.8	
18	A1B	P	6	管子 PIPE Q235B(GALV) ERW TE (1) GB/T3091	10.8	
19	A1C	P	10	管子 PIPE 0Cr18Ni9 EFW BE SCH10S ASME B36.19M/GB/T8163	233.6	
20	A1A	E	3	90 弯头 ELBOW 20 SMLS BW SCH40 ASME B16.9 (3)	28	
21	A1A	F	2	法兰 FLANGE 20(GALV) 150LB SCRD-RF HG20620	60	
22	A1A	HA	3/4	半管接头 HALF COUPLING 20 FORGE SW CL.3000 ASME B16.11	3	
23	A1A	HA	1	半管接头 HALF COUPLING 20 FORGE SW CL.3000 ASME B16.11	3	
24	A1A	HA	1/2	半管接头 HALF COUPLING 20 FORGE SW CL.3000 ASME B16.11	6	
25	A1C	HA	1/2	半管接头 HALF COUPLING 0Cr18Ni9 FORGE SW CL.3000 ASME B16.11	9	
26	A1C	HA	3/4	半管接头 HALF COUPLING 0Cr18Ni9 FORGE SW CL.3000 ASME B16.11	3	
27	A1A	T	1x1	三通 TEE 20 FORGE SW CL.3000 ASME B16.11	6	
28	A1C	T	6X3	三通 TEE 0Cr18Ni9 SMLS BW SCH10S ASME B16.9 (3)	15	
29	A1C	T	6X6	三通 TEE 0Cr18Ni9 SMLS BW SCH10S ASME B16.9 (3)	10	
30	A1C	T	10X10	三通 TEE 0Cr18Ni9 WELD BW SCH10S ASME B16.9 (3)	10	

■ 图4-74　管道材料汇总表

A	B	C	D	E	F	G
区号	管线号	等级	元件代码	规格	数量	备注(螺栓加长量)
	PL130259	2K6	B	1/2	1	40

■ 图4-75　某项目短代码工作文件

A	B	C	D	E
等级	元件代码	规格	元件描述	备注
2K6	B	1/2	螺栓/螺母 BOLT/NUT 35CrMoA(调质)/30CrMo(调质)　600LB S.BOLT/HEX.NUT HG20634	600RF

■ 图4-76　材料库表中的螺栓项

	A	B	C	D	E
1	等级	规格	螺栓数量	螺栓直径	螺栓长度
2	600RF	1/2	4	M14	85
3	150LF	1/2	4	M14	70
4	300LJ	1/2	4	M14	80

■ 图4-77　螺栓表

A	B	C	D	E
等级	元件代码	规格	元件描述	数量
2K6	B	M14X125	螺栓/螺母 BOLT/NUT 35CrMoA(调质)/30CrMo(调质)　600LB S.BOLT/HEX.NUT HG20634	4

■ 图4-78　管段表中的螺栓项

① 表一中"等级""元件代码"与"规格"和表二中照应,程序会把"元件描述"的内容自动拷贝到表四。"等级"与"元件代码"则视情况,可以让程序加载到表四,也可以不加。

② 同时,表四的"规格"中"M14X125"内容也被程序加载。"M14"是由表一中的"等级"与"规格"和表三中的"等级"与"规格"照应,从表三拷贝出的"螺栓直径"。"125"是由表三"螺栓长度"中的"85",加上表一"备注(螺栓加长量)"中的"40",即85+40=125。

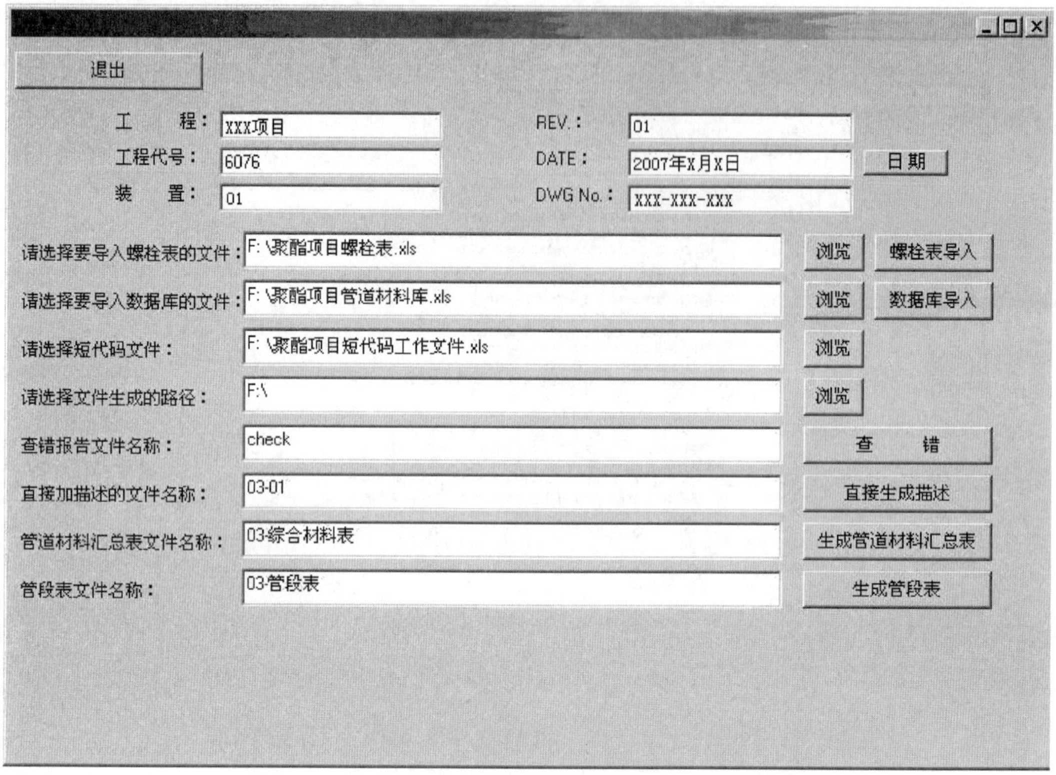

■ 图 4-79　自动获取管道材料汇总报告计算机编程界面实例

图 4-79 是使用编程语言，按照上面介绍的条件关系编写出的一个程序的界面。

第十七节　管道材料概算快捷计算方法

一、管道隔热结构辅助材料用量快捷计算方法

管道隔热结构辅助材料用量快捷计算方法见表 4-89。

表 4-89　管道隔热结构辅助材料用量快捷计算方法

项　　目		材料的名称、规格	单　　位	用量	备　注
保护层	镀锌薄钢板或铝板	镀锌薄钢板 0.4～0.8mm　铝板 0.6～1mm	m^2/m^2 隔热层外表面积	1.4	—
		半圆头自攻螺钉　A4×14	kg/100m 管长	0.9	保温管道用
	玻璃布	石油沥青 10 号或 30 号	kg/m^2 隔热层外表面积	5	
		无碱细格平纹玻璃布 0.1mm 厚　90～100mm 宽	m^2/m^2 隔热层外表面积	1.4	
		电镀锌铁丝 20 号	kg/m^2 隔热层外表面积	0.12	
		石油沥青油毡#200 粉毡	m^2/m^2 隔热层外表面积	1.4	
	石棉水泥	石棉水泥	m^3/m^2 隔热层外表面积	0.024	—
		热镀锌六角铁丝网　网孔 1/2″～1″	m^2/m^2 隔热层外表面积	1.4	
		石油沥青油毡　#200 粉毡	m^2/m^2 隔热层外表面积	1.4	
防潮层	玛琋脂油毡 沥青玛琋脂(或沥青)玻璃布 聚乙烯薄膜沥青	热(冷)沥青玛琋脂	kg/m^2 隔热层外表面积	6	
		石油沥青　10 号或 30 号	kg/m^2 隔热层外表面积	10	
		无碱粗格平纹玻璃布　0.1mm 厚　90～100mm 宽	m^2/m^2 隔热层外表面积	1.4	
		石油沥青油毡　#350 粉毡	m^2/m^2 隔热层外表面积	1.4	
		聚乙烯薄膜　0.1～0.2mm 厚	m^2/m^2 隔热层外表面积	1.4	
		电镀锌铁丝　20 号	m^2/m^2 隔热层外表面积	0.12	

项 目		材料的名称、规格		单 位	用量	备 注
隔热层	软质毡、垫或硬质、半硬质管壳结构	电镀锌铁丝	外径≤130 的隔热层用 20 号	kg/m² 隔热层外表面积	0.12	—
			外径 133～460 的隔热层用 18 号	kg/m² 隔热层外表面积	0.2	
			外径≥480 的隔热层用 14 号	kg/m² 隔热层外表面积	0.69	
		钢带 20×0.5mm		kg/m² 隔热层外表面积	1.98	—
		热镀锌六角铁丝网 网孔 1/2″～1″		m²/m² 隔热层外表面积	1.2	—
其他材料	胶黏剂	聚氨酯预聚体		kg/m² 隔热层外表面积	0.002	
	沟缝用胶泥	水玻璃		kg/m³ 隔热层体积	50	

二、设备隔热结构辅助材料用量快捷计算方法

设备隔热结构辅助材料用量见表 4-90。

表 4-90 设备隔热结构辅助材料用量（每 10m² 隔热层表面积需要量）

材料的名称、规格和标准号		单位	隔热结构形式		备 注
			毡或垫	预制块	
镀锌铁丝网	线径 0.8 六角形孔 1/2″	m²	2.4	—	泵或异形管件的不可拆卸隔热结构用
	线径 0.8 六角形孔 3/4″	m²	11.1	—	室外设备胶泥保护层、人孔、手孔等用
	线径 1.2 六角形孔 1″	m²	12.2		室内设备胶泥保护层用
	线径 1.2 六角形孔 1″	m²	11.1	11.1	底部封头用
镀锌铁丝	线径 0.8	m/kg	8/0.032		缝合铁丝网用
	线径 1.2	m/kg	10/0.09	2/0.02	封头或胶泥保护层捆扎用
	丝径 2,2.5	m/kg	15/0.4	15/0.4	封头或筒体捆扎用
	丝径 4	m/kg	49/4.85	49/4.85	封头捆扎用
钢带	20×0.5	m/kg	25/2	25/2	捆扎隔热层用
金属外壳	铝板(0.6～1mm)	m²/kg	12/136.4	12/136.4	保护层用
	镀锌薄钢板(0.4～0.8mm)	m²/kg	18/70	18/70	保护层用(重量按厚 0.5mm 计)
圆钢丝	镀锌钢丝 ϕ3	m/kg	15/0.83	—	销钉用
	镀锌钢丝 ϕ5	m/kg	15/2.31	—	销钉用
扁钢 30mm×3mm		m/kg	8/5.68	8/5.68	不可焊接设备焊销钉用
半圆头自攻螺钉 A5×16		m/kg	150/0.24	150/0.24	保温设备固定金属外壳用
玻璃布		m²	15	15	胶泥保护层用
油毡	#350 粉毡	m²	15	15	室外设备胶泥保护层或保冷设备防潮层用
	#200 粉毡	m²	15	15	胶泥保护层用
热(冷)沥青玛瑅脂		m³/kg	0.2/200	0.25/250	室外设备胶泥保护层或保冷设备防潮层用

注：1. 表中未考虑损耗量。

2. 表内除说明外，单位均为 mm。

三、某管道外防腐蚀材料用量快捷计算方法

某管道外防腐蚀材料用量快捷计算方法见表 4-91。

表 4-91　某管道外防腐蚀材料用量快捷计算方法

涂刷部位及防蚀结构型式		材料用量			备　注
		名　称	单　位	用量	
不隔热管道	管道外壁先涂刷红丹防锈漆一遍	红丹	$\dfrac{kg}{每\ m^2\ 表面积·每遍}$	0.12	如无红丹防锈漆,可用铝粉铁红或铝粉硼酸钡
		汽油	$\dfrac{kg}{每\ m^2\ 表面积·每遍}$	0.12	
		清油	$\dfrac{kg}{每\ m^2\ 表面积·每遍}$	0.06	
	管道外壁再涂刷醇酸磁漆两遍	醇酸磁漆	$\dfrac{kg}{每\ m^2\ 表面积·每遍}$	0.09	—
		醇酸磁漆稀料	$\dfrac{kg}{每\ m^2\ 表面积·每遍}$	0.01	
隔热管道	保温管道外壁先涂刷红丹防锈漆两遍,用量与不隔热管道同				如无红丹防锈漆和冷底子油,可用铝粉铁红或铝粉硼酸钡
	保冷管道外壁先涂刷冷底子油两遍	冷底子油	$\dfrac{kg}{每\ m^2\ 表面积·每遍}$	0.12	
		清油		0.06	
		汽油		0.12	
	镀锌薄钢板、玻璃布和石棉水泥保护层	保护层外壁涂刷醇酸磁漆两遍,用量与不隔热管道同			—
	薄钢板(黑铁皮)保护层	钢板内外表面涂刷防锈底漆各两遍,保温管道刷红丹防锈漆,保冷管道刷冷底子油,用量与未敷设隔热层前的管道同			如无红丹防锈漆和冷底子油,可用铝粉铁红或铝粉硼酸钡
		保护层外表面涂刷醇酸磁漆两遍,用量与不隔热管道同			—
	薄铝板保护层	铝板外表面不刷漆			—
冷底子油		轻柴油	$\dfrac{kg}{每\ m^2\ 表面积·每遍}$	2.4	—
		30 号石油沥青	$\dfrac{kg}{每\ m^2\ 表面积·每遍}$	1.2	

四、管道支吊架材料用量快捷计算方法

在概算阶段,管道支吊架材料用量可按管子总重量的 5%～10%估算。

第十八节　国内外大中型工程公司（设计单位）管道器材选用的常用方法及工程实例

国内外大中型项目管道器材选用的方法有很多种。有的工程公司根据以往众多工程项目的积累总结,把适应不同工况的各种管道器材分门别类列表,汇总为管道器材选用数据库,在新工程项目设计时,根据工况要求直接从数据库中拷贝相应的管道器材直接使用即可。有的工程公司把管道器材选用数据库制作成了计算机软件,输入设计工况会自动生成相应体系的管道材料等级表。有的工程公司在承接的工程项目中,在工艺专利

商提供的工艺包内已经包含了详细和完整的管道材料等级表；有的大型石化、炼化企业集团（拥有很多家炼化工厂），有统一的管道材料等级表规定，企业所属所有工程项目都遵循此管道材料等级规定，如果某工程公司承接这家石化、炼化企业集团的项目，就不用重新设计管道材料等级表。

某国外大型炼化企业集团，大型炼化企业集团几十家炼化和石化企业执行同一个管道材料等级表。其他工程公司承接某装置改造项目时，不用重新设计新的管道材料等级表，三维管道设计模型的数据库也是统一配套做好的。

管道器材选用的详细讲述可参见《管道器材选用与工程应用》一书。

第十九节　GA 长输管道和 GB 公用管道的器材选用

一、GA 输油管道的器材选用

① 在我国钢管应符合《石油天然气工业管线输送系统用钢管》GB/T 9711 的有关规定；输油站内的工艺管道应优先采用管线钢，也可采用符合《输送流体用无缝钢管》GB/T 8163 规定的钢管。

② 管道附件和其他钢管材料应采用镇静钢。

③ 钢制锻造法兰及其他锻件，应符合国家现行标准《承压设备用碳素钢和合金钢锻件》NB/T 47008、《低温承压设备用合金钢锻件》NB/T 47009 和《承压设备用不锈钢和耐热钢锻件》NB/T 47010 的有关规定。

④ 钢制管件应符合下列规定。

a. 冷弯管、热煨弯管宜采用与直管段相同的钢级材料制作。

b. 制作冷弯管的钢管管型宜与两侧连接的直管段相同，热煨弯管不宜采用螺旋焊缝钢管制作。

c. 用为了达到规定的最低屈服强度而进行过冷加工（控轧、冷扩）的母管制作的热煨弯管，其许用应力应按《输油管道工程设计规范》GB 50253 的规定取值。

d. 钢制管件的制造、检验、试验、标志和验收应符合《钢制对焊无缝管件》GB/T 12459 和《优质钢制对焊管件规范》SY/T 0609、《钢制对焊管件规范》SY/T 0510 和《油气输送用感应加热弯管》SY/T 5257 的有关规定。

e. 管道和管道附件的开孔补强应符合 GB 50253 或 ASME B31.4 的规定。

f. 钢制异径接头的设计应符合《压力容器》GB/T 150 的有关规定。无折边异径接头的半锥角应小于或等于 15°，异径接头的材质宜与所连接钢管的材质相同或相近。

g. 钢制平封头或凸封头的设计应符合现行国家标准《压力容器　第 3 部分：设计》GB/T 150.3 的有关规定。

h. 绝缘接头、绝缘法兰的设计应符合国家现行标准《绝缘接头与绝缘法兰技术规范》SY/T 0516 的有关规定。公称压力大于 5MPa，直径大于 300mm 的输油管道宜采用绝缘接头。

⑤ 输油管道的刚度应满足钢管运输、管道施工和运行时的要求。钢管的外直径与壁厚的比值不宜大于 100。管道壁厚的计算可按照 GB 50253 的规定。

二、GA 输气管道的器材选用

① 在我国输气管道选用的钢管应符合《石油天然气工业　管线输送系统用钢管》GB/T

9711 中的 PSL2 级、《高压锅炉用无缝钢管》GB/T 5310、《高压化肥设备用无缝钢管》GB/T 6479 及《输送流体用无缝钢管》GB/T 8163 的有关规定。

② 钢管应在工厂逐根进行静水压试验，管体或焊缝不得渗漏，管壁应无明显的鼓胀。一级一类地区采用 0.8 设计系数的钢管，工厂静水压试验压力产生的环向应力不应小于管材标准规定的最小屈服强度的 95%。其他设计系数使用的钢管，工厂静水压试验压力产生的环向应力不宜小于管材标准规定的最小屈服强度的 90%。

③ 管道附件应符合下列规定。

a. 管件的制作应符合《钢制对焊管件 技术规范》GB/T 13401、《钢制对焊管件 类型和参数》GB/T 12459 和《钢制对焊管件规范》SY/T 0510、《油气输送用钢制感应加热弯管》SY/T 5257 的有关规定，钢制管法兰、法兰盖、法兰紧固件及法兰用垫片应符合 GB/T 9112~GB/T 9131 系列标准的有关规定。

b. 快开盲板的设计制作应符合《快速开关盲板技术规范》SY/T 0556 的有关规定。

c. 铸铁和铸钢不应用于制造管件。

d. 异径接头可采用带折边或不带折边的两种结构形式，强度设计应符合《压力容器 第 3 部分：设计》GB/T 150.3 的有关规定。

e. 管封头应采用长短轴比值为 2 的标准型椭圆形封头，结构、尺寸和强度应符合《压力容器 第 3 部分：设计》GB/T 150.3 的有关规定。

④ 管法兰的选用应符合国家标准的规定。法兰的密封垫片和紧固件应与法兰配套选用。绝缘接头和绝缘法兰的设计、制造及检验应符合国家现行标准《绝缘接头与绝缘法兰技术规范》SY/T 0516 的有关规定。

⑤ 在防爆区内使用的阀门，应具有耐火性能。防爆区采用的设备应具有相应的防爆等级，输气站及阀室的爆炸危险区域划分应符合现行国家标准《输气管道工程设计规范》GB 50251 的规定。需要通过清管器和检测仪器的阀门，应选用全通径阀门。

三、GB1 城镇燃气管道的器材选用

钢管：能承受较大的应力，有良好的塑性，便于焊接。与其他金属相比，在相同的敷设条件下，管壁较薄，因此能节省金属用量。但钢管的耐腐蚀性较差，随着生产技术的发展，钢管的性能还在不断改进，将可提高燃气管网安全运行的可靠性。

铸铁管与钢管相比，铸铁管有极好的抗腐蚀性能，所以在城镇中、低压燃气管网中应用十分普遍。

铸铁管有灰铸铁与球墨铸铁管。它不易焊接，材质较脆，不能承受较大的应力，所以在动荷载较大的地区与重要地段，仍需采用钢管。

硬质聚氯乙烯和聚乙烯塑料管具有质轻、抗腐蚀、摩擦阻力小、接口严密、抗拉强度较大以及施工简便等一系列优点，广泛应用在中、低压燃气管网中。

聚乙烯管的线胀系数是钢管和球墨铸铁管的 10 倍左右，但聚乙烯管的弹性模量比金属管小，聚乙烯管因膨胀引起的应力较小。如果聚乙烯管使用条件不当，则易老化。

钢骨架聚乙烯塑料复合管利用了钢材强度高而塑料抗腐性能好的特点，可用于中、低压燃气管道；在某改造工程中，笔者遇到这种管道，不易改造开孔。

有时还使用有色金属管材，如铜管和铝管等，以铝管应用较多，大都用于室内燃气计量表之后的管道。也有使用玻璃钢管作燃气管道的。

1. 中压和低压燃气管道器材的选用

① 聚乙烯燃气管应符合《燃气用埋地聚乙烯（PE）管道系统　第 1 部分：管材》GB 15558.1 和《燃气用埋地聚乙烯（PE）管道系统　第 2 部分：管件》GB 15558.2 的规定。

② 机械接口球墨铸铁管应符合《水及燃气管道用球墨铸铁管、管件和附件》GB/T 13295 的规定。

③ 钢管采用焊接钢管、镀锌钢管或无缝钢管时，应分别符合《低压流体输送用焊接钢管》GB/T 3091、《输送流体用无缝钢管》GB/T 8163 的规定。

④ 钢骨架聚乙烯塑料复合管应符合《燃气用钢骨架聚乙烯塑料复合管及管件》CJ/T 125 的规定。

⑤ 根据《聚乙烯燃气管道工程技术规程》CJJ 63 规定，聚乙烯管和钢骨架聚乙烯塑料复合管严禁用于室内燃气管道和室外明设燃气管道。

⑥ 中压和低压燃气管道壁厚可按照 GB 50028、GB 50494 或 ASME B31.8 计算。

2. 高压燃气管道器材的选用

① 高压或次高压燃气管道壁厚可按照 GB 50028、GB 50494 或 ASME B31.8 计算。

② 燃气管道选用的钢管，应符合《石油天然气工业管线输送系统用钢管》GB/T 9711（L175 级钢管除外）和《输送流体用无缝钢管》GB/T 8163 的规定，或符合不低于上述 2 项标准相应技术要求的其他钢管标准。三级和四级地区高压燃气管道材料钢级不应低于 L245。

③ 当管道附件与管道采用焊接连接时，两者材质应相同或相近。

④ 管道附件中所用的锻件，应符合国家现行标准《承压设备用碳素钢和合金钢锻件》NB/T 47008、《低温承压设备用低合金钢锻件》NB/T 47009 的有关规定。

⑤ 管道附件不得采用螺旋焊缝钢管制作，严禁采用铸铁制作。

3. 燃气管道上常用闸阀、旋塞阀、截止阀和球阀等

闸阀中由于流体是沿直线通过阀门的，所以阻力损失小，闸板升降时所引起的振动也很小，但当存在杂质或异物时，关闭受到阻碍，使应该停气的管段不能完全关闭。

明杆阀门可以从阀杆和高度判断阀门的启闭状态，多用于站场内。

旋塞是一种动作灵活的阀门，阀杆旋转 90° 即可达到启闭的要求，杂质沉积造成的影响比闸阀小，所以广泛用于燃气管道上。常用的旋塞有两种：一种是利用阀芯尾部螺母的作用，使阀芯与阀体紧密接触，不致漏气，这种旋塞只允许用于低压管道上，称无填料旋塞；另一种称为填料旋塞，利用填料以堵塞阀体与阀芯之间的间隙而避免漏气，这种旋塞体积较大，但较安全可靠，允许应用在中压管道上。

截止阀是依靠阀瓣的升降以达到开闭和节流的目的，这类阀门使用方便、安全可靠，但阻力较大。球阀体积小，流通断面与管径相等，这种阀门动作灵活，阻力损失小，且能满足通过清管球的需要。截止阀与球阀主要用于液化石油气及天然气管道。

因为燃气中常含有易与铜作用的氨和硫化物，所以在燃气管网中最好不使用铜和铜合金制作的阀门，也不用含铜的阀门密封圈。

四、GB2 城镇供热管道的器材选用

① 城镇供热管网管道应采用无缝钢管、电弧焊或高频焊焊接钢管。管道及钢制管件的钢材钢号不应低于表 4-92 的规定。

表 4-92　供热管道钢材

钢号	设计参数	钢板厚度
Q235AF	$p \leqslant 1.0$MPa　$t \leqslant 95$℃	$\leqslant 8$mm
Q235A	$p \leqslant 1.6$MPa　$t \leqslant 150$℃	$\leqslant 16$mm
Q235B	$p \leqslant 2.5$MPa　$t \leqslant 300$℃	$\leqslant 20$mm
10、20、低合金钢	可用于《城镇供热管网设计规范》CJJ 34 适用范围的全部参数	不限

② 城镇供热管网凝结水管道宜采用具有防腐内衬、内防腐涂层的钢管或非金属管道。非金属管道的承压能力和耐温性能应满足设计技术要求。

③ 室外采暖计算温度低于−5℃地区露天敷设的不连续运行的凝结水管道放水阀门，室外采暖计算温度低于−10℃地区露天敷设的热水管道设备附件均不得采用灰铸铁制品；室外采暖计算温度低于−30℃地区露天敷设的热水管道，应采用钢制阀门及附件；蒸汽管道在任何条件下均应采用钢制阀门及附件。

热力网管道干线、支干线、支线的起点应安装关断阀门。热水热力网干线应装设分段阀门。蒸汽热力网可不安装分段阀门。热力网的关断阀和分段阀均应采用双向密封阀门。

工作压力大于或等于 1.6MPa，且公称直径大于或等于 500mm 的管道上的闸阀应设旁通阀。旁通阀的直径可按阀门直径的 1/10 选用。

④ 弯头、三通、法兰、变径管均选用标准件。弯头的壁厚不应小于管道壁厚。焊接弯头应采用双面焊接。

钢管焊制三通应对支管开孔进行补强；承受干管轴向荷载较大的直埋敷设管道，应对三通干管的轴向补强，其技术要求应按国家现行标准《城镇供热直埋热水管道技术规程》CJJ/T 81 的规定执行。

变径管的制作应采用压制或钢板卷制，壁厚不应小于管道壁厚。

五、直埋蒸汽和热水管道的器材选用及工程实例

对于一些蒸汽和热水管道可以采用直埋的布置方式，相应的管道材料可选用钢套钢管及管件、高密度聚乙烯外护管保温管及管件等材料。如图 4-80 所示，这种材料既解决了管子热膨胀问题，也解决了隔热层的防水等问题。详细讲述见《工业管道配管设计与工程应用》《管道器材选用与工程应用》。

有关标准规范包括：GB/T 29047《高密度聚乙烯外护管硬质聚氨酯泡沫塑料预制直埋保温管及管件》〔适用于输送介质温度（长期运行温度）不高于 120℃，偶然峰值温度不高于 140℃的预制直埋保温管、保温管件及保温接头〕；

EN 253《用于区域供热热水管网—由工作钢管、聚氨酯保温层和高密度聚乙烯外护管组成的预制直埋保温管》；

EN 448《用于区域供热热水管网—由工作钢管、聚氨酯保温层和高密度聚乙烯外护管组成的预制直埋保温管件》；

EN 489《用于区域供热热水管网—由工作钢管、聚氨酯保温层和高密度聚乙烯外护管组成的预制直埋保温管道接头》。

有的压力管道设计人员用普通的隔热保温管道直埋，会导致隔热层失效。有的压力管道设计人员做地沟，在地沟内按地上管道布置设计蒸汽或热水管道，不如直埋布置设计成本更低一些。

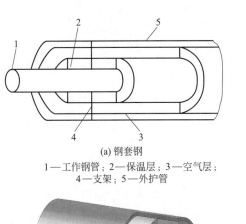

(a) 钢套钢

1—工作钢管；2—保温层；3—空气层；
4—支架；5—外护管

(b) 钢套钢

(c) 玻璃钢套钢

(d) 高密度聚乙烯套钢

■ 图 4-80　直埋蒸汽和热水管道的器材选用

装置设备布置

第一节 装置设备布置的一般要求及发展趋势

一、采取三重安全措施

压力管道的流体，大多数属于可燃、易燃、易爆或有毒物质，潜藏着火灾、爆炸或中毒的危险。

火灾和爆炸的危险程度，从生产安全的角度来看，可划分为一次危险和次生危险两种。装置设备布置设计的三重安全措施是根据有关防火、防爆规范的规定，首先预防一次危险引起的次生危险，其次是一旦发生次生危险则尽可能限制其危害程度和范围，第三是次生危险发生以后，能为及时抢救和安全疏散提供方便条件。

二、满足有关设计条件的要求

1. 工艺

装置的生产是由工艺设计确定的，它主要体现在工艺流程图和设备汇总表（容器类、换热器类、工业炉类、机泵类、机械类五种）及其数据表上。

① 在这些图表中表示出工艺设备和管道的操作条件、规格型号、外形尺寸等以及设备与管道的连接关系。装置设备布置设计将以此为依据进行。一般按照生产流程顺序和同类设备适当集中的方式进行布置。

② 对于处理有腐蚀性、有毒和易凝物料的设备宜全部按流程顺序紧凑地布置在一起，以便对这类特殊物料采取统一的措施，如设置围堰、敷设防蚀地面等。为防止结焦、堵塞、控制温降、压降避免发生副反应等有工艺要求的相关设备，也要靠近布置。

对于在生产过程中设备之间有高差要求的，如塔顶冷凝冷却器的凝液到回流罐，塔底或容器内流体到机泵，依靠重力流动的流体由高到低，固体物料的装卸要求等都需要按工艺设计要求使各种设备布置在合适的层高位置。必要时需设置厂房、框架或利用管廊的上部空间布置设备。

2. 总图规划

总图规划设置了装置边界坐标，如装置边界大小不合适，需在规划布置阶段反馈给总图专业。有的工程公司未设置总图专业，此项工作由管道专业完成。

3. 仪表电气

仪表电气专业的桥架、控制室、仪表控制盘（柜）等设施设计条件。

4. 设备

设备工程图、装配图、设备制造厂等资料。

5. 管道应力

设备连接的大口径管道应力,影响设备布置。具体见配管设计参考书《管道应力分析与工程应用》详述。

三、装置设备布置分区

按道路或防护要求分为下列装置区。

① 工艺装置区:主要工艺装置;产品储存;控制楼(控制室、实验室和开关室)。

② 辅助装置区:公用工程系统设施如空分、空压、循环水、脱盐水、蒸汽锅炉房等;污水处理;废物焚烧;装车装置(产品);全厂管廊;其他。

国内外很多工程公司装置区的划分,通常由总图专业负责,装置区内的设备布置由压力管道专业来完成。

四、满足操作、检修和施工的要求

① 装置设备布置设计必须为操作管理提供方便。主要包括:必要的操作通道和平台;楼梯与安全出入口要符合规范要求;合理安排设备间距与净空高度。对于主要操作点和巡回检查路线,提供较宽的通道平台过桥、梯子等,经常上下的梯子应尽量采用斜梯,控制室的位置应避开危险区,远离振动设备,以免影响操作人员的工作环境和人身安全以及仪表的运行。

② 检修工作应尽量采用移动式的机动设备。将需要检修的设备或部件运走并同时运来备用的同样设备或部件。这样,可以缩短检修时间。对于没有备用部件的大型设备,需要就地检修时,则需要提供必要的检修场地和通道。在厂房内布置的设备检修时,还需要为大部件的起吊、搬运设置必要的吊车、吊装孔、出入口、通道和场地。

③ 一个装置的施工和设备的安装,虽然是在较短时间内完成的,但也需要在装置设备布置设计中提供必要的条件,如吊装主要设备和现场组装大型设备需要的场地、空间和通道。

④ 在装置设备布置设计时应将上述操作、检修、施工所需要的通道、场地、空间结合起来综合考虑。

五、满足全厂总体规划的要求

全厂总体规划包括全厂总体建设规划、全厂总流程和全厂总平面布置设计。

① 根据全厂总体建设规划要求,在装置设备布置设计时,使后期施工的工程不影响或尽量少影响前期工程的生产。

② 根据全厂总流程设计要求,为了合理利用能源将一些装置合并在一起组成联合装置,或者为了集中管理将联系不太密切甚至不相干的装置排列在一起合用一个仪表控制室,即合理化集中装置,也称联合装置。

③ 中国国家《工业企业噪声控制设计规范》对设备的噪声有要求,高噪声级设备宜相对集中,并尽量布置在厂房的一角。

④ 在全厂总平面布置图上确定装置的位置和占地之后,要了解原料、成品、半成品的储罐区及装置外管带、道路及有关相邻装置等的相对位置,以便确定本装置的管廊位置和设备、建筑物的布置,使原料、产品的储运系统和公用工程系统管道的布置合理,并与相邻装

置在布置风格方面相互协调。

六、适应所在地区的自然条件

① 根据气温、降水量、风沙等气候条件和生产过程或某些设备的特殊要求，决定是否采用室内布置。

② 结合所在地区的地形特点，在一般情况下，装置设备布置在宽度约 60m 以上的长方形平整地段上，以便把管廊设在与长边平行的中心地带，设备布置在管廊两侧，这是常用的方案。然而，有时总平面布置已经确定装置处于坡度较大的地段，可通过竖向设计，使装置占地平坦。

工艺设备的竖向布置，应按下列原则考虑。

a. 工艺设计不要求架高的设备，尤其是重型设备，应落地布置。

b. 由泵抽吸的塔和容器以及真空、重力流、固体卸料等设备，应满足工艺流程的要求，布置在合适的高层位置。

c. 当装置的面积受限制或经济上更为合理时，可将设备布置在构架上。

③ 装置设备布置设计应结合地质条件，应考虑将地质条件好的地段，布置重荷载设备和有振动的设备，使其基础牢固可靠。

④ 在我国根据全年最小频率风向确定设备、设施与建筑物的相对位置。

a. 装置设备布置采用全年频率风向概念的原则是：避免生产装置中的一些单元，产生的危害性较大的有害气体、烟、雾、粉尘等有害物对人员集中场所、明火或散发火花地点产生危害。常年最小频率风向是指按下面公式计算出的最小值的风向，亦即风向玫瑰图中最靠近坐标原点的风向。

b. 对风向频率有两种计算法。

$$某风向年（月）频率＝\frac{该风向一年（月）出现的次数}{全年（月）各风向（含静风）记录总次数}×100\%$$

$$累年平均年（月）某风向频率＝\frac{历年（月）该风向次数之和}{记录总年数（包括该风向未出现年份）}×100\%$$

风向玫瑰图的制法：将风向分为 8 个或 16 个方位，按照各个方位风的出现频率以相应的比例长度点在 8 个或 16 个轴线上，再将各相邻方向的线端用直线连接，即成为闭合折线，此闭合折线即风向风玫瑰图。距离中心远的方向的风的频率大。风向玫瑰可分为月、季、年三种，采用多年统计资料为最好，但是，由于风向受地方性影响较大，如地形不同，有山、有谷等，往往邻近的气象台站资料联系性不大，最好是在所在地区进行实测。

c. 然而，考虑风向的影响，只能做到相对合理，因为一个地区的风向观察只能在该地区的某一个观察站，该站与该地区的工厂建设地点可能相差很远，有地区性的影响。

d. 在我国不按主导风向的原因如下。

ⅰ. 我国的风向特征。我国是属于季风气候型，其特征是一般存在偏南和偏北的两个盛行风向，这两个风向往往是频率相近方向相反，一个在暖季起控制作用，一个在冷季起控制作用，但均不能在全年各季起控制作用。多数情况是，冬季盛行风的上风侧往往正是夏季盛行风的下风侧。

ⅱ. 主导风向。新中国成立后我国一度沿用苏联"主导风向"的概念处理工业企业总平面设计中的布置问题，即将工业生产中产生污染、易燃有害气体的生产设施布置在居住区、明火区主导风向的下风侧，实践证明这样做的结果是不符合我国季风气候特征的。

苏联和欧洲大部分国家，只有单一优势的盛行风向，并且这一盛行风向在全年各季节均起主导作用，所以主导风向的概念在苏联是适合的。

ⅲ．20 世纪 70 年代末我国工业部门根据我国的实际风向特征，会同气象部门一同提出了最小频率风向这一概念，将产生有害气体的生产设施布置在最小频率风向的上风侧是最为有利的，是符合我国风向特征的。

e．在生产装置中，产生危害性较大的有害气体、烟、雾、粉尘等有害物的单元，宜布置在人员集中场所、明火或散发火花地点的全年最小频率风向的上风侧。

ⅰ．燃煤锅炉房和自备电站宜位于厂区全年最小频率风向的上风侧。

ⅱ．有油气散发的场所，宜布置在有明火或散发火花的地点全年最小频率风向的上风侧。

ⅲ．控制室、变配电室、化验室应布置在散发粉尘、水雾和有毒介质设备的常年最小频率风向的下风侧。

ⅳ．空冷器宜布置在装置全年最小频率风向的下风侧。

ⅴ．加热炉应布置在装置的边缘地区，并宜位于装置常年最小频率风向的下风侧。

我国释放源与明火风向平面位置关系实例分析见表 5-1。

表 5-1　我国释放源与明火风向平面位置关系实例分析

注：图例 明火；释放源；————→主导风向；————→次导风向；——————→最小频率风向。

七、力求经济合理

① 节约占地、减少能耗。装置设备布置应在遵守国家法令、贯彻执行国家标准规范和

满足各项要求的前提下，尽可能缩小占地面积，避免管道不必要的往返，减少能耗，节省投资和钢材。

② 国内外大、中型工程项目中常见的经济合理的典型布置是：中央架空管廊，管廊下方布置泵及其检修通道，管廊上方布置空气冷却器或其他换热设备、容器，管廊两侧按流程顺序布置塔、容器、换热器等，控制室、变配电室、办公室或压缩机房等成排布置。

八、满足甲方要求

设计是为甲方服务的。有的用户由于国情不同，或当地习惯不同，或为了操作偏好，往往提出要求，如建筑物类型、铺砌范围、楼梯、升降设备、净空高度、搬运工具等。应做好解释工作，在不增加过多投资、不违背工程设计规范、规定的情况下使甲方用户满意。

九、注意外观美

装置设备布置的外观美，能给工作人员以美好印象。外观美也是设计人员、设计单位的实物广告。

装置设备布置的外观美表现在以下几个方面。

① 设备排列整齐，成条成块。
② 塔群高低排列协调，人孔尽可能排齐，并都朝向检修道路侧。
③ 框架、管廊主柱对齐纵横成行。
④ 建筑物轴线对齐，立面高矮适当。
⑤ 管道横平竖直，避免不必要的偏置歪斜。
⑥ 检修道路与工厂系统对齐成环形通道。
⑦ 与相邻装置设备布置格局协调。

十、装置设备布置的"五化"发展趋势

装置设备布置的特点和发展趋势可以归结为"五化"，即"露天化、流程化、集中化、模块化、智能化"。

① 露天化：优点是节省占地、减少建筑物、利于防爆、便于消防。

② 流程化：以管廊为纽带按工艺流程顺序将设备布置在管廊的上下和两侧，成为三条线，一个装置形成一个长条形区。

③ 集中化：将长条形装置，集中在一个大型街区内，用通道将各装置分开，此通道可作为两侧装置设备的检修通道，也作为消防通道，控制室集中在一幢建筑物内，控制室朝着设备的墙不开门窗，甚至全为密封式的，用计算机控制操作，用电视屏幕了解主要设备的操作实况，装置办公室和生活间也集中在一幢建筑物内。

④ 模块化：装置的定型设备采用模块布置，如泵、汽轮机、压缩机及其辅助设备采用定型布置，配管也可以定型布置，又如加热炉的燃料油、燃料气管道系统，装置内软管服务站管道也可以定型布置，甚至整个装置采用模块化设计，用于不同地区仅进行局部修改即可重复利用。笔者负责的多套国内外工程装置设计均采用模块化设计，提高了工作效率和质量。

⑤ 智能化：装置设备布置设计工作的智能化，主要是借助计算机辅助设计软件及大数据的应用，以提高工作效率和质量。随着国内自主产权的计算机技术水平的不断提高，压力

管道设计的智能化水平也在逐渐提高。

第二节　设备的间距要求

一、防火要求

① 防止火灾的发生大致有两种方法：一种是工艺安全采用各种安全措施，如加强设备的强度和密闭性能，设置防护设备和消火设备等；另一种是采取三重安全措施，保持安全距离，使发生火灾的设备不影响未发生火灾的设备或其他设施。

② 防火间距一般是指设备外缘或建筑物、构筑物的最外轴线间的距离。设备之间的防火间距是指设备外缘之间的距离。

a. 安全距离究竟多少为最恰当，这是一个很难确定的问题，仅从安全角度出发，当然距离越远越安全。然而发生火灾和爆炸的原因是多方面的，影响的因素很多，即使符合规定的安全距离，也还有发生火灾、爆炸的危险和可能，所以安全距离只能是相对的。

b. 在国外的标准、规范中没有一个统一的标准。由于各国技术水平和消防设施不同以及国情等多方面因素的影响，因而制定的防火间距也不尽相同。例如，有些国家国土面积不大，地皮昂贵，偏重于采用较高程度的安全设备而较少占用土地，因而制定的防火间距较小，而另一些国家则相反，如美国石油保险协会推荐安全距离往往偏大。

③ 在我国，应根据实际的压力管道工程项目，选择相应行业的防火技术设计规范，根据防火技术规范提供的设备、建筑物间距表，确定设备、建筑物之间的距离。常用到的防火规范有：GB 50016《建筑设计防火规范》、GB 50160《石油化工企业设计防火标准》、GB 50183《石油天然气工程设计防火规范》、GB 50074《石油库设计规范》，电力行业有 GB 50229《火力发电厂与变电所设计防火规范》。

二、防爆要求

正确处理易燃物质释放源与装置内的变配电所、仪表室、明火设备之间的关系，做到协调合理。在装置设计中一般由电气专业绘制爆炸危险区域划分图，在爆炸危险区域内的电气设备和电气仪表照明灯具、电气开关和电气线路均应满足防爆要求。

不同的生产装置和环境，规范的规定不可能完全一致。例如，美国石油学会的防爆炸规范就有三个。其中，API RP500A 适用于炼油厂，API RP500B 适用于油田，API RP500C 适用于储运系统。

在装置设备布置设计中应考虑以下各点。

① 将不同等级的爆炸危险介质设备与非爆炸危险区、明火设备分隔在各自的界区内。

② 设备尽可能采用露天或半露天式布置，对于必须布置在厂房内的设备，应采取通风设施，使厂房内空气流通，以便将释放出的爆炸危险物质迅速稀释到爆炸下限以下。

③ 对于可能释放和容易积聚爆炸性气体或蒸气的地点，设置测量和报警装置，当气体浓度接近下限的一半时，能可靠地发出报警信号，以便及时处理。

④ 由于新的防火规范与防爆规范中爆炸危险区域的划分协调一致，因而一般情况下设备和建筑物等的间距，能够满足防火要求的也能够满足防爆要求。另外，对于防爆规范中附加 2 区的确定，应遵照 GB 50058《爆炸和火灾危险环境电力装置设计规范》的有关条文。

三、其他要求

设备、建筑物的间距要求，除防火、防爆要求外，还应按照操作维修以及施工、安装所需的最小距离确定。例如，两座并排布置的塔，其净距一般不小于2.5m，以便敷设管道和设置平台，但是高大的塔，可能净距2.5m基础仍然相碰，如果采用联合基础，净距还可以小于2.5m，塔与管廊立柱中心线间距不宜小于3m，以便在其间设置排水管道及排水井和调节阀组。

四、设备布置间距设计错误工程实例及 GB 50160 关于装置设备布置常用的间距要求

某国外工程项目详细设计刚开始，做螺杆压缩机的设备布置设计时，依据当地防火规范要求压缩机距离其他设备至少7500mm（和中国标准规范上要求的数据不同）。一位工程师做的设备布置图，如图5-1所示。占地面积非常大，达到17.4m×15.2m，造成基础设计阶段规划用地面积不够，项目无法开展后续工作。其实，依据所在国家的防火规范，作为撬块（Package），压缩机的分液罐、分离罐、冷却器与压缩机以及其他与主体设备密切相关的设备，可直接连接或靠近布置（我国的防火规范 GB 50160 也有此条规定）。也可以由压缩机厂家来确定整个撬块的布置尺寸。根据此规定，调整后的设备布置占地面积仅为12m×9.5m，原来规划用地足够用。

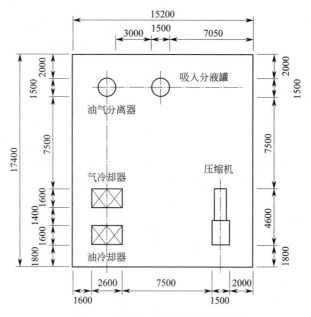

■ 图 5-1　设计不合理的设备布置图

我国的 GB 50160《石油化工企业设计防火标准》也有类似的明确规定，装置设备布置常用到的要求整理如下。

① 设备、建筑物平面布置的防火间距，应符合表5-2的规定。

② 为防止结焦、堵塞，控制温降、压降，避免发生副反应等有工艺要求的相关设备，可靠近布置。

③ 分馏塔顶冷凝器、塔底重沸器与分馏塔，压缩机的分液罐、缓冲罐、中间冷却器等与压缩机，以及其他与主体设备密切相关的设备，可直接连接或靠近布置。

表 5-2　设备、建筑物平面布置的防火间距（GB 50160）

单位：m

项目		控制室、机柜间、变配电所、化验室、办公室	明火设备	可燃气体压缩机或压缩机房 甲	乙	装置储罐（总容积）可燃气体 200~1000m³ 甲	乙	液化烃 50~100m³ 甲A	可燃液体 100~1000m³ 甲B、乙A	乙B、丙A	其他工艺设备 可燃气体 甲	乙	液化烃 甲A	可燃液体 甲B、乙A	乙B、丙A	操作温度等于或高于自燃点的工艺设备	含可燃液体的污水池、隔油池、酸性污水罐、含油污水罐	丙类物品仓库、乙类物品储存间	备注
控制室、机柜间、变配电所、化验室、办公室		—																	—
明火设备		15	—																—
可燃气体压缩机或压缩机房	甲	15	22.5	—															注1
	乙	9	9	—															
装置储罐（总容积） 可燃气体 200~1000m³	甲	15	22.5	15	9	—													注2
	乙	9	9	9	7.5	—													
液化烃 50~100m³	甲A	22.5	15	15	9	15	9	—											
可燃液体 100~1000m³	甲B、乙A	15	9	9	7.5	9	7.5	9	—										
	乙B、丙A	9	7.5	7.5	—	7.5	—	7.5	—	—									
其他工艺设备 可燃气体	甲	15	15	9	7.5	9	7.5	9	9	7.5	—								—
	乙	9	9	7.5	—	7.5	—	7.5	7.5	—	9	—							
液化烃	甲A	15	15	9	7.5	9	7.5	9	9	7.5	9	7.5	—						
可燃液体	甲B、乙A	15	15	9	7.5	9	7.5	9	9	7.5	9	7.5	9	—					
	乙B、丙A	9	9	7.5	—	7.5	—	7.5	7.5	—	7.5	—	7.5	7.5	—				
操作温度等于或高于自燃点的工艺设备		15	15	15	4.5	9	7.5	9	9	7.5	9	7.5	9	9	7.5	4.5	4.5		注3
含可燃液体的污水池、隔油池、酸性污水罐、含油污水罐		15	15	15	15	15	9	20	15	9	15	9	20	15	9	15	9		
丙类物品仓库、乙类物品储存间		15	15	15	15	15	15	20	15	15	15	15	20	15	15	15	15		
装置储罐（总容积） 可燃气体 >1000~5000m³	甲、乙	20	20	15	15	15	*	25	20	*	15	15	25	20	*	15	15	20	注4
液化烃 >100~500m³	甲A	30	30	30	25	30	25	*	20	*	30	25	*	20	*	30	25	25	
可燃液体 >1000~5000m³	甲B、乙A	25	25	25	20	25	15	20	15	*	25	20	15	15	*	25	20	20	
	乙B、丙A	20	20	20	15	20	15	15	15	*	20	15	15	15	*	20	15	15	

注：
1. 单机驱动功率小于 150kW 的可燃气体压缩机，可按操作温度低于自燃点的"其他工艺设备"确定其防火间距。
2. 装置储罐（组）的总容积应符合 GB 50160 的规定。当总容积符合本表时，可按操作温度低于自燃点的"其他工艺设备"确定其防火间距；当装置储罐总容积小于 50m³，可燃液体储罐小于 100 m³，可燃气体储罐小于 200m³ 时，可按操作温度低于自燃点的工艺设备确定其防火间距。
3. 查不到自燃点时，可取 250℃。
4. 装置储罐组的防火设计应符合本规范 GB 50160 第 6 章的有关规定。
5. 丙 B 类液体设备的防火设备不同距不限。
6. 散发火花地点与其他地点防火间距同明火设备。
7. 表中"—"表示无防火间距要求或要求执行相关规范的相关规定。"*"表示装置储罐集中成组布置。

④ 明火加热炉附属的燃料气分液罐、燃料气加热器等与炉体的防火间距不应小于 6m。

⑤ 以甲 B、乙 A 类液体为溶剂的溶液法聚合液所用的总容积大于 800m³ 的掺合储罐与相邻的设备、建筑物的防火间距不宜小于 7.5m，总容积小于或等于 800m³ 时，其防火间距不限。

⑥ 可燃气体、液化烃和可燃液体的在线分析仪表间与工艺设备的防火间距不限。

⑦ 布置在爆炸危险区的在线分析仪表间内设备为非防爆型时，在线分析仪表间应正压通风。

⑧ 设备宜露天或半露天布置，并宜缩小爆炸危险区域的范围。爆炸危险区域的范围应按《爆炸和火灾危险电力装置设计规范》（GB 50058）的规定执行。受工艺特点或自然条件限制的设备可布置在建筑物内。

⑨ 联合装置视同一个装置，其设备、建筑物的防火间距应按相邻设备、建筑物的防火间距确定，其防火间距应符合 GB 50160 的规定。

⑩ 装置内消防道路的设置应符合下列规定。

a. 装置内应设贯通式道路，道路应有不少于两个出入口，且两个出入口宜位于不同方位。当装置外两侧消防道路间距不大于 120m 时，装置内可不设贯通式道路。

b. 道路的路面宽度不应小于 4m，路面上的净空高度不应小于 4.5m，路面内缘转弯半径不宜小于 6m。

⑪ 在甲、乙类装置内部的设备、建筑物区的设置应符合下列规定。

a. 应用道路将装置分割成为占地面积不大于 10000m² 的设备、建筑物区。

b. 当大型石油化工装置的设备、建筑物区占地面积大于 10000m² 小于 20000m² 时，在设备、建筑物区四周应设环形道路，道路路面宽度不应小于 6m，设备、建筑物区的宽度不应大于 120m，相邻两设备、建筑物区的防火间距不应小于 15m，并应加强安全措施。

⑫ 设备、建筑物、构筑物宜布置在同一地平面上，当受地形限制时，应将控制室、机柜间、变配电所、化验室等布置在较高的地平面上，工艺设备、装置储罐等宜布置在较低的地平面上。

⑬ 明火加热炉，宜集中布置在装置的边缘，且宜位于可燃气体、液化烃和甲 B、乙 A 类设备的全年最小频率风向的下风侧。

⑭ 当在明火加热炉与露天布置的液化烃设备或甲类气体压缩机之间设置不燃烧材料实体墙时，其防火间距可小于表 5-2 的规定，但不得小于 15m。实体墙的高度不宜小于 3m，距加热炉不宜大于 5m，实体墙的长度应满足由露天布置的液化烃设备或甲类气体压缩机经实体墙至加热炉的折线距离不小于 22.5m。当封闭式液化烃设备的厂房或甲类气体压缩机房面向明火加热炉一面为无门窗洞口的不燃烧材料实体墙时，加热炉与厂房的防火间距可小于表 5-2 的规定，但不得小于 15m。

⑮ 当同一建筑物内分隔为不同火灾危险性类别的房间时，中间隔墙应为防火墙。人员集中的房间应布置在火灾危险性较小的建筑物一端。

⑯ 装置的控制室、机柜间、变配电所、化验室、办公室等不得与设有甲、乙 A 类设备的房间布置在同一建筑物内。装置的控制室与其他建筑物合建时，应设置独立的防火分区。

⑰ 装置的控制室、化验室、办公室等宜布置在装置外，并宜全厂性或区域性统一设置。当装置的控制室、机柜间、变配电所、化验室、办公室等布置在装置内时，应布置在装置的一侧，位于爆炸危险区范围以外，并宜位于可燃气体、液化烃和甲 B、乙 A 类设备全年最小频率风向的下风侧。

⑱ 在装置内的控制室、机柜间、变配电所、化验室、办公室等的布置应符合下列规定。

a. 控制室宜设在建筑物的底层。

b. 平面布置位于附加 2 区的办公室、化验室室内地面及控制室、机柜间、变配电所的设备层地面应高于室外地面，且高差不应小于 0.6m。

c. 控制室、机柜间面向有火灾危险性设备侧的外墙应为无门窗洞口、耐火极限不低于 3h 的不燃烧材料实体墙。

d. 化验室、办公室等面向有火灾危险性设备侧的外墙宜为无门窗洞口不燃烧材料实体墙。当确需设置门窗时，应采用防火门窗。

e. 控制室或化验室的室内不得安装可燃气体、液化烃和可燃液体的在线分析仪器。

⑲ 高压和超高压的压力设备宜布置在装置的一端或一侧，有爆炸危险的超高压反应设备宜布置在防爆建筑物内。

⑳ 装置的可燃气体、液化烃和可燃液体设备采用多层构架布置时，除工艺要求外，其构架不宜超过 4 层。

㉑ 空气冷却器不宜布置在操作温度等于或高于自燃点的可燃液体设备上方；若布置在其上方，应用不燃烧材料的隔板隔离保护。

㉒ 装置储罐（组）的布置应符合下列规定。

a. 当装置储罐总容积：液化烃罐小于或等于 $100m^3$、可燃气体或可燃液体罐小于或等于 $1000m^3$ 时，可布置在装置内，装置储罐与设备、建筑物的防火间距不应小于表 5-2 的规定。

b. 当装置储罐组总容积：液化烃罐大于 $100m^3$ 小于或等于 $500m^3$、可燃液体罐或可燃气体罐大于 $1000m^3$ 小于或等于 $5000m^3$ 时，应成组集中布置在装置边缘；但液化烃单罐容积不应大于 $300m^3$，可燃液体单罐容积不应大于 $3000m^3$。装置储罐组的防火设计应符合本规范第 6 章的有关规定，与储罐相关的机泵应布置在防火堤外。装置储罐组与装置内其他设备、建筑物的防火间距不应小于表 5-2 的规定。

㉓ 甲、乙类物品仓库不应布置在装置内。若工艺需要，储量不大于 5t 的乙类物品储存间和丙类物品仓库可布置在装置内，并位于装置边缘。丙类物品仓库的总储量应符合本规范第 6 章的有关规定。

㉔ 可燃气体和助燃气体的钢瓶（含实瓶和空瓶），应分别存放在位于装置边缘的敞篷内。可燃气体的钢瓶距明火或操作温度等于或高于自燃点的设备防火间距不应小于 15m。分析专用的钢瓶储存间可靠近分析室布置，钢瓶储存间的建筑设计应满足泄压要求。

㉕ 建筑物的安全疏散门应向外开启。甲、乙、丙类房间的安全疏散门不应少于两个，面积小于等于 $100m^2$ 的房间可只设一个。

㉖ 设备的构架或平台的安全疏散通道应符合下列规定。

a. 可燃气体、液化烃和可燃液体的塔区平台或其他设备的构架平台应设置不少于两个通往地面的梯子，作为安全疏散通道，但长度不大于 8m 的甲类气体和甲、乙 A 类液体设备的平台或长度不大于 15m 的乙 B、丙类液体设备的平台，可只设一个梯子。

b. 相邻的构架、平台宜用走桥连通，与相邻平台连通的走桥可作为一个安全疏散通道。

c. 相邻安全疏散通道之间的距离不应大于 50m。

㉗ 装置内地坪竖向和排污系统的设计应减少可能泄漏的可燃液体在工艺设备附近的滞留时间和扩散范围。火灾事故状态下，受污染的消防水应有效收集和排放。

㉘ 凡在开停工、检修过程中，可能有可燃液体泄漏、漫流的设备区周围应设置不低于 150mm 的围堰和导液设施。

㉙ 泵和压缩机。

a. 可燃气体压缩机的布置及其厂房的设计应符合下列规定。

ⅰ. 可燃气体压缩机宜布置在敞开或半敞开式厂房内。

ⅱ. 单机驱动功率等于或大于150kW的甲类气体压缩机厂房不宜与其他甲、乙和丙类房间共用一幢建筑物。

ⅲ. 压缩机的上方不得布置甲、乙、丙类工艺设备，但自用的高位润滑油箱不受此限。

ⅳ. 比空气轻的可燃气体压缩机半敞开式或封闭式厂房的顶部应采取通风措施。

ⅴ. 比空气轻的可燃气体压缩机厂房的楼板宜部分采用钢格板。

ⅵ. 比空气重的可燃气体压缩机厂房的地面不宜设地坑或地沟，厂房内应有防止可燃气体积聚的措施。

b. 液化烃泵、可燃液体泵宜露天或半露天布置。液化烃、操作温度等于或高于自燃点的可燃液体的泵上方，不宜布置甲、乙、丙类工艺设备，若在其上方布置甲、乙、丙类工艺设备，应用不燃烧材料的隔板隔离保护。

c. 液化烃泵、可燃液体泵在泵房内布置时，其设计应符合下列规定。

ⅰ. 液化烃泵、操作温度等于或高于自燃点的可燃液体泵，操作温度低于自燃点的可燃液体泵应分别布置在不同房间内，各房间之间的隔墙应为防火墙。

ⅱ. 操作温度等于或高于自燃点的可燃液体泵房的门窗与操作温度低于自燃点的甲B、乙A类液体泵房的门窗或液化烃泵房的门窗的距离不应小于4.5m。

ⅲ. 甲、乙A类液体泵房的地面不宜设地坑或地沟，泵房内应有防止可燃气体积聚的措施。

ⅳ. 在液化烃、操作温度等于或高于自燃点的可燃液体泵房的上方，不宜布置甲、乙、丙类工艺设备。

ⅴ. 液化烃泵不超过两台时，可与操作温度低于自燃点的可燃液体泵同房间布置。

d. 气柜或全冷冻式液化烃储存设施内，泵和压缩机等旋转设备或其房间与储罐的防火间距不应小于15m。其他设备之间及非旋转设备与储罐的防火间距应按本规范表5-2执行。

e. 罐组的专用泵区应布置在防火堤外，与储罐的防火间距应符合下列规定。

ⅰ. 距甲A类储罐不应小于15m。

ⅱ. 距甲B、乙类固定顶储罐不应小于12m，距小于或等于500m³的甲B、乙类固定顶储罐不应小于10m。

ⅲ. 距浮顶及内浮顶储罐、丙A类固定顶储罐不应小于10m，距小于或等于500m³的内浮顶储罐、丙A类固定顶储罐不应小于8m。

f. 除甲A类以外的可燃液体储罐的专用泵单独布置时，应布置在防火堤外，与可燃液体储罐的防火间距不限。

g. 压缩机或泵等的专用控制室或不大于10kV的专用变配电所，可与该压缩机房或泵房等共用一幢建筑物，但专用控制室或变配电所的门窗应位于爆炸危险区范围之外，且专用控制室或变配电所与压缩机房或泵房等的中间隔墙应为无门窗洞口的防火墙。

五、国内各行业防火防爆规范的比较及工程实例

我国压力管道配管设计需根据项目的所属行业，选择遵循其中的防火规范，国内一般有以下12个防火规范：

① GB 50160《石油化工企业设计防火标准》；

② GB 50016《建筑设计防火规范》；

③ GB 50183《石油天然气工程设计规范》；

④ GB 50074《石油库设计规范》；

⑤ GB 50351《储罐区防火堤设计规范》；

⑥ GB 51428《煤化工工程设计防火标准》；

⑦ GB 50229《火力发电厂与变电站设计防火标准》；

⑧ GB 50414《钢铁冶金企业设计防火标准》；

⑨ GB 50565《纺织工程设计防火规范》；

⑩ GB 51283《精细化工企业工程设计防火标准》；

⑪ JTS 158《油气化工码头设计防火规范》；

⑫ NB/T 10045《煤层气田地面工程设计防火规范》。

这些防火规范均说明了各规范的适用范围，需根据工程项目实际情况选择使用。笔者仔细比较了这些防火规范的具体数据，有的是统一的，有的差别较大，有的术语表述区别较多，对于表面的简单数值以较严格的为准，对于较深含义的需要压力管道设计人真正明白原理后，才能真正正确地使用。

压力管道配管设计还需遵循防爆规范，国内常用的防爆规范有 GB 50058《爆炸危险环境电力装置设计规范》、SH/T 3038《石油化工装置电力设计规范》等，这些规范大部分要求一致，个别要求不同。

笔者统计了近年国内外发生的一些石油化工装置事故，有的事故原因是设计不满足防火防爆规范要求。在校审施工图时也时常发现一些不符合防火防爆规范要求的情况。设计人解释说"刚开始设计时是符合规范的，后来由于设计内容较多、工期紧，一时疏忽又修改错了"。有的设计人解释说仅遵循了其中一本防火规范，遗漏了另一本防火规范的特殊要求。

在国外做压力管道设计时，需遵循所在国家的防火防爆规范安全要求。例如，我国装置内消防道路净空高度至少 4.5m，有的国家消防车偏高消防道路净空高度至少 6m。我国多个防火规范均要求防火堤内的有效容积不应小于罐组内 1 个最大储罐的容积，而有的国家要求防火堤内的有效容积不应小于罐组内 1.5 个最大储罐的容积。《工业管道配管设计与工程应用》一书详细比较分析了国内外压力管道设计需遵循的各种防火防爆规范要求。

六、美标石化企业防火设计及工程实例

美标石化企业防火规范是在其他国家应用较广泛的规范之一，笔者在国外负责某工程设计时，当地要求采用美标石化企业防火规范。

1. 美标石化企业防火设计的一般程序

①根据 NFPA、API、保险公司等有关标准进行基础设计。

②根据业主要求，必要时运用道化学的评价方法，对已作的基础设计进行风险分析，当火灾影响区域内的经济损失小于业主提出的一次风险损失时，可调整基础设计的平面布置，将设备间距减小。反之，应采取防火措施或加大设备间距，减少一次风险的经济损失，以便达到业主提出的要求，最后确定平面布置方案。

标准规范制订的防火间距是作为工程设计的基础，当业主提出要求时，对原定的防火间距可以缩小或增大，对于欧美石化企业，经济概念是影响防火间距的根本因素。在我国防火间距是强制性的要求。

2. 美标石化企业防火设计一般要求

① 防火原则：工艺及设备的设计不产生泄漏，预防火灾的发生；一旦发生火灾，使其

损失最小；对火灾的控制与扑救。减少环境污染，主要执行 API、NFPA、UFP、建筑规范等。

② 装置间距按道化学风险分析确定。道化学《火灾爆炸危险指数评价方法》目的：评估一次火灾的经济损失；重新调整平面布置；必要时采取防火措施。应用道化学进行风险评估时，以容易起火区域（如泵、压缩机、容器）作为主要评估单元。通过采用监测、自动水喷淋等保护设备，可减少一次火灾经济损失。

③ 保险公司建议：被动防火（加大防火间距）比设水喷淋和缩小防火间距好。

④ 对可能泄漏可燃气体的设备，应设可燃气体浓度报警和自动切断阀。

⑤ 工艺装置内设有水幕。关键部位设紧急切断阀。压缩机有水喷淋保护。蒸馏塔距地面 10m 以下，设有水喷淋。

⑥ 总控制室（内含厂部办公）距装置约 70m，为防爆墙结构，墙厚约 45cm。装置邻近还有控制室，距设备较近。控制室外墙为防爆结构，防爆标准是人员不受伤害，建筑可能受损。

⑦ 火炬设计按 API RP 521 进行，根据辐射热计算安全距高，不考虑落"火雨"。塔等设备在背向火炬一侧，应设便于人员撤离的梯子。

⑧ 消火栓的间距不大于 60m。对于设备地面以上 8m 以内为火灾保护范围，8m 以上不设水喷淋等消防设施。因为地面火焰影响范围只有 8m 左右。防火保护的耐火极限为 2h。消防系统完全独立。

⑨ 干式变压器可以减少防火间距，但要满足操作要求。

⑩ 对装置内用消防道路分隔成消防区的面积没有限制。

⑪ 压力球罐与泵之间无防火间距要求，只要将泵放在防火堤外即可。对球罐总容积或储罐个数没有限制。

七、GB 50016 与 GB 50160 的应用比较及工程实例

在我国做工程设计，《建筑设计防火规范》（GB 50016）和《石油化工企业设计防火标准》（GB 50160）在设计中合理选用至关重要。笔者发现有的设计单位在石油化工设计时，仅遵循 GB 50160 或 GB 50016，是不正确的，需要根据工程项目具体分析。

两种规范的选择使用一直以来有如下几种说法：①根据规范条文的严格程度选用规范，即哪个规范严格就按哪个规范设计；②根据设计中的介质是否属于石油化工企业的原料、中间产品、副产品、产品，属于的就按 GB 50160 设计，不属于的就按 GB 50016 设计。

实际上，设计单位经常选较不严格的规范进行设计，或者是按项目所在地验收使用的规范作为选用的依据。

装置设备布置设计时，对《建筑设计防火规范》（GB 50016）和《石油化工企业设计防火标准》（GB 50160）的选用可依据以下因素。

1. 法规规定

依据我国有关法规规定：具有爆炸危险性的建设项目，其防火间距应至少满足《石油化工企业设计防火标准》（GB 50160）的要求，当国家标准规范没有明确要求时，可根据相关标准采用定量风险分析计算并确定装置或设施之间的安全距离。因此具有爆炸危险性的建设项目的设计必须采用"石化规"。

2. 适用范围

GB 50016 总则规定："本规范适用于下列新建、扩建和改建的建筑：厂房；仓库；民用

建筑；甲、乙、丙类液体储罐（区）；可燃、助燃气体储罐（区）；可燃材料堆场；城市交通隧道。人民防空工程、石油和天然气工程、石油化工工程和火力发电厂与变电站等的建筑防火设计，当有专门标准时，宜从其规定。""本规范不适用于火药、炸药及其制品厂房（仓库）、花炮厂房（仓库）的建筑防火设计。"

GB 50160 总则规定："本规范适用于石油化工企业新建、扩建，或改建工程的防火设计。"

虽然两个规范中适用范围划定的很清楚，但是根据我国有关法规规定的要求，只有对于不具有爆炸危险性的建设项目，根据两个规范的适用范围进行合理选用才是有效的。

3. 火灾危险性分类

GB 50016 与 GB 50160 在火灾危险性分类方面共同点是都以物质的安全特性为主要依据进行分类的。GB 50016 火灾危险性分类分为生产的火灾危险性分类和储存物品的火灾危险性分类两大类，并分别分为甲、乙、丙、丁、戊 5 类。GB 50160 火灾危险性分类分为甲、乙、丙 3 类。其中可燃气体分为甲、乙 2 类，可燃液体甲、乙、丙 3 类中又细分为甲$_A$、甲$_B$、乙$_A$、乙$_B$、丙$_A$、丙$_B$ 六类。这里可以明显看到 GB 50016 火灾危险性分类涉及的危险物质范围类型广一些，而 GB 50160 涉及的危险物质范围小一些，仅限于石油化工企业常见物质范围内，一般化工生产企业许多物质在 GB 50160 里是找不到分类标准的，应参照 GB 50016 执行，石油化工生产企业应参照 GB 50160 执行。

4. 防火间距

除罐区外，其他防火间距 GB 50160 一般比 GB 50016 要大（如 GB 50160 甲类装置间防火间距要求 30m，GB 50016 甲类厂房间防火间距要求 12m 等）。

对于规模为中、大型的企业，如果生产装置是露天框架布置的，不管其是否属石化、炼油、化纤企业，防火间距均应执行 GB 50160，因为 GB 50016 没有规定露天装置设备间的间距，而且对露天框架装置的安全疏散、消防等方面，GB 50016 也没有规定，只能执行GB 50160。

防火间距执行 GB 50160 的企业，在涉及建筑物间（如仓库之间、办公楼等民用建筑之间、空压机房等辅助厂房之间）的防火间距时，因 GB 50160 无规定或指明执行相应规范，这部分防火间距就要执行 GB 50016 了。

对于"两重点一重大（重点监管的危险化工工艺、重点监管的危险化学品和重大危险源的监管）"的建设项目应注意，根据国家安监局规定，至少还应满足下列现行标准规范的要求，并以最严格的安全条款为准：《工业企业总平面设计规范》（GB 50187）；《化工企业总图运输设计规范》（GB 50489）；《石油化工企业设计防火标准》（GB 50160）；《石油天然气工程设计防火规范》（GB 50183）；《建筑设计防火规范》（GB 50016）；《石油库设计规范》（GB 50074）；《石油化工可燃气体和有毒气体检测报警设计规范》（GB 50493）；《化工建设项目安全设计管理导则》（AQ/T 3033）等。

第三节　净距、净空及有关标高

一、设备间最小净距

针对石油化工的装置设备间距，在我国首先应符合 GB 50016《建筑设计防火规范》、GB 50160《石油化工企业设计防火标准》的要求。在国外，应根据所在国家的有关规定或工程设计合同约定的规范来确定设备间最小净距。

依据 HG/T 20546 中非防火因素决定的，或防火规范中未加规定的设备间距见表 5-3。

表 5-3　设备之间或设备与建、构筑物（或障碍物）间的净距（HG/T 20546）

区　域	内　容	最小净距/mm
	控制室、配电室至加热炉	15000
管廊下或两侧	两塔之间(考虑设置平台,未考虑基础大小)	2500①
	塔类设备的外壁至管廊(或构筑物)的柱子	3000
	容器壁或换热器端部至管廊(或构筑物)的柱子	2000
	两排泵之间维修通道	3000
	相邻两台泵之间(考虑基础及管道)	800
建筑物内部	两排泵之间或单排泵至墙的维修通道	2000②
	泵的端面或基础至墙或柱子	1000②
任意区	两个卧式换热器之间维修净距	600
	两个卧式换热器之间有操作时净距(考虑阀门、管道)	750
	卧式换热器外壳(侧向)至墙或柱(通行时)	1000
	卧式换热器外壳(侧向)至墙或柱(维修时)	600
	卧式换热器封头前面(轴向)的净距	1000
	卧式换热器法兰边周围的净距	450
	换热器管束抽出净距(L:管束长)	$L+1000$
	两个卧式换热器(平行、无操作)	750
	两个容器之间	1500
	立式容器基础及墙	1000
	立式容器人孔至平台边(三侧面)距离	750
	立式换热器法兰至平台边(维修净距)	600
	压缩机周围(维修及操作)	2000
	压缩机	2400
	反应器与提供反应热的加热炉	4500

① SH/T 3011 也规定为 2.5m。

② SH/T 3011 规定泵布置在管廊下方或外侧时，泵端前面操作通道的宽度，不应小于 1m。泵布置在室内时，两排泵净距不应小于 2m。泵端或泵侧与墙之间的净距应满足操作、检修要求，且不宜小于 1m。

二、净空高度或垂直距离

道路、铁路、通道和操作平台上方的净空高度或垂直距离见表 5-4。

表 5-4　道路、铁路、通道和操作平台上方的净空高度或垂直距离（HG/T 20546）

项　目	说　明	尺寸/mm
道路	厂内主干道	5000①
	装置内道路(消防通道)	4500
铁路	铁路轨顶算起	5500
	终端或侧线	5200
通道、走道和检修所需净空高度	操作通道、平台	2200
	管廊下泵区检修通道	3500
	两层管廊之间	1500(最小)
	管廊下检修通道	3000(最小)
	斜梯:一个梯段间休息平台的垂直间距	5100(最大)
	直梯:一个梯段间休息平台的垂直间距	9000(最大)②
	重叠布置的换热器或其他设备法兰之间需要的维修空间	450(最小)
	管墩	300
	卧式换热器下方操作通道	2200

续表

项　　目		说　　明	尺寸/mm
通道、走道和检修所需净空高度		反应器卸料口下方至地面(运输车进出)	3000
		反应器卸料口下方至地面(人工卸料)	1200
炉子		炉子下面用于维修的净空	750
平台	立式、卧式容器、立式、卧式换热器;塔类	人孔中心线与下面平台之间距离	600～1000
		人孔法兰面与下面平台之间距离	180～1200
		法兰边缘至平台之间的距离	450
		设备或盖的顶法兰面与下面平台之间距离	1500(最大)

① 对于任何架空的输电线路,净空高度至少应为6500mm。

② 梯段高不宜大于9m。超过9m时宜设梯间平台,以分段交错设梯。攀登高度在15m以下时,梯间平台的间距为5～8m,超过15m时,每5m设一个梯间平台。平台应设安全防护栏杆。

三、标高

标高见表5-5。

表 5-5　标高[①]　(HG/T 20546)

项　　目		距基准点的高度/mm	相对标高/m
地面	室内	0	EL±0.000[②③]
	室外	−300	EL−0.300[⑦]
柱脚的底板底面(基础顶面)		150	EL+0.150
离心泵的底板底面	大泵	150	EL+0.150
	中、小泵	300[④]	EL+0.300[①]
斜梯和直梯基础	顶面	100	EL+0.100
卧式容器和换热器[⑥]	底面	600(最小)	EL+0.600(最小)
立式容器和特殊设备	环形底座或支腿底面	200	EL+0.200
桩台基础及连接梁	顶面	300	EL−0.300[⑤]
管廊柱子基础和基础梁[⑤]	顶面	450	EL−0.450[⑤]
炉子底部平台的底面	侧烧或顶烧	1100	EL+1.100
	底烧　炉底需要操作通道的	2300	EL+2.300
	炉底不需要操作通道的	1100	EL+1.100
鼓风机、往复泵、卧式和立式的压缩机等		按需要	按需要

① 标高均按EL±0.000m为基准,与这个标高相对应的绝对标高由总图专业确定。

② 与敞开的建筑物周围连接的铺砌面的边缘应同建筑物地面的边缘同一标高,并且有向外的坡度,而且这个地面的坡度应从厂房向外面坡。

③ 有腐蚀性介质的厂房地面标高定为EL−0.300m。对降雨强度大的地区,室内标高可根据工程情况而定。

④ 小尺寸的泵,如比例泵、喷射泵和其他小齿轮泵,可以将基础的顶面标高位于300mm。并且几台小泵可以安装在一个公用的基础上。

⑤ 如有地下管线穿过时,可降低个别基础的标高。

⑥ 卧式设备的基础标高应按设备底部排液管及出入口配管的具体情况定,但不得小于EL+0.600m。

⑦ 对于可能产生重度大于空气的易燃易爆气体装置,控制室和配电室内地面应高出室外地面600mm。办公室及辅助生活用室,其室内地面高出室外地面不应小于300mm。如室内为空铺式木板地面,室内外高差不小于450mm。

第四节　管廊的布置

大型综合管廊是石化装置的大动脉,往往是设计技术难度最大、工作量最大的内容之一。管廊的设计需要压力管道工程师熟悉有关装置、主项、分区的布置内容,并从千丝万缕中规划提炼出管廊、设备及其管道等设施的布置。管廊的设计对整个装置布置设计起到总体控制的作用，有的工程把管廊设计常称为总体设计，一般由全装置大专业负责人负责并设计。对于厂外管廊（全厂总体）的设计，需要总体把控和协调各个装置的布置位置及其有关管道、设施的布置设计。对于装置内主管廊（装置总体）的设计，需要总体把控和协调装置内各个主项的布置位置及其有关管道、设施的布置设计。在国内外一些设计单位，石化装置设计时，常把管廊（总体）和加热炉的设计难度和工作量列为最大，通常难度系数和工作量系数为 1.3～1.7（正常为 1.0）。

一、管廊的布置原则

① 管廊（Pipe Rack）应处于易于与各类主要设备联系的位置上。要考虑能使多数管线布置合理，少绕行，以减少管线长度。典型的位置是在两排设备的中间或一排设备的旁侧。

② 布置管廊要综合考虑道路、消防的需要，以及地下管道与电缆布置和临近建、构筑物等情况，并避开大、中型设备的检修场地。

③ 管廊上部可以布置空冷器以及仪表和电气电缆槽等，下部可以布置泵等设备。

④ 管廊上设有的阀门需要操作或检修时，应设置人行走道或局部操作平台。

二、管廊的布置形式

如图 5-2 所示。

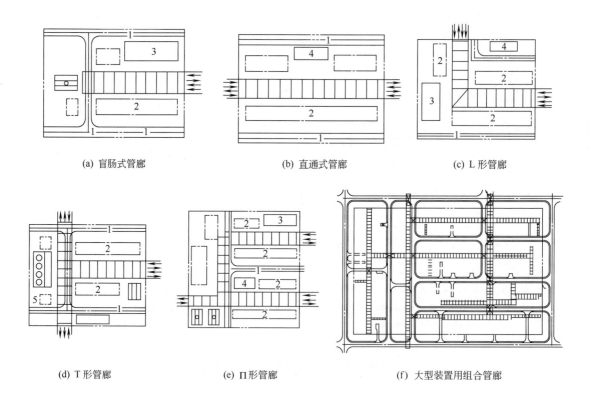

(a) 盲肠式管廊　　　　　　(b) 直通式管廊　　　　　　(c) L 形管廊

(d) T 形管廊　　　　　　(e) Π 形管廊　　　　　　(f) 大型装置用组合管廊

■ **图 5-2　管廊的布置形式**

1—道路；2—工艺设备；3—压缩机室；4—控制室；5—加热炉

① 对于小型装置，通常采用盲肠式或直通式管廊。

② 对于大型装置，可采用 L 形、T 形和 II 形等形式的管廊。

③ 对于大型联合装置，一般采用主管廊、支管廊组合的结构形式。

三、装置内管廊的结构形式

装置内管廊一般分为单柱独立式、双柱连系梁式和纵梁式。

① 单柱独立式：宽度小于或等于 1.8m，一般为单层，如图 5-3 所示。

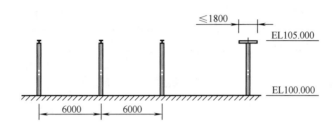

■ 图 5-3　单柱独立式

② 双柱连系梁式：宽度在 2m 以上，分单层与双层，根据需要也可以多层，如果管廊两侧进出管线多时，一般在该层横梁顶部以下 750～1250mm 处加纵向连系梁，以支撑侧向进出管线，如图 5-4 所示。

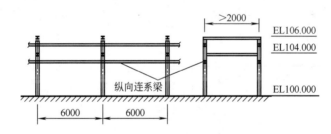

■ 图 5-4　双柱连系梁式

③ 纵梁式：分单柱和双柱结构，双柱纵梁式一般为多层结构，这种管廊的特点是管廊之间设有纵梁，可以根据管道允许跨距在纵梁间加支撑用次梁，如图 5-5 所示。

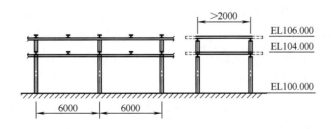

■ 图 5-5　纵梁式

四、装置外管廊的结构形式

装置外管廊一般分为单柱（T形）式和双柱（Ⅱ形）式。单柱管廊一般为单层，必要时也可采用双层。双柱管廊根据需要可分为单层、双层及多层。如图 5-6 所示。

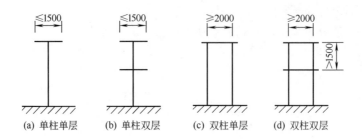

(a) 单柱单层   (b) 单柱双层   (c) 双柱单层   (d) 双柱双层

■ 图 5-6　外管廊的柱形及断面形式

按连接结构形式，可分为独立式、纵梁式、轻型桁架式、桁架式、吊索式、悬索式及轴向悬臂式（图 5-7）。

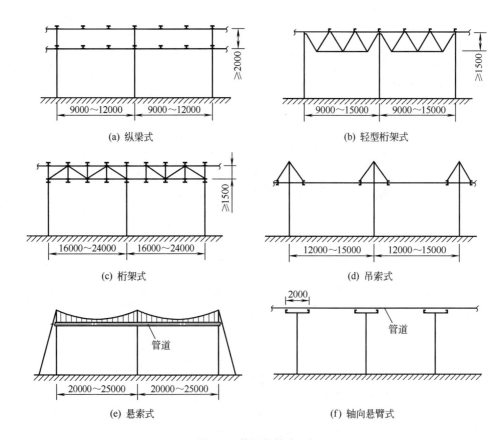

(a) 纵梁式   (b) 轻型桁架式

(c) 桁架式   (d) 吊索式

(e) 悬索式   (f) 轴向悬臂式

■ 图 5-7　装置外管廊（架）

五、管廊的主要尺寸

1. 管廊宽度

① 管廊的宽度主要由管道的数量和管径的大小确定。并考虑一定的预留宽度，新设计的

管廊一般留有扩建预留量〔全厂性管廊或管墩上（包括穿越涵洞）应根据项目实际需要留有10％～30％的裕量。装置主管廊宜留有10％～20％的裕量〕。同时，要考虑管廊下设备和通道以及管廊上空冷设备等结构的影响。如果要求敷设仪表引线槽架和电力电缆时，还应考虑它们所需的宽度。

② 管廊上布置空冷器时，支柱跨距最好与空冷器的间距尺寸相同，以使管廊立柱与空冷器支柱中心线对齐。

③ 管廊下布置泵时，应考虑泵的布置及其所需操作和检修通道的宽度，如果泵的驱动机用电缆地下敷设时，还应考虑电缆沟所需宽度。此外，还要考虑泵用冷却水管道和排水管道的干管所需宽度。不过，电缆沟和排水管道可以布置在通道的下面。

④ 由于整个管廊的管道布置密度并不相同，通常在首尾段的管道数量较少，因此在必要时可以减少首尾段的宽度或层数。

2. 管廊支柱的间距

管廊的柱距和跨距是由敷设在其上的管道因垂直荷载所产生的弯曲应力和挠度决定的，通常为6～9m，如中、小型装置中、小直径的管道较多时，可在两根支柱之间设置副梁使管道的跨距缩小，另外管廊支柱的间距，宜与设备框架支柱的间距取得一致，以便管道通过。

如果是混凝土管廊，横梁上应埋放一根 $\phi 20mm$ 圆钢或 $60～100mm$ 宽的钢板，以减少管道与横梁间的摩擦力。

对于装置外管廊（架）：纵梁式管廊轴向柱距一般为6～12m；吊索式管廊轴向柱距一般为12～15m；桁架式管廊轴向柱距一般为16～24m；悬索式管廊轴向柱距一般为20～25m。

管墩的间距按管径最小的管道允许跨距进行设置。

3. 管廊的高度

管廊的高度根据下面条件确定。

① 在道路上空横穿时，其净空高度为：装置内的检修道不低于4.5m；工厂主干道不低于5.0m；铁路（轨面以上）不低于5.5m；管廊下检修通道不低于3.0m（按 SH 3011 和 SH 3012）。

当管廊有桁架时要按桁架底高计算。

② 管廊的最小高度。为有效地利用管廊空间，多在管廊下布置泵。考虑到泵的操作和维护，宜有4.0m净空高度（表5-4）。

管廊上管道与分区设备相接时，一般应比管廊的底层管道标高低或高600～1000mm。管廊下布置管壳式换热设备时，根据设备实际高度需要增加管廊下的净空。

③ 管廊外设备的管道进入管廊所必需的高度：若为大型装置，其设备和管径较大，为防止管道出现不必要的袋形，管廊最下一层横梁底标高应低于设备管口500～750mm。

若管廊附近有换热框架，换热设备的下部管道要从它的框架平台接往管廊，此时至少要保证管廊的下层横梁要低于换热框架第一层平台。

④ 同其他装置的协调：若管廊与有关装置的管廊衔接，宜采用 T 形相接以便于管道的衔接布置。

⑤ 垂直相交的管廊高差：若管廊改变方向或两管廊成直角相交，其高差以750～1000mm 为宜，当高差为250mm 时，DN250 以下的管子用两个直角弯头和短管相接，大于

$DN250$ 的管子用一个 45°弯头、一个 90°弯头相接；对于大型装置也可采用 1000mm 以上的高差。

⑥ 管廊的结构尺寸：在确定管廊高度时，要考虑到管廊横梁和纵梁的结构断面和形式，务必使梁底或桁架底的高度，满足上述确定管廊高度的要求，对于双层管廊，上、下层间距一般为 1.5～2.0m，主要决定于管廊上多数的管道直径。

至于装置之间管廊的高度取决于管廊地区的具体情况。如沿工厂边缘或罐区，不会影响厂区交通和扩建的地段，从经济性和检修方便考虑，可用管墩敷设，离地面高 300～500mm，即可满足要求。

六、地墩的布置设计及工程实例

有的装置管廊在满足消防、通行等设计条件时，尽量按照地墩来布置设计，也降低了工程造价。例如罐区管廊、厂外管廊、装置管廊等区域，有时按照地墩布置设计。一般地墩顶面距离地面 400mm（有的规定 300mm）。某石化园区内管廊是按照地墩敷设（第一层距离地面 400mm），在过路时上翻，以满足消防道路净空高度要求。

七、石化园区内原油天然气管道设计及工程实例

某原油和天然气管道在规划阶段，进入石化厂区外管廊区域后，因负责人不清楚规范强制要求，计划全部直埋布置。后来审查时，经查有关标准规范，只要进入工厂围墙内应在管廊或地墩上布置设计，只能对开始的规划进行较大的修改。规划决策的错误造成了预算不准确和工期延误。有关标准规范如下：

SH/T 3054《石油化工厂区管线综合设计规范》、GB 50542《石油化工厂区管线综合技术规范》、GB 50489《化工企业总图运输设计规范》、GB 50187《工业企业总平面设计规范》等规范，均规定有可燃性、爆炸危险性、毒性及腐蚀性介质的管道，应采用地上敷设。

管线敷设方式与节约土地有直接的关系，管线用地占有较高的比例，大中型石油化工厂管线用地，笔者统计约占全厂用地的 20%～35%。

管线敷设方式有地上和地下两大类。在选择管线敷设方式时，应综合考虑安全、交通运输、用地、投资等各种因素。目前，工厂的管线以地上敷设为主，这样既方便施工、检修、管理，也有利于安全和节省用地，降低投资。

石油化工厂管道内的介质除空气、氮气、蒸气和水等以外，大部分的管道内介质具有火灾、爆炸、易燃、有毒和腐蚀的特性，并且多数为有压输送，一旦发生事故，会产生二次危害，因此在选择敷设方式时，应充分考虑管道内介质的性质，并且危险性介质的管道均应采用地上敷设的方式。

管线共沟、共架、多层敷设，都是集中敷设方式，是节约用地的有效途径。

集中共沟式适用于公用工程管线，一般用于厂区主管带，可节省地面用地，地面上视觉空旷，但施工繁琐，投资较大。

八、管廊布置的工程应用实例

工程实例一 某装置内主管廊

某装置内主管廊侧面图，管廊主体总长 203m，宽 13m，顶层标高 22m，其中管廊上设

备框架最高处距地标高 38m。主管廊大约布置了两千多条管线。图 5-8 加粗部分为主管廊在整个装置区内的位置，图 5-9 是一小段主管廊结构侧面结构图。

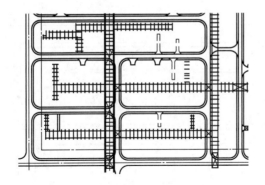

■ **图 5-8** 某主管廊位置图（图中涂黑加粗部分）

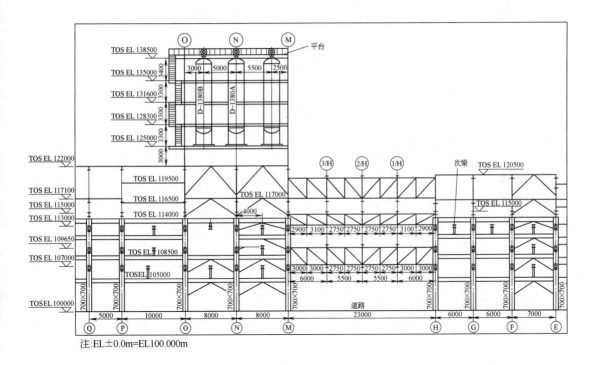

注:EL±0.0m=EL100.000m

■ **图 5-9** 某主管廊侧面结构图（部分）

一些大、中型工程项目中，通常先根据工艺系统图和装置规划图，对需要占用管廊的管线、仪表电气槽架和设备进行初步的布置研究，综合考虑管廊的层数、层高和预留裕量等因素，最终确定最小管廊宽度。管廊横断面是两个立柱的，宽度一般不超过 10m，如果超过 10m，管廊横断面宜采用三个立柱，如图 5-8 中涂黑加粗部分的立管廊。如果管廊上布置空冷器，管廊宽度需考虑空冷器管束长度，具体要求见本书空冷器布置设计章节详述。

工程实例二 典型管廊断面图（图 5-10）

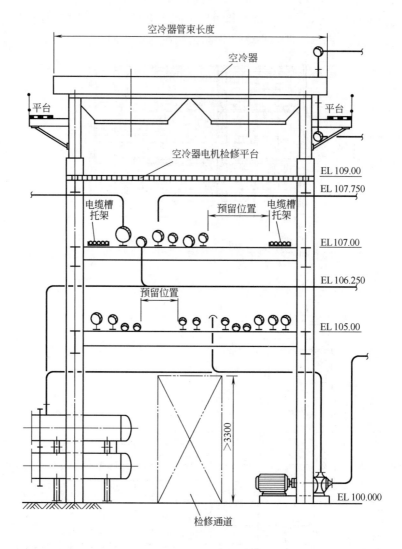

■ **图 5-10　管廊断面图**

工程实例三　大型综合管廊典型布置设计

石化装置大型综合管廊不同于装置小管廊，设计技术难度及工作量常常是整个工程装置最大的之一。

有的装置内大型综合管廊横断面有一百多根管线，平均口径 10″左右，管廊下面布置了泵、卧罐、阀组、减温减压器、换热器、分析小屋等设备实施，管廊侧面布置了安全阀、消音器等设备，管廊顶部布置了空冷器、立式塔、安全阀、控制阀等设备。这种装置内大型综合管廊有的设计到约 15m 宽、40m 高。

有的炼化一体化装置外大型综合管廊横断面有 200～300 根管线，有的管廊宽度达 50m 左右、高度达 40m 左右。

大型综合管廊的跨距有的用 9m，有的用 12m 或 18m。有的全用混凝土的，有的全用钢结构的，有的第 1 层用混凝土，以上层用的是钢结构。不同的跨距、不同的结构形式对管道设计程序和整个工程项目的造价、进度影响很大，具体见《工业管道配管设计与工程应用》一书的详述。

工程实例四　管廊顶部设备布置设计

管廊顶部常布置空冷器、换热器、立式设备、安全阀等设备。图 5-11 是管廊顶部卧式设备的布置示意图。有的工程把约 15m 高的干燥塔布置在了管廊顶部。

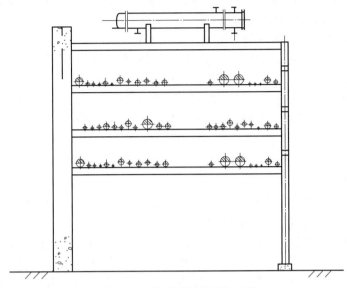

■图 5-11　管廊顶部的设备布置

第五节　塔 的 布 置

一、塔与其关联设备的布置要求

塔（Tower）与其关联设备如进料加热器，非明火加热的重沸器、塔顶冷凝冷却器、回流罐、塔底抽出泵等，宜按工艺流程顺序，在不违反防火规范的条件下，尽可能靠近布置，必要时可形成一个独立的操作系统，这样便于操作管理。

二、塔的布置方式

① 单排布置：一般情况下较多采用单排布置的方式，管廊的一侧有两个或两个以上的塔或立式容器时，一般中心线对齐，如两个或两个以上的塔设置联合平台时，可以中心线对齐，也可以一边切线对齐。

② 非单排布置：对于直径较小本体较高的塔，可以双排布置或成三角形布置，这样，可以利用平台将塔联系在一起提高其稳定性，但应注意平台生根构件应采用可以滑动的导向节点以适应不同操作温度的热胀影响。

③ 框架式布置：对直径 $DN \leqslant 1000mm$ 的塔还可以布置在框架内或框架的一边，利用框架提高其稳定性。

三、沿管廊布置的塔应考虑的要求

① 塔和管廊之间应布置管道，在背向管廊的一侧应设置检修通道和场地，塔的人孔、

手孔朝向检修区一侧。

② 塔和管廊的间距。

a. 塔和管廊立柱之间没有布置泵时，塔外壁与管廊立柱之间的距离，一般为 3～5m，不宜小于 3m，一般在此范围内，设置调节阀组和排水管道与排水井等。国外某些公司的装置设备布置中塔与管廊立柱间距也有小于 3m 的。

b. 塔和管廊立柱之间布置泵时，可能泵的驱动机仍在管廊内，泵的进出口或其中之一在管廊立柱外，这时泵的基础与塔外壁的间距，应按泵的操作、检修和配管要求确定，一般情况下，不宜小于 2.5m。

c. 两塔之间净距不宜小于 2.5m（按 SH 3011 规定，HG 20546 规定两塔之间最小净距为 2.4m），以便敷设管道和设置平台。如采用联合基础时也可小于 2.5m。

四、塔的安装高度

塔的安装高度应考虑以下各方面因素。

① 对于利用塔的内压或塔内流体重力将物料送往其他设备和管道时，应由其内压和被送往设备或管道的压力和高度来确定塔的高度。

② 对于用泵抽吸塔底液体时，应由泵的需要汽蚀余量和吸入管道的压力降来确定塔的高度。处于负压状态的塔，为了保证塔底泵的正常操作，最低液面应不低于 10m。

③ 带有非明火加热的重沸器的塔，其安装高度，应按塔和重沸器之间的相互关系和操作要求来确定。

④ 塔的安装高度还应满足底部管道安装和操作的要求，且其基础面一般宜高出地面 0.2m。

⑤ 对于成组布置的塔采用联合平台时，有时平台标高取齐有困难，可以调整个别塔的安装高度，便于平台标高取齐。

五、重沸器的布置

① 明火加热的重沸器与塔的间距，应按防火规范中加热炉与塔的间距要求布置。

② 用蒸汽或热载体加热的卧式重沸器应靠近塔布置，并与塔维持一定高差（由工艺设计确定），两者之间的距离应满足管道布置要求，重沸器管束的一端应有检修场地和通道。

③ 立式热虹吸式重沸器宜用塔作为支承布置在塔侧，并与塔维持一定高差（由工艺设计确定），其上方应留有足够的检修空间。

④ 一座塔具有多台并联的立式重沸器时，重沸器的位置和安装高度，除与塔维持一定高差之外，还应满足布置进出口集合管的要求并便于操作和检修。

六、塔布置的工程实例

工程实例一 小直径塔和框架的联合布置

图 5-12 所示为一组小直径塔和框架联合布置。由于塔径小，一般靠近框架或在框架内布置，便于设导向支架以增加塔的稳定性。B 塔布置在框架的外侧，有利于塔顶冷凝器的安装和检修，并可利用框架设置重沸器支架。D 塔是分节塔，布置在框架内。在塔上方设置吊梁，便于安装和检修。除框架楼面外，根据需要在塔顶和塔底设了操作平台。

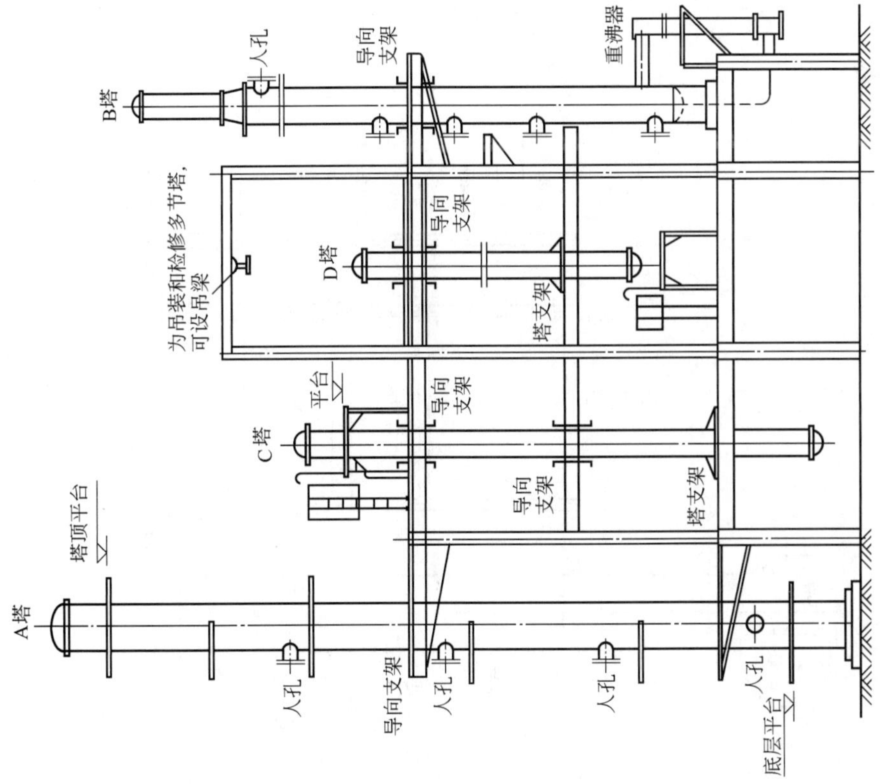

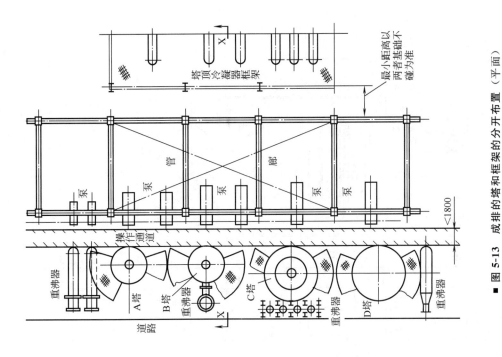

■ 图 5-13 成排的塔和框架的分开布置（平面）

■ 图 5-12 小直径塔和平台的联合布置

243

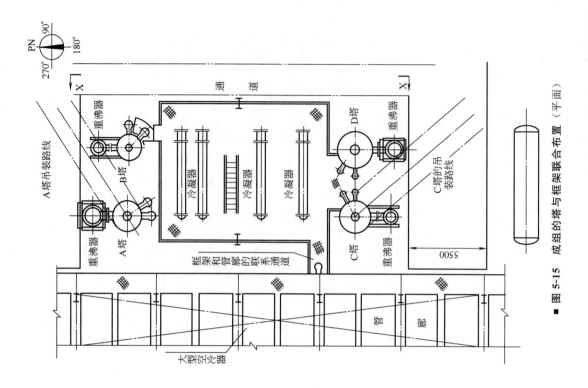

■ 图 5-15　成组的塔与框架联合布置（平面）

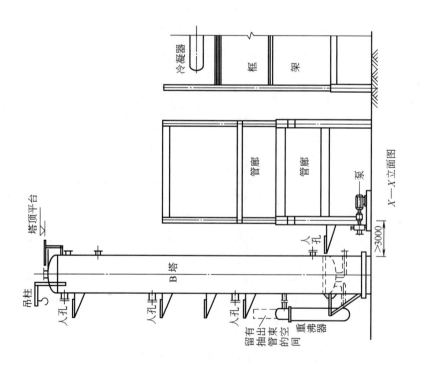

■ 图 5-14　成排的塔和框架的分开布置（立面）

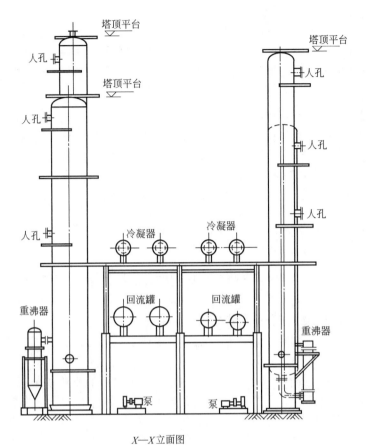

X—X立面图

■ 图 5-16　成组的塔与框架联合布置（立面）

■ 图 5-17　塔群的布置

工程实例二 成排的塔和框架的分开布置

图 5-13、图 5-14 所示为成排的塔和框架分开布置。塔组合框架之间设置管廊，四个塔按塔外壁成一线成排布置。塔的回流泵、进料泵布置在管廊下靠近塔一侧。塔顶冷凝和回流罐等布置在框架上，联系管道可利用管廊或管廊顶部加设支架支承。图 5-13 中包含了重沸器的三种支承方式。

工程实例三 成组的塔与框架联合布置

图 5-15、图 5-16 所示为成组的塔与框架联合布置。框架和塔均布置在管廊的一侧，A 塔、B 塔和 C 塔、D 塔为两组塔，分别布置在框架的南北两侧，每组塔外壁取齐布置，并留有检修空地，框架东侧留有供吊车进出的通道，以便吊装框架上的设备。塔平台与相邻框架平台相连，便于操作与维修。图 5-15、图 5-16 中包含了重沸器的两种支承方式。

工程实例四 某塔群的布置（图 5-17）

第六节 反应器的布置

一、反应器与其关联设备的布置要求

反应器（Reactor）与提供反应热量的加热炉或取走反应热的换热器，可视为一个系统，没有防火间距的要求。

① 反应器与加热炉的间距，在防火规范和设备布置设计通则中规定为 4.5m，这是因为在反应器与加热炉之间只留出通道和管道布置及检修需要的空间即可。据统计国内外 12 个装置的设备布置间距，反应器与加热炉之间净距大于 4.5m 者有 8 个，小于 4.5m 者 4 个，大于 4.5m 者往往是两者之间有管廊或有一排单柱管架。

② 在催化裂化装置中，反应器与再生器的布置是由催化剂循环线的尺寸要求确定的。按照流化输送管道的最佳流动条件确定其高度和位置。这样反应器和再生器相对位置及安装高度也就确定下来。一般反应器与再生器中心线对齐。

③ 对于内部装有搅拌或输送机械的反应器，应在顶部或侧面留出搅拌或输送机械的轴和电机的拆卸、起吊等检修所需的空间和场地。

二、反应器的位置及其周围环境要求

① 固定床反应器的布置。固定床反应器一般成组布置在框架内。框架顶部设有装催化剂和检修用的平台和吊运机具，框架下部应有催化剂的空间。框架的一侧应有堆放和运输催化剂所需的场地和通道。

② 根据工艺过程需要，反应器顶部可设顶棚，反应器也可布置在厂房内。厂房内的反应器除需要卸催化剂和检修所需吊装机具之外，还要在厂房内设置吊装孔和场地，吊装孔应靠近厂房大门和运输通道。

③ 操作压力超过 3.5MPa 的反应器宜布置在装置的一端或一侧。

三、反应器的支承方式与安装高度

① 反应器的支承方式。

a. 裙座支承分为同径裙座和喇叭形裙座两种，一般多为同径裙座，大直径或球形底盖的反应器用喇叭形裙座。

b. 反应温度在200℃以上的反应器，为了便于散热，反应器裙座应有足够的长度，使裙座与基础接触处的温度不超过钢筋混凝土结构的受热允许温度❶。

c. 直径较小的反应器采用支腿或支耳支承。支承的使用范围参照立式容器。

② 反应器的安装高度应考虑催化剂卸料口的位置和高度。

a. 卸料口在反应器正下方时，其安装高度应能使催化剂的运输车辆进入反应器底部，以便卸出废催化剂，一般净空不小于3m。

b. 卸料口伸出反应器底座外并允许将废催化剂就地卸出，卸料口的高度不应低于1.2m。

c. 反应器的废催化剂如果结块需要处理时，在反应器底部应有废催化剂粉碎过筛所需的空间。

四、反应器布置的工程实例

工程实例一　反应器的布置（图5-18、图5-19）

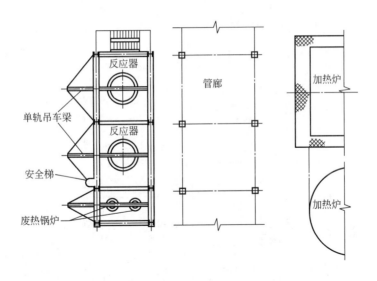

■ **图 5-18**　**反应器的布置**（平面）

工程实例二　重整反应器的布置（图5-20）

工程实例三　大型釜式反应器的布置（图5-21～图5-24）

大型釜式反应器底部有固体催化剂卸料时，反应器底部需留有不小于3m的净空，以便车辆进入。带搅拌器的大型反应器应尽量在地面上支承。

为了便于检修和装填催化剂，反应器顶部可设单轨吊车或吊柱。

---

❶ 钢筋混凝土在热的作用下钢筋和骨料膨胀、水泥石收缩，所以会产生细微裂缝，使其强度降低。试验证明混凝土抗压强度，假定常温时为1.0，则60℃时为0.9，100℃时为0.85。国外某公司将钢筋混凝土的受热允许温度定为100℃，在GB 50051—2002《烟囱设计规范》中定为150℃。必要时在基础与裙座之间填一层耐热石棉垫。

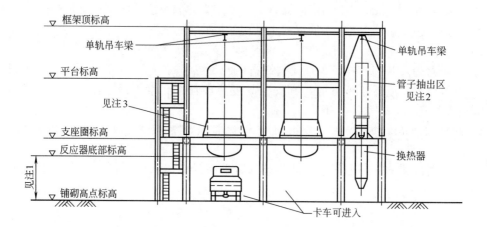

■ 图 5-19　反应器的布置（立面）

注：1. 反应器底部如有催化剂卸料口，为便于卡车进出应有 3m 净空。

2. 大型立式换热器，不能采用移动式吊车抽管束时，可设置吊车梁。

3. 反应器支座应有足够的长度散热。

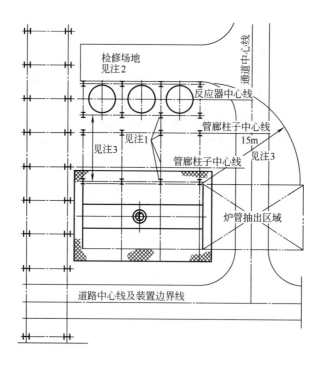

■ 图 5-20　重整反应器的布置

注：1. 反应器框架、管廊与炉子的立柱排列成行便于管道布置且美观。

2. 检修场地用于装卸催化剂，不应设置管道和障碍物。

3. 反应器与加热炉之间无防火间距的要求。

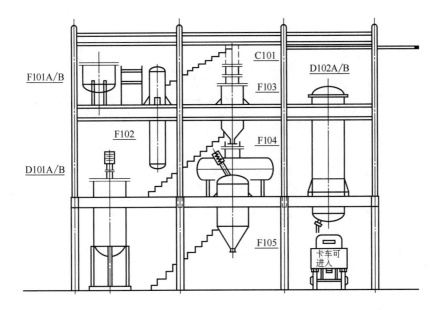

■ 图 5-21 典型图 1（立面）

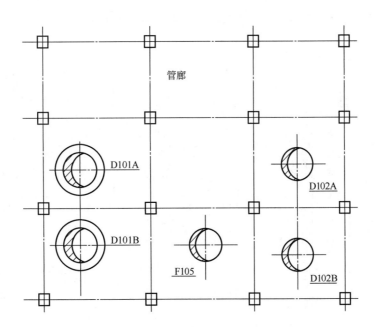

■ 图 5-22 典型图 2（典型图 1 的接近地面的平面图）

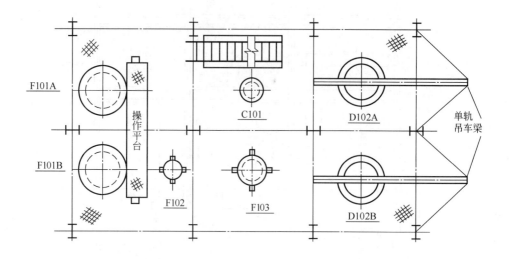

■ 图 5-23　典型图 3（典型图 1 的顶层平面图）

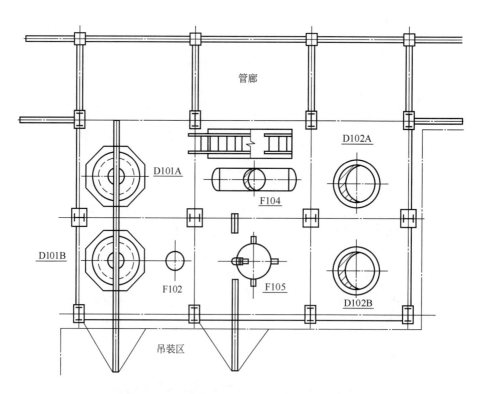

■ 图 5-24　典型图 4（典型图 1 的中间层平面图）

工程实例四　某 PTA 项目反应器的框架布置（图 5-25）

■ 图 5-25　某 PTA 项目反应器的框架布置

第七节　容器的布置

一、容器布置的一般要求

容器（Vessel）一般布置在地面上或框架上。应根据容器的功能、工艺过程、形状、大小和经济性等因素来确定是布置在地面上还是框架上。

1. 安装高度

① 有工艺过程要求的高度时，应满足此高度。工艺过程要求如下。

a. 泵的吸入管道应满足泵的汽蚀余量的高度。

b. 必须自流的管道应满足这个高度条件。

② 距操作面的最小高度如下。

a. 如图 5-26 所示最小安装高度，使放净阀端与操作面间距在 150mm 以上。

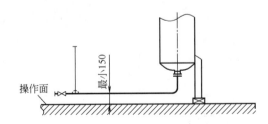

■ 图 5-26　放净阀端与操作面间距在 150mm 以上

b. 框架上布置容器的最小高度，应考虑拆卸管口法兰的螺栓，操作面与法兰面间距应在 200mm 以上，如图 5-27 所示。

2. 布置形式

布置形式按布置场所和支承方法分类，见表 5-6。

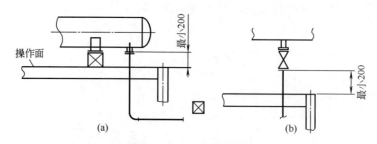

■ 图 5-27　操作面与法兰面间距应在 200mm 以上

表 5-6　容器布置形式

支承形式 ＼ 布置形式	地上布置	框架上布置	其他
裙座式			
支腿式			—
鞍座式			—
支耳式	—		—
基础式		—	

二、立式容器的布置

立式容器（Vertical Vessel）的外形与塔类似，只是内部结构没有塔的内部结构复杂，所以在一些标准规范和参考资料中，塔和立式容器的布置合并在一起。立式容器的布置方式和安装高度等可参考本章中塔的布置要求，另外尚应考虑以下诸因素。

① 为了操作方便，立式容器可以安装在地面、楼板或平台上，也可以穿越楼板平台用支耳支撑在楼板或平台上，如图 5-28、图 5-29 所示。

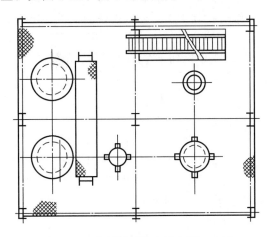

■ 图 5-28　穿越楼板的容器布置（三层）

② 立式容器穿越楼板或平台安装时，应尽可能避免容器上的液面指示、控制仪表也穿越楼板或平台。

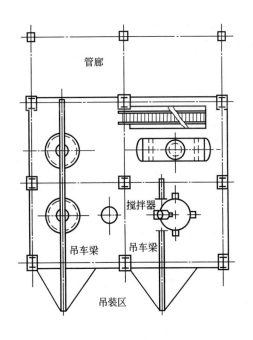

■图 5-29　穿越楼板的容器布置（两层）

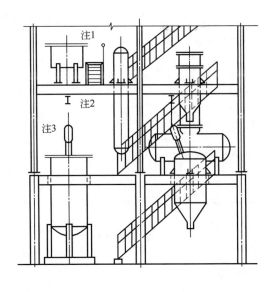

■图 5-30　立式容器从地面设置支承结构

注：1. 顶部开口的立式容器，需要人工加料时，加料点不能高出楼板或平台 1m，如超过 1m，要另设加料平台或台阶。

2. 为了便于装卸电机和搅拌器，需设吊车梁。

3. 应校核取出搅拌器的最小净空。

③ 立式容器为了防止黏稠物料的凝固或固体物料的沉降，其内部可能带有大负荷的搅

拌器时，为了避免振动影响，应尽可能从地面设置支承结构，如图 5-30 所示。

三、立式容器的支承方式及高度的确定

在设计初期确定立式容器的内径和切线高度之后，容器采用裙座、支耳或支腿中的哪一种方式支承，应满足工艺操作和布置要求。仅从设备的支承要求来看，最佳方案可以参照以下经验做法。

① 在常温条件下满足图 5-31 中所列三个条件可用支腿支承。

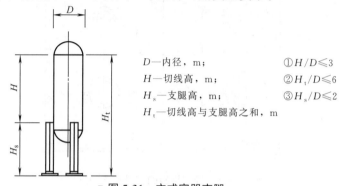

D—内径，m；　　　　　①$H/D \leqslant 3$
H—切线高，m；　　　　②$H_t/D \leqslant 6$
H_s—支腿高，m；　　　　③$H_s/D \leqslant 2$
H_t—切线高与支腿高之和，m

■ 图 5-31　立式容器支腿

② 立式容器内径小于或等于 1m 时可用三个支腿；大于 1m 时用四个支腿较好。

③ 压缩机气液分离罐的支承不宜采用支腿。

④ 立式容器采用裙座支承时，裙座的高度除应满足工艺操作和设备结构设计要求外，在容器内介质温度较高时，裙座的高度还应考虑散热要求。在表 5-7 中列出裙座最佳高度经验数据供参考。

表 5-7　裙座最佳高度数据   m

操作温度/℃ 容器内径/m	不保温	保 温			
	<200	200～<250	250～<300	300～<350	350～450
0.6～1.2	1.20				
>1.2～1.8	1.35				
>1.8～2.4	1.50	1.40	1.50	1.65	1.80
>2.4～3.0	1.65				
>3.0～3.6	1.65				
>3.6～4.8	1.80				

四、立式容器支腿的方位

立式容器支腿为三个时，支腿的方位应按下述常用的设备布置设计规定或根据管道布置需要而定。

图 5-32 中管廊两侧的设备 Ⅰ、Ⅱ 支腿方位相差 180°，在管廊转角处的设备 Ⅲ 按 A、B 尺寸大小决定，图中为 $A<B$ 时布置方法，若 $A>B$ 时，则设备 Ⅲ 应改为设备 Ⅱ 支腿方位，设备 Ⅳ 与设备 Ⅲ 对称。

五、卧式容器的布置

① 卧式容器（Horizontal Vessel）宜成组布置，成组布置的卧式容器宜按支座基础中心线对齐或按封头切线对齐。卧式容器之间的净距可按表 5-3 考虑。

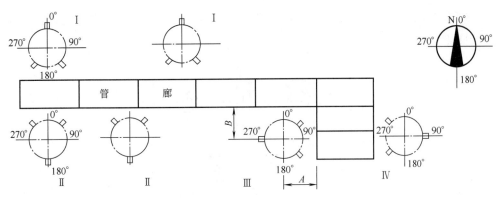

■ 图 5-32　支腿的方位

② 在工艺设计中确定卧式容器尺寸时，尽可能选用相同长度不同直径的容器，以利于设备布置。

③ 确定卧式容器的安装高度时，除应满足物料重力流或泵吸入高度等要求外，尚应满足下列要求。

a. 容器下有集液包时，应有集液包的操作和检测仪表所需的足够高度。

b. 容器下方需设通道时，容器底部配管与地面净空不应小于 2.2m。

c. 不同直径的卧式容器成组布置在地面或同一层楼板或平台上时，直径较小的卧式容器中心线标高需要适当提高，使与直径较大的卧式容器筒体顶面标高一致，以便于设置联合平台。

④ 卧式容器在地下坑内布置，应妥善处理坑内的积水和有毒、易爆、可燃介质的积聚，坑内尺寸应满足容器的操作和检修要求。

⑤ 卧式容器的平台设置要考虑人孔和液面计等操作因素。对于集中布置的卧式容器可设联合平台，如图 5-33 所示。顶部平台标高比顶部管口法兰面低 150mm，如图 5-34 所示。当液面计上部接口高度距地面或操作平台超过 3m 时，液面计要设在直梯附近。

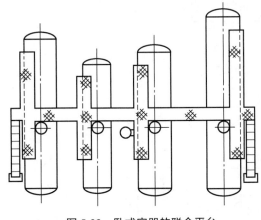

■ 图 5-33　卧式容器的联合平台

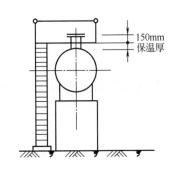

■ 图 5-34　顶部平台标高的确定

六、容器的布置取齐方式

1. 卧式容器的布置取齐方式

① 中心线取齐：地面上的卧式容器与立式设备采用中心线对齐布置，如图 5-35 所示。

② 切线取齐：两台以上的卧式容器采用此对齐方式，如图 5-36 所示。

③ 支座取齐：两台以上的卧式容器布置在同一框架上时，采用此对齐方式是为了简化框架结构，如图 5-37 所示。

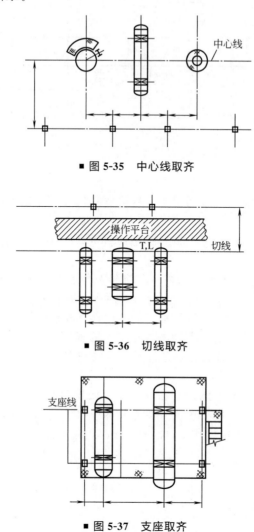

■ 图 5-35　中心线取齐

■ 图 5-36　切线取齐

■ 图 5-37　支座取齐

2. 立式容器的布置取齐方式

立式容器与其周围的设备一般采用同一中心线取齐布置（图 5-38）。

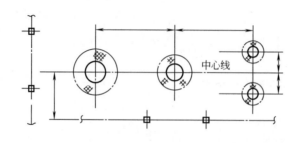

■ 图 5-38　立式容器取齐

七、卧式设备固定端的确定及工程实例

卧式设备一般指卧式容器（储罐）和卧式换热器。

① 对于卧式储罐，其固定端的确定需保证最主要管道（连接敏感设备或者与工艺主流程关系密切，且口径较大，温度较高，受力要求比较苛刻的管道。若卧式储罐连接很多管线，不分主次，按接管多、接管口径大的一侧为固定端）的受力最优。一般情况下，设备的直径、壁厚远大于与其相连接管道的。运行状态热膨胀时，管道是不易推动设备的，而设备的热位移是可以推动与之相连管道的。为使最主要管道受力最优，则需要保证设备对管道的附加位移最小。让设备的固定端距离最主要管道的连接管口最近。设备对管线的附加位移计算详见配管设计参考书《管道应力分析与工程应用》。

② 对于卧式换热器，一般把靠近抽芯侧的支座当作固定端。不过，固定端设置在远离抽芯侧，对抽芯及设备热胀冷缩的吸收也无影响，因此，可参照上述卧式储罐固定端设置原则来确定。

八、容器布置的工程实例

工程实例一　卧式容器的典型布置（图 5-39）

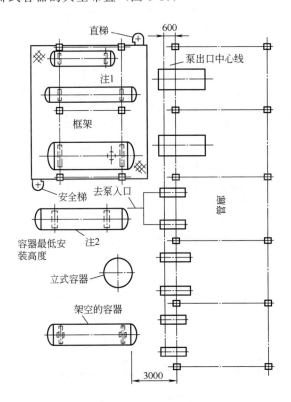

■ 图 5-39　卧式容器的典型布置

注：1. 卧式容器的支座尽可能布置在主梁上。

2. 由泵吸入的卧式容器的安装高度，应校核泵的吸入要求高度。

工程实例二　框架上容器的典型布置（图 5-40、图 5-41）

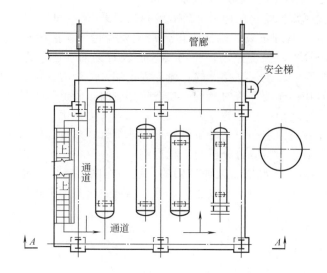

■ 图 5-40　框架上容器的典型布置（平面）

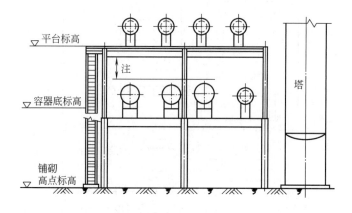

■ 图 5-41　框架上容器的典型布置（*A—A* 立面）

注：卧式容器布置在两层平台之间时，容器的安装高度应考虑操作平台和管道阀门仪表等需要的净空。

第八节　换热设备的布置

一、管壳式换热器或冷却器的布置

1. 管壳式换热设备布置的一般要求

① 与分馏塔有关的管壳式换热设备，如塔底重沸器、塔顶冷凝冷却器，宜按工艺流程顺序布置在分馏塔的附近。

② 两种物料进行热交换的换热器，宜布置在两种物料管道最短的位置。

③ 一种物料如需要连续经过多个换热器进行热交换时，宜成组布置。

④ 用水或冷剂冷却几组不同物料的冷却器，宜成组布置。

⑤ 成组布置的换热设备，宜取支座基础中心线对齐，当支座间距不相同时，宜取一端支座基础中心线对齐。为了管道连接方便，也可采用管程进、出口管口中心线对齐。

⑥ 换热设备应尽可能布置在地面上，但其数量较多时可布置在框架上。

⑦ 为了节约占地或工艺操作方便可以将两台换热设备重叠在一起布置，但对于两相流介质或操作压力大于或等于 4MPa 的换热器，为避免振动影响不推荐重叠布置，壳体直径大于或等于 1.2m 的不宜重叠布置。

⑧ 物料温度超过自燃点的换热设备不宜布置在框架内的底层。

⑨ 重质油品或污染环境的物料的换热设备不宜布置在框架上。

⑩ 可燃液体的换热器操作温度高于其自燃点或超过 250℃ 时，如无楼板或平台隔开，其上方不宜布置其他设备。

2. 换热设备的间距

① 换热设备之间或换热设备与其他设备之间的间距，应考虑在管道布置以后净距不小于 0.7m（按 SH/T 3011 的规定，HG/T 20546 规定两卧式换热器之间的维修净距为 0.6m，如果有操作时，最小净距为 0.75m）。

② 布置在地面上的换热设备，为便于检修应满足以下要求。

a. 浮头式管壳换热器，在浮头的两侧，应有宽度不小于 0.6m 的空地，浮头端的前方应有宽度不小于 1.2m 的空地，管箱两侧应有不小于 0.6m 的空地，管箱端的前方，应留有比管束长度至少长 1.5m 的空地（按 SH/T 3011 规定）。

b. 尽可能避免把换热设备的中心线，正对着框架或管廊立柱的中心线。如果不考虑换热设备在就地抽管束，而准备整体吊运，在装置外检修时，可不受此限，但要有吊装的空间通道和场地。

③ 布置在框架上的换热设备，为便于检修应满足以下要求。

a. 浮头式管壳换热器，在浮头端前方宜有 0.8~1.0m（国外某些公司为 1.2m）的平台面，在管箱端前方宜有 1.0~1.5m 的平台面。并应考虑管束抽出所需空间，即在管束抽出的区域内，不应布置小型设备，且平台的栏杆采用可拆卸式的。

b. 换热设备周围平台应留有足够的操作和维修通道，并考虑采用机动吊装设备装卸换热设备的可能性，如果由于占地限制，不能使用机动吊装设备装卸时，尚应考虑设置永久性的吊装设施。

c. 布置在框架下或两层框架之间的换热设备和布置在管廊下的换热设备，都应考虑吊装检修的通道和场地。

3. 换热设备的安装高度

① 换热设备的安装高度应保证其底部接管最低标高（或排液阀下部）与当地地面或平台面的净空不小于 150~250mm。

② 为了外观一致，成组布置的换热设备的混凝土支座高度最好相同。

③ 两个重叠布置的换热设备，只给出下部换热器中心线标高即可。但是，如果两台互不相干的换热设备重叠在一起布置，则两台中心线的高差应满足管道设计的要求。

④ 重叠布置的管壳式换热器一般都是两个重叠在一起，个别情况下（如技术改造或技术措施），也可三台重叠在一起布置。这样的布置方法，要考虑最上一台换热器中心线的高度不宜超过 4.5m。

二、套管式换热器的布置

套管式换热器的布置和检修要求与管壳式换热器大体相同，可参照管壳式换热器的布置。此外还应注意以下两点。

① 套管式换热器的位置和安装高度。套管式换热器一般成组布置在地面上，为了节约占地也可以支撑在框架立柱的侧面。对于组合数量不多的套管式换热器，可以将两种相近介质的换热器组合在一起设在同一个基础上。

② 套管式换热器作为往复式压缩机的中间冷却器时，为了防止振动应设加强支座，可在原有的两个支座之外增加1～2个加强支座。

三、空气冷却器的布置

1. 空气冷却器（以下简称空冷器）的位置

空冷器通常设在管廊的顶部或框架上，很少直接放在地面上。例如，气体压缩机的凝汽式汽轮机采用空冷器作为其冷凝冷却器时，由于与管廊距离远，则应将空冷器设在靠近气体压缩机的框架上。

塔顶冷凝冷却器采用空冷器时，可以考虑将空冷器直接设在塔顶，这样可以节约占地和塔顶管道。

空冷器不宜设在操作温度高于物料自燃点的设备上方，也不宜设在输送或储存液化烃设备的上方。如果限于占地面积不得已时，则应按防火规范的要求采用非燃烧体的隔板，将上、下两类设备隔开。

2. 空冷器的选型要求

在工艺设计过程中，当进行换热设备选型时，应考虑设备布置的合理性。空冷器的选型应首先考虑将空冷器布置在管廊上的尺寸要求。为使布置合理，水平式空冷器建议采用管束长度为9m和6m两种；斜顶式空冷器建议采用管束长度为6m；如选用增湿空冷器或干湿联合的空冷器时，则无论立式或斜顶式宜采用管束长度为6m。这样，管廊尺寸可以定为6m或9m，配合空冷器的构架尺寸为8.7m×6m和5.7m×6m。如果管廊尺寸与空冷器构架结构尺寸不能取得一致但相差不大时，将空冷器直立支柱改为斜支柱也是可行的。

布置在框架上的空冷器，可以结合空冷器的构架结构设计框架，对于选型没有特殊要求。然而，由于需要单独设置框架，势必增加装置的占地面积。因此，从设备布置设计角度出发，仍希望按上述建议选型。

3. 空冷器的布置要求

① 塔顶馏出物冷凝冷却用空冷器的布置应考虑塔顶馏出物管道的热膨胀影响。

② 为了操作和检修方便，在布置空冷器的管廊或框架一侧地面，应留有检修通道和场地。空冷器管束两端的管箱处应设置平台和梯子。

③ 多组空冷器布置在一起时，应采用一致的布置形式，一般多采用成列布置，应避免一部分成列布置而另一部分成排布置。

④ 斜顶式空冷器宜成列布置（图5-42），如成排布置时，两排中间应有不小于3m空间，便于管道安装与操作维修。

⑤ 空冷器是利用空气冷却管束内介质的换热设备。因此，其冷却效果的好坏与风向有一定的关系，在可能的条件下，应考虑风向的影响，尤其是夏季的风向。

a. 空冷器宜布置在装置夏季最小频率风向的下风侧（图5-43），以避免或减少腐蚀性气体或热风进入管束的周围。

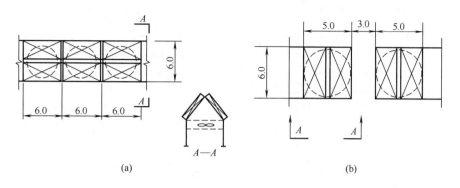

■ 图 5-42　斜顶式空冷器宜成列布置

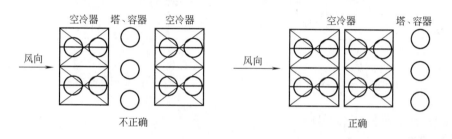

■ 图 5-43　空冷器宜布置在装置夏季最小频率风向的下风侧

b. 在空冷器的夏季最小频率风向的上风侧 20～25m 范围内，不宜有高于冷却器的建筑物、构筑物和大型设备，以免阻碍空冷器的通风。

c. 为了防止造成热风循环，两组空冷器应靠近布置（图 5-44），不应留有间距，多组形式相同的空冷器应互相靠近布置（图 5-45）。如需要隔开布置时，为避免热风循环，两组空冷器距离不宜小于 20m。

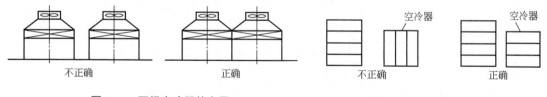

■ 图 5-44　两组空冷器的布置　　　　　■ 图 5-45　多组空冷器的布置

⑥ 不同形式的空冷器，如引风式与鼓风式的空冷器布置在一起时应注意以下问题。

a. 引风式空冷器宜布置在鼓风式空冷器的最小频率风向的下风侧（图 5-46）。

b. 鼓风式空冷器的管束应比引风式空冷器的管束标高提高（图 5-47）。

⑦ 空冷器与加热炉之间的距离不应小于 15m。

⑧ 两台增湿空冷器或干湿组合空冷器的构架立柱之间，应有不小于 3m 的距离，以便增湿的给水系统管道的操作和维修。

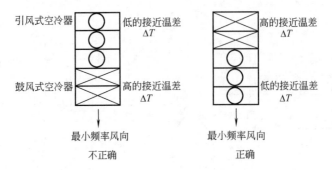

■ 图 5-46 引风式空冷器与鼓风式空冷器的相邻布置

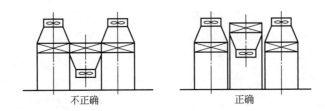

■ 图 5-47 鼓风式空冷器的管束应比引风式空冷器的管束标高提高

四、换热设备布置的工程实例

工程实例一 地面上成组布置的换热器（图 5-48）

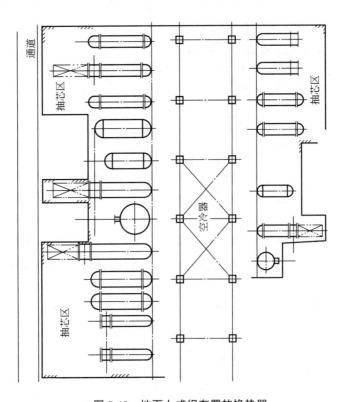

■ 图 5-48 地面上成组布置的换热器

工程实例二 地面上换热器的布置（图 5-49）

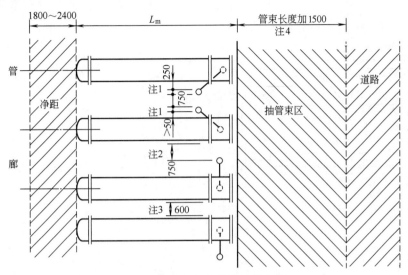

■ **图 5-49　地面上换热器的布置**

注：1. 换热器外壳和配管净空对于不保温外壳最小为 50mm，对于保温外壳最小为 250mm。

2. 两个换热器外壳之间有配管，但无操作要求时，其最小间距为 750mm。

3. 塔和立式容器附近的换热器，与塔和立式容器之间应有 1m 宽的通道。两台换热器之间无配管时最小距离为 600mm。

4. 按 SH/T 3011 的数值，若按 HG/T 20546，抽管束区至少有管束长度加 500mm 的空地。

工程实例三 框架上换热器的布置（图 5-50）

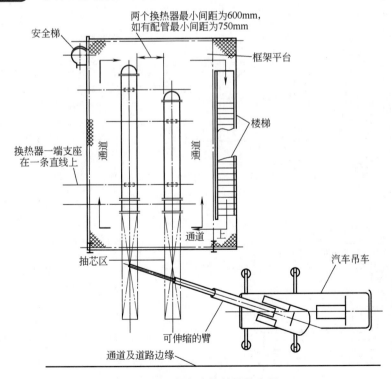

■ **图 5-50　框架上换热器的布置**

工程实例四 空冷器的典型布置（图 5-51）

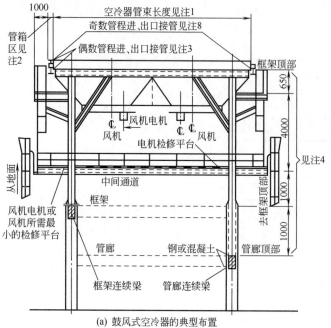

(a) 鼓风式空冷器的典型布置

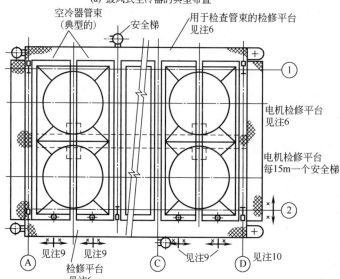

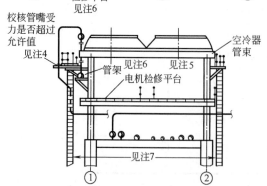

(b) 引风式空冷器的典型布置

注：1. 空冷器管束的长度可以大于支柱的跨距，但最大的外伸长度应在 1m 以内。

2. 管箱宽度的近似尺寸为最大接管直径加 200mm。

3. 空冷器的管程数应与图纸校核，避免关联设备的位置布置不当。通常管程为偶数时，进、出口接管位于空冷器的同一侧。

4. 所示尺寸仅为推荐性的，供参考，管道要能从管廊的上方、电机检修平台的下方进出。电机检修平台和风机进口之间，应保持人通行的净空。

5. 空冷器构架支柱的间距，应与管廊或框架跨距相一致。

6. 在检修平台上或空冷器立柱上设置管架时，应与空冷器制造厂和结构设计人员协商。

7. 校核直梯高度与位置是否合适。直梯周围地面不得有设备等障碍物。

8. 采用空冷器样本或设备图纸校核空冷器的管程数，以便确定与之相关的设备位置。通常管程为奇数时进、出口接管分别位于两侧。

9. 热位移数据和方向应由管道应力分析人员计算决定后，标注在图上提供给空冷器制造厂考虑设计活动支架。

10. 采用延伸空冷器柱子以支承管道时，应与空冷器制造厂及管道应力分析人员协商。

■ 图 5-51 空冷器的典型布置

工程实例五　空冷器平台典型布置（图 5-52）

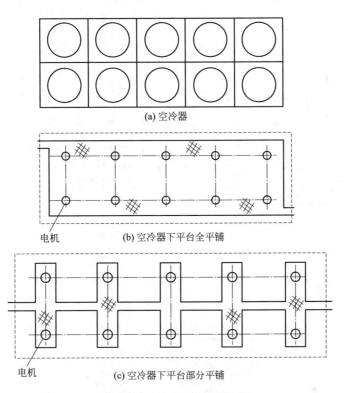

(a) 空冷器

电机

(b) 空冷器下平台全平铺

电机

(c) 空冷器下平台部分平铺

■ 图 5-52　空冷器平台典型布置

注：图（b）检修比较方便，图（c）较节省成本，也满足应用

第九节　加热炉的布置

一、加热炉的位置

① 一般加热炉（Heating Furnace）被视为明火设备之一，因此加热炉通常布置在装置区的边缘地区（图 5-53），最好在工艺装置常年最小频率风向的下风侧，以免泄漏的可燃物触及明火而发生事故。

② 加热炉应布置在离含油工艺设备 15m 以外（除反应器外）。从加热炉出来的物料温度较高，往往要用合金钢管道，为了尽量缩短昂贵的合金钢管道，以减少压降和温降，减少投资，常常把加热炉靠近反应器布置。

③ 加热炉与其他明火设备应尽可能布置在一起。几座加热炉可按炉中心线对齐成排布置。在经济合理的条件下，几座加热炉可以合用一个烟囱。

④ 对于设有蒸汽发生器的加热炉，汽包宜设置在加热炉顶部或邻近的框架上。

⑤ 当加热炉有辅助设备如空气预热器、鼓风机、引风机等时，辅助设备的布置不应妨碍其本身和加热炉的检修。

加热炉的布置如图 5-54 所示。

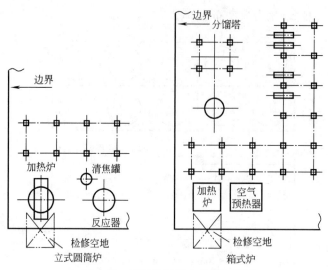

■ 图 5-53　加热炉布置在装置区边缘

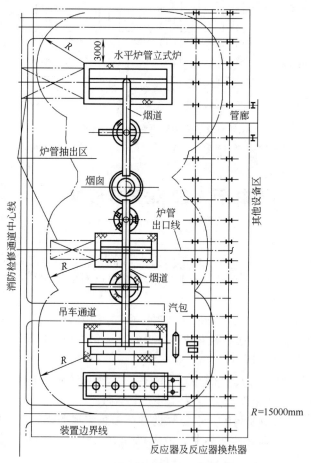

■ 图 5-54　加热炉的布置

注：1. 加热炉的一侧应有消防用的空间和通道。

2. 加热炉平台应避开防爆门，且防爆门不应正对操作地带和其他设备。

3. 加热炉的安装高度应考虑底部烧火喷嘴的安装、维修所需空间。

二、加热炉的间距

① 两座加热炉的净距不宜小于 3m（按 SH/T 3011）。

② 加热炉外壁与检修道路边缘的间距不应小于 3m。

③ 当加热炉采用机动维修机具吊装炉管时，应有机动维修机具通行的通道和检修场地，对于带有水平炉管的加热炉，在抽出炉管的一侧，检修场地的长度不应小于炉管长度加 2m。

④ 加热炉与其附属的燃料气分液罐、燃料气加热器的间距，不应小于 6m。

⑤ 炼油厂酮苯脱蜡、脱油装置的惰性气体发生炉与煤油储罐的间距，不应小于 6m。

⑥ 加热炉与露天布置的液化烃设备之间设置防火墙时，其间距可由 22.5m 减至 15m。防火墙的高度不宜不小于 3m，防火墙与加热炉间距不宜大于 5m，并能防止可燃气体窜入炉体。防火墙的结构应为非燃烧材料的实体墙。

⑦ 加热炉与液化烃设备厂房或甲类气体压缩机房的间距，当厂房朝向加热炉一面为封闭墙时，其间距可由 22.5m 减至 15m。

三、加热炉布置的工程实例

工程实例一 箱式加热炉的布置（图 5-55）

工程实例二 立式加热炉的布置（图 5-56）

工程实例三 加热炉和汽包的布置（图 5-57）

工程实例四 加热炉作为重沸器的布置（图 5-58）

工程实例五 加热炉阀组的布置（图 5-59）

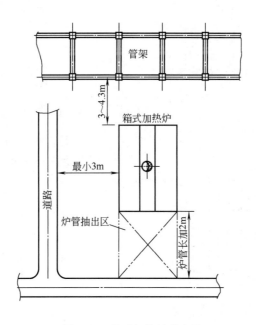

■ **图 5-55 箱式加热炉的布置**

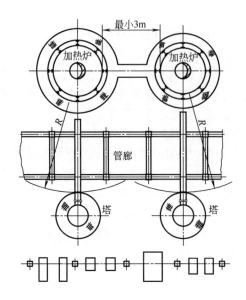

■ 图 5-56　立式加热炉的布置

注：R 值即加热炉和建筑物、罐区（储罐）和各类生产单元或设备等的防火距离的确定，
见 GB 50016《建筑设计防火规范》和 GB 50160《石油化工企业设计防火标准》。

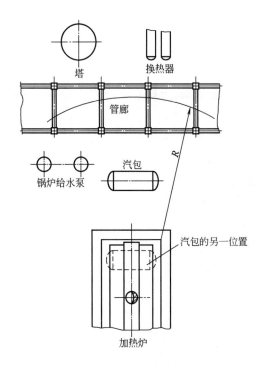

■ 图 5-57　加热炉和汽包的布置

注：R 值的确定，见实例二。

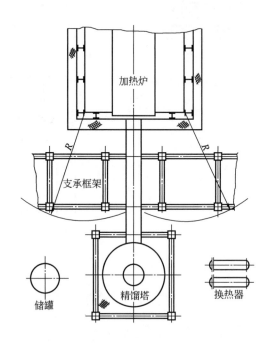

■ 图 5-58　加热炉作为重沸器的布置

注：确定 R 值时，应注意作为重沸器的加热炉与精馏塔的最小安全距离（按照 GB 50160 确定最小安全距离），并注意尽量缩短重沸器返回管线的长度。

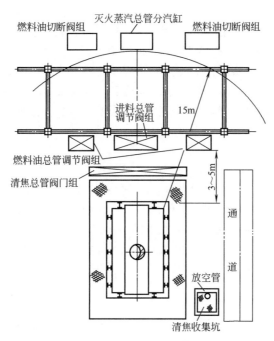

■ 图 5-59　加热炉阀组的布置

第十节　泵 的 布 置

一、泵的布置方式和要求

① 露天布置。

泵布置在管廊下或管廊与塔、容器之间，平行于管廊排成一列。在管廊下布置泵时，一般是泵-原动机的长轴与管廊成直角，当泵-电机长轴过长妨碍通道时，可转 90°，即与管廊平行。泵也可分散布置在被抽吸设备的附近。其优点是通风良好，操作和检修方便。

a. 在国内露天布置的泵，一般都布置在管廊下，无论管廊上方是否布置空冷器。在 6m 一跨之内可布置大型泵 1 台、中型泵 2 台、小型泵 3 台，一般泵单排布置，泵端第一个管口或出口中心线对齐，距管廊柱中心线的间距在 0.6~2.0m 之间。

b. 在国外露天布置的泵，在管廊上方无空冷器时，泵布置在管廊内侧，泵出口中心线对齐，距管廊柱中心线 0.6m。在管廊上方有空冷器时，如泵的操作温度为 340℃ 以下，则泵布置在管廊外侧，泵出口中心线对齐，伸出管廊距柱中心线 0.6m，泵的驱动机在管廊内侧；如泵的操作温度等于或高于 340℃ 时，则泵布置在管廊外侧，泵出口中心线对齐，距管廊柱中心线 3m，泵的驱动机也在管廊外侧。

② 半露天布置。

半露天布置的泵适用于多雨地区，一般在管廊下方布置泵，在上方管道上部设顶棚，或将泵布置在框架的下层地面上，以框架平台作为顶棚。这些泵可根据与泵有关的设备布置要求，将泵布置成单排、双排或多排。

③ 室内布置。

在寒冷或多风沙地区，泵布置在室内。如果工艺过程要求设备布置在室内时，其所需的泵也应在室内布置。

a. 泵布置在室内时，热油泵（操作温度等于或高于自燃点的可燃液体泵）与冷油泵（操作温度低于自燃点的甲 B、乙 A 类可燃液体泵）或液态烃泵应分别布置在各自的房间内。各泵房中间应采用防火墙隔开。门窗的距离不应小于 4.5m。如果泵的数量较少，热油泵可以与冷油泵同房布置，但冷、热油泵之间应有不小于 4.5m 的间距。

b. 甲、乙 A 类液体泵房的地面不应有地坑或地沟，为防止油气积聚，宜在侧墙下部采取通风措施。

④ 单排布置的泵。

大小不一的泵成排布置时，一般有三种排列方式。

a. 泵端第一个管口或出口中心线取齐。离心泵并列布置时，泵端第一个管口或出口中心线对齐，这样布置管道比较整齐，泵前也有了方便统一的操作面。

b. 泵端基础面取齐，便于设置排污管或排污沟以及基础施工方便。

c. 动力端基础面取齐。如泵用电机带动时，引向电机的电缆接线容易且经济；泵的开关和电流盘在一条线上取齐，不仅排列整齐，且电机端容易操作。但是泵的大小差别很大时可能造成吸入管过长。

⑤ 双排布置的泵。

泵成双排布置时，宜将两排泵的动力端相对，在中间留出检修通道。

⑥ 多排布置的泵。

泵成多排布置时，宜两排泵的动力端相对，两排中的一排与另两排中的一排出口端相对，中间留出检修和操作通道。

⑦ 蒸汽往复泵的动力侧和泵侧应留有抽出活塞和拉杆的位置。

⑧ 立式泵布置在管廊下方或框架下方时，其上方应留出泵体安装和检修所需的空间。

二、泵的间距

① 按 SH/T 3011 规定，两台泵之间的净距，不宜小于 0.7m（HG 20546 规定，最小净距为 0.8m，需根据项目实际情况选择），但安装在联合基础上的泵除外。

② 泵布置在管廊下方或外侧时，泵的检修空间净空不宜小于 3m。泵端前面的操作通道宽度不应小于 1m。对于多级泵泵端前面的检修通道宽度不应小于 1.8m，一般泵端前面的检修通道宽度不应小于 1.25m，以便小型叉车通过。

③ 泵布置在室内时，一般不考虑机动检修车辆的通行要求。泵端或泵侧与墙之间的净距不宜小于 1.0m，两排泵净距不应小于 2m。

④ 泵进、出口阀门手轮到邻近泵的最突出部分或柱子的净距最少为 0.75m，电机之间的距离为 1.5~2m。

泵的间距如图 5-60 所示。

三、泵的基础

① 泵的基础尺寸一般由泵制造厂给出泵的底座尺寸的大小确定。可按地脚螺栓中心线到基础边 200~250mm 估计。设计泵的基础时应按预留孔方案考虑，现场施工需待泵到货后核实尺寸后方可施工。

② 泵的基础面宜比地面高出 200mm，大型泵可高出 100mm，小型泵如比例泵、柱塞泵、小齿轮泵等可高出地面 300~500mm，使泵轴中心线高出地面 600mm，并可 2~3 台成

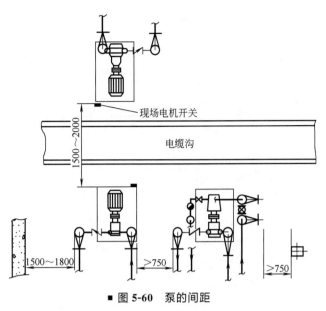

■ 图 5-60　泵的间距

组安装在同一个基础上。

四、泵布置的工程实例

工程实例一　管廊上安装空冷器时泵的布置（图 5-61）

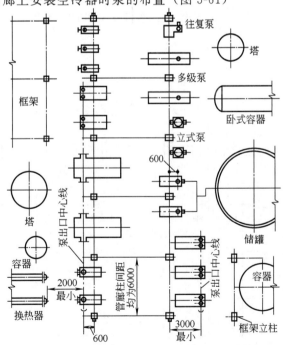

■ 图 5-61　管廊上安装空冷器时泵的布置

注：1. 管廊上安装空冷器，泵的操作温度在 340℃ 以下时，泵出口中心线在管廊柱中心线外侧 600mm；在 340℃ 及以上时，则在外侧 3000mm。

2. 泵前方的操作检修通道，可能有小型叉车通行，其宽度不小于 1250mm，在多级泵前方的宽度不小于 1800mm。

3. 两排泵之间的检修通道，宽度不小于 3000mm，如不够时，泵端应有 3000mm 通道。

工程实例二 管廊上没有安装空冷器时泵的布置（图 5-62）

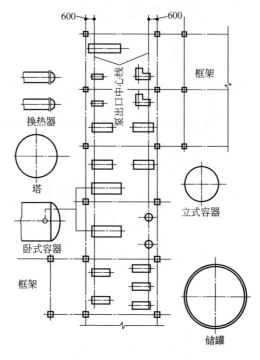

■ **图 5-62** 管廊上没有安装空冷器时泵的布置

工程实例三 框架下的泵的布置（图 5-63）

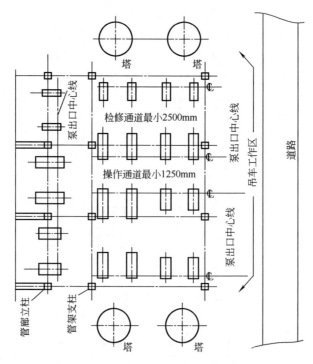

■ **图 5-63** 框架下的泵的布置

工程实例四 室内泵的布置（图 5-64）

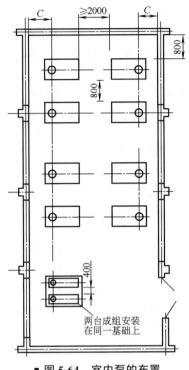

两台成组安装
在同一基础上

■ **图 5-64 室内泵的布置**

注：尺寸 C 按阀门布置情况决定。

第十一节 压缩机的布置

一、压缩机的布置设计内容

压缩机通常有离心式（Centrifugal Compressor）和往复式（Reciprocating Compressor）两大类。其布置设计内容包括机组的布置和附属设备的布置。机组由压缩机和驱动机组成。多级压缩机的附属设备有气液分离器和各级冷却器等，驱动机如为凝汽式汽轮机时，附属设备有冷凝冷却器、凝结水泵等。此外还有机组用的润滑、封油系统的设备和维修机具的布置。

二、压缩机布置的一般要求

① 压缩机的布置方式与泵相同，也分为露天布置、半露天布置和厂房内布置三种。可燃气体压缩机宜露天布置和半露天布置，这样通风良好，如有可燃气体泄漏则可快速扩散，有利于防火防爆。如在严寒或多风沙地区可布置在厂房内。厂房内通风应符合国家现行的《工业企业采暖通风和空气调节设计规范》的规定。

② 机组及其附属设备的布置应满足制造厂的要求，制造厂在设备出厂时包装箱内的图纸中有时会带有推荐的机组及其附属设备的布置图或提出设备安装、检修需要的净距，可以参照该图或要求进行设备布置。

③ 露天布置的压缩机，宜尽可能靠近被抽吸的设备，这样可以减少吸入管道的阻力。

其附属设备宜靠近机组布置，压缩机的附近应有供检修、消防用的通道，机组与通道边距离不应小于 5m。

④ 可燃气体压缩机的布置及其厂房设计如下。

a. 单机驱动功率等于或大于 150kW 的甲类气体压缩机厂房，不宜与其他甲、乙、丙类设备间共用一幢建筑物，压缩机的上方除自用的高位润滑油箱外不得布置其他甲、乙、丙类设备。

b. 比空气轻的可燃气体压缩机厂房的顶部，应采取通风措施。

c. 比空气轻的可燃气体压缩机厂房的楼板宜部分采用算子板。

d. 比空气重的可燃气体压缩机厂房的地面，不应有地坑或地沟，若不能避免时应有防止气体积聚的措施。侧墙下部宜有通风措施。

⑤ 压缩机布置在厂房内时，除应考虑压缩机本身的占地要求外，尚应满足下列要求。

a. 机组与厂房墙壁的净距应满足压缩机或驱动机的转子或压缩机活塞、曲轴等的抽出要求，并应不小于 2m。

b. 机组一侧应有检修时放置机组部件的场地，其大小应能放置机组最大部件并能进行检修作业。如有可能，两台或多台机组可合用一块检修场地。

c. 如压缩机布置在两层厂房的上层，应在楼板上设置吊装机械。

d. 压缩机和驱动机的全部一次仪表盘，如制造厂无特殊要求，应布置在靠近驱动机的侧部或端部，仪表盘的后面应有维修通道。

e. 压缩机的基础与厂房基础应有一定距离。

三、压缩机的安装高度

压缩机的安装高度，应根据其构造特点确定。构造特点主要指进、出口的位置和附属设备的多少。

① 离心式压缩机的进、出口在机体的上部且驱动机采用电机或背压式汽轮机时，可就地安装。就地安装的压缩机，由于基础较低，稳定性强，有利于抗振。进、出口向上，管道架空敷设不影响通行。在机体上方管道要求可以拆卸，不会影响部件检修。

② 离心式压缩机的进、出口在机体下部且附属设备较多时，宜两层布置，上层布置机组，下层布置附属设备，压缩机的安装高度，除满足其附属设备的安装以外还应满足下述要求。

a. 进、出口连接管道与地面的净空要求。

b. 进、出口连接管道与管廊上管道的连接高度要求。

c. 吸入管道上过滤器的安装高度与尺寸要求。

③ 往复式压缩机，为了减少振动宜尽可能降低其安装高度，由于进、出口管道采用管墩敷设有利于抑制振动，而且管道与压缩机进、出口之间可能还有减振系统如脉冲减振器或缓冲器等，此时压缩机的安装高度应由与减振系统相接的管道所需最小的净空决定。

四、压缩机附属设备的布置

① 布置压缩机的附属设备时，应满足下列要求。

a. 多级离心式压缩机的各级气液分离罐和冷却器应尽可能靠近布置。在满足操作和维修需要场地的前提下，应考虑压缩机进、出口的综合受力影响，合理布置各级气液分离罐和冷却器的相对位置。

b. 高位油箱应满足制造厂的高度要求，布置在建筑物构架上的油箱应设平台和直梯。

c. 润滑油和封油系统宜靠近压缩机布置并应留出油冷却器的检修场地。

② 压缩机的驱动机为汽轮机时，汽轮机及其附属设备的布置，应考虑下列因素。

a. 背压式汽轮机周围应留有足够的空地，以满足配管和操作阀门的需要。

b. 凝汽式汽轮机采用空冷器时，空冷器的位置应靠近汽轮机，空冷器的安装高度应能满足地面上布置凝结水泵的吸入高度的需要。

c. 凝汽式汽轮机采用冷凝冷却器时，冷凝冷却器除可布置在靠近汽轮机的侧面外，也可直接布置在汽轮机的下方，汽轮机与冷凝冷却器之间的排汽管应采用柔性连接。冷凝冷却器的安装高度也应能满足在下面布置的凝结水泵的吸入高度的需要。冷凝冷却器管箱外应留出抽管束所需要的空地。

五、压缩机维修机具的布置

（1）维修机具的高度和运行范围

① 吊车的起吊高度应满足压缩机制造厂要求。一般情况下，制造厂应给出机组中心线到吊车梁底面的净空高度。

② 吊车行车运行范围不可能达到吊车梁的尽头，吊车有死点位置。设计时应按死点位置留出空地和确定吊装孔的位置。

（2）吊车的选用的要求

① 压缩机的最大检修部件超过 1.0t 时应设吊车。

a. 起重量小于 1.0t，宜选用移动式三脚架，配电动葫芦或手拉葫芦。

b. 起重量 1.0～3.0t，宜选用手动梁式吊车。

c. 起重量 3.0～10.0t，宜选用手动桥式吊车。

d. 起重量大于 10.0t，宜选用电动桥式吊车。

② 按压缩机台数和用途选用吊车。

a. 压缩机露天布置，可不设固定吊车。

b. 压缩机布置在单层厂房内数量超过 4 台或虽然数量小于 4 台，但基础在 2m 以上，宜选用手动桥式吊车。

c. 压缩机数量超过 4 台或检修次数频繁，吊运行程较长时，宜选用电动桥式吊车。

六、压缩机布置的工程实例

工程实例一　室内离心式压缩机的典型布置（进、出管口在上部）（图 5-65～图 5-67）

工程实例二　离心式压缩机的典型布置（进、出管口在下部）（图 5-68～图 5-70）

工程实例三　室外离心式压缩机的立面布置（一）（图 5-71）

工程实例四　室外离心式压缩机的立面布置（二）（图 5-72）

工程实例五　室外离心式压缩机的平面布置（图 5-73）

工程实例六　离心式压缩机辅助设备的位置（图 5-74）

工程实例七　多台离心式压缩机的平面布置（图 5-75、图 5-76）

工程实例八　某尿素工程室内往复式压缩机的平面布置（图 5-77）

工程实例九　某尿素工程室内往复式压缩机的立面布置（图 5-78）

工程实例十　室外往复式压缩机的布置（图 5-79）

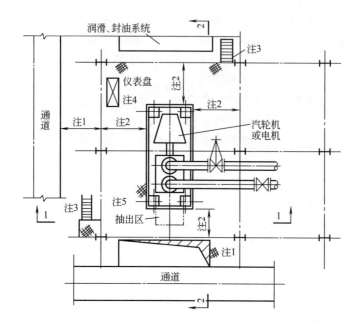

■ **图 5-65　室内离心式压缩机的典型布置（进、出管口在上部）（平面）**

注：1. 为了维修方便，压缩机房应靠近室外通道，并要求通道能通到吊装区。

2. 为了操作方便，压缩机周围应有不小于 2m 的操作通道。

3. 楼梯应靠近操作通道，并应设置第二楼梯或直梯以便安全疏散。

4. 压缩机和驱动机的全部仪表盘，应布置在靠近驱动机的端部。

5. 应考虑冷凝器与汽轮机基础间的净距和冷凝器抽管束的空间。

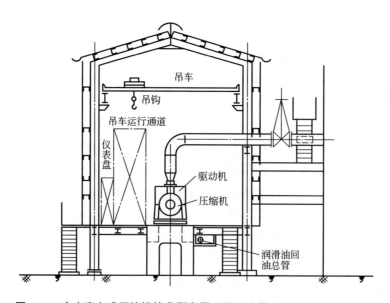

■ **图 5-66　室内离心式压缩机的典型布置（进、出管口在上部）（1—1 立面）**

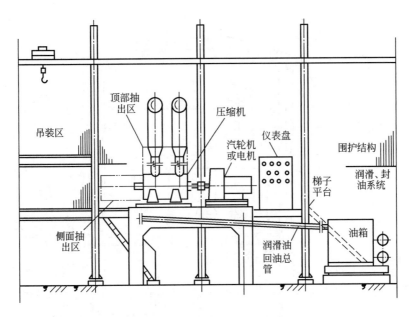

■ **图 5-67** 室内离心式压缩机的典型布置（进、出管口在上部）（2—2 立面）

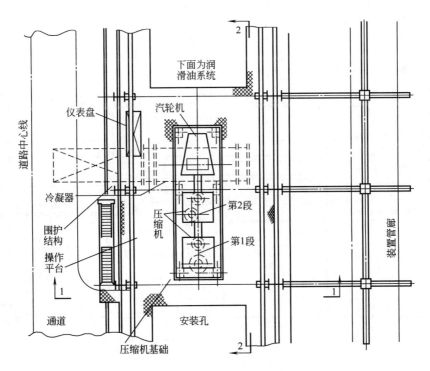

■ **图 5-68** 离心式压缩机的典型布置（进、出管口在下部）（平面）

注：1. 压缩机进、出口管在下部的优点是维修方便，容易打开机顶盖。

2. 下部冷凝器要考虑检修时抽出管束所需要的空间。

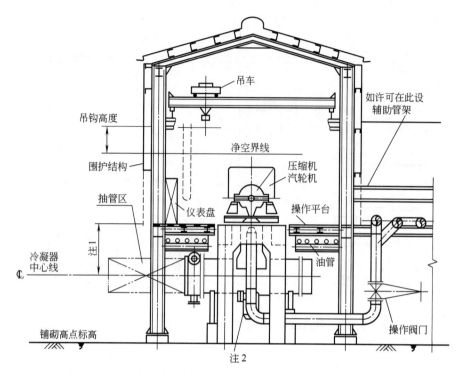

■ 图 5-69 离心式压缩机的典型布置（进、出管口在下部）（1—1 立面）

注：1. 润滑油管道自流应有坡度。

2. 冷凝器安装高度应考虑凝结水泵的吸入高度要求。

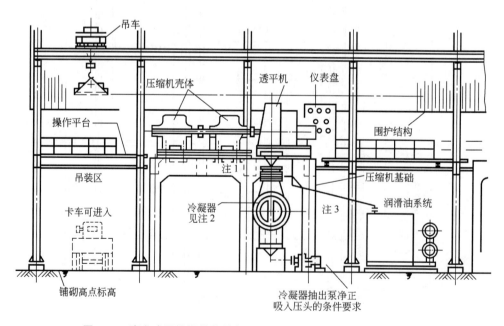

■ 图 5-70 离心式压缩机的典型布置（进、出管口在下部）（2—2 立面）

注：1. 冷凝器安装在汽轮机下方，汽轮机与冷凝器之间的排汽管采用柔性连接，安装高度要求同图 5-67 的注 2。

2. 压缩机气体入口管安装过滤器。

3. 回油总管设坡度，以便自流入油箱。

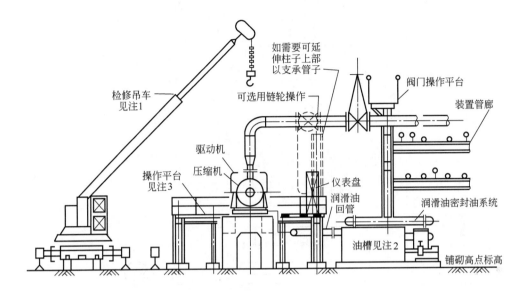

■ 图 5-71 室外离心式压缩机的立面布置（一）

注：1. 压缩机布置在室外，需明现场使用检修机时对通道的要求。

2. 润滑油和密封油系统的位置，一般由压缩机制造厂提供。

3. 压缩机的操作平台应与压缩机基础分开。

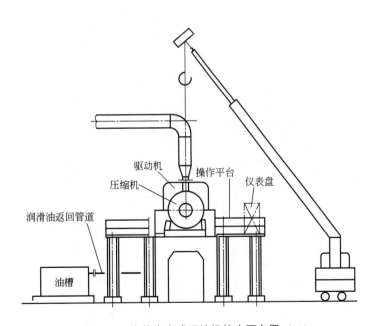

■ 图 5-72 室外离心式压缩机的立面布置（二）

279

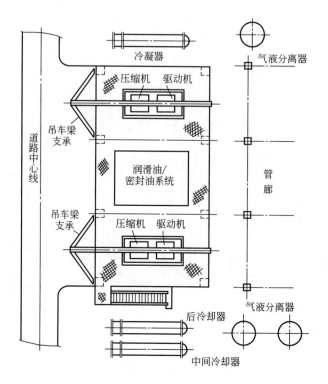

■ 图 5-73　室外离心式压缩机的平面布置

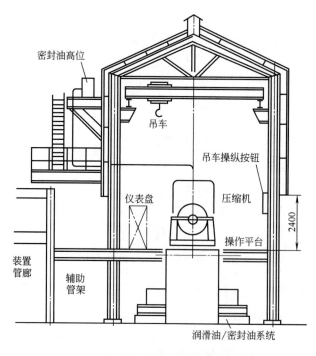

■ 图 5-74　离心式压缩机辅助设备的位置

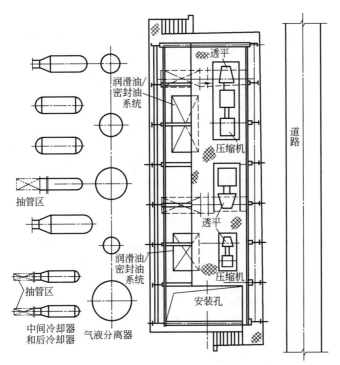

■ 图 5-75　多台离心式压缩机的平面布置（一）

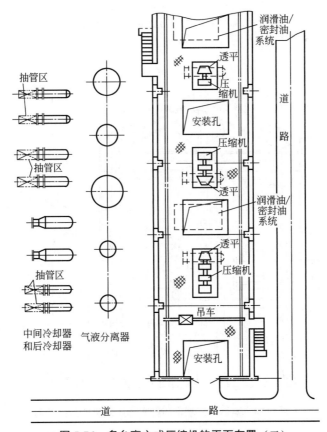

■ 图 5-76　多台离心式压缩机的平面布置（二）

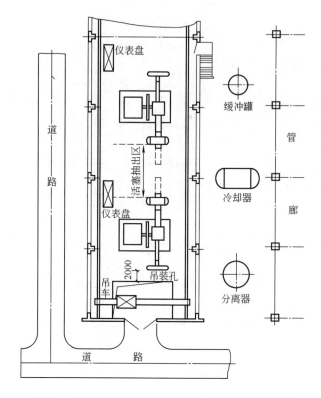

■ 图 5-77　某尿素工程室内往复式压缩机的平面布置

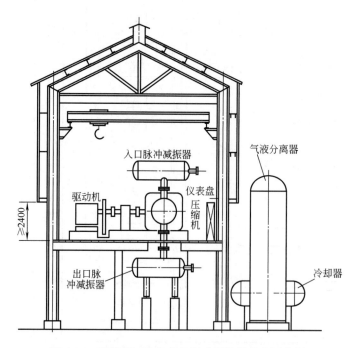

■ 图 5-78　某尿素工程室内往复式压缩机的立面布置

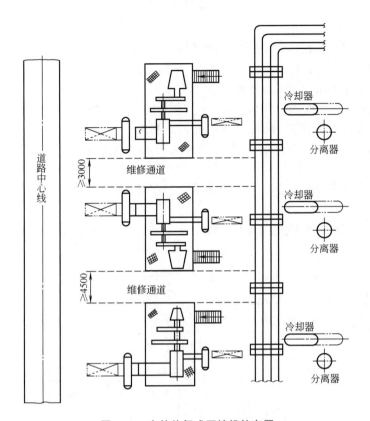

■ 图 5-79 室外往复式压缩机的布置

第十二节 汽车槽车装卸站的布置

一、汽车槽车装卸站的种类

1. 下卸式

下卸式是利用槽车的下卸口，通过胶管将物料自流到地下槽，接卸口分敞开式和密闭式两类。对于重油类物料可采用敞开式，方形卸料槽经管道流至地下槽；对于危险品采用密闭管道系统卸车，经集合管送至地下槽，再经泵送至储罐。

2. 上卸式

上卸式可采用抽吸能力大的往复泵、齿轮泵等卸料；或用压缩机为槽车增压，将槽车内的物料经鹤管压入储罐。

二、汽车槽车装卸站布置的主要原则和要求

① 汽车槽车装卸站与储罐、建筑物、道路、厂内铁路之间防火间距以及站内设备之间的防火间距，见 GB 50016《建筑设计防火规范》、GB 50160《石油化工企业设计防火标准》、GB 50183《石油天然气工程设计防火规范》中的有关汽车槽车装卸站的规定。

② 装卸站一般布置在厂区的边缘便于车辆进出的位置。

③ 装卸不同性质物料的装卸站应分开布置。

汽车槽车装卸站的布置要求详见《工业管道配管设计与工程应用》一书。

三、可燃液体的汽车装卸站应符合防火规范上的规定

① 装卸站的汽车进、出口宜分开设置，当进、出口合用时，站内应设回车场。

② 装卸车场应采用现浇混凝土地面。

③ 装卸鹤管之间的距离，不应小于 4m；装卸鹤管与缓冲罐之间的距离，不应小于 5m。

④ 甲 B、乙 A 类液体装卸鹤位与泵的距离，不应小于 8m。

⑤ 站内无缓冲罐时，在距装卸鹤位 10m 以外的装卸管道上，应设便于操作的紧急切断阀。

⑥ 甲 B、乙 A 类液体装卸车，应采用液下装卸鹤管。

四、汽车槽车装卸站布置的工程实例

工程实例一 汽车装油站（图 5-80）

工程实例二 高位罐装车站（图 5-81）

工程实例三 双侧装车台（图 5-82）

工程实例四 密闭下卸系统卸车站（图 5-83）

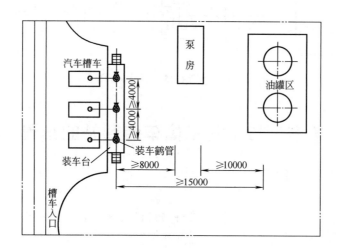

■ 图 5-80　汽车装油站

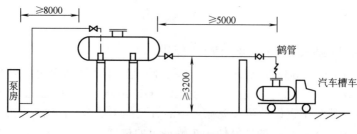

■ 图 5-81　高位罐装车站

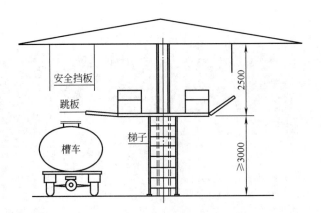

（a）单柱双侧装车台

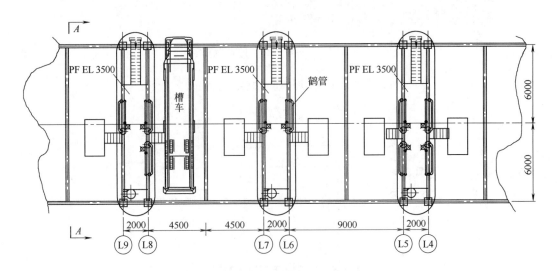

(b) 某汽车装卸站平面布置图

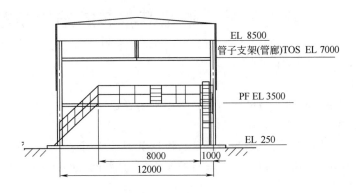

(c) 某汽车装卸站 A—A 立面图

■ 图 5-82

(d) 某汽车装卸站的实景照片

■ 图 5-82　双侧装车台

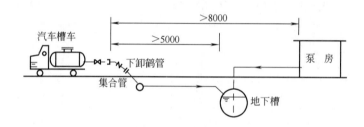

■ 图 5-83　密闭下卸系统卸车站

第十三节　铁路槽车装卸站的布置

一、铁路槽车装卸站的种类

1. 下卸式

下卸式多用于原油铁路槽车卸车，采用密闭管道系统。

2. 上卸式

上卸式可采用抽吸能力大的往复泵、齿轮泵等；或用压缩机为槽车增压，此法一般用在酸、碱及其他化工物料的卸车。卸车时槽车内压力不允许超过槽车允许压力。

二、铁路槽车装卸站布置的主要原则和要求

① 铁路槽车装卸站与储罐、建筑物、道路、厂内铁路之间防火间距以及站内设备之间的防火间距，见 GB 50016《建筑设计防火规范》、GB 50160《石油化工企业设计防火标准》、

GB 50183《石油天然气工程设计防火规范》中的有关铁路槽车装卸站的规定。

② 装卸站一般布置在厂区的边缘便于车辆进出的位置。

③ 装卸不同性质物料的装卸站应分开布置。

④ 装卸腐蚀性物料的场地及铁路道床，应进行防腐处理。

⑤ 当装卸量大时，一般采用双侧装卸台，两股铁路装卸线的中心线距离一般为 6.5m。双侧装卸台边缘与铁路中心线距离为 1.85m，台宽 2.8m，装卸鹤管距铁路中心线 3.25m（如果采用万向鹤管或耳型鹤管时，可向两侧转动装车）。单侧装卸台宽度不小于 1.5m，装卸鹤管距铁路中心线 2.8m。

⑥ 装卸台高度距轨顶 3.6m。装卸台长度：一般铁路槽车长 12m。装卸台应设栏杆，在每个鹤位处有活动跳板可搭接槽车顶部，在装卸台两端和每隔 60m 设置安全梯。

⑦ 铁路槽车装车站的装车方式一般采用上装。铁路装卸线中心线距装车鹤管 2.8m。

三、可燃液体的铁路装卸站在防火规范上的规定

① 在液化烃、可燃液体的铁路装卸区内，内燃机车至另一栈台的鹤管的距离应符合下列规定。

a. 对甲、乙类液体鹤管，不应小于 12m。

b. 对丙类液体鹤管，不应小于 8m。

可燃液体采用密闭装卸时，其防火距离可减少 25％。

② 当液化烃、可燃液体或甲、乙类固体的铁路装卸线为尽头线时，其车挡至最后车位的距离，不应小于 20m。

③ 液化烃、可燃液体的铁路装卸线，不得兼作走行线。

④ 液化烃、可燃液体或甲、乙类固体的铁路装卸线停放车辆的线段，应为平直段。当受地形条件限制时，可设在半径不小于 500m 的平坡曲线上。

⑤ 在甲、乙、丙类液体的铁路装卸区内，两相邻栈台鹤管之间的距离，不应小于 10m；装卸丙类液体的两相邻栈台鹤管之间的距离，不应小于 7m。可燃液体采用密闭装卸时，其防火距离可减少 25％。

四、铁路槽车装卸站布置的工程实例

工程实例一　单侧铁路槽车装卸台（图 5-84）

工程实例二　双侧铁路槽车装卸台（图 5-85）

工程实例三　铁路槽车装卸站布置（图 5-86）

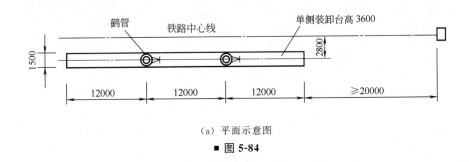

（a）平面示意图

■ 图 5-84

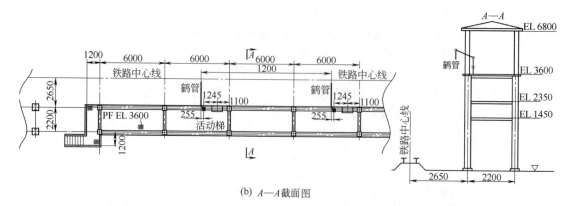

(b) A—A 截面图

(c) 某工程单侧铁路槽车装卸站装卸臂（鹤管）近距离照片

(d) 某工程单侧铁路槽车装卸站照片

■ 图 5-84　单侧铁路槽车装卸台

注：液体物料铁路装卸中心线与装卸栈桥边缘的距离，自轨面算起 3m 及以下不应小于 2m，3m 以上不应小于 1.85m，在无栈桥一侧，其中心线与其他建筑物或构筑物的距离，露天场所不应小于 3.5m，非露天场所不应小于 2.44m（SH/T 3107《石油化工液体物料铁路装卸车设施设计规范》）。

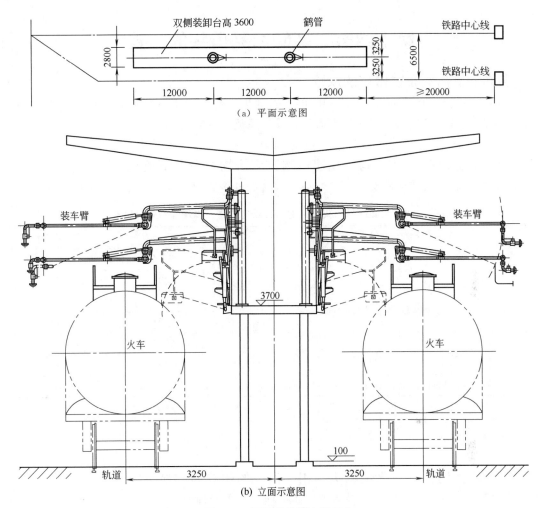

（a）平面示意图

（b）立面示意图

■ 图 5-85　双侧铁路槽车装卸台

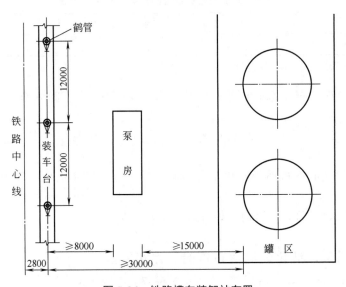

■ 图 5-86　铁路槽车装卸站布置

第十四节 装卸油品码头的布置

一、装卸油品码头布置常用的规范

装卸油品码头的消防应符合 GB 50160《石油化工企业设计防火标准》、GB 50074《石油库设计规范》、JTJ 237《装卸油品码头防火设计规范》的规定。

二、装卸油品码头与其他码头或建筑物、构筑物安全距离的规定

装卸油品码头与其他码头或建筑物、构筑物的安全距离，应不小于表 5-8 中的规定。

表 5-8 装卸油品码头与其他码头或建筑物、构筑物的安全距离

装卸油品码头位置	油品类别	安全距离/m
沿海、河口码头	甲、乙	300
	丙	200
内河其他码头或建筑物、构筑物的下游	甲、乙	150
	丙	100
内河其他码头或建筑物、构筑物的上游	甲、乙	300
	丙	200
内河大型船队锚地、固定停泊场、城市水源取水口的上游	甲、乙、丙	1000

注：1. 装卸油品码头与其他相邻码头的距离，是指相邻两码头所停靠设计船型首尾间的净距。

2. 受潮流影响产生往复流的河段属河口范围。

3. 停靠小于 500t 油船的码头，距离可减少 50%。

三、可燃液体码头、液化烃码头两相邻泊位的船舶间的最小距离

① 在 GB 50160《石油化工企业设计防火标准》中的规定见表 5-9。

表 5-9 码头两相邻泊位的船舶间的最小距离   m

船长	<110	110～150	151～182	183～235	236～279
最小距离	25	35	40	50	55

注：船舶在码头外停靠时，不得小于 25m。

② 在 GB 50074《石油库设计规范》中，装卸油品两泊位间安全距离，应符合下列规定。

a. 长度小于或等于 150m 的机动船舶，不应小于两泊位中较大设计船型总长度的 20%。

b. 长度大于 150m 的机动船舶和非机动船舶，不应小于两泊位中较大设计船型总长度的 30%。

当码头前沿线有交角时，上述距离应适当加大。

四、可燃液体码头、液化烃码头布置的工程实例

工程实例一 某 LNG 工程装卸码头（图 5-87、图 5-88）

■ 图 5-87 某 LNG 工程项目全厂三维计算机模型

■ 图 5-88 某 LNG 工程船舶在码头外停靠实景

工程实例二 某 LPG 工程装卸码头（图 5-89）

工程实例三 某 LNG 工程装卸码头（图 5-90）

■ 图 5-89 某 LPG 工程 50000t 级冷冻式 LPG 船在码头卸料

■ 图 5-90　某 LNG 工程码头卸料计算机三维模型

第十五节　罐区的布置

一、罐区的布置原则和要求

① 全厂性集中布置的甲、乙、丙类液体（按 GB 50160 分类）罐区（Tank Farm）、装卸站、储气罐应在厂区边缘，全年最小频率风向的上风侧。其装卸站还应靠近铁路或道路。

② 甲、乙、丙类液体储罐，宜露天布置。

③ 按照防爆规范的要求，罐区应设置静电接地和防雷设施。

④ 甲、乙、丙类液体储罐（或储气罐）与建筑物、道路、铁路、泵房、装卸鹤管以及罐与罐之间的防火距离见 GB 50160《石油化工企业设计防火标准》、GB 50183《石油天然气工程设计防火规范》、GB 50016《建筑设计防火规范》的相关规定。

二、常用防火规范有关罐区布置的内容范围

GB 50160《石油化工企业设计防火标准》对可燃液体的地上储罐防火间距，对液化烃、可燃气体、助燃气体的地上储罐的防火间距给出了规定。

GB 50016《建筑设计防火规范》对甲、乙、丙类液体储罐的布置和防火间距，对可燃、助燃气体储罐的防火间距，对储罐和铁路、道路的防火间距，对液化石油气储罐的布置和防火间距给出了规定。

GB 50183《石油天然气工程设计防火规范》对油罐区的布置和防火间距，对天然气凝液及液化石油气罐区的布置和防火间距给出了规定。

GB 50351《储罐区防火堤设计规范》对地上液体储罐区防火堤、防火墙的设计给出了规定。规定了同一防火堤内不同火灾危险类别、不同毒性类别等储罐的布置要求。

三、《石油化工企业设计防火标准》对罐区布置的要求

① 可燃液体的地上储罐。

a. 罐组的总容积应符合下列规定。

ⅰ. 固定顶罐组的总容积，不应大于 $120000m^3$。

ⅱ. 浮顶、内浮顶罐组的总容积，不应大于 $600000m^3$。

ⅲ. 固定顶罐和浮顶、内浮顶罐的混合罐组的总容积不应大于 120000m³；其中浮顶、内浮顶罐的容积可折半计算。

b. 罐组内的单罐容积大于或等于 10000m³ 的储罐个数不应多于 12 个；单罐容积小于 10000m³ 的储罐个数不应多于 16 个；但单罐的容积均小于 1000m³ 储罐，以及丙 B 类液体储罐的个数不受此限。

c. 罐组内相邻可燃液体地上储罐的防火间距，不应小于表 5-10 的规定。

表 5-10　罐组内相邻可燃液体地上储罐的防火间距

液体类别	储罐型式			
	固定顶罐		浮顶、内浮顶罐	卧罐
	≤1000m³	>1000m³		
甲 B、乙类	0.75D	0.6D	0.4D	0.8m
丙 A 类	0.4D			
丙 B 类	2m	5m		

注：1. 表中 D 为相邻较大罐的直径，单罐容积大于 1000m³ 的储罐取直径或高度的较大值。

2. 储存不同类别液体的或不同型式的相邻储罐的防火间距应采用本表规定的较大值。

3. 现有浅盘式内浮顶罐的防火间距同固定顶罐。

4. 可燃液体的低压储罐，其防火间距按固定顶罐考虑。

5. 储存丙 B 类可燃液体的浮顶、内浮顶罐，其防火间距大于 15m 时，可取 15m。

d. 罐组内的储罐，不应超过两排；但单罐容积小于或等于 1000m³ 的丙 B 类的储罐，不应超过 4 排，其中润滑油罐的单罐容积和排数不限。

e. 两排立式储罐的间距，应符合表 5-10 的规定，且不应小于 5m；两排卧式储罐的间距，不应小于 3m。

f. 罐组应设防火堤，但位于丘陵地区的罐组，可利用地形设事故存液池，而不设防火堤。

g. 立式储罐至防火堤内堤脚线的距离，不应小于罐壁高度的一半；卧式储罐至防火堤内堤脚线的距离，不应小于 3m。

h. 相邻罐组防火堤的外堤脚线之间，应留有宽度不小于 7m 的消防空地。设有事故存液池的罐组与相邻罐组储罐间的距离，不应小于 25m，且其间应留有宽度不小于 7m 的消防空地。

i. 设有防火堤的罐组内，应按下列要求设置隔堤。

ⅰ. 单罐容积小于或等于 5000m³ 时，隔堤所分隔的储罐容积之和不应大于 20000m³。

ⅱ. 单罐容积大于 5000m³ 至小于 20000m³ 时，可每 4 个一隔。

ⅲ. 单罐容积 20000m³ 至 50000m³ 时，可每 2 个一隔。

ⅳ. 单罐容积大于 50000m³ 时，应每 1 个一隔。

ⅴ. 隔堤所分隔的沸溢性液体储罐，不应超过 2 个。

j. 多品种的液体罐组内，应按下列要求设置隔堤。

ⅰ. 甲 B、乙 A 类液体与其他类可燃液体储罐之间。

ⅱ. 水溶性与非水溶性可燃液体储罐之间。

ⅲ. 相互接触能引起化学反应的可燃液体储罐之间。

ⅳ. 助燃剂、强氧化剂及具有腐蚀性液体储罐与可燃液体储罐之间。

k. 储罐在使用过程中，基础有可能继续下沉时，其进、出口管道应采用金属软管连接或其他柔性连接。

② 液化烃、可燃气体、助燃气体的地上储罐。

a. 液化烃储罐、可燃气体储罐和助燃气体储罐应分别成组布置。

b. 液化烃储罐成组布置时，应符合下列规定。

ⅰ. 液化烃罐组内的储罐不应超过两排。

ⅱ. 每组全压力式或半冷冻式储罐的个数不应多于 12 个。

ⅲ. 全冷冻式储罐的个数不宜多于 2 个。

ⅳ. 全冷冻式储罐应单独成组布置。

ⅴ. 储罐材质不能适应该罐组介质最低温度时不应布置在同一罐组内。

c. 液化烃、可燃气体、助燃气体的罐组内，储罐的防火间距不应小于表 5-11 的规定。

表 5-11　液化烃、可燃气体、助燃气体的罐组内储罐的防火间距

介　质			球罐	卧（立）罐	全冷冻式储罐（容积）		水槽式气柜	干式气柜
					≤100m³	>100m³		
液化烃	全压力式或半冷冻式储罐	有事故排放至火炬的措施	0.5D	1.0D	*	*	*	*
		无事故排放至火炬的措施	1.0D	*	*	*	*	*
	全冷冻式储罐	≤100m³	*	*	1.5m	0.5D	*	*
		>100m³	*	*	0.5D	0.5D	*	*
助燃气体	球罐		0.5D	0.65D	*	*	*	*
	卧（立）罐		0.65D	0.65D	*	*	*	*
可燃气体	水槽式气柜		*	*	*	*	0.5D	0.65D
	干式气柜		*	*	*	*	0.65D	0.65D
	球罐		0.5D	*	*	*	0.65D	0.65D

注：1. D 为相邻较大储罐的直径。

2. 液氨储罐间的防火间距要求应与液化烃储罐相同，液氧储罐间的防火间距应按《建筑设计防火规范》（GB 50016）的要求执行。

3. 沸点低于 45℃的甲 B 类液体压力储罐，按全压力式液化烃储罐的防火间距执行。

4. 液化烃单罐容积≤200m³ 的卧（立）罐之间的防火间距超过 1.5m 时，可取 1.5m。

5. 助燃气体卧（立）罐之间的防火间距超过 1.5m 时，可取 1.5m。

6. "＊"表示不应同组布置。

d. 两排卧罐的间距不应小于 3m。

e. 防火堤及隔堤的设置应符合下列规定。

ⅰ. 液化烃全压力式或半冷冻式储罐组宜设不高于 0.6m 的防火堤，防火堤内堤脚线距储罐不应小于 3m，堤内应采用现浇混凝土地面，并应坡向外侧，防火堤内的隔堤不宜高于 0.3m。

ⅱ. 全压力式储罐组的总容积大于 8000m³ 时，罐组内应设隔堤，隔堤内各储罐容积之和不宜大于 8000m³。单罐容积等于或大于 5000m³ 时应每一个一隔。

ⅲ. 全冷冻式储罐组的总容积不应大于 200000m³，单防罐应每一个一隔，隔堤应低于防火堤 0.2m。

ⅳ. 沸点低于 45℃甲 B 类液体压力储罐组的总容积不宜大于 60000m³，隔堤内各储罐容积之和不宜大于 8000m³，单罐容积等于或大于 5000m³ 时应每一个一隔。

ⅴ.沸点低于45℃的甲B类液体的压力储罐,防火堤内有效容积不应小于一个最大储罐的容积。当其与液化烃压力储罐同组布置时,防火堤及隔堤的高度尚应满足液化烃压力储罐组的要求,且二者之间应设隔堤。当其独立成组时,防火堤距储罐不应小于3m,防火堤及隔堤的高度设置尚应符合要求。

ⅵ.全压力式、半冷冻式液氨储罐的防火堤和隔堤的设置同液化烃储罐的要求。

f.液化烃全冷冻式单防罐罐组应设防火堤,并应符合下列规定。

ⅰ.防火堤内的有效容积不应小于一个最大储罐的容积。

ⅱ.单防罐至防火堤内顶角线的距离 X 不应小于最高液位与防火堤堤顶的高度之差 Y 加上液面上气相当量压头的和,当防火堤的高度等于或大于最高液位时,单防罐至防火堤内顶角线的距离不限。

ⅲ.应在防火堤的不同方位上设置不少于两个人行台阶或梯子。

ⅳ.防火堤及隔堤应为不燃烧实体防护结构,能承受所容纳液体的静压及温度变化的影响,且不渗漏。

g.液化烃全冷冻式双防或全防罐罐组可不设防火堤。

h.全冷冻式液氨储罐应设防火堤,堤内有效容积应不小于一个最大储罐容积的60%。

i.液化烃、液氨等储罐的储存系数不应大于0.9。

j.液氨的储罐,应设液位计、压力表和安全阀,低温液氨储罐尚应设温度指示仪。

k.液化烃的储罐应设液位计、温度计、压力表、安全阀,以及高液位报警和高高液位自动联锁切断进料措施。对于全冷冻式液化烃储罐还应设真空泄放设施和高、低温度检测,并应与自动控制系统相连。

l.气柜应设上、下限位报警装置,并宜设进出管道自动联锁切断装置。

m.液化烃储罐的安全阀出口管应接至火炬系统。确有困难时,可就地放空,但其排气管口应高出8m范围内储罐罐顶平台3m以上。

n.全压力式液化烃储罐宜采用有防冻措施的二次脱水系统,储罐根部宜设紧急切断阀。

o.液化石油气蒸发器的气相部分应设压力表和安全阀。

p.液化烃储罐开口接管的阀门及管件的管道等级不应低于2.0MPa,其垫片应采用缠绕式垫片。阀门压盖的密封填料应采用难燃烧材料。全压力式储罐应采取防止液化烃泄漏的注水措施。

q.全冷冻卧式液化烃储罐不应多层布置。

四、《建筑设计防火规范》对罐区布置的规定

甲、乙、丙类液体储罐区,液化石油气储罐区,可燃、助燃气体储罐区,可燃材料堆场等,应设置在城市(区域)的边缘或相对独立的安全地带,并宜设置在城市(区域)全年最小频率风向的上风侧。

甲、乙、丙类液体储罐(区)宜布置在地势较低的地带。当布置在地势较高的地带时,应采取安全防护设施。液化石油气储罐(区)宜布置在地势平坦、开阔等不易积存液化石油气的地带。

① 桶装、瓶装甲类液体不应露天存放。

② 液化石油气储罐组或储罐区四周应设置高度不小于1.0m的不燃烧体实体防护墙。

③ 甲、乙、丙类液体储罐区,液化石油气储罐区,可燃、助燃气体储罐区,可燃材料堆场,应与装卸区、辅助生产区及办公区分开布置。

④ 甲、乙、丙类液体储罐成组布置时，应符合下列规定。

a. 组内储罐的单罐储量和总储量不应大于表 5-12 的规定。

b. 组内储罐的布置不应超过两排。甲、乙类液体立式储罐之间的防火间距不应小于 2m，卧式储罐之间的防火间距不应小于 0.8m，丙类液体储罐之间的防火间距不限。

c. 储罐组之间的防火间距应根据组内储罐的形式和总储量折算为相同类别的标准单罐，并应按本规范第 4.2.2 条的规定确定。

表 5-12　甲、乙、丙类液体储罐分组布置的限量

名　　称	单罐最大储量/m³	一组罐最大储量/m³
甲、乙类液体	200	1000
丙类液体	500	3000

⑤ 甲、乙、丙类液体的地上式、半地下式储罐区的每个防火堤内，宜布置火灾危险性类别相同或相近的储罐。沸溢性液体储罐与非沸溢性液体储罐不应布置在同一防火堤内。地上式、半地下式储罐与地下式储罐，不应布置在同一防火堤内，且地上式、半地下式储罐应分别布置在不同的防火堤内。

⑥ 甲、乙、丙类液体的地上式、半地下式储罐或储罐组，其四周应设置不燃烧体防火堤。防火堤的设置应符合下列规定。

a. 防火堤内的储罐布置不宜超过两排，单罐容量小于等于 1000m³ 且闪点大于 120℃ 的液体储罐不宜超过 4 排。

b. 防火堤的有效容量不应小于其中最大储罐的容量。对于浮顶罐，防火堤的有效容量可为其中最大储罐容量的一半。

c. 防火堤内侧基脚线至立式储罐外壁的水平距离不应小于罐壁高度的一半。防火堤内侧基脚线至卧式储罐的水平距离不应小于 3m。

d. 防火堤的设计高度应比计算高度高出 0.2m，且其高度应为 1～2.2m，并应在防火堤的适当位置设置灭火时便于消防队员进出防火堤的踏板。

e. 沸溢性液体地上式、半地下式储罐，每个储罐应设置一个防火堤或防火隔堤。

f. 含油污水排水管应在防火堤的出口处设置水封设施，雨水排水管应设置阀门等封闭、隔离装置。

⑦ 甲类液体半露天堆场，乙、丙类液体桶装堆场和闪点大于 120℃ 的液体储罐（区），当采取了防止液体流散的设施时，可不设置防火堤。

⑧ 甲、乙、丙类液体储罐与其泵房、装卸鹤管的防火间距不应小于表 5-13 的规定。

表 5-13　甲、乙、丙类液体储罐与其泵房、装卸鹤管的防火间距　　　　　　　　　m

液体类别和储罐形式		泵　　房	铁路装卸鹤管、汽车装卸鹤管
甲、乙类液体储罐	拱顶罐	15	20
	浮顶罐	12	15
丙类液体储罐		10	12

注：1. 总储量小于等于 1000m³ 的甲、乙类液体储罐，总储量小于等于 5000m³ 的丙类液体储罐，其防火间距可按表 5-13 的规定减少 25%。

2. 泵房、装卸鹤管与储罐防火堤外侧基脚线的距离不应小于 5m。

⑨ 甲、乙、丙类液体装卸鹤管与建筑物、厂内铁路线的防火间距不应小于表 5-14 的规定。

表 5-14 甲、乙、丙类液体装卸鹤管与建筑物、厂内铁路线的防火间距　　　　m

名　　称	建筑物的耐火等级			厂内铁路线	泵房
	一、二级	三级	四级		
甲、乙类液体装卸鹤管	14	16	18	20	8
丙类液体装卸鹤管	10	12	14	10	

注：装卸鹤管与其直接装卸用的甲、乙、丙类液体装卸铁路线的防火间距不限。

⑩ 甲、乙、丙类液体储罐与铁路、道路的防火间距不应小于表 5-15 的规定。

表 5-15 甲、乙、丙类液体储罐与铁路、道路的防火间距　　　　m

名　称	厂外铁路线中心线	厂内铁路线 中心线	厂外道路 路边	厂内道路路边	
				主要	次要
甲、乙类液体储罐	35	25	20	15	10
丙类液体储罐	30	20	15	10	5

⑪ 零位罐与所属铁路装卸线的距离不应小于 6m。

⑫ 石油库的储罐（区）与建筑物的防火间距，石油库内的储罐布置和防火间距以及储罐与泵房、装卸鹤管等库内建筑物的防火间距，应按现行国家标准《石油库设计规范》（GB 50074）的有关规定执行。

⑬ 可燃、助燃气体储罐（区）的防火间距主要规定了湿式可燃气体储罐与建筑物、储罐、堆场的防火间距，氧气储罐与建筑物、储罐、堆场的防火间距。

⑭ 液化石油气储罐之间的防火间距不应小于相邻较大罐的直径。数个储罐的总容积大于 3000m³ 时，应分组布置，组内储罐宜采用单排布置。组与组相邻储罐之间的防火间距，不应小于 20m。

⑮ 液化石油气储罐与所属泵房的距离不应小于 15m。当泵房面向储罐一侧的外墙采用无门窗洞口的防火墙时，其防火间距可减少到 6m。液化石油气泵露天设置在储罐区内时，泵与储罐之间的距离不限。

⑯ 全冷冻式液化石油气储罐与周围建筑物之间的防火间距，应按现行国家标准《城镇燃气设计规范》（GB 50028）的有关规定执行。

⑰ 液化石油气气化站、混气站的储罐，与周围建筑物之间的防火间距，应按现行国家标准《城镇燃气设计规范》（GB 50028）的有关规定执行。

工业企业内总容积小于等于 10m³ 的液化石油气气化站、混气站的储罐，当设置在专用的独立建筑内时，其外墙与相邻厂房及其附属设备之间的防火间距可按甲类厂房有关防火间距的规定执行。当露天设置时，与建筑物、储罐、堆场的防火间距应按现行国家标准《城镇燃气设计规范》（GB 50028）的有关规定执行。

五、低温罐布置设计及工程实例

乙烯、LNG 等低温罐，有地上式（基础平板贴地式和基础平板架空式）、地下式（半地下式和地下式），有钢板金属、混凝土、薄膜等材料储罐，有单包容储罐、双包容储罐、全包容储罐。低温罐的布置要点如下。

1. 防火间距

低温罐的布置间距在国内应遵循《石油化工企业设计防火标准》GB50160、《石油天然气工程设计防火规范》GB 50183 等规范的要求，在美国等一些国家可遵循 NFPA 30《易燃可燃液体规范》、NFPA 59A《液化天然气（LNG）生产、储存和装运标准》等规范的要求。

例如，根据GB 50183 要求：①LNG 储罐外壁与周边 100 人以上的居住区、村镇、公共福利设施等的防火间距不应小于 120m，与 100 人以下的散居房屋的防火间距不应小于 90m，与相邻的厂矿企业的防火间距不应小于 120m；②围堰区边沿至建筑物的最小距离为储罐直径的 0.7 倍，且不小于 30m；③与企业外部防护对象的防火距离，从储罐外壁为起点计算，与企业内部防护对象的防火距离，从围堰边沿为起点计算。

2. 低温罐围堰

据《石油天然气工程设计防火规范》GB 50183 的规定，储罐至围堰最近边沿的距离，应为储罐最高液位高度加上储罐气相空间压力的当量压头之和与围堰高度之差，围堰区内的有效容积应不小于罐组内一个最大储罐的容积。储罐围堰的尺寸与储罐的大小、操作压力等密切相关。增加围堰高度有利于减小围堰尺寸，但是，围堰太高，会影响操作人员、消防人员的操作，国内规范规定围堰（防火堤）外侧高度不应大于 2.2m。

防火堤的布置见本章和《工业管道配管设计与工程应用》内关于防火堤设计的详细讲述。《石油库设计规范》GB 50074 规定罐组防火堤高出消防道路的高度按照不应超过 3.2m 设计。

3. 低温罐泵

低温罐泵承担功能：灌装槽车功能，向运输船输送物料，将低温物料输送至下游的汽化器中，经加热汽化送至下游用户。泵为立式结构、可移动式，采用潜液电机，电机和泵共轴，为整体锻造，无联轴器。泵安装在泵井内，底部配有专用底阀，作为泵的吸入口。泵的安装检修需要采用电动葫芦，将泵从地面吊至大罐顶部，并平移到泵井入口位置，再缓慢下降至泵井底部。见图 5-91 低温罐布置图。

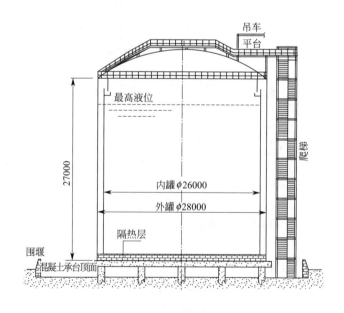

■ 图 5-91　低温罐布置图

六、罐区布置设计其他必要事项及工程实例

除了标准规范规定的罐区布置设计要求以外，还有以下一些必要的注意事项。

① 罐区布置设计的分组应充分满足工艺流程和总图的要求。储罐区一般应单独成区布置。

② 冷冻或非冷冻液化石油气球罐应布置在通风良好的区域。

③ 球罐低点至地面的高度，一般至少需要 1.5m，以保持球罐周围良好的通风性。球罐底部出口高度应充分满足与之相关泵的净正吸入压头（NPSH）要求。

④ 常压储罐基础顶面标高可设计为 1.0m 左右，且应同时满足罐前支管线安装尺寸的需要，还应满足与之相关的泵吸入高度的要求。

⑤ 原料罐区和中间原料罐区的位置，应尽量靠近与之相关的生产装置，以便使罐区至生产装置原料泵的入口管线尽量缩短，减少摩阻损失。

⑥ 成品罐区的位置，应尽量靠近装油设施，如果是输油管线外运时，则成品罐区应尽量靠近外输管线的首站，以便及时满足成品外运的要求。

⑦ 化工产品储罐区，宜靠近卸车设施布置。大型炼化一体化工程，在满足防火规范基础上，化工产品储罐区宜距离乙烯装置尽量近，因这两个装置的管线数量最密集。

⑧ 添加剂类罐区，宜靠近使用添加剂的设施布置，如润滑油用添加剂等。

⑨ 开工用油及污油罐区，宜布置在可以处理污油的生产装置附近，如常压蒸馏装置和催化装置等，以便将回收的污油集中后及时处理再生。

⑩ 石油化工企业和多数石油库企业附属油库，均采用地上钢制储罐，它与地下、半地下钢罐比较，具有占地面积少、投资少、施工方便、操作及维修也方便灵活等优点。

⑪ 见 GB 50351 等标准规范规定：地上式储罐不能与半地下式、地下式储罐布置在同一组内；沸溢性与非沸溢性液体储罐不能布置在同一组内；有毒液体的储罐不能与无毒性液体储罐布置在同一组内；腐蚀性较强液体的储罐不宜与其他液体储罐布置在同一组内。

⑫ 单排布置的储罐，当平台单独布置时，宜中心线对齐，当平台联合布置时，可切线对齐布置。

⑬ 同一罐区，储存黏度较大介质的储罐及蒸气压较高的介质储罐，应尽量地布置在罐区距相关泵房较近的一端，以尽量满足泵吸入条件的要求。

⑭ 罐区中有重油扫线罐时，应将重油扫线罐布置在重油管线末端，以便能将重油管线吹扫干净，并使罐区保持整洁，方便罐区的操作和使用。

⑮ 储罐的进出油管径较大或连接管线较多的储罐，尽可能地布置在罐区管线进出口处，以缩短管线长度，减少投资。

⑯ 一个罐组内的两排储罐之间是布置罐区管线带及与罐相接的支管线的空间，两排储罐之间的净距，还应该同时满足管线带及支管线安装尺寸的要求。罐区中两排储罐之间若有管线连接时，两排之间相对应的两个储罐的中心线可错开 0.5～1.0 m 布置，也可采用管道错开，以避免支管线与主管线出现十字形或四通连接。

⑰ 储罐周围应设有洗眼器及安全喷淋等防护设施。

七、罐区布置的工程实例

工程实例一　某化工全压力罐区的布置（图 5-92）

工程实例二　某工程罐区的设备布置（图 5-93）

工程实例三　某 NAE 工程罐区的设备布置（图 5-94）

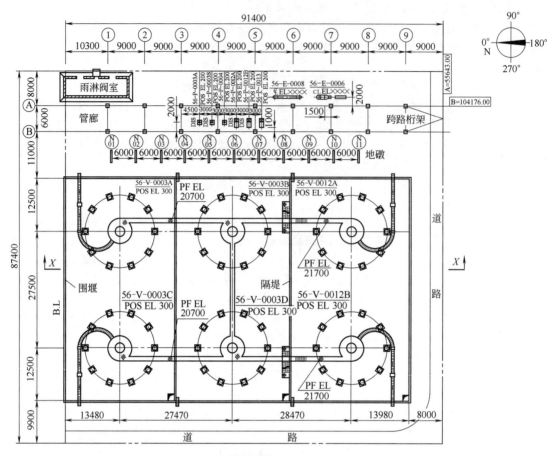

(a) 平面图

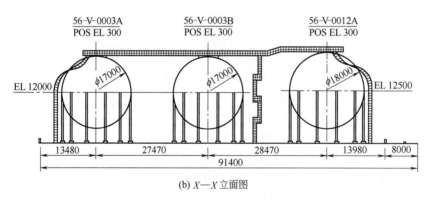

(b) X—X 立面图

■ 图 5-92　某化工全压力罐区的布置

注：1. 球罐之间以及球罐与其他设备之间的距离符合 GB 50160 的要求。罐顶采用了联和平台。

2. 甲方（业主）要求接近地面的阀门设置在防火堤外，考虑到一些罐底操作阀需要布置在防火堤处，因此设置了 N01～N11 一排地磅。

3. 泵布置在管廊下面。

4. 雨淋阀室要求距离泵大于 15m。

5. 每个防火堤内需画出集液池位置，以及进入防火堤的小梯子的位置。

(a) 某工程全压力罐区的设备布置

(b) 某工程常压罐区的设备布置

■ 图 5-93　某工程罐区的设备布置

■ 图 5-94　某 NAE 工程罐区的设备布置

第十六节　建筑物的布置

一、建筑物的一般要求

1. 装置内建筑物的类型

① 生产厂房：包括各种需要在室内操作的厂房如泵房、压缩机房及合成纤维装置的酯化聚合厂房、抽丝与后加工厂房等。

② 控制室和辅助生产厂房：辅助生产厂房包括变、配电室及化验室、维修间、仓库等。

③ 非生产厂房：如办公室、值班室、更衣室、浴室、厕所等。

2. 建筑统一模数

建筑物的跨度、柱距、层高等除有特殊要求者外，一般可按照建筑统一模数设计，也可根据实际情况不按模数设计。常用模数如下。

① 跨度：6.0m、7.5m、9.0m、10.5m、12.0m、15.0m、18.0m、21m、24m。

② 柱距：4.0m、6.0m、9.0m、12.0m。钢筋混凝土结构厂房柱距多用6m。

3. 厂房高度

厂房高度主要根据设备吊装所需空间和设备进、出口管道标高确定。对于有固定式起重设备厂房的高度 H 参照图 5-95。

4. 厂房的门

① 厂房出、入口应便于操作人员通行，并至少应有一个门能使房内设备的最大检修部件出入。但可不考虑安装在房内的大型设备如容器的进出。一般此类设备是在吊装以后再行砌墙封闭厂房的。

② 检修时有可能进入车辆时，门的宽度和高度应能使车辆方便地通过。

③ 安全疏散出口应向外开启，有可燃介质设备厂房的疏散出口不应少于两个，但面积小于 $60m^2$ 的乙 B、丙类介质设备厂房可只设一个出口。

5. 吊装孔的位置

在两层和两层以上的生产厂房内布置设备时，应使厂房结构能够满足设备整体吊装要求。并应按设备检修部件的大小设置吊装孔和通道。吊装孔的位置应设在出入口附近或便于搬运的地方。

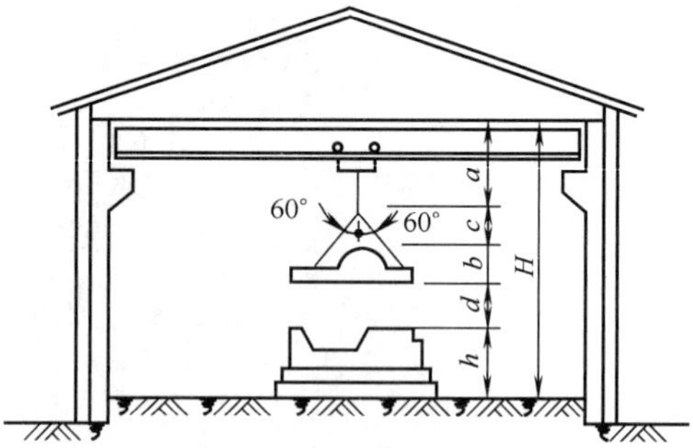

■ 图 5-95　厂房最小高度

H—厂房的最小高度；a—起重设备最小结构高度；b—被吊起部件高度；c—被吊起部件顶部与吊钩的间隙，按索具与垂直线的夹角不大于 $60°$ 且不小于 $0.5m$ 考虑；d—被吊起部件底部与固定件顶部的间隙，不小于 $0.5m$；h—固定件的高度或被吊起部件吊运时必须跨越的其他设备的高度

6. 建筑物内地面高度

一般室内地面高出室外地面不小于 200mm。在有可能产生易燃易爆气体的装置内控制室和变、配电室，室内地面应比室外地面高出 600mm。

7. 建筑物的屋顶要求

在办公室或学习会议室需要在屋内顶板上安装吊式电风扇时，屋面板的选用，应能适应安装吊扇的要求。经验证明，如果在屋面板的选用时，没有注意安装吊扇的要求，往往出现吊扇的位置不恰当，不能设在合适位置。

二、建筑物的防火要求

① 根据防火规范，同一房间内，布置有不同火灾危险性类别的设备，房间的火灾危险性类别按其中火灾危险性类别最高的设备确定。但火灾危险性大的设备所占面积比例小于5％，且发生事故时，不足以蔓延到其他部位或采取防火措施能防止火灾蔓延时，可按火灾危险性类别较低的设备确定。

② 同一建筑物内，布置有不同火灾危险性类别的房间，其中间隔墙应为防火墙。

③ 同一建筑物内，应将人员集中的房间布置在火灾危险性较小的一端。

④ 甲、乙A类房间与可能产生火花的房间相邻时，其门窗之间的距离应按现行的《爆炸和火灾危险环境电力装置设计规范》的有关规定执行。

三、控制室的布置

控制室是装置的自动控制中心，又是操作人员集中之处，属于重点保护建筑物。因此，在装置设备布置设计中对控制室的位置与布置要求，必须给以足够的重视。

1. 控制室的位置

① 全厂性控制室或联合装置的集中控制室应靠近主要工艺装置，装置内的控制室应靠近主要操作区。

② 处理易燃、有毒、有粉尘或有腐蚀性介质的装置，控制室宜设在本地区常年最小频率风向的下风侧。

③ 控制室应远离振源，避免周围环境对室内地面造成振幅为0.1mm（双振幅）、频率为25Hz以上的连续性振源，不能排除时，应采取减振措施。

④ 控制室不应靠近主要交通干道，如不能避免时，外墙与干道中心线的距离不应小于20m。

⑤ 控制室应远离噪声大的设备，在室内控制台处测得的噪声量应不大于65dB。

⑥ 可燃气体、液化烃、可燃液体的在线分析一次仪表间工艺设备的防火间距不限。

⑦ 非防爆型的在线分析一次仪表间（箱）布置在爆炸危险区域内时，应采用正压通风。

2. 控制室的布置要求

① 控制室不宜与高压配电室、压缩机厂房、鼓风机厂房和化学药剂库毗邻布置。

② 高压和有爆炸危险的装置，控制室朝向设备的一侧，不应开门窗。

③ 使用电子仪表的控制室，周围环境对室内仪表的磁场干扰场强应不大于400A/m，不能排除时，应采取防护措施。

3. 控制室的面积和高度（由自控专业确定）

① 控制室的长度应根据仪表盘的数量和排列形式确定。长度超12m时宜设两个门。

② 控制室的进深，如设控制台时，不宜小于7.5m，如不设时，不宜小于6m。

③ 控制室的净高，有空调装置时，不应小于3.0m，无空调时，不应小于3.3m。

④ 控制室的仪表维修室，一般需要15～18m²，大型装置应适当增加。

四、变、配电室的布置

① 变、配电室是散发火花的地点，是装置的动力中心，属于重点保护建筑物，其位置尽可能设在便于引接电源、接近负荷中心和进出线方便之处，避免设在有剧烈振动的场所。

② 变、配电室一般不与可燃气体压缩机共用一幢建筑物，常与控制室共用一幢建筑物。

对于用电量较大的装置往往变、配电室设在独立的建筑内。

③ 变压器可露天或半露天布置，这时变压器周围应设固定围栏，变压器外廊与围栏或建筑物墙的距离不应小于 0.8m。

④ 电缆敷设方式有两种，即电缆沟敷设和架空敷设。有的装置两种方式齐备，即从配电室地下沟内引电缆至用电设备区，对于泵和压缩机的驱动机用电缆一般仍采用沟内敷设，对于架空设备或设施如空冷器、检修用固定式吊车和照明电缆则采用架空敷设，这样比较经济合理。

⑤ 变、配电室还需要一间维修值班室。

五、化验室的布置

当装置设在距全厂性控制分析化验室较远（超过 1500m），且分析项目和分析次数较多时，可在装置内设化验室，化验室的占地面积按分析项目和次数多少确定。化验室为明火房间不应与甲、乙 A 类房间布置在一起，可与控制室共用一幢建筑物时，化验室应在最外部一端，房间的门向外开启。可燃气体、液化烃、可燃液体采样管道不应引入化验室内。

六、厂房仓库的"五距"布置设计及工程实例

做好厂房仓库的设备、货物规划与摆放，预留出必要的消防通道，可以确保车间内的员工在发生紧急情况时快速逃生以及仓库发生突发情况时，救援人员能够快速、准确地到达起火点进行有效处置。仓库"五距"是指：顶距、灯距、墙距、柱距、垛距（见 GA 1131《仓储场所消防安全管理通则》）。

① 顶距：堆垛上部与楼板、平屋顶之间的距离不小于 0.3m（人字屋架从横梁算起）。

② 灯距：物品与照明灯之间的距离不小于 0.5m，以防止照明灯过于接近商品（灯光产生热量）而发生火灾。

③ 墙距：物品与墙之间的距离不小于 0.5m，以便通风散热和防火，一旦发生火灾，可供消防人员出入。

④ 柱距：物品堆垛与柱之间的距离不小于 0.3m。柱距的作用是防止柱散发的潮气使商品受潮，并保护柱脚，以免损坏建筑物。

⑤ 垛距：堆垛与堆垛之间的距离不小于 1m。垛距的作用是使货堆与货堆之间，间隔清楚，防止混淆，也便于通风检查，一旦发生火灾，还便于抢救，疏散物资。

⑥ 其他要求。货物与地面的距离不应小于 0.1m。库房内主通道的宽度不应小于 2m。每个堆垛的面积不应大于 150m²。储存物品与风管、供暖管道、散热器的距离不应小于 0.5m，与供暖机组、风管炉、烟道之间的距离在各个方向上都不应小于 1m。

七、其他要求

① 高层厂房内的控制室与变、配电室宜设在第一层，若生产需要或受其他条件限制时，可布置在第二层。

② 控制室与变、配电室及化验室朝向甲 A 类中间储罐一面的墙壁为封闭墙时，其防火间距可由 22.5m 减少到 15m。

③ 控制室或化验室的室内不得安装液化烃、可燃气体、可燃液体的在线分析一次仪表。当上述仪表安装在控制室、化验室的相邻房间内时，中间隔墙应为防火墙。

④ 压缩机或泵等的专用控制室或不大于 10kV 的专用配电室，可与该压缩机房、泵房等共用一幢建筑物。但专用的控制室、配电室的门窗应位于爆炸危险区范围之外。

⑤ 两个及两个以上的装置共用集中控制室距甲、乙 A 类设备、储罐或加热炉不应小于 30m。

第十七节　构筑物的布置

装置内构筑物包括管架（包括管廊）、框架、平台梯子、放空烟囱、防火墙、管沟、围堰等。

一、框架的布置

1. 框架的类型

框架按设备布置需要可以和管廊结合在一起布置，如管廊下布置机、泵，管廊的管道在泵的上方，管道上方第一层框架布置高位容器，第二层布置冷却器和换热器，最上一层布置空冷器或冷凝冷却器。框架也可以独立布置。根据各类设备要求设置，如塔框架、反应器框架、换热设备和容器框架等。

2. 框架的结构尺寸

框架的结构尺寸，按设备的不同要求确定，在管廊附近的框架，其柱距与管廊柱距对齐为宜，一般为 6m。框架跨度随架空设备要求不同而异。框架的高度应满足设备的工艺操作、设备的安装检修和敷设管道的要求。框架的层高按最大设备要求确定，但在布置设备时尽可能将尺寸相近的设备布置在同一层框架上，而且要考虑设备支座梁的位置，使其经济合理。

二、平台梯子的布置

1. 平台梯子设置位置

① 在需要操作和经常维修的场所应设置平台和梯子，并按防火要求设置安全梯。

在设备和管道上，操作中需要维修、检查、调节和观察的地方，如人孔、手孔、塔、容器管口法兰、调节阀、安全阀、取样点、流量孔板、液面计、工艺盲板、经常操作的阀门和需要用机械清理的管道转弯处都应设置平台和梯子。

② 相邻塔和立式容器的平台标高宜一致，以便布置成联合平台。

③ 设备上的平台不应妨碍设备的检修，否则应做成可拆卸的。

④ 管廊进出装置切断阀处应设置操作平台。

2. 平台的尺寸

① 平台宽度不应小于 0.8m，平台上的净空高度不宜小于 2.2m。

② 设备人孔中心线距平台的距离宜为 0.8~1.0m，设备手孔中心线距平台的距离宜为 1.0~1.5m。

③ 设备加料口顶面距平台的距离不宜大于 1m。

④ 法兰连接的立式设备的平台与法兰面的距离不宜大于 1.5m。

⑤ 为立式换热器设置的平台与上部管箱法兰或管箱盖的距离不宜大于 1.5m。

⑥ 为了便于检修水箱内的管束，水箱上的平台应是可拆卸的。

⑦ 根据防火规范要求，甲、乙、丙类塔区联合平台以及其他工艺设备和大型容器或容器组的平台，均应设置不少于两个通往地面的梯子，作为安全出口，各安全口的距离不应大于 25m。但对不大于 8m 的甲类平台和长度不大于 15m 的乙、丙类平台可只设一个梯子，

相邻的框架、平台宜根据安全疏散的需要用走桥连通。

⑧ 平台的防护栏杆高度不应小于 1.05m，距地面 20m 以上的平台的防护栏杆高度为不应小于 1.2m。防护栏杆为固定式防护设施，影响检修的栏杆应为可拆卸的。

⑨ 在设置平台有困难而又需要操作和检修的地方可设置直梯或活动平台。

⑩ 操作平台（包括设备平台）的均布活荷载不应小于 $3kN/m^2$；检修平台或建筑物楼面的均布活荷载不应小于 $4kN/m^2$。大型设备检修平台的均布活荷载应按其最大检修部件的重量计算。

3. 梯子的设置

① 厂房和构架的主要操作平台及操作频繁的平台应采用斜梯。

② 成组布置的塔的联合平台宜采用斜梯。

③ 除上述场合外，宜采用直梯。

4. 梯子的尺寸

① 斜梯的倾斜角度不应大于 45°，经常性双向通行的倾斜角度不宜大于 38°。梯高不宜大于 5m，大于 5m 时，应设梯间平台，分段设梯。

② 斜梯净宽宜为 0.6～1.1m。

③ 直梯净宽宜为 0.4～0.6m。

④ 高度超过 3m 的直梯应设置安全护笼，护笼下端距地面或平台面不应小于 2.1m，护笼上端高出平台面，应与栏杆高度一致。

5. 梯子的高度

① 设备上的直梯宜从侧面通向平台。单段梯子的高度不宜大于 10m，高度大于 10m 时，应采用多段梯，梯段水平交错布置。

② 直梯作为安全疏散梯时，梯段高度不应大于 15m。

6. 操作和检修设施

操作和检修的设施参照表 5-16。

表 5-16 操作和检修设施

设　施	部　位
永久性直梯	在容器上所有尺寸的止回阀
	在容器上不大于 $DN80$ 的闸阀和截止阀
	玻璃液位计和试液位旋塞
	人孔
	在容器上的压力表
	在容器上的温度计
	在地面以上 2.0m 和 3.6m 之间的液位控制器
	深度大于 1.8m 和长度大于 6.0m 的地坑
平台（平台设在设备下面）	各种尺寸的控制阀（调节阀）
	换热器
	人孔
	盲板、视镜、过滤器
	不小于 $DN80$ 的安全阀（在立式容器上）
	电动阀
	清扫点（如装置中要求经常机械清扫的管道）
平台（平台设在设备侧面）	不小于 $DN100$ 的闸阀和截止阀（在容器上）
	不大于 $DN80$ 的安全阀
	不小于 $DN100$ 的安全阀（在卧式容器上）
	高出地面 3.6m 的液位控制器
	取样阀

三、放空烟囱的布置

① 可燃气体及有害气体的排放要求和高度，应符合现行 GB 16297《大气污染综合排放标准》和 GB 50160《石油化工企业设计防火标准》有关泄压排放的要求。

② 放空用烟囱应设置在装置的一端或边缘地区，且位于装置常年最小频率风向的上风侧。

③ 放空用烟囱与周围平台的位置关系应符合下列要求。

a. 如在烟囱顶部外缘水平方向 20m 范围内布置平台，烟囱顶部至少高出平台 3.5m，如图 5-96 所示。如平台上还有操作室，烟囱应高出操作室的屋顶 2m。

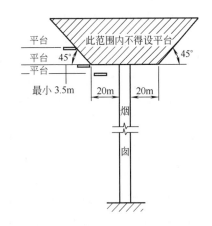

■ 图 5-96 放空用烟囱高度与周围平台关系

b. 如在烟囱顶部外缘算起水平方向 20m 以外布置平台，平台应按图 5-96 要求设置。

第十八节 围堰、防火堤、隔堤、防护墙和隔墙的布置

一、围堰的布置

① 在开停工检修过程中有可能被油品、腐蚀性介质或有毒物料污染的区域应设围堰，装有腐蚀性介质的设备区除围堰外，尚应铺设防蚀地面。

② 围堰应符合下列要求。

a. 围堰与堰区地面的高差不应小于 150mm。

b. 围堰内应有排水设施。

c. 围堰内地面应坡向排水设施，坡度不宜小于 0.003。

③ 围堰内排水设施的做法

a. 对于一般油品污染的区域，排水设施采用格栅或地漏，将含油污水排入含油污水系统。

b. 对于腐蚀性介质或有毒物料的排水设施，应考虑腐蚀性介质或有毒物料收集和处理措施，即在围堰内设小坑，围堰外设收集池，由小坑通向池内的接管加阀门，以便物料的收集和转移。

二、防火堤的功能

① 当储罐一旦破裂或失火，使储罐内的物料不致蔓延到其他处，减少损失，及时处理。

② 正常生产时，由于储罐内的介质一般属于有污染的液体，操作过程中管道阀门又有滴漏，设置防火堤便于进行污水处理。

③ 夏天便于集中罐体的喷淋冷却水。

三、防火堤的设计标准及差异

我国的防火堤设计标准有几个，总体设计思想是一致的，就是确保任何情况下将流出的液体限制在堤内。只是，各个标准在个别细微处有些差异。例如，GB 50016《建筑设计防火规范》规定防火堤的高度宜为 1～1.6m，其实际高度应比计算高度高出 0.2m，而 GB 50160《石油化工企业设计防火标准》则要求立式储罐防火堤的高度，应为计算高度加 0.2m，其高度应为 1.0～2.2m；卧式储罐防火堤的高度，不应低于 0.5m。

美国的防火规范 NFPA 和日本的《危险物限制规则》对防火堤高度的确定都有不同的方法。防火堤常用的设计标准如下。

① GB 50351《储罐区防火堤设计规范》。

② GB 50160《石油化工企业设计防火标准》。

③ GB 50016《建筑设计防火规范》。

④ GB 50183《石油天然气工程设计防火规范》。

⑤ SY/T 0075《油罐区防火堤设计规范》。

⑥ SH 3125《石油化工防火堤设计规范》。

四、防火堤和隔堤的设计及工程实例

1. 可燃液体地上储罐防火堤和隔堤的设计

（1）容积要求　防火堤内的有效容积不应小于罐组内 1 个最大储罐的容积，当浮顶、内浮顶罐组不能满足此要求时，应设置事故存液池储存剩余部分，但罐组防火堤内的有效容积不应小于罐组内 1 个最大储罐容积的一半。隔堤内有效容积不应小于隔堤内 1 个最大储罐容积的 10%。

日本规范规定为防火堤内最大储罐容积的 110%，美国规范 NFPA30 规定为防火堤内最大储罐容积的 100%。

（2）间距要求　立式储罐至防火堤内堤脚线的距离不应小于罐壁高度的一半，卧式储罐至防火堤内堤脚线的距离不应小于 3m。

当油罐罐壁某处破裂或穿孔时，其最大喷散水平距离等于罐壁高度的一半，所以留出罐壁高度一半的空地，即使储罐破损，罐内液体也不会喷散到防火堤外。留出罐壁高度一半的空地也可满足灭火操作要求。日本对小罐要求放宽，规定罐壁高度的 1/3。

（3）位置要求　多品种的液体罐组内应按下列要求设置隔堤：甲 B、乙 A 类液体与其他类可燃液体储罐之间；水溶性与非水溶性可燃液体储罐之间；相互接触能引起化学反应的可燃液体储罐之间；助燃剂、强氧化剂及具有腐蚀性液体储罐与可燃液体储罐之间。

防火堤与隔堤内的储罐容积要求以规范数据为准。

（4）高度及其他要求　防火堤及隔堤应符合下列规定：①防火堤及隔堤应能承受所容纳液体的静压，且不应渗漏；②立式储罐防火堤的高度应为计算高度加 0.2m，但不应低于 1.0m（以堤内设计地坪标高为准），且不宜高于 2.2m（以堤外 3m 范围内设计地坪标高为准）；③卧式储罐防火堤的高度不应低于 0.5m（以堤内设计地坪标高为准）；④立式储罐组内隔堤的高度不应低于 0.5m；⑤卧式储罐组内隔堤的高度不应低于 0.3m；⑥管道穿堤处应采用不燃烧材料严密封闭；⑦在防火堤内雨水沟穿堤处应采取防止可燃液体流出堤外的措施；⑧在防火堤的不同方位上应设置人行台阶或坡道，同一方位上两相邻人行台阶或坡道之间距离不宜大于 60m；隔堤应设置人行台阶。

（5）工程实例　某工程立式储罐防火堤高度计算后达 2.2m，设计人感觉偏高，心中有些犹豫。其实按照 GB 50160 要求，防火堤高度 2.2m 正好是要求的上限，没有问题。如果罐区占地面积可以扩大，则防火堤高度还可再降一些。

2. 液化烃储罐、可燃气体储罐和助燃气体储罐防火堤和隔堤的设计

（1）高度及间距要求　液化烃全压力式或半冷冻式储罐组宜设高度为 0.6m 的防火堤（与可燃气体浓度报警器一般安装高度 0.4m 相适应，上一版防火规范要求不高于 0.6m），防火堤内堤脚线距储罐不应小于 3m，堤内应采用现浇混凝土地面，并应坡向外侧，防火堤

内的隔堤不宜高于 0.3m。隔堤应低于防火堤 0.2m。

液化烃罐组设置防火堤的目的是：①作为限界防止无关人员进入罐组；②防火堤较低，对少量泄漏的液化烃气体便于扩散；③一旦泄漏量较多，堤内必有部分液化烃积聚，可由堤内设置的可燃气体浓度报警器报警，有利于及时发现，及时处理；④其竖向布置坡向外侧是为了防止泄漏的液化烃在储罐附近滞留。

（2）位置要求　防火堤与隔堤内的储罐容积要求以规范数据为准。沸点低于 45℃ 的甲 B 类液体的压力储罐，防火堤内有效容积不应小于一个最大储罐的容积。当其与液化烃压力储罐同组布置时，防火堤及隔堤的高度尚应满足液化烃压力储罐组的要求，且二者之间应设隔堤；当其独立成组时，防火堤距储罐不应小于 3m。

沸点低于 45℃ 的甲 B 类液体的压力储罐，此类储罐的液体泄漏后，短期会有一定量挥发，但大部分仍以液态形式存在于堤内，因此防火堤应考虑其储存容积。液氨储罐与液化烃储罐的储存方式相对应，即全压力式液氨储罐的防火堤和隔堤要求与全压力式液化烃的防火堤和隔堤要求一致，全冷冻式液氨储罐的防火堤和隔堤要求与全冷冻式液化烃的防火堤和隔堤要求一致。

（3）其他要求　液化烃全冷冻式单防罐罐组应设防火堤，一般符合下列规定。①防火堤内的有效容积不应小于一个最大储罐的容积。②应在防火堤的不同方位上设置不少于两个人行台阶或梯子。③防火堤及隔堤应为不燃烧实体防护结构，能承受所容纳液体的静压及温度变化的影响，且不渗漏。API 2510《液化石油气（LPG）设施的设计和建造》规定："低温常压储罐应设置围堤，围堤内的容积应至少为储罐容积的 100％"；"围堤最低高度为 1.5ft（1ft＝0.3048m），且应从堤内测量；当围堤高 6ft 时，应设置平时和紧急出入围堤的设施；当围堤必须高于 12ft 或利用围堤限制通风时，应设不需要进入围堤即可对阀门进行一般操作和接近罐顶的设施。所有堤顶的宽度至少为 2ft"。④液化烃全冷冻式双防或全防罐罐组可不设防火堤。全冷冻双防式或全防式液化烃储罐，一旦储存液化烃内罐发生泄漏，泄漏出的液化烃能 100％ 被外罐所容纳，不会发生液化烃蔓延而造成事态扩大，外罐已具备防火堤作用，不需另设防火堤。⑤全冷冻式液氨储罐应设防火堤，堤内有效容积应不小于一个最大储罐容积的 60％。

五、防火堤、隔堤、防护墙及隔墙的设计及工程实例

1. 概念的比较

在石油储罐布置设计时，防火堤、隔堤等概念与石化装置布置设计的不同，而且多出了防护墙及隔墙的概念。防火堤主要用于油罐区及全冷冻式储罐区，防护墙主要用于全压力式球罐区。但是，石化装置的全压力式球罐区防护墙和隔墙被定义为防火堤和隔堤。笔者常听有人把这些概念错误地说成"围堰"。

防火堤（Fire Dike）是用于常压易燃和可燃液体储罐组、常压条件下通过低温使气态变成液态的储罐组或其他液态危险品储罐组发生泄漏事故时，防止液体外流和火灾蔓延的构筑物。

隔堤（Dividing Dike）是用于减少防火堤内储罐发生少量液体泄漏事故时的影响范围，或用于减少常压条件下通过低温使气态变成液态的储罐组发生少量冷冻液体泄漏事故时的影响范围，而将一个储罐组分隔成若干个分区的构筑物。

防护墙（Safety Wall）是用于常温条件下通过加压使气态变成液态的储罐组发生泄漏事故时，防止下沉气体外溢的构筑物。

隔墙（Dividing Wall）是用于减少防护墙内储罐发生少量泄漏事故时液体变成气体前的影响范围，而将一个储罐组分隔成若干个分区的构筑物。

2. 防火堤、隔堤、防护墙及隔墙的布置设计

防火堤、隔堤、防护墙及隔墙的布置设计应遵循所选用的标准规范。基本原理与石化装置的罐区设计相同，不再重复讲述，仅分析压力管道专业设计时易出错的以下两个知识点。

（1）防火堤有效容积

①液化烃全冷冻式单防罐罐组防火堤内的有效容积不应小于一个最大储罐的容积。②全冷冻式液氨储罐应设防火堤，堤内有效容积应不小于一个最大储罐容积的60%。③可燃液体立式储罐组防火堤内的有效容积不应小于一个最大储罐的容积。

$$V = AH_j - (V_1 + V_2 + V_3 + V_4)$$

式中　V——防火堤有效容积，m^3；

　　A——由防火堤中心线围成的水平投影面积，m^2；

　　H_j——设计液面高度，m；

　　V_1——防火堤内设计液面高度内的一个最大油罐的基础露出地面的体积，m^3；

　　V_2——防火堤内除一个最大油罐以外的其他油罐在防火堤设计液面高度内的体积和油罐基础露出地面的体积之和，m^3；

　　V_3——防火堤中心线以内设计液面高度内的防火堤体积和内培土体积之和，m^3；

　　V_4——防火堤内设计液面高度内的隔堤、配管、设备及其他构筑物体积之和，m^3；

（2）防火堤高度

①液化烃和液氨的全压力式或半冷冻式储罐组均宜设0.6m的防火堤，防火堤内的隔堤不宜高于0.3m。②厂区可燃液体立式储罐组防火堤的高度应为计算高度加0.2m，但不应低于1.0m（以防火堤内设计地坪标高为准），且不宜高于2.2m（以堤外3m范围内设计地坪标高为准）。立式储罐组内隔堤的高度不应低于0.5m。③仓储区可燃液体立式储罐组防火堤的高度应为计算高度加0.2m，但不应低于1.0m（以防火堤内设计地坪标高为准），且不应高于3.2m（以堤外设计地坪标高或消防车道路面标高较低者计）。立式储罐组内隔堤的高度宜为0.5~0.8m。

防火堤内可燃液体着火时用泡沫枪灭火易冲击造成喷溅，故防火堤最好不低于1m，最低高度限制主要是为了防范泡沫喷溅，故从防火堤内侧算起。《石油库设计规范》GB 50074、《石油化工企业设计防火标准》GB 50160等相关规范规定，罐组防火堤高度不应超过2.2m，这是为了方便消防人员手持移动式水枪对油罐进行灭火作业。但是，如果按照2.2m计算，在大型油罐罐组防火堤的有效容量很难达到一个最大罐的罐容。现在消防队扑救油罐火灾，主要是依靠消防车辆进行作业，防火堤可以适当增高，以使大型油罐罐组防火堤的有效容量达到一个最大罐的罐容，因此，罐组防火堤高出消防道路的高度按照不应超过3.2m设计。

六、室内、敞开或半敞开式厂房的设计及工程实例

根据防火和防爆规范，露天或半露天布置设备，可燃气体便于扩散，节省投资，更重要的是为了安全。但是，日照强烈、风沙大、雨雪多、严寒地区等地区，工艺装置的转动机械、设备，例如套管结晶机、真空过滤机、压缩机、泵等因受这些自然条件限制的设备，可布置在室内，或者采用半露天布置（包括敞开或半敞开式厂房布置）。

受工艺特点限制的设备可布置在建筑物内。"工艺特点"指生产过程的需要，例如化纤设备、空分空压装置压缩机等不能露天或半露天布置。

压缩机厂房布置的详细讲述见《工业管道配管设计与工程应用》。

第十九节　通道的布置

进行设备布置时,应根据本装置施工、维修、操作和消防的需要,综合考虑,设置必要的通道和场地。GB 50016《建筑设计防火规范》、GB 50160《石油化工企业设计防火标准》、GB 50183《石油天然气工程设计防火规范》等防火设计规范,均包含了对厂(站)内道路的设计要求。

1. 一般要求

① 装置内道路的设置,应符合总体布置和总平面布置的要求,且应与竖向布置、铁路设置、管道规划、厂容和绿化相协调。

② 装置布置应满足施工、检修、操作、消防和人行等的需要,并设置必要的通道和场地。

③ 装置内消防通道应与工厂道路衔接。

④ 装置内的消防通道和检修通道应合并设置。

⑤ 通道的净宽和净高应根据装置规模、通行机具的规格确定。通道的尺寸应符合表5-17的规定。

表 5-17　装置内通道的最小净宽和最小净高 m

序号	通道名称	最小净宽	最小净高
1	消防通道	4①	4.5①
2	检修通道	4①	4.5①
3	管廊下泵区检修通道	2	3.2
4	操作通道	0.8	2.2

①对于可能有大型消防车或大型通行机具通过的通道,通道的净宽和净高应加大。

2. 通道的设置

① 甲、乙类装置应用道路将装置分隔成占地面积不大于10000m² 的设备、建筑物区。

② 当大型石油化工装置的设备、建筑物区占地面积大于10000m² 小于20000m² 时,在设备、建筑物区四周应设环形道路,道路路面宽度不应小于6m,设备、建筑物区的宽度不应大于120m,相邻两设备、建筑物区的防火间距不应小于15m,并应加强安全措施。

③ 装置内消防通道的设置应符合下列规定。

a. 装置内应设贯通式道路,道路应有不少于2个出入口,且2个出入口宜位于不同方向。当装置外两侧消防道路间距不大于120m时,装置内可不设贯通式道路。装置内的不贯通式道路应设有回车场地。

b. 道路的路面宽度不应小于4m,管架与路面边缘的净距不应小于1m,路面内缘转弯半径不宜小于7m,路面上的净空高度不应小于4.5m。对于大型石油化工装置,道路路面宽度、净空高度及路面内缘转弯半径,可根据需要适当增加。

④ 检修通道应满足检修机具对道路的宽度、转弯半径和承受荷载的要求,并能通向设备检修的吊装孔。

⑤ 操作通道应根据生产操作、巡回检查、小型检修等频繁程度和操作点的分布设置。

⑥ 设备的构架或平台的安全疏散通道,应符合下列规定。

a. 可燃气体、液化烃和可燃液体的塔区平台、设备的构架平台或其他操作平台,应设置不少于2个通往地面的梯子,作为安全疏散通道,但长度不大于8m的甲类气体或甲、乙$_A$类液体设备的平台或长度不大于15m的乙$_B$、丙类液体设备的平台,可只设1个梯子。

b. 相邻的构架、平台宜用走桥连通,与相邻平台连通的走桥可作为1个安全疏散通道。

c. 相邻安全疏散通道之间的距离不应大于 50m，且平台上任一点距疏散口的距离不应大于 25m。

第二十节　装置设备布置设计工程实例

以某炼油项目装置作为一个实例，列出了在已有工厂中开展新装置平面布置设计的步骤。通过例子展示了某些推荐的做法和布置设计的原则。

一、装置设备布置设计要求的一般资料

当开始做装置设备平面布置图时，需要从工程设计项目组及工艺、设备、仪表、电气、总图等专业得到下列资料。

① 新装置区域附近现场资料（在某些设计单位，这些条件由总图专业供给管道专业）。

a. 工程设计资料（包括新装置区域现场平面图，地上或地下设施，水、电、汽等公用工程条件，选用的防火规范、安全距离、噪声控制的标准等）。

b. 常年最小频率风向。

c. 装置及进出管线建议的位置。

d. 电缆进出口位置。

e. 新装置区附近的道路、铁路等交通条件及其详图。

f. 装置的基准点位置。

g. 装置的指北向。

h. 检修用吊车的能力和尺寸。

i. 消防车通道。

② 从其他专业得到的资料。

a. 工艺流程图或管道-仪表流程图。

b. 设备表及设备尺寸。例如：大型储罐的直径、高度或容量；加热炉的外形尺寸、形式，烟囱是独立的还是安装在加热炉顶部，烟囱尺寸；压缩机的形式、外形尺寸，其密封油、润滑油系统的布置，辅助设备的布置；泵的形式、外形尺寸，驱动机的形式和要求；各种非定型设备的规格，包括塔器、换热器、容器等。

c. 设备安装和检修要求。例如：塔的最小安装高度（从地面至塔底封头切线处）；有重力流或固体卸料的立式或卧式容器的安装标高要求（立式的指底部封头切线处至地面的距离，卧式的指储槽底部至地面的距离）；换热器管束抽芯所需空间；压缩机、泵或其他回转设备拆卸和更换零部件的要求。

③ 空冷器形式和外形尺寸需要和工艺专业协商，因为空冷器通常安装在管廊的上方，管廊的尺寸要和空冷器的规格相适应。

通常在管廊的下方布置泵，需要泵的型号、规格、外形尺寸及泵的吸入口和排出口管线连接尺寸，如能提供样本更好。

二、对工艺流程图的研究

作平面布置图时，工艺流程图已准备好（图 5-97）。

请工艺设计人员介绍装置的工艺流程，并研究出直接影响设备布置的若干结论，例如下面所列内容。

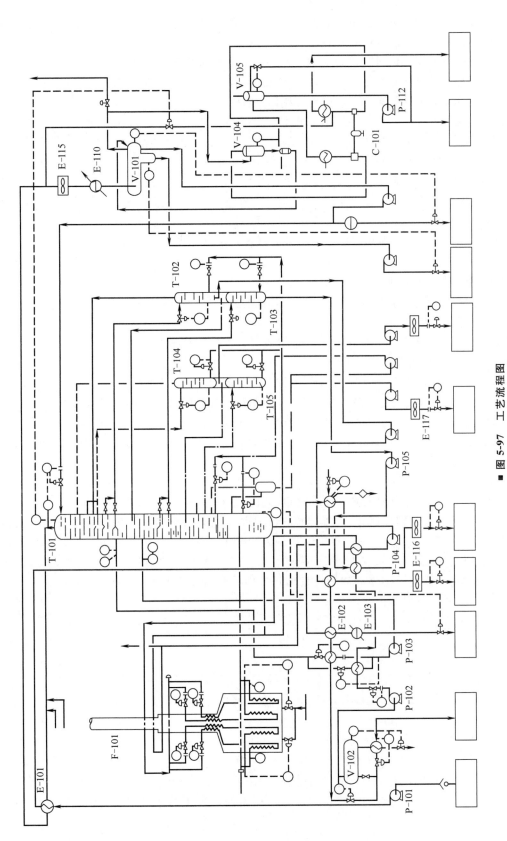

■ **图 5-97 工艺流程图**

注：本图隐去了一些内容，不是标准的 PID 图，仅供参考。

313

① 设备布置要顺流程。原油加料泵 P-101 要紧贴装置西边界管线进出口"A"。因为原油管线从"A"处进入装置（图 5-98）。

② 泵应布置在相应的设备附近，以免泵吸入管线压降太大。

③ 要满足大型设备布置上的要求。如加热炉 F-101，要保证安全距离。另外，燃料管线用分配台分配，进口接管多，故炉子周围要有足够的空间。

④ 关键管线的柔性要求，在布置阶段请应力分析人员协助，例如：加热炉的转油管线是高温合金管线，要尽可能短，且没有袋形；T-101 塔底管线是高温的，要考虑管线的柔性以及备用泵的热的和冷的工况；进出汽提塔 T-102 和 T-103 的管线尽可能短；汽提塔至火炬系统的泄压管线应尽可能短。

⑤ 设备布置要考虑配管要求，例如：从 T-101 至 E-115 的架空管线应避免有袋形，在满足管线柔性和塔膨胀的前提下，管线走向应简单些；从 E-115 至 V-101 的冷凝液管线应避免有袋形；从 V-101 至压缩机 C-101 的气体管线尽可能短，避免有袋形。

三、平面布置图的编制

在完成工艺流程图的研究后，进一步检查新收到的各专业的资料是否有其他的要求。开始平面布置图的设计。

① 如工程没有特殊的要求，装置的操作通道、检修通道及平台的设置等均按设计规范确定，下列各项在设计中应予遵循。

a. 装置检修时，需汽车（吊车）通过的主要检修通道上方最小净空 4.5m。

b. 装置四周环形道路上方最小净空 5.0m，铁轨上方最小净空 5.5m（SH 3012—2000）。

c. 泵的操作温度 340℃ 或 340℃ 以上时，不能布置在管廊下，应布置在距管廊外侧 3m 以外。泵的操作温度在 340℃ 以下时，可布置在管廊下，必须考虑泵和驱动机的检修，泵上方最小净空 3m。

d. 通常，空冷器布置在管廊上。

e. 储存烃类设备的支架及输送烃类管道的管廊支柱应进行防火保护的处理。

② 要考虑运输、安装设备的位置。道路或通道要有足够的空间，以满足大型设备的运输和安装。

③ 进行初步的设备布置。如图 5-98 所示，用方块的形式绘出管廊、加热炉、蒸馏塔、框架、控制室等的位置。这张布置图讨论通过，即可开始设计正式的平面布置图。

④ 绘制平面布置图的步骤。

a. 在装置设备布置区域内确定管廊的布置。

b. 加热炉的布置。

c. 控制室的布置。

d. 主要设备的布置，包括分馏塔、空冷器、大型容器、压缩机、泵等。

全部设备布置完成后，经校验，并适当调整，使用计算机绘出正式平面布置图。

四、装置管廊的布置

装置管廊的位置必须优先考虑，因为它会影响设备的布置。

图 5-99 表示了新装置管廊的位置与已有管廊的关系，下面叙述如何布置管廊。

① 首先应与土建协商确定结构材料，是使用钢筋混凝土的还是钢结构的。钢筋混凝土的较为经济。

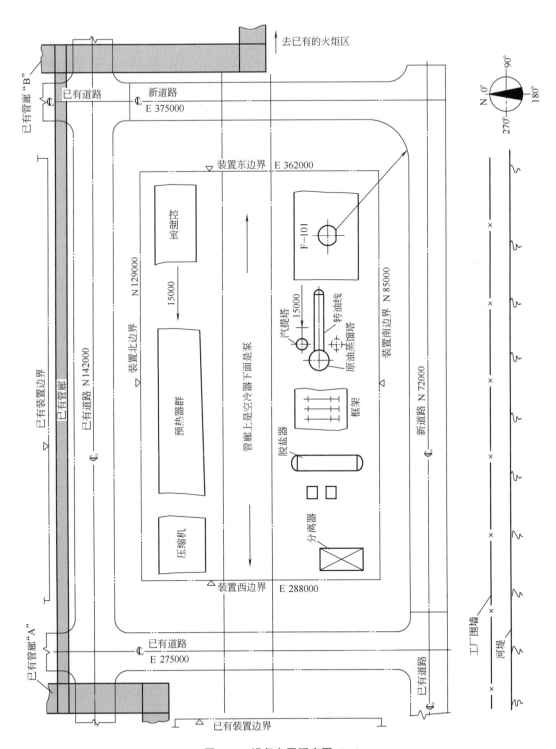

去已有的火炬区

已有管廊 "B"

已有道路

新道路
E 375000

装置东边界　E 362000

F-101

控制室

15000

N 129000

转油线

15000

汽提塔

原油蒸馏塔

装置南边界　N 85000

预热器群

装置北边界

已有道路 N 142000

管廊上是空冷器下面是泵

框架

脱盐器

分离器

压缩机

装置西边界　E 288000

新道路 N 72000

已有装置边界

已有管廊

已有道路
E 275000

已有管廊 "A"

工厂围墙

河堤

已有道路

已有装置边界

N 0°

90°

180°

270°

■ 图 5-98　设备布置研究图（一）

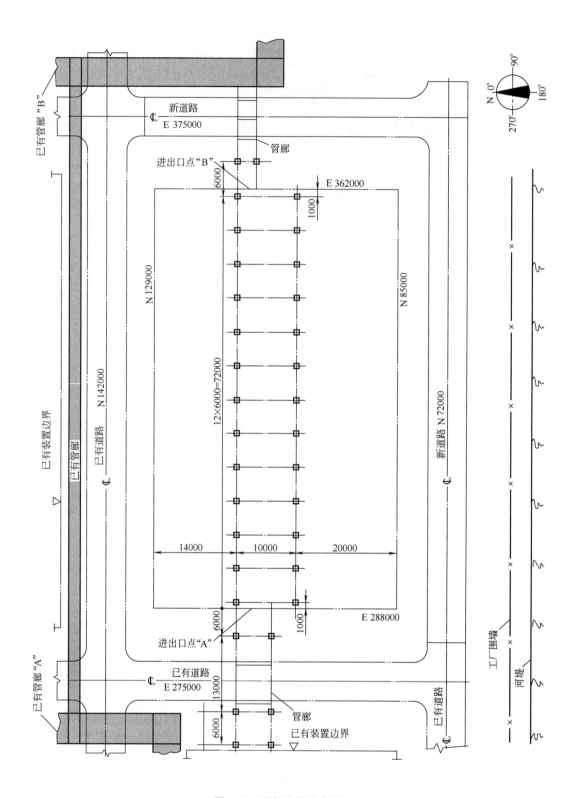

■ 图5-99　设备布置研究图（二）

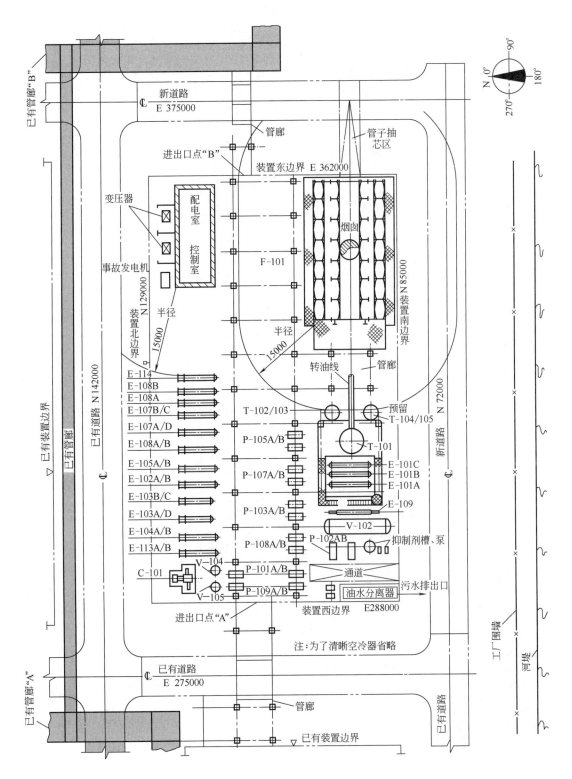

N 0°
90°
180°
270°

已有管廊"B"
新道路 E 375000
管廊
管子抽芯区
进出口点"B"
装置东边界 E 362000
变压器
配电室
控制室
烟囱
F-101
N 85000
装置南边界
事故发电机
半径 15000
装置北边界
N 129000
半径 15000
转油线
管廊
E-114
E-108B
E-108A
E-107B/C
T-102/103
预留
T-104/105
N 72000
已有装置边界
E-107A/D
P-105A/B
T-101
已有道路 N 142000
E-108A/B
E-105A/B
P-107A/B
E-101C
E-101B
E-101A
已有管廊
E-102A/B
E-103B/C
E-103A/D
P-103A/B
E-109
新道路
E-104A/B
V-102
E-113A/B
P-108A/B
P-102AB
抑制剂槽、泵
C-101
V-104
P-101A/B
通道
V-105
P-109A/B
污水排出口
油水分离器
进出口点"A"
装置西边界 E288000
注:为了清晰空冷器省略
工厂围墙
河堤
已管廊"A"
已有道路
E 275000
已有道路
管廊
已有装置边界

■ 图 5-100 设备布置研究图（三）

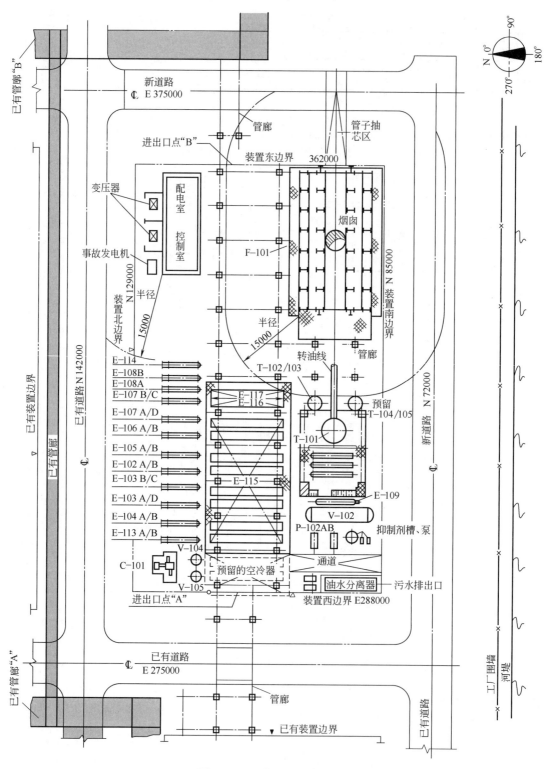

■ 图 5-101　设备布置研究图（四）

② 管廊的柱距 6m，可满足 $DN80$ 和 $DN80$ 以上的管线，不需要中间支承。管廊下两个柱距之间可布置两台中型的泵。

③ 管廊的宽度，首先应明确管廊上是否安装空冷器。若安装空冷器，管廊的宽度由空冷器的管长决定。若管廊上没有空冷器，则作完管线走向草图后，根据管子排列宽度，再预留 20% 的裕量［全厂性管廊或管墩上（包括穿越涵洞）应留有 10%～30% 的裕量，装置主管廊宜留有 10%～20% 的裕量］，并考虑管廊下设备检修的最小通道，确定管廊的宽度。

④ 根据已有管廊的位置，新装置管廊东、西向布置较为合理。管廊的柱子边缘距道路不应小于 1m。

⑤ 加热炉应放在常年最小频率风向的下风侧，位于管廊南侧（图 5-100）。炉子所占面积较大，总宽度为 10m，其四周要设置平台，从装置南边界线往北 20m 设管廊第一排柱子。

五、主要设备的布置

1. 原油加热炉 F-101 的布置（图 5-101）

原油加热炉是长 23m 宽 10m 的箱式炉，烟囱和加热炉组装在一起。

加热炉布置的要点如下。

① 位于常年最小频率风向的下风侧。

② 加热炉周围保持 15m 的安全距离。

③ 对流段管束抽芯所需的空间，在布置图上要表示出，抽芯区域内不得有任何障碍物。

④ 为便于施工安装，加热炉应位于主要道路旁。

2. 控制室的布置（图 5-101）

确定控制室的位置时应考虑安全性，控制室应离逸出可燃性气体的设备有 15m 的距离。在有的设计单位，控制室的布置是由总图专业完成的。

3. 分馏塔 T-101 及有关设备的布置（图 5-101）

从加热炉 F-101 到塔 T-101 的转油线是一根关键管线，尽可能短些，因为管口是在炉子的西面，所以 T-101 在 F-101 的西面是合理的。

汽提塔 T-102 和 T-103 紧靠 T-101。

如图 5-101 所示，应按工艺流程和重力流要求布置设备。从 T-101 来的塔顶管线经换热器 E-101 至空冷器 E-115，再经冷凝器 E-110 到储槽 V-101。

在正式画平面布置图以前，先画一张草图。研究所有设备安装和检修是否可行。

4. 空冷器的布置

大型空冷器 E-115 放在中间，便于从 E-101 来的管线敷设。

管线的走向要和流程一致。因为煤油和轻组分油管线在装置东边界进出口点"B"连接，故空冷器 E-116 和 E-117 放在 E-115 的东边。

便于扩建时预留空冷器的安装，预留的空冷器放在 E-115 的西边。

5. 脱盐水 V-102 及有关设备的布置（图 5-101）

V-102 是一个大型设备，直径 3m，切线至切线长度为 11m，加上球形封头总长为 14m。因为管廊至南边界线的距离是 20m，可放置脱盐器，故把 V-102 放在管廊的南边。

换热器 E-102、E-103 和 E-104 布置在管廊的北面，因为原油进料管线从西面进入后，经换热器后进入脱盐器。

加热炉加料泵 P-102 旁布置抑制剂配制设备。脱盐器入口要加入抑制剂，配制设备放在这里，袋子拆卸方便。

6. 原油预热器群的布置（图 5-100 和图 5-101）

换热器 E-105、E-106、E-107 放在管廊的北面换热器区域内，和 E-102、E-103、E-104 排成一行。

这些换热器的布置，不能妨碍换热器周围的检修通道，并要提供足够的管束抽芯空间。在管廊和换热器之间要有足够的距离，以便于接近换热器封头。

完成换热器 E-108、E-113 和 E-114 的定位：蒸汽发生器 E-108 布置在 E-107 的东边，它靠近泵 P-107 及相对地接近 F-101。

要符合流程图的流向，水冷却器 E-113 紧靠 E-104 布置，使得 E-101 来的配管距离最短。冷却器 E-114 位于 E-108 的东边，在控制室最小安全距离之外。

7. 压缩机 C-101 及附属设备的布置（图 5-100 和图 5-101）

压缩机为往复、两段、电机驱动的双缸对置式压缩机，带一、二段冷却器，一台，占地面积约 5m^2。

甲方没有提出建造压缩机厂房的要求时，则压缩机露天安装。它和吸入罐 V-104 及 V-105 一起布置在装置的最西端。

因为气体和二段冷凝液管线在 "A" 处进出装置，压缩机 C-101 布置在装置边界线附近是很理想的。

8. 泵的布置

图 5-100 示出了管廊下泵的布置。

当管廊柱间距为 6m 时，可安装两台中型泵，并有供电缆的足够空间。泵的排出口位于管廊柱中心线外侧 600mm（见图 5-102）。

原油加料泵 P-101 位于装置西边界管线进出口附近。

泵 P-103、P-105 和 P-108 靠近有关设备 T-101 布置，分馏塔 T-101 及泵的吸入管线要有一定的柔性。

泵 P-104、P-106 布置在框架下。

9. 油水分离器的布置（图 5-100）

油水分离器是把烃类和雨水、消防水分离，然后用泵将烃送至废油罐（在装置以外）处理，分离器排出的污水送至全厂污水处理系统。

场地西南角的尺寸和位置布置油水分离器合适，理由如下：装置污水管要接至工厂已有污水总管，正好在油水分离器的南面；废油管线理想的引出位置在 "A" 点，离加热炉 F-101 的距离最远。

六、管线走向研究图

平面布置图供给各有关专业前，根据管道-仪表流程图画管线走向图以校验平面布置图。

① 管线走向图的用途有：决定管廊的宽度和层数；校核设备布置和物料流向。

② 管线走向图由装置设备布置设计者负责绘制。管线走向图由一根根管线组成，管线走向尽可能使距离缩短，减少不必要的绕行。通常，管廊的走向改变的，要改变标高，图上不必表示管子的上升和下降。

管廊上的调节阀组、孔板和主要管线中的特殊配件应表示出位置，以便校核所需要的空间。

当管线走向图完成后，应校核管廊的宽度，为今后的扩建，每一层管廊预留一定的余量。如果管廊的宽度超过 10m，通常改为双层管廊。

③ 管线走向图应做到如下各点。

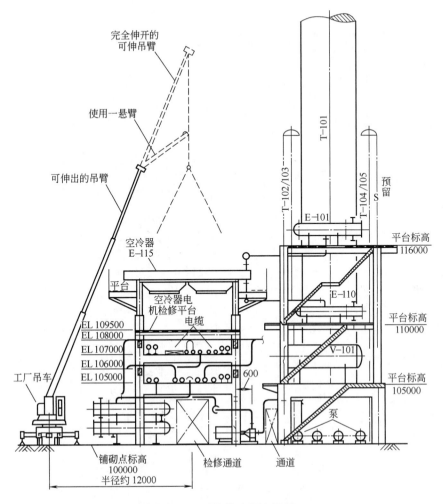

■ 图 5-102　建议的立面布置图

a. 管廊的宽度一般不超过 10m。

b. 只有安装空冷器组的一段管廊需要双层的。

c. 为加热炉 F-101 转油线的支承，需设一单层管廊。

d. 在管廊上敷设电气和仪表电缆，两电缆槽之间要有 1m 的净距。

e. 确定管廊横梁的标高。

f. 在管线进出口"A"处若为单层管廊时，需增加管廊的宽度，在管线进出口"B"处为单层管廊时，也需增加管廊的宽度（去火炬干管除外）。

g. 确定从控制室来的电缆架的位置。

h. 确定冷却水、循环水在装置进出口的位置。

i. 完成装置进出口管线表，包括管线尺寸和流动介质。

七、修改并完成建议的平面布置图

将建议的平面布置图修改了，把管廊北面的换热器群南移，使换热器壳体的一部分和封头位于管廊下，因为附近没有泵。图 5-103 中还表示了空冷器管束抽芯所需的吊车通道。

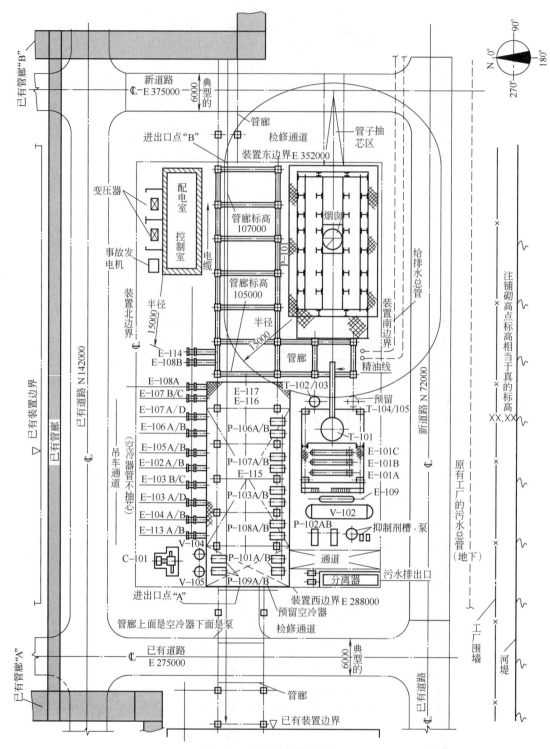

■ 图 5-103　设备布置研究图（五）

为了保证装置检修时吊车能吊装各种负荷，要校核吊车的荷载能否达到要求。

图 5-102 是装置的剖视图，这张图需要与甲方及施工单位结合，它进一步验证了通道等检修条件是否满足要求。

图 5-104 为用坐标标注平面布置图的实例：建、构筑物的尺寸要以坐标标注，设备的安装尺寸从有坐标的柱号标注相对尺寸。

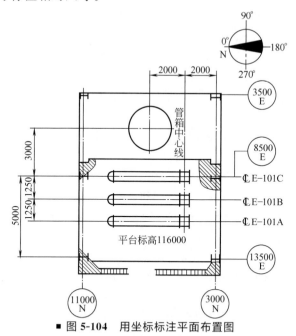

■ **图 5-104**　用坐标标注平面布置图

第二十一节　石油和化工装置工艺及布置简介

工艺和管道互相融合，在设计时密不可分。国内外有些设计单位工艺和管道仍是同一个专业，称作"工艺管道"专业，有些设计单位分为工艺专业和管道专业。无论如何分工，作为压力管道专业，应首先理解透彻工艺专业图纸文件，明白工艺原理，才能保证压力管道专业设计质量和工作效率。

石油化工工程建设项目具有一定的周期性，有些年份炼油装置建设工程较多，有些年份煤制油煤化工装置建设工程较多，有些年份化工装置建设工程较多，有些年份电力轻工等装置建设工程较多，在这种市场经济主导的大环境下，设计单位能中标的装置类型也在变化。需要压力管道设计人员熟练设计炼油（常减压、催化重整、加氢等）、化工（乙烯、化肥、LNG、LPG、PP、苯乙烯等）、煤制油等各种装置。

实践证明，无论是化工装置、炼油装置，还是制药装置的压力管道设计，仅是工艺专业设计内容不同，对于压力管道专业设计人员，设计原理和内容是相同的，压力管道设计人员掌握了管廊、塔、容器、反应器、换热设备、加热炉、泵、压缩机、罐等设备、设施及其有关管道的配管设计原理和好的设计做法，就可以较好地完成这些不同类型装置的设备设施的压力管道设计。本章节简要讲述一些装置的工艺及布置。

一、乙烯装置工艺及布置简介

1. 乙烯装置工艺的技术发展

乙烯（Ethylene 或者 Ethene）是石油化工的重要基础原料，乙烯装置是石油化工生产有机原料的基础，是石油化工的龙头，它的规模、产量、技术，标志着一个国家的石油化学工业的发展水平。乙烯生产装置起源于 1940 年，美孚公司建成了第一套以炼厂气为原料的乙烯生产装置，开创了以乙烯装置为中心的石油化工历史，目前世界上乙烯生产的主要技术是管式炉蒸汽热裂解和深冷分离流程。

乙烯装置主要由裂解和分离两部分组成。管式裂解法可以分为鲁姆斯裂解法、斯通-韦伯斯特裂解法、凯洛格裂解法、三菱油化裂解法、福斯特-惠勒裂解法和西拉斯裂解法等。分离部分根据分离形式可以分为顺序分离法、前端脱乙烷、前端脱丙烷和渐进分离流程。

2. 乙烯装置工艺流程简介

乙烯装置的基本组成单元为：裂解炉单元、急冷单元、裂解气压缩单元、深冷分离单元、脱甲烷单元、脱乙烷与乙烯精制单元、乙烯产品外送单元、脱丙烷与丙烯精制单元、脱丁烷单元、脱戊烷单元、火炬单元、制冷压缩单元和污水处理单元。各单元作用介绍如下。

① 裂解炉单元。原料油与稀释蒸汽按比例混合，进入裂解炉发生高温断链反应，生成氢气、甲烷、乙烯丙烯、碳四等目的产物，同时副产超高压蒸汽，属高温单元。

② 急冷单元。裂解气在此单元先后经油洗、水洗，温度降低至 40℃，同时将较重组分如渣油、重汽油分离出来。

③ 裂解气压缩单元。利用超高压蒸汽作动力驱动汽轮机将裂解气升压，分离其中较重组成，减少进入冷箱系统的物料量，同时将裂解过程中产生的酸性气体用碱中和脱除。过程中产生废碱、含硫污水。

④ 深冷分离单元。将压缩后的裂解气干燥后，依次降温最终达到氢气的分离。利用镍基催化剂将氢气中的杂质脱除。

⑤ 脱甲烷单元。进行甲烷与碳二以上组分的切割。

⑥ 脱乙烷与乙烯精馏单元。进行碳二与碳三以上组分的切割，并将碳二在钯系催化剂作用下选择加氢，使乙炔加氢生成乙烯，分离乙烯与乙烷，乙烷循环裂解。

⑦ 乙烯产品外送单元。进行乙烯储存和汽化外送，为下游装置提供不同压力等级的气相乙烯。

⑧ 脱丙烷与丙烯精制单元。进行碳三与碳四以上组分的切割，并将碳三在催化剂作用下选择加氢，使 MAPD 加氢生成丙烯，分离丙烯与丙烷，丙烯送下游加工，丙烷循环裂解或外送。

⑨ 脱丁烷单元。进行碳四与碳五以上组分的切割。

⑩ 脱戊烷单元。将碳五与汽油分离，碳五送制苯抽提。

⑪ 火炬单元。提供可燃气体安全排放燃烧或回收，是事故状态下的安全防护措施。

⑫ 制冷压缩单元。为裂解气顺序分离提供不同等级的冷剂，是乙烯装置的心脏部位。

⑬ 污水处理单元。预处理装置产生的废碱等污水，间断处理，有剧毒物料。

顺序分离流程如图 5-105 所示。

① 从界区外来的 HGO、石脑油、加氢尾油原料分别储存在进料罐，原料经过泵加压后，用急冷水预热送至裂解炉。经预热后裂解原料进入裂解炉对流段原料预热段预热后与稀释蒸汽按比例混合后，经裂解炉混合预热段预热至起始反应温度（即横跨温度），进入裂解炉辐射段进行裂解。裂解气先进入废热锅炉尽快冷却以防止二次反应的发生，并回收裂解气的显热，然后进入急冷器用急冷油进一步冷却后送入汽油分馏塔。

② 裂解气在汽油分馏塔中用循环急冷油进一步冷却，重组分通过塔釜采出作为裂解燃料油（PFO）产品，较轻的组分通过侧线采出作为裂解柴油（PGO）产品，裂解汽油和更轻的组分在塔顶以气相采出。急冷油带走的热量经过稀释蒸汽发生系统、工艺水汽提塔再沸器、对去工艺水汽提塔及稀释蒸汽发生器的工艺水加热进行回收。

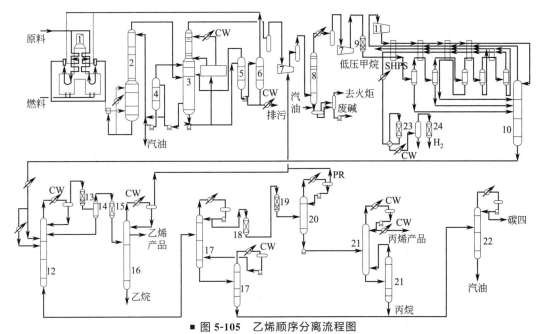

■ 图 5-105　乙烯顺序分离流程图

1—裂解炉；2—急冷油塔；3—急冷水塔；4—汽油汽提塔；5—工艺水汽提塔；6—稀释蒸汽发生器；
7—裂解气压缩机；8—碱洗塔；9—裂解气干燥器；10—脱甲烷塔；11—甲烷压缩机；12—脱乙烷塔；
13—碳二加氢反应器；14—绿油吸收罐；15—乙烯干燥器；16—乙烯精馏塔；17—双脱丙烷塔；
18—丙烯干燥器；19—碳三加氢反应器；20—轻组分汽提塔；21—双丙烯精馏塔；22—脱丁烷塔；
23—甲烷化反应器；24—氢气干燥器

注：本书不列出具体的工艺流程图和参数，仅供参考，后面的工艺流程图也是如此。

③ 急冷水塔塔顶汽相经带有段间冷却和分离的五段裂解气压缩机压缩。裂解气压缩机五段出口裂解气经冷却水、丙烯冷剂和脱乙烷塔进料激冷后进入裂解气干燥器。过程中分离的汽油送出界区，凝液汽提塔釜出料送至脱丙烷系统。在三段和四段之间，裂解气经过碱洗除去 H_2S 和 CO_2。

④ 裂解气经过脱水干燥，进入冷箱，依次经丙烯冷剂、乙烯冷剂、甲烷节流降温冷凝分离，最终气相降温至 $-165℃$ 从低压甲烷中分离出氢气，氢气经甲烷化精制后提供给乙炔、丙炔加氢用。

⑤ 低压脱甲烷塔接收深冷分离单元来的各股液体进料，塔顶用二元冷剂部分冷凝，分离出的高压甲烷产品在冷箱中回收冷量后去再生气、燃料气系统，中压甲烷产品去燃料气系统。塔釜物料经塔釜泵加压后依次经回收冷量至作为脱乙烷塔进料。塔釜再沸器用 $-37℃$ 裂解气和二元冷剂作为热源。

⑥ 脱乙烷塔进行碳二与碳三以上组分的切割分离。塔釜再沸器采用来至急冷水塔的急冷水加热，釜液经冷却水换热器和脱砷反应器去高压脱丙烷塔，塔顶气体经 $-24℃$ 丙烯冷剂部分冷凝，气体去乙炔转化器。加氢后的气体经冷却后经绿油吸收塔、乙烯干燥器进入乙烯精馏塔，由侧线采出液态乙烯产品送入乙烯产品储罐，塔釜乙烷循环裂解。

⑦ 乙烯产品经乙烯泵送出，用气体丙烯加热蒸发、液体丙烯过热，然后以气相产品送出界区。

⑧ 脱丙烷塔系统采用双塔脱丙烷，一个加氢催化剂的高压脱丙烷塔和一个低压脱丙烷塔组成。首先经过碳三脱砷保护床脱除砷。而后用干燥后的氢气进入在塔上部的催化剂床层中与碳三中的 MAPD 反应，将甲基乙炔和丙二烯加氢为丙烯。将碳三馏分精制分离，聚合级丙烯

产品液相送出，丙烷循环裂解或作为液化气外送。低压塔釜将碳四以上馏分送至脱丁烷塔。

⑨ 脱丁烷塔系统采用两个并联的塔操作，塔顶物料一部分作回流，一部分作为碳四产品送出界区。塔釜物料一部分去脱戊烷塔，另一部分直接作为裂解汽油送出界区。脱丁烷塔塔釜来的物料进入脱戊烷塔，塔顶气相经冷凝后作为碳五产品送出界区。塔釜液则作为裂解汽油送至界区。

⑩ 火炬系统分为第一火炬系统、第二火炬系统和火炬气回收系统。用以将正常时的低压甲烷排放和无组织泄漏物安全燃烧，并将工艺紊乱时的安全排放燃烧。火炬头上有三股中压蒸汽，其目的是为了保护火炬头、消烟和助燃。在装置操作稳定，提高排放系统的压力，投用火炬气回收压缩机，回收火炬气、燃料气系统。

⑪ 制冷压缩机由丙烯制冷压缩机、乙烯制冷压缩机和二元制冷压缩机构成，其中乙烯机和丙烯机构成复叠式制冷，为分离过程中裂解气等提供多种等级的冷剂。本单元是乙烯装置的心脏，一旦停车，系统无法正常运行。

⑫ 将裂解气压缩单元中碱洗的废碱和含硫污水利用二氧化碳中和处理，使之合格排放，减少环境污染。

3. 在国外执行的某工程乙烯装置布置典型实例（图 5-106）

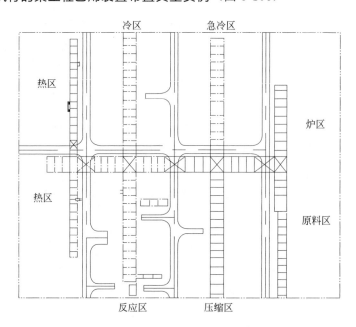

■ **图 5-106　在国外执行的某工程乙烯装置布置典型实例**

二、聚丙烯装置工艺及布置简介

1. 聚丙烯工艺的技术发展

聚丙烯（Polypropylene，PP）是以丙烯为单体经聚合反应而生成的聚合树脂。已经成为我国经济建设中不可缺少的材料。具体应用在包装材料、服装用料、产业用料、过滤用料、卫生用料和烟用丝束等。

四十多年来，聚丙烯的催化剂不断开发，不断改性，尤其是近二十年来，其技术一次又一次飞跃式的进步，极大地简化了聚丙烯的工艺流程，使装置的投资和生产成本降到很低的水平。

聚丙烯常用工艺方法包括淤浆法工艺和本体法工艺。

① 淤浆法工艺（Slurry Process）又称浆液法或溶剂法工艺，是世界上最早用于生产聚丙烯的工艺技术。从 1957 年第一套工业化装置到现在一直是最主要的聚丙烯生产工艺。典型工艺主要包括意大利 Montedison 工艺、美国 Hercules 工艺、日本三井东压化学工艺、美国 Amoco 工艺、日本三井油化工艺以及索维尔工艺等。这些工艺的开发都基于当时的第一代催化剂，采用立式搅拌釜反应器，需要脱灰和脱无规物，因采用的溶剂不同，工艺流程和操作条件有所不同。近年来，传统的淤浆法工艺在生产中的比例明显减少，保留的淤浆产品主要用于一些高价值领域，如特种 BOPP 薄膜、高相对分子质量吹塑膜以及高强度管材等。近年来，人们对该方法进行了改进，改进后的淤浆法生产工艺使用高活性的第二代催化剂，可删除催化剂脱灰步骤，能减少无规聚合物的产生，可用于生产均聚物、无规共聚物和抗冲共聚物产品等。目前世界淤浆法 PP 的生产能力约占全球 PP 总生产能力的 13%。

② 本体法工艺的研究开发始于 20 世纪 60 年代，1964 年美国 Dart 公司采用釜式反应器建成了世界上第一套工业化本体法聚丙烯生产装置。1970 年以后，日本住友、Phillips、美国 EI Psao 等公司都实现了液相本体聚丙烯工艺的工业化生产。与采用溶剂的浆液法相比，采用液相丙烯本体法进行聚合具有不使用惰性溶剂，反应系统内单体浓度高，聚合速率快，催化剂活性高，聚合反应转化率高，反应器的时空生产能力更大，能耗低，工艺流程简单，设备少，生产成本低，"三废"量少；容易除去聚合热，并使撤热控制简单化，可以提高单位反应器的聚合量；能除去对产品性质有不良影响的低分子量无规聚合物和催化剂残渣，可以得到高质量的产品等优点。不足之处是反应气体需要气化，冷凝后才能循环回反应器。反应器内的高压液态烃类物料容量大，有潜在的危险性。此外，反应器中乙烯的浓度不能太高，否则在反应器中形成一个单独的气相，使得反应器难以操作，因而所得共聚产品中的乙烯含量不会太高。

本体法不同工艺路线的区别主要是反应器的不同。反应器可分为釜式反应器和环管反应器两大类。釜式反应器是利用液体蒸发的潜热来除去反应热，蒸发的大部分气体经循环冷凝后返回到反应器，未冷凝的气体经压缩机升压后循环回反应器。而环管反应器则是利用轴流泵使浆液高速循环，通过夹套冷却撤热，由于传热面积大，撤热效果好，因此其单位反应器体积产率高，能耗低。

本体法生产工艺按聚合工艺流程，可以分为间歇式聚合工艺和连续式聚合工艺两种。

a. 间歇式本体法工艺。间歇本体法聚丙烯聚合技术是我国自行研制开发成功的生产技术。它具有生产工艺技术可靠，对原料丙烯质量要求不是很高，所需催化剂国内有保证，流程简单，投资省、收效快，操作简单，产品牌号转换灵活、"三废少"，适合中国国情等优点，不足之处是生产规模小，难以产生规模效益；装置手工操作较多，间歇生产，自动化控制水平低，产品质量不稳定；原料的消耗定额较高；产品的品种牌号少，档次不高，用途较窄。目前，我国采用该法生产的聚丙烯生产能力约占全国总生产能力的 24%。

b. 连续式本体法工艺。该工艺主要包括美国 Rexall 工艺、美国 Phillips 工艺以及日本 Sumitimo 工艺。

2. Dow 化学公司 Unipol 工艺

该工艺属于 Dow 化学公司所有，Unipol 聚丙烯工艺和其聚乙烯工艺类似。工艺过程主要包括原料精制、催化剂进料、聚合反应、聚合物脱气和尾气回收、造粒、掺混和包装码垛等工段。

Unipol 聚丙烯工艺流程，如图 5-107 所示。

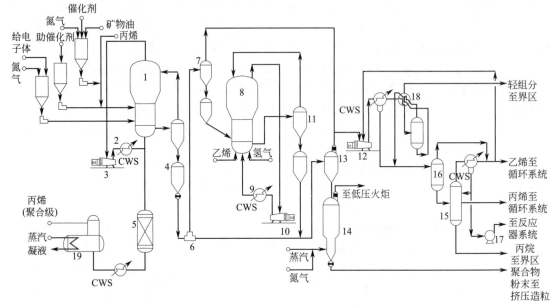

■ 图 5-107　Unipol 聚丙烯工艺流程图

1—聚合反应器；2—反应器循环气冷却器；3—循环压缩机；4—程控下料系统；5—干燥器；6—转向阀；

7—输送过滤器；8—抗冲共聚反应器；9—抗冲共聚反应器循环气冷却器；10—循环鼓风机；11—程控下料系统；

12—回收气压缩机；13—产品接收仓；14—产品吹出仓；15—精馏塔；16—气液分离罐；

17—丙烯循环泵；18—冷冻换热器；19—丙烯脱轻组分塔

3. BASF 公司的 Novolen 工艺

该工艺是由 BASF 公司开发成功的。1999 年，该工艺拥有者 Targor 公司和 ABB Lummus 公司达成协议。由 ABB Lummus 公司负责在全球范围内推广 Novolen 工艺。2000 年 9 月，被 ABB 公司和 Equistar 公司所组成的合资公司 Novolen Technology Holding（简称 NTH）收购。2008 年，由 CB&-I 整体收购了 Lummus，Novolen 工艺由新成立的 CB&-I Lummus 负责全球转让。

Novolen 包括原料精制、催化剂配制、聚合反应、聚合物粉料的净化、挤压造粒等工序，如图 5-108 和图 5-109 所示。

4. 某国外工程聚丙烯装置布置实例（图 5-110）

三、线性低密度聚乙烯、高密聚乙烯装置工艺及布置简介

1. 线性低密度聚乙烯装置工艺简介

线性聚乙烯也称线性低密度聚乙烯（Linear Low Density Polyethylen，LLDPE）是一种乙烯与 α-烯烃共聚生成的共聚物，分子呈线性结构，无长支链并且密度为 $0.860 \sim 0.965 g/cm^2$ 的聚乙烯树脂，1959 年由加拿大杜邦（DuPont）公司采用溶液法生产成功，1977 年美国联碳公司（UCC）利用气相流化床工艺装置和 1979 年美国道化学公司利用溶液法工艺装置相继实现了 LLDPE 的工业化生产。

生产线性低密度聚乙烯的工艺根据反应条件可分为气相法工艺、溶液法工艺、浆液法工艺。国际上各大公司为了提高竞争能力，保持竞争中的优势，除了开发新的产品外，还加大力度对催化剂技术、工艺技术和 LLDPE 的功能化进行专门开发和研究。如茂金属催化剂、冷凝态循环撤热技术、超临界浆液法技术和球形粒子树脂技术都是各大公司 20 世纪 90 年代

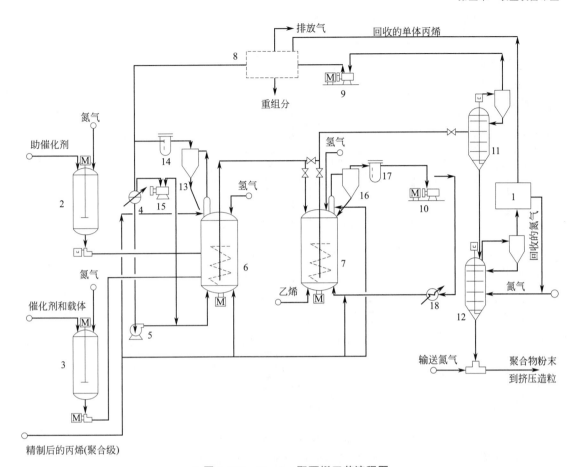

■ 图 5-108　Novolen 聚丙烯工艺流程图

1—膜回收单元；2—助催化剂进料罐；3—催化剂进料罐；4—循环气冷凝器；5—循环丙烯泵；6—第一聚合反应器；
7—第二聚合反应器；8—尾气回收系统；9—载气压缩机；10—第二反应器循环气压缩机；11—脱activ仓；12—净化仓；
13—循环气旋风分离器；14—循环气过滤器；15—第一反应循环气压缩机；16—循环气旋风分离器；
17—循环气过滤器；18—循环气冷却器

研制出来并实现大规模生产时采用的主要技术。

① 气相法工艺。以美国 Univation 公司的 Unipol 工艺、英国 BP 公司的 Innovene 工艺（均为气相流化床反应器）、Basell 公司的 Spherilene 工艺（环管预聚合加双气相流化床反应器）及 Borealis 公司的 Borstar 工艺（环管聚合加单气相流化床反应器）为代表。乙烯气体通过反应器在催化剂作用下直接聚合（或先预聚合），得到干燥粉料。

② 浆液法工艺。以美国 Chevron Phillips 公司的 CPC 工艺为环管聚合代表。乙烯气体分散溶解于溶剂中，在催化剂作用下，乙烯聚合形成悬浮在烃类稀释剂中的聚合物粒子。

③ 溶液法工艺。以加拿大 NOVA 工艺、美国的道化学工艺、荷兰 DSM 的 Stamienrbon 工艺为代表。乙烯溶解在溶剂中并聚合，形成的聚合物溶解于溶剂中。

2. 某线性低密度聚乙烯装置布置实例（图 5-111）

3. 高密聚乙烯装置工艺简介

高密聚乙烯（HDPE）因其综合性能优良，原料来源丰富，成本较低而得到广泛应用。HDPE 于 20 世纪 70 年代开始推向市场，习惯称之为聚乙烯（PE）第二代产品。HDPE 是目前世界生产能力和需求量位居第三大类的聚烯烃品种。

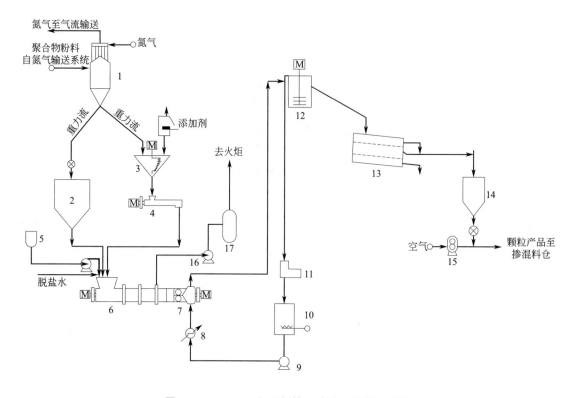

■ 图 5-109　Novolen 聚丙烯挤压造粒工艺流程图简图

1—聚丙烯粉料料仓；2—聚合物加料器；3—添加剂母料混合器；4—添加剂加料器；5—液体添加剂；6—挤压机；
7—齿轮泵；8—切粒水冷却器；9—切粒水泵；10—切粒水罐；11—切粒水过滤器；12—离心干燥器；
13—振动器；14—聚合物料斗；15—鼓风机；16—真空泵；17—气液分离罐

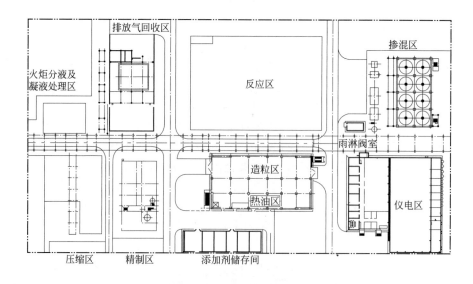

■ 图 5-110　某国外工程聚丙烯装置布置实例

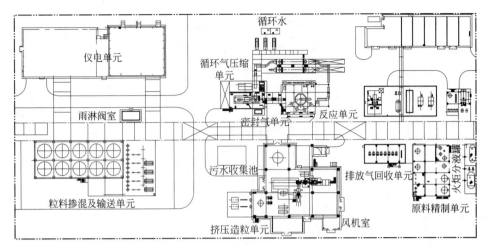

■ 图 5-111　某线性低密度聚乙烯装置布置实例

　　HDPE 的生产技术有三种，即淤浆法、气相法和溶液法。淤浆法根据反应器不同，分为釜式反应与管式反应两种工艺路线。HDPE 产品主要用途为膜料、压力管、大型中空容器和挤压板材。

　　埃克森-美孚化学公司的高压聚乙烯工艺，如图 5-112 所示。该工艺包括乙烯压缩、聚合、引发剂配制、高压分离和循环、低压分离和循环、挤出及颗粒干燥、批量掺混等单元。

　　4. 某高密聚乙烯装置布置典型实例（图 5-113）

四、丁苯橡胶装置工艺及布置简介

　　1. 丁苯橡胶装置工艺简介

　　丁苯橡胶（Styrene-Butadiene Rubber，SBR）是最大的通用合成橡胶（SR）品种，其物理机械性能、加工性能和制品使用性能都接近于天然橡胶（NR），是橡胶工业的骨干产品。丁苯橡胶是 1,3-丁二烯和苯乙烯的共聚物，按聚合体系又可分为乳液聚合丁苯橡胶（ESBR，乳聚丁苯橡胶）和溶液聚合丁苯橡胶（SSBR，溶聚丁苯橡胶）两类，其中国内乳聚丁苯橡胶约占 80%～90%。丁苯橡胶已成为合成橡胶中品种牌号最多、产量最大的胶种。

　　目前，世界上 SBR 生产工艺技术主要有低温乳聚工艺技术和溶液聚合工艺技术，可根据产品方案选择相应的工艺技术。

　　（1）低温乳聚工艺技术

　　丁二烯、苯乙烯、水、乳化剂、电解质、活化剂和引发剂在聚合反应釜中聚合。聚合反应热由列管内的液氨蒸发移出。聚合后的胶浆经二级闪蒸脱除未反应的丁二烯，再经水蒸气直接汽提脱除未反应的苯乙烯。脱气后的胶浆经掺混后进入后处理工序，经凝聚、挤压脱水、干燥、压块、包装，得到最终产品 SBR。

　　（2）溶液聚合工艺技术

　　丁二烯、苯乙烯在非极性烃类溶剂的存在下，经烷基锂引发共聚。由于丁二烯和苯乙烯的竞聚率相差悬殊，要制得无规溶液丁苯橡胶，可通过在丁二烯和苯乙烯共聚体系中加入无规剂，提高苯乙烯的相对活性，改变它的竞聚率，提高丁二烯和苯乙烯的聚合反应速度。通过改变无规剂的种类和用量，可以调节共聚物的微观结构，获得满足各种不同性能的胶料。无规剂一般采用四氢呋喃（THF），醇类为终止剂。此方法有间歇法和连续法两种。具有代

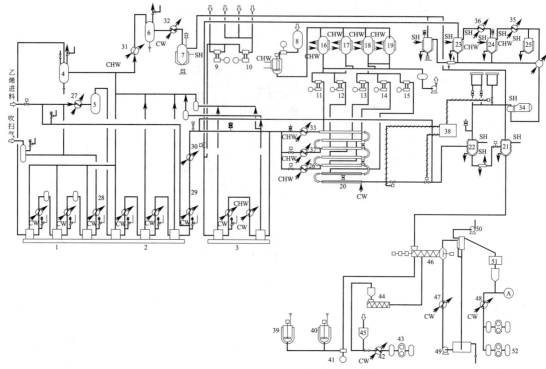

■ 图 5-112 埃克森-美孚化学公司的高压聚乙烯工艺

1—排放气压缩机；2——次压缩机；3—二次压缩机；4—排放气压缩机一段入口分离器；5——次压缩机一段入口分离器；6—排放气冷却中间分离罐；7—聚合物分离罐；8—引发剂加料罐；9—共聚单体泵；10—调节剂泵；11～15—引发剂注入泵；16～19—引发剂加料罐；20—反应器；21—低压分离器；22—高压分离器；23—高压循环气体分离罐；24—高压循环气中间分离罐；25—高压循环气热分离罐；26—第二测流冷却器；27——次压缩机入口加热器；28—排放气压缩机一段入口分离罐；29——次压缩机三段后冷却器；30——次压缩机三段最终后冷却器；31—排放气最终冷却器；32—排放气冷却器；33—反应器进料预热器；34—中压蒸汽废热锅炉；35—高压循环气中间冷却器；36—高压循环气冷却器；37—第一测流冷却器；38—液压阀门站；39—液体添加剂混合罐；40—液体添加剂混合罐；41—粒料冷却水泵；42—母料输送气冷却器；43—母料风机；44—辅助挤压机；45—母料掺混料斗；46—辅助挤压机；47—辅助挤压机；48～50—辅助挤压机；51—振动筛；52—母料输送风机

表性的间歇法工艺路线为 Phillips 法，连续法为 Firestone 法。

2. 某丁苯橡胶装置布置典型实例（图 5-114）

五、环氧乙烷和乙二醇装置工艺及布置简介

1. 环氧乙烷和乙二醇装置工艺简介

环氧乙烷，别名氧化乙烯、恶烷、一氧三环，英文名 Ethylene Oxide，简称 EO，分子式为 $C_2H_4O_2$，相对分子质量为 44.05。

乙二醇即一乙二醇，俗称甘醇，英文名 Ethylene Glycol，分子式为 $C_2H_5O_2$，相对分子质量为 62.07。

几乎 70% 以上的环氧乙烷用于生产乙二醇，因而环氧乙烷的生产通常与乙二醇的生产建设在一个工厂。目前世界上环氧乙烷/乙二醇生产都采用乙烯氧气直接氧化技术生产环氧乙烷，环氧乙烷加压直接水合法生产乙二醇。拥有该两项技术的专利商主要有 SD 公司、Shell 公司、道化学公司，这三家专利商的工艺技术与工艺流程基本相同。流程基本都由环氧乙烷反应、环氧乙烷回收、二氧化碳脱除、环氧乙烷精制、乙二醇水合反应、多效蒸发及干燥、

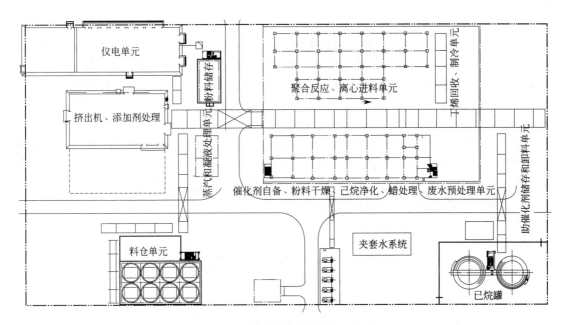

■ 图 5-113　某高密聚乙烯装置布置实例

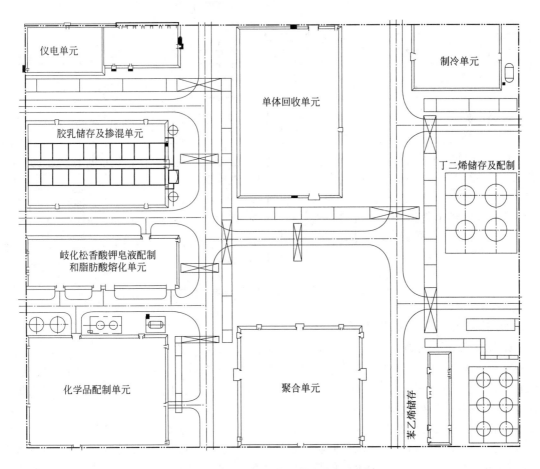

■ 图 5-114　某丁苯橡胶装置布置实例

乙二醇精制等主要工序组成。

SD 工艺流程主要由环氧乙烷反应和洗涤系统、二氧化碳脱除系统、环氧乙烷解吸和再吸收系统、环氧乙烷精制系统、乙二醇反应和蒸发系统、乙二醇脱水和精制系统、多乙二醇分离系统 7 个单元组成。Shell 工艺流程主要由环氧乙烷反应工序、二氧化碳脱除及环氧乙烷回收工序、轻组分脱除及环氧乙烷精制工序、乙二醇反应及回收工序、乙二醇精制工序 5 个单元组成。

EO 极易燃烧，其闪点为 $-17.8℃$，泄漏时产生的静电荷也会导致 EO 燃烧。当空气 EO 气浓度超过 2.6% mol 时就会形成爆炸性的混合物，当浓度达到 100% 时，EO 气会由燃烧转变为分解。所以 EO 装置内不设火炬总管，安全阀都是直排大气。

2. 某环氧乙烷和乙二醇装置布置典型实例（图 5-115）

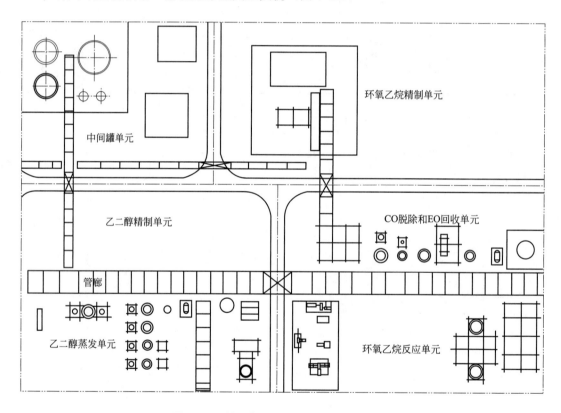

■ 图 5-115 某环氧乙烷和乙二醇装置布置实例

六、尿素装置工艺及布置简介

1. 尿素装置工艺简介

尿素，英文名称为 Urea，化学名称为脲或碳酰胺。结构式为 $CO(NH_2)_2$ 或 NH_2CONH_2，分子式为 CH_4ON_2，相对分子质量为 60.056。纯尿素含氮 46.65%（质量分数），是含氮量最高的氮肥。

尿素生产工艺流程基本由 6 个工艺单元，即原料供应、尿素的高压合成、含尿素溶液的分离过程、未反应氨和二氧化碳的回收、尿素溶液的浓缩、造粒与产品输送和工艺冷凝液处理，其基本过程如图 5-116 所示。原料 CO_2 和 NH_3 被加压送到高压合成圈，反应生成尿素，二氧化碳转化率在 $50\%\sim75\%$，此过程被称为合成工序；分离过程与未反应物回收单元承担着把未转化为尿素的氨和二氧化碳从溶液中分离出来，并回收返回合成工序，因此这两个单元被统称为循环工序；最后在真空蒸发和造粒设备中把 $70\%\sim75\%$ 的尿素溶液经浓缩加工为固体产品，称为最终加工工序。

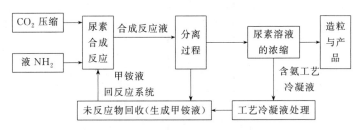

■ 图 5-116 尿素生产基本流程

尽管尿素生产的基本过程相似，但在具体的流程、工艺条件、设备结构等方面，不同工艺存在一定的差异。迄今世界各地的尿素工厂，绝大多数都是由几家工程设计公司所开发设计的，已形成几种典型的工艺流程，典型的有荷兰斯太米卡邦（Stamicarbon）公司的水溶液全循环 CO_2 气提法、意大利斯纳姆（Snamprogetti）公司的氨汽提法和蒙特爱迪生集团公司的等压双循环工艺（IDR）、日本三井东亚-东洋工程公司的全循环改良 C 法和改良 D 法及 ACES 法、美国尿素技术公司 UTI 的热循环法尿素工艺（HR）等。但不论是哪种工艺流程，生产过程中主要原料 NH_3 和 CO_2 的消耗基本上是相同的，其流程的先进与否主要表现在公用工程，即水、电、汽的消耗上。尿素生产流程的改进过程，实质就是公用工程消耗降低的过程。

目前国内建有尿素装置 200 多套，规模分为大型（48 万吨/年以上）、中型（11 万吨/年以上）、小型（4 万吨/年以上）。中、小型尿素装置均采用国内的水溶液全循环技术，大型装置多采用国外引进工艺技术。在国内的大型尿素装置工艺技术中，多数采用 CO_2 汽提工艺和氨汽提工艺。

目前设计的采用 CO_2 汽提工艺和氨汽提工艺的尿素装置，其尿素氨耗基本接近于理论水平，公用工程消耗更低，相对于传统的设计，其投资更低。下面仅介绍 Snamprogetti 氨汽提法尿素工艺。

意大利斯纳姆公司创立于 1956 年，在 20 世纪 60 年代初开始尿素生产的研究。1966 年第一个建成以氨作为汽提气的日产 70t 的尿素装置。早期第一代氨汽提法尿素装置，设备采用框架式立体布置，氨直接加入汽提塔底部。在 20 世纪 70 年代中期，改进了设计，设备改为平面布置，而且也不向汽提塔直接加入氨气，这就是所谓的自汽提工艺或称为第二代氨汽提工艺，是目前采用的方法。斯纳姆氨汽提法尿素工艺由以下几个主要工序组成。

① CO_2 气体的压缩。

② 液氨的加压。

③ 高压合成与氨汽提回收。

④ 中压分解与循环回收。

⑤ 低压分解与循环回收。

⑥ 中、低压分解与循环回收。

⑦ 真空蒸发与造粒。

⑧ 解吸与水解系统。

氨汽提法尿素生产工艺流程、如图 5-117 所示。

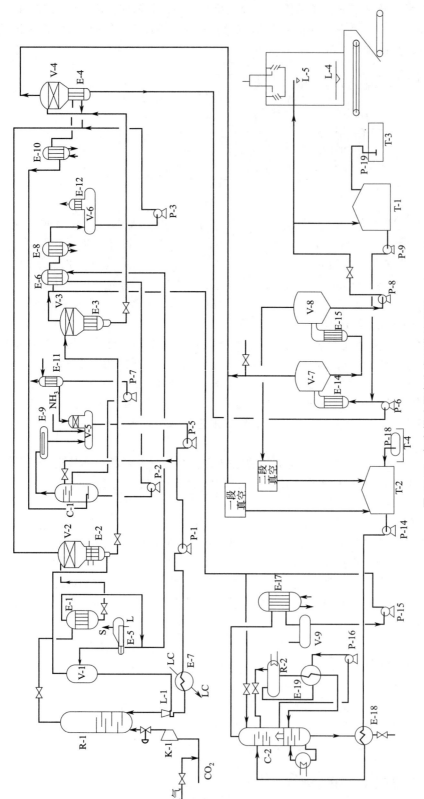

图 5-117　氨汽提法生产尿素工艺流程图

C-1—中压吸收塔；C-2—解吸塔；E-1—汽提塔；E-2—中压分解器；E-3—低压分解器；E-4—真空浓缩器；E-5—高压甲铵冷凝器；E-6—高压甲铵预热器；
E-7—高压液氨预热器；E-8—低压甲铵冷凝器；E-9—氨冷凝器；E-10—中压冷凝器；E-11—中压氨吸收器；E-12—低压氨吸收器；E-14—一段真空蒸发器；
E-15—造粒器；E-17—二段真空蒸发器；E-18—解吸塔废水换热器；E-19—水解塔预热器；K-1—CO₂ 压缩机；L-1—甲铵喷射泵；L-4—造粒塔；
L-5—造粒器；P-1—高压氨泵；P-2—高压甲铵泵；P-3—中压碳铵液泵；P-5—液氨升压泵；P-6—尿素泵；P-7—液氨回流泵；P-8—熔融尿素泵；P-9—氨水泵；
P-14—工艺冷凝液泵；P-15—解吸塔回流泵；P-16—水解塔给料泵；P-18—碳铵液闭路回收泵；P19—尿素闭路排放泵；R-1—尿素合成塔；R-2—水解器；
T-1—尿素分离器；T-2—工艺冷凝液槽；T-3—尿素闭路排放槽；T-4—碳铵液储槽；V-1—甲铵分离器；V-2—中压甲铵分离器；V-3—低压分解分离器；
V-4—真空浓缩分离器；V-5—液氨储槽；V-6—碳铵液储槽；V-7—一段蒸发分离器；V-8—二段蒸发分离器；V-9—回流槽

2. 某尿素装置布置实例（图 5-118～图 5-121）

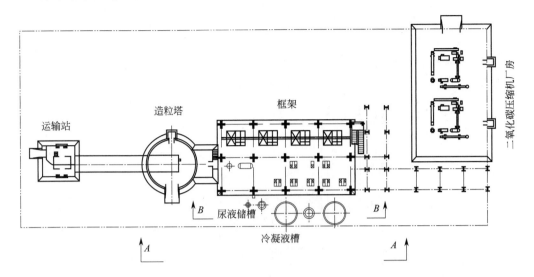

■ **图 5-118　某尿素装置布置**

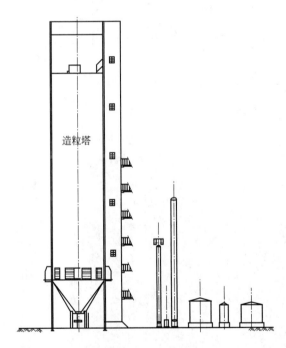

■ **图 5-119　某尿素装置设备布置图**（A—A）

七、丁辛醇装置工艺及布置简介

1. 丁辛醇工艺流程简介

丁辛醇装置的主要产品为正丁醇、辛醇，副产品为异丁醛和异丁醇。正丁醇（n-Buty-lalcohol 或 n-Butyl Alcohol），又称 1-丁醇。辛醇（2-Ethylhexanol），化学名为 2-乙基-1-己醇。异丁醇（2-Methylpropanol 或 Isobutylalcohol），化学名为 2-甲基丙醇。异丁醛（Isobu-tylaldehyde），化学名为 2-甲基丙醛。

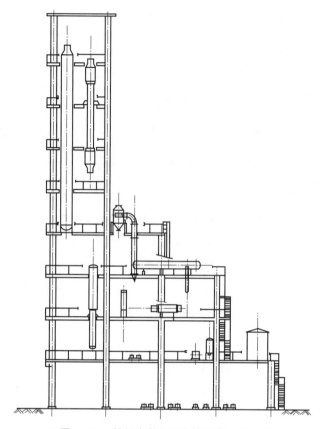

■ 图 5-120　某尿素装置设备布置图（B—B）

■ 图 5-121　某尿素装置造粒塔及框架

丁辛醇是重要的有机化工、精细化工原料，用途十分广泛。目前大部分丁辛醇生产装置是以丙烯、合成气及氢气为原料，少数以生物法制丁辛醇的装置其原料是纤维素或淀粉质的农副产品。一般以天然气、液化石油气、重油或煤为原料生产合成气（CO/H$_2$）及氢气。丙烯来自乙烯、炼油或煤质烯烃装置。

以丙烯为原料的羰基合成法分为高压钴法、改性钴法、高压铑法和改性铑法，其中改性铑法是当代丁辛醇合成技术的主流。改性铑法又分为气相循环和液相循环两种方法。低压液相循环改性铑法是目前最先进、最广泛使用的丁辛醇合成技术。

丁辛醇工艺流程，如图 5-122 所示。

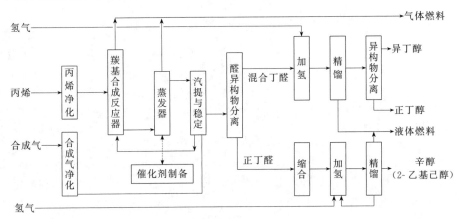

■ 图 5-122　丁辛醇工艺流程

2. 某丁辛醇装置布置实例（图 5-123 和图 5-124）

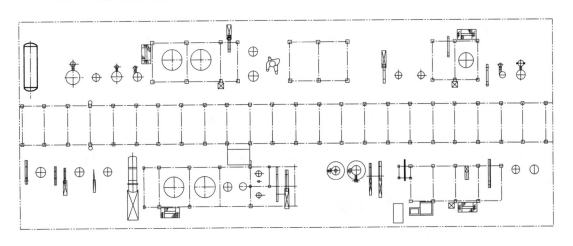

■ 图 5-123　某丁辛醇装置布置实例

注：本装置主要由主管廊，原料净化及羰基合成、丁醇单元及压缩机房、醛异构分离及缩合、辛醇单元组成。

八、丙烯酸及酯装置工艺及布置简介

丙烯酸及酯装置产品包括丙烯酸（Acrylic Acid，AA），丙烯酸甲酯（Methyl Acrylate，MA，或 Acrylic Acid Methyl Ester），丙烯酸乙酯（Ethyl Acrylate，EA，或 2-Porpenioc Acid Ethyl Ester），丙烯酸丁酯（n-Butyl Acrylate，BA），丙烯酸异辛酯（或丙烯酸-2-乙基

■ 图 5-124　某丁辛醇装置

己酯，2-Ethylhexyl Acrylate，2-EHA）等，统称为丙烯酸系单体。

丙烯酸及酯是重要的聚合单体，以其为主体聚合或与其他乙烯基单体共聚制备的聚合物、共聚物被广泛用于涂料、油墨、纺织、皮革、造纸、胶黏剂、橡胶及塑料等领域。

20 世纪 60 年代末，随着世界石油化工的高速发展，丙烯价格日趋下降，由于高活性、高选择性和长寿命的催化剂开发成功，使得丙烯直接氧化制丙烯酸的方法为工业界所接受。

丙烯两步氧化法使每步氧化反应均处于最佳状态，是最经济的工艺。在氧化催化剂存在下，第一步丙烯氧化生成丙烯醛，第二步将丙烯醛进一步氧化成丙烯酸。

丙烯氧化法制丙烯酸工艺技术的关键在于催化剂的开发。最早成功开发催化剂的是美国的索亥俄石油公司，日本触媒化学公司、三菱化学公司和德国巴斯夫公司随后相继发明了该项技术。

下面仅介绍巴斯夫丙烯酸及酯工艺流程，如图 5-125 所示。

九、对二甲苯装置工艺简介

对二甲苯（P-Xylene，PX）分子式为 C_8H_{10}，结构简式为 $CH_3 —\langle\ \rangle— CH_3$ 。PX 主要来自氯化重整生成油和裂解汽油加氢油中分离出的芳烃。在工业化的芳烃生产中，实际上是把催化重整、芳烃抽提、芳烃精馏、甲苯歧化、二甲苯异构化、PX 分离等单独工艺过程组合在一起，形成一套芳烃联合加工装置。根据原料来源和期望的目标产品，通过产品结构的优化、提高目标产品的收率和降低加工能耗，最终达到良好的经济效益。

来自催化重整的生成油经过预分馏得到 $C_4 \sim C_6$ 馏分，然后送去抽提分离。来自加氢裂解的汽油首先经过预分馏，再经过两段加氢处理除去双烯烃和烯烃后，才能送去溶剂抽提分

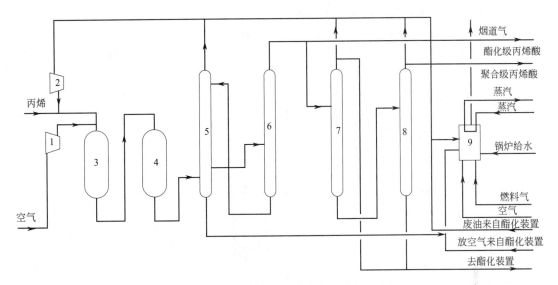

■ 图 5-125 巴斯夫丙烯酸及酯工艺流程示意图

1—新鲜空气压缩机；2—循环气压缩机；3——段氧化反应器；4—二段氧化反应器；

5—吸收/解吸塔；6—溶剂分离塔；7—脱轻组分塔；8—脱重组分塔；9—焚烧炉

离。通过抽提和芳烃分馏得到联合芳烃装置的产品——苯、甲苯和混合二甲苯。为了得到更多的二甲苯，特别是 PX，产品甲苯常被用作歧化反应的原料，歧化后的芳烃与抽提得到的芳烃一起再经过芳烃分馏、芳烃分馏得到的二甲苯则送入 PX 吸附分离装置回收 PX，含乙苯和间二甲苯的分离液进行异构化，达到平衡组成后，再循环回芳烃分馏的二甲苯分馏塔。通常，典型的 PX 装置包括制备 PX 的甲苯歧化与烷基转移和二甲苯异构化单元以及分离混合二甲苯的二甲苯精馏和 PX 分离等单元。

某工程对二甲苯工艺流程，如图 5-126 所示。

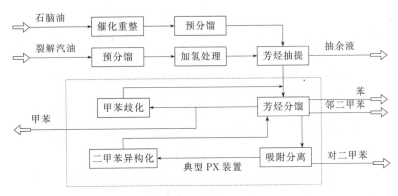

■ 图 5-126 典型芳烃联合装置方块流程图

十、合成氨装置简介及布置简介

1. 合成氨装置工艺流程简介

氨（Ammonia）分子的空间结构是三角锥形，三个氢原子处于锥底，氮原子处在锥顶。每两个 N—H 键之间的夹角为 $107°18'$，因此，氨分子属于极性分子，其分子式为 NH_3。

我国合成氨的消费主要有两个方面，即农业和工业。农业方面，除直接作为肥料施用以外，最主要的还是作为中间产品加工成多种化肥，如尿素、硝酸铵、碳酸氢铵、硫酸铵、氯化铵、磷酸一铵、磷酸二铵、硝酸磷肥及氨水，还有部分以商品液氨出售。

国际上合成氨约54%用于生产尿素，16%用于生产硝铵，30%用于制造其他铵类和有机胺类产品。

生产合成氨的主要原料有天然气、石脑油、重质油和煤（或焦炭）等，生产合成氨的工艺技术有很多，但无论采用何种工艺，都可将合成氨工艺流程分为以下三部分：原料气制备、原料合成气净化及氨合成。

2. 某合成氨装置布置实例（图5-127）

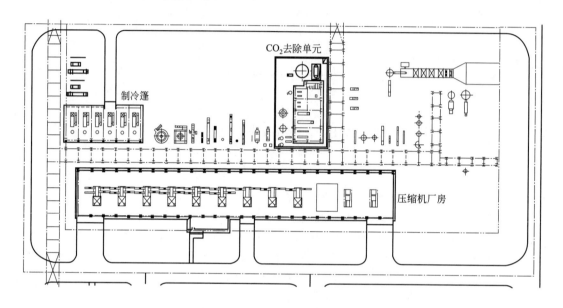

■ 图5-127　某合成氨装置布置实例

十一、液化天然气工艺及布置简介

1. 液化天然气工艺流程简介

液化天然气（Liquefied Natural Gas，LNG）是天然气的液态产品。

世界上环保先进的国家都在推广使用LNG。LNG作为优质绿色能源被当作工业及民用燃料，可大大提高产品质量和经济效益，而且是石油化学工业的重要原料，可用于制造肥料、甲醇、合成醋酸、甲烷氯化物、氢氰酸、硝基甲烷、乙烯、丙烯及塑料等产品。此外，超低温的LNG在大气压力下转变为常温气态的过程中，可提供大量的冷能，如能将这些冷能回收利用，可进行空气分离、干冰生产、冷能发电、食品冷冻、橡胶等行业的低温破碎处理、海水淡化、大型空调系统供冷、建造大型滑雪场或滑冰场。

天然气的液化流程有不同的形式，按照制冷方式分，可分为以下三种类型。

① 阶式液化流程。

② 混合冷剂液化流程。

③ 带膨胀机液化流程。

以上三种类型的天然气液化流程不是严格区分和隔离的，工程上通常采用由上述流程组合的复合流程。

再冷凝汽化工艺流程，如图 5-128 所示。

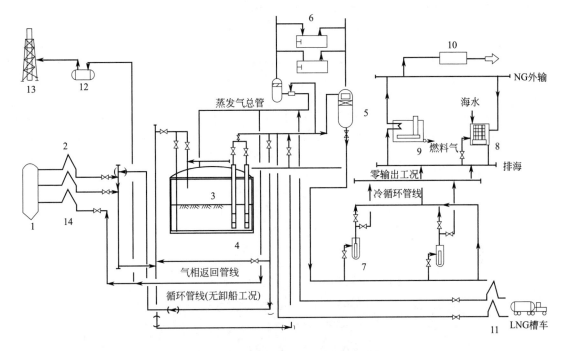

■ 图 5-128 再冷凝汽化工艺流程示意图

1—LNG 运输船；2—LNG 卸船臂；3—LNG 储罐；4—低压输送泵；5—再冷却器；6—BOG 压缩机；
7—高压输出泵；8—开架式汽化器；9—浸没燃烧式汽化器；10—天然气计量；11—槽车装车系统；
12—火炬分液罐；13—火炬；14—气相返回臂

2. 某液化天然气布置实例（图 5-129）

十二、甲醇装置工艺及布置简介

1. 甲醇工艺流程简介

甲醇是一种透明、无色、易燃、有毒的液体，略带酒精味。它是重要有机化工原料和优质燃料。主要用于制造甲醛、醋酸、氯甲烷、硫酸二甲酯等多种有机产品，也是农药、医药的重要原料之一。甲醇亦可代替汽油作燃料使用。

目前工业上甲醇的工艺流程几乎都是采用一氧化碳、二氧化碳加压催化氢化法合成甲醇。典型的流程包括原料气制造、原料气净化、甲醇合成、粗甲醇精馏等工序。甲醇生产的总流程长，工艺复杂，根据不同原料与不同的净化方法可以演变为多种生产流程，例如：高压法（高压工艺流程一般指的是使用锌铬催化剂，在 300～400℃、30MPa 高温高压下合成甲醇的过程）、中压法（压力为 10MPa 左右的甲醇合成中压法。与低压法相比，它能有效地降低建厂费用和甲醇生产成本）、低压法（ICI 低压甲醇法为英国 ICI 公司在 1966 年研究成功的甲醇生产方法，从而打破了甲醇合成的高压法的垄断，这是甲醇生产工艺上的一次重大变革，它采用 51-1 型铜基催化剂，合成压力 5MPa）。甲醇的具体生产方法包括天然气制甲醇、煤、焦炭制甲醇、石脑油或重油制甲醇、与合成氨联合生产甲醇。下面以天然气制甲醇简要介绍工艺流程，如图 5-130 所示。

来自外部管网的原料天然气经过脱硫后，输向原料压缩机增压，与来自二氧化碳工序的

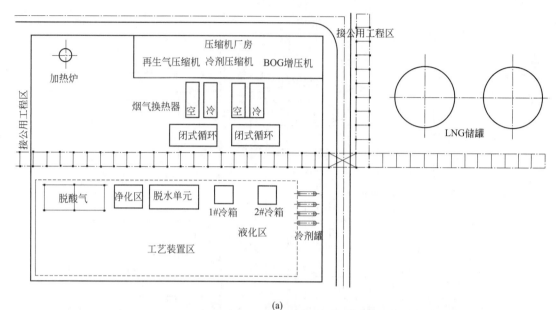

(a)

(b)

■ 图 5-129　某液化天然气布置实例

二氧化碳混合，一起进入蒸汽转化炉的对流段换热，并顺序经过加氢脱硫、转化炉对流段预热、蒸汽转化、废热锅炉、锅炉给水预热器、分离器后，进入压缩工序。

转化气经过新增加的合成气增压，和来自吸附工序的氢气混合，经过原有的联合压缩机增压，循环气经过循环机增压，两股气体在联合压缩机缸内混合并增压，一起经过入塔气预热器、甲醇合成塔、入塔气预热器、甲醇水冷器（ABC）、醇分离器后，气相流体进入水洗工序。

冷凝后的出塔气进入水洗工序，脱盐水从水洗塔的上部喷淋流下，冷凝后的出塔气从水洗塔的下部进入，其中含有的少量甲醇进入吸收相中，釜液是水和甲醇的混合物，经过甲醇浓缩塔后，送往精馏工序，未吸收的大部分气体进入联合压缩机第二段，少部分气体进入吸附工序，这部分气体称为回收气。其余部分送往转化工序，添加到原料天然气中。

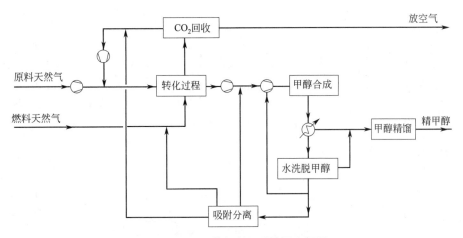

■ 图 5-130　天然气制甲醇流程方框图

出塔气的冷凝液相流体进入闪蒸槽，闪蒸气送往造气工序，粗甲醇送往精馏工序。

回收气经过吸附分离工序被分为三部分。

① 强吸附组分的甲烷和二氧化碳停留在吸附剂上，通过降压的方式从吸附剂上解吸出来，送往二氧化碳工序与脱硫后的二氧化碳混合后一并压缩。

② 弱吸附组分氢从吸附塔顶流出，氢气送往联合压缩机。

③ 中间吸附能力的氮、一氧化碳等组分，送往转化炉工序与燃料天然气混合后，进入转化炉作为燃料。

转化炉的烟道气进入二氧化碳工序，经过水洗降温、除尘，吸收塔中乙醇胺溶液将烟道气中的大部分二氧化碳组分吸收掉。吸收塔底部吸收了二氧化碳的吸收剂，经过一系列换热升温，在再生塔中被加热再生。二氧化碳气体从吸收剂中解吸出来，经过换热冷却、冷凝、脱硫后，二氧化碳气体与来自吸附工序的二氧化碳和甲烷气体混合后，经过二氧化碳压缩机增压，添加到原料天然气中。

2. 某甲醇装置布置实例（图 5-131）

十三、原油常减压蒸馏装置工艺及布置简介

1. 原油常减压蒸馏装置工艺流程简介

炼油厂的大型化是提高其劳动生产率和经济效益，降低能耗和物耗的一项重要措施。据统计，到 2007 年全世界共有 657 座炼油厂，总加工能力 42.65 亿吨/年，其中北美洲和亚太地区的原油加工能力接近，约占世界总加工能力的 50%。到 2007 年，2000 万吨/年以上的炼油厂共有 19 座。目前，世界上最大的炼油厂是委内瑞拉的帕拉瓜纳炼油中心，加工能力为 4700 万吨/年。

随着炼油厂规模的扩大，单套蒸馏装置的加工规模也日益大型化。在炼油技术发达的国家，单套蒸馏装置的规模一般都在 500 万吨/年以上，不少装置已达到 1000 万吨/年以上。目前，世界上最大的常减压装置为印度贾拉加炼油厂常减压装置，其单套加工能力为 1500 万吨/年，美国 ExxonMobil 公司贝汤炼油厂的一套蒸馏装置规模为 1300 万吨/年。

对于原油常减压蒸馏装置工艺流程简图，如图 5-132 所示，主要工艺过程如下所述。

① 我国原油常减压蒸馏装置，一般均在常压分馏塔前设置初馏塔或闪蒸塔。初馏塔或闪蒸塔的主要作用，在于将原油在换热升温过程中已经汽化的轻质油及时蒸出，使其不进入

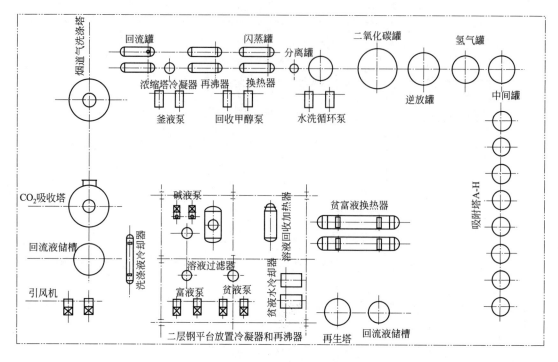

■ 图 5-131 某甲醇装置布置实例

常压加热炉，以降低加热炉的热负荷和原油换热系统的操作压降，从而节省装置能耗和操作费用；此外，初馏塔或闪蒸塔还具有使常压塔操作稳定的作用，原油中的气体烃和水在其中全部被除去，从而使常压分馏塔的操作平稳，有利于保证多种产品特别是煤油、柴油等侧线产品的质量。

② 常压塔设 3 个或 4 个侧线，生产汽油、溶剂油、煤油（或喷气燃料）、轻柴油、重柴油等产品或调和组分。为了调整各侧线产品的闪点和馏程范围，各侧线都设汽提塔。

③ 减压塔侧线出催化裂化或加氢裂化原料，产品较简单，分馏精度要求不高，故只需根据热回收率和全塔负荷均匀考虑，设 2 个或 3 个侧线，且不设汽提塔。如对最下一个侧线产品的残炭和重金属含量有较高要求，则需在塔进口与最下一个侧线抽出口之间设 1 个或 2 个洗涤段。

④ 减压塔一般按"湿式"或"干式"（即减压塔底和减压炉管不注或注少量蒸汽）操作。干式减压塔顶的气体负荷小，故一般可采用三级抽空器，建立残压很低的减压系统，以获得较高的拔出率。

2. 某原油常减压蒸馏装置布置实例（图 5-133）

十四、催化裂化装置工艺及布置简介

1. 原油常减压蒸馏装置工艺流程简介

石油炼制工业是国民经济的重要支柱产业，其产品被广泛用于工业、农业、及交通运输和国防建设等领域。催化裂化（FCC）作为石油炼制企业的主要生产装置，在石油加工中占有相当重要的地位，是实现原油深度加工、提高轻质油收率、品质和经济效益的有效途径，催化裂化使原油二次加工中重要的加工过程，是液化石油气、汽油、煤油和采油、柴油的主

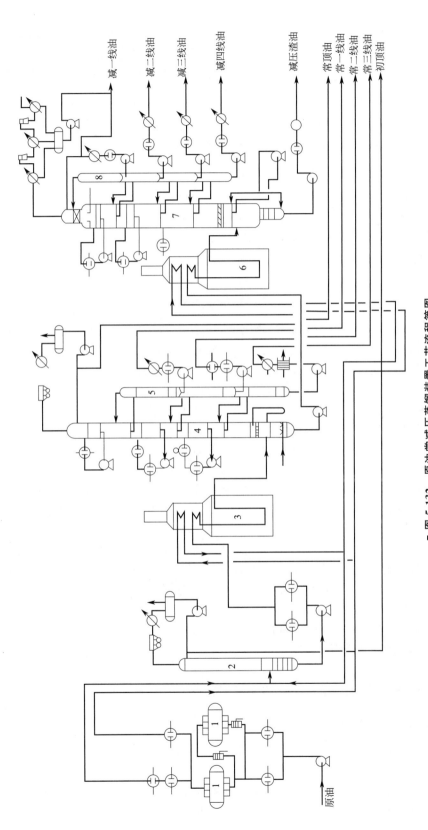

■ **图 5-132　原油常压减压蒸馏装置工艺流程简图**

1—电脱盐罐；2—初馏塔；3—常压加热炉；4—常压塔；5—常压汽提塔；6—减压加热炉；7—减压塔；8—减压汽提塔

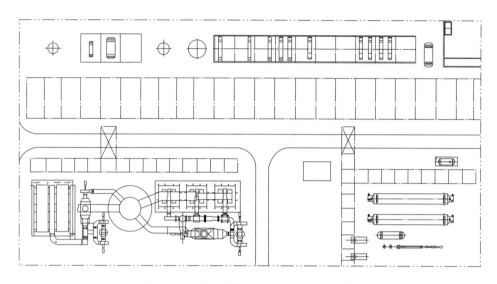

■ 图 5-133　某原油常减压蒸馏装置布置实例

要生产手段，在炼油厂中站有举足轻重的地位。传统原料采用原油蒸馏所得到的重质馏分油，主要是直馏减压馏分油（VGO），也包括焦化重馏分油（CGO）。近二十年一些重质油或渣油也作为催化裂化的原料，例如减压渣油、溶剂脱沥青油、加氢处理的重油等。

催化裂化的工艺原理是：反应物（蜡油、脱沥青油、渣油）在 500℃ 左右、0.2～0.4MPa 及与催化剂接触的作用下发生裂化、异构化、环化、芳化、脱氢化等诸多化学反应，反应物为汽油、轻柴油、重柴油，副产物为干气、焦炭、油浆等。催化剂理论上在反应过程中不损耗，而是引导裂化反应生成更多所需的高辛烷值烃产品。催化裂化过程相当的灵活性，允许制造车用和航空汽油以及粗柴油产量的变化来满足燃油市场的主要部分被转化成汽油和低沸点产品，通常这是一个单程操作。在裂化反应中，所生产的焦炭被沉积在催化剂上，它明显地减少了催化剂的活性，所以除去沉积物是非常必要的，通常是通过燃烧方式使催化剂再生来重新恢复其活性。

催化裂化采用哪种技术是由需要多生产哪种产品确定的，催化裂化"家族工艺"包括多产汽油和液化气的技术（MGG、ARGG）、提高轻质油和柴油产率的技术（TSRFCC）、降低烯烃含量的技术（SR20、MIP、MGD）、多产丙烯的技术（DCC、CPP、TMP）、多产异构烯烃的技术（MIO）等。

典型工艺流程简图，如图 5-134 和图 5-135 所示。

2. 某催化裂化装置布置实例（图 5-136）

十五、催化重整、苯抽提装置工艺及布置简介

1. 催化重整装置工艺流程简介

催化重整（Catalytic Reforming）是炼油和石油化工重要的工艺过程之一。它以石脑油为原料，在一定的温度、压力条件下，通过临氢催化反应，生成富含芳烃的重整生成油，同时副产含氢气体。

催化重整反应需要在一定温度、压力和催化剂作用的临氢条件下进行，工艺过程包括原料预处理、重整、芳烃抽提等。

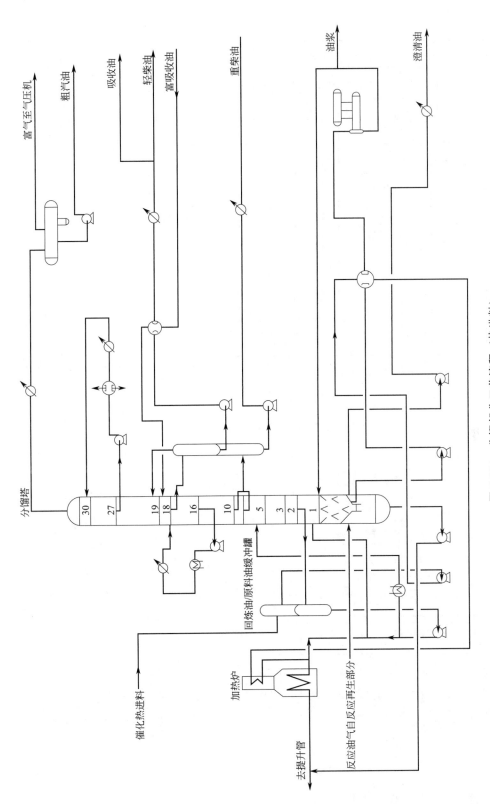

■ 图 5-134　分馏部分工艺流程（热进料）

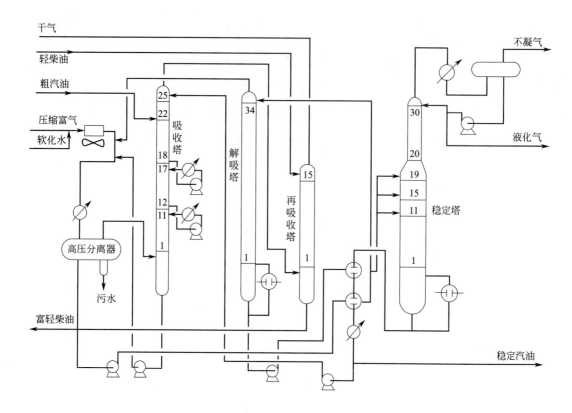

■ 图 5-135 吸收稳定部分双塔流程

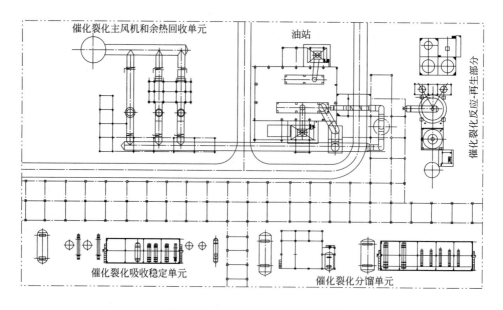

■ 图 5-136 某催化裂化装置布置实例

催化重整装置工艺流程，如图 5-137 所示。

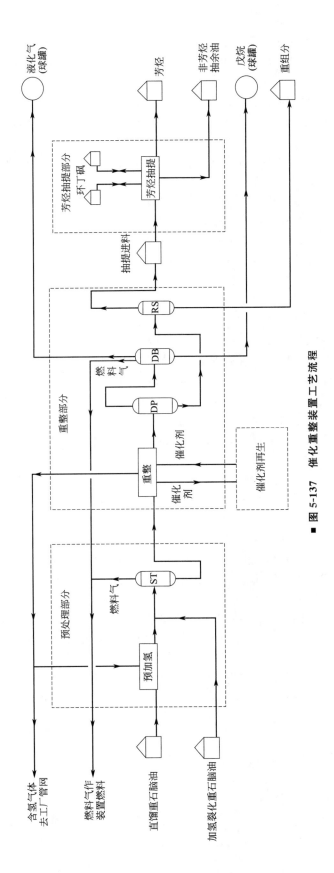

■ 图 5-137　催化重整装置工艺流程

原料预处理部分的目的是为重整反应部分提供合格的原料。直馏重石脑油经加氢反应后，送入预加氢汽提塔（ST）脱除其中含有的硫、氮化合物和水，塔底为合格的重整进料，送往重整反应部分。

重整部分的目的是通过重整反应、产品回收（再接触）及产品分离（脱戊烷塔 DP、脱丁烷塔 DB、重整油塔 RS）等工序，生产含氢气体、燃料气、液化气、戊烷、抽提原料以及高辛烷值的汽油调和组分。

催化重整工艺按其催化剂再生方式不同通常可分为半再生（固定床）和连续再生（移动床）两种类型。

半再生重整具有工艺流程简单、投资少等优点，但为保持催化剂较长的操作周期，产品辛烷值不能太高，同时重整反应必须维持在较高的反应压力和较高的氢油比下操作，因而重整反应产物液体收率较低，氢气产率也低。并且随着操作周期的延长，催化剂活性因结焦逐渐降低，重整产物 C_5^+ 液体收率及氢气产率也将逐渐降低，需逐步提高反应温度直至达到催化剂最高使用温度，然后装置停工对催化剂进行再生。

连续重整增加了一个催化剂连续再生系统，可将因结焦失活的重整催化剂进行连续再生，始终保持重整催化剂高活性稳定，因而重整反应可在低压、高温、低氢油比的苛刻条件下操作，充分发挥催化剂的活性及选择性，使重整产物的 C_5^+ 液体收率及氢气产率都高，催化剂的性能基本保持稳定，因而装置能维持较长的操作周期。

2. 苯抽提工艺流程简介

（1）液-液抽提工艺

液-液抽提工艺是在溶剂的作用下，利用芳烃和非芳烃在溶剂中溶解度的差异来进行分离，然后通过汽提的方法将富溶剂中的少量轻烃除去，再通过减压蒸馏的方法将芳烃分开的技术。

目前世界上已工业化的芳烃液-液溶剂抽提法很多，主要的溶剂有环丁砜（Sulfolane 法）、N-甲基吡咯烷酮（Arosolan 法）、二甲基亚砜（IFP 法）及 N-甲酰基吗啉（Formax 法）。

Sulfolane 法和 Formax 法能耗最低，而芳烃回收率最高，产品纯度相对也高，但 Formax 法的溶剂 N-甲酰基吗啉来源相对困难，且工业经验较少，应用远没有环丁砜广泛。

环丁砜液-液抽提工艺流程，如图 5-138 所示。

（2）抽提蒸馏工艺

较常见的溶剂抽提蒸馏法有 Krupp Unde 公司于 20 世纪 60 年代中叶开发的 Morphylane 法，美国 UOP 抽提蒸馏、CTC-BTX 抽提蒸馏和近年来石油化工科学研究院开发的环丁砜抽提蒸馏工艺（SED）。

抽提蒸馏工艺将抽提与蒸馏过程合二为一，在抽提蒸馏塔中直接分出富溶剂和非芳烃抽余油产品，因而流程短，投资省。但由于全部非芳烃要在抽提蒸馏塔中汽化，装置能耗随抽提进料中芳烃含量的降低而增加。

抽提蒸馏工艺流程，如图 5-139 所示。

3. 某催化重整/苯抽提装置布置实例（图 5-140）

十六、加氢裂化装置工艺简介

加氢裂化是原料油在高温、高压、临氢及催化剂存在下进行加氢、脱硫、脱氮、分子骨架结构重排和裂解等反应的一种催化转化过程，是重油深度加工的主要工艺手段之一。它可

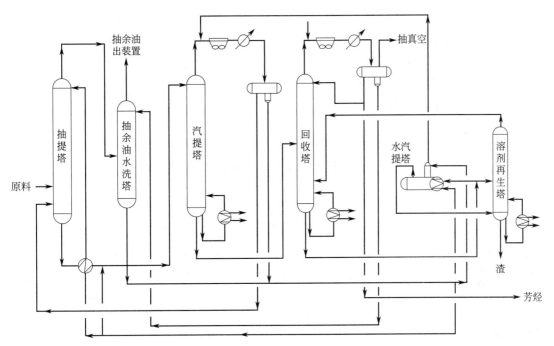

■ 图 5-138　环丁砜液-液抽提工艺流程简图

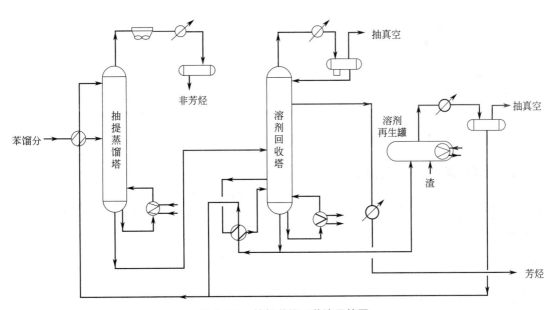

■ 图 5-139　抽提蒸馏工艺流程简图

以加工的原料范围宽，包括直馏汽油、柴油、减压蜡油以及其他二次加工得到的原料如催化柴油、焦化柴油、焦化蜡油和脱沥青油等，可以生产的产品品种多且质量好，通常可以直接生产优质液化气、汽油、煤油、喷气燃料、柴油等清洁燃料和轻石脑油、重石脑油、尾油等优质石油化工原料。除此之外，加氢裂化还具有生产灵活性大和液体产品收率高等特点。

尽管加氢裂化有多种工艺过程，但其中的反应均可概括为两类：加氢精制反应和加氢裂

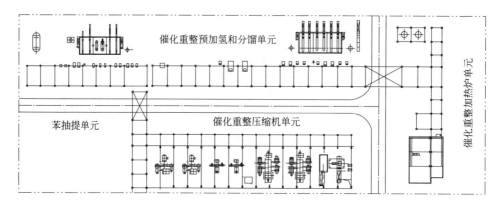

■ 图 5-140　某催化重整/苯抽提装置布置实例

化反应。加氢精制反应，一般指杂原子烃中杂原子的脱除反应，如加氢脱硫、加氢脱氮、加氢脱氧、加氢脱金属以及不饱和烃的加氢饱和等，这些反应主要发生在单段串联流程中的第一反应器或两段流程中的第一段。加氢裂化反应，主要是烃类的加氢异构化和裂化（包括开环）反应，这些反应主要在单段串联流程中的第二反应器和两段流程中的第二段中进行。因在加氢裂化工艺中发生的化学反应几乎包括了馏分油加氢过程的所有平行-顺序反应综合过程。这些反应有以下几种。

① 含硫、含氮、含氧化合物等非烃类的加氢分解反应。

② 烷烃的加氢裂化反应。

③ 环烷烃的开环反应。

④ 烷烃和环烷烃的异构化反应。

⑤ 烯烃和芳烃的加氢饱和反应。

⑥ 烷基芳烃的断链反应。

某工程两段加氢工艺流程，如图 5-141 所示。

十七、加氢精制装置工艺简介

加氢精制是在氢气压力下进行催化加氢反应，脱除原料中大部分的硫、氮等杂质，饱和绝大部分的烯烃和部分芳烃。加氢精制的主要反应为加氢脱硫、加氢脱氮、加氢脱氧，烯烃与芳烃的加氢饱和，以及加氢脱金属。

某工程加氢精制装置工艺流程简介，如图 5-142 所示。

十八、制氢装置工艺简介

21 世纪原油重质化和劣质化的趋势将越来越明显，我国炼油行业加工含硫原油和重质原油的比例将越来越大。在炼油厂含硫重质原油加工工艺流程的选择和配置上，可采用延迟焦化、渣油加氢、重油催化裂化（RFCC）或相应的组合工艺；对于产品精制则普遍采用加氢精制工艺，以满足日益提高的环保和产品质量的要求。因此，在炼油厂总的加工流程中，各种临氢工艺已日益成为炼油厂主要的加工手段。

工业上生产氢气的方法有很多，如煤或焦炭的水煤气法、渣油或重油的部分氧化法、轻烃水蒸气转化法、炼油厂富氢气体净化分离法、甲醇为原料蒸汽重整法以及电解水法等。而

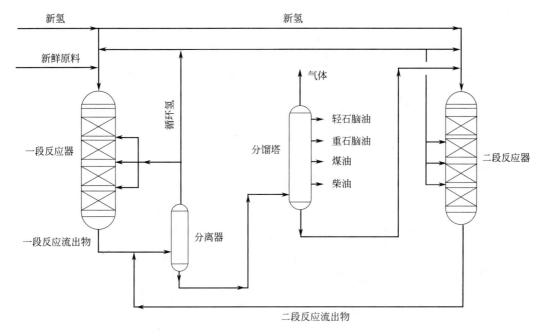

■ 图 5-141 某工程两段加氢工艺流程简图

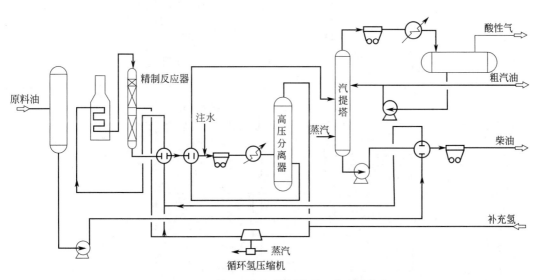

■ 图 5-142 某工程加氢精制装置工艺流程简介

轻烃水蒸气转化法以其工艺成熟可靠、投资低廉、操作方便而占主导地位。就全球范围而言，对于炼油企业，除从含氢气体中回收氢外，目前大约 90％的制氢装置都采用烃类水蒸气转化法。

常规脱碳法制氢装置典型工艺流程，如图 5-143 所示。

十九、延迟焦化装置工艺及布置简介

1. 延迟焦化装置工艺流程简介

焦化过程是以渣油等重质油为原料，在高温（500～550℃）下进行深度热裂化反应的一

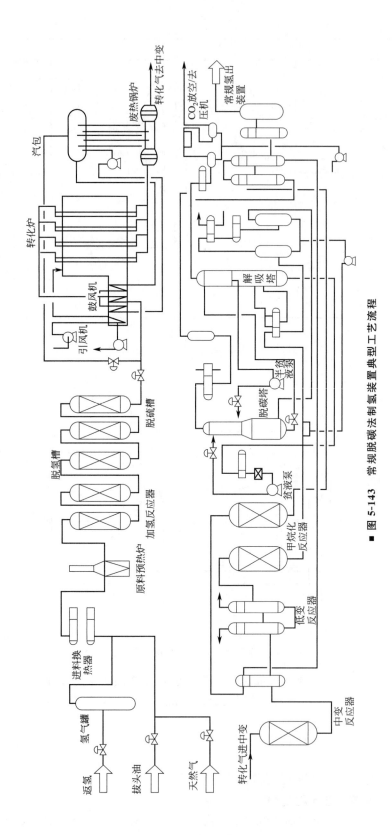

■ **图 5-143　常规脱碳法制氢装置典型工艺流程**

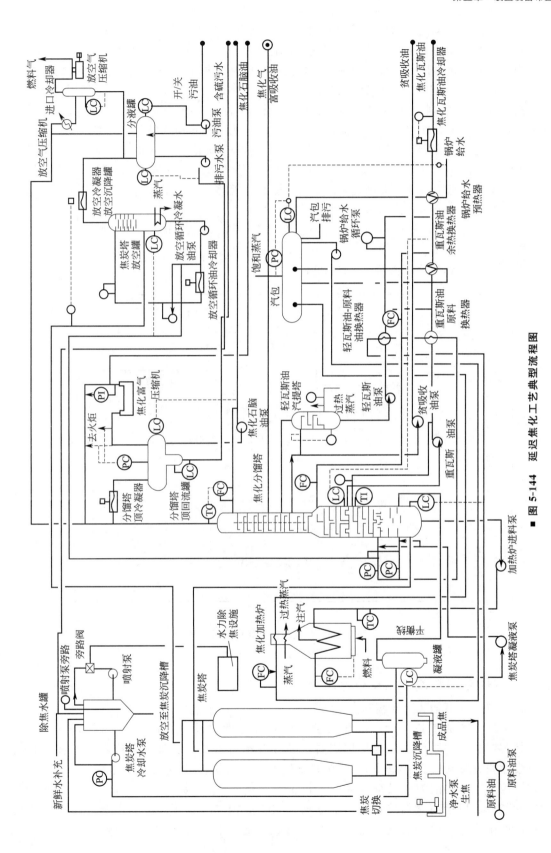

■ 图 5-144 延迟焦化工艺典型流程图

种热加工过程。在焦化技术发展的过程中，曾经出现过多种工业形式，其中一些已经被淘汰，目前主要存在的工业形式是延迟焦化、流化焦化和灵活焦化。世界上 85% 以上的焦化处理都属延迟焦化类型，只有少数国家（如美国）的部分炼油厂采用流化焦化和灵活焦化。流化焦化是 20 世纪 50 年代开发的工艺技术，与延迟焦化工艺相比，具有反应温度高，液体收率高、焦炭及气体收率较低的优点。流化焦化从 20 世纪 70 年代后很少建设。灵活焦化是在流化焦化基础上发展的，它是由渣油流化床焦化与焦炭汽化组成的联合工艺过程。

国外延迟焦化技术以美国为代表，比较成熟的有凯洛格（Kellogg）公司、鲁姆斯（ABB Lummus Grest）公司、大陆（Conoco）石油公司和福斯特·惠勒（Foster Wheeler）公司的技术，从近几年设计的延迟焦化装置的套数、液体产品收率和公用工程消耗等方面来看，福斯特·惠勒公司的技术占有一定的优势。

焦化工艺是重要的渣油热加工过程，包括延迟焦化、流化焦化、灵活焦化等多种工艺过程，如图 5-144 所示。

2. 某工程延迟焦化布置实例（图 5-145）

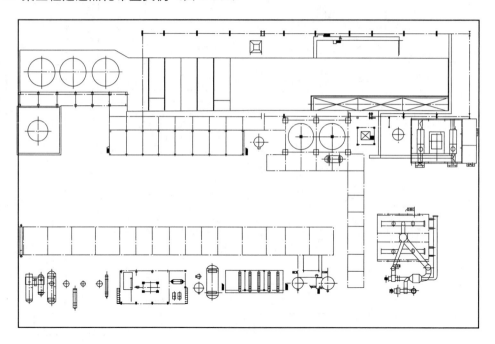

■ 图 5-145　某工程延迟焦化布置实例

二十、气体分馏装置工艺及布置简介

1. 气体分馏装置工艺流程简介

炼油厂二次加工装置所产液化气是一种非常宝贵的气体资源，富含丙烯、正丁烯、异丁烯等组分，它既可以作为民用燃料，又可以作为重要的石油化工原料。随着油气勘探开发的快速发展，天然气资源得到充分利用后，民用液化气的需求量将大幅度减少，同时，丙烯、丁烯的需求量也因为下游消费领域的迅速发展而大幅增加。因此，充分利用液化气资源以提高其加工深度，最终增产聚合级丙烯、正丁烯、异丁烯等高附加值化工产品的工作日益受到石化行业的重视。液化气经气体分馏装置通过物理分馏的方法，除了可得到高纯度的精丙烯以满足下游装置要求外，C₄ 产品、副产丙烷可作为溶剂，并且是优质的乙烯裂解原料。它们分别可为聚丙烯装置、MTBE 装置、甲乙酮装置、烷基化装置等提供基础原料。

气体分馏主要以炼油厂催化、焦化装置生产的液化气为原料，原料组成（体积分数）一般为：乙烷 0.01%～0.5%，丙烯 28%～45%，丙烷 7%～14%，轻 C₄ 27%～44%，重 C₄ 15%～25%。

气体分馏工艺就是对液化气即 C₃、C₄ 的进一步分离，这些烃类在常温、常压下均为气体，但在一定压力下成为液态，利用其不同沸点进行精馏加以分离。由于彼此之间沸点差别不大，而分馏精度要求又较高，故通常需要用多个塔板数较多的精馏塔。气体分馏装置的工艺流程是根据分离的产品种类及纯度要求来确定的，其工艺流程主要有二塔、三塔、四塔和五塔流程 4 种。五塔常规流程，如图 5-146 所示。

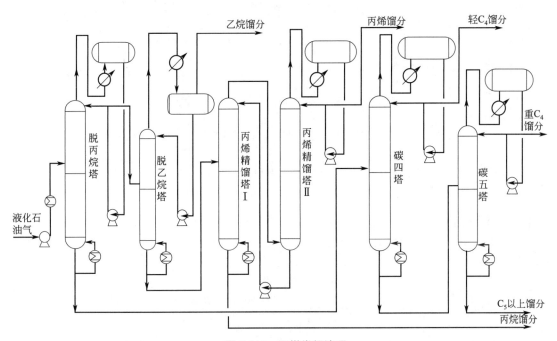

■ 图 5-146　五塔常规流程

脱硫后的液化气进入原料缓冲罐用脱丙烷塔进料泵加压，经过脱丙烷塔进料换热器换热后进入脱丙烷塔。脱丙烷塔底热量由重沸器提供，塔底 C₄ 以上馏分自压至碳四塔，塔顶分出的气相 C₂ 和 C₃ 经脱丙烷塔顶冷凝冷却器后进入脱丙烷塔回流罐，回流罐冷凝液一部分经回流泵加压后作为塔顶回流，另一部分送至脱乙烷塔作为该塔的进料。

脱乙烷塔底由重沸器提供热量，塔底物料自压进入丙烯精馏塔进行丙烯与丙烷的分离过程。脱乙烷塔塔顶分出的乙烷进入脱乙烷塔顶冷凝器后自流进入脱乙烷塔回流罐，回流罐冷凝液全部由脱乙烷塔回流泵加压打回塔顶作回流，回流罐顶的不凝气可经压控阀排入燃料气管网或至催化装置的吸收稳定系统以回收其中的丙烯，达到增产丙烯的目的。

丙烯精馏塔 I 底由重沸器提供热量，塔底丙烷馏分经冷却器冷却后自压出装置。丙烯精馏塔 I 的塔顶气相自压进入丙烯精馏塔 II 的下部，作为丙烯精馏塔 II 的气相内回流，而丙烯精馏塔 II 的塔底液相经过泵加压后，作为丙烯精馏塔 I 的塔顶液相内回流。丙烯精馏塔 II 的塔顶气相经冷凝冷却后自流进入精丙烯塔顶回流罐，冷凝液经丙烯塔回流泵加压，一部分作为塔顶回流，另一部分作为精丙烯产品经过冷却器冷却后送出装置。

碳四塔底热量由重沸器提供，塔底重 C_4 以上馏分（主要为丁烯-2 和正丁烷）自压至碳五塔。塔顶分出的气相轻 C_4 馏分（主要为异丁烷、异丁烯、丁烯-1），经碳四塔顶冷凝冷却器后进入碳四塔回流罐，回流罐冷凝液一部分经回流泵加压后作为塔顶回流，另一部分经冷却器冷却后自压出装置。

碳五塔底热量由重沸器提供，塔底 C_5 馏分自压出装置。塔顶分出的气相重 C_4 馏分经碳五塔顶冷凝冷却器后进入碳五塔回流罐，回流罐冷凝液一部分经回流泵加压后作为塔顶回流，另一部分重 C_4 馏分经过冷却器冷却后送出装置。

2. 某气体分馏装置布置实例（图 5-147）

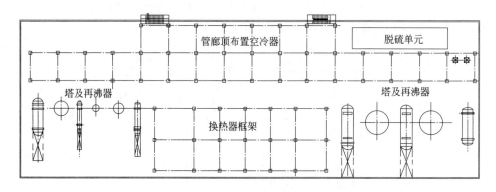

■ **图 5-147** 某气体分馏装置布置（四塔）实例

二十一、污水处理厂工艺简介

某污水处理厂工艺流程简图，如图 5-148 所示，典型的工艺装置区污染雨水收集池示意图，如图 5-149 所示。

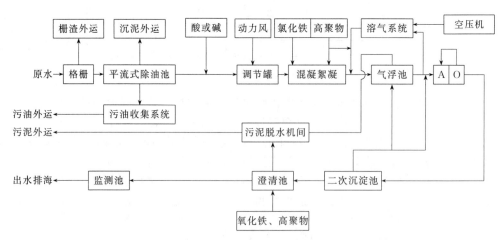

■ **图 5-148** 某污水处理厂工艺流程简图

1. 生产污水的收集

① 对于无需预处理且自身有压力连续排放的生产污水，可直接通过生产污水管线送到污水处理厂处理。

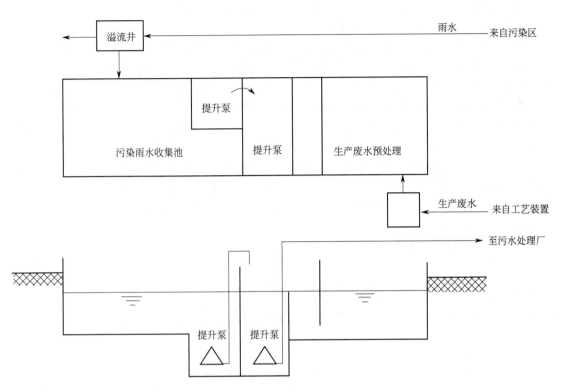

■ 图 5-149　典型的工艺装置区污染雨水收集池示意图

② 对于间断排放的没有压力的生产污水，经地下管道收集，靠重力送到装置内污水调节池，由泵提升定量地通过生产污水管线送到污水处理厂处理。

③ 对于排水水质不能满足污水处理厂接管标准的污水，需经过预处理满足接管指标后才能送到污水处理厂进一步处理。

2. 污染雨水的收集

（1）装置污染雨水的收集

装置（单元）污染界区的污染雨水，经重力管渠收集进入污染雨水池，然后用泵定量地送到污水处理厂处理。

对于含油量过高，不能满足污水处理厂接管指标的污染雨水，还需经过除油预处理后才能送到污水处理厂进一步处理。

污染雨水池的有效容积按照一次降雨的污染雨水总量考虑。

污染雨水量按污染面积与其 15～30mm 降雨深度的乘积计算。

污染雨水池的设计应考虑后期清净雨水的分流措施。

（2）罐区污染雨水的收集

罐区内的泵区、阀区的雨水按全部为污染雨水考虑，污染雨水量按一次最大降雨量与污染面积的乘积计算。

二十二、空分空压站工艺及布置简介

1. 空分站工艺流程简介

空分装置（Air Separation Unit，ASU）是用来分离空气中的各组分气体，为全厂工艺装置及各辅助装置提供所需要的氧气、氮气、氩气等气体和液体产品的装置。氧气和氮气是炼化装置中不可缺少的原料气和保护气。

在空分领域中，深冷法、变压吸附法、膜分离法是应用于工业生产的三大分离方法。深冷法是传统的制氧（氮）方法，在国内外的制氧（氮）行业中仍占据着统治地位，适用于氧（氮）气需求量大、纯度高，且要求连续供气，并将液氧（氮）作为储备气源的生产场合，变压吸附法（PSA）和膜分离法是新兴的制氧（氮）方法，其技术日臻成熟，适用于氧（氮）气需求量小、纯度低、开停迅速、操作弹性大、无需液体产品的生产场合。

目前，国内外大型空分装置流程多数采用深冷法。根据产品压缩情况，深冷法可分为外压缩流程和内压缩流程。其中，内压缩流程较为广泛地应用在冶金、石油化工等行业。根据循环增压机压缩介质的不同，内压缩流程通常可分为空气循环流程和氮气循环流程。

空分设备系统，如图 5-150 所示。

■ 图 5-150 　空分设备系统流程图

目前空分设备流程主要分为外压缩流程和内压缩流程。外压缩流程就是空分设备生产低压氧气，然后经氧压机加压至所需压力供给用户。内压缩流程是相对于外压缩而言的。就是取消氧压机，直接从空分设备生产出中高压的氧气供给用户。内压缩流程与外压缩流程的主要区别在于产品氧的供氧压力是液氧在冷箱内经液氧泵加压达到的，如图 5-151 所示。

2. 空压站工艺流程简介

在炼油和石油化工企业的生产中，作为常用吹扫介质的工厂空气及仪表动力来源的仪表空气是必不可少的。因此，在炼油和石油化工企业的工厂设计中，经常能遇到作为重要辅助设施的空压站的设计。

工厂空气工艺流程图，如图 5-152 所示。仪表空气工艺流程图，如图 5-153 所示。

3. 某空分空压站布置实例（图 5-154）

二十三、火炬系统工艺及布置简介

1. 火炬系统工艺流程简介

火炬根据燃烧特性可分为有烟火炬、无烟火炬、吸热火炬。

火炬根据支撑结构可分为高架火炬、地面火炬、坑式火炬。一般按火炬的支撑结构进行分类。

高架火炬即采用竖立的火炬筒体将燃烧器（又称火炬头）高架于空中，火炬气通过火炬筒体进入燃烧器，燃烧后的烟气直接进入空气中，随气流扩散至远处。根据火炬筒体的支撑形式，高架火炬又可分为塔架式、半塔架式、自支撑式、拉线式。

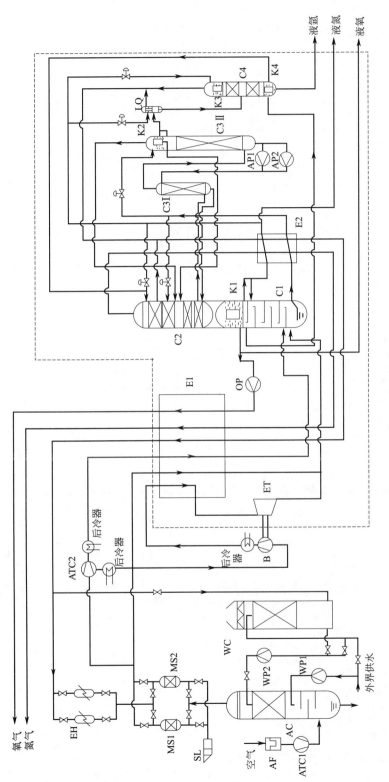

■ 图 5-151 内压缩流程图

AC—空气冷却塔；AF—空气过滤器；AP1, AP2—循环液氩泵；ATC1—空气透平压缩机；B—增压机；ATC2—循环增压机；C1—下塔；C2—上塔；
C3Ⅰ—粗氩Ⅰ塔；C3Ⅱ—粗氩Ⅱ塔；C4—精氩塔；E1—主换热器；E2—过冷器；EH—电加热器；ET—透平膨胀机；K1—冷凝蒸发器；K2—粗氩冷凝蒸发器；
K3—精氩冷凝器；K4—精氩蒸发器；LQ—精氩液化器；MS1, MS2—分子筛吸附器；OP—液氧泵；SL—消声器；WC—水冷却塔；WP1, WP2—水泵

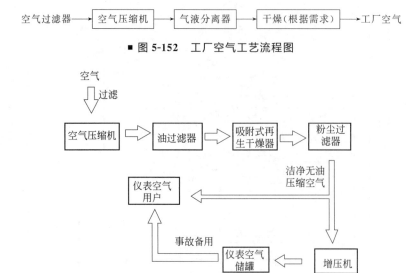

■ 图 5-152 工厂空气工艺流程图

■ 图 5-153 仪表空气工艺流程图

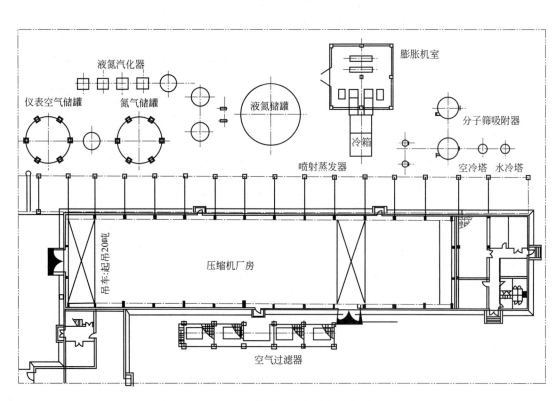

■ 图 5-154 某空分空压站布置实例

　　火炬筒体支撑结构形式,如图 5-155 所示。

　　地面火炬没有支撑结构,一般粗短、无烟、不发光且几乎无声,光、噪声符合环保要求,操作维修比较方便,近年来有被推广使用的趋势。但随着处理气量的增加,地面火炬造价增加的幅度往往比高架火炬大得多,而且地面火炬不能用于有毒物质的燃烧。如果气体中含有相当量的硫,则地面上的二氧化硫浓度可能超过空气污染控制规定的限制值。

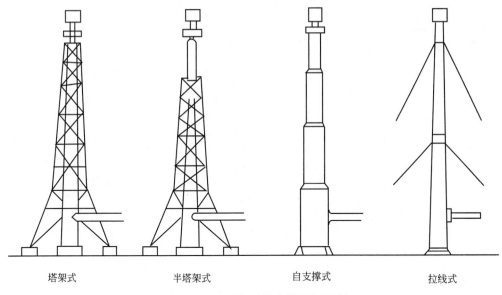

塔架式　　　　半塔架式　　　　自支撑式　　　　拉线式

■ 图 5-155　火炬筒体支撑结构形式

坑式火炬在地面以下的坑中燃烧，主要处理可燃液体废物，现在用得较少。

火炬形式的选择应根据火炬系统的设计处理量、项目所在地的总图布置以及环境保护的要求等因素确定。

高架火炬主要包括分液罐（也称排放罐，有的火炬系统不止一个）、密封罐（大多用水封，称为水封罐）、火炬收集管线、火炬筒体、火炬头、气体密封、长明灯及监测长明灯的热电器、清烟装置、航标指示灯、点火设施、监视电视（也称 CCTV，一般离火炬有一定距离）。

典型的高架火炬系统工艺流程，如图 5-156 所示。

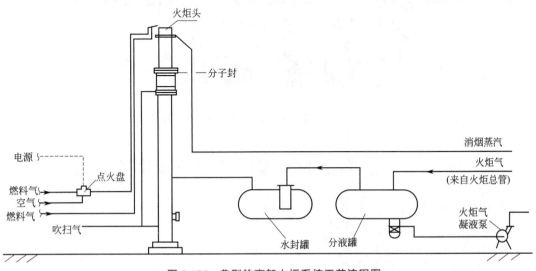

■ 图 5-156　典型的高架火炬系统工艺流程图

火炬气回收流程，如图 5-157 所示。

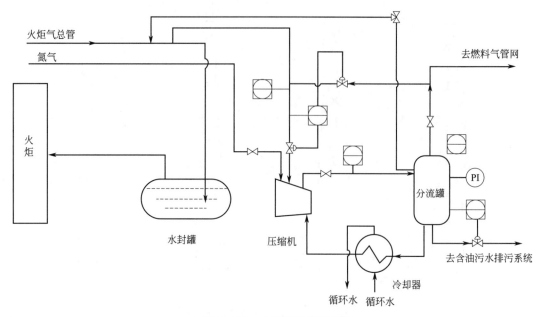

■ 图 5-157 火炬气回收流程图

2. 某工程火炬系统布置实例（图 5-158）

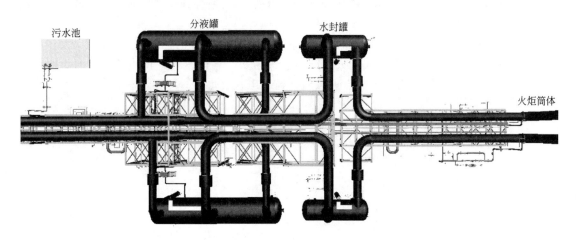

■ 图 5-158 某工程火炬系统布置三维模型

第二十二节 压力管道装置设备布置常用的标准规范

① GB 50160《石油化工企业设计防火标准》；

② GB 50016《建筑设计防火规范》；

③ GB 50183《石油天然气工程设计防火规范》；

④ GB 50058《爆炸危险环境电力装置设计规范》；

⑤ GB 50074《石油库设计规范》；

⑥ GB 50737《石油储备库设计规范》；

⑦ GB/T 50493《石油化工企业可燃气体和有毒气体检测报警设计规范》；

⑧ GB 50029《压缩空气站设计规范》；

⑨ GB 50030《氧气设计规范》；

⑩ GB 50031《乙炔站设计规范》；

⑪ GB/T 50087《工业企业噪声控制设计规范》；

⑫ GB 5044《职业性接触毒物危害程度分级》；

⑬ HG/T 20546《化工装置设备布置设计规定》；

⑭ HG/T 20571《化工企业安全卫生设计规范》；

⑮ SH/T 3047《石油化工企业职业安全卫生设计规范》；

⑯ SH/T 3024《石油化工企业环境保护设计规范》；

⑰ SH/T 3146《石油化工噪声控制设计规范》；

⑱ GB 50041《锅炉房设计规范》；

⑲ GB 50177《氢氧站设计规范》；

⑳ GB 50195《发生炉煤气站设计规范》；

㉑ GB 50265《泵站设计规范》；

㉒ GB 50316《工业金属管道设计规范》；

㉓ GB 50235《工业金属管道工程施工及验收规范》；

㉔ GB 50236《现场设备、工业管道焊接工程施工及验收规范》；

㉕ SH/T 3011《石油化工工艺装置布置设计通则》；

㉖ SH/T 3501《石油化工有毒、可燃介质管道工程施工及验收规范》；

㉗ GB 50351《储罐区防火堤设计规范》；

㉘ GB 51428《煤化工工程设计防火标准》；

㉙ GB 50229《火力发电厂与变电站设计防火标准》；

㉚ GB 50414《钢铁冶金企业设计防火标准》；

㉛ GB 50565《纺织工程设计防火规范》；

㉜ GB 51283《精细化工企业工程设计防火标准》；

㉝ JTS 158《油气化工码头设计防火规范》；

㉞ NB/T 10045《煤层气田地面工程设计防火规范》；

㉟ SH/T 3054《石油化工厂区管线综合设计规范》；

㊱ GB/T 36762《化工园区公共管廊管理规程》；

㊲ GB 50542《石油化工厂区管线综合技术规范》；

㊳ GB 50489《化工企业总图运输设计规范》；

㊴ GB 50187《工业企业总平面设计规范》；

㊵ GB/T 51359《石油化工厂际管道工程技术标准》；

㊶ SPMP-STD-EM1002《石油化工工程数字化交付执行细则》；

㊷ SPMP-STD-EM2002《石油化工大型建设项目总体设计内容规定》；

㊸ SPMP-STD-EM2003《石油化工装置基础工程设计内容规定》；

㊹ SPMP-STD-EM2004《石油化工工厂基础工程设计内容规定》；

㊺ SPMP-STD-EM2005《石油化工装置详细工程设计内容规定》；

㊻ TSG 07《特种设备生产和充装单位许可规则》；

㊼ GB/T 20801《压力管道规范 工业管道》；

㊽《危险化学品目录》。

管道布置

第一节　管道布置设计必须具备的条件

如果压力管道设计人员不清楚设计的工艺装置是生产什么的，不清楚管道内物料是什么，仅仅搭积木式地完成了管道布置设计施工图；如果管道设计人员没有足够地了解塔、容器、反应器、换热设备、加热炉、泵、压缩机、罐、阀门等各种类型设备及其配管特点；如果在做配管设计时，仅是对设备、管道等设施的摆放布置设计，把管道布置设计当作设备管口之间的管线"连连看"，做了些管道支吊架，没有了碰撞，符合防火防爆规范，还挺美观，就万事大吉，校审人列出的问题仅仅是碰撞、间距等表面问题，而影响管道设计质量的实质性问题没有校审出来，更别提利用技术经济原理进行设计优化。以上情况可能会造成工程成本的浪费，工程质量存在安全隐患。本章节将以这些设备设施为主线讲述管道布置设计。

管道布置设计必须具备下列条件或资料。

① 管道布置设计应遵守的有关设计标准、规范和规定。

② 管道布置工程设计统一规定。这些规定是对各种规范、标准和规定的补充和说明，并列入用户的特殊要求。

③ 工艺管道及仪表流程图（PID图）、公用系统流程图。在管道设计过程中有可能对流程图提出某些调整。

④ 管道表。表中列有管道编号、输送介质、起止点、管径 、设计压力和设计温度、材料选用等级、保温伴热要求等。

⑤ 设备布置图、设备表、设备规格书及设备图。

⑥ 仪表规格表。

⑦ 有关专业的设计条件。

⑧ 管道材料等级规定、管道布置材料数据库。

⑨ 界区接点条件。

第二节　管道的敷设方式和管道布置设计的一般要求

一、管道敷设的方式

管道敷设方式有地面以上和地面以下两大类。

① 地面以上统称架空敷设，是工业生产装置管道敷设的主要方式，具有便于施工、操

作、检查、维修及经济等优点。

②　地下敷设。

a. 埋地敷设：其优点是利用地下的空间，使地面以上空间较为简洁，并不需支承措施；其缺点是管道腐蚀性较强，检查和维修困难，在车行道处有时需特别处理以承受大的荷载，低点排液不便，易凝油品凝固在管内时处理困难，带隔热层的管道很难保持其良好的隔热功能等。因此，只有架空敷设不可能时，才予以采用。

b. 管沟敷设：其优点是充分利用地下空间，并提供了较方便的检查维修条件；还可敷设有隔热层的高温、易凝介质或腐蚀性介质的管道；其缺点是费用高，占地面积大，需设排水点，易积聚或窜入油气，增加不安全因素，污物清理困难等。

二、管道布置设计的一般要求

①　管道布置设计应符合管道及仪表流程图的要求。

②　管道布置应统筹规划，做到安全可靠、经济合理、满足施工、操作、维修等方面的要求，并力求美观整齐。

③　在确定进出装置（单元）的管道的方位与敷设方式时，应做到内外协调。

④　厂区内的全厂性管道的敷设，应与厂区内的装置（单元）、道路、建筑物、构筑物等协调，一般沿厂区道路设计厂内管廊，减少管道与铁路、道路的交叉。

⑤　管道应架空或地上敷设，特殊情况下可敷设在管沟内。

⑥　管道宜集中成排布置。地上的管道应敷设在管廊或管墩上。

⑦　在管廊、管墩上布置管道时，宜使管廊或管墩所受的垂直荷载、水平荷载均衡。

⑧　全厂性管廊或管墩上（包括穿越涵洞）应留有 $10\%\sim30\%$ 的裕量，并考虑其荷重。装置主管廊宜留有 $10\%\sim20\%$ 的裕量，并考虑其荷重。

⑨　输送介质对距离、角度、高差等有特殊要求的管道以及大直径管道的布置，应符合设备布置设计的要求。

⑩　管道布置不应妨碍设备、机泵及其内部构件的安装、检修和消防车辆的通行。

⑪　管道布置应使管道系统具有必要的柔性。在保证管道柔性及管道对设备、机泵管口作用力和力矩不超过允许值的情况下，应使管道最短，组成件最少。

⑫　应在管道规划的同时考虑其支承点设置，宜利用管道的自然形状达到自行补偿。

⑬　管道布置宜做到"步步高"或"步步低"，减少"气袋" ⌐⌐ 或"液袋" ⌐_⌐ ，否则应根据操作、检修要求设置放空、放净。管道布置应减少"盲肠"。

⑭　气液两相流的管道由一路分为两路或多路时，管道布置应考虑对称性或满足管道及仪表流程图的要求。

⑮　管道除与阀门、仪表、设备等需要用法兰或螺纹连接者外，应采用焊接连接。

⑯　下列情况应考虑法兰、螺纹或其他可拆卸连接。

a. 因检修、清洗、吹扫需拆卸的场合。

b. 衬里管道或夹套管道。

c. 管道由两段异种材料组成且不宜用焊接连接者。

d. 焊缝现场热处理有困难的管道连接点。

e. 公称直径小于或等于 100mm 的镀锌管道。

f. 设置盲板或"8"字盲板的位置。

⑰ 蒸汽管道或可凝性气体管道的支管宜从主管的上方相接。蒸汽冷凝液支管应从收回总管的上方接入。

⑱ 有毒介质管道应采用焊接连接，除有特殊需要外不得采用法兰或螺纹连接。有毒介质管道应有明显标志以区别于其他管道。有毒介质管道不应埋地敷设。

⑲ 布置固体物料或含固体物料的管道时，应使管道尽可能短、少拐弯和不出现死角。

a. 固体物料支管与主管的连接应顺介质流向斜接，夹角不宜大于45°。

b. 固体物料管道上弯管的弯曲半径不应小于管道公称直径的6倍。

c. 含有大量固体物料的浆液管道和高黏度的液体管道应有坡度。

⑳ 不应在振动管道上弯矩大的部位设置分支管。

㉑ 在易产生振动的管道（如往复式压缩机、往复泵的出口管道等）的转弯处，应采用弯曲半径不小于1.5倍公称直径的弯头。分支管宜顺介质流向斜接。

㉒ 从有可能发生振动的管道上接出公称直径小于或等于40mm的支管时，无论支管上有无阀门，连接处均应采取加强措施。

㉓ 自流的水平管道应有不小于0.003的顺介质流向坡度。

㉔ 各种弯管的最小弯曲半径应符合表6-1。

表6-1 弯管最小弯曲半径

管道设计压力/MPa	弯管制作方式	最小弯曲半径
<10.0	热弯	3.5倍公称直径
	冷弯	4.0倍公称直径
≥10.0	冷、热弯	5.0倍公称直径

㉕ 管道穿过建筑物的楼板、屋顶或墙面时，应加套管，套管与管道间的空隙应密封。套管的直径应大于管道隔热层的外径，并不得影响管道的热位移。管道上的焊缝不应在套管内，并距离套管端部不应小于150mm。套管应高出楼板、屋顶面50mm（图6-1）。管道穿过屋顶时应设防雨罩。管道不应穿过防火墙或防爆墙。

■ 图6-1 穿围堰处理

㉖ 布置腐蚀性介质、有毒介质和高压管道时，应避免由于法兰、螺纹和填料密封等泄漏而造成对人身和设备的危害。易泄漏部位应避免位于人行通道或机泵上方，否则应设安全防护。

㉗ 有隔热层的管道，在管墩、管架处应设管托。无隔热层的管道，如无要求，可不设管托。当隔热层厚度小于或等于80mm时，选用高100mm的管托；隔热层厚度大于80mm时，选用高150mm的管托；隔热层厚度大于130mm时，选用高200mm的管托。保冷管道应选用保冷管托。

㉘ 厂区地形高差较大时，全厂性管道敷设应与地形高差保持一致，在适当位置调整管廊标高。管道的最小坡度宜为0.002。管道变坡点宜设在转弯处或固定点附近。

㉙ 对于跨越、穿越厂区内铁路和道路的管道，在其跨越段或穿越段上不得装设阀门、金属波纹管补偿器和法兰、螺纹接头等管道组成件。

㉚ 有热位移的埋地管道，在管道强度允许的条件下可设置挡墩，否则应采取热补偿措施。

㉛ 距离较近的两设备的连接管，最好不直接连（有波形伸缩器的或设备中的一个设备

没有同建筑物固定者除外）。一般采用 90°连接或 45°斜接，如图 6-2 所示。

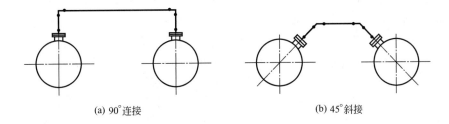

(a) 90°连接　　　　　　　　　(b) 45°斜接

■ **图 6-2** 距离较近的两设备的管道连接

㉜ 大气排放的相关规定。

a. 可燃气体排气筒、放空管的高度，应符合下列规定。

ⅰ. 连续排放的可燃气体排气筒顶或放空管口，应高出 20m 范围内的平台或建筑物顶 3.5m 以上。位于 20m 以外的平台或建筑物如图 6-3 所示。

ⅱ. 间歇排放的可燃气体筒顶或放空管口，应高出 10m 范围内的平台或建筑物顶 3.5m 以上。位于 10m 以外的平台或建筑物如图 6-3 所示。

b. 向大气排放的非可燃气体放空管高度应符合下列要求。

ⅰ. 设备上或管道上的放空管口应高出邻近的操作平台 2m 以上。

ⅱ. 紧靠建筑物、构筑物或其内部布置的设备或管道的放空口，应高出建筑物、构筑物 2m 以上。

c. GB 50316《工业金属管道设计规范》对气体排放的规定，引入了环境保护的国家标准。

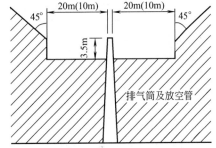

■ **图 6-3** 可燃气体排气筒顶或放空管口高度示意

注：阴影部分为平台或建筑物的设置范围。

ⅰ. B 类气体的放空管管口及安全阀排放口与平台或建筑物的相对距离应符合现行国家标准 GB 50160《石油化工企业设计防火规范》中的相应规定。

ⅱ. 放空口位置除上述要求外，还应符合现行国家标准 GB/T 3840《制定地方大气污染物排放标准的技术方法》的规定。

㉝ GB 50316《工业金属管道设计规范》对 B 类流体进行了一些强制的布置规定。

a. 在车间内或装置内不便维修的区域，不宜将输送强腐蚀性及 B 类流体的管道敷设在地下。

b. 在无可靠的通风条件及无安全措施时，不得在通行管沟内布置窒息性及 B 类流体的管道。

c. B 类流体的管道，不得安装在通风不良的厂房内、室内的吊顶内及建（构）筑物封闭的夹层内。

d. 密度比环境空气大的室外 B 类气体管道，当有法兰、螺纹连接或有填料结构的管道组成件时，不应紧靠有门窗的建筑物敷设。

e. B 类流体的管道不得穿过与其无关的建筑物。

f. B 类流体的管道不应在高温管道两侧相邻布置，也不应布置在高温管道上方有热影响的位置。

g. B类流体管道与仪表及电气的电缆相邻敷设时，平行净距不宜小于1m。电缆在下方敷设时，交叉净距不应小于0.5m。当管道采用焊接连接结构并无阀门时，其平行净距可取上述净距的50%。

h. B类液体排放应符合 GB 50316 的规定。含油的水应先排入油水分离装置。

i. B类流体管道与氧气管道的平行净距不应小于500mm。交叉净距不应小于250mm。当管道采用焊接连接结构并无阀门时，其平行净距可取上述净距的50%。

㉞ 布置管道应留有转动设备维修、操作和设备内填充物装卸及消防车道等所需空间。

a. 吊装孔范围内不应布置管道。在设备内件抽出区域及设备法兰拆卸区内不应布置管道。

b. 仪表接口的设置应符合下列规定。

ⅰ. 就地指示仪表接口的位置应设在操作人员看得清的高度。

ⅱ. 管道上的仪表接口应按仪表专业的要求设置，并应满足元件装卸所需的空间。

ⅲ. 设计压力不大于 6.3MPa 或设计温度不高于 425℃ 的蒸汽管道，仪表接口公称直径不应小于15mm。大于上述条件及有振动的管道，仪表接口公称直径不应小于20mm，当主管公称直径小于20mm 时，仪表接口不应小于主管径。

㉟ 管道布置时管道焊缝的设置应符合下列要求。

a. 管道对接焊口的中心与弯管起弯点的距离不应小于管子外径，且不小于100mm。

b. 管道上两相邻对接焊口的中心间距如下。

ⅰ. 对于公称直径小于150mm 的管道，不应小于外径，且不得小于50mm。

ⅱ. 对于公称直径等于或大于150mm 的管道，不应小于150mm。

c. 管道的环焊缝不宜在管托的范围内。需热处理的焊缝从外侧距支架边缘的净距宜大于焊缝宽度的5倍，且不应小于100mm。

㊱ 厂内管线综合。

a. 沿地面或低支架敷设的管道，不应环绕工艺装置或罐组四周布置。

b. 可燃气体、液化烃、可燃液体的管道横穿铁路或道路时，应敷设在管涵或套管内。

c. 可燃气体、液化烃、可燃液体的管道，不得穿越或跨越与其无关的炼油工艺装置、化工生产单元或设施；但可跨越罐区泵房（棚）。在跨越泵房（棚）的管道上，不应设置阀门、法兰、螺纹接头和补偿器等。

d. 距散发密度大于空气的可燃气体设备 30m 以内的管沟、电缆沟、电缆隧道，应采取防止可燃气体窜入和积聚的措施。

e. 各种工艺管道或含可燃液体的污水管道，不应沿道路敷设在路面或路肩上下。

f. 布置在公路型道路路肩上的管架支柱、照明电杆、行道树或标志杆等，应符合下列规定。

ⅰ. 至双车道路面边缘不应小于 0.5m（很多现行标准规定管架立柱边缘距铁路中心线不应小于3m，距道路路肩不应小于1m）。

ⅱ. 至单车道中心线不应小于3m。

三、管道净空高度和埋设深度

① 管道跨越装置区的铁路和道路，应符合下列规定。

a. 管道跨越铁路时，轨顶以上的净空高度不应小于5.5m（此值按 SH 3011 的规定，注意与下面提到的 GB 50316 数值的比较，在实际工程项目中，应以选定的标准为准）。

b. 管道跨越检修道路或消防道路时，路面以上的净空高度不应小于4.5m，跨越厂内道路时，路面上净空高度不应小于 5m（以上数值按 SH/T 3011 的规定）。

　　c. 在人行通道上方的管道，其管底的净空不宜小于 2.2m（按石化标准）。

　　d. 对于全厂性管道的管墩，墩顶距地面不宜小于 0.4m。

　　② 装置内管廊的高度，除应满足设备接管和检修的需要外，还应符合下列规定。

　　a. 管廊下布置泵或换热器时，管底至地面的净空高度不宜小于 3.5m。

　　b. 管廊下不布置泵或换热器时，管底至地面的净空高度不宜小于 3m。

　　c. 管廊下作为消防通道时，管底至地面的净空高度不应小于 4.5m。

　　d. 多层管廊的层间距应根据管径大小和管架结构确定；上下层间距宜为 1.5～2.0m。

　　e. 当管廊上的管道改变方向或两管廊成直角相交，其高差以 600～750mm 为宜；对于大型装置也可采用 1000mm 及以上高差。

　　f. 当管廊有桁架时要按桁架底高计算管廊的净高。

　　③ 接近地面敷设的管道的布置应满足阀门和管件等的安装高度的要求，管底或隔热层的底部距地面净空高度不应小于 100mm。

　　④ 管道穿越铁路和道路时，应符合下列规定。

　　a. 管道穿越铁路和道路的交角不宜小于 60°，穿越管段应敷设在涵洞或套管内，或采取其他防护措施。

　　b. 套管的两端伸出路基边坡不应小于 2m；路边有排水沟时，伸出水沟边不应小于 1m。

　　c. 套管顶距铁路轨面不应小于 1.2m，距道路路面不应小于 0.8m，否则，应核算套管强度。

　　⑤ GB 50316《工业金属管道设计规范》也对管道净空给出了规定。架空管道穿过道路、铁路及人行道等的净空高度是指管道隔热层或支承构件最低点的高度，净空高度应符合下列规定。电力机车的铁路轨顶以上≥6.6m；铁路轨顶以上≥5.5m；道路推荐值≥5.0m，最小值为 4.5m；装置内管廊横梁的底面≥4.0m；装置内管廊下面的管道，在通道上方≥3.2m；人行过道，在道路旁≥2.2m；人行过道，在装置小区内≥2.0m。

　　管道与高压电力线路间交叉净距应符合架空电力线路现行国家标准的规定。

　　另外，在外管架（廊）上敷设管道时，管架边缘至建筑物或其他设施的水平距离除按以下要求外，还应符合现行国家标准 GB 50160《石油化工企业设计防火标准》、GB 50187《工业企业总平面设计规范》及 GB 50016《建筑设计防火规范》的规定。

　　管架边缘与以下设施的水平距离：至铁路轨外侧≥3.0m；至道路边缘≥1.0m；至人行道边缘≥0.5m；至厂区围墙中心≥1.0m；至有门窗的建筑物外墙≥3.0m；至无门窗的建筑物外墙≥1.5m。

　　⑥ 输送天然气或人工煤气管道跨越道路、铁路的净空高度规定见表 6-2。

表 6-2　输气管道跨越道路、铁路净空高度

道路类型	净空高度/m	道路类型	净空高度/m
人行道路	2.2	铁路	6.0
公路	5.5	电气化铁路	11.0

四、高点排气及低点排液的设置

　　① 此处的高点排气及低点排液是指在 PID 图上可以不表示的。高点排气用于水压试验及液体管道的排气，低点排液用于水压试验及停车排净等。PID 图上所表示的排气和排液应按流程要求，并遵循有关规定进行设计。

　　② 管道的高点与低点均应分别备有排气口与排液口，并位于容易接近的地方。如该处

（相同高度）有其他接口可利用时，可不另设排气口或排液口。除管廊上的管道外，对于公称直径小于或等于25mm的管道可省去排气口。对于蒸汽伴热管迂回时出现的低点处，可不设排液口。

③ 高点排气管的公称直径最小应为15mm；低点排液管的公称直径最小应为20mm。当主管公称直径为15mm时，可采用等径的排液口。SH 3012规定了放气口、排液口的最小公称直径，对于小于或等于 $DN25$ 的为15mm，对于 $DN40\sim150$ 的为20mm，对于 $DN200\sim350$ 的为25mm，对于大于或等于 $DN400$ 的为40mm。高黏度介质管道排液口大于或等于 $DN25$。

④ 气体管道的高点排气口可不设阀门，接管口应采用法兰盖或管帽等加以封闭。

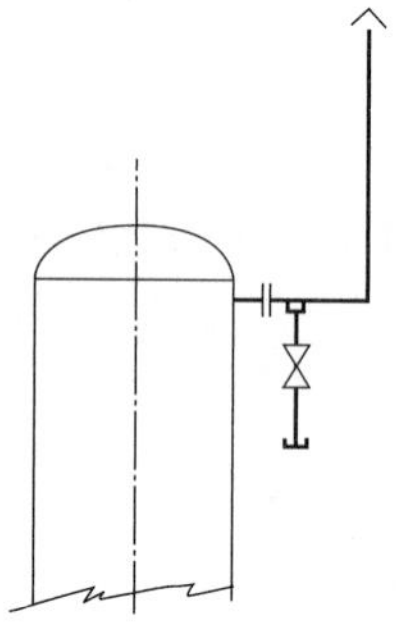

⑤ 所有排液口最低点与地面或平台的距离不宜小于150mm。

⑥ 饱和蒸汽管道的低点应设集液包及蒸汽疏水阀组。

⑦ 对于全厂性的工艺、凝结水和水管道，在历年最冷月月平均温度的平均值高于0℃的地区，应少设低点排液，低于或等于0℃的地区，应在适当位置设低点排液。

⑧ 氢气管道上不宜设置高点排气和低点排液。

⑨ 蒸汽主管（干管）的排液设施应包括扑集管、切断阀和疏水阀（具体可见本书"蒸汽管道集液包"所述）。

⑩ 公用工程管道的末端应设置低点排液口，以利排液和吹扫。

⑪ 凡向大气排放的排气管道，应设置低点排液口，如图 6-4 所示。

■ 图 6-4 设置低点排液口

⑫ 输送催化剂或高黏度的物料（如焦油、沥青、重质燃料油等）管道排气、排液口的直径应不小于 $DN25$。

⑬ 浆液管道不宜设置排气和排液口，如需要设置排液口时其型式和尺寸见图 6-5 和表 6-3 所示。

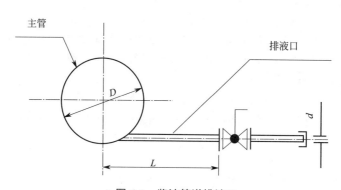

■ 图 6-5 浆液管道排液口

D、d——公称直径；L——排液口长度

表 6-3 尺寸表

mm

d	D									
	40	50	65	80	100	125	150	200	250	300
	L									
20	100	100	110	120	120	130	140	170	180	200
25		100	110	120	120	130	140	170	180	200
40				130	130	140	150	180	200	220

⑭ 输送固体或浆料管道上的排气、排液管的切断阀宜选用球阀或旋塞阀。

⑮ 管道上排气、排液口设置的阀门应靠近主管。

⑯ 振动管道上直径小于 $DN40$ 密闭放空、放净管根部接口处应采取加强措施。

⑰ 输送液态丁烷和更轻的液化烃类管道上的排气、排液管的切断阀应设双阀。

⑱ 放气或排液管上的切断阀，宜用闸阀，阀后可接带管帽短管；对于高压、极度及高度危害介质的管道应设双阀。当设置单阀时，应加盲板或法兰盖；连续操作的可燃气体管道低点的排液阀，应为双阀。排出的液体应排放至密闭系统；仅在开停工时使用的排液阀，可设一道阀门并加螺纹堵头、管帽、盲板或法兰盖。可燃液体管道以及大于 2.5MP。蒸汽管道上排液管装一个切断阀时，应在端头加管帽（管堵）盲板或法兰盖。

⑲ 容器设备上的排气管除作为进出料呼吸用外，应设置切断阀，阀门宜直接与设备管口相接。当只安装一个切断阀时其端部应设置丝堵、管帽或盲法兰密封。

⑳ 允许向大气排放的介质排气管端部的高度应符合本书"管道布置设计的一般要求"中"㉜大气排放的相关规定"。

㉑ 为保证阀门检修、丝堵、管帽及法兰拆卸、软管连接，管道上低点排液管管端距地面或楼板面的净距不得小于 100mm。

㉒ 接地漏或开口罐的放净管管口应高出地漏或罐口大于或等于 50mm。

㉓ 管道布置呈∪形Ⅱ形时，其水平或垂直管道上的排气、排液口安装位置尽量设置在物料流向的下游端部。

㉔ 对易自聚、易冻结、易凝固、含固体介质的管道上的排液管不应配成如图 6-6(a) 所示的弯管形式。一般应采用图 6-6(b) 的形式。图 6-6(c) 右侧的排净阀门放置不合理，阀门上侧易积液。

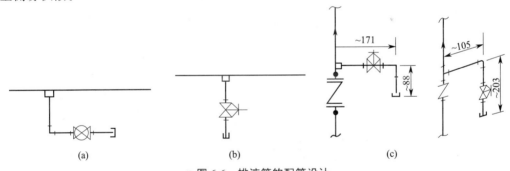

■ 图 6-6 排液管的配管设计

㉕ 排气、排液管端部连接形式。

a. 当采用管螺纹管件连接时，排气、排液阀出口处加丝堵密封。

b. 当采用承插焊接型管件连接时，排气、排液阀出口处加螺纹管帽密封。如排气、排液阀为法兰连接时，可采用盲法兰密封，亦可采用螺纹法兰加丝堵。

c. 当采用定型管件连接时，管端部加盲板法兰，需要时可采用螺纹法兰加丝堵。

㉖ 排气和排液型式分为两类，一类为带阀门型，另一类为不带阀门型。不带阀门的排气和排液不宜采用。

㉗ 各种类型的排气、排液配管的选用应根据工程管道等级规定选用。

其中螺纹连接主要用于低压公用工程管道上的排气和排液。承插焊连接主要用于碳钢或低合金钢的工艺管道或压力较高的公用工程管道上。法兰连接主要用于不锈钢等合金钢工艺管道上。设备上的排气类型较多。图 6-7 所示为常用排气、排液管安装图（含工艺要求排气和排净）。

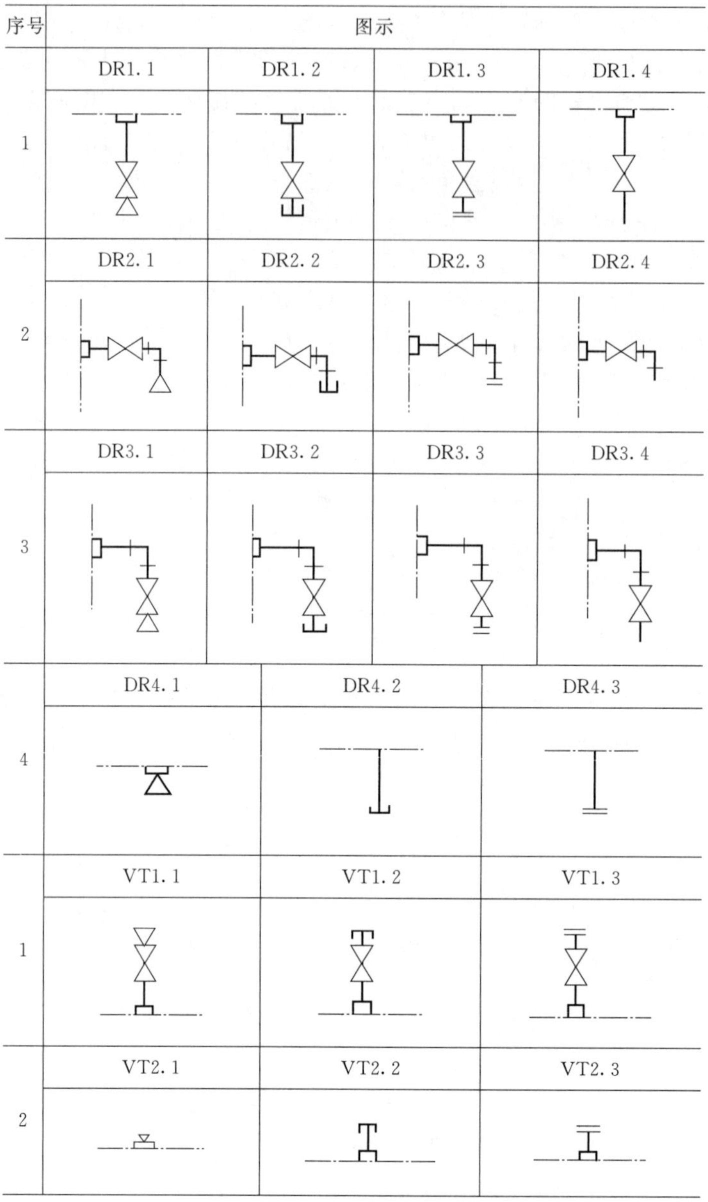

序号	图示			
	DR1.1	DR1.2	DR1.3	DR1.4
1				
	DR2.1	DR2.2	DR2.3	DR2.4
2				
	DR3.1	DR3.2	DR3.3	DR3.4
3				
	DR4.1		DR4.2	DR4.3
4				
	VT1.1		VT1.2	VT1.3
1				
	VT2.1		VT2.2	VT2.3
2				

■ 图6-7　常用排气、排液管安装图

1. DR3.1～3.4 仅适用于管内介质在生产过程不可能冻凝的管道。

2. DR4.1～4.3，VT2.1～2.3 仅适用于水压试验或其他极少使用的场所。

五、分支管的引出方向

① 火炬线及放空线的分支方向：支管管径 $DN \geqslant 50$mm 者，应由主管上方斜接，支管管径 $DN \leqslant 40$mm 者，可由主管上方 90°直接。如图6-8所示。

② 公用工程管道的分支方向如下。

a. 下列分支管，原则上由水平主管的上方引出：蒸汽管道；压缩空气管道；蒸汽凝结水管道（一般宜在主管上方 45°斜接，以减少压降）；N_2 等惰性气体管道；小于 $DN40$ 的水管道；燃料气管道等。

b. 下列的分支管，可按照管道布置的方便方向，即可由水平管的上方或下方引出：大于 $DN50$ 的水管道；大于 $DN50$ 的燃料油管道。

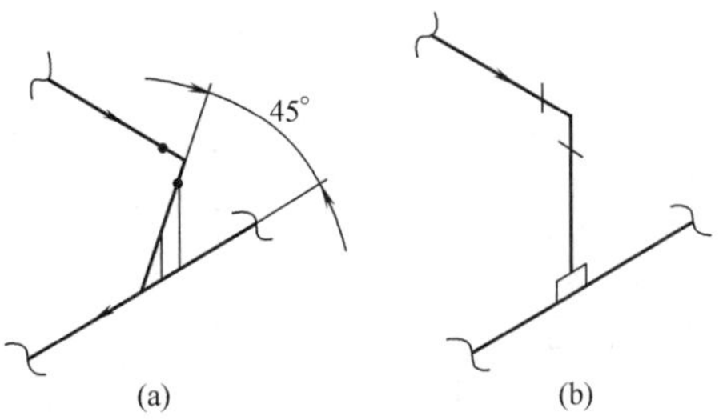

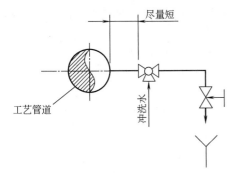

■ 图 6-8　支管与主管斜接和垂直连接

六、取样管道布置

① 取样管引出位置按下列原则确定。

a. 取样管应避免设在与振动设备直接连接的管道上，如果难以避免，应采取减振措施。

b. 气体取样管引出位置如下。

ⅰ. 在水平管段上，取样管一般从管道上方引出。

ⅱ. 在垂直管段上，当气体自下而上流动，取样管应从垂直管斜上 45°夹角引出，当气体自上而下流动，取样管从垂直管上水平开设。

c. 液体取样管引出位置如下。

ⅰ. 在水平管段上，对于压力管道，如无粒状或粉状颗粒，取样管可以从管道侧面或顶部引出。对于自流管道，不含粉状催化剂或粒状颗粒，取样管应从管下部引出；含有固体颗粒的液体管道的取样口应设在管道的侧面。

ⅱ. 在垂直管段上，对于压力管道，取样管可以从管道侧面引出。对自流管道，不能接取样管。

d. 含有固体颗粒的气体管道上的取样口，应设在立管上，并将取样管伸入管道中心。

② 取样管道设计应符合下列要求。

a. 取样口的位置，应使采集的样品具有代表性，取样系统的管道布置应避免死角或袋形管。

b. 有毒气体取样时，凡设有人身防护箱的，其放空管应高出附近建筑物平台 2m 以上。

c. 取样阀应装在便于操作的地方，设备或管道与取样阀之间的管段应尽量短。

d. 极度危害和高度危害的介质应采取密闭循环系统取样。

e. 样品出口管端与漏斗、地面或平台之间，应有安放取样器皿的空间。

f. 取样口不宜设在有振动的管道上。

介质温度高于或等于 60℃的取样管道应予保温；高凝固点、高黏度的管道应予保温或伴热，或设蒸汽吹扫；液化烃取样管应予保温，以防结霜。

③ 取样阀门的设置。

a. 取样点靠近设备或管道根部的阀门，一般选用 $DN20$ 的切断阀。

b. 需要频繁取样的点，且介质具有毒、易燃、易爆及强腐蚀性，公称压力大于或等于 1.0MPa 时，以及一般介质公称压力大于或等于 4.0MPa 时，取样管上除根部阀外，在取样阀的上游应再加一个切断阀。不经常取样的点或不属于上述范围的可设一个切断阀。

c. 通常取样阀宜选用 $DN10$ 或 $DN15$ 的针形阀，对于黏稠物料或易结晶物料，可按其性质选用带冲洗的取样专用阀门或三通旋塞阀（图 6-9）。

④ 典型取样配管。

a. 一般气体（无害气体）采用球胆取样时，取样阀出口应带有齿形管嘴（图 6-10）。

■ 图 6-9　带冲洗口的三通旋塞阀的液体取样

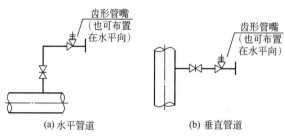

■ 图 6-10　一般气体取样（无害气体）

b. 一般液体取样，在取样阀下应设有漏斗，管端与漏斗的距离约 150mm。不允许直接排放的介质可改用收集桶（图 6-11）。

c. 对于需要隔离空气取样的介质，应按照工艺要求设取样管，如采用密闭取样器或经氮气置换的钢瓶取样等措施。

d. 对黏度大、易结晶液体的取样管，必要时设置伴热管（图 6-12）。

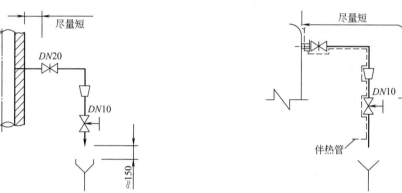

■ 图 6-11　一般液体取样　　　　　■ 图 6-12　黏度大、易结晶液体的取样

e. 对人体有害有毒的或易燃易爆的危险介质在压力下（不减压）取样时，应采取钢瓶取样，同时还应设置人身保护箱或其他防护措施（图 6-13）。

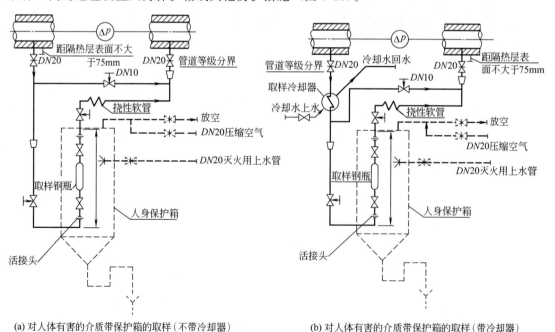

(a) 对人体有害的介质带保护箱的取样（不带冷却器）　　(b) 对人体有害的介质带保护箱的取样（带冷却器）

■ 图 6-13　在压力下（不减压）取样

f. 真空介质取样要设置破真空设施。

g. 部分取样点带有蒸汽吹扫（图6-14）。

h. 高温介质取样要设置取样冷却器。减压后为常温的气体管道可不设取样冷却器（图6-15）。

i. 取样冷却器的配管应便于冷却器的清理。应设有漏斗将水排入下水道。对人体有害的气体取样应在冷却器后增加放空管。

ii. 取样冷却器应固定在合适的构件上，且不影响通行，便于操作及维修。

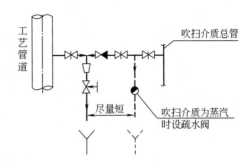

■ 图6-14　带吹扫设施的液体取样

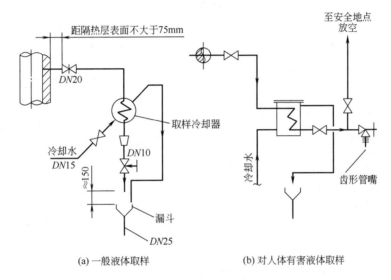

(a) 一般液体取样　　　(b) 对人体有害液体取样

■ 图6-15　高温介质用冷却器取样

七、蒸汽管道布置

① 蒸汽支管应自蒸汽主管的顶部接出，支管上的切断阀应安装在靠近主管的水平管段上。

② 蒸汽主管的末端应设集液包。

③ 水平敷设的蒸汽主管上集液包的设计见后。

④ 不得从用汽要求很严格的蒸汽管道上接出支管作其他用途。

⑤ 各分区的消防蒸汽应单独从主管上引出，不允许消防蒸汽和吹扫蒸汽合用一根蒸汽支管。

⑥ 蒸汽支管的低点，应根据不同情况设排液阀或疏水阀。

⑦ 在蒸汽管道的Ⅱ形补偿器上，不应引出支管。在靠近Ⅱ形补偿器两侧的直管上引出支管时，支管不应妨碍主管的变形或位移。因主管热胀而产生的支管引出点的位移，不应使支管承受过大的应力或过多的位移。

⑧ 多根蒸汽伴热管应成组布置并设分配管，分配管的蒸汽宜就近从主管接出。

⑨ 直接排至大气的蒸汽放空管，应在该管下端的弯头附近开一个$\phi6mm$的排液孔，并接$DN15$的管子引至排水沟、漏斗等合适的地方。如果放空管上装有消声器，则消声器底

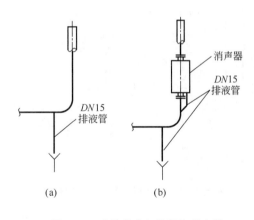

■ 图 6-16　直接排大气的蒸汽放空管

部应设 $DN15$ 的排液管并与放空管相接。放空管应设导向和承重支架（见图 6-16）。

⑩ 连续排放或经常排放的泛汽管道，应引至非主要操作区和操作人员不多的地方。

⑪ 蒸汽凝结水管道布置，当回收凝结水时，宜架空敷设在管廊上。为减少压降，凝结水支管宜顺介质流向 45° 斜接在凝结水回收总管顶部，如工艺要求时应在靠近总管的支管水平段上设切断阀。当支管从低处向高处汇入总管时，在汇入处宜设止回阀，有止回作用的疏水阀可不设止回阀。

八、蒸汽管道上的集液包

① 集液包应设置在下列场合。

a. 蒸汽主管的末端。

b. 蒸汽管线的立式 Ⅱ 形补偿弯管或立管最低处。

c. 蒸汽水平管的低点处。

d. 装置边界蒸汽管线切断阀之前。

② 水平敷设的长蒸汽管应设集液包，其间隔如下。

a. 在装置内，饱和蒸汽宜为 80m，过热蒸汽宜为 160m。

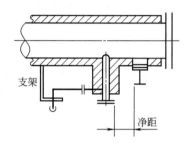

■ 图 6-17　集液包及接管与梁之间的净距

b. 在装置外，顺坡时宜为 300m，逆坡时宜为 200m。

③ 管廊上蒸汽总管末端的集液包配管应考虑以下要求。

a. 集液包及接管与梁之间的净距应大于热位移量及保温所需的空间，且不小于 200mm（图 6-17）。

b. 集液包的冷凝水出口管的方位不宜向管廊梁的一侧引出，同时避免与管廊下层管道相碰。疏水阀应布置在不影响通行的地方。

c. 集液包的冷凝水出口管的走向，除考虑管道柔性要求外，还要考虑便于设置管道支架及疏水阀组的支架。

d. 在蒸汽主管的位移较大时，靠近主管的小管支架应尽量利用主管生根，以减小相对位移。

e. 蒸汽管径小于 $DN80$ 时，根据项目要求可不必采用集液包，仅设低点排放至疏水阀即可。

④ 集液包的结构如下。

a. 集液包的冷凝水出口管线应设切断阀或蒸汽疏水阀组。

b. 集液包通常采用标准管件组合而成，应符合管道等级规定。集液包下端宜用法兰盖，兼作吹扫用。也可以用焊接管帽，但需增加排液口。

c. 根据蒸汽主管的管径范围组合形式，集液包有如图 6-18 所示的几种形式。蒸汽总管、集液包、阀门 A 和 B 的尺寸见表 6-4。

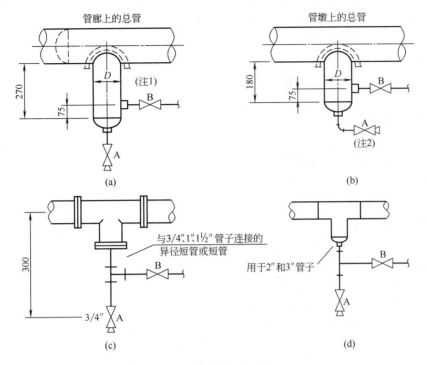

■ 图 6-18　集液包的形式

注：1. 阀门 B 只在疏水阀高出蒸汽包 5m 以上的情况下安装。

2. 管墩上阀门 A 水平安装。

表 6-4　蒸汽总管、集液包、阀门 A 和 B 的尺寸

总管	包	阀门	
		A	B
2″	2″	3/4″	
3″	3″	3/4″	
4″	3″	3/4″	
6″	4″	3/4″	
8″	6″	3/4″	
10″	8″	3/4″	直径等同于疏水器尺寸
12″	10″	3/4″	（最小 3/4″）
14″	12″	3/4″	
16″	12″	3/4″	
18″	12″	3/4″	
20″	12″	3/4″	
24″	12″	3/4″	

注：1″=1in=25.4mm。

九、非净化压缩空气和净化压缩空气管道布置

① 用于吹扫、反吹等的非净化压缩空气总管架空敷设在管廊上，支管由总管上部引出，并在装置的软管站内设非净化压缩空气软管接头。

② 对于塔、反应器构架以及多层换热设备框架，为了便于检修时使用风动扳手，应在有人孔和设备头盖法兰的平台上设置非净化压缩空气软管接头。

③ 空气压缩机（或鼓风机）等吸气管道顶部应设防雨罩，并以防鸟罩或铜丝网保护。布置空气压缩机的吸、排气管道时，应考虑管道振动对建筑物的影响，应在进出口管道设置单独基础的支架。

④ 空气压缩机的放空管和吸气管应按有关规定尽量考虑降低噪声。

⑤ 净化压缩空气支管宜从总管上部引出并在水平管段上设切断阀。

十、氮气管道布置

① 装置中吹扫氮气，应在同装置的软管站内设置氮气软管接头，并宜设置双阀。

② 工厂系统的高压氮气需减压使用时，可用角式截止阀或减压阀减压。

③ 催化剂系统需要的高纯度氮气，应从总管单独接出。

十一、氧气管道布置

① 氧气站内氧气管道的布置常遵循的规范有 GB 50030《氧气站设计规范》。石油化工装置内（非氧气站）氧气管道的设计规则需根据工程项目的具体情况而确定。

② 氧气管道宜架空敷设。由于氧气密度大于空气，易在低洼处聚积，只有当架空有困难时，方可采用不通行地沟敷设或直接埋地敷设。

③ 氧气管道应考虑温度差变化的热补偿。补偿方法宜采用自然补偿。

④ 氧化管道应严禁与油脂接触，使用前，管内应进行脱脂处理。氧气管道的连接，应采用焊接，但与设备、阀门连接处可采用法兰或螺纹连接。螺纹连接处，应采用一氧化铅、水玻璃或聚四氟乙烯薄膜作为填料，严禁用涂铅红的麻或棉丝，或其他含油脂的材料。

⑤ 为消除管内由于气流摩擦产生的静电聚集，氧气管道应有导除静电的接地装置。装置内氧气管道，可与装置的静电干线相连接。接地电阻不应大于 10Ω；直接埋地管道，可在埋地之前及出地后各接地一次。当每对法兰或螺纹接头间电阻值超过 0.03Ω 时，应设跨接导线。

⑥ 氧气管道的弯头、分支处，不应紧接安装在阀门的下游；阀门的下游侧宜设长度不小于管外径 5 倍的直管段。

⑦ 厂房内氧气管道宜沿墙、柱或专设的支架架空敷设，其高度应不妨碍交通和便于检修；氧气管道可以与各种气体、液体（包括燃气、燃油）管道共架敷设。共架时，氧气管道宜布置在其他管道外侧，并宜布置在燃油管道上面。各种管道之间的最小净距按表 6-5 确定。

表 6-5　架空氧气管道与其他架空管线之间最小净距　　　　　　　　mm

名　称	并行净距	交叉净距	名　称	并行净距	交叉净距
蒸汽、凝结水	250	100	可燃液体	500	250
新鲜水、循环水、软化水等	250	100	绝缘导线或电缆	500	300
净化风、非净化风、氮气	250	100	穿有导线的电缆管	500	100
可燃气体	500①	250			

① 氧气管道与同一使用目的的可燃气体并行敷设时，可减少到 250mm。GB 50160 规定，B 类流体管道与氧气管道的平行净距不应小于 500mm，交叉净距不应小于 250mm。当管道采用焊接连接结构并无阀门时，其平行净距可取上述净距的 50%。

注：氧气管道的阀门及管件接头与可燃气体、可燃液体上的阀门及管件接头，应沿管道轴线方向错开一定距离；当必须设置在一处时，则应适当的扩大管道之间的净距。

⑧ 氧气管道采用不通行地沟敷设时，沟上应设防止可燃气体、火花和雨水浸入的非燃烧体盖板。严禁各种导电线路与氧气管道敷设在同一地沟内。当氧气管道与压缩空气、氮气和水管同地沟敷设时，氧气管道应布置在上面，地沟应能排除积水。当氧气管道与同一使用

目的燃气管道同地沟敷设时，沟内应填满沙子，并严禁与其他地沟相通。

⑨ 进入装置的氧气总管，应在进装置便于接近操作的地方设切断阀，并宜在适当位置设放空管，放空管口应设在高出平台 4m 以上的空旷、无明火的地方。

⑩ 通往氧气压缩机的氧气管道以及装有压力、流量调节阀的氧气管道上，应在靠近压缩机入口或压力、流量调节阀的上游侧装设过滤器，过滤器的材料应为不锈钢或铜基合金。

⑪ 通过高温作业以及火焰区域的氧气管道，应在该管段增设隔热措施，管壁温度不应超过 70℃。

⑫ 穿过墙壁、楼板的氧气管道应加套管，套管内应用石棉或其他不燃材料填实。氧气管道不应穿过生活间、办公室，并不宜穿过不使用氧气的房间。当必须通过不使用氧气的房间时，则在该房间内的管段上不应有法兰或螺纹连接接口。

⑬ 氧气管道不应使用异径法兰。

工程实例　氧气管道设计事故

某氧气管道改造时，新更换的阀门刚投用数秒便发生爆炸，事故造成作业人员多人伤亡，部分管道燃烧熔毁。某公司在重启空分装置液氧泵的过程中发生爆炸，装置防爆墙内的氧气放空阀及管件全部化为铁水，所幸现场两名操作人员由于防爆墙的保护，没有受到伤害。某厂区一条设计压力为 3.0MPa，DN250 的氧气管道发生爆燃，引起附近工棚火灾，导致两人死亡。

例如，某氧气管道见图 6-19 所示，①压力管道配管设计人员将主管和旁路都设计成了不锈钢材质管道，是错误的设计，因旁路流速快，超出不锈钢管道流速限制，配管设计应选用富镍合金管等材质；②如果旁路是富镍合金管，主管是不锈钢管，此位置异种钢焊接易产生气孔、焊接应力差异裂纹、未焊透、过热等情况；③压力管道配管设计

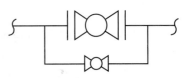

■ 图 6-19　氧气管道配管错误实例

人员将三通与阀门法兰直连是错误的设计。为了防止氧气管道出现事故，此位置的配管设计，一般要求氧气管道的弯头、分岔头不应与阀门出口直接相连。阀门出口侧的碳钢管、不锈钢管宜有长度不小于 5 倍管外径且不小于 1.5m 的直管段。这些配管设计特点及设计原理见《管道器材选用与工程应用》一书的详细讲述。

氧气管道配管设计事故发生的原因主要包括以下几方面：①管道设计原因：管道材料的选用不合理，管道流速变化问题，布置间距问题引起；②施工质量问题：新安装的管道中存在残留异物或者油脂，在氧气高速流动时成为引火物；③操作维护原因：过快地开启阀门，高速气流会加剧氧气管道燃爆的风险。

氧气管道的材料选择可以参照 GB 16912《深度冷冻法生产氧气及相关气体安全技术规程》和 GB 50030《氧气站设计规范》的要求执行。氧气管道的布置可以遵循 GB 50160《石油化工企业设计防火标准》及 GB 50030《氧气站设计规范》的相关规定，与其他可燃介质管道共架敷设时，平行净距不应小于 500mm，交叉净距不小于 250mm，两类管道支架间宜用公用工程管道隔开。氧气管道应设有良好的消除静电装置，接地电阻应小于 10Ω，法兰间电阻应小于 0.1Ω，且氧气管道的法兰连接处，无论是否有可靠的金属螺栓连接，必须进行静电跨接。氧气管道安装和操作维护方面应严格按照有关规范执行。

十二、消防水喷淋管道布置

① 喷雾、喷淋系统的进水总管，除另有规定外，一般均为环形管网供水，有两个供水点。

为了确保安全使用，所有喷雾、喷淋系统的手动控制阀门应设在装置边界之外的道路边侧。

② 在供给喷雾、喷淋系统的水管上，应设过滤器以防止水中固体杂质堵塞喷头。

③ 消防喷淋系统水管与地下消防水干管连接处，应有防冻和切断喷淋系统后的放空设施。

④ 设备的水喷雾、喷淋布置如下。

a. 卧式储罐的水喷雾、喷淋布置如图 6-20 所示。

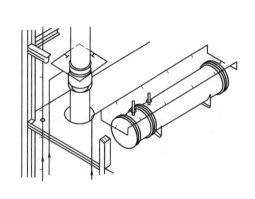

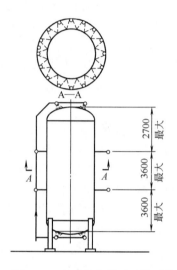

■ 图 6-20　卧式设备的水喷雾、喷淋的布置　　　　■ 图 6-21　立式设备消防喷淋系统

b. 对于立式设备，可设多层喷头环管，环管的间距约 3.5m，最上层的环管到顶部最大距离为 2.7m（图 6-21）。喷淋系统典型例子如图 6-22～图 6-25 所示。

■ 图 6-22　全压力球罐的消防喷淋系统（罐体上的环管和罐体下部管线）

十三、液化烃管道布置

液化烃系指在 15℃时，蒸气压大于 0.1MPa 的烃类液体及其类似的液体，不包括液化天然气。

① 液化烃管道应地上敷设。当采用管沟敷设时，应采取防止液化烃在管沟内积聚的措施，并在进出装置及厂房处密封隔断。沟内污水应经水封井排入生产污水管道。

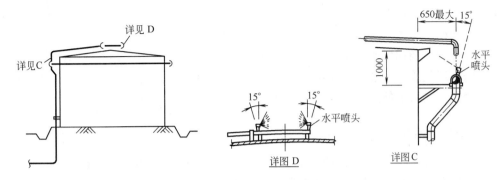

■ 图 6-23　常压罐的消防喷淋系统

■ 图 6-24　常压罐的消防喷淋系统（罐体上的环管）

■ 图 6-25　某天然气处理装置的罐体消防
　　　　　　管线的喷淋效果

② 在两端有可能关闭且因外界影响可能导致升压的液化烃管道上，应采取安全措施。

③ 液化烃管道的热补偿应为自然补偿。

④ 液化烃管道布置在多层管廊上时，应设在下层，并不得与高温管道相邻布置，与氧气管道应有 500mm 的净距。

⑤ 液化烃管道不得穿过与其无关的建筑物。

⑥ 下列部位的液化烃管道应绝热或伴热：

a. 长时间处于太阳照射的泵入口管道应绝热；

b. 长时间处于太阳照射的泵出口管道，没有安全阀保护时，应绝热；

c. 调节阀、安全阀后的管段应绝热，或根据生产经验增设伴热；

d. 工艺要求绝热，例如液化烃塔顶馏出线、热旁路、回流线等应绝热。

⑦ 液化烃管道的停工泄压管应顺介质流向 45° 斜接在低压气体放空总管的顶部。

⑧ 凡有蒸汽吹扫接头的液化烃管道，其柔性设计温度应按吹扫蒸汽的饱和温度确定。

⑨ 液化烃管道的放空和放净，阀后应设螺塞或管帽。

⑩ 液化烃管道穿越铁路或道路时，应加保护套管。套管上方的最小覆盖层厚度，从套管顶至铁路轨底为 1.4m；从套管顶至道路表面为 1.0m，套管伸出铁路或道路两侧路基边坡不得小于 2m；路边有排水沟时，伸出排水沟不应小于 1m。

⑪ 液化烃管道，除必须用法兰连接外，凡等于或大于 $DN40$ 的应焊接连接；小于 $DN40$ 的宜采用承插焊连接；必要时可采用锥管螺纹连接并加密封焊。

十四、氢气管道布置

① 氢气管道宜地上敷设。

② 氢气管道的连接应采用焊接，但与设备或阀门等的连接可采用法兰连接。

③ 输送湿氢管道的坡度不应小于 0.003，管道的低点应设放净装置。

④ 氢气放空管上的阻火器应靠近放空口端部布置。

十五、低温介质管道布置

① 低温介质管道的布置在满足管道柔性下应使管道短，弯头数量少，且应减少"液袋"。

② 低温介质管道应利用管道自然形状达到自然补偿。

③ 低温介质管道间距应根据保冷后法兰、阀门、测量元件的厚度以及管道的侧向位移确定。

④ 低温管道上的法兰不宜与弯头或三通直接焊接。为了拆卸螺栓时不破坏主管道上的保冷层，需再延长一段长度（接一短管）后再焊接法兰。对接法兰中只需保证法兰一端留有装卸螺栓的间距。对于阀门组的配管应考虑能顺利卸下其中任何一个阀而不影响管道保冷结构。

⑤ 低温保冷管道的支架，应有防止产生"冷桥"的措施：

a. 低温管道水平敷设时，一般在管道底部垫有木块或硬质保冷材料块，以免管道中冷量损失；

b. 低温管道垂直敷设时，支架若生根在低温设备上时，在设备和管道上均应垫有木块或硬质保冷材料块。

十六、真空管道布置

① 真空介质管道的设计应逐段进行压力计算，应使管道短，弯头数量少。

② 真空泵的止回阀应设在泵进口切断阀的上游。当有备用泵时，总管上可共用一个止回阀。

③ 引入蒸汽喷射泵的蒸汽管道不得与其他用途的蒸汽管道相连，且应单独引至各喷射泵。

④ 多级蒸汽喷射泵的中间冷凝器的冷凝排出管（大气腿）不宜共用，每级喷射泵应有各自的大气腿。大气腿宜垂直插入分水罐中，如不能垂直插入分水罐，可采用小于 45° 的弯头改变管道走向。大气腿的高度应根据工作中可能达到的最低绝压来计算，且不得小于10m。大气腿上不应设置阀门。

⑤ 真空管道的切断阀采用球阀、闸阀和真空蝶阀，需要调节的采用截止阀，排气阀、排净阀为球阀。

⑥ 破真空阀的功能有两类，一类是当真空系统停车时，需消除真空，从外界引入气体，阀门采用球阀；另一类是真空系统工作时，引入气体来调节真空度，可采用截止阀或自动控制阀。

消除真空（与大气接通）的阀门，应根据操作、停车、仪表复位等需要，在真空系统的多处设置，如真空泵入口管道上、设备上、控制阀阀组管道上和有关仪表上等。

⑦ 采用复式受槽排液或两台并联受槽切换交替操作方式排液时，均为连续进料、间歇排液。应在受槽进、出口管上设置切断阀，在受槽上设排气阀、排净阀，在真空连接管上设切断阀。

⑧ 泵连续排液时，排液泵应适合真空工作条件下的连续运转。

⑨ 真空泵的入口真空管道和出口管道的管径应等于或稍大于泵的连接口直径。

十七、极度危害介质管道布置

① 除有特殊需要外，极度危害介质的管道应采用焊接连接，管道不宜埋地敷设。当工艺要求埋地敷设时，应有监测泄漏、防止腐蚀、收集有害流体等的安全措施。

② 设置在安全隔墙或隔板内极度危害介质管道上的手动阀门应采用阀门伸长杆，且引至隔墙或隔板外操作。

③ 极度危害介质的管道不应布置在可通行管沟内。

④ 在极度危害介质的生产区和使用区内，应设置安全喷淋洗眼器。

十八、气流输送介质管道布置

① 气流输送介质管道的布置应使管道短，弯头数量少。水平管段不宜过长，且管道不得有死角和"袋形"出现。

② 气流输送介质管道的布置应采用大曲率半径的弯管，弯管的曲率半径应根据输送方式、物料的特性、工艺要求和流动方向确定，且应满足 P&ID 或风送系统制造商的要求。

③ 在供料器后的气流输送介质管道应设置一段直管段，直管段的长度应满足 P&ID 或风送系统制造商的要求。

④ 气流输送介质管道应有可靠的静电接地设施，管道上的法兰宜跨接。

⑤ 气流输送介质管道的支架应选用卡箍型，并根据输送方式确定支架的形式和跨距。

十九、常用非金属管道布置

非金属管道主要是指聚丙烯（PP）、聚乙烯（PE）、丙烯腈-丁二烯-苯乙烯共聚物（ABS）、聚氯乙烯（PVC）、聚四氟乙烯（PF4）、玻璃钢（FRP）、玻璃钢/聚氯乙烯（FRP/PVC）管道。

管道布置一般要求如下。

① 为防止非金属管道在输送流体时产生静电积聚而引起爆炸和火灾危险，应采用低速输送，并应采取有效的防静电措施。

② 非金属管道不宜敷设在有剧烈振动的地方，严禁敷设在易受到撞击的地面，应采用架空、管沟敷设并应避免穿越防火墙或防火堤。在有火灾危险的区域内，应为其设置适当的安全防护措施。

③ 架空敷设的管道在人行道上空不得设置阀门、法兰接头、伸缩器等，其管道与地面净高度应不小于 2.2m。

④ 非金属管道与金属管道敷设在一起时，应敷设在金属管道的下侧或侧面，且不得安装在大于材料许用温度上限的热源附近。

⑤ 露天敷设的管道，应有防老化措施。

⑥ 管道布置应有坡度，其坡度大小可根据输送流体特性确定。

⑦ 管道上需设仪表接口或导淋管、放空管接口等，其大小和位置由设计向制造厂提出特殊要求。

⑧ 非金属管道需要埋地敷设时，其埋地深度及方式应根据土壤性质、冰冻情况及荷载条件决定。

⑨ 为了节约空间及便于安装和检修，玻璃钢/聚氯乙烯（FRP/PVC）管道净距应不小于 100mm。

⑩ 管架的支承方式及管架的间距，应能满足管道对强度和刚度条件的要求。

⑪ 管道应有足够的柔性或有效的热补偿措施，以防因膨胀（或收缩）或管架和管端的位移造成泄漏或损坏。

二十、衬塑钢管管道布置

衬塑钢管有：钢衬聚丙烯（PP-R）、钢衬聚乙烯（PE-D）、钢衬聚氯乙烯（PVC-U）、钢衬聚四氟乙烯（PTFE）、钢衬聚全氟乙丙烯（FEP）和钢衬可溶性聚四氟乙烯（PFA）。

管道布置一般要求如下。

① 非金属衬里管道宜沿地面或架空敷设；如确有需要可敷设在管沟内，管沟沟底应有不小于 2‰ 的坡度，沟底最低点应有排水设施。管沟进出装置和厂房处应密封隔断。

② 非金属衬里管道上的法兰不宜布置在设备、机泵、操作通道等的上方。如不可避免时，应在法兰连接处设置安全防护设施。

③ 非金属衬里管道布置应做到"步步高"或"步步低"，避免气袋或液袋，否则应根据操作、检修要求设置放空、放净，并设置切断阀。放空、放净及压力、温度测量点宜采用放净环。对于腐蚀性介质，放空、放净则宜设置双阀。

④ 输送腐蚀性介质的非金属衬里管道布置时宜有一定坡度，以避免介质在管道内积聚。

⑤ 对于自流的水平非金属衬里管道顺介质流向应有不小于 3‰ 的坡度。

⑥ 非金属衬里管道布置应使管系具有必要的柔性。在保证非金属衬里管道柔性及非金属衬里管道对设备、机泵管口作用力和力矩不超过允许值的情况下，应使管道最短，组成件最少。

⑦ 非金属衬里管道布置时应考虑支承点的位置，宜设置在法兰接头和阀门附近，并保证管道不发生与支承件脱离、扭曲、下垂或立管不垂直等现象。

⑧ 非金属衬里管道应采用卡箍型支吊架。如有必要采用焊接型的支吊架时，应在衬里作业前施焊。不得对衬里后的管道施焊。

⑨ 输送腐蚀性介质的非金属衬里管道在穿过建（构）筑物的楼板、屋顶时，开孔防水肩应做防腐处理，并采取防止腐蚀性介质沿管壁泄漏至下层楼面的措施。管道穿过屋顶时应设防雨罩。

⑩ 对于穿墙、穿楼板的非金属衬里管道，在墙或楼板上应预留孔，并在孔内预埋金属套管，套管应高出楼面 50mm。预留孔内径应满足管道安装时的穿管要求，法兰等连接处不得布置在预留孔内，且与套管端部的净距应满足安装要求。

⑪ 非金属衬里管道用于火灾危险区时，应有防护措施。

⑫ 多层管廊上输送腐蚀性介质的非金属衬里管道应布置在下层。

⑬ 非金属衬里管道不应与高温管道相邻布置，也不应布置在高温管道上方有热影响的位置。非金属衬里管道不得紧靠不保温的热介质管道。

⑭ 非金属衬里管道法兰与异种材料法兰相接时应采用相应的垫片或垫环。

⑮ 非金属衬里管道应采取有效的防静电措施。

⑯ 在非金属衬里管道及管道组成件加工工艺允许的情况下，应减少连接法兰的数量。

二十一、管件布置

① 弯头宜选用曲率半径等于 1.5 倍公称直径的长半径弯头；输送气固、液固两相流物料的管道应选用大曲率半径弯管。

② 管廊上水平管道变径连接，如无特殊要求，应选用底平偏心异径管；垂直管上宜选用同心异径管。

③ 平焊法兰不应与无直管段的弯头直接连接。

④ 阀门和其他静密封接头宜安装在管道支承点的附近。

⑤ 除工艺有特殊要求外，塔、反应器、立式容器等设备裙座内的管道上不应布置法兰和螺纹接头。

⑥ 机泵润滑油系统的碳素钢管道、输送有固体沉积及结焦介质的管道等应分段设置法兰。机泵润滑油系统的碳素钢管道每段管道上的弯头不宜超过 2 个。

⑦ 机泵润滑油系统的润滑油主管的末端，应用法兰盖封闭。

⑧ 调节阀两侧管道上的异径管应紧靠调节阀。

⑨ 采用异径法兰连接时，输送介质的流向宜自小口径流向大口径。

二十二、阀门布置的一般要求

① 阀门应设在容易接近且便于操作、维修的地方。成排管道（如进出装置的管道）上的阀门应集中布置，并考虑设操作平台及梯子（图 6-26）。地面以下管道上的阀门应设在阀井内，必要时，应设置阀门延伸杆。消防水阀井应有明显的标志。

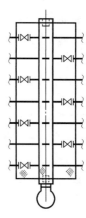

② 立管上阀门手轮中心最适宜的安装高度为距离操作面 1.2m，不宜超过 1.8m。当阀门手轮中心的高度超过操作面 2m 时，对于集中布置的阀组或操作频繁的单独阀门以及安全阀应设置平台，对不经常操作的单独阀门也应采取适当的措施（如链轮、延伸杆、活动平台和活动梯子等）。

③ 水平管道上的阀门，阀杆方向可按下列顺序确定：垂直向上、水平、向上倾斜 45°；不允许垂直向下。

④ 布置在操作平台周围的阀门的中心距操作平台边缘不宜大于 450mm，当阀杆和手轮伸入平台上方且高度小于 2m 时，应注意不影响操作和通行（图 6-27、图 6-28、表 6-6）。

■ 图 6-26　设操作及检修平台

■ 图 6-27　阀门手轮距离操作平台
太远使操作不便

■ 图 6-28　阀门手轮在梯子旁使操作不便

表 6-6　设计对比

不当设计	正确设计	工程实例说明
		塔的进料阀门距离直爬梯约 1.5m 远,人员无法操作。工程实际中,只能在阀门旁边又额外增加了一个直梯

　⑤ 阀杆水平安装的明杆式阀门,当阀门开启时,阀杆不得影响通行。

　⑥ 平行布置管道上的阀门,其中心线应尽量取齐,手轮间的净距不应小于 100mm。为了减小管道间距,可把阀门错开布置。对于较大的阀门应在其附近设支架。该支架不应设在检修时需要拆卸的短管上,并考虑取下阀门时不应影响对管道的支承(表 6-7)。

表 6-7　阀门布置常见错误及纠正(一)

错误设计	正确设计	工程实例说明
		并排管线上的阀门宜错开布置,这样可适当减小管间距并便于检修(如果一定要阀门的中心线对齐布置,要保证阀门手轮的净距为 100mm)
		对于较大的阀门应在其附近设支架。阀门法兰与支架的距离应大于 300mm。该支架不应设在检修时需要拆卸的短管上,并考虑取下阀门时不应影响对管道的支承
		由于直接连接,法兰螺栓无法插入,宜加一小段直管
		两个口径较小的法兰阀直接连接,没有插入螺栓的距离,中间应加一小段直管

某工厂的管线，阀门的中心线对齐布置，因管线间距太小，造成阀门手轮不能安装，如图 6-29 所示。平时只能把阀门手轮拆卸下来，使用时再安装上。

■ 图 6-29 阀门中心线对齐布置使操作不便

⑦ 塔、反应器、立式容器等设备底部管道上的阀门，不得布置在裙座内。

⑧ 阀门应尽量靠近干管或设备安装。与设备管口相连接的阀门宜直接连接，与装有剧毒介质设备相连接的管道上阀门，应与设备管口直接相接，该阀门不得使用链轮操纵。

⑨ 从干管上引出的水平支管，宜在靠近根部的水平管段设切断阀（表 6-8）。

⑩ 甲、乙、丙类设备区附近，宜设置半固定式消防蒸汽接头。在操作温度高于或等于自燃点的气体或液体设备附近，宜设固定式蒸汽筛孔管，其阀门距设备不宜小于 7.5m。加热炉的蒸汽分配管距加热炉炉体的距离不宜小于 7.5m。用于固定式灭火蒸汽筛孔管和半固定式接头的灭火蒸汽管道上的阀门，应设在既安全又便于操作的地方。

表 6-8 阀门布置常见错误及纠正（二）

错误设计	正确设计	工程实例说明
吹扫线 工艺管线 （平面图）	吹扫线 工艺管线 （平面图）	氮气吹扫或蒸汽吹扫，应靠近主管设切断阀，且在水平管上安装
		阀门宜设在水平管段上，防止积液

二十三、止回阀布置

① 升降式止回阀应装在水平管道上，立式升降式止回阀可安装在管内介质自下而上流动的垂直管道上。

② 旋启式止回阀应优先安装在水平管道上，也可安装在管内介质自下而上流动的垂直

管道上（表6-9）。

③ 底阀应装在离心泵吸入管的立管端。

④ 为降低泵出口切断阀的安装高度，可选用蝶形止回阀，泵出口与所连接管道直径不一致时，可选用异径止回阀。

表6-9　阀门布置常见错误及纠正（三）

错误设计	正确设计	工程实例说明
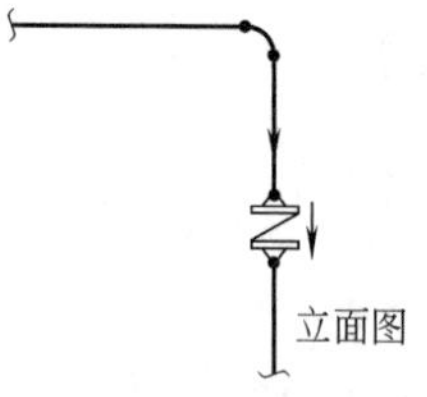  立面图	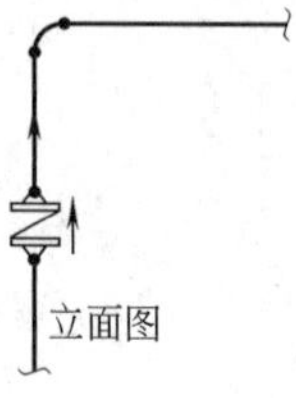 立面图	旋启式止回阀、转子流量计等，其介质流向只能由下而上

二十四、安全阀布置

① 安全阀应直立安装在被保护的设备或管道上。

② 安全阀的安装应尽量靠近被保护的设备或管道。如不能靠近布置，则从保护的设备到安全阀入口的管道压头总损失，不应超过该阀定压值的3%。

③ 安全阀设置位置应考虑尽量减少压力波动的影响，安全阀在压力波动源后的位置如图6-30所示。

压力波动源	最小直管段长度 L
调节阀和截止阀	25倍公称直径
不在一个平面内的两个弯头	20倍公称直径
同一平面内的两个弯头	15倍公称直径
一个弯头	10倍公称直径
脉动衰减器	10倍公称直径

■ 图6-30　安全阀在压力波动源后的位置

④ 安全阀不应安装在长的水平管段的死端，以免死端积聚固体或液体物料，影响安全阀正常工作。

⑤ 安全阀应安装在易于检修和调节之处，周围要有足够的工作空间。

⑥ 安全阀宜设置检修平台。布置重量大的安全阀时要考虑安全阀拆卸后吊装的可能，必要时要设吊杆。

⑦ 安全阀的管道布置应考虑开启时反力及其方向，其位置应便于出口管的支架设计。阀的接管承受弯矩时，应有足够的强度。

⑧ 安全阀入口管道应采用长半径弯头。

⑨ 安全阀出口管道的设计应考虑背压不超过安全阀定压的一定值。对于普通型弹簧式安全阀，其背压不超过安全阀定压值的10%。

⑩ 排入密闭系统的安全阀出口管道应顺介质流向45°斜接在泄压总管的顶部，以免总管内的凝液倒流入支管，并且可减小安全阀背压（图6-31）。

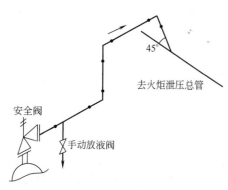

■ 图6-31　泄压系统放液阀

⑪ 安全阀出口管道不能出现袋形，安全阀出口管较长时，宜设一定坡度（干气系统除外）。

⑫ 安全阀向大气排放时，要注意其排出口不能朝向设备、平台、梯子、电缆等（图 6-32）。

⑬ 对于排放烃类等可燃气体的安全阀出口管道，应在其底部接入灭火用的蒸汽管或氮气管，并在楼面上控制。重组分气体的安全阀出口管道应接火炬管道。

⑭ 向大气排放的安全阀排放管管口朝上时应切成平口，并设置防雨水措施，注意避免泄放时冲击力过大，导致防雨设施脱落伤人。安全阀排放管水平安装时，应将管口切成 45°防雨水，要避免切口方向安装不合适，致使排出物喷向平台。对于气体安全阀出口管，应在弯头的最低处开一泪孔（$\phi6\sim10\text{mm}$），如图 6-33 所示，必要时接上小管道将凝液排往安全的地方。

■ 图 6-32　一组安全阀向大气排放管道的布置

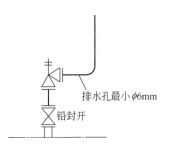

排水孔最小 $\phi6\text{mm}$

铅封开

■ 图 6-33　在弯头最低处开泪孔

⑮ 由于安全阀排放时的反力以及出口管的自重、振动和热膨胀等力的作用，安全阀出口应设置合理的支架，对于安全阀排放压差较大的管道必要时需设置减振支架（支架设置要根据安全阀反力计算确定）。

⑯ 湿气体泄压系统排放管内不应有袋形积液处，安全阀的安装高度应高于泄压系统。若安全阀出口低于泄压总管或排出管需要抬高接入总管时，应在低点易于接近处设分液包。

⑰ 当安全阀进出口管道上设有切断阀时，应选用单闸板闸阀，并铅封开，阀杆宜水平安装，以免阀杆和阀板连接的销钉腐蚀或松动时，阀板下滑。当安全阀设有旁通阀时，该阀应铅封关。

二十五、减压阀布置

① 减压阀不应设置在靠近转动设备或容易受冲击的地方，并应考虑便于检修。

② 减压阀宜安装在水平管道上。

③ 为避免管道中杂质对减压阀磨损，应在减压阀前设置过滤器。

④ 减压阀出口管线应设有可靠的支承以避免减压过程中管线的振动破坏。

二十六、疏水阀布置

① 疏水阀的安装位置不应高于疏水点，并应便于操作和维修。

② 对于恒温型疏水阀为得到动作需要的温度差，应有一定的过冷度，应在疏水阀前留有 1m 长的不保温段。

③ 当疏水阀本体没有过滤器时，应在疏水阀入口前安装过滤器。

④ 布置疏水阀的出口管道时，应采取措施降低疏水阀的背压段尽量减小背压。

⑤ 疏水阀的安装应符合下列要求。

a. 热动力式疏水阀应安装在水平管道上。

b. 浮球式疏水阀必须水平安装，布置在室外时，应采取必要的防冻措施。

c. 双金属片式疏水阀可水平安装或直立安装。

d. 脉冲式疏水阀宜安装在水平管道上，阀盖朝上。

e. 倒吊桶式疏水阀应水平安装。

⑥ 多个疏水阀同时使用时必须并联安装。

⑦ 疏水阀组的管道布置设计如图 6-34 所示。

⑧ 典型的疏水阀管线设计如下。

a. 凝结水回收的疏水阀管线设计如图 6-35 所示。

b. 凝结水不回收的疏水阀管线设计如图 6-36 所示。

c. 并联疏水阀的管线设计如图 6-37 所示。

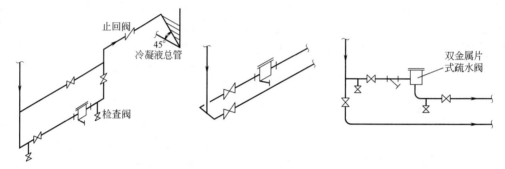

(a) 热动力式疏水阀组回收　　(b) 热动力式疏水阀组回收　　(c) 双金属片式疏水阀组的管道布置
　　冷凝水立式管道布置　　　　　冷凝水卧式管道布置

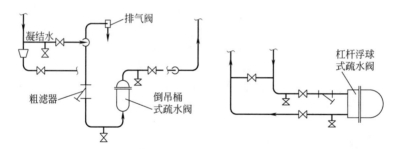

(d) 倒吊桶式疏水阀组的管道布置　　　(e) 杠杆浮球式疏水阀组的管道布置

■ 图 6-34　疏水阀组的管道布置设计

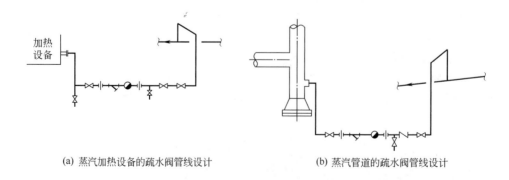

(a) 蒸汽加热设备的疏水阀管线设计　　　(b) 蒸汽管道的疏水阀管线设计

■ 图 6-35　凝结水回收的疏水阀管线设计

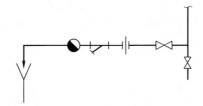

■ 图 6-36　凝结水不回收的疏水阀管线设计

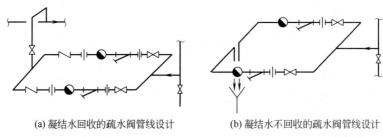

(a) 凝结水回收的疏水阀管线设计　　　　　(b) 凝结水不回收的疏水阀管线设计

■ 图 6-37　并联疏水阀的管线设计

二十七、呼吸阀布置

① 呼吸阀是固定在储罐顶上的通风装置，以保证罐内压力的正常状态，防止罐内超压或真空使储罐遭受损坏，也可减少罐内液体、油品蒸发损耗。据《石油化工设计防火标准》（GB 50160）的规定："甲、乙类液体的固定顶罐应设阻火器和呼吸阀"。

带阻火器的呼吸阀是应用在储罐上的，储罐内可能有易燃易爆的物料。呼吸阀起到调节储罐内气压平衡的作用，因为物料液面的升降会带来储罐内气压的升降，另外气温等因素也会影响储罐内的气压，防止储罐超压破裂或过度真空被吸扁。阻火器是为了防止外来火源通过呼吸阀进入储罐引起火灾，比如雷电。见图 6-38 所示。

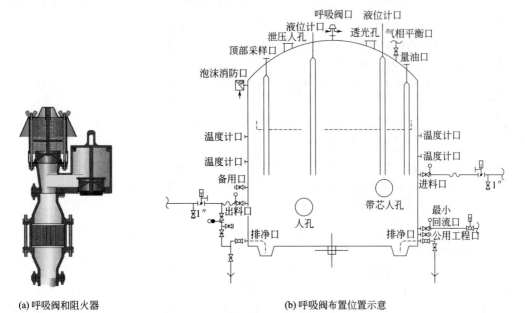

(a) 呼吸阀和阻火器　　　　　　　　　　(b) 呼吸阀布置位置示意

■ 图 6-38　呼吸阀布置

② 呼吸阀应安装在储罐气相空间的最高点，以降低物料蒸发损耗和顺利地提供通向呼吸阀最直接和最大的通道。对于立式罐，呼吸阀应尽量安装在罐顶中央顶板范围内，对于罐顶需设隔热层的储罐，可安装在梯子平台附近。当需要安装两个呼吸阀时，它们与罐顶中心应对称布置。

③ 若呼吸阀用在氮封罐上，则氮气供气管的管口位置应远离呼吸阀管口，并由罐顶部插入储罐内约 200mm，这样氮气进罐后不直接排出，达到氮封的目的。

二十八、阻火器布置

① 加热炉燃料气主管上的管道阻火器应靠近加热炉布置，并便于检修，管道阻火器与燃烧器距离不宜大于 12m。

② 储罐用的阻火器应直接安装在储罐顶的管口上。

③ 常压放空排气管道的阻火器宜布置在排气管道的末端。

二十九、调节阀布置

① 调节阀的安装位置应满足工艺流程设计的要求，并应靠近与其有关的一次指示仪表，便于在用旁路阀手动操作时能观察一次仪表。

② 调节阀组应尽量布置在地面、楼面、操作平台上或通道两旁，且易于接近的地方，并尽量靠近与其操作有关的现场监测仪表等便于调试、检查、拆卸的地方。

③ 调节阀应正立垂直安装于水平管道上，特殊情况下才可水平或倾斜安装，但须加支承。

④ 为便于操作和维护检修，调节阀应布置在地面或平台上且易于接近的地方。与平台或地面的净空不应小于 250mm。对于反装阀芯的单双座调节阀，宜在阀体下方留出抽阀芯的空间。

⑤ 调节阀组（包括调节阀、旁路阀、切断阀和排液阀）立面安装时，调节阀应安装在旁路阀的下方。公称直径小于 25mm 的调节阀，也可安装在旁路阀的上方。

⑥ 为避免调节阀鼓膜受热及便于就地取下膜头，膜头顶部上净距应不小于 200mm。调节阀与旁路阀上下布置时应错开位置。

⑦ 介质中含有固体颗粒的管道上的调节阀应与旁路阀布置在同一个平面上或将旁路阀布置在调节阀的下方。

⑧ 有热伸长管道上的调节阀组的支架，两个支架中应有一个是固定支架，另一个是滑动支架。

⑨ 调节阀应安装在环境温度不高于 60℃ 且不低于 −40℃ 的地方，并远离振动源。

⑩ 在一个区域内有较多的调节阀时，应考虑形式一致、整齐、美观及操作方便。

⑪ 调节阀典型布置如图 6-39～图 6-42 所示。

三十、阻火器布置

① 加热炉燃料气主管上的管道阻火器，应靠近加热炉，并便于检修，管道阻火器与燃烧器距离不宜大于 12m。

② 储罐用阻火器应直接安装在储罐顶的管口上，通常与呼吸阀配套使用，也可单独使用。

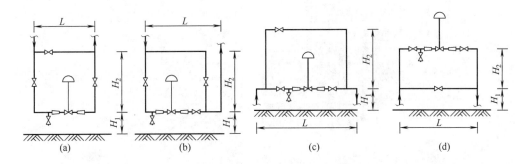

■ 图 6-39　调节阀组典型图（一）

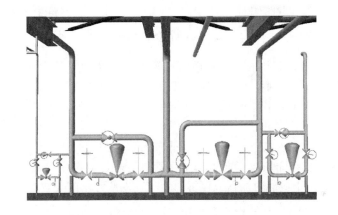

■ 图 6-40　调节阀组典型图（二）（某乙烯工程计算机三维模型）

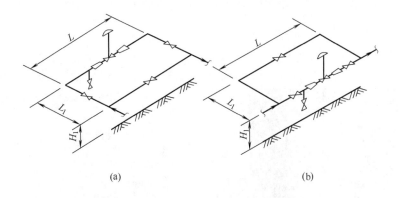

■ 图 6-41　调节阀组典型图（三）

三十一、过滤器布置

① 机泵入口均应安装过滤器。过滤器的安装位置应靠近被保护的设备。

② 过滤器的布置应符合下列要求。

a. 角式 T 形过滤器必须安装在管道 90°拐弯的场合。

(a) 某乙烯工程计算机三维模型

(b) 某LNG工程照片

■ 图 6-42　调节阀组典型图（四）

b. 直通式 T 形过滤器必须安装在管道的直管上，安装在立管上时，应考虑方便滤网的抽出；安装在水平管时，滤网抽出方向应向下。

c. Y 形过滤器安装在水平管道上时，滤网抽出方向应向下，并应考虑 Y 形过滤器抽芯的空间。

③ 安装在立管上的泵入口过滤器，为降低泵入口阀门的高度，可采用异径过滤器。

④ Y 形过滤器安装在介质自下向上的垂直管道上时，应选用反流式。

⑤ 压缩机入口管道上应装过滤器或可拆卸短节，以便开车前安装临时过滤器和清扫管道。

⑥ 工程应用实例（图 6-43、图 6-44、表 6-10）。

图 6-43 所示某工程设计实例，Y 形过滤器放置于水平管，由于设计失误，造成 Y 形过滤器距离地面很近，其抽芯空间不足。图 6-44 所示为该工程施工照片，把 Y 形过滤器放在立管上，注意避免使上面的操作阀门手轮中心标高超过 1.8m 而造成操作上的不方便。

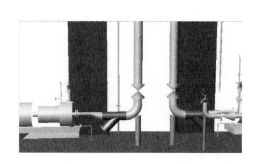

■ 图 6-43　Y 形过滤器抽芯空间不足
（计算机模拟三维模型）

■ 图 6-44　Y 形过滤器放在立管上的工程照片

表 6-10 某裂解汽油工程中的芳烃分离装置 Y 形过滤器设计对比

不当设计	较好设计	工程实例说明
		水平安装时,Y 形过滤器应向下或者倾斜角度 α($\alpha \leqslant 45°$)

三十二、消声器布置

① 消声器应立式安装,是否需要支承需视消声器的重量、排放管道的刚度、应力的大小等因素由安装使用者确定。消声器本身的反力和振动不大。

② 消声器不得装于室内,应放在室外空旷处。

③ 油浴式消声过滤器应与相应排气量的空压机配套。过滤器一般安装在室外,其进气管口应高于房屋顶面 1m 以上,并设置防雨帽。

三十三、温度测量仪表布置

管道上的仪表或测量元件的布置应便于安装、观察和维修。必要时应设置专用的操作平台或梯子。仪表管口的长度应根据管道的隔热层厚度确定。

① 温度计、热电偶宜安装在直管段上,其安装要求最小管径规定如下:工业水银温度计 $DN50$;热电偶、热电阻、双金属温度计 $DN80$;压力式温度计 $DN150$;扩径管长度不应小于 250mm。

② 温度计、热电偶在管道拐弯处安装时,管径不应小于 $DN40$,且与管内流体流向成逆流接触。

③ 温度计可垂直安装或倾斜 45°安装,倾斜 45°安装时,应与管内流体流向成逆流接触(表 6-11)。

表 6-11 设计对比

不当设计	正确设计	工程实例说明
温度计 $\leqslant DN80$	温度计 $\leqslant DN80$	小口径管道($\leqslant DN80$)上的温度计管口应按自控专业要求扩径(图 6-45)
温度计	温度计	斜插式温度计的插入方向应逆着介质流向

■ 图 6-45　小口径管道（≤*DN*80）上的温度计管口应扩径（某乙烯工程照片）

④ 现场指示温度计的安装高度宜为 1.2～1.5m。高于 2m 时宜设直梯或活动平台。为了便于检修，距离平台最低不宜小于 300mm。

⑤ 压力式温度调节系统由一个温包和带有规定长度的连接在仪表上的金属毛细管组成，压力式温度调节系统，接管尺寸或温包的长度由自控专业提供。管道布置设计时应确定温包的位置（图 6-46）。

⑥ 对于有分支的工艺管道，安装温度计或热电偶时，要特别注意安装位置与工艺流程相符，且不能安装在工艺管道的死角、盲肠位置。热电偶温度计接口应设在两个或两个以上进入流体相遇点的下游至少 8 倍管径处。但在 8 倍管径内允许有安全阀及放空的接管（图 6-47）。

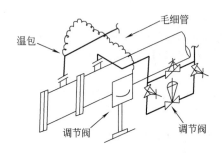

■ 图 6-46　压力式温度调节系统

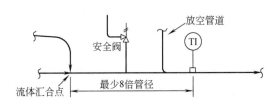

■ 图 6-47　温度计接口位置

三十四、流量测量仪表布置

① 为了保证孔板流量计测量准确，孔板前宜有 15～20 倍管子内径的直管段，孔板后有不小于 5 倍管子内径的直管段。

② 流量计安装应符合下列规定。

a. 转子流量计必须安装在介质流向自下向上的、无振动的垂直管道上。安装时要保证流量计前应有不小于 5 倍管子内径的直管段，且不小于 300mm。

b. 当被测量介质中含在固体悬浮物时，靶式流量计需要水平安装。靶式流量计安装在垂直管道上时，液体流向宜由下而上。靶式流量计入口端前直管段长度不应小于 5 倍管子内径，出口端后的直管段长度不应小于 3 倍管子内径。

c. 腰轮流量计宜安装在调节阀前。当流量计需进行现场校验时，应在腰轮流量计前切断阀的前后设两个带快速接头的校验用闸阀。

③ 节流装置安装在水平或垂直管道上时，取压管口方位图见表 6-12。

表 6-12 节流装置取压管口方位

项目	液 体	热 汽	气体或浆液
水平管道			
垂直管道			

节流装置一般安装在水平管道上，若要在垂直管道上安装需要得到自控专业的确认。

三十五、压力测量仪表布置

① 为了准确地测得静压，压力表取压点应在直管段上，并设切断阀。

② 泵出口的压力表应装在出口阀前并朝向操作侧。

③ 现场指示压力表的安装高度宜为 1.2～1.8m，当超过 2m 时，应有平台或直梯。

④ 差压仪表接口，在 PID 图上表示测量一台设备的压差，而接口布置在管道上时，接口应尽量靠近这台设备。

⑤ 接口不要靠近节流元件如限流孔板、节流阀等。

⑥ 压力调节器的取压接口应当布置在距离流体扰流元件如调节阀、手动阀、弯头等至少 6～10 倍管径的地方（图 6-48）。

⑦ 压力表与安全阀应在同一侧（表 6-13）。

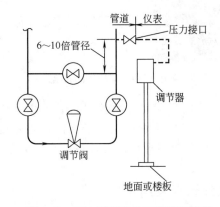

■ 图 6-48　压力调节器的取压接口位置

表 6-13　设计对比

不当设计	正确设计	工程实例说明
		压力表与安全阀应在同一侧

三十六、液位测量仪表布置

① 玻璃管液面计和玻璃板液面计应直接安装在设备上,液面计的位置不应妨碍人员的通行。

② 外浮筒液位计的安装位置不应妨碍人员通行,液位计表头上端距地面或平台不宜高于 1.8m,超过 2m 应增设平台或爬梯。

③ 内浮球液位计距平台或地面的高度宜为 1.0～1.5m,安装的位置不应妨碍人员通行,并留有足够的空间,便于检修和调整。

三十七、电缆桥架布置

仪表、电气、电信等专业的电缆桥架通常以槽盒形式布置在框架或管廊上,小的电缆桥架槽盒可以挂在管廊的侧面或底部,多层、多列电缆桥架槽盒需布置在管廊内。某桥架的布置见图 6-49。

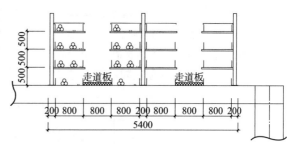

■ 图 6-49　某桥架的布置

笔者到某在建施工现场,发现 T 字形管廊交叉位置,由于电缆桥架槽盒先施工,是紧贴主管廊侧面到支管廊,会造成 T 字形管廊的管子无法从主管廊布置到分支管廊。这种情况需在详细设计阶段给仪表、电气等专业提出设计条件,避免专业设计的设施发生碰撞。

三十八、常见管道布置设计错误及纠正

常见管道布置设计错误及纠正见表 6-14。

表 6-14　常见管道布置设计错误及纠正

错误设计	正确设计	工程实例说明
		高温管道法兰部分要保温,如这部分不保温,法兰和螺栓温度差就成为泄漏的原因。低温管道的法兰也同样需要绝热保冷,以减少泄漏
		应按低压(低温)侧阀门关闭时考虑管道等级划分的界线,以确保管线器材材质可靠
		需要经常清扫的分配主管,管的一端不能封闭,应做成能拆卸的形式
		分支管线不应先变径后分支
		分支管的弯头,不能直接与主管相接,应在主管上焊 50～200mm 短管,再与弯头相接
		平焊钢法兰不能直接与无缝弯头焊接,必须有一直管段

错误设计	正确设计	工程实例说明
		平焊钢法兰不能直接与无缝大小头焊接,必须有一直管段
	≥2.2m	操作通道上的管道高度不得妨碍人的通行,不能让人弯腰通过
		避免让人跨过管线,必要时应设置踏步
		管线应集中敷设,力求美观整齐。不得任意敷设,杂乱无章
	扳手空间 ≥100mm	法兰连接的管线,不得过于靠近墙壁,应留有扳手空间,否则不易紧固法兰螺栓
操作通道	操作通道	腐蚀性介质管线上的阀门,法兰或螺纹管件不得敷设在操作通道的上方,以避免泄漏时伤人

第三节　管道布置常用数据

一、压力管道的间距

　　压力管道的间距以便于安装或检修管子、阀门、保温层为原则,但也不宜过大。不同的文献和规范规定的计算方法和管间距稍有差异,如德国鲁奇公司标准规范规定,不保温管道管外壁间最小净距为30mm,保温管道管外壁间最小净距为50m,林德公司规定,无论保温与否管外壁间最小净距一律为50mm;日本挥发油公司管道间距标准规定,管外壁间最小净距为25mm。

　　某些典型位置的管间距设计易出现错误。图纸上看不出是碰撞的,但是安装或运行后管子就挤到了一起，甚至引起泄漏等事故发生。管道间距除了考虑要避免硬碰撞还要考虑软碰撞问题（管道热膨胀后引起的碰撞）。如图 6-50 所示，尺寸 *A*、*B*、*C* 位置管间距需考虑管道热膨胀后引起的碰撞问题。

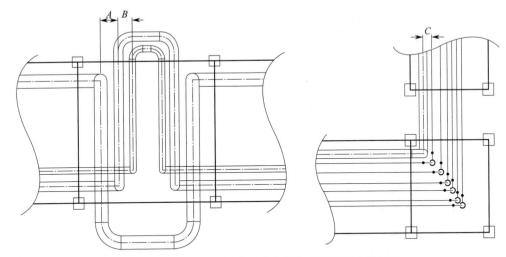

■ **图 6-50** 管间距需考虑管道热膨胀后引起的碰撞问题

1. 管道间距的确定

下面仅以近期执行的某石油化工项目所采用的压力管道最小间距为例。

① 依据 SH/T 3405《石油化工企业钢管尺寸系列》中管子外径和 SH/T 3406《石油化工钢制管法兰》中法兰外径计算管道间距。

② 在管架上并排布置的无法兰管道无论有无隔热层，管道外表面净距不应小于 50mm。无法兰无隔热层管道间距见图 6-51 和表 6-15。在管架上并排布置的有法兰管道无论有无隔热层，法兰外缘与相邻管道的净距不应小于 25mm。有法兰无隔热层管道间距见图 6-52、图 6-53、表 6-16 和表 6-17。

表 6-15　无法兰无隔热层管道间距　　　　　　　　　　　　　　mm

20	14	80														
25	17	80	85													
40	24	90	95	100												
50	30	95	100	105	110											
65	37	105	110	115	120	130										
80	45	110	115	120	125	135	140									
100	57	120	125	130	140	145	155	165								
125	70	135	140	145	150	160	165	180	190							
150	84	150	150	160	165	175	180	195	205	220						
200	110	175	180	185	190	200	205	220	230	245	270					
250	137	200	205	210	220	225	235	245	260	275	300	325				
300	163	225	230	235	245	255	260	270	285	300	325	350	380			
350	178	245	245	255	260	270	275	285	300	315	340	365	395	410		
400	203	270	275	280	285	295	300	310	325	340	365	390	420	435	460	
450	229	295	300	305	310	320	325	340	350	365	390	420	445	460	485	510
500	254	320	325	330	335	345	350	365	375	390	415	445	470	485	510	535	560
600	305	370	375	380	385	395	400	415	425	440	465	495	520	535	560	585	610	660
DN	半径	14	17	24	30	37	45	57	70	84	110	137	163	178	203	229	254	305
管径	DN	20	25	40	50	65	80	100	125	150	200	250	300	350	400	450	500	600

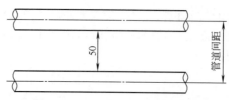

■ 图6-51　无法兰无隔热层管道间距

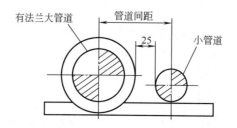

■ 图6-52　有法兰大管道与无法兰小管道间距

注：1. 当管道有隔热层时，上述管道间距应加上隔热层厚度。

2. 有侧向位移的管道或有其他要求时，应按管道净距要求再加相应增量。

表6-16　管道间距（有法兰大管道/无法兰小管道）　　　　　　　　mm

DN	PN	半径	25	40	50	80	100	150	200	250	300	350	400	450	500	600
25	2.0	54	100													
	5.0	62	105													
	10.0	62	105													
40	2.0	64	110	115												
	5.0	78	120	130												
	10.0	78	120	130												
50	2.0	76	120	125	135											
	5.0	83	125	135	140											
	10.0	83	125	135	140											
80	2.0	95	140	145	150	165										
	5.0	105	150	155	160	175										
	10.0	105	150	155	160	175										
100	2.0	115	160	165	170	185	200									
	5.0	127	170	180	185	200	210									
	10.0	137	180	190	195	210	220									
150	2.0	140	185	190	195	210	225	260								
	5.0	159	205	210	215	230	245	270								
	10.0	178	220	230	235	250	260	290								
200	2.0	172	215	225	230	245	255	280	305							
	5.0	191	235	240	250	265	275	300	325							
	10.0	210	255	260	265	280	295	320	345							
250	2.0	203	245	255	260	275	290	315	340	365						
	5.0	222	265	275	280	295	305	330	355	385						
	10.0	254	300	305	310	325	340	365	390	415						
300	2.0	242	285	295	300	315	325	350	375	405	430					
	5.0	261	305	310	320	335	345	370	395	420	445					
	10.0	280	325	330	335	350	365	390	415	440	465					
350	2.0	267	310	320	325	340	350	375	400	430	455	470				
	5.0	292	335	345	350	365	375	400	425	455	480	495				
	10.0	302	345	355	360	375	385	410	435	465	490	505				
400	2.0	299	345	350	355	370	385	410	435	460	485	505	530			
	5.0	324	370	375	380	395	410	435	460	485	510	530	555			
	10.0	343	385	395	400	415	425	455	480	505	530	550	575			
450	2.0	318	360	370	375	390	400	430	455	480	505	525	550	575		
	5.0	356	400	405	415	430	440	465	490	515	540	560	585	610		
	10.0	372	415	425	430	445	455	480	505	535	560	575	600	630		
500	2.0	349	395	400	405	420	435	460	485	510	535	555	580	605	630	
	5.0	388	430	440	445	460	470	500	525	550	575	590	620	645	670	
	10.0	407	450	460	465	480	490	515	540	570	595	610	635	665	690	
600	2.0	407	450	455	460	465	480	490	515	540	570	595	610	635	665	690	740
	5.0	457	500	510	515	530	540	565	590	620	645	660	685	715	740	790
	10.0	470	515	520	525	540	555	580	605	630	655	675	700	725	750	800
法兰公称直径（DN）	压力等级（PN）	半径	17	24	30	45	57	84	110	137	163	178	203	229	254	305
		管径（DN）	25	40	50	80	100	150	200	250	300	350	400	450	500	600

表 6-17　管道间距（有法兰小管道/无法兰大管道）　　　　　　　　　　　mm

法兰公称直径(DN)	压力等级(PN)		600	500	450	400	350	300	250	200	150	100	80	50	40	25
600	2.0	407	740													
	5.0	457	790													
	10.0	470	800													
500	2.0	349	680	630												
	5.0	388	720	670												
	10.0	407	740	690												
450	2.0	318	650	600	575											
	5.0	356	690	635	610											
	10.0	372	705	655	630											
400	2.0	299	630	580	555	530										
	5.0	324	655	605	580	555										
	10.0	343	675	625	600	575										
350	2.0	267	600	550	525	495	470									
	5.0	292	625	575	550	520	495									
	10.0	302	635	585	560	530	505									
300	2.0	242	575	525	500	470	445	430								
	5.0	261	595	540	515	490	465	445								
	10.0	280	610	560	535	510	485	465								
250	2.0	203	535	485	460	435	410	390	365							
	5.0	222	555	505	480	450	425	410	385							
	10.0	254	585	535	510	485	460	440	415							
200	2.0	172	505	455	430	400	375	360	335	305						
	5.0	191	525	470	445	420	395	375	350	325						
	10.0	210	540	490	465	440	415	395	370	345						
150	2.0	140	470	420	395	370	345	325	300	275	250					
	5.0	159	490	440	415	390	365	345	320	295	270					
	10.0	178	510	460	435	410	385	365	340	315	290					
100	2.0	115	445	395	370	345	320	300	275	250	225	200				
	5.0	127	460	410	385	355	330	315	290	260	235	210				
	10.0	137	470	420	395	365	340	325	300	270	245	220				
80	2.0	95	425	375	350	325	300	280	255	230	205	180	165			
	5.0	105	435	385	360	335	310	290	265	240	215	190	175			
	10.0	105	435	385	360	335	310	290	265	240	215	190	175			
50	2.0	76	410	355	330	305	280	260	235	210	185	160	150	135		
	5.0	83	415	365	340	315	290	270	245	220	195	165	155	140		
	10.0	83	415	365	340	315	290	270	245	220	195	165	155	140		
40	2.0	64	395	345	320	295	270	250	225	200	175	150	135	120	115	
	5.0	78	410	360	335	310	285	265	240	215	190	160	150	135	130	
	10.0	78	410	360	335	310	285	265	240	215	190	160	150	135	130	
25	2.0	54	385	335	310	285	260	240	215	190	165	140	125	110	105	100
	5.0	62	395	345	320	290	265	250	225	195	170	145	135	120	115	105
	10.0	62	395	345	320	290	265	250	225	195	170	145	135	120	115	105
法兰公称直径(DN)	压力等级(PN)	半径	305	254	229	203	178	163	137	110	84	57	45	30	24	17
		管径(DN)	600	500	450	400	350	300	250	200	150	100	80	50	40	25

③ 管道外表面距管架横梁端部不应小于 100mm，管道法兰外缘距管架或构架的支柱、建筑物墙壁的净距不应小于 100mm（图 6-54 和图 6-55）。

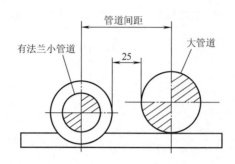

■ 图 6-53　有法兰小管道与无法兰大管道间距

注：1. 当管道有隔热层时，上述管道间距应加上隔热层厚度。

2. 有侧向位移的管道或有其他要求时，应按管道净距要求再加相应增量。

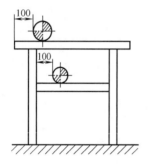

■ 图 6-54　管道与管架、构架的支柱净距

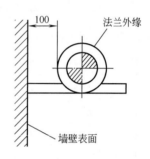

■ 图 6-55　管道与墙壁表面净距

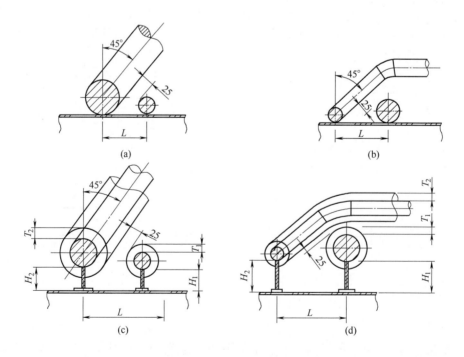

(a)

(b)

(c)

(d)

■ 图 6-56　斜管和相邻管道的间距

④ 并排管道上安装带手轮的阀门时，管道间距除考虑法兰大小及其净距外，还应考虑两手轮间的净距不应小于100mm。

⑤ 管道上装有外形尺寸较大的管件、小型设备、仪表测量元件或有侧向位移的管道，应加大管道间的净距。

⑥ 管沟内管道间距应比架空敷设时适当加大，其净距不应小于80mm，法兰外缘与相邻管道的净距不应小于50mm。

⑦ 当采用斜接的焊接支管或弯头的时候，在最接近点的管道净距应不小于25mm。这种情况下，保温厚度（T_1，T_2）和管托高度（H_1，H_2）应在计算中考虑在内（图6-56）。

2. 一些国内外工程公司所采用的管子间距

一些国内外工程公司所采用的管子间距见表6-18。

表6-18　一些国内外工程公司所采用的管子间距　　　　　mm

管子间距(℄ to ℄)150Class×150Class＋300Class×300Class

	3/4″	1″	1½″	2″	3″	4″	6″	8″	10″	12″	14″	16″	18″	20″	24″	NO
	120	130	150	150	170	180	210	230	260	290	310	340	360	380	430	3/4″
		130	150	150	170	190	220	240	270	300	320	350	370	390	440	1″
			160	160	180	200	230	250	280	310	330	360	380	400	450	1½″
24″		820		160	190	210	240	260	290	310	340	370	390	410	460	2″
20″	770	710			200	220	250	280	300	330	360	390	410	430	490	3″
18″	740	690	650			230	270	290	320	350	380	410	430	450	500	4″
16″	710	660	620	600			290	320	360	390	420	440	470	490	550	6″
14″	690	630	600	570	530			350	380	420	450	470	500	530	580	8″
12″	670	610	580	560	520	500			410	450	480	510	530	560	620	10″
10″	630	580	550	530	490	470	440			480	510	540	560	590	650	12″
8″	600	550	520	490	460	440	410	370			520	550	580	610	670	14″
6″	560	510	480	460	430	410	390	340	310			580	610	640	700	16″
4″	520	470	450	430	400	370	350	310	290	240			630	670	730	18″
3″	500	450	430	410	380	350	340	300	270	230	200			690	760	20″
2″	480	430	410	390	360	330	320	280	260	220	190	160			810	24″
1½″	470	420	400	380	350	320	310	270	250	210	180	160	160			
1″	460	410	390	370	340	310	300	260	240	200	170	150	150	130		
3/4″	450	400	380	360	330	300	290	250	230	190	160	150	150	130	120	
NO	24″	20″	18″	16″	14″	12″	10″	8″	6″	4″	3″	2″	1½″	1″	3/4″	

管子间距(℄ to ℄)150Class×600Class＋600Class×600Class

二、阀门的适宜位置和所需空间

阀门的适宜位置和所需空间如图 6-57～图 6-60 所示。

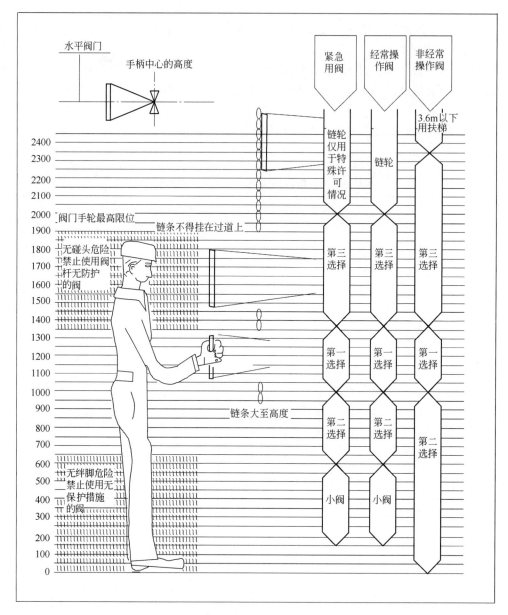

■ 图 6-57　阀门操作适宜位置（一）

注：以上阀门的安装尺寸要求是基于平均身高是 1.8m（±4cm）的人确定的（这些尺寸应该适应并适宜于当地操作人员的平均身高），本图被多家国内外工程公司使用。

三、操作通道布置和标高基准

操作通道的布置和标高基准见表 6-19～表 6-21。

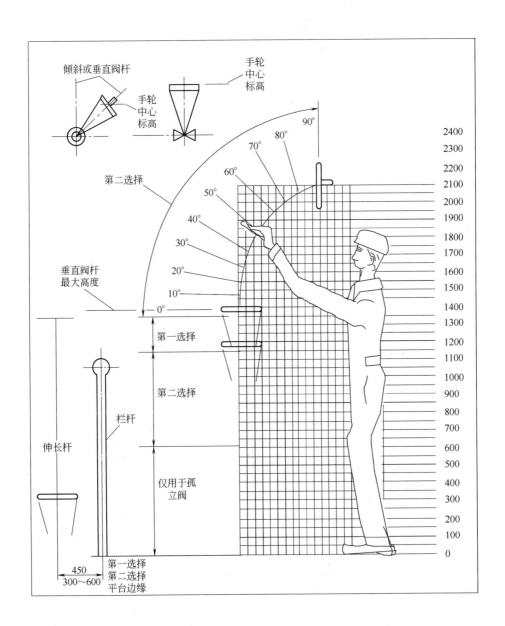

■ **图 6-58　阀门操作适宜位置（二）**

注：以上阀门的安装尺寸要求是基于平均身高是 1.8m（±4cm）的人确定的（这些尺寸应该适应并适宜于当地操作人员的平均身高），本图被多家国内外工程公司使用。

站立操作或维修时需要的净空

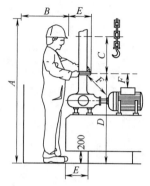

项 目		最佳/mm	最小/mm	最大/mm
A	高度	2100	1900	—
B	宽度	900	750	—
C	上部自由空间 （对于重的部件要考虑吊装）	830～1140	720～1030	—
D	部件的高度	935～1015	900	1200
E	可以到达距离	270～300	—	500
F	使用工具的净空	—	取决于环境和所使用工具的尺寸，在很多实例中最小需要200mm	—

（a）

跪姿操作或维修时需要的净空

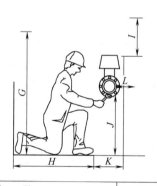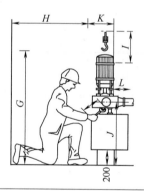

项 目		最佳/mm	最小/mm	最大/mm
G	高度	1700	1590	—
H	宽度	取决于工作环境	1150	—
I	上部自由空间 （对于重的部件要考虑吊装）	480～880	380～780	—
J	部件的高度	530～700	500	800
K	可以到达距离	270～300	—	500
L	使用工具的净空	—	取决于环境和所使用工具的尺寸，在很多实例中最小需要200mm	—

（b）

操作或维修时需要的净空（俯视图）

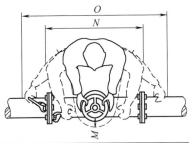

项　　目		最佳/mm	最小/mm	最大/mm
M	手需要的净空	—	100	—
N	肘需要的净空	1350	1200	—
O	可以到达的净空 （例如为了维修）	2030	1780	—

（c）

手动操作阀门的首选布置要求

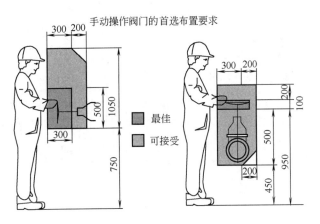

阀门的手动轮应在阴影区

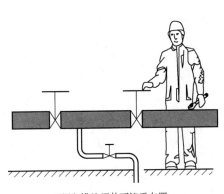

双阀和排放阀的可接受布置

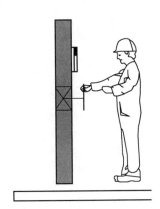

阀门控制和仪表查看的最佳位置选择

（d）

■ 图 6-59

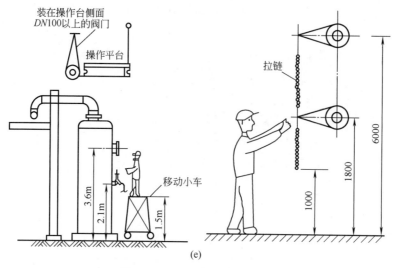

(e)

■ **图 6-59 阀门操作适宜位置（三）**

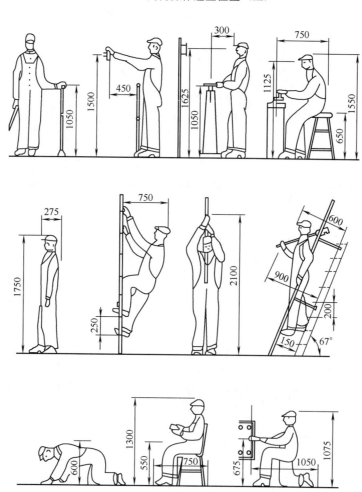

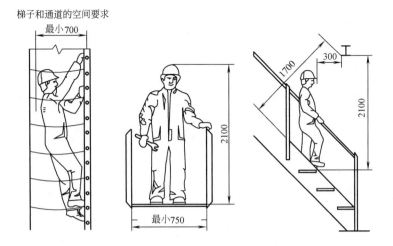

■ 图 6-60　不同操作姿态所需尺寸

注：以上阀门的安装尺寸要求是基于平均身高是 1.8m（±4cm）的人确定的（这些尺寸应该适应并适宜于当地操作人员的平均身高）。

表 6-19　操作通道布置　　　　　　　　　　　　　　　　　　　　　mm

结构的通道布置	梯子的布置	护圈的布置
框架顶 最大9000 9000以上 最大3600	① 中间平台 8000以上 最大8000 最大8000	直爬梯护圈 无护圈直梯 2500 3000以上 3000以下
换热器通道要求	人孔间距要求	平台、过道和工作区域的净空
通道 换热器 800 800 平面图	人孔　设备壁 800净距 平面图 1200 人孔 2500 平台顶 立面图	管底标高 2200 管底标高 2200 800

续表

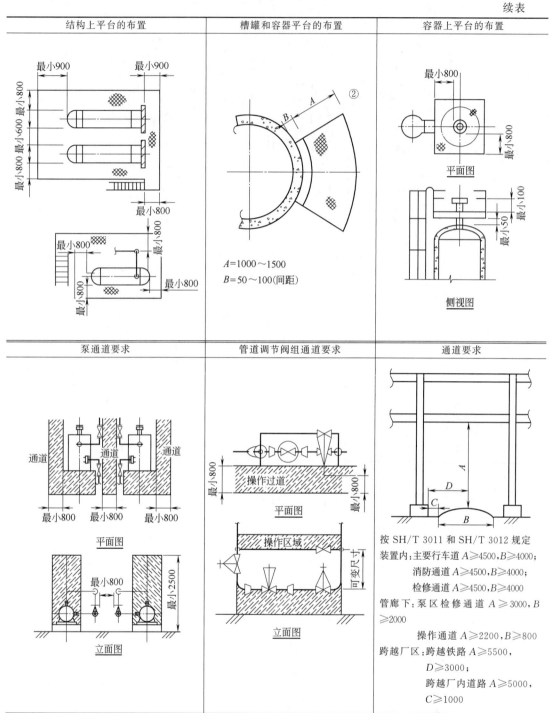

结构上平台的布置	槽罐和容器平台的布置	容器上平台的布置

①斜梯宜倾斜45°。梯高不宜大于5m，如大于5m，应设梯间平台。设备上的直梯宜从侧面通向平台。攀登高度在15m以内时，梯间平台的间距应为5～8m；超过15m时，每5m应设梯间平台。

国内各行业的标准规范规定的数值，可能有些差异，实际工程中需要以所依据行业标准规范的数据为准。以上是中石化关于梯子的相关规定。

②如果有管子穿过平台，则需要保证平台的最小有效可通过宽度800mm（有的标准上要求最小有效可通过宽度850mm）。

416

表 6-20　一般情况下工厂标高基准（一）

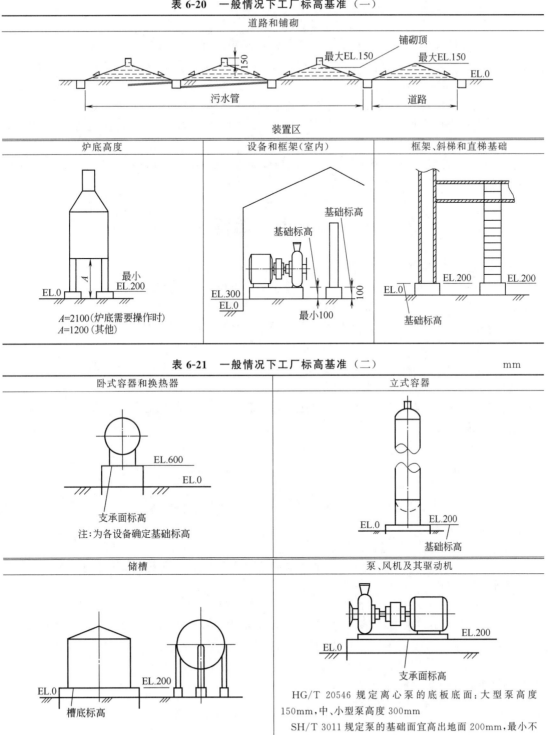

表 6-21　一般情况下工厂标高基准（二）　　　　　　　mm

四、焊缝布置设计数据

① 两条对接焊缝间的距离，不应小于 3 倍焊件的厚度，需焊后热处理时，不宜小于 6

倍焊件的厚度，且应符合下列要求：

a. 公称直径小于 50mm 的管道，焊缝间距不宜小于 50mm；

b. 公称直径大于或等于 50mm 的管道，焊缝间距不宜小于 100mm。

② 管道的环焊缝不宜在管托的范围内。需热处理的焊缝从外侧距支架边缘的净距宜大于焊缝宽度的 5 倍，且不应小于 100mm。

③ 不宜在管道焊缝及边缘上开孔与接管。当不可避免时，应经强度校核。

④ 管道在现场弯管的弯曲半径不宜小于 3.5 倍管外径；焊缝距弯管的起弯点不宜小于 100mm，且不应小于管外径。

国外某设计单位，在三维设计中，将焊缝设置成一定的宽度并显示在三维模型中，在检查硬碰撞和软碰撞时，就更容易发现此类问题。

第四节　管廊上管道的布置设计

一、管廊上管道布置的一般要求

① 应按各有关装置（或建筑物）进出管道交接点坐标、标高协调布置。

② 大直径管道应靠近管廊柱子布置。

③ 小直径、气体管道、热管道、公用工程管道宜布置在管廊中间。

④ 工艺管道宜布置在与管廊相连接的设备一侧。

⑤ 需设置 Ⅱ 形补偿器的高温管道，应布置在靠近柱子处，且 Ⅱ 形补偿器宜集中设置。

⑥ 需要设操作平台或维修通道时，宜布置在上层。

⑦ 对于双层管廊，气体管道、热管道、公用工程管道、泄压总管、火炬干管、仪表和电气电缆槽架等宜布置在上层；一般工艺管道、非金属及腐蚀性介质管道、低温管道等宜布置在下层。

⑧ 全厂性管架或管墩上（包括穿越涵洞）应留有 10%～30% 的裕量，并考虑其荷重。装置主管廊管架宜留有 10%～20% 的裕量，并考虑其荷重。

⑨ 要求无袋形并带有坡度的管道（如火炬管）应满足下列要求。

a. 管道宜布置在管廊顶层。

b. 管道应有坡度，坡向分液罐或其他设备，坡度不小于 0.003。

c. 该管上所有支管都应从该管的顶部连接，并且应顺着管内气体流动方向倾斜 45°。

⑩ 阀门的布置

a. 集中布置的阀门应交错布置，以保证管道布置紧凑。

b. 由总管引出的阀门应尽量靠近总管布置，并装在水平管道上。为了保证阀门手轮和平台的间距要求，可以使阀门中心线对齐布置，并保证阀门手轮间距为 100mm（图 6-61）。

c. 疏水阀在布置时应低于疏水点，布置在便于维修的位置，就地排放的疏水阀出口管，应引至地面并采取防冻措施。

⑪ 管廊上高点排气、低点排液。

⑫ 管道的热补偿。

a. 多根需要设置 Ⅱ 形补偿器的管道宜并排布置。管径较大、温度较高、需要较大的 Ⅱ 形补偿器的管道宜放在外侧，反之放在内侧以便于成组地设置 Ⅱ 形补偿器（图 6-62）。

b. 必要时可垂直布置 Ⅱ 形膨胀弯管（图 6-63）。在装置内管廊不宜使用垂直布置的 Ⅱ 形补偿器。

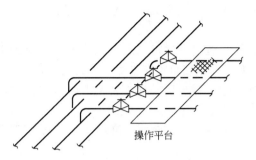

■ 图 6-61　支管上阀门的位置

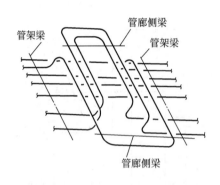

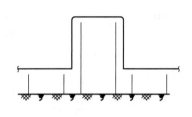

■ 图 6-62　管廊上 Π 形补偿器的布置　　　　■ 图 6-63　垂直布置的 Π 形膨胀弯管（补偿器）

c. 采用钢制套筒补偿器、宽波式波形膨胀节、波纹膨胀节时，应注意管内压力产生的推力、弹性力的作用及设置支架的可能性，并应按国家现行有关标准进行计算选用。

⑬ 沿管廊两侧柱子的外侧，通常布置调节阀组、伴热蒸汽分配站、凝结水收集站及取样冷却器、过滤器等小型设备。

⑭ 调节阀的阀组应尽量布置在地面上以方便操作和检修。调节阀应尽量布置靠近设备的一侧。一般布置在管架柱子外侧 500～1000mm。

与调节阀组一起的孔板应尽量装在立管上（图 6-64）。为了接线方便，孔板安装标高一般为 1800～2000mm。要尽量保证孔板前后直管长度。直管长度在孔板前为 15～20 倍公称

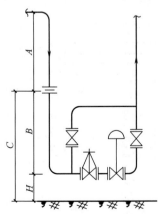

调节阀与孔板组装尺寸 mm

DN	A	B	C	H
50	＞700	1400	1800	400
80	＞1200	1400	1800	400
100	＞1400	1400	1800	400
150	＞2000	1300	1800	500
200	＞2000	1300	1800	500
250	＞2500	1300	1800	500
300	＞3000	1500	2000	500
350	＞3500	1500	2000	500

$90°\leqslant\alpha\leqslant135°$

■ 图 6-64　调节阀与孔板组装　　　　　　■ 图 6-65　弧形垫板

419

直径，不得小于 10 倍公称直径，在孔板后为 5 倍公称直径，不得小于 3 倍公称直径，以保证测量精度。

⑮ 管廊上敷设有坡度的管道，可通过调整管托下加型钢或钢板垫枕的办法来实现。对于放空气体总管（或去火炬总管）宜布置在管廊柱子的上方，以便于调整标高。

⑯ 管廊上管道进行支承时，对于奥氏体不锈钢裸管，宜在支点处的管道底部焊与管道材质相同的弧形垫板（图 6-65）。

⑰ 管廊上管道的数量应通过管道走向研究决定（图 6-66）。

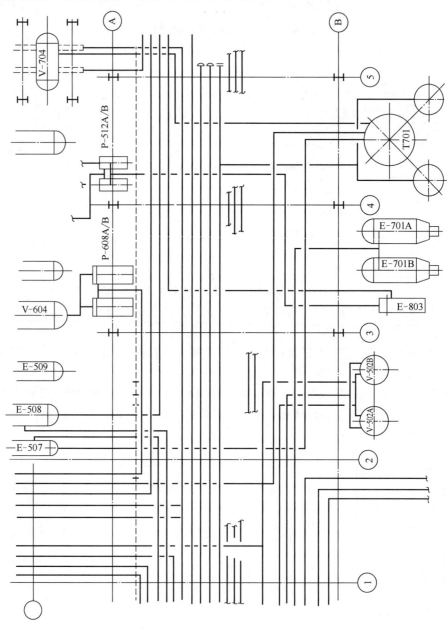

■ 图 6-66　管道走向研究图（平面图）

二、管廊上管道布置设计工程实例

工程实例一　管廊上的管道排列（图 6-67）

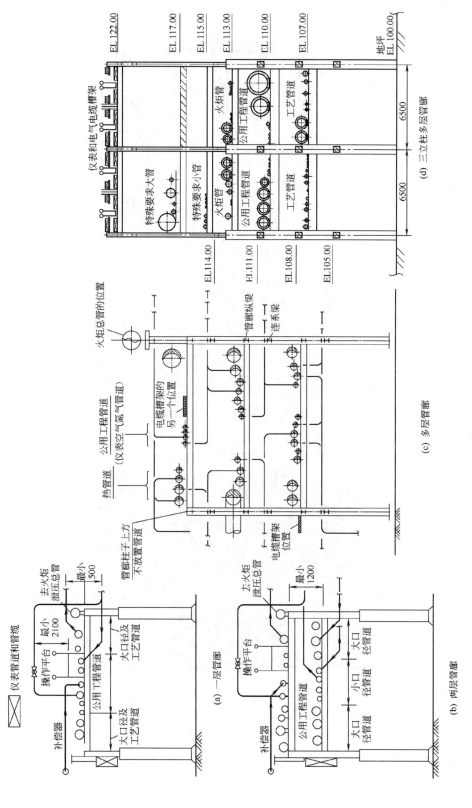

■ **图 6-67　管廊上的管道排列（断面图）**

421

工程实例二 某管廊的计算机三维模型截面图（图 6-68）

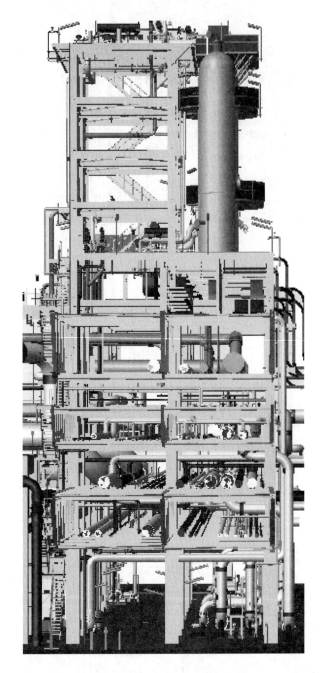

■ **图 6-68** 某管廊的计算机三维模型截面图

注：上图是某装置内主管廊计算机三维模型截面图，管廊的地面布置了泵、控制阀组，向上依次布置了工艺管线层、公用工程管线层、特殊要求管线（如不能有下袋）层、火炬管线层、电缆桥架层、干燥塔所在的层等。

工程实例三　管廊上管道阀门及其操作平台的设置（图 6-69）

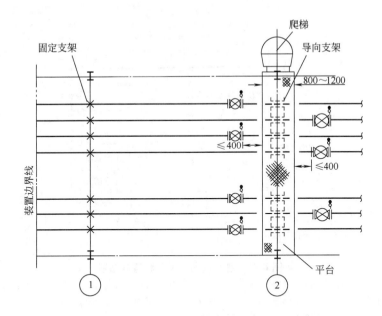

■ **图 6-69**　某乙烯工程的管廊上管道阀门及其操作平台的设置

工程实例四　管廊下典型管道布置（图 6-70）

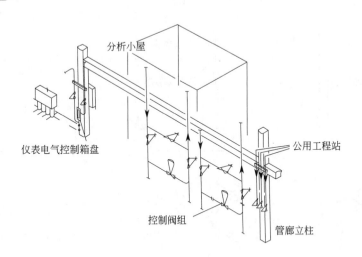

■ **图 6-70**　管廊下典型管道布置

工程实例五　管廊的典型设备和管道布置（图 6-71）

三、管廊上管道布置设计常见错误及纠正

管廊上管道布置设计常见错误及纠正见表 6-22。

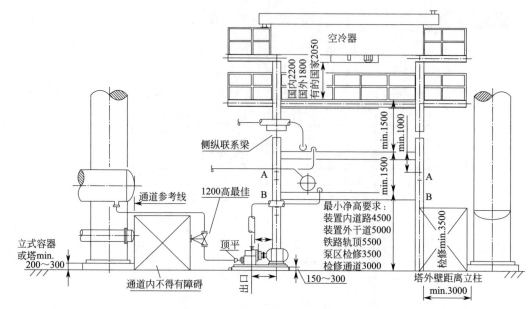

■ 图 6-71　管廊的典型设备和管道布置

注：易设计出错的位置，例如，有人把电机与平台高度布置得太低或太高都不合适。在给结构提侧联系梁条件时，可以要求结构把管廊同层高度的那根侧联系梁 B 去掉，同层高度的结构次梁改到侧联系梁 A 生根，否则在管廊侧面侧联系结构梁太密集，同时便于管子进出管廊时的净空。

表 6-22　管廊上管道布置设计常见错误及纠正

错误设计	正确设计	工程实例说明
		直径较大的管线宜布置在靠近管架柱，腐蚀介质不宜布置在上层，轻烃类管线不应布置在高温管线上方，长距离输送的公用工程管线布置在上层
		宽度 B 一般不宜小于 2m。导向支架 L 应为 30～40 倍公称直径 带 Π 形补偿器的管线，最热和最大直径的管线放在外侧，低温在内侧
		管线应"步步低"或"步步高"，避免出现中间低的 U 形，以免积液

错误设计	正确设计	工程实例说明
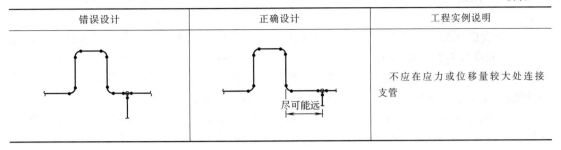	尽可能远	不应在应力或位移量较大处连接支管

第五节 塔的管道布置设计

一、塔的分类及管道设计的特点

1. 塔的分类

① 蒸馏（精馏或分馏）塔（Distillation Column）（图 6-72） 蒸馏塔的功用是将多成分系的原料经过加热后，以塔中央的下面适当位置为进料层，进行蒸馏或精馏，因此称为蒸馏塔（Distillation Column）、精馏塔（Rectification Tower）、分馏塔（Fractionating Tower）、蒸发塔（Evaporator Tower）、稳定塔（Stabilizer Column）、汽提塔（Stripper）等。

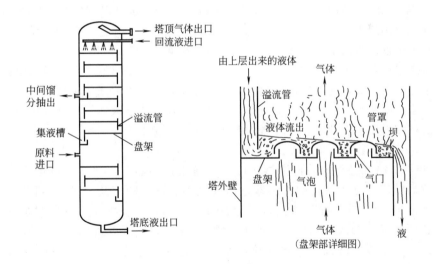

■ 图 6-72 泡罩型精馏塔

② 反应塔（React Ion Tower） 蒸馏塔的功能是将含多成分的原料，依物理的方法利用各成分不同的沸点（Boiling Point）进行分离各种物质的作业。反应塔的功能则相反，反应塔内所要进行的是化学反应（如分解结合、聚合等），其内部构造依反应的种类、条件而异，外观与蒸馏塔相同，均为竖立圆筒形，塔身的长度大致上均比直径大，为细长形的塔。

③ 萃取塔（Extraction Tower） 萃取塔的功能是将原料中所含的一部分成分利用萃取剂（Extracting Reagent）（液体、固体）提取（吸附）分离的方法，一般液体原料采用液体

萃取剂来提取的比较多，也有液体与固体、气体与固体、气体与液体等各种情形的萃取方法。

④ 吸收塔（Absorption Tower） 吸收塔的功能是在塔内进行液体吸收气体的操作，为了使气体与液体有良好的接触，其流向〔并流（Cocurrent Current）、逆流（Counter Current）（或称对流）〕、装填位置以及内部构造（如架层、填充物）等设计都要经过周密安排（如温度、压力、流速等条件），才能在操作上发挥最高效能。

⑤ 洗涤塔（Washing Tower） 洗涤塔是属于吸附和吸收的一种。这种操作往往是被吸收物的量较少，被吸收的物质一般不是目的物，非吸收物质是目的物的情况比较多，洗涤塔也称为捕集器（Scrubber）。

2. 塔管道设计的特点

塔管道设计的特点详细讲述见《工业管道配管设计与工程应用》一书。

① 常见的塔有板式塔和填料塔。板式塔处理量大、抗堵性强、价格低，填料塔效率高、阻力降小。在许多情况下，这两种塔型均可以采用。

② 塔的布置一般有高度要求。塔进料管设置流量控制阀，切断阀之前设置取样阀。塔釜设置就地液位计，按需设置液位控制计。塔顶和塔釜需设置温度和压力检测点。按需在塔中部设置温度、压力检测点和取样点。温度计管口设在塔板的液相区，温度计套管应与液体接触。压力计管口设在塔板下的汽相区。塔顶和塔釜之间设置压差检测点的，压差管口开在气相区。有的压力管道设计人员将管口位置设计错误，造成设计返工或无法修改。

③ 由于操作及分离的需要，塔的进料口可以有一个，也可以有多个，应根据组分、温度等的不同，分别进入不同的塔盘。设有多个进料口的塔，每个进料口均应设置切断阀，对同一产品有多个抽出口的塔，各抽出口均应设置切断阀。

精馏塔进料位置在下部或中部，而汽提塔在顶部。精馏塔常有塔顶、塔底及侧线采出等两个或两个以上的产品，而汽提塔一般仅对塔底流出物有纯度要求。采出的产品应加阀。精馏塔设回流罐、回流泵。侧线一般采液相，靠重力采出。塔釜液相可靠自身压力压出，也可用泵抽出。精馏塔要有再沸器、冷凝器，甚至有中间再沸器或中间冷凝器。塔顶馏出线上一般不设阀门，直接接往塔顶冷凝器。

④ 有结焦、堵塞等现象的再沸器，应设置备用再沸器。再沸器入口可由塔的一根总管引出，然后分支。互为备用的再沸器进出管道都要设切断阀及"8"字盲板，以便于切换。在再沸器出口到"8"字盲板间，还应设置安全阀，以防再沸器备用时加热介质漏入引起汽化超压。再沸器入口为液相，出口为混相或气相，所以返回管道管径一般比入口管道至少大一个等级。卧式再沸器常设两个出口，管口对称布置。热虹吸再沸器进出口一般不设控制阀。再沸器强制循环及侧线再沸器控制采出的入口管道除外。热虹吸再沸器与塔之间有相对安装高度要求。塔釜正常操作时的液面与立式热虹吸再沸器的上管板同高或高出 25～40mm。

⑤ 在塔的顶、底及不同的区段，根据需要测量塔的温度、压力、压差及关键组分的纯度等，要保证压力计口在塔盘下的气相区，而温度计口放在塔板上的液相区。为了避免塔被超压损坏，塔顶馏出管道上应设安全阀。这个安全阀可设在塔顶或塔顶汽相馏出物管道上，也可设在回流罐上。回流罐要设压控阀，由塔顶或塔釜压力控制。

⑥ 再沸器有釜式再沸器、热虹吸式再沸器和强制循环再沸器等，强制循环再沸器用于黏度大或热敏物料。还可分为蒸汽加热再沸器和液体加热再沸器。按布置方向不同，分为立

式再沸器和卧式再沸器。再沸器与塔釜的连接管道应尽量短，升汽管不允许有袋形。当塔底产品需用泵抽出时，釜式再沸器的高度必须满足泵吸入高度的要求。强制循环再沸器塔釜的安装高度应满足循环泵的吸入高度要求。卧式再沸器常有两个出口，管道最好对称布置。再沸器壳层设置排气阀和排净阀。下部循环管道最低处设置排净阀。加热蒸汽进气管切断上游设置安全阀。

二、塔的管道侧和操作侧划分

可将塔的四周大致划分为检修所需要的操作侧（检修侧）和管道布置所需要的管道侧，如图 6-73 所示。如果将操作侧分为三个区，即操作区、吊装区、仪表和爬梯区更为确切。

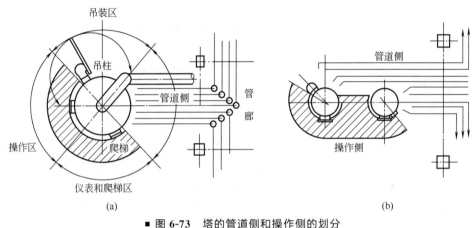

■ 图 6-73　塔的管道侧和操作侧的划分

三、塔的管道布置设计要点

① 塔顶管道一般有塔顶油气、放空和安全阀出口管道。塔顶放空管道一般安装在塔顶油气管道最高处的水平管段的顶部，并应符合防火规范的要求。对于安全阀的配管应符合以下原则。

a. 安全泄压装置的出口介质允许向大气排放时，防空口不得朝向临近设备或有人通过的地区，放空管口的高度应高出以安全泄压装置为中心，半径为 8m 的范围内的最高操作平台 3m，如图 6-74 所示。

b. 安全阀后面的管道布置应使排放不会积液；安全阀可在平台上进行维修，$DN100$ 以上时，应可以使用吊柱；排入大气的安全阀出口的低点加 $\phi 8mm$ 的泪孔，对易燃易爆介质的管线上应配密闭收集的导管；出口管要有充分的支承；当排入放空总管或去火炬总管的介质带有凝液或可冷凝气体时，安全阀的出口应高于总管，否则，应采取排液措施，并且，应顺流向以 45° 从泄压总管的上部接入。

c. 若安全阀进出口管上设有切断阀时，应当用单闸板闸阀，且阀杆应水平安装。

② 塔顶油气管道内的介质一般为气相，管径较大，管道尽可能短，要"步步低"，不宜出现袋形管，且具有一定的柔性。

③ 每一条管道应尽可能沿塔敷设，通常将塔的管道和塔的保温外切线或同圆线成组布置，个别管道可单根沿塔布置（图 6-75），使管道布置美观且易于设置支架。

427

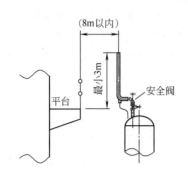

■ 图 6-74　安全泄压装置出口高度

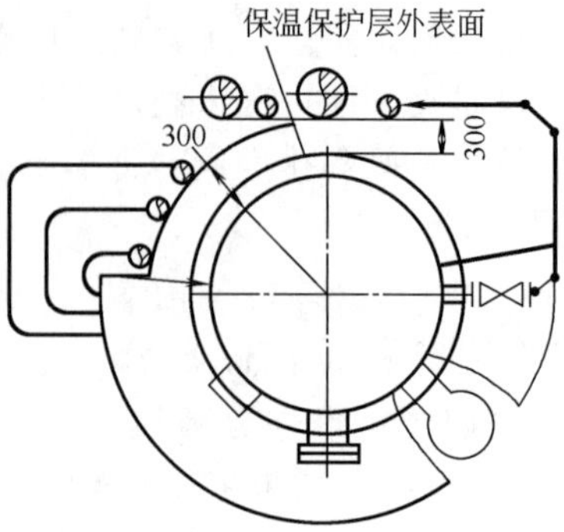

■ 图 6-75　沿塔敷设的管道

④ 每一根沿塔管道，需在重心上部设承重支架，并在适当位置设导向支架，以免管口受力过大。

⑤ 分馏塔顶油气管道一般不隔热，只防烫，如该管道至多台换热设备，为避免偏流，应对称布置（图 6-76）。

⑥ 塔顶为两级冷凝时，其管道布置应使冷凝液逐级自流，油气总管与冷凝器入口支管应对称布置。

⑦ 当塔顶压力用热旁路控制时，热旁路管应保温，尽量短，其调节阀安装在回流罐上部，且管道不得出现"袋形"，如图 6-77 所示。

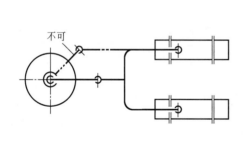

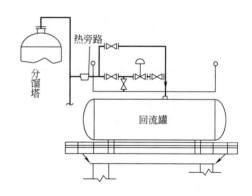

■ 图 6-76　对称布置分馏塔顶油气管道

■ 图 6-77　塔顶压力用热旁路控制时的管道布置

⑧ 特殊要求的管道与塔开口直接焊而不采用法兰连接，以减少泄漏。

⑨ 塔体侧面管道一般有回流、进料、侧线抽出、汽提蒸汽、重沸器入口和返回管道等。为使阀门关闭后无积液，上述管道上的阀门宜直接与塔体管口相接，进（出）料管道在同一角度有两个以上的进（出）料开口时，管道应考虑具有一定的柔性。

⑩ 分馏塔侧线到汽提塔的管道上如有调节阀，其安装位置应靠近汽提塔，以保证调节阀前有一段液柱，其液柱的高度应满足工艺专业提出的要求（图 6-78）。

⑪ 塔底的操作温度一般较高，因此在布置塔底管道时，其柔性应满足有关标准或规范的要求。尤其是塔底抽出管道和泵相连时，管道应短且少拐弯，又需有足够的柔性以减少泵管口受力（图 6-79）。

塔底抽出线应引至塔裙或底座外，塔裙内严禁设置法兰或仪表接头等管件。塔底到塔底

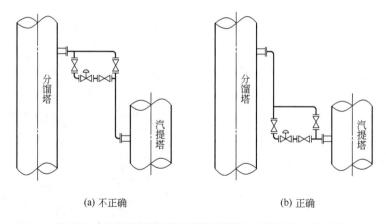

(a) 不正确　　　　　　　　　　(b) 正确

■ 图 6-78　分馏塔侧线到汽提塔的管道上调节阀的安装位置

泵的抽出管道在水平管段上不得有"袋形"，应是"步步低"，以免塔底泵产生汽蚀现象。抽出管上的隔断阀应尽量靠近塔体，并便于操作。

⑫ 除非是辅助重沸器，或者是两个以上并联的重沸器同时操作，而且要求在较宽的范围内调节其热负荷，塔底到重沸器的管道一般不宜设阀门。塔底釜式重沸器带有离心泵时，重沸器的标高应满足离心泵所需的有效汽蚀余量，同时使塔底液面与重沸器液面的高差所形成的静压头足以克服降液管、重沸器和升气管的压力损失。因此，管道的布置应在满足柔性要求的同时，使管道尽量短，弯头尽量少（图 6-80）。

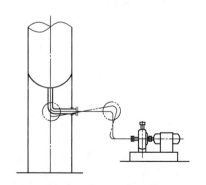

■ 图 6-79　塔底管道运行时的变形

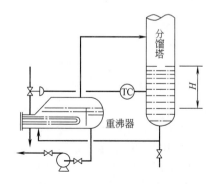

■ 图 6-80　塔底到重沸器管道的布置

⑬ 塔的人孔应设在塔的操作区内，进出塔比较方便、安全、合理的地方。

⑭ 设置人孔的部位必须注意塔的内部构件，一般应设在塔板上方的鼓泡区，不得设在塔的降液管或受液槽区域内。

⑮ 塔体上的人孔（或手孔），一般每 3～8 层塔板布置一个。

⑯ 一座塔上的人孔宜布置在同一垂直线上，使其整齐美观。

塔的操作分布图如图 6-81 所示，某聚甲醛项目塔的操作侧照片如图 6-82 所示。

四、塔的附件及布置

1. 塔的平台

塔平台为从人孔、手孔处检修设备；紧固法兰；操作和维修调节阀组及检修、安装液面调节阀、大口径阀门、检测仪表、安全阀等附件而设。

429

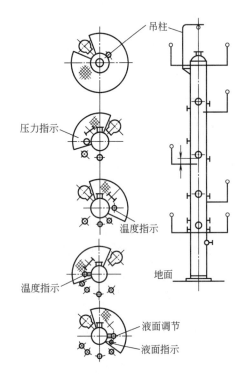

■ 图6-81 塔的操作分布图

■ 图6-82 某聚甲醛项目塔的操作侧

当下列附件需要布置在距地面3600mm以上，或距平台面1800mm以上时，应考虑设置平台（从地面至3600mm以下的高度时，可使用移动平台）：控制阀组；重沸器；人孔；安全阀；DN100以上的阀，电动阀；取样装置；DN200及以上的盲法兰或"8"字盲板；有必要增加法兰的地方；液位计。

现有的平台宽度一般为1000～1500mm。人孔用平台最小宽度为1000mm。

塔顶平台是为操作吊柱、放空阀和维修安全阀设置的，可制成方形，大小按需要确定。此外，还应考虑如下事项。

① 人孔中心线以距平台600～1000mm为宜，最适宜高度为750mm（SH 3011规定平台距人孔底部不宜大于800mm）。

② 有两个以上塔设备并列的情况下，建议统一平台标高，做联合平台。平台应设防护栏杆和踢脚板，栏杆高度以1.2m为宜；平台的进出口处应有自动复位栏杆；影响检修的栏杆段，应为可拆卸的。

③ 联合平台应考虑各塔、架之间的热胀及其移动因素，留有缝隙，加入适当的销子。塔身用法兰连接时，应在法兰下侧设置平台，平台面与法兰的距离不宜大于1.5m。

④ 通常，平台的均布荷载为250～400kgf/m² （2.5～4kPa）为宜，因维修或管架原因需要平台承担更大负荷时，须给设备工程师提出条件。

图6-83～图6-85所示为平台设置的照片。

■ 图6-83 某石化公司塔的联合平台设置

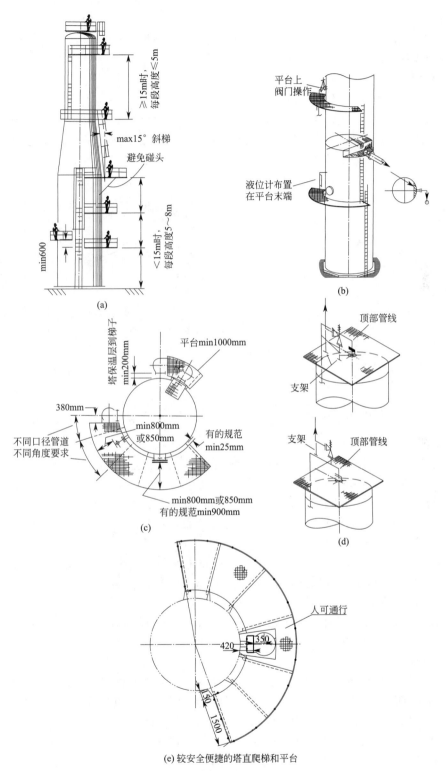

(a)

(b)

(c)

(d)

(e) 较安全便捷的塔直爬梯和平台

■ 图6-84　塔梯子平台的设计

注：1. 直爬梯穿过平台中央，未设置在平台侧面，这样人员爬塔时感觉两侧均有支撑平台会更安全和人性化。

2. 直爬梯未打断平台，人员可从直爬梯右侧平台直接通行。有的设计把直爬梯右侧的平台取消了，就会造成人员通行的困难。

2. 吊柱

通常，塔的高度超过 15m 以上，及需满足以下要求时需要设置吊柱：有填料时；有内件及附件装卸的情况。

吊柱布置应注意的事项如下。

① 吊柱下方地面应留有充分的作业空间。

② 应能达到塔上所有检修和操作平台的位置。

③ 在吊柱回转覆盖范围内，应有一处能够避开所有平台和管道的竖直通道。

④ 吊柱应布置在检修侧范围内。

吊柱布置如图 6-86 所示。

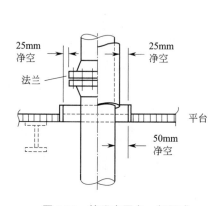

■ 图 6-85　管子穿平台一般要求

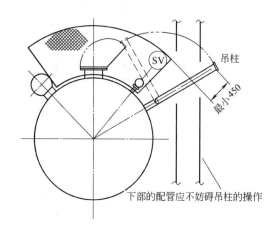

■ 图 6-86　吊柱布置

3. 梯子

塔器上的梯子几乎都是直梯，是上下各层平台以及安全逃生的通道，也可作为观察、操作和维修某些附件的设施。

需要经常上去进行操作和维修工作的平台应设置梯子；下列附件也可靠近直梯布置：3″及以下的阀；各种液位计视镜；手孔；压力计等仪表。

梯子布置应注意的事项如下。

① 梯子的布置间距必须满足 GB 50160《石油化工企业设计防火规范》的规定。

② 直梯宽度以 0.4～0.6m 为宜，高度超过 2m 时应加设安全护笼。

③ 塔平台直梯应自下而上分段错开布置。

④ 高度在 15m 及以下时，每段高 5～8m 为宜，超过 15m 时，每段应不高于 5m，否则应设中间休息平台（按 SH 3011 的规定）。

4. 管口方位

塔的管道与其他设备管道相比，其特点是根据工艺要求安排好管口和塔盘等内部结构的关系，这种关系的好坏对管道布置的简化、操作的方便、检修的难易、是否经济等有很大的影响。因此，需要对塔的内部结构、塔的操作进行充分了解。

（1）人孔　从检修和操作上考虑，人孔方位应布置在检修侧，且宜设在同一垂线上，但不能朝向加热炉和其他危险气体发生区域；若有两台塔并列时，人孔应朝向一致（同一方向）。对有塔盘等内部结构的塔，人孔开设的方位必须注意同内部构件的关系，应开设在降液管以外的区域。

① 塔顶人孔。注意到降液盘区即可，但降液管在 300mm 以下时，可圆周（360°）布置

（图 6-87）。

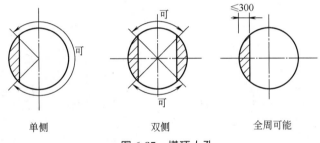

单侧　　　　　　　双侧　　　　　　　全周可能

■ 图 6-87　塔顶人孔

② 中间人孔。

a. 单流（图 6-88）：

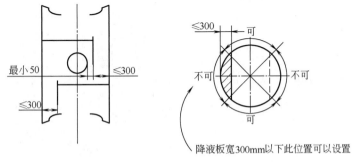

降液板宽300mm以下此位置可以设置

■ 图 6-88　单流情况

b. 双流（图 6-89）：

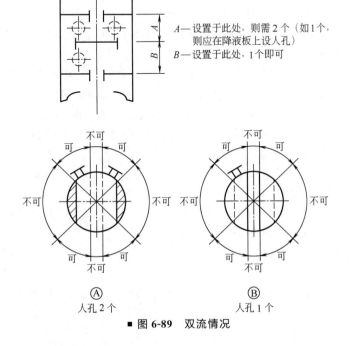

A—设置于此处，则需 2 个（如 1 个，
则应在降液板上设人孔）

B—设置于此处，1 个即可

Ⓐ　　　　　　　　　　Ⓑ
人孔 2 个　　　　　　　人孔 1 个

■ 图 6-89　双流情况

③ 塔底人孔（图 6-90、图 6-91）。

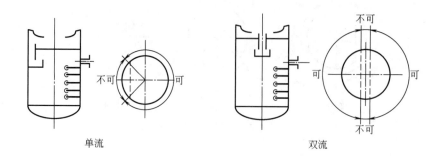

单流　　　　　　　　　　　双流

■ 图 6-90　塔底人孔（无挡板的场合）

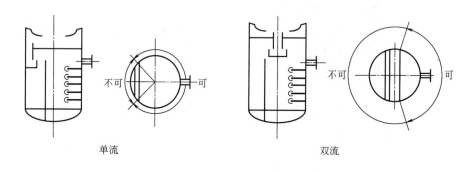

单流　　　　　　　　　　　双流

■ 图 6-91　塔底人孔（有挡板的场合）

（2）仪表管口　仪表最好不要放在人孔旁（有破损的危险）。

① 液位计和液位调节器的开口应布置在便于监视、检查及能从抽出泵和调节阀的旁通处看得见的位置，且液面应不受流入液体冲击的影响。

② 液位调节变送器，应设在平台或梯子上操作方便的地方，站在梯子平台上操作的液位调节器和液位计宜安装在梯子的右侧。

③ 液位调节器最适宜的位置，是在检查液位调节器时，可以看到液位计的地方；并应考虑由于液相进料影响的液位波动。当设置的挡板不能避免液位波动时，应与设备专业协商解决液位计的方位，取决于受液槽与重沸器返回口间的关系（图 6-92、图 6-93）。

④ 两个低温液位计不要靠在一起，防止"冷桥"产生和结霜（图 6-94）。

⑤ 压力表开口和压差计上部开口应布置在气相区。框架内的塔，如果压力表、温度计管口与结构梁过于接近，应考虑安装的可能性，必要时与设备工程师商量以进行修改。

（3）回流管、进料管和抽出管等布置（图 6-95～图 6-97）　塔顶气相（馏出线）开口布置在塔顶头盖中部，安全阀开口、放空管开口一般布置在塔顶气相开口的附近，也可将放空管开口布置在塔顶气相管道最高水平段的顶部。

塔顶回流或中段回流的开口，一般布置在塔板的管道侧，回流管的内部结构和开口方位与塔溢流方式有关。

气相进料开口一般布置在塔板上方，与降液管平行，当气流速度较高时，应设分配管；气液相混合进料开口一般布置在塔板上方，并设分配管，当流速较高时应切线进入，并设螺旋导板。

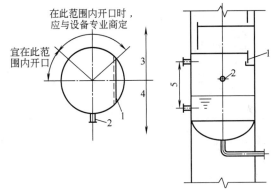

■ 图 6-92　液位计开口（单溢流塔板）

1—受液槽；2—重沸器返回口；3—检修侧；
4—管道侧；5—液位计开口

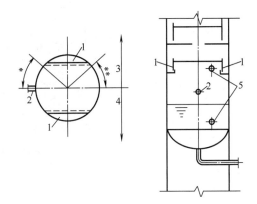

■ 图 6-93　液位计开口（双溢流塔板）

1—受液槽；2—重沸器返回口；3—检修侧；
4—管道侧；5—液位计开口

注：＊处表示宜在此范围内开口；＊＊处表示
在此范围内开口时，应与设备专业商定。

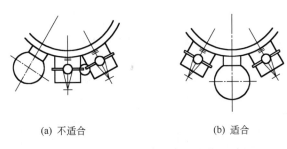

(a) 不适合　　　　　　　(b) 适合

■ 图 6-94　两低温液位计的布置

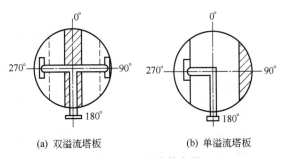

(a) 双溢流塔板　　　　　　(b) 单溢流塔板

■ 图 6-95　回流管布置

　　塔板的抽出口：单溢流塔板，从流体的均衡性考虑，开口应与受液槽垂直布置；双溢流塔板，无论是一个开口或是两个开口，开口都宜布置在与降液管平行的塔中心线上。

五、塔的管道支架

　　① 从塔顶部出来的管道或侧线进出口的管道，应以靠近管口处的第一个支架为承重支架，如再设第二个承重支架时应为弹簧支吊架。一般在承重支架之下，按规定间距设导向支

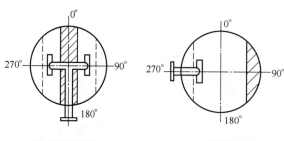

(a) 双溢流塔板　　　　　　　(b) 单溢流塔板

■ 图 6-96　进料管布置

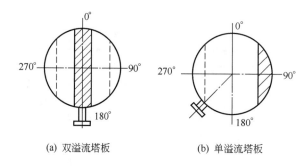

(a) 双溢流塔板　　　　　　　(b) 单溢流塔板

■ 图 6-97　抽出管布置

架（图 6-98、表 6-23）。

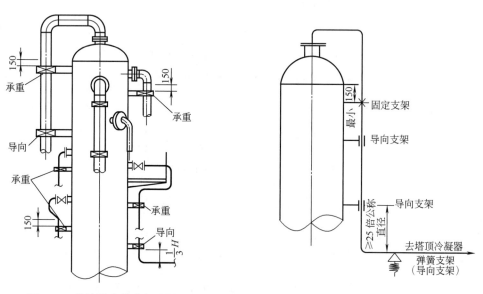

■ 图 6-98　塔外壁上的支架设置　　　　　　■ 图 6-99　设置支架的顺序

表 6-23　塔器上的垂直管道的导向支架间最大间距 H

管径 DN	15	20	25	40	50	80	100	150	200	250	300	350	400	600	800
最大间距 H	3.5	4	4.5	5.5	6	7	8	9	10	11	12	13	14	16	18

注：此表为某乙烯工程参考数据。

② 设置支架的顺序自上而下为固定支架、导向支架、弹簧支架。最后一个导向支架距水平管道宜不小于 25 倍管道公称直径，以免影响管道自然补偿。若沿塔壁垂直管段热位移量大时，其水平管段应设弹簧支架，若热位移不大时，可设导向支架（图 6-99）。

③ 直接与塔管口相连接的大于或等于 DN150 的阀门下面宜设支架（图 6-100）。

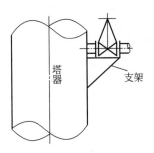

■ 图 6-100 阀门下面的支架

六、塔的管道布置设计工程实例

工程实例一 塔的管道布置设计（图 6-101、图 6-102）

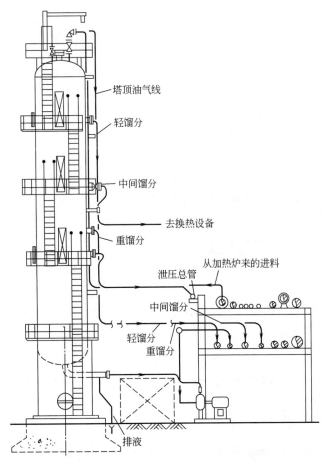

■ 图 6-101 塔的管道布置设计立面图

437

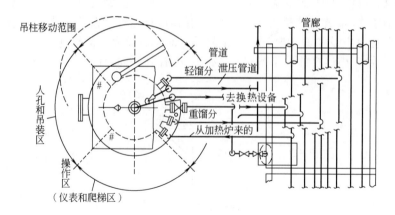

■ 图 6-102　塔的管道布置设计平面图

工程实例二　一般塔的管道布置设计（图 6-103）

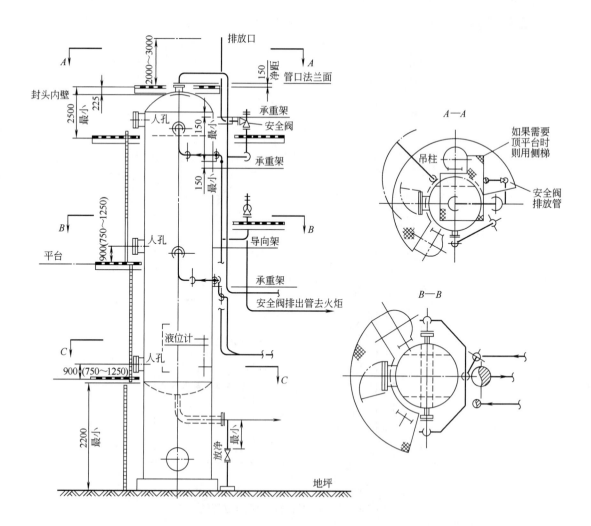

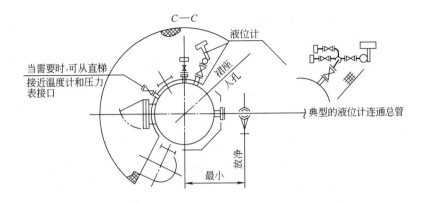

■ 图 6-103　一般塔的管道布置设计

工程实例三　变径塔的管道布置设计（图 6-104）

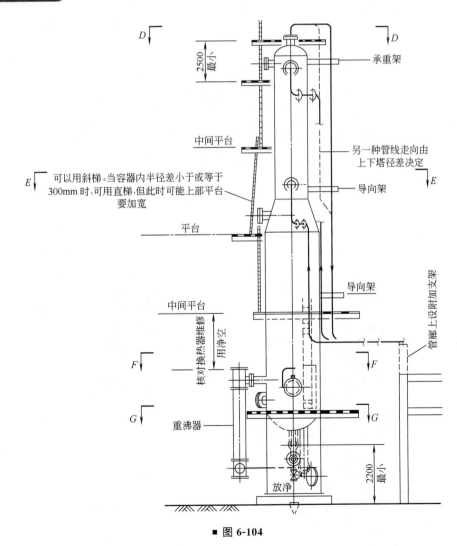

■ 图 6-104

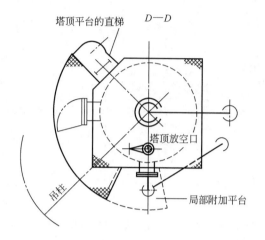

D—D

塔顶平台的直梯

塔顶放空口

吊柱

局部附加平台

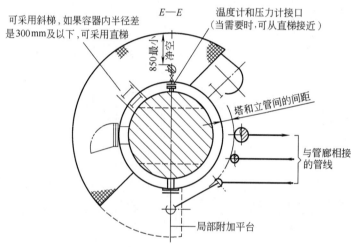

E—E

可采用斜梯,如果容器内半径差
是300mm及以下,可采用直梯

温度计和压力计接口
(当需要时,可从直梯接近)

850最小净空

塔和立管间的间距

与管廊相接
的管线

局部附加平台

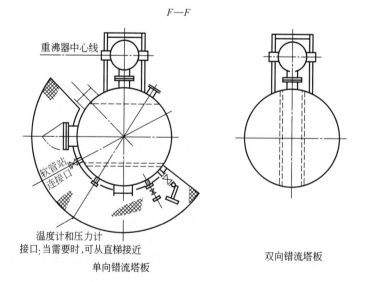

F—F

重沸器中心线

软管站
连接口

温度计和压力计
接口:当需要时,可从直梯接近

单向错流塔板

双向错流塔板

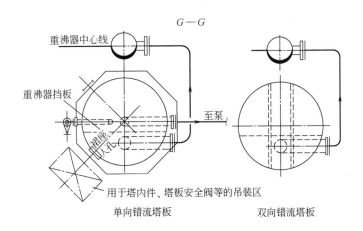

■ 图 6-104　变径塔的管道布置设计

工程实例四　变径塔管道布置计算机三维模型（图 6-105～图 6-107）

■ 图 6-105　变径塔的操作侧

■ 图 6-106　变径塔的管道侧

■ 图 6-107　变径塔的管道侧

七、塔的管道布置设计常见错误及纠正

塔的管道布置设计常见错误及纠正见表 6-24。

表 6-24　塔的管道布置设计常见错误及纠正

错 误 设 计	正 确 设 计	备　　注
		当管道与塔壁温差较大,相对伸长时,应由各支管吸收,L 的长度应足够吸收补偿相对伸长量
		防止阀门上部积液
		尽量减少可能积液的管段,阀门应设在根部
		防止积液堵塞

续表

错 误 设 计	正 确 设 计	备　　注
		消防蒸汽、冲洗水快速接头等不应朝向操作者，且布置位置应尽量靠近平台入口侧
		视镜、手孔、人孔盖的上面不得布置管线
		不应站在梯子上开关阀门，应设置平台
		塔底热油管，因管道向下、热胀，如需设支架时宜设弹簧支架
		两设备底部连接的管线，一般操作温度大于安装时温度，为防止管口受力过大，宜设弹簧管托
		塔回流线与塔壁的温差较大时，所产生的相对伸长量也大，在水平管段上的第一个支架有垂直位移，应设弹簧支架。如果 L 较长，足够吸收相对伸长量时，可设导向管卡（限制支架垂直位移）

第六节　容器的管道布置设计

一、容器的分类及管道设计的特点

1. 容器的分类

容器包括立式容器和卧式容器。大型容器和容器组应布置在专设的容器区内。按流程顺序与其他设备一起布置。容器的分类及管道设计特点详细讲述见《工业管道配管设计与工程应用》一书。

根据容器的用途和功能分类如下。

① 分离器：将流体中含有的固体、液体和气体分离的容器总称为分离器。

② 气液分离器：通过对含液滴气流的缓冲、分离回收其飞沫，并能防止压力急剧变化的容器。

③ 沉降器：将互不溶解液的混合液静置，靠密度差来分离轻重液体的容器。

④ 闪蒸罐：把带压液体通入低压容器内，使部分或全部液体汽化的容器。

⑤ 混合器：将两种以上的物料混合的容器。

⑥ 稀释器：在液体物料中添加水或其他溶剂，使液体浓度降低的容器。

⑦ 溶解器：在固体物料中加入热溶剂，使之溶解为液体的容器。

⑧ 蓄压器：将具有压力的气体、蒸汽或液体储于容器内，使相应系统维持恒定压力的容器。

⑨ 供给器：向主流体内补充或添加液体的容器。

⑩ 计量器：为测量流体的质量或体积配备的容器。

⑪ 废气排放器：把装置中产生的废气集中并安全排至大气的容器。

⑫ 反应器：在容器内进行化学反应的容器。

2. 容器管道设计的特点

① 容器顶部与底部一般设有放空阀与排净阀，容器底部附近应设有带阀门的公用工程接口，一般阀门应与容器管口直连。容器的物料入口管不一定设切断阀，一般只在容器的液相出口处设置切断阀，若此管口水平距离 15m 内另有切断阀，则容器出口处可不设切断阀门。与容器相接的公用工程管道靠近容器管口处应设切断阀。容器与连接管道之间的切断阀应尽量直接安装在容器管口。气相里有可能夹带液体的，可在容器内设置破沫网进行分离。

② 容器上的液位计、压力表等连接的管道，可根据具体情况布置在容器的气相与液相相连通的立管上，容器需设置安全阀时，可将安全阀布置在容器顶部气相部分或气相管道上。设有氮封的立式容器如果是间歇操作，安全阀可不设旁路及上游切断阀。有氮封的常压卧式容器的上部设有呼吸阀与阻火器。

为避免石化物料液体由容器顶部成自由射流进入罐内而产生静电，需由管道引至罐体液面以下或从容器底部引入；但混相引入时除外。罐底液相出口设有防涡流板（当罐内有搅拌装置时可不设）。

③ 容器对安装标高有的有最低要求。这个最低要求可以与工艺专业商谈。

二、开口方位

1. 基本考虑

开口方位应考虑设备的整体布置，必须满足下述各项要求：满足工艺过程要求；容易操作；容易维修；经济；美观。

2. 检修侧和管道侧

容器附近的空间自分为维修所需的检修侧和管道布置所需的管道侧（图 6-108）。整体布置上应做到操作、维修方便，外观整齐、美观。

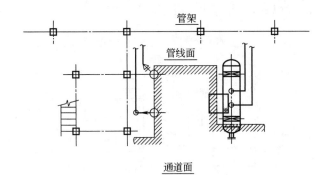

■ **图 6-108　检修侧和管道侧**

检修侧内设置的管口和附件：人孔、手孔、检查孔；仪表管口；吹扫管口（氮气、水蒸气）；铭牌；吊柱。

管道侧内设置的管口；与管道相接的管口。

3. 决定管口方位的注意事项

① 卧式容器上的进口管口和出口管口距离尽量远。

② 卧式容器出口管口应朝向泵侧设置。

③ 人孔盖和人孔吊柱原则上设在人孔的右侧，但是为了便于操作，也可改在左侧。

④ 操作平台间超过 3m 的梯子，为了方便进出，原则上设成侧向进出。

⑤ 卧式容器的排凝管口设在流体出口的反方向。

⑥ 卧式容器的人孔原则上设在容器顶部或封头处。

⑦ 卧式容器的安全阀、压力表和放空等管口，统一设在容器顶部。

⑧ 立式容器若用支耳支承，并有梁下管口时，应特别注意高度和方向。

⑨ 卧式容器原则上将出口管端的鞍座固定。

4. 标准的管口方位例子

卧式容器和立式容器的代表性管口方位布置如图 6-109 所示。

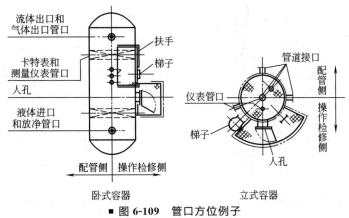

■ **图 6-109　管口方位例子**

三、框架平台和梯子

1. 框架平台

两层以上布置容器的框架平台按以下规定，并用梯子上下平台。

框架的大小：由图 6-110 中的 $A \sim C$ 尺寸决定框架的边，也应注意其他的决定框架大小的因素。C 尺寸在操作、维修时不小于 600mm。

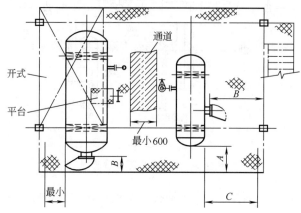

■ 图 6-110 框架的大小

注：1. 有保温、保冷、防火层时，按其外表面计算。

2. 图中两个"B"尺寸为同性质的尺寸，可查相应标准。

2. 框架柱的位置

① 卧式容器轴向与框架柱的位置采用图 6-111 中①～③之一的形式。确定框架柱的位置时注意以下各点。鞍座与框架相同；鞍座与框架端柱的间距；框架端。

② 原则上优先选取图 6-111 中①柱的布置。对③除非受管桥限制才选取外，一般不选用，因为钢架不经济。

③ 框架平台面最大伸出尺寸为 2500mm，以此保证图 6-112 中的 A、B 尺寸。

④ 卧式容器垂直方向上的柱位置由以下各条决定。

a. 保证图 6-110 中的 C 尺寸。

b. 框架下设备的布置，应保证它们的操作、维修空间。

c. 不需要操作、维修时，图 6-113 中的 C 尺寸可取最小值。

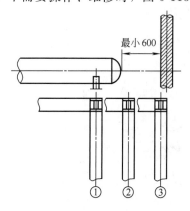

■ 图 6-111 柱的位置

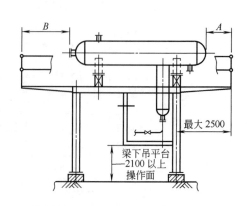

■ 图 6-112 框架平台面最大伸出尺寸

⑤ 与换热器等同一框架布置时，换热器鞍座与容器的某鞍座位置取齐，以便共用一条梁。

3. 梯子（图 6-114）

① 梯子按平行于容器轴向设置，并从侧向上下至通道面。

② 4000mm 以上框架平台按最大 4000mm 设置中间踏步平台。

③ 梯子上方保证 2150mm 以上的空间。

④ 梯子角度宜选用 45°，有效宽度按 750mm 规划。

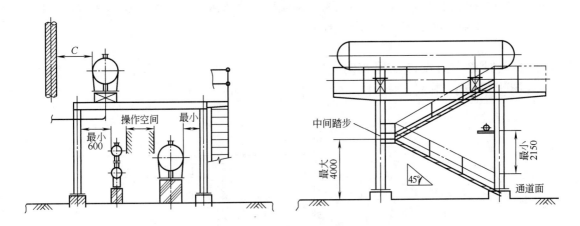

■ **图 6-113** 卧式容器垂直方向上的柱位置　　　　■ **图 6-114** 梯子

4. 平台形式

① 高于 3m 的操作平台上的阀（大于 2in）、人孔、安全阀和调节阀等，需设通道和检修场地。

② 1½in 以下的阀、立管的截止阀和仪表等的操作，原则上用梯子。

③ 平台的上下用梯子。

④ 平台的最小尺寸如图 6-115 所示。

⑤ 立式容器的平台参照"敷塔管道设计"。

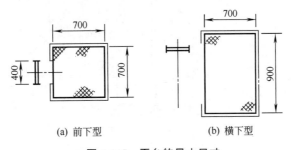

　　　　(a) 前下型　　　　　　　　(b) 横下型

■ **图 6-115** 平台的最小尺寸

四、管道布置规划

一般容器管道受工艺过程和容器结构的约束因素较少，所以重点在操作方便、经济美观方面，进行管道的敷设。

① 应满足工艺要求。例如：入口管道避免出现袋形；有无坡度。

② 优先考虑卧式容器的大口径管道，然后考虑其他管道，考虑支承，美观地敷设。

③ 管道可在容器本体设置支架。

④ 从立式容器上部管口下来的管道和大口径管道应优先配置。

⑤ 管道上的阀门宜直接与管口相接。

⑥ 安全阀四周：安全阀安装位置靠近容器的主管位置，无距离设置时，要进行压降核算；安全阀跳动时，产生推力，应设计抗推力的支架；入口管道和出口管道常常有温差，应考虑能伸缩的支架；排向大气的喷出管口附近设 $\phi 9$ 的泪孔，以便不存液体和雨水，排放不要朝向通道口；多个安全阀相邻安装时，排出管采用集合管形式。

⑦ 受热作用的管道应考虑其柔性要求，如与离心压缩机相接的管道，仪表用的较长连接管。

⑧ 产生振动的管道应对支架进行加固。

五、容器管道布置设计工程实例

工程实例一 卧式容器的管道布置（图 6-116～图 6-118）

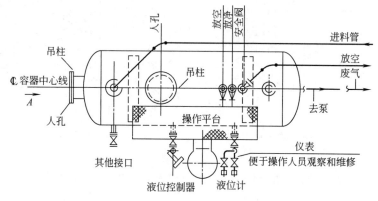

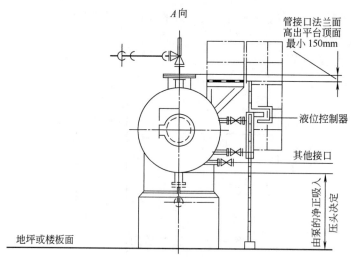

■ **图 6-116 卧式容器管道布置平面图**

工程实例二 带分离罐的卧式容器管道布置立面图（图 6-119）

工程实例三 火炬集液罐管道布置设计优化

例如图 6-120 所示，图 (a) 示意的系统图是有问题的设计，按此配管会造成罐布置偏高、去泵管线易堵，严重时会发生安全事故。而图 (b) 就避免了以上问题。

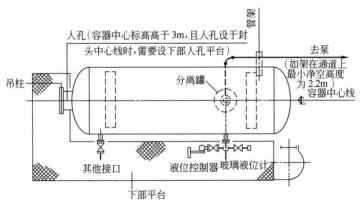

■ 图 6-117　卧式容器下部操作平台

注：卧式容器的中心标高高于 3m，且人孔设于封头中心线处时，需要设下部人孔平台，其标高便于对人孔、仪表和阀门的操作。

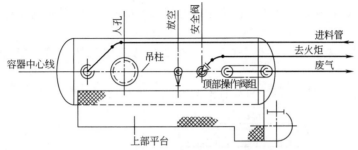

（容器上部所有管接口的法兰面应高出平台顶面最小 150mm，且人孔设于容器顶部）

■ 图 6-118　卧式容器上部操作平台

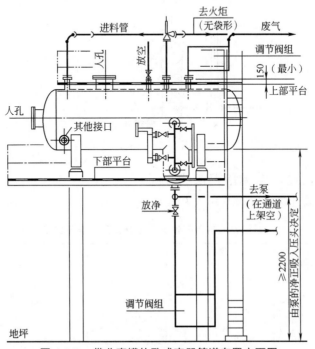

■ 图 6-119　带分离罐的卧式容器管道布置立面图

449

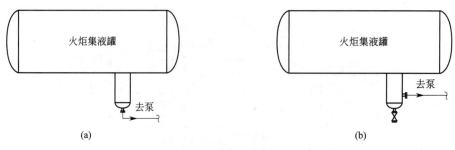

■ 图 6-120　火炬集液罐管道布置设计优化

六、容器管道支架

① 从立式容器顶部出来的管道或侧线进出口的管道，应以靠近管口处的第一个支架为承重支架，如再设第二个承重支架时应为弹簧支吊架。一般在承重支架之下，按规定间距设导向支架（可参见上一节塔的支架图）。

② 直接与塔或容器管口相连接的大于或等于 $DN150$ 的阀门下面宜设支架（可参见上一节塔的支架图）。

③ 管道 T 形支架。地面容器管道上设置的支架常用 T 形架。图 6-121 所示为设置此种支架的规划，但不限于此。

④ 从容器筒体或容器上部平台设置的支架，如图 6-121 所示。

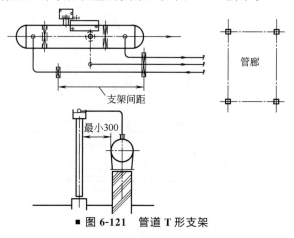

■ 图 6-121　管道 T 形支架

七、容器管道布置设计常见错误及纠正

容器管道布置设计常见错误及纠正见表 6-25。

表 6-25　容器管道布置设计常见错误及纠正

错　误　设　计	正　确　设　计	备　注
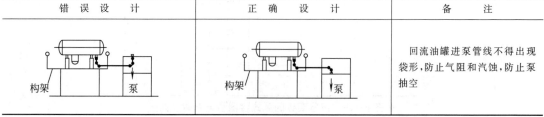		回流油罐进泵管线不得出现袋形,防止气阻和汽蚀,防止泵抽空

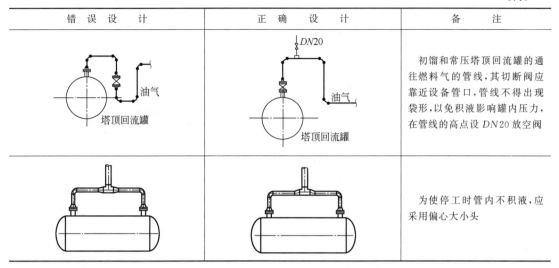

错 误 设 计	正 确 设 计	备 注
		初馏和常压塔顶回流罐的通往燃料气的管线,其切断阀应靠近设备管口,管线不得出现袋形,以免积液影响罐内压力,在管线的高点设 DN20 放空阀
		为使停工时管内不积液,应采用偏心大小头

第七节 换热设备的管道布置设计

一、换热设备的分类及管道设计的特点

1. 换热设备的分类

换热器种类很多,按其结构分主要有管壳式、管箱式、套管式等。对于空气冷却器,按送风方式分为强制通风式和抽风式两种,按结构空冷器可分为干式、湿式、干-湿联合式三种。

换热设备的分类及管道设计的特点详细讲述见《工业管道配管设计与工程应用》一书。

2. 换热设备管道设计的特点

① 换热器应采用逆流换热流程,采用逆流比顺流有利。因为在其他条件相同的情况下,逆流的温差大,对传热有利。冷流一般由下部进入,上部排出。热流一般由上部进入,下部排出,当发生故障时热介质首先撤出对设备有利。

无相变的换热系统,串联换热器宜采用重叠布置,但叠放不应超过 3 个换热器。进入并联换热器、冷却器和冷凝器的管线应采用对称布置。

② 管程与壳程的设计。

a. 除 U 形管换热器外,容易结垢和有腐蚀性的介质应走管程,以便于清洗和检修。

b. 有毒的流体宜走管程,使泄漏机会减少。

c. 与环境温度相比,一般温度很高或很低的流体宜走管程,以减少热或冷损失及降低对壳体的材质要求。

d. 压力高的流体宜走管程,可降低换热器外壳的强度要求,节省投资。

e. 一般有相变介质走壳程。饱和蒸汽宜走壳程,有利于蒸汽凝液的排出,且蒸汽较洁净,不会污染壳程。

f. 被冷却的流体宜走壳程,便于散热,增强冷却效果。

g. 若两流体温差较大,宜将对流传热系数大的流体走壳程,以减小管壁和壳壁的温差。

③ 换热器工艺侧一般不设切断阀,如设备在生产中需从流程中切断,或两侧均为

451

工艺流体而一侧需进行调节和两台互为备用的换热器，可按需要设置切断阀。换热器的非工艺侧在进出换热器处常设切断阀。冷介质的进出口均有切断阀时，应在冷介质出口管切断阀上游设置安全阀。寒冷地区水冷器和水冷凝器的冷却水进出口阀前设防冻管道。

二、换热器管道布置一般要求及典型实例

① 工艺管道布置应注意冷热物流的流向，一般冷流自下而上，热流由上而下。

② 管道布置应方便操作，并不妨碍设备的检修（图 6-122、图 6-123）。

a. 管道布置不影响设备的抽芯（管束和内管）。

b. 管道和阀门的布置，不应妨碍设备的法兰和阀门自身法兰的拆卸或安装。在图 6-122 所示范围内不宜布置管道或阀门。

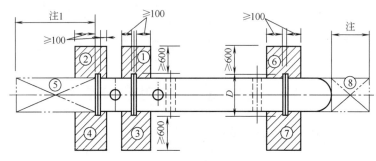

①～⑧是检修空间，对于 U 形管换热设备不必考虑⑥～⑧。

■ **图 6-122　管壳式换热设备的检修空间**

注：参见本书第五章第八节换热设备布置提供的数据。

③ 换热器的基础标高，应满足其下部排液管距地面或平台面不小于 150mm。

④ 换热器的管道，尽量减少高点和低点，避免中途出现"气袋"或"液袋"，并设高点放空，低点放净；在换热设备区域内应尽量避免管道交叉和绕行；尽量减少管道架空的层数，一般为 2～3 层。

⑤ 两台或两台以上并联的换热设备入口管道应对称布置，对气液两相流换热设备则必须对称布置，才能达到良好的传热效果。

⑥ 换热器的进出口管道上测量仪表，应靠近操作通道及易于观测和检修的地方安装。

■ **图 6-123　某项目的换热器管道布置照片**

⑦ 与换热器相接的易凝介质的管道或含有固体颗粒的管道副线，其切断阀应设在水平管道上，并应防止形成死角积液。

⑧ 在寒冷地区，室外的换热器的上水管道与下水管道应设置排液阀和防冻连通管。

换热器管道布置如图 6-124、图 6-125 所示。

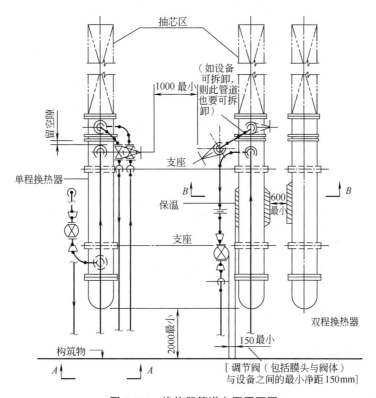

■ 图 6-124　换热器管道布置平面图

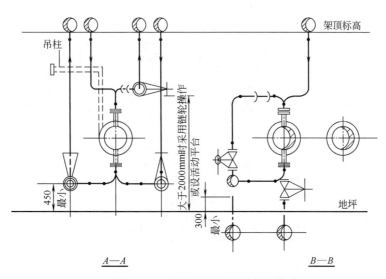

■ 图 6-125　换热器管道布置立面图

⑨ 成组布置的换热器区域内，可在地面或平台面上敷设管道，但不应妨碍通行和操作；调节阀组宜平行于设备布置；成组布置的换热器之间管道布置的净距应大于或等于 650mm；

并联多组换热设备的进出口管道应对称布置。

⑩ 可根据管道布置的要求来确定管口的形式。管口可以水平、垂直或任意角度，也可在管口法兰前用弯头代替直管（图 6-126）。

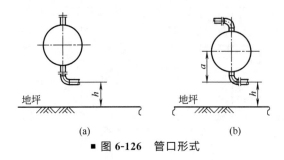

■ 图 6-126　管口形式

a. 一般情况下，通常采用图 6-126(a) 所示形式。

b. 当管道口径比较大，可能需要增加换热器的安装高度。当对安装高度有限制时，采用图 6-126(b) 所示形式。这种情况发生如下。

ⅰ. 当希望换热器的安装高度与其他换热相同时。

ⅱ. 当换热器放置在结构下，由于换热器的安装高度的增加，可能引起不必要的结构高度的增加时。

ⅲ. 当换热器安装在水平容器上方时。

ⅳ. 当换热器叠加放置时。

c. 当采用图 6-126(b) 所示的形式时，应及时向设备专业提出条件。这些活动应在管道走向研究阶段完成。

ⅰ. a 尺寸应由管道工程师确认。

ⅱ. h 尺寸应根据排放的口径来决定。

⑪ 在框架上换热器的管道布置如下（图 6-127、图 6-128）。

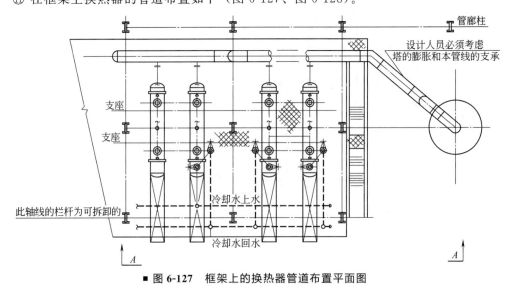

■ 图 6-127　框架上的换热器管道布置平面图

a. 对于多台并联的换热器，为了使流量分配均匀，管道宜对称布置。但支管有流量调节装置时除外。

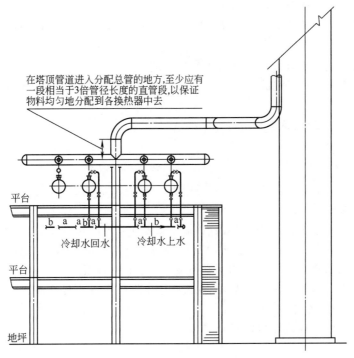

在塔顶管道进入分配总管的地方,至少应有一段相当于3倍管径长度的直管段,以保证物料均匀地分配到各换热器中去

平台

b　a　a b a　　a b a

冷却水回水　　冷却水上水

平台

地坪

■ **图 6-128　框架上的换热器管道布置立面图**

b. 多台换热器公用的蒸汽或冷却水的总管宜布置在平台下面。

c. 在塔顶管道进入分配总管的地方,至少应有一段相当于 3 倍管径长度的直管段,以保证物料均匀地分配到各换热器中去。

d. 换热器气体出口至分离器之间的管道应有一定的坡度,坡向分离器可确保管内及换热器内不积液。

e. 当换热器布置在框架的中层或底层时,应在框架内设置吊车梁。保证足够的吊装高度或有可拖动措施,且吊车可靠近该框架。

⑫ 立式换热器的管道布置如下。

a. 管口方位应与折流板相符合 (图 6-129)。

b. 双程时,壳程和管程的进入管口应在一方向 (图 6-130)。

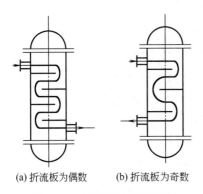

(a) 折流板为偶数　　(b) 折流板为奇数

■ **图 6-129　折流板与管口方位**

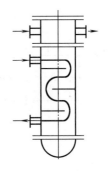

■ **图 6-130　双程立式换热器**

c. 与管箱连接的管道应有可拆卸段。

d. 对于大口径固定管板式换热器，应考虑其上下封头（管箱）拆卸所需空间和吊装设施操作空间。

e. 不得占用换热器上方的预留抽芯和吊装空间。

f. 应考虑设备管程和壳程的排气、排液，防止内部积液，影响换热效果。

三、空冷器的分类及管道设计的特点

1. 空冷器的分类

一般空冷器包括鼓风式、引风式、斜顶式、湿式、干湿联合斜置等形式。空冷器的详细分类及特点见《工业管道配管设计与工程应用》一书的详细讲述。

2. 换热设备管道设计的特点

① 空冷器的入口管道流体为两相流时，入口管道可采用每 6 个管口一组集合管的多级对称形式的布置。但是，有的炼油装置，空冷器的入口管口设计到每 12 个一组集合管。

② 分配管的截面积为与其连接的支管截面积之和的 1.5 倍左右。

③ 空冷器进出口管线一般不设切断阀。如需隔断操作或不停产维修的，应在其进出口管道设置切断阀、吹扫装置和放空阀。

④ 空冷器出口管道应设温度测量点。

四、空冷器管道设计具体要求及典型实例

① 分馏塔顶至空冷器油气管道，一般不宜出现"液袋"。当空冷器进出口无阀门或为两相流时，管道必须对称布置，使各片空冷器流量均匀（图 6-131）。

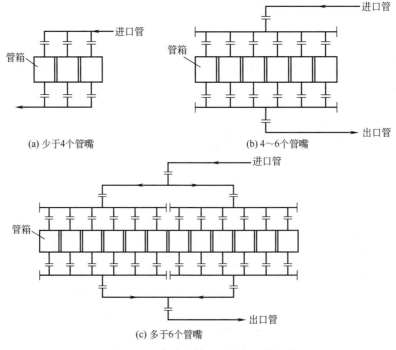

(a) 少于4个管嘴　　　　　　(b) 4~6个管嘴

(c) 多于6个管嘴

■ 图 6-131　空冷器管道对称布置的要求

② 空冷器的入口集合管应靠近空冷器管口连接，如因应力或安装需要，出口集合管可不靠近管口连接，集合管的截面积应大于分支管截面积之和。

③ 空冷器入口为气液两相流时，各根支管应从下面插入入口集合管内，以使集合管底的流体分配均匀；同时在集合管下方设置停工排液管道，接至空冷器出口管道上。

④ 空冷器入口管道较高，如距离较长，需在中间设置专门管架以支承管道。

空冷器的管口不能承受过大的应力，否则容易发生泄漏。所以，作用在管口上的热胀应力与其他应力之和不得超过制造厂规定的受力范围。如超过时，可将入口管按图 6-132 设计，以增加柔性。空冷器的入口管比出口管温度高，其膨胀率也大，随着管道的膨胀，管束在构架上并不固定，可有小量的移动。必须校验入口联箱和出口联箱不同的膨胀量对管束的影响，常把出口管做成弯管，以补偿这部分膨胀差值。

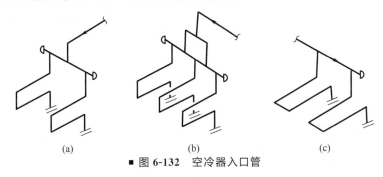

(a)　　　　　　　(b)　　　　　　　(c)

■ 图 6-132　空冷器入口管

⑤ 湿式空冷器的回水系统为自流管道，故管道布置时拐弯不宜过多。

⑥ 空冷器的操作平台上设有半固定蒸汽吹扫接头，其阀门宜设在易接近处，并应注意蒸气接头方向，保证安全操作。

空冷器的布置及管道布置如图 6-133 所示。

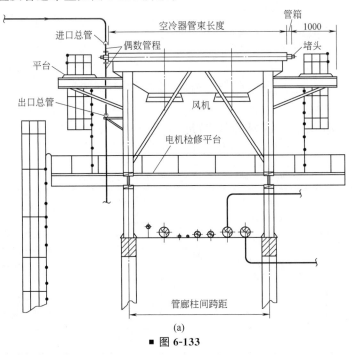

(a)

■ 图 6-133

457

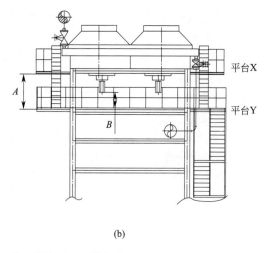

(b)

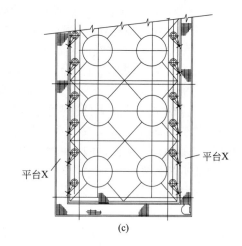

(c)

注：A最小2.2m，B最小1.8m

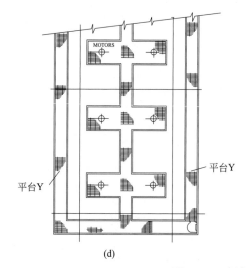

(d)

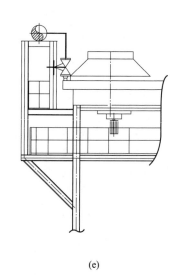

(e)

■ 图6-133　空冷器的布置及管道布置

五、换热设备管道布置设计常见错误及纠正

换热设备管道布置设计常见错误及纠正见表6-26。

表 6-26　换热设备管道布置设计常见错误及纠正

错　误　设　计	正　确　设　计	备　　　注
		为了换热设备的检修，或避免在换热设备上焊支架时壳体变形影响换热设备抽芯检修，故换热设备顶部避免敷设管线
		由于热胀，支架不可直接布置在设备下部，防止管口产生过大应力

错 误 设 计	正 确 设 计	备　注
		管箱底部的管道布置要做成可拆卸式,否则会影响管箱侧管束抽出
		蒸汽吹扫管应分别从蒸汽主管顶部引出,且不应串联连接,吹扫蒸汽应有三阀组,检查阀应设在最低处兼作放凝阀
		换热器下部管线,如变径时应采用偏心大小头,放凝阀应设在主管管底,以利排凝
		一般塔顶油气管为两相流,各冷凝器支管应由主管底引出,或水平管管底一致,防止主管积液
		在孔板和调节阀前应避免袋形,防止汽阻
		塔顶馏出线至冷凝器的管线属于汽液两相流,应对称布置,防止流体分配不均,同时应使两相流介质分布均匀,必须将主管与支管垂直布置
		一般塔顶空冷器,按两相流对称布置管线,以利分配均匀

459

第八节　加热炉的管道布置设计

一、加热炉的种类及管道设计的特点

1. 加热炉的种类

加热炉的炉型大体分下面三种（图 6-134）：立管圆筒炉；卧管箱式炉；立管箱式炉。加热炉分类的详细讲述见《工业管道配管设计与工程应用》一书。

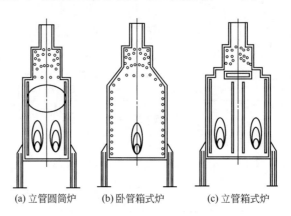

(a) 立管圆筒炉　　(b) 卧管箱式炉　　(c) 立管箱式炉

■ **图 6-134　加热炉的种类**

2. 加热炉管道设计的特点

① 为了流量均匀，加热炉物料进出口管道一般对称布置，在气液两相流动时更应对称布置。对于非两相流管道，除了对称布置外，可在各集合管及支管上设置控制阀门及流量计，在加热炉出口管设置温度计，管道可不对称布置，此时利用阀门调节，使物料加热后的温度一致。

② 在加热炉的入口管安装放气阀，在出口管上设置排净阀。

③ 在加热炉的对流段和辐射段，一般设置 2″ 的灭火蒸汽接头，当炉管发生事故破裂时，打开此灭火蒸汽阀进行炉膛灭火。灭火蒸汽管仅在发生事故时使用，从切断阀到加热炉这段管线不用设计隔热保温。

④ 加热炉过热蒸汽放空管道应设置消声器。

二、燃烧器（喷嘴）的形式及位置

① 燃烧器（喷嘴）大体分下面三种形式：燃气喷嘴；燃油喷嘴；油、气混烧喷嘴。

② 燃烧器一般设置在炉底及侧壁（底烧喷嘴或侧烧喷嘴）。喷嘴数量及安装位置取决于加热炉的热负荷及炉体构造（图 6-135、图 6-136）。

加热炉的管道布置设计随加热炉的炉型不同而不同。加热炉区的管道布置设计一般分为两部分。一部分与炉子本身相连接的管道有加热炉进出口管道（包括对流段和辐射段）；油气

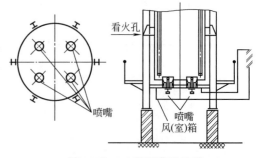

■ **图 6-135　立管圆筒炉喷嘴**

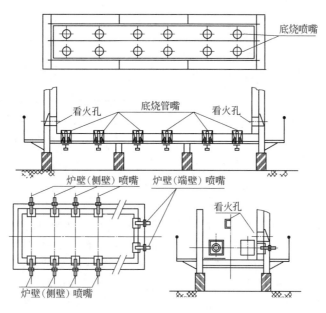

■ 图 6-136　箱式炉喷嘴

联合喷嘴管道（包括燃料油、燃料气和雾化蒸汽）；吹灰器管道；炉体灭火管道（包括炉膛、回弯头箱）。另一部分与炉子本身不相连接的管道有灭火蒸汽、吹扫空气等辅助管道。

三、加热炉管道布置设计的一般要求

① 在布置加热炉的管道时，应对其进出口管道、燃料系统管道、吹灰器管道、灭火蒸汽管道等统一考虑。

② 加热炉的管道要易于检查和维护，燃烧喷嘴和管道（包括燃料油、燃料气和雾化蒸汽）要易于拆卸。

③ 燃料油和燃料气的调节阀要装在地面易于观察和维修处。

④ 加热炉的进料管道，应保持各路流量均匀；对于全液相进料管道，一般各路都设有流量调节阀调节各路流量，否则应对称布置管道，气液两相的进出管道，必须采用对称布置，以保证各路压降相同。

⑤ 转油线应以最高温度计算热补偿量，并利用管道自然补偿来吸收其热膨胀。

⑥ 加热炉的吹灰器是间歇操作，启用时管内产生大量的蒸汽冷凝液，一旦进入吹灰器，会产生腐蚀破坏，因此，蒸汽管道必须排液，蒸汽管道应有至少 2‰ 的坡度并低于吹灰器的操作平台；管道应有一定的柔性，以便吹灰器和安装吹灰器的炉壁不受过大的力和力矩（图 6-137）。

⑦ 出口管道宜避免用 90°弯头（管）相接，应用 45°相交（图 6-138）。

四、加热炉燃料油管道布置的一般要求

① 为了在负荷波动时，仍然保证稳定地供给各加热炉的喷嘴燃料油，供油量应比用油量大 2～3 倍。因此，燃料油系统管道要设循环管，燃料油管道引自主管架，绕加热炉一周再返回主管架，在主管架上有燃料油来回的管道。喷嘴上的燃料油管由燃料油主管的侧面或下部引出。

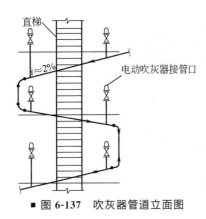

■ 图6-137 吹灰器管道立面图　　　　■ 图6-138 炉出口转油线

② 为了防止机械杂质磨损泵叶轮和堵塞喷嘴,应在燃料油管道的适当部位设置过滤器。过滤网的规格应视燃料油泵的类型及喷嘴的最小流通截面而定。

③ 为了保证喷嘴有良好的雾化效果,燃料油在喷嘴前的黏度应小于喷嘴要求的黏度。另外燃料油系统的管道上都应伴热,以防散热后燃料油黏度升高。

④ 通向喷嘴的燃料油支管应在靠近主管的地方设置阀门并接扫线蒸汽,以便在个别喷嘴停运时将支管内的燃料油全部扫尽。

⑤ 喷嘴的接管不得横跨看火门,也不得影响看火门的开闭;喷嘴的接管也不应影响燃烧器及风箱前板的拆卸,宜使用柔性管法兰或活接头与管口连接;阀门应靠近看火门并布置在右(或左)手侧以便左(或右)手打开看火门,边观察边调节阀门,全炉必须统一,不得有左、有右,长明灯的燃气阀门应靠近喷嘴安装(喷嘴前第一个阀门)以便于喷嘴点火。

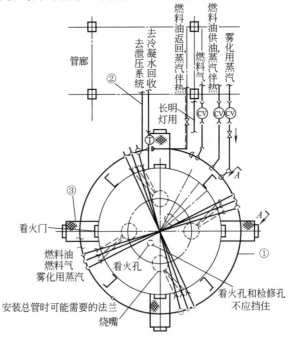

■ 图6-139 典型的立式炉油气两用烧嘴管道布置(一)

①环烧燃料总管要布置合适的支架;②烧料气总管末端的泄水阀接往厂区泄压系统;
③根据操作和检修需要,应设置少量的平台

典型的立式炉油气两用烧嘴管道布置如图 6-139、图 6-140 所示。典型的气烧嘴如图 6-141 所示。典型的油气两用烧嘴如图 6-142 所示。

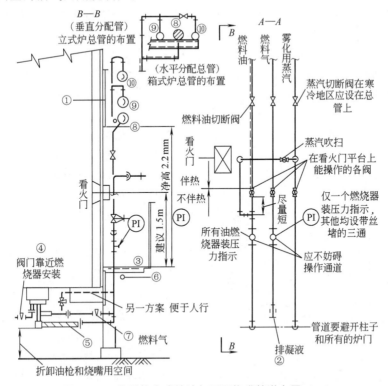

■ 图 6-140 典型的立式炉油气两用烧嘴管道布置（二）

①环烧燃料总管要布置合适的支架；②燃料气总管末端的泄水阀接往厂区泄压系统；③根据操作和检修需要，应设置少量的平台；④长明灯阀门装在靠近燃烧器处；⑤燃料油和燃料气支管与燃烧器用软管连接；⑥长明灯总管设在平台下；⑦只烧气体的烧嘴，切断阀可以装在炉底；⑧燃料油环管；⑨燃料气环管；⑩蒸汽环管

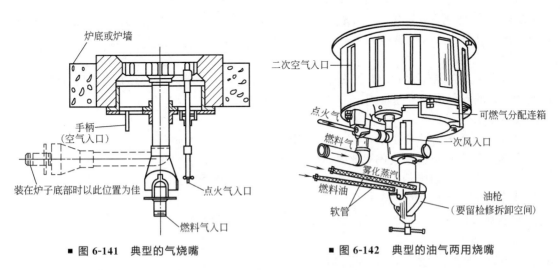

■ 图 6-141 典型的气烧嘴

■ 图 6-142 典型的油气两用烧嘴

五、加热炉燃料气管道布置的一般要求

① 燃料气要设分配主管，使每个喷嘴的燃料气都能均匀分布；燃料气支管由分配主管

上部引出，以保证进喷嘴的燃料气不携带水或凝缩油。在燃料气分配主管末端装有 $DN20$ 的排液阀，便于试运冲洗及停工扫线后排液，以及开工时取样分析管道内的含氧量，排液管上应设两道排液阀以免泄漏，该阀能在地面或平台上操作。燃料气切断总阀应设在距加热炉 15m 以外。

② 在燃料气管道上设置阻火器，就可以阻止火焰蔓延，阻火器按作用原理可分为干式和安全水封式两种。工业生产装置中加热炉的燃料气管上一般采用多层铜丝网的干式阻火器。阻火器应放置在尽可能靠近喷嘴的地方。这样，阻火器就不致处在严重的爆炸条件下，使用寿命可以延长。

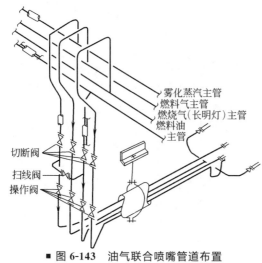

雾化蒸汽主管
燃料气主管
燃烧气(长明灯)主管
燃料油主管

切断阀
扫线阀
操作阀

■ 图 6-143　油气联合喷嘴管道布置

③ 燃料气管道上的操作阀最好采用带有刻度的旋塞阀，可以对阀门的开度一目了然。各种管道上的切断阀，应尽可能接近各主管。以防止该阀门以上至燃料油、雾化蒸汽主管那段管道上留下冷油和凝结水，在下一次开工时不好点燃或发生泄漏现象。燃料油和雾化蒸汽管道上的操作阀应采用截止阀或球阀，以便调节。对于底烧的喷嘴，这些阀门应设在炉体外，但不要靠近管口，以防炉嘴回火或炉底火对操作人员构成危险。对于底烧的立式圆筒炉的这些阀门一般在炉底平台上操作；对于底烧的立式炉的这些阀门一般在炉体外两侧的地面上操作。油气联合喷嘴管道布置如图 6-143 所示。

六、加热炉区工作蒸汽的用途及其蒸汽分配管与灭火蒸汽管道设计的特点

加热炉需要的工作蒸汽，主要是供给喷嘴雾化、炉体灭火、吹灰器吹灰、消防、吹扫和管道伴热。其管道设计的特点如下。

1. 蒸汽分配管

一般水平布置在地面上，其管中心标高距地面约 500mm，两端设有支架，用管卡卡住，蒸汽分配管的底部应设置疏水阀。

2. 灭火蒸汽管道

① 由装置新鲜蒸汽管上引出的一根专用管道，其总阀应为常开的。

② 至炉膛及回弯头箱内的灭火蒸汽管均应从蒸汽分配管上引出。

③ 灭火蒸气管道上的阀门的下游管上，紧靠阀门处宜设泄放孔。泄放孔的方位应布置在阀门手轮反方向 180°的位置上。

④ 蒸汽分配管距加热炉炉体不宜小于 7.5m，以便安全操作。

七、加热炉管道布置设计工程实例

工程实例一　圆筒炉的管道布置实例（图 6-144～图 6-150）

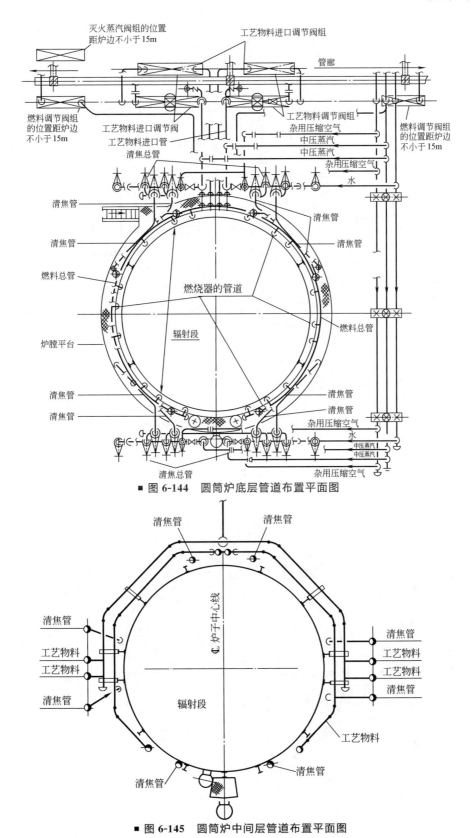

灭火蒸汽阀组的位置
距炉边不小于15m

工艺物料进口调节阀组

管廊

燃料调节阀组
的位置距炉边
不小于15m

工艺物料进口调节阀
工艺物料进口管

清焦总管

工艺物料调节阀组
杂用压缩空气
中压蒸汽
中压蒸汽
杂用压缩空气
水

燃料调节阀组
的位置距炉边
不小于15m

清焦管

清焦管

燃料总管

炉膛平台

清焦管

清焦管

清焦管

燃烧器的管道

辐射段

燃料总管

清焦管

清焦管

杂用压缩空气
水
中压蒸汽
中压蒸汽
杂用压缩空气

清焦总管

■ 图 6-144　圆筒炉底层管道布置平面图

清焦管　　清焦管

清焦管

工艺物料
工艺物料

清焦管

炉子中心线

辐射段

清焦管

工艺物料
工艺物料

清焦管

工艺物料

清焦管

清焦管

■ 图 6-145　圆筒炉中间层管道布置平面图

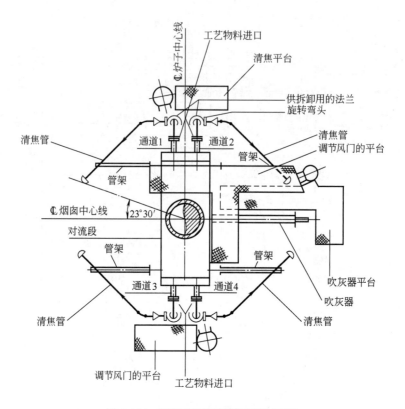

■ 图 6-146　圆筒炉顶层管道布置平面图

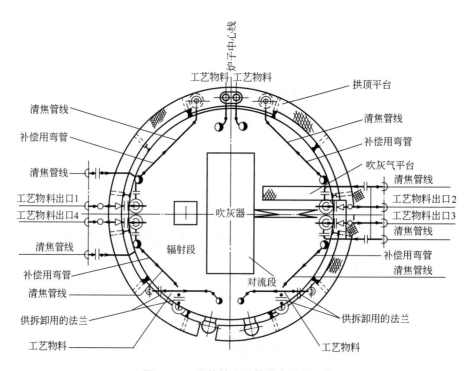

■ 图 6-147　圆筒炉上层管道布置平面图

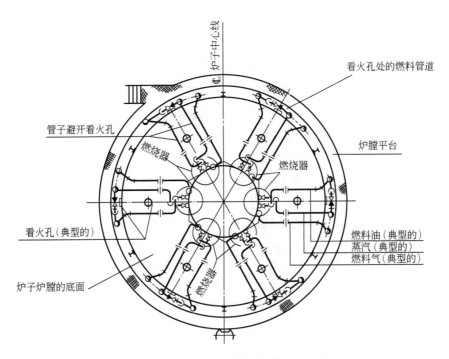

■ 图 6-148 圆筒炉底部燃烧器管道布置平面图

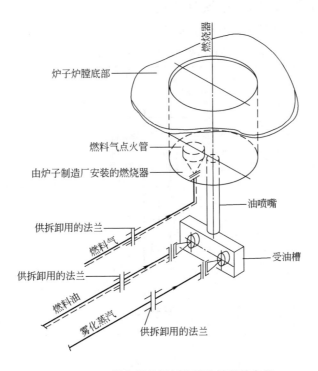

■ 图 6-149 燃烧器的燃料和蒸汽管道的布置

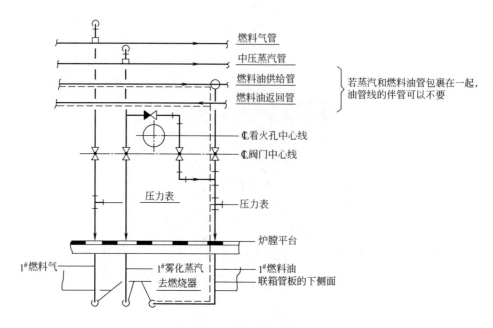

■ 图 6-150　看火孔处燃烧器管道的布置

工程实例二　箱式炉的管道布置实例（图 6-151）

八、加热炉管道布置设计常见错误及纠正

加热炉管道布置设计常见错误及纠正见表 6-27。

表 6-27　加热炉管道布置设计常见错误及纠正

错　误　设　计	正　确　设　计	备　注
		加热炉出口转油线多为气液混相液，流速高，易振动，作为振动预防措施
		无论加热炉转油线是单向流或两相流，为防止停工存液和产生振动都不应出现 U 形

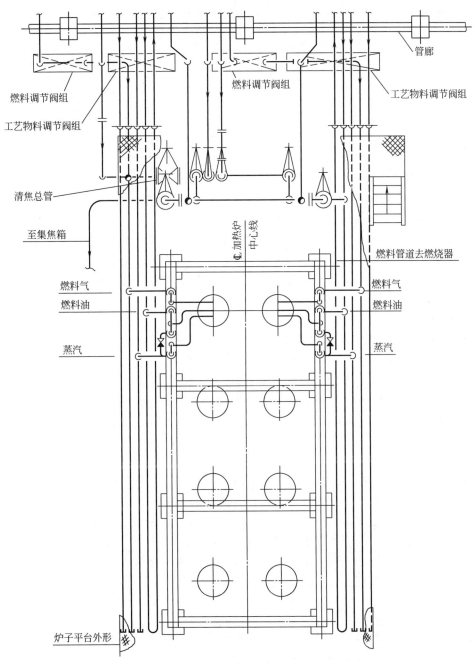

燃料调节阀组

工艺物料调节阀组

燃料调节阀组

工艺物料调节阀组

管廊

清焦总管

至集焦箱

燃料管道去燃烧器

燃料气
燃料油

蒸汽

燃料气
燃料油

蒸汽

C 加热炉中心线

炉子平台外形

■ 图6-151 箱式炉的管道布置平面图

第九节 泵的管道布置设计

一、泵的分类及管道设计的特点

泵的分类见表6-28所示，详细分类见《工业管道配管设计与工程应用》一书的讲述。其中离心泵、往复泵和旋转泵较常用。

469

表 6-28　泵的分类

叶片式	离心泵	
	轴流泵	
	旋涡泵	
容积式	往复式	柱塞泵
		活塞泵
		隔膜泵
	回转式	齿轮泵
		螺杆泵
其他	—	

离心泵的工作原理是当液体进入转动叶轮，离心力使输送液体的压力升高，从而在管道系统中心呈一种平稳而无脉动的流动。各种离心泵都有汽蚀余量或允许吸入真空高度的要求，管道设计必须充分考虑这一重要因素。

往复泵有前后移动的柱塞，以置换液体迫使液体由出口管口流出。这种泵在很低的冲程数下操作，推动一次就在泵出口管道上引起一次脉动。在管道设计中要考虑防振措施。

旋转泵用以输送密度较大或黏度较大的物料；旋转泵用各种机械方法代替离心力或往复作用以输送液体。

1. 离心泵

① 泵一般为一开一备，大流量及特殊场合也可多开一备。

② 泵的阀门。

泵的出入口均需设置切断阀，一般采用闸阀，有暖泵要求的还应注明 CSO（铅封开）。

为了防止离心泵未启动时物料倒流，在其出口处应安装止回阀。由于止回阀容易损坏，应靠近泵的出口安装，以便切断后检修。为便于止回阀拆卸前的泄压，止逆阀上方应加装一个泄液阀，或者加一个 3/4″或 1″带闸阀的旁路。2″以上的止回阀，也可考虑直接在阀盖上钻孔引出放净。

③ 泵压力表及过滤器。泵的出口处应设置压力表。泵的进出口管道的管径一般比泵管口大一个等级，而且入口管道比出口管道的管径通常也大一个等级。为防止杂物进入泵体损坏叶轮，在泵吸入口设置过滤器。一般不大于 2″管道用 Y 形过滤器，大于 2″的管道用 T 形过滤器。过滤器的安装位置应在泵入口异径管至切断阀之间。

④ 暖泵及防凝管道。用于输送介质温度 230℃以上或者介质的凝点高于环境温度的泵，为了避免泵在启动时因温度变化过快而产生应力问题，或者泵备用时有凝固现象，在泵出口止回阀前后设置旁通管道，作为暖泵管道或防凝管道〔进出口切断阀加 CSO（铅封开），保证开启〕，使少量介质连续从旁路通过，使泵保持在热备用状态。有自启动要求的泵，一般需设置暖泵管道或防凝管道。旁通可由一个闸阀加限流孔板串联而成，也可只用一个截止阀或闸阀，也可在止逆阀阀瓣上钻一个小孔来代替暖泵管道。

⑤ 泵最小流量旁路管道。当泵的流量低到一定的程度，泵的工作效率很低，而且还会发热、空转等，引起泵运转的不正常。泵的工作流量有可能低于其最小流量时，必须设置最小流量旁路管道。最小流量旁路由泵出口返回到入口容器内，其流量由限流孔板或截止阀控制。如果最小流量旁路管道有几台泵共用部分，限流孔板之后应串联一个闸阀，泵备用时切断，以防液体倒流。最小流量旁路的流量由泵制造厂家提供。

⑥ 泵平衡管道。输送常温下饱和蒸气压高于大气压的液体或处于闪蒸状态的液体的低温泵，介质在泵入口处可能发生汽化时，为防止蒸汽进入泵体产生汽蚀，应在泵入口和入口

切断阀之间设置平衡管并安装切断阀。平衡管道接到吸入罐的气相段。平衡管道常设安全阀，以自动控制排放，平衡管道一般与泵体放空管道在泵体放空管道的切断阀之后合并。

⑦ 泵高扬程旁通管道。为了避免阀板因单向受压太大而使阀门不易打开，高扬程的备用泵应在切断阀前后设置旁通管道。

⑧ 泵防凝管道。用于输送 200 ℃ 以上介质的泵，并设有备用泵的，宜设置带限流孔板的暖泵管道。如环境温度低于物料的倾点或凝点时，还应设防凝管道。低温泵应注甲醇防冻，而介质温度高于 90℃ 的泵，则需要用冷却水冷却。

2. 往复泵

往复泵出口可不设止回阀。往复泵的出口管与出口切断阀之间应设置安全阀。

二、泵的管道设计一般要求

① 管道布置设计必须符合管道仪表流程图（PID图）的设计要求，并应做到安全可靠、经济合理、并满足施工、操作、维修等方面的要求。

② 管道布置必须遵守安全及环保的法规，对防火、防爆、安全防护、环保要求等条件进行检查，以便管道布置能满足安全生产的要求。

③ 对于动设备的管道，应注意控制管道的固有频率，避免产生共振。

④ 管系柔性分析应满足泵制造厂关于管口受力的要求，这是设计泵管道时的依据，当缺少制造厂的数据时，离心泵管口允许受力值可按 API610 规定。

⑤ 管道布置必须满足净正吸入压头（NPSH）的要求。

⑥ 泵的管道布置不得影响起重机的运行，包括吊有重物行走时不受管道的阻碍；输送腐蚀性介质的管道，不应布置在泵和电机的上方；立式泵上方应留有检修、拆卸泵所需要的空间。

⑦ 在考虑管道柔性时，应注意备用泵管道温度不同的工况，在任何工况下，管道柔性均应满足要求；泵口承受的反力必须在允许范围内，输送高温或低温介质时，泵的管道布置要经应力分析，在热应力允许范围内。管道布置形状应尽量简单。

⑧ 在泵维修时，应不需要设临时支架。

⑨ 泵的水平吸入管或泵前管道弯头处（垂直时）应设可调支架。泵出口的第一个弯头处或弯头附近宜设吊架或弹簧支架。当操作温度高于 120℃ 或附加于垂直的泵口上的管道荷载超过泵的允许荷载时宜设弹簧吊架（图 6-152）。在缺乏制造厂提供的数据时，离心泵接管管口上的允许最大荷载应符合 API610 的规定。

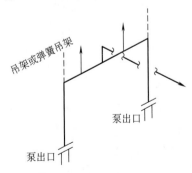

■ **图 6-152　泵出口管支架的设置**

⑩ 管道布置时要考虑泵的拆卸，对于螺纹连接的管道，每个设备接口应设一个活接头，并设在靠近阀门的位置；对公称直径小于或等于 40mm 的承插焊管道，在适当位置需设置

拆卸法兰。

⑪ 多台并列布置的泵的进出口阀门应尽量采用相同的安装高度。当进出口阀门安装在立管上时，阀门安装高度宜为 1.2m（参见本书第六章第三节管道布置常用数据中的阀门操作适宜位置），手轮方位应便于操作。

⑫ 对中开式泵不应在泵体上方布置进出口阀门。

⑬ 对往复泵等有脉动流体易产生振动现象时，管道形状应尽量减少拐弯。往复泵的管道布置不应妨碍活塞及拉杆的拆卸和检修。

⑭ 不带底座的管道泵进出口管道支架应尽可能接近管口（图 6-153）。

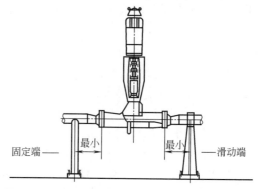

■ 图 6-153　不带底座的管道泵进出口管道支架的设置

三、泵的入口管道

① 为防止泵产生汽蚀和使泵入口管道不存在气袋，应满足以下要求。

a. 泵对净正吸入压头的要求。

b. 吸入管保持水平或带有（1∶50）～（1∶100）的坡度（向上抽吸时应向泵入口上坡；向下灌注时应向泵入口下坡）。

c. 当泵入口处有变径时，应采用偏心异径管。

偏心异径管和泵底进口间宜设置一段直管段。当管道从下向上进泵时，应采用顶平安装；当管道从上向下进泵时，应采用顶平安装，并在低点设置排净装置；但输送含有固体介质或浆液时，水平管段上的偏心异径管应采用底平安装，如图 6-154 所示。GB 50316《工业金属管道设计规范》、API RP686《机械装置和装置设计的推荐实施规程》和国外工程公司都要求离心泵入口处水平的偏心异径管采用顶平布置。

关于泵入口设置一段直管段防止偏流的设计要求，国内外规范可能不相同。例如，意大利某规范规定，泵管口可以与异径管、弯头直连布置；日本某规范规定普通双吸入泵的吸入口要设一段至少有 2.5 倍管径长的直管段。本书依据我国的配管设计规范介绍。有一些工程项目泵入口的配管设计没有增加直管段，在实际工程设计过程中，需根据工程实际来选择标准开展设计。笔者在《工业管道配管设计与工程应用》书上有详细的讲述。

d. 尽可能将入口切断阀布置在垂直管道上。

e. 吸入管道中途不得有气袋，如难于避免，应在高点设放气阀。

f. 由装置外储罐至泵的吸入管道，为了不出现气袋，应穿越防火堤，且使管墩上的管道在最低点的位置（图 6-155）。

② 为防止偏流、旋涡流而使泵性能降低，通常管道布置要求如下。

a. 单侧吸入口处如有水平布置的弯头时，应在吸入口和弯头之间设一段长度大于 3 倍

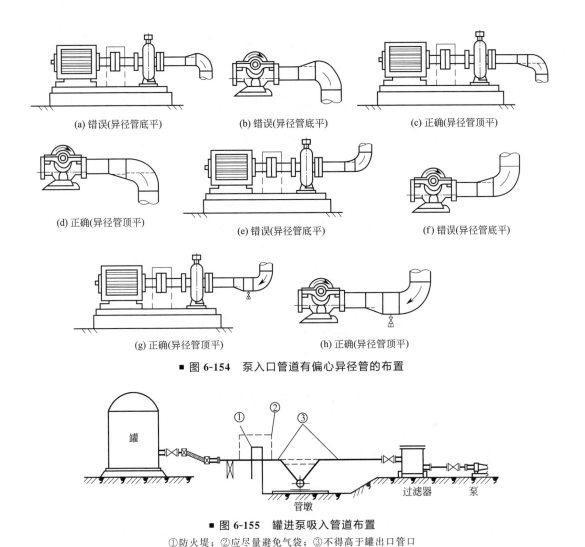

(a) 错误(异径管底平)　　　(b) 错误(异径管底平)　　　(c) 正确(异径管顶平)

(d) 正确(异径管顶平)　　　　(e) 错误(异径管底平)　　　　(f) 错误(异径管底平)

(g) 正确(异径管顶平)　　　　　(h) 正确(异径管顶平)

■ 图 6-154　泵入口管道有偏心异径管的布置

■ 图 6-155　罐进泵吸入管道布置
①防火堤；②应尽量避免气袋；③不得高于罐出口管口

管径的直管段。

b. 双侧吸入口的离心泵，为使泵轴两侧的推力相等，叶轮平衡，吸入管道应有一段直管段；当吸入管道与泵轴平行，在同一平面与泵连接时，泵吸入口法兰前方需要有至少 7 倍管径的直管段 [图 6-156(a)]，以防止由弯头引起介质偏流，从而降低泵效率和损伤叶轮；当吸入管道与泵轴成直角和泵吸入口相接时，直管段可包括弯头，也可把大小头和切断阀视为直管 [图 6-156(b)、(c)，其中图（c）中的 L_1 尽可能短]。

c. 当直管段不够长时，应在短管内安装整流或导流板，或改变管道布置。

③ 为防止杂物进入泵内应在泵入口管线上安装粗滤器。

a. 临时粗滤器（锥形过滤器）。

临时粗滤器通常用于试车期间，当管道吹扫或冲洗干净后可拆除。为便于拆卸，应设置一段法兰短管或留有抽出滤网的空间，并备有一个与临时粗滤器同厚的垫环，以转换临时粗滤器。过滤面积应不小于管道内截面的 2～4 倍。临时过滤器的安装应尽可能靠近泵口，图 6-157 所示为锥形过滤器安装的典型管道布置。

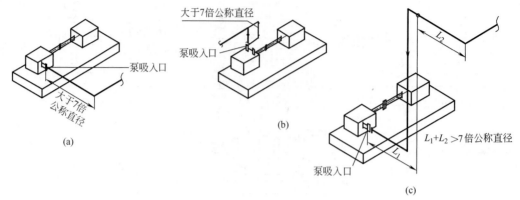

■ 图 6-156　防止偏流、旋涡流的管道布置

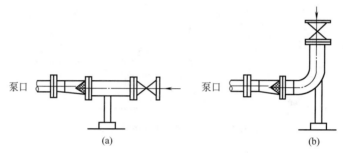

■ 图 6-157　锥形过滤器安装的典型管道布置

b. 永久粗滤器。

ⅰ. 通常用 Y 形或 T 形粗滤器，安装在泵的入口处，如图 6-158 所示。

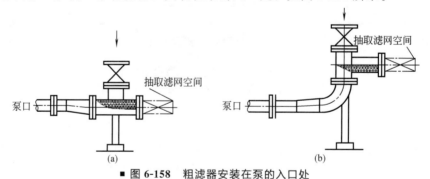

■ 图 6-158　粗滤器安装在泵的入口处

ⅱ. 侧进泵立式安装 Y 形过滤器的典型安装图如图 6-159 所示。

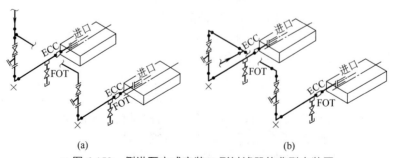

■ 图 6-159　侧进泵立式安装 Y 形过滤器的典型安装图

ⅲ.侧进泵水平安装 Y 形过滤器的典型安装图如图 6-160 所示。

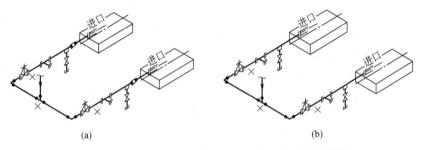

(a)　　　　　　　　　　(b)

■ **图 6-160**　侧进泵水平安装 **Y** 形过滤器的典型安装图

ⅳ.侧进泵 T 形过滤器的典型安装图如图 6-161、图 6-162 所示。

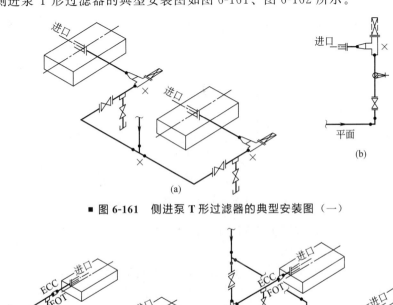

(a)　　　　　　　　　　(b)

■ **图 6-161**　侧进泵 **T** 形过滤器的典型安装图（一）

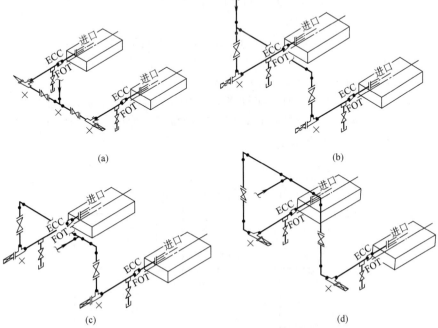

(a)　　　　　　　　　　(b)

(c)　　　　　　　　　　(d)

■ **图 6-162**　侧进泵 **T** 形过滤器的典型安装图（二）

ⅴ.顶进泵 T 形过滤器的典型安装图如图 6-163 所示。

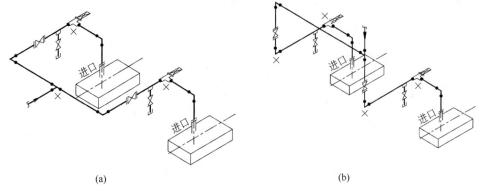

(a)   (b)

■ 图 6-163 顶进泵 T 形过滤器的典型安装图

ⅵ. 底进泵 Y 形过滤器的典型安装图如图 6-164 所示。

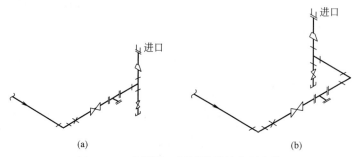

(a)   (b)

■ 图 6-164 底进泵 Y 形过滤器的典型安装图

④ 泵入口靠近供液罐时，应考虑不同基础的沉降差可能危害泵接口，此时，管段应有足够的柔性，并合理确定支架位置。

⑤ 泵入口管应符合 NPSH 的要求，如需要应将轴测草图提交工艺专业确认。

⑥ 泵入口切断阀主要用于切断流体流动，因此，切断阀应尽可能靠近泵入口管口设置，以便最大限度地减少阀与泵口之间的滞留量。

⑦ 当阀门高度在 1.8～2.3m 时，应设移动式操作平台，阀门高度超过 2.3m 时宜设固定式平台（图 6-165）也可采用链轮操作，但阀门的位置不允许链条接触泵及电机的转轴，以防产生火花，引起爆炸或火灾事故。

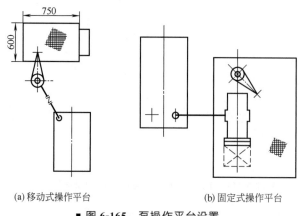

(a)移动式操作平台   (b)固定式操作平台

■ 图 6-165 泵操作平台设置

⑧ 装置外管墩上的泵管道，应考虑阀门的操作及通行性，一般情况下应按图 6-166 所示设操作走廊式(管墩跨桥)平台，阀门统一布置在操作走廊的两侧。

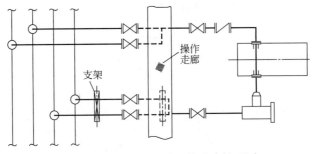

■ **图 6-166** 操作走廊式（管墩跨桥)平台

四、泵的出口管道

① 泵的出口管道应有一定柔性，特别是在高温、高压条件下，必须经过应力分析，根据应力的大小来确定管道的几何形状（图 6-167）。

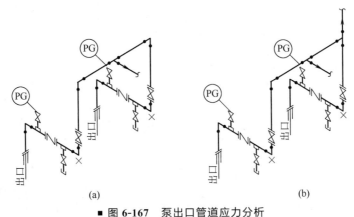

(a)   (b)

■ **图 6-167** 泵出口管道应力分析

图 6-167(a) 中出口管道对称布置，增加了管道的柔性，并使互为备用的两台泵的热应力大体相等，但增加了少量管子和弯头，略微增加一些压力损失和投资，在热介质的管道中，两泵运行状态不同，一台运转，一台备用，备用侧温度较低，往往使热应力分析出现问题。

② 为防止泵的流体倒流引起泵的叶轮倒转，泵出口宜装有止回阀。升降式止回阀应安装在水平管道上；立式升降式止回阀可装在管内介质自下而上流动的垂直管道上；旋启式止回阀、旋启对夹式止回阀优先安装在水平管道上，也可安装在介质从下往上流动的垂直管道上；双板弹簧对夹式止回阀可安装在水平或垂直管道上，流体方向一般应自下而上，但在阀门结构允许时也可自上往下。要注意在安装对夹式止回阀时，出口方向必须设短管，不能与切断阀直接连接。

③ 当泵的出口管道垂直向上时，应根据需要在止回阀出口侧管道（或止回阀盖上钻孔）安装放净阀，也可在止回阀出口法兰所夹的排液环的接口安装放净阀（图 6-168、图 6-169）。

④ 为降低泵出口切断阀高度可采用异径止回阀（图 6-170、图 6-171）。

⑤ 对于大口径顶出泵的出口管道为了便于阀门操作和支承，可采取图 6-172、图 6-173 所示的管道布置。

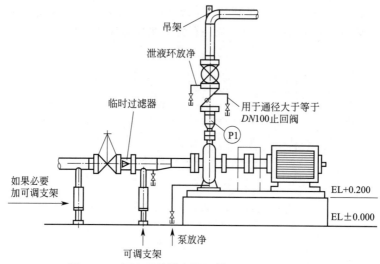

■ 图 6-168　泵出口管道布置示例（$DN \geq 100$mm 时）

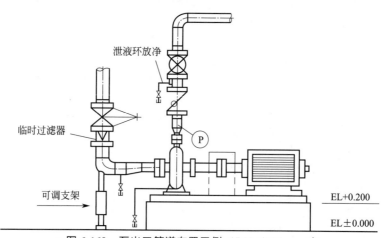

■ 图 6-169　泵出口管道布置示例（$DN < 100$mm 时）

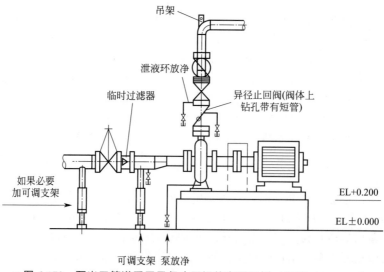

■ 图 6-170　泵出口管道采用异径止回阀的布置示例（$DN \geq 100$mm 时）

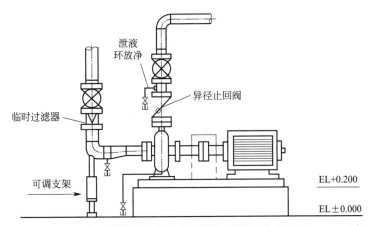

■ 图 6-171　泵出口管道采用异径止回阀的布置示例（$DN<100\text{mm}$ 时）

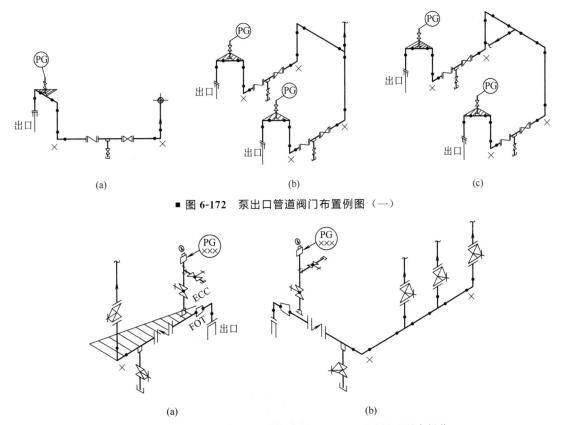

■ 图 6-172　泵出口管道阀门布置例图（一）

■ 图 6-173　泵出口管道阀门布置例图（二）（必要时设置平台操作）

⑥ 泵出口压力表安装在泵口和止回阀之间的短节上，也可安装在出口异径管或异径止回阀上。压力表接管应设根部阀（即切断阀），压力表表头应朝向操作侧便于观察的位置。

⑦ 泵出口的管道处，一般安装异径管，当泵出口在上部时，应安装同心异径管，当泵出口在侧面时，宜安装底平偏心异径管（或参照进口偏心异径管的设置形式）。典型的侧出泵的管道布置如图 6-174 所示。

⑧ 泵出口压力表，应安装在泵出口与第一个切断阀之间的管道上且易于观察之处（图 6-175）。

⑨ 在有备用泵的场合，停运侧的泵成了死区，因此温度计应安装在两台泵合流的管线上。

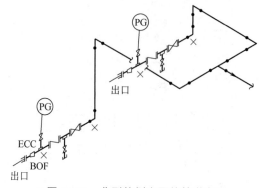

■ 图 6-174　典型的侧出泵的管道布置

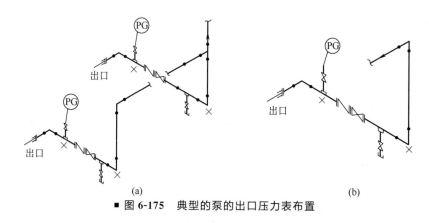

(a)　　　　　　　　　　　　　　　　(b)

■ 图 6-175　典型的泵的出口压力表布置

⑩ 泵出口阀应布置在便于操作的高度或设置小平台操作。

⑪ 典型的液下泵出口管道布置如图 6-176 所示。

⑫ 典型的泵进口与出口管道布置如图 6-177 所示。

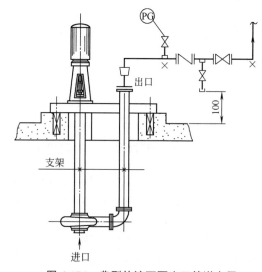

■ 图 6-176　典型的液下泵出口管道布置

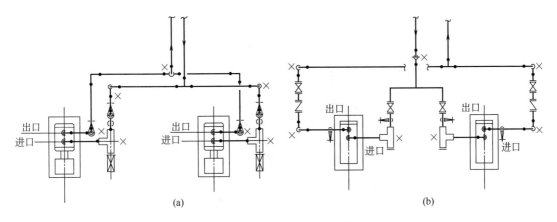

(a)   (b)

■ 图 6-177 典型的泵进口与出口管道布置

五、往复泵的管道布置

① 往复泵的管道存在着由于流体脉动而发生振动的现象，管道应尽量减少拐弯。

② 为防止往复泵管道的脉冲振动，泵出口管道第一个支架应采用固定架，其余支架应采用防振管卡，同时注意减小支架跨距，增加支架刚度，以抑制可能产生的机械振动。

③ 除注意上述要求外，还应根据工艺要求及泵制造厂的使用经验。

④ 在泵出口（或尽量靠近出口）处安装足够容积的缓冲罐（或脉动衰减器），以缓解或消除所产生的脉冲振动。

⑤ 当输送介质温度高于 180℃时，减振缓冲罐的连接管应有 3m 左右长度的不保温管段（图 6-178）。

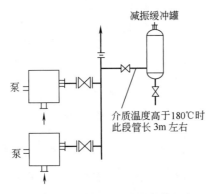

■ 图 6-178 减振缓冲罐安装示意

⑥ 在泵的前端应留有活塞杆抽出检修的空间；管道布置不应妨碍活塞及拉杆的拆卸和检修。

⑦ 在泵和第一个容器之间的进出口管道上的支管公称直径小于或等于 25mm（包括出口管道上的压力表）时，接口根部需设加强连接板，以防止管接口损坏。

⑧ 典型的柱塞泵（计量泵）进出口管道布置如图 6-179 所示。

六、泵的辅助管道

① 冷却水管道。

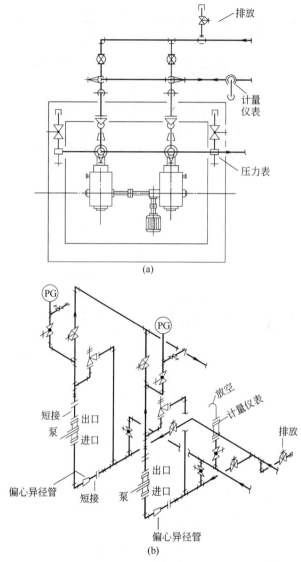

■ 图 6-179　典型的柱塞泵（计量泵）进出口管道布置

　　a. 设在冷却水管上的检流器应便于观察水流情况（防止断流）。冷却水管布置应尽量贴近泵座，使之不影响检修，并要考虑美观，注意防冻。这类管道宜由制造厂设计配套供应。

　　b. 轴承部位需要冷却时，其冷却水管道应根据制造厂图纸上的接口位置连接。

　　② 用于冲洗的管道，可根据具体情况设置固定管或接头。

　　③ 密封液管道。管道布置时，应了解泵是否带有密封液系统，该系统通常由制造厂设计及配套供应。泵的管道应与密封液设备及管道协调布置。

七、泵的特殊用途管道

　　在某些情况下，为保护泵体不受损坏并能正常运行，泵的进口与出口管道上常设置保护管道、自启动管道等。管道布置时这类旁通支管的连接应尽量靠近主管的阀。

　　① 暖泵管道：输送 230℃ 以上介质的泵组中，常在泵的出口阀（组）前后设置使液体少

量回流的旁通管作为暖泵管道。也可在止回阀的阀瓣上钻一小孔来代替暖泵管道。

② 预冷管道：输送低温介质的泵组中，常在泵的出口阀（组）前后设置 $DN20$（或 $DN25$）旁通管道（带切断阀）。

③ 小流量旁通管：当泵的工作流量低于额定流量的 20％时，常设置小流量旁通管（图 6-180）。

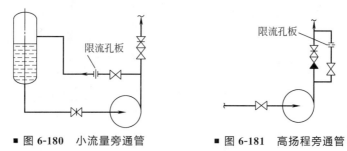

■ 图 6-180　小流量旁通管　　■ 图 6-181　高扬程旁通管

④ 高扬程旁通管：为防止高扬程备用泵出口闸板因单侧受压过大，不易打开，常设旁通管予以解决（图 6-181）。

⑤ 防凝管道：环境温度低于输送物料的倾点或凝点时，其备用泵的进口与出口常设置 $DN20$ 的防凝旁通管。通常防凝管道需要伴热保温。

八、压力管道设计其他注意事项

① 输送含固体的液体管道。为减少管系压降和沉积物堵塞，泵出口与入口管的分支管连接宜采用大坡度或 45°角斜接，并且分支管道上的阀门位置应尽量靠近其根部安装（图 6-182）。这类管道上不宜选用闸阀。

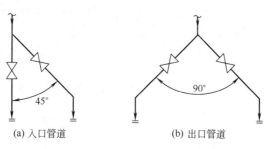

(a) 入口管道　　　　(b) 出口管道

■ 图 6-182　输送含固体的液体管道的布置

② 除离心泵外，其他如往复泵、容积泵应有超压保护措施，泵出口设安全阀，阀出口管道宜返回至泵的入口管。

在管道布置设计时，应注意是否带安全阀，对允许就地排放的介质，该阀出口接管应向下引至离地面约 300mm 处。

九、泵的管道布置设计工程实例

工程实例一　某裂解汽油工程泵的进出口管道（图 6-183、图 6-184）

工程实例二　输送高温或低温液体泵的管道（图 6-185）

输送高温或低温液体泵的管道胀缩较大。和塔、容器不同，泵是回转机械，不能承受较

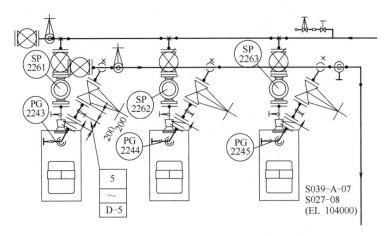

■ 图 6-183　某裂解汽油工程泵的进出口管道工程设计图纸

■ 图 6-184　某裂解汽油工程泵的进出口管道工程设计图纸相应的实景照片

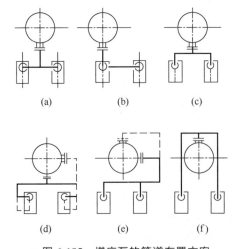

(a)　　　　　　(b)　　　　　　(c)

(d)　　　　　　(e)　　　　　　(f)

■ 图 6-185　塔底泵的管道布置方案

大的力。泵的接口受力太大，将影响泵的可靠性。因此必须根据制造厂提供的接口允许推力和力矩进行核算。设计时要进行热应力计算。图 6-185 所示的几种接管方法，由（a）到（f）管道长度增加，其补偿能力也随着增大，也就越适用于高温场合。设计时要根据物料温度来决定管道的形式。如果两台泵中有一台是备用泵，计算热应力时，两台泵的管道都要计算。

在泵的接口附近，管道要设支架。对于 Y 形泵，泵口朝上，所以应在立管或立管上弯头处设置吊架，使管道的应力和重量由支架来承受，而不是由泵体来承受，这样在泵检修吊走时也不需另设管道的临时支架。施工时要特别注意管中心线和接口中心线要对准，以减少应力。

十、泵的管道布置设计常见错误及纠正

泵的管道布置设计常见错误及纠正见表 6-29。

表 6-29　泵的管道布置设计常见错误及纠正

错　误　设　计	正　确　设　计	备　　注
	（液面高于泵） （液面低于泵）	防止气袋
	>3d >2d	双吸入泵入口管应有一定长度的直管段
		防止汽蚀产生，泵入口阀只能比泵入口管口直径大或相等，不得缩小
		单向阀与闸阀中间应有短管连接，否则安装困难

续表

错 误 设 计	正 确 设 计	备 注
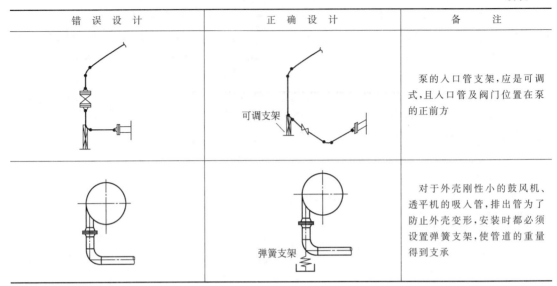		泵的入口管支架,应是可调式,且入口管及阀门位置在泵的正前方
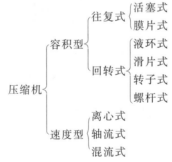		对于外壳刚性小的鼓风机、透平机的吸入管,排出管为了防止外壳变形,安装时都必须设置弹簧支架,使管道的重量得到支承

第十节 压缩机的管道布置设计

一、压缩机的分类及管道设计的特点

1. 压缩机的分类

压缩机按照结构分类如下。压缩机的分类详细讲述见《工业管道配管设计与工程应用》一书。

$$
压缩机
\begin{cases}
容积型
\begin{cases}
往复式
\begin{cases}
活塞式 \\
膜片式
\end{cases} \\
回转式
\begin{cases}
液环式 \\
滑片式 \\
转子式 \\
螺杆式
\end{cases}
\end{cases} \\
速度型
\begin{cases}
离心式 \\
轴流式 \\
混流式
\end{cases}
\end{cases}
$$

本节仅介绍压力管道设计常用的离心式压缩机和往复式压缩机(包括蒸汽驱动机)的管道布置要求。如采用螺杆式压缩机时,应特别注意采取措施降低噪声水平。

2. 压缩机管道设计的特点

① 压缩机的进出口管道应设置切断阀。往复式压缩机进口管可不设切断阀。压缩机入口管与切断阀之间设置过滤器。从大气中吸气的空压机不装进口阀。

② 在装置运行中有可能检修的压缩机,还应在进出口内侧加 8 字盲板。并联的空压机应各有独立的吸风口。

③ 往复式压缩机吸入口和排出口设置缓冲罐。压缩机各段吸入口前设置凝液分离罐。

④ 压缩机出口阀前都应安装放空阀,压缩机的放空阀一定要安装在出口阀前。汽轮机驱动的压缩机,汽轮机的蒸汽入口管设置切断阀和过滤器。凝汽式汽轮机的乏汽管道上应设

安全阀，安全阀常设在冷凝器上。如果表面式冷凝器的乏汽管道上安装切断阀，安全阀应设在切断阀前。

⑤ 压缩机进出口阀门间应有旁通管并设阀门。

⑥ 压缩机的辅助系统一般包括密封油、润滑油、冲洗油、冷却水等。每一冷却水回路进口均应设各自的切断阀，并在出口采取措施。压力回水的冷却水出口必须设切断阀，以便停车检修。同一台设备的各出水口可合并后装一个切断阀。压缩机各级间分离罐设置各自的排净阀。在各段分离液体出口加止回阀。

⑦ 不允许液滴进入往复式和离心式压缩机，易引起压缩机机械损坏，对螺杆式液环式压缩机损坏不显著但会影响密封油（液）的质量，因此在压缩机进口一定要设置能力足够的分离罐。配管设计要注意并避免将气体内凝液带入压缩机。

二、离心式压缩机管道布置设计的一般要求

1. 入口管道

① 当压缩机布置在厂房内时，其入口总管通常设置在厂房外侧，这样可节约厂房占地面积，又便于安装和维修，压缩机入口不宜直接接弯头，其最短直管段应大于 2 倍公称直径，通常可取 3～5 倍公称直径。

② 原则上各段入口均应采取气液分离措施。分离罐应尽量靠近入口处，由分离罐至压缩机入口的气体管应坡向分离罐。

③ 通常为防止异、杂物进入压缩机，应在靠近其入口的管道上设置一段可拆卸短管，以便安装临时粗滤器。

2. 出口管道

① 管道布置应有利于支架设计，对离心式压缩机（包括蒸汽驱动机）通常不要求进行振动分析，但必须对管系进行柔性（热胀应力）分析，并应符合管口受力的要求。计算中应考虑设备管口的热位移。

② 压缩机出口至分离罐（分离凝液和润滑油）的管道应布置成无袋形。

③ 应注意噪声水平，必要时采取降噪声的措施。

④ 以压缩机管口不承受管道的自重为原则，应在管口上方设支架（一般为弹簧吊架），如不可能时，应在机体附近设支承点，承受管系重量。

图 6-186 所示为管系支承的基本方法。必须注意，不仅管道热胀而且机体也热胀。

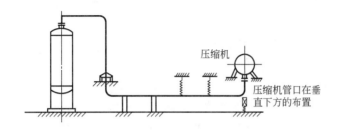

■ 图 6-186 压缩机管道的支架

注：对于大型工程项目，压缩机管道的支架不一定生根在地面，可根据项目的
实际情况，生根在合适的地方，大、中型压缩机进、出口管道支架的基础不应与厂
房的基础连在一起。

3. 阀门

① 压缩机出入口的切断阀，应布置在主操作面上，必要时增加阀门伸长杆。

② 出口管与工艺系统相接时，应在切断阀前设止回阀。

③ 阀门位置不得影响压缩机的维修。阀门高度应便于操作，尽量集中布置，并使之在开停车操作时能看到有关就地仪表。

④ 安全阀应布置在便于调整的位置。

三、往复式压缩机管道布置设计的一般要求

① 对往复式压缩机的管道布置，除要求柔性分析外，还必须进行振动分析，直到分析合格后，管道布置设计才认为合格。

② 压缩机进出口管道布置如下。

a. 应短而直，尽量减少弯头数量，出口管道有热胀时，应使管道具有柔性。

b. 缓冲罐应靠近压缩机出入口处，使防振或减振的效果好。

c. 必要时，在容器的进出口法兰处安装孔板，以降低管段内的压力不均匀度，从而达到减振的目的。

d. 管道布置应尽量低，支架敷设在地面上，且为独立基础，加大支架和管道的刚性。避免采用吊架。对有些出入口管道在能满足管系柔性的前提下，宜尽量少用弯头，必须采用时，应使用45°弯头或使用较大曲率半径的弯管，以减缓激振反力对管系的影响。不宜将出口管的支架生根在建筑物的梁及小柱上。

③ 管道布置应考虑液体自流到分液罐，当管道出现液袋时，应设低点排净。

④ 多台机组并排布置时，其进出口管道上的阀门和仪表应布置在便于操作、容易接近的地方。

⑤ 压缩机的介质为可燃气体时，管道低点排凝、高点放空阀门应设丝堵、管帽或法兰盖，以防泄漏，且机组周围管沟内应充砂，避免可燃气体的积聚。

⑥ 布置压缩机进出口管道时，应不影响检修吊车行走。

⑦ 压缩机的管道应布置在操作平台下，使机组周围有较宽敞的操作和检修空间。

四、压缩机蒸汽透平/汽轮机的蒸汽管道

① 对蒸汽透平/汽轮机的蒸汽管道应满足制造厂提出的力和力矩的要求，并不宜采用冷拉安装。

② 应特别注意排冷凝水设施的布置，充分保证其有效性和可靠性。

③ 对过热蒸汽也应考虑开停车时需排放冷凝水。

④ 支管连接时，应从主管的顶部引出。

五、压缩机的辅助管道

压缩机的辅助管道有冷却水、润滑油、密封油、洗涤油、气体平衡、放空等管道。对于密封油、润滑油还有油冷却器的冷却水管和冬天储罐保温用的蒸汽管。这些管道使用前必须进行充分的清洗。润滑油系统的管道如图6-187所示。

当压缩机由电机驱动时，可能还有对电机正压通风的管道。

当压缩机用蒸汽透平驱动时，需要蒸汽管道。蒸汽透平的管道与离心式压缩机要求一样，但蒸汽温度高，压力高，所以要特别注意热应力。

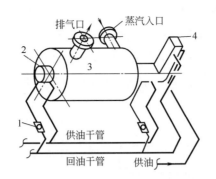

■ 图 6-187 润滑油系统的管道

1—视镜；2—轴承；3—汽轮机；4—转速控制器

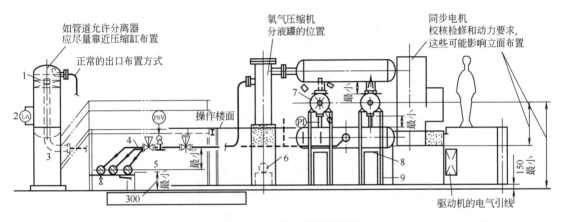

■ 图 6-188 压缩机管道立面图

1—破沫网；2—液面网；3—内管；4—支管；5—集合管；6—润滑油设备；7—拆卸阀门；

8—可调节弹簧垫；9—气缸支架

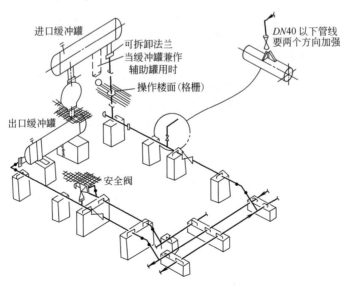

■ 图 6-189 压缩机管道立体图

六、压缩机管道布置设计工程实例

工程实例一 压缩机管道布置设计的典型图（图 6-188、图 6-189）

工程实例二 离心式压缩机管道布置设计工程实例（图 6-190～图 6-192）

工程实例三 往复式压缩机管道布置设计工程实例（图 6-193、图 6-194）

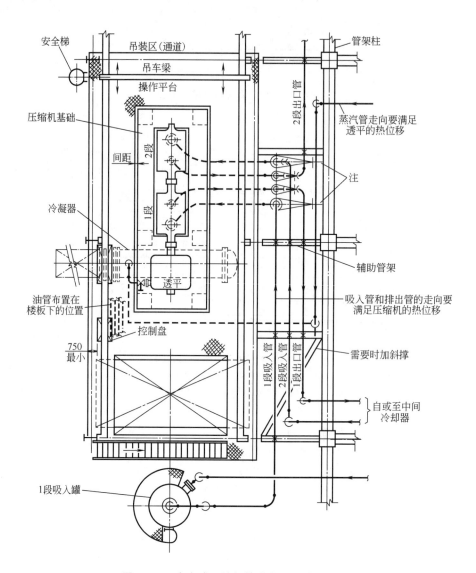

■ **图 6-190 离心式压缩机管道布置设计平面图**

注：压缩机布置在厂房内，其入口总管设置在厂房外侧，可以节约
占地面积，又便于安装和维修。压缩机入口不宜直接接弯头，
其最短直管段应大于 2 倍公称直径，通常可取 3～5
倍公称直径。

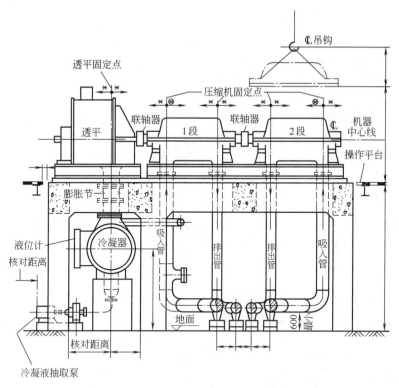

■ 图 6-191　离心式压缩机管道布置设计立面图（一）

⊗—在冷态下的热位移方向；✳—在热态下的热位移方向

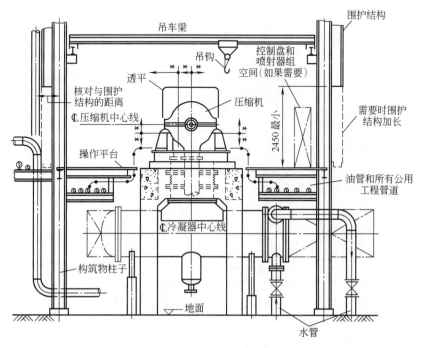

■ 图 6-192　离心式压缩机管道布置设计立面图（二）

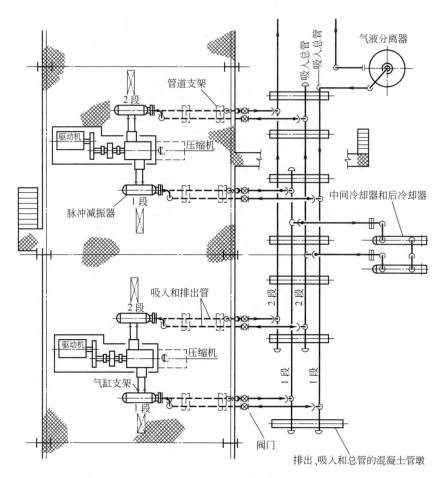

■ 图 6-193　往复式压缩机管道布置设计平面图

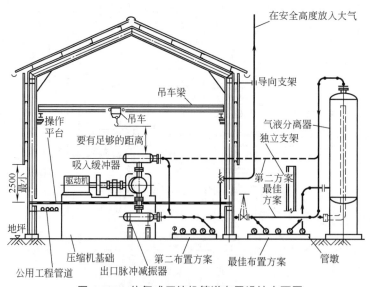

■ 图 6-194　往复式压缩机管道布置设计立面图

第十一节　汽车槽车装卸站管道布置设计

一、汽车槽车装卸站管道布置设计的一般要求

1. 装卸站总管的布置

① 装卸站总管布置与汽车槽车的形式有关。槽车的装卸口在顶部时，宜采用高架布置管道；装卸口在车的低位时，宜采用低架布置管道。

② 鹤管阀门设在地面或装卸台上，应方便操作，不阻碍通道。对易燃可燃物料管道，如果 PID 图上有要求，应将切断阀安装在距装卸台 10m 以外的易接近处。

2. 鹤管的布置

① 鹤管种类很多，有固定式、气动升降式、重锤摆动式、万向式等，能适应各种情况，设计时可视具体的装卸要求选用产品。

② 在敞开式装车时，选用液下装车鹤管，以减少液体的飞溅。

③ 不允许放空的介质应采用密闭装车，鹤管的气相管应与储罐气相管道相连，将排放气排入储罐。该气相管避免出现下凹袋形，以防凝液聚集。当配管不可避免出现下凹袋形时，则必须在袋形最低点处设集液包及排液管，并按工艺要求收集处理，或对集液包局部伴热，使凝液蒸发，避免产生液封现象。无毒害、非易燃易爆的物料装车时，可将放空管引出顶棚排放。

④ 当采用上卸方式卸车时，一般是将压缩气体通入槽车，用气相加压法将物料通过鹤管压入储罐中。

3. 其他

① 装卸站应设软管站，操作范围以软管长 15m 为半径，用于吹扫、冲洗、维修和防护。

② 在装卸酸、碱、氨等介质的区域，应在适当位置设置洗眼器和安全淋浴。

③ 对于输送过程中易产生静电的易燃易爆介质管道，应有完善的防静电措施（如法兰

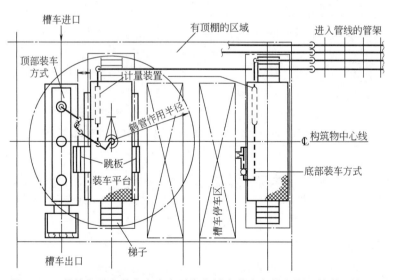

■ 图 6-195　鹤管布置在装车台中心时汽车槽车装车台的布置和管道设计平面图

之间设导电金属跨接措施，管道系统及设备的静电接地等）。

④ 对于高寒地区，要注意采用正确的防冻措施。

⑤ 装车计量，可选用流量计就地计量或用地中衡称量。流量计应布置在槽车进出不会碰撞的地方。设防火堤者，流量计应布置在围堤之外。

二、汽车槽车装卸站管道布置设计工程实例

工程实例一 鹤管布置在装车台中心时汽车槽车装车台的布置和管道设计（图 6-195、图 6-196）

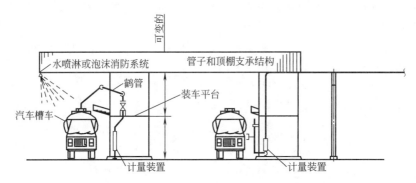

■ **图 6-196** 鹤管布置在装车台中心时汽车槽车装车台的布置和管道设计立面图

工程实例二 鹤管布置在装车台边缘时汽车槽车装车台的布置和管道设计（图 6-197）

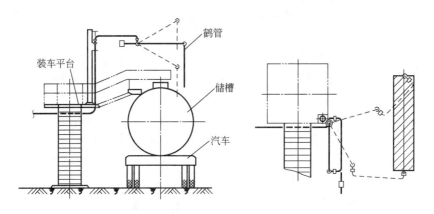

■ **图 6-197** 鹤管布置在装车台边缘时汽车槽车装车台的布置和管道设计

第十二节　铁路槽车装卸站的管道布置设计

一、铁路槽车装卸站管道布置设计的一般要求

1. 装卸站总管的布置

铁路槽车装卸站管道有高架布置和低架布置两种形式。管架立柱边缘距铁路中心线应不小于 3m。管架跨越铁路时，铁轨顶面至管架梁底的净高应不小于 6.6m，且跨越铁路的管段上不允许装阀门、法兰及其他机械接头等管道附件。

2. 鹤管的布置

① 铁路槽车装车鹤管分大鹤管和小鹤管两种。

大鹤管有升降式、回转式和伸缩式。升降式鹤管通常布置在两股铁路专用线两侧；回转式鹤管布置在两专用线中间；而伸缩式鹤管则高架于每段专用线中间。鹤管的配置应确保其行程臂长，行车小车及各附件都不能与各种槽车的任何部位相碰，并能满足各种类型铁路槽车的对位灌装。

② 鹤管有平衡锤式、机械式和气动式等。为方便操作，两排小鹤管一般都布置在两股铁路专用线中间，可令整列车一次对位灌装。

③ 对易燃液体管道，如果 PID 图上有要求，应将切断阀安装在距装卸台 10m 以外的易接近处。

二、铁路槽车装卸站管道布置设计工程实例

工程实例一 单侧铁路槽车的装车台的布置和管道设计（图 6-198）

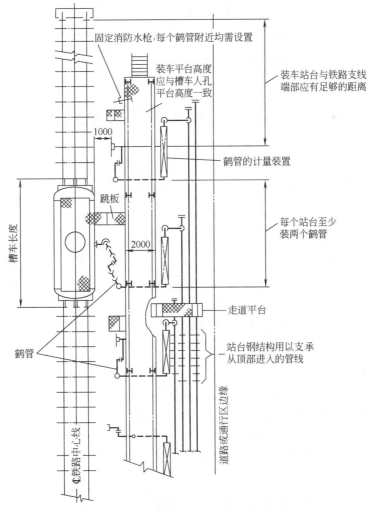

固定消防水枪,每个鹤管附近均需设置

装车平台高度应与槽车人孔平台高度一致

装车站台与铁路支线端部应有足够的距离

1000

鹤管的计量装置

跳板

每个站台至少装两个鹤管

槽车长度

2000

走道平台

站台钢结构用以支承从顶部进入的管线

鹤管

道路或通行区边缘

铁路中心线

■ **图 6-198 单侧铁路槽车的装车台的布置和管道设计**

495

工程实例二 双侧铁路槽车的装车台的布置和管道设计（图 6-199）

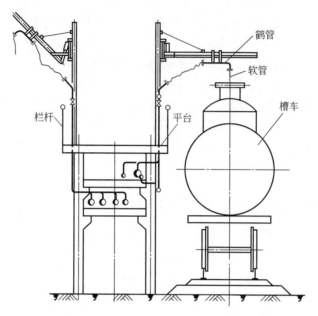

■ **图 6-199** 双侧铁路槽车的装车台的布置和管道设计

第十三节　装卸码头的管道布置设计

一、装卸码头总管的布置

① 在引堤或栈桥上敷设管道，宜沿引堤或栈桥一侧或两侧布置。当管道较多需分层布置时，大管径管道及检修频繁的管道应布置在下层，两层管道的净距不应小于 0.8m，下层与地面的净引距不应小于 0.4m。

② 引堤或栈桥一般较长，其上敷设的管道应有足够的柔性，在引堤或栈桥布置之初，就应考虑设置 Ⅱ 形弯的需要。

③ 陆上输油管道应沿道路呈带状布置，并减少交叉。管道应采用低支墩敷设，特殊情况下可采用埋地敷设。

④ 码头上应有畅通的通道，供检修和操作通行。

二、鹤管的配置

① 装卸码头采用的船用鹤管种类有自支承-单管手动、混支承-单管手动、分支承-单管手动、分支承-双管手动等类型。

a. 自支承双配重单管船用鹤管是以物料管道自身作为支承体，内外臂的长度受到限制，最大长度不超过 10m，适合安装在水位稳定的河流上。其管径规格较小，可用于装卸小型的槽船。

b. 混支承单配重单管船用鹤管是物料管和支承结构采用混合形式，略优于自支承结构。但内外臂总长度也不超过 18m，可用于装卸中、小型的槽船。

　　c. 分支承单配重单管（双管）船用鹤管是一种大型装卸臂，这种形式是工作管道与支承结构相互独立，工作管道受力较小，适合于装卸高温、低温的液体。它具有工作管道口径范围广，内外臂伸出长，适应槽船漂移范围大的特点，除部分手动操作之外，大部分配有液压传动系统，广泛用于大型槽船的装卸。

　　② 不允许放空的介质应采用密闭装卸，鹤管的气相管应与储罐的气相管相接，将排放气排入储罐，该气相管避免出现下袋，以防凝液聚集，当配管不可避免出现下袋时，则必须在袋形最低点处设集液包及排液管，并按工艺要求收集处理或对集液包局部伴热，使凝液蒸发，避免产生液封现象。无毒害、非易燃易爆的物料装卸时，可设放空管排放。

三、装卸码头管道布置设计工程实例

工程实例　某 LNG 工程装卸码头与栈桥（图 6-200～图 6-202）

■ 图 6-200　某 LNG 工程装卸码头与栈桥

■ 图 6-201　某 LNG 工程装载 LNG 的船到达码头

■ 图 6-202　某 LNG 工程装载码头的鹤管

第十四节　罐区的管道布置设计

一、罐的分类及管道的设计特点

储罐有球罐、拱顶罐、浮顶罐及卧式储罐等多种类型，储罐的分类及管道的设计特点详细讲述见《工业管道配管设计与工程应用》一书。

（1）球罐

① 球罐应设置安全阀和真空阀。大型球罐应设两个或三个安全阀组。

② 根据储存物料的性质，球罐应设消防喷淋系统及夏季喷淋系统。

③ 球罐与塔之间常设置平衡管道，使球罐因太阳照射或其他原因汽化出的气体能够及时排出，稳定球罐的压力。

（2）常压罐

① 储罐的液面需用两种不同的液面计进行测量。为了排出储罐内的积水，常压储罐的底部应设一集水槽，由集水槽向外排放。

② 拱顶常压罐的顶部应设呼吸阀、真空阀或其他相应的设施，以免储罐超压损坏或被真空吸扁。浮顶罐不需要设置呼吸阀和真空阀。

（3）消防设施

① 常压储罐常设有化学泡沫灭火系统。

② 拱顶罐一般沿罐顶设环状喷淋水管。

③ 球罐从顶到底，可设多圈平行的喷水消防管。如发生火灾，喷淋水管自动或手动开启，使储罐表面降温。

④ 消防水一般由地下引到储罐，如果从储罐中间管廊地上引到储罐，则管廊可能会多布置一或两层，影响整个储罐区的安全。例如，某罐区消防管道布置在罐区内管廊上，由于管廊上管道事故造成消防管道全部破坏，造成球罐喷水消防管失效，而消防管道通过地下引至球罐的多圈平行的喷水消防管仍可以正常工作。

（4）管道的柔性连接

大型常压储罐的基础是挠性的，在水压试验过程中会有较大的沉降，所以与储罐管口相接的管道应有一定的挠性，常用柔性管（如金属软管、膨胀节等）与其相连接。但是，国内外有些地区的常压储罐可以不用柔性管连接。球罐、卧式储罐一般不用柔性管连接。

（5）储罐管口的布置

① 管口应符合设备图或设备条件图的要求。

② 常压立式储罐下部人孔也可设在靠近斜梯的起点，但宜在斜梯下面；顶部人孔宜与下部人孔成180°方向布置并位于顶平台附近。高度较高的侧向人孔，其方位宜便于从斜梯接近人孔。

③ 球形储罐顶、底各有一个人孔，其方位根据顶平台上的配管协调布置。

④ 斜梯的起点方位，应便于操作人员进出并注意美观。

⑤ 常压立式储罐用蒸汽或惰性气体吹扫或置换的接口应位于有利连接操作的方位，并在靠近管廊侧的围堰外面设软管站。

⑥ 液位计管口的布置：常压立式储罐浮子式液位指示计接口应布置在顶部人孔附近，

如需设置液位控制器、液位报警器或非浮子式液位计时，为减少设备上开口，宜设置液位计联箱管，与联箱管连接的设备接口，应布置在远离物料进出口处，并位于平台和梯子上能接近处，以便于仪表的安装及维修。

⑦ 液化石油气储罐底部接管最低点距地坪的距离应有利于空气流动。

⑧ 立式储槽的底部设带集液槽的排液管时，应在基础上预留沟槽。排液口的方位应靠排液总管一侧。

二、储罐区的管道布置

① 进入罐区范围内的所有管道宜集中布置，对于界外罐区宜采用低管廊布置，应使通往各储罐的支管相互交叉最少。

② 储罐的管接口标高应是在储罐充水使基础完成初期沉降后的标高。应要求基础设计者注意控制基础的后期沉降量（一般宜在 25mm 以下）。

③ 罐区单层低管廊布置的管道，管道与地坪间的净高一般为 500mm。

④ 罐区多根管道并排布置时，不保温管道间净距不得小于 50mm，法兰外线与相邻管道净距不得小于 30mm，有侧向位移的管道适当加大管间净距。

⑤ 各物料总管在进出界区处均应装设切断阀和插板，并应在围堰外易接近处集中设置。储罐上经常需要操作的阀门也应相对集中布置。

⑥ 与储罐接口连接的工艺物料管道上的切断阀应尽量靠近储罐布置。

⑦ 在罐区围堰外两列管廊成 T 形布置时，宜采用不同标高。

⑧ 管廊上多根管道的 Ⅱ 形膨胀弯管通常应集中布置，以便设置管架。

⑨ 储罐上有不同的辅助装置时（如固定式喷淋器、惰性气密封层、空气泡沫发生器），与这些装置连接的水管道、惰性气体管道、泡沫混合液管道上的切断阀应设在围堰外。

⑩ 需喷淋降温的储罐，其上部及周围应设多喷头的环形管，圈数、喷头数量、喷水量及间距等应符合 PID 图和消防规范要求。

⑪ 泵的入口一般应低于储罐的出口。

⑫ 液化石油气储罐气相返回管道不得形成下凹的袋状，以免造成 U 形液封。

⑬ 当液化石油气储罐顶部安全阀出口允许直接排往大气时，排放口应垂直向上，并在排放管低点设置放净口，用管道引至收集槽或安全地点。对于重组分的气体应排入密闭系统或火炬。

三、罐区管道布置设计工程实例

工程实例一　常压立式储罐的管道布置设计（图 6-203）

工程实例二　固定顶储罐的管口布置设计（图 6-204）

工程实例三　液化石油气卧式储罐的管道布置设计（图 6-205）

工程实例四　球形储罐的管道布置设计（图 6-206）

工程实例五　某液氨球罐的管道布置设计（图 6-207）

工程实例六　某机场罐区工程储罐的管道布置设计（图 6-208）

工程实例七　球罐安全阀设置位置错误设计（图 6-209）

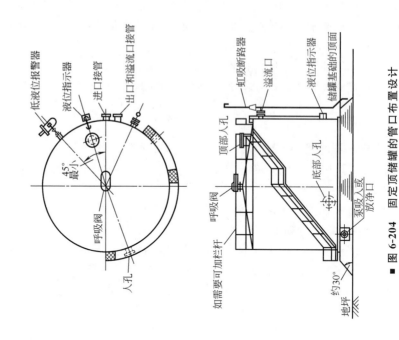

■ 图 6-204 固定顶储罐的管口布置设计

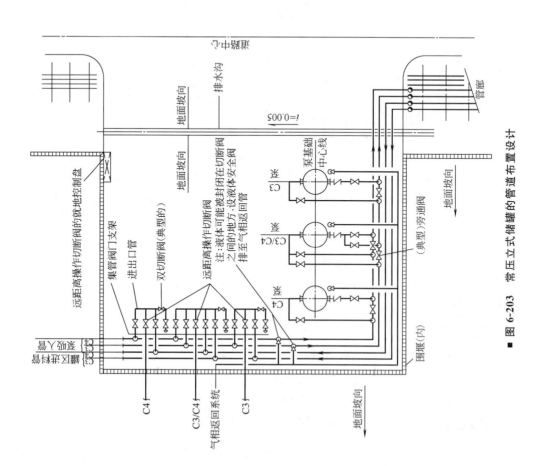

■ 图 6-203 常压立式储罐的管道布置设计

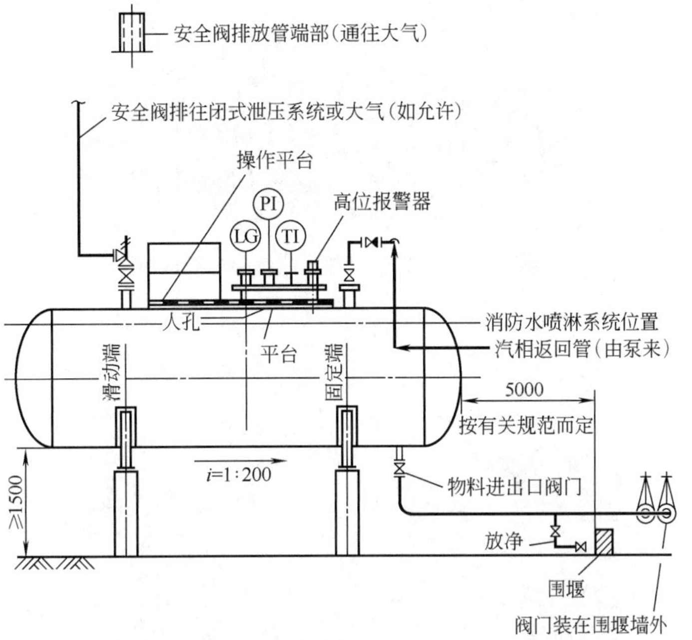

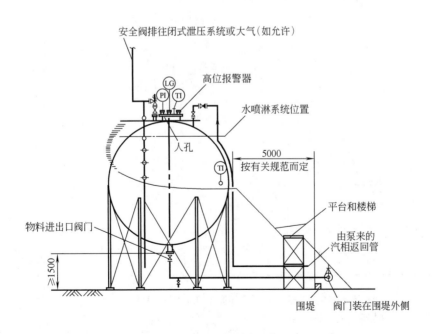

■ 图 6-205　液化石油气卧式储罐的管道布置设计

■ 图 6-206　球形储罐的管道布置设计

■ 图 6-207　某液氨球罐的管道布置设计

■ 图 6-208　某机场罐区工程储罐的管道布置设计

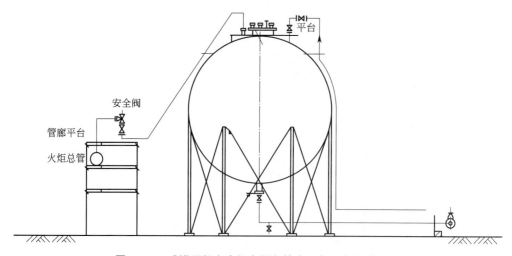

■ 图 6-209　球罐顶部安全阀布置在管廊顶部平台的错误设计

　　注：球罐顶部安全阀不同于塔顶部安全阀的配管设计，需按标准规范要求，应布置在球罐顶部。如果错误布置在远离球罐的其他平台上，例如管廊顶部平台，会造成重大安全隐患。但是，塔顶安全阀可以布置在管廊顶部平台。安全阀布置设计详细讲述见《管道应力分析与工程应用》和《工业管道配管设计与工程应用》。

第十五节　地下管道的布置设计

本节讨论的地下管，不包括无压力的下水管及暖通的管道。

一、允许直接埋地的管道

① 输送无腐蚀性、无毒和无爆炸危险的液体、气体管道，由于某种原因无法在地上敷设时。

② 与地下储罐或地下泵房有关的工艺介质管道。

③ 冷却水及消防或泡沫消防管道。

④ 操作温度小于150℃的热力管道。

上述管道还应满足：无需经常检验，凝液可自动排出及停车时管道介质不会发生凝固及堵塞。

二、建筑物内和露天装置区埋地管道设计的一般要求

1. 建筑物内的埋地管道

① 管道与建筑物墙、柱边净距不小于1m，并要躲开基础，管道标高低于基础时，管道与基础外边缘的净距应不小于两者标高差及管道挖沟底宽一半之和。

② 管道穿过承重墙或建筑物基础时应预留洞，且管顶上部净空不得小于建筑物的沉降量，一般净空为0.15m。

③ 管道在地梁下穿过时，管顶上部净空不得小于0.15m。

④ 两管道间的最小净距：平行时应为0.5m，交叉时应为0.15m。

⑤ 管道穿过地下室外墙或地下构筑物墙壁时应预埋防水套管。

⑥ 管道不得布置在可能受重物压坏的地方。

⑦ 管道不得穿过设备。

⑧ 管顶最小埋设深度：素土地坪不小于0.6m；水泥地面不小于0.4m。

⑨ 埋地管道不宜采用可能泄漏的连接结构，如法兰或螺栓连接等，管材不宜采用易碎材料。

⑩ 埋地管道与地面上管道分界点一般在地面以上0.5m处（有的工程项目统一规定为地面以上0.3m处）。

⑪ 建筑物内的地下管道应尽量采用管沟敷设的方式。

⑫ 易燃易爆介质管道在装置外，如为埋地敷设，则进入装置区界附近应转为地上管道。

2. 露天装置区埋地管道

① 满足埋地管道之间、管道与构筑物之间以及管道与铁路之间平行与交叉的净距规定。

② 埋地管道的套管应伸出道路或管沟外缘两侧不小于1.0m，伸出铁路两侧不小于3.0m。以上套管内不允许有法兰、螺纹等连接件，管道焊缝需要探伤。

③ 管道高点设排气、低点设排净，并设阀门井。

④ 铸铁管或非金属管道穿过车辆通过的通道时，需预埋套管。

三、GB 50316《工业金属管道设计规范》对埋地管道设计的要求

① 埋地敷设的管道应妥善解决防冻、防凝结、吹扫、排液、防外腐蚀及承受外荷载等问题。埋地管道如有阀门应设阀井。大型阀井应考虑操作和检修人员能下到井内作业；小型阀井可只考虑人员在井外操作阀门的可能性（手操作或采用阀门伸长杆）。阀井应设排水点。

② 输送可燃气体、可燃液体的埋地管道不宜穿越电缆沟，如不可避免时应设套管。当管道介质温度超过 60℃ 时，在套管内应充填隔热材料，使套管外壁温度不超过 60℃。套管长度伸出电缆沟外壁不小于 0.5m。

③ 管道与管道及电缆间的最小水平间距应符合现行国家标准 GB 50187《工业企业总平面设计规范》的规定。

④ 从道路下面穿越的管道，其顶部至路面不宜小于 0.7m（SH/T 3012 规定装置内埋地管道的管顶距一般混凝土地表面不应小于 0.3m；通过机械车辆的通道下不小于 0.75m 或采用套管保护）。从铁路下面穿越的管道应设套管，套管顶至铁轨底的距离不应小于 1.2m。

⑤ 管道与电缆间交叉净距不应小于 0.5m。电缆宜敷设在热管道下面，腐蚀性流体管道上面。

⑥ B 类流体（按 GB 50316）、氧气和热力管道与其他管道的交叉净距不应小于 0.25m；C 类及 D 类流体管道间的交叉净距不宜小于 0.15m。

⑦ 管道埋深应在冰冻线以下。当无法实现时，应有可靠的防冻保护措施。

⑧ 设有补偿器、阀门及其他需维修的管道组成件，应将其布置在符合安全要求的井室中，井内应有宽度大于或等于 0.5m 的维修空间。

⑨ 有加热保护的（如伴热）管道不应直接埋地，可设在管沟内。

⑩ 挖土共沟敷设管道的要求应符合现行国家标准 GB 50187《工业企业总平面设计规范》的规定。

⑪ 带有隔热层及外护套的埋地管道，布置时应有足够柔性，并在外套内有内管热胀的余地。无补偿直埋方法，可用于温度小于或等于 120℃ 的 D 类流体的管道，并应按国家现行直埋供热管道标准的规定进行设计与施工。

四、大型管沟内管道布置

1. 管沟内管道布置必须符合的条件

① 输送介质无腐蚀、无毒以及非易燃易爆管道。

② 不宜埋地、又不宜架空布置的管道。

③ 正常地下水位低于沟底。

④ 防止重组分气体及有害气体在沟内聚集，必要时在沟内填砂。

2. 管沟的设计

① 管沟坡度：各种管沟沟底应有不小于 0.002 的纵向坡度，管沟截面底部应有 0.05 的坡度。管沟最低处应设下水箅子和集水坑，以便将管道偶然泄漏或沟壁渗水排除。

② 管沟沟盖板应做成 0.02 的横向双落水坡度，当沟宽小于 1.0m 时可做成单坡，以便地面渗水排至沟外。

③ 管沟埋深：盖板至设计地面的覆土深不小于 0.3m，车行道路不小于 0.5m。

④ 若管沟低于地下水位时，管沟应采取全防水结构。

⑤ 检查井的设置场合：对装有阀门或需要经常检修的管件；直线部分相隔 100～150m（最大不超过 200m）；管沟纵向坡度最低点处。

⑥ 管沟内考虑自然通风，必要时通行管沟采用临时机械通风。

3. 管沟中管道阀门设置

① 管沟中管道排列要便于安装维修。

② 管沟中管道穿出沟盖板与地上管道相接，需加垂直方向套管或捣制竖井至地面上

0.5m，盖板处需密封，顶部需加防雨帽（图 6-210）。

③ 检查井的人孔应布置在井的边缘四角位置。阀门宜立装、手轮朝上。管道布置应紧凑，如支管以 45°与主管相接，阀门设在水平管上（图 6-211）。

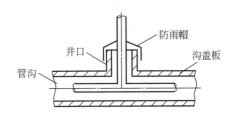

■ 图 6-210　出管沟管处的示图

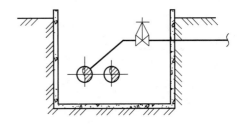

■ 图 6-211　斜管支管

④ 管道上低点排净应接至附近的排水系统污水井。

五、GB 50316《工业金属管道设计规范》对沟内管道设计的要求

① 可通行管沟的管道布置应符合以下规定。

a. 在无可靠的通风条件及无安全措施时，不得在通行管沟内布置窒息性及 B 类流体的管道。

b. 沟内过道净宽不宜小于 0.7m，净高不宜小于 1.8m。

c. 对于长的管沟应设安全入口，每隔 100m 应设有人孔及直梯，必要时设安装孔。

② 不可通行管沟的管道布置应符合下列规定。

a. 当沟内布置经常操作的阀门时，阀门应布置在不影响通行的地方，必要时可增设阀门伸长杆，将手轮引伸至靠近活动沟盖背面的高度处。

b. B 类流体（按 GB 50316）的管道不宜设在密闭的沟内。在明沟中不宜敷设密度比环境空气大的 B 类气体管道。当不可避免时，应在沟内填满细砂，并应定期检查管道使用情况。

六、室外地下管道与铁路道路及建筑物间的距离

室外地下管道与铁路道路及建筑物等设施的最小水平净距见表 6-30。

表 6-30　室外地下管道与铁路道路及建筑物等设施的最小水平净距　　　　　　m

输送的流体及状态		建、构筑物基础外缘		铁路轨外侧	道路边缘	围墙基础外侧	电杆柱中心		
		有地下室	无地下室				通信	电力	高压电
B 类液体		6	4	4.5	1	1	1.2		
B 类气体	$p \leqslant 0.005$	2	1	3	0.6	0.6	0.6	1.5	2
	$0.005 < p \leqslant 0.2$	2.5	1.5	3.5	0.6	0.6	0.6		
	$0.2 < p \leqslant 0.4$	3	2	4	0.8	0.6	0.6		
	$0.4 < p \leqslant 0.8$	5	4	4.5	1	1	1		
	$p > 0.8$	7	6	5	1	1	1.5		
氧气	$p \leqslant 1.6$	3	2.5	2.5	0.8	1	0.8		
	$p > 1.6$	5	3						

续表

输送的流体及状态			建、构筑物基础外缘		铁路轨外侧	道路边缘	围墙基础外侧	电杆柱中心		
			有地下室	无地下室				通信	电力	高压电
C、D类流体	热力管		1.5~3①		3	0.8~1	1	0.8	1	1.5
	液体		3		3~4	0.8~1	1	0.8~1.2	1	2
	气体	$p \leqslant 0.25$	1.5		2	0.6	0.6	0.6	1	1.5
		$0.25 < p \leqslant 0.6$	1.5							
		$0.6 < p \leqslant 1.0$	2							
		$1.0 < p \leqslant 1.6$	2.5		2.5	0.8	0.8	1		
		$p > 1.6$	3							

① 按 C、D 类气体的设计压力决定净距。

注：1. 除注明者外，表列净距应自管（沟）壁或防护设施的外缘算起。

2. 管道低于基础时，除满足表列净距外，还应不小于管道埋设深度与基础深度之差，并应根据土壤条件确定净距。

3. p 为设计压力（MPa）。

4. 当铁路和道路是路堤或路堑时，其与管线之间的水平净距应由路堤坡脚或路堑坡顶算起，有边沟和天沟时应从沟的外缘算起，并应符合现行国家标准 GB 50187《工业企业总平面设计规范》的规定。

5. 表中流体的类别是按照 GB 50316 划分的。

七、地下管道布置设计工程实例

工程实例一 某乙烯工程地下管道施工照片（图 6-212、图 6-213）

■ **图 6-212** 某乙烯工程地下管道施工照片（一）

工程实例二 管沟中敷设管道

当管道不宜于埋地或沿地面敷设，又不可能架空敷设时，可敷设在管沟中。管沟的形式一般有如下三种：可通行管沟（图 6-214）、半通行管沟（图 6-215）、不通行管沟。

(a)

(b)

■ 图 6-213　某乙烯工程地下管道施工照片（二）

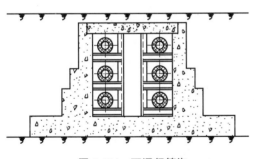

■ 图 6-214　可通行管沟

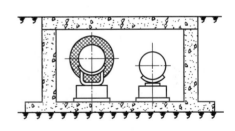

■ 图 6-215　半通行管沟

半通行管沟的净高一般小于 1.6m，通道宽度一般采用 0.6m 左右。如果采用横贯管沟断面的支架时，其下面的净高应不小于 1m。

不通行管沟容积小，最小高度为 0.45m，管子外表距沟底、沟顶和侧墙的净距及相邻两根管道净距不应小于 0.15m；管道只能布置成单层，不能双层或多层布置，以便安装及检修。

在管沟中敷设管道时，如同一地沟内有几层管道，敷设应从最下面一层开始，最好在下层的管道安装、试压、保温等全部完成后，再进行上层管道的安装。

用管沟敷设管道的优点是：管道隐蔽，不占用空间位置；检修方便（与埋地敷设比较）；距离短，节省材料。缺点是：管沟修建费用较高，投资较大；管道安装、检修不如架空敷设方便；一般不适宜于敷设输送有腐蚀性及有爆炸性危险介质的管道。

第十六节　软管站的管道布置设计

一、软管站的概念

为吹扫、清洁、置换和维修等需要而设置的软管站，一般由管道、阀门和软管及其接头组成。使用介质通常为清洁水、蒸汽、氮气和压缩空气。根据需要,大多选用上述1～4种介质的管线组成。

二、软管站的位置

① 在装置内的软管站通常选用15～20m长的软管。软管站的位置不应影响正常通行、操作和维修。如设在管廊的柱旁、靠近平台的栏杆处、塔壁旁边等。

② 在塔附近,软管站可设置在地面和所有人孔的操作平台上。

③ 在炉子附近,软管站的设计要求:圆筒炉,设在地面上和主要操作平台上;箱式炉,设在地面上和主要操作平台的一端;多室的箱式炉,设在地面上和主要操作平台的一端。

④ 换热器和泵区,应设在地面上靠近柱子处。

⑤ 在框架上,软管站可设置在每层楼面上(或根据工艺的要求)。

⑥ 界区外软管站的位置应设在需要的地方,如泵房、汽车装车站或火车装车站、界外管道的吹扫口、置换接口附近,必要时可设在物料管道低点排净口处。

三、软管站管道布置设计的一般要求

① 软管站的各类管道宜从管廊上总管的顶部引出。

② 软管站的切断阀宜设在操作平台或地面以上1.2m的高度(图6-216、图6-217)。如软管站高于管廊上的总管时,可参照塔平台的软管站布置阀门。

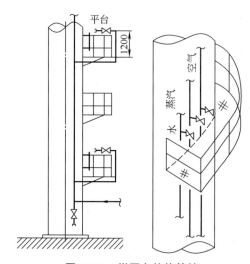

■ 图6-216 塔平台的软管站

③ 立式容器的软管站宜布置在立式容器及其平台之间的空隙内,其软管接头应向下安装,若条件允许可水平安装,但软管连接管不得妨碍人孔盖的开启。

④ 软管站的管道一般均为DN25,特殊要求除外。管子、管件、阀门等材料选用应符合管道等级规定。与软管相连接宜采用快速管接头,各介质管道所用接头的形式或规格宜有所区别。

⑤ 如果工艺或项目有要求,在某些介质的切断阀前加装止回阀。止回阀应安装在水平管道上(见图6-218中氮气管线)。

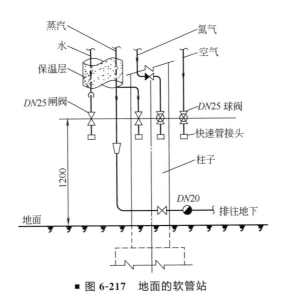

■ 图 6-217 地面的软管站

⑥ 在寒冷地区为了防冻，宜将水管与蒸汽管一起保温，使蒸汽管起到伴管的作用，但两管之间应保持适当间距，使水管不冻结也不过热即可。

⑦ 布置位置低于蒸汽总管的软管站的蒸汽管，当项目有要求，可在其切断阀前设疏水阀组，随时排放冷凝液，如图 6-219 所示（如工艺要求回收蒸汽冷凝液，即将疏水阀组后管线引回蒸汽冷凝液总管）。布置高于蒸汽总管的软管站的蒸汽管不需设疏水阀组。

四、常用软管站形式的典型图工程实例

大、中型乙烯工程常用软管站的几种形式参见图 6-218～图 6-220。

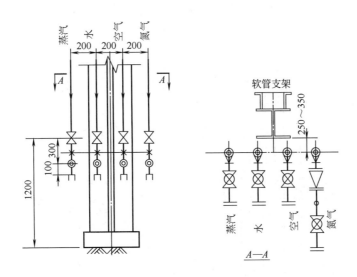

■ 图 6-218 软管站典型管道布置（带检查阀、止回阀形式）

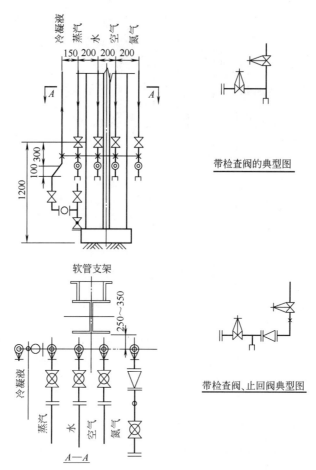

带检查阀的典型图

带检查阀、止回阀典型图

■ **图 6-219** 软管站典型管道布置（带检查阀、
止回阀及疏水阀形式）

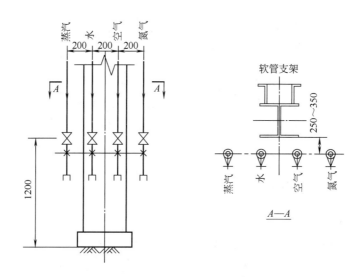

■ 图 **6-220** 软管站典型管道布置一般形式

第十七节　洗眼器和淋浴器的管道布置设计

一、洗眼器和淋浴器管的布置位置

对强毒性物料及具有化学灼伤的腐蚀性介质危害的作业环境区域内，需要设置洗眼器、淋浴器，其服务半径小于或等于 15m。通常洗眼器、淋浴器由制造厂成套供货。

洗眼器、淋浴器应布置在地面上或塔、泵附近，不应影响正常通行、操作和维修。洗眼器、淋浴器布置在管廊的柱子旁，应在软管站布置图上标示位号及定位尺寸。

二、洗眼器和淋浴器管道布置设计的一般要求

① 洗眼器、淋浴器接入的生活饮用水，通常来自地下。如果来自管廊，应从总管顶部引出。

② 在寒冷的地方或季节，接入洗眼器、淋浴器的生活饮用水管线必须采取防冻措施。常用方式：切断阀设在地下冰冻线以下，阀后管线加排放孔及沙坑以排净管内存水；洗眼淋浴器及管道系统采用电伴热；选购带电伴热的洗眼淋浴器。

③ 洗眼器、淋浴器经常被组合成一体，以便减少费用和节省占地空间。

三、洗眼器和淋浴器管道布置典型图工程实例

洗眼器和淋浴器的管道布置如图 6-221 所示。

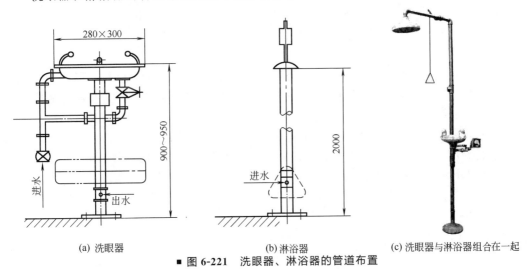

(a) 洗眼器　　　　　　　(b) 淋浴器　　　　(c) 洗眼器与淋浴器组合在一起

■ 图 6-221　洗眼器、淋浴器的管道布置

第十八节　压力管道系统的伴热设计

一、常用伴热介质的种类

① 热水：在操作温度不高或不能采用高温伴热的介质的条件下，作为伴热的热源。

② 蒸汽：一般用于管内介质的操作温度低于 150℃ 的伴热。

③ 热载体：一般用于管内介质的操作温度高于 150℃ 的夹套伴热系统。常用的热载体有

重柴油或馏程大于300℃馏分油，联苯-联苯醚或加氢联三苯等。

④ 电热：电伴热不但适用于蒸汽伴热的各种情况，而且适用于热敏性介质管道，能有效地进行温度控制，防止管道温度过热；适用于分散或远离供汽点的管道或设备以及无规则外形设备（如泵）的伴热。

二、工艺管道的伴热方式

① 内伴热管伴热：伴热管安装在工艺管道（即主管）内部，伴热介质释放出来的热量，全部用于补充主管内介质的热损失。

② 外伴热管伴热：伴热管安装在工艺管道外部，伴热管放出的热量，一部分补充主管（即被伴热管）内介质的热损失，另一部分通过保温层散失到四周大气中。当伴热所需的传热量较大（主管温度高于150℃）或主管要求有一定的温升时，需要多管伴热，或采用传热系数大的传热胶泥，填充在常规的外伴热管与主管之间，使它们形成一个连续式的热结合，这样的直接传热优于一般靠对流与辐射的传热。

③ 以夹套伴热：夹套伴热管即在工艺管道的外面安装一套管，类似套管式换热器进行伴热。

④ 电伴热：电伴热带安装在工艺管道外部，利用电阻体发热来补充工艺管道的散热损失。

三、管道选择伴热的原因

① 需从外部补偿管内介质热损失，以维持被输送介质温度的管道。

② 在输送过程中，由于热损失而产生凝液，并可能导致腐蚀或影响正常操作的气体管道。

③ 在操作过程中，由于介质压力突然下降而自冷，可能冻结导致堵塞的管道。

④ 在切换操作或间歇停输期间，管内介质由于热损失造成温度下降，介质不能放净吹扫而可能凝固的管道。

⑤ 在输送过程中，由于热损失造成温降可能析出结晶的管道。

⑥ 输送介质由于热损失导致介质温度下降后黏度增高，系统阻力增加，输送量下降，达不到工艺最小允许量的管道。

⑦ 输送介质的凝固点等于或高于环境温度的管道。

四、伴热方式的选用原则

① 输送介质的终端温度或环境温度接近或低于其凝固点的管道：介质凝固点低于50℃时，宜选用伴管伴热；介质凝固点为50～100℃时，宜选用夹套管伴热；介质凝固点高于100℃时，应选用内管焊缝隐蔽型夹套管伴热，管道上的阀门、法兰、过滤器等应为夹套型。

② 输送气体介质的露点高于环境温度需伴热的管道，宜选用伴管伴热。

③ 介质温度要求较低的工艺管道，输送介质温度或环境温度接近或低于其凝固点的管道，宜采用热水伴管伴热。

④ 液体介质凝固点低于40℃的管道、气体介质露点高于环境温度且低于40℃的管道及热敏性介质管道，宜采用热水伴管伴热。

⑤ 输送有毒介质且需夹套管伴热的管道，应选用内管焊缝外露型夹套管伴热。

⑥ 经常处于重力自流或停滞状态的易凝介质管道，宜选用夹套管伴热或带导热胶泥的蒸汽伴管伴热。

第十九节　热水、蒸汽伴热系统的设计

一、热水、蒸汽伴热系统的组成

热水、蒸汽伴热系统包括热源总管、热介质引入管、分配站、伴前管、伴管、伴后管、冷凝液（热水回水）收集站、收集站出口回流管、回流管总管。

二、热水、蒸汽伴热类型的选择

1. 热水伴热

① 介质温度要求较低的工艺管道、输送介质温度或环境温度接近或低于其凝固点的管道。

② 液体介质凝固点低于 40℃ 的管道、气体介质露点高于环境温度且低于 40℃ 的管道及热敏性介质管道。

③ 防冻要求的伴热。

2. 蒸汽伴热

① 输送气体介质露点高于环境温度、高于 40℃ 的需伴热的管道。

② 经常处于重力自流或停滞状态的凝介质管道。

③ 对特殊工艺加热有要求的管道（采用蒸汽伴热或热水伴热一般由工艺专业决定并在流程图上说明）。

三、伴热设计的规划

① 将流程图上有伴热要求的管线、仪表和设备列出。

② 在管道平面布置图上找出所有要伴热的管线、仪表设备的位置。

③ 确定被伴管线伴热的起止点。

④ 根据被伴要求、伴热起止点数，确定伴热站数及其位置。

⑤ 在管道平面布置图上完成伴热站规划图。

四、伴管施工图的设计

① 在伴热研究的基础上，按选定的伴热设计方法完成伴管施工图管道布置设计。

② 三维计算机模型设计。

a. 在伴热研究（规划）图基础上输入热源总管、热介质引入管、分配站、冷凝液（热水回水）收集站、收集站出口回流管、回流管总管的管道模型。

b. 一般伴前管、伴管、伴后管不做模型，利用被伴管轴测图，标注被伴管线伴热的起止点并填写伴管表。当项目有特殊要求时可对伴前管、伴管、伴后管建立模型。

③ 平面设计。

a. 根据伴热研究（规划）的结果，在管道布置图上加上分配站、冷凝液（热水回水）收集站、热源总管、热介质引入管、收集站出口回流管、回流管总管的管道。

b. 伴管用虚线表示在被伴管边上。

c. 热源总管、热介质引入管、收集站出口回流管、回流管总管的管道要画轴测图。

d. 分配站、冷凝液（热水回水）收集站画轴测图或标准图，必要时可包括伴前管、伴后管。

e. 以被伴管轴测图为基础在被伴管边上加上虚线，注出伴管来自何处，回到何处，出伴管轴测图。

f. 简易设计时可不出伴管轴测图，仅填写伴管表。

五、蒸汽供汽站/热水供水站（分配站)管道布置设计的一般要求

① 分配站的布置采用卧式(水平)或立式安装的形式。

② 分配站接管数如下：DN40 蒸汽分配站（或 DN50 热水或导热油分配站）每站设 DN15（或 DN20）接管口不多于 6 个；DN50 蒸汽分配站（或 DN80 热水或导热油分配站）每站设 DN15（或 DN20）接管口不多于 10 个。每个分配站留 1～2 个备用口，备用口应配置阀门，并用螺纹管帽或法兰盖封闭。

③ 在 3m 半径范围内至少有 3 个伴热供汽组的地方应提供伴热站。

④ 分配站尽可能靠墙、柱、平台栏杆等设置，其位置应使伴前管道尽量短。

⑤ 每组伴热供汽（供水）总管上的切断阀通常安装在蒸汽/热水主管上的出口附近，且装在水平管上，此阀宜采用截止阀。

⑥ 伴热供汽总管应从蒸汽/热水主管顶部引出，伴热供汽（供水）管应从伴热站的顶部或水平引出。

⑦ 分配站一般应设置一个固定支架及一个滑动支架。

⑧ 分配站的低点应有排液管、切断阀。蒸汽分配站还应设疏水阀。

⑨ 仪表采用的伴热供汽/供水站一般宜单独设置，不宜与管道的伴热站共用。其设计方法与管道相同（仪表元件的伴热由仪表专业自行设计，管道专业仅提供站）。

六、伴管设计

1. 伴管设计一般要求

① 蒸汽伴热和热水伴热伴管尺寸通常为 DN15，必要时用 DN20。

② 每根被伴热管道所需伴管根数由工程设计规定，根据 HG/T 20549，一般要求见表 6-31。此伴管根数与 SH/T 3040 等规范不同。

表 6-31　伴管根数一般要求

被伴热管道公称直径/mm	伴管根数	被伴热管道公称直径/mm	伴管根数
≤100	1	≥500	3
150～450	2		

③ 对于输送酸、碱、胺、酚溶液等管道可能因局部过热而产生腐蚀时，应在伴管与被加热的管道之间加垫石棉垫（图 6-222）。当被加热的设备或管道的材料为不锈钢而伴管为碳钢时，也应加垫石棉板，不使其直接接触。

为防止被伴设施过热，对于非金属阀座的阀、碱管、胺管伴管应根据伴管管径按间距 1～1.5m 安装隔离垫，隔离垫的大小一般为 50mm×25mm×10mm。

2. 伴管布置要求

① 伴管的伴前及伴后段尽量多根成排布置，以方便保温及支架设置。

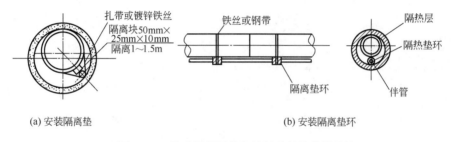

■ 图 6-222　防止局部过热和接触腐蚀的伴管设计

② 蒸汽伴管应在管道需要伴热部位的最高点开始引入，至最低点离开，尽可能使冷凝水自流到收集站，避免袋形弯或减小袋形弯上行的总高度。

③ 被伴热管道上需经常拆卸维修的部位，其蒸汽或热水伴管应装活接头或法兰连接，如控制阀、安全阀、转子流量计等，伴热管道的分支采用三通连接。

④ 伴管的热补偿方法如下。

a. 利用伴管越过被伴热管道上的法兰、阀门等所形成的弯管作为热补偿。

b. 管道伴热时，可以将伴管的中点固定在被伴热管道上。也可以将伴管统一考虑，设置一个膨胀环或设置 II 形补偿弯管，使其自然补偿。如图 6-223 所示。

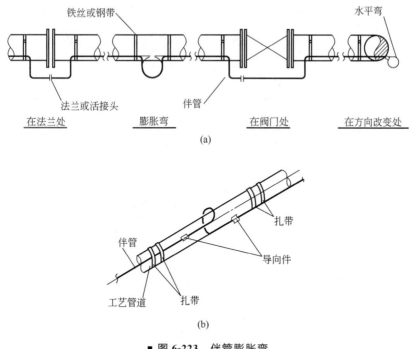

■ 图 6-223　伴管膨胀弯

c. 对蒸汽伴热间隔约 24m，对热水伴热间隔约 30m 应设膨胀弯，阀门和法兰处的回弯应作为膨胀弯对待。如图 6-223 所示。

d. 伴管加热应合理设置固定支架及导向支架。

e. 伴管的高低点可不设高点排气与低点排液。

f. 伴管的标准布置通常有两种方式，如图 6-224 所示。

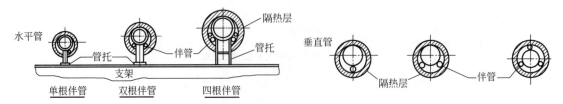

(a) 布置在水平管线时应安装在被伴管下方一侧或两侧   (b) 布置在垂直管线时应均匀敷设

■ 图 6-224 伴管的标准布置

g. 每根蒸汽/热水伴管应有其独立的供汽/供水阀和冷凝液疏水阀,不宜与其他伴管合并疏水。通过疏水阀后的不回收凝结水宜集中排放。

h. 附属于管道的在线仪表,如压力计等通常应与被伴热的管道一起伴热。

i. 所有伴管(包括伴热供汽、供水和回水的伴管)弯管不能被压扁,防止影响伴热效果。

j. 应用钢带或钢丝在间隔约 1~1.5m 固定伴管(根据伴管管径大小);但这种间隔在弯头处应适当缩小距离,因为在这些地方伴管与管子的接触不紧。

3. 蒸汽伴管特殊要求

① 每根伴管的最大有效长度(指伴管与被伴热设备或管道相接触的部分,包括盘绕的长度在内),按所用蒸汽的压力而定。伴管有效长度与蒸汽压力的关系见表 6-32(按 HG/T 20549 的规定,注意数据与 SH/T 3040 的不同,应根据项目实际情况选用)。

表 6-32 伴管有效长度与蒸汽压力的关系

蒸汽压力(表压)/MPa	DN15 管的有效长度/m	蒸汽压力(表压)/MPa	DN15 管的有效长度/m
0.15~0.3	25	>0.5~0.7	40
>0.3~0.5	35	>0.7~1.0	50

② 袋形弯上升段的总高度($A+B+C+D$)(图 6-225),对于每个 0.1MPa 压差(供气压力与疏水阀后背压之间的差)不得大于 4m,否则应分段加热,或按照项目的工程规定。

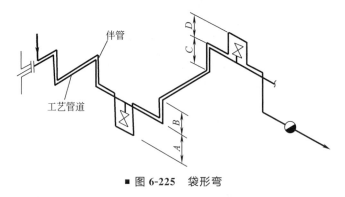

■ 图 6-225 袋形弯

③ 一般情况下,每根伴管应在终端单独使用一个疏水器。

④ 冷凝水应采取必要的排放措施,不宜直接排入明沟、漏斗或排放至地面上。

4. 热水伴管特殊要求

① 伴后热水应回收。

② 当热水供水压力不低于 0.2MPa(表压),温度不低于 70℃时,热水伴管的最大有效伴热长度不应超过 40m(按 HG/T 20549)。

③ 伴管绕过阀门或法兰时，伴管最大的有效长度进行相应的缩短，每一处可按 3m 直管考虑，伴管每拐一个 90°弯按 1m 考虑。

④ 对热水伴热时，伴管的袋形高度没有限制，宜从被伴热的管道的最低点开始伴至最高点，然后返回至热水系统。每根热水导管的高点宜设放空口。

⑤ 当水质较差或结垢严重时，一般宜在热水伴管的供水和回水管道上靠近其切断阀设清洗口。

5. 导热油伴管特殊要求

① 导热油不得随地排放，应送至回油总管。

② 当导热油供油压力低于 0.15MPa（表压），温度不低于 200℃时，导热油伴管的最大有效伴热长度不应超过 60m（按 HG/T 20549）。

七、冷凝液站/热水回水站（收集站）管道布置设计的一般要求

① 收集站接管数如下：DN40 冷凝水收集站（或 DN50 热水或导热油收集站）每站设 DN15（或 DN20）接管口不多于 6 个；DN50 冷凝水收集站（或 DN80 热水或导热油收集站）每站设 DN15（或 DN20）接管口不多于 10 个。每个收集站留 1~2 个备用口，备用口应配置阀门，并用螺纹管帽或法兰盖封闭。

② 根据管道布置设计需要，收集站可以采用卧式（水平）或立式布置。

③ 收集站的位置，应使伴后管道尽量短。

④ 冷凝水收集站的各伴管接管口应带有各自的蒸汽疏水阀及切断阀。

⑤ 一般在 3m 半径范围内至少有 3 根冷凝液管或回水管组时，应提供冷凝液站或热水回水站。

⑥ 冷凝液站/热水回水站（收集站）应预留 1~2 个备用接头。

⑦ 蒸汽冷凝水回流管应从总管的顶部引入；冷凝水总管高于收集站时，如果确认冷凝水回流管可能有闪蒸蒸汽时，则收集管上应加止回阀。

⑧ 仪表采用的伴热冷凝液/回水站需单独设置，不宜与管道的伴热站共用。

八、伴热材料的选择

1. 管子、阀门和管件

对蒸汽伴热和热水伴热管道材料的一般规定应与采用的蒸汽和热水主管相同，如果项目允许，伴管（包括伴热供汽/供水和回水）可以用对焊连接，蒸汽供汽站/热水供水站、冷凝液站/热水回水站上的分支宜采用半管接头或焊接支管台。

2. 用于蒸汽伴热系统的阀门

用于蒸汽伴管的疏水阀宜选用本体带过滤器型，否则应选用在疏水阀前设置 Y 形过滤器。

用于热水供水和回水站上的阀门宜采用截止阀。

3. 紧固材料

伴管用紧固材料见表 6-33。

4. 铜管和不锈钢管

① 内径 8mm、外径 10mm 的铜管可用于最大压力 0.98MPa、温度低于 200℃对铜无腐蚀的情况。超过上述温度、压力时使用同样尺寸的不锈钢管。

② 铜管材料遵循 ASTM B68《光亮退火的无缝铜管》或相当的标准。不锈钢管遵循 ASTM A312/A312M 的《无缝和焊接奥氏体不锈钢管》TP 304 或相当的标准。

表 6-33 伴管用紧固材料

材　　料	尺　　寸	材　　料	尺　　寸
退火镀锌钢丝	S. W. G　♯18	304 不锈钢丝	S. W. G　♯18
镀锌钢带	0.4mm×13mm	304 不锈钢带	0.4mm×13mm

注：不锈钢丝和不锈钢带应用于不锈钢管道和设备。

③ 铜管和不锈钢管伴热管件采用卡套式连接。

④ 导热油管线特殊要求如下。

a. 导热油管线宜采用焊接，禁用螺纹连接，禁用有缝钢管。

b. 导热油管线应采用对焊法兰。

c. 导热油管线宜采用铸钢高温阀门。

d. 导热油管线宜采用柔性石墨缠绕垫片。

e. 导热油管线不宜采用有色金属材料。

九、SH/T 3040《石油化工管道伴管和夹套管设计规范》的管道伴热设计

1. 伴管管径及根数的选用

① 伴管管径宜为 $\phi10$、$\phi12$、$DN15$、$DN20$、$DN25$，伴管根数不宜超过 4 根。

② 在不同环境温度及工艺操作条件下，蒸汽伴管管径及根数从 SH/T 3040 提供的四个表（表 1 蒸汽伴管温度 143℃/183℃、环境温度 5℃；表 2 蒸汽伴管温度 143℃/183℃、环境温度 -5℃；表 3 蒸汽伴管温度 143℃/183℃、环境温度 -15℃；表 4 蒸汽伴管温度 143℃/183℃、环境温度 -25℃）中选择；热水伴管管径及根数从 SH/T 3040 提供的四个表（表 5 蒸汽伴管温度 90℃/100℃/110℃、环境温度 5℃；表 6 蒸汽伴管温度 90℃/100℃/110℃、环境温度 -5℃；表 7 蒸汽伴管温度 90℃/100℃/110℃、环境温度 -15℃；表 8 蒸汽伴管温度 90℃/100℃/110℃、环境温度 -25℃）中选择。

③ 环境温度、伴管介质的操作条件、保温材料制品的热导率及传热系数等数据与表 1～表 8 不同时，伴管管径及根数（采用硬质或半硬质圆形保温材料制品）按下面公式计算。

$$d = \frac{K(t - t_a)}{\left(\dfrac{1}{2\lambda}\ln\dfrac{D_o}{D_i} + \dfrac{1}{\alpha D_o} + \dfrac{1}{\alpha_i D_i}\right)\alpha_t(t_{st} - t)}$$

$$n \geqslant \frac{d}{d_o}$$

式中　D_i——保温层内径，m；

　　　D_o——保温层外径，m；

　　　d——伴管计算外径，m；

　　　d_o——伴管外径，m；

　　　t——被伴介质温度，℃；

　　　t_a——环境温度，℃；

　　　t_{st}——伴管介质温度，℃；

　　　K——热损失附加系数，取 1.15～1.25；

　　　n——伴管根数，根；

　　　λ——保温材料制品热导率，W/(m·℃)；

　　　α——保温层外表面向大气的传热系数，W/(m²·℃)；

α_i——保温层内加热空间空气向保温层的传热系数，$W/(m^2 \cdot ℃)$；

α_t——伴管向保温层内加热空间的传热系数，$W/(m^2 \cdot ℃)$。

2. 蒸汽分配站和疏水站

① 对于蒸汽分配站和疏水站的管径也给出了下面的公式，计算出 S 值，再查询 SH 3040 相应的表格来获得蒸汽分配站和疏水站的管径。

$$S = A + 2B + 3C$$

式中 A——$DN15$、$\phi12$、$\phi10$ 伴管根数；

B——$DN20$ 伴管根数；

C——$DN25$ 伴管根数。

② 在 3m 半径范围内如有 3 个或 3 个以上的伴热点及回收点时，蒸汽伴热系统应设置蒸汽分配站和疏水站，热水伴热系统应设置热水分配站和热水回水站。站的设置应考虑统一考虑，布局合理，方便操作和维修。

3. 蒸汽伴管沿被伴热管的最大允许有效伴热长度（包括垂直管道）（表6-34）

凝结水不回收时，最大允许有效伴热长度可延长 20%；采用导热胶泥时，最大允许有效伴热长度宜缩短 20%；对于出现 U 形弯时，在超过规定数值（蒸汽压力 0.3～0.5MPa，累计上升 4m；蒸汽压力大于 0.5～0.7MPa，累计上升 5m；蒸汽压力大于 0.7～1MPa，累计

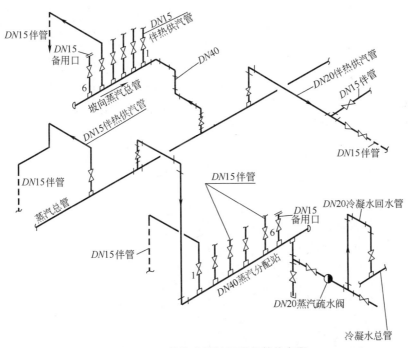

■ **图 6-226　蒸汽分配站和供气管的布置**

注：1. 蒸汽分配站安装位置高于蒸汽总管时，分配站低点可不设排放冷凝水的蒸汽疏水阀系统，水平安装的分配站应无袋形并坡向蒸汽总管。蒸汽分配站低于蒸汽总管时，其上游不得有下凹的袋形弯，分配站的低点应设蒸汽疏水阀组。

2. 蒸汽分配站至少有 3 根伴管（$DN15$）送至半径为 3m 范围内的地点时才设置，否则伴热供汽管可直接从蒸汽总管上引出。

3. 分配站应布置在不妨碍通行、便于操作的地方，布置应考虑整齐和美观。

4. 供汽管的阀门应布置在便于接近的地方。

5. 分配站的蒸汽应从蒸汽总管的顶部引出。

上升 6m) 时宜适当减少最大允许有效伴热长度，但伴管累计上升高度不宜超过 10m。

4. 热水伴管沿被伴热管的最大允许有效伴热长度（包括垂直管道）（表 6-35）

表 6-34　蒸汽伴管沿被伴热管的最大允许有效伴热长度

伴管直径 /mm	蒸汽压力为 p(MPa)时的最大允许有效伴热长度/m		
	0.3≤p≤0.5	0.5<p≤0.7	0.7<p≤1.0
ϕ10、ϕ12	40	50	50
DN15	60	75	90
DN20	60	75	90
DN25	80	100	120

注：按 SH/T 3040，应注意有效伴热长度和其他标准规定的数值的不同，根据项目实际情况选用。

表 6-35　热水伴管沿被伴热管的最大允许有效伴热长度

伴管直径 /mm	热水压力为 p(MPa)时的最大允许有效伴热长度/m		
	0.3≤p≤0.5	0.5<p≤0.7	0.7<p≤1.0
ϕ10、ϕ12	40	50	60
DN15	60	70	80
DN20	60	70	80
DN25	70	80	90

注：按 SH/T 3040，应注意有效伴热长度和其他标准规定的数值的不同，根据项目实际情况选用。

十、蒸汽伴热和热水伴热布置典型图工程实例

工程实例一 蒸汽分配站和供气管的布置（图 6-226）

工程实例二 冷凝水回收时收集站和冷凝水回收管的布置（图 6-227）

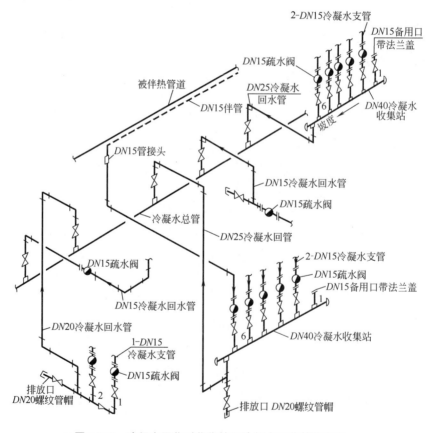

■ 图 6-227　冷凝水回收时收集站和冷凝水回收管的布置

注：1. 冷凝水收集站高于冷凝水总管时，低点可不设排液口；回水管应无袋形并坡向冷凝水总管。
　2. 冷凝水收集站至少有 3 根冷凝水支管时才设置，否则可直接接至冷凝水总管上。
　3. 冷凝水收集站应布置在不妨碍通行，便于操作的地方，布置应考虑整齐和美观。
　4. 冷凝水回水管的阀门应布置在便于接近的地方。
　5. 冷凝水回水管应从冷凝水总管的顶部引入。

工程实例三 冷凝水不回收时收集站和冷凝水排放管的布置（图 6-228）

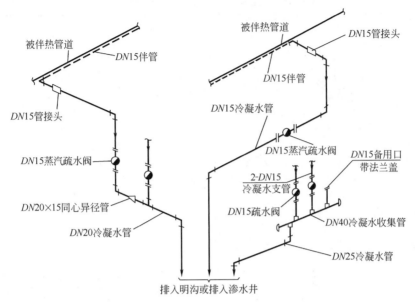

■ **图 6-228** 冷凝水不回收时收集站和冷凝水排放管的布置

工程实例四 热水伴热管道系统（图 6-229）

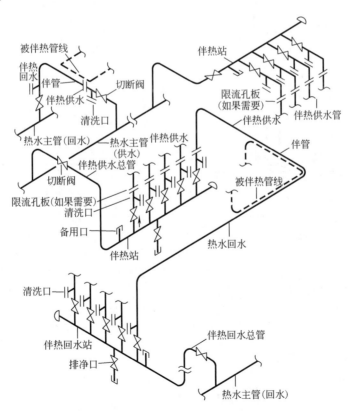

■ **图 6-229** 热水伴热管道系统

工程实例五 蒸汽伴热和热水伴热伴管典型图例（表 6-36）

表 6-36　蒸汽伴热和热水伴热伴管典型图例

名称	图例	名称	图例
压力表	隔膜型压力表	篮式过滤器（＞DN150）	铜管或不锈钢管 特殊接头
压力表		Y形过滤器	
控制阀	夹套管 特殊接头	T形过滤器	
安全阀		孔板	法兰
阀门	法兰	转子流量计	
设备接管	夹套管　夹套管　特殊接头	排气排液	
篮式过滤器（≤DN100）		泵	伴管 特殊接头 铜管及不锈钢管 特殊接头　伴热管尽可能靠近被伴泵液体；伴热管靠近排液口，并且不影响操作

工程实例六 蒸汽伴热和热水伴热的伴管支架（表 6-37）

表 6-37　蒸汽伴热和热水伴热的伴管支架

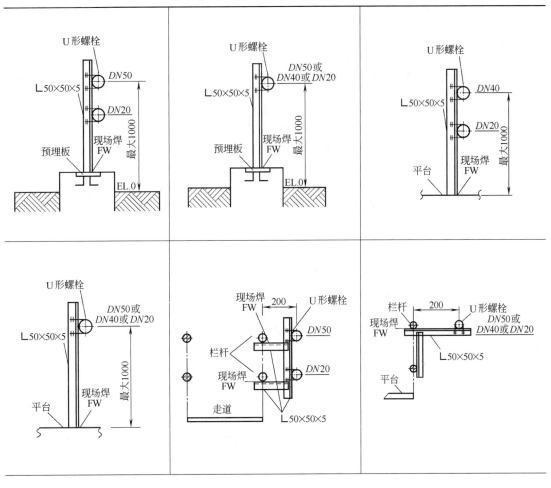

工程实例七 伴热管的柔性设计（图 6-230）

工程实例八 某蒸汽伴热管系统（图 6-231）

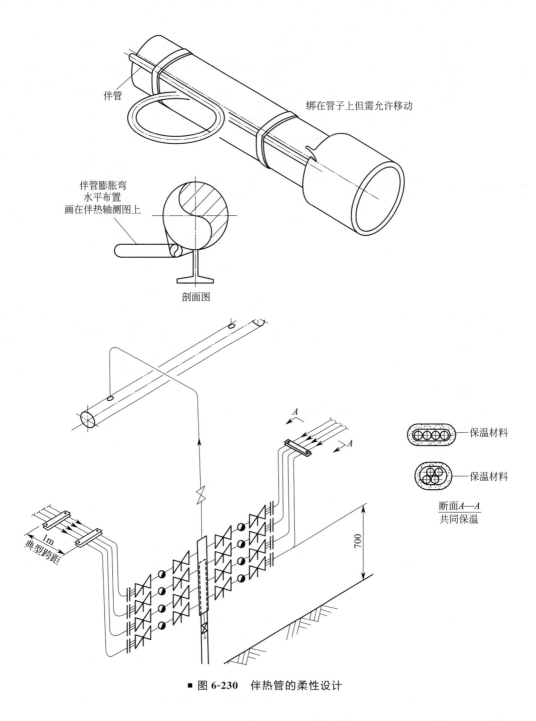

伴管

绑在管子上但需允许移动

伴管膨胀弯
水平布置
画在伴热轴测图上

剖面图

A

A

保温材料

保温材料

断面$A—A$
共同保温

700

1m
典型跨距

■ 图 6-230　伴热管的柔性设计

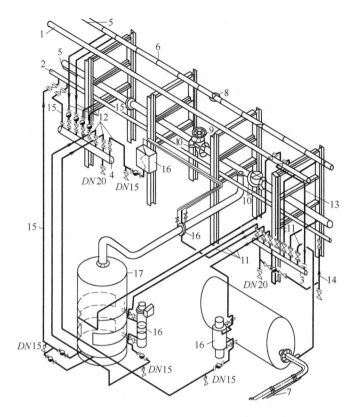

1—蒸汽总管；2—凝结水总管；3—分配管；4—凝结水集合管（水平安装或垂直安装）；5—蒸汽伴热管（伴热管与输送管平行，在施工时伴热管应有坡度，尽量使它能自行排水）；6—伴热管固定带；7—过热保护带；8—膨胀环固定点；9—阀门伴热；10—伴热管通过法兰处，伴热管弯曲绕在阀和法兰周围，此时应注意不得形成垂直方向上的 U 形液袋；11—伴热管的蒸汽供给线；12—伴热回水管；13—分配管的蒸汽引入线；14—蒸汽分配管的凝结水排出管，切断阀安装在凝结水主管附近，其公称直径为 DN15 或 DN20（按伴热管确定）；15—凝结水回收管（由凝结水集合管至凝结水总管，其直径为 DN25，应从上部接入凝结水总管，切断阀靠近总管）；16—仪表伴热（应与输送管的伴热管合用一个蒸汽分配管和凝结水集合管）；17—容器伴热

■ **图 6-231** 某项目的蒸汽伴热管系统

工程实例九 热水分配站限流孔板的错误设计

有的设计人员为每根伴热供管都增加了限流孔板，这是没有真正理解限流孔板的作用，其实只有在同一个热水分配站上最短热水伴管当量长度小于最长伴管当量长度 70% 的时候，才在较短管线上增加限流孔板或截止阀才有作用，否则既浪费又不起作用。

第二十节　电伴热系统

一、电伴热的概念及应用

电伴热就是用电作为外部热源将热能供给管道系统，通常以自限温电热带对管道或设备进行伴热保温。电伴热不但适用于蒸汽伴热的各种情况，而且能解决蒸汽伴热不易解决的许多问题。

① 对于热敏介质管道的伴热，电伴热能有效地进行温度控制，可以防止管道过热。

② 需要维持较高温度的管道伴热，一般维持温度超过 150℃，蒸汽伴热比较困难，而电伴热则比较容易。

③ 非金属管道的伴热，一般不可能采用蒸汽伴热，可用电伴热。

④ 不规则外形的设备如泵类，由于电伴热产品柔软、体积小，可以紧靠设备外敷设，能有效地进行伴热。

⑤ 较偏远地区，没有蒸汽或其他热源的地方。

⑥ 长输管道的伴热。

⑦ 较窄小空间内管道的伴热等。

电伴热的典型结构如图 6-232 所示。

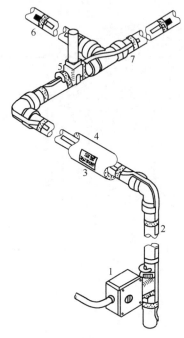

■ 图 6-232　电伴热的典型结构

1—电源接线盒；2—自调控伴热带；3—电伴
热标签；4—保温层及其他外保护层；
5—T 形伴热带连接盒；6—伴热带
的尾端；7—聚酯纤维带

二、电伴热的方法

① 感应加热法：在管道上缠绕电线或电缆，当接通电源后，由于电磁感应效应产生热量，以补偿管道的散热损失，维持操作介质的温度。感应加热的费用太高，限制了这种方法的发展。

② 直接通电法：在管道上通以低压交流电，利用交流电的集肤效应产生的热量，维持管道温度不降。它的优点是投资少、加热均匀，但在有支管、环管、变径和阀件的管道上很难使用，只适用于长输管道。

③ 电阻加热法：利用电阻体发热补偿管道的散热损失，以维持其操作温度。国内外广为应用的电伴热产品多属于电阻体发热产品。

三、电伴热产品的选型和计算

选用电伴热产品，主要依据工艺条件、环境情况、管道设计、管道所在区域的爆炸危险性分类。一般按下列步骤选型和计算。

1. 需伴热的管道散热损失计算

按公式（可在 SH/T 3040、GB 50364 等标准内查找相应的计算公式）计算出每米管道的散热损失量（W/m）。

2. 产品系列的选择

① 确定工作电压，一般为 220V（交流电）。

② 根据散热损失量（W/m），查阅产品样本或说明书中的额定功率。

③ 一般按管道内介质温度，确定电伴热产品的持续性温度。

④ 按短时间管内介质的最高温度，确定电伴热产品短时间承受的最高温度。

⑤ 根据①～④项数据，可从电伴热产品技术参数表中选用符合要求的型号。

⑥ 核算维持温度下的输出功率小于该产品的额定功率即为满足要求，可选定该产品型号。

3. 确定产品结构

根据需电伴热的管道所处的区域的电气环境即爆炸危险性分类，凡属于 2 区的即为危险区。可从产品的结构特征表确定。

4. 电伴热带长度计算

① 管道所需电伴热带长度 L_P，一般按每米管道长度的 1.05 倍计算。

② 阀门所需电伴热带长度按式（6-1）计算。

$$L_\mathrm{V} = nQ_\mathrm{V}\Delta t / Q_\mathrm{M} \tag{6-1}$$

式中　n——阀的个数；

　　　Q_V——阀保温后的散热量，W/℃；

　　　Δt——维持温度与环境温度之差，℃；

　　　Q_M——电伴热在维持温度时输出的热量，W/m。

法兰、管件及支架所需电伴热带长度可按图 6-233 查得。

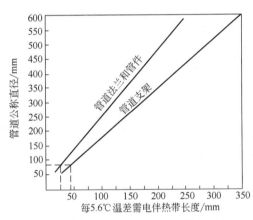

■ 图 6-233　管道公称直径与电伴热带长度的关系

③ 管道全部所需电伴热带总长度 L 按式（6-2）计算。

$$L = L_\mathrm{P} + L_\mathrm{V} + L_\mathrm{F} + L_\mathrm{B} + L_\mathrm{H} \tag{6-2}$$

式中　L_P、L_V、L_F、L_B、L_H——管道、阀门、法兰、管件、支架所需的电伴热长度，m。

5. 电伴热带螺距

为使电伴热带缠绕均匀，以维持管道全线正常需要的温度，缠绕时螺距（图 6-234）可按表 6-38 确定。

6. 电气保护设备的确定

电气保护设备一般按单一电源最大电伴热带长度确定气动开关和保险丝的安培数。此外，应有电流过载、短路和漏电保护设施。

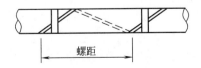

■ 图 6-234　缠绕电伴热带螺距

表 6-38　电伴热带缠绕螺距　　　　　　　　　　　　　　　　　　　　　mm

管径 DN	Q_T(管道散热损失)/Q_M(电伴热带可供热量)																			
	1.1	1.2	1.3	1.4	1.5	1.6	1.7	1.8	1.9	2.0	2.2	2.4	2.6	2.8	3.0	3.2	3.4	3.6	3.8	4.0
15	150	100	75	75	75	50	50	—	—	—	—	—	—	—	—	—	—	—	—	—
20	175	125	100	100	75	75	50	50	50	50	—	—	—	—	—	—	—	—	—	—
25	225	150	125	100	100	75	75	75	50	50	—	—	—	—	—	—	—	—	—	—
40	325	225	175	150	125	125	100	100	100	75	—	—	—	—	—	—	—	—	—	—
50	400	275	225	175	150	150	125	125	100	100	100	75	75	75	75	50	50	50	50	50
80	600	425	325	275	250	225	200	175	175	150	150	125	125	100	100	75	75	75	75	75
100	775	525	425	350	325	275	250	225	225	200	175	150	150	125	125	125	100	100	100	100
125	950	650	525	450	400	350	325	300	275	250	225	200	175	175	150	150	125	125	125	100
150	1125	775	625	525	450	425	375	350	325	300	275	250	225	200	175	175	150	150	150	125
200	1475	1025	800	675	600	550	500	450	425	375	350	300	275	250	225	225	200	200	175	175
250	1850	1275	1025	850	750	675	625	575	525	475	425	375	350	325	300	275	250	250	225	200
300	2175	1500	1200	1025	900	800	750	675	625	575	500	450	425	375	350	325	300	300	275	250
350	2400	1650	1325	1125	975	875	800	725	675	625	550	500	450	425	375	350	325	325	300	275
400	2750	1900	1525	1275	1125	1000	925	850	775	675	650	575	525	475	450	400	375	350	350	325
450	3075	2225	1700	1450	1275	1125	1025	950	875	825	725	650	575	525	500	450	450	400	375	350
500	3425	2375	1900	1600	1400	1250	1150	1050	975	900	800	725	650	600	550	525	475	450	425	400
600	4100	2850	2275	1925	1675	1500	1375	1250	1175	1075	950	875	775	725	675	625	575	550	500	475

　　单一电源最大电伴热带长度是指从一个电源接线盒引出的电伴热带总长度，如图 6-235 所示。

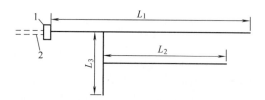

■ 图 6-235　单一电源最大电伴热带长度
1—接线盒；2—电源接线；L_1，L_2，L_3—电伴热带长度

四、电伴热设施的安装要领

　　① 电伴热系统安装前，被伴热管道必须全部施工完毕，并经水压试验、气密试验检查合格。

　　② 安装时，应先按照电伴热系统图逐一核对管道编号、管道规格、工艺条件、电伴热参数及规格型号、电气设备和控制设备规格型号等，确认无误后才能安装。

　　③ 电伴热带或电缆线有良好的柔性，但不得硬折，需要弯曲时，其曲率半径不得小于电热电缆外径或自限性电热带厚度的 6 倍。

　　④ 电伴热带或电缆应与被伴热管道或设备贴紧、并用扎带固定；对于非金属管道，应在管外壁与伴热带之间夹一金属片（铝箔），以提高传热效果。

　　⑤ 电伴热带和电热电缆的安装如图 6-236 所示。一般在管道的侧下方，当遇法兰时，由于法兰处易发生泄漏，应避开其正下方；当设置多根电热带时，按 90°分布或等距离布置，每隔 300～600mm 应有扎带，扎带材料应根据管道温度选用。

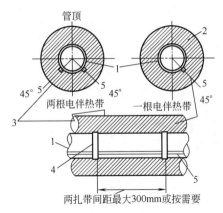

■ 图 6-236 电伴热带在管道上安装与固定

1—管道；2—保温层；3—外保护层；4—扎带；5—电伴热带

⑥ 电伴热系统安装完毕后，必须逐个回路进行电气测试，合格后再进行通电试验，检查发现情况应进行处理，正常后方可进行保温。

⑦ 电热电缆是制造厂根据用户的有关条件专门制作的，因此不能互相串用；安装时不得重叠、交叉和搭接，不得剪断。

电热电缆的接头处附近 80mm 左右不得弯曲并在接头两侧应有扎带。

五、典型部位的电伴热安装图例

典型部位的电伴热安装图例见表 6-39。

六、电伴热设计工程实例

工程实例 某工程公司的电伴热设计程序

1. 电伴热在管道布置图上注明的方式

在进行电伴热系统的设计时，压力管道专业在管道布置图上一般用管线号末端伴热代号 ET（按 PID 图规定）注明的方式表示。有时同时也沿管线添加虚线表示。

2. 电伴热系统设计工作程序

填写电伴热管线条件表（填写顺序：工艺专业→管道专业→电气专业）。

电伴热条件：管道专业所提的电伴热条件，通常是填写电伴热管线条件表和提供有电伴热管线的管道布置图和轴测图，以协助电气专业人员进行电伴热设计工作。电伴热管线条件表由工艺、管道专业共同完成。

表中的内容包括以下几项。

① 电伴热管线号。

② 电伴热管线的位置。管道布置图上一般已标出电伴热管线，管道专业只需把管道布置图提供给电气专业即可。当管道布置比较复杂，如果需要，管道专业应协助电气专业在管道布置图上找出相应的管线。

③ 电伴热的设计（包括材料统计）由电气专业完成。为了统计的准确，管道专业还应提供需要电伴热管线的轴测图。

④ 提供管道保温工程规定。

电伴热管线条件表举例见表 6-40。

表 6-39 典型部位的电伴热安装图例

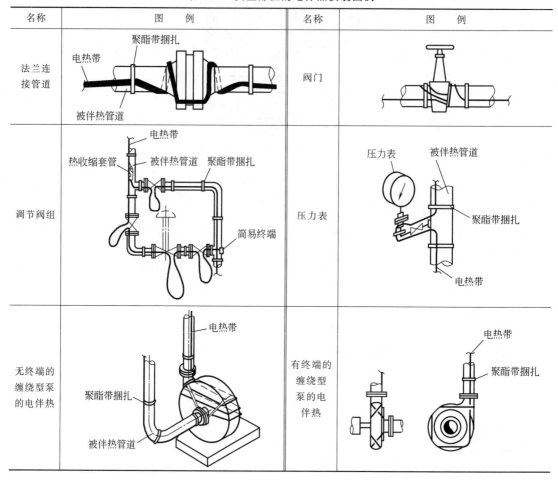

表 6-40 某工程公司的电伴热管道专业提出的条件表

×××工程公司											电伴热管线条件表					文件号					第 张 共 张			
工 艺 数 据												管 道 数 据												
序号	管线编号	介质名称	管线起始点		腐蚀特性	介质温度	维持温度	最高允许温度	最低允许温度	最高表面温度	最低环境温度	管径	管长	管道等级	安装方式	保温材料	保温厚度	保温材料热导率	泵、阀门、法兰和管架的数量				备注
			起点	终点															泵	阀门	法兰	管架	
1	2	3	4	5	6	7	8	9	10	11	12	13	14	15	16	17	18	19	20	21	22	23	24

第二十一节 夹套加热系统

一、夹套加热系统的概念

① 夹套加热系统应包括蒸汽（或热水或导热油）总管、蒸汽（或热水或导热油）进入

管、分配站、套管、冷凝水排出管、收集站、冷凝水（或热水或导热油）回流总管等。其设计要求同伴管加热系统。

② 每个分配站或回收站上所设的加热介质接口数应不超过 6 个，但至少为 3 个接口。

③ 每个分配站或收集站上所设的加热介质管口数应不超过 6 个，但至少为 3 个管口。

④ 应根据夹套管结构形式，考虑夹套管的柔性，并进行必要的柔性分析。

⑤ 在设备布置和管道布置时，必须注意夹套管的外径及保温层的条件，便于考虑管间距。

⑥ 选用全夹套、部分夹套或简易夹套应符合 PID 要求。

⑦ 全夹套、部分夹套和简易夹套的概念如下。

a. 全夹套：除法兰连接部分以外，所有管道组成件包括阀门在内均有夹套（内管焊缝隐蔽型）。

b. 部分夹套：减少阀门的夹点及现场焊的对焊口的夹套（内管焊缝外露型）。

c. 简易夹套：仅直管部分有夹套，夹套内不应有焊缝。

二、蒸汽夹套加热系统的设计

1. 蒸汽夹套加热系统设计的一般要求

① 合理布置夹套管的隔断环（端板）、热源及介质出入口，使夹套内热源介质能自动排净。蒸汽应从夹套的最高点引入，冷凝水从最低点排出。蒸汽夹套管布置应避免可能积聚冷凝水的死角和下凹的袋形。低点处应加设疏水阀排出积水。

② 按 HG/T 20549 的规定，每个蒸汽入口对应的套管总长度不宜超过 30m，超过时应另设蒸汽入口。每个阀或每根跨越管的压力降可按 3m 直管考虑。

当工艺管道需设全夹套时，每段套管长度不宜超过 6m 或 12m（可根据项目具体要求确定）。有拆卸要求时，每隔 6m 或 12m 宜设一对法兰。

SH/T 3040 也对加套管蒸汽入口至凝结水排出口的距离（即套管伴热长度）进行了规定（表 6-41），需要根据工程项目实际情况选择使用不同标准规范提供的套管伴热长度。

表 6-41　SH/T 3040 规定的套管伴热长度

套管	供汽管	蒸汽压力/MPa		
		0.3～0.5	>0.5～0.7	>0.7～1.0
		伴热长度/m		
≤DN100	DN15	45	55	60
DN125～200	DN20	55	65	70
DN250～350	DN25	55	65	70
DN400	DN40	100	110	120
DN450	DN50	100	110	120

③ 在寒冷地区，蒸汽夹套管每 6m 或 12m 长的套管需要设一个疏水阀。在非寒冷地区，允许每 30m 长设一个疏水阀。疏水阀的位置必须低于夹套冷凝水出口。同时，与之相连的冷凝水排出管也不得有高于冷凝水出口的高点。

④ 夹套管管段之间的跨越管最小直径为 DN15。其位置应利于自流排液。

⑤ 蒸汽压力 PN≥0.7MPa 时，应在套管内蒸汽引入口处设防冲板（图 6-237、表 6-42）。

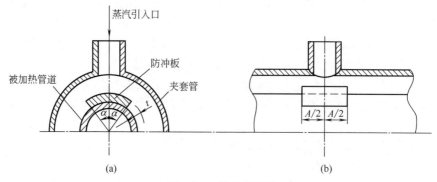

■ 图 6-237　防冲板示意

表 6-42　防冲板参考尺寸

mm

内管 DN	25	40	50	65	80	100	150	200	250	300
套管 DN	50	80	80	100	125	150	200	250	300	350
α/(°)	90	60	60	60	60	60	45	45	30	30
A	75	75	75	75	75	75	75	75	75	75
t	3	3	3	3	3	4	4	4	4	4

注：α 为被加热管内角度；A 为防冲板长度；t 为防冲板宽度。

2. 确定夹套加热管的结构

夹套管组装及其配件选用应根据套管与内管的介质性质、设计温度和设计压力等条件确定。除非另有规定，夹套加热管的组合尺寸可参见表 6-43。

表 6-43　夹套加热管的组合尺寸

mm

组 合 尺 寸	内 管 管 径												
	15	20	25	40	50	80	100	150	200	250	300	350	350
套管管径	40	40	50	80	80	125	150	200	250	300	400	400	450
供汽、排液管管径	15	15	15	15	15	20	20	20	25	25	40	40	50
跨越管管径	15	15	15	15	15	20	20	20	25	25	40	40	50

3. 内管与套管连接形式

（1）全夹套的法兰连接形式（图 6-238～图 6-242）

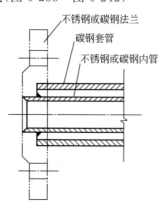

■ 图 6-238　套管与法兰承插焊连接

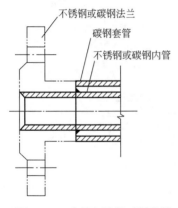

■ 图 6-239 套管与法兰对焊连接

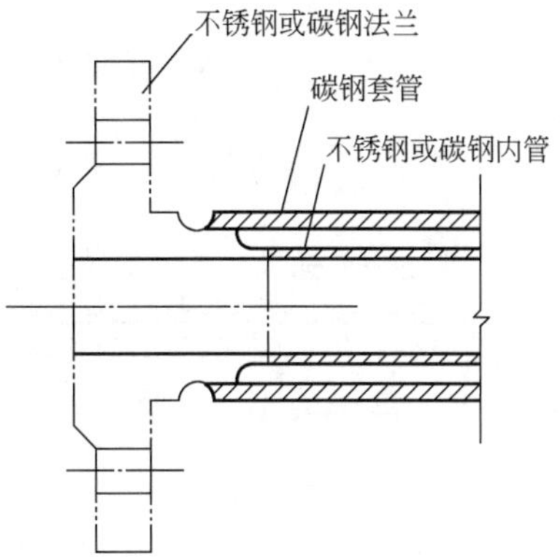

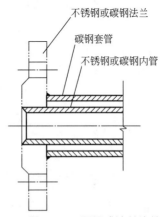

■ 图 6-240 内管、套管与法兰对焊连接

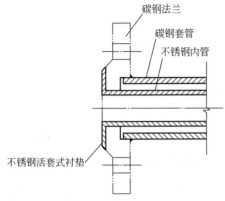

■ 图 6-241 不锈钢衬垫承插焊连接

■ 图 6-242 平焊式法兰连接

（2）半夹套及简易夹套的法兰连接形式

① 管帽式夹套管：如图 6-243、图 6-244 所示。

② 端板式夹套管：如图 6-245 所示。

4. 夹套管管件结构形式

① 内管弯头的曲率半径小于或等于 1.5 倍公称直径时，可采用标准弯头（图 6-246）。

内管、套管弯头的曲率半径 R_1、R_2 宜按表 6-44 确定。

内管弯头的曲率半径 R_1 大于或等于 3 倍公称直径时，套管弯头采用剖切型，套管弯头的曲率半径与内管弯头的曲率半径相等（$R_2 = R_1$）时，如图 6-247 所示。内管、套管弯头的曲率半径见表 6-45。

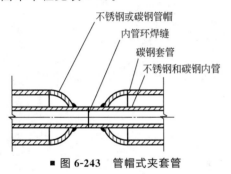

■ 图 6-243 管帽式夹套管

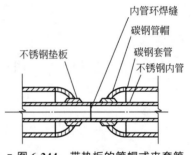

■ 图 6-244 带垫板的管帽式夹套管

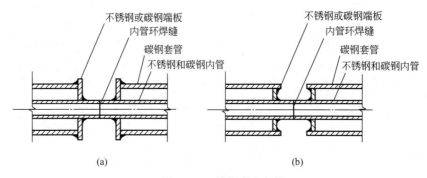

■ 图 6-245 端板式夹套管

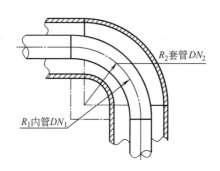

■ 图 6-246 夹套管弯头（曲率半径小于或等于 1.5 倍公称直径）

表 6-44 内管、套管弯头的曲率半径（曲率半径小于或等于 1.5 倍公称直径）   mm

内管	DN_1	25	40	50	80	100	150	200	250	300	350	350
	R_1	37.5	60	75	120	150	225	300	250	300	350	350
	R_1/DN_1	1.5	1.5	1.5	1.5	1.5	1.5	1.5	1	1	1	1
套管	DN_2	50	80	80	125	150	200	250	300	400	400	450
	R_2	50	80	80	125	150	200	250	300	400	400	450
	R_2/DN_2	1	1	1	1	1	1	1	1	1	1	1

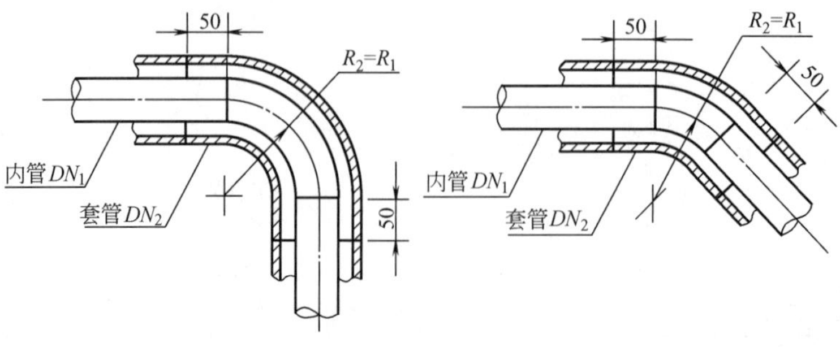

■ 图 6-247 90°、45° 夹套管弯头（R_1 大于或等于 3 倍公称直径）

表 6-45　内管、套管弯头的曲率半径（R_1 大于或等于 3 倍公称直径）　　　　mm

内管	DN_1	25	40	50	80	100	150	200	250	300	350	350
套管	DN_2	50	80	80	125	150	200	250	300	400	400	450
曲率半径 $R_2 = R_1$	R_2 为 3 倍公称直径	75	120	150	240	300	450	600	750	900	1050	1050
	R_2 为 5 倍公称直径	125	200	250	400	500	750	1000	1250	1500	1750	1750
	R_2 为 6 倍公称直径	150	240	300	480	600	900	1200	1500	1800	2100	2100

② 夹套管的三通应采用剖切型，有横切和纵切两种形式（图 6-248）。应根据实际安装情况选用。

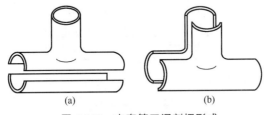

■ 图 6-248　夹套管三通剖切形式

③ 夹套管的四通管：当管道夹套内的工艺物料在常温下固化，或维修时需要机械清除的才采用四通来代替弯头，其结构形式如图 6-249 所示，各尺寸参见表 6-46。

④ 夹套管的异径管：内管的异径管与套管的异径管的大口端端部应错开距离，宜为 50mm，其结构形式如图 6-250 所示。

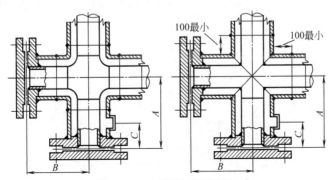

■ 图 6-249　夹套管四通剖切形式

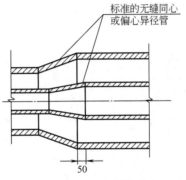

■ 图 6-250　异径管接头

表 6-46 夹套管四通的各尺寸

mm

内管 DN	夹套管 DN	分支 DN	法兰等级:Class150			法兰等级:Class300		
			A	B	C	A	B	C
15	40	15	225	135	90	230	140	95
20	40	15	225	135	90	230	140	95
25	50	15	225	135	90	230	140	95
32	65	15	250	160	95	255	165	100
40	80	15	255	160	95	260	165	100
50	80	20	255	160	95	260	165	100
65	100	20	275	180	95	285	190	105
80	125	20	315	220	100	330	235	115
100	150	25	325	220	105	340	235	120
125	200	25	365	260	110	380	270	125
150	200	25	365	260	110	380	270	125
200	250	25	405	300	110	425	320	130
250	300	40	465	335	120	485	355	140
300	350	40	495	365	125	515	385	145

⑤ 夹套管内管的仪表管口、管顶放空口及管底排液口的结构形式如图 6-251、图 6-252 所示。

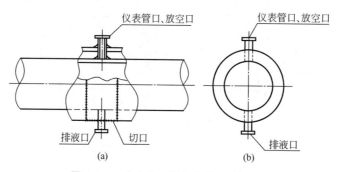

■ 图 6-251 全夹套（焊缝隐蔽型）管口连接

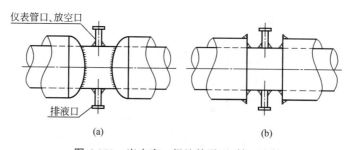

■ 图 6-252 半夹套（焊缝外露型）管口连接

三、夹套管内定位板

夹套管内管采用定位板定位，定位板安装方位不应影响内管热位移（图 6-253、表 6-47）。

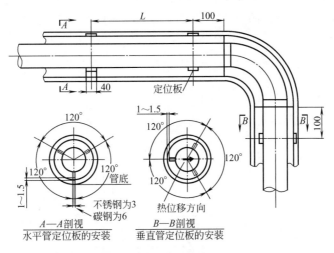

■ 图 6-253　定位板布置图

表 6-47　定位板间距

内管管径 DN/mm	L/m	内管管径 DN/mm	L/m
≤25	2.0	100～300	5.0
40	3.0	350	5.0
50～80	4.0		

四、热水、导热油夹套加热系统的设计

① 热水、导热油夹套加热系统的设计与蒸汽夹套加热系统设计一般相同，只是不设置疏水阀，但需设置排净口、排污管及回流管，蒸汽从夹套的最高点引入，冷凝水从低点排出，而热水、导热油应底进上出。

② 应合理布置套管的隔断环（端板）、热源及介质出入口，使夹套内热源介质能自动排净。夹套管之间的跨越管的连接位置应考虑能与每一夹套部件都能排净积污或气体。

③ 根据加热介质的不同，合理选用跨越管的连接及密封形式。图 6-254 所示为不太好的夹套跨越管，特别是水平大口径管道上易造成管道顶底伴热不均匀。

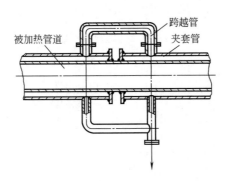

■ 图 6-254　不好的跨越管连接方式

④ 热水供水压力不小于 0.2MPa（表压），入口温度不低于 70℃时及导热油供油压力不小于 0.15MPa（表压），入口温度不低于 200℃时，按 HG/T 20549 的规定，加热介质的最大加热长度应符合：热水最大加热长度 40m，导热油最大加热长度 60m（总长度为分配站至夹套管的热水或导热油进口的引入管长度、夹套管长度和夹套管的热水或导热油出口至收集站引出管长度的总和）。超过给出的限定值宜另设热水或导热油引入管。每段夹套管最大长度为 12m。通过每一个阀或每一个跨越管其压力降可按 3m 直管考虑。

五、夹套管跨越管典型布置工程实例

① 水平夹套管的跨越管一般分为三种，如图 6-255～图 6-257 所示。

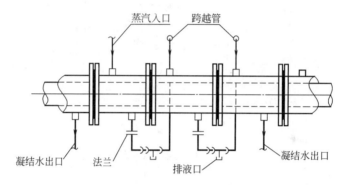

■ 图 6-255　跨越管垂直方向布置

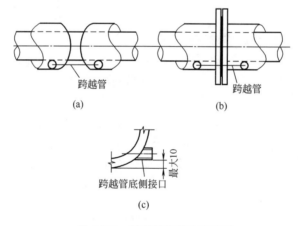

(a)　　　　　　　　　　(b)

(c)

■ 图 6-256　跨越管切线方向布置

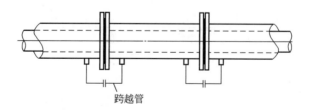

■ 图 6-257　跨越管底部方向布置

② 垂直夹套管的跨越管如图 6-258 所示。

③ 夹套阀门的跨越管如图 6-259、图 6-260 所示。

④ 跨越管连接应防止积液和堵塞，并考虑跨越管的安装空间。跨越管拐弯处宜采用煨弯弯头。

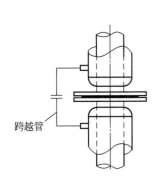

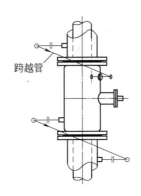

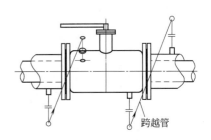

■ 图 6-258　跨越管底部
方向布置

■ 图 6-259　水平管上带夹
套阀门的跨越管

■ 图 6-260　垂直管上带夹套
阀门的跨越管

六、夹套材料及其他要求

1. 夹套材料的选择

① 夹套材料的选择应符合管道材料等级及其设计温度、设计压力和介质特性。

② 夹套管的内管应采用无缝钢管，套管可采用无缝钢管或焊接钢管。

③ 夹套管中与内管连接的管件应与内管材质相同。

④ 当套管与内管之间温度差过大或材质不相同时，应对夹套管进行应力分析计算，如两者热胀差异产生的热应力超过许用值时，内管与套管宜采用同种材质或线胀系数相近的材质。

2. 导热油管线特殊要求

① 导热油管线宜采用焊接，禁用螺纹连接，禁用有缝钢管。

② 导热油管线应采用对焊法兰。

③ 导热油管线宜采用铸钢高温阀门。

④ 导热油管线宜采用柔性石墨缠绕垫片。

⑤ 导热油管线禁用有色金属。

七、夹套管的安装要求

① 除夹套管的供给管和回收管外，夹套管的主体部分应进行预制。

② 夹套预制时，应预留调整管段，其调节裕量宜为 50～100mm，调整管段的接缝位置必须避开外开口处。

③ 内管焊缝隐蔽型夹套管，在内管焊缝处的套管应留 150mm 长缺口，待内管焊缝经100%射线检测，经试压合格后方可进行隐蔽作业。

④ 夹套经剖切后安装时，纵向焊缝应置于易检修部位。

⑤ 套管与内管间的间隙应均匀，并应按设计要求焊接定位板。定位板不得妨碍套管与内管的伸缩。

⑥ 夹套管内管的试验压力应按内部或外部压力高者的 1.5 倍确定，套管的试验压力应

为套管设计压力的 1.5 倍。

⑦ 被加热管道应经无损探伤合格及水压试验合格后方可焊接套管。

八、夹套管布置设计典型工程实例

1. 用于安装典型图（图 6-261）

2. 夹套管类型示意图（图 6-262）

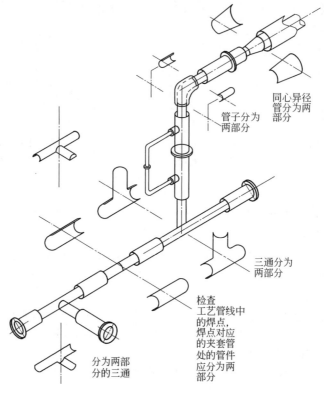

同心异径
管分为两
部分

管子分为
两部分

三通分为
两部分

检查
工艺管线中
的焊点，
焊点对应
的夹套管
处的管件
应分为两
部分

分为两部
分的三通

■ 图 6-261　用于安装典型图

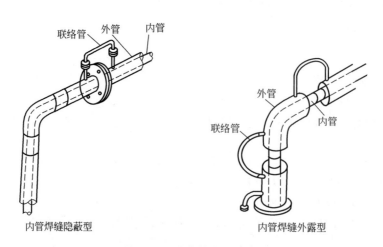

联络管　外管　内管

外管

内管

联络管

内管焊缝隐蔽型

内管焊缝外露型

■ 图 6-262　夹套管类型示意图

第二十二节 管道设计的静电接地

一、静电接地的概念

静电是指工业静电，即生产、储运过程中在物料、装置、人体、器材和构筑物上产生和积累起来的静电，雷电不属于工业静电范畴。

静电接地系统可用一个简单的模型来说明，如图 6-263 所示。

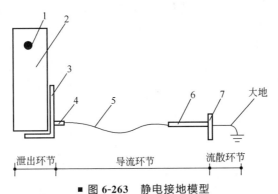

■ 图 6-263 静电接地模型

1—带电区；2—带电体的泄漏通道；3—设备支架、外壳；4—接地端子；5—接地支线；6—接地干线；7—接地体

二、需要静电接地的压力管道设计及工程实例

① 管道在进出装置区（含生产车间厂房）处、分岔处应进行接地。长距离无分支管道应每隔 100m 接地一次。

② 平行管道净距小于 100mm 时，应每隔 20m 加跨接线。当管道交叉且净距小于 100mm 时，应加跨接线。

③ 当金属法兰采用金属螺栓或卡子紧固时，一般可不必另装静电连接线，但应保证至少有两个螺栓或卡子间具有良好的导电接触面。

④ 工艺管道的加热伴管，应在伴管进汽口、回水口处与工艺管道等电位连接。

⑤ 风管及保温层的保护罩当采用薄金属板制作时，应咬口并利用机械固定的螺栓等电位连接。

⑥ 金属管道布置中间的非导体管段，除需进行特殊防静电处理外，两端的金属管应分别与接地干线相连，或用截面不小于 $6mm^2$ 的铜芯软绞线跨接后接地。

⑦ 非导体管段上的所有金属件均应接地。

⑧ 地下直埋金属管道可不进行静电接地。

⑨ 蒸汽、可燃气体、可燃液体、粉粒状的可燃固体物料的管道之间及管道与设备、阀门之间的金属连接法兰，应考虑进行静电接地。根据 GB/T 20801 规定，如果采用金属螺栓或卡子相紧固时，每对法兰接头、螺纹接头或其他接头间电阻值小于等于 0.03Ω 时，可不设导线跨接。

有的工程把所有的管道每 20m 均进行了静电接地设计，有的工程到施工完毕后才发现遗漏了管道静电接地设计和施工，有的工程设置的静电接地管道遗漏了蒸汽物料等管道。某厂管道因缺少静电接地设计，造成设备、储罐等爆炸火灾。

三、管廊的静电接地

① 管廊上的管道静电接地是通过接在管道上的接地铜线接至管廊柱或梁上的接地端子，再接至接地干线来完成的，为达到迅速导走静电的目的，管廊上凡需静电接地的管子都应直接在管子上焊接线板（图 6-264）。

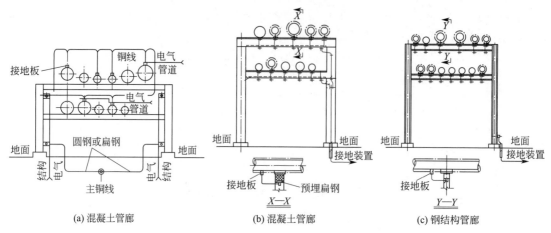

(a) 混凝土管廊　　　　(b) 混凝土管廊　　　　(c) 钢结构管廊

■ 图 6-264　典型的管廊管道静电接地示意

② 管廊上管道静电接地点，必须与静电接地总线（或接地极）相连，因此相应在此位置上的柱或梁要设接地端子，需静电接地的管道要加焊接地板。

四、工艺装置内的静电接地

① 工艺装置内管道的静电接地主要通过设备的静电接地来实现，设备的静电接地板由设备专业设计。管道专业在管口方位图上表示，并向电气专业提供设备布置图。

② 厂内管线进入工艺装置或建筑物按防雷设计要求均有接地，已满足静电接地要求。

a. 厂内管线带的静电接地一般要单独设计，要引起重视以免漏项。管线接地点大致在三个地方要注意：接入泵过滤器、缓冲器等设备处是静电量的变化所在，也是接地方便处；管线的分岔处一般考虑为接地点；平行的管线直管段一般 80～100m 的间隔处支架上设有管线支座，也是方便的接地点。

b. 当有蒸汽伴管时，与其工艺管道的连接可参见图 6-265。

c. 常规的做法参见图 6-266。

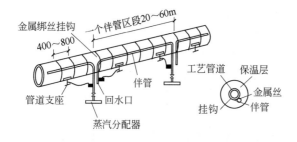

■ 图 6-265　蒸汽伴管与工艺管道连接示意

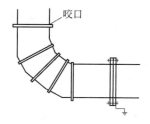

■ 图 6-266　风管、保温层罩连接

d. 强调非导体管段上的金属件必须接地，尤其中间的金属接头不要遗忘，以防造成静电积聚。对软管上金属的接地参见图6-267。

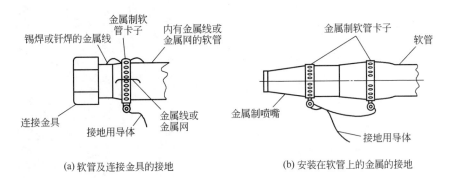

(a) 软管及连接金具的接地　　　(b) 安装在软管上的金属的接地

■ 图 6-267 软管连接金属的接地

e. 直埋地下管线与土壤接触足以达到静电接地电阻值的要求。

③ 管道通过法兰连接、焊接和螺纹连接等方式与设备相连，对于法兰连接，一般情况下是法兰通过螺栓、螺母的连接可将静电导走，并不需要另外进行法兰跨接线设计。在螺栓连接处，如果导电效果不良时，可在法兰螺栓上增设金属齿形垫的方法加以解决（图6-268）。

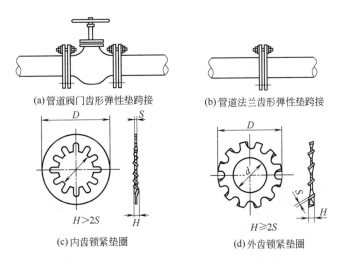

(a) 管道阀门齿形弹性垫跨接　　　(b) 管道法兰齿形弹性垫跨接

(c) 内齿锁紧垫圈　　　(d) 外齿锁紧垫圈

■ 图 6-268 管道阀门、法兰齿形弹性垫跨接典型图

④ 当工艺物料有特殊要求或法兰连接的管道系统为绝缘状态，法兰的跨接线就要进行设计，以确保静电能迅速通过法兰跨接线传导至设备接地板导走。对于管道与设备管口相连处的法兰跨接，由于其管口一般没有接地板，管口端跨接线缠在螺栓上用螺母压紧，必要时加用金属齿形垫。

⑤ 有的工程公司，管道法兰跨接线设计管道专业仅出设计说明，发标准图和统计接地板和跨接线材料。

五、法兰跨接线设计

法兰跨接线连接方式很多，本节只推荐其中两种常规跨接方式和一种特殊跨接方式。

① 法兰跨接方式如图 6-269、图 6-270 所示。

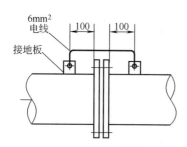

■ 图 6-269 管道法兰跨接典型图

注：跨接线推荐使用电气专业常用多股铜芯聚氯乙烯绝缘电线，截面积 6mm²、16mm² 或 25mm²（最小可用截面积大于 2.5mm²）电线以及 ϕ6mm 圆钢皆可酌情选用。

■ 图 6-270 管道法兰跨接工程实际应用照片

② 阀门或特殊件跨接如图 6-271 所示。

③ 当业主有特殊要求时或工艺特别强调的状况下，可以考虑另一种跨接方式，即特殊物料的阀门或特殊件跨接，如图 6-272 所示。

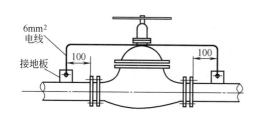
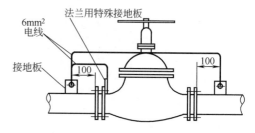

■ 图 6-271 管道阀门或特殊件跨接典型图（一）

注：跨接线推荐使用电气专业常用多股铜芯聚氯乙烯绝缘电线，截面积 6mm²、16mm² 或 25mm²（最小可用截面积大于 2.5mm²）电线以及 ϕ6mm 圆钢皆可酌情选用。

■ 图 6-272 管道阀门或特殊件跨接典型图（二）

注：跨接线推荐使用电气专业常用多股铜芯聚氯乙烯绝缘电线，截面积 6mm²、16mm² 或 25mm²（最小可用截面积大于 2.5mm²）电线以及 ϕ6mm 圆钢皆可酌情选用。

六、静电接地和跨接的设计及工程实例

有的管道设计人员因不清楚静电接地范围而引起设计事故，因此着重讲述。我国管道静电接地和跨接相关标准规范有 GB 12158《防止静电事故通用导则》、HG/T 20675《化工企业静电接地设计规程》、SH/T 3097《石油化工静电接地设计规范》等，GB 50235《工业金属管道工程施工规范》等规范也有专门的章节对管道静电接地实施作出规定。ASME、PIP 等国外标准规范也有具体规定，国内外一些大型公司和工程建设单位，对管道静电接地设计有企业级的规定。

① 位于爆炸和火灾危险区内的管道应进行静电接地。在爆炸和火灾危险区内，可能存在可燃气体和可燃粉尘积聚，如果产生电火花，可能引起火灾或爆炸事故。为了防止在电气设施使用过程中产生电火花，引燃或引爆可燃气体或可燃粉尘，爆炸和火灾危险区内的强、弱电设施均需要选用防爆型。

② 氧气管道应进行静电接地。氧气是一种特殊的介质，其本身不燃烧，却是强氧化剂，在纯氧的环境中，钢管会被点燃。因此虽然氧气不属于可燃介质，但纯氧管道必须良好接地。

③ 气固管道应进行静电接地。气固管道在运行过程中会产生大量静电，必须保证管道良好接地，防止大量静电集聚。

④ 平行敷设的管道，净距小于 100mm 时，应每隔 20m，设置静电跨接。近距离平行敷设的管廊，为保证两根管道等电位，需要每隔 20m 设置跨接。

⑤ 管道进出装置界区处应进行静电接地，防止界外管道和装置内管道间电荷的相互转移。

七、非可燃介质管道静电接地的设计及工程实例

有的设计人员认为，只有可燃介质管道才需要静电接地，非可燃介质（如仪表风、工厂风、氮气等）管道不需要静电接地，这是不正确的。

起火、爆炸发生需要三个条件：存在可燃介质，可燃介质和氧气接触，存在足够引燃可燃介质和氧气混合物的火花。由静电引发的火灾或爆炸事故，一定是由于静电放电产生电火花引燃或引爆泄漏到管道或设备外部的可燃气体或可燃粉尘与氧气的混合物而产生的。只要存在可燃气体或可燃粉尘集聚的区域，都存在因静电放电或引发火灾或爆炸的风险。判断管道是否需要静电接地的依据，不是其内的介质是否可燃，而是其是否位于火灾和爆炸危险区域内。SH 3097 和 HG 20675 中有明确的规定，对爆炸和火灾危险环境内可能产坐静电危害的物体，应采取工业静电接地措施。

有人认为，水是导电的，所以水管道、蒸汽管道不需要接地。事实上，蒸汽不是电的良导体，水本身也不导电，导电的是存在导电离子的水。而很多水，如锅炉水、除氧水、蒸汽冷凝液等都除去了大部分导电离子，其导电性能并不好。即使是循环水，为了减少换热设备结垢，也是经过软化处理，脱除了大部分的钙镁离子。除非经过实验证明工艺装置所用的水在管道内有良好的导电性，不能认为水是导电的而取消爆炸和火灾危险区内蒸汽和水管道的静电接地要求。

八、金属螺栓连接法兰静电跨接的设计及工程实例

有的设计人员曾与笔者探讨，采用金属螺栓连接的法兰不用静电接地，理由是某标准规范规定：当金属法兰采用金属螺栓或卡子紧固时，一般可不必另装静电连接线，但应保证至少有两个螺栓或卡子间具有良好的导电接触面。

是否设置导线跨接，不仅要看设计要求，还要看接头之间的实测电阻。设置导线跨接的必要条件有两个，首先是设计有静电跨接要求，其次只有接头两侧实测电阻大于 0.03Ω 时才需要设置导线跨接。有静电接地要求的，无论是否做实体跨接线，电阻检测是必要程序。

另外，一些企业规范规定对一些特殊的介质（氧、气固混合物、氢气等），不管接头之间的实测电阻是否小于等于 0.03Ω，均应设静电跨接。

九、各行业标准规范静电接地设计的比较及工程实例

① HG/T 20675《化工企业静电接地设计规程》规定：各种装载易燃、易爆物品的容器，如桶、瓶等，应放置在导电的地坪上，导电地坪应无绝缘油垢，并与接地线相连。带轮子的小车，其轮子应采用有导电性能的材质制作。计量用的台秤、地衡等应用连接线与接地干线相连接。小型容器应采用电池夹子、跨接线与接地干线相连接。皮带输送机的皮带应尽量选用导电性的材质。当皮带是绝缘性时，皮带的接头不应使用金属材料。皮带罩必须接地，且固定牢固，不得与皮带有碰刷的现象。

② SH/T 3097《石油化工静电接地设计规范》规定：在生产加工、储运过程中，设备、管道、操作工具及人体等，有可能产生和积聚静电而造成静电危害时，应采取静电接地措施。固定设备（塔、容器、机泵、换热器、过滤器等）的外壳，应进行静电接地。覆土设备一般可不做静电接地。

③ GB 50074《石油库设计规范》规定：甲、乙和丙$_A$类液体的汽车罐车或灌桶设施，应设置与罐车或桶跨接的防静电接地装置。易燃和可燃液体装卸码头，应设与船舶跨接的防静电接地装置。

④ GB 50160《石油化工企业设计防火规范》规定：对爆炸火灾危险场所内可能产生静电危险的设备和管道，均应采取接地措施。在聚烯烃树脂处理系统、输送系统和料仓区应设置静电接地系统，不得出现不接地的孤立导体。汽车罐车、铁路罐车和装卸栈台应设静电专用接地线。

⑤ GB 50041《锅炉房设计规范》规定：气体和液体燃料管道应有静电接地装置。

⑥ GB 50151《泡沫灭火系统设计规范》规定：对于设置在防爆区内的地上或管沟敷设的干式管道，应采取防静电接地措施。

⑦ GB 50347《干粉灭火系统设计规范》规定：当系统管道设置在有爆炸危险场所时，管道网金属件应设防静电接地。

⑧ GB 50759《油品装载系统油气回收设施设计规范》规定：油气回收设施内油品管道、设备、机壳应设置静电接地装置。

⑨ GB 50159《发生炉煤气站设计规范》规定：煤气管道应设导除静电的接地装置。

⑩ GB 50457《医药工业洁净厂房设计规范》规定：输送易燃介质的管道，应设置导除静电的接地设施。洁净室的净化空调系统应采取防静电接地措施。医药洁净室（区）的净化空气调节系统，应采取防静电接地措施。

⑪ GB 50426《印染工厂设计规范》规定：用于有爆炸危险房间的通风系统，应有可靠的防静电接地措施。

⑫ GB 12158《防止静电事故通用导则》规定：收集和过滤粉料的设备，应采用导静电的容器及滤料并予以接地。

⑬ CECS 312《惰性气体灭火系统技术规范》规定：凡经过有爆炸危险和变电、配电场所的管网系统，应做防静电接地。

⑭ GB 50516《加氢站技术规范》规定：加氢机和加氢机邻近处应设置防静电接地装置。

⑮ GB 50684《化学工业污水处理与回用设计规范》规定：隔油池（罐）的机电设备应采取防爆措施，并应设防静电接地设施。

⑯ GB 50944《防静电工程施工与质量验收规范》规定：新建工程项目，应在土建施工时预设防静电接地装置。

⑰ GB 50370《气体灭火系统设计规范》规定：经过有爆炸危险及变电、配电室等场所的管网、壳体等金属件应设防静电接地。

⑱ TSG D0001《压力管道安全技术监察规程——工业管道》规定：对法兰跨接防静电有如下规定：有静电接地要求的管道，应当测量各连接接头间的电阻值和管道系统的对地电阻值。

⑲ GB/T 20801《压力管道规范——工业管道》规定：当值超过规范或者设计文件的规定时，应当设置跨接导线（在法兰或者螺纹接头间）和接地引线。从该条可以看出，法兰是否需要跨接导线，需要测量法兰之间电阻值，当阻值超过规定时，需要跨接。有静电接地要求的管道，各段间应导电良好。每对法兰或螺纹接头间电阻值大于 0.03Ω 时，应设导线跨接。

⑳ GB 50235《工业金属管道工程施工规范》规定：设计有静电接地要求的管道，当每对法兰或其他接头间电阻值超过 0.03Ω 时，应设导线跨接。可以看出，工业管道金属法兰是否跨接，需要测量法兰间电阻值。当法兰间电阻值超过 0.03Ω 时，应设导线跨接。

第二十三节　管道带压开孔/封堵的设计

一、带压开孔/封堵的概念

管道带压开孔是指在密闭状态下，以机械切削方式在运行管道上加工出圆形孔的一种作业技术。当在役管线需要加装支管时，采用管道带压开孔施工，既不影响管线的正常输送，又能保证安全、高效、环保。管道开孔特点如下。

① 工艺先进。

② 可带压作业。

③ 无火焰密闭机械切割。

④ 安全可靠。

⑤ 无污染。

几种开孔方式如下。

① 管道垂直开孔。

② 卡具管道开孔。

③ 管道开斜孔。

④ 管道倒立开孔。

⑤ 储罐开孔。其他见表 6-48。

管道封堵分类如下。

① 封堵按物理机械手段分为悬挂式封堵、桶式封堵、折叠式封堵、囊式封堵等多种形式。

② 封堵按管内介质是否流动分为停输封堵和不停输封堵。

其他见表 6-48。

不同管道封堵技术特点如下。

① 筒式封堵。管道筒式封堵适用于管道内壁结垢、腐蚀的管线以及不规格变形管道，一般用于油田、石化系统的生产管线。该工艺具有封堵严密，不受管道年限的限制。

② 盘式封堵。管道盘式封堵适用于管道标准而且管道内壁没有结垢、腐蚀的长输管道，大多用于输送石油、天然气、成品油的长输管道，以及管道的抢修工作。该工艺具有封堵严密、承压高、施工快的特点。

表 6-48　带压开孔/封堵

	用途	用于管道不停输带压开孔
	规格	$\phi 12 \sim 2000$
	适用压力	$0 \sim 10 MPa$
带压开孔	适用温度	$-30 \sim 330℃$
	适用管材	碳钢管、锰钢管、不锈钢管、灰口、球墨铸铁管、PVC 管、预应力管、西气东输 X 系列管材
	开孔方式	手动或液压(可另配液压动力头)
	用途	用于高温高压的各种介质管道带压封堵
	规格	$\phi 12 \sim 1000$
	适用压力	$0 \sim 10 MPa$
带压封堵	适用温度	$-30 \sim 280℃$
	适用介质	水、水蒸气、石油、成品油、天然气、煤气等几乎所有介质
	特殊要求	高温高压、合金材质、不锈钢材质等特殊工艺的专项开孔封堵

带压开孔/封堵不适用于以下介质流体管道。
① 酸液。
② 腐蚀性。
③ 硫。
④ 氧。
⑤ 氯。
⑥ 氨。
⑦ 剧毒流体。

其他不适用于带压开孔/封堵的管线还有：需要焊后热处理管道，焊接易导致原管线破坏的管道，焊接易导致原管道内防腐涂层破坏的管道等。

二、管道带压开孔/封堵应用

① 不停输、不必清空管道即可更换或加设阀门仪表、更换管线等。
② 不停车，管线永久性改线，增加分支，对管道进行加接旁通。
③ 对易燃易爆、有毒有害的液、气态介质的输送管线的改造，该技术更加安全可靠。
管道带压开孔/封堵作业安全见 SY 6554《石油工业带压开孔作业安全规范》。

三、带压开孔/封堵工程实例

带压开孔/封堵流程，如图 6-273 所示。

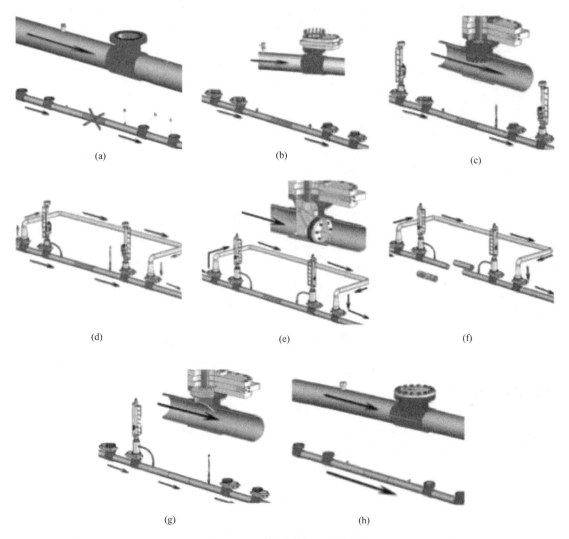

■ 图 6-273 带压开孔/封堵流程图

（a）焊接三通短节；（b）安装闸板阀；（c）开旁通孔；（d）安装旁路，开封堵孔；（e）安装上下游封堵机，进行封堵；
（f）管道修复、更换或工艺改造；（g）拆除作业设备；（h）安装塞堵、法兰盖

第二十四节　动力管道设计

一、动力管道设计及国内外常用标准规范的比较

动力管道是火力发电厂用于输送蒸汽、汽水两相介质的管道。在国外主要遵循 ASME B31.1《动力管道》规范，在我国被称为工业管道 GCD。

1. 火力发电厂装置设备布置遵循的主要标准规范

① GB/T 32270《压力管道规范 动力管道》；

② GB 50229《火力发电厂与变电站设计防火规范》；

③ GB 50016《建筑设计防火规范》（2018 年版）；

④ GB 50049《小型火力发电厂设计规范》；

⑤ GB 50660《大中型火力发电厂设计规范》；

⑥ DL/T 5174《燃气-蒸汽联合循环电厂设计规定》；

⑦ GB 13223《火电厂大气污染物排放标准》；

⑧ GB 13271《锅炉大气污染物排放标准》；

⑨ GB 50029《压缩空气站设计规范》；

⑩ GB 50041《锅炉房设计规范》；

⑪ GB 50265《泵站设计规范》。

2. 火力发电厂汽水管道设计遵循的主要标准规范

① GB/T 32270《压力管道规范 动力管道》；

② GB 50764《电厂动力管道设计规范》；

③ DL/T 8590《电站配管》；

④ DL/T 5054《火力发电厂汽水管道设计规范》；

⑤ DL/T 834《火力发电厂汽轮机防进水和冷蒸汽导则》；

⑥ DL/T 5366《发电厂汽水管道应力计算技术规程》；

⑦ DL/T 441《火力发电厂高温高压蒸汽管道蠕变监督规程》；

⑧ DL/T 715《火力发电厂金属材料选用导则》；

⑨ DL/T 515《电站弯管》；

⑩ DL/T 695《电站钢制对焊管件》；

⑪ GB/T 9124.1《钢制管法兰 第1部分：PN 系列》；

⑫ GB/T 9124.2《钢制法兰 第2部分：Class 系列》；

⑬ GB/T 17116.1-17116.3《管道支吊架》；

⑭ DL/T 616《火力发电厂汽水管道与支吊架维修调整导则》；

⑮ DL/T 869《火力发电厂焊接技术规程》；

⑯ DL/T 5072《发电厂保温油漆设计规程》。

3. 火力发电厂油气管道设计遵循的主要标准规范

① DL/T 5204《发电厂油气管道设计规程》；

② DL/T 5174《燃气-蒸汽联合循环电厂设计规定》；

③ GB 50229《火力发电厂与变电站设计防火规范》；

④ DL/T 8590《电站配管》；

⑤ GB 5009《压缩空气站设计规范》；

⑥ GB 50057《建筑物防雷设计规范》；

⑦ GB 50058《爆炸危险环境电力装置设计规范》；

⑧ GB 50074《石油库设计规范》；

⑨ GB 50251《输气管道工程设计规范》；

⑩ GB 50253《输油管道工程设计规范》。

其他同汽水管道设计规范。在火力发电厂装置内氢气管道、氧气管道，可参考 GB 50177《氢气站设计规范》、GB 50030《氧气站设计规范》，但不需要完全遵循。

4. 火力发电、电站等施工检验遵循的主要标准规范

见本书第十一章所述。

二、动力管道与工艺管道设计规范的比较

一些压力管道设计人员在参与工程设计时，设计工作范围内既有动力管道又有工艺管道，拟把两种管道都按工艺管道规范设计，这种做法是否可行？笔者首先比较 ASME B31.3工艺管线（Process Piping）与 ASME B31.1动力管线（Power Piping），这两个标准在很多国家广泛应用，主要区别如下。

① 两个标准的适用范围不同。ASME B31.1 由于规定严格，使用大量钢材，为了经济适用起见一般只适用于电站锅炉外部管道。ASME B31.3 的应用要广得多，石油化工、医药等行业都可以。在 ASME B31.3 规定"本标准不适用于锅炉外部管道，有关锅炉外部管道的标准，请参照 ASME B31.1"。

② ASME B31.1 的许用应力比 ASME B31.3 的许用应力更加严格。

③ 应力计算公式不同。a. ASME B31.1 对管道挠度有明确的规定，为 0.1in（2.5 mm），ASME B3.3 则没有明确规定，一般取 3mm。b. ASME B31.1 有明确的管道支吊架间距规定，而 ASME B31.3 没有支吊架间距的规定。c. 两个规范的位移应力范围的计算公式不同。d. 两个规范的偶然载荷应力的评判不同。e. 两个规范中许用应力的放大系数不同。f. 应力增强系数不同。ASME B31.3 应力增强系数分为平面内和平面外应力增强系数。ASME B31.1 不区分平面内和平面外应力增强系数，而是采用了应力增强系数这一概念。ASME B31.1 的应力增强系数更加保守。

④ 两个标准的管道壁厚计算公式不同。动力管线（水或蒸汽等）的腐蚀情况一般要比工艺管线（石油或化工产品）严重。在两个公式中，腐蚀裕量的选择是不同的。

⑤ 对管件、法兰和膨胀节等管道器材使用规定不同。在 ASME B31.3 管道里经常使用法兰连接。在 ASME B31.1，法兰使用比较少，而是直接焊接。主要是因为电力管道一般高温（常达 550℃、600℃或者更高）高压（有的达 47MPa），如用法兰易泄漏。ASME B31.3管道涉及夹套管、膨胀节等的设计，而 ASME B31.1 里规定禁止在锅炉外部管道加膨胀节。在动力管道系统一般不需要夹套管。

⑥ 对动荷载冲击问题的考虑不同。ASME B31.3 管道水锤、汽锤等冲击荷载的情况比较少。ASME B31.1 范围内亚临界电厂锅炉管道水锤、汽锤冲击荷载可以不考虑，但是电站超临界机组和超超临界机组管道的水锤、汽锤等冲击荷载需要考虑。

第二十五节　其他管道设计

一、压力管道防雷设计及工程实例

① 第一类防雷建筑物需防直击雷，排放爆炸危险气体、蒸气或粉尘的放散管、呼吸阀、排风管等的管口外的空间应处于接闪器的保护范围内，间距可按照《建筑物防雷设计规范》GB 50057 执行。

② 为防闪电感应，平行敷设的管道、构架和电缆金属外皮等长金属物，其净距小于100mm 时，应采用金属线跨接，跨接点的间距不应大于 30m。交叉净距小于 100mm 时，其交叉处也应跨接。当长金属物的弯头、阀门、法兰盘等连接处的过渡电阻大于 0.03Ω 时，连接处应用金属线跨接。对有不少于 5 根螺栓连接的法兰盘，在非腐蚀环境下可不跨接。

③ 有些工程压力管道设计遗漏了防雷设计，在实际运行过程中造成事故。防闪电感应管道金属线的跨接与防静电跨接设计可以合并使用相同的设施。

二、消防管道设计及工程实例

1. 气体灭火系统管道的设计

① 输送气体灭火的管道应采用无缝钢管。其质量应符合现行国家标准《输送流体用无缝钢管》GB/T 8163、《高压锅炉用无缝钢管》GB 5310 等的规定。无缝钢管内外应进行防腐处理，防腐处理宜采用符合环保要求的方式。

② 输送气体灭火的管道安装在腐蚀性较大的环境里，宜采用不锈钢管。其质量应符合现行国家标准《流体输送用不锈钢无缝钢管》GB/T 14976 的规定。

③ 输送启动气体的管道，宜采用铜管，其质量应符合现行国家标准《拉制铜管》GB 1527 的规定。

④ 管道的连接，当公称直径≤80m 时，宜采用螺纹连接。>80m 宜采用法兰连接。钢制管道附件应作内外防腐处理，防腐处理宜采用符合环保要求的方式。使用在腐蚀性较大的环境里，应采用不锈钢的管道附件。

⑤ 喷头的布置应满足喷放后气体灭火剂在防护区内均匀分布的要求。当保护对象属可燃液体时，喷头射流方向不应朝向液体表面。

⑥ 系统组件与管道的公称工作压力，不应小于在最高环境温度下所承受的工作压力。

⑦ 气体灭火管网上不应采用四通管件进行分流。

⑧ 七氟丙烷、IG 541 混合气体和热气溶胶全淹没灭火系统的设计可遵循《气体灭火系统设计规范》GB 50370。

2. 自动喷水灭火系统管道的设计

① 自动喷水灭火系统采用氯化聚氯乙烯（PVC-C）管材及管件时，设置场所的火灾危险等级应为轻危险级或中危险级 I 级，系统应为湿式系统，并采用快速响应洒水喷头，且氯化聚氯乙烯（PVC-C）管材及管件应符合下列要求：a. 应符合《自动喷水灭火系统第 19 部分：塑料管道及管件》GB/T 5135.19 的规定；b. 应用于公称直径≤DN80 的配水管及配水支管，且不应穿越防火分区；c. 当设置在有吊顶场所时，吊顶内应无其他可燃物，吊顶材料应为不燃或难燃装修材料；d. 当设置在无吊顶场所时，该场所应为轻危险级场所，顶板应为水平、光滑顶板，且喷头溅水盘与顶板的距离不应大于 100mm。

② 配水管道的连接方式应符合下列要求：a. 镀锌钢管、涂覆钢管可采用沟槽式连接件（卡箍）、螺纹或法兰连接，当报警阀前用内壁不防腐钢管时，可焊接连接。b. 铜管可采用钎焊、沟槽式连接件（卡箍）、法兰和卡压等连接方式。c. 不锈钢管可采用沟槽式连接件（卡箍）、法兰等连接方式，不宜采用焊接。d. 氯化聚氯乙烯 PVC-C 管材、管件可采用粘接连接，氯化聚氯乙烯 PVC-C 管件与其他材质管材、管件之间可采用螺纹、法兰或沟槽式连接件（卡箍）连接。e. 铜管、不锈钢管、氯化聚氯乙烯 PVC-C 管应采用配套的支吊架。f. 系统中直径≥100mm 的管道，应分段采用法兰或沟槽式连接件（卡箍）连接。水平管道上法兰的管道长度不宜大于 20m。立管上法兰间的距离不应跨越 3 个及以上楼层。净空高度大于 8m 的场所内，立管上应有法兰。g. 短立管及末试水装置的连接管，其管径不应小于 25mm。h. 干式系统、预作用系统的供气管道，采用钢管时，管径不宜小于 15mm。采用铜管时，管径不宜小于 10mm。i. 水平设置的管道有坡度，并应坡向泄水阀。充水管道的坡度不宜小于 2‰，准工作状态不充水管道的坡度不宜小于 4‰。

③ 自动喷水灭火系统管道的设计遵循《自动喷水灭火系统设计规范》GB 50084。

3. 其他消防设施管道的设计

石油化工企业消防站、消防水源、消防泵房、消防给水管道、消火栓、消防水炮、水喷淋和水喷雾、泡沫灭火系统、蒸汽灭火系统等有关管道的设计。

以上设计遵循《石油化工企业设计防火规范》GB 50160。其中以下几条需要特别注意，在配管设计时容易出错。

可燃液体地上立式储罐、全压力式、半冷冻式液化烃储罐应设固定或移动式消防冷却水系统，控制阀应设在防火堤外，距被保护罐壁不宜小于 15m。控制阀后及储罐上设置的消防冷却水管道应采用镀锌钢管。

①　在实际设计时控制阀的间距有时会错误地设计成少于 15m。

②　控制阀后要求采用镀锌钢管的具有争议的规定，易导致罐区的地墩管架变成高管廊，不利于罐区的维护和消防安全。

这些镀锌钢管是焊接还是法兰连接？预制后需要运回工厂进行镀锌处理吗？如果像有的工程管道设计那样，仅在施工现场刷冷镀锌漆，是否能满足设计要求？这些工程设计问题详细讲述见《管道器材选用与工程应用》一书。

③　成组布置的消防水泵至少应有两条出水管与环状消防水管道连接，两连接点间应设阀门。当一条出水管检修时，其余出水管应能输送全部消防用水量。泵的出水管道应设防止超压的安全设施。出水管道上，直径大于 300mm 的阀门不应选用手动阀门，阀门的启闭应有明显标志。泵出口管道直径大于 300mm 的阀门人工操作比较费力、费时，可采用电动阀门、液动阀门、气动阀门或多功能水泵控制阀。

三、压力管道的防噪声设计及工程实例

①　应降低管道内的流速，管道截面不宜突变，管道连接宜采用顺流走向。

②　管道上阀门宜选用低噪声产品。

③　管道与振动强烈的设备连接，应采用柔性连接。

④　振动强烈的管道支撑，不宜采用刚性连接。

⑤　辐射强噪声的管道，宜布置在地下或采取隔声、消声处理措施。例如，蒸汽减温减压器常配置消声器。

⑥　工业企业设计中的设备选型，宜选用噪声较低、振动较小的设备。主要噪声源设备的选择，应收集和比较同类型设备的噪声指标后综合确定。工业企业设计中的设备选型应包括噪声控制专用设备。高噪声的设备应布置在距离值班室、控制室等较远的位置。例如在空分空压装置常把高噪声设备布置在装置边缘。

⑦　我国压力管道的防噪声设计遵循《工业企业噪声控制设计规范》GB/T 50087 的一般要求。

四、石油库管道的设计

①　我国石油库管道的设计一般遵循《石油库设计规范》GB 50074 和《石油储备库设计规范》GB 50737 的要求。

②　石油库内液化烃等甲 A 类易燃液体设施的防火设计，应按《石油化工企业设计防火标准》GB 50160 的有关规定。石油库与石油天然气站场、长距离输油管道站场之间的距离，还应符合《石油天然气工程设计防火规范》GB 50183 的有关规定。

③　石油库有关设施及其管道的配管设计除了这些规范要求以外，与普通工业管道一般设计理念相同。

五、汽车加油加气站管道的设计

我国汽车加油站、自助加油站、加气站和加油加气合建站的管道设计遵循《汽车加油加气站设计与施工规范》GB 50156。

① 加油站：具有储油设施，使用加油机为机动车加注汽油、柴油等车用燃油并可提供其他便利性服务的场所。

② 自助加油站（区）：具备相应安全防护设施，可由顾客自行完成车辆加注燃油作业的加油站（区）。

③ 加气站：具有储气设施，使用加气机为机动车加注车用 LPG、CNG 或 LNG 等车用燃气并可提供其他便利性服务的场所。

④ 加油加气合建站：具有储油（气）设施，既能为机动车加注车用燃油，又能加注车用燃气，也可提供其他便利性服务的场所。

汽车加油加气站有关设施及其管道的配管设计除了以上规范要求以外，与普通工业管道一般设计理念相同。

六、厂际管道的设计及工程实例

石油化工及煤化工企业、石油库、石油化工码头等相互间输送可燃气体、液化烃和可燃液体管道（石油化工园区除外），其特征是敷设在石油化工及煤化工企业、石油库、石油化工码头等围墙或用地边界线之间且通过公共区域，长度小于或等于 30km。

① 厂际管道的可按照普通工业管道规范进行器材选用。

② 与厂际管道并行敷设的氮气、空气、水、蒸汽等公用工程及化学药剂管道的设计可按照工厂内普通工业管道设计规范执行。石油化工管道可遵循《石油化工全厂性工艺及热力管道设计规范》SH/T 3108 的有关规定。

③ 厂际管道的埋地敷设设计可按照长输管道规范执行，符合《输油管道工程设计规范》GB 50253 和《输气管道工程设计规范》GB 50251 的有关规定。

④ 厂际管道的架空敷设设计按照工厂内普通工业管道设计标准规范执行，例如 GB/T 20801、GB 50316、SH/T 3012、SH/T 3041 和 SH/T 3108 等规范。

⑤ 厂际管道穿越工程设计可遵循《油气输送管道穿越工程设计规范》GB 50423 的有关规定，厂际管道跨越工程设计可遵循《油气输送管道跨越工程设计标准》GB/T 50459 的有关规定。

⑥ 厂际管道的设计可遵循《石油化工厂际管道工程技术标准》GB/T 51359 推荐标准的要求。有的工程项目按石油化工企业全厂总体外管廊——普通工业管道设计的厂际之间的管道，在厂外把输油、输气管道按照长输管道规范来设计。

第二十六节　管道布置设计常用的标准规范

管道布置设计常用的标准规范如下。

① GB 50160《石油化工企业设计防火标准》；
② GB 50058《爆炸危险环境电力装置设计规范》；
③ GB 50316《工业金属管道设计规范》（2008 年版）；
④ GB 50251《输气管道工程设计规范》；
⑤ GB 50253《输油管道工程设计规范》；

⑥ GB 50074《石油库设计规范》；

⑦ GB 50264《工业设备及管道绝热工程设计规范》；

⑧ GB 50041《锅炉房设计规范》；

⑨ GB 50030《氧气站设计规范》；

⑩ SH/T 3010《石油化工设备和管道绝热工程设计规范》；

⑪ SH/T 3012《石油化工金属管道布置设计规范》；

⑫ SH/T 3022《石油化工设备和管道涂料防腐蚀设计规范》；

⑬ SH/T 3039《石油化工非埋地管道抗震设计通则》；

⑭ SH/T 3040《石油化工管道伴管和夹套管设计规范》；

⑮ SH/T 3041《石油化工管道柔性设计规范》；

⑯ SH/T 3059《石油化工管道设计器材选用规范》；

⑰ SH/T 3073《石油化工管道支吊架设计规范》；

⑱ SH/T 3043《石油化工设备管道钢结构表面色和标志规定》；

⑲ SH/T 3051《石油化工配管工程术语》；

⑳ SH/T 3052《石油化工配管工程设计图例》；

㉑ SH/T 3097《石油化工静电接地设计规范》；

㉒ SH/T 3054《石油化工厂区管线综合设计规范》；

㉓ GB 50542《石油化工厂区管线综合技术规范》；

㉔ GB 50489《化工企业总图运输设计规范》；

㉕ GB 50187《工业企业总平面设计规范》；

㉖ GB/T 51359《石油化工厂际管道工程技术标准》；

㉗ GB/T 20801《压力管道规范　工业管道》；

㉘ SPMP-STD-EM1002《石油化工工程数字化交付执行细则》；

㉙ SPMP-STD-EM2002《石油化工大型建设项目总体设计内容规定》；

㉚ SPMP-STD-EM2003《石油化工装置基础工程设计内容规定》；

㉛ SPMP-STD-EM2004《石油化工工厂基础工程设计内容规定》；

㉜ SPMP-STD-EM2005《石油化工装置详细工程设计内容规定》；

㉝《危险化学品目录》。

第七章 压力管道的隔热和防腐蚀

第一节　压力管道隔热设计

一、隔热的概念和分类

GB 50264 规定，为减少设备、管道及其附件向周围环境散热，在其外表面采取的包覆措施称保温，为减少周围环境中的热量传入低温设备和管道内部，防止低温设备和管道外壁表面凝露，在其外的包覆措施称保冷，保温和保冷统称为隔热（GB/T 4132《绝热材料及相关术语》称绝热）。保温和保冷的热流传递方向不同。

二、隔热设计的目的

① 减少设备和管道在工作中的热量和冷量损失，以节约能源。

② 满足工艺生产要求，避免、限制或延迟设备或管道内介质的凝固、冻结，以维持正常生产。

③ 减少生产过程中介质的"温升"或"温降"，以提高设备的生产能力。

④ 防止设备和管道表面结露。

⑤ 降低和维持工作环境温度，改善劳动条件，防止因热表面导致火灾和防止操作人员烫伤。

工程实际应用中，工艺流程图中常用的隔热分类和符号见表 7-1。

表 7-1　隔热分类和符号

种类	符号	类别说明
保温	H	一般保温
	HO	充分保温（操作稳定）
	TS	蒸汽伴热保温
	TW	热水伴热保温
	TO	热油及其他介质伴热保温
	JS	蒸汽夹套保温
	JW	热水夹套保温
	E	电伴热保温
	W	防冻保温
保冷	P	人身防护
	M	双重保温
	C	一般保冷
	CO	充分保冷
	JC	冷介质夹套保冷
	A	防结露

有的工程还有伴冷保温、防火保温、防噪声保温等。

三、隔热的范围

1. 不应隔热的设备和管道

除非另外指定，下列设备及其部件将不隔热。

① 泵的操作温度低于 230℃，且没有蒸汽伴热，泵的操作温度在 230℃ 及以上时不保温，否则将引起不良影响，泵的操作温度在 0℃ 及以上时不保冷。

② 有可移动的部件如膨胀节、旋转节、滑动阀等。

③ 鼓风机及压缩机。

④ 柔性接头、软管活接头、蒸汽疏水器、吹扫接头、过滤器和安全阀的出口管线。

⑤ 临时过滤器的法兰。

⑥ 用于人身防护的人孔和手孔。

2. 管口、法兰和阀门

① 管口、法兰和阀门，包括放空及排净阀的隔热与所在管线相同。阀门的阀盖和填料压盖也应隔热。除了压盖热圈应留出可调节部分外，球阀和旋塞阀的隔热不能覆盖止动器和销，无论是阀门本身的隔热还是邻近管道和附件的隔热层均不能限制手柄操作。

② 设备法兰口的绝热要能拆卸及再安装，以便于切断管道与它的联系。

③ 法兰周围空隙、法兰式阀门、换热器管箱等将填充隔热毡。

3. 人孔和手孔

① 保温设备：从 70℃ 至 177℃，人孔和手孔盖上应保温；高于 177℃，应全部保温，且人孔和手孔盖的保温层可拆卸。

② 保冷设备：应全部保冷，且人孔和手孔盖可移动。

4. 管壳式换热器

① 保温：不高于 70℃ 时法兰和管箱不保温；从 70℃ 至 177℃ 法兰体不保温，壳盖法兰表面及管箱筒体段、壳体应保温，需要拆卸法兰的螺栓允许露在外面，不保温；温度高于 177℃ 保温将覆盖整个设备，且壳盖法兰可拆卸。

② 保冷：保冷将覆盖整个设备，但应使壳盖法兰可拆卸。

5. 管道特殊件和其他件

① 管道特殊件，一般均将隔热。管道特殊件的隔热与相应尺寸的阀门相类似，膨胀节的保温，要用保温毡缠绕连接点与相邻管道绑扎。

② 蒸汽疏水器和其出口管线，其排放的热量要回收时，需要保温。

③ 对支架、裙座、支腿转弯处，以及保冷管和设备不保温的支管，隔热将从设备及管子表面延伸至隔热层厚度大约 4 倍的距离。

④ 容器裙座保温应用如下：防火裙座，保温应紧接到邻近的防火层上；不需防火裙座，保温应从容器切线以下支撑环开始。

⑤ 在管道和设备上的检验牌、铭牌等，应露出来以便观察，所有开孔和边缘部分必须进行防风雨处理。

6. 其他

四、隔热结构

① 设备和管道的隔热结构可以分为保温结构和保冷结构两种形式，保温结构由保温层

（Hot Insulation Lagging）和保护层（Jacketing）构成；保冷结构由保冷层（Cold Insulation Lagging）＋防潮层（Moisture Resistant Lagging）及保护层构成。

② 保温层或保冷层对维护介质温度稳定起主要作用。

③ 保护层包覆在隔热层（保温层或保冷层）的外面，起保护和防止大气、风、雨、雪致使隔热层破坏的作用，延长隔热层的使用寿命，并使隔热结构外形美观。

④ 防潮层是保冷结构用于防水、防潮，维护保冷层保冷效果的关键。

阀门金属隔热盒的结构及安装如图7-1所示。

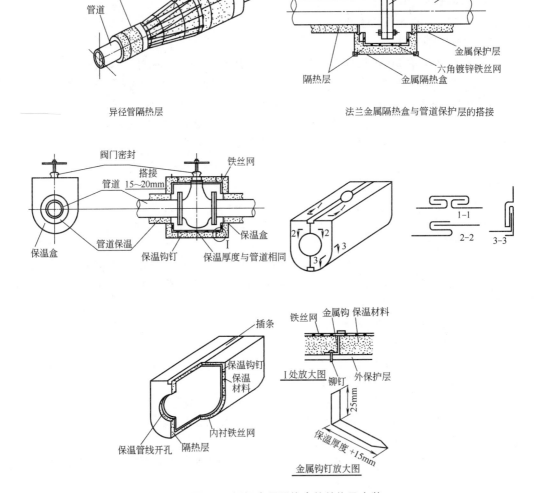

■ **图 7-1　阀门金属隔热盒的结构及安装**

某厂试运行阶段阀门和法兰均遗漏设计隔热，只有管子有隔热，影响了管道内物料的稳定性。让设计方发变更补充增加了阀门和法兰的隔热。

对于 EO 流体介质管线的隔热，应采用不可燃的隔热材料，在法兰连接处（包含盲法兰）一般应设置一个排放孔，这个排放孔应穿过保温层。

五、隔热设计的原则

1. 保温（Hot Insulation）

① 保温一般应用在操作温度在 $50\sim850℃$ 的设备和管道上，要求有热损失的地方除外。当需要严格限定热损失量时，采用充分保温，即使操作温度低于 $50℃$，也要考虑。

② 当设备和管道带有耐火材料或保温材料衬里时，不需要外部保温，金属温度必须被控制时除外。

2. 人身防护（Personal Protection）

人身防护应用于操作温度在 $60℃$ 及以上，下述操作区域内不保温的设备和管道上，因操作人员作业时可能会偶然与这些区域接触。

① 从地面或楼面 $2100mm$ 高以内。

② 超出平台或走道边缘 $750mm$ 以内的距离。

当需要消耗热量时，护罩或挡板也可用来代替人身防护。

3. 保冷（Cold Insulation）

保冷应用于操作温度低于 $10℃$ 的设备和管道上，需要吸热的设备和管道除外。

具有下列情况之一的设备和管道必须保冷。

① 需减少冷介质在生产或输送过程中的温升或汽化（包括突然减压而汽化产生结冰）。

② 需减少冷介质在生产或输送过程中的冷量损失，或规定允许冷损失量。

③ 需防止在环境温度下，设备或管道外表面凝露。

4. 防结露（Anti-sweat）

防结露应用于操作温度高于 $10℃$，又低于环境温度时，且设备和管道湿气冷凝表面将产生下述有害影响时。

① 表面冷凝，滴液对电气设施有危害时。

② 表面冷凝，滴液对某些设备有危害时。

③ 表面冷凝使工作人员不舒服。

六、隔热厚度的确定方法

① 隔热厚度计算时，保温和人身防护，采用介质正常操作温度，保冷及防结露，采用流体最小操作温度。

② 保温厚度的计算：当无特殊工艺要求时，采用经济厚度法计算，人身防护保温厚度按表面温度法计算，但保温层外表面的温度不得大于 $60℃$。

③ 保冷层厚度的计算原则如下。

a. 为减少冷量损失的保冷层，应采用经济厚度法计算厚度。

b. 为防止外表面结露的保冷层应采用表面温度法计算厚度。

c. 工艺上允许一定量冷损失的保冷层，应用热平衡法计算厚度。外表的温度应高于露点温度 $1\sim3℃$。

④ 我国从 20 世纪 80 年代开始，越来越多的工业部门采用经济厚度法代替表面温度计算法，如 GB 50264、SH/T 3010、《保温技术规定》等都采用经济厚度这一概念。国外自 20 世纪 50 年代以来，由于能源危机，也陆续采用经济厚度法。SH/T 3010 规定，用防止结露的方法计算保冷厚度，然后用经济厚度法进行核算调整。

七、详细介绍隔热厚度计算方法的常用标准规范

由于很多国内外标准规范均详细介绍了隔热厚度的计算方法，所以在此就不过多地阐述。

需要时，可以参考下列常用的标准规范：SH/T 3010《石油化工设备和管道隔热设计规范》；GB 50264《工业设备及管道绝热工程设计规范》；GB/T 8175《设备及管道保温设计导则》等。在 GB 50264 的附录中，提供了我国主要城市隔热厚度计算用气象参数，这里不再赘述。

八、隔热材料及其制品的考虑因素

① 设备和管道的保温结构应由非燃烧材料组成；保冷结构可由阻燃材料组成。设备和管道的隔热层除必须采用填充式结构外，宜选用隔热材料制品。

② 保温材料制品的安全使用最高温度应高于设备和管道的设计温度。

③ 保冷材料制品的允许使用温度应低于设备和管道的设计温度。

④ 有多种可供选择的隔热材料时，应首先选用热导率小、密度小、强度相对高、无腐蚀性、损耗小、价格低、运输距离短、施工条件好的制品。如不能同时满足，应优先选用密度小、综合经济效益高的材料或制品。

⑤ 设备和管道表面温度高于或等于 450℃时，宜选用复合隔热材料制品。

⑥ 保冷应选用闭孔型的材料制品，不宜选用纤维质材料制品。

⑦ 选用纤维材料制品时，除管壳外，毡席类制品应由玻璃布或铁丝网缝制。

⑧ 不宜选用石棉材料及其制品。因石棉制品污染环境，中国、美国、德国、法国、波兰、马来西亚等均禁用。

⑨ 绝热材料及其制品在长期运行时的温度应保证材料不出现变形、熔化、焦化、疏脆、松散、失强等情况。

九、隔热材料及其制品的性能要求

① 保温材料在平均温度低于或等于 350℃时，其热导率不得大于 0.12W/(m·℃)，保冷材料在平均温度低于 27℃时，其热导率不应大于 0.064W/(m·℃)。

② 硬质保温材料制品的密度不应大于 300kg/m³；保冷材料制品的密度不应大于 200kg/m³；半硬质、软质保温材料制品密度不应大于 200kg/m³。

③ 硬质保温材料的抗压强度不应小于 0.4MPa；硬质保冷材料的抗压强度不应小于 0.15MPa。

④ 隔热材料制品的 pH 值不应小于 7。

⑤ 用于奥氏体不锈钢的隔热材料制品的氯离子含量不应大于 25×10^{-6}，或应符合 GB 50185《工业设备及管道绝热工程施工质量验收规范》有关规定。

⑥ 隔热材料制品应具有安全使用温度和燃烧性能（不燃性、难燃性、可燃性）资料。

隔热材料制品应具备防潮性能（吸水性、吸湿性、防水性）资料。保温材料含水率不得大于 7.5％（质量比）；保冷材料的含水率不得大于 1％（质量比）。

隔热材料制品应具有耐大气腐蚀性、化学稳定性、热稳定性、渣球含量、纤维直径等测试报告。

⑦ 阻燃性保冷材料制品的氧指数不应小于 30。

⑧ 隔热材料的防水率应大于或等于 95％；软质隔热材料制品的回弹率应大于或等于 90％。

十、常用隔热材料

常用隔热材料见表 7-2。

表 7-2　常用隔热材料

序号	材料名称	使用密度/(kg/m³)	材料标准规定最高使用温度/℃	推荐使用温度/℃	常温热导率(70℃时)λ_0	热导率参考方程 W/(m·℃)	抗压强度/MPa	压缩回弹率/%	要 求
1	硅酸钙制品	170 220 240	T_a~650 (T_a为环境温度，下同)	550	0.055 0.062 0.064	$\lambda=\lambda_0+0.00011(T_m-70)$ (T_m为平均温度，下同)	0.4 0.5 0.5		—
2	泡沫石棉	35 40 50	普通型 T_a~500 防水型 -50~500	—	0.046 0.053 0.059	$\lambda=\lambda_0+0.00014(T_m-70)$	—	80 50 30	室外只能用憎水型产品，回弹率95%
3	岩棉及矿渣棉制品	原棉≤150 毡{60~80 100~120} 板{80 100~120 150~160} 管≤200	650 400 600 400 600 600 600	600 400 400 350 350 350 350	≤0.044 ≤0.049 ≤0.049 ≤0.044 ≤0.046 ≤0.048 ≤0.044	$\lambda=\lambda_0+0.00018(T_m-70)$	—		—
4	玻璃棉制品 纤维平均直径≤5μm	原棉 40 原棉 40 毯 ≥24 ≥40 毡 ≥24	400 400 350 400 300	300	0.041 0.042 ≤0.048 ≤0.043 ≤0.049	$\lambda=\lambda_0+0.00023(T_m-70)$	—		—
	纤维平均直径≤8μm	24 32 板 40 48 64~120 管 ≥45	300 350 400 350		≤0.049 ≤0.047 ≤0.044 ≤0.043 ≤0.042 ≤0.043	$\lambda=\lambda_0+0.00017(T_m-70)$	—		—

续表

序号	材料名称	使用密度/(kg/m³)	材料标准规定最高使用温度/℃	推荐使用温度/℃	常温热导率(70℃时)λ_0 W/(m·℃)	热导率参考方程	抗压强度/MPa	要求
5	硅酸铝棉及其制品	原棉 1# 2# 3# 4#；毯、板 64 96；毡 128 192	800 1000 1100 1200	800 1000 11000 1200	0.056	$T_m \leqslant 400℃$时：$\lambda_L = \lambda_0 + 0.0002(T_m - 70)$；$T_m > 400℃$时：$\lambda_H = \lambda_L + 0.00036(T_m - 400)$（下式中$\lambda_L$取上式$T_m = 400℃$时计算结果。下同）	—	$T_m = 500℃$时热导率 $\lambda_{500℃} \leqslant 0.153$ $\lambda_{500℃} \leqslant 0.176$ $\lambda_{500℃} \leqslant 0.161$ $\lambda_{500℃} \leqslant 0.156$ $\lambda_{500℃} \leqslant 0.153$
6	膨胀珍珠岩散料	70 100~150 150~250	-200~800	—	0.047~0.051 0.052~0.062 0.064~0.074	—	—	—
7	硬质聚氨酯泡沫塑料	30~60	-180~100	-65~80	(25℃时)0.0275	保温时：$\lambda = \lambda_0 + 0.00014(T_m - 25)$；保冷时：$\lambda = \lambda_0 + 0.00009 T_m$	—	①材料的燃烧性能应符合《建筑材料燃烧性能分级方法》B_1级难燃材料规定 ②用于-65℃以下的特级聚氨酯性能应与产品厂商协商
8	聚苯乙烯泡沫塑料	≥30	-65~70	—	(20℃时)0.041	$\lambda = \lambda_0 + 0.000093(T_m - 20)$	—	材料燃烧性能应符合《建筑材料燃烧性能分级方法》B_1级难燃材料规定
9	泡沫玻璃	150 180	-200~400	—	(24℃时)0.060 (24℃时)0.064	$T_m > 24℃$时：$\lambda = \lambda_0 + 0.00022(T_m - 24)$；$T_m \leqslant 24℃$时：$\lambda = \lambda_0 + 0.00011(T_m - 24)$	0.5 0.7	-101℃，$\lambda = 0.046$ -46℃，$\lambda = 0.052$ 10℃，$\lambda = 0.058$ 24℃，$\lambda = 0.060$ 93℃，$\lambda = 0.073$ 204℃，$\lambda = 0.099$ -101℃，$\lambda = 0.050$ -46℃，$\lambda = 0.056$ 10℃，$\lambda = 0.062$ 24℃，$\lambda = 0.064$ 93℃，$\lambda = 0.077$ 204℃，$\lambda = 0.103$

注：1. 设计计算采用的技术数据必须是产品生产厂商提供的经国家法定检测机构核实的数据。

2. 设计采用的各种绝热材料的物理化学性能及数据应符合各自的产品标准规定。

3. 热导率参考方程中$(T_m - 70)$、$(T_m - 400)$、$(T_m - 24)$等表示该方程示采用的常数项如λ_0、λ_L等对应代入T_m为70℃、400℃时的数值。

十一、保温及人身防护材料的选用

保温及人身防护材料的选用见表 7-3。

表 7-3　保温及人身防护材料

保温层材料	热导率参考方程/[W/(m·℃)]	密度/(kg/m³)	推荐使用温度/℃	使用范围
岩棉管壳	$0.044+0.00018$ (T_m-70)	120～200	≤350	≤14″(DN350)的管道
岩棉板	$0.044+0.00018$ (T_m-70)	100～160	≤350	≥16″(DN400)的设备
岩棉毡	$0.044+0.00018$ (T_m-70)	80～120	≤350	≥16″(DN400)的设备 ≥16″(DN400)的管道
硅酸铝管壳	$0.056+0.00036t_{cp}$	120～200	351～600	≤14″(DN350)的管道
硅酸铝毡	$0.039+0.00036t_{cp}$	120～200	351～600	≥16″(DN400)的设备 ≥16″(DN400)的设备
硅酸铝板	$0.0056+0.0002t_{cp}$	120～200	351～600	≥16″(DN400)的设备
硅酸铝纤维	$0.0056+0.0002t_{cp}$	130	≥900	高温管道、设备
硅酸钙制品	$0.0062+0.00011t_{cp}$	170～240	≤550	设备和管道

注：1. t_{cp} 为平均温度。

2. 与奥氏体不锈钢表面接触的隔热材料应符合 GB 50126《工业设备及管道绝热工程施工规范》要求。

3. 岩棉制品的性能及要求参见 GB/T 11835《绝热用岩棉、矿渣棉及其制品》。

4. 硅酸铝制品的性能及要求参见 GB/T 16400《绝热用硅酸铝棉及其制品》。

5. 硅酸钙制品的性能及要求参见 GB/T 10699《硅酸钙绝热制品》。

十二、保冷材料的选用

常用保冷材料的应用见表 7-4。

表 7-4　常用保冷材料的应用

保冷层材料	热导率参考方程/[W/(m·℃)]	密度/(kg/m³)	推荐使用温度/℃	使用范围
硬泡沫聚苯乙烯管壳	$0.041+0.000093t_{cp}$ 平均温度20℃	15～30	−50～70	用于设备和管道 ≤14″(DN350)
硬泡沫聚苯乙烯板	$0.041+0.000093t_{cp}$ 平均温度20℃	15～30	−50～70	用于设备和管道 ≥16″～40″(DN400～1000)
硬质闭孔型聚氨酯塑料管壳	$\lambda_0+0.00009t_{cp}$ $\lambda_0\leq0.0275$ 平均温度25℃	30～60	−65～80	设备和管道≤14″(DN350)
硬质闭孔型聚氨酯塑料板	$\lambda_0+0.00009t_{cp}$ $\lambda_0\leq0.0275$ 平均温度25℃	30～60	−65～80	设备和管道≥16″(DN400)
低容重闭孔型泡沫玻璃管壳	$\lambda_0+0.00011t_{cp}$ $\lambda_0\leq0.064$ 平均温度24℃	150～180	−200～400	设备和管道≤14″(DN350)
低容重闭孔型泡沫玻璃管板	$\lambda_0+0.00011t_{cp}$ $\lambda_0\leq0.064$ 平均温度24℃	150～180	−200～400	设备和管道≥16″～40″ (DN400～1000)
膨胀珍珠岩散料	常温≤0.052	100～250	−200～800	设备保冷填充物

注：1. t_{cp} 为平均温度。

2. 泡沫聚氨酯材料标准规定最高使用温度−180～100℃，但用于−65℃以下的特级聚氨酯性能应与厂商协商。

3. 保冷层材料性能及要求见本节最后所附的相应标准规范。

十三、保护层与防潮层材料选用一般原则

1. 保护层材料应符合的要求

保护层材料应具有强度高，在使用条件下不软化、不脆裂，且应抗老化，使用寿命不小于设计使用年限。国家重点工程的设计使用年限大于 10 年。保冷时应达 12～18 年。

保护层材料应能防水、耐大气腐蚀，化学性能稳定，不腐蚀隔热层或防潮层，同时还具有不燃性。金属保护层接缝形式，可按 GB 50264 选用。

2. 防潮层材料应符合的要求

防潮层材料应具有抗蒸汽渗透性能、防水性能、防潮性能、化学稳定性能、无毒和耐腐蚀性能，并不得对隔热层和保护层产生腐蚀或溶解作用。

防潮层应选用夏季不软化、不起泡、不流淌，低温时不脆裂、不脱落，吸水率不大于 1％的材料。

对于涂抹型防潮层，其软化温度不应低于 65℃，粘接强度不应小于 0.15MPa，挥发物不得大于 30％。沥青胶、防水冷胶料玻璃布防潮层的组成，应符合《工业设备及管道绝热工程施工规范》GB 50126 的规定。防潮层外不得设置铁丝、钢带等硬质捆扎件。

十四、保护层材料的选用

保护层材料的选用见表 7-5。

表 7-5 保护层材料的选用

材料	$DN \leqslant 100$ 管道	$DN > 100$ 管道	设备与平壁	可拆卸结构
镀锌薄钢板	0.3～0.35	0.35～0.5	0.5～0.7	0.5～0.6
铝合金薄板	0.4～0.5	0.5～0.6	0.8～1.0	0.6～0.8

注：1. 需增加刚度的保护层可采用瓦楞（波纹）板形式。

2. 一般不推荐采用非金属材料做保护层。

3. 用户有特定要求时也可采用不锈钢保护层。

十五、紧固件材料的选用

绝热层紧固材料的规定和应用见表 7-6；绝热保护层紧固材料的规定和应用见表 7-7。

表 7-6 绝热层紧固材料的规定和应用

材料	尺寸/mm(B W G)	应　用
镀锌铁丝	$\phi 0.8(21^{\#})$	管道 4″(DN100）及以下
	$\phi 1.0～1.2(19^{\#}～18^{\#})$	管道 6″～24″(DN150～600）以上
镀锌钢带	0.5×12 也可用 $\phi 1.6～2.5$ 镀锌铁丝	管道和设备 26″(DN650）以上
	0.5×20	管道和设备直径不小于 40″(DN1000)
不锈钢丝	参见镀锌铁丝及镀锌钢带	当保冷材料为两层或更多时,用于固定第一层
不锈钢带	0.4×13 0.5×19	根据镀锌钢带的应用中指出的管道及设备的直径范围应用

注：1. B W G 为伯明翰线规。

2. 当操作温度高于 370℃，奥氏体不锈钢表面的保温材料及保温保护层为不锈钢时，使用不锈钢丝和钢带。

表 7-7 绝热保护层紧固材料的规定和应用

材料	尺寸/mm	应 用
抽芯铆钉 （铝 ML3、ML2）	$\phi 3.0 \times 30$	垂直管道、可拆式保温壳（仅用于保温、人身防护） 设备筒体、可拆式保温壳
镀锌钢带	0.5×12	管道和设备，$\leqslant 26'' \sim 40''$（$DN650 \sim 1000$）
	0.5×20	管道和设备，$\geqslant 40''$（$DN1000$）
不锈钢带	0.4×13	管道，$\leqslant 26'' \sim 40''$（$DN650 \sim 1000$） 圆柱形设备，$< 40''$（$DN1000$）
	0.5×19	圆柱形设备，$\geqslant 40''$（$DN1000$）

注：当操作温度高于 370℃，奥氏体不锈钢表面的保温材料及保温保护层为不锈钢时，使用不锈钢丝和钢带。

十六、保温和保冷辅助材料的选用

保温辅助材料规定见表 7-8；保冷辅助材料规定见表 7-9。

表 7-8 保温辅助材料规定

使用目的	材 料	应 用
接缝充填材料	散装岩棉	充填保温伸缩缝及保温材料空隙
防水填缝	泡沫密封剂或相当材料	保温层安装完后某些突起部分穿透暴露处
抹面水泥	要求：容重 $< 1000\text{kg/m}^3$，抗压强度 $> 0.8\text{MPa}$，干燥后不产生裂纹、脱壳	保护层采用抹面水泥处
补强材料	机织热镀锌六角钢丝网，16mm 网孔， 0.64mm 钢丝直径	用于抹面水泥的补强
紧固辅助材料	抽芯铆钉 $\phi 3.0\text{mm} \times 30\text{mm}$（铝 ML3、 ML2）	用于设备封头外壳的紧固
	S 形挂钩（搭扣）$5\text{mm}(t) \times 19\text{mm}(W) \times$ $50\text{mm}(L)$	用于立式容器和管道外壳的紧固
	扣环 $\phi 6\text{mm}$	用于设备封头保温钢带或钢丝的紧固
	单头螺钉 M4mm	用于阀门或法兰保温材料的紧固
	双头螺栓 M10mm	用于设备立面、储罐顶部外壳的紧固
勾缝密封	沥青玛琋脂或与保温材料性能相近的 胶泥	防水勾缝密封

表 7-9 保冷辅助材料规定

使用目的	材 料	应 用
防潮层涂层	玛琋脂或相当材料	用于保冷的防潮层
接缝密封和 防水混合物	泡沫密封剂或相当材料	保冷的接缝密封，安装完后某些突起部分穿透 暴露处的填补
补强材料	玻璃布（10×10 目）	为玛琋脂补强
接缝填充材料	超细玻璃棉 保冷碎块	接缝处 $2 \sim 10\text{mm}$ 缝隙 接缝处 $> 10\text{mm}$ 缝隙
紧固辅助材料	S.S.S 形挂钩（搭扣）$5\text{mm}(t) \times 19\text{mm}$ $(W) \times 50\text{mm}(L)$	用于立式容器和管道外壳的紧固
	S.S. 扣环 $\phi 6\text{mm}$	用于设备封头保温钢带或钢丝的紧固
	销钉	支承球罐的聚氨酯板

十七、保温厚度计算工程实例

某输油管线常年运转，直径及壁厚为 $\phi 325 \times 6$；管内介质温度为 250℃；年平均环境温度为 20℃；年平均风速为 3m/s，试选择保温材料并计算保温层厚度、散热量和保温后外表面温度。

① 原始数据：年运行时间 8000h；投资计息年数 $n = 5$ 年；年利率 $i = 10\%$（复利率）；预计能源价格 $f_n = 29$ 元/10^6kJ。

② 根据介质输送温度 $t = 250$℃，查绝热材料性能表，选用岩棉材料制品，隔热材料的单位造价 $P_i = 1600$ 元/m³。

③ 计算保温层厚度：按经济厚度计算方法确定保温层厚度（按 SH/T 3010）。设保温层外表面温度为 28℃。

材料的热导率为

$$\lambda = \lambda_0 + 0.00018 t_m = 0.044 + 0.00018 \times \frac{250 + 28}{2} = 0.06902 [W/(m \cdot ℃)]$$

表面传热系数（单根辐射）为

$$\alpha = 11.6 + 7.0 \sqrt{v_m} = 11.6 + 7.0 \times \sqrt{3} = 23.7 [W/(m^2 \cdot ℃)]$$

保温工程投资偿还年分摊率为

$$S = \frac{i(1+i)^n}{(1+i)^n - 1} = \frac{0.1 \times (1 + 0.1)^5}{(1 + 0.1)^5 - 1} = 0.264$$

计算经济保温厚度：

$$D_o \ln \frac{D_o}{D_i} = 3.795 \times 10^{-3} \times \sqrt{\frac{29 \times 8000 \times 0.06902 \times (250 - 20)}{0.264 \times 1600}} - \frac{2 \times 0.06902}{23.7} = 0.349$$

得出 D_o 为 0.589m。

$$\delta = \frac{D_o - D_i}{2} = \frac{0.589 - 0.325}{2} = 0.132 (m)$$

取 $\delta = 130$mm。

④ 计算保温后的散热量：

$$q = \frac{2 \times 3.14 \times (250 - 20)}{\frac{1}{0.06902} \times \ln \frac{0.325 + 0.260}{0.325} + \frac{2}{23.7 \times 0.585}} = 167 (W/m)$$

⑤ 计算保温后表面温度：

$$t_s = \frac{q}{\pi \alpha D_o} + t_a = \frac{167}{3.14 \times 23.7 \times (0.325 + 0.260)} + 20 = 23.8 (℃)$$

计算出 130mm 厚的保温层，可满足工程要求。

十八、保冷厚度计算工程实例

$\phi 219$ 管道一根，管内介质温度 -40℃，需采用泡沫玻璃管壳进行保冷，计算其保冷厚度。

① $\lambda = 0.05 + 0.000233 t_m = 0.05 + 0.000233 \times \dfrac{-40+31}{2} = 0.049 \, W/(m \cdot ℃)$，按北京地区进行计算。

② 累年夏季空调室外干球计算温度为 34℃。

③ 累年室外最热月月平均相对湿度为 78%。

④ 查表得露点温度为 28.5℃。

⑤ 保冷层表面温度 $t_s = 28.5 + 2.5 = 31(℃)$。

⑥ 在允许冷损失中传热系数 α 取 $8.141 \, W/(m^2 \cdot ℃)$。

⑦ 最大允许冷损失的计算：
$$t_a - t_d = 34 - 28.5 = 5.5 > 4.5$$
则
$$q = 4.5 \times 8.141 = 36.63$$

⑧ 保冷厚度按隔热层表面冷损失计算：
$$q = \dfrac{2\pi \mid t - t_a \mid}{\dfrac{1}{\lambda} \ln \dfrac{D_o}{D_i} + \dfrac{2}{\alpha D_o}}$$

上式经过变化近似得
$$
\begin{aligned}
\ln \dfrac{D_o}{D_i} &= 2\lambda \left(\dfrac{\mid t - t_a \mid}{q} - \dfrac{1}{\alpha} \right) \\
&= 2 \times 0.049 \times \left(\dfrac{\mid -40 - 34 \mid}{36.63} - \dfrac{1}{8.141} \right) = 0.186
\end{aligned}
$$

计算结果 $D_o = 0.365 \, m$。
$$\delta = \dfrac{0.365 - 0.219}{2} = 0.073 \, (m)$$

故保冷厚度为 70mm。

保冷层外表面温度验算如下：
$$t_s = t_a - \dfrac{q}{\pi D_o \alpha}$$
$$= 34 - \dfrac{36.63}{3.14 \times 0.365 \times 8.141} = 30 \, (℃)$$

按 SH 3010 提供的表面温度法求得的保冷厚度 70mm 是合适的。

十九、隔热设计常用标准规范

对温度为 $-196 \sim 850℃$ 的保温（绝热）和人身防护，材料将满足买方的应用要求，常用规范和标准如下。

① SH/T 3010《石油化工设备和管道绝热工程设计规范》

② GB 50126《工业设备及管道绝热工程施工规范》

③ GB/T 8175《设备及管道保温设计导则》

④ GB 4272《设备及管道保温技术通则》

⑤ GB/T 15586《设备及管道保冷设计导则》

⑥ GB 50264《工业设备及管道绝热工程设计规范》

⑦ GB/T 50185《工业设备及管道绝热工程质量检验评定标准》

⑧ GB/T 16400《绝热用硅酸铝棉及其制品》

⑨ GB/T 10303《膨胀珍珠岩绝热制品》

⑩ GB/T 10699《硅酸钙绝热制品》

⑪ GB/T 11835《绝热用岩棉、矿渣棉及其制品》

⑫ GB/T 13350《绝热用玻璃棉及其制品》

⑬ JIS F7008《管道保温隔热标准规范》

⑭ ASTM B209M《铝合金板规定》

⑮ ASTM C177《稳态热流测量和热传递特性试验方法》

⑯ ASTM C547《矿物纤维预制管壳保温规定》

⑰ ASTM C591《聚氨酯泡沫成型隔热规定》

⑱ ASTM C592《矿物纤维软毡和管壳保温规定》

第二节　压力管道防腐基本措施

一、正确选择材料

选择材料是一项复杂的技术工作，必须兼顾耐蚀性、力学性能、加工性能及材料来源经济性等各个方面，进行综合分析，做到合理选用。从防腐蚀角度主要考虑的问题如下。

① 管道的使用条件。

a. 介质（组成、组成变化、微量成分或杂质、相态、浓度、流速及其分布情况、pH值、有无固体悬浮物等）。

b. 温度（平均温度、变化范围、加热与冷却速度、温度梯度）。

c. 压力（平均压力、压力分布变化范围、变化方式）。

d. 装置运转、停止时的条件（启动停止频率、启动条件、停止时的措施）。

② 材料的耐蚀性能。

a. 腐蚀速率（一般要求为 0.05～0.1mm/a）。

b. 有无产生局部腐蚀的条件及材料耐局部腐蚀（点蚀、缝隙腐蚀、焊缝腐蚀等）的性能。

c. 耐应力腐蚀破裂及腐蚀疲劳性能。

③ 材料的货源、价格及经济性。

④ 使用年限的考虑。

二、防腐结构设计

结构形式对腐蚀特别是局部腐蚀，如磨损腐蚀、缝隙腐蚀、冷凝液腐蚀等关系很大，应采用对防止腐蚀有利的结构。管道防腐蚀结构设计一般考虑以下四条原则。

1. 电偶腐蚀的防止

管道设计时，对于用在电解质溶液中的管道，应尽可能避免异种金属（电位差超过50mV）管道直接组焊，否则会造成电偶腐蚀，即在电位较负的金属侧发生宏观电池腐蚀。如必须采用不同金属管道组合时，则在设计中要采取绝缘措施（图 7-2）。

2. 缝隙腐蚀的防止

管道单面焊接时焊缝必须满焊和焊透，未焊透不但影响强度，也因在管道内壁造成缝隙

568

（图 7-3），而引起缝隙腐蚀。

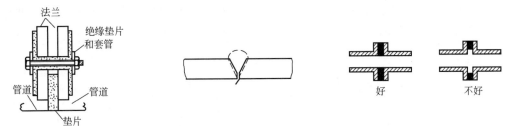

■ 图 7-2　法兰之间的绝缘　　　■ 图 7-3　因未焊透引起的间隙　　　■ 图 7-4　管法兰对接垫片的设计

　　管法兰对接时，垫片的内径要尽量和管道的内径相一致（图 7-4）。垫片材料也会对缝隙腐蚀造成影响，一些纤维类的材料，由于能渗入电解质溶液而引起缝隙腐蚀。

3. 磨损腐蚀的防止

　　在设计时，为避免不合适的流动状态对管道造成磨损腐蚀，通常要求流动状态均匀，为避免流体通路断面的急剧变化、不连续变化以及流动方向的急剧变化，应尽量抑制流速差和压力降，以免引起湍流和涡流。

　　管道中在转弯及三通处以及孔板流量计的安放位置都应进行合理设计，尽量减少流体中固体颗粒的夹带（图 7-5）。

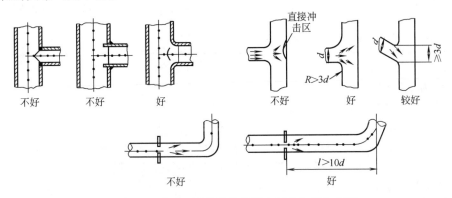

■ 图 7-5　合理设计管道以保证合适流动状态实例

4. 避免热电池腐蚀和冷凝液腐蚀

　　由于管道保温不均匀，散热条件不同，在构件不同部位之间造成温差而引起热电池腐蚀。图 7-6 所示为一个热管道支承的例子。

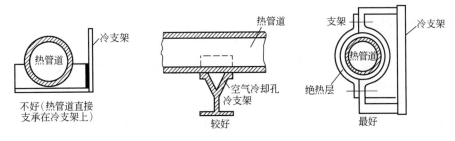

■ 图 7-6　热管道支承结构

保温层的局部破损，雨水渗入保温层里面，使管道内的热气体与冷金属表面相接触，从而形成冷凝液——对于化工厂常常是腐蚀性溶液，造成内壁冷却面的冷凝液腐蚀。图7-7所示为钢支柱未保温造成的冷凝液腐蚀，其对策是将钢支架一起保温，避免形成冷凝液。

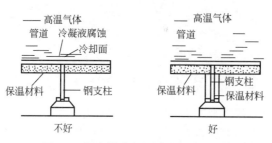

■ 图 7-7 钢支柱未保温造成的冷凝液腐蚀

避免凝结水腐蚀螺栓的方法见表7-10。

表 7-10 避免凝结水腐蚀螺栓的方法

错误方向	正确方向	说　　明
		螺栓不要设置在垂直方向的最下方，以避免凝结水腐蚀螺栓

三、防腐强度设计

1. 对于全面腐蚀的腐蚀裕度的确定

如果所选取的材料在管道使用的介质中只产生全面腐蚀，那么在设计时一般把腐蚀与强度问题分开处理，即首先是进行材料力学的强度设计，计算出管道壁厚，然后再按照资料提供的年均腐蚀速率（也可来自腐蚀试验的结果或经验），乘以预期的工作年限，得到一个附加的壁厚，即腐蚀裕度，加到原有的壁厚上去。

2. 对应力腐蚀破裂的考虑

设计时，尽量避免使用会产生应力腐蚀破裂的金属。但在实际生产中难以避免，因此应设法消除残余应力，以防止应力腐蚀破裂的发生。

残余应力主要来自冷加工和焊接。因此，对在应力腐蚀破裂敏感介质中应用的金属材料，用热加工成型代替冷加工成型，采取热处理等方法来消除焊接残余应力。

四、制造安装及维修时的防腐

1. 焊接

焊接对管道的腐蚀破坏影响很大，特别是对奥氏体不锈钢、低合金高强度钢和钛材。因此对这些材料焊接的严格要求，应在设计的技术条件中给出。

① 奥氏体不锈钢焊缝热影响区容易产生晶间腐蚀，应尽量采用较小的焊接热输入，并控制焊接返修次数，避免反复受热，更严格禁止用乙炔焰割、焊，以防渗碳造成晶间腐蚀。不允许有焊接飞溅物存在。

② 低合金高强度钢是对氢脆很敏感的材料，因此焊接时应使用低氢焊条，焊接操作时

应保持干燥，避开雨天，如能采用焊前预热、焊后热处理的措施则更好。

③ 钛材是极易吸氢的材料，钛在焊接时易于吸氢，将使其焊缝严重脆化。因此钛的焊接操作要求极为严格，焊工需经专门训练。

2. 热处理

① 管道如在应力腐蚀破裂敏感介质中工作，则焊缝应进行消除应力的热处理。对于碳钢和一般低合金钢，通常采用退火热处理，即在 650℃ 保持 2h。

② 对于在含湿硫化氢介质中应用的正火的低合金高强度钢，由于对硫裂十分敏感，因此应要求焊接时进行焊前预热，焊后进行高温回火热处理，保证硬度不大于 200HB。

③ 对铬镍奥氏体不锈钢焊缝进行热处理时，切忌在 500～850℃ 的温度范围内长时间加热，否则会因碳化物析出而造成晶间腐蚀。具体的热处理方案要根据具体情况确定，采用相应的热处理规范。

3. 检修

由于装置在停工检修期间会发生重大腐蚀事故，因此必须要采取措施加以预防，这也应在设计文件中给出。例如，炼油厂停工期间奥氏体不锈钢设备连多硫酸应力腐蚀开裂的预防，美国国家腐蚀工程师协会已有标准，即 NACE RP 0170《炼油装置停车期间奥氏体不锈钢和其他奥氏体合金上连多硫酸应力腐蚀破裂的防护》。其要点是：采用氮气吹扫的方法，使之与氧（空气）和水隔绝；采用碱液洗净所有表面，中和各处可能生成的连多硫酸；用露点低于 −15℃ 的干燥空气吹扫，使之与水隔绝。上述方法可采用一种或多种并用。为了便于应用操作，工程设计方应将 NACE 的相关内容作为设计文件的附件提供给用户。

五、防腐涂料

作为压力管道的防腐技术，应用最多、最普遍的是涂料和复合材料。对于腐蚀性特强的介质则采用非金属耐蚀材料。在石油、石化工业的个别部分管线也有采用缓蚀剂技术的。对于城市地下管线及地下长输管线采用阴极保护技术也较普遍。常用防腐涂料有以下几种。

1. 环氧树脂防腐涂料

环氧树脂防腐涂料具有附着力强、耐酸耐碱、收缩率低等优点，因此被广泛用于管道内外壁防腐。缺点是耐候性差，漆膜易粉化，特别是固化处理不好时，涂层耐水性差，膜易泛白、变脆。

2. 沥青防腐涂料

沥青涂料原料易得，价格低廉，常温能耐稀碱液和稀酸的腐蚀。漆膜弹性好、干燥快。常用作防水层。沥青涂料不耐各种有机溶剂和强氧化剂，并且低温脆化。现有的定型产品，如煤焦油瓷漆、石油沥青漆、环氧煤沥青，都是改性的沥青漆，目的是提高漆膜的硬度、耐温性、耐候性和附着力。

沥青涂料的主要用途是防水及地下管道的防腐，用于地下管道防腐时，通常配合采用玻璃布包覆。

3. 漆酚防腐涂料

漆酚涂料是生漆经过脱水缩聚，用有机溶剂稀释而成，改善了生漆毒性大、干燥慢的缺点。漆酚涂料耐酸、耐碱、耐氨、耐水，可作为氨气、氨水、氯气和硫化氢气体的防腐涂料，也可作为地下管道的防潮、防腐涂料。

4. 聚氨酯防腐涂料

聚氨酯涂料耐酸、耐碱、耐油、耐水并且耐磨性也较好。作为防腐涂料，主要是单组分的湿固化型和双组分的催化剂固化型及羟基固化型。为了改善某些性能，常和环氧树脂、沥青等混合使用。

自制的聚氨酯沥青漆，漆膜固化快、耐水性好，可用于电站压力输水管内壁、油田注水井地下钢管内壁防腐。

5. 烯烃树脂防腐涂料

烯烃树脂防腐涂料主要是以含有乙烯或丙烯分子结构的树脂为原料，再加上改性树脂、填料等制成的涂料，耐酸、耐碱、耐水、耐候性均好。

6. 过氯乙烯树脂防腐涂料

过氯乙烯涂料是一种较好的涂料，已广泛地用于化工管道防化工大气腐蚀。其缺点是附着力差，为了提高其附着力，常用环氧树脂改性，取得了一定的效果。

7. 氯化橡胶防腐涂料

以天然橡胶或合成橡胶经氯化反应后制得氯化橡胶，再将其溶在有机溶剂中，即制得氯化橡胶涂料。其特点是耐稀酸、稀碱，抗水渗透性好，附着力好，阻燃，一般用于化工大气防腐蚀，效果较好。

8. 高温防腐涂料

高温防腐涂料主要是有机硅树脂耐热涂料，使用温度可达 500℃。优点是耐水、耐候、防腐蚀性较好。缺点是附着力较差、价格贵，含铝粉的产品需烘干。也有单位用磷酸盐铅粉高温涂料，效果尚好。

9. 富锌防腐涂料

富锌涂料有无机富锌涂料和有机富锌涂料两种。无机涂料由锌粉、硅酸钠（水玻璃）和固化剂等组成；有机涂料由锌粉、树脂（主要是环氧树脂）和固化剂等组成。富锌涂料防腐原理主要是锌粉对钢铁材料能起到阴极保护的作用，因此适用于水、海水、油、海洋大气的防腐蚀。在酸、碱介质中不宜使用。

10. 水泥砂浆

水泥砂浆主要作为给水管道的内衬涂料。其特点是经济、无污染，已有半个多世纪的应用历史。目前已有聚合物水泥砂浆等改性品种，可适用于热水、海水、污水等管线，并可抑制微生物和苔藓植物的生长。

六、采用耐腐蚀非金属材料和耐腐蚀钢-非金属复合材料管道

本书在第四章第五节的非金属管、衬里管的内容中有详细的相关介绍，主要包括一些耐腐蚀的工程塑料管和钢-非金属复合材料管道的应用。

七、阴极保护技术

利用外部阴极电流使金属电位向负的方向移动，使腐蚀原电池的作用减弱，或完全停止，从而达到减缓或停止金属腐蚀的目的，这种技术称为电化学阴极保护技术。

外部阴极电流可由两种方法获得：牺牲阳极法和外电源法。

牺牲阳极法是将电位较负的一种金属（如铝、镁、锌及其合金等）连接在被保护的金属管道上，使两者在电解质中构成一个大电池，牺牲阳极电位较负，被腐蚀，金属管道得到阴极电流而减弱了或停止了腐蚀（图7-8）。

外电源法是把电解质中的金属管道和一直流电源的负极相连，直流电源的正极和一外加的辅助阳极（耐阳极腐蚀的材料如石墨等）相连，电路接通后，金属管道获得阴极电流而被保护（图 7-9）。

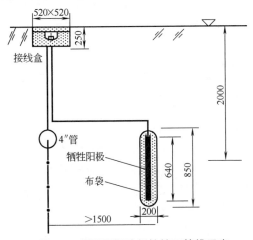

■ 图 7-8　牺牲阳极法保护地下管线示意

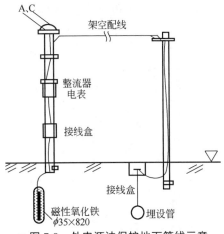

■ 图 7-9　外电源法保护地下管线示意

阴极保护技术适用于地下及水下金属管道，已有 NACE 标准（美国国家腐蚀工程师协会标准）。阴极保护通常与涂料联合使用。单独的防腐涂层，会有针孔及使用中产生的局部脱落，如同时再用阴极保护，则阴极电流只保护针孔和局部脱落处，耗电极小，经济效益更好。

阴极保护（与涂料联合使用），已成功用于地下输油管道、过江乙烯输气管道及大口径过江、过海输淡水管道的防腐（图 7-10）。

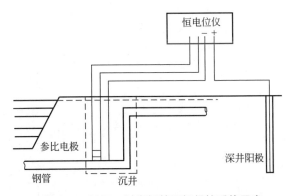

■ 图 7-10　过江、过海钢管阴极保护系统示意

八、缓蚀剂保护技术

在腐蚀性介质中，加入少量的一种或几种物质，能使金属的腐蚀速度大大降低，这种物质或复合物质就称为缓蚀剂。这种保护金属的方法通称为缓蚀剂保护技术。

对于金属管道来说，缓蚀剂保护技术属工艺性防腐方法，缓蚀剂的添加是通过工艺操作来实现的。缓蚀剂的防腐机理一般认为是在金属表面上生成了连续的起隔离作用的吸附层保护膜，从而降低金属的腐蚀速度。工业上采用缓蚀剂保护金属管道的事例有：石油和天然气（特别是高含硫的）的采输系统；炼油装置的常、减压系统；乙烯裂解装置的工艺水系统；合成氨苯菲尔法脱碳系统；工业冷却水系统等。

第三节　压力管道外防腐涂漆

一、防腐常用涂料的性能及用途

防腐常用涂料的性能及用途见表7-11。

表 7-11　防腐常用涂料的性能及用途

涂料种类	名称	特性	使用温度/℃	每道最小干膜厚度/μm	主要用途
酚醛树脂涂料	酚醛耐酸漆	耐酸、耐水、耐油、耐溶剂,不耐碱,与其他涂料兼容性较差	−40～120	30	用于酸性气体环境作面漆
	酚醛磁漆	漆膜坚硬,光泽较好,耐水耐候性一般		30	用于耐潮湿、干湿交替的部位
	酚醛底漆	具有良好的防腐性,与其他涂料兼容性较差		30	用于室内钢材表面防锈打底
	环氧酚醛漆	优异的耐化学品性能、防腐性能及耐冷热循环	−50～230	100	用于设备和管道外防腐
沥青类涂料	石油沥青漆	耐水、耐潮、耐腐蚀性好。但力学性能差,耐候性不好,不耐有机溶剂	−20～70	100	用于管道外壁的防潮、耐水、防腐蚀,与玻璃布同时使用
	铝粉沥青底漆	附着力良好,防潮、耐水、耐润滑油	−20～90	120	用于设备和管道的表面打底
	环氧煤沥青漆	具有良好的耐水性能,防腐性能好,能够与阴极保护粗兼容	−20～90	100	主要用于地下管道和埋地储藏外表面的长效防腐
醇酸树脂涂料	醇酸底漆	漆膜坚韧,附着力良好,防腐性能良好,易施工	<80	40	用于钢材表面作防锈底漆
	醇酸磁漆	漆膜坚韧,附着力良好,防腐性能良好,耐候性一般,耐水性稍差	<80	40	用于内、外钢材表面对于耐老化性能无特殊要求或要求不高的面漆涂装
环氧树脂涂料	环氧酯底漆	漆膜坚硬耐久,附着力强,与磷化底漆配套使用,可提高漆膜的耐潮、耐盐雾和防腐性能	≤120	30	用于沿海地区和湿热带气候的金属表面打底
	环氧富锌底漆	有阴极保护作用、优异的防腐性能、优异的附着力和耐冲击性,耐油、耐潮湿、干燥快	≤120	50	用于环境恶劣,且防腐要求比较高的金属表面作底漆
	环氧磷酸锌底漆	具有良好的防腐性能,漆膜干燥快,附着力强		50	用于钢铁表面打底漆及地上设备和管道的防腐
	环氧厚浆漆	附着力良好,具有良好的耐盐水性,有一定的耐强溶剂性能,耐碱液腐蚀,漆膜坚硬耐久	≤120	100	分为聚酰胺固化和聚胺固化两种类型,适用于大型钢铁设备和管道的防锈打底或中间防腐涂层
	环氧封闭漆	具有优异的润湿性和附着力	≤120	25	用于无机富锌或热喷金属涂层表面,封闭孔隙,防止后继涂层产生起泡等弊病
	环氧云铁漆	附着力、耐盐水性优异,有一定的耐强溶剂性能,耐碱液腐蚀,漆膜坚硬耐久	≤120	100	用于石油化工设备、管道及钢结构的中间涂层
	环氧玻璃鳞片涂料	漆膜附着力好,耐久性、耐候性优异,耐水、耐化工大气腐蚀,该漆具有极为优异的硬度和耐磨性;防腐性能极佳	≤120	150	用于防腐性能和力学性能要求较高的钢材表面作防腐漆
	改性厚浆型环氧涂料	厚浆型,单道漆膜成膜厚度高,附着力好,耐水浸泡,耐化工大气性能极为优异,具有优异的硬度和耐磨性;防腐蚀性能极佳,可与阴极保护相兼容	≤120	120	用于严酷的腐蚀大气环境防腐或水浸泡,土壤掩埋环境的防腐,也可作为外防腐涂层的中间漆
	耐磨环氧漆	漆膜附着力好,耐久性、耐候性优异,耐水、耐化工大气腐蚀,该漆具有极为优异的硬度和耐磨性;防腐性能极佳,且可以在潮湿环境中固化	≤120	150	用于浪溅区域、水位变动区域及对耐磨性要求较高的部位

续表

涂料种类	名称	特性	使用温度/℃	每道最小干膜厚度/μm	主要用途
环氧树脂涂料	双组分铁红环氧底漆	具有良好的抗水性能和防腐性能,漆膜干燥快,附着力好	≤120	30	用于一般防腐要求的设备和管道底漆
	环氧树脂防腐漆	附着力、耐盐水性良好,有一定的耐溶剂性能,耐碱液腐蚀,漆膜坚硬耐久		40	用于大型钢铁设备和管道的防化学腐蚀
	环氧面漆	各色环氧面漆,耐碱性溶液,耐化学品泼溅性良好	≤120	50	用于室内结构的面漆
无机硅酸锌涂料	水基无机富锌	高温、超常效防腐,耐水性差,漆膜脆	≤400	50	用于钢结构设备的常温大气区域防腐的底漆使用,同时也可用作200~450℃条件下的耐高温底漆使用
	无机富锌底漆	漆膜干燥快,具有优异的防腐性能和耐热性能,优良的耐磨性,耐冲击性能优异,但与其他各类涂料不易配套	≤400	≤50	用于防腐性能要求和耐候性能要求较高的钢材表面作防腐底漆
有机硅耐热涂料	有机硅铝粉耐热漆	常温干燥,漆膜附着力好,具有良好的耐水、耐候性和耐久性,具有一定的耐化工大气腐蚀性能	≤600	20	用于烟囱排气管、烘箱等高温设备;也可用于发动机外壳、烟箱排气管、烘箱火炉等的外部防腐蚀
	丙烯酸改性有机硅耐热漆	常温干燥,漆膜附着力好,具有良好的耐水、耐候性和耐久性,具有一定的耐化工大气腐蚀性能	≤250	20	用于烟囱排气管、烘箱等高温设备;也可用于发动机外壳、烟箱排气管、烘箱火炉等的外部防腐蚀
聚氨酯涂料	聚氨酯防腐底漆	附着力强,防锈性好,适用于金属制品的防腐和打底	≤120	40	可作为严重腐蚀条件环境下钢板的长效保护涂料,可在施工温度低于10℃环境下施工
	脂肪族聚氨酯面漆	高光泽,保色性和保光性强,良好的耐酸、碱、盐类腐蚀性,良好的物理力学性能,优秀的装饰性能	≤120	40	用于海洋大气、化工大气等环境,要求耐候性、耐腐蚀性兼备的多种设备设施的防护涂装、石油化工设备以及其他钢结构制品的户外设施
聚硅氧烷面漆	丙烯酸聚硅氧烷面漆	漆膜坚韧、耐久、光泽好,具有优异的耐冲击性、耐磨性、耐水性和耐化学药品性,耐各种油类,耐候性极为优异	≤120	40	用于防腐性能要求较高并且对于涂料耐老化性能要求很高的钢材表面作防腐面漆
冷喷铝涂料	环氧聚硅氧烷面漆	漆膜坚韧、耐久、光泽好,具有优异的耐冲击性、耐磨性、耐水性和耐化学药品性,耐各种油类,耐候性极为优异	≤120	40	用于防腐性能要求较高并且对于涂料耐老化性能要求很高的钢材表面作防腐面漆
高氯化聚乙烯涂料	高氯化聚乙烯铁红防腐底漆	施工方便,具有良好的耐酸碱盐、耐水等性能,也具有良好的耐候性	<80	20	用于大气腐蚀环境钢铁防腐蚀底漆
	各色的氯化聚乙烯面漆	施工方便,具有良好的耐酸碱盐、耐水等性能,也具有良好的耐候性,替代以前常用的氯碳化聚乙烯防腐涂料	<80	30	用于大气腐蚀环境钢铁防腐蚀涂装,也可以用于常温含有低浓度酸碱盐腐蚀性介质的防腐蚀涂装
丙烯酸涂料	丙烯酸面漆(各色)	保光保色性一般,适用于一般性防腐	<80	30	用于内、外钢材表面对于耐老化性能无特殊要求或要求不高的面漆涂装

二、压力管道外防腐涂漆一般工作范围

① 表面处理:所有设备、管道和其他部件在涂漆前都必须进行合格的表面处理。

② 下列部件将涂1~2遍底漆:法兰表面;现场预制的容器和球罐的成型板的外表面;所有钢结构(包括钢结构的预制件和管架的型钢);碳钢的管子和管件外表面。

③ 下列设备在制造厂的车间内将完成 2 遍防锈底漆：将在制造厂的车间完全焊接的压力容器和塔（包括分成两部分的塔）；将在制造厂的车间完全焊接的小尺寸常压罐；将在制造厂的车间完全焊接的换热器；压缩机及其附件；现场组装的大尺寸泵和鼓风机；路灯杆。

④ 下列设备在制造厂车间内将完成 2 遍底漆、2 遍面漆（或按制造厂的涂漆标准）：阀门；完全在制造厂车间组装的小尺寸泵和鼓风机；电机和电器设备；仪表、仪表盘；制造厂标准设备。

⑤ 下列设备和材料不涂漆：有色金属铝、铜、铅等，奥氏体不锈钢、镀锌表面、涂防火水泥的金属表面以及塑料和涂塑料的表面；设备的铭牌及其他标志板或标签；机器的精加工部件（如阀杆、调节阀门的填料部件、控制弹簧杆、旋转轴或其他滑动装置，透平机、发动机和电机的表面罩等）；不需涂漆（如铝皮、镀锌铁皮等）的保温外表面。

三、涂漆工作现场安全与防护

与涂漆相关的安全与防护工作要做好，尤其要注意以下几点。

① 当表面处理采用喷砂器或电动工具清洁时，使用防护罩如护目镜是很必要的。

② 当涂漆使用有机溶剂在几乎密闭的环境下完成时，要提供适当的通风及照明。

③ 工作现场要使用防火监测器，移走任何不安全火源。

四、SH/T 3022 对钢材表面处理的分级

钢材表面的除锈等级按照石化标准，分为四级，见表 7-12。

表 7-12   钢材表面的除锈等级

级别	除锈工具	除锈程度	除锈要求
St2	手工和动力工具除锈	彻底	钢材表面无可见的油脂和污垢，且没有附着不牢的氧化皮、铁锈和涂料涂层等附着物
St3	手工和动力工具除锈	非常彻底	钢材表面无可见的油脂和污垢，且没有附着不牢的氧化皮、铁锈和涂料涂层等附着物，除锈应比 St2 更为彻底，底材显露部分的表面应具有金属光泽
Sa2	喷射或抛射除锈	彻底	钢材表面无可见的油脂和污垢，且氧化皮、铁锈和涂料涂层等附着物已基本清除，其残留物应是牢固附着的
Sa2.5	喷射或抛射除锈	非常彻底	钢材表面无可见的油脂、污垢、氧化皮、铁锈和涂料涂层等附着物，任何残留的痕迹应仅是点状或条纹状的轻微色斑
Sa3	喷射或抛射除锈	使金属表观洁净	钢材表面无可见的油脂、污垢，氧化皮、铁锈和涂料涂层等附着物，表面应显示均匀的金属色泽

五、HG/T 20679 对钢材表面处理的分级

管道、设备和钢结构表面处理等级以表示除锈方法的字母"Sa"、"St"或"F1"、"Be"表示。

① 喷射或抛射除锈有 Sa1、Sa2、Sa2.5、Sa3 四个质量等级。

② 手工和动力工具除锈有 St2 和 St3 两个质量等级。

③ 火焰除锈有 F1 质量等级。

④ 化学除锈有 Be 质量等级。

六、SH/T 3022 地上管道的防腐

① 地上管道的防腐涂料见表 7-13。

表 7-13　地上管道的防腐涂料

涂料用途		涂料种类和性能												
		沥青涂料	高氯化聚乙烯涂料	醇酸树脂涂料	环氧磷酸锌涂料	环氧富锌涂料	无机富锌涂料	环氧树脂涂料	环氧酚醛树脂涂料	聚氨酯涂料	聚硅氧烷涂料	有机硅涂料	冷喷铝涂料	热喷铝(锌)涂料
一般防腐		√	√	√	√	√	△	√	√	√	△	△	△	△
耐化工大气		√	√	○	√	√	√	√	√	√	√	○	√	√
耐无机酸	酸性气体	○	√	○	○	○	○	√	√	○	√	○	○	○
	酸雾	○	√	×	○	○	○	○	○	○	√	×	○	○
耐有机酸酸雾及飞沫		√	○	×	√	√	√	√	√	√	√	○	√	√
耐碱性		○	√	×	○	○	×	√	√	√	√	√	√	×
耐盐类		○	√	○	√	√	√	√	√	√	√	√	√	√
耐油	汽油、煤油等	×	√	×	○	√	√	√	√	√	√	√	√	√
	机油	×	√	○	○	√	√	√	√	√	√	√	√	√
耐溶剂	烃类溶剂	×	×	×	×	○	√	×	√	×	√	√	×	×
	酯、酮类溶剂	×	×	×	×	×	○	×	○	×	○	×	×	×
	氯化溶剂	×	×	×	×	×	×	×	○	×	○	×	×	×
耐潮湿		√	○	○	√	√	√	√	√	√	√	√	√	√
耐水		√	○	×	√	√	√	√	√	√	√	√	√	√
耐温/℃	常温										△	△	△	
	≤100	×	×	×	×	√	√	○①	√	○①	○①	△		
	101～200	×	×	×	×	○	√	○①		○①	○①	△		
	201～350	×	×	×	×	×	√	×	×	×	×	√	√	√
	351～600	×	×	×	×	×	○②	×	×	×	×	√	○③	○②
耐候性		×	○	×	○	×	√	×	√	√	√	√	√	○
耐热循环性/℃	≤100	√	√	×	√	×	×	√	√	√	√	×	√	√
	101～200	×	√	×	×	×	×	√	√	√	√	×	√	√
	201～350	×	×	×	×	×	×	×	×	×	√	√	√	√
	351～500	×	×	×	×	×	×	×	×	×	√	√	×	×
附着力		√	○	○	√	√	○	√	√	√	√	○	√	√

① 最高使用温度 120℃。

② 最高使用温度 400℃。

③ 最高使用温度 550℃。

注：表中"√"表示性能良好，宜选用；"○"表示性能一般，可选用；"×"表示性能较差，不宜选用；"△"表示由于价格或施工等原因，不宜选用。

② 底层涂料对钢材表面除锈等级的要求应符合表 7-14 的规定，对锈蚀等级为 D 级的钢材表面，应采用喷射或抛射除锈。

七、HG/T 20679 地上管道的防腐

① 按腐蚀程度选择涂料的品种（表 7-15、表 7-16）。

表 7-14　底层涂料对钢材表面除锈等级的要求

底层涂料种类	除 锈 等 级		
	强腐蚀	中等腐蚀	弱腐蚀
醇酸树脂底漆	Sa2.5	Sa2 或 St3	St3
环氧铁红底漆	Sa2.5	Sa2.5	Sa2 或 St3
环氧磷酸锌底漆	Sa2.5 或 Sa2	Sa2	Sa2
环氧酚醛底漆	Sa2.5	Sa2.5	Sa2.5
环氧富锌底漆	Sa2.5	Sa2.5	Sa2.5
无机富锌底漆	Sa2.5	Sa2.5	Sa2.5
聚氨酯底漆	Sa2.5	Sa2.5	Sa2 或 St3
有机硅耐热底漆	Sa3	Sa2.5	Sa2.5
热喷铝（锌）	Sa3	Sa3	Sa3
冷喷铝	Sa2.5	Sa2.5	Sa2.5

注：不便于喷射除锈的部位，手工和动力工具除锈等级不低于 St3 级。

表 7-15　常温涂料的选用

腐蚀程度	涂 料 名 称
强腐蚀	过氯乙烯涂料、聚氯乙烯涂料、氯磺化聚乙烯涂料、氯化橡胶涂料、生漆、漆酚涂料、环氧树脂涂料
中等腐蚀	环氧树脂涂料、聚氯乙烯涂料、氯磺化聚乙烯涂料、氯化橡胶涂料、聚氨酯涂料（催化固化型）、沥青漆、酚醛树脂涂料、环氧沥青漆
弱腐蚀	酚醛树脂涂料、醇酸树脂涂料、油基涂料、富锌涂料、沥青漆

表 7-16　耐高温涂料的选用

腐蚀程度	耐温度/℃	涂 料 名 称
中等腐蚀	≤250	氯磺化聚乙烯改性耐高温涂料
弱腐蚀	300～450	有机硅耐热涂料

② 涂膜厚度见表 7-17。

表 7-17　涂膜厚度　　　　　　　　　　μm

腐蚀程度	室 内	室 外
强腐蚀	200～220	220～250
中等腐蚀	120～150	150～200
弱腐蚀	80～300	100～150

八、埋地管道防腐

本书按照 SH/T 3022 介绍，HG/T 20679 也有埋地管道防腐规定，应根据工程项目的具体情况确定遵循的标准规范。

① 埋地设备和管道表面处理的除锈等级为 St3。

② 埋地设备和管道防腐等级，应根据土壤腐蚀性等级按表 7-18 确定。

表 7-18　土壤腐蚀性等级及防腐等级

土壤腐蚀性等级	土壤腐蚀性质					防腐等级
	电阻率 /Ω·m	含盐量 （质量比）/%	含水量 （质量比）/%	电流密度 /(mA/cm^2)	pH 值	
强	<50	>0.75	>12	>0.3	<3.5	特加强级
中	50～100	0.75～0.05	5～12	0.3～0.025	3.5～4.5	加强级
弱	>100	<0.05	<5	<0.025	4.5～5.5	普通级

注：其中任何一项超过表列指标者，防腐等级应提高一级。

③ 埋地管道穿越铁路、道路、沟渠，以及改变埋设深度时的弯管处，防腐等级应为特加强级。

④ 防腐涂层可选用石油沥青或环氧煤沥青防锈漆。防腐涂层机构应符合表 7-19 和表 7-20 的规定。

表 7-19　石油沥青防腐涂层结构　　　　　　　　　　　　　　　　　　　　　　　mm

防腐等级	防腐涂层结构	每层沥青厚度	涂层总厚度
特加强级	沥青底漆—沥青—玻璃布—沥青—玻璃布—沥青—玻璃布—沥青—玻璃布—沥青—聚氯乙烯工业膜	≈1.5	≥7.0
加强级	沥青底漆—沥青—玻璃布—沥青—玻璃布—沥青—玻璃布—沥青—聚氯乙烯工业膜	≈1.5	≥5.5
普通级	沥青底漆—沥青—玻璃布—沥青—玻璃布—沥青—聚氯乙烯工业膜	≈1.5	≥4.0

表 7-20　环氧煤沥青防腐涂层结构　　　　　　　　　　　　　　　　　　　　　　mm

防腐等级	防腐涂层结构	涂层总厚度
特加强级	底漆—面漆—玻璃布—面漆—玻璃布—面漆—玻璃布—两层面漆	≥0.8
加强级	底漆—面漆—玻璃布—面漆—玻璃布—两层面漆	≥0.6
普通级	底漆—面漆—玻璃布—两层面漆	≥0.4

⑤ 石油沥青防腐涂层对沥青性能的要求应符合表 7-21 的规定。石油沥青性能应符合表 7-22 的规定。

表 7-21　石油沥青防腐蚀涂层对沥青性能的要求

介质温度/℃	性能要求			说　　　明
	软化点(环球法)/℃	针入度(25℃)/(1/10mm)	延度(25℃)/cm	
常温	≥75	15～30	>2	可用 30 号沥青或 30 号与 10 号沥青调配
25～50	≥95	5～20	>1	可用 10 号沥青或 10 号沥青与 2 号、3 号专用沥青调配
51～70	≥120	5～15	>1	可用专用 2 号或专用 3 号沥青
71～75	≥115	<25	>2	专用改性沥青

表 7-22　石油沥青性能

牌号	软化点(环球法)/℃	针入度(25℃)/(1/10mm)	延度(25℃)/cm
专用 2 号	135±5	17	1.0
专用 3 号	125～140	7～10	1.0
10 号	≥95	10～25	1.5
30 号	≥70	25～40	3.0
专用改性	≥115	<25	>2

防腐涂层的沥青软化点应比设备或管道内介质的正常操作温度高 45℃以上，沥青的针入度小于 20 (1/10mm)。

⑥ 玻璃布宜采用含碱量不大于 12% 的中碱布，经纬密度为 10×10 根/cm^2，厚度为 0.10～0.12mm，无捻、平纹、两边封边、带芯轴的玻璃布卷。不同管径适宜的玻璃布宽度

见表 7-23。

表 7-23　不同管径适宜的玻璃布宽度　　　　　　　　　　　　mm

管径(DN)	<250	250~500	>500
布宽	100~250	400	500

⑦ 聚氯乙烯工业膜应采用防腐专用聚氯乙烯薄膜，隔热 70℃，耐寒－30℃，拉伸强度（纵、横）不小于 14.7MPa，断裂伸长率（纵、横）不小于 200%，宽 400~800mm，厚（0.2±0.03）mm。

九、设备、管道和钢结构外表面涂色及标志

除非客户对用于标识管道内流体和储罐内储存原料的颜色另有要求，设备、管道和钢结构外表面涂色及标志按相关的标准、规范执行。例如，GB/T 38650《管道系统安全信息标记　设计原则与要求》、SH/T 3043《石油化工设备管道钢结构表面色和标志规定》。

① 石油和化工工程项目，设备的外表面涂色及标志色，可按 SH/T 3043《石油化工设备管道钢结构表面色和标志规定》执行（表 7-24）。

② 石油和化工工程项目，地上管道的外表面涂色及标志色，可按 SH/T 3043《石油化工设备管道钢结构表面色和标志规定》执行（表 7-25）。

表 7-24　设备外表面涂色及标志色

设备类别	表面色	标志色
静止设备		
一般容器、反应器、换热器	银	大红
重质物料罐	中灰	大红
其他	银	大红
工业炉	银	大红
锅炉	银	大红
机械设备		
泵	出厂色或银	大红
电机	出厂色或苹果绿	
压缩机、离心机	出厂色或苹果绿	
风机	出厂色或天酞蓝	
鹤管	银	大红
钢烟囱	银	大红
火炬	银	大红
联轴器防护罩	淡黄	
消防设备	大红	白

表 7-25　地上管道的外表面涂色及标志色

名称	表面色	标志色
物料管道		
一般物料	银	大红
酸、碱	管道紫	大红
公用物料管道		
水	艳绿	白
污水	黑	白
蒸汽	银	大红
空气及氧	天酞蓝	大红
氮	淡黄	大红
氨	中黄	大红
紧急放空管(管口)	大红	淡黄
消防管道	大红	白
电气、仪表保护管	黑	
仪表管道		
仪表风管	天酞蓝	
气动信号管、导压管	银	

③ 管道标志的设置如下。

a. 管道及其分支、设备进出口处和跨越装置边界处应刷字样和箭头。

b. 字样表示应采用下列方法之一，同一装置或单元内的字样表示应一致：介质的中文名称；介质的英文名称、缩写或代号；管号。

c. 当介质为双向流动时，应采用双向箭头表示。

④ 按照 SH/T 3043《石油化工企业设备管道钢结构表面色和标志规定》规定，管道上的阀门、小型设备表面色见表 7-26。

表 7-26　管道上的阀门、小型设备表面色

名称	表面色	备注	名称	表面色	备注
阀门阀体			小型设备	银	
灰铸铁、可锻铸铁	黑		调节阀		
球墨铸铁	银		铸铁阀体	黑	
碳素钢	中灰		铸钢阀体	中灰	
耐酸钢	海蓝	或出厂色	锻钢阀体	银	或出厂色
合金钢	中酞蓝		膜头	大红	
阀门手轮、手柄			安全阀	大红	
钢阀门	海蓝				
铸铁阀门	大红				

⑤ 基本色的颜色范围和色样，在 SH/T 3043《石油化工企业设备管道钢结构表面色和标志规定》中有规定。国家标准 GB 7231《工业管道的基本识别色、识别符号和安全标识》对基本色的颜色范围和色样也有相关的规定。

十、某工程项目涂色设计统一规定疏漏引起的设计错误

图 7-11 是某工程项目相邻区域两个火炬塔架（150m 高）的照片，图 7-11(a) 只是火炬管筒体涂了红白相间航空保护色，而图 7-11(b) 是火炬管筒体和火炬塔架都涂了红白相间航空保护色。两种涂色方案均符合国家标准规范，只是这个项目的统一规定制定方（某国内设计单位负责）没有把项目统一规定设计到位，引起同一相邻区域不同设计方负责的两个火炬塔架涂色方案的差异，造成不好的影响。

(a)　　　　　　　　　　　　　(b)

■ 图 7-11　国外某工程项目涂色设计统一规定疏漏引起涂色不一致

十一、压力管道外防腐涂漆遵循的中国标准

① GB 7231《工业管道的基本识别色、识别符号和安全标示》;

② GB 8923.1《涂覆涂料前钢材表面处理 表面清洁度的目视测定 第 1 部分 锈蚀等级和处理等级》;

③ GB/T 38650《管道系统安全信息标记 设计原则与要求》;

④ HG/T 20679《化工设备、管道外防腐设计规范》;

⑤ SH/T 3022《石油化工设备和管道涂料防腐蚀设计规范》;

⑥ SH/T 3043《石油化工设备管道钢结构表面色和标志规定》。

第一节 概　　述

一、长输管道和公用管道的定义及范围

长输管道（GA）指产地、储存库、使用单位间用于输送商品介质的压力管道；公用管道（GB）指城市或乡镇范围内的用于公用事业或民用的燃气管道和热力管道。

根据 GB/T 34275《压力管道规范 长输管道》规定，GA 类长输管道范围：①设备上的压力管道不在压力管道监管范围内；②油气田站场内油气管道按 GC 类管道设计、施工和监管；③长输管道站场内油气管道可按 GA 或 GC 类管道设计、施工，按 GC 类管道监管；④长输管道末站至工厂或城市燃气门站的管道按 GA 类管道设计、施工和监管；⑤厂际油气管道可按 GA 或 GC 类管道设计、施工。见图 8-1 所示。

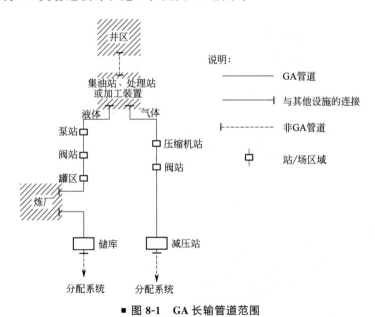

■ 图 8-1　GA 长输管道范围

根据 GB/T 38942《压力管道规范 公用管道》规定的 GB 类公用管道范围如下。

1. 包括

① 城镇燃气管道 GB1：由门站、储配站、各类气源厂站等燃气厂站至用户之间或厂站

之间公用性质的燃气管道及附属设施，附属设施包括线路阀室、调压站（含调压箱）、凝水缸等，见图 8-2 所示。

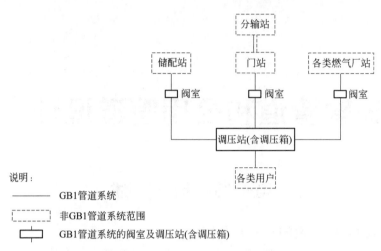

■ 图 8-2　GB1 城镇燃气管道范围

分输站至门站之间的燃气管道应执行 GA 类管道规范。当敷设在城市建成区时，可按 GB1 标准执行。

② 城镇热力管道：由热源出口分界点至热用户（民用或工业）进口分界点之间，敷设在城镇范围内的蒸汽管道和热水管道及其附属设施，见图 8-3 所示。其中蒸汽介质设计压力小于或等于 2.5MPa，设计温度小于或等于 350℃；热水介质设计压力小于或等于 2.5MPa，设计温度小于或等于 200℃。

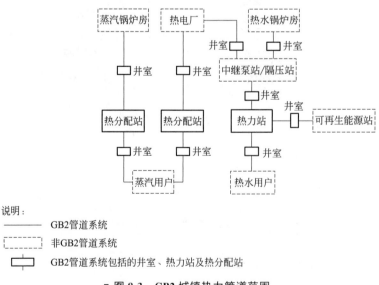

■ 图 8-3　GB2 城镇热力管道范围

2. 不包括

① 燃气系统中厂站内（调压站除外）的燃气管道和热力系统中厂站内（热力站和热分配站除外）的热力管道。

② 工业用户内部燃气和热力管道（以厂界划分）。

③ 商业和居民用户内部燃气管道（以用户引入管阀门为界）和热力管道（以热力人口为界）。

④ 燃气和热力设备内部管道。

二、长输管道和公用管道的特点

长输管道一般具有输送距离长（常穿越多个行政区、省、市，甚至可能跨越国界），输送商品介质，中途大多设有加压站，穿越、跨越工程多，绝大部分为埋地敷设等特点。与公用管道、工业管道相比较，其主要不同点是：输送的介质比较单一；工艺流程比较简单；由于输送距离长，要求输送压力高；管道有可能通过各种地质条件的地区，如穿越沙漠、沼泽、永久冻土层、地震带及容易产生泥石流等条件恶劣地段，并有可能穿过高山、河流和湖泊，穿越公路和铁路。

公用管道是为城镇服务的市政管道，包括燃气管道和热力管道。与长输管道、工业管道相比较，其主要特点是：一般敷设于城镇地下，由于城镇人口与建、构筑物稠密，各种地下管道与设施多，管道间应保证必要的安全距离；一般公用管道压力较低，以尽量减少介质泄漏而发生安全事故；在城镇中各类用户繁多，管道密集，选线条件复杂；公用管道直接为千家万户服务，对于输送介质成分要求严格；城镇燃气均为常温输送，热力管道输送的介质仅为热水和蒸汽，输送的介质必须要有所需的热能和相应的温度。

本章主要依据标准规范介绍基本概念和相关知识，并把设计时常用到的标准规范列在了各节的后面。

第二节　输油管道和输气管道设计

一、输油管道工程和输油站

1. 输油管道工程（Oil Pipeline Project）

输油管道工程是指用管道输送油品的建设工程，一般包括钢管、管道附件和输油站等。

2. 输油站（Oil Transport Station）

输油站是输油管道工程中各类工艺站场的统称，如输油首站、输油末站、中间泵站、中间热泵站、中间加热站及分输站等。分输站是输油管道途中以管道支线向用户分输的输油站。

二、输气管道工程和输气站

1. 输气管道工程（Gas Transmission Pipeline Project）

输气管道工程是指用管道输送天然气或人工煤气的工程，一般包括输气管道、输气站、管道穿越及辅助生产设施等工程内容。

2. 输气站（Gas Transmission Station）

输气站是输气管道工程中各类工艺站场的统称，一般包括输气首站、输气末站、压气站、气体接收站和气体分输站等站场。气体接收站是在输气管道沿线，为接收输气支线来气而设置的站，一般具有分离、调压、计量、清管等功能。气体分输站是在输气管道沿线，为分输气体至用户而设置的站，一般也具有分离、调压、计量、清管等功能。

三、输油线路的选择应符合的条件

① 输油管道线路的选择应根据沿线的气象、水文、地形、地质、地震等自然条件和交通、电力、水利、工矿企业、城市建设等的现状与发展规划，在施工便利和运行安全的前提下，通过综合分析和技术经济比较确定。

② 线路总走向确定以后，局部线路走向应根据中间站和大、中型经跨越工程的位置进行局部调整。

③ 输油管道不得通过城市、城市水源区、工厂、飞机杨、火车站、海（河）港码头、军事设施、国家重点文物保护单位和国家自然保护区。当输油管道受条件限制必须通过时，应采取保护措施并经国家有关部门批准。

④ 输油管道应避开滑坡、崩塌、沉陷、泥石流等不良地质区和地震烈度等于或大于 7 度地区的活动断裂带。当受条件限制必须通过时，应采取防护措施并应选择合适位置，缩短通过距离。

⑤ 符合相关的规范。

四、输气线路的选择应符合的条件

① 线路走向应根据地形、工程地质、沿线主要进气与供气点和地理位置及交通运输、动力等条件，经方案比较后确定最优线路。

② 宜避开多年生经济作物区域和重要的农田基本建设设施。

③ 大、中型河流穿（跨）越工程压气站的选择，应符合线路总走向。

④ 线路必须避开重要的军事设施、可燃易爆仓库及国家级重点文物保护单位的安全保护区。

⑤ 线路应避开机场、火车站、海（河）港码头、国家级自然保护区。

⑥ 除管道专用公路的隧道、桥梁外，不应通过铁路和公路的隧道和桥梁。

⑦ 符合相关的规范。

五、长输管道线路工程设计应参考的数据

长输管道线路工程设计应取全、取准的资料如下。

① 沿线气象资料。

② 河流、沟渠、沟谷、湖泊的水文与地质资料，满足规范规定的洪水设防标准要求。

③ 沿线地形、地貌、断面测量资料。

④ 沿线管道防腐要求提供的腐蚀测试资料。

⑤ 沿线地质勘察资料，灾害性地质分析与评估报告。

⑥ 输送介质物化性质资料；沿线输送压力分布资料。

⑦ 与沿线计划、规划、水利、电力、邮电、交通、环保、农林等行政主管部门的相关批复、协议文函资料。

⑧ 业主或主管部门的委托、协议与各类文件资料。

六、埋地输油管道与周围的建筑物最小间距应遵循的规范

输油管道按 GB 50253《输油管道工程设计规范》，与周围构筑物保持一定的距离，还应符合下列规定。

① 与城镇居民点或人群密集的村庄、学校的距离，不宜小于 15m。

② 与飞机场、海（河）港码头以及大、中型水库和水工建、构筑物、工厂的距离不宜小于 20m。

③ 与高速公路及一、二级公路水平敷设时，其距离不宜小于 10m。

④ 与铁路平行敷设时，管道应敷设在距离铁路用地范围边线 3m 以外。

⑤ 同军工厂、军事设施、易燃易爆仓库、国家重点文物保护单位的最小距离应同有关部门协调解决。

七、输油管道敷设的一般要求

① 输油管道应采用地下埋设方式。当受到自然条件限制时，局部地段可采用土堤埋设或地上敷设。

② 当输油管道需改变平面走向、适应地形变化时，可采用弹性弯曲、弯管或弯头。

③ 当输油管道采用弹性弯曲时，应符合下列规定。

a. 弹性弯曲的曲率半径，不宜小于钢管外直径的 1000 倍，并应满足管道强度的要求。竖向下凹的弹性弯曲管段，其曲率半径应满足在管道自重作用下的变形条件。

b. 在相邻的反向弹性弯管之间及弹性弯管和人工弯管之间，应采用直管段连接，直管段长度不应小于钢管的外直径，且不小于 500mm。

c. 输油管道平面和竖向同时发生转角时，不宜采用弹性弯曲。

④ 当输油管道采用弯管或弯头时，其所能承受的温度和内压力，应不低于相邻直管段所承受的温度和内压力。不得采用虾米腰弯头或褶皱弯头。管子对接安装引起的误差不得大于 3°。

⑤ 埋地管道的埋设深度，应根据管道所经地段的农田耕作深度、冻土深度、地形和地质条件、地下水深度、地面车辆所施加的荷载及管道稳定性的要求等因素，经综合分析后确定。一般情况下管顶的覆土厚度不应小于 0.8m。

在岩石地区或在特殊情况下，可减少管顶覆土厚度，但应验证管道的稳定和外力对管道的影响，必要时应采取保护措施。

⑥ 当输油管道采取土堤埋设时，土堤设计应符合以下规定。

a. 输油管道在土堤中的径向覆土厚度，不应小于 1.0m；土堤顶宽不应小于 1.0m。

b. 土堤边坡坡度应根据当地自然条件、填土类别和土堤高度确定。对黏性土堤，堤高小于 2m 时，土堤边坡坡度可采用 （1∶0.75）～（1∶1）；堤高为 2～5m 时，可采用 （1∶1.25）～（1∶1.5）。

c. 土堤受水浸淹部分的边坡应采用 1∶2 的坡度，并应根据水流情况采取保护措施。

d. 在沼泽和低洼地区，土堤的堤肩高度应根据常水位、波浪高度和地基强度确定。

e. 当土堤阻挡水流排泄时，应设置泄水孔或涵洞等构筑物；泄水能力应满足重现期为 25 年一遇的洪水流量。

f. 软弱地基上的土堤，应防止填土后基础的沉陷，确保管道安全。

g. 土堤用土，应满足填方的强度和稳定性的要求。

⑦ 地上敷设的输油管道，应符合下列规定。

a. 应采取补偿管道纵向变形的措施。

b. 输油管道跨越人行通道、公路、铁路和电气化铁路时，其净空高度分别不得小于 2.2m、5.0m、6.0m 和 11.0m。

c. 地上管道沿山坡敷设时，应采取防止管道下滑的措施。

八、输气管道敷设的一般要求

① 输气管道应采取埋地方式敷设，特殊地段也采用土堤、地面等形式敷设。

② 埋地管道覆土层最小厚度应符合表 8-1 的规定。在不能满足要求的覆土厚度或外荷载过大、外部作业可能危及管道之处，均应采取保护措施。

表 8-1 最小覆土层厚度
m

地区等级	土壤类		岩石类	地区等级	土壤类		岩石类
	旱地	水田			旱地	水田	
一级	0.6	0.8	0.5	三级	0.8	0.8	0.5
二级	0.6	0.8	0.5	四级	0.8	0.8	0.5

注：1. 对需平整的地段应按平整后的标高计算。

2. 覆土层厚度应从管顶算起。

③ 输气管道出土端及弯头两侧，回填时应分层夯实。

④ 当管沟纵坡较大时，应根据土壤的性质，采取防止回填土下滑措施。

⑤ 在沼泽、水网（含水田）地区的管道，当覆土层不足以克服管子浮力时，应采取稳管措施。

⑥ 当输气管道采用土堤埋设时，土堤深度和顶部宽度，应根据地形、工程地质、水文地质、土壤类别及性质确定，并应符合下列规定。

a. 管道在土堤中的覆土厚度不应小于 0.6m，土堤顶部宽度应大于管道直径 2 倍且不得小于 0.5m。

b. 土堤的边坡坡度，应根据土壤类别和土堤的高度确定。

c. 当土堤阻碍地表水或地下水泄流时，应设置泄水设施。泄水能力根据地形和汇水量按防洪标准重现期为 25 年一遇的洪水量设计；并应采取防止水流对土堤冲刷的措施。

d. 土堤的回填土，其透水性能宜相近。

e. 沿土堤基底表面的植被应清除干净。

⑦ 输气管跨越道路、铁路的净空高度应符合表 8-2 的规定。

表 8-2 输气管道跨越道路、铁路净空高度

道路类型	净空高度/m	道路类型	净空高度/m
人行道路	2.2	铁路	6.0
公路	5.5	电气化铁路	11.0

⑧ 用于改变管道走向的弯头、弯管的曲率半径应大于或等于公称直径的 5 倍，并应满足清管或检测仪器能顺利通过的要求。

⑨ 输气管道采用弹性敷设时，弹性敷设管道与相邻的反向弹性弯管之间及弹性弯管和人工弯管之间，应采用直管段连接，直管段长度不应小于管子外径值，且不应小于 500mm。弹性敷设管道的曲率半径应满足管子强度要求，且不得小于钢管外直径的 1000 倍。

⑩ 输气管道的弯头和弯管不得采用褶皱或虾米弯。管子对接偏差不得大于 3°。

九、管道沿线应设置的标志

为便于管道的维护管理，管道沿线应设置的标志有以下几种。

① 应设置里程桩、转角桩，并标明管道的主要参数。

② 沿管道起点至终点每隔 1km 连续设置阴极保护测试桩，可同里程桩结合设置，置于物流前进方向左侧。

③ 管道与公路、铁路、河流和地下构筑物交叉处两侧应设置标志桩，通航河流上的穿跨越工程，必须设置警示牌。

④ 在易于遭到车辆碰撞和人畜破坏的管段应设置警示牌，并应采取保护措施。

⑤ 采用高耸塔架的跨越工程，当影响飞机飞行安全时，应设置警示灯。

十、输油输气管道与建（构）筑物的最小间距

输用输气管道与建（构）筑物的最小间距见表 8-3。

表 8-3 输油输气管道与建（构）筑物的最小间距

规范	城镇居民或重要的公共建筑	飞机场、海（河）港码头、大中型水库和水工建筑物、工厂	公路（用地范围边界）	铁路（用地范围边界）	军工厂、军事设施、炸药库、国家重点文物保护设施	管道名称
GB 50253	5m	20m	3m	25m	协商确定	原油、成品油管道
	按 GB 50028	—	3m	50m	100m	液化石油气管道
GB 50251	5m	—	3m	3m	—	输气管道
Q/SY GD 0008	—	水域段铁路、大中型桥与管道100m 小型桥与管道50m	高速、一二级路与管道10m 三级以下公路与管道5m	铁路干线与天然气25m 铁路支线与天然气10m 电气化铁路与管道200m	—	油气管道

十一、油气管道与其他管道、地下电缆敷设安全间距

油气管道与其他管道、地下电缆敷设安全间距见表 8-4。

表 8-4 油气管道与其他管道、地下电缆敷设安全间距 m

规范	相对位置	净距	其他设施
GB/T 21447《钢质管道外腐蚀控制规范》	交叉	0.3	与其他地下管道交叉
	平行	1	与直埋敷设电缆
	交叉	0.5	与直埋敷设电缆
GB/T 50217《电力工程电缆设计标准》	平行	1	与直埋敷设电缆
	交叉	0.5	与直埋敷设电缆
YD 5102《通信线路工程设计规范》	平行	10	与直埋通信光（电）缆
	交叉	0.5	与直埋通信光（电）缆
GB 50251《输气管道工程设计规范》	交叉	0.3	与其他管道
	交叉	0.5	与电力、通信电缆
GB 50253《输油管道工程设计规范》	平行	1	与电力电缆
	交叉	0.5	与其他埋地管道或金属构筑物
	平行、同沟	0.3	与通信光缆
Q/SY GD 0008《油气管道管理与维护规程》	平行	10	与埋地通信光（电）缆埋地电力电缆
	交叉	0.5	与埋地通信光（电）缆埋地电力电缆
	平行	50	与水下电缆（光缆）
GB 50424《油气输送管道穿越工程施工规范》	交叉	0.5	与线缆
	交叉	0.3	与其他管道
Q/SY 1358《油气管道并行敷设技术规范》	并行	6m,不受限区段	与不同期建设管道
		大于20m,石方段爆破	

十二、石油天然气站、场、库常用标准规范

① GB 50160《石油化工企业设计防火标准》；

② GB 50183《石油天然气工程设计防火规范》；

③ GB 50016《建筑设计防火规范》；

④ GB 50058《爆炸危险环境电力装置设计规范》；

⑤ SH/T 3011《石油化工工艺装置布置设计规范》；

⑥ GB 50074《石油库设计规范》；

⑦ GB 50350《油田油气集输规范》；

⑧ GB 50349《气田集输设计规范》；

⑨ GB 50253《输油管道工程设计规范》；

⑩ GB 50251《输气管道工程设计规范》；

⑪ GB 50028《城镇燃气设计规范》；

⑫ GB 50041《锅炉房设计规范》；

⑬ GB 50156《汽车加油加气站设计与施工规范》；

⑭ SY 0092《汽车用压缩天然气加气站设计规范》；

⑮ SY 0093《汽车用液化石油气加气站设计规范》。

十三、输油输气管道工程常用标准规范

① GB 50251《输气管道工程设计规范》；

② GB 50253《输油管道工程设计规范》；

③ GB 50183《石油天然气工程设计防火规范》；

④ GB 50423《油气输送管道穿越工程设计规范》；

⑤ GB 50459《油气输送管道跨越工程设计规范》；

⑥ GB 50470《油气输送管道线路工程抗震设计规范》；

⑦ GB/T 9711《石油天然气工业　管线输送系统用钢管》；

⑧ GB/T 21447《钢质管道外腐蚀控制规范》；

⑨ GB/T 21448《埋地钢质管道阴极保护技术规范》；

⑩ SY/T 0053《油气田及管道岩土工程勘察规范》；

⑪ SY/T 0055《长距离输油输气管道测量规范》；

⑫ NB/T 47008《承压设备用碳素钢和合金钢锻件》；

⑬ NB/T 47009《低温承压设备用合金钢锻件》；

⑭ NB/T 47010《承压设备用不锈钢和耐热钢锻件》；

⑮ GB/T 12459《钢制对焊管件》；

⑯ SY/T 0609《优质钢制对焊管件规范》；

⑰ SY/T 0510《钢制对焊管件规范》；

⑱ SY/T 5257《油气输送用钢制弯管》；

⑲ SY/T 0516《绝缘接头与绝缘法兰技术规范》；

⑳ SY/T 4109《石油天然气钢质管道无损检测》；

㉑ GB/T 50818《石油天然气管道工程全自动超声波检测技术规范》。

另外，还有各类防腐涂层、材料的技术标准与试验方法，各类钢配件、钢焊条、钢丝绳的技术标准，各类建筑结构、地基基础、建筑材料和荷载规范，各种牺牲阳极或排流保护的

技术标准，业主指定或制定的有关标准规定和条件。

第三节　燃气管道设计

一、燃气管道的分类

根据燃气管道的用途可分为长距离输气管道、城市燃气管道和工业企业燃气管道三类。

二、燃气设计压力级别的确定

GB 50028《城镇燃气设计规范》中，燃气管道按燃气设计压力 p 分为七级（表8-5）。

三、输送液态液化石油气的管道设计压力的确定

输送液态液化石油气管道的设计压力应按管道系统起点的最高工作压力确定，可按下式计算：

表 8-5　燃气管道分级

名　　称		压力/MPa
高压燃气管道	A	$2.5 < p \leqslant 4.0$
	B	$1.6 < p \leqslant 2.5$
次高压燃气管道	A	$0.8 < p \leqslant 1.6$
	B	$0.4 < p \leqslant 0.8$
中压燃气管道	A	$0.2 < p \leqslant 0.4$
	B	$0.01 \leqslant p \leqslant 0.2$
低压燃气管道		$p < 0.01$

$$p = H + p_b$$

式中　p——管道设计压力，MPa；

　　　H——所需泵的扬程，MPa；

　　　p_b——始端储罐最高工作温度下的液化石油气饱和蒸气压力，MPa。

四、输送液态液化石油气的管道级别分类

液化石油气（液）管道按设计压力分为三级（表8-6）。

表 8-6　液化石油气（液）管道级别

名　　称	压　　力
Ⅰ级管道	$p > 4.0$
Ⅱ级管道	$1.6 \leqslant p \leqslant 4.0$
Ⅲ级管道	$p < 1.6$

五、有毒而无臭味的城镇燃气的使用应采取的安全措施

城镇燃气在使用时应具有可以觉察的臭味，无臭味或臭味不足的燃气应加臭。燃气中臭

剂的最小量应符合下列要求。

① 有毒燃气泄漏到空气中，达到对人体允许的有害浓度之前应能察觉。

② 无毒燃气泄漏到空气中，达到爆炸下限的 20％浓度时，应能察觉。

③ 对于含一氧化碳有毒成分的燃气，空气中一氧化碳含量达到 0.02％（体积）时，应能察觉。

六、城镇燃气加臭剂应符合的要求

① 加臭剂和燃气混合在一起后应具有特殊的臭味。

② 加臭剂不应对人体、管道或与其接触的材料有害。

③ 加臭剂的燃烧产物不应对人体呼吸有害，并不应腐蚀或伤害与此燃烧产物经常接触的材料。

④ 加臭剂溶解于水的程度不应大于 2.5％（质量）。

⑤ 加臭剂应有在空气中能察觉的加臭剂含量指标。

七、用户室内燃气管道的燃气压力的确定

用户室内燃气管道的最高压力不应大于表 8-7 的规定。

表 8-7　用户室内燃气管道的最高压力

燃　气　用　户	最高压力（表压）/MPa
工业用户及单独的锅炉房	0.4
公共建筑和居民用户（中压进户）	0.2
公共建筑和居民用户（低压进户）	0.005

八、城镇燃气管道平面布置设计时应考虑的因素

① 要使主要燃气管道工作可靠，应使燃气从管道的两个方向得到供应，为此，管道应逐步连成环形。

② 高、中压管道最好不要沿车辆来往频繁的城市主要交通干线敷设，否则对管道施工和检修造成困难，来往车辆也将使管道承受较大的动荷载。对于低压管道，有时在不可避免的情况下，征得有关方面同意后，可沿交通干线敷设。

③ 燃气管道不得在堆积易燃易爆材料和具有腐蚀性液体的场地下面通过。燃气管道不宜与给水管、热力管、雨水管、污水管、电力电缆、电信电缆等同沟敷设。当需要同沟敷设时，必须采取防护措施。

④ 燃气管道可以沿街道的一侧敷设，也可以双侧敷设。在有轨电车通行的街道上，当街道宽度大于 20m 或管道单位长度内所连接的用户分支管较多等情况下，经过技术经济比较，可以采用双侧敷设。

⑤ 燃气管道布线时，应与街道轴线或建筑物的前沿相平行，管道宜敷设在人行道或绿化地带内，并尽可能避免在高级路面的街道下敷设。

⑥ 在空旷地带敷设燃气管道时，应考虑到城市发展规划和未来建筑物布置的情况。

⑦ 为保证在施工和检修时互不影响，也为了避免由于漏出的燃气影响相邻管道的正常运行，甚至逸入建筑物内，地下燃气管道与建、构筑物基础以及其他各管道之间应保持必要的水平净距和垂直净距。

⑧ 地下燃气管道不得从建筑物和大型构筑物的下面穿越。

⑨ 输送湿燃气的燃气管道，应埋设在土壤冰冻线以下，燃气管道坡向凝水缸的坡度不宜小于 0.002。

九、地下燃气管道埋设深度应满足的要求

地下燃气管道埋设的最小覆土厚度（路面至管顶）应符合下列要求。

① 埋设在车行道下时，不得小于 0.9m。

② 埋设在非车行道（含人行道）下时，不得小于 0.6m。

③ 埋设在庭院（指绿化地及载货汽车不能进入之地）内时，不得小于 0.3m。

④ 埋设在水田下时，不得小于 0.8m。

十、液态液化石油气管道设计的一般要求

① 液态液化石油气在管道内的平均流速，应经技术经济比较后确定，一般可取 0.8～1.4m/s，最大不应超过 3m/s。

② 液态液化石油气输送管道不得穿越居住区和公共建筑群。

③ 液态液化石油气管道宜采用埋地敷设，其埋地深度应在土壤冰冻线以下，且覆土厚度（路面至管顶）不应小于 0.8m。

④ 地下液态液化石油气管道与建、构筑物和相邻管道之间的水平净距和垂直净距应符合 GB 50028《城镇燃气设计规范》的有关要求。

十一、输送液态液化石油气的管道阀门设置的原则

① 起、终点和分支点需要设置。

② 穿越国家铁路线、高速公路、Ⅰ、Ⅱ级公路和大型河流两侧需要设置。

③ 管道沿线每隔 5000m 左右处需要设置。

④ 地上液态液化石油气管道两阀门之间的管段上应设置管道安全阀；地下管道分段阀门之间应放置放散阀，其放散管管口距地面不应小于 2m。

⑤ 液化石油气压缩机进出口管道阀门及附件的设置应符合下列要求。

a. 进出口管道应设置阀门。

b. 进口管道应设置过滤器。

c. 出口管道应设置止回阀和安全阀。

d. 进出口管道之间应设置旁通管及旁通阀。

十二、液化石油气管道及附件材料选择的原则

① 液化石油气管道和最高工作压力在 0.6MPa 以上的气态液化石油气管道，应采用钢号为 10、20 或具有同等性能以上的无缝钢管。其技术性能应符合现行的国家标准 GB/T 8163《输送流体用无缝钢管》和其他有关标准的规定。

最高工作压力在 0.6MPa 以下的气态的液化石油气管道可采用钢号 Q235-A 或 Q235-B 的镀锌水、煤气输送钢管的厚壁管，其技术性能应符合现行的国家标准 GB/T 3091《低压流体输送用焊接钢管》的规定。

② 管道宜采用焊接连接。管道与储罐、容器、设备及阀门宜采用法兰连接。

③ 阀门及附件的配置应按液化石油气系统设计压力提高一级。

④ 液化石油气储罐容器设备和管道上严禁采用灰口铸铁阀门，寒冷地区应采用钢制阀门。

⑤ 液化石油气储罐必须设置安全阀。安全阀的开启压力应取储罐最高工作压力的1.10～1.15倍，其阀口总通过面积应符合国家现行标准《压力容器安全监察规程》的规定。液化石油气储罐安全阀的设置应符合下列要求。

a. 必须选用全启封闭弹簧式的安全阀。

b. 容积为 $100m^3$ 或 $100m^3$ 以上的储罐应设置 2 个或 2 个以上安全阀。

c. 安全阀应装设放散管，其管径不应小于安全阀出口的管径。放散管管口应高出储罐操作平台 2m 以上，且应高出地面 5m 以上。

d. 安全阀与储罐之间必须装设阀门，阀门应选用单闸板闸阀，铅封开。

十三、燃气管道穿越设计工程实例

工程实例一 燃气管道穿越铁路的设计（图 8-4）

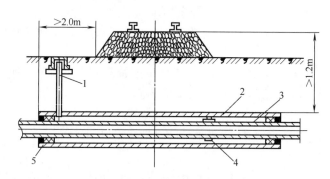

■ 图 8-4　燃气管道穿越铁路示意

1—检漏管；2—钢套管；3—输送管道；4—夹式支架；5—沥青麻刀

燃气管道架空时，可与其他管道共架，但严禁将燃气管道敷设在铁路桥上。燃气管道与铁路和公路交叉时，应在其下面穿越。

工程实例二 燃气管道穿越河流、湖泊的设计（图 8-5）

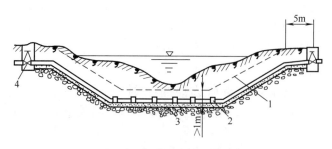

■ 图 8-5　燃气管道河底敷设

1—规划河底断面；2—配重块；3—管道；4—阀门

燃气管道与河流、湖泊等交叉时，可利用架空跨越或河底埋设方式。

河底埋设的设计要点如下。

① 管道穿越地点宜选择水面窄，河床稳定、平坦，河面宽度在洪水和枯水期变化较小，

河床地质构造较单一的地段。

②　河底管道周围宜回填粗砂或卵石，管槽宜回填密度和粒度较大的物料，以防止管道外露受冲刷以及在静水浮力和水流冲击作用下失稳而遭破坏。

③　管道壁厚宜适当加厚。管道焊缝应全部经过无损探伤检查，并应进行特加强绝缘层防腐。

④　重要的河流两侧应设置阀室和放散管。

⑤　为了防止河岸坍塌和受冲刷，在回填管沟时应分层夯实，并干砌或浆砌石护坡。

⑥　穿越部分长度要大于河床和不稳定的河岸部分，且大于规定河床。

⑦　管道应埋在河床中。埋深应大于最大冲刷深度和锚泊深度。当有河道疏浚计划时，应按疏浚后的河床深度确定冲刷深度。对小河渠，埋深一般应超过河床底 1m。

十四、燃气管道设计常用标准规范

①　GB/T 38942《压力管道规范公用管道》；

②　GB/T 3091《低压流体输送用焊接钢管》；

③　GB/T 8163《输送流体用无缝钢管》；

④　GB/T 9711《石油天然气工业　管线输送系统用钢管》；

⑤　GB/T 12459《钢制对焊管件　类型与参数》；

⑥　GB/T 13401《钢制对焊管件　技术规范》；

⑦　GB/T 13295《水及燃气管道用球墨铸铁管、管件和附件》；

⑧　GB/T 13611《城镇燃气分类和基本特性》；

⑨　TSG D2002《燃气用聚乙烯管道焊接技术规则》；

⑩　GB 15558.1《燃气用埋地聚乙烯（PE）管道系统　第 1 部分：管材》；

⑪　GB 15558.2《燃气用埋地聚乙烯（PE）管道系统　第 2 部分：管件》；

⑫　GB 15558.3《燃气用埋地聚乙烯（PE）管道系统　第 3 部分：阀门》；

⑬　GB 50028《城镇燃气设计规范》；

⑭　GB 50032《室外给水排水和燃气热力工程抗震设计规范》；

⑮　GB 50494《城镇燃气技术规范》；

⑯　GB 51102《压缩天然气供应站设计规范》；

⑰　GB 51142《液化石油气供应工程设计规范》；

⑱　GB 51156《液化天然气接收站工程设计规范》；

⑲　CJJ 33《城镇燃气输配工程施工及验收规范》；

⑳　CJJ 63《聚乙烯燃气管道工程技术规程》；

㉑　CJJ 95《城镇燃气埋地钢质管道腐蚀控制技术规程》；

㉒　CJ/T 125《燃气用钢骨架聚乙烯塑料复合管及管件》。

第四节　热力管道设计

一、输送干线和输配干线

①　输送干线（Transmisson Mains）——自热源至主要负荷区且长度超过 2km，无分支管的干线。

②　输配干线（Distribution Pipelines）——有分支管接出的干线。

二、多热源供热系统、多热源分别运行、多热源解列运行、多热源联网运行

1. 多热源供热系统（Heating System with Muti-heat Sources）

由多个热源及将其连接成一体的热力网和全部热用户组成的供热系统。多热源供热系统有三种运行方式：多热源分别运行、多热源解列运行、多热源联网运行。

2. 多热源分别运行（Independently Operation of Muti-heat Sources）

在采暖期（或供冷期）将热力网用阀门分隔成多个部分，由各个热源分别供热的运行方式。这种方式实质是多个单热源的供热系统分别运行。

3. 多热源解列运行（Separately Operation of Muti-heat Sources）

采暖期（或供冷期）基本热源首先投入运行，随气温变化基本热源满负荷后，分隔出部分管网划归尖峰热源供热，并随气温进一步变化，逐步扩大或缩小分隔出的管网范围，使基本热源在运行期间尽可能接近满负荷。这种方式实质还是多个单热源的供热系统分别运行。

4. 多热源联网运行（Pooled Operation of Muti-heat Sources）

采暖期（或供冷期）基本热源首先投入运行，随气温变化基本热源满负荷后，尖峰热源投入与基本热源共同在热力网中供热，并使基本热源在运行期间保持满负荷，尖峰热源承担随气温变化而增减的负荷。

三、城市热力网形式的确定

① 热水热力网宜采用闭式双管制。

② 以热电厂为热源的热水热力网，同时有生产工艺、采暖、通风、空调、生活热水多种热负荷，在生产工艺热负荷与采暖热负荷所需供热介质参数相差较大，或季节性热负荷占总热负荷比例较大，且技术经济合理，可采用闭式多管制。

③ 当热水热力网满足下列条件，且技术经济合理时，可采用开式热力网。

a. 有水处理费用较低的丰富的补给水资源。

b. 具有与生活热水热负荷相适应的廉价低位能热源。

④ 开式热水热力网在生活热水热负荷足够大且技术经济合理时，可不设回水管。

⑤ 蒸汽热力网的蒸汽管道，宜采用单管制。当符合下列情况时，可采用双管制或多管制。

a. 各用户间所需蒸汽参数相差较大或季节性热负荷占总热负荷比例较大且技术经济合理。

b. 热负荷分期增长。

四、热力网管道的位置应符合的规定

① 城市道路上的热力网管道应平行于道路中心线，并宜敷设在车行道以外的地方，同一条管道应只沿街道的一侧敷设。

② 穿过厂区的城市热力网管道应敷设在易于检修和维护的位置。

③ 通过非建筑区的热力网管道应沿公路敷设。

④ 热力网管道选线时宜避开土质松软地区、地震断裂带、滑坡危险地带以及高地下水位区等不利地段。

五、热力管网地上或地下敷设的原则

① 城市街道上和居住区内的热力网管道宜采用地下敷设。当地下敷设困难时，可采用地上敷设，但设计时应注意美观。

② 工厂区的热力网管道，宜采用地上敷设。

六、热力网管道埋地敷设主要要求

① 热水热力网管道地下敷设时，应优先采用直埋敷设；热水或蒸汽管道采用管沟敷设时，应首选不通行管沟敷设；穿越不允许开挖检修的地段时，应采用通行管沟敷设；当采用通行管沟困难时，可采用半通行管沟敷设。蒸汽管道采用管沟敷设困难时，可采用保温性能良好、防水性能可靠、保护管耐腐蚀的预制保温管直埋敷设，其设计寿命应不低于 25 年。

② 河底敷设管道必须远离浅滩、锚地，选择在较深的稳定河段，埋设深度应按不妨碍河道整治和保证管道安全的原则确定。对于一至五级航道河流，管道（管沟）应敷设在航道底设计标高 2m 以下，对于其他河流，管道（管沟）应敷设在稳定河底 1m 以下。对于灌溉渠道，管道（管沟）应敷设在渠底设计标高 0.5m 以下。管沟敷设或直埋敷设管道河底敷设时，应进行抗浮计算。

③ 热力网管道同河流、铁路、公路等交叉时应垂直相交。特殊情况下，管道与铁路或地下铁路交叉角度不得小于 60°；管道与河流或公路交叉角度不得小于 45°。

④ 地下敷设管道与铁路或不允许开挖的公路交叉，交叉段的一侧留有足够的抽管检修地段时，可采用套管敷设。套管敷设时，套管内不应采用填充式保温，管道保温层与套管间应留有不小于 50mm 的空隙。套管内的管道及其他钢部件应采取加强防腐措施。采用钢套管时，套管内、外表面均应进行防腐处理。

⑤ 地下敷设热力网管道和管沟应设坡度，其坡度不小于 0.002。进入建筑物的管道应坡向干管。地上敷设的管道可不设坡度。

⑥ 地下敷设热力网管道的覆土深度应符合下列规定。

a. 管沟盖板或检查室盖板覆土深度不应小于 0.2m。

b. 直埋敷设管道的最小覆土深度应考虑土壤和地面活荷载对管道强度的影响并保证管道不发生纵向失稳。具体规定应按 CJJ/T 81《城镇直埋供热管道工程技术规程》规定执行。

⑦ 燃气管道不得进入热力网管沟。当自来水管道、排水管道或电缆与热力网管道交叉必须穿入热力网管沟时，应加套管或用厚度不小于 100mm 的混凝土防护层与管沟隔开，同时不得妨碍热力管道的检修及地沟排水。套管应伸出管沟以外，每侧不应小于 1m。

⑧ 热力网管沟与燃气管道交叉当垂直净距小于 300mm 时，燃气管道应加套管。套管两端应超出管沟 1m 以上。

七、地上敷设热力网管道主要要求

① 地上敷设热力网管道穿越行人过往频繁地区，管道保温结构下表面距地面不应小于 2.0m；在不影响交通的地区，应采用低支架，管道保温结构下表面距地面不应小于 0.3m。

② 管道跨越水面、峡谷地段时，在桥梁主管部门同意的条件下，可在永久性的公路桥上架设。管道架空跨越通航河流时，应保证航道的净宽与净高符合《全国内河通航标准》的规定。管道架空跨越不通航河流时，管道保温结构表面与 50 年一遇的最高水位垂直净距不应小于 0.5m。跨越重要河流时，还应符合河道管理部门的有关规定。

③ 热力网管道进入建筑物或穿过构筑物时，管道穿墙处应封堵严密。

④ 地上敷设的热力网管道同架空输电线或电气化铁路交叉时，管道的金属部分（包括交叉点两侧 5m 范围内钢筋混凝土结构的钢筋）应接地。接地电阻应不大于 10Ω。

八、热力管网通行管沟的设计要求

① 工作人员经常进入的通行管沟应有照明设备和良好的通风。人员在管沟内工作时，空气温度不得超过 40℃。

② 通行管沟应设事故人孔。设有蒸汽管道的通行管沟，事故人孔间距应不大于 100m；热水管道的通行管沟，事故人孔间距应不大于 400m。

③ 整体混凝土结构的通行管沟，每隔 200m 宜设一个安装孔。安装孔宽度应不小于 0.6m 且大于管沟内最大一根管道的外径加 0.1m，其长度至少应保证 6m 长的管子进入管沟。当需要考虑设备进出时，安装孔宽度还应满足设备进出的需要。

九、城市热力网管道材料选用的一般要求

① 城市热力网管道应采用无缝钢管、电弧焊或高频焊焊接钢管。管道及钢制管件的钢材钢号应不低于表 8-8 的规定。管道和钢材的规格及质量应符合国家相关标准的规定。

表 8-8　热力网管道钢材钢号及适用范围

钢　号	适　用　范　围	钢 板 厚 度
Q235-A·F	$p \leqslant 1.0MPa, t \leqslant 150℃$	$\leqslant 8cm$
Q235-A	$p \leqslant 1.6MPa, t \leqslant 300℃$	$\leqslant 16cm$
Q235-B、20、20g、20R 及低合金钢	可用于 CJJ 34 规范适用范围的全部参数	不限

注：p 为管道设计压力；t 为管道设计温度。

② 热力网凝结水管道宜采用具有防腐内衬、内防腐涂层的钢管或非金属管道。非金属管道的承压能力和耐温性能应满足设计技术要求。

③ 热力网管道的连接应采用焊接。有条件时管道与设备、阀门等连接也应采用焊接，当需要拆卸时，采用法兰连接。对公称直径小于或等于 25mm 的放气阀，可采用螺纹连接，但连接放气阀的管道应采用厚壁管。

④ 室外采暖计算温度低于 −5℃ 地区露天敷设的不连续运行的凝结水管道放水阀门，室外采暖计算温度低于 −10℃ 地区露天敷设的热水管道设备附件均不得采用灰铸铁制品。室外采暖计算温度低于 −30℃ 地区露天敷设的热水管道，应采用钢制阀门及附件。

⑤ 城市热力网蒸汽管道在任何条件下均应采用钢制阀门及附件。

⑥ 弯头的壁厚应不小于管道壁厚。焊接弯头应双面焊接。

⑦ 钢管焊制三通，支管开孔应进行补强。对于承受干管轴向荷载较大的直埋敷设管道，应考虑三通与管的轴向补强，其技术要求按 CJJ/T 81《城镇直埋供热管道工程技术规程》规定执行。

⑧ 变径管制作应采用压制或钢板卷制，壁厚不应小于管道壁厚。

十、热力网管道及设备保温的一般要求

① 热力网管道及设备的保温结构设计，应按 GB/T 4272《设备及管道保温技术通则》、GB/T 8175《设备和管道保温设计导则》、GB 50264《工艺设备及管道绝热工程设计规范》和 CJJ 34《城市热力网设计规范》的规定执行。

② 供热介质设计温度高于 50℃的热力管道、设备、阀门应保温。在不通行管沟敷设或直埋敷设条件下，热水热力网的回水管道、与蒸汽管道并行的凝结水管道以及其他温度较低的热水管道，在技术经济合理的情况下可不保温。

③ 需要操作人员接近维修的地方，当维修时，设备及管道保温结构表面温度不得超过 60℃。

④ 保温层设计时应优先采用经济保温厚度。当经济保温厚度不能满足技术要求时，应按技术条件确定保温层厚度。

十一、城市热力网设计常用的规范

① CJJ 34《城市热力网设计规范》；
② CJJ 28《城市供热管网工程施工及验收规范》；
③ GB 50016《建筑设计防火规范》；
④ CJJ/T 81《城镇直埋供热管道工程技术规程》；
⑤ CJJ 88《城镇供热系统运行维护技术规程》；
⑥ GB/T 4272《设备及管道绝热技术通则》；
⑦ GB/T 8175《设备及管道绝热设计导则》；
⑧ GB 50264《工业设备及管道绝热工程设计规范》；
⑨ GB 3096《声环境质量标准》；
⑩ GB 50032《室外给水排水和燃气热力工程抗震设计规范》。

第五节　工程应用实例——西气东输管道工程

一、西气东输管道工程介绍

西气东输管道工程横贯我国东西，起点是新疆塔里木的轮南，终点是上海市西郊的白鹤镇。干线管道全长约 3900km，支线管道总长近 2000km，向我国东部 4 省 1 市供气。干线管道的设计输量 $120\times10^8\,\mathrm{m}^3/\mathrm{a}$，设计压力 10.0MPa，管径 1016mm，壁厚 14.6~26.2mm，材质 X70 钢。干线管道穿跨越长江 1 次、黄河 3 次、淮河 1 次，其他大型河流 8 次，共需建设陆上隧道 15 条，修建伴行公路近 1000km。管道干线共设工艺站场 35 座，线路截断阀室 138 座。

工程于 2002 年 7 月 4 日开工，2003 年底建成靖边到上海段，先期输送长庆气田天然气，2005 年上半年全线贯通，输送新疆塔里木气田天然气。

二、西气东输管道工程设计的创新技术

1. 设计压力和管径的优选

我国陆上长距离输气管道的工作压力大多数未超过 6.4MPa，管径未超过 660mm，而国际天然气管道的发展趋势则是采用高强度、高韧性管材，大口径、高压力输送。

西气东输管道工程在可行性研究中，对输送压力、管径和管壁粗糙度进行了充分的论证，对 6.4MPa、8.4MPa、10.0MPa、12.0MPa 四种输送压力，ϕ914mm、ϕ965mm、ϕ1016mm、ϕ1067mm 和 ϕ1118mm 五种管径输送方案进行了比选。最终确定采用 10.0MPa 输送压力、ϕ1016mm 管径的输送工艺方案。

2. 内涂减阻技术

西气东输管道全线采用非腐蚀性天然气输送管道的内壁减阻覆盖层。大管径干线输气管道采用内涂层技术在国内尚属首次。

内涂层的效益主要体现在：在管径、压力不变的前提下，可提高输量；在输量和压力一定的前提下，可缩小管径，节约钢材；在管径、输量、压力不变的前提下，可减少压缩机站的站数；由于摩阻减小，压缩机的动力消耗减小；延长清管周期，减少清管次数；减轻管内壁腐蚀，保证介质纯度。

3. 卫星遥感选线

西气东输管道沿线所经地区地形地貌十分复杂，地质灾害种类较多。为此，选线和定线过程中运用了卫星遥感技术。

从遥感的视角对线路进行了方案的比选，通过对不同线路的优缺点进行评价，为确定最优的中线方案提供了依据。实现了从图上定线。直接从最新的遥感影像图上进行线路选择，然后再将选定的坐标用 GPS 进行现场定位，既节约了时间又减轻了劳动强度。

4. 大型穿越设计

西气东输管道穿越长江、黄河、淮河共 5 次。长江穿越是西气东输工程的控制性工程，为了确定最优的穿越方案，在过江点选择上，利用多时相遥感资料，确定最佳穿越位置。

① 以盾构法作为三江口断面的过江主方案，矿山隧道法作为备用方案。

② 以定向钻作为乌鱼洲断面的过江主方案。

③ 以定向钻方案作为板桥断面的过江主方案，盾构方案作为备用方案。

以上三种方案各有优缺点：三江口方案在河道的稳定性、河床冲刷方面有优势，由于设计断面地质条件复杂，虽然盾构法在过江方案技术上可行，但施工工期相对较长；乌鱼洲方案虽然地质条件较好，但河床、岸线的稳定性差，管道运行期间安全有隐患；板桥方案施工技术上切实可行，施工工期短，在市场方面靠近用户，投资省，但在岸线的稳定性和河床冲刷方面不是最好，尤其是断面冲刷大，将来管道运营时安全有隐患。

针对以上三种不同过江点的推荐方案，进行了综合经济技术比选，最后确定在三江口通过长江，过江的施工方案采用盾构法施工。工程地点位于江苏省南京长江大桥下游 38.5km 处，南岸出发井距长江大堤 210m，北岸接收井距大堤 102m，该地区是南京附近主要的水陆交通要塞。穿越点断面两岸大堤的自然地面高程为 4～5m（黄河高程），河面宽约1500m，两堤外坡角之间的宽度为 1673m。深槽最高标高为 −36.7m，最低标高为 −41.6m，隧道深度达 50 多米。根据设计要求，隧道内将敷设直径为 $\phi1016mm$ 和 $\phi813mm$ 的输气管道 2 条，直径为 $\phi508mm$ 的输油管道 1 条，直径为 $\phi50mm$ 的光缆套管 3 条，同时考虑维护检修空间，隧道直径设计为 $\phi3.8m$，隧道全长为 1992m。

5. 管材和制管技术

我国 1985 年以前建成的油、气管道普遍采用的是 Q235 和 16Mn，相当于 API 标准中的X42 和 X52 级钢。20 世纪 90 年代，我国试制成功了 X60 和 X65 级管道用钢板，并成功卷制了相应螺旋缝埋弧焊钢管。为了适应西气东输工程的需要，经过几年的努力，我国已经成功研制出了 X70 钢级的管线钢，具备了批量生产 X70 钢级的管线钢板卷的能力。

（1）X70 高等级钢材的应用　在同等设计压力和管径的情况下，采用较高级别的管线钢可减少管道壁厚，节省大量钢材，从而显著减少投资。表 8-9 为西气东输管道采用 X60 钢级、X65 钢级和 X70 钢级钢材的用钢量对比。从表 8-9 中可看出，采用 X60 钢将比采用 X70 钢多用钢材 27.35 万吨，大约为总用钢量的 17.1%，采用 X65 钢比采用 X70 钢多用钢材

13.04 万吨，大约为总用钢量的 8.2%。

表 8-9　西气东输管道不同钢级方案耗钢量对比

钢 管 材 质	X70	X65	X60
耗钢量合计/10^4t	159.61	172.65	186.96

西气东输管道采用了 X70 高等级钢材。按照西气东输工程沿线的地区等级，设计时采用了四种壁厚，在四种壁厚的钢管中，1 类地区为螺旋埋弧焊管，2、3、4 类地区为埋弧直缝焊管，对应的钢管壁厚及耗钢量见表 8-10。

表 8-10　不同地区等级钢管壁厚

输气压力/MPa	钢管材质	外径/mm	地区等级	壁厚/mm	耗钢量/10^4t
10	X70	1016	1	14.6	98.03
			2	17.5	31.84
			3	21.0	20.40
			4	26.2	9.34

在钢管类型选择上，西气东输管道在钢管壁厚小于 16mm 的地区选用了螺旋埋弧焊管。螺旋埋弧焊管成为西气东输干线用管的基本管型，从而使近 100 万吨的大口径干线管制造及其部分原料的生产可以立足国内，节约了工程造价。

（2）金相组织　西气东输所用的 X70 钢材采用了针状铁素体型钢，这种金相组织的 X70 钢具有晶粒细化、组织均匀、易于实现高强度与高韧性的平衡、耐腐蚀性能好等优点。针状铁素体型管线钢为高档管线钢，与铁素体-珠光体型管线钢相比，具有更良好的焊接性能、抗天然气中硫化氢腐蚀和氢诱发裂纹性能、抗大气腐蚀性能，且具有高达 450J 的冲击韧性。

第九章 应力分析和管道支吊架

第一节 管道应力分析基础知识

一、管道应力分析的目的

进行管道应力分析（Stress Analysis）有以下几个目的。

① 使管道应力在规范的许用范围内。

② 使设备管口荷载符合制造商的要求或公认的标准。

③ 计算出作用在管道支吊架上的荷载。

④ 解决管道动力学问题。

⑤ 辅助压力管道布置设计的优化。

二、管道应力分析的主要内容

管道应力分析分为静力（Dead Stress）分析和动力（Dynamic Stress）分析。

1. 静力分析

① 压力荷载和持续荷载作用下的管道一次应力计算——防止塑性变形破坏。

② 管道热胀冷缩以及端点附加位移等位移荷载作用下的管道二次应力计算——防止疲劳破坏。

③ 管道对机器、设备作用力的计算——防止作用力太大，保证机器、设备正常运行。

④ 管道支吊架的受力计算——为支吊架设计提供依据。

⑤ 管道上法兰的受力计算——防止法兰泄漏。

⑥ 管系位移计算——防止管道碰撞和支吊点位移过大。

2. 动力分析

① 管道自振频率分析——防止管道系统共振。

② 管道强迫振动响应分析——控制管道振动及应力。

③ 往复压缩机气柱频率分析——防止气柱共振。

④ 往复压缩机压力脉动分析——控制压力脉动值。

⑤ 管道地震分析——防止管道地震应力过大。

三、管道应力分析计算需要的文件和资料准备

① 管道命名表（由工艺系统专业提供）。

② 应力计算轴测图（由管道布置提供）。

③ 管材工程设计规定（由管道材料提供）。

④ 装置布置图（由设备布置提供）。

⑤ 设备图（由设备专业提供）。

⑥ 结构模板图（包括钢结构、平台等）（由结构专业提供）。

⑦ 建筑物平、立、剖面图（由建筑专业提供）。

四、管道上可能承受的荷载

管道上可能承受以下几种荷载（Load）。

① 重力荷载，包括管道自重、保温重、介质重和积雪重等。

② 压力荷载，包括内压力和外压力。

③ 位移荷载，包括管道热胀冷缩位移、端点附加位移、支承沉降等。

④ 风荷载。

⑤ 地震荷载。

⑥ 瞬变流冲击荷载，如安全阀启跳或阀门快速启闭时的压力冲击。

⑦ 两相流脉动荷载。

⑧ 压力脉动荷载，如往复压缩机往复运动所产生的压力脉动。

⑨ 机器振动荷载，如回转设备的振动。

五、管道元件变形的几种基本形式

管道元件变形的基本形式有拉伸（压缩）、剪切、扭转和弯曲共四种，受多种荷载作用的管子变形都可视为这四种基本变形的组合。

1. 拉伸（压缩）

管道的轴向拉伸和压缩表现为管道沿轴线方向发生伸长或缩短，是由大小相等、方向相反、作用线与管道中心轴线重合的一对外力引起的管子变形形式。图 9-1 所示为管道轴向拉伸和压缩时的受力简图。

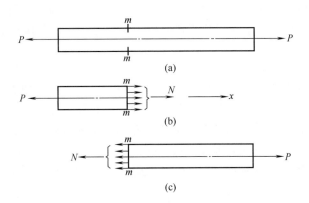

■ 图 9-1　轴向拉压管道受力分析

根据圣维南原理可知，管子的两端部沿截面上的力不一定均匀分布，但远离端部的任一横截面上的内力是均匀分布的。

2. 剪切

管子的剪切变形是由大小相等、方向相反、作用线垂直于管轴且距离很近的一对力引起的管子变形形式。其变形特点表现为受剪管子的两部分沿力的作用方向发生相对错动，如图9-2所示。

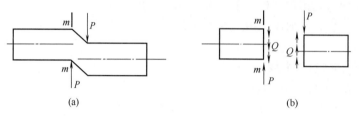

(a)　　　　　　　　　　　　　(b)

■ 图9-2　管子的剪切变形

与管道的拉伸和压缩相似，可以近似地认为在管子远离端部的任一截面上的剪力（内力）是沿截面均匀分布的，且其内（剪）力与外力大小相等、方向相反，可认为其切应力沿截面也均匀分布。

3. 扭转

管子的扭转变形是由大小相等、方面相反、作用面垂直于管轴的两个力矩引起的管子变形形式。其变形特点表现为管道元件的任意两个横截面绕管子的中心轴线发生相对转动，如图9-3所示。

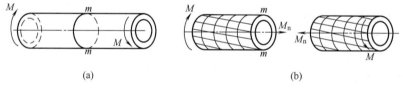

(a)　　　　　　　　　　　　　(b)

■ 图9-3　管子的扭转变形

根据圣维南原理可知，在管子的任一截面上的内力（矩）M_n是均匀分布的，且根据力的平衡法则可知，$M_n = M$。

M_n也是一个矢量，且规定：按右手螺旋法则，当矢量方向与截面的外法线方向一致时，M_n为正，反之为负。对于管子的扭转变形，其应力在管子各横截面上的分布已不再是均匀的。

4. 弯曲

这里仅研究纯弯曲的情况，即管子各横截面上只有正应力而无切应力，管道元件中心轴线变形后为一平面曲线。此时管子的弯曲变形是由大小相等、方向相反、作用面为沿管子中心轴线的纵向平面并包含轴线在内的两个力矩引起的管子变形形式。其变形特点表现为管子的中心轴线由直线变为平面曲线，如图9-4所示。

应满足工程上规定的刚度条件，即$y_{\max} \leqslant [f]$（$[f]$为工程上规定的许用挠度值）。

六、一次应力和二次应力

一次应力（Primary Stress）是指由于外加荷载，如压力或重力等的作用产生的应力。一次应力的特点是：满足与外加荷载的平衡关系，随外加荷载的增加而增加，且无自限性，当其值超过材料的屈服极限时，管道将产生塑性变形而破坏。管道承受的介质内压、自重、

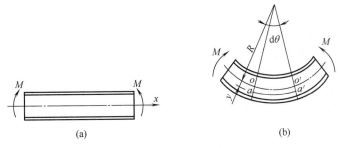

■ 图 9-4 管子的平面纯弯曲变形

介质重量等持续外荷载而产生的应力属于一次应力。

二次应力（Secondary Stress）是由于管道变形受到约束而产生的应力，它不直接与外力平衡，二次应力的特点是具有自限性，当管道局部屈服和产生少量变形时应力就能降下来。二次应力过大时，将使管道产生疲劳破坏。在管道中，二次应力一般由热胀冷缩和端点位移引起。

七、蠕变和应力松弛

蠕变（Creep）是指金属在高温和应力同时作用下，应力保持不变，其非弹性变形随时间的延长缓慢增加的现象。高温、应力和时间是蠕变发生的三要素。应力越大、温度越高，且在高温下停留时间越长，则蠕变越严重。

应力松弛（Stress Relaxation）是指在高温下工作的金属构件，在总变形量不变的条件下，其弹性变形随时间的延长不断转变成非弹性变形，从而引起金属中应力逐步下降并趋于一个稳定值的现象。

蠕变和应力松弛的实质是相同的，都是高温下随时间发生的非弹性变形的积累过程。所不同的是应力松弛是在总变形量一定的特定条件下一部分弹性变形转化为非弹性变形；而蠕变则是在恒定应力长期作用下直接产生非弹性变形。

八、四种材料的强度理论

第一强度理论——最大拉应力理论，其当量应力 $S = \sigma_1$。它认为引起材料断裂破坏的主要因素是最大拉应力。亦即无论材料处于何种应力状态，只要最大拉应力达到材料单向拉伸断裂时的最大应力值，材料即发生断裂破坏。

第二强度理论——最大伸长线应变理论，其当量应力 $S = \sigma_1 - \mu(\sigma_2 + \sigma_3)$。它认为引起材料断裂破坏的主要因素是最大伸长线应变。亦即无论材料处于何种应力状态，只要最大伸长线应变达到材料单向拉伸断裂时的最大应变值，材料即发生断裂破坏。

第三强度理论——最大切应力理论，其当量应力 $S = \sigma_1 - \sigma_3$。它认为引起材料屈服破坏的主要因素是最大切应力。亦即无论材料处于何种应力状态，只要最大切应力达到材料屈服时的最大切应力值，材料即发生屈服破坏。

第四强度理论——变形能理论，其当量应力 $S = \dfrac{1}{\sqrt{2}}\sqrt{(\sigma_1 - \sigma_2)^2 + (\sigma_2 - \sigma_3)^2 + (\sigma_3 - \sigma_1)^2}$。

它认为引起材料屈服破坏的主要因素是材料内的变形能。亦即无论材料处于何种应力状态，只要其内部积累的变形能达到材料单向拉伸屈服时的变形能值，材料即发生屈服破坏。

在管道强度设计中主要采用最大切应力强度理论。

九、弹性变形和塑性变形

构件或物体在外力作用下产生变形，当外力除去后能完全恢复其原有形状，不遗留外力作用过的任何痕迹，这种变形称为弹性变形（Elasticity Deformation）。

构件或物体在外力作用下产生变形，当外力去除后，构件或物体的形状不能复原，即遗留了外力作用下的残余变形，这种变形称为塑性变形（Plastic Deformation）。

十、弹性体的应力与虎克定律

弹性体的应力与应变服从广义虎克定律（Hook's Law），其具体表达式如下：

$$\varepsilon_x = \frac{1}{E}\left[\sigma_x - \nu(\sigma_y + \sigma_z)\right]; \varepsilon_y = \frac{1}{E}\left[\sigma_y - \nu(\sigma_x + \sigma_z)\right]; \varepsilon_z = \frac{1}{E}\left[\sigma_z - \nu(\sigma_x + \sigma_y)\right]$$

$$\gamma_{xy} = \frac{\tau_{xy}}{G}; \gamma_{yz} = \frac{\tau_{yz}}{G}; \gamma_{zx} = \frac{\tau_{zx}}{G}$$

式中　ε_x、ε_y、ε_z——X、Y、Z 三个方向的线应变；

σ_x、σ_y、σ_z——X、Y、Z 三个方向的正应力，MPa；

γ_{xy}、γ_{yz}、γ_{zx}——XY、YZ、ZX 三个平面内的切应变；

τ_{xy}、τ_{yz}、τ_{zx}——XY、YZ、ZX 三个平面内的切应力，MPa；

E——材料的弹性模量，MPa；

ν——材料的泊松比；

G——材料的切变模量，MPa。

G 与 E 和 ν 之间有如下关系：

$$G = \frac{E}{2(1+\nu)}$$

十一、金属管道组成件耐压强度计算

GB 50316《工业金属管道设计规范》、SH 3059《石油化工管道设计器材选用通则》HG/T 20645《化工装置管道机械设计规定》、ASME B31.3《工艺管道》等常用的标准规范详细介绍了压力管道元件的强度计算，包括下列金属管道组成件：金属直管；弯管/弯头及斜接弯头；三通；盲板与平板封头；开孔（支管）补强；蒸汽夹套管端板等。

十二、应力分析方法的发展趋势

① 对某些简单管道，可以利用材料力学理论。对于复杂的静不定管道，除了材料力学的理论，还需要借助于结构力学的理论来求解，然后利用弹性力学或塑性力学的准则建立其强度判定条件。当这样的方程数量太多时，用手工进行计算有时是不现实的，它可能需要花费很长时间才能得出结果。

② 进行应力分析可以采取多种方法，而且新的应力计算方法也在不断出现。这些方法呈现出朝着两个相反方向发展的特点。一是针对简单管道的计算方法，新的方法朝着如何快速、便捷地判断管道的强度是否安全的方向发展，以节省管道强度判断的人力和物力。二是针对复杂管道的计算方法，新的方法则朝着功能更加强大、计算机操作更加快捷方便的方向

发展，而且程序中存入大量的常用数据可随时调用，以减少输入的工作量。

③ 在工程设计中，对操作条件缓和、相连设备对管道的附加力不敏感、管道空间形状简单且符合简单判断式或图表法分析条件的管道，不一定非要采用计算机进行详细计算和分析，以降低设计成本。

十三、快速管道应力分析方法

成熟的工程公司都拥有比较完备的快速管道应力分析手段，一般都采用一定的管道应力分析简化计算图表，配合少量的手工计算。当然，此类方法的计算结果总是偏于保守，不够准确，并且具有很大的局限性。但是这类方法总是基于一种简单的、可靠的计算方法，更多的是考虑管线的位移在允许的范围内——即管线有足够的柔性，能够吸收管线由于受热荷载等产生的位移。依据位移应力评定标准，只计算膨胀的二次应力，及对端点或设备的作用力及力矩。

十四、压力管道配管设计应力问题及工程实例

某管廊顶部大口径管线呈现拱形状，分析原因，是管廊顶部管道暴露在阳光下，管道上部的温度和下部的温度会不同，管道出现热拱现象。热拱现象影响了管线的安全状态，需要配管设计时进行设计处理。

对于管道环境温度，有一些参考资料或规范上写着 20℃。有的工程项目按 20℃ 环境温度评定管道柔性造成设计事故发生。环境温度在管道应力分析中是个很重要的设计条件，需要根据工程实际情况来确定，一般会用年平均温度来进行考虑，但是，真正的环境温度是指工程所在地管道安装最后焊缝施工时的环境温度，这样就可以决定安装的初态。

某管廊框架结构的荷载条件设计时，该设计单位管道专业给结构专业的垂直荷载数据普遍偏大了至少 5 倍，造成结构梁柱比正常粗大了很多，结构立面水平斜撑比正常多了不少。

某现场管线刚投入试运行几天，就发现管廊上某工艺毒性管线泄漏，幸亏巡检人员及时发现，未造成严重后果。经查发现是因为压力管道设计人员遗漏了自然补偿弯设计，运行后引起管线弯头应力超标而裂缝泄漏。

更多压力管道设计应力问题实例见《管道应力分析与工程应用》一书的详细讲述。

第二节　管道的柔性设计

一、管道柔性的概念

管道柔性（Piping Flexibility）是反映管道变形难易程度的一个物理概念，表示管道通过自身变形吸收热胀冷缩和其他位移变形的能力。

进行管道设计时，应在保证管道具有足够的柔性来吸收位移应变的前提下，使管道的长度尽可能短或投资尽可能少。在管道柔性设计中，除考虑管道本身的热胀冷缩外，还应考虑管道端点的附加位移。设计时，一般采用下列一种或几种措施来增加管道的柔性。

① 改变管道的走向。

② 选用波形补偿器、套管式补偿器或球形补偿器。

③ 选用弹性支吊架。

二、管道柔性设计的目的

管道柔性设计的目的是保证管道在设计条件下具有足够的柔性，防止管道因热胀冷缩、端点附加位移、管道支承设置不当等原因造成下列问题。

① 管道应力过大引起金属疲劳和（或）管道推力过大造成支架破坏。

② 管道连接处产生泄漏。

③ 管道推力或力矩过大，使与其连接的设备产生过大的应力或变形，影响设备正常运行。

三、柔性分析的方法

进行柔性分析可以采取多种方法，如对比分析法、经验公式判断法和数值解析法。应根据具体情况选择采用。目前还有一些其他方法在工程中也时有用到，如有限元计算法，而且新的应力计算方法也在不断出现。

这些方法呈现出朝着两个相反方向发展的特点：一是针对简单管系的计算方法，新的方法朝着如何快速、便捷地判断管系的强度是否安全的方向发展，以节省管系强度判断的人力和物力；二是针对复杂管系的计算方法，新的方法则朝着功能更加强大、计算机操作更加快捷方便的方向发展，而且程序中存入大量的常用数据可随时调用，以减少输入的工作量。

在工程设计中，对操作条件缓和、相连设备对管系的附加力不敏感、管系空间形状简单且符合简单判断式或图表法分析条件的管系，不一定采用计算机进行详细计算和分析，以降低设计成本。

四、柔性分析的对比分析法

符合下列条件之一的管道，可认为满足柔性要求。

① 与实际运行良好的管道相同。

② 与经过详细柔性分析并合格的管道相比，没有实质变化。

五、柔性分析的 ASME 经验公式判断法

1. ASME 简单判断式

ASME 简单判断法是由美国 ASME B31.1 标准给出的一种快速确定管系热膨胀补偿是否满足要求的简便方法，在工程设计中得到了广泛的应用。但是，该方法仅是一个判断式，它并不能计算出管系中的应力、边界反力和位移等数值，只进行简单的判断。它的判断结果是粗略的，也是比较保守的，因此对贵重的管道（如合金钢、不锈钢、特殊耐热钢、超低温用钢管道等）不宜用它进行最终分析。

具有同一直径、同一壁厚、无分支管、两端固定、中间无支承约束的非剧毒管道若不存在下列情况则可以按 ASME 简单判断式［式(9-1)］进行判断：存在剧烈冷热循环变化的管道；大直径薄壁管；不等腿的管道展开长度大于端点连线长度 2.5 倍的 U 形管道；不在端点连线方向上的端点附加位移占总位移量的大部分；近似直线的锯齿形状的管道。

$$\frac{D_o \delta}{(L-U)^2} \leqslant 208.4 \tag{9-1}$$

式中　D_o——管道外直径，mm；

　　　L——管道的伸展长度，m；

U——固定点之间的连线长度，m；

δ——作用于管道的总热位移荷载，mm，由管端处管道自由热胀冷缩位移以及设备热胀冷缩位移叠加构成，前者在热胀条件下取正值，在冷缩条件下取负值，后者以造成端点相向移动取正值，相背移动取负值。

2. ASME 简单判断式不适用的管道

① 在剧烈循环条件下运行，有疲劳危险的管道。

② 大直径薄壁管道（管件应力增强系数 $i \geqslant 5$）。

③ 与端点连线不在同一方向的端点附加位移量占总位移量大部分的管道。

④ $L/U > 2.5$ 的不等腿 U 形弯管管道，或近似直线的锯齿状管道。

3. 简单判断式的求解步骤

在进行 ASME 简单判断式的求解时，一般情况下并不困难，只需要将式中各参数按各自的定义求出并代入公式计算即可。但当管系两端点有附加位移时，一些设计人员往往将端点位移的正、负号搞错而导致计算错误。为此，特将端点位移的正、负号判断方法进行介绍。端点位移的正、负号可按以下两种方法确定。

第一种方法（热胀趋势法）判断步骤如下。

① 选择任一端点为始端，而另一端则为末端。

② 假想始端固定，而末端开放，并以此判断管系的热胀方向。

③ 管系中各管段的热胀量 $\Delta l = \Delta Tl$。同一方向的管道热胀量为各管段热胀量的代数和，并判断末端在该方向上的位移趋势。

④ 两端点有附加位移时，对于始端，其附加位移方向与管系的热胀趋势相同时取"＋"，与管系位移趋势相反时取"－"。对于末端，其附加位移方向与管系的热胀趋势相同时取"－"，与管系的热胀趋势相反时取"＋"；

第二种方法（热胀坐标法）判断步骤如下。

① 选择任一端为始端，另一端则为末端。

② 假想始端固定，末端开放，并以始端为原点建立坐标系。

③ 从始端（坐标原点）沿管系向末端行走，与坐标同向时位移为正，反向时为负，最后分别取各方向的位移代数和。该代数和具有"＋""－"号，"＋"号表示该方向的总位移方向与坐标轴同向，而"－"号表示该方向的总位移方向与坐标轴反向。

④ 端点有附加位移时，对于始端，如果其附加位移方向与坐标轴同向则为"＋"，反向则为"－"；对于末端，如果其附加位移方向与坐标轴同向则为"＋"，反向则为"－"。

热胀趋势法和热胀坐标法得到的结果是相同的。

工程实例　ASME 简单判断式的工程应用

有一 $\phi273\text{mm} \times 8\text{mm}$ 的碳钢管道，其设计温度为 250℃，安装温度为 20℃，线胀系数为 $\alpha_T = 12.8 \times 10^{-6}\text{℃}^{-1}$。管道走向如图 9-5 所示，其中 A、D 为固定点。试计算其柔性是否足够。

$$\Delta_X = (250-20)\alpha_T \times 3000 = 8.83$$

$$\Delta_Y = (250-20)\alpha_T \times 1000 = 2.94$$

$$\Delta_Z = (250-20)\alpha_T \times 5000 = 14.72$$

$$\Delta = (\Delta_X^2 + \Delta_Y^2 + \Delta_Z^2)^{1/2} = 17.42$$

$$A = D\Delta/(L-U)^2 = 501.12$$

其中　　　　　　　　　　　　$L = 5+1+3 = 9 \ (\text{m})$

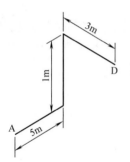

■ 图 9-5 管道
走向及尺寸

$$U=(5^2+1^2+3^2)^{1/2}=5.92$$

因为 $A=501.12>208.4$，所以该管道不能满足柔性要求。

六、柔性分析的数值解析法

1. 数值解析法的使用条件

① 操作温度高于 400℃ 或低于 −50℃ 的管道。

② 进出加热炉的工艺管道。

③ 进出高温反应器的工艺管道。

④ 进出蒸汽发生器的管道。

⑤ 进出汽轮机的蒸汽管道。

⑥ 进出离心式压缩机、鼓风机的工艺管道。

⑦ 进出往复式压缩机、往复泵的工艺管道。

⑧ 符合图 9-6 规定的泵管道。

⑨ 有特别要求的管道。

⑩ 其他直径及温度符合图 9-7 及图 9-8 的管道。

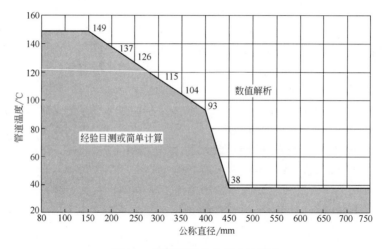

■ 图 9-6 泵管道柔性分析方法划分

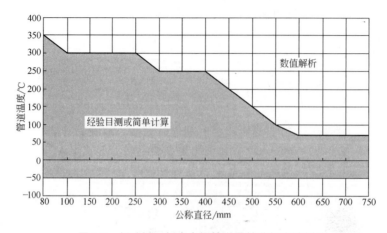

■ 图 9-7 低碳钢及低合金钢管道柔性分析方法划分

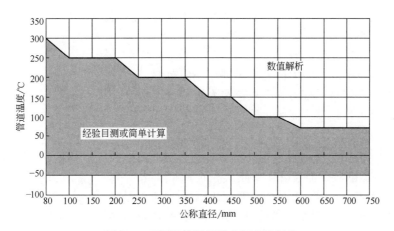

■ 图 9-8　不锈钢管道柔性分析方法划分

2. 应采用计算机分析程序进行详细应力分析的管道条件

一般情况下，数值解析法范围内的管道所形成的管系应采用计算机分析程序进行详细的应力分析。某些资料上给出了更具可操作性的规定，在此一并介绍给读者，供参考。下面是某些资料给出的应采用计算机分析程序进行详细应力分析的管道条件。

① 操作温度高于或等于 400℃ 的所有规格的管道。

② $DN \geqslant 80mm$，操作温度高于或等于 300℃、低于或等于 −20℃ 的管道。

③ $DN \geqslant 150mm$ 操作温度高于或等于 200℃ 的管道。

④ $DN \geqslant 650mm$ 的大口径管道。

⑤ $DN \geqslant 300mm$ 的真空管道。

⑥ 敏感设备（如泵、压缩机、蒸汽透平等）相连的工艺管道和蒸汽管道。

⑦ 用简单计算法判断补偿不够或者用图表法无法查到的管道。

⑧ 有弹簧支吊架的管道。

⑨ 有波纹膨胀节的管道。

⑩ 有冷紧的管道。

除此之外，对下列管道应根据具体情况确定是否需要用计算机进行详细应力分析。

① 贵重金属管道（如合金钢、不锈钢、特殊耐热钢、超低温用钢管道等）。

② 开停工频繁的管道。

③ 直管部分较长、热胀冷缩量较大的管道。

④ 相连机械或设备的管口有较大位移的管道。

⑤ 刚度较大的厚壁管道。

⑥ 剧毒介质管道。

七、管道柔性设计计算结果的内容及其合格标准

1. 管道柔性计算结果一般应包括的内容

① 输入数据。

② 各节点的位移和转角。

③ 各约束点的力和力矩。

④ 各节点的应力（及评估报告）。

⑤ 二次应力最大值的节点号、应力值和许用应力范围值。

⑥ 弹簧参数表。

2. 管道柔性设计的合格标准

① 管道上各点的二次应力值应小于许用应力范围。

② 管道对设备管口的推力和力矩应在允许的范围内。

③ 管道的最大位移量应能满足管道布置的要求。

八、管道柔性设计时管道计算温度的确定

管道计算温度应根据工艺设计条件及下列要求确定。

① 对于无隔热层管道：介质温度低于 65℃ 时，取介质温度为计算温度；介质温度高于或等于 65℃ 时，取介质温度的 95% 为计算温度（有的资料显示，全部按介质温度计算）。

② 对于有隔热层管道，除另有计算或经验数据外，应取介质温度为计算温度。

③ 对于夹套管道应取内管或套管介质温度的较高者作为计算温度。

④ 对于外伴热管道应根据具体条件确定计算温度。

⑤ 对于衬里管道应根据计算或经验数据确定计算温度。

⑥ 对于安全泄压管道，应取排放时可能出现的最高或最低温度作为计算温度。

⑦ 进行管道柔性设计时，不仅应考虑正常操作条件下的温度，还应考虑开车、停车、除焦、再生及蒸汽吹扫等工况。

九、管道柔性设计时应考虑的管道端点的附加位移

在管道柔性设计中，除考虑管道本身的热胀冷缩外，还应考虑下列管道端点的附加位移。

① 静设备热胀冷缩时对连接管道施加的附加位移。

② 转动设备热胀冷缩在连接管口处产生的附加位移。

③ 加热炉管对加热炉进出口管道施加的附加位移。

④ 储罐等设备基础沉降在连接管口处产生的附加位移。

⑤ 不与主管一起分析的支管，应将分支点处主管的位移作为支管端点的附加位移。

十、管件的柔性系数和应力增强系数

弯管（或弯头）在承受弯矩后，管子的截面会发生椭圆化，即扁平化。这样，在应力计算中犹如弯管截面惯性矩减少了 K 倍，刚度下降。若以同一弯矩值作用在弯管上比作用在直管上其位移量会大 K 倍。此 K 值称为弯管的柔性系数。

应力增强系数是在疲劳破坏循环次数相同的情况下，作用于直管的名义弯曲应力与作用于管件的名义弯曲应力之比。

柔性系数和应力增强系数是在进行管道柔性设计中考虑弯管、三通等管件柔性和应力的影响所采用的系数。管道中的弯管在弯矩作用下与直管相比较，其刚度降低、柔性增大，同时应力也将增加，因此，在计算管件时就要考虑它的柔性系数和应力增强系数。而管道中的三通等管件，由于存在局部应力集中，在验算这些管件的应力时，则采用了应力增强系数。

十一、应力集中的问题

工程上根据实际的需要，经常遇到压力管道元件开孔分支、变径、拐弯等问题，以致压

力管道在这些局部区域发生了形状或截面面积的变化。试验和实践都证明，当管道元件的形状或截面发生突变，或者受到的外力发生突变时，该局部区域的应力将急剧增加，且随着远离这个区域，其应力水平则迅速降低并在某一尺寸处而趋于正常。通常把因管道元件的外形突然变化或荷载的突然变化而引起局部应力增大的现象称为应力集中（Stress Concentration）。

从微观上讲，管道元件中总避免不了气孔（Blowhole）、夹渣（Slag Inclusion）、夹杂（Inclusion）甚至裂纹（Crack）等制造缺陷（Defects）的存在，这些缺陷的存在导致了材料的微观不连续，它不仅直接削弱了管道元件的承载能力，而且也会引起应力集中问题。

由于应力集中的存在，可能会使压力管道元件的整体应力在尚未达到材料的屈服极限时，而应力集中区域的最大应力已经到或远远超过了材料的屈服极限（Yield Limit）。

十二、管道的一次应力和二次应力的合格判断式

管道的一次应力（S_L）不得超过设计温度下管道材料的许用应力（S_h），即

$$S_L \leqslant S_h$$

管道的二次应力（S_E）不得超过许用应力范围（S_a），即

$$S_E \leqslant S_a = f(1.25S_c + 0.25S_h) \tag{9-2}$$

式中　f——在预期寿命内，考虑循环总次数影响的许用应力范围减少系数；

　　　S_c——管子材料在20℃时的许用应力，MPa；

　　　S_h——管子材料在设计温度下的许用应力，MPa。

若 $S_h > S_L$，它们之间的差值可以加到式(9-2)中，在此情况下，许用应力范围为

$$S_a = f[1.25(S_c + S_h) - S_L]$$

　　　S_L——由内压及持续外载产生的纵向应力，MPa。

十三、压力管道补偿器类型的选用及布置

① 由于设备布置或其他因素使管道系统的几何形状受到限制，补偿能力不能满足要求时，应在管道系统的适当位置安装补偿器。

根据补偿器的形成可以将其分为两类：一类是由于工艺需要在布置管道时自然形成的弯曲管段，称为自然补偿器，如 L 形补偿器、Z 形补偿器（图 9-9）、Ⅱ 形补偿器（图 9-10、图9-11）；另一类是专门设置用于吸收管道热膨胀的弯曲管段或伸缩装置，称为人工补偿器，如波纹式补偿器、填料函式补偿器等。

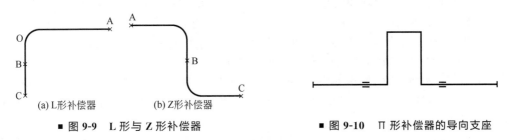

(a)L形补偿器　　　　(b)Z形补偿器

■ 图 9-9　L 形与 Z 形补偿器　　　　■ 图 9-10　Ⅱ 形补偿器的导向支座

如自然补偿的形式为 L 形，则需考虑其中较短管［图 9-9(a) 中 OB 管段］是否有足够的吸收管系热膨胀的能力，如 OB 管段的长度不够，则应加长至 C 或重新考虑管线布置，以免发生管系因弯曲过度而破坏。

■ 图 9-11　火炬管道的 Π 形补偿器

如自然补偿的形式为 Z 形，则不应在 Z 形管道中 B 处［图 9-9(b)］加以固定使之成为两个 L 形（AB 和 AC），即只需在两端（A、C）加以固定保持 Z 形。

管道在自然补偿时如选用立体形方式，则较平面形的补偿效果更好。

② 补偿器的选用和布置规定如下。

a. Π 形补偿器结构简单、运行可靠、投资少，应优先选用。Π 形补偿器宜设置在两固定点中部，为防止管道横向位移过大，应在 Π 形补偿器两侧设置导向架。导向支座与 Π 形补偿器管端的距离一般取管径的 30～40 倍。

b. Π 形补偿器与固定点的距离不宜小于两固定点间距的 1/3。

c. 管道布置受限制时，在设计压力和输送介质允许的情况下可选用金属波纹管补偿器。波形式补偿器补偿能力大、占地小，但制造较为复杂，价格高，适用于低压大直径管道。

波纹式补偿器是用 3～4mm 厚的金属薄片制成的，它利用金属本身的弹性伸缩来吸收管线的热膨胀，每个波纹可吸收 5～15mm 的膨胀量。它的优点是体积小、结构严密。但是为了防止补偿器本身产生纵向弯曲，补偿器不能做得太长，每个补偿器的波纹总数一般不得超过 6 个。这使补偿器的补偿能力受到限制。这类补偿器仅用在内压小于 0.7MPa 的管道上。

d. 布置无约束金属波纹管补偿器应符合下列要求。

ⅰ. 两个固定支座间仅能布置一个补偿器。

ⅱ. 固定支座必须具有足够的强度，以承受内压推力的作用。

ⅲ. 对管道必须进行严格保护，尤其是靠近补偿器的部位应设置导向架，第一个导向支架与补偿器的距离应小于或等于 4 倍公称直径，第二个导向支架与第一个导向支架的距离应小于或等于 14 倍公称直径，以防止管道有弯曲和径向偏移造成补偿器的破坏。

e. 布置带约束的金属波纹管补偿器应符合应力计算的要求。

f. 套管式、球形补偿器因填料容易松弛、发生泄漏，对可燃介质管道和有毒介质管道严禁选用（采用自然沉降地基的储罐，存在后期的沉降量，其管应采用金属软管）。

③ 储罐前的管道当地震烈度大于或等于 7 度、有不均匀沉陷，且公称直径大于或等于 150mm 时，应设置储罐抗震用金属软管。金属软管的直径不应小于储罐进出口的直径。金属软管应布置在靠近储罐壁的第一道阀门和第二道阀门之间。

十四、冷紧和自冷紧

冷紧（Cold Spring）是指在安装时（冷态）使管道产生一个初位移和初应力的一种方法。

如果热胀产生的初应力较大时，在运行初期，初始应力超过材料的屈服强度而发生塑性变形，或在高温持续作用下，管道上产生应力松弛或发生蠕变现象，在管道重新回到冷态时，则产生反方向的应力，这种现象称为自冷紧。

冷紧的目的是将管道的热应变一部分集中在冷态，从而降低管道在热态下的热胀应力和对端点的推力与力矩，也可以防止法兰连接处弯矩过大而发生泄漏，但冷紧不改变热胀应力范围。

十五、冷紧比及其选择

冷紧比为冷紧值与全补偿量的比值。对于材料在蠕变温度下工作的管道，冷紧比宜取0.7。对于材料在非蠕变温度下工作的管道，冷紧比宜取0.5。

与敏感设备相连的管道不应采用冷紧。因为由于施工误差使得冷紧量难以控制，另一方面，在管道安装完成后要将与敏感设备管口相连的管法兰卸开，以检查该法兰与设备法兰的同轴度和平行度，如果采用冷紧将无法进行这一检查。

十六、带约束的金属波纹管膨胀节的形式

① 单式铰链型膨胀节，由一个波纹管及销轴和铰链板组成，用于吸收单平面角位移[图 9-12(a)]。

② 单式万向铰链型膨胀节，由一个波纹管及万向环、销轴和铰链板组成，能吸收多平面角位移[图 9-12(b)]。

③ 复式拉杆型膨胀节，由用中间管连接的两个波纹管及拉杆组成，能吸收多平面横向位移和拉杆间膨胀节本身的轴向位移。

④ 复式铰链型膨胀节，由用中间管连接的两个波纹管及销轴和铰链板组成，能吸收单平面横向位移和膨胀节本身的轴向位移。

(a) 单式铰链型膨胀节　(b) 单式万向铰链型膨胀节

■ 图 9-12　单式铰链型膨胀节与单式万向铰链型膨胀节

⑤ 复式万向铰链型膨胀节，由用中间管连接的两个波纹管及销轴和铰链板组成，能吸收互相垂直的两个平面横向位移和膨胀节本身的轴向位移。

⑥ 弯管压力平衡型膨胀节，由一个工作波纹管或用中间连接的两个工作波纹管及一个平衡波纹管构成，工作波纹管与平衡波纹管间装有弯头或三通，平衡波纹管一端有封头并承受管道内压，工作波纹管和平衡波纹管外端间装有拉杆。此种膨胀节能吸收轴向位移和/或横向位移。拉杆能约束波纹管压力、推力。常用于管道方向改变处。

⑦ 直管压力平衡型膨胀节，一般由位于两端的两个工作波纹管及有效面积等于两倍工作波纹管有效面积、位于中间的一个平衡波纹管组成，两套拉杆分别将每一个工作波纹管与平衡波纹管相互连接起来。此种膨胀节能吸收轴向位移。拉杆能约束波纹管压力、

推力。

⑧ 带约束的金属波纹管膨胀节的共同特点是管道的内压推力（俗称盲板力）没有作用于固定点或限位点处，而是由约束波纹管膨胀节用的金属部件承受。

十七、膨胀节的选型及计算

在工程设计中，经常由于工艺、布置空间等方面的要求而使用金属波纹膨胀节，由于工艺要求、管线走向、空间限制等诸方面的因素是千变万化的。因而，在膨胀节的选型、安装位置等方面的设计及计算也是很复杂的。

① 膨胀节通常适用于高温低压的场合。

② 对于有疲劳因素的管线应特别注意膨胀节的使用寿命（安全循环次数）。

③ 膨胀节绝不应使用于有扭转的位置。

④ 应特别注意负压时膨胀节对系统的影响。

在带有膨胀节的部分的实际计算过程中，厂商的样本只是一个参数，由于压力、温度、安装空间等因素，建议应力分析工程师向制造厂提出一个设计技术要求，并要求制造厂予以答复，然后进行复算，通过适当的调整，使其在负荷、应力、补偿量等诸方面均满足要求。

十八、波纹管膨胀节施工安装应注意的问题

① 膨胀节的施工和安装应与设计要求相一致。

② 膨胀节的安装使用应严格按照产品安装说明书进行。

③ 禁止采用使膨胀节变形的方法来调整管道的安装偏差。

④ 固定支架和导向支架等应严格按照设计图纸进行施工，需要改动时应经原分析设计人员认可。

⑤ 膨胀节上的箭头表示介质流向，应与实际介质流向相一致，不能装反。

⑥ 安装铰链型膨胀节时，应按照施工图进行，铰链板方向不能装错。

⑦ 在管道系统（包括管道、膨胀节和支架等）安装完毕、系统试压之前，应将膨胀节的运输保护装置拆除或松开。按照国标 GB/T 12777《金属波纹管膨胀节通用技术条件》的规定，运输保护装置涂有黄色油漆，应注意不能将其他部件随意拆除。

⑧ 对于复式大拉杆膨胀节，不能随意松动大拉杆上的螺母，更不能将大拉杆拆除。

⑨ 装有膨胀节的管道，进行水压试验时，应考虑设置适当的临时支架以承受额外加到管道和膨胀节上的荷载。试验后应将临时支架拆除。

十九、管道作用于设备管口的应力安全评定分析与工程实例

管道作用于设备管口的应力安全评定是压力管道配管设计中的一个重要环节，如果配管设计时仅按照设备制造商或设备专业的数值，可能配管设计较难实现。压力管道配管设计专业在向设备制造商或设备专业提条件或评阅资料时，可根据工程实际情况，并根据下面经验数值，提出设计条件。

1. 静设备的允许荷载

① 管道作用于容器设备管口的许用荷载一般不应超过设备制造商或设备专业规定的允许值，若设备制造商或设备专业没有提出限制性要求，则应提交设备专业按相关规范进行校

核。这些允许数值应由管道专业与设备专业共同商定一个双方可接受的允许值，具体原因见《管道应力分析与工程应用》的详细讲述。

② 管道作用于工业炉管口的许用荷载一般不应超过工业炉制造商或工艺工业炉专业规定的允许值，若制造商或工艺工业炉专业没有提出限制性要求，应将炉子管口的荷载及位移提交工艺工业炉专业认可，API 560 Fired Heaters for General Refinery Services 的规定比较保守，也可与商家谈判加大此值。

③ 管道作用于空冷器管口的许用荷载一般为 API 661 Air Cooled Heat Exchangers for General Refinery Services 规定数值的 2 倍，或者是 GB/T 15386 规定数值的 3 倍，也可与商家谈判加大此值。

2. 转动设备的允许荷载

管道作用于转动设备管口的许用荷载一般不应超过设备制造商规定的允许值，当制造商无数据时，可参考下列标准进行核算。允许荷载为何是这些标准规范规定数值的倍数？具体原因见《管道应力分析与工程应用》的详细讲述。

① 离心泵管口的允许荷载一般不小于 API 610 Centrifugal Pumps for Petroleum, Chemical, and Gas Service Industries 规定数值的 3 倍。

② 汽轮机管口的允许荷载一般不小于 NEMA SM 23 Steam Turbines for Mechanical Drive Service 规定数值的 3 倍。

③ 离心压缩机管口的允许荷载一般不小于 API 617 Centrifugal Compressors for Petroleum, Chemical, and Gas Service Industries 规定数值的 1.5 倍。

④ 螺杆式压缩机管口的允许荷载一般不小于 API 619 Rotary Type Positive Displacement Compressors for Petroleum, Chemical, and Gas Service Industries 规定数值的 1.2 倍。

3. 往复机械的压力脉动及振动控制

① 往复式压缩机进出口管道的压力脉动和振动控制可参考 API 618 的方法三。标准中没有管口允许受力限制，管道设计人员不要向设备制造厂要管口允许受力。

② 往复泵进出口管道的压力脉动和振动控制可参考 API 674 的方法二。管口允许受力限制也无标准规定。

二十、高温管道用较厚的管子代替较薄的管子时应注意的问题

管子壁厚的增加提高了管道的刚度，增加了管壁面积和自重，因而必须对管道的柔性进行分析，以校核固定点、设备管口和各支吊架的荷载，还应校核弹簧支吊架的型号是否合适。

二十一、无中间约束、两端固定的管道冷紧后固定点推力的瞬时最大值

应按下面公式计算：

$$R_m = R\left(1 - \frac{2C}{3}\right)\frac{E_m}{E_a}$$

$$R_a = CR \text{ 或 } R_a = C_1 R$$

式中 R_m——在最高和最低设计温度下的瞬时最大推力（或力矩），N（N·m）；

R——按全补偿值及 E_a 为基础计算的推力（或力矩），N（N·m）；

C——冷紧比；

E_a——安装温度下管子材料的弹性模量，MPa；

E_m——最高或最低设计温度下管子材料的弹性模量，MPa；

R_a——安装温度下的估计瞬时推力（或力矩），N（N·m）；

C_1——自冷紧比（如果 $C_1 < 0$ 则取为 0），$C_1 = 1 - \dfrac{[\sigma]^t}{\sigma_E} \times \dfrac{E_a}{E_m}$；

σ_E——计算所得最大位移应力范围，MPa；

$[\sigma]^t$——热态钢材许用应力，MPa。

二十二、塔顶部管口的热膨胀量（初位移）的确定

塔顶部管口可分三类处理，即封头中心管口、封头斜插管口和上部筒体径向管口，管口的热膨胀量分别按下列方法确定。

1. 封头中心管口热膨胀量的计算

封头中心管口只有一个方向的热膨胀，即垂直方向，考虑到从塔固定点至封头中心管口之间可能存在操作温度和材质的变化，故总膨胀量按下式计算：

$$\Delta Y = L_1 \alpha_1 (t_1 - t_0) + L_2 \alpha_2 (t_2 - t_0) + \cdots + L_i \alpha_i (t_i - t_0) \tag{9-3}$$

式中　ΔY——塔顶管口总的热膨胀量，cm；

$\quad\quad L_i$——塔固定点至封头中心管口之间因温度和材质变化的分段长度，m；

$\quad\quad \alpha_i$——线胀系数，由 20℃ 至 t_i（℃）的每米温升 1℃ 时的平均线膨胀量，cm/（m·℃）；

$\quad\quad t_i$——各段的操作温度，℃；

$\quad\quad t_0$——安装温度，一般取 20℃。

2. 封头斜插管口热膨胀量的计算

封头斜插管口有两个方向的热膨胀，即垂直方向和水平方向的热膨胀，垂直方向的热膨胀量计算同式(9-3)，水平方向的热膨胀量按下式计算：

$$\Delta X_{封} = L_{封} \alpha_1 (t - t_0) \tag{9-4}$$

式中　$\Delta X_{封}$——封头斜插管口水平方向的热膨胀量，cm；

$\quad\quad L_{封}$——塔中心线距封头斜插管口法兰密封面中心的水平距离，m；

$\quad\quad \alpha_1$——线胀系数，由 20℃ 至 t（℃）的每米温升 1℃ 时的平均线膨胀量，cm/（m·℃）；

$\quad\quad t$——塔顶部的操作温度，℃；

$\quad\quad t_0$——安装温度，一般取 20℃。

3. 上部筒体径向管口热膨胀量的计算

上部筒体径向管口有两个方向的热膨胀，即垂直方向和水平方向的热膨胀，垂直方向的热膨胀量计算同式（9-3），水平方向的热膨胀量按下式计算：

$$\Delta X_{筒} = L_{筒} \alpha_1 (t - t_0) \tag{9-5}$$

式中　$\Delta X_{筒}$——上部筒体径向管口水平方向的热膨胀量，cm；

$\quad\quad L_{筒}$——分馏塔中心线距上部筒体径向管口法兰密封面的距离，m；

$\quad\quad \alpha_1$——线胀系数，由 20℃ 至 t（℃）的每米温升 1℃ 时的平均线膨胀量，cm/（m·℃）；

$\quad\quad t$——塔上部的操作温度，℃；

$\quad\quad t_0$——安装温度，一般取 20℃。

二十三、疲劳破坏

疲劳破坏是指在循环荷载的作用下，发生在构件某点处局部的、永久性的损伤积累过程，经过足够多的循环后，损伤积累可使材料产生裂纹，或使裂纹进一步扩展至完全断裂。疲劳损伤一般发生在应力集中处，如管道的支管连接处。

二十四、安全阀反力计算

关于安全阀排放反力的计算，以下公式供在设计中参考使用，作为正式计算时应根据安全阀出口管线的走向配置、管架设置、介质特性及业主或专利商要求，参见原文进行计算。

1. 按 API RP 520 Part Ⅱ （《安全阀的尺寸、选择和安装》PartⅡ 安装）

$$F = \frac{W}{366} \sqrt{\frac{kT}{(k+1)M}} + (A_o p_2)$$

式中 F——排放点的反力，lbf；

     W——气体流量，lb/h；

     k——绝热指数，$k = c_p/c_V$；

     c_p——比定压热容；

     c_V——比定容热容；

     M——流体的气体分子量；

     T——兰氏度（华氏温度+460），℉；

     A_o——排放点的出口面积，in^2；

     p_2——排放点的静压力，psi。

$$F = 129W \sqrt{\frac{kT}{(k+1)M}} + 0.1(A_o p_2)$$

式中 F——排放点的反力，N；

     W——气体流量，kg/h；

     k——绝热指数，$k = c_p/c_V$；

     c_p——比定压热容；

     c_V——比定容热容；

     M——流体的气体分子量；

     T——热力学温度（摄氏温度+273），K；

     A_o——排放点的出口面积，cm^2；

     p_2——排放点的静压力，kgf/cm^2。

2. 按 ASME B31.1 （《动力管线》）

$$F = \frac{W}{Gc}v + (p_1 - p_a)A$$

式中 F——反力，lbf；

     W——质量流量，lb/s；

     Gc——引力常数，32.2lb·ft/(lbf·s^2)；

     v——流速，ft/s；

p_1——静压力，lbf；

p_a——大气压力，lbf；

A——流通面积，in^2。

二十五、某安全阀排放反力计算工程实例

某安全阀排放反力计算工程实例如图 9-13 所示。

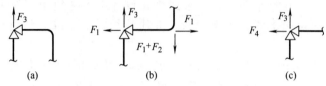

■ 图 9-13　某乙烯工程安全阀排放反力计算

在某乙烯工程项目中，安全阀的反力计算是根据 ASME B31.1 的计算原理和提供的计算公式，采用 Excel 表格编辑了公式，使用时，只需要在指定格内输入必要信息数据，会自动得出 F_1、F_2、F_3、F_4 各力的大小。对于成批计算时，方便了很多。

图(a) 是闭式排放系统，图(b) 是开式排放系统，图(c) 是闭式排放系统或开式排放系统的瞬时冲击荷载。F_1、F_2、F_3、F_4 的计算公式已经在表中列出。

图(a)（闭式排放系统）或图(b)（开式排放系统）计算时，都要再计算图(c)，并分别与图(c) 相应的力进行比较，取其中较大的值。例如，在计算闭式系统的 F_3 时，先计算图(a) 的 F_3，再计算图(c) 的 F_3，比较两者的值，取大者。

二十六、管道的热应力与计算实例

当管道热胀时，受各种支架及其所连接设备的约束，即热胀受阻而产生热应力。此外，由于管道局部的温度分布不均，轴向及管内外存在温度梯度，也产生热应力。

图 9-14(a) 所示为一端固定一端自由的管道，热胀时不受阻，所以没有热应力。图 9-14(b) 为两端固定的管道，热胀受阻而产生热应力 S_E 和对固定点的作用力 F_x。

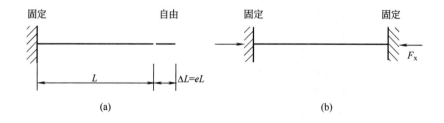

■ 图 9-14　管道热膨胀变形

$$S_E = eE/100$$
$$F_x = AS_E$$

式中　E——管材的弹性模量，MPa；

　　　A——管道的截面积，mm^2；

　　　S_E——热应力，MPa；

　　　F_x——对固定点的作用力，N；

e——单位线膨胀量，cm/m，$e=\Delta L/L$；

L——管道的计算长度，m；

ΔL——管道的热膨胀量，cm。

已知 $DN100$、长 1m、两端固定的碳素钢管，管子壁厚为 5mm，如图 9-14(b) 所示。环境温度为 20℃，当管内流动 120℃流体时，求这段管子的热应力和对固定点的作用力（已查到碳素钢从 20℃环境温度上升到 120℃的线膨胀量 $e=0.116$cm/m；在 120℃的弹性模量 $E=1.94\times10^5$MPa）。

① $DN100$ 管子的外径为 114mm，壁厚为 5mm，截面积 $A=1712$mm^2。

② 热应力 $S_E=0.116\times1.94\times10^5/100=225$MPa。

③ 对固定点的作用力 $F_x=1712\times225=385200$N。

从上述例题可知，两端固定没有任何补偿措施的管道虽然温度的变化只有 100℃，但热应力和对固定点的作用力都是很大的，如不采取补偿措施，则可能造成管道或支架损坏。

二十七、改善管道热应力过大的措施

如计算结果显示，应力过大或对设备的力和力矩过大，可以采取下列措施加以改善。

① 改变管道的走向，以增加管道的柔性。

② 将刚件支架改为弹簧吊架，增加弹簧吊架的柔性或将可变弹簧吊架改为恒力弹簧吊架。

③ 改变支架结构，减少活动支架的摩擦力，或将支架改为吊架。

④ 提高法兰的等级，或将法兰连接改为焊接以减少泄漏。

⑤ 设置波形补偿器等元件以解决管道热膨胀问题等。但是，对于危险性较大的可燃介质管道和有毒介质管道，严禁采用套管式和球形补偿器，因为这些元件是管道中的薄弱环节，易于损坏和泄漏。

⑥ 在支架有上下位移处，应设置弹簧吊架或弹簧支架。如图 9-15 所示。

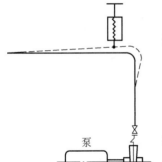

■ 图 9-15 弹簧吊架的使用

二十八、L 形管系长臂与短臂的补偿设计

① 对于 L 形管系，长臂与短臂接近相等或差别不大时（图 9-16），常常认为该几何形状管道系统在任何情况下都富有弹性，这是错误的。实际上管道系统产生的力是很大的。

② 对平面管道系统，欲增加其弹性，宜增加远离固定点连线的管子长度。以 L 管系为例（图 9-17）。

如图 9-17(a) 所示管系，其热胀不能自补偿，按图 9-17(b)、图 9-17(c) 改变后均能自然补偿。如将原管系图 9-17(a) 改变为图 9-17(d)、图 9-17(e) 的形状，其效果不如图 9-17(b)、图 9-17(c)。如按图 9-17(f)、图 9-17(g) 改变，是不允许的。如按图 9-17(h)、图 9-17(i)、图 9-17(b) 改变，是没有效果的。

③ 对空间管系，欲增加其弹性一般情况下，是在远离端点连线的方向增加管子长度，使图形接近正方体。以空间 Z 形为例（图 9-18）。假定图 9-18(a) 为原几何形状，其热胀不

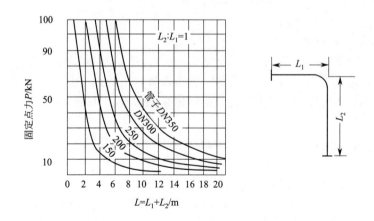

■ 图 9-16　L 形管系长度与弹性力的关系

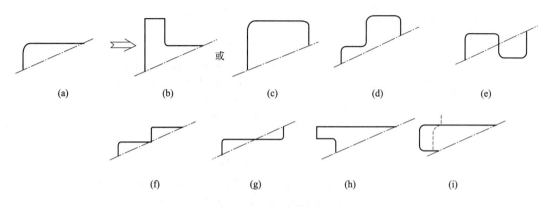

■ 图 9-17　L 形平面管系布通方案图

能自补偿，需要改变形状。如果在高的方向增加管长是有效果的，如图 9-18(b)，但不如图 9-18(c) 在宽的方向增加管系长度，使管系接近正立方体效果显著。如在长轴方向增加管长如图 9-18(e) 虽有效果，但此方法不好。如按图 9-18(d) 变化则弹性减少。

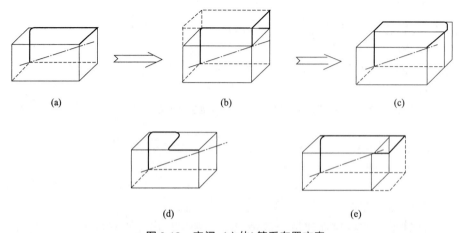

■ 图 9-18　空间（立体）管系布置方案

二十九、公式法计算 L 形补偿器短臂长度及实例

L 形补偿器如图 9-19 所示，其短臂 L_2 的长度可按下式计算。L 形补偿器的长臂的长度不应取的太长，否则会造成短臂的侧向移动量过大。

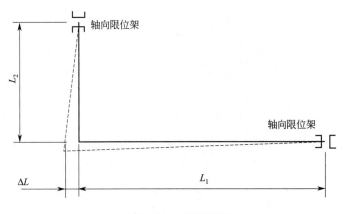

■ **图 9-19 L 形补偿器**

$$L_2 = 1.1\sqrt{\frac{\Delta L d}{300}}$$

式中　L_2——L 形补偿器短臂的长度，m；

　　　ΔL——长臂 L_1 的膨胀量，mm；

　　　d——管子外径，mm。

例： 有 $\phi 406 \times 13.0$ 碳钢钢管的 L 形补偿器，如果长臂的热膨胀量为 70mm，求短臂的长度。

解： 短臂的长度　$L_2 = 1.1\sqrt{\dfrac{\Delta L d}{300}} = 1.1 \times \sqrt{\dfrac{70 \times 406}{300}} \approx 10.7\,(\text{m})$

三十、导向悬臂法计算 L 形管道短边长度

$$H \geqslant 774.6\sqrt{\frac{D_0 \Delta}{[\sigma]_A}}$$

$$\Delta = \alpha \Delta t L$$

式中　H——L 形管道的短边最小长度，m；

　　　L——L 形管道的长边已知长度，m；

　　　Δ——L 形管道的长边的热膨胀量，m；

　　　D_0——管子外径，m；

　　　α——管材的线胀系数，$℃^{-1}$；

　　　Δt——最高和最低温度差，℃；

　　　$[\sigma]_A$——许用的位移应力范围，MPa。

三十一、图表法计算 L 形管道短边长度及实例

① L 形补偿器短臂长度 L_2 的计算。

a. 求得 $\dfrac{L_1\sigma_A}{10^4 e}$（$\sigma_A$ 为许用应力范围，MPa；e 为单位线膨胀量，cm/m）。

b. 从图 9-20 查得系数 K 值。

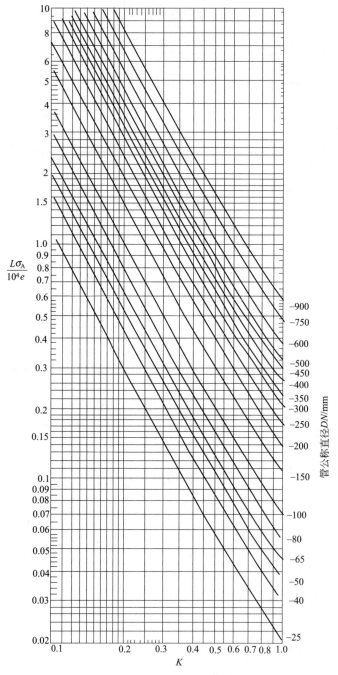

■ 图 9-20　L 形补偿器短臂长度 L_2 的计算表

c. 计算出 $L_2 = KL_1$。

② 有 $DN400$ 碳素钢无缝钢管 L 形补偿器，管线设计温度 250℃，许用应力范围 $\sigma_A =$ 110MPa。长臂 L_1 为 15m，求短臂 L_2 的长度。

解：

a. 碳钢由 20℃ 升至 250℃ 的单位线膨胀量 $e = 0.289\text{cm/m}$（由线胀系数与温差计算得出）。

b. $\dfrac{L_1\sigma_A}{10^4 e} = \dfrac{15 \times 110}{10^4 \times 0.289} = 0.571$，因此由图 9-20 查得 K 为 0.65。

c. $L_2 = KL_1 = 0.65 \times 15 = 9.8\text{m}$。

三十二、公式法计算 Z 形补偿器垂直臂长度及实例

Z 形补偿器（图 9-21）的垂直臂 L_3 的长度可按下式计算。

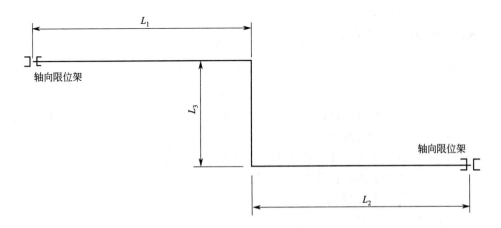

■ 图 9-21　Z 形补偿器

$$L_3 = \sqrt{\dfrac{6\Delta t E\,d}{10^3 R\left(1 + 1.2 \times \dfrac{L_1}{L_2}\right)}}$$

式中　L_3——Z 形补偿器垂直臂的长度，m；

　　　Δt——计算温差，℃；

　　　E——管子的弹性模量，MPa；

　　　d——管子外径，mm；

　　　R——允许弯曲应力，MPa。

例： 一条管线 $\phi 114 \times 5$ 碳钢管道，采用了 Z 形补偿器。其长平行臂 L_1 为 20m，短平行臂 L_2 为 15m，管线设计温度按 250℃，安装环境温度取 20℃，求 Z 形补偿器垂直臂的长度。

解： 由资料查得 $E = 183 \times 10^3\text{MPa}$，$R = 110\text{MPa}$，代入式中得

$$L_3 = \sqrt{\dfrac{6\Delta t Ed}{10^3 R\left(1 + 1.2 \times \dfrac{L_1}{L_2}\right)}} = \sqrt{\dfrac{6 \times (250 - 20) \times 183 \times 10^3 \times 114}{10^3 \times 110 \times \left(1 + 1.2 \times \dfrac{20}{15}\right)}} = 317(\text{cm})$$

三十三、法兰泄漏校核常用方法

有的管道设计人员遗漏法兰泄漏校核环节，在运行时出现了事故。法兰泄漏校核常用方法有 Kellogg 当量压力分析方法和 ASME NC 3658 分析方法。

1. Kellogg 当量压力分析方法

$$P_{eq} = 16M/\pi G^3 + 4F/\pi G^2 + P_D < P_{Rating}$$

式中　P_{eq}——当量压力（用于检查法兰选型）；

　　　　M——作用在法兰上的弯矩；

　　　　G——法兰垫片的有效直径；

　　　　F——作用在法兰上的轴向力（取绝对值）；

　　　　P_D——设计压力。

2. ASME NC 3658 分析方法

$$M_{fs} \leqslant 3125(S_y/36000)CA_b$$

$$M_{fd} \leqslant 6250(S_y/36000)CA_b$$

式中，M_{fs}——由于持续机械荷载而产生的较大的弯矩或扭矩（不包含任何偶然工况）；

　　　　S_y——法兰材料的屈服强度（不大于 36000psi）；

　　　　M_{fd}——由于持续机械荷载及动态荷载而产生的较大的弯矩或扭矩（法兰中弯矩较大一侧，包含偶然工况）；

　　　　C——螺栓中心圆直径；

　　　　A_b——总的螺栓截面面积。

第三节　管道支吊架的设计

一、管道支吊架设计的内容

管道支吊架（Pipe Supports and Hangers）设计包括管道支吊架的设置和管道支吊架结构的设计两大部分。管道支吊架设计的基本内容如下。

① 管道支吊架设置。

② 标准管道支吊架的选用。

③ 非标准管道支吊架的选用。

④ 管架数据表的编制。

⑤ 管架材料表的编制。

⑥ 管架设计说明的编制。

管道支吊架的位置和类型以及管架生根部位一经确定，就应标注在管道平面布置图上，若工程需要也应在管道轴测图上进行标注；如果使用计算机三维模型软件设计，则需要标在三维模型中。

二、管道支吊架的作用及分类

管道支吊架的作用及分类见表 9-1。

表 9-1　管道支吊架的作用及分类

序号	大　分　类		小　分　类	
	名称	用　途	名　称	用　途
1	承重管架	承受管道荷载（包括管道自身荷载、隔热或隔声结构荷载和介质荷载等）	(1) 刚性架	用于无垂直位移的场合
			(2) 可调刚性架	用于无垂直位移,但要求安装误差严格的场合
			(3) 可变弹簧架	用于有少量垂直位移的场合
			(4) 恒力弹簧架	用于垂直位移较大或要求支吊点的荷载变化不能太大的场合
2	限制性管架	用于限制、控制和约束管道在任一方向的变形	(5) 固定架	用于固定点处不允许有线位移和角位移的场合
			(6) 限位架	用于限制管道任一方向线位移的场合
			(7) 轴向限位架	用于限位点处需要限制管道轴向线位移的场合
			(8) 导向架	用于允许有管道轴向位移,但不允许有横向位移的场合
3	减振架	用于限制或缓和往复式机泵进出口管道和由地震、风压、水击、安全阀排出反力等引起的管道振动	(9) 一般减振架	用于需要减振的场合
			(10) 弹簧减振器	用于需要弹簧减振的场合
			(11) 油压减振器	用于需要油压减振器减振的场合

三、支吊架的结构组成

一般情况下，管道支吊架可以分为三部分，即附管部件、生根部件和中间连接件。与管子直接相接触或与管子直接焊在一起的部分称为附管部件。与地面、设备及建、构筑物等支承设施相连的部分称为生根部件。连接附管部件和生根部件的部分称为中间连接件。并非所有支吊架都由这三部分组成，有时仅包含两部分甚至一部分。

下列情况下，附管部件不能与管子直接焊接。

① 吊架支承且管内介质温度高于或等于 400℃ 的碳钢管道。

对于吊架支承情况，由于焊缝受拉，而且焊缝受力面积较小，又存在较大的应力集中，焊后一般也不进行热处理，故在高于 400℃ 的情况下，焊缝会因回火而发生应力松弛，而且是在高应力的作用下发生应力松弛，此时容易在应力松弛过程中因金属不稳定而造成焊缝拉裂。故焊接型吊架不应用在高于 400℃ 情况下。

② 低温管道。

对于低温管道，如果采用焊接结构，会由于金属传热较快而造成较大的冷量损失。因此，对于低温管道一般应选用管卡形式，且管卡卡在保冷层的外层，使金属支吊架不直接与管子接触。保冷层中要适当设置一些软木块等以起到强度加强作用。

③ 合金钢或有热处理要求的碳钢管道。

对于多数合金钢管道，或者设计提出要求焊后热处理的碳钢管道，如果焊后不进行热处理，会影响材料的使用性，如增加其应力腐蚀开裂的倾向，或增加高合金钢延迟裂纹产生的倾向。对于现场不能或者不便进行热处理的管道，不应采用焊接型支吊架。对于大气腐蚀较严重的潮湿地区，不锈钢管道也不宜采用焊接，以防电偶腐蚀的发生而导致支吊架很快破坏。

④ 生产中需要经常拆卸检修的管道。

经常拆卸的管道，如果采用焊接，不便于支吊架的拆除，除非附管部件与中间连接件可以拆除。

⑤ 高空敷设且不宜焊接施工的管道。

金属焊接的劳动强度较大，而且需要专用的设备，高空作业比较困难，故高空敷设的管道不宜采用焊接型管道支吊架。

非金属衬里管道、镀锌管道、渗铝管道等不允许焊接的管子，一旦现场焊接了支吊架，会损坏其耐腐蚀覆层，故此时也不应采用焊接型管道支吊架。

一般情况下，附管部件应与管子同材质，只有当管子为普通碳素钢，并确认管子壁厚有较大的裕量时，可采用普通碳素钢。

不能采用焊接附管部件时，应采用管卡（管箍）型附管部件。在使用管卡（管箍）作为附管部件时，除上面讲到的保冷管道其附管部件应置于保冷层外面时，尚应注意下列问题。

① 与不锈钢管子（尤其是温度高于100℃的不锈钢管子）相连时，应在管子与管卡（管箍）之间设置非金属（如石棉）垫层，使其隔离，以免发生电偶腐蚀或碳迁移现象。

② 对于 $DN \geq 50mm$ 的管子，当采用管卡承重时，应设置挡铁。

③ 当管子有保温时，管卡（管箍）与中间连接件相连的部分应露出隔热层外，以便于隔热保护层的封闭。

④ 当水平管子在工作状态下有平面位移时，管卡（管箍）宜与吊架配合使用，以适应管子支承点的位移，避免隔热层的损坏。

四、管道支架生根的结构形式

① 在设备本体上生根。采用预焊生根件。

② 在混凝土结构上生根。通常采用的方法有预埋钢板或型钢或套管、在混凝土结构上钻孔后用膨胀螺栓固定等。

③ 在墙上生根（图9-22）。墙上预留孔、砌预制块（带有预埋钢板），以及采用膨胀螺栓固定等。

④ 在地面/基础上生根（图9-23）。

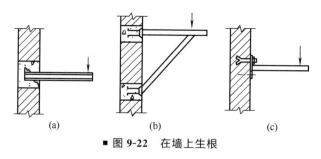

(a)　　　　　(b)　　　　　(c)

■ 图9-22 在墙上生根

⑤ 在钢结构/大管上生根（图9-24）。

⑥ 在建、构筑物平台及设备平台生根。

当支吊架在建筑物和构筑物的梁柱、加热炉钢结构、塔与建筑物和构筑物平台等部位生根时，生根部件采用焊接方式直接焊在上述结构上是最简便有效的办法。由于这些部位处于常温，故生根部件可采用普通碳素钢（镇静钢或沸腾钢）材料。在征得有关专业的同意后也

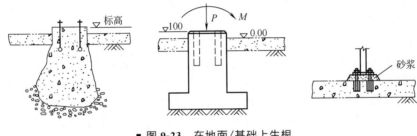

■ 图 9-23 在地面/基础上生根

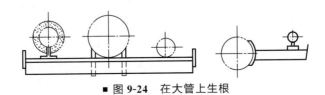

■ 图 9-24 在大管上生根

可以采用螺栓连接。无论采用焊接还是螺栓连接，均应向有关专业提出支吊架所承受的荷载条件，并得到相关专业的确认。除此之外，尚应注意生根点的平面尺寸是否能满足生根件尺寸的要求，否则应采取措施。

当支吊架生根在建筑物和构筑物的墙体、设备基础等非钢体结构上时，应及时向有关专业提出预埋钢板的条件，详细给出生根位置、生根面积和支承荷载等有关要求。此时生根构件可采用焊接形式，生根构件材料采用普通碳素钢。

设计从设备上生根的支架时，要求在设备上预焊生根件。如果现场安装支架在设备壁上直接焊接，许多设备需要重新检验，且拖延施工进度。焊后残余应力会影响设备的防腐能力和机械性能。对于非金属衬里的设备，现场焊接会损坏内衬如橡胶、塑料、玻璃等。

对容器类设备上的生根件〔包括管道支架预焊件、平台预焊件及保温（冷）的预焊件等〕确定下来，把条件及资料送交设备制造厂，这对于提前制造设备是十分有利的。越是复杂的、制造周期长的设备，越需提前提出条件。

在设计中，应将生根件（预焊件）的位置、荷载（力及力矩）、预焊件的尺寸或标准等提供给设备设计者，以满足支架设计的要求。

当支吊架生根在地面上时，应考虑地面的承载能力。当地面为一般的混凝土时，管道专业可不向有关专业提出条件，此时生根部件可直接置于地面或采用膨胀螺栓固定在地面上，生根部件材料采用普通碳素钢。当管子直径较大而支架承重荷载较大时，一般的路面已不能满足其承重要求，此时应为支吊架专设基础，并预埋钢板或地脚螺栓，生根部件与预埋件焊接或与螺栓连接。一些设计单位规定，凡 $DN \geqslant 150mm$ 的管子其落地支架均应专设基础，并详细向土建专业提出支架位置、基础标高、支承标高、支承荷载、预埋件尺寸等条件。

当支吊架生根在邻近的大管子上时，它的生根部件对于大管子来说相当于其附管部件，故此时要求同附管部件部分。

五、支吊架形式的一般选用原则

① 在确保安全使用的前提下，优先选用标准管架和定型元件，以减少管架类型和非标准管架。选用标准系列支吊架有利于支吊架的预制和安装，也可减少用材品种，从而可节省采购、制造、管理等方面的费用。采用标准系列支吊架还有利于装置的美观。

② 支吊架形式应能满足管道的承重、限位或防振的基本要求。在进行支吊架选型时，应首先根据管道的承重、限位或防振要求来选择其合适的形式。

③ 在选用管道支吊架时，应按照支承点所承受的荷载大小和方向、管道的位移情况、工作温度、是否保温或保冷、管道的材质等条件选用合适的支吊架。

④ 焊接型的管托、管吊比卡箍型的管托、管吊省钢材，且制作简单，施工方便。因此，除下列情况外，应尽量采用焊接型的管托和管吊：管内介质温度高于或等于 400℃ 的碳素钢材质的管道；低温管道；合金钢材质的管道；生产中需要经常拆卸检修的管道；架空敷设且不易施工焊接的管道；非金属衬里管道。

⑤ 为防止管道过大的横向位移和可能承受的冲击荷载，一般在下列位置设置导向管托，以保证管道只沿着轴向位移。

a. 安全阀出口的高速放空管道和可能产生振动的两相流管道。

b. 横向位移过大可能影响邻近管道时；固定支架之间的距离过长，可能产生横向不稳定时。

c. 为防止法兰和活接头泄漏，要求管道不宜有过大的横向位移时。

⑥ 当架空敷设的管道热胀量超过 100mm 时，应选用加长管托，以免管托滑到管架梁下。

⑦ 凡支架生根在需整体热处理的设备上时，应向设备专业提出所用垫板的条件。

⑧ 对于荷载较大的支架位置要事先与有关专业设计人联系，并提出支架位置、标高和荷载情况。

⑨ 凡需要限制管道位移量时，应考虑设置限位架。

⑩ 支吊架形式应能适应管道或生根设备材料及热处理的要求。

⑪ 支吊架形式应能适应生根条件的要求。在通常的设计中，往往会出现这样的情况：最佳的支承位置和支吊架形式不一定具备合适的支承生根条件。此时就应考虑变换支架形式，或者在满足要求的条件下改变生根位置进行支承。

⑫ 支吊架形式应便于管道的拆卸检修，有利于施工，并不妨碍操作及通行。当支吊架位于操作人员可能通过的地方且位置又较低时，应考虑取消三角支承或改为吊架。当管道经常拆卸时，应避免采用焊接结构。

⑬ 支吊架选型尚应符合经济性原则。

六、确定管道支架位置的要点

① 承重架距离应不大于满足管道刚度及挠度要求下的最大间距。

② 在管道垂直段弯头附近，或在垂直段重心以上做承重架，垂直段长时，可在下部增设导向架。

③ 在集中荷载大的管道组成件附近设承重架，设在弯管和大直径三通式分支管附近。

④ 尽量使设备接口的受力减小。如支架靠近接口，对接口不会产生较大的热胀弯矩。

⑤ 支架的位置及类型应尽量减小作用力对被生根部件的不良影响。

⑥ 对于需要进行详细应力计算的管道，应根据应力计算结果设计管架。

⑦ 在敏感的设备（泵、压缩机）附近，应设置支架，以防止设备口承受过大的管道荷载。

⑧ 往复式压缩机的吸入或排出管道以及其他有强烈振动的管道，宜单独设置支架（支架生根于地面的管墩或管架上），以避免将振动传递到建筑物上。

⑨ 除振动管道外，应尽可能利用已有的建筑物、构筑物的梁柱作为支架的生根点，且

应考虑生根点所能承受的荷载，生根点的构造应能满足生根件的要求。

⑩ 管道支吊架应设在不妨碍管道与设备连接和检修的部位，考虑维修方便，使拆卸管段时最好不需做临时支架。

七、管道布置过程中对支架位置的考虑

① 管道走向首先要满足安全生产、工艺要求，此外应使操作、安装、维修方便。

② 管道尽量集中布置，如成排布置，便于做联合支架，尽量减少分散独立设置的柱式架。同时应整齐美观。

③ 管道布置应靠近可能做支架的点，如靠近为其他目的做的构筑物，沿建筑物的墙、柱或沿平台下敷设，以便利用梁和柱来支承。

④ 管道成组布置时，各管道的被支承面应取齐，即水平管管托底面和不保温管的管底应取齐，竖直管管托底面和不保温管的管底应侧齐，以便设计支架。

⑤ 采用弹簧支座或吊架时，管道与生根构件之间应有足够的空间。

八、常用支吊架形式及其选用

化工行业有管架标准图（HG/T 21629），国内外一些工程公司或者互相借鉴，或者自行编制，标准和特殊管道支吊架的设计方法可参见《工业管道应力分析与工程应用》第七章的详述。常用支吊架形式已基本形成系列化。虽然不同的国家、不同的行业、不同的设计单位所用的支吊架形式不尽相同，但总的来说大同小异。这些支吊架系列包括平（弯）管支托、假管支托、型钢支架、悬臂支架、管托、管卡、摩擦减振支架、吊架等。

1. 管卡（Pipe Clamp）

管卡是一种应用比较广泛的支架形式，它常与梁柱或其他支架（如悬臂支架等）配合使用，用于非隔热管道，也可用于保冷管道。一般由扁钢或圆钢制作。常用的管卡形式如图 9-25 所示。

图 9-25 中共给出了 A、B、C、D、E、F 六种管卡，其应用情况分述如下。

A 型管卡常配有支耳板，当它们与悬臂支架配合用于竖管时，可起承重作用，当它们与水平梁配合用于水平管时，可起止推作用。该管卡的承载能力取决于扁钢的宽度、螺栓的数量、支耳板的大小和数量，一般情况它适用于 $DN80\sim350$ 的光管承重或止推。

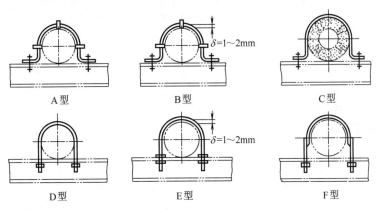

A 型　　　　　　B 型　　　　　　C 型

D 型　　　　　　E 型　　　　　　F 型

■ **图 9-25** 管卡系列示意

B 型管卡既可与悬臂支架配合，又可与水平支承梁配合，用于 $DN80\sim350$ 光管（竖直或水平）的导向。

C 型管卡专用于保冷管道的承重和导向。当它用于竖直管子的承重时，限用于 DN50 以下的管子，当管子直径较大时，应辅以其他承重支架。

D 型和 E 型管卡均用圆钢做支架零部件，形式较简单。又由于它沿管子切向拉紧，可获得较大的卡紧力，故不大于 DN50 的竖直光管常以 D 型管卡进行承重。E 型常用于 DN15～150 的竖直或水平光管的导向，此时它的固定螺母为生根件，上下各一个，便于保证导向间隙。

F 型管卡常又称防振管卡，用于有机械振动的管道。该支架用扁钢做卡箍零部件以增大其受力面积，而以螺栓切向拉紧有利于增加支架的卡紧力，管卡与管子之间垫若干石棉块，既便于增加振动阻尼，又使管子能够有少量的轴向位移，固定螺母为双螺母，以防止因振动而脱落。

2. 吊架（Hanger）

吊架一般用于管子的承重。其刚度较小，与管子之间又不存在摩擦力，故它对管系的柔性限制较小。正因为它的刚度较小，降低了管系的稳定性，因此在一个管系中，不可全部用吊架承重。另外，当管子有较大的横向位移时，也不能选用吊架，一般规定吊架吊杆的偏转角不大于 4°。何时选用吊架，何时选用其他形式的承重架，往往取决于可用的支架生根条件。当生根点位于被支承管子的上面时，可考虑用吊架。常用的吊架形式如图 9-26 所示。

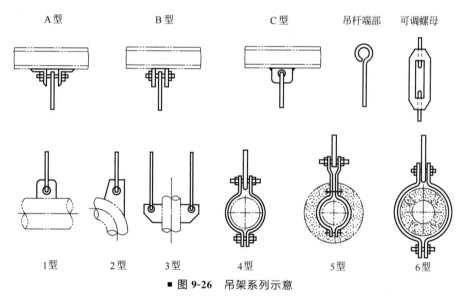

■ **图 9-26** 吊架系列示意

图中共给出了 A、B、C 三种生根形式和 1、2、3、4、5、6 六种吊装形式。两者组合共可得到 18 种吊架形式。在生根部件和附管部件之间还可根据需要添加其他中间连接件，如可调螺母（又称花篮螺母）、弹簧吊架等。

3. 管托（Pipe Shoe）

管托主要用于隔热管道，并分别与不同的生根形式配合使用，可以实现管子的滑动（承重）、固定、导向、止推等作用。常用的管托形式如图 9-27 所示。

图 9-27 中共给出了 A、B、C 三种管托形式和 1、2、3、4 四种生根形式。三种管托形式可单独使用，也可与四种生根形式组合使用。两者组合使用时，可以得到 12 种限位管托形式。

A 型和 B 型管托适用于管道允许现场焊接的情况，其中 A 型一般适用于管子 DN≤

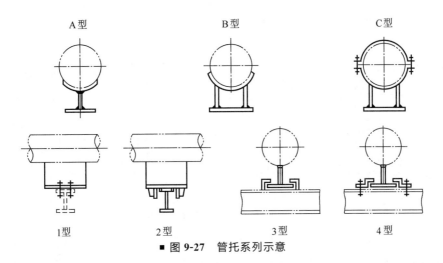

A型　　　　　　　　B型　　　　　　　　C型

1型　　　　　2型　　　　　3型　　　　　4型

■ **图 9-27** 管托系列示意

150mm 的情况，B 型适用于 $DN=200\sim400$mm 的情况。对于 $DN\geqslant450$mm 的情况，应考虑按设备支座要求制作管托。当管道材料对支架材料不敏感时，A 型或 B 型中的垫板可以取消不用。C 型适用于管托不允许在现场直接与管道焊接的场合（如管道保冷时）。A 型、B 型、C 型单独使用时即为一般的滑动管托。

1 型生根形式可以通过管托实现隔热管道在此处的全固定，使其成为固定点。2 型生根形式与管托配合可以实现管道的双向止推，即限制管道在此处的轴向位移。3 型和 4 型与管托配合可以实现管子的导向，即限制管道在此处的横向位移。其中 4 型常与附塔悬臂支架配合用于竖直管道的导向。

对于不隔热管道，一般不用管托，此时它的止推和导向往往借助于图 9-28(a)、(b) 所示的支架形式进行。而光管的固定则是借助于管卡和止推卡实现。光管的滑动则不需要任何支架，将管子直接置于支承梁上即可。对于较重的管道，有时为了防止因热位移而划伤管道，则在相应的位置焊一块垫板，如图 9-28(c) 所示。

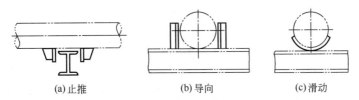

(a)止推　　　　　　(b)导向　　　　　　(c)滑动

■ **图 9-28** 光管的止推和导向支架示意

4. 平（弯）管支托（Horizontal/Elbow Pipe Support）

平（弯）管支托主要用于距地面或平台较近（一般不大于 1500mm）的水平管道或弯管的承重。根据结构的不同，它可分别适用于水平和垂直方向有少量位移的情况。常见的平（弯）管支托形式如图 9-29 所示。

图 9-29 中共给出 A、B、C 三种附管部件形式，同时给出了 1、2、3 三种生根部件形式，附管部件形式与生根部件形式以不同的形式组合可以得到 9 种平（弯）管支托形式，它们各自的适用情况如下。

A 型支承形式常用于允许附管部件与管子可直接焊接的情况；B 型用于附管部件不允许与管道直接焊接的情况；C 型用于高度可上下少量调节的情况。三种形式均可用于保温或光管情况。

633

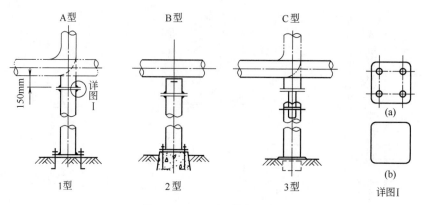

■ **图 9-29 平（弯）管支托示意**

1 型生根形式一般用于 $DN \leqslant 125\text{mm}$ 的管子支承；2 型一般用于 $DN \geqslant 150\text{mm}$ 的管子支承，此时应向土建专业提出有关基础大小、荷载大小、预埋地脚螺栓或钢板要求等条件；3 型一般用于置在平台上的情况，此时应向有关专业提出支承荷载大小的条件，以便布置承重梁。三种情况均可以螺栓与生根设施相连，也可以焊接形式与生根设施相连，视方便而定，并向有关专业提出相应条件。

图 9-29 给出了（a）、（b）两种支架上下部分的连接形式：（a）型为螺栓连接，此时不允许管道有水平位移；（b）型无连接要求，可允许管子有少量的水平位移。（a）、（b）两种连接形式常配对出现，用于阀组、集合管、蒸汽分配器等两端的支承。

5. 耳轴（Dummy Support）

耳轴主要用于水平敷设的管道承重。当水平管道拐弯且其跨度超出标准要求的最大允许值时，可以借助于该形式的支架承重。该支架一般仅作承重用，而且仅能用于允许支架与管子直接焊接的情况。当管道有保温时，它可与滑动管托配合使用，此时的滑动管托形式与直接支承在管子上的形式相同。

耳轴的最大长度视不同管径而定，一般最大不应超过 2000mm。

图 9-30 的 A 型适用于向下拐弯的情况，B 型适用于向上拐弯的情况，C 型适用于水平拐弯的情况。

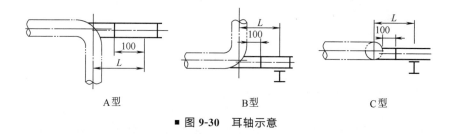

■ **图 9-30 耳轴示意**

6. 柱型钢支架（Angle Steel Section Support）

单柱型钢支架常常代替平（弯）管支托用于小直径（$DN \leqslant 40\text{mm}$）管道的承重。所用型钢一般为角钢，并与管卡配合使用。由于管卡不利于管道的热位移（尤其是管子隔热时更是如此），故此类支架不适用于管子有较大位移的场合。

常用的单柱型钢支架形式如图 9-31 所示。该支架形式也可为组合形式。图 9-31 中共给出了 A、B、C、D 四种支承形式，同时给出了 1、2、3、4 四种生根形式，两者组合可得到16 种支架形式。它们各自的适用场合如下。

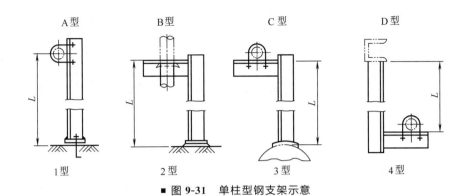

■ 图 9-31　单柱型钢支架示意

A、C、D 型支承形式均适用于平管的支承。其中 A 型常用于生根点距管子较近的情况，C 型和 D 型常用于生根点距管子较远的场合。C 型和 D 型的区别在于前者用于上支场合，后者用于下吊场合；B 型支承形式用于竖管的支承。

1 型生根形式适用于地面情况，此时无需向有关专业提出条件，用膨胀螺栓固定即可；2 型用于平台生根情况，此时应酌情向有关专业提出荷载条件，以便设置承重梁；3 型用于在设备上生根的情况，其中，增设垫板的目的是使质量较差的支架材料不会影响到设备材料，此时垫板材料应与设备同材质，该形式限用于设备允许现场焊接的情况；4 型用于生根在建筑物梁柱上的情况，此时一般不必向有关专业提出条件。

单柱型钢支架的最大支承高度 L 一般不宜超过 1200mm，最大承载视采用的型钢规格而定，最大不超过 4500N（对 ∟ 75mm×75mm×6mm 角钢）。

7. 框架型型钢支架（Frame Steel Section Support）

框架型型钢支架主要用于水平管道的承重。该类支架常利用系统已有的梁柱作为生根点，其特点是承重能力大，支承刚度大，常代替系统支承梁进行局部支承。

常见的框架型型钢支架形式如图 9-32 所示。

图 9-32 中共给出了 A、B、C、D 四种形式，究竟采用哪种形式视原有的梁柱和被支承管的位置而定。一般情况下，该种支架的尺寸最长应不超过 1500mm，最高尺寸 H 应不超过 2000mm，支承荷载视所用型钢规格、尺寸 L 和 H 而定，一般最多不超过 10000N。

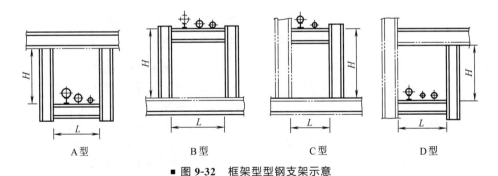

■ 图 9-32　框架型型钢支架示意

8. 悬臂支架（Cantilever Support）

悬臂支架常用于管道的承重或导向。此类支架是应用比较多的一种支架形式，支架的种类也比较多。按生根条件分，可分为生根在钢结构梁柱上的悬臂支架和生根在设备上的悬臂支架两种；按有无斜撑来分则分为悬臂式和三角式两种；按支承的作用来分则分为承重型和导向型两种；按悬臂的数量来分则分为单肢型和双肢型两种。

635

（1）在钢结构梁柱上生根的悬臂支架　此类支架常见类型如图 9-33 所示。

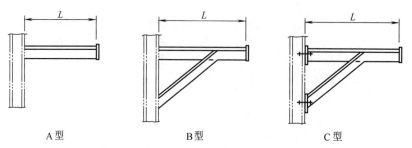

A型　　　　　　　　　B型　　　　　　　　　C型

■ 图 9-33　钢结构梁柱上生根的悬臂支架示意

图 9-33 中共给出了 A、B、C 三种形式。A 型常用于支承荷载较小的情况，其长度 L 最大一般不宜超过 600mm。B 型、C 型常用于支承荷载较大的情况，其长度 L 最大一般不宜超过 1200mm。支架承受的荷载大小视所选用型钢的规格和荷载作用点到梁柱的距离而定。

这类支架一般均用角钢、槽钢等做受力部件。它可与滑动管托、导向管托等配合使用，分别用于水平保温管道的承重和导向，也可与固定管托、导向管托、管卡等配合使用，分别用于垂直保温管道的承重和导向及光管的承重（仅限于 $DN \leqslant 40mm$ 的情况）和导向。

（2）在设备上生根的悬臂支架　此类支架常用于沿立式设备（如塔、罐等）上敷设的竖直管道的承重和导向。常见的形式如图 9-34 所示。

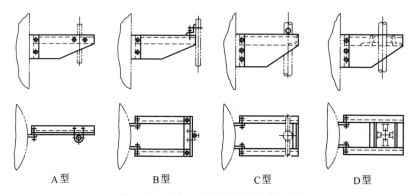

A型　　　　　　　B型　　　　　　　C型　　　　　　　D型

■ 图 9-34　设备上生根的悬臂支架示意

图 9-34 中共给出了 A、B、C、D 四种形式，它们的适用场合分述如下。

A 型一般用于 $DN \leqslant 150mm$ 的情况下。它通过与管卡、固定管托、滑动管托配合，分别用于光管承重（带支耳时）、光管的导向、保温管道的承重和导向。当用于承重时，与管卡或管托配合的螺栓孔应为横向椭圆形，以适应管道有少量的横向位移。B 型一般适用于管子 $DN = 200 \sim 350mm$ 的情况下，使用方法同 A 型。C 型适用于 $DN = 400 \sim 600mm$ 的管子承重。当用于保温管子时，双肢间的距离应加大一些，以适应隔热厚度的要求。管子不保温时，双肢间的距离应尽可能小。D 型适用于 $DN = 400 \sim 600mm$ 的管子导向。当管子有保温时，管子四周应有滑动管托，且管托高度应大于保温厚度。当管子不保温时，应将管托去掉并代之以厚度为 4mm 的钢板，以防止管子发生位移时，支架划伤管子。无论保温与否，都应控制支架内壁与管托或钢板之间有不大于 3mm 的间隙。

上述形式均适用于设备不允许现场焊接的情况。当设备允许现场焊接时，可将生根部件换成贴合钢垫板，而中间支承件直接焊在贴合钢垫板上即可，这样处理的结果可以简化支架形式，也便于减少支承误差，同时增加了支架的可靠性。

9. 摩擦减振支架（Friction Vibration-reducing Support）

摩擦防振支架就是利用给管道上一些点施加一个较大的摩擦力，以达到减振目的。摩擦减振对强迫振动来说并不是很有效，故在设计中不能以这种支架作为强迫振动的防振支架，而仅能作为一种辅助防振支架。

常用的摩擦减振支架如图 9-35 所示。图中给出了 A、B 两种形式的摩擦减振支架，分别适用于不同的生根形式。

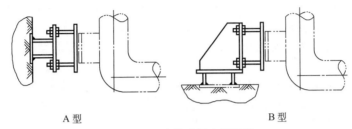

A 型　　　　　　　　　　　　　　　B 型

■ **图 9-35　摩擦减振支架示意**

10. 其他支架形式

工程上还常常用到一些组合式支架，以满足一些特殊情况的管道支承需要。图 9-36 给出了几种常见的组合支架形式。

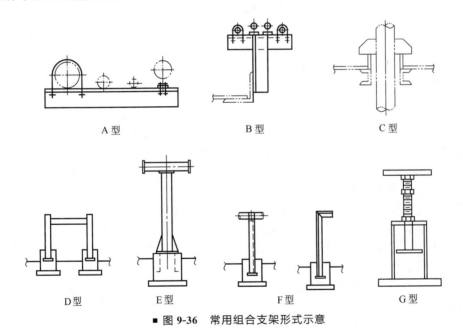

A 型　　　　　　　　　B 型　　　　　　　　　C 型

D 型　　　　E 型　　　　F 型　　　　G 型

■ **图 9-36　常用组合支架形式示意**

A 型支架俗称邻管支架，它是利用邻近的两个大管子来支承一些小管子。这种支架在管廊上或并排多根管道布置的场合应用较多。

B 型支架多用于软管站的管道支承。软管站一般由 2～4 根 $DN \leqslant 40mm$ 的管子组成，B 型支架可以随意生根在设备或土建平台的边梁甚至平台栏杆上，即满足了管子的支承需要，也方便了操作。

C 型支架常用于穿越平台管子的承重。在采用 C 型支架时，一定要给相关专业提供有关的荷载资料，以便在平台的支承处设置承载梁，因为一般的平台钢板仅有几毫米厚，是不能直接承受管子荷载的。

D 型支架是地面生根的门型支架；E 型为地面生根的支柱；F 型为地面生根的角钢支架；G 型为可调支腿。

九、弹簧支吊架

弹簧支吊架是管道支吊架中的一种特殊形式，它一般是由专业生产厂制造的组合件，制造要求高，选用也比较复杂。

当管道在某处有竖向位移时，如果此时采用刚性支吊架会造成管道的脱空或顶死，从而造成相邻支吊架或设备管口的受力增加，严重时会导致它们的破坏。在这种情况下，就应考虑选用弹簧支吊架，使支吊架在承受一定荷载的情况下能允许管系有一定的竖向位移。

目前工程上常用的弹簧支吊架主要有两类，即恒力弹簧支吊架和可变弹簧支吊架，而且已形成标准系列。对应的国家标准为 GB 10181《恒力弹簧支吊架》和 GB 10182《可变弹簧支吊架》。化工行业弹簧支吊架的标准一般以 HG/T 20644 为准。

1. 可变弹簧支吊架（Variable Spring Supports and Hangers）

可变弹簧支吊架的核心部件是一个被控制的圆柱弹簧，当被支承管道发生竖向位移时，会带动圆柱弹簧的控制板使弹簧被压缩或被拉长。

国家标准 GB 10182 共给出了 A、B、C、D、E、F、G 七种标准形式，与 HG/T 20644 标准是一致的，如图 9-37 所示：A 型为上螺纹悬吊型；B 型为单耳悬吊型；C 型为双耳悬吊型；D 型为上调节搁置型；E 型为下调节搁置型；F 型为支承搁置型；G 型为并联悬吊型。它们的适用情况分述如下。

A、B、C 三种形式均为悬吊型可变弹簧吊架，上端通过吊杆与生根部件相连，下端则通过可调螺母和吊杆与附管部件相连。三者所不同的是上端与吊杆的连接方式不同。

D 型和 E 型为搁置型可变弹簧吊架，即其底座搁置于支承梁或平台梁的上面，下端则通过可调螺母和吊杆与附管部件相连。与 A、B、C 三种形式相比，D 型、E 型更容易使操作人员接近，以便从弹簧支吊架的刻度指示板上了解支承点的位移情况，并与计算值进行对比。D 型和 E 型仅仅是吊杆与弹簧连接的方式不同，前者便于随时调节弹簧荷载，而后者则对防止雨水进入弹簧支架有利。

F 型为支托型可变弹簧支架，它与前面几种吊架形式相比刚性较大，但当管道在支承点同时有横向位移时，会因摩擦力的作用使它发生倾斜甚至失稳。为此，一些生产厂则开发出了带滚轮的支托型可变弹簧支架，当管子在支承点的横向位移大于 6mm 时，应考虑选用带滚轮的支托型可变弹簧支架。

G 型为并联悬吊型可变弹簧吊架，它常用于生根条件不太合适，或弹簧承载过大而需要并联设置时。当然，选用 A～E 中任何一种的两个可变弹簧支吊架并联也可以，应视方便而定。

可变弹簧支吊架标准系列中都给出了它们的对应关系数据表，选用时查表即可。

当管系中某点的垂直位移量较大时，从标准弹簧支吊架表中可能已选不到合适的弹簧支吊架，即要么找不到最大工作位移能满足荷载要求的标准系列，要么因刚度较大而使荷载变化率超出标准要求，此时可考虑采用串联可变弹簧支吊架。如果弹簧支吊点的垂直位移比较大，选用两个可变弹簧串联仍不能满足要求时，可以串联更多的可变弹簧，但此时应考虑是否改用恒力弹簧更合适。

当管道支承点的荷载超出标准可变弹簧支吊架的最大允许荷载时，或者受支承条件（如竖管支承）、生根条件等限制不宜采用单个可变弹簧支吊架进行支承时，可选用两个或两个以上的可变弹簧支吊架并联支承。

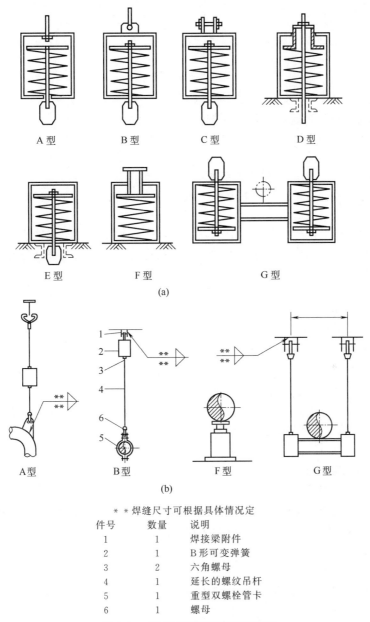

(a)

(b)

＊＊焊缝尺寸可根据具体情况定

件号	数量	说明
1	1	焊接梁附件
2	1	B形可变弹簧
3	2	六角螺母
4	1	延长的螺纹吊杆
5	1	重型双螺栓管卡
6	1	螺母

■ 图 9-37　可变弹簧支吊架系列示意

　　可变弹簧支吊架串联安装时，应选用最大荷载相同的弹簧，每个弹簧的压缩量应按其工作位移范围比例进行分配。可变弹簧支吊架并联安装时，应选用同一型号的弹簧，每个弹簧承受的荷载应按并联弹簧个数平均分配。

2. 恒力弹簧支吊架（Constant Spring Supports and Hangers）

　　当管系在支承点的竖向位移较大而选用可变弹簧会引起较大的荷载转移时，应考虑选用恒力弹簧支吊架。

　　工程中实际应用的恒力弹簧支吊架种类并不多，国标 GB 10181 给出了两种常用的形式，即立式恒力弹簧吊架（用 LH 表示）和卧式恒力弹簧吊架（用 PH 表示），一般情况下多用卧式系列。根据承受荷载大小的不同，恒力弹簧吊架有单吊和双吊两种。

可变弹簧支吊架串联的目的是为适应管道支承点有较大的位移量和防止有较大的荷载变化率，但这种问题对恒力弹簧吊架都不存在，故恒力弹簧吊架一般不串联使用，对于管道荷载较大，或者受吊点条件（如竖管）和生根条件的影响，恒力弹簧吊架可以并联使用。

十、恒力弹簧支吊架、可变弹簧支吊架和刚性支吊架的刚度

1. 恒力弹簧支吊架、可变弹簧支吊架、刚性支吊架的刚度

恒力弹簧支吊架的刚度理论上为零；刚性支吊架的刚度理论上为无穷大；可变弹簧支吊架的刚度等于弹簧产生单位变形所需要的力。

2. 恒力弹簧支吊架和可变弹簧支吊架在应用上的限制

恒力弹簧支吊架适用于垂直位移量较大或受力要求苛刻的场合，避免冷热态受力变化太大，导致设备受力或管系应力超标。

可变弹簧支吊架适用于支承点有垂直位移，用刚性支承会脱空或造成过大热胀推力的场合。与恒力弹簧支吊架相比，使用可变弹簧支吊架会造成一定的荷载转移，为防止过大的荷载转移，可变弹簧支吊架的荷载变化率应小于或等于 25%。

十一、弹簧支吊架的施工安装

弹簧支吊架在施工安装中应注意以下问题。

① 弹簧支吊架的施工和安装应与设计要求相一致。

② 一般情况下，弹簧定位装置在安装过程中应保持不动，直到整个管系安装完毕且试压完成后，在管道升温之前将定位装置取出，使弹簧正常工作。

③ 对于转动机器，在管道安装过程中允许将机器管口附近几组弹簧的定位装置取消，并对弹簧荷载进行调校，以满足机器管口零应力安装要求。

十二、管道跨度的确定

1. 管道跨度的计算方法

一般连续敷设的管道允许跨距 L 应按三跨连续梁承受均布荷载时的刚度条件计算，按强度条件校核，取（L_1 和 L_2）两者中的小值（图 9-38）。

（1）刚度条件

$$L_1 = 0.039 \sqrt[4]{\frac{E_t I}{q}} \text{（装置内）}; \quad L_1' = 0.048 \sqrt[4]{\frac{E_t I}{q}} \text{（装置外）}$$

式中　L_1、L_1'——装置内、外由刚度条件决定的跨距，m；

E_t——管材在设计温度下的弹性模量，MPa；

I——管子扣除腐蚀裕量及负偏差后的截面惯性矩，mm^4；

q——每米管道的重量，N/m。

（2）强度条件

$$L_2 = 0.1 \sqrt{\frac{[\sigma]^t W}{q}} \text{（不考虑内压）}; \quad L_2' = 0.071 \sqrt{\frac{[\sigma]^t W}{q}} \text{（考虑内压）}$$

式中　L_2、L_2'——不考虑及考虑内压由强度条件决定的跨距，m；

　　　　$[\sigma]^t$——管材在设计温度下的许用应力，MPa；

　　　　W——管子扣除腐蚀裕量及负偏差后的抗弯截面模量，mm^3。

I 和 W 分别按以下两式计算：

$$I=\frac{\pi}{64}(D_o^4-D_i^4)\text{；}\ W=\frac{\pi}{32D_o}(D_o^4-D_i^4)$$

式中　D_i——管道内径，mm；

　　　　D_o——管道外径，mm。

一个管系通常包括各种形式和不同荷载条件的管段，由于其承受重量荷载的能力各不相同，应根据情况按照管道的基本跨距 L_0（取 L_1 和 L_2 中的较小值）及管段的形状，确定不同管段的最大允许跨距。

2. 水平弯管的最大允许外伸尺寸

水平弯管的最大允许外伸尺寸按图 9-39 选用。确定管道的基本跨距 L_0 后，按支架配置情况定出弯管一边 A 或 B 的尺寸，再由图 9-39 求另一边的最大允许尺寸。

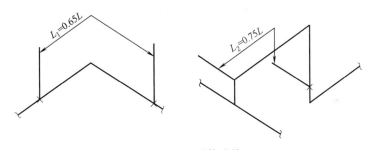

■ 图 9-38　形状系数

3. 水平 Π 形管段的最大允许外伸尺寸

水平 Π 形管段的最大允许外伸尺寸按图 9-40 选用。确定管道的基本跨距 L_0 后，定出 A 或 B 任一边的尺寸，再由图 9-40 求另一边的尺寸。

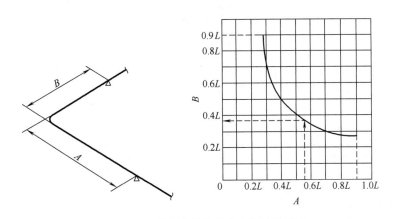

■ 图 9-39　水平弯管的最大允许外伸尺寸

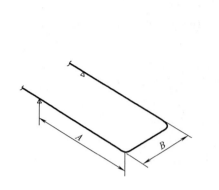
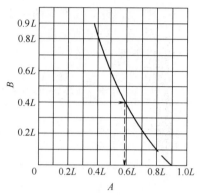

■ **图 9-40** 水平 Π 形管段的最大允许外伸尺寸

4. 带垂直管段的 Z 形管段的最大允许外伸尺寸

带垂直管段的 Z 形管段的最大允许外伸尺寸按图 9-41 选用。确定基本跨距 L_0 后，依据已知的尺寸 B，再按 A、C 段中任一段尺寸求另一段尺寸。

5. 某国外大型工程项目管道最大基本跨度工程实例

（1）碳钢管和厚壁不锈钢管的最大基本跨距（表 9-2） 数据遵循下列要求。

① 设计温度低于 350℃ 的 STD 标准壁厚或者更大壁厚的碳钢管。

② 设计温度低于 350℃ 的 Sch 40S 壁厚或者更大壁厚的 $DN400$ 以下的奥氏体不锈钢管。

③ 设计温度低于 280℃ 的 Sch 10S 壁厚或者更大壁厚的双相不锈钢管。

表 9-2　碳钢管和厚壁不锈钢管的最大基本跨距

公称直径	最大跨度[①②]/mm			
	气体管道		液体管道	
	裸管	保温管[③]	裸管	保温管[③]
$DN25$	3850	2300	3450	2250
$DN40$	4750	3000	4100	2800
$DN50$	5350	3600	4550	3300
$DN80$	6550	4600	5450	4200
$DN100$	7500	5550	6100	4900
$DN150$	9150	6800	7100	5800
$DN200$	10500	8050	7950	6700
$DN250$	11800	9050	8700	7400
$DN300$	12900	9800	9150	7800
$DN350$	15150	11850	10850	9300
$DN400$	16250	12850	11200	9750
$DN450$	17250	13750	11500	10150
$DN500$	18200	14450	11750	10400
$DN600$	18950	16050	12150	10950

① 跨度基于直管，其他形式应乘上一个形状系数（参见图 9-40）。

② 具有不小于 1.5mm/m 坡度自流管需要另外核实跨度。

③ 表内保温的重量基于：保温厚度从 70mm（$DN25$）到 200mm（$DN600$），保温层密度为 190kg/m³。

（2）Sch 10S 不锈钢管的最大基本跨度（表 9-3） 下列数据应用于壁厚为 Sch 10S、最高设计温度为 350℃奥氏体不锈钢管。

表 9-3 Sch 10S 不锈钢管的最大基本跨度

公称直径	最大跨度[①②]/mm			
	气体管道		液体管道	
	裸管	保温管[③]	裸管	保温管[③]
DN25	3900	2200	3450	2100
DN40	4850	2800	4000	2600
DN50	5450	3300	4300	3000
DN80	6700	4050	4950	3500
DN100	7650	4800	5300	4000
DN150	9400	5750	5950	4600
DN200	10750	6800	6450	5200
DN250	12000	7600	6950	5650
DN300	13000	8250	7350	6050
DN350	13750	8700	7600	6300
DN400	14700	9450	7750	6550
DN450	15650	10150	7850	6750
DN500	16450	11000	8400	7300
DN600	18050	12700	9050	8050

① 跨度是基于直管，其他形式应乘上一个形状系数。

② 具有不小于 15mm/m 坡度自流管子需要另外核实跨度。

③ 表内保温的重量基于：保温厚度从 70mm（DN25）到 200mm（DN600），保温层密度为 190kg/m³。

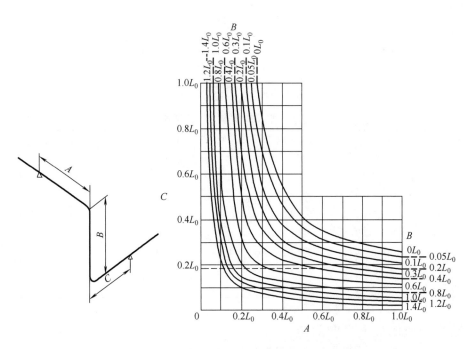

■ 图 9-41 带垂直管段的 Z 形管段的最大允许外伸尺寸

（3）垂直管线的最大跨度（见表 9-4）

表 9-4　垂直管线的最大跨度

公称直径	最大跨度/mm	公称直径	最大跨度/mm
	充水＋保温		充水＋保温
$DN20\sim50$	3000	$DN200\sim350$	6000
$DN75\sim150$	5000	$DN400$	8000

十三、导向支架的设置

在下列情况下须设导向支架。

① 为防止振动使管道出现过大的横向位移。

② 横向位移过大，可能影响邻近管道。

③ 固定支架之间的距离过长，可能产生横向不稳定。

④ 设计只允许沿轴向位移的管道。

⑤ 导向支架不宜靠近弯头和支管连接处。

十四、水平管段和 Π 形补偿管段的最大导向间距

水平管段和 Π 形补偿管段的最大导向间距参见图 9-42 与表 9-5 的规定。

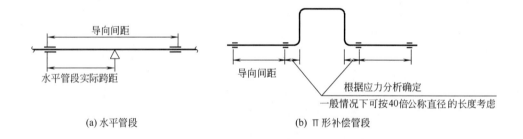

(a) 水平管段　　　　　　　　(b) Π形补偿管段

■ 图 9-42　导向间距

表 9-5　水平管段最大导向间距m

管道公称直径 DN/mm(in)	最大导向间距/m	管道公称直径 DN/mm(in)	最大导向间距/m
25(1)	12.2	250(10)	30.5
40(1½)	13.7	300(12)	33.5
50(2)	15.2	350(14)	36.6
65(2½)	18.3	400(16)	38.1
80(3)	19.8	450(18)	41.4
100(4)	22.9	500(20)	42.7
150(6)	24.4	600(24)	45.7
200(8)	27.4		

十五、垂直管段的最大导向间距

为了约束由风载、地震、温度变化等引起的横向位移，沿直立设备布置的立管应设置导向支架。立管导向支架间的允许间距参见表 9-6 的规定。

表 9-6 垂直管段最大导向间距 m

管子公称直径	气体管		液体管	
DN/mm(in)	不保温	保温	不保温	保温
25(1)	4.3	3.4	4.0	3.4
40(1¼)	5.2	4.0	4.6	3.7
50(2)	5.8	4.6	4.9	4.3
80(3)	7.0	6.1	6.1	5.5
100(4)	7.9	7.0	6.7	6.1
150(6)	9.8	8.8	7.9	7.3
200(8)	11.3	10.1	8.8	8.2
250(10)	12.5	11.6	9.8	9.4
300(12)	13.7	12.8	10.4	10.1
350(14)	14.6	13.4	10.7	10.4
400(16)	15.5	14.3	11.3	11.0
450(18)	16.5	15.2	11.6	11.6
500(20)	17.4	16.2	12.5	12.2
600(24)	19.2	18.0	13.4	13.4

① 刚性支吊架应设置在垂直位移量可以忽略不计的位置。

② 支吊架宜设置在直管段部分，不宜设在小半径弯头、支管连接点处。

③ 支吊架宜靠近阀门、法兰及管道附件设置，但不宜对其进行直接支承。

④ 支吊架和生根点应避开管道或设备焊缝。

⑤ 衬里管道若选用与其直接焊接的支架，其生根部件的焊接应在衬里前进行。

⑥ 对成排管道的支架，宜采用管卡固定，以保持管道的位置和间距。有热伸长管道的支架应能保证管道的轴向移动。

⑦ 生根于容器器壁上的管架，由配管专业根据实际配管情况及应力计算结果将其生根点所承受的荷载提交设备专业进行生根部件结构设计。

十六、垂直管段支吊架的设置

① 垂直管段上若设置支架，其支承点宜设在该管段重心的上方。

② 在有热伸长的垂直管段上设置支架时，刚性支架不应超过一个。

③ 当垂直管段用管夹承受垂直荷载时，应在管壁相应位置上焊接挡块，挡块尺寸为 $50mm \times 50mm \times 8(10)mm$。挡块数量：管径小于或等于 $DN50$ 为一块；管径为 $DN80 \sim 100$ 的对称配置两块；管径大于或等于 $DN150$ 的沿管外壁均匀配置三块。

十七、管道固定支架的设置

① 管径小于或等于 $DN50$，设计温度不超过 $150℃$ 的水平直管段，每隔 40m 宜设置一个固定架。

② 穿越界区的管道在距界区分界线段 1m 处应设置固定架。

③ 调节阀组应设两个支架，一般第一个支架（按介质流入方向）应为固定架。

④ 对于复杂管道可用固定点将其划分为几个形状较为简单的管段，如 L 形管段、U 形管段、Z 形管段等以便进行分析计算。

⑤ 确定管道固定点位置时，使其有利于两固定点间管段的自然补偿。

⑥ 选用 Ⅱ 形补偿器时，宜将其设置在两固定点的中部。

⑦ 固定点宜靠近需要限制分支管位移的地方。

⑧ 固定点应设置在需要承受管道振动、冲击荷载或需要限制管道多方向位移的地方。

⑨ 作用于管道中固定点的荷载，应考虑其两侧各滑动支架的摩擦反力。

⑩ 进出装置的工艺管道和非常温的公用工程管道，宜在装置分界处设固定点。

十八、与敏感设备及附件相连管道支吊架的设置

① 与敏感设备连接的管道，应在靠近敏感设备（泵、压缩机等）处设置支架。

② 往复式压缩机进出口管道应设置独立支承。

③ 与安全阀相连管道，其管架设置应考虑防止管道振动和承受安全阀排放反力的作用。

十九、防振支架位置的确定

防振支架的位置除满足上述的基本原则之外，尚应符合下列要求。

① 有机械振动的管道，应设防振管卡。防振管卡的数量及位置应满足管系动应力分析的要求。

② 有地震设防要求的管道应在适当位置设置防振支架。

③ 可能发生水击、两相流等而且能引起管道的振动时，应在适当位置设置防振管卡。

④ 防振支架的生根部分应有足够的刚度。

⑤ 防振支架应尽量沿地面设置。

⑥ 防振支架宜设独立基础，并避免生根在厂房的梁柱上。

二十、支吊架材料

各部件的材料选取应符合下列原则。

① 对附管部件，当它与管道直接焊接时，宜与管子同材质，或材料相当；不与管子直接焊接时，可选用普通碳素钢（如 Q235B），但此时所选材料应能适应设计温度的要求。

② 对于在设备（如塔、容器等）上生根的生根部件，当它与设备直接焊接时，宜与设备同材质，或材质相当；不与设备直接焊接时，可选用普通碳素钢（如 Q235B），但此时所选材料应能适应设计温度的要求。

③ 其他生根部件和中间连接件，可选用普通碳素钢，但所选材料应能适应设计温度的要求。

④ 常用支吊架材料的适用温度范围应符合表 9-7 的要求。

表 9-7　常用支吊架材料的适用温度范围

材　料	使用温度范围 /℃	材　料　标　准		
		管材	板材	棒材
Q235B	−30～350	GB/T 3091，GB/T 3092	GB/T 709	GB/T 702
20	−20～425	GB/T 8162，GB/T 8163	GB/T 710，GB/T 711	GB/T 699
12CrMo	≤525	GB/T 9948	GB/T 150	GB/T 3077
15CrNo	550	GB/T 9948	GB/T 150	GB/T 3077
1Cr5Mo	≤600	GB/T 9948	GB/T 150	GB/T 1221
奥氏体不锈钢	−196～700	GB/T 14975，GB/T 14976	GB/T 4237，GB/T 4238	GB/T 1220，GB/T 1221
超低碳奥氏体不锈钢	−196～525	GB/T 14975，GB/T 14976	GB/T 4237	GB/T 1220

⑤ 支吊架材料应尽量选用标准型材。常用的型材标准包括：GB/T 702《热轧圆钢和方钢的尺寸、外形、重量及允许偏差》；GB/T 704《热轧扁钢的尺寸、外形、重量及允许偏

差》；GB/T 706《热轧工字钢的尺寸、外形、重量及允许偏差》；GB/T 707《热轧槽钢的尺寸、外形、重量及允许偏差》；GB/T 9787《热轧等边角钢的尺寸、外形、重量及允许偏差》；GB/T 9788《热轧不等边角钢的尺寸、外形、重量及允许偏差》。

⑥　许用应力。

关于材料许用应力的选取，不同的标准有不同的规定。

MSS SP—69 标准规定：一般支吊架材料的许用应力应取下列三个数据中的最小值：材料在室温下最小抗拉强度的 1/5；材料在设计温度下最小抗拉强度的 1/4；材料在设计温度下最小屈服强度的 5/8。

SH/T 3037 标准规定，支吊架材料的许用应力应按 GB/T 150 的要求确定。SH/T 3037 标准规定的许用应力值偏高。

对于支吊架用螺栓材料，其许用应力可取按 MSS 标准确定的基本许用应力的 25%，对支吊架材料所受的切应力，其许用应力可取按 MSS 标准确定的基本许用应力的 80%，压缩应力不应超过材料基本许用应力的 160%。

二十一、热塑性塑料管道材料支吊架

对于热塑性管道材料的支吊架需要着重考虑的事项如下。

①　为了防止过大的应力和位移，管道应适当加以支撑。

②　阀门及其他各种集中的重荷载的支撑点应尽可能靠近集中荷载的地方。

③　为防止机械损坏如压碎、擦伤和压痕，管道应加以支撑。

④　支吊架形式的选择应使管道有足够的柔性，以防过度弯曲和轴向应力以及由反复收缩膨胀引起的应力疲劳。由弹性垫或多个膨胀节组成的带有多个端点的管道必须正确约束以抵抗轴向应力或使管道平移和旋转减至最低。

⑤　用于钢管的支架对于热塑性管子也同样适用，但管道与钢支架间应提供保护措施，如钢支架与管子相连处加塑料 U 形卡或橡胶作为衬垫，作为另一种提供保护的方案，管子与支点连接处可加塑料衬套，以缓和钢支架对管子的冲击或振动。

⑥　为减少立管下部管件的荷载，必须每隔一定间距即加以支撑。在管子连接处或其他管件下边使用立管管卡或双螺栓管卡以防止管子的过度压力。

⑦　为防止管道的平移或转动，需在特定的地方固定，应尽可能靠近二通及弯头处设固定支架，以能防止管件过度弯曲和轴向应力。

⑧　为阻止横向位移但允许轴向位移时，必须设置导向支架以防止管道的超应力。

⑨　PVC（聚氯乙烯）、CPVC（氯化聚氯乙烯）、PVDF（聚偏三氯乙烯）、PP（聚丙烯）等热塑性管道材料的支吊架间距，需参考相关的标准规范或厂家提供的数据。

二十二、热成型玻璃钢管道材料支吊架

对热成型玻璃钢管材的支架设计重点如下。

①　为避免点荷载，管道必须加以支撑。点荷载能引起极大破坏，它会影响系统的使用寿命。

②　管道应加以支撑以防止机械损坏，如压碎、擦伤和压痕。

③　只要管子与钢支架间有保护层，用于钢管的支架对于热成型玻璃钢管也同样适用。也就是说对于钢支架，可以在管子外加塑性 U 形夹或橡胶作为衬垫。作为另一种提供保护的方案，可以用玻璃钢或套筒在支点处衬垫在支撑点的管道上。

④　为减少低处管件荷载，每隔一定间距竖管都需加支架。在靠近承插管箍或组装的玻

璃钢管下方用承重管卡或双螺栓管卡可防止管卡过度压力。

⑤ 支吊架间距需参考相关的标准规范或厂家提供的数据。

表9-8给出了玻璃钢管支吊架的典型详图。

表 9-8 玻璃钢管支吊架的典型详图

可调钢带承重吊架

玻璃纤维承重吊架

三螺栓承重吊卡

U形承重吊架

简支(承重)

墙上承重支架

地面承重支架

立管承重管卡

法兰立柱承重支架

U形螺栓导向只允许轴向位移

轴向限制性支架

支撑梁固定

地面固定

法兰固定

阀门的支撑和固定

二十三、管架设计常见错误及纠正

管架设计常见错误及纠正见表 9-9。

表 9-9　管架设计常见错误及纠正

错误设计	正确设计	说　明
		止振架、支柱等,其自身应有一定的刚性,刚性不够的梁、柱,不能作止振支架 　如果支架设置不当,等于在振动的腹部加上砝码,使振动频率由低变高,所以,一定要有固定的支点来作支架
		热油泵进出口,因有垂直位移应设可变弹簧吊架,否则热态时泵口受力,其吊点越靠近垂直管越好 　设计时,按泵口不受垂直荷载计算
		防止电位腐蚀
		正确应用标准支吊架 　管卡主要用于不保温管线,若用于保温的热管线上,由于热胀,可使保温外壳被推坏
		保冷管道支吊架设置应考虑防止冷量损失
		Ⅱ形补偿器焊接时应注意: 　①焊口不应放在补偿器的平臂上。因胀力,工作时平臂受到的弯曲应力最大,因此,平臂上特别是平臂中央不允许有焊口 　②焊口以留在补偿器的悬臂中部为最好,因为此处弯曲应力最小
		振动管系上 $DN \leqslant 40mm$ 的支管或支管处位移量较大或支管管径小于主管径三级应采用加强管口(O-LET 和 BOSS),并焊接斜撑以防疲劳断裂

二十四、压力管道管架设计工程实例

工程实例一 Ⅱ形弯管的布置与支架设置的比较（图 9-43）

图 9-43(a) 优于图 9-43(b)，因在图 9-43(b) 中 *JK* 及 *MN* 管段太长，管道易下垂。

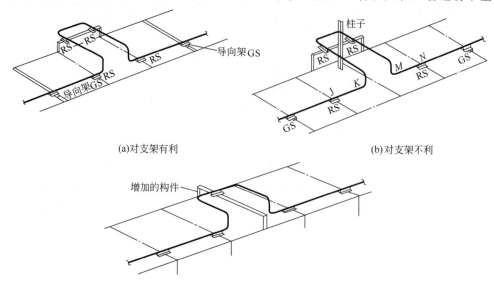

(a)对支架有利   (b)对支架不利

(c)增加了构件使支承合理

■ **图 9-43** Ⅱ 形弯管的布置与支架设置比较

RS—承重支架；GS—导向支架

工程实例二 装有波形膨胀节管道的支架间距（图 9-44）

根据美国膨胀节制造商协会 EJMA 的标准，装有波形膨胀节的管道，支架的设置应按图 9-44 所示。

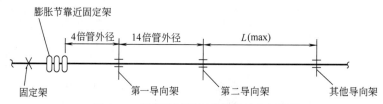

■ **图 9-44** 装有波形膨胀节管道的支架间距

第二导向架以后的所有其他导向架的最大间距应采用下面公式计算：

$$L = 0.01571 \sqrt{\frac{EI}{pa \pm fe_x}}$$

式中　L——导向架的最大间距，m；

　　　E——管子材料的弹性模量，kgf/cm^2（1MPa=10.2kgf/cm^2）；

　　　I——管子的惯性矩，cm^4；

　　　p——设计压力，kgf/cm^2；

　　　a——膨胀节的有效面积，cm^2；

　　　f——膨胀节每波起始的弹性系数，(kgf/cm)/波（1N=0.102kgf）；

　　　e_x——膨胀节每波的轴向行程，cm/波。

膨胀节受压时取（＋）号；受拉时取（－）号。

工程实例三 管廊上管道的支架（图 9-45）

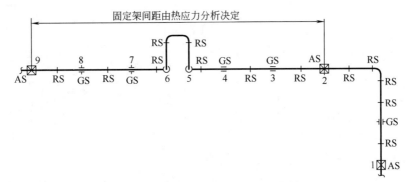

■ **图 9-45　管廊上管道支架类型举例**

AS—固定支架；RS—承重支架；GS—导向支架

① 管廊上管道支架的间距，受到管廊结构的梁及柱间距的限制。小管道支架间距一般为 3m，大管道支架间距为 6m。对于小管道的最大允许支架间距小于 3m 时，最好利用大管支承小管，或在管廊的梁两侧另增加悬臂梁。对于大直径管道只需在主梁上支承就够了。

② 设固定架的注意点：一般应在柱子轴线的主梁上设置，不要设在次梁上；尽量不要使固定架两侧的推力相差过大。

③ 设有 Ⅱ 形膨胀弯时，图 9-45 中 4～5 点及 6～7 点的距离要适当，可按柔性分析决定（一般可按 40 倍公称直径考虑），同时考虑管道的横向位移不至于太大，此外 1～2 点之间的管道应有充分的柔性。

工程实例四 塔类管道的支吊架设计（图 9-46）

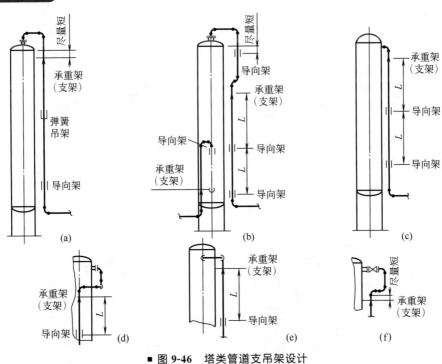

■ **图 9-46　塔类管道支吊架设计**

工程实例五 泵类管道的支吊架设计（图 9-47）

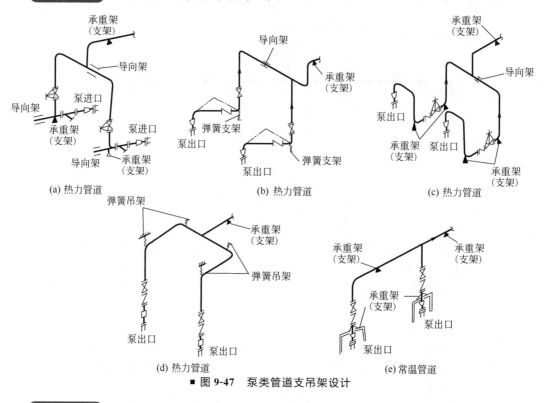

(a) 热力管道 　　　　(b) 热力管道 　　　　(c) 热力管道

(d) 热力管道 　　　　(e) 常温管道

■ 图 9-47　泵类管道支吊架设计

工程实例六 压缩机、透平机管道的支吊架设计（图 9-48）

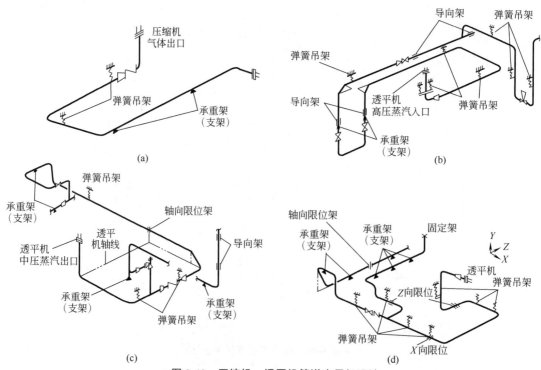

(a)　　　　　　　　　　(b)

(c)　　　　　　　　　　(d)

■ 图 9-48　压缩机、透平机管道支吊架设计

工程实例七　安全阀管道的支吊架设计（图 9-49）

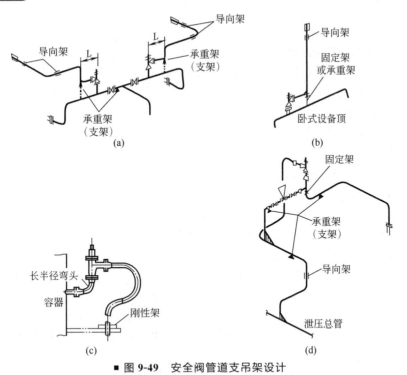

■ **图 9-49**　安全阀管道支吊架设计

工程实例八　调节阀组管道的支吊架设计（图 9-50）

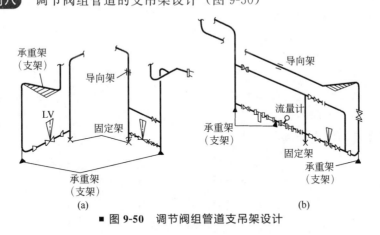

■ **图 9-50**　调节阀组管道支吊架设计

第四节　压力管道荷载的计算

一、管道荷载的内容

根据荷载的性质和计算方法不同，支吊架承受的荷载可以分为三类，即基本荷载、位移荷载和短时间作用荷载。

支吊架承受的基本荷载是指：管道自重；隔热结构重；管内介质重（包括水压试验时的充水重）；集中荷载（如阀门、法兰、小型管道设备等的重量）等，这类荷载有时也称持续荷载，它不随管系的温升或温降而改变，分配到每个支承点的荷载大小只与管道几何形状和支承点的位置有关。

二、管道荷载条件依据的资料

① 管道布置设计工程规定。

② 管道布置图。

③ 装置设备布置图。

④ 管道等级表。

⑤ 隔热设计规定。

⑥ 管道材料专业发的有关文件。

⑦ 管道仪表流程图（PID 图）。

三、不同空间几何形状管道基本荷载的确定

值得注意的是，管道内的充水重不能与介质重同时考虑，并且只有当管子需要进行水压试验时才考虑充水重的影响。一般情况下，对于大直径管道，尤其是大直径气体管道，其充水重要比介质重大许多，故这类管道的支吊架应考虑能承受水压试验时的充水重。对于并行的多根管道，如管廊上的管道，每根管道不能同时计入充水重，实际的水压试验过程也是逐根进行的，此时在向结构专业提出荷载条件时，以其中的最大一根管道充水重计算即可。

冷态下，管道的基本载荷是按管系的空间几何形状进行分配的，即通过管系的空间几何形状和支承点的位置可以计算出各承重点的分配载荷。

1. 水平直管无集中载荷（图 9-51）

$$G_B = \frac{q(a+b)}{2}$$

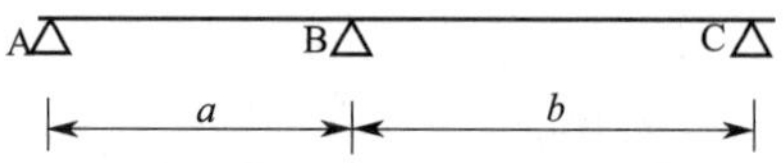

式中　G_B——B 点所承受的荷载，N；

　　　q——管道单位长度的基本荷载，N/m；

　a、b——支、吊架间距，m。

■ 图 9-51　水平直管无集中载荷

2. 带有集中载荷的水平直管（图 9-52）

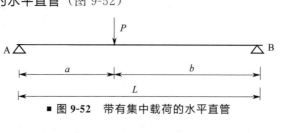

■ 图 9-52　带有集中载荷的水平直管

$$G_A = \frac{qL}{2} + \frac{Pb}{L}$$

$$G_B = \frac{qL}{2} + \frac{Pa}{L}$$

式中　G_A、G_B——A 点、B 点承受的荷载，N；

　　　q——管道单位长度的基本荷载，N/m；

　a、b——支吊架间距，m。

3. 带有阀门等集中载荷的水平管道基本载荷（图 9-53）

图 9-53 给出了装有两个阀门的水平管道，阀门重量分别为 F_1 和 F_2。管道中共有 A、B、C 三个支撑点，各支承点的位置尺寸及阀门的位置尺寸分别为 L_1、L_2、a、b、c、d。那么各支承点所承受的基本载荷可分别按下式计算：

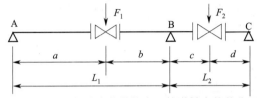

■ 图 9-53　带有阀门等集中载荷的水平管道基本载荷分配示意图

$$Q_A = \frac{1}{2}qL_1 + \frac{b}{L_1}F_1$$

$$Q_B = \frac{1}{2}qL_1 + \frac{1}{2}qL_2 + \frac{a}{L_1}F_1 + \frac{d}{L_2}F_2$$

$$Q_C = \frac{1}{2}qL_2 + \frac{c}{L_2}F_2$$

式中　Q_A——支承点 A 所承受的管道基本载荷，N；

$\quad\quad Q_B$——支承点 B 所承受的管道基本载荷，N；

$\quad\quad Q_C$——支承点 C 所承受的管道基本载荷，N。

其他符号见定义。

4. 带有垂直段管道的集中载荷（图 9-54）

图 9-54 给出了有竖直管段的管道情况，此时对两个支承点 A、B 来说，可将竖直段管道看作一集中载荷，该集中载荷 $F = bq$，那么可以得到两支承点的载荷分别为：

$$Q_A = \frac{1}{2}qL + \frac{c}{L}bq$$

$$Q_B = \frac{1}{2}qL + \frac{a}{L}bq$$

式中　Q_A——支撑点 A 所承受的管道集中载荷，N；

$\quad\quad Q_B$——支撑点 B 所承受的管道集中载荷，N；

$\quad\quad q$——管子总单位长度重量，N/m；

a、b、c、L——分别为图示的结构尺寸，m。

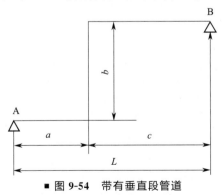

■ 图 9-54　带有垂直段管道
的集中载荷分配示意图

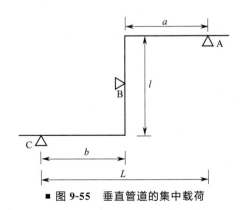

■ 图 9-55　垂直管道的集中载荷

5. 垂直管道的集中载荷（图 9-55）

垂直管线上支点的集中荷载等与垂直部分全部荷载于水平部分 1/2 荷载之和。

$$G_B = \frac{qa}{2} + \frac{qb}{2} + ql$$

6. L 形垂直弯管（图 9-56）

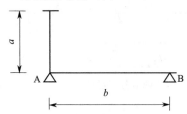 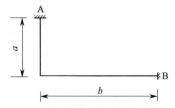

■ 图 9-56　L 形垂直弯管的集中载荷　　　　　■ 图 9-57　水平弯管（弯管两段接近相等）

$$G_A = qa + \frac{qb}{2}$$

$$G_B = ab/2$$

7. 水平弯管（弯管两段接近相等）（图 9-57）

在弯管两段接近相等的条件下，按下式计算：

$$G_A = G_B = \frac{q(a+b)}{2}$$

式中　G_A、G_B——A 点、B 点的荷载，N；

　　　　　q——管道单位长度的基本荷载；N/m；

　　　a、b——管段长度，m。

8. 水平弯管（弯管两段不相等）（图 9-58）

$$G_A = \frac{Q_1 L_1 + Q_2 L_2}{L}$$

$$G_B = Q_1 + Q_2 - G_A$$

式中　Q_1、Q_2——a、b 管段的基本荷载，N；

　　　a、b——管段长度，m；

　　　L——A、B 两端间垂直距离，m；

　　　L_1——$a/2$ 处距 B 端的垂直距离，m；

　　　L_2——$b/2$ 处距 B 端的垂直距离，m。

9. 带分支的水平管（分支在同一平面）（图 9-59）

$$G_A = \frac{q_1 L}{2} + \frac{q_2 bc}{2L}$$

$$G_B = \frac{q_1 L}{2} + \frac{q_2 ac}{2L}$$

$$G_C = \frac{q_2 c}{2}$$

式中　G_A、G_B、G_C——A、B、C 点的荷载；N；

　　　q_1、q_2——管道单位长度的基本荷载，N/m；

a、b、c、L——管段长度或支吊架间距，m。

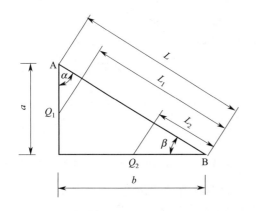

■ 图 9-58　水平弯管（弯管两段不相等）

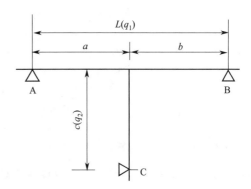

■ 图 9-59　带分支的水平管（分支在同一平面）

10. 带分支的水平管（分支在同一平面，带有垂直管段）（图 9-60）

$$G_A = \left[\frac{q_1 L}{2} + \frac{q_2 b}{L}\left(\frac{c}{2} + l\right)\right]$$

$$G_B = \left[\frac{q_1 L}{2} + \frac{q_2 a}{L}\left(\frac{c}{2} + l\right)\right]$$

$$G_C = \frac{q_2 c}{2}$$

式中　G_A、G_B、G_C——A、B、C点的荷载，N；

$\quad\quad q_1$、q_2——管道单位长度的基本荷载；N；

$\quad a$、b、c、L——管段长度或支吊架间距，m；

$\quad\quad l$——垂直管段的长度，m。

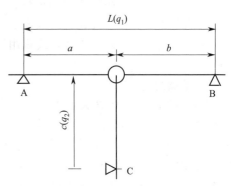

■ 图 9-60　带分支的水平管
（分支在同一平面，带有垂直管段）

11. 水平门形管道（水平单支点）（图 9-61）

$$Q_B = \frac{q(b+c)}{2}$$

$$Q_C = \frac{q(a+b)}{2}$$

12. 水平门形管道（水平双支点）（图 9-62）

$$Q_C = \frac{q(b+c)}{2}$$

$$Q_D = \frac{q(a+b)}{2}$$

四、位移荷载的计算

管道在热态下工作时，由于热胀的作用，管系中各承重点的基本荷载不仅会发生再分配，同时还将使约束位移的支承点遭受位移荷载，即对管系垂直位移有阻碍的支承点将承受垂直位移荷载，对管道水平位移有阻碍的支承点（如固定支架、止推支架、导向支架等）和

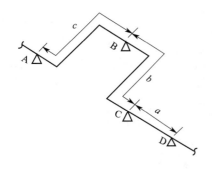

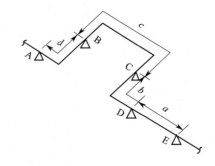

■ **图 9-61** 水平门形管道（水平单支点） ■ **图 9-62** 水平门形管道（水平双支点）

端点（如与设备的连接点等），将承受水平位移荷载，在各滑动支架处，由于管道与支架之间存在相对运动，因此还会产生摩擦力，也就是说，此类支架还将承受摩擦力，除此之外，对某些形式的支架和边界条件，它还将承受弯矩荷载。

1. 位移荷载的计算

工程上常见的一些形状简单的管系，如Ⅱ形补偿器、L形管道等，一些手册或专著中给出了简单的近似计算公式，或列成了图表形式，设计人员可视管系的具体情况，或采取简单计算法，或采取查阅图表法，或采用计算机详细分析法去求解管系对支承点或端点的位移荷载。

2. 摩擦力的计算

对于管系中的滑动承重支架，当管子在此处有位移时，其摩擦力是客观存在的。管系中由于各承重点的摩擦力存在可使管系对固定端的水平位移荷载减少，但却给本来不承受水平荷载的滑动承重支架添加了一个附加力。一般情况下，管系中的摩擦力要比水平位移荷载小得多，故在静应力分析中，一般不计入摩擦力对水平位移荷载的影响，这样得到的位移荷载偏大，使支承设计偏于保守。但在有些情况下，摩擦力给滑动承重支架添加的附加力是不可忽略的。例如，基本荷载较大的管道，或者多根管道集中并排布置时，都会对滑动承重支承件产生较大的附加力，此时在进行支吊架强度设计时应予考虑。

管道在滑动承重支架处的摩擦力与该点所承受的垂直荷载的大小成正比，力的方向与管道在该点的位移方向相反，即摩擦力可以用下式表示：

$$F_f = -\mu \sum F_n$$

式中　F_f——滑动承重支架所受摩擦力，N；

　　　μ——管子支架与支承件相对运动的摩擦因数，钢对钢滑动摩擦因数 $\mu = 0.3$，钢对钢滚动摩擦因数 $\mu = 0.1$，不锈钢对聚四氟乙烯滑动摩擦因数 $\mu = 0.1$，钢对混凝土滑动摩擦因数 $\mu = 0.6$；

　　　F_n——支架摩擦面上所承受的各垂直荷载之和（包括基本荷载和位移荷载），N。

对于单根管道的承重点，摩擦力会引起支承件的剪切破坏。而对于集中承重的管廊，摩擦力会引起梁的横向弯曲和剪切破坏。此时摩擦力引起的对梁的推力应为各热管道引起的摩擦力之和再乘以一个系数，即有

$$F_f = -K \sum \mu F_n$$

式中　K——牵制系数。

当管廊上某支承面同时支承数根管道时，热管道因产生的摩擦力会推动支承梁沿管道的位移方向发生变形，而冷管道或位移量较小的管道会趋于阻止支承梁的这种变形，从而抵消了一部分热管道的摩擦力。这种由于同一支承面上相邻冷管道对热管道的位移阻碍而使热管道摩擦力减小的现象称为管道的牵制。由于牵制作用而使摩擦力减小的幅度用牵制系数 K 表示。牵制系数的选取应符合下列原则：当某承重支承面并排敷设 $1 \sim 2$ 根管道时，取 $K=1$；当某承重支承面并排敷设 3 根管道时，应按表 9-10 选取；当某承重支承面并排敷设 4 根及 4 根以上的管道时，牵制系数 K 应按图 9-63 选取。

表 9-10   承受 3 根管道时的牵制系数

α	K	α	K	α	K
$\alpha<0.5$	0.5	$0.5\leqslant\alpha\leqslant0.7$	0.67	$0.7<\alpha$	1

注：α 为主要热管道（指介质温度高于100℃的管道）的重量与全部管道重量之比。

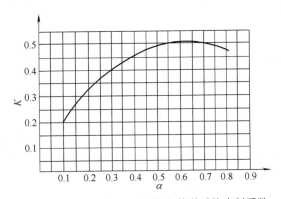

■ 图 9-63   承受 4 根及 4 根以上管道时的牵制系数

3. 短时作用荷载的计算

短时作用荷载包括风荷载、雪荷载、地震荷载、安全阀排放反力等。这些荷载虽然作用时间短，但有时可能产生较大的荷载值，故在支承件强度设计时应计入。考虑这些荷载同时出现的可能性很小，故工程上一般不同时计入，而是根据具体情况，计入其中的较大值。

（1）风荷载和雪荷载的计算   一般情况下，对于较大直径的管道或并排多根敷设的管道才考虑风荷载和雪荷载的影响。风荷载及雪荷载可按 GBJ 9《建筑结构荷载规范》进行计算。

（2）地震荷载的计算   一般情况下，对于有地震设防要求的管道，才考虑地震荷载的作用。地震荷载可按 SH 3039《石油化工企业非埋地管道抗震设计通则》进行计算。

（3）安全阀排放反力的计算   对于装有安全阀的管道支承点，才考虑安全阀排放反力的作用。安全阀排放反力可按 SH 3037《石油化工企业管道支吊架设计规范》进行计算。

五、压力管道荷载的最终计算和条件的提出

1. 管道重量

按管道材料标准或管材生产厂家的资料计算。

2. 流体重量

① 流体为液体，当流体密度大于水的密度时，按充满管道容积的流体重量计算；当流

体密度小于水的密度时，按充满管道容积的水重量计算。

② 流体为气体，当气体管道需进行水压试验时，按充满管道容积的水重量计算，当气体管道需考虑气体冷凝液在管道中的填充量时，可按充满管道截面积的 10%～20% 计算。

3. 隔热层重量

按隔热标准或生产厂家提供的资料计算。

4. 集中荷载

① 管件（包括阀门）重量来源于样本或生产厂家的资料。

② 管道支吊架重量。

③ 安全阀反力，通常是通过计算提供。

④ 调节阀推力，通常由仪表专业提供。

⑤ 风荷载、地震荷载等通常由土建专业自行考虑。

当装置内的管架由土建专业设计时，压力管道设计人员应附上管架生根部位和形式的图，并在图上附上作用在建、构筑物的荷载重和水平推力。或者把计算的荷载填入类似表 9-11 的表格，和标注了管架的管道布置图或设备布置图一起向土建专业提出管道荷载条件。

表 9-11　作用在建、构筑物的管道荷载

管架编号 或管线号	荷重/kN		水平力/kN		P 作用点坐标		标高 /mm	尺寸/mm		角度/(°)	备注
	P	P_y	P_x	P_z	N	E(W)		e/e_1	A	α	
××××	10000		0.3P	0.3P	×××	×××	+6500	500			C
××××	5000		—	—	×××	×××	+3000	—			B
××××	9000		0.3P	0.3P	×××	×××	+6000	200			FL
⋮	⋮	⋮	⋮	⋮	⋮	⋮	⋮	⋮			⋮

注：C 表示作用在柱上；B 表示作用于梁上或梁侧或梁底；FL 表示作用在楼板上面或底面。

5. 典型管架构件受力图（图 9-64～图 9-66）

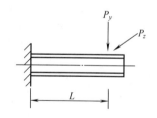

■ 图 9-64　悬臂架受力图

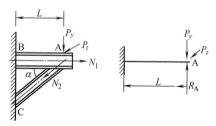

■ 图 9-65　三角架端部受力图

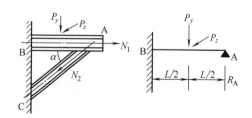

■ 图 9-66　三角架中间受力图

表 9-12 管线载荷的简化计算

DN	空管重/(kg/m)				保温层		充水重/(kg/m)	空管重①+充水重+保温重/(kg/m)				空管重①+充水重/(kg/m)			
	Class150	Class300	Class600	Class1500	保温厚度/mm	保温重/(kg/m)		Class150	Class300	Class600	Class1500	Class150	Class300	Class600	Class1500
50	5.44	7.48	11.11	11.11	65	6.3	2.20	14.59	16.88	20.94	20.94	8.29	10.58	14.64	14.64
80	11.29	15.27	15.27	21.34	80	9.0	4.77	26.41	30.87	30.87	37.67	17.41	21.87	21.87	28.67
100	16.10	16.10	22.32	41.03	80	10.2	8.21	36.44	36.44	43.41	64.36	26.24	26.24	33.21	54.16
150	28.30	28.30	42.60	86.00	80	12.7	18.64	63.04	63.04	79.05	127.66	50.34	50.34	66.35	114.96
200	33.32	42.54	64.64	146.00	90	17.2	33.46	87.98	98.30	123.06	214.18	70.78	81.10	105.86	196.98
250	41.77	60.32	96.00	215.35	90	19.9	53.26	119.94	140.72	180.68	314.35	100.04	120.82	160.78	294.45
300	49.73	73.85	132.06	318.50	90	22.6	76.06	154.36	181.37	246.57	455.38	131.76	158.77	223.97	432.78
350	67.95	94.51	158.11	363.00	90	24.4	90.66	191.16	220.91	292.14	521.62	166.76	196.51	267.74	497.22
400	77.88	123.31	203.53	497.20	90	27.0	119.8	234.03	284.91	374.75	703.66	207.03	257.91	347.75	676.66
450	87.81	155.93	254.63	604.50	90	29.8	152.99	281.14	357.43	467.98	859.83	251.34	327.63	438.18	830.03
500	117.09	183.41	311.16		90	33.0	187.77	351.91	426.19	569.27		318.91	393.19	536.27	
600	140.96	255.18	441.84		90	38.0	273.90	469.78	597.70	806.76		431.78	559.70	768.76	
750	176.76	206.01	349.00		100	50.0	433.50	681.47	714.23	874.38		631.47	664.23	824.38	
900	265.08	282.41			100	60.0	622.93	979.82	999.23			919.82	939.23		
1050	268.68	330.14			100	68.0	859.61	1228.53	1297.37			1160.53	1229.37		
1200	331.45	471.10			100	77.0	1125.23	1573.45	1729.86			1496.45			

注:保温材料为岩棉,表面材料为铝。

① 考虑到管子上一些附件的重量,此处的空管重按"空管重×1.12"计算。

例如:从表中可以直接查出 DN350 的管子,Class300 时,对于保温管线,空管重+充水重+保温重为 220.91kg/m,对于不保温管线,空管重+充水重为 196.51kg/m。

六、管道垂直荷载计算工程实例

工程实例一 某大型工程管线荷载的简化计算表（表 9-12）

表 9-12 为管线荷载的简化计算表，工程项目的大部分管线的荷载均按照表 9-12 中的数据查询计算，误差均在要求之内，比一根管线一根管线地计算或者查询管线重量表，简化了很大的工作量。这个工程项目也使用了表 9-13 和表 9-14。

工程实例二 某荷载简化计算钢制法兰及阀门重量表（表 9-13、表 9-14）

表 9-13 法兰连接的阀门重量

管 径	闸阀/kg			截止阀/kg			止回阀/kg		
	Class150	Class300	Class600	Class150	Class300	Class600	Class150	Class300	Class600
1/2″	2.5	—	9	3	5	5	2	3.0	6
3/4″	4.5	6.2	13	5	7	7	3	4.5	9
1″	5.5	7.5	18	6	9	9	5	6.0	11
1¼″	9.2	13.2	22	11	15	15	8	9.0	15
1½″	12.5	17.0	35	14	18	18	11	13.0	22
2″	23.0	34.0	50	21	36	40	17	27.0	31
2½″	31.0	46.0	62	30	48	53	23	37.0	45
3″	40.0	60.0	85	36	60	71	28	48.0	58
4″	59.0	93.0	140	59	96	136	45	73.0	105
6″	100.0	180.0	270	109	172	362	81	130.0	219
8″	165.0	280.0	570	180	391	650	139	228.0	389
10″	250.0	390.0	840	255	560	906	189	282.0	503
12″	335.0	640.0	1200	390	831	1224	303	587.0	745
14″	570.0	890.0	1715	599	—	—	450	615.0	—
16″	715.0	1090.0	2120	807	—	—	580	845.0	1725
18″	820.0	1535.0	2850	—	—	—	752	1115.0	—
20″	1040.0	1890.0	3258	—	—	—	928	1390.0	—
22″	1315.0	2090.0	4240	—	—	—	—	—	—
24″	1590.0	2290.0	5067	—	—	—	1185	1832.0	—

表 9-14 法兰重量

管 径	对焊法兰/kg			滑套法兰/kg			孔板法兰/kg		
	Class150	Class300	Class600	Class150	Class300	Class600	Class150	Class300	Class600
1/2″	0.9	0.9	1.4	0.9	1.4	1.4	—	—	—
3/4″	0.9	1.4	1.8	0.9	1.4	1.4	—	—	—
1″	1.1	1.8	2.3	0.9	1.4	1.8	—	8.2	8.2
1¼″	1.1	2.7	3.2	1.4	1.8	2.7	—	9.5	9.5
1½″	1.8	3.6	4.5	1.4	2.7	3.2	—	13.0	13.0
2″	2.7	4.1	5.4	2.3	3.2	4.1	—	15.0	15.0
2½″	4.5	5.4	8.2	3.2	4.5	5.9	—	19.5	19.5
3″	5.2	6.8	10.4	3.6	5.9	7.1	—	22.0	22.0
4″	6.8	11.3	19.0	5.9	10.0	16.8	—	31.0	44.0
6″	10.9	19.0	36.7	8.6	17.7	36.3	—	45.0	88.0
8″	17.7	30.4	53.1	13.6	28.3	52.2	—	70.0	129.0
10″	23.6	41.3	85.7	19.5	36.7	80.3	—	100.0	204.0
12″	36.3	62.6	102.5	29.0	52.2	97.5	—	150.0	245.0
14″	46.3	84.4	157.4	38.6	74.4	117.5	—	193.0	320.0
16″	57.6	111.6	218.2	42.2	99.8	166.0	—	268.0	—
18″	63.5	138.3	251.7	54.4	127.0	210.2	—	340.0	—
20″	77.1	171.5	313.3	70.3	147.4	277.7	—	413.0	—
22″	101.6	210.9	326.6	83.9	188.8	267.6	—	510.3	—
24″	118.0	247.2	443.2	95.3	222.3	397.3	—	613.0	—

七、格林乃尔法热膨胀力的计算及实例

对一般常见的几何形状简单的平面管系,由于管段热胀引起的弯曲应力及作用于固定管架的热膨胀力,可按格林乃尔(Grinnell)法快速推算,具体可参见《工业管道应力分析与工程应用》第六章工业管道荷载计算,步骤如下。

① 根据管段相应的图表查出系数 K_x、K_y 和 K_z。

② 根据管道操作条件和所用材料,由表中查出相应之 C 值。

③ 按下式分别计算 x、y、z 三方向的热膨胀力。

$$F_x = 0.01 K_x C \frac{I}{L^2}$$

$$F_y = 0.01 K_y C \frac{I}{L^2}$$

$$F_z = 0.01 K_z C \frac{I}{L^2}$$

式中　F_x、F_y、F_z——分别为 x、y、z 方向上的热膨胀力,kN;

K_x、K_y、K_z——分别为 x、y、z 方向上的系数;

C——格林乃尔法综合系数,$C = \Delta l \times E \times 10^{-5}$,$\Delta l$ 为每 1m 的伸长量(mm),E 为弹性模量,可通过表格直接查出数值;

L——相应管段计算参数,m;

I——管子断面惯性矩,cm⁴。

第五节　管道的防振设计

一、压力管道的振源种类

压力管道的振源多种多样，大致可以分为来自系统由身的和系统外的两大类。来自系统自身的主要有与管道直接相连接机器、设备的振动和管道流体的不稳定流动引起的振动；来自系统外的有风荷载、地震荷载等。一般而言，管道振动最常见的振源是机器的振动和管内流体的不稳定流动所引起的振动。

二、工厂中常见的振动问题及处理方法

1. 管道振动

目前石油化工厂管道振动有多种形式，大的振动将导致诸如隔热材料损坏、仪表指示错误、管道支架损坏、管道疲劳失效等问题。因此，预计管道有害振动时，应进行管道振动分析，以便进行设计将振动减到最小。

2. 振源

下列设备是主要振动源：往复式压缩机及往复泵进出口管道的振动；两相流管道呈柱塞流时的振动；水锤；安全阀排气系统产生的振动；风荷载、地震荷载引起的振动。

3. 管道防振方法

（1）往复式压缩机进出口管道　由压缩机制造商对管系进行详细的声学振动分析。防振措施常采用增加压缩机缓冲罐的容积、局部加大管径、改变相关管道走向等。所有这些方法，取决于振动分析结果。

当脉动频率与管系机械固有频率重合或接近时，即使激发源很小，但由于共振，也将产生大的振动。为避免共振，使管系固有频率与脉动频率之比在下列范围之外，以确定管道支架跨距：

$0.8 < f/f_h < 1.2$（f 为脉动频率；f_h 为管系固有频率）。

（2）往复式泵的进出口管道　为使压力脉动最小（管道振源），缓冲器应与泵管口接近，管道支架跨距也是按声学固有频率与脉动频率不发生共振的原则确定的。

泵的振动和测量可参考 ISO 10816-7《机械振动》、GB/T 29531《泵的振动测量与评价方法》、GB/T 13824《旋转与往复式机器的机械振动　对振动烈度测量仪的要求》等标准。

（3）减压比大于或等于 1.8 液体介质除外的减压阀周围的管道　采用低噪声的阀可减少振动带来的噪声，采用普通阀时，在阀下方设置 10 倍管内径的直管，阀四周的管道完全固定。

（4）安全阀出口管道　安全阀周围管道要完全固定，因为安全阀启跳引起的冲击力很大。

（5）常压或蒸馏装置从炉子到分馏塔的转油线　利用支架尽可能增加管道的刚性。因为激振源不能消除，首先进行管道柔性分析。然后进行管系的振动模态分析，此类管系的振动一般为低频振动，使管系的一阶振动频率大于 4Hz 即可避开共振。如果管系发生振动，常采用不限制管道热位移的减振器来减小振动。

三、振动管道支架的设计

① 支架应采用防振管卡，不能只是简单支承。
② 支架间距应经过振动分析后确定。

③ 支架结构和支架的生根部分应有足够的刚度。

④ 宜设独立基础，尽量避免生根在厂房的梁柱上。

⑤ 当管内介质温度较高，产生热胀时，应满足柔性分析的要求。

⑥ 支架应尽量沿地面设置。

四、往复式压缩机管系的振动分析及措施

1. 往复式压缩机管系的特点

往复式压缩机的工作特点是吸、排气流呈间歇性和周期性，因此不可避免的要激发进、出口管道内的流体呈脉动状态，使管内流体参数（如压力、速度、密度等）随位置及时间作周期性变化。这种现象称为气流脉动。脉动流体沿管道输送时，遇到弯头、异径管、分支管、阀门、盲板等元件将产生随时间变化的激振力，受该激振力作用，管系便产生一定的机械振动响应。压力脉动越大，管道振动的振幅和动应力越大。强烈的脉动气流会严重地影响气阀的正常开闭，减小工作效率，此外，还会引起管系的机械振动，造成管件疲劳破坏，发生泄漏，甚至造成火灾爆炸等重大事故。因此降低气流脉动是往复式压缩机配管设计的主要任务之一。

管道振动的第二个原因是共振。管道内气体构成一个系统，称为气柱。气柱本身具有的频率称为气柱固有频率。活塞往复运动的频率称为激发频率。管道及其组成件组成一个系统，该系统结构本身具有的频率称为管系机械固有频率。在工程上常把 $(0.8 \sim 1.2) f$ 的频率范围作为共振区。当气柱固有频率落在激发频率的共振区内时，发生气柱共振，产生较大压力脉动。管系机械固有频率落在激发频率的共振区或气柱固有频率的共振区时，发生结构共振。因此配管设计必须避免发生气柱及结构的共振，即调整气柱固有频率和管系机械固有频率。

管道振动第三个原因是由机组本身的振动引起。机组本身的动平衡性能差、安装不对中、基础及支承设计不当均会引起机组振动，带动管系振动。

解决往复式压缩机管系的气流脉动与管道振动问题，要从设计阶段着手，应用振动计算专用软件进行分析计算，将管道振动消灭在设计阶段。振动计算包括：气柱固有频率与气动传递特性的计算；压力脉动不均匀度沿管分布及谱分析；管系结构固有频率、振型分析、振幅及动应力计算。

2. 管道振动的机理与对策

管道系统之所以发生振动是因为管道系统上作用有周期性的激振力。此激振力通常源于管道内气体压力的脉动（或称波动）。对于端点安装往复式压缩机的管系，压力脉动是无法避免的，我们的任务是将压力脉动控制在一定的范围内，不使其产生有害振动。压力脉动在管道的转弯处或在截面发生变化处形成激振力。这些力在大小、方向以及相位上各不相同，作用在管道的弯头和变截面（如异径接头、阀门、三通等）处，激发管道作受迫振动。

压缩机管道系统内各点的压力脉动和振动取决于三个因素。

① 压缩机的参数：包括转速、活塞冲程、连杆长度、气缸直径、流量、压力、温度和缓冲器的容积等。

② 被压缩的介质的物理参数：包括分子量、绝热指数、温度和压力等。

③ 系统的几何配置情况：包括各管段的长度、外径、壁厚、走向；分支管的位置；阀门的安装位置及其重量；各辅助设备的位置、外形尺寸；各支承的设置位置和刚性等。

当上述三个因素确定之后，系统内各点的压力脉动和振动情况也就相应确定下来，由此可见，只要掌握计算气流压力脉动及管道振动规律，不难设计出使压力脉动和振动均控制在

安全、经济范围内的优质管道系统。

3. 振动分析所使用的控制标准

往复式压缩机管系的振动分析应满足：美国石油学会 API 618 标准关于脉动控制要求，保证压缩机管系的气流脉动不超过允许值；根据美国普渡压缩机技术协会关于机械振幅要求，保证机械振动全振幅不超过允许值。

美国石油学会制定的 API 618 标准，从量上规定了对压力脉动和振动控制的设计要求。

① 当压力在 0.35～20.7MPa 之间时，压力不均匀度按下式计算：

$$\delta = 126.77/(pdf)^{1/2} \tag{9-6}$$

式中　δ——压力不均匀度；

　　　p——管内平均绝对压力，MPa；

　　　d——管道内径，mm；

　　　f——脉动频率，Hz。

② 脉动频率 f 按下式计算：

$$f = nm/60 \tag{9-7}$$

式中　n——压缩机转速，r/min；

　　　m——激发频率的阶次。

管道因振动而损坏的可能性主要取决于振幅和频率，也就是取决于交变应力的大小和循环次数。对温度不超过 370℃碳钢和低合金钢管道，设计疲劳强度不应超过 50MPa。由压力脉动及其他荷载产生的综合一次应力不应超过管道的热态许用应力。

③ 根据美国石油协会 API618 的规定，缓冲器容积按下式计算：

$$V_s = 9.27V(kT_s/M)^{1/4} \tag{9-8}$$

$$V_d = V_s/R^{1/k} \tag{9-9}$$

式中　V_s——入口缓冲器的最小容积，m³；

　　　V_d——出口缓冲器的最小容积，m³；

　　　k——绝热指数；

　　　T_s——吸入侧绝对温度，K；

　　　M——气体分子量；

　　　V——与缓冲器相连的气缸每转排（吸）总净容积，m³；

　　　R——气缸的级压比。

4. 管道压力脉动的控制措施

由于往复式压缩机间歇性和周期性吸排气，管道内流体必然呈脉动状态。进行压力脉动分析不可能完全消除压力的脉动，而是将其控制在允许的范围内［参见式(9-6)］。

压力脉动的控制措施如下。

① 首先要进行气柱固有频率的计算，使气柱固有频率（至少前三阶）与活塞激发频率错开，从而避开气柱共振。影响气柱固有频率的因素除介质的组分外有缓冲器的尺寸与位置、管径的大小、管系的分支的多少与位置、各管段的长度、孔板及其安装位置、各管段的端点条件等。

② 合理设计缓冲器并安装在尽量靠近气缸的位置。缓冲器是最简单而有效的消振措施。它能使缓冲器后面的管道内的气流变得缓和，其作用与柔性分析中的补偿器相似。

要达到理想的减振效果，缓冲器应有足够的容积［可参照式(9-8)确定］。缓冲器有两种形式：一种是简单的无内件的缓冲器，另一种是有内件滤波型缓冲器。采用内件滤波型缓冲器可以更有效地控制缓冲器后的管道内的压力脉动，适当减少缓冲器的容积，但同时会增大阻力降。缓冲器的安装应尽量靠近气缸，对上进气下排气的压缩机，入口缓冲器应布置在气缸上方，并尽量靠近气缸。出口缓冲器应布置在气缸的正下方并尽量靠近气缸。

③ 合理的增设消振孔板。在容器的入口处加装适当尺寸的孔板，可以将该管段内的压力驻波变成行波，使管道尾端不再具有反射条件，从而降低了压力不均匀度，达到减轻管道振动的目的。加装消振孔板同时又产生局部阻力损失，所以压缩机制造厂在确定缓冲器容积时一般不应考虑加装孔板，但当缓冲器容积过大无法制造安装时，也可考虑加装孔板，同时需对孔板的局部阻力损失进行核算。

消振孔板的孔径比要经压力脉动计算确定，一般孔径比为 0.43~0.5，孔板厚度为 3~5mm，孔板内径边缘处必须保留锐利棱角，不得倒角，否则效果要降低。孔板太厚会增大局部阻力损失，并产生噪声。孔板的材料与管道相同。孔板的形式与法兰的密封面相适应。消振孔板通常安装在缓冲器的进出口管口处。

④ 设置集管器。并机运行的管道在汇合处脉动量会相互叠加，叠加的结果，有时相互抵消，有时相互加强，这就要看投入运行的压缩机的曲柄错角，如果相位一致则加强，相位相反则减弱。为避免在多机汇合处产生过大脉动值，在汇合处设置集管器，其尺寸太小不影响缓冲作用。集管器的设计原则是：集管器的通流面积，应大于所有进气管通流面积总和的3倍。

⑤ 控制管系各管段的压力脉动值，使其不超过式(9-6)的计算值。当主管道上的压力不均匀度超标时，首先核算缓冲器容积，缓冲器容积不够时，加大缓冲器容积，如果缓冲器已制造完毕或缓冲器太大难以制造时，采取加装消振孔板方法。当分支管（如跨线、放空线等）脉动值超标时，可适当加大该管管径或在该分支的适当位置加装孔板。如果该分支的末端为盲板或关闭的阀门，应考虑改变该管段的长度。

在整个管系脉动值都控制在允许的范围内后，再进行管系结构振动的计算，将机械振动的振幅和动应力控制在允许的范围内。

5. 管道振动的控制措施

① 进行管系的机械固有频率计算，使机械固有频率（至少前三阶）与活塞激发频率错开并与气柱固有频率（至少前三阶）错开。通常对于中、低压管道（$p \leqslant 8\text{MPa}$），管道机械固有频率不低于 24Hz；对高压管道（$p > 8\text{MPa}$），管道机械固有频率不低于 28Hz。

② 在管道柔性分析满足的前提下，应尽量减少转弯，因为过多的转弯会减小管系的刚度，使管系的机械固有频率降低，并且在弯头处产生激振力，从而发生振动。

③ 支架应采取防振管卡，而不能只为承重或止推。因为防振管卡可以约束 X、Y、Z 三个方向的线位移，对直径较小的管子甚至可以约束 RX、RY、RZ 三个角位移，而承重或止推架却只能约束一个方向的线位移。为保证管道与管卡充分接触，在管卡与管道之间垫石棉橡胶板。

④ 支架的间距应满足最小频率的要求。

⑤ 管道应尽量沿地面敷设，便于设置支架，管道过高则支架难以生根，同时支架的刚度很难保证。支架的刚度可参照表 9-15。

表 9-15　支架的刚度

支架高度/m	K_x/kN·m^{-1}	K_y/kN·m^{-1}	K_z/kN·m^{-1}	K_{rx}/kN·m·rad^{-1}	K_{ry}/kN·m·rad^{-1}	K_{rz}/kN·m·rad^{-1}
≤1	$1×10^7$	$1×10^7$	$1×10^7$	$1×10^4$	$1×10^4$	$1×10^4$
1~2	$1×10^6$	$1×10^6$	$1×10^6$	$5×10^3$	$5×10^3$	$5×10^3$
2~3	$1×10^5$	$1×10^5$	$1×10^5$	$1×10^3$	$1×10^3$	$1×10^3$
3~4	$5×10^4$	$5×10^4$	$5×10^4$	$5×10^2$	$5×10^2$	$5×10^2$
4~5	$1×10^4$	$1×10^4$	$1×10^4$	$1×10^2$	$1×10^2$	$1×10^2$
5~6	$5×10^3$	$5×10^3$	$5×10^3$	$5×10^1$	$5×10^1$	$5×10^1$
>6	$4×10^3$	$4×10^3$	$4×10^3$	$3×10^1$	$3×10^1$	$3×10^1$

对于较高的支架宜采用框架结构，单根立柱刚度较小。

⑥ 为防止机组的转动不平衡力引起管系振动，进出口缓冲器要有牢固的支承，靠近压缩机的管段的支架应重点考虑。

⑦ 在阀门等集中质量处应加支架，因为集中质量处振动频率低。

五、固有频率与激振频率

① 共振区域（图 9-67）：通常 ω_0 应避开 $0.8\omega_1 \sim 1.2\omega_1$ 的区域，在工程中最好避开 $0.5\omega_1 \sim 1.5\omega_1$ 的区域，这样振幅较小。

② 通常 ω_0 应在 ω_1（压缩机的吸入或吸出频率）的 1.2 倍以上。设计时最好控制 ω_0 在 ω_1 的 1.5 倍以上。

③ 激振频率：

$$\omega_1 = \frac{n}{60} × 缸数 × 单（双）作用 （Hz）$$

式中　n——压缩机转速，r/min。

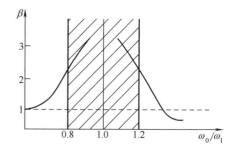

■ 图 9-67　固有频率与激振频率
β—放大因子；ω_0—固有频率（角频）；
ω_1—激振频率（角频）

六、气体的压力脉动

往复压缩机的活塞在气缸中进行周期性往复运动，引起吸排气呈间歇性和周期性，管内气体压力不但随位置变化，而且随时间作周期性变化，这种现象称为气体压力脉动。压力脉动的大小通常用压力不均匀度来衡量。压力不均匀度 δ 的表达式如下：

$$\delta = \frac{p_{max} - p_{min}}{p_0} × 100\%$$

式中　p_{max}——不均匀压力的最大值（绝压），MPa；

$\quad\quad p_{min}$——不均匀压力的最小值（绝压），MPa；

$\quad\quad p_0$——平均压力（绝压），$p_0 = (p_{max} + p_{min})/2$，MPa。

七、两相流介质呈柱塞流时引起的管道振动分析及其设计

在解决这类管道的机械振动时，主要是从管道布置和工艺操作两方面来进行。例如，对饱和蒸汽管道，每隔一段距离要进行一次疏水，及时排出凝结水，从而杜绝两相流动的出现；对于减压转油线，在它的两相流段尽量不拐弯、不缩径、不设节流元件，并使它沿介质流向呈一坡度设置，使汽、液两相介质分层流动，可避免激振力的产生。对于这类有潜在振动可能的管道，作为防振措施尽量不要采用吊架，并尽可能将一般承重支架改为导向支架或

管卡形式，必要时可设一些摩擦防振支架。

八、水锤引起的管道振动分析及其设计

水锤产生的管道机械振动而造成管道破坏的主要原因是振动初始值引起的较大振幅或力幅，因此工程上解决水锤的问题主要从以下两方面入手。

① 从管道元件选型或工艺操作方面予以解决。例如，对大型泵出口管道上的止回阀，采用辅助液压缓闭型止回阀；流量调节时采用小流量长时间调节等。

② 加强管道支承，使管道获得足够的刚度，从而使水锤产生的管道最大振幅不超过允许值。在冲击力发生的方向或力的作用方向设置适当的止推支架，可防止较大的瞬时冲击力直接导致的管子破坏。

九、压力管道冲击载荷和两相流液击力的计算及工程实例

在管道系统的设计中，除了对静态载荷进行校核设计，也需要对介质不稳定性产生的冲击载荷进行设计。详细分析与计算见配管设计参考书《管道应力分析与工程应用》的详细讲述。

1. 压力管道系统冲击载荷的计算

如图 9-68 所示，管道系统的每段管子都可能承受潜在冲击载荷的作用。流体产生的冲击载荷存在于管道的轴线方向，作用在管道方向发生变化的位置。图 9-68 所示系统，冲击荷载会作用在 A-B 和 B-C 管道轴线上。

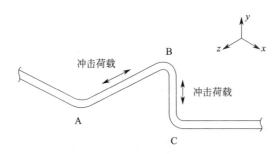

■图 9-68　引起管道系统振动的力

在计算中，假设介质是在固定住的管道中流动（v_x），不考虑管道本身振动的影响，作用在管道上的流体载荷计算见图 9-69 所示：

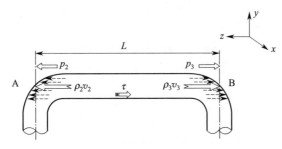

■图 9-69　作用在管段上的轴向力

因为 A-B 管段是 z 向，那么流体载荷就只有 z 方向存在，流体的压力、温度、流速和密度等边界条件均已知。主要有压力推力和动量力两个力作用在管段两端的弯头上，还有流

体和管壁之间的总摩擦力，计算如下。

压力推力：$F_P = pA$

质量流量（体积流量）等于流速乘以介质流过的截面积：$m = \rho A v$

动量力（质量流量乘以流速）：$F_M = \dot{m}v = \rho A v^2$

摩擦力：$F_F = \tau \pi D L$

式中，m 是质量流量；p 是管内流体压力；ρ 是管内流体介质密度；v 是管内流体流速；τ 是单位面积的摩擦剪应力；L 是管段长度；D 是管道内表面截面的直径。

动量力作用在管道的弯头上，内压推力也一样，所以管端推力就是这两者之和。那么针对 A-B 管段，假设流体从 A 流向 B，产生的冲击力就可以用下式进行计算：

$$F_x = p_2 A + \rho_2 v_2^2 A - p_3 A - \rho_3 v_3^2 A - \tau L \sqrt{4\pi A}$$

因为只有瞬态流体会产生冲击载荷，摩擦力通常被忽略，因为它是整体流量产生的。在处理压力波时，动量这项也常常被忽略。

2. 压力管道两相流液击力的计算

如图 9-70 所示，压力管道两相流液击力（水锤力）的计算如下：

$$\Delta p = 10^{-6} \rho \alpha \Delta v$$

式中　Δp——水锤压力，MPa；

　　　ρ——流体密度，kg/m^3；

　　　Δv——流速的瞬间变化量，m/s；

　　　α——水锤传播的速度，m/s。

α 可按下式求得：

$$\alpha = 10^3 \times \sqrt{\frac{K/\rho}{1 + \dfrac{KD_i}{Et}}}$$

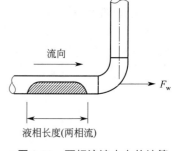

■图 9-70　两相流液击力的计算

式中　K——液体的体积弹性模量（表 9-16），MPa；

　　　ρ——液体密度，kg/m^3；

　　　D_i——管道内径，mm；

　　　E——管道材料弹性模量，MPa；

　　　t——管道壁厚，mm。

由于水锤（液击力）作用，通过管道而施加于固定支架（弯头）的荷载 F_w 简化计算为

$$F_w = 10^{-6} \rho \alpha \Delta v A$$

式中　F_w——水锤荷载（液击力），N；

　　　A——管道流通面积，mm^2。

表 9-16　液体的体积弹性模量

液体名称	体积弹性模量/MPa	液体名称	体积弹性模量/MPa
新鲜水	2191	汽油	1068
盐水	2350	乙醇	901
机械油	1311	四氯化碳	964
煤油	1304	甘油	4535

对于火炬管道的液击力，可参照 SH 3009《石油化工可燃性气体排放系统设计规范》设计。有凝结液的可燃性气体排放管道对固定管架的水平推力取值，不应小于表 9-17 的数值。当固定管架上有几根有凝结液的可燃性气体排放管道时，水平推力的作用点应分别考虑，推

力值不应叠加。

表 9-17　固定管架水平推力

管道公称直径/mm	固定管架的推力/t
200	1.9
250	2.3
300	3.2
400	5.7
500	9.0
≥600,<1000	13.0
≥1000	15.0

十、振动问题分析工程实例

工程实例一　某合成气压缩机振动问题及其处理

1. 背景

某油田技术改造项目共包括三组（6台）往复式压缩机。现场开车过程中，两台合成气压缩机及其附属管线产生较大振动。

2. 现场分析

通过对现场情况的分析和研究，确定了造成合成气压缩机工艺管线振动的主要原因。

① 压缩机缓冲罐容积偏小，缓冲效果不明显，导致气体介质压力脉动较大。

② 压缩机的相关管线管径偏小，导致气体流速过大，振动加剧。

③ 个别管架的结构形式和生根位置存在不合理之处。

3. 采取措施

① 限制流速，降低压力脉动。首先应要减小振源振动，在压缩机管道的适当位置安装减振孔板，并对振动较大的管线进行局部扩径，以降低气体介质的流速。

② 优化管线走向，增加管线刚度。压缩机进出口管线存在一些补偿弯，导致管系柔性增加，不利于减振。对各级进出口管线进行了应力分析，在保证压缩机管口荷载不超出允许值的前提下，对压缩机某入口管线采取扩径措施，尽量减少弯头数量，使压缩机进出口管线短而直，由于采用直管连接能减少气体流向的变化，降低因气流方向改变而转变为振动的机械能，从而起到减振的效果。

③ 合理选择管架生根位置，增加管架刚度。现场发现部分管架生根在钢结构上，而钢结构又与厂房结构连为一体，这样振动很容易通过钢结构传递给其他不发生振动的管线甚至整个压缩厂房。针对以上问题，将管架改为在地面上设置的，有独立基础的支架，选择较大截面积型钢，重点位置的减振支架增加斜撑以增强刚度，达到了很好的抑振效果。

④ 管系动态分析，避免共振现象。用 Caesar Ⅱ 软件对全部压缩机管线系统进行了分析，计算出了管道系统的各阶频率，并且通过对管道走向、管架位置和形式的调整与优化，使整个管系各阶频率大于激振力频率的 1.5 倍，并满足了不等于激振力频率整数倍的要求，避免了共振现象的出现。

工程实例二　某循环氢压缩机入口管线减振分析

现场检查发现，某循环氢压缩机入口管线从入口分液罐到催化剂分离器间管线及分离器出口段架空管线振动较大，且带动与其相连的设备和立柱一起振动。为解决此振动问题，需进行管道系统气流脉动和机械振动控制的计算与研究，以达到安全运行的目的。

1. 气柱固有频率分析

往复式压缩机的管流速一般都比较低（4～20m/s），与气体的声速相比（空气常温下为340m/s）可以略去不计，把管内所含有的气体视作静止的，称为气柱，气流脉动共振现象发生在激发频率与气柱固有频率相重合的时候，所以，欲避开气流脉动共振，需确定管系气柱固有频率。

管系气柱是多自由度的振动系统，它有许多阶固有频率。气柱固有频率取决于系统内的介质参数以及管系尺寸、器件和管系的几何配置。在压缩机端，气柱受到持久的周期性激发作用。激发频率也存在着若干阶，这些阶的激发频率若有一个与气柱固有频率重合，就会引起气柱共振。此时管流脉动激烈。做到任何一阶都不重合常常会遇到很大困难，通常要求避开一阶、二阶或更高一阶固有频率的共振，以便把脉动控制在允许的范围内。工程上规定，激发频率与气柱固有频率的比值，若在0.8～1.2范围内，脉动都是大的，称此范围为共振区。

转速为333r/min，激发主频率的共振区为8.88～13.32Hz，要求气柱固有频率的前三阶应避开激发主频率的共振区。

计算结果表明（过程略）：前三阶气柱固有频率分别为2.89Hz、10.48Hz、13.28Hz，第二、三阶频率落在激发主频率的共振区。要想避开，必须采取修改管道走向或加缓冲器、孔板等措施。缓冲器容积加大到0.69m³时，前三阶气柱固有频率分别为2.16Hz、7.5Hz、8.7Hz，都避开了主频率的共振区。

2. 气流脉动分析

过大的气流脉动会引起管道的机械振动。消减气流脉动的方法是比较多的，可以根据实际情况，按API618标准衡量原管系的压力脉动值是否在允许范围内，并采取相应措施。

改变缓冲器的容积是最简单有效的消振措施，但容积大小要合标准，安装位置要足够靠近气缸，才能使后继管线气流足够平稳，达到API618标准。如果增设孔板，则孔板计算要精确，安装位置要恰当，还应计算孔板阻力损失，使损失在允许范围内。如果条件允许，采取适当改变管径、增加支管等措施也是行之有效的。

入口管系压力脉动不均匀度计算值最大点与API标准允许值的比较见表9-18。

表9-18　入口管系压力脉动不均匀度计算值最大点与API标准允许值比较（一）

管内径/mm		一阶 5.55Hz	二阶 11.1Hz	三阶 16.65Hz	四阶 22.2Hz	五阶 27.75Hz	六阶 33.3Hz
100	计算						0.07
	API标准	2.86	2.03	1.65	1.43	1.28	1.17
150	计算	0.46	3.84	0.35	0.31	0.14	
	API标准	2.34	1.65	1.36	1.17	1.05	0.95

计算结果表明：二阶主频下压力脉动值超过API标准，主要是由于入口缓冲器的容积较小，为0.196m³，而设计计算值为0.69m³。如果修改管系后仍有振动时应加大缓冲器的容积。缓冲器的容积为0.69m³压力脉动不均匀度计算结果见表9-19。

表9-19　入口管系压力脉动不均匀度计算值最大点与API标准允许值比较（二）

管内径/mm		一阶 5.55Hz	二阶 11.1Hz	三阶 16.65Hz	四阶 22.2Hz	五阶 27.75Hz	六阶 33.3Hz
100	计算			0.16	0.12	0.06	0.05
	API标准	2.86	2.03	1.65	1.43	1.28	1.17
150	计算	0.18	1.25				
	API标准	2.34	1.65	1.36	1.17	1.05	0.95

计算结果表明：压力脉动值均符合 API 标准。

3. 机械振动分析

气流脉动的压力波动力与压缩机运行时的作用力和惯性力都影响着管道振动，同时管道的布置和支承情况也直接影响着管道振动，在脉动控制研究中显然已把脉动值控制在允许范围内，但如果管道的走向不当、支承间距不当或支承设计不合理，即使气流脉动不大，也同样会引起危险的管道振动。

机械系统有其本身的固有频率，当这些频率的某一阶或几阶与激发频率接近时，会发生机械共振现象，此时，管道振动较大。

另外，还应注意气柱系统固有频率与机械系统固有频率是否重叠的问题，研究工作的任务是使两者与激发频率在前几阶不重合。

从管道振动的观点看，对管系施加恰当的约束可以调整其机械固有频率，使机械固有频率与激振力频率不重合，支承要有足够的刚性以便控制残留的激振力所引起的振动。较低频率的振动模态是由管道的横向振动组成的，故在支承有足够刚度的基础上。在管道的径向不应有任何间隙，但应允许管道在轴向有位移的可能。

在管道的布置上，有集中质量（阀、法兰）等的部位应注意适当支承。另外在弯头、异径管等存在激振力的部位，约束应尽量靠近这些地方，即使对于直径较小的管道也有避免长距离无支承或悬吊的情况。在管道缓冲器上的阀或仪表等，也应将其支承在母管或容器上，目的是为了防止这些元件一起振动时，形成不同的振动而导致破坏应力产生。避免将分支上的阀或仪表等支承在振动物体上，因为两者振动不同会产生附加动应力。

管道跨距对于不同的管道配置是不同的，以保证每一管道在结构上具有合适的局部固有频率。为了增加管卡的阻尼，可使用少许可以压缩的衬垫材料，如石棉橡胶等材料，确保管卡与管道充分接触，在管的径向没有任何间隙。

根据压缩机的转速，计算的激发主频（二阶）为 11.1Hz，共振区的频率范围（0.8～1.2)f 为 8.88～13.32Hz。设计的原则应使压缩机的进出口管系的结构固有频率至少前三阶避开激发频率共振区的频率范围。

下列数据是对压缩机入口管系的前十阶固有频率的计算结果：7.48Hz、16.05Hz、20.14Hz、25.87Hz、26.75Hz、26.87Hz、29.14Hz、29.30Hz、32.13Hz、32.17Hz。通过观察管系的各阶振动模态可知，在 7.48Hz、16.05Hz 下的振动模态为架空管线振动，与现场观察的振动情况相同，而此几阶频率正好落在前三阶激振频率的共振区内，故应对管系的结构进行修改。

上述分离器出口架空管线振动的主要原因是用来支承的立柱的刚度较低，由于管线较高（EL＋7000），立柱的刚度设计很难满足要求。故必须将此架空管线修改为沿地面敷设，在地面设管墩支承。

修改后的管系固有频率计算如下：20.08Hz、24.95Hz、25.49Hz、26.24Hz、26.88Hz、29.30Hz、32.15Hz、32.17Hz、32.18Hz、32.23Hz。

前几阶频率都完全避开了激振主频的共振频率区。

4. 推荐方案要点

通过上述分析可知，循环氢压缩机入口管线产生振动的主要原因有：用来支承立柱的刚度太小，无法满足防振的设计要求；入口缓冲器的容积较小，抑制气体压力脉动效果差。针对上述情况需进行如下修改：将分液罐出口架空管线改为沿地敷设，标高从 6000mm 降到 500mm 左右，竖直管线在适当处增设支架；将入口缓冲器的容积加大至 0.69m³（原来为 0.196m³，出口缓冲器容积是 0.196m³）。

第六节　管道的抗震设计

一、地震中管道损坏的特点

地震对管道造成损坏是严重的，损坏的程度受多种因素的影响，如震级、地质、管道材料、管道敷设方向与地震波传播方向的相对关系、连接结构形式等。

1. 地下管道

① 地震烈度：地震烈度大，管道损坏严重，震中损坏大。烈度在 8 度以下钢管道基本不发生明显损坏，烈度 8 度时出现小直径钢管道断裂，9 度以上大直径钢管损坏。

② 地基：地基密实、均匀性好，管道的抗震力强。

③ 敷设方向：与地震波传播方向一致的管道破坏严重。

④ 管道材料：脆性材料的管道地震中易损坏。

⑤ 连接结构：螺纹连接、主支管交接处损坏严重，焊接结构抗震性好。

⑥ 振动方向：管道基础不均匀下沉和垂直方向（竖向）震动严重的位置，管道开裂、折断严重。

2. 地上管道

工业管道很多都是架空敷设的，管道的支承有框架、支柱支承、单杆支承，也有借助相邻近构筑物、设备实现支承的。处于与地震波传播方向垂直的管线损坏比较严重，震后出现支柱损伤、倾倒，轻型浅埋支架倒塌，管道滑落地面，有的落地管段出现波形曲线。

3. 地震烈度与管道损坏程度

按 MSK—1992 国际上公认的地震烈度标准《欧洲地震烈度表》，管道在不同地震烈度时的损坏情况大致如下。

① 地震烈度为 6 度——架空管道在管架上位移不明显，在土质条件差的区段有支墩倾斜。

② 地震烈度为 7 度——在个别情况下沿地上钢管道（公称直径 100～150mm，柔性）纵轴平面出现明显屈曲，管道在管架上位移，但没有破坏；地上管道混凝土和少筋钢筋混凝土支墩上出现裂纹，管道非刚性接口损坏，石棉水泥、混凝土和陶瓷管道破坏。

③ 地震烈度为 8 度——钢筋混凝土支墩出现裂缝，混凝土支墩明显损坏，在许多管段出现浅埋柱式支架倾斜、下陷和塌落，个别情况出现管道从管架滑落，沿地柔性钢管出现纵向屈曲。

④ 地震烈度为 9 度——大部分混凝土或钢筋混凝土支墩破坏或明显破坏，支架损坏、管道滑落，地面钢管发生纵向屈曲。

⑤ 地震烈度为 10 度——架空管道大量破坏，地下干线管道破坏。

⑥ 地震烈度为 11 度——架空管道完全破坏，地下管道大量破坏，地面钢管明显破坏。

⑦ 地震烈度为 12 度——架空管道完全破坏，所有地下管道破坏或损坏，地面钢管道大量破坏。

二、抗震设计应注意的问题

为达到抗震的目的，应注意以下问题。

① 管件、阀门等管道组成件宜采用钢质制品。

② 管道的补偿器宜采用非填料函式补偿器（如 U 形补偿器、波形补偿器等）。有填料的补偿器一旦出现过大的变形时易产生泄漏，导致次生性灾害。提高变形性能的伸缩段结构

如图 9-71 所示。采用伸缩段吸收轴向变形要考虑垂直方向管道位移引起的附加荷载。

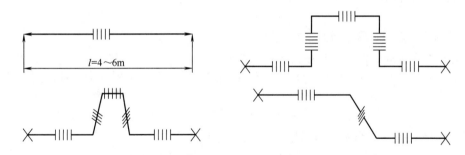

■ **图 9-71　伸缩段**（带有无保护外套的波纹伸缩节）

③ 管道与储罐等设备的连接应具有柔性。

④ 管道穿过建、构筑物时应加套管，管道与套管之间应填塞软质不可燃材料。

⑤ 自力跨越道路的拱形管道应有防止倾倒的措施。设防烈度为 8 度、9 度时，不应采用自力跨越道路的拱形管道。

⑥ 管架上应设有防止管道侧向滑落的措施。

⑦ 铺设在港口码头、引桥上的管道应有防止管道被水浮起、冲落的措施。

⑧ 沿立式设备布置的竖直管道和采用吊架吊挂的管道应合理设置导向支架。

三、管道的抗震验算

1. 应进行抗震验算的管道（表 9-20）

表 9-20　管道抗震验算条件

管　道　级　别	公称直径/mm	介质温度/℃	设防烈度
SHA1(1)	80～125		9
	＞125		8、9
SHA1(2)、SHA2、SHA3、SHA4 SHB1、SHB2、SHB3、SHB4	≥200 且＜300	≥300	9
	≥300	≥200	
	≥500 且≥0.8 倍设备直径		
	≥800		
SHC1、SHC2、SHC3、SHC4	≥300	≥370	9

注：管道级别按照 SH/T 3059《石油化工管道设计器材选用规范》进行划分。

2. 管道抗震验算

管道的抗震验算，仅考虑水平方向的地震作用，不考虑竖直方向的地震作用，并分别对水平面内两个主轴方向进行验算。

管道水平地震作用按下式计算：

$$q = \alpha_1 mg$$

式中　q——管道水平地震作用，N/m；

　　　α_1——与管系基本自振周期相对应的水平地震影响系数；

　　　m——管道每米长度的质量，kg/m；

　　　g——重力加速度，取 $g = 9.81\mathrm{m/s^2}$。

水平地震作用与由压力、重力等持续荷载所引起的管道纵向应力不得大于管道在计算温度下许用应力的 1.33 倍（对于 SHA 级中毒性程度为极度危害的管道，取 1.2 倍）。

进行抗震验算时，不考虑风荷载的作用。

四、管道柔性设计和防震设计的关系

管道的柔性设计是保证管道有足够的柔性以吸收由于热胀冷缩及端点位移产生的变形。防震设计是保证管系有一定的刚度，以避免在干扰作用下发生强烈振动。管道的布置及支架设置在满足柔性设计的要求同时还要满足防震设计要求。

五、地震后管道情况分析与抗震设计工程实例

某地区 6.0 级地震使工厂架空管道管架倒塌、管线掉落及错位。过大的管道位移会造成管道焊缝、法兰及螺纹接口泄漏，泄漏的油气污染环境，并引起火灾。

地震发生时，震源会向外辐射两种不同类型的地震波：纵波、横波。其中纵波在地壳中传播速度为 5.5～7km/s，它最先向外扩散，使地面上下震动，但破坏性较弱。横波在地壳中的传播速度为 3.2～4km/s，在纵波之后到达，它使地面发生前后、左右抖动，破坏性相对较强。横波和纵波在地表相遇后，会激发产生一种叫做面波的混合波，波长大、振幅强，只能沿地表传播。面波就是造成地表及建筑物被强烈破坏的罪魁祸首。

压力管道抗震设计本质上是增加管道系统的刚度，减少不合理管道材料的使用，确保在地震波到达时，管道不因地震荷载的作用而错位或泄漏着火。非埋地管道的抗震设计一般执行 SH/T 3039《石油化工非埋地管道抗震设计规范》。设计原则主要包括以下几方面。

① 抗震设防烈度 6 度及以上地区，应进行抗震设计。

② 管道材料宜选用钢制材料，严禁在有毒可燃介质选用填料函补偿器。

③ 自力跨越道路的管道应有防倾倒措施。设防烈度为 8 度及 9 度时，应自力跨越道路。

④ 管架上应有防止管道侧向滑落的措施，竖直管道也应有导向措施。

⑤ 管道应进行抗震验算。管道的抗震验算仅考虑水平方向作用，不考虑垂直方向作用，应分别对水平面内两个主轴进行验算。按照压力管道规范，核算偶然荷载（安全阀泄放、水锤、地震、风等视为偶然荷载）与持续荷载（重力、压力、支架反力等称为持续荷载，不包含热胀冷缩荷载）作用下，管道总应力（ASME 31.3 为纵向应力）之和，也就是考虑偶然荷载和持续荷载共同作用时的一次应力，不超过计算温度下许用应力的 1.33 倍。地震和风荷载作用不考虑同时发生。抗震验算本身属于压力管道应力分析的静力分析范畴。

在项目初始阶段，要根据项目设计基础资料，确定项目的抗震设防烈度（注意和地震烈度的区别）。平时设计时，管道系统应有一定的刚度，可以通过一定量的限制性支架来实现，例如固定支架和导向支架等。管道抗震设计见《管道应力分析与工程应用》的详细讲述。

六、中国、日本、美国、英国、挪威管道抗震设计的比较

压力管道遭受地震破坏可以追溯到 1906 年的美国旧金山大地震，而管道的抗震设计得到真正的重视是在 20 世纪 70 年代。1971 年圣费尔南多地震给圣安德烈斯断层附近的埋地输气管道造成了破坏，管网毁坏严重。在这次地震之后世界各国开始出台管道的抗震规范。管道的抗震设计已从过去的弹性设计向塑性设计发展，从原来的应力设计向应变设计发展。地震对管道产生破坏可分为：强地面运动；地面的永久变形，如由断层运动、砂土液化、滑坡等引起的破坏。

1. 中国管道抗震设计的比较

① GB/T 20801《压力管道规范 工业管道》规定，同时满足以下条件时，应考虑地震荷载：

a. GC1 级管道以及介质为有毒或可燃的 GC2 类管道；

b. 地震设防烈度大于或等于 6 度，且设计基本地震加速度大于或等于 $0.10g$。

② GB 50160《石油化工企业设计防火标准》规定，为了防止储罐与管道之间产生的不均匀沉降引起破坏，储罐的进出口管道应采用柔性连接。

③SH/T 3007《石油化工储运系统罐区设计规范》规定，储罐的主要进出口管道，应采用柔性连接方式，并应满足地基沉降和抗震要求

管道与储罐等设备的连接采用柔性连接，对预防地震作用和不均匀沉降等所带来的不安全影响有好处。对于储罐来说，在地震作用下，罐壁发生翘高、倾斜、基础不均匀沉降，使储罐和配管连接处遭到破坏是常见的震害之一。此外，由于罐基础处理不当，有一些储罐在投入使用后其基础仍会发生较大幅度的沉降，致使管道和罐壁遭到破坏。为防止上述破坏情况的发生，采取增加储罐配管的柔性（如设金属软管、弹簧支吊架、自然弯曲补偿等）来消除相对位移的影响是必要的，而且也有利于罐前阀门的安装与拆卸和消除局部管道的热应力。

④ GB 50074《石油库设计规范》规定，与储罐等设备连接的管道，应使其管系具有足够的柔性，并应满足设备管口的允许受力要求。

⑤ GB/T 50470《油气输送管道线路工程抗震设计规范》用于陆上新建、扩建和改建钢质油气输送管道线路工程的抗震勘察、设计、施工及交工。对埋地管道抗震设计、通过活动断层的埋地管道、液化区埋地管道、震陷区埋地管道、管道穿越工程、管道跨越工程的抗震设计提出了要求。

⑥ SH/T 3039《石油化工非埋地管道抗震设计规范》规定了石油化工非埋地管道的地震作用、抗震验算和抗震措施的基本要求。适用于设计基本地震加速度不大于 $0.40g$，或抗震设防烈度 9 度及以下的地区、公称压力不大于 42MPa 的石油化工非埋地金属管道的抗震设计。不适用于长输管道的抗震设计。

⑦ 我国压力管道其他抗震设计规范还有《室外给水排水和燃气热力工程抗震设计规范》GB 50032 等。

2. 日本管道抗震设计的比较

日本是一个地震多发国家，管道系统的抗震研究也开展得较早。1974 年 3 月，日本制定了《输油管道技术基准》，随后日本各管道协会推出了相应的抗震设计规范：《管道设施的耐震工法指南》《天然气管道抗震设计指南》［该规范包括高压天然气管道、一般压力（中、低压）天然气管道两个部分］；《地下管路设备的抗震设计指南》。在这些规范中，管道抗震设计主要采用的是变形反应方法。

3. 美国管道抗震设计的比较

1971 年 San Fernando 地震之后，管道的抗震问题得到重视，相应的学术组织也开始成立。1974 年美国土木工程学会（American Society of Civil Engineers，ASCE）成立了生命线地震工程委员会（Technical Council on Lifeline Earthquake Engineering，TCLEE），1975 年美国机械工程学会（American Society of Mechanical Engineers，ASME）也成立了类似的生命线学科组。各种管道有关的抗震规范也都相继出版，例如 ASME B31E《地上管道系统的抗震设计和改造用标准》、ASME B 31.1、ASME B 31.3、ASME B 31.4、ASME B 31.8 等规范，均提出了地震工况管道的设计要求。

4. 英国、挪威管道抗震设计的比较

英国规范 BS 8010《管道的实用规程》，要求管道的应变小于 0.1%、管径和管壁的比例 $D/t < 60$，但是该规范不适用于高温高压管道等需要进行应变设计的情况。

海底管道设计采用的规范是挪威的《Det Norske Veritas（DNV）Pipeline Codes》。该规范给出了跨海管道的极限状态设计方法，考虑管道所有可能的失效模式，基于各种工况实验

得到的数据和大量有限元模拟的结果，判明管道各种失效模式发生的概率，计算管道相应此种失效模式的安全系数，以达到管道工程在整个寿命期内的投资最优化设计。典型极限状态包括：①管道的极限压力；②组合外部荷载和管内流体冲击荷载等引起的管道局部屈曲；③管道在被挤压时发生竖向抬升形成的梁式屈曲和海底管道常见的侧向蛇形屈曲；④管道截面的椭圆化变形；⑤在压力和温度以及海流作用下的管材疲劳失效；⑥在循环加温的情况下，沿着管道存在温度差，导致管道各点的应变不同，有可能出现管道发生移动的现象。极限状态设计是在大量的研究和实验的基础上才能够进行的。

第七节　计算机辅助应力分析工作程序

计算机辅助应力分析工作程序如图 9-72 所示。

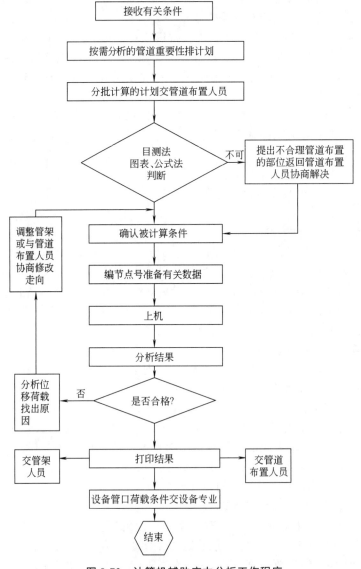

■ 图 9-72　计算机辅助应力分析工作程序

678

第八节　Caesar Ⅱ的工程应用

一、输入和建模

①　交互式图形输入，用户可直观地查看模型，Caesar Ⅱ支持单线图、双线图、线框图和实体图。

②　在线帮助对输入区域提供了方便的、相关的信息。

③　约束类型包括是否有附加位移的固支；单向或双向作用的平动、转动；双线性作用的平动；导向和限位架；带摩擦的支承等。

④　用户可修改材料数据库，包括随温度变化的许用应力。

⑤　内置阀门库、弹簧库、膨胀节库和法兰库，允许用户扩展自己的库。

⑥　钢结构建模，帮助用户建立边界条件，提供多种钢结构数据库。

⑦　交互式的列表编辑输入格式，用户可查看和编辑多个单元数据，具有块编辑特性。

⑧　用户完全控制如何计算和进行错误检查。

⑨　玻璃纤维管 FRP 的建模和分析。

⑩　自动的膨胀节建模，调用膨胀节供应商提供的数据库建立膨胀节的相关参数。

⑪　其他的输入和建模包括：冷紧单元；弯头、三通应力强度因子 SIF 的计算；多任务批处理功能；英制/公制/国际单位制的转换，用户可定义自己的单位。

二、静态分析

Caesar Ⅱ进行静态分析时，通常使用软件推荐的荷载工况来满足管道规范应力要求。对于特殊情况，用户可改变荷载工况。增加或减少荷载工况。

Caesar Ⅱ允许分析管道和钢结构一体的复合模型，用户可得到管道-钢结构非线性作用计算和图形结果：涉及所有静力荷载，如管道自重、内外压力、温度、附加位移、预拉伸（冷紧）；可模拟各种形式的波纹膨胀节；提供多种设计规范，如 ASME B31.1、ASME B31.3；可计算风荷载、地震荷载。

弹簧设计选择程序，提供许多制造商的弹簧库。Caesar Ⅱ允许使用标准或扩充的荷载范围来选择弹簧，它根据建议的操作和安装位置，从弹簧制造商提供的弹簧库中选择合适的弹簧支架。

根据 ASCE♯7 或用户自己定义的风压或风速数据自动作用和分析风荷载。

管口柔性和应力的计算程序包括如下内容。

①　WRC297、API 650 和 BS 5500 定义的管口柔性，根据 WRC297、WRC107 和 ASME Section Ⅷ Division2 计算管口和容器应力。

②　法兰泄漏及应力程序包括简单的法兰泄漏检查、根据 ASME B16.5 和 ASME Section Ⅷ Division1 计算应力、评估法兰荷载。

③　设备荷载检查程序包括蒸汽轮机 NEMA SM23、离心泵 API 610、离心式压缩机 API 617、封闭式供水加热器 HEI 和空冷热交换器 API 661 等标准。

三、动态分析

动态分析功能包括如下内容。

①　振型和自然频率的计算。

②　评价一个阻尼系统在谐振力或位移下的振动响应，以模拟机械和声学的振动。

③　地震反应谱分析。

④ 力频谱分析，允许一般冲击荷载，如水锤、蒸汽锤以及安全阀泄放的计算，它可以把随时间变化的荷载转变成对应的频率响应数据。

⑤ Caesar Ⅱ也可动态显示时程分析的结果。

⑥ 通过估计系统高频率模态响应来改善动态解的正确度。

⑦ 允许用户任意组合动态和静态荷载以合理地满足管道规范要求的临时荷载。

⑧ 安全阀荷载的合成和力频谱的计算，计算动态推力荷载和提高瞬态压力。

⑨ 从 LIQT 和 PIPENET 计算的结果可自动转变为 Caesar Ⅱ可使用的响应谱数据。

四、数据转换接口

Caesar Ⅱ提供了几个外部接口可以和其他软件进行数据转换。通过 Caesar Ⅱ主菜单的 Tools 选项可得到这些接口。选择 External interface 项可得到一些接口软件。其中包括 Intergraph 的 PDS。

Caesar Ⅱ提供的 Intergragh 接口程序能够把管系结构从一个 Intergragh PDS 核心文件转换成一个标准的 Caesar Ⅱ二进制输入文件，可转换的信息包括管道元件的走向、长度、直径、温度、压力、节点号，则可以形成管系的结构和各个节点的坐标。但根据 Intergragh PDS 提供的核心文件的紊乱程度，接口程序所作的一些假设有可能不正确，因此要求对作为结果的 Caesar Ⅱ输入文件进行一些修改。用户必须在 Caesar Ⅱ输入文件中加入所有节点的特性（约束、荷载、位移等），并有必要修改和增加材料特性、三通类型、约束详细资料、温度压力等。

五、Caesar Ⅱ的工程实例

下面是一个典型的泵入口管线的应力分析过程（图 9-73）。在节点 20 和 65 处只是一个承重架，从 Caesar Ⅱ计算的结果可以得出，在泵入口节点 5 和 85 上的荷载偏大（MY，FX）。现在在节点 20 和 65 处各加一个导向架（X 向约束）（图 9-74），这时，从 Caesar Ⅱ计算的相应结果可以得出，在泵入口节点 5 和 85 上的荷载已经降了下来，这说明适当调整管架的形式可以降低设备口的荷载。

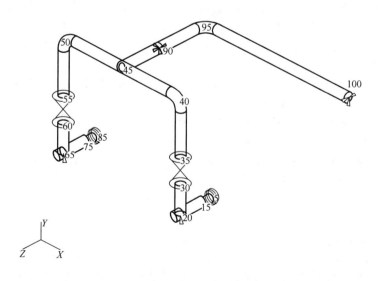

■ 图 9-73　PUMP-1

Job：F：\ COADE \ CAESARⅡ \ PUMP-1

| | | | ---- Forces(N.) ------ | | | -- Moments(N. m.) ---- | | |
NODE	CASE	TYPE	FX	FY	FZ	MX	MY	MZ
5		Rigid ANC						
	1	OPE	1334.	624.	810.	−146.	1134.	−1553.
	2	SUS	−8.	−240.	0.	30.	−7.	3.
85		Rigid ANC						
	1	OPE	−1425.	287.	697.	−77.	−1219.	1666.
	2	SUS	14.	−246.	−2.	31.	10.	−3.

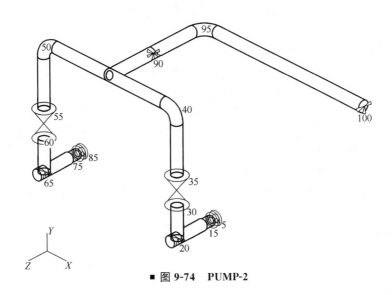

■ 图 9-74　**PUMP-2**

Job：F：\ COADE \ CAESARⅡ \ PUMP-2

| | | | ---- Forces(N.) ------ | | | -- Moments(N. m.) ---- | | |
NODE	CASE	TYPE	FX	FY	FZ	MX	MY	MZ
5		Rigid ANC						
	1	OPE	−585.	737.	841.	−169.	−119.	−1648.
	2	SUS	3.	−241.	−1.	30.	1.	4.
85		Rigid ANC						
	1	OPE	641.	421.	736.	−105.	130.	1766.
	2	SUS	−2.	−248.	−3.	31.	0.	−4.

第九节　管道应力分析和管道支吊架常用标准规范

① GB 50316《工业金属管道设计规范》；

② GB 50009《建筑结构荷载规范》；

③ SH/T 3041《石油化工管道柔性设计规范》；

④ SH/T 3039《石油化工非埋地管道抗震设计通则》；

⑤ SH/T 3059《石油化工管道设计器材选用规范》；

⑥ SH/T 3073《石油化工管道支吊架设计规范》；

⑦ NB/T 47038《恒力弹簧支吊架》；

⑧ NB/T 47039《可变弹簧支吊架》；

⑨ GB/T 12777《金属波纹管膨胀节通用技术条件》；

⑩ GB/T 150《压力容器》；

⑪ GB/T 20801《压力管道规范　工业管道》；

⑫ GB 50251《输气管道工程设计规范》；

⑬ GB 50253《输油管道工程设计规范》；

⑭ DL/T 5054《火力发电厂汽水管道设计规范》；

⑮ DL/T 5366《发电厂汽水管道应力计算技术规程》；

⑯ ASME B31.3 Process Piping；

⑰ ASME B31.1 Power Piping；

⑱ ASME B31.4 Liquid Transmission and Distribution Piping Systems；

⑲ ASME B31.8 Gas Transmission and Distribution Piping Systems；

⑳ API 610 Centrifugal Pumps for General Refinery Services；

㉑ API 617 Liquid Transportation System for Hydrocarbone，Liquid ，Petroleum Gve，Anhydrone Ammonis，and Alcohols；

㉒ NEMA SM-23 Steam Turbine；

㉓ API 661 Air-Cooled Heat Exchangers for General Refinery Service。

压力管道设计计算机制图与建模

第一节　压力管道设计制图的内容

压力管道设计的图纸主要包括下面几项。

① 装置设备平面、立面布置图。

② 管道平面、立面布置图，局部详图。

③ 管道支吊架图（包括标准支吊架和非标准支吊架施工图）。

④ 伴热设计的图纸。

⑤ 管道非标准配件制造图。

⑥ 轴测图。

⑦ 各种复用标准图。

在这里，主要介绍装置设备布置平面、立面图、管道布置平面图和轴测图（单线图）的设计制图。无论是使用 AutoCAD、Microstation 绘制，还是使用 PDMS、AutoPlant、SmartPlant 3D、eZOrtho 等三维管道模型辅助设计软件制图，所得的成品图的基本要求是一样的。国内 GB、SH、HG 等标准均有压力管道设计制图的有关规定，内容基本一致，许多国外大、中型石油化工工程公司的压力管道设计制图要求和我国基本相同。

第二节　压力管道设计常用图纸的幅面

图纸幅面(图 10-1、表 10-1)：按国家标准(单位：mm)为 A0(841×1189)、A1(594×841)、A2（420×594）、A3（297×420）、A4（210×297）A5(148×210)。

表 10-1　图纸幅面（摘自 GB/T 14689）　　　　　　　　　　　　　　　mm

幅面代号	0	1	2	3	4	5
$W \times L$	841×1189	594×841	420×594	297×420	210×297	148×210
c		10			5	
a			25			

设备、管道布置图图幅应尽量采用 A0，比较简单的也可采用 A1 或 A2。同区的图应采用同一种图幅。图幅不宜加长或加宽。

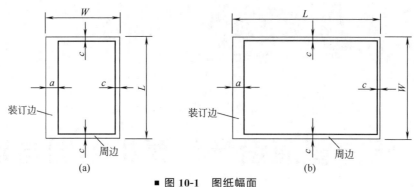

■ 图 10-1　图纸幅面

第三节　压力管道设计的图纸比例

一、装置设备布置图的比例

在石油化工行业，装置设备布置图常用比例为 1：100，也可以用 1：200 或 1：50，视装置的设备布置疏密情况而定。

二、管道布置图的比例

管道布置图的比例，通常根据装置的占地大小与设备尺寸、管径的不同以及管道的多少等决定。

对于石油炼制、石油化工、化工装置等（露天布置的设备）用 1：30，也可采用 1：25或 1：50 比例绘图。

对于油罐区设备及其他大型设备用 1：50、1：100、1：300 比例绘图。

对于食品工业装置、制药装置及试验装置等小型设备（室内布置的设备）用 1：20、1：30 比例绘图（国际上通常采用 1：33⅓ 的比例）。

同区的或各分层的分张绘制的有关图纸，应采用同一比例，遇到设备小、管道密集处可增绘放大图。

三、轴测图的比例

轴测图可以不按比例画，图形不过分失真，宜大体成比例。

四、使用 AutoCAD 实现图纸比例的方法

① 使用 AutoCAD 画图，经常使用的是 1：1 绘制，即 AutoCAD 中的 1 单位代表 1mm（地下管道跨度比较大，常使用 1：1000 绘制的，即 AutoCAD 中的 1 单位代表 1m），在这里称为绘图比例 1：N。

② 标准压力管道的工程项目图框按 1：1 做成 AutoCAD 的图块。例如 A0 图框，已经在 AutoCAD 中按照 841（单位）×1189（单位），做成标准图块。

③ 如果使用 1：M 出图，只要把标准图框的 AutoCAD 的图块放大 M 倍后，插入AutoCAD。在插入后的图框内，按照 1：1 绘制压力管道的管子、阀门及其他元件。在打印时选用 1：M 出图。这样，就实现了按照 1：M 比例压力管道图纸的设计。

④ 电子文档的标注样式、线型比例、文本高度等要按照 1：M 的比例进行设置，保证

出图后，可以清晰地显示。例如，准备设计 $1:M$ 的压力管道图纸，要输入的文本高度由下面公式计算。

输入高度＝成品图纸上文本高度$\times M$

如要求成品图纸上文本高度为 3mm，出图比例为 $1:50$，则输入到电子文档中的文本高度应为

$$3\times50＝150mm（AutoCAD 单位）$$

第四节　装置设备布置图的设计

一、装置设备平面图的设计

这里主要介绍石油化工装置设备布置图的画法。

① 装置布置图中标注的标高、坐标以米为单位，小数以下至毫米为止。其余的尺寸以毫米为单位，只注数字，不注单位。采用其他单位标注尺寸时，应注明单位。

② 设备布置图一般只绘平面图。对于较复杂的装置或有多层建、构筑物的装置，可绘制剖视图，以表达清楚。

③ 在标题栏的正上方列一设备表，便于识图。

④ 在绘制平面图的图纸的右上角，应画一个与建筑图的制图北向一致的方向标。

⑤ 多层建、构筑物，应依次分层绘制各层的设备布置平面图。如果在同一张图纸上绘制几层平面时，应从最低层平面开始，在图中由下至上或由左至右按层次顺序排列。

⑥ 按土建专业图纸标注建筑物和构筑物的轴线号及轴线间尺寸。按建筑图纸所示位置画出门、窗、柱、楼梯、操作台、下水箅子板、管沟、明沟、散水坡等。画出平台及其梯子。画出围堰。画出复杂大型机械设备的基础。建、构筑物的轴线和柱网宜按整个装置统一编号。通常横向用阿拉伯数字从左向右顺序编列，纵向用大写英文字母从下向上顺序编列，其中 I、O 和 Z 三个字母不使用。由于管廊在装置内是最长的构筑物，因此通常先编管廊的柱线号，然后再编其他建筑物和构筑物。

⑦ 画出厂内道路。辅助间和生活间应写出各自的名称。

⑧ 画出设备、机、泵等规格表中列出的全部设备，但小型的不设基础的设备如小过滤器、阻火器、汽水分离器、混合器等可不绘出。

⑨ 用虚线按比例画出表示预留的检修场地（如换热器管束抽出场地，过滤器滤网抽出场地，压缩机活塞抽出检修所需的场地，某些大型机械检修时放置拆卸下来的机壳转子及主要部件的场地）。

⑩ 非定型设备可适当简化外形，包括附属的操作台、梯子和支架。卧式设备，应画出其特征管口或标注固定侧支座。

⑪ 动设备可画基础，表示出特征管口和驱动机的位置。

⑫ 在设备图形的中心线上方标注出设备位号。

⑬ 设备的类型和外形尺寸，可根据工艺专业提供的设备数据表中给出的有关数据和尺寸。如设备数据表中未给出有关数据和尺寸的设备，应按实际外形简略画出。

⑭ 设备的平面定位尺寸尽量以建、构筑物的轴线或管架、管廊的柱中心线为基准线进行标注。不宜以区的分界线为基准线标注尺寸。也可采用坐标系进行标注定位尺寸。

⑮ 定位基准。

a. 卧式设备和换热器以中心线和靠近柱轴线一端的支座为基准。

b. 立式反应器、塔、槽、罐和换热器以中心线为基准。

c. 离心式泵、压缩机、鼓风机、蒸汽透平以中心线和出口管中心线为基准。

d. 往复式泵、活塞式压缩机以缸中心线和曲轴（或电机轴）中心线为基准。

e. 板式换热器以中心线和某一出口法兰端面为基准。

⑯ 设备的标高。

a. 卧式换热器、槽、罐以中心线标高表示（CL EL ××××）。

b. 立式、板式换热器以支承点标高表示（POS EL ××××）。

c. 反应器、塔和立式槽罐以支承点标高表示（POS EL ××××）。

d. 泵、压缩机以主轴中心线标高（CL EL ××××）或以底盘底面标高（即基础顶面标高）表示（POS EL ××××）。

e. 对管廊、管架则应注出架顶的标高（TOS EL ××××）。

写上附注。附注的内容包括相对标高±0.000与绝对标高的关系、需要特别说明的事项、有关图纸档案号等。

二、装置设备立面图的设计

① 画出设备平面图剖切符号范围内所有的设备及建筑物。

② 建、构筑物的立面或剖切面应参照土建专业图纸并适当简化，但应画出建、构筑物的梁柱、门、窗、平台、斜梯、直梯、斜撑、栏杆、吊车轨、设备机泵的基础、围堰等。

③ 塔及立式容器的分层平台及梯子也应表示齐全。油罐、圆筒炉及其他圆筒形设备上的盘梯应基本按投影画出。空气冷却器应画出构架。

④ 立面图只标注标高，特殊情况下才标注尺寸。需要标注标高的地方有地面、厂房和构架的分层面、平台面、吊车轨顶、建筑物的檐口、设备机泵等的基础面或支座顶面、卧式圆筒形设备及大型管道的中心、立式圆筒形设备的最高点（通常为顶部管口的法兰面或上端封头切线）、立式设备及支耳底面或其支架的顶面、烟囱上口、管架的梁顶、空气冷却器构架顶部（管束底部）等。

⑤ 与设备平面图一样标注设备编号。在每一个立面图下面标注剖切编号。

⑥ 写上必要的附注。

三、装置设备布置图常用图例

装置设备布置图的图例可以参考 SH/T 3052《石油化工配管工程设计图例》。在此仅列出一些常用图例供参考。对于管道布置图，可根据实际需要派生。在绘制设备布置图时，应按设备的实际外形轮廓线绘制。

① 容器（表10-2）。

② 加热炉（表10-3）。

③ 换热器（表10-4）。

④ 转动机械及其他（表10-5）。

第五节　管道布置平面图的设计

一、管道布置平面图设计的一般要求

① 管道布置平面图应按比例绘制。

表 10-2　容器图例

条 号	名 称	顶 视		侧 视	
1	塔式容器	塔体无变径	塔体变径		
2	立式容器				
3	悬挂式容器				
4	卧式容器				
5	箱式容器				
6	球形容器				
7	旋风分离器				

表 10-3　加热炉图例

条 号	名 称	顶 视	侧 视
1	圆筒炉		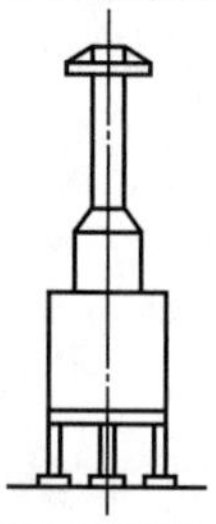
2	卧式炉	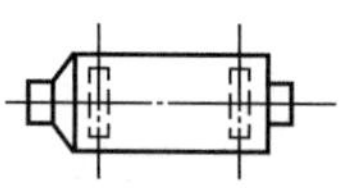	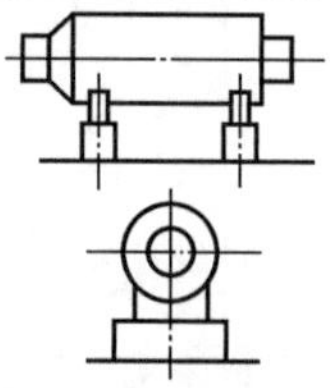

表 10-4　换热器图例

条 号	名 称	顶 视	侧 视
1	浮头式换热器	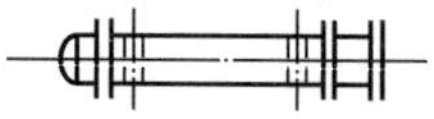	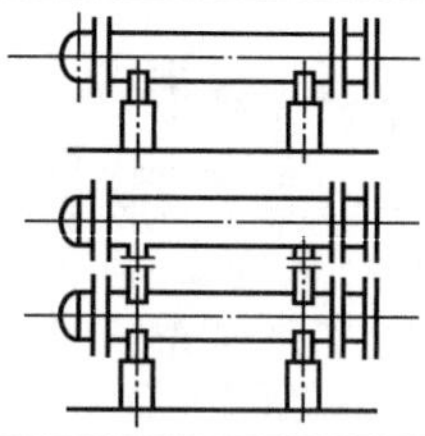
2	固定管板式换热器	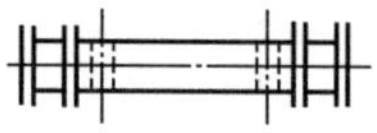	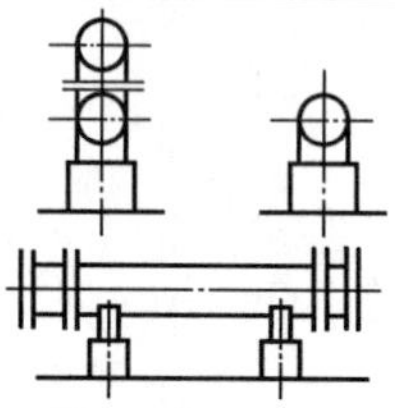
3	重沸器	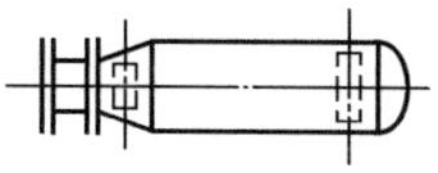	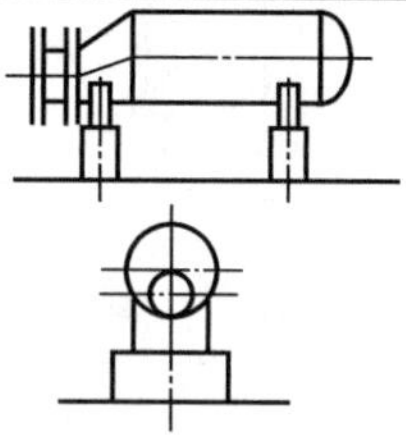
4	空冷器	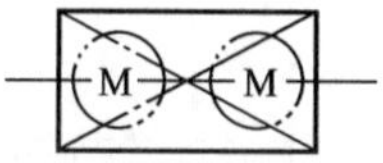	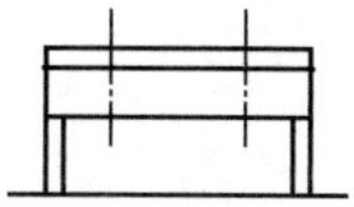

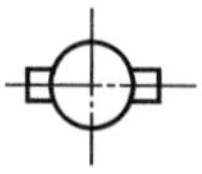

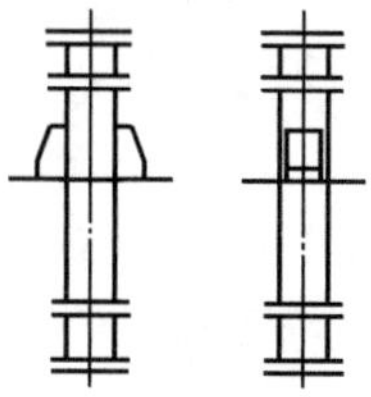

表 10-5　转动机械及其他设备图例

条号	名　称	顶　视	侧　视
1	泵		—
2	压缩机(往复式)		—
3	桥式吊车		—

② 画出装置区内所有的建、构筑物，表示出梁柱、门、窗、墙、平台、梯子、斜撑、栏杆、吊车轨、设备机泵的基础、围堰等的位置及大小。建、构筑物的纵横向轴线最好按整个装置统一编号。

③ 画出装置区内所有的设备机泵并定位，对于复杂的大型机泵最好画出其大致的轮廓外形，设备的管口应以双线表示。为了便于判断管道布置图和平台梯子的位置是否合理，最好将设备的仪表管口、塔顶吊柱、设备上的附属装置（如搅拌装置、加料装置等）画出。

④ 画出装置区内所有的管道走向及其所有组成件（包括焊接在管道上的所有仪表元件）的位置，表示出组装焊缝的位置。伴热管只画出伴热蒸汽分配站和凝结水收集站（如果项目有要求，则可以在管道布置平面图上和轴测图上表示出伴热管的走向和起止点）。大型复杂的特殊阀门宜画出其大致轮廓外形。

⑤ 画出就地安装的仪表箱，但不需要标注定位尺寸。

⑥ 标注出管线号（管线号一般包括管径、介质类别、材料选用等级、管道编号、隔热、伴热等信息）、坡度、流向等。这些标注应整齐有序，适当集中，便于查找。

⑦ 若平面图太复杂，可将图纸分层，分别画出。

a. 当塔与管廊连接时，塔和管廊应表示在同一张图上。

b. 当设备布置在管廊下时，应将设备与管廊分开表示在不同的平面图上。

c. 大型压缩机除主管外，有许多小口径管道（油管、排放管等），这时，应将这些小口径管道另外出图。

d. 人工操作的管道部件应与其操作平台一起表示。

图 10-2 所示为平面图的划分。

⑧ 管道布置平面图上其他内容（北向标、管口方位表、标题栏、说明、文字的大小、线形等），应根据所在压力管道行业的制图标准规范或者所在单位的工程标准统一规范。

二、管道布置平面图设备的画法

① 设备的位置以设备中心线为准，根据该项目的总图条件来绘制。

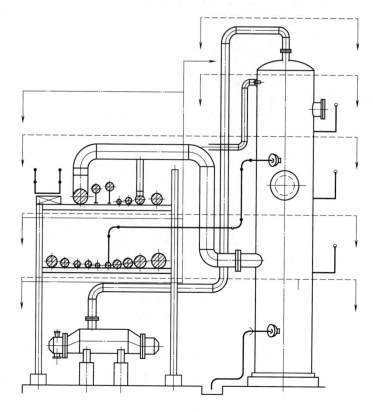

■ 图 10-2　平面图的划分

------ 管廊上的管子与设备周围相关的管线表示在一起；

——·—— 管廊上的管线是分开表示的

　　② 基础外形、设备外形、框架、梯子、平台和管口均要在配管图中表示，对于泵等简单的转动设备可不必表示其外形。

　　③ 设备的保温需表示。

　　④ 设备截面的画法为周围剖面线、中间为空白表示。

　　⑤ 对于仪表、液位计的外形要表示，温度计仅表示管口。带有管道附件的压力计，如属于管道专业范围，该附件应表示口径和等级（或形式）。

　　⑥ 换热器或卧式罐上的放空和排净不需表示。

　　⑦ 泵上的仪表排净及放空不需表示。

　　⑧ 管口的管口号或管口名称应表示，与管道相连的管口要再图上标注角度和管口表上未表示的尺寸。

　　⑨ 平面图上可不表示平台栏杆。

　　⑩ 如果平台位置距管口太近，管口表示不清楚，这时应加一断面图。

　　⑪ 平台及楼面的标高应表示。

　　⑫ 设备位号应表示，且尽量沿中心线标注。

　　⑬ 当平面图上只表示设备的一个断面时，其标高应表示出在该平面图上所表示的此设备的范围。

　　⑭ 卧式换热器或储罐安装高度应在图中表示。

　　⑮ 管道布置平面图设备的画法实例如图 10-3～图 10-7 所示。

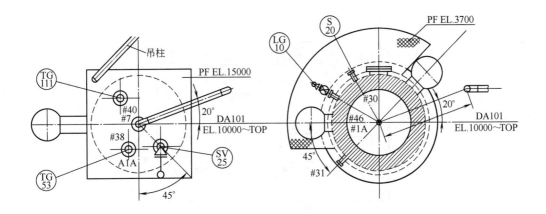

■ 图 10-3　垂直设备的画法

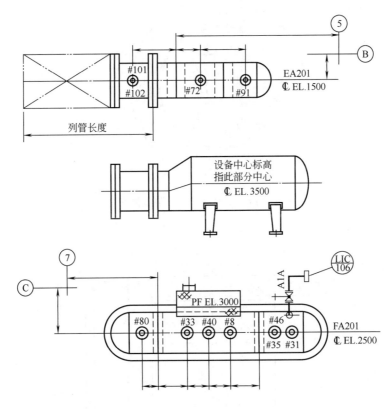

■ 图 10-4　卧式设备的画法

三、管道布置平面图构筑物的画法

1. 构筑物画法的一般要求

① 对于构筑物无论在图纸范围内还是外，均应用实线表示。

② 平台及楼面标高应表示。

③ 柱线号和柱间距在平面图上应表示，但立面图则不需表示（柱线号用 $\phi10\text{mm}$ 的圆表示）。

④ 柱线号应从图纸的正面看，水平书写。

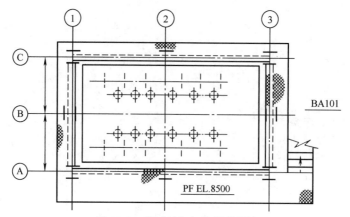

■ 图 10-5　箱式炉与加热器的画法

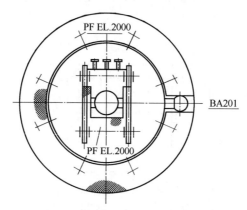

■ 图 10-6　圆柱形炉与加热器的画法

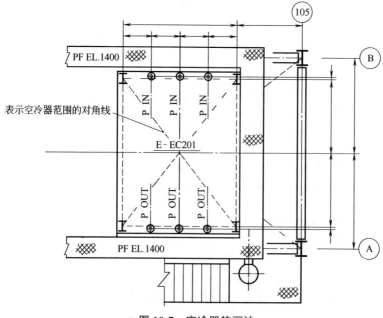

■ 图 10-7　空冷器的画法

⑤ 柱线号的数字或字母应与布置图一致（大小写字母应有所区别）。

⑥ 对于没有柱线号的简单的构筑物（如操作平台），柱子则不需表示。

2. 钢结构

① 基础外形、柱子、主梁及次梁均要表示。

② 斜撑的中心线应表示。

③ 梯子、台阶应表示。

④ 钢结构防火后的外形应表示出来。

⑤ 楼板用相交阴影线表示。

3. 混凝土结构

① 柱、梁及楼面的外形应表示。

② 断面用三条斜线表示。

③ 依据与参考线的距离来表示设备坑和油堤的位置，这些尺寸依据布置图来表示，除另有说明，墙的厚度不需表示。

④ 储油池、电缆沟和排污坑应在图上表示，但名称、尺寸及位置不需表示。

⑤ 楼层不需表示。

注意，当钢结构的一部分（如柱基础，设备平台等）超出了界区线，钢结构的整个外形应表示，不能有界区线切断。而与其他图纸相接的通道和横梁可以在界区线处断开。

4. 管道布置平面图构筑物的画法实例

构筑物的画法如图 10-8 所示。

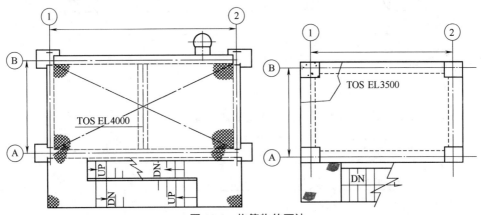

■ **图 10-8　构筑物的画法**

四、管道布置平面图的一般画法

① 重叠或交叉管线（图 10-9）。

② 剖面（图 10-10）。

③ 等级分界（图 10-11）。

④ 异径管（图 10-12）。

a. 同心异径管仅表示口径。

b. 底平的偏心异径管，口径前加"ECC"，顶平的偏心异径管，口径前加"ECC"，后加"（TOP FLAT）"。

⑤ 放空和排放（图 10-13）。

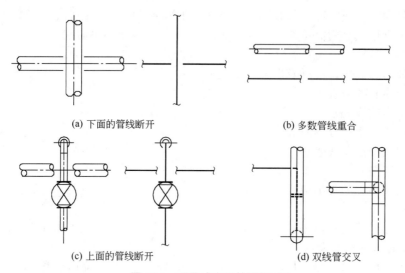

(a) 下面的管线断开　　　　　　　　　(b) 多数管线重合

(c) 上面的管线断开　　　　　　　　　(d) 双线管交叉

■ 图 10-9　重叠或交叉管线的画法

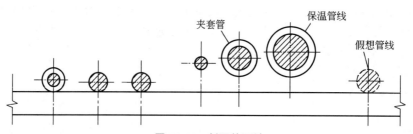

■ 图 10-10　剖面的画法

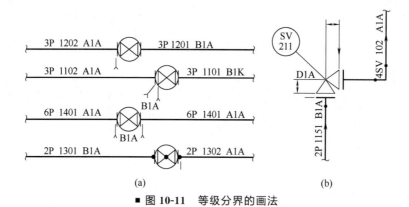

(a)　　　　　　　　　　　　　　　(b)

■ 图 10-11　等级分界的画法

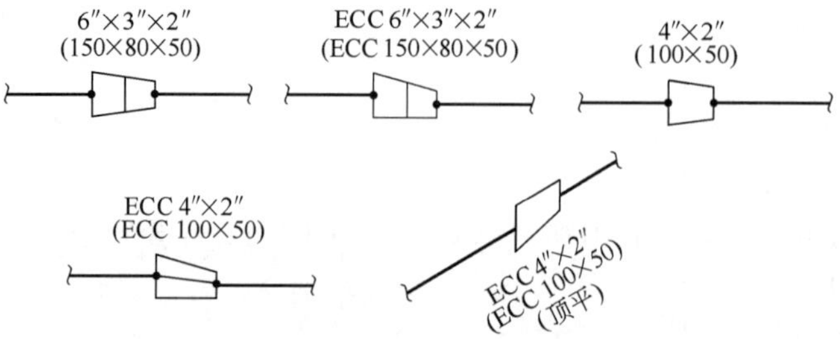

$6'' \times 3'' \times 2''$
$(150 \times 80 \times 50)$

ECC $6'' \times 3'' \times 2''$
(ECC $150 \times 80 \times 50$)

$4'' \times 2''$
(100×50)

ECC $4'' \times 2''$
(ECC 100×50)

ECC $4'' \times 2''$
(ECC 100×50)
(顶平)

■ 图 10-12　异径管的画法

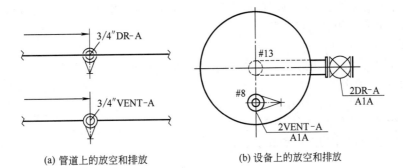

(a) 管道上的放空和排放　　　　(b) 设备上的放空和排放

■ 图 10-13　放空和排放的画法

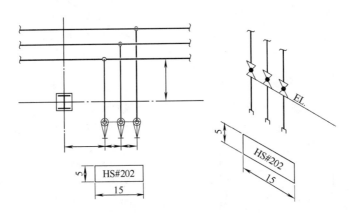

■ 图 10-14　软管站的画法

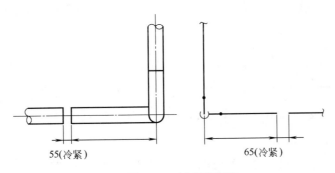

55(冷紧)　　　　　　65(冷紧)

■ 图 10-15　冷紧的画法

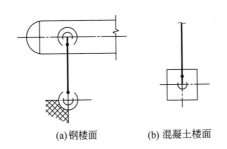

(a)钢楼面　　　(b)混凝土楼面

■ 图 10-16　穿楼面管线的画法

695

管道上的放空和排放，应将阀门的手柄方向以及放空、排放的类型及口径标在管线上，设备上的放空和排放需表示其类型、口径及等级。

⑥ 软管站（图 10-14）。

软管站的位置（在总布置图上）及站号表示如下。

⑦ 冷紧（图 10-15）。

⑧ 穿楼面的管线（图 10-16）。

⑨ 带凸台的分支管线（图 10-17）。

⑩ 用于安装温度计的凸台或接头（图 10-18、图 10-19）。

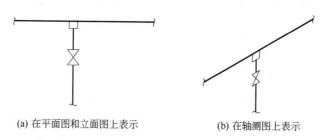

(a) 在平面图和立面图上表示　　　　　(b) 在轴测图上表示

■ 图 10-17　带凸台分支管线的画法

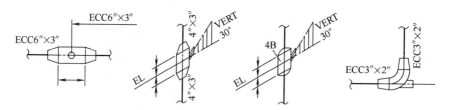

■ 图 10-18　用于安装温度计的凸台或接头的画法（一）

■ 图 10-19　用于安装温度计的凸台或接头的画法（二）

⑪ 补强板（图 10-20）。

对于补强板，应表示口径"$DN_1^\phi \times DN_2^t$"，并在前面加"STP"。

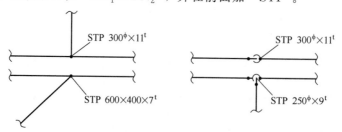

■ 图 10-20　补强板的画法

⑫ 集液包（图 10-21）。

装在主管上的集液包应与主管表示在同一张图上。

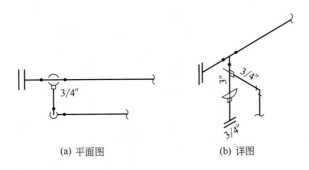

(a) 平面图　　　　　　　(b) 详图

■ 图 10-21　集液包的画法

⑬ 夹套管（图 10-22）。

a. 导向板的详图，管端及与外管相连的管线应单独出图表示。

b. 对于外管，应按下面部分表示：管线起点及终点；管线与外管相连；长、直管线。

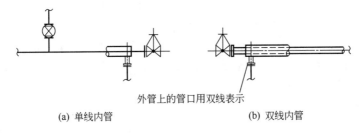

外管上的管口用双线表示

(a) 单线内管　　　　　　　　　(b) 双线内管

■ 图 10-22　夹套管的画法

c. 内管双线表示的管道在轴测图中的表示应与单线表示的管线相同。

⑭ 伴热管线（图 10-23）。

无论伴热管的根数是几根，仅用单虚线表示伴热，虚线的长度应清楚地表示伴热范围。

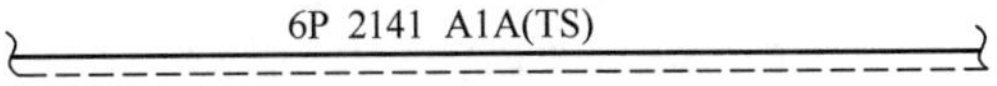

6P 2141 A1A(TS)

■ 图 10-23　伴热管的画法

⑮ 塔的分层表示（图 10-24）。

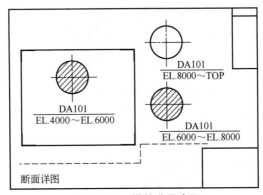

■ 图 10-24　塔的分层表示

　　当塔的断面表示在平面图的接续线以外出时，竖向布置时以较高标高应从高至低，横向布置时应从左至右的顺序布置。

⑯ "不按比例"的表示（图 10-25）。

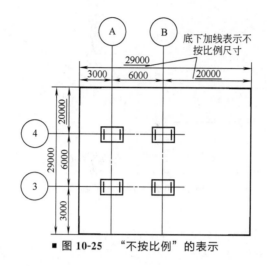

■ 图 10-25　"不按比例"的表示

五、管道布置平面图维修空间边界的表示法

① 对于操作和检修空间用双点画线表示，延伸至相邻图纸的空间也应在本图上表示。

② 需要表示的空间：换热器管束抽出空间；过滤器滤网抽出空间；更换催化剂时汽车进入的空间；吊车的起吊空间。

③ 管道布置平面图维修空间边界的表示实例如图 10-26～图 10-28 所示。

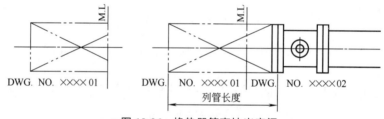

■ 图 10-26　换热器管束抽出空间

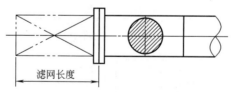

■ 图 10-27　过滤器滤网抽出空间

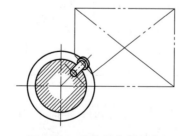

■ 图 10-28　装换催化剂的空间

六、管道布置平面图尺寸的表示法

1. 管道布置平面图尺寸表示的一般要求

① 总尺寸及标高在平面图上应表示。

② 管线的长度用整数表示，小数点以后舍去，精确到毫米。

③ 对于斜管，表示平面尺寸。

④ 斜管的尺寸表示至小数点第一位。除以下情况外，要避免重复标注尺寸：管廊上配管的间隔尺寸；与其他区的图纸的连接尺寸。

⑤ 管道元件要原封不动地使用各资料数据表中的数值。

⑥ 组装尺寸用整数表示（每一元件总尺寸的计算至小数点第一位圆整）。

⑦ 与其他图纸相接的管道尺寸应表示在相接区的附近。

⑧ 垫片的厚度包括在相关阀门尺寸中（图 10-29）。

⑨ "EL" 加注在管中心标高前，如果因梁或支架，管子需标管底标高时，加注 "BOP EL"。

⑩ 在坡度管和重力流管线要控制标高时，应以 "WP EL"（工作点标高）表示。

⑪ 构筑物的标高在下列状况要标明 "A" 处标高，如图 10-30 所示。

⑫ 尺寸的箭头使用下列方法表示，如图 10-31 所示。

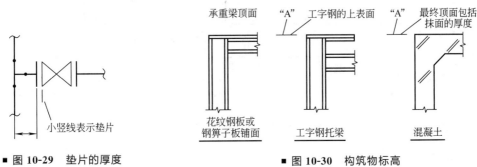

■ 图 10-29　垫片的厚度包括在相关阀门尺寸中的标注

■ 图 10-30　构筑物标高

■ 图 10-31　尺寸箭头表示方法

2. 斜管

（1）坡向符号的使用

① 用三角形表示单管线的坡向，如果 PID 或 UFD 已表示了坡度，那么配管图上可不用表示。

② 双线管的坡向用椭圆符号表示（图 10-32）。

■ 图 10-32　双线管的坡向符号

（2）工作点（WP）的表示（图10-33）　对于斜管，工作点应表示：管道的拐弯处；界区线或接续线的交接点。

（3）大坡度管道的表示（图10-34）

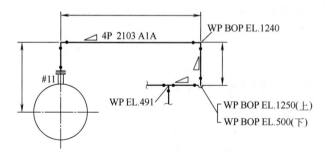

■ 图 10-33　工作点的表示

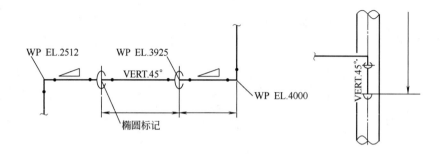

■ 图 10-34　大坡度管道的表示

3. 平面尺寸的表示

① 尺寸应以构筑物（或建筑物）柱子中心为基准至管中心标注（图10-35）。

② 为了尺寸标注的起点清楚，垫片用短细线示意（图10-35）。

③ 区域总尺寸标注应在图纸的上方和左侧（图10-36）。

④ 管廊的管线穿过两边的接续线或界区线，管道之间的尺寸应在两侧表示。

a. 管廊的次梁尺寸间距相等时，则不需表示，除非管道尺寸从次梁引出，则必须表示（图10-37）。

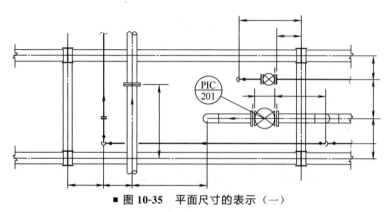

■ 图 10-35　平面尺寸的表示（一）

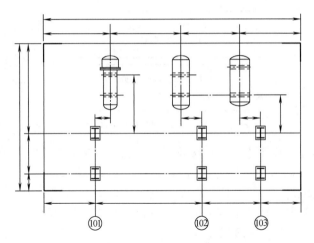

■ 图 10-36　平面尺寸的表示（二）

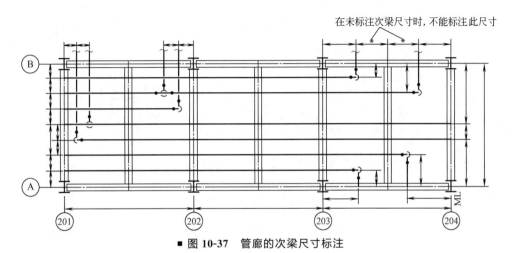

■ 图 10-37　管廊的次梁尺寸标注

b. 次梁的间距不等时，应标注其尺寸（图 10-37）。

c. 与其他图相接的管线，在接续线处的尺寸在每张图上以同样的方法表示（图 10-38）。

⑤ 电气及仪表电缆槽的说明和尺寸如图 10-39 所示。

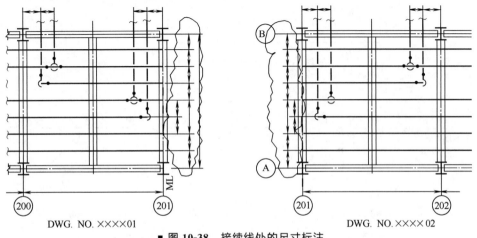

DWG. NO. ××××01

DWG. NO. ××××02

■ 图 10-38　接续线处的尺寸标注

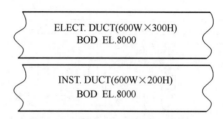

■ 图 10-39　电缆槽的说明和尺寸

⑥ 当管廊的管线在一张图上分开成多排时，按图 10-40 所示的形式表示。

⑦ 水平斜管尺寸的标注按下述方法进行（图 10-41）：角度和三角形的一条边表示法；三角形的两条边表示法。

⑧ 小口径管线、管件、阀门和仪表的尺寸标注如图 10-42 所示。

⑨ 孔板的尺寸标注如图 10-43 所示。

⑩ 立管的尺寸标注如图 10-44 所示。

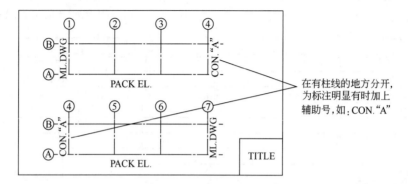

■ 图 10-40　成排管廊的表示

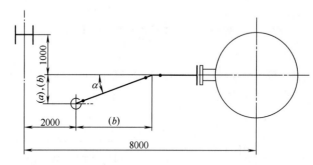

■ 图 10-41　水平斜管尺寸的表示

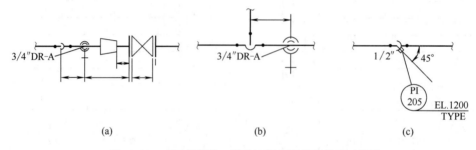

■ 图 10-42　小口径管线、管件、阀门和仪表的尺寸标注

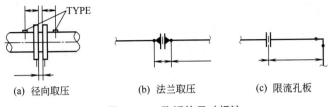

(a) 径向取压   (b) 法兰取压   (c) 限流孔板

■ **图 10-43** 孔板的尺寸标注

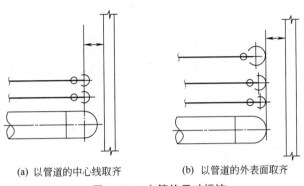

(a) 以管道的中心线取齐   (b) 以管道的外表面取齐

■ **图 10-44** 立管的尺寸标注

七、塔的垂直管线

对于塔的每个截面尺寸"A"和"B"都应表示（图 10-45）。

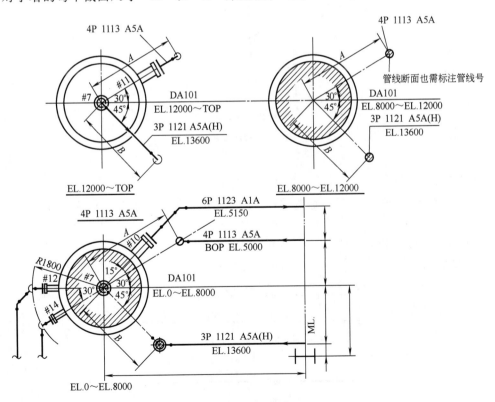

■ **图 10-45** 塔的垂直管线尺寸标注

八、管线和阀门的标高

① 如果标高不能与管线平行书写，可按图 10-46 所示的形式表示。

② 如果管道布置在构筑物上，梁、地板和平台的标高也要表示（在剖面图上，柱号和平面尺寸可不表示）(图 10-46)。

③ 阀门的标高。

按图 10-47 所示的形式表示，并留有垫片的空隙。

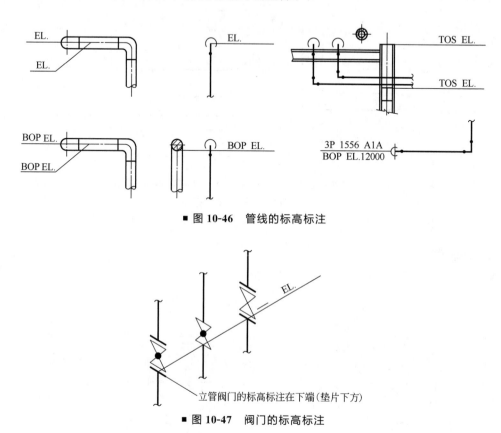

■ 图 10-46　管线的标高标注

立管阀门的标高标注在下端(垫片下方)

■ 图 10-47　阀门的标高标注

九、管线号及流向

① 在表示管道上的管线号、标高（EL）和流向箭头时，应注意为梁上的管架号留出空间。

② 管线号、标高和流向箭头应为一组。

管线号及流向的表示如图 10-48～图 10-52 所示。

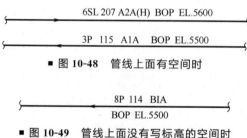

■ 图 10-48　管线上面有空间时

■ 图 10-49　管线上面没有写标高的空间时

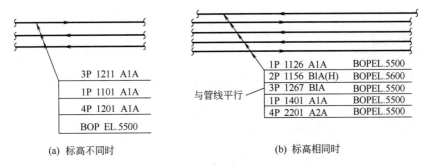

(a) 标高不同时　　　　　　　　　　(b) 标高相同时

■ **图 10-50**　管线间距太窄

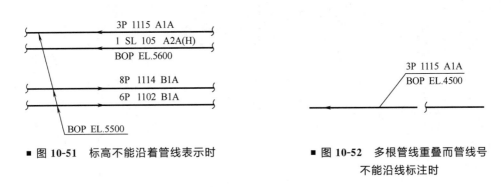

■ **图 10-51**　标高不能沿着管线表示时　　　　■ **图 10-52**　多根管线重叠而管线号
　　　　　　　　　　　　　　　　　　　　　　　　　不能沿线标注时

第六节　轴测图的设计

一、轴测图的概念

管道轴测图又称单管管段图或单线图，是沿北向方向标（N），按正等轴测投影绘制的形象的管道立体视觉图形。管道轴测图供施工单位在施工现场预备管道材料并预制、装配的图纸。

二、轴测图的内容

轴测图主要包括五部分内容（图 10-53）：管道轴测图形、工程数据、管段材料表、北向标、图签。

1. 管道轴测图形

管道轴测图形是按照管道布置平面图的设计，把管线的必要信息以及它们在空间中的相对位置表示出来的图形，包括管子、管件、阀门、仪表元件代号、管线标高、管线长度、介质流向、坡度、管线号、管架、连接信息等，尤其是更加详尽地表示出了在管道布置平面图形上很难表达清楚的管道立管上的具体设计。

2. 工程数据

工程数据包括装置及工区代号、管线号、配管图号、轴测图号、保温涂漆代号、各种尺寸、标高和管道标志、组件规格、编号、设计条件（温度、压力、保温涂漆要求）、制作检验要求等标注说明。

3. 管段材料表

管段材料表组成该管段所有组件的元件代码名称、管道材料的描述和数量。

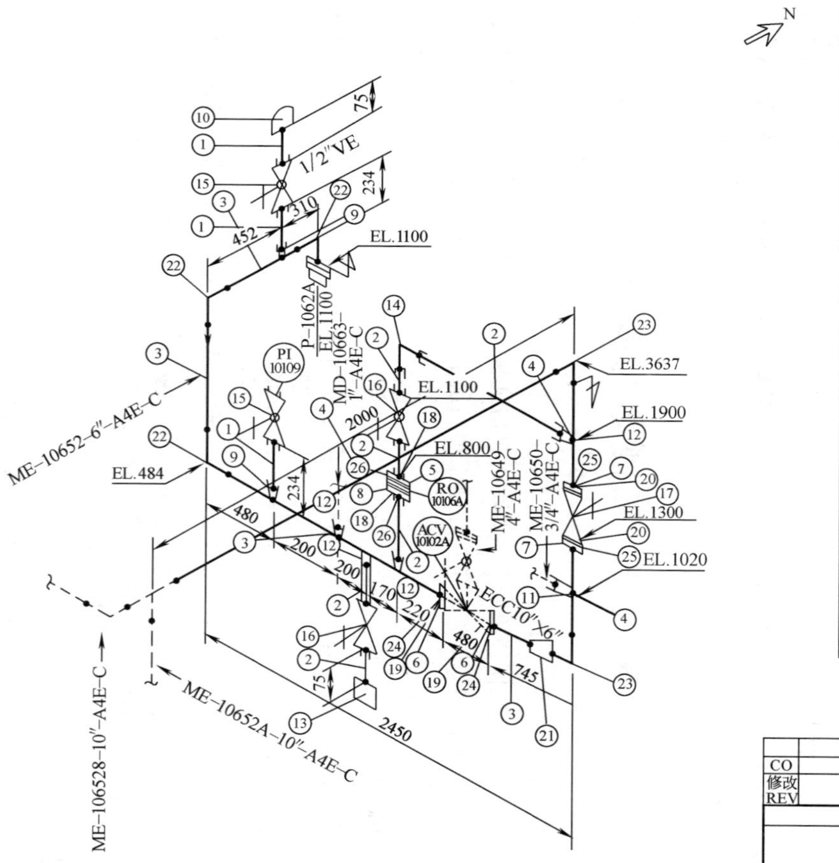

Bill of Materials

NO.	SIZE	DESCRIPTION	Q'TY
1	1/2	管子 PIPE 0Cr18Ni9 SMLS PE SCH40S ASME B36.19M\ GB/T 14976	620 mm
2	1	管子 PIPE 0Cr18Ni9 SMLS PE SCH40S ASME B36.19M\ GB/T 14976	2978 mm
3	6	管子 PIPE 0Cr18Ni9 SMLS BE SCH10S ASME B36.19M\ GB/T 14976	2050 mm
4	10	管子 PIPE 0Cr18Ni9 EFW BE SCH10S ASME B36.19M\ GB/T 14976	3611 mm
5	14mm×90mm	螺栓/螺母 35CrMoA–L/30CrMo S.B./HEX.NUT HG20634	4
6	20mm×120mm	螺栓/螺母 35CrMoA–L/30CrMo S.B./HEX.NUT HG20634	16
7	24mm×140mm	螺栓/螺母 35CrMoA–L/30CrMo S.B./HEX.NUT HG20634	24
8	1	限流孔板(RO–10106) 304SS 见特殊件图5122–082A–00–PM5002–03	1
9	1/2	半管接头HALF COUPLING 0Cr18Ni9 FORGE SW CL.3000 ASME B16.11\GB 14383A	2
10	1/2	管帽 CAP 0Cr18Ni9 FORGE THD CL.3000 ASME B16.11\GB 14626	1
11	3/4	半管接头HALF COUPLING 0Cr18Ni9 FORGE SW CL.3000 ASME B16.11\GB 4383A	1
12	1	半管接头HALF COUPLING 0Cr18Ni9 FORGE SW CL.3000 ASME B16.11\GB 14383A	4
13	1	管帽 CAP 0Cr18Ni9 FORGE THD CL.3000 ASME B16.11\GB 14626	1
14	1	90°弯头ELBDW 0Cr18Ni9 FORGE SW CL.3000 ASME B16.11\GB 14383A	1
15	1/2	截止阀 A182GR.F304/304+HF CL.800 SW BB,OS&Y VDSD1E06L BS5352(–45度)	2
16	1	截止阀 A182GR.F304/304+HF CL.800 SW BB,OS&Y VDSD1E06L BS5352(–45度)	2
17	10	闸阀A351GR.CF8/304+HF CL.150 RF BB,OS&Y VSFA1E06L API600(–45度)	1
18	1	柔性石墨复合垫/304 RF PN2.0(CL.150) 1.5mm HG20629	2
19	6	柔性石墨复合垫/304 RF PN2.0(CL.150) 1.5mm HG20629	2
20	10	柔性石墨复合垫/304 RF PN2.0(CL.150) 1.5mm HG20629	2
21	10×6	偏心异径管REDUCER ECC 0Cr18Ni9SMLS BW SCH10S ASME B16.9\GB12459A	1
22	6	90°弯头ELBOW 0Cr18Ni9 SMLS BW SCH10S ASME B16.9\GB12459A	3
23	10	90°弯头ELBOW 0Cr18Ni9 SMLS BW SCH10S ASME B16.9\GB12459A	2
24	6	平焊法兰FLANGE 0Cr18Ni9 PN2.0(CL.150) SO–RF HG20616	2
25	10	平焊法兰FLANGE 0Cr18Ni9 PN2.0(CL.150) SO–RF HG20616	2
26	1	承插法兰FLANGE 0Cr18Ni9 PN2.0(CL.150) SW–RF HG20619	2

CO	施工图						
修改 REV	说 明 DESCRIPTION	设计 PRE'D	校核 CHKD	审核 APPR	审定 AUTH'D	项目经理 PROJ.MAN	日期 DATE

		资质等级 GRADE OF QUALIFICATION	甲级 CLASS A	证书编号 CERTIFI CATE NO	
项目 PROJ.		管线号 LINE NO.	ME–10652–6"–A4E–C		
装置及工区 UNIT& WORKAREA		配管图号 PLANDWG NO.			
2007 北京 BEIJING	专业 SPECI / 管道 / 比例 SCALE / / 第 张共 张 OF	轴测图号 ISO DWG NO.			

A3–8

■ 图 10-53 轴测图

4. 北向标和图签

北向标和图签则需要根据工程项目的具体情况而定。图签主要是项目名称、设计日期、签名（设计人、校核人、审核人）、设计单位的名称等一些信息。

三、轴测图的设计方式

1. 从计算机三维模型中抽取轴测图

项目采用计算机三维模型计算机软件进行压力管道设计，如 PDS、PDMS、AutoPlant、CADWorx、SP3D 等软件，可以使用软件的功能，自动生成标准格式的轴测图电子文档。

2. 使用 AutoPlant Isometrics 等专用轴测图绘制软件设计轴测图

一些工程项目，使用 AutoCAD 或者 Microstation 进行管道布置平面图的设计，使用 AutoPlant Isometrics 等专门用于绘制轴测图的软件按照管道布置平面图，设计、绘制轴测图，软件可以自动生成各种形式的管道材料汇总报表。

3. 使用 AutoCAD 绘制管道轴测图

使用 AutoCAD 的专门用于绘制轴测图的模式（执行"ddrmodes"命令，可以转换到绘制轴测图的模式）。

4. 手工绘制管道轴测图

以前计算机技术落后的情况下，人们通常在专门用于绘制管道轴测图的图纸上绘制，与使用计算机绘制相比：一方面，速度慢，不宜修改；另一方面，每一个设计人绘制的风格不统一。现在已经很少使用手工绘制管道轴测图。

四、轴测图设计的一般要求

① SH/T 3052《石油化工配管工程设计图例》等规范有图例符号的相关规定。

② 轴测图无论管径的大小，均采用单线绘制管线，线条的宽度及字体规定可以根据所在项目的工程规定，也可以参见 HG/T 20549《化工装置管道布置设计工程规定》中的规定。

③ 轴测图上的北向 N 或者 PN（Plant North）(图 10-54) 通常指向图纸的右上方，项目特殊要求时也可以指向左上方，同一装置的轴测图上的方向标取向应相同。轴测图上的北向标与管道布置图上的北向标的北向应一致。

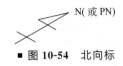

■ **图 10-54**　北向标

④ 除使用工程中规定的缩写词外，图中是采用英文还是使用中文应按照项目的具体规定。

⑤ 管道轴测图不必按比例绘制，但相对比例要协调。

⑥ 阀门的手柄方向应表示在轴测图上（图 10-55）。

⑦ 轴测图的尺寸标注

a. 水平管道的标注。尺寸线应与管道相平行，尺寸界线为垂直线。尺寸的大小要和管道布置平面图上一致。从邻近的主要基准点到各个独立的管道元件如孔板法兰、异径管、拆卸用的法兰、仪表接口、不等径支管的尺寸，不应画封闭尺寸，如图 10-56 所示的管道轴测图中的尺寸 D、E、F。

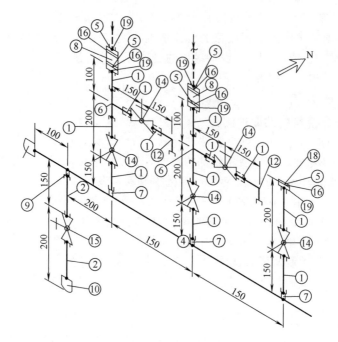

■ 图 10-55　管道轴测图上表示阀门的手柄方向

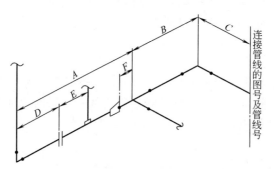

■ 图 10-56　水平管道的标注

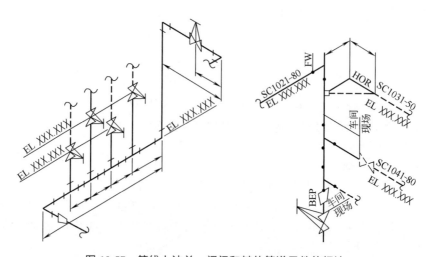

■ 图 10-57　管线上法兰、阀门和其他管道元件的标注

b. 管线上法兰、阀门和其他管道元件的标注。一般要标出相对的位置，在立管上的阀门和其他元件需表示出标高（图 10-57）。

c. 管线的特殊角度（非正南、正北、正东、正西、正上、正下的情况）应该表示在轴测图上（图 10-58）。

⑧ 在轴测图上需要表示出连接管道的信息（图 10-59），以便查找。

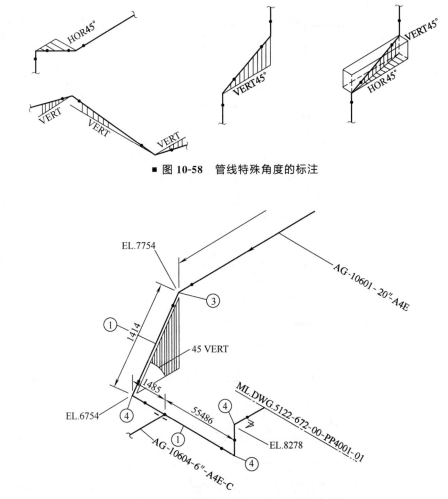

■ 图 10-58　管线特殊角度的标注

■ 图 10-59　轴测图上表示出连接管道的信息

⑨ 使用 AutoCAD 绘制轴测图，汇总管道材料需要使用其他专门开发的计算机软件，或者是经过 Excel 和 Access 另外统计、汇总管道材料，实现自动快速生成管段表，与 Auto-CAD 绘制的轴测图形配合使用。

⑩ 使用 AutoPlant Isometrics、PDS、PDMS、SmartPlant 3D 等软件，在轴测图上会自动生成管段材料表。

五、管道布置平面图和管道轴测图常用图例

管道布置平面图和管道轴测图常用图例见表 10-6～表 10-12。也可参考 SH/T 3052 或HG 20519 所提供的图例。

表 10-6　管件符号

管件	承插焊接及螺纹	焊接		法兰	
		单线	双线	单线	双线
90°弯头（长半径）					
90°弯头（短半径）		SR	SR	SR	SR
半管接头					
45°弯头					
三通					
焊接支管台					
同心异径管		3″×2″	16″×14″	4″×3″	4″×3″
偏心异径管		ECC 3″×2″	ECC 16″×14″	ECC 4″×3″	ECC 4″×3″
		ECC 3″×2″ (TOP FLAT)	ECC 16″×14″ (TOP FLAT)	ECC 4″×3″ (TOP FLAT)	ECC 4″×3″ (TOP FLAT)
管帽					
丝堵					
焊接支管					

表 10-7　连接件符号

	滑套,承插焊及螺纹	对　焊	松套法兰及管道突缘	盲法兰	高压用松套法兰及管道突缘	"8"字盲板
法兰	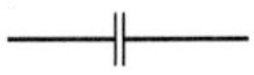 （单线）	 （单线）	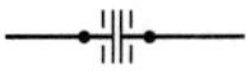 （单线）	 （单线）	 （单线）	 （单线）
	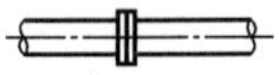 （双线）	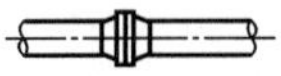 （双线）	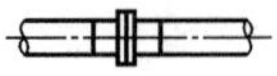 （双线）	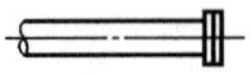 （双线）	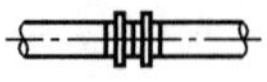 （双线）	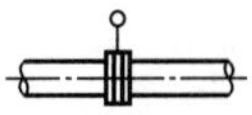 （双线）

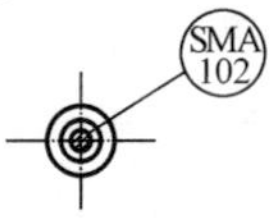

	管接头	活接头	盲法兰	高压用松套法兰及管道突缘
承插焊和螺纹管线附件	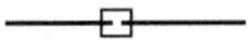	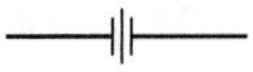		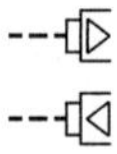 （雄） （雌）

Y 形过滤器		阻火器		爆破膜	
平面	立面	平面	立面	平面	立面
 STR 101 （单线）	 STR 101 （单线）	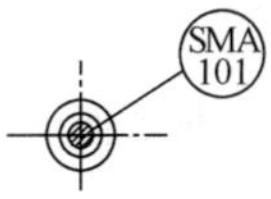 SMA 101 （单线）	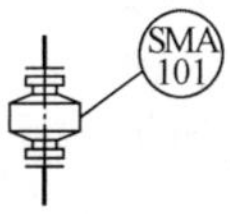 SMA 101 （单线）	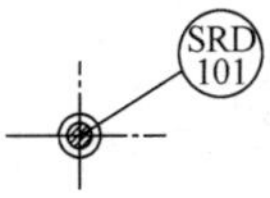 SRD 101 （单线）	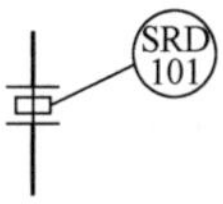 SRD 101 （单线）
STR 102 （双线）	STR 102 （双线）	SMA 102 （双线）	SMA 102 （双线）	SRD 102 （双线）	SRD 101 （双线）

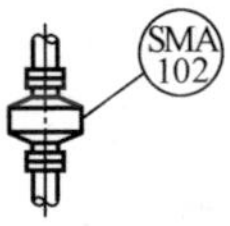

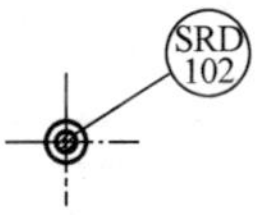

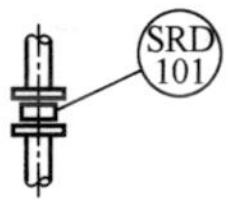

临时过滤器	柔性软管	视镜	膨胀节
平面和立面	平面和立面	平面和立面	平面和立面
 STR 103 （单线）	 SXH 101 （单线）	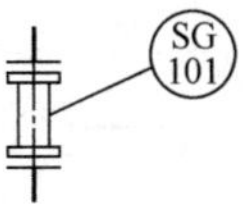 SG 101 （单线）	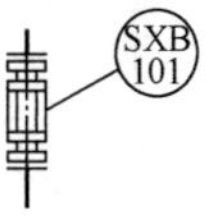 SXB 101 （单线）
 STR 104 （双线）	 STR 102 （双线）	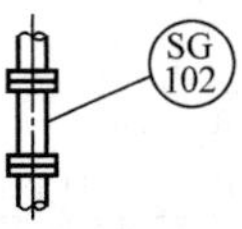 SG 102 （双线）	 SXB 102 （双线）

711

表 10-8 阀门符号（1/5）

阀门形式	单 线 和 双 线				轴测图
	正视	顶视	俯视	侧视	
截止阀					
闸阀					
止回阀 升降式 旋启式					
球阀					
旋塞阀					
三通球阀					
三通旋塞阀					
三通阀					
角阀					
Y形阀					
针形阀					

表 10-9　阀门符号（2/5）

阀门形式	单　线　和　双　线				轴测图
	正视	顶视	俯视	侧视	
对夹式蝶阀（手柄操作）					
法兰型蝶阀（手柄操作）					
隔膜阀					
Y形隔膜阀					
底阀					
下斜阀					
链轮操作					
滑板阀（板阀）					
挤压阀					
单向阀					

表 10-10　阀门符号（3/5）

阀门形式			单　线　和　双　线				轴测图
		正视	顶视	俯视	侧视	
齿轮调节阀						
水平调节阀						
夹套型阀						
未经许可不得开或关		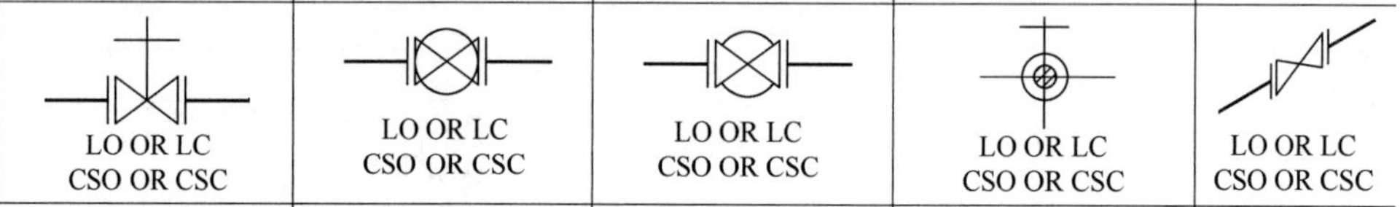 LO OR LC CSO OR CSC	LO OR LC CSO OR CSC	LO OR LC CSO OR CSC	LO OR LC CSO OR CSC	LO OR LC CSO OR CSC
高压管线切断阀	切断阀（直通式）	活接头式	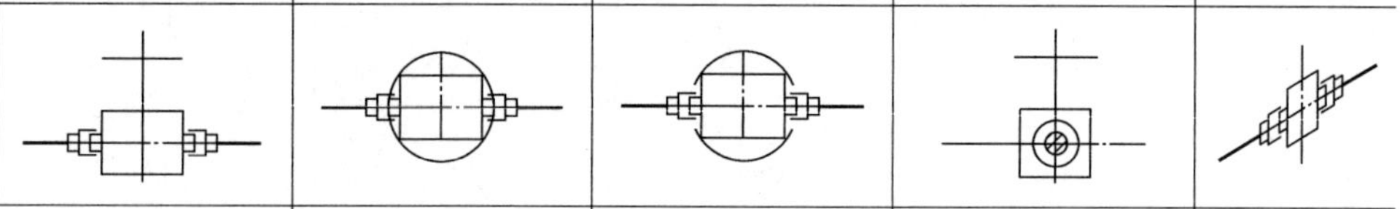				
		法兰式					
	角阀	活接头式					
		法兰式					
	平衡阀（法兰式）						
	止回阀	角式（法兰式）					
		柱式（法兰式）					

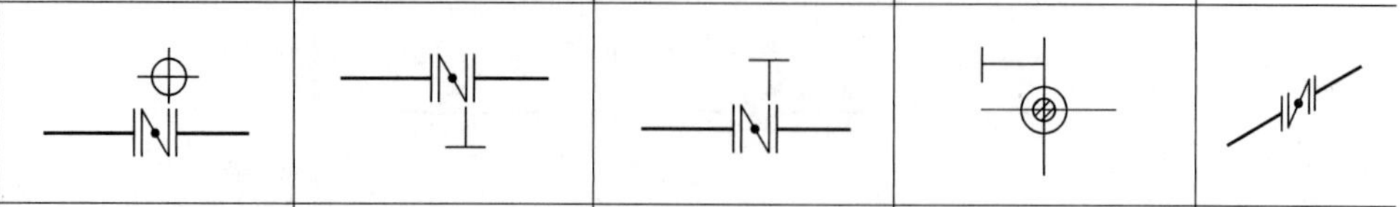

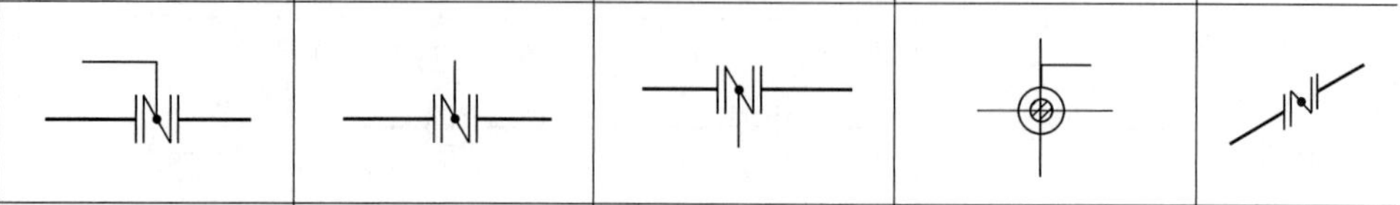

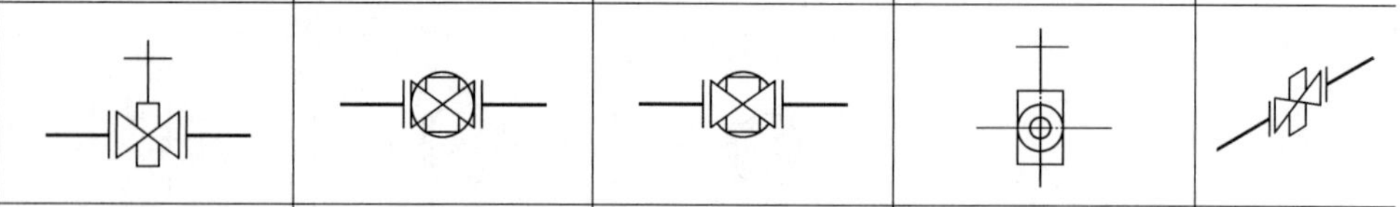

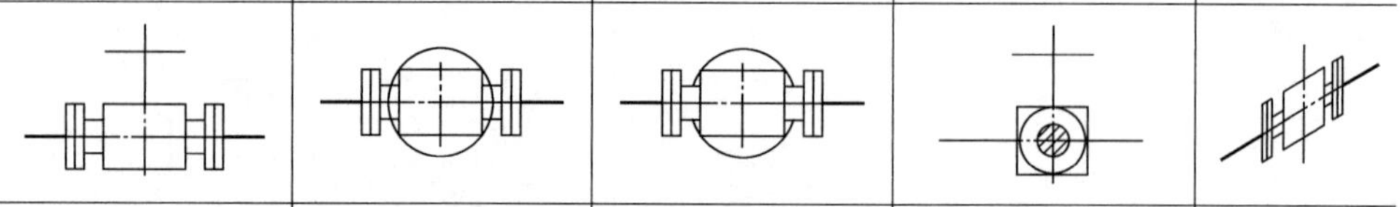

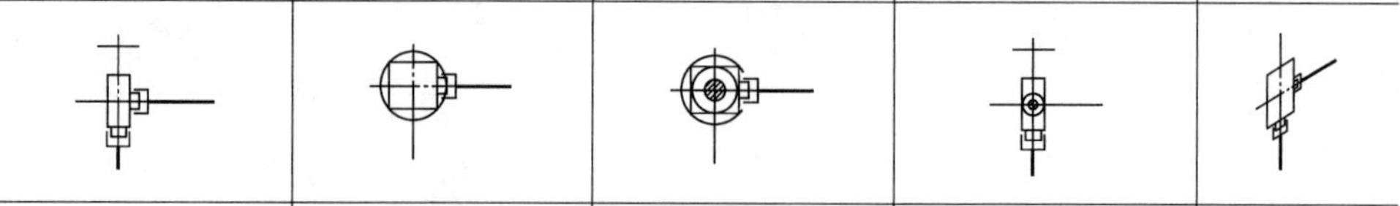

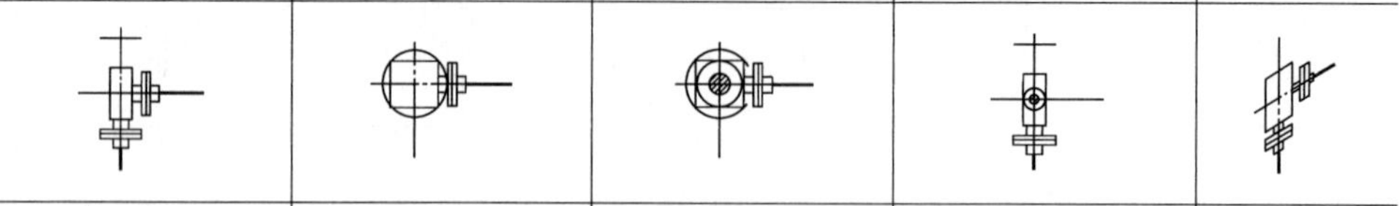

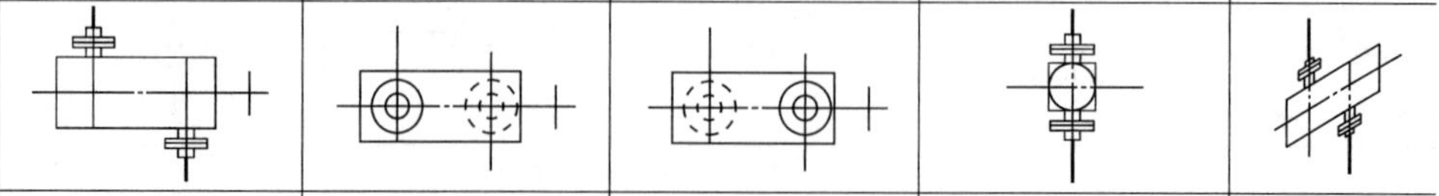

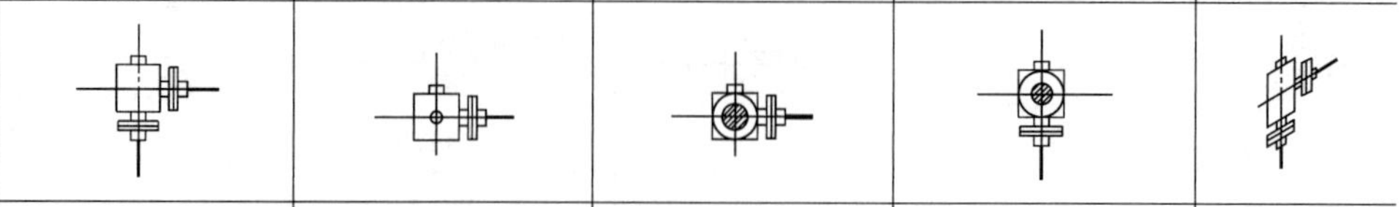

714

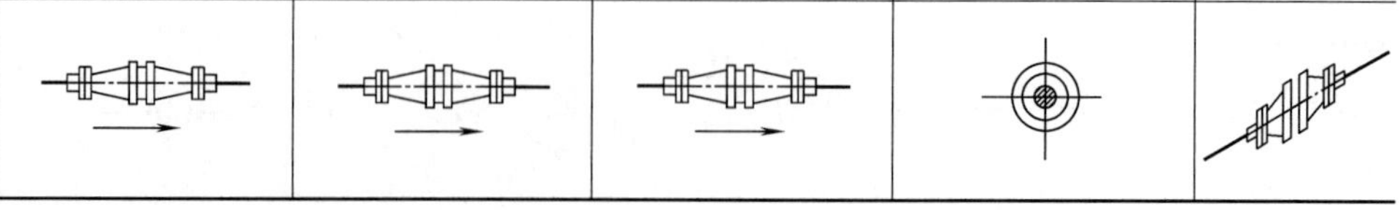

表 10-11　阀门符号（4/5）

阀门形式	SW	SCR′D	BW		
			单线	双线	轴测图
闸阀					
截止阀					

阀门形式	单线和双线				轴测图
	正视	顶视	俯视	侧视	
减压阀					
安全阀（角阀）					
电动阀或气动阀					
调节阀					
蝶式调节阀					
柱型控制阀					
角型控制阀					
COMFLEX型控制阀					

表 10-12　阀门符号（5/5）

	闸　阀				
平面					
立面					

	截　止　阀				
平面					
立面					

	球　阀				
平面					
立面					

	蝶　阀				
平面					
立面					

第七节　计算机模型设计

一、计算机三维和四维模型协同设计

工厂三维模型设计及有关国内外著名三维设计计算机软件在本书第二章进行了详细讲述。近年，在三维模型基础上，国内外专家们正在开始应用工厂四维模型协同设计，对于整个建设工程设计、采购、施工等专业的质量和效率，具有较大的推动作用。

二、计算机模型各阶段审查

（1）工厂计算机模型审查　通常在30％、60％和90％设计阶段控制点，有的大型工程项目还有10％设计阶段模型审查。

某国外工程公司各设计阶段模型检查时，按当地规范要求，除了计算机模型，还需包括各专业所有的图纸文件或阶段性文件，有的国家一些设计单位常常仅指工厂计算机模型的审查。下面仅按照主要审查模型来讲述。

（2）施工图设计模型审查　一般分为两步实施。

① 内部评审。通常由项目经理或管道专业负责人组织管道、工艺、仪表、电气、结构、建筑、消防等各专业共同参与的模型内部评审，主要审查各专业设计内容的协调性、可操作性、维护性、安全性、碰撞检查等。

② 联合审查。联合审查是由业主、设计方、有关撬块（Package）设计分包方等共同举行的正式评审。审查的内容包括：设计深度的进度、各设计规范规定的所有要求内容、业主对设计的修改意见等内容。

审查三维模型计算机软件有Navisworks、eZWalker等，审查中系统应有自动编号的标签功能并自动存储。当审查意见输入系统后就可以提供详细说明。

a. 10％设计阶段，各专业协同模型设计内容应完成整个工程的30％深度。主要是设备布置方案、管廊结构层高等有关专业的方案审查。

b. 30％设计阶段，各专业协同模型设计内容应完成整个工程的60％深度（14″以上的大口径管道模型、结构一次设计条件均已完成）。这个阶段审查后，一些长周期采购的材料可以正式提出MR文件和料单。

c. 60％设计阶段，各专业协同模型设计内容应完成整个工程的90％深度（除了一些小口径管道、伴热站等内容，其他均已完成了模型设计）。这个阶段审查后，一些60％左右的管道材料量可以正式提出料单进行采购。

d. 90％设计阶段，各专业协同模型设计内容应完成整个工程模型的100％深度（轴测图已校审至少两遍，如没有太大的修改，只剩抽正式版轴测图和平面图）。这个阶段审查后，一些90％左右的管道材料量可以正式提出料单进行采购。

（3）模型审查时应避免的问题：

① 避免仅审查管道专业的设计内容，还需包括结构、工艺、仪表、电气等各专业的设计内容。

② 避免设计深度不达标，就开始模型审查，会影响审查质量。

第八节　压力管道设计文件的数字化交付

一、数字化交付的概念

数字化、智能化、信息化是现代压力管道设计发展的方向，数字化交付是数字化工厂发展的基础。数字化交付区别于纸介质为主体的交付方式，工厂数字化交付是指通过数字化集成平台，将设计、采购、施工、调试、运行、交钥匙等阶段产生的数据库、电子文档、三维（二维、四维）模型以标准数据格式提交给用户（业主）的交付方式。

二、数字化交付的内容

压力管道设计数字化交付的内容包括：数据库、电子文档、三维（二维、四维）模型。

（1）数据库交付　交付的数据包含工厂对象的属性值、压力管道材料等级数据属性、工艺数据属性、设备数据属性、结构数据属性、仪表数据属性、仪表电气数据属性等信息，交付的数据应按类库的要求进行组织，工厂对象的数据内容涵盖设计、采购、施工等阶段的基本信息。

（2）电子文档交付　采用统一格式的电子文档，电子文档与原版文档一致，能够满足业主对文档质量的要求。同时要包含各类协同工作的设计条件、设计规定、手册、设计变更修改单等。

有的设计单位已经建立将来自各方、各专业的数字化信息识别出来，并将其有机联系在一起的工厂数字化交付平台。它将工程建设过程中产生的对工厂运维有用的信息（文档、数据、图片、音频等）收集起来，并建立彼此之间的关系，方便用户（业主）使用。

（3）三维（二维、四维）模型的交付　模型信息与交付的数据、文档中的信息一致，能够在交付平台中正确地读取和显示。交付的模型应使用统一的原点和坐标系，应包含必要的可视化空间。

三、数字化交付存在的问题及解决办法

数字化交付过程中存在的问题较多。

① 数字化交付文件使用困难。在数字化交付过程中，交付内容繁多，用户（业主）收到数据与文档较多，数据查询像大海捞针。

② 文档管理困难。图纸、模型数据的一致性、完整性、合规性质量参差不齐，模型、文档和数据之间的关联关系难建立，后续管理困难。

有的设计单位提交的数字化交付文件质量比较好，在三维模型内，用鼠标点击管子，可以直接打开有关轴测图、平面图、施工等信息。

③ 数据格式不一致。由于项目参与方众多，各方数据格式不一致，加大了数字化交付难度。有的设计单位交付的 PDF 版轴测图，图纸上的所有文字都可以搜索到，而有的设计单位交付的 PDF 版轴测图只能搜索图面上的部分文字信息，还有的设计单位交付的 PDF 版轴测图，实际上是个图片，无法搜索到图面上的文字信息。对于数字化交付 PDF 版轴测图，只有第一种是合格的交付。

数字化交付过程中存在的这些问题，建议加强以下措施。

① 建立较好的数字化交付平台。

② 提高压力管道设计人员的数字化交付的意识与规范。

③ 接收方和交付方建立合理的程序，共同负责交付信息的完整性、准确性和一致性。

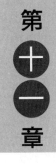

第十一章

压力管道施工与检验

第一节　压力管道设计代表在施工现场的任务

一、设计交底

设计交底应作为现场设计代表的工作内容之一，在现场施工单位收到并已下发有关人员阅读过设计图纸资料后开展设计交底。

一般在施工之前，由施工经理、业主及施工等单位共同进行现场技术交底。内容包括：描述本工程的设计规范、设计要点和内容、设计范围、概况；图纸编号及查阅的方法；设计及今后施工中所采用和执行的标准、规范、规定；解释图纸资料中采用的图例符号和缩写词的含义；工程主要采用的管道材料、特殊材料和管架等材料，以及在采购工作中要必须遵循的事项；描述设备布置、管道布置的设计原则和方案；指出设计和施工的重点和注意事项；解答施工单位对图纸资料中发现和存在的各类或典型问题。

二、设计修改

现场设计代表的主要工作内容是对原设计中出现的问题进行修改以及材料选择的替换。现场出现的任何问题对施工进度、项目投资、施工质量都有直接影响。

① 对于设计原因引起的设计修改，首先应仔细校对图纸查找原因，现场考察，制定修改方案，填写设计变更通知单，重大问题应向施工现场负责人汇报。

② 对于非设计原因的设计修改包括如下内容。

a. 业主变更：设计已完，在施工过程中业主提出对设计内容、条件、标准、材料、材质等修改。

b. 采购变更：对原设计材料由于采购原因或为节省投资利用现有库存所进行的修改，也包括实际采购的设备、管件、阀门等与原有设计不同而产生的修改。

c. 其他变更：为满足当地法律、法规、使用习惯、施工要求等原因而进行的修改，或其他外部原因引起的变更修改。

对非设计原因的变更要弄清原因，慎重处理。不得因变更而对以后的生产、安全、操作、维修等产生不利因素或造成事故隐患。对影响工期进度、增加工程投资和影响工程质量的重大变更，必须得到现场总负责人的批准。

对 EPC（Engineering-Procurement-Construction 的缩写，即设计、采购和施工，亦即交钥匙总承包）项目，业主变更往往是进行索赔的有效因素和依据，因此非设计原因的变更一定要有业主或施工单位授权的负责人签署和认可。

三、吹扫、试压

压力管道设计代表根据需要，配合施工单位进行设备管道的吹扫、试压和清洗方案的制订。检查现场吹扫、试压和清洗用的临时管线，以及这些管线是否按图纸要求进行安装。设计代表要了解设备管道的吹扫、试压和清洗过程及注意事项。例如，蒸汽吹扫要注意与其他非吹扫管线的隔离，管线上的仪表、控制阀等要拆除，要设定安全区域并注意环保要求，注意吹出口方向及临时加固，要便于进行打靶检查；管道的化学清洗应注意人身保护，以及对其他管道设备的隔离，清洗之后的管线应进行氮封；压力试验应注意，试验压力大于 0.6MPa 时尽量不采用气体试压，对大口径气体管线的水压试验要对管架进行加固并设置必需的临时支架，要注意试压用水的 Cl^- 含量对不锈钢管的腐蚀，试压之前管道不应最终涂漆和保温。

四、检验及验收

1. 材料检验

压力管道设计代表有时需要根据要求配合施工现场材料部门进行材料的开箱检验，此时应注意管道材料的规格、数量是否与工程要求一致，注意材料的生产厂商及合格证书等。

2. 施工过程的检验及信息反馈

为确保项目的质量控制，现场设计代表有义务对施工质量负责。应配合有关质检人员检查管道是否按图纸要求进行预制和施工。管道放空，排液点的位置是否满足工艺和现场要求。管架的设置和安装是否满足图纸要求。管道的冷紧和膨胀节的安装是否满足制造厂要求，管道设备保温材料厚度是否按设计要求等。

3. 施工验收

工程施工扫尾阶段，压力管道设计代表可根据要求配合业主和承包方对工程进行验收，要做好三查、四定，即查设计漏洞，查施工质量隐患，查未完成工程，对检查出的问题定任务、定人员、定措施、定整改时间。

五、安全管理

进入施工现场，设计代表必须确保人身安全，做到"安全第一，预防为主"。

根据工程施工的特点、作业环境的特点和各种工程施工中的不安全因素制定针对性的技术措施，遵守现场安全条例，如进入施工现场必须戴安全帽，穿安全用鞋和工作服，不得在火灾危险区吸烟，远离放射源等。施工现场的安全管理专业也会对施工现场人员提出一些具体要求和规定。

六、施工完工后的工作

1. 竣工图

项目施工结束后，竣工图通常由施工单位完成（压力管道设计代表应给予配合）。

有时根据合同要求设计代表需进行工图的绘制。竣工图应将现场所有的压力管道设计修改体现到竣工图中。尤其是隐蔽工程竣，要详细标其注修改的坐标、尺寸和标高等。

2. 资料整理入库

项目结束后，设计代表应将现场的设计变更通知单、工程联络单及其他有关资料按编号顺序整理成册。有时还需根据业主或承包方的要求，对这些设计变更通知单和工程联络单等所产生的费用变更、进度和质量的影响等进行汇总、统计，以进行工程概算的调整和总费用的结算。所有设计变更通知单、工程联络单及往来传真等资料最终均应归档入库。

3. 工程总结

项目结束后，压力管道设计代表要根据工程日记、设计变更等有关资料对工程进展中现场所发生的各种重大设计、施工、验收、质量等问题进行收集、整理，编写各专业的施工代表的工作总结。对其问题发生的原因、产生的后果以及今后的纠正和预防措施进行论述。最终由现场总设计代表汇总编制完整的项目工作总结。

第二节　管道组成件的检验

一、SH/T 3501 规定在施工现场对阀门应进行的检验

按照 SH/T 3501 的规定，对阀门检验的规定如下。

① 设计要求进行低温密封试验的阀门，应有制造单位的低温密封性试验合格证明书。

② 用于 SHA 级管道的通用阀门，其焊缝或阀体、阀盖的铸钢件，应有符合 SH 3064《石油化工钢制通用阀门选用、检验及验收》中规定的无损检测合格证明书。

③ 阀门安装前，应按设计文件中的"阀门规格书"对阀门的阀体和密封面，以及有特殊要求的垫片和填料材质进行抽检，每批至少抽查一件。合金钢阀门的阀体应逐件进行快速光谱分析。若不符合要求，该批阀门不得使用。

④ 阀门在安装前，应逐个对阀体进行液体压力试验，试验压力为公称压力的 1.5 倍，停压 5min，无泄漏为合格。

⑤ 具有上密封结构的阀门，应逐个对上密封进行试验，试验压力为公称压力的 1.1 倍。试验时应关闭上密封面，并松开填料的盖，停压 4min，无泄漏为合格。

⑥ 阀门液体压力试验和上密封试验应以洁净水为介质。不锈钢阀门进行液体压力试验时，水中的氯离子含量不得超过 100mg/L，试验合格后应立即将水渍清除干净。

⑦ 阀门的阀座密封面应按现行 SH/T 3064《石油化工钢制通用阀门选用、检验及验收》的规定进行密封性试验。

⑧ 凡按现行 SH/T 3064《石油化工钢制通用阀门选用、检验及验收》制造或制造厂取得 API 认证，且用户到制造厂监造和验收的阀门，每批可按 5% 且不小于 1 个进行抽检，若有不合格，必须按原规定数加倍抽检，若仍不合格，则该批阀门不得使用，并应做好标记和隔离。

⑨ 安全阀应按设计文件规定的开启压力进行调试。调试时压力应平稳，启闭试验不得少于三次。调试合格后，应及时进行铅封。

⑩ 试验合格的阀门应做出标识，并填写阀门试验记录。

二、应逐个进行壳体压力试验和密封试验的阀门

下列管道的阀门,应逐个进行壳体压力试验和密封试验。不合格者不得使用。

① 输送剧毒流体、有毒流体、可燃流体管道的阀门。

② 输送设计压力大于 1MPa 或设计压力小于或等于 1MPa 且设计温度小于−29℃或大于 186℃的非可燃流体、无毒流体管道的阀门。

三、应进行壳体压力试验和密封试验的抽检阀门

输送设计压力小于或等于 1MPa 且设计温度为−29～186℃的非可燃流体、无毒流体管道的阀门,应从每批中抽查 10%,且不得少于 1 个,进行壳体压力试验和密封试验。当不合格时,应加倍抽查,仍不合格时,该批阀门不得使用。

四、阀门壳体压力试验和密封试验压力的规定

阀门的壳体压力试验压力不得小于公称压力的 1.5 倍,试验时间小得少于 5min,以壳体填料无渗漏为合格;密封试验宜以公称压力进行,以阀瓣密封面不漏为合格。

五、安全阀调试的规定

安全阀应按设计文件规定的开启压力进行调试。调压时压力应稳定,每个安全阀启闭试验不得少于三次。调试后应按规范规定的格式填写"安全阀最初调试记录"。

第三节　管　道　焊　接

一、焊接和焊接冶金过程的特点

焊接是通过加热或加压,或两者并用,并且用(或不用)填充材料,使焊接达到两者结合的一种加工方法。

焊接的冶金过程与金属的冶炼一样,通过加热使金属熔化,在金属熔化过程中,金属、熔渣、气体之间发生复杂的化学反应和物理变化。

二、压力管道施工中经常采用的焊接方法

经常采用的焊接方法有手工电弧焊、氩弧焊、埋弧焊、二氧化碳气体保护焊和氧-乙炔焊。

1. 气焊（Gas Welding）

气焊是依靠燃气和氧气发生剧烈的燃烧反应产生的火焰热量加热和熔化母材和焊丝,形成焊接接头的焊接方法。由于气体火焰温度低、热量比较分散,生产效率低,焊接变形大,接头性能较差。但气焊时熔池温度容易控制,容易实现单面焊和双面成形。在工程中气焊常用于薄板和小直径管子的焊接,以及铜铝及其合金的焊接。常用的燃气有乙炔、液化烃和氢气等。

2. 手工电弧焊（Manual Welding）

手工电弧焊通常是指采用药皮焊条的手工焊接法。它利用产生于焊条和工件之间的电弧热来熔化焊条和母材,形成连接被焊工件的焊接接头。这种焊接方法适用于各种钢材及各种厚度、结构形状和各种位置的焊接。由于焊接时线能量较气焊、埋弧焊和电渣焊小,所以金

相组织细，热影响区小，焊接质量好。管道焊接自底层到盖面层可全部采用手工电弧焊。

3. 惰性气体保护焊（Inert Gas Welding）

惰性气体保护焊是一种以电弧为热源的焊接方法。焊接时从焊枪喷嘴连续喷出保护气体排除焊接区中的空气，保护电弧及焊接熔池不受大气的污染。在实际生产中常用的惰性气体保护焊方法有氩（氦）弧焊、CO_2 气体保护焊和混合气体保护焊。其特点是惰性气体不与焊缝金属发生化学反应，同时又隔离了熔池金属与空气的接触，所以焊缝金属中的合金元素就不会氧化烧损，焊缝中也不会产生气孔。另外，由于热量集中，焊接热影响区小，变形也小。

4. 埋弧焊（Submerged Arc Welding）

埋弧焊是电弧在可熔化的颗粒状焊剂覆盖下燃烧的一种电焊方法。向熔池连续不断送进的裸焊丝，既是金属电极也是填充材料，电弧在焊剂层下燃烧，将焊丝、母材熔化形成熔池。熔融的焊剂成为熔渣，覆盖在液态金属熔池表面，使高温熔池金属与空气隔开。随着电弧的移动，熔池金属冷却凝固成焊缝，熔渣形成渣壳，覆盖在焊缝表面。熔渣除了起机械保护作用外，还与熔化金属参与冶金反应，从而影响焊缝金属的化学成分。埋弧焊热量集中，焊接速度快，焊缝热影响区小，焊件残余变形小。埋弧焊适用于焊接中厚板的长焊缝，在锅炉、压力容器制造中被广泛应用。

三、对焊工资格管理要求

焊工资格管理主要通过焊工考试来进行，根据《锅炉压力容器焊工考试规则》规定，从事手工电弧焊、气焊、钨极氩弧焊、熔化极气体保护焊、自动埋弧焊的焊工必须按该规则经基本知识和操作技能考试合格后，才准许担任钢制锅炉压力容器受压元件的焊接工作。焊工操作技能考试项目包括焊接方法、母材钢号类别、试件类别和焊接材料四项内容。

四、焊接工艺评定及其目的

焊接工艺评定是按照所拟定的焊接工艺指导书，根据焊接工艺评定标准的规定焊接试件、检验试件、测定焊接接头是否具有所要求的使用性能。

焊接工艺评定的目的在于验证拟定的焊接工艺的正确性。

五、焊条型号的表示

焊条主要分为碳钢焊条、低合金钢焊条和不锈钢焊条三种。

1. 碳钢焊条

碳钢焊条型号根据熔敷金属的抗拉强度、药皮类型、焊接位置和焊接电流种类划分。字母"E"表示焊条；前两位数字表示熔敷金属抗拉强度的最小值，单位为 MPa；第三位数字表示焊条的焊接位置，"0"及"1"表示焊条适用于全位置焊接（平、立、仰、横），"2"表示焊条适用于平焊及平角焊，"4"表示焊条适用于向下立焊；第三位和第四位数字组合时表示焊接电流种类及药皮类型。

举例如下：

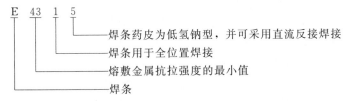

E 43 1 5

焊条药皮为低氢钠型，并可采用直流反接焊接

焊条用于全位置焊接

熔敷金属抗拉强度的最小值

焊条

2. 低合金钢焊条

低合金钢焊条型号根据熔敷金属的抗拉强度、化学成分、药皮类型、焊接位置和焊接电流种类划分。字母"E"表示焊条；前两位数字表示熔敷金属抗拉强度的最小值，单位为MPa；第三位数字表示焊条的焊接位置，"0"及"1"表示焊条适宜于全位置焊接（平、立、仰、横），"2"表示焊条适用于平焊及平角焊，"4"表示焊条适用于向下立焊；第三位和第四位数字组合时表示焊接电流种类及药皮类型，后缀字母为熔敷金属的化学成分分类代号，并以短划"-"与前面数字分开，如还具有附加化学成分时，附加化学成分直接用元素符号表示，并以短划"-"与前面后缀字母分开。

举例如下：

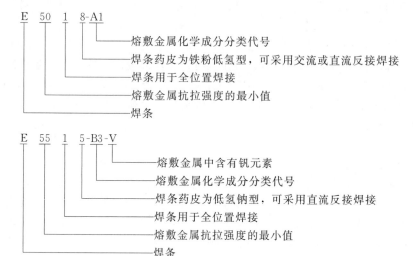

3. 不锈钢焊条

不锈钢焊条型号根据熔敷金属的化学成分、力学性能、焊条药皮类型和焊接电流种类划分。字母"E"表示焊条；"E"后面的数字表示熔敷金属中的含碳量，"00"表示含碳量不大于0.04%，"0"表示含碳量不大于0.10%，"1"表示含碳量不大于0.15%，"2"表示含碳量不大于0.20%，"3"表示含碳量不大于0.45%；熔敷金属中铬元素的近似百分含量、熔敷金属中镍元素的近似百分含量、熔敷金属中其他重要合金元素及近似百分含量分别放在含碳量的后边，并分别以短划"-"连接最后的两位数字表示药皮类型及焊接电流种类，"15"表示碱性药皮，适用于直流反接，"16"表示碱性或其他药皮，适用于交流或直流反接。

举例如下：

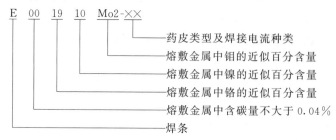

六、在焊接接头中容易出现的焊接缺陷

① 裂纹（热裂纹、冷裂纹、再热裂纹）。

② 未焊透。

③ 未熔合（层间未熔合和焊道与母材之间未熔合）。

④ 气孔（表面气孔和内部气孔）。

⑤ 夹渣。

⑥ 咬边。

⑦ 焊瘤。

⑧ 未焊满。

⑨ 下塌。

⑩ 焊缝超高。

⑪ 烧穿。

⑫ 飞溅。

七、未焊透和咬边的危害

未焊透是指焊接时接头根部未完全熔透的现象。咬边是指由于焊接参数选择不当或操作工艺不正确，沿焊趾的母材部位产生的沟槽或凹陷。

未焊透及咬边破坏了焊接接头的连续性，减小了结构承载横截面的有效面积，并且在其周围产生了应力集中。当缺陷超标时会降低焊缝的强度，危及安全。

八、SH/T 3501 对焊接接头表面质量提出的要求

① 不允许有裂纹、未熔合、气孔、夹渣和飞溅存在。

② 设计温度低于$-29℃$的管道及其他条件下的不锈钢管道和淬硬倾向较大的合金钢管道焊缝表面，不得有咬边现象。其他材质管道焊缝咬边深度不应大于 0.5mm，连续咬边长度不应大于 100mm，且焊缝两侧咬边总长不大于该焊缝全长的 10%。

③ 焊缝表面不得低于管道表面。焊缝余高 Δh：对于 100% 射线检测焊接接头，$\Delta h \leqslant 1+0.1b_1$ 且不大于 2mm；其余的焊接接头，$\Delta h \leqslant 1+0.2b_1$ 且不大于 3mm（b_1 为焊接接头组对后坡口的最大宽度，mm）。

第四节　施工检验标准的比较

一、GB 50235《工业金属管道工程施工规范》和 GB 50184《工业金属管道工程施工质量验收规范》管道射线检测和超声波检测

GB 50235—2010 的表面无损检测、射线检测和超声检测按 GB 50184—2011 执行。GB 50184—2011 关于焊缝射线检测和超声波检测主要规定如下。

① 100% 射线检测的焊缝质量合格标准不应低于国家现行标准《承压设备无损检测　第 2 部分　射线检测》JB/T 4730.2 规定的 Ⅱ 级；抽样或局部射线检测的焊缝质量合格标准不应低于国家现行标准《承压设备无损检测　第 2 部分　射线检测》JB/T 4730.2 规定的 Ⅲ 级。

② 100% 超声检测的焊缝质量合格标准不应低于国家现行标准《承压设备无损检测　第

3 部分　超声检测》JB/T 4730.3 规定的Ⅰ级；抽样或局部超声检测的焊缝质量合格标准不应低于国家现行标准《承压设备无损检测　第 3 部分　超声检测》JB/T 4730.3 规定的Ⅱ级。

③ 检验数量应符合设计文件和下列规定。

a. 管道焊缝无损检测的检验比例应符合表 11-1 的规定。

表 11-1　管道焊缝无损检测的检验比例

焊缝检查等级	Ⅰ	Ⅱ	Ⅲ	Ⅳ	Ⅴ
无损检测比例/%	100	≥20	≥10	≥5	—

b. 管道公称尺寸小于 500mm 时，应根据环缝数量按规定的检验比例进行抽样检验，且不得少于一个环缝。环缝检验应包括整个圆周长度。固定焊的环缝抽样检验比例不应少于 40%。

c. 管道公称尺寸大于或等于 500mm 时，应对每条环缝按规定的检验数量进行局部检验，并不得少于 150mm 的焊缝长度。

d. 纵缝应按规定的检验数量进行局部检验，且不得少于 150mm 的焊缝长度。

e. 抽样或局部检验时，应对每一焊工所焊的焊缝按规定的比例进行抽查。当环缝与纵缝相交时，应在最大范围内包括与纵缝的交叉点，其中纵缝的检查长度不应少于 38mm。

f. 抽样或局部检验应按检验批进行。检验批和抽样或局部检验的位置应由质量检查人员确定。

④ 当焊缝局部检验或抽样检验发现有不合格时，应在该焊工所焊的同一检验批中采用原规定的检验方法做扩大检验，焊缝质量合格标准应符合规范的规定。

检验数量应符合下列规定。

a. 当出现一个不合格焊缝时，应再检验该焊工所焊的同一检验批的两个焊缝。

b. 当两个焊缝中任何一个又出现不合格时，每个不合格焊缝应再检验该焊工所焊的同一检验批的两个焊缝。

c. 当再次检验又出现不合格时，应对该焊工所焊的同一检验批的焊缝进行 100% 检验。检验方法为检查射线或超声检测报告和管道轴测图。

二、GB 50316《工业金属管道设计规范》管道射线照相或超声波检测

无损检测比例见表 11-2。

三、SH/T 3501《石油化工有毒、可燃介质钢制管道工程施工及验收规范》管道焊接接头的无损检验

SH/T 3501—2021 规定管道焊接接头无损检测除设计文件另有规定外，厚度≤30mm 的焊缝应采用射线检测（RT）或相控阵超声检测（PA）；厚度>30mm 的碳钢、铬钼合金钢焊缝可采用超声检测（UT）或衍射时差法超声检测（TOFD），检测比例与验收标准应符合表 11-2 的要求。其中，射线检测应执行 NB/T 47013.2 的规定，超声检测应执行 NB/T 47013.3 的规定，磁粉检测应执行 NB/T 47013.4 的规定，渗透检测应执行 NB/T 47013.5 的规定，TOFD 检测应执行 NB/T 47013.10 的规定，PA 检测应执行 NB/T 47013.15 的规定。

表 11-2 管道焊接接头无损检测比例及验收标准

管道级别	检测比例	验收标准			
		对接接头		角接接头[①]	支管连接接头
SHA1 SHB1	100%	RTⅡ级、PAⅡ级、TOFDⅡ级或UTⅠ级	MTⅠ级[②③]或PTⅠ级[②③]	MTⅠ级或PTⅠ级	RTⅡ级[④]、PAⅡ级[④]、TOFDⅡ级[④]或UTⅠ级[④] / MTⅠ级或PTⅠ级
SHA2 SHB2	20%				
SHA3 SHB3	10%	RTⅢ级、PAⅡ级、TOFDⅡ级或UTⅡ级	—	MTⅠ级或PTⅠ级
SHA4 SHB4	5%		—	—

① 角接接头包括平焊法兰、承插焊、密封焊、半管箍与主管、补强圈与管子连接的焊接接头，以及垫板、支（吊）架与承压件连接的焊接接头等。
② 对碳钢和不锈钢可不进行 MT 或 PT 的检测。
③ 铁磁性材料宜采用 MT。
④ 适用于支管等于或大于 DN 100 的承压焊缝。
注：嵌入式支管连接接头按 GB 50517 的规定执行

　　管道焊接接头的无损检测方法包括射线检测（包括胶片感光或者数字成像）、常规超声检测（含可记录的脉冲反射法超声检测和不可记录的脉冲反射法超声检测）、衍射时差法超声检测（TOFD）、相控阵超声检测（PA）、磁粉检测、渗透检测等。TOFD 方法是一种可记录并且重复性较好的超声检测方法，近几年，石油化工管道工程中已经开始应用的相控阵超声检测（PA）方法，也是一种可记录且重复性较好的超声检测方法，并且在工程中检查出了不少射线检测没有发现的未熔合等危害性缺陷。由于不可记录的常规超声检测（俗称 A 超）受人为因素以及现场条件影响比较大，检测记录不像 RT、PA 和 TOFD 有较高的追溯性和重现性，实际检测质量较 RT、PA 和 TOFD 相对差一些，故要求对采用不可记录的脉冲反射法超声检测的，要进行一定比例的 RT、PA 或 TOFD 附加检测。

四、GB 50235《工业金属管道工程施工规范》和 GB 50184《工业金属管道工程施工质量验收规范》的适用范围

　　GB 50235—2010 适用于设计压力不大于 42MPa，设计温度不超过材料允许的使用温度的工业金属管道工程的施工及验收。该规范不适用于下列管道。
　　① 石油、天然气、地热等勘探和采掘装置的管道。
　　② 长输管道。
　　③ 核能装置的专用管道。
　　④ 海上设施和矿井的管道。
　　⑤ 采暖通风与空气调节的管道及非圆形截面的管道。
　　GB 50184—2011 适用于设计压力不大于 42MPa，设计温度不超过材料允许使用温度的工业金属管道工程施工质量的验收。该规范应与现行国家标准《工业安装工程施工质量验收统一标准》GB 50252 和《工业金属管道工程施工规范》GB 50235 配合使用。

五、SH/T 3501《石油化工有毒、可燃介质钢制管道工程施工及验收规范》的适用范围

该规范适用于石油化工企业设计压力 400Pa（绝压）～42MPa（表压），设计温度－196～850℃的有毒（毒性程度为极度危害、高度危害、中度危害、轻度危害）、可燃介质钢制管道的新建、改建或扩建工程的施工及验收。

该规范不适用于长输管道及城镇公用燃气管道的施工及验收。

六、 GB 50235、 GB 50517、 GB/T 20801、 SH/T 3501、 SH/T 3502、 HG/T 20225、 DL 5190 施工验收规范的比较（表 11-3）

表 11-3　GB 50235、GB 50517、GB/T 20801、SH/T 3501、SH/T 3502、HG/T 20225、DL 5190 施工验收规范的比较

项目			GB 50235	GB 50517	GB/T 20801	SH/T 3501	SH/T 3502	HG/T 20225	DL 5190
适用范围			核能、矿井专用；动力、公用；长输管道以外的所有工业管道（和 GB 50184 配套使用）	石油化工金属管道	工业金属压力管道	石油化工钢制有毒、可燃介质钢制管道	石油化工钢制有毒、可燃介质管道	化工行业，金属管道	火力发电厂和热力网
介质	性质	毒性	GB 5044 中规定的毒物，无毒介质	GB 5044 中规定的毒物，无毒介质	无毒，及 GB 5044 中规定的高度和中度危害介质	《危险化学品目录》，GBZ/T 230	GB 5044 中规定的毒物，无毒介质	GB 5044 中规定的毒物，无毒介质	蒸汽、水、压缩空气、氧气、乙炔
		可燃性	可燃介质和非可燃介质	可燃介质和非可燃介质	可燃介质和非可燃介质	可燃介质	可燃介质和非可燃介质	可燃介质和非可燃介质	同上
	参数	设计压力	≤42MPa（含真空）	≤42MPa（含真空）	0.1MPa≤最高工作压力≤42MPa	400Pa（绝对压力）～42MPa（表压）	0～9.8MPa（表压）	—	—
		设计温度	材料允许使用的温度	≥－196℃	无毒非可燃液体高于标准沸点，其他不限	－196～850℃	－60～250℃	—	—
	材料		钢、铜、铝、钛、铅、铸铁、硅铁、耐蚀衬里	钢、有色金属、复合管	钢、有色金属、铸铁	钢	工业纯钛	钢、铜、铝、钛、铅、铸铁、硅铁、耐蚀衬里	钢

注：GB 5044 已被 GBZ/T 230《职业性接触毒物危害程度分级》替代。

TSG 07《特种设备生产和充装单位许可规则》的毒性分级是按照《危险化学品目录》。

七、国内外压力管道无损检测的比较及工程实例

有的压力管道设计人员在管道设计说明文件上遗漏说明"管道焊缝无损探测的比例要求"，造成施工环节混乱，不达标。压力管道无损检测是保证压力管道设计和安装质量的重要环节，压力管道设计人员必须清楚并在有关设计文件上清楚说明。

RT、UT、PT、MT、ET、TOFD 等各种无损检测的优缺点比较，在《工业管道配管设计与工程应用》一书中有详细讲述。下面简要比较以下规范的压力管道无损检测比例。

1. GB/T 20801《压力管道设计规范 工业管道》无损检测比例

GB/T 20801 将压力管道的检查等级分为Ⅰ、Ⅱ、Ⅲ、Ⅳ、Ⅴ五个等级，其中Ⅰ级最高，Ⅴ级最低。按管道级别、剧烈循环工况、材料类别和公称压力确定管道检查等级。如剧烈循环工况管道的检查等级应不低于Ⅰ级；公称压力大于 $PN50$ 的碳钢（本规范要求冲击试验）管道应不低于Ⅱ级。在划分检查等级后，按照表 11-4 确认检验比例。

表 11-4　GB/T 20801 检查等级、方法和比例

检查等级	检查方法	焊缝类型及检查比例/%		
		对接环缝	角焊缝	支管连接
Ⅰ	目视检查	100	100	100
	磁粉/渗透	100	100	100
	射线照相/超声波	100	—	100
Ⅱ	目视检查	100	100	100
	磁粉/渗透	20	20	20
	射线照相/超声波	20	—	20
Ⅲ	目视检查	100	100	100
	磁粉/渗透	10	—	10
	射线照相/超声波	10	—	—
Ⅳ	目视检查	100	100	100
	射线照相/超声波	5	—	—
Ⅴ	目视检查	10	100	100

2. GB 50235《工业金属管道工程施工规范》和 GB 50184《工业金属管道工程施工质量验收规范》无损检测比例

GB 50235 和 GB 50184 体系将工业管道分为Ⅰ、Ⅱ、Ⅲ、Ⅳ、Ⅴ五个等级，这种分法所执行的原则与 GB/T 20801 大致相同，但不完全相同。然后按表 11-5 确定无损检测比例。

表 11-5　GB 50235 和 GB 50184 体系管道焊缝无损检测的检验比例

焊缝检查等级	Ⅰ	Ⅱ	Ⅲ	Ⅳ	Ⅴ
无损检测比例/%	100	≥20	≥10	≥5	—

3. GB 50517《石化金属管道工程施工质量验收规范》和 SH/T 3501《石油化工有毒、可燃介质钢制管道工程施工及验收规范》的无损检测比例

GB 50517 和 SH/T 3501 体系将工业管道按介质属性和设计条件分为 SHA、SHB、SHC 三大类 13 小类。SH/T 3501—2021 版只包括 SHA1～SHA4 和 SHB1～SHB4，A 为有毒介质，B 为可燃介质。按表 11-6 确定无损检测比例。

表 11-6　GB 50517 和 SH 3501 管道焊缝无损检验数量及验收标准

检查等级	管道级别	对焊接头			角焊接头		
		检验数量	验收标准	合格等级	检验数量	验收标准	合格等级
1	SHA1 SHB1 SHC1	100%RT	JB/T 4730.2	Ⅱ级	100%MT	JB/T 4730.4	Ⅰ级
		100%UT	JB/T 4730.3	Ⅰ级	100%PT	JB/T 4730.5	

检查等级	管道级别	对焊接头			角焊接头		
		检验数量	验收标准	合格等级	检验数量	验收标准	合格等级
2	SHA2 SHB2 SHC2	20%RT 20%UT	JB/T 4730.2 JB/T 4730.3	Ⅱ级 Ⅰ级	20%MT 20%PT	JB/T 4730.4 JB/T 4730.5	Ⅰ级
3	SHA3 SHB3 SHC3	10%RT 10%UT	JB/T 4730.2 JB/T 4730.3	Ⅲ级 Ⅱ级	— —	— —	—
4	SHA4 SHB4 SHC4	5%RT 5%UT	JB/T 4730.2 JB/T 4730.3	Ⅲ级 Ⅱ级	— —	— —	—
5	SHC5	—	—	—	—	—	—

SH/T 3501 比 GB 50517 增加了 PA、TOFD 检测。JB/T 4730 替换为 NB/T 47013。

4. ASME B31.3《工艺管道》和 GB 50316《工业金属管道设计规范》无损检测比例

GB 50316 体系参考了 ASME B31.3 的做法，把管道分为 A、B、C、D 四类，来确定检验级别。

通过以上对比，以 SH/T 3501、GB 50517 为代表的行业标准在无损检测检验要求上高于 GB/T 20801、GB 50235、GB 50184 等体系。但是对于含苯等介质管道的检测比例区别较大，影响施工成本较多，在《工业管道配管设计与工程应用》一书中有详述。

无损检测的选用，应由建设单位、设计单位共同协商后确定，做到工期、质量与费用的协调。作为规范的设计单位，应根据要求将无损检测采用的标准规范、比例和方法明确在设计文件中，作为施工质量验收的依据。

第五节　管道的试压和吹扫

一、进行管道系统试压需要符合的条件

管道系统试压前，应由施工单位、建设/监理单位和有关部门联合检查确认下列条件，方能进行管道系统试压。

① 管道系统全部按设计文件安装完毕。

② 管道支吊架的形式、材质、安装位置正确，数量齐全，紧固程度、焊接质量合格。

③ 焊接及热处理工作已全部完成。

④ 焊缝及其他应检查的部位不应隐蔽。

⑤ 试压用的临时加固措施安全可靠。临时盲板设置正确，标志明显，记录完整。

⑥ 合金钢管道的材质标记明显清楚。

⑦ 试压用的检测仪表的量程、精度等级、检定期符合要求。

⑧ 有经批准的试压方案，并经技术交底。

二、GB 50235 对管道液压试验压力的规定

按照 GB 50235—2010 的规定：

① 液压试验应使用洁净水。当对不锈钢、镍及镍合金管道，或对连有不锈钢、镍及镍

合金管道或设备的管道进行试验时，水中氯离子含量不得超过 25×10^{-6}。也可采用其他无毒液体进行液压试验。当采用可燃液体介质进行试验时，其闪点不得低于 50℃，并应采取安全防护措施。

② 试验前，注入液体时应排尽空气。

③ 试验时，环境温度不宜低于 5℃。当环境温度低于 5℃时，应采取防冻措施。

④ 承受内压的地上钢管道及有色金属管道试验压力应为设计压力的 1.5 倍。埋地钢管道的试验压力应为设计压力的 1.5 倍，并不得低于 0.4MPa。

⑤ 当管道的设计温度高于试验温度时，试验压力应符合下列规定。

a. 试验压力应按下式计算：

$$P_T = 1.5P[\sigma]_T/[\sigma]_t$$

式中　P_T——试验压力（表压），MPa；

　　　P——设计压力（表压），MPa；

　　$[\sigma]_T$——试验温度下，管材的许用应力，MPa；

　　$[\sigma]_t$——设计温度下，管材的许用应力，MPa。

b. 当试验温度下管材的许用应力与设计温度下管材的许用应力的比值大于 6.5 时，应取 6.5。

c. 应校核管道在试验压力条件下的应力。当试验压力在试验温度下产生超过屈服强度的应力时，应将试验压力降至不超过屈服强度时的最大压力。

⑥ 当管道与设备作为一个系统进行试验，管道的试验压力等于或小于设备的试验压力时，应按管道的试验压力进行试验；当管道试验压力大于设备的试验压力，并无法将管道与设备隔开，以及设备的试验压力大于按规范计算的管道试验压力的 77% 时，经设计或建设单位同意，可按设备的试验压力进行试验。

⑦ 承受内压的埋地铸铁管道的试验压力，当设计压力小于或等于 0.5MPa 时，应为设计压力的 2 倍；当设计压力大于 0.5MPa 时，应为设计压力加 0.5MPa。

⑧ 对位差较大的管道，应将试验介质的静压计入试验压力中。液体管道的试验压力应以最高点的压力为准，最低点的压力不得超过管道组成件的承受力。

⑨ 对承受外压的管道，试验压力应为设计内、外压力之差的 1.5 倍，并不得低于 0.2MPa。

⑩ 夹套管内管的试验压力应按内部或外部设计压力的最高值确定。夹套管外管的试验压力除设计文件另有规定外，应按规范的规定执行。

⑪ 液压试验应缓慢升压，待达到试验压力后，稳压 10min，再将试验压力降至设计压力，稳压 30min，应检查压力表无压降、管道所有部位无渗漏。

三、SH/T 3501 对管道压力试验的压力规定

① SH/T 3501—2021 对管道压力试验的压力应符合下列规定：

a. 液体压力试验的压力不应小于设计压力的 1.5 倍；

b. 气体压力试验的压力为设计压力的 1.15 倍；

c. 承受外压的管道，液压试验压力为设计内外压差的 1.5 倍，且应不小于 0.2MPa。

② 当管道系统的设计温度高于试验温度时，管道的液压试验压力应按下式计算，计算后的试验压力不得使管道在试验条件下产生的周向应力或轴向应力超过试验温度下材料屈服强度，且不得超过 1.5 倍管道组成件的额定压力。否则应将试验压力降低，以满足液体压力

试验时管道组成件应力值在安全范围内的要求：

$$p_t = 1.5 p_0 \frac{[\sigma]_1}{[\sigma]_2}$$

式中 p_t——试验压力，MPa；

  p_0——设计压力，MPa；

  $[\sigma]_1$——试验温度下管材的许用应力，MPa；

  $[\sigma]_2$——设计温度下管材的许用应力，MPa。

当 $[\sigma]_1 / [\sigma]_2$ 大于 6.5 时取 6.5。

③ 对于带有金属波纹管膨胀节的管道系统，试验压力应取金属波纹管膨胀节设计压力 1.5 倍或管道系统试验压力两者中的较小值。但在任何情况下，管道系统试验压力不得超过金属波纹管膨胀节制造厂的试验压力。

④ 当管道与设备作为一个系统进行液压试验时，应征得建设和设计单位同意，并应符合下列规定：

a. 当管道的试验压力小于或等于设备的试验压力时，应按管道的试验压力进行试验；

b. 当管道试验压力大于设备的试验压力，且设备无法隔离，设备的试验压力等于或大于管道试验压力的 77% 时，可按设备的试验压力进行试验。

⑤ 管道液压试验时的试验介质温度不得低于 5℃。同时，无论液压试验或气压试验，其试验介质温度均应高于相应金属材料的无延性转变温度。

四、对不能参与系统试压的设备、管道附件应采取的措施

因试验压力不同或其他原因不能参与系统试压的设备、仪表、安全阀、爆破片及已运行的管道等，应加置盲板隔离，并有明显标志。

五、GB 50235 对管道气压试验压力的规定

① 承受内压钢管及有色金属管的试验压力应为设计压力的 1.15 倍。真空管道的试验压力应为 0.2MPa。

② 试验介质应采用干燥洁净的空气、氮气或其他不易燃和无毒的气体。

③ 试验时应装有压力泄放装置，其设定压力不得高于试验压力的 1.1 倍。

④ 试验前，应用空气进行预试验，试验压力宜为 0.2MPa。

⑤ 试验时，应缓慢升压，当压力升至试验压力的 50% 时，如未发现异状或泄漏，应继续按试验压力的 10% 逐级升压，每级稳压 3min，直至试验压力。应在试验压力下稳压 10min，再将压力降至设计压力，采用发泡剂检验应无泄漏，停压时间应根据查漏工作需要确定。

六、可采用气压试验代替液压试验的规定

按照 SH/T 3501—2021 的规定，除设计文件规定进行气压试验的管道外，管道系统的压力试验介质应采用液体进行。液压试验确有困难时，经设计单位和建设单位同意，可用气压试验代替，但试验压力不宜大于 1.6MPa，并应符合下列条件：

① 管道系统内现场施工焊接接头已按 SH/T 3051 规范的"焊接质量检查"规定检测合格；

② 脆性材料管道组成件经液压试验合格；

③ 试验系统应设置压力泄放装置，其设定压力不得高于试验压力加上 0.345MPa 和 1.1 倍试验压力两者中的较小者；

④ 试压方案中应有切实的安全措施，经施工单位安全部门和技术部门审核，并经技术负责人批准。

七、对液压试验用液体温度的规定

按照国内外规范一般统一要求，管道液压试验时的试验介质温度不得低于 5℃。同时，无论液压试验或气压试验，其试验介质温度均应高于相应金属材料的无延性转变温度。

八、对液体压力试验应用洁净水的要求

按照国内外规范一般统一要求，我国的规范更加严格一些，液体压力试验介质应使用工业用水。当生产工艺有要求时，可用其他液体。不锈钢管道（含包括不锈钢设备的试压系统）用水试验时，水中的氯离子含量不得超过 50mg/L。

九、进行管道泄漏试验的规定

按 SH/T 3501—2021 的规定：

① 泄漏试验应在压力试验合格后进行，泄露试验包括气密性泄漏试验和敏感性泄漏试验。泄漏试验的检查重点应是阀门填料函、法兰或螺纹连接处、放空阀、排气阀、排水阀等。

② 经气压试验合格，且在试验后未经拆卸的管道，可不进行泄漏试验。

③ SHA1 级、SHA2 级、SHB1 级管道以及设计文件规定的管道系统，应进行泄漏试验。

④ 建设单位或设计单位可根据实际情况，选择气密性泄漏试验或敏感性泄漏试验。

十、可免除压力试验的要求

按照 SH/T 3501—2021 的规定，下列情况可免除压力试验。

① 分段试压合格的管道系统，如连接两段之间的接口焊缝经过 100%射线检测合格，则可不再进行整体系统压力试验。

② 当设计单位或建设单位认为管道系统进行液压试验或气压试验均不切实际时，可以免除压力试验，但应满足下列要求：

a. 采用液压试验损害衬里或内部绝热层，影响工艺安全或需要对管道系统支吊架进行重大修改；

b. 采用气压试验，试验压力大于 1.6MPa；

c. 所有与受压元件连接的焊接接头应进行 100%无损检测，检测结果符合规定；

d. 管道系统应通过敏感性泄漏试验，试验时焊缝及其他应检查的部位不得进行任何隐蔽工程施工。

十一、奥氏体不锈钢管道器材的酸洗、钝化

接触腐蚀性介质的奥氏体不锈钢表面应除垢并进行酸洗、钝化处理。管道内表面有特殊

清洁要求的油管道或其他管道，一般在投产前可采用槽浸法或系统循环法进行酸洗。

钝化的目的是使不锈钢表面形成一层致密的钝化膜，以增强抗腐蚀能力。

十二、管道系统的吹扫方法

管道系统压力试验合格后，应进行吹扫。吹扫可采用人工清扫、水冲洗、空气吹扫等方法。公称直径大于 600mm 的管道，宜用人工清扫；公称直径小于 600mm 的管道，宜用洁净水或空气进行冲洗或吹扫。

十三、管道系统吹扫的要求以及吹扫压力的确定

① 管道系统吹扫前，应符合下列要求。

a. 不应安装孔板、法兰连接的调节阀、节流阀、安全阀、仪表件等。对已焊在管道上的阀门和仪表，应采取相应的保护措施。

b. 不参与系统吹扫的设备及管道系统，应与吹扫系统隔离。

c. 管道支架、吊架要牢固，必要时应予以加固。

② 管道吹扫压力不得超过容器和管道系统的设计压力。

十四、管道吹扫压力及各种吹扫介质的吹扫规定

① 吹扫压力不得超过容器和管道系统的设计压力。

② 管道系统水冲洗时，宜以最大流量进行冲洗，流速不得小于 1.5m/s。

③ 水冲洗后的管道系统，可用目测排出口的水色和透明度，应以出、入口的水色和透明度一致为合格。

④ 管道系统空气吹扫时，宜利用生产装置的大型压缩机和大型储气罐，进行间断性吹扫。吹扫时应以最大流量进行，空气流速不得小于 20m/s。

⑤ 管道系统在空气或蒸汽吹扫过程中，应在排出口用白布或涂白色油漆的靶板检查，在 5min 内，靶板上无铁锈及其他杂物为合格。

⑥ 有特殊清洗要求的管道系统，应按专门的技术规程进行处理。

⑦ 吹扫的顺序应按主管、支管、疏排管依次进行。吹出的脏物不得进入已清理合格的设备或管道系统，也不得随地排放污染环境。

⑧ 经吹扫合格的管道系统，应及时恢复原状，并填写管道系统吹扫记录。

十五、装置施工过程中单机试车的目的

单机试车的目的是检查机泵、搅拌器等设备和电器、仪表的性能与安装质量是否符合规范和设计要求。

十六、工程中间交接过程中"三查""四定"的内容

"三查"是指查设计漏项、查工程质量隐患、查未完工程。

"四定"是指对查出的问题定任务、定人员、定措施、定时间限期整改。

十七、装置联动试车的目的和内容

联动试车的目的是检验全系统的设备、仪表、联锁、管道、阀门、供电等的性能和质量

是否符合设计和规范的要求。

联动试车的内容包括系统的气密、干燥、置换、三剂的装填、水运、气运、油运等。一般仅从单系统开始，然后扩大到几个系统或全系统的联运。

十八、大口径管道压力试验方式选用的工程实例

一些大型工程压力管道口径较大，例如 $80''$、$90''$、$100''$ 等，如果对这些管道做水压试验检测，需要的水量很大，框架或管廊需要承受很大的荷载，不合理，也不易实现。如果采用气压试验，却有一定的危险性，曾有某单位因对大口径管道采用气压试验而造成爆炸的事故。采用无损检测焊缝的方法替代，如果是 GC1 管道无损检测比例较高，则成本会很高。对于大口径管道是用气压试验还是水压试验，只能根据设计条件具体情况进行选用。

十九、管道压力试验计算工程实例

某 $DN200$ 管道设计温度 $320℃$，壁厚 $15mm$，设计压力 $2MPa$（以下皆为表压），材料 GB 3087 的 $20\#$。管道水压试验压力计算如下。

① 试验温度为 $20℃$，查 GB/T 20801.2 附录 A，$[\sigma]_T$ 取 $137MPa$。

② 查 GB/T 20801.2 附录 A，$300℃$ 时 $20\#$ 许用应力为 $114MPa$，$350℃$ 时 $20\#$ 许用应力为 $109MPa$，再利用插值法计算，则 $320℃$ 时 $20\#$ 的许用应力 $[\sigma]_t$ 为：

$$114 - \frac{114-109}{50} \times 20 = 112 \text{（MPa）}$$

③ 试验压力 $p_T = 1.5p\ [\sigma]_T/[\sigma]_t = 1.5 \times 2 \times 137/112 = 3.67$（MPa）。

④ 核算水压试验条件下管道内应力是否超过屈服强度（材料的屈服强度可查 GB/T 20801 或者 GB 50316 或者 ASME B31.3 等标准）。

查 GB/T 20801.2 得知 GB/T 3087 的 $20\#$ 钢最小屈服强度为 $245MPa$，大于 $3.67MPa$。水压试验条件下管道的内应力远小于材料的屈服强度，故该水压试验压力选择合适。若计算得到的管道水压试验条件下产生的管道内应力超过材料的屈服强度，则需要将水压试验压力降低至不超过材料屈服强度下的最大压力。

第六节　常用的施工与验收标准

一、石油化工工业管道常用的施工与验收标准

① GB/T 20801.5《压力管道规范　工业管道　检验与试验》；

② GB 50235《工业金属管道工程施工及验收规范》；

③ GB 50184《工业金属管道施工质量验收规范》；

④ GB 50236《现场设备工业管道焊接施工规范》；

⑤ GB 50517《石油化工金属管道工程施工质量验收规范》；

⑥ SH/T 3501《石油化工有毒、可燃介质钢制管道工程施工及验收规范》；

⑦ SH/T 3533《石油化工给水排水管道工程施工及验收规范》；

⑧ FZ 211《夹套管施工及验收规范》；

⑨ GB 50126《工业设备及管道绝热工程施工规范》；

⑩ SH/T 3010《石油化工设备和管道隔热技术规范》；

⑪ SH/T 3022《石油化工设备和管道涂料防腐蚀设计标准》；

⑫ SH/T 3508《石油化工安装工程施工质量验收统一标准》；

⑬ SH/T 3517《石油化工钢制管道工程施工技术规程》；

⑭ SH/T 3523《石油化工铬镍不锈钢、铁镍合金和镍合金焊接规程》；

⑮ SH/T 3526《石油化工异种钢焊接规程》；

⑯ ASME B31.3《工艺管道》。

二、火力发电厂工业管道常用的施工与验收标准

① GB/T 32270《压力管道规范　动力管道》；

② GB 50764《电厂动力管道设计规范》；

③ DL/T 819《火力发电厂焊接热处理技术规程》；

④ DL/T 820《管道焊接接头超声波检验技术规程》；

⑤ DL/T 821《金属熔化焊对接焊接接头射线检验技术和质量分级》；

⑥ DL/T 869《火力发电厂焊接技术规程》；

⑦ DL 5190.2《电力建设施工技术规范 第2部分：锅炉机组》；

⑧ DL 5190.3《电力建设施工技术规范 第3部分：汽轮发电机组》；

⑨ DL 5190.5《电力建设施工技术规范 第5部分：管道及系统》；

⑩ DL/T 5210.5《电力建设施工质量验收及评价规程 第5部分：管道及系统》；

⑪ DL/T 5210.7《电力建设施工质量验收及评价规程 第7部分：焊接》；

⑫ DL/T 5210.8《电力建设施工质量验收及评价规程 第8部分：加工配制》；

⑬ DL/T 5054《火力发电厂汽水管道设计规范》；

⑭ ASME B31.1《动力管道》。

三、长输管道常用的施工与验收标准

① GB/T 34275《压力管道规范　长输管道》；

② GB 50251《输气管道工程设计规范》；

③ GB 50253《输油管道工程设计规范》；

④ GB 50369《油气长输管道工程施工及验收规范》；

⑤ GB 50819《油气田集输管道施工规范》；

⑥ SY/T 4109《石油天然气钢质管道无损检测》；

⑦ GB/T 21447《钢质管道外腐蚀控制规范》；

⑧ ASME B31.4《液态烃和其他液体管线输送系统》；

⑨ ASME B31.8《输气和配气管道》；

⑩ ISO 13623《长输管道系统》；

⑪ CSA Z662《油气管道系统》。

四、城镇燃气公用管道常用的施工与验收标准

① GB/T 38942《压力管道规范　公用管道》；

② CJJ 33《城镇燃气输配工程施工及验收规范》；

③ CJJ 94《城镇燃气室内工程施工与质量验收规范》；

④ DB11/T 302《燃气输配工程设计施工验收技术规范》；

⑤ GB 50028《城镇燃气设计规范》；

⑥ TSG D2002《燃气用聚乙烯管道焊接技术规则》；

⑦ SY/T 0413《埋地钢制管道聚乙烯防腐层》；

⑧ GB 50235《工业金属管道工程施工及验收规范》；

⑨ GB 50184《工业金属管道施工质量验收规范》；

⑩ GB 50236《现场设备工业管道焊接施工规范》；

⑪ GB 50369《油气长输管道工程施工及验收规范》；

⑫ GB 50683《现场设备、工业管道焊接工程施工质量验收规范》。

五、城镇热力公用管道常用的施工与验收标准

① GB/T 38942《压力管道规范　公用管道》；

② CJJ 28《城镇供热管网工程施工及验收规范》；

③ GB 50235《工业金属管道工程施工及验收规范》；

④ GB 50184《工业金属管道施工质量验收规范》；

⑤ CJJ/T 81《城镇供热直埋热水管道技术规程》；

⑥ CJJ/T 104《城镇供热直埋蒸汽管道技术规程》；

⑦ GB 50265《泵站设计规范》。

第十二章 专业与项目管理

第一节　压力管道设计专业项目管理问题分析及措施

一、项目中压力管道设计专业的组织分解

由于压力管道设计工作通常是一项需要多人才能共同完成的工作，所以，为了确保整个专业在特定项目中实现技术、进度、安全经济和优良的设计及服务质量等目标，专业管理具有重要的作用。首先，将项目中压力管道设计专业的组织分解介绍如下，如图12-1所示。

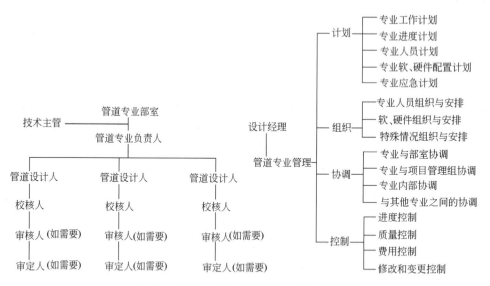

■ 图12-1　项目中压力管道设计专业的组织分解

二、压力管道设计专业项目管理常见的问题分析

1. 压力管道设计人员

合格的压力管道设计人力资源是工作的基础，是工作质量、效率和效益的决定因素。

（1）人力资源的数量　工程公司的压力管道设计人员数量应以能满足工程设计进度和质量的需要为基本前提，还要能满足和适应不断扩大的设计范围和规模的需要。

　　某些设计单位在平稳运行期，压力管道设计人员数量还能满足设计的需要；但在项目较集中时或在设计不熟悉的工程时，经常会遇到人力匮乏或合格人员不足，尤其是专业负责人和技术骨干不足的难题；还有一些设计单位，项目较集中时能满足人力资源需求，但是在平稳运行期，人力资源却大量地富裕。

　　（2）职业技能　压力管道设计人员的职业技能主要体现在：压力管道设计基础知识；正确理解和应用标准规范的能力、经验；对装置设备布置、管道布置技能的掌握能力；柔性分析、应力分析知识；对不同品种、规格、材料管道元件的特点、安装要求的掌握；对相关专业设计条件的正确理解和转化；施工实践经验；设计适应能力；计算机使用能力、运用软件能力及外语能力等方面。

　　压力管道设计人员常暴露出的一些问题：在设计过程中，一般性的设计错误时常可见，压力管道设计不能满足相关专业要求，设计效率不高；在施工过程中，设计修改通知单多等；在生产和检修过程中，操作不便、检修困难等问题也时有反映；另外，压力管道设计中的不经济、不合理及不安全等问题也应引起管理和设计人员高度重视。

　　（3）工作态度　压力管道设计人员的工作态度反映的是：敬业精神、团结合作、服务态度及组织纪律性等。

　　目前，某些工程公司由于管理水平和方式有待提高、激励制度不尽合理等原因，造成不少压力管道设计人员组织纪律性松散，设计法规观念不强，自觉学习和工作的积极性不高，责任心不强，技术水平和能力提高缓慢，适应能力不强，不能满足压力管道设计的需要。反映在压力管道设计上主要是：设计质量需进一步提高，设计效率低等。

　　（4）人才的稳定性　压力管道设计人员的稳定性对压力管道设计质量、效率、工程设计水平和服务质量有直接的影响。由于工程公司的人才激励制度不到位、个人职业发展机会不公平、工资奖金分配不公、与所在团队的领导相处不和谐、外界有更好的发展机会诱惑等因素影响，造成目前压力管道设计人员，尤其是技术骨干流失现象严重，压力管道设计质量、效率和技术水平下降，专业建设落后，管理不力等，影响了服务的质量和团体的竞争力。

2. 压力管道专业负责人

① 经过严格培训、考核和实践锻炼的、合格的专业负责人匮乏。

② 按照业主和项目的要求，项目一旦开工，专业负责人不能对本专业的人力、工具和工作等作出全面的计划和准备。

③ 专业负责人不能合理而有效地组织、安排各种资源，人力、物力要么不足，影响进度和质量，要么浪费严重。

④ 压力管道专业负责人专业技术水平高，人际技能常常偏低。

⑤ 由于人力的影响，专业负责人承担了过多设计人的工作，致使其没有充足的时间和精力去从事专业管理，弱化了本职工作。造成其对内和对外协调不到位、返工、影响自己或相关专业进度和质量的事时有发生，同时还使专业进度、质量、费用缺乏控制等。

3. 设计进度

任何一个项目的成功与否，与设计进度有着紧密的关系，是业主十分关注的。整个项目的设计进度，尤其是在详细设计阶段，更是与管道设计进度密不可分。管道设计进度受多种因素的影响，主要有如下几条。

① 工作量的大小。

② 工作的难易程度。

③ 计划是否周详和合理。

④ 合格管道设计的人力、物力资源是否合理地组织和被利用。

⑤ 软、硬件设施是否满足设计需要。

⑥ 管道专业中设计人员的技术水平、经验、工作效率和团结协作。

⑦ 专业间的团结协作。

⑧ 控制是否到位，异常情况或变化等是否能得到及时和合理地处理等，根本的因素仍是人和管理。

4. 设计质量

根据管道设计的特点，其主要质量要求如下。

（1）自身设计质量

① 安全、经济、合理地选用管道元件材料；确定管道元件的大小和强度。

② 在满足相关要求的前提下经济、合理和规范地布置设备和管道及其元件。

③ 完整、准确地统计管道元件的规格和数量。

④ 明确、完整和准确地说明相关事项。

（2）输出接口条件质量

① 正确地提出接口条件。

② 正确地反馈相关信息。

（3）满足管道设计和服务质量要求必须具备的条件

① 各级人员具有优良的职业道德、良好的技术水平、主动积极、认真负责以及团结合作。

② 合理的组织和策划。

③ 有效的专业管理。

④ 合适和高效的工具（软、硬件）。

⑤ 严格的检查和监督措施。

⑥ 高效的激励与约束机制。

三、提高压力管道设计专业项目管理水平措施

1. 管理创新

大力深化设计体制创新，靠创新去开拓市场，靠技术进步去赢得市场，靠服务去保住市场，靠管理去获得效益。

不断创新和改进项目及部室管理，才有可能通过项目及部室管理来促进压力管道设计管理水平的提高，才能为项目及部室管理不断注入新的活力和动力。不断规范和完善管道专业管理及作业程序，使上述专业管理方面的工作细则具体化，使各级压力管道设计人员有章可循。

2. 以人为本

树立以人为本的根本思路，以创新管理机制和分配制度为突破口，以不断培养人、激励人、提升人的价值和发挥人的主观能动性、积极性和创造性为目标。

3. 建立学习型组织

在结合自身特点的情况下，以终身学习的态度和思路，建立公司与行业管理和技术培训中心，培育学习型组织，持续不断地进行全员、全方位的企业管理、技术管理培训，用现代化的管理模式去塑造人、去用人、去激励人，使各层次管理真正实现现代化。

4. 有效的培训体系

随着科技的进步和时代的发展，知识和技术更新越来越快，为了保持管道专业与时代同步发展和进步，在管理和技术方面的再学习、再培养是非常有必要的。

压力管道设计专业管理要由经过严格培训、考核和合格的专业负责人来完成。应建立科学和合理的管道专业负责人培养、锻炼、任用、检查和考核体系，加快专业负责人培养，加快专业技术骨干的培养，逐步建立和形成以项目管理为中心的、以部室为支撑的、以专业负责人带头的、以专业技术骨干为核心的、以全体成员为之努力的、具有强大生命力和竞争力的专业组织，更好地服务于市场。

5. 完善质量保证体系

建立专业管理问题追踪、分析、解决、评价和完善体系，及时制定措施并监督落实。加强在实际工作中对专业负责人的管理和指导，出现问题及时解决。

6. 赢得市场竞争

21世纪的今天，经济发展、科技进步和信息革命一浪高过一浪，工程公司面临着全球化、满足利益相关群体需要、高绩效工作系统等一系列挑战。

市场对于压力管道设计的需求是广泛的、严格的和挑剔的，谁能适应市场需要，谁的设计进度快、谁的设计质量高、谁的设计经济可靠，市场就会选择谁，所以说最大限度地适应市场需求、满足市场需要是压力管道设计的一项中心任务，实现这一中心任务主要应从提高管道专业项目管理和技术水平等方面采取措施。

要想在市场竞争中取胜，获得业界工程设计的核心竞争力，必须进行以压力管道设计专业项目管理创业为主导的"二次创业"，彻底转变在计划经济体制条件下形成的行政型、经验型、粗放型的管理模式，使之向市场化、知识化、集约化的方向发展，实现工程公司专业项目管理的现代化。也就是说，中国正在进入一个与管理相结合的改革和与改革相结合的管理的新时期。在这一时期，谁能够最快地吸收各种管理学新知识，谁就会获得竞争主动权；谁拥有更多的知识，谁能够通过管理创新把更多的知识组合成独特的能力，谁就能够赢得未来。

第二节　管道专业负责人的职责和主要任务

一、专业负责人应具备的条件

在设计单位或工程公司，项目顺利执行的核心角色是专业负责人和项目经理。为了保证设计质量，在 TSG 07 规范内对管道专业负责人也提出了工作年限、经验、学历、职称等条件要求。

① 管道专业负责人首先必须是所在项目管道专业设计团队内技术最强的人员。

② 进行计划、组织、领导、控制和评价管道专业实施各项活动的能力。并擅长协调与项目有关的其他各专业之间的条件关系。以前国内外常把管道专业负责人翻译为 Piping Groupleader，现在一般翻译为 Piping Coordinator。

③ 对项目实施过程中管道专业出现的问题能准确地进行判断，并能提出解决办法和措施。对项目实施过程中管道专业潜在的问题能及时预测，并能提出预防措施。

④ 善于信息交流和沟通，充分调动成员的积极性，处理好不同层次的人际关系。

⑤ 善于计划和利用自己的时间，把时间集中到处理最重要和关键的问题上。

⑥ 精通管道专业的业务，对管道布置、材料、应力分析、管架、地下管、英语、计算机等都应有一定深度的掌握，尤其对管道的设计程序、设计条件、各专业之间的关系都要有较全面的了解。

⑦ 一般担任中型以上项目的专业负责人应有多年的工程设计经验和主项负责人或单项

专业负责人及现场的经验，并经过专业负责人的培训。

二、专业负责人的主要职责

在项目经理和专业部室的双重领导下（矩阵管理模式），负责压力管道设计专业的进度控制、费用控制（含人工时）、设计质量控制、职业健康与环境管理、信息管理等。

三、专业负责人的主要任务

① 协助项目经理拟定合同附件，组织管道专业开展调研工作，收集设计基础资料，落实设计输入条件，明确工作范围，编制工程规定。

② 参加项目计划的编制，并根据项目计划编制管道专业的设计进度计划，估算设计工作量，落实设计进度，提出该项目在管道专业各阶段的人力负荷。检查管道专业设计进度执行情况及提示本专业下步应关注的问题及纠正措施。

③ 严格执行质量体系文件，按照质量保证程序的规定组织专业人员进行设计输入、输出和设计接口的工作，并做好协调。

④ 组织管道专业人员拟定设计方案，做好技术经济比较，解决主要技术问题。

⑤ 参加工程上与管道专业有关的技术方案讨论和各种会议，组织管道专业人员参加设计文件的会签，注意与其他专业的衔接和协调。

⑥ 负责组织编制管道专业的设计文件，严格执行校审制度，校审管道专业的设计条件和设计成品，并按规定签署。

⑦ 对 EPC 总承包和采购服务项目，组织编制管道专业询价技术文件，参加技术评审，评阅供货商返回的有关图纸和文件，配合采购工作。

⑧ 组织管道专业设计成品、基础资料、计算书、调研报告、文件、电函、设计条件、设计变更等的整理和归档。

⑨ 编写管道专业的工程总结和设计完工报告，并参加设计回访工作。

四、大、中型工程项目压力管道专业负责人的工作程序

1. 明确项目任务、组织项目的管道设计组

项目的成功依赖于设计单位或工程公司的整体水平和项目组成员的整体素质，专业组人员的整体素质对项目的成功与效果起着关键的作用。

① 明确合同项目的任务及范围。

② 根据所承担项目的规模大小、复杂程度和工作范围、特点及业主的要求，配备符合条件、有能力的设计、校审人员。

③ 专业组主要成员确定后，应充分发挥和利用他们的特长，调动他们的积极性，共同努力完成项目任务。

2. 做好设计前阶段的主要工作

① 熟悉合同文件。明确业主的所有要求，采用的标准、条件及进度，将一些不明确的内容进一步明确和澄清，将其注入设计产品，依法履约，避免高风险。

② 确定办公方式。根据项目规模大小、复杂程度、专业协作关系决定采取集中或分散的办公形式。大型复杂项目，集中办公，以利于本专业之间及时沟通。中、小型项目一般采用分散形式，以充分利用人力、节省工时。

③ 确定设计采用的标准、规范。设计采用的标准、规范需要与业主进行沟通和建议，前期专业负责人与业主一起确定，避免管道材料与国外设备、安全阀、仪表阀门不配套。

④ 编制本专业的进度计划和人员安排计划。编制设计计划，详细说明设计工作的范围、原则、标准、程序和方法，与各部门接口关系。

根据项目总进度计划及接口时间表排出专业进度计划、人工时计划，报给工程项目组和管道专业科室，由工程项目组和管道专业科室审核是否安排合理。有问题，要向工程项目组和管道专业科室反映，以便及时进行协调与调整，确保项目顺利有效、有序进行，又不造成人力资源的浪费。

根据管道专业计划，实行人员的动态管理。根据项目的进展情况不断地调整人员构成与数量，既保证工作效率，又节省人工时费用。

3. 质量控制

① 检查项目质量计划执行情况。

② 检查项目质量文件和记录。

③ 进行项目质量审核，改进项目质量管理。

④ 控制质量关键点如下。

a. 严格执行质量保证体系。

b. 材料控制。

c. 设备布置图质量控制。

d. 输出条件的质量控制。

土建的一次、二次条件包括的内容范围，钢结构、框架、管廊、基础等条件，都要严格把关。

设备的管口方位及梯子平台的条件，对专业负责人来讲是一项重要的工作。特别是设备的管口方位，一定要严格把关。

e. 管道布置质量控制。

整个装置的配管要统一规划、布置。专业负责人应该进行统一规定，特别是对同一种类型设备的配管事先要统一，在设计的过程中定期检查各个设计人员执行情况，有问题及时纠正、解决。

加强各专业的联系，事先与各专业协商，如与仪表和电气专业人员协商仪表与电气桥架位置和尺寸；尽早将管道研究图提交给仪表和电气专业，以使上述专业尽早安排仪表箱和电气控制盘的位置。

加强设计资料、设计文件、接口条件的管理，必须保证所有的设计人员使用的条件都是最新版本。

4. 进度控制

按审批后的专业进度计划和人员安排计划进行进度控制。专业进度计划是设计、材料汇总、采购、施工安装、生产维修的重要依据。

大、中型项目，一般采用长短进度计划相结合。在专业总进度计划下，排出每周的项目成员周计划，这个计划事先都要和项目成员协调好。每周进行检查，计划没有完成的，与项目成员一起找原因，如果是工作安排或外界原因就及时调整、协调，充分调动工作的积极性。

5. 费用控制

① 在保证管道材料满足合同要求下，采用合理设计、制造的产品，控制其造价。

② 与采购部、施工部及时交换意见，并参考以往项目的设计裕量、施工裕量，合理地制定设计与施工裕量。

③ 合理安排进度计划，做好设计与采购部门、制造厂与施工现场的各项工作衔接，避免和减少停工、误工损失和抢工费用的发生。

④ 提高工作效率，减少人工时和劳力消耗；严格工程质量管理，减少返工浪费。

6. 采购管理

在保证质量的前提下及符合经济的条件下，保证材料供应的进度和数量，以满足现场施工的需要。

① 重视设计与采购部门的接口关系。因为采购的控制，要从设计开始抓起，对设计的选型、选材、裕量进行控制。要考虑经济性。在保证质量、满足设计要求、保证进度的基础上，价格要合理。

② 要求采购部门及时反馈所订设备与散材制造厂商的文件。

③ 还应重视对厂商文件的技术评审。重视对厂商文件的技术评审，使采购到的管材完全符合请购文件所规定的各项技术要求、规范和标准。

第三节　项目经理技能和职责

一、管道工程师与项目经理

压力管道设计属于多学科综合性专业，是一项专业技能工作与团队合作管理相结合的专业，一般情况下，在石油化工工程项目建设过程中，管道专业工作量大，几乎贯穿工程设计、采购和施工全过程，是承前启后的专业。有一部分管道工程师在职业生涯中成为项目经理。

二、项目经理的技能

建设工程项目管理是指通过运用系统的理论和方法，对建设工程项目自项目开始至项目结束进行的计划、组织、指挥、协调和控制等专业化活动，以使项目的费用目标、进度目标、质量目标及其他目标得以实现。一个建设工程项目往往由许多参与单位承担不同的建设任务和管理任务，各参与单位的工作性质、工作任务、利益和组织特征不尽相同，因此就形成了代表不同利益方的项目管理。一般有如下类型：业主方的项目管理、设计方的项目管理、施工方的项目管理、建设项目总承包方的项目管理。图 12-2 为某工程项目设计方的项目管理主要工作基本程序实例。

项目经理在项目管理中起着非常重要的作用，是工程项目的核心人物，是企业法定代表人根据授权的范围、期限和内容委托对项目实施过程全面负责的项目管理者，是企业法定代表人在项目上的代表人。项目经理关系着整个项目的成败甚至影响着公司在竞争中能否始终立于不败之地，决定着企业能否始终获取经济利益。在项目管理活动中发挥综合集成、团队领导、制定决策、促进沟通、营造气氛等职能并充当相应的角色。这就要求项目经理应有较强的经营管理知识、专业技术知识、法律与财务知识等。在国内大中型项目的项目经理还必须由取得工程建设类相应专业注册执业资格证书的人员担任，在某些其他国家执行的项目没有这种资质要求。项目经理的技能主要包括以下几项。

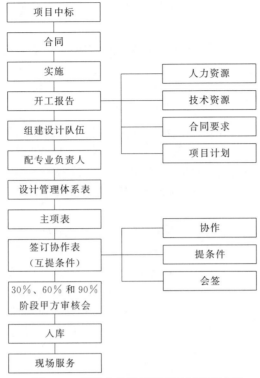

■ 图 12-2 设计方的项目管理工作程序实例

1. 个性因素

项目经理个性方面的素质通常体现在他与组织中其他人的交往过程中所表现出来的理解力和行为方式上。素质优秀的项目经理能够有效理解项目中其他人的需求和动机并具有良好的沟通能力，是项目经理最重要的能力，包括以下几项。

① 号召力，调动下属工作积极性的能力，号召力来自于项目经理良好的思想素质，只有具备遵纪守法、坚持原则、善于管理的素养，勇于负责、勤奋努力、不怕吃苦等品质的项目经理才有号召力。

② 交流能力，有效倾听、劝告和理解他人行为的能力。

③ 应变能力，灵活、耐心和耐力。

④ 对政策高度敏感。

2. 管理技能

管理技能要求项目经理把项目作为一个整体来看，认识到项目各部分之间的相互联系和制约以及单个项目与母体组织之间的关系，包括以下几项。

① 有计划、组织、目标定位、项目组织的整体意识。

② 处理项目与外界之间关系的能力。

③ 以问题为导向的意识。

④ 授权能力，使项目团队成员共同参与决策。

3. 技术技能

优秀的项目经理应具有该项目所要求的相关技术经验或知识。技术技能是在具体情况下运用管理工具和技巧的专门知识和分析能力，包括以下几项。

① 使用项目管理工具和技巧的特殊知识（如心理学、经济学、法律学的相关知识）。

② 项目知识、理解项目的方法、过程和程序、相关的专业技术。

③ 计算机应用能力。

④ 尤其是一些国际型工程项目，对外语应用能力要求较高。这种技术技能是使项目经理有能力了解项目主要专业的技术问题。

三、项目经理的职责

随着全球范围竞争的加剧，国内行业动向的发展变化，传统的任务执行者和只拥有单一技术技能的专家模式的项目经理已经无法适应新的形势了。优秀的项目经理不但要有过硬的技术能力、多方面的经营管理能力，还有具有良好的亲和力，针对团队能够进行有效的激励等多方面技能。他必须保证项目全体成员能够有机地组合成一个配合良好、合理高效的团队，抓好以下管理和控制。

1. 合同管理

工程承包合同是承发包双方用以明确工程承包的内容和范围、工程进度、质量、造价、双方权利、义务等的契约，是双方协商一致具有法律效力的重要文件，是完成项目建设的依据，也是项目经理工作的主要依据。任何超越合同条款范围的内容，均要通过重新谈判，签订补充协议后执行。项目经理必须加强项目的合同管理，认真履行合同条款。2012 年某工程公司签订了一项工程项目总承包合同，因负责合同签订的项目经理没有看清楚合同内要求所有设计文件必须是所在国家的语言，而这种语言在国内很少有人会，项目的实际执行造成了很多不便，增加了设计成本。

2. 项目协调程序管理

从工程项目内部讲，需协调各部门成员间的复杂关系，控制工程项目的资源配置状况，保证项目总体目标的全面推进。从外部环境讲，需协调好工程项目与社会、各级政府、各利益相关方面之间的关系，为工程项目营造良好的外部条件为了做好工程项目的建设工作。抓好项目协调程序管理可以提高工作效率，减少矛盾，为创造良好的合作气氛打下基础。

3. 计划管理

工程项目的建设工期是项目合同的主要目标之一，对此，项目经理要努力实现，并消除误期赔偿风险。项目的进度计划根据工程项目的具体情况进行编制和分解，一般要编制项目总进度计划、单项工程进度计划、单位工程进度计划、分项工程进度计划、分部工程进度计划，并注意相互间的协调和制约。

4. 进度控制

项目经理在管理好项目计划的同时，要对计划中关键线路上的关键目标进行严格控制。为了保证总计划按时完成，要合理调整资源配置，合理安排资金、工时、材料的投入。在进度控制上除了满足完成计划的目的外，还应通过进度控制寻找综合效益。

5. 质量控制

项目的质量是业主非常重视的合同目标之一，它直接关系到项目的进度、费用和人民生命财产安全，同时，不仅影响到业主的经济效益和社会效益，而且也决定着企业的信誉和发展。质量控制也包括了安全、环保的要求。

6. 费用控制

工程建设是一个复杂的系统工程，各方面既相互关联又渗透，项目中各种管理和控制的优劣最后都会全面综合地反映到费用上来，费用控制贯穿于项目的各个环节。做好费用控制，首先要抓好各阶段费用估算和费用分解指标，同时在施工中要不断检查计划费用执行情况。在工程项目实施中，要尽量避免窝工、停工、返工，减少浪费，降低风险。

附　　录

附录一　压力管道设计管道最小连接尺寸

确定管道组成件之间的最小连接尺寸的依据和原则如下。

① 对焊钢制管法兰可直接与管子和无缝管件焊接，平焊、承插焊钢制管法兰与无缝管件、承插焊管件连接时，中间必须加一短管。

② 有关弯头的连接尺寸均以长半径弯头为基准进行计算，使用短半径弯头时，需重新计算。

③ 法兰与三通之间的连接尺寸 H、J 是以等径三通的尺寸（M）算出的，使用异径三通时，需重新计算，即三通 M＋法兰 D（或 E）。

④ 法兰之间的连接按双头螺柱考虑，螺柱长度按加厚型螺母确定，使用薄型螺母时，需重新计算。

在管道连接最小尺寸中使用的符号如下。

L——长半径 90°对焊弯头尺寸。

S——短半径 90°对焊弯头尺寸。

D——平焊法兰加直管的最小尺寸。

E——对焊法兰高度。

F——按长半径弯头尺寸和 D 确定的最小尺寸。

G——按长半径弯头尺寸和 E 确定的最小尺寸。

H——按等径三通尺寸和 D 确定的最小尺寸。

J——按等径三通尺寸和 E 确定的最小尺寸。

L_1——各类法兰阀门的结构长度，mm。

H_0——闸阀、截止阀全开时阀杆高度或止回阀凸起部高度，mm。

D_0——阀门手轮直径，mm。

SO——平焊法兰。

SW——承插焊法兰。

WN——对焊法兰。

管道组成件尺寸依据的标准如下。

① ASME B16.5《Pipe Flanges And Flanged Fittings》

② ASME B16.9《Factory-made Wrought Buttwelding Fittings》

③ ASME B16.10《Face-to-face And End-to-end Dimensions Of Valves》

④ ASME B16.11《Forged Fittings，SocKet-Welding And Threaded》

⑤ ASME B16.34《Valves-flanged，Threaded，And Welding End》

⑥ ASME B16.47《Large Diameter Steel Flanges NPS 26 Through NPS 60》

⑦ ASME B36.10M《Welded and Seamless Wrought Steel Pipe》

管径：1/2″

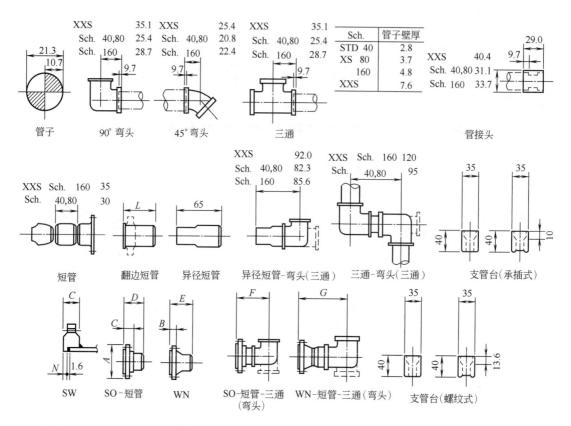

Sch.	管子壁厚
STD 40	2.8
XS 80	3.7
160	4.8
XXS	7.6

mm

压力等级 (Class) 记号			ASME						
			150 RF	300 RF	600 RF	300 RJ	600 RJ	900 RJ	1500 RJ	2500 RJ
A			89	95	95	95	95	121	121	133
B			11.5	14.5	20.9	20.1	20.1	28.9	28.9	36.9
C			15.7	22.4	28.7	—	—	—	—	—
D			46	52	58	—	—	—	—	—
E			47.8	52.3	58.7	57.9	57.9	66.8	66.8	79.5
F			100	110	110	—	—	—	—	—
G			130	140	140	140	140	150	150	160
L			76	76	—	—	—	—	—	—
N			6.1/6	12.7/12	12.7/12	—	—	—	—	—
螺柱	数量		4	4	4	4	4	4	4	4
	尺寸		M14×70	M14×75	M14×85	M14×80	M14×80	3/4″×4″	3/4″×4′	3/4″×4¾″
环号			—	—	—	R11	R11	R12	R12	R13
法兰近似间隔			—	—	—	3	3	4	4	4
API 602 CL.800 SW 阀门参 考尺寸	闸阀	L_1	108	140	165	—	—	—	—	—
		H_0	161	161	161	—	—	—	—	—
		D_0	100	100	100	—	—	—	—	—
	截止阀	L_1	108	152	165	—	—	—	—	—
		H_0	163	163	163	—	—	—	—	—
		D_0	100	100	100	—	—	—	—	—
	止回阀	L_1	152	152	164	—	—	—	—	—
		H_0	55	55	55	—	—	—	—	—

管径：3/4″

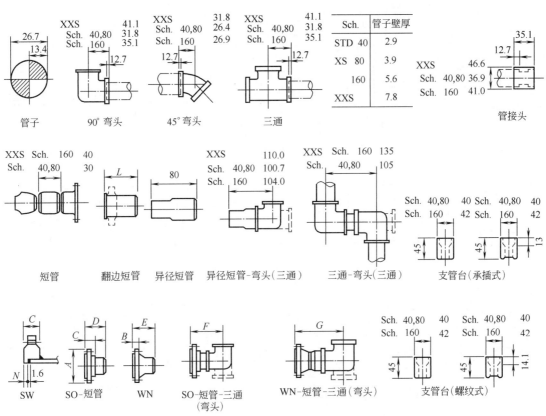

管子　　90°弯头　　45°弯头　　三通　　　管接头

短管　　翻边短管　异径短管　异径短管-弯头（三通）　三通-弯头（三通）　支管台（承插式）

SW　　SO-短管　　WN　　SO-短管-三通（弯头）　　WN-短管-三通（弯头）　　支管台（螺纹式）

Sch.	管子壁厚
STD 40	2.9
XS 80	3.9
160	5.6
XXS	7.8

mm

	压力等级 (Class)			ASME						
			150	300	600	300	600	900	1500	2500
记号			RF	RF	RF	RJ	RJ	RJ	RJ	RJ
A			98	117	117	117	117	130	130	140
B			13.0	16.0	22.4	22.4	22.4	31.9	31.9	38.4
C			15.7	25.4	31.8	—	—	—	—	—
D			46	55	61	—	—	—	—	—
E			52.3	57.2	63.5	63.5	63.5	76.2	76.2	85.6
F			110	120	120	—	—	—	—	—
G			140	150	160	160	160	170	170	180
L			76	76	—	—	—	—	—	—
N			4.6	14.2	14.2	—	—	—	—	—
螺柱	数量		4	4	4	4	4	4	4	4
	尺寸		M14×70	M16×85	M16×100	M16×90	M16×95	3/4″×4/4″	3/4′×4¼″	3/4″×4¾″
环号			—	—	—	R13	R13	R14	R14	R16
法兰近似间隔			—	—	—	4	4	4	4	4
API 602 CL. 800 S.W 阀门参考尺寸	闸阀	L_1	117	152	191	—	—	—	—	—
		H_0	161	161	161	—	—	—	—	—
		D_0	100	100	100	—	—	—	—	—
	截止阀	L_1	117	178	190	—	—	—	—	—
		H_0	163	163	163	—	—	—	—	—
		D_0	100	100	100	—	—	—	—	—
	止回阀	L_1	178	178	190	—	—	—	—	—
		H_0	62	62	62	—	—	—	—	—

管径：1″

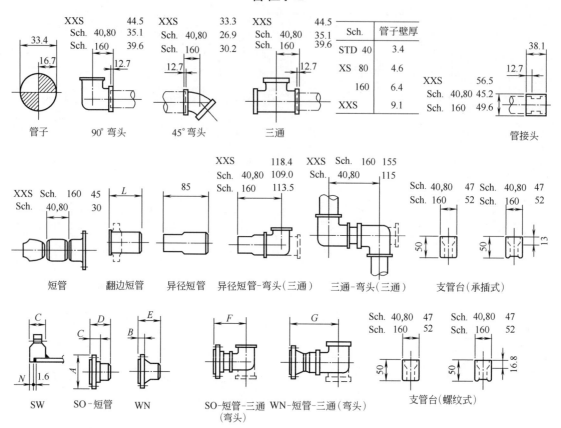

| 管子 | 90° 弯头 | 45° 弯头 | 三通 | Sch. | 管子壁厚 | 管接头 |

管子：XXS 44.5, Sch. 40,80 35.1, Sch. 160 39.6（33.4／16.7）

90° 弯头：XXS 33.3, Sch. 40,80 26.9, Sch. 160 30.2（12.7）

45° 弯头：XXS 44.5, Sch. 40,80 35.1, Sch. 160 39.6（12.7）

三通

Sch.	管子壁厚
STD 40	3.4
XS 80	4.6
160	6.4
XXS	9.1

管接头：XXS 56.5, Sch. 40,80 45.2, Sch. 160 49.6（38.1／12.7）

短管：XXS Sch. 160 45, Sch. 40,80 30

翻边短管：L

异径短管：85

异径短管-弯头（三通）：XXS 118.4, Sch. 40,80 109.0, Sch. 160 113.5

三通-弯头（三通）：Sch. 160 155, Sch. 40,80 115

支管台（承插式）：Sch. 40,80 47, Sch. 160 52 ／ Sch. 40,80 47, Sch. 160 52（50／13）

| SW | SO-短管 | WN | SO-短管-三通（弯头） | WN-短管-三通（弯头） | 支管台（螺纹式） |

SW：C／N 1.6

SO-短管：D／C／A

WN：E／B

SO-短管-三通（弯头）：F

WN-短管-三通（弯头）：G

支管台（螺纹式）：Sch. 40,80 47, Sch. 160 52 ／ Sch. 40,80 47, Sch. 160 52（50／16.8）

mm

压力等级 （Class） 记号		ASME							
		150 RF	300 RF	600 RF	300 RJ	600 RJ	900 RJ	1500 RJ	2500 RJ
A		108	124	124	124	124	149	149	159
B		14.5	17.5	23.9	23.9	23.9	35.4	35.4	41.4
C		17.5	26.9	33.3	—	—	—	—	—
D		47	57	63	—	—	—	—	—
E		55.6	62	68.3	68.3	68.3	79.5	79.5	95.3
F		110	120	130	—	—	—	—	—
G		150	160	160	160	160	180	180	190
L		102	102	—	108.35	—	—	—	—
N		4.8	14.2	14.2	—	—	—	—	—
螺柱	数量	4	4	4	4	4	4	4	4
	尺寸	M14×75	M16×90	M16×100	M16×95	M16×105	7/8″×4¾″	7/8″×4¾″	7/8″×5¼″
环号		—	—	—	R16	R16	R16	R16	R18
法兰近似间隔		—	—	—	4	4	4	4	4
API 602 CL.800 S.W 阀门参考尺寸	闸阀 L_1	127	165	216	—	—	—	—	—
	闸阀 H_0	196	196	196	—	—	—	—	—
	闸阀 D_0	125	125	125	—	—	—	—	—
	截止阀 L_1	127	203	216	—	—	—	—	—
	截止阀 H_0	201	201	201	—	—	—	—	—
	截止阀 D_0	125	125	125	—	—	—	—	—
	止回阀 L_1	203	203	216	—	—	—	—	—
	止回阀 H_0	69	69	69	—	—	—	—	—

管径：$1\frac{1}{2}''$

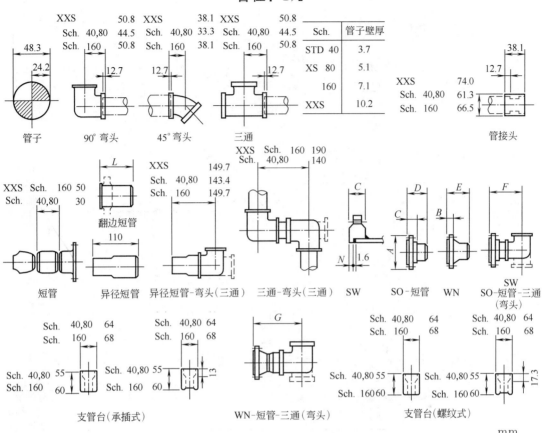

Sch.	管子壁厚
STD 40	3.7
XS 80	5.1
160	7.1
XXS	10.2

管子　90°弯头　45°弯头　三通　　管接头

翻边短管

短管　异径短管　异径短管-弯头（三通）　三通-弯头（三通）　SW　SO-短管　WN　SO-短管-三通（弯头）

支管台（承插式）　　WN-短管-三通（弯头）　　支管台（螺纹式）

mm

	压力等级（Class）记号	ASME							
		150 RF	300 RF	600 RF	300 RJ	600 RJ	900 RJ	1500 RJ	2500 RJ
A		127	156	156	156	156	178	178	203
B		17.5	21.0	28.9	27.4	28.9	38.4	38.4	52.5
C		22.4	30.2	38.1	—	—	—	—	—
D		52	60	68	—	—	—	—	—
E		62	68.3	76.2	74.7	76.2	88.9	88.9	119.2
F		130	140	150	—	—	—	—	—
G		170	180	180	180	180	200	200	230
L		102	102	—	108.35	—	—	—	—
N		6.6	14.5	16	—	—	—	—	—
螺柱 数量		4	4	4	4	4	4	4	4
螺柱 尺寸		M14×80	M20×100	M20×120	M20×105	M20×115	1″×5¼″	1″×5¼″	1⅛″×6¾″
环号		—	—	—	R20	R20	R20	R20	R23
法兰近似间隔		—	—	—	4	4	4	4	3
API 602 CL.800 S.W 阀门参考尺寸	闸阀 L_1	165	191	241	—	—	—	—	—
	闸阀 H_0	244	244	244	—	—	—	—	—
	闸阀 D_0	160	160	160	—	—	—	—	—
	截止阀 L_1	165	229	241	—	—	—	—	—
	截止阀 H_0	246	246	246	—	—	—	—	—
	截止阀 D_0	160	160	160	—	—	—	—	—
	止回阀 L_1	229	229	241	—	—	—	—	—
	止回阀 H_0	80	80	80	—	—	—	—	—

管径：$1\frac{1}{2}''$

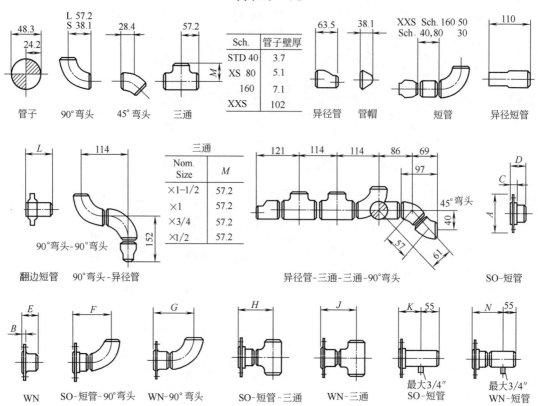

| 管子 | 90°弯头 | 45°弯头 | 三通 | 异径管 | 管帽 | 短管 | 异径短管 |

Sch.	管子壁厚
STD 40	3.7
XS 80	5.1
160	7.1
XXS	102

三通

Nom. Size	M
×1-1/2	57.2
×1	57.2
×3/4	57.2
×1/2	57.2

翻边短管　90°弯头-异径管　　异径管-三通-三通-90°弯头　　SO-短管

WN　SO-短管-90°弯头　WN-90°弯头　SO-短管-三通　WN-三通　最大3/4" SO-短管　最大3/4" WN-短管

mm

压力等级 (Class)		ASME							
记号		150 RF	300 RF	600 RF	300 RJ	600 RJ	900 RJ	1500 RJ	2500 RJ
A		127	156	156	156	156	178	178	203
B		17.5	21.0	28.9	27.4	28.9	38.4	38.4	52.5
C		22.4	30.2	38.1	—	—	—	—	—
D		52	60	68	—	—	—	—	—
E		62	68.3	76.2	74.7	76.2	88.9	88.9	119.2
F		109	117	126	—	—	—	—	—
G		119	126	133	132	133	146	146	177
H		129	137	146	—	—	—	—	—
J		119	126	133	132	133	146	146	177
K		80	85	95	—	—	—	—	—
N		120	125	135	130	130	145	145	175
L		102	102	—	108.35	—	—	—	—
螺柱	数量	4	4	4	4	4	4	4	4
	尺寸	M14×80	M20×100	M20×120	M20×105	M20×115	1"×5¼"	1"×5¼"	1⅛"×6¾"
环号		—	—	—	R20	R20	R20	R20	R23
法兰近似间隔		—	—	—	4	4	4	4	3
阀门参考尺寸	闸阀 L_1	165	191	241	—	—	—	—	—
	H_0	244	244	244	—	—	—	—	—
	D_0	160	160	160	—	—	—	—	—
	截止阀 L_1	165	229	241	—	—	—	—	—
	H_0	246	246	246	—	—	—	—	—
	D_0	160	160	160	—	—	—	—	—
	止回阀 L_1	229	229	241	—	—	—	—	—
	H_0	80	80	80	—	—	—	—	—

管径：2″

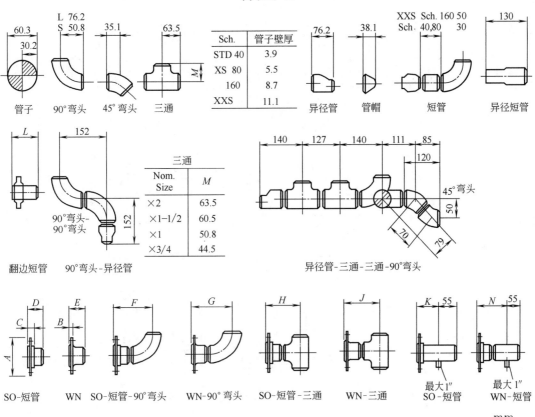

Sch.	管子壁厚
STD 40	3.9
XS 80	5.5
160	8.7
XXS	11.1

三通	
Nom. Size	M
×2	63.5
×1-1/2	60.5
×1	50.8
×3/4	44.5

mm

	压力等级 (Class)	ASME							
记号		150 RF	300 RF	600 RF	300 RJ	600 RJ	900 RJ	1500 RJ	2500 RJ
	A	152	165	165	165	165	216	216	235
	B	19.5	22.5	31.9	30.5	33.5	46.5	46.5	59.0
	C	25.4/25	33.3/33	42.9/43.4	—	—	—	—	—
	D	55	63	73	—	—	—	—	—
	E	63.5	69.9	79.5	77.8	81.1	109.5	109.5	134.9
	F	131	139	150	—	—	—	—	—
	G	140	146	156	154	157	186	186	211
	H	139	147	157	—	—	—	—	—
	J	127	133	143	141	145	173	173	199
	K	80	90	100	—	—	—	—	—
	N	120	140	170	135	135	165	165	190
	L	152	152	—	159.92				
螺柱	数量	4	8	8	8	8	8	8	8
	尺寸	M16×95	M16×100	M16×115	M16×105	M16×110	7/8″×5¾″	7/8″×5¾″	1″×7″
	环号	—	—	—	R23	R23	R24	R24	R26
	法兰近似间隔	—	—	—	6	5	3	3	3
阀门参考尺寸	闸阀 L₁	178	216	292	232	295	371	371	454
	H₀	378	413	441	413	441	594	594	594
	D₀	200	200	200	200	200	300	300	355
	截止阀 L₁	203	267	292	283	295	371	371	454
	H₀	340	372	457	372	457	619	619	616
	D₀	200	200	250	200	250	400	400	400
	止回阀 L₁	203	267	292	283	295	371	371	454
	H₀	175	197	210	197	241	241	241	245

管径：$2\frac{1}{2}''$

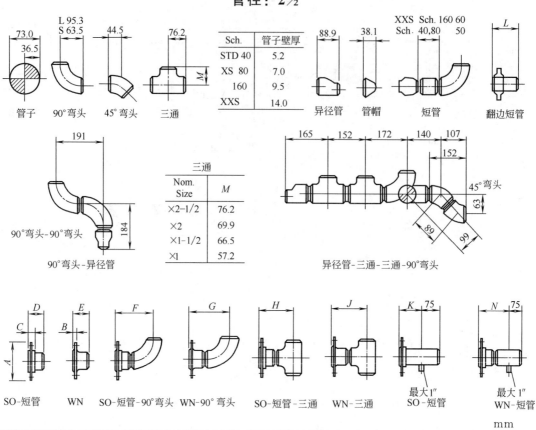

管子　　90°弯头　　45°弯头　　三通

Sch.	管子壁厚
STD 40	5.2
XS 80	7.0
160	9.5
XXS	14.0

异径管　　管帽　　短管　　翻边短管

90°弯头-90°弯头
90°弯头-异径管

三通

Nom. Size	M
×2-1/2	76.2
×2	69.9
×1-1/2	66.5
×1	57.2

异径管-三通-三通-90°弯头

SO-短管　　WN　　SO-短管-90°弯头　　WN-90°弯头　　SO-短管-三通　　WN-三通　　最大1″ SO-短管　　最大1″ WN-短管

mm

	压力等级 (Class)		ASME							
			150 RF	300 RF	600 RF	300 RJ	600 RJ	900 RJ	1500 RJ	2500 RJ
记号	A		178	191	191	191	191	244	244	267
	B		22.5	25.5	35.4	33.5	37.0	49.5	49.5	67.1
	C		28.4	38.1	47.5	—	—	—	—	—
	D		79	88	97	—	—	—	—	—
	E		69.9	76.2	85.6	84.1	87.2	112.6	112.6	152.3
	F		154	163	173	—	—	—	—	—
	G		165	172	181	180	183	208	208	248
	H		175	184	194	—	—	—	—	—
	J		146	152	162	160	164	189	189	229
	K		105	115	125	—	—	—	—	—
	N		145	155	160	160	165	190	190	230
	L		152	152	—	159.92				
螺柱	数量		4	8	8	8	8	8	8	8
	尺寸		M16×100	M20×110	M20×130	M20×115	M20×125	1″×6¼″	1″×6¼″	1⅛″×7¾″
环号			—	—	—	R26	R26	R27	R27	R28
法兰近似间隔			—	—	—	6	5	3	3	3
阀门参考尺寸	闸阀	L_1	190	241	330	257	333	422	422	514
		H_0	445	476	489	476	489	753	753	753
		D_0	200	200	250	200	250	450	450	450
	截止阀	L_1	216	292	330	308	333	422	422	514
		H_0	387	438	523	438	523	541	641	781
		D_0	200	300	300	300	300	400	400	500
	止回阀	L_1	216	292	330	308	333	422	422	514
		H_0	178	203	219	203	219	264	264	264

管径：3″

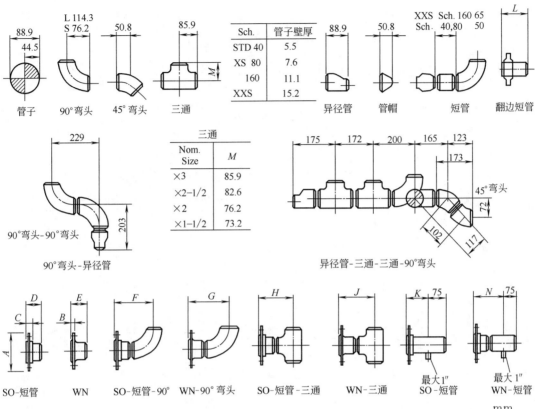

Sch.	管子壁厚
STD 40	5.5
XS 80	7.6
160	11.1
XXS	15.2

三通

Nom. Size	M
×3	85.9
×2-1/2	82.6
×2	76.2
×1-1/2	73.2

mm

压力等级 (Class) 记号			ASME							
			150	300	600	300	600	900	1500	2500
			RF	RF	RF	RJ	RJ	RJ	RJ	RJ
	A		191	210	210	210	210	241	267	305
	B		24.0	29.0	38.4	37.0	40.0	46.5	56.0	76.6
	C		30.2	49.2	52.3	—	—	—	—	—
	D		80	93	102	—	—	—	—	—
	E		69.9	79.2	88.9	87.2	90.5	109.5	125.3	177.7
	F		194	207	217	—	—	—	—	—
	G		184	194	203	202	205	224	240	292
	H		166	179	188	—	—	—	—	—
	J		156	165	175	173	176	195	211	264
	K		105	120	130	—	—	—	—	—
	N		145	155	165	165	165	185	200	255
	L		152	152	—	159.92	—	—	—	—
螺柱	数量		4	8	8	8	8	8	8	8
	尺寸		M16×100	M20×120	M20×135	M20×125	M20×130	7/8″×5¾″	1⅛″×7″	1¼″×8¾″
环号			—	—	—	R31	R31	R31	R35	R32
法兰近似间隔			—	—	—	6	5	4	3	3
阀门参考尺寸	闸阀	L_1	203	283	356	298	359	384	473	584
		H_0	476	505	530	505	530	756	753	753
		D_0	250	250	250	250	250	450	450	500
	截止阀	L_1	241	318	356	333	359	384	473	584
		H_0	400	438	603	438	603	721	835	800
		D_0	250	300	300	300	300	400	500	500
	止回阀	L_1	241	318	356	333	359	384	473	584
		H_0	191	222	267	222	267	270	270	270

管径：4″

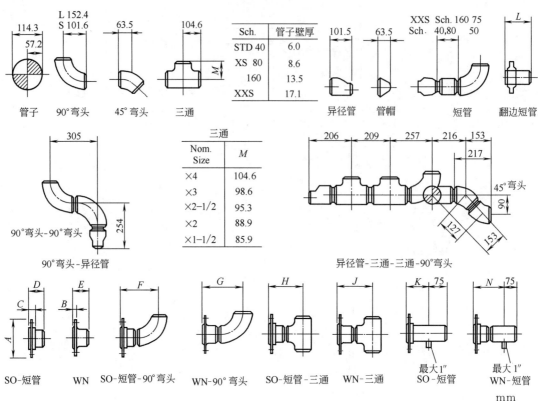

mm

压力等级 (Class)			ASME						
记号		150 RF	300 RF	600 RF	300 RJ	600 RJ	900 RJ	1500 RJ	2500 RJ
A		229	254	273	254	273	292	311	356
B		24.0	32.0	44.9	40.0	46.5	52.5	62.0	87.7
C		33.3	47.8	60.2	—	—	—	—	—
D		83	98	110	—	—	—	—	—
E		76.2	85.9	108.0	93.8	109.5	122.2	131.9	201.6
F		235	250	263	—	—	—	—	—
G		229	238	260	246	262	275	284	354
H		188	203	215	—	—	—	—	—
J		181	191	213	199	214	227	237	307
K		110	125	135	—	—	—	—	—
N		155	160	185	170	185	200	210	280
L		152	152	—	159.92	—	—	—	—
螺柱	数量	8	8	8	8	8	8	8	8
	尺寸	M16×100	M20×125	M24×160	M20×130	M24×155	1⅛″×6¾″	1¼″×7¾″	1½″×10¼″
环号		—	—	—	R37	R37	R37	R39	R38
法兰近似间隔		—	—	—	6	5	4	3	4
阀门参考尺寸	闸阀 L_1	229	305	432	321	435	460	549	683
	闸阀 H_0	578	604	654	604	654	864	864	870
	闸阀 D_0	250	250	300	250	300	500	500	600
	截止阀 L_1	292	356	432	371	435	460	549	683
	截止阀 H_0	476	524	686	524	686	850	857	1300
	截止阀 D_0	300	355	450	355	450	500	500	610
	止回阀 L_1	292	356	432	371	435	460	549	683
	止回阀 H_0	219	276	299	276	299	318	318	318

管径：5″

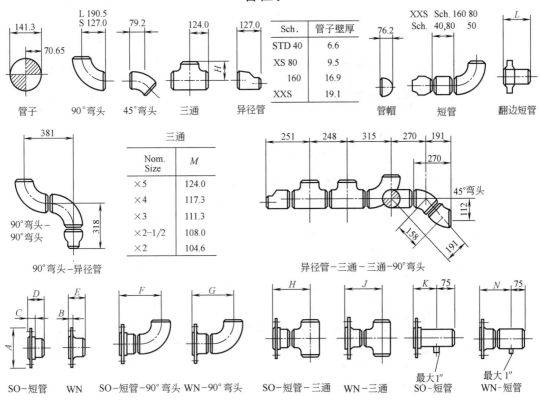

Sch.	管子壁厚
STD 40	6.6
XS 80	9.5
160	16.9
XXS	19.1

管子　90°弯头　45°弯头　三通　异径管　管帽　短管　翻边短管

三通

Nom. Size	M
×5	124.0
×4	117.3
×3	111.3
×2-1/2	108.0
×2	104.6

90°弯头-90°弯头　90°弯头-异径管　异径管-三通-三通-90°弯头

SO-短管　WN　SO-短管-90°弯头　WN-90°弯头　SO-短管-三通　WN-三通　最大1″ SO-短管　最大1″ WN-短管

mm

压力等级 (Class)		ASME							
记号		150 RF	300 RF	600 RF	300 RJ	600 RJ	900 RJ	1500 RJ	2500 RJ
A		254	279	330	279	330	349	375	419
B		24.0	35.0	50.9	43.0	52.5	59.0	81.5	105.2
C		36.6	50.8	66.8	—	—	—	—	—
D		85	101	116	—	—	—	—	—
E		88.9	98.6	120.7	106.5	122.2	134.9	163.4	241.3
F		277	292	307	—	—	—	—	—
G		279	289	311	297	313	326	354	432
H		210	225	240	—	—	—	—	—
J		213	222	245	230	246	259	287	365
K		110	125	145	—	—	—	—	—
N		165	175	195	185	200	210	240	320
L		203	203	—	210.92				
螺柱	数量	8	8	8	8	8	8	8	8
	尺寸	M20×110	M20×135	M27×180	M20×135	M27×175	1¼″×7½″	1½″×9¾″	1¾″×12¼″
环号		—	—	—	R41	R41	R41	R44	R42
法兰近似间隔		—	—	—	6	5	4	3	4
阀门参考尺寸	闸阀 L_1	254	381	508	397	511	562	676	806
	闸阀 H_0	702	781	857	781	857	943	1108	1073
	闸阀 D_0	300	300	400	300	400	560	690	690
	截止阀 L_1	356	400	508	416	511	562	676	805
	截止阀 H_0	492	676	807	676	807	1150	1225	1350
	截止阀 D_0	300	400	500	400	500	610	610	610
	止回阀 L_1	330	400	508	416	511	562	676	806
	止回阀 H_0	235	295	337	295	337	400	400	400

管径：6″

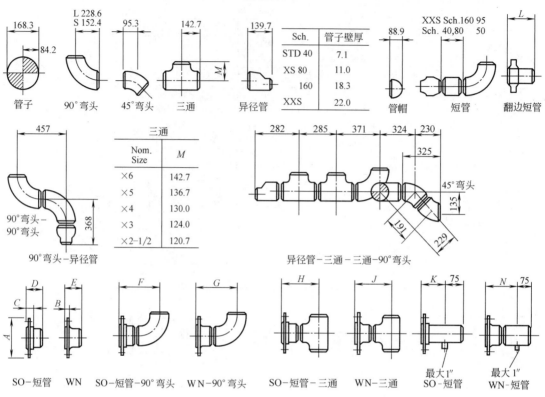

Sch.	管子壁厚
STD 40	7.1
XS 80	11.0
160	18.3
XXS	22.0

三通

Nom. Size	M
×6	142.7
×5	136.7
×4	130.0
×3	124.0
×2-1/2	120.7

mm

压力等级(Class) 记号	ASME 150 RF	300 RF	600 RF	300 RJ	600 RJ	900 RJ	1500 RJ	2500 RJ
A	279	318	356	318	356	381	394	483
B	25.5	37.0	54.4	45.0	56.0	64.0	92.6	120.7
C	39.6	52.3	72.9	—	—	—	—	—
D	90	102	123	—	—	—	—	—
E	88.9	98.6	123.7	106.5	125.3	147.6	181.0	285.8
F	319	331	352	—	—	—	—	—
G	318	327	352	335	354	376	410	514
H	233	245	266	—	—	—	—	—
J	232	241	267	249	268	291	324	429
K	115	130	150	—	—	—	—	—
N	165	175	200	185	200	225	255	360
L	203	203	—	210.92	—	—	—	—
螺柱 数量	8	12	12	12	12	12	12	8
螺柱 尺寸	M20×110	M20×135	M27×190	M20×140	M27×185	1⅛″×7½″	1⅜″×10¼″	2″×14″
环号	—	—	—	R45	R45	R45	R46	R47
法兰近似间隔	—	—	—	6	5	4	3	4
闸阀 L_1	267	403	559	419	562	613	711	927
闸阀 H_0	772	810	1041	810	1041	1013	1219	1201
闸阀 D_0	300	355	500	355	500	560	610	610
截止阀 L_1	406	444	559	460	562	513	711	927
截止阀 H_0	543	717	920	717	920	1225	1230	1370
截止阀 D_0	355	450	600	450	600	610	610	610
止回阀 L_1	356	444	559	460	562	613	711	927
止回阀 H_0	324	337	381	337	381	400	400	400

阀门参考尺寸

管径：8″

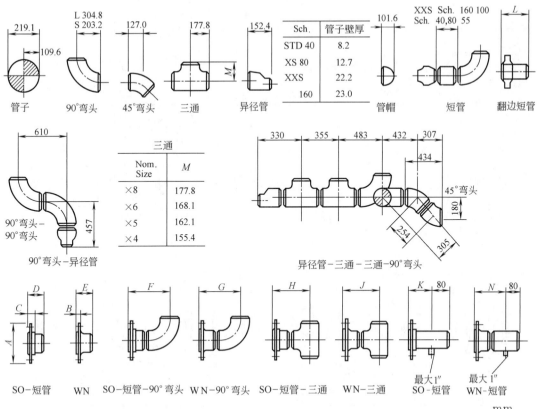

Sch.	管子壁厚
STD 40	8.2
XS 80	12.7
XXS	22.2
160	23.0

三通

Nom. Size	M
×8	177.8
×6	168.1
×5	162.1
×4	155.4

mm

压力等级 (Class) 记号		ASME							
		150 RF	300 RF	600 RF	300 RJ	600 RJ	900 RJ	1500 RJ	2500 RJ
A		343	381	419	381	419	470	483	550
B		29.0	41.5	61.9	49.5	63.5	71.5	103.2	141.3
C		44.5	62	82.6	—	—	—	—	—
D		99	117	137	—	—	—	—	—
E		101.6	111.3	139.7	119.2	141.3	170	224.0	331.8
F		404	422	442	—	—	—	—	—
G		406	416	445	424	446	475	529	637
H		277	295	315	—	—	—	—	—
J		279	289	318	297	319	348	402	510
K		125	145	165	—	—	—	—	—
N		185	195	220	200	225	250	305	415
L		203	203	—	210.92	—	—	—	—
螺柱	数量	8	12	12	12	12	12	12	12
	尺寸	M20×120	M24×155	M30×210	M24×160	M30×205	1⅜″×8¾″	1⅜″×11¾″	2″×15½″
环号		—	—	—	R49	R49	R49	R50	R51
法兰近似间隔		—	—	—	6	5	4	4	8
阀门参考尺寸	闸阀 L_1	292	419	660	435	664	740	841	1038
	闸阀 H_0	965	1026	1251	1026	1251	1276	1311	1451
	闸阀 D_0	355	400	560	400	560	450	610	610
	截止阀 L_1	495	559	660	575	664	740	841	1038
	截止阀 H_0	651	940	1400	940	1400	1350	1800	2150
	截止阀 D_0	450	560	460	560	460	610	610	760
	止回阀 L_1	495	533	660	549	664	740	841	1038
	止回阀 H_0	381	413	476	413	476	587	479	559

管径：10″

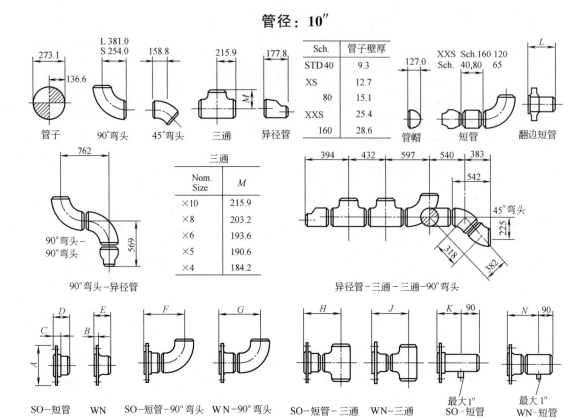

Sch.	管子壁厚
STD 40	9.3
XS	12.7
80	15.1
XXS	25.4
160	28.6

三通

Nom. Size	M
×10	215.9
×8	203.2
×6	193.6
×5	190.6
×4	184.2

管子　90°弯头　45°弯头　三通　异径管　　管帽　短管　翻边短管

90°弯头–90°弯头　　异径管–三通–三通–90°弯头

SO–短管　　WN　　SO–短管–90°弯头　　WN–90°弯头　　SO–短管–三通　　WN–三通　　最大1″ SO–短管　　最大1″ WN–短管

mm

	压力等级 (Class)	ASME							
记号		150 RF	300 RF	600 RF	300 RJ	600 RJ	900 RJ	1500 RJ	2500 RJ
A		406	445	510	445	510	545	585	675
B		30.5	48.0	69.9	56.0	71.5	78.0	119.2	183.0
C		49.3	66.5	92.2	—	—	—	—	—
D		114	132	157	—	—	—	—	—
E		101.6	117.3	159.8	125.3	160.3	192.1	265.1	436.6
F		495	513	538					
G		483	499	540	507	541	573	646	818
H		330	348	373	—				
J		318	333	375	341	376	408	481	653
K		140	160	185	—				
N		195	210	250	215	250	285	355	530
L		254	254	—	261.92				
螺柱	数量	12	16	16	16	16	16	12	12
	尺寸	M24×130	M27×175	M33×235	M27×180	M33×230	1⅜″×9¼″	1⅞″×13½″	2½″×20″
环号		—	—	—	R53	R53	R53	R54	R55
法兰近似间隔		—	—	—	6	5	4	4	6
阀门参考尺寸	闸阀 L_1	330	457	787	473	791	841	1000	1292
	闸阀 H_0	1200	1251	1530	1251	1530	1543	1645	1610
	闸阀 D_0	400	500	690	500	690	610	610	610
	截止阀 L_1	622	622	787	638	791	841	1000	1292
	截止阀 H_0	730	1345	1575	1345	1575	1550	2000	2540
	截止阀 D_0	500	610	610	610	610	610	760	760
	止回阀 L_1	622	622	787	638	791	841	1000	1292
	止回阀 H_0	448	464	549	464	549	606	591	629

管径：12″

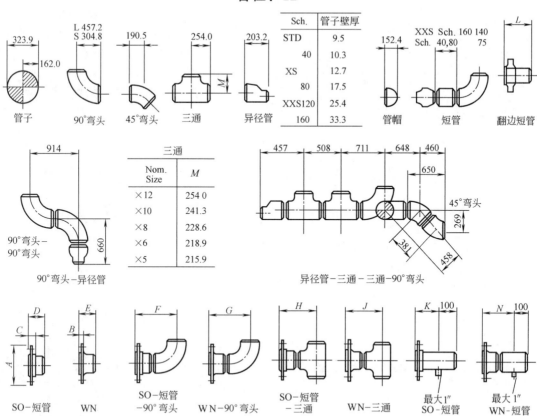

Sch.	管子壁厚
STD	9.5
40	10.3
XS	12.7
80	17.5
XXS120	25.4
160	33.3

三通

Nom. Size	M
×12	254 0
×10	241.3
×8	228.6
×6	218.9
×5	215.9

		ASME						
压力等级（Class）		150	300	600	300	600	900	1500	2500
记号		RF	RF	RF	RJ	RJ	RJ	RJ	RJ
A		483	520	560	520	560	610	675	760
B		32.0	51.0	73.4	59.0	75.0	87.5	138.3	202.0
C		55.6	73.2	98.3	—	—	—	—	—
D		131	148	173	—	—	—	—	—
E		114.3	130	161.8	138	163.4	208.1	296.7	481
F		588	605	631					
G		572	587	619	595	621	665	754	938
H		385	402	427					
J		368	384	416	392	418	462	551	735
K		155	175	200					
N		215	230	265	240	265	310	400	585
L		254	254	—	261.92				
螺柱	数量	12	16	20	16	20	20	16	12
	尺寸	M24×135	M30×190	M33×240	M30×195	M33×235	1⅜″×10″	2″×15¼″	2¾″×22″
环号		—	—	—	R57	R57	R57	R58	R60
法兰近似间隔		—	—	—	6	5	4	5	8
阀门参考尺寸	闸阀 L_1	356	502	838	518	841	968	1146	1445
	闸阀 H_0	1397	1448	1784	1448	1784	1781	1975	2096
	闸阀 D_0	500	560	610	560	610	610	610	760
	截止阀 L_1	698	711	838	727	841	958	1146	1445
	截止阀 H_0	890	1450	1700	1450	1700	1750	2311	2692
	截止阀 D_0	560	610	610	610	610	610	760	760
	止回阀 L_1	698	711	838	727	841	968	1146	1445
	止回阀 H_0	540	562	575	562	575	695	645	699

mm

管径：14″

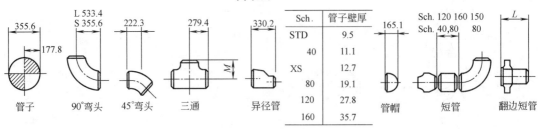

Sch.	管子壁厚
STD	9.5
40	11.1
XS	12.7
80	19.1
120	27.8
160	35.7

管子　　90°弯头　　45°弯头　　三通　　异径管　　　管帽　　短管　　翻边短管

90°弯头－异径管

三通	
Nom. Size	M
×14	279.4
×12	269.7
×10	257.0
×8	247.7
×6	238.3

异径管－三通－三通－90°弯头

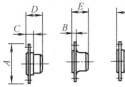 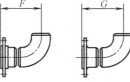 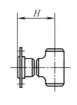 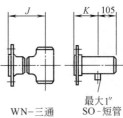 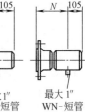

SO－短管　　WN　　SO－短管－90°弯头　　WN－90°弯头　　SO－短管－三通　　WN－三通　　SO－短管　　WN－短管

mm

		压力等级	ASME							
		（Class）	150	300	600	300	600	900	1500	2500
记号			RF	RF	RF	RJ	RJ	RJ	RJ	RJ
	A		535	585	605	585	605	640	750	—
	B		35.0	54.0	76.4	62.0	78.0	97.2	149.4	—
	C		57.2	76.2	100.1	—	—	—	—	—
	D		137	156	180	—	—	—	—	—
	E		127.0	142.7	171.5	150.7	173	224	314.3	—
	F		670	689	714	—	—	—	—	—
	G		660	676	705	684	707	757	848	—
	H		416	435	460	—	—	—	—	—
	J		406	422	451	430	453	503	594	—
	K		165	180	205	—	—	—	—	—
	N		235	250	280	255	280	330	420	—
	L		305	305	—	312.92	—	—	—	—
螺柱	数量		12	20	20	20	20	20	16	—
	尺寸		M27×150	M30×195	M36×250	M30×200	M36×245	1½″×11″	2¼″×16¾″	—
	环号		—	—	—	R61	R61	R62	R63	—
法兰近似间隔			—	—	—	6	5	4	6	—
阀门参考尺寸	闸阀	L_1	381	762	889	778	892	1038	1276	—
		H_0	1527	1698	1861	1698	1861	2026	2216	—
		D_0	560	460	610	460	610	610	760	—
	截止阀	L_1	787	991	889	1006	892	1038	1276	—
		H_0	1295	1556	1800	1556	1800	2000	2692	—
		D_0	610	610	610	610	610	760	760	—
	止回阀	L_1	787	838	889	854	892	1038	1276	—
		H_0	559	597	670	597	670	749	711	—

管径：16″

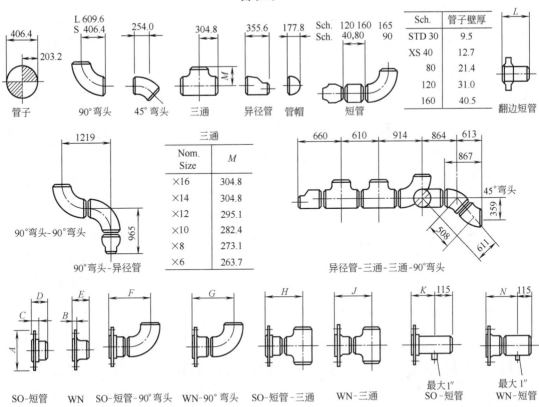

Sch.	管子壁厚
STD 30	9.5
XS 40	12.7
80	21.4
120	31.0
160	40.5

三通

Nom. Size	M
×16	304.8
×14	304.8
×12	295.1
×10	282.4
×8	273.1
×6	263.7

mm

压力等级（Class）	ASME							
记号	150 RF	300 RF	600 RF	300 RJ	600 RJ	900 RJ	1500 RJ	2500 RJ
A	595	650	685	650	685	705	825	—
B	37.0	57.5	82.9	65.5	84.5	100.2	164.0	—
C	63.5	82.6	112.8	—	—	—	—	—
D	154	173	202.4	—	—	—	—	—
E	127.0	146.1	184.2	154.0	185.7	227	328.6	—
F	764	783	812	—	—	—	—	—
G	737	756	794	764	795	837	938	—
H	459	478	507	—	—	—	—	—
J	432	451	489	459	490	532	633	—
K	180	200	230	—	—	—	—	—
N	245	260	300	270	300	345	445	—
L	305	305	—	312.92	—	—	—	—
螺柱 数量	16	20	20	20	20	20	16	—
螺柱 尺寸	M27×155	M33×210	M39×270	M33×215	M39×265	1⅜″×11½″	2½″×18½″	—
环号	—	—	—	R65	R65	R66	R67	—
法兰近似间隔	—	—	—	6	5	4	8	—
阀门参考尺寸 闸阀 L_1	406	838	991	854	994	1140	1407	—
闸阀 H_0	1740	2035	2156	2035	2156	2261	2331	—
闸阀 D_0	600	610	610	610	610	610	760	—
截止阀 L_1	914	1067	991	1083	994	1140	—	—
截止阀 H_0	1619	1700	1930	1700	1930	2310	—	—
截止阀 D_0	610	610	760	610	760	760	—	—
止回阀 L_1	864	864	991	880	994	1140	1407	—
止回阀 H_0	626	645	765	645	765	730	749	—

管径：18″

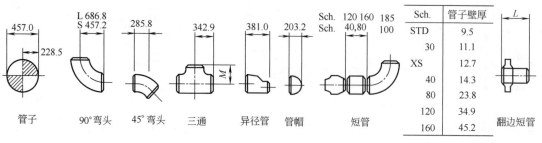

Sch.	管子壁厚
STD	9.5
30	11.1
XS	12.7
40	14.3
80	23.8
120	34.9
160	45.2

管子　90°弯头　45°弯头　三通　异径管　管帽　短管　翻边短管

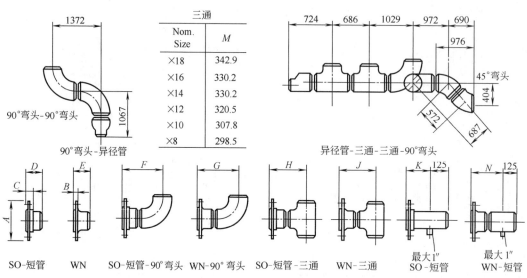

三通

Nom. Size	M
×18	342.9
×16	330.2
×14	330.2
×12	320.5
×10	307.8
×8	298.5

90°弯头-90°弯头　　90°弯头-异径管　　异径管-三通-三通-90°弯头

SO-短管　WN　SO-短管-90°弯头　WN-90°弯头　SO-短管-三通　WN-三通　最大1″ SO-短管　最大1″ WN-短管

mm

压力等级(Class)	ASME							
记号	150 RF	300 RF	600 RF	300 RJ	600 RJ	900 RJ	1500 RJ	2500 RJ
A	635	710	745	710	745	785	915	—
B	40.0	60.5	89.4	68.5	91.0	114.7	179.5	—
C	68.3	88.9	123.7	—	—	—	—	—
D	168	189	223	—	—	—	—	—
E	139.7	158.8	190.5	166.7	192.1	241.3	344.6	—
F	854	875	909					
G	826	845	876	853	878	927	1030	
H	511	532	566					
J	483	502	533	510	535	584	587	
K	195	215	250	—	—	—	—	
N	265	285	315	295	320	370	470	
L	305	305	—	312.92				
螺柱 数量	16	24	20	24	20	20	16	
螺柱 尺寸	M30×165	M33×215	M42×285	M33×220	M42×280	1⅞″×13¼″	2¾″×20¼″	—
环号	—	—	—	R69	R69	R70	R71	
法兰近似间隔	—	—	—	6	5	5	8	
闸阀 L₁	432	914	1092	930	1095	1232	1559	
闸阀 H₀	2077	2277	2400	2277	2400	2470	2823	
闸阀 D₀	460	610	610	610	610	760	760	
截止阀 L₁	978	—	—	—	—	—	—	
截止阀 H₀	1980	—	—	—	—	—	—	
截止阀 D₀	610	—	—	—	—	—	—	
止回阀 L₁	978	978	1092	994	1095	1232	1559	
止回阀 H₀	651	759	895	759	895	851	880	—

阀门参考尺寸

管径：20″

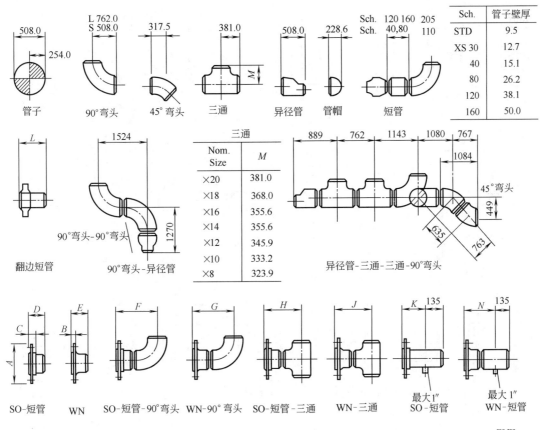

Sch.	管子壁厚
STD	9.5
XS 30	12.7
40	15.1
80	26.2
120	38.1
160	50.0

三通

Nom. Size	M
×20	381.0
×18	368.0
×16	355.6
×14	355.6
×12	345.9
×10	333.2
×8	323.9

mm

压力等级 (Class) 记号			ASME							
			150 RF	300 RF	600 RF	300 RJ	600 RJ	900 RJ	1500 RJ	2500 RJ
A			700	775	815	775	815	855	985	—
B			43.0	63.5	95.4	73.1	98.6	120.7	195.5	—
C			73.2	95.3	133.4	—	—	—	—	—
D			183	205	243	—	—	—	—	—
E			144.5	162.1	196.9	171.6	200.0	260.4	373.1	—
F			945	967	1005	—	—	—	—	—
G			907	924	959	934	962	1022	1135	—
H			564	586	624	—	—	—	—	—
J			526	543	578	553	581	641	754	—
K			210	230	270	—	—	—	—	—
N			280	300	335	310	335	395	510	—
L			305	305	—	314.52	—	—	—	—
螺柱	数量		20	24	24	24	24	24	20	16
	尺寸		M30×175	M33×220	M42×300	M33×225	M42×295	2″×14″	3″×22¼″	—
环号			—	—	—	R73	R73	R74	R75	—
法兰近似间隔			—	—	—	6	5	5	10	—
阀门参考尺寸	闸阀	L_1	457	991	1194	1010	1200	1333	1686	—
		H_0	2270	2458	2461	2458	2461	2750	3102	—
		D_0	460	510	610	610	610	760	610	—
	截止阀	L_1	—	—	—	—	—	—	—	—
		H_0	—	—	—	—	—	—	—	—
		D_0	—	—	—	—	—	—	—	—
	止回阀	L_1	978	1016	1194	1035	1200	1333	1686	—
		H_0	676	854	975	854	975	864	949	—

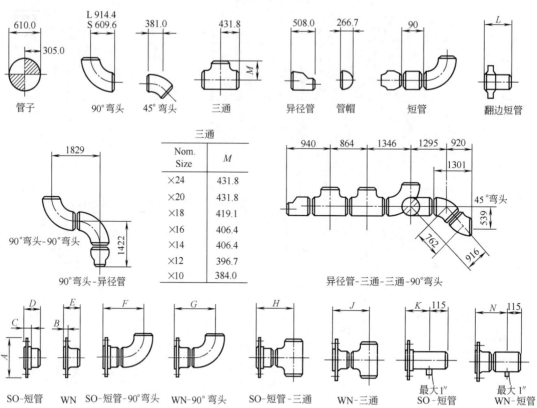

管径：24″

管子　90°弯头　45°弯头　三通　异径管　管帽　短管　翻边短管

90°弯头-90°弯头　90°弯头-异径管

三通	
Nom. Size	M
×24	431.8
×20	431.8
×18	419.1
×16	406.4
×14	406.4
×12	396.7
×10	384.0

异径管-三通-三通-90°弯头

SO-短管　WN　SO-短管-90°弯头　WN-90°弯头　SO-短管-三通　WN-三通　最大1″ SO-短管　最大1″ WN-短管

mm

压力等级 (Class)			ASME							
			150	300	600	300	600	900	1500	2500
记号			RF	RF	RF	RJ	RJ	RJ	RJ	RJ
	A		815	915	940	915	940	1040	1170	—
	B		48.0	70.0	108.4	81.2	113.2	155.9	224.2	—
	C		82.6	106.4	146.1	—	—	—	—	—
	D		173	196	236	—	—	—	—	—
	E		152.4	168.1	209.6	179.3	214.3	308.0	427.0	—
	F		1087	1110	1151	—	—	—	—	—
	G		1067	1083	1124	1094	1129	1222	1342	—
	H		605	628	668	—	—	—	—	—
	J		584	600	641	611	646	740	859	—
	K		200	220	265	—	—	—	—	—
	N		270	285	325	295	330	425	545	—
	L		305	305	—	316.13	—	—	—	—
螺柱	数量		20	24	24	24	24	20	16	—
	尺寸		M33×190	M39×245	M48×340	M39×250	M48×335	2½″×17¾″	3½″×25½″	—
环号			—	—	—	R77	R77	R78	R79	—
法兰近似间隔			—	—	—	6	6	6	11	—
阀门参考尺寸	闸阀	L_1	508	1143	1397	1165	1407	1568	1972	—
		H_0	2667	2867	3013	2867	3013	3242	3766	—
		D_0	610	610	760	610	760	610	610	—
	截止阀	L_1	—	—	—	—	—	—	—	—
		H_0	—	—	—	—	—	—	—	—
		D_0	—	—	—	—	—	—	—	—
	止回阀	L_1	1295	1346	1397	1368	1407	1568	1972	—
		H_0	880	940	1111	940	1111	959	1099	—

管径：26″

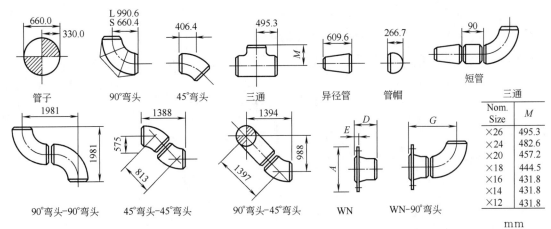

	三通
Nom. Size	M
×26	495.3
×24	482.6
×20	457.2
×18	444.5
×16	431.8
×14	431.8
×12	431.8

mm

压力等级 (Class)	ASME B16.47B 系列					ASME B16.47A 系列			
记号	75	150	300	600	900	150	300	600	900
A	762.0	785.9	866.6	889.0	1022.4	870.0	971.6	1016.0	1085.0
D	58.7	88.9	144.5	187.2	265.2	120.7	184.2 (196.9)	228.6 (235.0)	292.1 (303.2)
E	33.3	41.1	88.9	117.6	141.2	68.3	79.2 (91.9)	114.3 (120.7)	146.1 (157.2)
G	1049	1080	1135	1178	1256	1111	1175 (1188)	1219 (1226)	1283 (1294)
螺栓直径	5/8	3/4	1-1/4	1-5/8	2-1/2	1-1/4	1-5/8	1-7/8	2-3/4
螺栓孔数	36	36	32	28	20	24	28	28	20
环号	—	—	—	—	—	—	R93	R93	R100

注：括号内为环槽面法兰的尺寸。

管径：28″

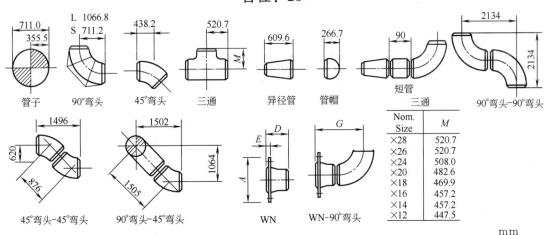

	三通
Nom. Size	M
×28	520.7
×26	520.7
×24	508.0
×20	482.6
×18	469.9
×16	457.2
×14	457.2
×12	447.5

mm

压力等级 (Class)	ASME B16.47B 系列					ASME B16.47A 系列			
记号	75	150	300	600	900	150	300	600	900
A	814.1	836.7	920.8	952.5	1104.9	927.1	1035.1	1073.2	1168.4
D	62.0	95.3	149.4	196.9	282.7	125.5	196.9 (209.6)	241.3 (247.7)	304.8 (315.9)
E	33.3	44.5	88.9	122.2	153.9	71.4	85.9 (98.6)	117.6 (124.0)	149.1 (160.2)
G	1129	1162	1216	1263	1350	1192	1264	1308 (1315)	1372 (1383)
螺栓直径	5/8	3/4	1-1/4	1-3/4	2-3/4	1-1/4	1-5/8	2	4
螺栓孔数	40	40	36	28	20	28	28	28	20
环号	—	—	—	—	—	—	R94	R94	R101

注：括号内为环槽面法兰的尺寸。

管径：30″

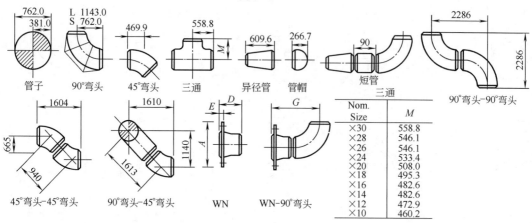

管子　90°弯头　45°弯头　三通　异径管　管帽　短管　三通　90°弯头-90°弯头

45°弯头-45°弯头　90°弯头-45°弯头　WN　WN-90°弯头

Nom. Size	M
×30	558.8
×28	546.1
×26	546.1
×24	533.4
×20	508.0
×18	495.3
×16	482.6
×14	482.6
×12	472.9
×10	460.2

mm

压力等级 (Class) 记号	ASME B16.47B 系列					ASME B16.47A 系列			
	75	150	300	600	900	150	300	600	900
A	863.6	887.5	990.6	1022.4	1181.1	984.3	1092.2	1130.3	1231.9
D	65.0	100.1	158.0	211.1	295.4	136.7	209.6 (222.3)	254.0 (260.4)	317.5 (328.6)
E	33.3	44.5	93.7	131.8	161.8	74.7	91.9 (104.6)	120.7 (127.0)	155.7 (166.8)
G	1208	1243	1301	1354	1438	1280	1353 (1365)	1397 (1403)	1461 (1472)
螺栓直径	5/8	3/4	1-3/8	1-7/8	3	1-1/4	1-3/4	2	3
螺栓孔数	44	44	36	28	20	28	28	28	20
环号	—	—	—	—	—	—	R95	R95	R102

注：括号内为环槽面法兰的尺寸。

管径：32″

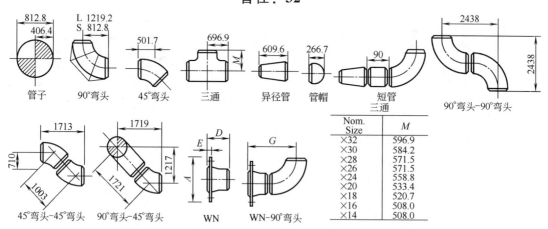

管子　90°弯头　45°弯头　三通　异径管　管帽　短管　三通　90°弯头-90°弯头

45°弯头-45°弯头　90°弯头-45°弯头　WN　WN-90°弯头

Nom. Size	M
×32	596.9
×30	584.2
×28	571.5
×26	571.5
×24	558.8
×20	533.4
×18	520.7
×16	508.0
×14	508.0

mm

压力等级 (Class) 记号	ASME B16.47B 系列					ASME B16.47A 系列			
	75	150	300	600	900	150	300	600	900
A	914.4	941.3	1054.1	1085.9	1238.3	1060.5	1149.4	1193.8	1314.5
D	69.9	108.0	168.1	222.3	309.6	144.5	222.3 (236.5)	226.7 (274.6)	336.6 (347.7)
E	35.1	46.0	103.1	136.4	166.6	80.8	98.6 (112.8)	123.7 (131.6)	165.1 (176.2)
G	1289	1327	1387	1442	1529	1364	1442 (1456)	1486 (1494)	1556 (1567)
螺栓直径	5/8	3/4	1-1/2	12	3	1-1/2	1-7/8	2-1/4	3-1/4
螺栓孔数	48	48	32	28	20	28	28	28	20
环号	—	—	—	—	—	—	R96	R96	R103

注：括号内为环槽面法兰的尺寸。

管径：34″

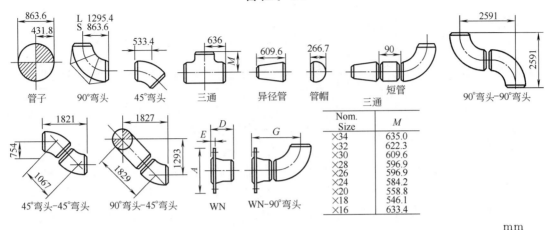

Nom. Size	M
×34	635.0
×32	622.3
×30	609.6
×28	596.9
×26	596.9
×24	584.2
×20	558.8
×18	546.1
×16	633.4

mm

压力等级（Class） 记号	ASME B16.47B 系列					ASME B16.47A 系列			
	75	150	300	600	900	150	300	600	900
A	965.2	1004.8	1107.9	1162.1	1314.5	1111.3	1206.5	1244.6	1397.0
D	73.2	110.2	173.0	239.8	325.4	149.4	231.6 (245.9)	276.1 (284.0)	355.6 (369.9)
E	35.1	49.3	103.1	147.6	177.8	82.6	101.6 (115.9)	127.0 (134.9)	171.5 (185.7)
G	1369	1406	1468	1535.2	1621	1445	1527 (1541)	1572 (1579)	1651 (1665)
螺栓直径	5/8	7/8	1-1/2	2-1/4	3-1/4	1-1/2	1-7/8	2-1/4	3-1/2
螺栓孔数	52	40	36	24	20	32	28	28	20
环号	—	—	—	—	—	—	R97	R97	R104

注：括号内为环槽面法兰的尺寸。

管径：36″

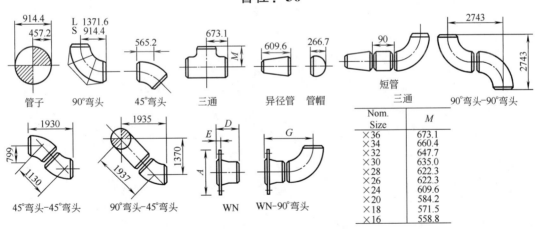

Nom. Size	M
×36	673.1
×34	660.4
×32	647.7
×30	635.0
×28	622.3
×26	622.3
×24	609.6
×20	584.2
×18	571.5
×16	558.8

mm

压力等级（Class） 记号	ASME B16.47B 系列					ASME B16.47A 系列			
	75	150	300	600	900	150	300	600	900
A	1033.5	1057.1	1171.4	1212.9	1346.2	1168.4	1270.0	1314.5	1460.5
D	85.9	117.3	180.8	249.2	331.7	157.2	241.3 (255.6)	288.8 (296.7)	368.3 (382.6)
E	36.6	52.3	103.1	152.4	179.3	90.4	104.6 (118.9)	130.3 (138.2)	177.8 (192.1)
G	1458	1489	1552	1621	1703	1529	1613 (1627)	1660 (1668)	1740 (1754)
螺栓直径	3/4	7/8	1-5/8	2-1/4	3	1-1/2	2	2-1/4	3-1/2
螺栓孔数	40	44	32	28	24	32	32	28	20
环号	—	—	—	—	—	—	R98	R98	R105

注：括号内为环槽面法兰的尺寸。

管径：38″

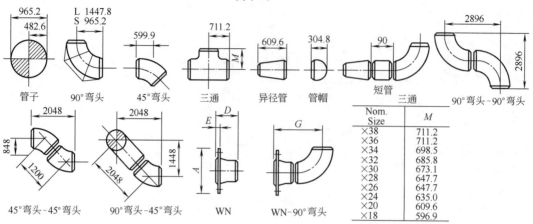

管子　　90°弯头　　45°弯头　　三通　　异径管　　管帽　　短管　　三通　　90°弯头-90°弯头

45°弯头-45°弯头　　90°弯头-45°弯头　　WN　　WN-90°弯头

Nom. Size	M
×38	711.2
×36	711.2
×34	698.5
×32	685.8
×30	673.1
×28	647.7
×26	647.7
×24	635.0
×20	609.6
×18	596.9

mm

压力等级（Class） 记号	ASME B16.47B 系列					ASME B16.47A 系列			
	75	150	300	600	900	150	300	600	900
A	1084.3	1124.0	1222.2	1270.0	1460.5	1238.3	1168.4	1270.0	1460.5
D	88.9	124.0	192.0	260.4	358.8	157.2	180.8	260.4	358.9
E	38.1	53.8	111.3	158.8	196.9	87.4	108.0	158.8	196.9
G	1537	1572	1640	1708	1807	1605	1629	1708	1807
螺栓直径	3/4	1	1-5/8	2-1/4	3-1/2	1-1/2	1 1/2	2-1/4	3-1/2
螺栓孔数	40	40	36	28	20	32	32	28	20
环号	—	—	—	—	—	—	—	—	—

管径：40″

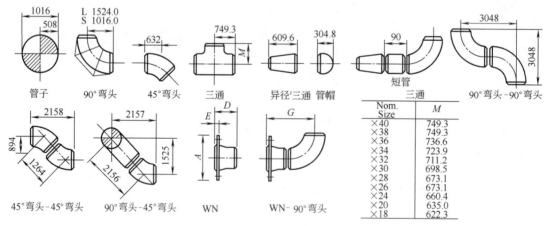

管子　　90°弯头　　45°弯头　　三通　　异径三通　管帽　　短管　　三通　　90°弯头-90°弯头

45°弯头-45°弯头　　90°弯头-45°弯头　　WN　　WN-90°弯头

Nom. Size	M
×40	749.3
×38	749.3
×36	736.6
×34	723.9
×32	711.2
×30	698.5
×28	673.1
×26	673.1
×24	660.4
×20	635.0
×18	622.3

mm

压力等级（Class） 记号	ASME B16.47B 系列					ASME B16.47A 系列			
	75	150	300	600	900	150	300	600	900
A	1135.1	1174.8	1273.0	1320.8	1511.3	1289.1	1238.3	1320.8	1511.3
D	91.9	128.5	198.4	270.0	369.8	163.6	193.5	270.0	369.8
E	38.1	55.6	115.8	165.1	203.2	90.4	114.3	165.1	203.2
G	1616	1653	1722	1794	1894	1688	1718	1794	1894
螺栓直径	3/4	1	1-5/8	2-1/4	3-1/2	1-1/2	1-5/8	2-1/4	3-1/2
螺栓孔数	44	44	40	32	24	36	32	32	24
环号	—	—	—	—	—	—	—	—	—

管径：42″

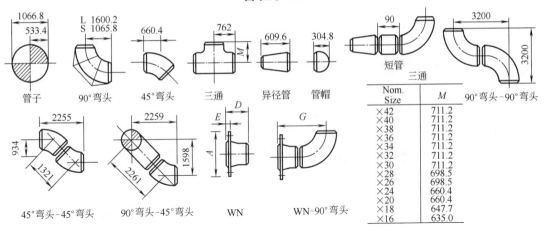

Nom. Size	M
×42	711.2
×40	711.2
×38	711.2
×36	711.2
×34	711.2
×32	711.2
×30	711.2
×28	698.5
×26	698.5
×24	660.4
×20	660.4
×18	647.7
×16	635.0

mm

压力等级（Class） 记号	ASME B16.47B 系列					ASME B16.47A 系列			
	75	150	300	600	900	150	300	600	900
A	1185.9	1225.6	1333.5	1403.4	1562.1	1346.2	1289.1	1403.4	1562.1
D	95.3	133.4	204.7	285.8	377.7	171.5	200.2	285.8	377.7
E	39.6	58.7	119.1	174.5	212.6	96.8	119.1	174.5	212.6
G	1696	1734	1805	1886	1978	1772	1800	1886	1978
螺栓直径	3/4	1	1-3/4	2-1/2	3-1/2	1-1/2	1-5/8	2-1/2	3-1/2
螺栓孔数	48	48	36	28	24	36	32	28	24
环号	—	—	—	—	—				

管径：44″

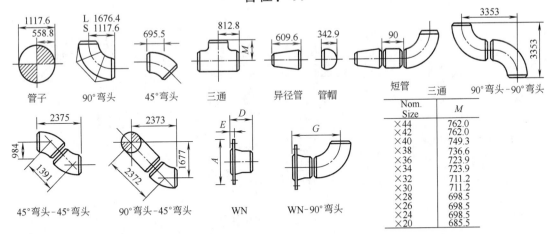

Nom. Size	M
×44	762.0
×42	762.0
×40	749.3
×38	736.6
×36	723.9
×34	723.9
×32	711.2
×30	711.2
×28	698.5
×26	698.5
×24	698.5
×20	685.5

mm

压力等级（Class） 记号	ASME B16.47B 系列					ASME B16.47A 系列			
	75	150	300	600	900	150	300	600	900
A	1251.0	1276.4	1384.3	1454.2	1648.0	1403.4	1352.6	1454.2	1648.0
D	104.6	136.7	214.4	295.4	397.0	177.8	206.2	295.4	397.0
E	42.9	60.5	127.0	179.3	220.7	101.6	124.0	179.3	220.7
G	1781	1813	1891	1972	2073	1854	1883	1972	2073
螺栓直径	7/8	1	1-3/4	2-1/2	3-3/4	1-1/2	1-3/4	2-1/2	3-3/4
螺栓孔数	36	52	40	32	24	40	32	32	24
环号	—	—	—	—	—				

管径：46″

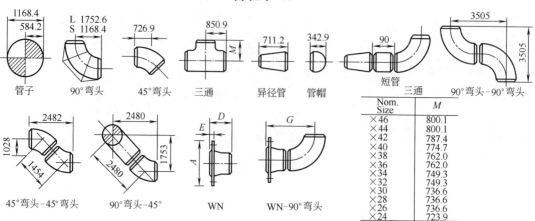

管子　90°弯头　45°弯头　三通　异径管　管帽　短管　三通　90°弯头-90°弯头

45°弯头-45°弯头　90°弯头-45°　WN　WN-90°弯头

三通

Nom. Size	M
×46	800.1
×44	800.1
×42	787.4
×40	774.7
×38	762.0
×36	762.0
×34	749.3
×32	749.3
×30	736.6
×28	736.6
×26	736.6
×24	723.9

mm

压力等级 (Class) 记号	ASME B16.47B 系列					ASME B16.47A 系列			
	75	150	300	600	900	150	300	600	900
A	1301.8	1341.4	1460.5	1511.3	1733.6	1454.2	1416.1	1513.8	1733.6
D	108	144.5	222.3	306.3	417.6	185.7	215.9	306.3	417.3
E	44.5	62.0	128.5	185.7	231.9	103.1	128.5	185.7	231.9
G	1861	1897	1975	2059	2170	1938	1969	2059	2170
螺栓直径	7/8	1-1/8	1-7/8	2-1/2	4	1-1/2	1-7/8	2-1/2	4
螺栓孔数	40	40	36	32	24	40	28	32	24
环号	—	—	—	—	—	—	—	—	—

管径：48″

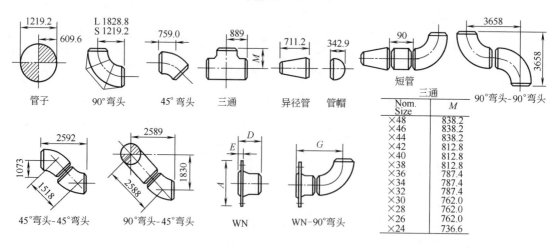

管子　90°弯头　45°弯头　三通　异径管　管帽　短管　三通　90°弯头-90°弯头

45°弯头-45°弯头　90°弯头-45°　WN　WN-90°弯头

三通

Nom. Size	M
×48	838.2
×46	838.2
×44	838.2
×42	812.8
×40	812.8
×38	812.8
×36	787.4
×34	787.4
×32	787.4
×30	762.0
×28	762.0
×26	762.0
×24	736.6

mm

压力等级 (Class) 记号	ASME B16.47B 系列					ASME B16.47A 系列			
	75	150	300	600	900	150	300	600	900
A	1352.6	1392.2	1511.3	1593.9	1784.4	1511.3	1466.9	1593.9	1784.4
D	111.3	149.4	223.8	322.3	425.5	192.0	223.8	322.3	425.5
E	46.0	65.0	128.5	195.3	239.8	108.0	133.4	195.3	239.8
G	1940	1978	2053	2151	2254	2021	2053	2151	2254
螺栓直径	7/8	1-1/8	1-7/8	2-3/4	4	1-1/2	1-7/8	2-3/4	4
螺栓孔数	44	44	40	32	24	44	32	32	24
环号	—	—	—	—	—	—	—	—	—

管径：50″

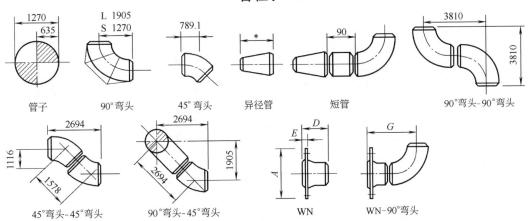

管子　　90°弯头　　45°弯头　　异径管　　短管　　90°弯头-90°弯头

45°弯头-45°弯头　　90°弯头-45°弯头　　WN　　WN-90°弯头

mm

压力等级（Class）	ASME B16.47B 系列				ASME B16.47A 系列		
记号	75	150	300	600	150	300	600
A	1403.4	1443.0	1562.1	1670.1	1568.5	1530.4	1670.1
D	115.8	153.9	235.0	335.0	203.2	231.6	335.0
E	47.8	68.3	138.2	203.2	111.3	139.7	203.2
G	2021	2059	2140	2240	2108	2137	2240
螺栓直径	7/8	1-1/8	1-7/8	3	1-3/4	2	3
螺栓孔数	44	48	44	28	44	32	28
环号	—	—	—	—	—	—	—

管径：52″

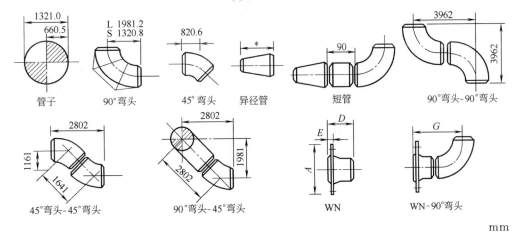

管子　　90°弯头　　45°弯头　　异径管　　短管　　90°弯头-90°弯头

45°弯头-45°弯头　　90°弯头-45°弯头　　WN　　WN-90°弯头

mm

压力等级（Class）	ASME B16.47B 系列				ASME B16.47A 系列		
记号	75	150	300	600	150	300	600
A	1457.5	1493.8	1612.9	1720.9	1625.6	1581.2	1720.9
D	120.7	157.2	242.8	342.9	209.6	238.3	342.9
E	47.8	69.9	142.8	209.6	115.8	144.5	209.6
G	2102	2139	2224	2324	2191	2220	2324
螺栓直径	7/8	1-1/8	1-7/8	3	1-3/4	2	3
螺栓孔数	48	52	48	32	44	32	32
环号	—	—	—	—	—	—	—

管径：54″

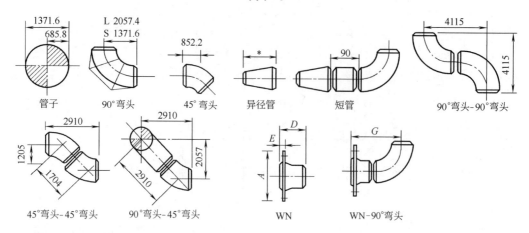

mm

压力等级（Class） 记号	ASME B16.47B 系列				ASME B16.47A 系列		
	75	150	300	600	150	300	600
A	1508.3	1549.4	1673.4	1778.0	1682.8	1657.4	1778.0
D	125.5	162.1	239.8	355.6	215.9	252.5	355.6
E	49.3	71.4	136.7	216.0	120.7	152.4	215.9
G	2183	2220	2297	2413	2273	2310	2413
螺栓直径	7/8	1-1/8	1-7/8	3	1-3/4	2-1/4	3
螺栓孔数	48	56	48	32	44	28	32
环号	—	—	—	—	—	—	—

管径：56″

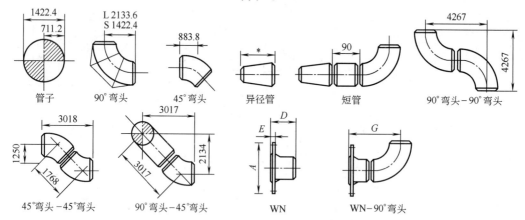

mm

压力等级（Class） 记号	ASME B16.47B 系列				ASME B16.47A 系列		
	75	150	300	600	150	300	600
A	1574.8	1600.2	1765.3	1854.2	1746.3	1708.2	1854.2
D	134.9	166.6	268.2	368.3	228.6	260.4	368.3
E	50.8	73.2	153.9	223.8	124.0	153.9	223.8
G	2268	2299	2401	2501	2362	2394	2502
螺栓直径	1	1-1/8	2-1/4	3-1/4	1-3/4	2-1/4	3-1/4
螺栓孔数	40	60	36	32	48	28	32
环号	—	—	—	—	—	—	—

管径：58″

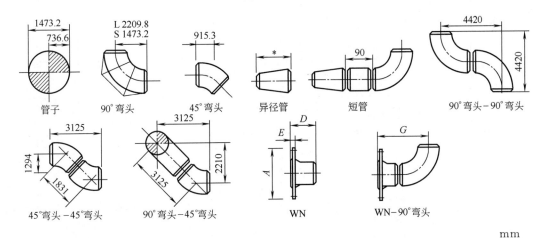

管子　90°弯头　45°弯头　异径管　短管　90°弯头-90°弯头

45°弯头-45°弯头　90°弯头-45°弯头　WN　WN-90°弯头

mm

压力等级（Class）记号	ASME B16.47B 系列				ASME B16.47A 系列		
	75	150	300	600	150	300	600
A	1625.6	1674.9	1827.3	1905.0	1803.4	1759.0	1905.0
D	138.2	174.8	274.6	376.2	235.0	266.7	376.2
E	52.3	74.7	153.9	228.6	128.5	158.8	228.6
G	2348	2385	2484	2586	2445	2477	2586
螺栓直径	1	1-1/4	2-1/4	3-1/4	1-3/4	2-1/4	3-1/4
螺栓孔数	44	48	40	32	48	32	32
环号	—	—	—	—	—	—	—

管径：60″

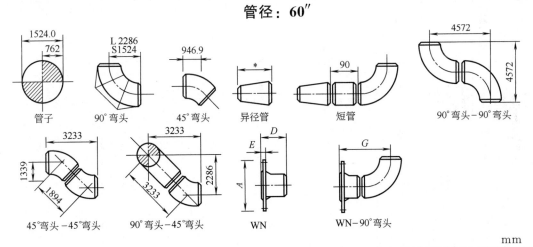

管子　90°弯头　45°弯头　异径管　短管　90°弯头-90°弯头

45°弯头-45°弯头　90°弯头-45°弯头　WN　WN-90°弯头

mm

压力等级（Class）记号	ASME B16.47B 系列				ASME B16.47A 系列		
	75	150	300	600	150	300	600
A	1676.4	1725.7	1878.1	1993.9	1854.2	1810.0	1993.9
D	144.5	179.3	271.5	395.2	239.8	273.1	395.2
E	55.6	76.2	150.8	239.8	131.8	163.6	239.8
G	2431	2465	2558	2681	2526	2559	2681
螺栓直径	1	1-1/4	2-1/4	3-1/2	1-3/4	2-1/4	3-1/2
螺栓孔数	44	52	40	28	52	32	28
环号	—	—	—	—	—	—	—

附录二　金属材料的平均线胀系数

金属材料的平均线胀系数

在下列温度与20℃之间的平均线胀系数 $\alpha \times 10^{-3}\,[\mathrm{mm/(m\cdot ℃)}]$

材　料	−196	−150	−100	−50	0	50	100	150	200	250	300	350	400	450	500	550	600	650	700
碳素钢、碳钼钢、低铬钼钢（至Cr3Mo）	—	—	9.89	10.39	10.76	11.12	11.53	11.88	12.25	12.56	12.90	13.24	13.58	13.93	14.22	14.42	14.62	—	—
铬钼钢（Cr5Mo至Cr9Mo）	—	—	—	9.77	10.16	10.52	10.91	11.15	11.39	11.66	11.90	12.15	12.38	12.63	12.86	13.05	13.18	—	—
奥氏体不锈钢（Cr18Ni9至Cr19Ni14）	14.67	15.08	15.45	15.97	15.28	16.54	16.84	17.06	17.25	17.42	17.61	17.79	17.99	18.19	18.34	18.58	18.71	18.87	18.97
高铬钢（Cr13,Cr17）	—	—	—	8.95	9.29	9.59	9.94	10.20	10.45	10.67	10.96	11.19	11.41	11.61	11.81	11.97	12.11	—	—
Cr25-Ni20	—	—	—	—	—	—	15.84	15.98	16.05	16.06	16.07	16.11	16.13	16.17	16.33	16.56	16.66	16.91	17.14
灰铸铁	—	—	—	—	—	—	10.39	10.68	10.97	11.26	11.55	11.85	—	—	—	—	—	—	—
球墨铸铁	—	—	—	9.48	10.08	10.55	10.89	11.26	11.66	12.20	12.50	12.71	—	—	—	—	—	—	—
蒙乃尔（Monel）Ni67-Cu30	9.99	11.06	12.13	12.81	13.26	13.70	14.16	14.145	14.74	15.06	15.36	15.67	15.98	16.28	16.60	16.90	17.18	—	—
铝	17.86	18.72	19.65	20.78	21.65	22.52	23.38	23.92	24.47	24.93	—	—	—	—	—	—	—	—	—
青铜	15.13	15.43	15.76	16.41	16.97	17.53	18.07	18.22	18.41	18.55	18.73	—	—	—	—	—	—	—	—
黄铜	14.77	15.03	15.32	16.05	16.56	17.10	17.62	18.01	18.41	18.77	19.14	—	—	—	—	—	—	—	—
铜及铜合金	13.99	14.99	15.70	16.07	16.63	16.96	17.24	17.48	17.71	17.87	18.18	—	—	—	—	—	—	—	—
铜镍合金（Cu70-Ni30）	12.00	12.64	13.33	13.98	14.47	14.94	15.41	15.69	16.02	—	—	—	—	—	—	—	—	—	—

附录三　金属材料的弹性模量

金属材料的弹性模量

材　　料	在下列温度(℃)下的弹性模量/10³MPa																		
	−196	−150	−100	−20	20	100	150	200	250	300	350	400	450	475	500	550	600	650	700
碳素钢(C≤0.30%)	—	—	—	194	192	191	189	186	183	179	173	165	150	133	—	—	—	—	—
碳素钢(C>0.30%) 碳锰钢	—	—	—	208	206	203	200	196	190	186	179	170	158	151	—	—	—	—	—
碳钼钢、低铬钼钢 (至 Cr3Mo)	—	—	—	208	206	203	200	198	194	190	186	180	174	170	165	153	138	—	—
中铬钼钢 (Cr5Mo 至 Cr9Mo)	—	—	—	191	189	187	185	182	180	176	173	169	165	163	161	156	150	—	—
奥氏体不锈钢 (至 Cr25Ni20)	210	207	205	199	195	191	187	184	181	177	173	169	164	162	160	155	151	147	143
高铬钢(Cr13 至 Cr17)	—	—	—	203	201	198	195	191	187	181	175	165	156	153	—	—	—	—	—
灰铸铁	—	—	—	—	92	91	89	87	84	81	—	—	—	—	—	—	—	—	—
铝及铝合金	76	75	73	71	69	66	63	60	—	—	—	—	—	—	—	—	—	—	—
紫铜	116	115	114	111	110	107	106	104	101	99	96	—	—	—	—	—	—	—	—
蒙乃尔合金(Ni67-Cu30)	192	189	186	182	179	175	172	170	168	167	165	161	158	156	154	152	149	—	—
铜镍合金(Cu70-Ni30)	160	158	157	154	151	148	145	143	140	136	131	—	—	—	—	—	—	—	—

附录四 常用单位换算

1. SI、CGS 制与重力制单位对照

SI、CGS 制与重力制单位对照

量的名称	SI	CGS制	重力制	量的名称	SI	CGS制	重力制
长度	m	cm	m	应力	Pa 或 N/m^2	dyn/cm^2	kgf/m^2
质量	kg	g	kgf·s^2/m	压力	Pa	dyn/cm^2	kgf/m^2
时间	s	s	s	能量	J	erg	kgf·m
加速度	m/s^2	Gal	m/s^2	功率	W	erg/s	kgf·m/s
力	N	dyn	kgf	温度	K	℃	℃

2. 长度单位换算

长度单位换算

米 /m	英寸 /in	英尺 /ft	码 /yd	英里 /mile	英海里 /UK nautical mile	(国际海里) /nmile	千米 /km
1	39.3701	3.28084	1.09361	6.21371×10^{-4}	5.39612×10^{-4}	5.39957×10^{-4}	1×10^{-3}
0.0254	1	0.083333	0.0277778	1.57828×10^{-5}	1.37061×10^{-5}	1.37149×10^{-5}	2.54×10^{-5}
0.3048	12	1	0.333333	1.89394×10^{-4}	1.64474×10^{-4}	1.64579×10^{-4}	3.048×10^{-4}
0.9144	36	3	1	5.68182×10^{-3}	4.93421×10^{-4}	4.93737×10^{-4}	9.144×10^{-4}
1609.344	63360	5.280	1.760	1	0.868421	0.868976	1.60984
1853.18	72960	6.080	2026.87	1.15152	1	1.00064	1.85318
1852	72913.4	6076.1	2025.37	1.15078	0.999361	1	1.852
1000	39370.1	3280.84	1093.61	0.621371	0.539612	0.539957	1

3. 面积与地积单位换算

面积与地积单位换算

平方米/m^2	公顷/hm^2	平方英寸/in^2	平方英尺/ft^2	英亩/acre
1	1×10^{-4}	1550.00	10.7639	2.47105×10^{-4}
10000	1	1550.00×10^4	10.7639	2.47105
6.4516×10^4	0.4516×10^{-3}	1	6.94444×10^{-3}	1.59423×10^{-7}
0.0929030	9.29030×10^{-4}	144	1	2.29568×10^{-3}
4046.86	0.404686	6272640	43560	1

4. 体积单位换算

体积单位换算

立方米 /m^3	立方分米(升) /dm^3(L)	立方英寸 /in^3	立方英尺 /ft^3	英加仑 /UK gal	美加仑 /US gal
1	1000	61023.7	35.3147	219.969	264.172
0.001	1	61.0237	0.0353147	0.219969	0.264172
1.63871×10^{-5}	0.0163871	1	5.78704×10^{-3}	3.60465×10^{-3}	4.32900×10^{-3}
0.0283168	28.3168	1728	1	6.22883	7.46052
4.54609×10^{-3}	4.54609	277.420	0.160544	1	1.20095
3.78541×10^{-3}	3.78541	231	0.133681	0.832674	1

5. 质量单位换算

质量单位换算

千克 /kg	吨 /t	磅 /lb	英吨 /UK ton	美吨 /US sh ton
1	0.001	2.2046	9.84207×10^{-4}	1.10281×10^{-3}
1000	1	2204.62	0.984207	1.10231
0.452592	4.53592×10^{-4}	1	4.46429×10^{-4}	0.0005
1016.05	1.01605	2240	1	1.12
907.185	0.907183	2000	0.892857	1

注：英吨又名长吨（long ton）；美吨又名短吨（short ton）。

6. 市制单位换算

市制单位换算

类　别	名　　称	对主单 位的比	折合米制	备　注	类　别	名　　称	对主单 位的比	折合米制
长度	市尺	主单位	0.3333m	1 市尺 = $\frac{1}{3}$m	体积和容积	市升	容积主单位	/L
	市丈	10 市尺	3.3333m			立方市尺	体积主单位	$0.0376m^3$
	市里	1500 市尺	0.5km			市石	100 市升	100L
面积和地积	平方市尺	面积主单位	$0.1111m^2$	1 平方市尺 $= \frac{1}{9}m^2$	质量	市两	0.1 市斤	50g
	市亩	地积主单位	$666.7m^2$			市斤	主单位	0.5kg
	平方市里	375 市亩	$0.25km^2$			市担	100 市斤	50kg

7. 密度单位换算

密度单位换算

千克/立方米 /(kg/m³)	磅/立方英寸 /(lb/in³)	磅/立方英尺 /(lb/ft³)	磅/英加仑 /(lb/UK gal)	磅/美加仑 /(lb/US gal)
1	3.61273×10^{-5}	0.062428	0.0100224	0.008354
27679.9	1	1728	277.42	2.31
16.0185	5.78704×10^{-4}	1	0.160544	0.133681
99.7763	0.0036	6.22883	1	0.832674
119.8	0.004329	7.48052	1.20095	1

8. 温度换算公式

温度换算公式

开尔文/K	摄氏度/℃	华氏度/℉	兰氏度/°R
K	K－273.15	$\frac{9}{5}$K－459.67	$\frac{9}{5}$K
℃＋273.15	℃	$\frac{9}{5}$℃＋32	$\frac{9}{5}$℃＋491.67
$\frac{5}{9}$(℉＋459.67)	$\frac{5}{9}$(℉－32)	℉	℉＋459.67
$\frac{5}{9}$°R	$\frac{5}{9}$(°R－491.67)	°R－459.67	°R

9. 力单位换算

力单位换算

牛 /N	千克力 /kgf	达因 /dyn	吨力 /tf	磅达 /pdl	磅力/lbf
1	0.101972	100000	1.01972×10^{-4}	7.23301	0.224809
9.80665	1	9809.665	10^{-3}	70.9316	2.20462
10^{-5}	1.01972×10^{-6}	1	1.01972×10^{-9}	7.23301×10^{-5}	2.24809×10^{-6}
9806.65	1000	9.80665×10^{8}	1	70931.6	2204.62
0.138255	0.0140981	13825.5	1.40981×10^{-5}	1	0.0310810
4.44822	0.453592	144.822	4.53592×10^{-4}	32.1740	1

10. 压力和应力单位换算

压力和应力单位换算

单位	千克力/厘米^2 /(kgf/cm^2)	兆帕(斯卡) /MPa	巴 /bar	标准大气压 /atm	毫米水柱 /mmH$_2$O	毫米水银柱 /mmHg	磅/英寸^2 /(lb/in^2)
千克力/厘米^2	1	0.0981	0.981	0.9678	10^4	735.6	1422
兆帕(斯卡)(MPa)	10.2	1	10	9.869	1.02×10^5	750×10^3	1.45×10^2
巴	1.02	0.1	1	0.9869	10.2×10^3	750	14.50
标准大气压	1.0332	0.1013	1.0133	1	1.0332×10^4	760	14.696
毫米水柱	10^{-4}	9.81×10^{-6}	98.1×10^{-6}	0.9678×10^{-4}	1	73.56×10^{-3}	1.422×10^{-3}
毫米水银柱	1.36×10^{-3}	1.333×10^{-4}	1.333×10^{-3}	1.316×10^{-3}	13.6	1	19.34×10^{-3}
磅/英寸^2	70.3×10^{-3}	6.89×10^{-3}	68.9×10^{-3}	68.05×10^{-3}	703	51.72	1

注:1MPa=1000kPa=10^6Pa=10.1972kgf/cm^2=10bar=9.86927atm=145.038lb/in^2=7500.62mmHg=10.1972×10^4mmH$_2$O。

1kg·f/cm^2=98.0665kPa=9.80665×10^{-2}MPa=0.980665bar=0.967841atm=10mH$_2$O=735.559mmHg。

mmHg:0℃,g=9.80665m/s^2。

mmH$_2$O:4℃,g=9.80665m/s^2。

11. 钢制管法兰公称压力等级

钢制管法兰公称压力等级

PN (MPa)	美洲 体系				2.0		5.0			11.0	15.0		26.0	42.0
	欧洲 体系	0.25	0.6	1.0	1.6	2.5	4.0	6.3	10.0			16.0		
ASME(Class)					150		300			600	900		1500	2500

注:1MPa=10bar。

参 考 文 献

[1] Mohinder L. Nayyar. 管道手册. 李国成等译. 北京：中国石化出版社，2006.
[2] 化学工业部化工工艺配管设计技术中心站. 化工管路手册. 北京：化学工业出版社，1986.
[3] H. A. 巴克兰诺夫. 化工管路手册. 北京：重工业出版社，1954.
[4] 沈松泉等. 压力管道安全技术. 南京：东南大学出版社，2000.
[5] 唐永进. 压力管道应力分析. 北京：中国石化出版社，2003.
[6] 陆培文，孙晓霞，杨炯良. 阀门选用手册. 北京：机械工业出版社，2001.
[7] 国家质量监督检验检疫总局特种设备安全监察局. 全国压力管道设计审批人员培训教材. 北京：中国石化出版社，2005.
[8] 张德姜，王怀义，刘绍叶. 石油化工装置工艺管道安装设计手册第二篇管道器材. 第三版. 北京：中国石化出版社，2005.
[9] 张德姜，王怀义，刘绍叶. 工艺管道安装设计手册. 北京：中国石化出版社，1998.
[10] 李昂. 管道工程施工及验收标准规范实务全书. 北京：金版电子出版社，2004.
[11] 王怀义，康美琴. 管道设计"常见病"200例. 炼油设计，1989，(6).
[12] 王怀义. 石油化工管道安装设计便查手册. 北京：中国石化出版社，2003.
[13] 蔡尔辅. 石油化工管道设计. 北京：化学工业出版社，2002.
[14] 周明衡，常德功. 管路附件设计选用手册. 北京：化学工业出版社，2004.
[15] 汪寿建. 化工厂工艺系统设计指南. 北京：化学工业出版社，1996.
[16] 岳进才. 压力管道技术. 北京：中国石化出版社，2001.
[17] 左景伊，左禹. 腐蚀数据与选材手册. 北京：化学工业出版社，1995.
[18] 王松汉. 石油化工设计手册. 北京：化学工业出版社，2001.
[19] 钟谆昌，戚盛豪. 简明给水设计手册. 徐彬士，钟谆昌主审. 北京：中国建筑工业出版社，1989.
[20] 顾顺孚，潘秉勤. 管道工程安装手册. 北京：中国建筑工业出版社，1985.
[21] 郭邦海. 管道技术实用手册. 北京：中国建材工业出版社，1999.
[22] 陈匡明. 化工机械材料腐蚀与防护. 北京：化学工业出版社，1990.
[23] [美] 玛克斯·皮特斯，克洛斯·蒂默毫斯. PLANT DESIGN AND ECONOMICS FOR CHEMICAL ENGINEERS. 中国化工咨询服务公司译. 北京：化学工业出版社，1988.
[24] McAllister E W. Pipeline Rules of Thumb Handbook. Sixth Edition. Burlington Elsevier Science and Technology Books/Harcourt，2005.
[25] Peter Smith. Piping Materials Selection and Applications. Burlington Gulf Professional Publishing，2005.
[26] Kellogg Co M W. Design of Piping Systems. Second Edition. New York：John Wiley & Sons Inc，London：Chapman & Hall LTD，1956.
[27] Mohinder L Nayyar. Piping Handbook. Seventh Edition. New York：The McGraw-Hill Companies，Inc，2000
[28] 周伟立. 石油天然气管道设计维护与施工标准实务全书. 哈尔滨：哈尔滨地图出版社，2004.
[29] [日] 小栗富士雄. 配管设计施工指南. 康文甲，周正民译. 北京：中国建筑工业出版社，1980.
[30] [美] 利普·威瓦. 工艺管线设计. 石油部北京炼油设计研究院译. 北京：石油工业出版社，1981.
[31] 章日让. 石化工艺管道安装设计实用技术问答. 北京：中国石化出版社，1991.
[32] 化工部化工机械研究院. 腐蚀与防护手册. 北京：化学工业出版社，1991.
[33] 宋岢岢. 管道器材选用与工程应用. 北京：中国石化出版社，2011.
[34] 宋岢岢. 管道应力分析与工程应用. 北京：中国石化出版社，2011.
[35] 石油和化工工程设计工作手册编委会. 石油和化工工程设计工作手册. 东营：中国石油大学出版社，2010.
[36] 宋岢岢. 工业管道配管设计与工程应用. 北京：化学工业出版社，2010.
[37] 陆培文. 实用阀门设计手册. 北京：机械工业出版社，2007.
[38] 陆培文. 阀门设计入门与精通. 北京：机械工业出版社，2009.
[39] 张德姜. 石油化工工艺管道设计与安装. 第2版. 北京：中国石化出版社，2007.
[40] 张德姜. 石油化工装置工艺管道安装设计手册 第1篇 设计与计算. 第4版. 北京：中国石化出版社，2009.
[41] 张德姜. 石油化工装置工艺管道安装设计施工图册. 北京：中国石化出版社，2005.
[42] 张德姜. 石油化工装置工艺管道安装设计手册 第3篇：阀门. 第4版. 北京：中国石化出版社，2009.